Comentario
histórico-cultural
del Nuevo Testamento

Comentario histórico-cultural del Nuevo Testamento

Primera Edición

EDITORIAL
PATMOS

Lawrence O. Richards

Comentario histórico-cultural
del Nuevo Testamento

© 2010, 2014 por Editorial Patmos
Miami, FL E.U.A..
Publicado originalmente en inglés por Victor, un sello de Cook Communications Ministries, Colorado Springs, Colorado 80918, con el título *NEW TESTAMENT LIFE AND TIMES*
© 1994, 2002 Cook Communications Ministries

Todos los derechos reservados. Ninguna parte de este libro puede reproducirse en ninguna forma, ser almacenada en un sistema de recuperación, ni transmitirse de ningún modo por cualquier medio electrónico, mecánico, fotocopia, grabación, u otro, sin el permiso escrito de la editorial, excepto lo que prevé la ley de derechos de propiedad literaria de los Estados Unidos de América.

El cuadro en la página 67 y el artículo sobre las lenguas en las páginas 354-356 han sido tomados de *The Zondervan Expository Dictionary of Bible Words* por Lawrence Richards ©1985 por Larry Richards; utilizadas con permiso de Zondervan Publishing House. El artículo sobre las mujeres en las páginas 361-363 fue tomado de *The Zondervan Dictionary of Christian Literacy* por Lawrence Richards, ©1987 por Larry Richards; usado con permiso de Zondervan Publishing House. El mapa en la página 296 fue tomado de *Bible Teachers Dictionary* por Lawrence O. Richards, ©1987, 2002 Cook Communications Ministries, y publicado por Editorial Patmos bajo el título *Comentario bíblico del maestro*.

A menos que se indique lo contrario, todas las citas de la Escritura están tomadas de la Santa Biblia Nueva Versión Internacional, © Sociedad Bíblica Internacional, 1999. Usada con permiso.

Traducción y edición por Interpret The Spirit, Karín Förster y Adrián Aizpiri
Adaptación: Josias Finamore, Marlon Soares y Wagner de Almeida
Impreso en Brasil

ISBN 13: 978-1-58802-704-7

Índice

PREFACIO		*9*
MATEO 1-2	*El nacimiento de Jesús*	*11*
MATEO 3-4	*Jesús se prepara*	*17*
MATEO 5	*Sermón del Monte*	*25*
MATEO 6-7	*El estilo de vida del Reino*	*32*
MATEO 8-11	*La autoridad del Rey*	*39*
MATEO 12-15	*Creciente oposición*	*47*
MATEO 16-17	*El punto de inflexión*	*56*
MATEO 18-20	*El camino a la grandeza*	*63*
MATEO 21-23	*Confrontación*	*70*
MATEO 24-25	*El futuro del Reino*	*78*
MATEO 26-27	*Juicio a Jesús, muerte de Jesús*	*85*
MATEO 28	*¡Vive, eternamente!*	*93*
MARCOS 1-5	*El auténtico Salvador*	*101*
MARCOS 6:1-8:30	*Conflictos de Jesús*	*106*
MARCOS 8:31-10:52	*Enseñanza a Sus discípulos*	*116*
MARCOS 11-13	*La última semana*	*123*
MARCOS 14-16	*Muerte y resurrección de Jesús*	*129*
LUCAS 1:1-3:22	*Renace la esperanza*	*137*
LUCAS 3:23-4:44	*Victoria sobre la tentación*	*144*
LUCAS 5:1-7:17	*La elección*	*152*
LUCAS 7:18-10:24	*Momento de decisión*	*159*
LUCAS 10:24-12:3	*Desvíos espirituales*	*165*
LUCAS 12:4-16:31	*Ilusiones de la vida*	*173*
LUCAS 17:1-19:44	*Solo cree*	*181*
LUCAS 19:45-24:53	*El precio*	*189*
JUAN 1:1-18	*Deidad de Jesús*	*196*

JUAN 1:19-4_42	Ha llegado lo nuevo	202
JUAN 4:43-6:71	El poder de lo nuevo	210
JUAN 7-9	La luz y las tinieblas	218
JUAN 10-12	La elección	225
JUAN 13:1-15:17	Últimas palabras de Jesús	232
JUAN 15:18-17:26	Últimas palabras de Jesús (continuación)	239
JUAN 18-21	Gracia y gloria	247
HECHOS 1-4	Comienza la aventura	255
HECHOS 5:1-11:18	Llegando a los demás	262
HECHOS 11:19-15:35	La era de la evangelización	269
HECHOS 15:36-19:41	La iglesia de los gentiles	277
HECHOS 20-28	Pablo en prisión	285
ROMANOS 1-3	La justicia por fe	291
ROMANOS 4-6	La justificación por fe	299
ROMANOS 7-8	Justicia, hoy mismo	306
ROMANOS 9-11	¿Justicia en la historia?	313
ROMANOS 12-16	Una iglesia justa, de amor	320
1 CORINTIOS 1-4	Una iglesia unida como familia	328
1 CORINTIOS 5-6	Disciplina en la familia de la iglesia	335
1 CORINTIOS 8-10	Disputas en la familia de la iglesia	342
1 CORINTIOS 12-14	Dones en la familia de la iglesia	349
1 CORINTIOS 7; 11; 14	Las mujeres en la familia de la iglesia	357
1 CORINTIOS 15-16	La resurrección: la familia es eterna	364
2 CORINTIOS 1-3	El hombre menos adecuado	370
2 CORINTIOS 4-7	Ministerio de la reconciliación	377
2 CORINTIOS 8-9	Principios del dar en el Nuevo Testamento	385
2 CORINTIOS 10-13	Autoridad espiritual	392
GÁLATAS 1-2	El Evangelio	399
GÁLATAS 3-4	La Buena Nueva de la fe	406
GÁLATAS 5-6	La Buena Nueva de la libertad	413
EFESIOS 1-2	Un solo pueblo	419
EFESIOS 3-4	Un solo cuerpo, una sola familia	427
EFESIOS 5-6	Uno solo, en amor	433
FILIPENSES	Llamados al gozo	440
COLOSENSES 1-2	Una nueva humanidad	446
COLOSENSES 3-4	Una nueva vida por vivir	453

1 TESALONICENSES	*La palabra: oída y vivida*	*458*
2 TESALONICENSES	*El día del Señor*	*465*
1 TIMOTEO	*Vida de la iglesia y liderazgo*	*471*
2 TIMOTEO	*Mirar hacia delante*	*478*
TITO	*Enseñanza buscando resultados*	*485*
FILEMÓN	*Nota a un compañero de trabajo*	*489*
HEBREOS 1:1-4:13	*Jesús, la Palabra viva*	*494*
HEBREOS 4:14-8:13	*Jesús, nuestro Sumo Sacerdote*	*501*
HEBREOS 9-13	*Jesús, nuestra santificación*	*508*
SANTIAGO	*El estilo de vida de la fe*	*515*
1 PEDRO	*Sujeción y sufrimiento*	*523*
2 PEDRO; JUDAS	*¡Peligro! ¡Peligro!*	*530*
1, 2 Y 3 JUAN	*Andando con Dios*	*537*
APOCALIPSIS 1-20	*El apocalipsis*	*544*
APOCALIPSIS 21-22	*La Nueva Jerusalén*	*550*

PREFACIO

Como cristiano sincero, usted estudia la palabra de Dios y desea estudiar la Biblia en mayor profundidad, pero sin el lenguaje técnico y la perspectiva académica de los libros de texto que se utilizan en el seminario. Lo que busca son libros que le ayuden a profundizar en la Palabra de Dios. Quiere libros que le sean de ayuda práctica en su ministerio como maestro de la escuela dominical, como líder de jóvenes, líder de estudio bíblico o sencillamente, porque desea aprender. Quiere libros que hagan que las Escrituras cobren vida y le ayuden a conocer más y más al Señor.

Comentario histórico-cultural del Nuevo Testamento le llevará al mundo del siglo primero después de Cristo, con las enseñanzas de Jesús y las cartas de Pablo que adquieren un sentido nuevo y vital.

EL NUEVO TESTAMENTO: LA VIDA Y LA ÉPOCA

¿Qué quería decir Jesús cuando les dijo a quienes le escuchaban que Él había venido para "cumplir" la ley? Si viviera usted en la Judea del siglo uno entendería de inmediato que Jesús estaba prometiendo explicar el sentido verdadero y completo de la Ley de Antiguo Testamento. Pero usted y yo vivimos en el siglo veintiuno, y muchas de las enseñanzas de Jesús, y los temas que encontramos en los Hechos y las Epístolas, pierden parte de su sentido a causa de los 2.000 años de distancia que nos separan de los días en que se dijeron o escribieron.

En este tomo quiero llevarle de regreso al mundo del siglo uno. A diferencia de otros libros de "vida y época" este no es un repaso general de la historia y la cultura del siglo primero. El libro, en cambio, le brinda una mirada centrada en pasajes de las Escrituras cuyo significado se hace más fresco y claro cuando lo miramos en el contexto de la época.

No hay duda de que usted y yo podemos entender muchas de las más importantes enseñanzas de la Biblia sin conocer siquiera el contexto de la época del Nuevo Testamento. Pero tampoco hay duda de que descubrimos más de lo que pudiéramos imaginar cuando vemos a Jesús y a la primera iglesia con los ojos de quien vivía en el siglo uno.

Oro porque Dios utilice este libro para darle a usted una perspectiva nueva y personal de las personas, lugares, hechos y enseñanzas del Nuevo Testamento.

Lawrence O. Richards

MATEO 1–2
El nacimiento de Jesús

EXPOSICION

Mateo tiene una historia para contar. Es la historia de Jesús, pero no es una historia que comienza con "Había una vez...", sino con "Ahora, por fin...".

El ver esto será la clave para comprender la estructura del Evangelio de Mateo, la clave al significado e importancia de los primeros dos capítulos de su obra. Mateo había sido recolector de impuestos, y era despreciado aunque fuera judío. Escribe para mostrarle a su pueblo que Jesús de Nazaret era de veras el Mesías que habían prometido los profetas del Antiguo Testamento. También, Mateo escribe para responder a una pregunta que seguramente ardía en el corazón de todos los judíos del siglo primero. Si Jesús era el Mesías ¿qué había del glorioso reino que preanunciaban las Escrituras? La respuesta, así como la evidencia de que Jesús es el Mesías, se revelará poco a poco a medida que Mateo relata su historia. Pero desde el primer momento Mateo entiende qué es lo que tenemos que hacer para llegar a la comunidad judía. Y por eso, mira hacia atrás y comienza arraigando su relato en la gloriosa historia del antiguo pueblo amado por Dios.

Mateo comienza con una respuesta a la primera pregunta de cualquier judío común, y también del rabino: ¿Qué fundamento o base hay que respalden la afirmación de que Jesús es el Mesías? ¡La primera evidencia que presenta Mateo es la genealogía de Jesús: Jesús es descendiente de Abraham y descendiente de David! (1:1-17). Mateo luego relata la historia de la concepción de Jesús, entretejiendo diversas líneas adicionales, como evidencia (1:18-25): el nacimiento de Cristo fue milagroso, cumplimiento de una profecía de Isaías hacía ya 700 años. Y Su nacimiento fue anunciado por el Ángel del Señor, divina manifestación de que Jehová estaba personalmente involucrado en hechos que ocurrían con poca frecuencia en la historia de Israel (cf. Génesis 16:7-14; 22:9-18; Éxodo 3:1-4;17). El peso del pasado, entonces, afirma el derecho de Jesús al trono de David y en torno a Su nacimiento reluce el aura de lo sobrenatural. ¡Es evidencia verdadera!

Pero hay más todavía. Los sabios de Oriente vieron y reconocieron una señal sobrenatural en los cielos, y vinieron en busca del "Rey de los Judíos" (2:1-12). Aquí vuelven a aparecer elementos místicos entretejidos en la historia, junto con referencias a la profecía del Antiguo Testamento. Es notable que el contexto de cada una de las profecías a las que se refiere este capítulo pone énfasis en la misión de realeza y el destino del Mesías (cf. 2:2 con Jeremías 23:5; 2:6 con Miqueas 5:2; 2:23 con Oseas 11:1). Nuevamente vemos que la combinación de la profecía y lo asombroso crea un aura sobrenatural que respalda el argumento de Mateo desde el principio mismo. Jesús llevaba la marca especial, identificado por Dios como el Escogido para ser Su Mesías.

Mateo continúa y responde otras preguntas que seguramente rondan la mente de los líderes judíos. Si Jesús era heredero de David y nació en Belén ¿por qué no creció allí? La respuesta es que su familia huyó a Egipto para escapar de los celos asesinos de Herodes (2:13-18) y que al hacerlo cumplía la Palabra de Dios "De Egipto llamé a mi Hijo" (2:15). Y cuando la familia regresó, Dios dirigió a José para que se estableciera en Nazaret (2:19-23), cumpliendo así otra Palabra de Dios "habría de ser llamado nazareno" (2:23). Así, Dios puso Su propia marca en estos sucesos, dirigiendo a la familia de Jesús a acciones que cumplían predicciones y cuya importancia y significado solo se revelaron más tarde.

Mateo pone así el fundamento de su argumento. La historia que tiene para contar sobre Jesús no es la historia de un hombre común. Ni siquiera es la historia de un rabino judío excepcional. Es la historia del Mesías de Israel, que es también el Hijo de Dios, que se ha convertido en Salvador del mundo.

ESTUDIO DE PALABRAS

Tabla genealógica de Jesucristo, **hijo de David, hijo de Abraham (1:1).** En griego, el término biblos geneseos significa "registro de los orígenes." Esta frase griega aparece en el Septuaginto, traducción griega del Antiguo Testamento, en Génesis 6:9, 10:1, 11:10 y 11:27. (La NVI dice: "Tabla genealógica de Jesucristo"). En el AT la frase a menudo indica un nuevo giro en el plan de Dios, un nuevo comienzo. Mateo está alertándonos: el nacimiento de Jesucristo marca un nuevo comienzo, no solo para Israel ¡sino para la raza humana!

José, que fue el esposo de María, **de la cual nació Jesús (1:16).** Mateo con toda intención no define la relación entre José y Jesús. Legalmente, Jesús era hijo de José y por ello, podía afirmar su derecho al trono de David. En términos biológicos Jesús nació de María. José, como explica luego Mateo, no fue progenitor de Aquel que sería el Mesías. Jesús es no solo Dios Hijo sino además, el Hijo de Dios.

Fue el padre de (1:2, etc.). El término griego egennesen, traducido como "engendró" en las versiones más antiguas y como "fue el padre de" en la NVI, no indica paternidad inmediata aunque sí descendencia directa. Jesús está ubicado firmemente en la línea de los grandes hombres de la historia sagrada. Es un recordatorio importante para nosotros. No podemos separar el Nuevo Testamento del Antiguo Testamento, el cumplimiento de la promesa, la era del Nuevo Pacto de la era del Viejo Pacto. El Jesús al que adoramos es el descendiente de David, que llegó como Mesías de Israel. En Jesús, lo Antiguo y lo Nuevo, el judío y el cristiano, están inseparablemente vinculados. Ver recuadro en página 13.

Catorce generaciones... (1:17). Es bien sabido ya que las genealogías hebreas no incluyen a todos los ancestros sino que su naturaleza es muy selectiva. ¿Por qué entonces elige y organiza Mateo esta genealogía en tres grupos de catorce? La mejor respuesta es que usa la gematría, un recurso rabínico conocido que basa un argumento sobre el valor numérico de las letras hebreas que conforman una palabra. Las letras en el nombre de David suman 14 (D=4, W=6, D=4). Así, la forma en que Mateo organiza la genealogía podría reflejas una forma habitual de la época para poner énfasis en que Jesús es descendiente de David.

José, su esposo, era un hombre justo y no quería exponerla a vergüenza pública (1:19). Este texto nos muestra de manera maravillosa lo que significa ser "justo" [dikaios]. Según la costumbre judía María estaba comprometida con José como esposa aún cuando no hubieran tenido relaciones sexuales. El compromiso era un vínculo legal. Al descubrir que María estaba esperando un hijo José tenía razones para romper ese contrato y recuperar el dinero que había pagado por su novia. Muchos hombres ante tal situación habrían exigido la infamia pública para la mujer, no solo para acallar los rumores que les criticaran sino para recuperar el dinero. Al hacerlo, podría haberse considerado plenamente justificado (y así, justo). José, aunque podrá haberse sentido traicionado, pensó en María y tomó una decisión muy diferente. Bajo la ley podría haberle presentado carta de divorcio a María, sin un juicio público. Pero también tendría que haber devuelto la dote que hubiese recibido, a modo de multa. José eligió esta opción a pesar del costo económico y emocional. No equivoquemos la justicia con "hacer que el otro pague". Al hacer lo correcto hemos de mostrar compasión, aún hacia quienes nos ofenden.

Le pondrás por nombre Jesús (1:21). Es significativo que el ángel le dijera esto a José. El padre tenía el privilegio de darle el nombre al bebé, y al hacerlo reconocía formalmente al niño como propio. Por eso el Ángel del Señor instruía a José no solo a cumplir con el contrato de matrimonio con María, sino a criar a Jesús como hijo suyo. Sin duda los vecinos de Nazaret no sospechaban nada acerca del nacimiento de Jesús.

Y lo llamarán Emanuel (1:23). El nombre de Jesús, como dice el texto, significa "Dios [está] con nosotros". Aquí, "lo llamarán" no significa tanto "nombrar" como "reconocer". Jesús afirmaba que quien Le veía, veía al Padre (Juan 14:9). Solo quienes reconocen a Jesús como Dios, nacido para vivir como nosotros y vivir por nosotros, han comprendido la verdad que Mateo presenta con estas palabras.

Belén (2:6). El nombre significa "casa de pan". En los tiempos bíblicos "pan" era el nombre con que se hacía referencia al alimento en general, esencial para la vida biológica. Como "Pan del cielo" nacido en esta "casa de pan", Jesús es el alimento de la vida eterna, espiritual.

Vimos levantarse su estrella (22). La estrella no estaba en el este. Fueron los sabios quienes estaban en el este cuando vieron la estrella y viajaron hacia el oeste, siguiéndola.

Les preguntó dónde había de nacer el Cristo (2:4). El pretérito imperfecto *(epunthaneto)* sugiere preguntas reiteradas. Herodes estaba frenético por saber dónde nacería Aquel a quien veía como rival, e interrogaba a todos los que pudieran saberlo.

Lo llamarán nazareno (2:23). El versículo suena intrigante porque no hay versículo que prediga que el Mesías crecería en Nazaret. La referencia tal vez tenga por intención mostrar que en el siglo uno Nazaret era considerada una ciudad poco importante (Juan 7:42, 52), consistente con las muchas profecías del AT que indicaban que el Mesías sería despreciado (Salmos 22:6-8; Isaías 49:7; 53:2-3). Si es así, hemos de recordar que Jesús cambia por completo el punto de vista del hombre. Nazaret, antes despreciada, hoy es honrada como hogar del Salvador en su infancia.

LOS JUDÍOS HABLAN DE JESÚS

En esta época es común que los académicos judíos argumenten que Jesús pertenece, entro de la tradición, a la categoría de los rabinos y sabios del siglo primero. Sugieren que los cristianos cometen errores en cuanto a las supuestas diferencias entre Sus enseñanzas y las de Sus contemporáneos. En una carta al *Bible Review* (junio de 1991, p. 9), un destacado académico judío, Jacob Neusener, Profesor de Investigación Universitaria de Estudios Religiosos en la Universidad del sur de la Florida, escribe:

> Lo que define al cristiano es el hecho de que cree que Jesús es Cristo, único, Dios, Hijo de Dios, resucitado de entre los muertos. A estas profundas creencias cristianas, el hecho de si Jesús enseñaba tal o cual cosas que también enseñaba el judaísmo, se les presenta como algo monumental y sencillamente carente de importancia...No significa que no podamos ser amigos, trabajar juntos, respetarnos, amarnos y hasta amarnos. Pero sí significa que tenemos un problema teológico muy grande porque es imposible que ambos — el judaísmo y el cristianismo — estén en lo correcto y si (como creo yo) tenemos razón nosotros, entonces los cristianos están equivocados y si (como cree la mayoría de los cristianos) el cristianismo está en lo correcto en cuanto a Jesucristo, entonces somos los judíos quienes estamos equivocados. Caracterizar a Jesús como carismático galileo es, no solo algo infantil y trivial, sino irrelevante en la vida de la fe viva del cristianismo y el judaísmo. Y caracterizar a Jesús como algo así como un rabino, o como judíos entre los judíos (como si nada hubiera sucedido en la primera Pascua y después de ésta), es sencillamente una evasiva, sin importancia alguna.

Mateo, que comprendió con tanta claridad este tema, deja en claro desde el principio mismo de su Evangelio que este es el tema que tiene que confrontar su pueblo. ¿Quién es Jesús? ¿Es el Cristo, único, Hijo de Dios y resucitado de entre los muertos? La repuesta de Mateo es un resonante e inequívoco ¡Sí!.

Abrieron *sus cofres* **(2:11).** La frase en griego es *thesaurous auton*, y se refiere a los contenedores donde guardaban sus valiosos regalos. El hecho de que se mencionen tres elementos de valor ha llevado a la injustificada suposición de que había "tres reyes "en el grupo de sabios que encontró a Jesús.

Mandó matar a todos los niños menores de dos años en Belén (2:16). Los estudios arqueológicos de los restos que datan del siglo uno sugieren, sobre la base de la población del área, que es probable que los soldados de Herodes hayan matado a unos 15 a 18 niños.

El PASAJE EN PROFUNDIDAD

La genealogía (1:1-17). Ver el pasaje paralelo en Lucas 3:23-28 para una discusión sobre las diferencias entre ambos registros genealógicos.

Las cuatro mujeres de la genealogía (1:3, 5-6). Una de las características distintivas de la genealogía de Mateo es que incluye específicamente a cuatro mujeres. Y la pregunta crítica es ¿por qué?

El trasfondo. La cultura hebrea era patriarcal, y las genealogías por lo general solo nombraban la lista de antepasados varones. Sin embargo, había dos razones por las que en oriente podrían incluirse a una o dos mujeres. 1) Porque fuera una mujer muy admirada, con lo cual su inclusión realzaba la reputación de la familia. 2) Porque el esposo tuviera más de una esposa, en cuyo caso se nombra a la esposa junto con el nombre de su hijo. Es una práctica que se sigue a menudo en el AT al nombrar a los reyes de Israel y Judá.

Pero no podemos apelar a ninguna de estas dos prácticas para explicar por qué Mateo incluyó a las cuatro mujeres que decidió nombrar. N eran admiradas. Tampoco hay confusión en el AT en cuanto a si eran o no hijos de esa mujer con un padre en particular. Así que tenemos que buscar otra razón por la que Mateo decidiera nombrar a estas cuatro mujeres en particular.

Interpretación. Hay que basar la explicación entonces en lo que sabemos de estas cuatro mujeres. Tamar, mujer cananea, sedujo al suegro que la había ofendido y tuvo con él dos hijos (Génesis 38). Rajab, también cananea, se ganaba la vida como prostituta antes de decidir que seguiría al Señor y ayudaría a los espías israelitas a escapar de Jericó (Josué 2, 6). Rut, aunque moralmente pura, era moabita, una raza originada en el incesto (Génesis 19L:30-37), y que según Deuteronomio 23:3, estaba excluida por prohibición de la asamblea del Señor. Betsabé es conocida por su (¿obligado?) adulterio con David. Nacida de familia judía (1 Crónicas 3:5) tal vez fuera considerara hitita porque estaba casada con Urías (2 Samuel 11:3; 23:39).

Estas cuatro mujeres parecen tener dos cosas en común. Tenían alguna mancha moral. Y estaban fuera de la comunidad del Pacto del AT, sin derecho nativo a afirmar al Señor cono Dios ni a esperar que Él las tratara con gracia. ¿Qué fue lo que hizo que Mateo incluyera a estas cuatro mujeres en la línea de Jesús, el Mesías?

Una posibilidad es que, como recolector de impuestos y despreciado por sus vecinos, Mateo supiera lo que es ser pecador y luego, redimido. Mateo se identifica con estas cuatro mujeres y las incluye como ilustración del poder transformador de Dios que ahora ha enviado al Mesías que "salvará a su pueblo de sus pecados" (1:21).

Otra posibilidad es que Mateo estuviera pensando en la universalidad de la misión de Jesús. El pacto de Dios con Abraham incluía esta promesa: "¡por medio de ti serán bendecidas todas las familias de la tierra!" (Génesis 12:3). Las cuatro mujeres demuestran el compromiso de Dios con el cumplimiento de esta promesa, que recibe su cumplimiento supremo en la invitación del Evangelio cristiano a todo quien cree en Jesús, para su salvación.

La tercera posibilidad es que Mateo pueda estar recordándoles de manera sutil a sus lectores, que buscaban un Mesías que apareciera en gloria y poder, que la historia nos muestra a Dios obrando de maneras extrañas y misteriosas. No podemos decir cómo debe o puede actuar Dios. Lo único que podemos hacer es reconocer Su obra y adorarle.

Aplicación. No existe razón alguna para descartar ninguna de las interpretaciones que acabamos de mencionar. De hecho, todas pueden considerarse al mismo tiempo, fundidas en una misma interpretación. Nuestro Dios es el Dios de lo inesperado. Sigue siempre atento a quienes están "afuera", lo mismo que con respecto a usted o a mí. Como lo demuestra cada una de las cuatro mujeres Dios llega en gracia al pecador y por Su transformador poder Dios limpia a los pecadores y les convierte en mientras vitales, que contribuyen a la comunidad de la fe.

El nacimiento de Jesucristo (1:18-25)

Trasfondo. Tal vez lo primero que debiera notar una persona en este pasaje, son los elementos milagrosos. Que un niño naciera por obra del Espíritu Santo. Que un ángel le anunciara a José el nacimiento del niño. La promesa de antiguas profecías que se cumplirían. Todo esto respalda la tesis de Mateo de que Jesús es de veras el Mesías de Israel y el Hijo del Dios viviente.

Aún así, tenemos que notar algo más. Dios con todo cuidado y por Su gracia, guardó el amor de José por María y le preparó para amar a su hijo.

Las costumbres matrimoniales en la cultura judía eran muy diferentes a las de hoy en día. El matrimonio era negociado por los padres de la joven, e involucraba el pago de un precio que el esposo pagaba por la novia al alcanzarse un acuerdo. A partir de ese momento la joven estaba "comprometida" (1:18) y se le consideraba esposa del futuro esposo aunque todavía viviera en casa de sus padres y no tuviera relaciones sexuales con él.

No era infrecuente que un hombre adulto acordara casarse con una niña de nueve o diez años, a menudo para proteger los derechos de propiedad cuando muriera el padre, o porque las niñas huérfanas en el medio oriente de la antigüedad no tenían recursos o forma de mantenerse. En estos casos la niña viviría en casa de su esposo pero permanecería virgen hasta que alcanzara edad suficiente como para casarse. Por supuesto, si se descubría que no era virgen al momento de consumar el matrimonio, el esposo podía obtener una anulación y se le devolvería el dinero que había pagado.

Interpretación. Es tal vez importante que la antigua tradición sugiera que José era mayor y María era muy joven. Siendo este el caso es posible que como novia todavía joven María viviera en casa de José y que él le tuviera profundo afecto. Podemos imaginar su decepción cuando descubrió que María estaba encinta, algo que seguramente no habría notado si María hubiese vivido en casa de sus padres. Ese afecto y su carácter justo hicieron que José contemplara una decisión de sacrificio propio. No la "haría pasar vergüenza en público". Se divorciaría de ella en silencio y perdería el dinero que había pagado por su novia. Solo podemos imaginar lo enojado y dolido que habrá estado José. Pero podemos admirar a este hombre de carácter y compasión quien, aunque aparentemente traicionado, puso la necesidad y reputación de María por sobre las propias.

Fue recién entonces, ya tomada la decisión, que Dios intervino. Fue solo entonces que Dios reveló el milagro del embarazo de María y lo que significaría ese milagro. El niño había sido concebido por el Espíritu Santo. Sería "Dios con nosotros". Y era Aquel a Quien Dios utilizaría para "salvar a Su pueblo de sus pecados". José no dudó en consumar la relación después de nacido este niño.

Nota: La traducción NVI parece descartar esta posibilidad al traducir en el versículo 20 el término *paralabe*, como "recibir" a María como esposa. La palabra significa "tomar para sí" y no implica necesariamente que María no estuviera viviendo ya con José como novia joven y virgen.

Aplicación. Es fascinante que el ángel de Dios se apareciera ante José solo después de que éste descubriera que María estaba esperando un hijo. Dios podría haberle ahorrado grandes penas a José si le hubiera avisado de antemano, como lo hizo con María (Lucas 1:26-31). Pero el sufrimiento tenía un propósito hermoso. Puesto a prueba, José demostró su carácter "justo". En esta demostración de justicia, José nos está enseñando. Es importante hacer lo moralmente correcto. Pero al hacerlo es igual de importante actuar con compasión e interés por el otro.

El incidente también nos recuerda otra cosa. A Dios le importaba mucho la relación que habría entre María y José. No solo por su propio bien, sino por el bien de Jesús y los otros hijos que tendrían. El ángel que le visitó eliminó toda sospecha que pudiera haber afectado la relación y restauró no solo el afecto sino también la confianza que es tan vital para el crecimiento de cualquier matrimonio.

Sí, lo milagroso de esta historia es un elemento vital. Pero casi igual de maravilloso es ese toque común que nos recuerda que a Dios le importa cómo vivimos, le importa que preservemos el amor que sentimos por los demás y que edifiquemos un amor donde el calor y la confianza creen el clima adecuado en el que podrán crecer los hijos.

La visita de los sabios (2:1-12)

Trasfondo. En tiempos del AT los sabios conformaban una clase de personas académicas, sacerdotales, que servían como consejeros a los gobernantes babilonios y persas. Esa clase seguía existiendo en Persia y tuvo influencias en el imperio parto, hasta los tiempos del NT: Pero poco se sabe del papel o historia en particular de estos visitantes que llegaron a la pequeña Judea desde Oriente.

Se ha sugerido que estos hombres reconocieron la estrella porque sabían de Números 24:17: "Una estrella saldrá de Jacob; un rey surgirá en Israel". Por cierto, en esa época había muchos judíos viviendo en Oriente, donde se halló la gran obra académica conocida como Talmud babilonio. Es posible que los sabios tuvieran acceso no solo a las Escrituras del AT sino a los muchos escritos judíos en referencia al AT.

La naturaleza de la estrella de la que informa mateo ha sido debatida y se han presentado diversas explicaciones naturales. Sin embargo, todas ellas pierden de vista lo más importante. El momento en que apareció la estrella fue sobrenatural.

Los demás detalles son, en su mayoría, naturales. Por ejemplo, en los países del desierto oriental los nómadas se ubican al caminar por la arena mirando las estrellas. "Toma esa estrella en tu mano", se dice a modo de dar indicaciones sobre cómo llegar a un lugar. No sería inusual que Dios guiara a los sabios hacia el niño Cristo diciéndoles, en esencia: "Tomen esa estrella en sus manos y síganla hasta que lleguen a Aquel que ha nacido Rey de los judíos".

Lo que ha escrito el profeta (2:6ff)

Trasfondo. La "cita" de Mateo no sigue ni el texto masorético (hebreo) ni el Septuaginto (griego) de

Miqueas 5:2. A pesar del furor en torno a este dato, hay una explicación simple. Mateo, movido por Dios, nos da una inspirada interpretación del texto original, con leve modificación para poner énfasis en su mensaje original. También vincula la cita de Miqueas con 2 Samuel 5:2.

Lo que es más importante es que tenemos aquí un ejemplo de la gran atención que pone Mateo en vincular a Jesús con la profecía del AT. En su Evangelio Mateo cita el AT 53 veces, tomando de 25 de los 39 libros del AT, y haciendo alusión a muchos otros pasajes del AT. Mateo está decidido a explicar a Jesús — Su Persona, Su ministerio, Su destino — dentro de un marco ya establecido por las Escrituras judías.

Es fascinante en particular explorar estas citas, solo para ver qué implica el uso que de ellas hace Mateo. Impacta notar que los contextos del AT ponen énfasis en el rol de realeza del Mesías que vendrá. Aunque no era lo que esperaban los de Su generación, Jesús es el Mesías Rey prometido. El Salvador sufriente y el glorioso Rey del AT son la misma persona.

Observación. Para percibir este énfasis examinemos el contexto de dos pasajes a los que hace referencia Mateo 2:

■ Subyacente a Mateo 2:2, Jeremías 23:5-6: "Vienen días —afirma el Señor—en que de la simiente de David haré surgir un vástago justo; él reinará con sabiduría en el país, y practicará el derecho y la justicia. En esos días Judá será salvada, Israel morará seguro. Y éste es el nombre que se le dará: 'El Señor es nuestra salvación.'

■ Subyacente a Mateo 2:6, Miqueas 5:2, 4: "Pero de ti, Belén Efrata, pequeña entre los clanes de Judá, saldrá el que gobernará a Israel; sus orígenes se remontan hasta la antigüedad, hasta tiempos inmemoriales... Pero surgirá uno para pastorearlos con el poder del Señor, con la majestad del nombre del Señor su Dios. Vivirán seguros, porque él dominará hasta los confines de la tierra".

Aplicación. Mateo usa las citas, sin duda con propósito evangelizador, y su intención es mostrarles a sus hermanos y hermanas judíos que Jesús es el Cristo. Pero también nos lo recuerda de manera potente a los cristianos de hoy. Nuestro entendimiento de quién es Jesús, de Su misión y del futuro que Dios quiso para el reinado de Cristo en la tierra solo podrá formarse después de estudiar con atención el AT además del NT.

Escape a Egipto (2:13-23). Se ha prestado mucha atención al carácter de Herodes, que demostró tanta crueldad en la persecución de Jesús y el asesinato de niños inocentes de Belén. Aunque este no será el enfoque de nuestra EXPOSICIÓN .

Los comentaristas también han debatido sobre la relevancia del uso de Jeremías 31:15 por parte de Mateo. La mejor respuesta es que el mensaje de Jeremías sobre el Nuevo Pacto fue dado en el momento de mayor sufrimiento de Judá: la caída de Jerusalén y la deportación de los sobrevivientes judíos a Babilonia. Sin embargo, en ese mismo momento en la historia la palabra de Dios a través de Jeremías dio a luz a la esperanza. De manera similar, en que las madres de Belén pasaban por el peor de los sufrimientos al perder a sus hijos, la intervención de Dios salvó al Cristo niño, cumplimiento del Nuevo Pacto y verdadera esperanza del mundo.

Estos temas están presentes en el texto, pero hay otro tema que los supera a todos: el tema de la providencia.

Los sabios traen regalos y así, financian el viaje de Jesús, María y José a Egipto justamente en el momento en que tienen que escapar. Herodes muere y José lleva a su familia a casa pero en el último momento decide no ir a Belén, para establecerse en Nazaret. Cada uno de estos sucesos está marcado por la guía de Dios: por el sueño que lo dirigió y por la palabra de la Escritura que, inesperadamente, demuestra ser profética.

Así toda esta secuencia de sucesos, es evidentemente guiada y dirigida por Dios. Y se nos recuerda que el Señor jamás quita Su mano de sobre Su Hijo.

Esto nos alienta.

Somos hijos de este mismo Señor. Y Él tampoco quitará Su mano de sobre nosotros.

MATEO 3-4
Jesús se prepara

EXPOSICIÓN

Mateo se propone revelar a Jesús como Mesías de Israel, como Aquel que es Salvador y Rey. En tanto Mateo sigue presentando los argumentos de su caso, pasa ahora a dos hilos de evidencia que teje con habilidad en la trama de su narración. Jesús cumplía con las condiciones establecidas en el AT (3:1-12). Y personalmente, Jesús estaba calificado para servir como Mesías de Israel (3:13-4:25).

El hecho de que hubiera condiciones que debería cumplir el Mesías era algo que creían tanto los rabinos como la gente común. Antes del Mesías tenía que venir Elías. La parición de Elías, creían los israelitas del siglo primero, marcaría el final de una era y precipitaría la aparición del Mesías. Juan el Bautista cumplió con tal condición. Era un hombre cuya vestimenta rústica y carácter feliz, cuyo estridente llamado al arrepentimiento, seguían claramente el modelo del ministerio de Elías. Al mirar al ministerio de Juan los lectores de Mateo debían reconocer que Dios sí había enviado a un Elías (3:1-12; 11:1-19)..

Mateo luego muestra que el mismo Jesús estaba personalmente calificado para el rol del Mesías. Dios reconoció a Jesús como "mi Hijo amado" y dijo "estoy muy complacido con Él" (3:13-17). Jesús también estaba calificado en Su humanidad, porque como hombre triunfó sobre las tentaciones de Satán (4:1-11). Así, en Su Persona la deidad se unía a la humanidad sin pecado, calificando a Jesús de manera única para servir como el Mesías de Israel. Pero todavía hay más: Jesús estaba calificado por el poder. Predicaba y Su palabra transformaba a las personas comunes que se convertían en Sus seguidores (4:12-22). Hablaba y ante Su palabra la enfermedad huía y los demonios se acobardaban. Cada acción demuestra que Jesús no solo cumplía con las condiciones impuestas por la profecía del AT, sino que además estaba plenamente calificado por su único carácter y poder para reclamar el trono de Israel. Y para reclamar el trono de todos los corazones.

ESTUDIO DE PALABRAS

"Arrepiéntanse" (3:2). Desafortunadamente, el término sugiere que uno lamenta el pecado. Pero tal sentido nubla el énfasis del término original en griego. La palabra *metanoeite* implica un cambio drástico en el corazón y la mente, un cambio que dará como resultado un estilo de vida completamente diferente. De allí, el énfasis de Juan al decir "Produzcan frutos de demuestren arrepentimiento" (3:8).

Tantas veces cometemos el error de centrar la atención en los sentimientos. Juan no lo hizo. Su llamado al arrepentimiento no era una invitación a las lágrimas, sino la exigencia de una decisión.

F. B. MEYER SOBRE EL LLAMADO AL ARREPENTIMIENTO

Juan el Bautista hace falta hoy, y mucho. Gran parte de lo que llamamos cristiandad, no es más que un paganismo cristianizado. Que barniza la codicia, la auto-indulgencia en el lujo, el gusto por la moda y lo mundano, que admite en los lugares más elevados a hombres que enriquecen por la opresión de los pobres. Que condona la opresión de las razas nativas, la venta de opio y bebidas alcohólicas, el vergonzoso tráfico de cosas impuras. Que nutre los ideales del mundo y los pone en el lugar de la inmutable cruz del Dios asesinado con su divino dolor y sangre. Ah, necesitamos que Juan el Bautista venga con sus severas palabras sobre el hacha, la hoz y el fuego. No hay otra cosa que pudiera preparar el camino para una nueva venida de Cristo.

Cada época ha tenido su Juan el Bautista. Fue San Bernardo, fue Savonarola, y fue John Knox. Con voz sonora y potente el heraldo ha preparado el camino para el Rey: "¡El viene para juzgar al mundo!".

De *Great Verses Through the Bible* [Grandes versículos de la Biblia]

"**Arrepiéntanse, porque el *reino* de los cielos está cerca**" (3:2). En las Escrituras, un "reino" es no tanto un lugar como una esfera de influencia, un plano en el que la voluntad del rey tenía fuerza dinámica.

De allí que "reino de los cielos", represente la fuerza dinámica de la voluntad de Dios irrumpiendo en el mundo y obrando Sus potentes transformaciones.

Aunque en el siglo primero muchos esperaban que la fuerza dinámica de Dios asumiera una forma política y liberara a los judíos del poder de Roma, tenemos que recordar que el reino de Dios asume muchas formas. Es algo imprescindible para entender el Evangelio de Mateo.

Y lo más importante, también es imprescindible para nuestra relación presente con Dios. Nos encontramos en el reino de Dios cuando nos comprometemos a Jesús, el Rey. En Jesús, la fuerza dinámica de Dios adquiere forma espiritual y nos libera del poder del pecado. Y experimentamos continuamente esa fuerza dinámica en nuestras vidas con nuestra lealtad cotidiana a Él como Rey, respondiendo con alegría a Su voluntad.

"**Arrepiéntanse, porque el reino de los *cielos* está cerca**" (3:2). Hay quien ha argumentado por una distinción entre el "reino de Dios" en los otros Evangelios y el "reino de los cielos" en Mateo.

La explicación más probable es que Mateo se cuida de no ofender a los judíos a quienes intenta alcanzar. Era común en la práctica judía utilizar una circunlocución como "cielos" para referirse a Dios.

Pero el que viene después de mí es más poderoso que yo, y ni siquiera merezco llevarle las sandalias (3:11). El texto arameo dice "quitarle", en concordancia con Marcos 1:7 y Lucas 3:16. En Oriente, uno se quita el calzado al entrar en una casa. La mayoría de las personas que visitaban una casa en tiempos de Juan se quitaban ellas mismas el calzado pero en el caso del amo o un invitado importante, eran los sirvientes quienes lo hacían. El dueño de casa se inclinaría para quitar el calzado de su visitante si se trataba de alguien de veras ilustre. Juan, de quien algunos especulaban que era el Mesías, negó tal suposición y exaltó a Jesús al insistir que él no era digno de siquiera quitarle las sandalias a Jesús.

Es un gran ejemplo para nosotros, para que entendamos con claridad lo que significa Jesús y con sinceridad hagamos que los demás centren su atención en El, y no en nosotros.

Él los bautizará con el Espíritu Santo y con fuego (3:11). Juan bautiza solo con agua y por (a causa del) arrepentimiento. El Mesías que vendrá bautiza con el Espíritu Santo (1 Corintios 12:13; también Ezequiel 36:25-27; Joel 2:28) y fuego. Algunos entienden el término "fuego" en este pasaje como símbolo de juicio (como en Isaías 34:10; 66:24; Jeremías 7:20), en tanto otros lo ven como símbolo de purificación (como en Isaías 1:25; Zacarías 13:9; Malaquías 3:2-3). Como tanto el Espíritu como el fuego son precedidos por la misma preposición, *en*, que no se repite en el texto, es preferible la segunda interpretación.

El dicho nos recuerda la superioridad de Jesús. Juan predicaba el arrepentimiento pero su bautismo con agua solo podía reconocer la intención expresa de un hombre o una mujer que afirmaban su voluntad de cambiar. Jesús predicaba el arrepentimiento pero

Su bautismo del Espíritu verdaderamente brinda el fuego santificador que purifica y transforma.

No nos contentemos con el agua. Lo que necesitamos es el fuego del Espíritu.

Luego el Espíritu llevó a Jesús al desierto para que el diablo lo sometiera a tentación (4:1). La palabra en griego es *peirazo,* que significa tanto "tentación" como "prueba". Cualquiera sea la palabra que se utilice en la traducción, y que varía según el contexto, lo claro es que la prueba y la tentación nos ponen en situaciones que producen intensa tensión. Bajo tal tensión con frecuencia nos apresuramos a suponer que nuestras tentaciones o pruebas son castigos divinos, o al menos, que son "algo malo". Mateo corrige esta percepción. Dios acaba de afirmar Su amor por Su hijo (3:17). Y de inmediato Mateo dice que Jesús fue llevado al lugar de la tentación, por el Espíritu. Es claro que el amor tenía íntima relación con las pruebas del Hijo de Dios.

En nuestros momentos de tensión y estrés es importante que recordemos que somos amados por Dios. Cuando Él nos lleva a la tentación, que es algo que se nos dice que no hemos de pedir, no es muestra de que Dios nos haya abandonado sino sencillamente, otra prueba más de Su amor.

Adora al Señor tu Dios y sírvele solamente a él (4:10). Aquí el término griego es *latreuo. El Expository Dictionary of Bible Words* [Diccionario de términos bíblicos] (Zondervan), nota "toda vez que ocurre el grupo *latreuo* en el Nuevo Testamento, con el sentido religioso de adoración, o servicio a Dios". (Las palabras que pertenecen a este grupo aparecen en Mateo 4:10; Lucas 1:74; 2:37; 4:8; Juan 16:2; Hechos 7:7, 42; 24:14; 26:7; 27:23; Romanos 1:9; 9:4; 12:1; Filemón 3:3; 2 Timoteo 1:3; Hebreos 8:5; 9:1, 6, 9, 14; 10:2; 12:28; 13:19; Apocalipsis 7:15; 22:3).

No podemos afirmar que adoramos a Dios si no nos ofrecemos a servirle de todo corazón.

Vengan, síganme (4:19). Seguir a Jesús implicaba más que caminar detrás de Él, aunque de hecho los Doce lo hacían también. Lo más importante es que, entonces al igual que ahora, seguir a Cristo significaba inscribirse en Su escuela para aprender, que el entendimiento de la enseñanza de Jesús y Su estilo de vida infundieran la personalidad del discípulo.

El PASAJE EN PROFUNDIDAD

Juan el Bautista prepara el camino (3:1-12). Encontramos una discusión profunda de este tema en el pasaje paralelo de Lucas 3:1-20. Ver también Marcos 1:1-8.

El bautismo de Jesús (3:13-17). El bautismo de Jesús ha sido centro de gran debate. ¿Por qué, si Jesús era libre de pecado, decidió ser bautizado por Juan "por arrepentimiento"? ¿Por qué buscó Juan un límite para Jesús? ¿Y qué quiso decir Jesús cuando dijo que era lo correcto para poder "cumplir con lo que es justo"? La respuesta a estas preguntas sugiere diversas verdades fascinantes e importantes.

Trasfondo. Juan el bautista presentaba una verdadera innovación religiosa. El mundo judíos conocía entonces dos tipos de bautismos o lavados con agua. Estaba el bautismo requerido para los prosélitos en la conversión, y los lavados más frecuentes de purificación, arraigados en la tradición bíblica.

Los escritos rabínicos indican que se requerían tres cosas del varón gentil del siglo primero que quisiera convertirse en judío: la circuncisión, el sacrificio y el bautismo. En su clásica obra *La vida y los tiempos de Jesús el Mesías,* Edersheim escribe: "El bautismo debía realizarse en presencia de tres testigos, por lo general del Sanedrín (Yebam, 47b), pero en caso de necesidad, podían ser otros. La persona que iba a ser bautizada ya se había cortado el cabello y las uñas, se desnudaba por completo y había profesado nuevamente su fe ante lo que se designaba como 'padres de bautismo'. Luego se la sumergía completamente para que el agua tocara cada parte de su cuerpo". Es claro que no hay paralelo directo aquí con el bautismo público de los judíos realizado por Juan, no como rito de conversión sino como señal de arrepentimiento.

De manera similar, no hay paralelo directo con los rituales de purificación judíos. El *Revell Bible Dictionary* [Diccionario bíblico Revell], dice sobre estas acciones: "En los tiempos de Jesús el pueblo judío usaba estanques para los baños rituales de purificación personal. Los arqueólogos han encontrado estos baños no solo en el monte del Templo sino también entre los restos de los hogares más pudientes de Jerusalén e incluso en el Khirbet Qumran, sede de la secta de los Rollos del mar Muerto. Cada baño, o *mikvah,* tenía un estanque de reserva de agua donde se recogía el agua de lluvia porque la ley rabínica mandaba que para la purificación se usara agua corriente ('viva')" (p. 126-127). Una vez más, no hay paralelo directo entre este ritual privado y el llamado de Juan a un acto público de bautismo como señal de arrepentimiento y renovado compromiso con Dios.

Lo que Juan hacía entonces era crear un nuevo símbolo a partir de los elementos de un símbolo viejo: el bautismo en agua viva (corriente) que no prometía renovación sino que en cambio simbolizaba el compromiso a la renovación interna que solamente podía lograrse mediante la completa dedicación a Dios, como preparación personal para el reino escatológico que vendría.

Interpretación. Nuestra interpretación de este breve pasaje se apoya en el entendimiento de la reticencia de Juan y la insistencia de Jesús.

Ante todo, no podemos explicar la reticencia de Juan suponiendo que el Bautista reconociera a Jesús como el Mesías. Las palabras de Juan que encontramos en Juan 1:31, 33 lo dejan en claro. Allí, se nos dice que el Bautista les dijo a sus seguidores: "Yo ni siquiera lo conocía", y "Yo mismo no lo conocía, pero el que me envió a bautizar con agua me dijo: 'Aquel sobre quien veas que el Espíritu desciende y permanece, es el que bautiza con el Espíritu Santo'." Por eso ¡Juan no supo que Jesús era el Mesías hasta que lo bautizó! ¿Por qué, entonces, la reticencia de Juan a bautizar a Jesús?

La conclusión a la que debemos llegar nos sorprende. Juan estaba convencido de que Jesús no necesitaba ser bautizado. Lo cual sugiere que Juan conocía a Jesús personalmente. De hecho, no es poco probable. María y Elisabet, la madre de Juan, eran muy amigas (cf. Lucas 2:39ff). Ambas familias tienen que haberse reunido, en especial en las fiestas en que José y María viajaban de Galilea a Judea. Los dos muchachos, tan cercanos en edad y en su temprano compromiso espiritual, tienen que haber jugado y conversado junto. Sin duda, el entendimiento espiritual que demostró Jesús a los 12 años, cuando asombró a los maestros de judaísmo que ministraban en las fiestas santas en los patios del templo (cf. Lucas 2:41-51), tiene que haber atraído al ascético Juan, que ya estaba lleno de ferviente celo por el Señor. Por eso, cuando Juan insistió "Yo soy el que necesita ser bautizado por ti, ¿y tú vienes a mí?" — y en el texto griego los pronombres "yo" y "ti" se destacan específicamente — estaba expresando una opinión informada de que ¡por cierto Jesús no tenía necesidad de arrepentirse!

Pero Cristo insistió. Hay quienes sugieren que el "ahora" es importante y que la acción de Jesús tenía por intención confirmar el elemento escatológico tan destacado en la predicación de Juan sobre un reino mesiánico que se acercaba. Pero tal vez sea mejor poner énfasis en lo que hizo Jesús: era correcto que Él hiciera esto para "cumplir con lo que es justo". Una sugerencia reciente indica que como era voluntad de Dios que Jesús fuera bautizado, era justo que Juan y Jesús (los "nosotros" en el versículo), cumplieran tal voluntad. Aunque esto no explica por qué era voluntad de Dios que Cristo pasara por tal rito.

Tal vez haya que encontrar una solución simple. Tal vez Jesús quisiera ser bautizado aunque Él personalmente no tuviera necesidad de arrepentirse, para identificarse públicamente con el ministerio de Juan. Así, Jesús añadía el "¡Amén!" del Mesías a todo lo que Juan enseñaba y hacía.

Aplicación. Aquí hay dos ideas que pueden aplicarse muy bien a nosotros y a quienes estamos enseñando.

Ante todo, y aunque Juan respetaba profundamente a Jesús, le asombró enterarse de que su amigo de la infancia era de veras el Mesías. ¡Era algo inesperado! ¿Podría ser este Jesús divertido y trabajador, esa persona atractiva y al mismo tiempo "común", el Mesías de Dios? No encajaba con el molde preconcebido. Porque el Mesías tenía que ser alguien distante, que impusiera temor y respeto, alguien a quien se admirara por ser tan superior. Alguien diferente.

El hecho de que Juan no sospechara que Jesús era el Mesías nos llama a re-examinar nuestras propias nociones de espiritualidad. ¿Tiene que ser distante, imponente, apartada de la vida común la persona verdaderamente espiritual? ¿O es que el secreto de la verdadera espiritualidad es sencillamente vivir una vida verdaderamente humana, como lo hizo Jesús, en unión con Dios? La risa, el trabajo duro, las amistades, el afecto y la diversión, todas estas cosas son, al menos, las que caracterizarán más probablemente a una persona espiritual, a diferencia del gesto adusto, los ojos hundidos y la distancia auto-impuesta con respecto a los demás seres humanos.

Jesús, el único hombre verdaderamente espiritual en toda la historia, fue criticado por Sus contemporáneos por "comer y beber" y por ser "amigo de recaudadores de impuestos y de pecadores" (Mateo 11:19). Disfrutaba de las fiestas y amaba a todo tipo de personas. Y aún Su amigo cercano, Juan, no sospechaba Quién era en realidad.

No permitamos que las nociones distorsionadas de cómo se conduce una persona "espiritual" hagan que nos equivoquemos en cuanto a la dedicación a Dio de quienes no encajan con nuestras ideas preestablecidas. No permitamos que la distorsionada noción de la espiritualidad nos impida la libertad de disfrutar de la vida y relacionarnos con los demás, de la forma tan bella que nos muestra Jesús.

En segundo lugar, el hecho de que Jesús no tuviera necesidad personal de arrepentirse y que por eso no se requiriera de su bautismo, debiera presentarnos un desafío. Jesús fue bautizado porque era correcto que Él, como persona justa, Se identificara con Juan y su mensaje. Para nosotros hoy es muy fácil quedarnos a un costado y dejar que otros sean los que peleen las batallas de Dios. Por ejemplo, pensemos en la campaña que llevan adelante algunos por limitar las imágenes de sexo y violencia en la TV. Tal vez, digamos, no permitimos que se vean esos programas en nuestros hogares, y así ¿para qué involucrarnos? ¿Por qué? Tal vez, sencillamente porque quienes buscan influir en los canales y las publicidades están haciendo lo correcto y si lo están haciendo, tendríamos que aliarnos con ellos. Eso hizo Jesús cuando decidió que Juan Le bautizara.

La tentación de Jesús (4:1-11). Ver también los mensajes paralelos en Marcos 1:12-13 y Lucas 4:1-13.

Trasfondo. Si bien hay pasajes significativos sobre las pruebas/tentaciones en el NT (ver comentario sobre Hebreos 2:18; Santiago 1:13-15), tenemos que tratar de entender la tentación de Jesús en el contexto del pensamiento del AT. El Espíritu de Dios llevó al Hijo de Dios al desierto, no para castigarle o exponer sus debilidades, sino para que en el fuego de la prueba pudieran exhibirse como genuinas ciertas cualidades esenciales.

La prueba o la tentación no son temas frecuentes en el AT. Hay tres términos hebreos que se traducen como "prueba" en la NVI. *Nasah* aparece 36 veces en el AT e indica el intento por probar la calidad de una persona u objeto (Éxodo 16:4; Deuteronomio 8:16). *Sarap*, que significa fundir o refinar, sugiere un proceso de purificación y esta palabra del AT aparece siete veces traducida como "prueba" (Salmo 17:3; 119:149; Jeremías 9:7). *Bahan* es la prueba que tiene por intención demostrar la existencia de alguna cualidad. Esta palabra aparece 29 veces en el AT (Génesis 42:15-16; Salmo 7:9; Proverbios 17:3; Jeremías 6:27; Malaquías 3:10,15).

Es de notar que el término griego *periazo*, traducido como tentación y prueba en el NT; aparezca en el Septuaginto como traducción del término hebreo *nasah*. Y tal vez esto explique por qué Mateo, al escribir con el lector judío en mente, eligiera *periazo* para describir la tentación de Jesús, en lugar de *dokimazo*, término más adecuado a los griegos. *Periazo* indica claramente la intención de demostrar lo genuino, más que de sacar a la luz lo falso.

Interpretación. Acordado ya que la intención de la tentación de Jesús era la de probar la existencia de cualidades esenciales a Su misión como Mesías, notamos una cantidad de cosas significativas en el texto de Mateo.

■ Hubo tres tentaciones. Esto parece obvio, pero igualmente es importante. Cada una de las tres tentaciones representan una avenida de ataque utilizada por Satán. Y también es claro que cada una de las tres revela una cualidad esencial, como calificación necesaria para el ministerio de Jesús.

■ "Si" en 4:3, no significa duda o condición. La gramática del griego (*ei* más el indicativo) supone que Jesús es el Hijo de Dios. Así, el desafío de Satanás a Jesús era el de actuar en carácter, como Dios, y resolver el problema surgido con el ayuno de los 40 días, obrando un milagro para transformar las piedras en pan.

■ Jesús responde en primera instancia citando un pasaje que pone énfasis en Su humanidad: "No solo de pan vive el hombre" (Deuteronomio 8:3). Así Jesús anunciaba Su intención de enfrentar los desafíos de Satán en Su naturaleza humana, sin apelar a las prerrogativas independientes de deidad que Él había apartado voluntariamente en la Encarnación.

■ Jesús responde a cada prueba apelando a las Escrituras. En cada una de las instancias, la cita es de Deuteronomio, lo cual no es tan importante como la forma en que Cristo utilizó las Escrituras. Lo que hizo, de hecho, fue tomar de cada pasaje un principio, y decidir que actuaría según ese principio. Se nos recuerda así que el poder liberador de la Palabra de Dios no surge simplemente porque la sepamos, sino únicamente cuando la apliquemos.

■ Hay significado en la secuencia en que se presentaron las tres tentaciones. Es interesante notar que el texto griego de Mateo indica una secuencia definida, que usa los conectores "luego" y "de nuevo" (4:5 y 4:8). En contraste vemos que Lucas, que registra la secuencia en orden diferente, no utiliza estos conectores y no nos pide que supongamos un orden específico. Lo que tal vez sea más significativo es que la oferta de "todos los reinos del mundo y su esplendor" (4:8), es la tentación final. Y así sería, porque en Mateo lo que se destaca es el tema del reino. El Rey ha llegado. Pero ¿qué ha sucedido con el reino?

■ Solo podemos entender y aplicar este pasaje cuando determinamos la naturaleza de las tentaciones, la cualidad que cada una de las pruebas buscaba exhibir, y de qué modo se relacionaba cada una de estas cualidades con la misión mesiánica de Jesús.

■ La Primera Tentación (4:1-4). La primera tentación surgió del hambre que sentía Jesús después de un ayuno de 40 días. Satanás le desafió a actuar en Su naturaleza esencial como Hijo de Dios para satisfacer Su necesidad humana. Jesús se negó, afirmando que "no solo de pan vive el hombre". Jesús enfrentó esta prueba como hombre. Pero más importante es ver que la prueba se basaba en la realidad de Su humanidad. Como ser humano Jesús era pasible de sentir hambre. De sentir dolor. De hecho, como lo dice el profeta Isaías, era "varón de dolores, hecho para el sufrimiento" (53:3=. Si Jesús había de cumplir la misión del Siervo de Iahvé, tal como el AT describe esa misión, tiene que sufrir. Y a pesar del sufrimiento Jesús debe elegir que se someterá por completo a la voluntad de Dios. Al negarse a actuar de manera independiente para aliviar Su propio sufrimiento intenso, Jesús mostró que poseía la fuerza de carácter que se requería del Mesías.

■ La Segunda Tentación (4:5-7). La segunda tentación también surgió de la humanidad de Jesús y una vez más, presenta el preámbulo: "si eres el Hijo de Dios". Pero aquí la gramática griega es diferente. Ahora Satanás formula una pregunta, buscando introducir un elemento de duda. Podemos ver por qué podría haber dudas. ¿Trataría Dios de manera tan desprolija a Su propio Hijo? ¿Era realmente el Espíritu Quien había llevado a Jesús al desierto, o era

21

alguna otra voz, tal vez el susurro de la ambición o el celo malentendido? Ahora oímos la voz de Satán, citando las Escrituras para mostrar lo fácil que sería resolver toda duda. Salta de la parte más alta del templo al valle que está debajo. ¡Los ángeles de Dios te atraparán y entonces lo sabrás! La respuesta de Jesús confirma esta forma de entenderlo porque se refiere a un momento en la historia en que la generación del Éxodo exigía una prueba de que Dios estaba en medio de ellos. En esencia, Jesús se compromete a vivir una vida de total confianza, por oscuras que fueran las circunstancias. ¡Cuánto necesitaría Jesús esta cualidad al enfrentar Su propia noche oscura del alma!¡Cuántas veces, ridiculizado y atormentado por los fariseos, puesto en duda por el hombre común, abandonado finalmente incluso por Sus discípulos, tuvo Jesús razones para sentirse solo y abandonado! No podemos saber cuánto de Su experiencia resonaba en las palabras del Salmo 22:1, reconocido como mesiánico aún en el siglo primero. Pero por mucho que gritara Jesús por dentro: "Mi Dios, mi Dios ¿por qué me has abandonado? ¿Por qué no me salvar, por qué estás tan lejos de mis lamentos?, jamás dejó de confiar en Dios.

■ La Tercera Tentación (4:8-10). La tercera tentación se relaciona directamente con la misión de Jesús. Como Mesías, ha de ser el Rey supremo de todo. Y de repente viene Satán a ofrecerle "todos los reinos del mundo y su esplendor". Para Jesús, la tentación más bien no sería por el esplendor de los reinos de la tierra sino por el bien que traería Su reinado. Los profetas del AT nos brindan muchas imágenes vívidas de un mundo revitalizado por el benéfico reinado del Mesías. Vidas más largas, prosperidad y paz, incluso la naturaleza domada de modo que "el lobo y el cordero pacerán juntos" (Isaías 65:25), son resultados del reinado del Mesías que vendrá.

¿No sería "bueno" para todas esas generaciones desde la Encarnación, que vivieron y murieron — a menudo, en vano — si hubiera gobernado Jesús en estos últimos siglos? ¡Y todo eso podríamos haberlo tenido sin la cruz! La humanidad sería bendecida y el Salvador conseguiría Su destino de realeza sin dolor. ¿Por qué no aceptar entonces el ofrecimiento de Satán?

El problema está en que el propósito de Dios solo podría alcanzarse si el camino al reino llevaba primero a la cruz. Antes de la gloria debía venir el sufrimiento. Antes de la renovación, debía venir la redención. Por muy "buena" que pudiera haber parecido la oferta de Satanás, el Mesías de Dios tenía que estar plenamente comprometido a cumplir la voluntad de Dios, y solo la voluntad de Dios.

Aplicación. Hay mucho en este pasaje que tiene aplicación directa en nuestras vidas. Como Jesús, somos susceptibles en nuestra humanidad a la tentación en cada una de las avenidas utilizadas aquí por Satán.

Y como Jesús tenemos que elegir que viviremos según los principios establecidos en la Palabra de Dios. Como nos lo muestra el cuadro que hay a continuación, hay lecciones que podemos aprender de la experiencia de Cristo. Son lecciones que nos ayudarán a vencer nuestras tentaciones.

De hecho, si usted y yo esperamos cumplir el propósito de Dios en nuestras vidas, tenemos que tomar las decisiones que tomó Jesús y nutrir esas cualidades que Él demostró de manera tan bella.

Como Jesús, somos susceptibles a las presiones del universo físico, espiritual y social en que vivimos. También nosotros tenemos necesidades: la necesidad de sobrevivir, de seguridad, de significado personal que provienen no solo del reconocimiento de los demás sino del sentir que cumplimos nuestro propio destino en la vida. Cada una de estas necesidades es potente y nuestro deseo por satisfacerlas a veces creará intensa tensión. Cuando nos sentimos en tensión hemos de reconocer a la situación como lo que es: una tentación, una prueba. ¡Qué maravilloso es encontrar en esta experiencia de Jesús las claves que nos permitirán pasar la prueba como la pasó Él, y entrar en una vida más profunda!

Mateo 3–4

Análisis de la tentación de Jesús

La tentación	La relación en foco	Camino	Necesidad humana básica	Lecciones aprendidas
Convertir piedras en pan	Con el propio ser	Lo físico	Supervivencia	La entrega del propio ser
Saltar de lo alto del templo	Dios	Lo espiritual	Seguridad	Confiar plenamente en Dios
Aceptar todos los reinos de la tierra	Con los demás	Lo social	Significado, importancia	Elegir siempre hacer la voluntad de Dios

El llamado a los primeros discípulos (4:18-22). Ver también los pasajes paralelos en Marcos 1:16-20; Lucas 5:1-11.

Trasfondo. En el judaísmo del siglo primero estaba bien definida la capacitación para las personas de liderazgo espiritual. En lugar de recurrir a las aulas, el judaísmo requería que los alumnos fueran aprendices de los maestros reconocidos, como "discípulos" en el sentido técnico de la palabra.

El discípulo de un rabino literalmente vivía con su maestro y le acompañaba a todas partes. Aprendía no solo por escuchar las enseñanzas de su Maestro sino por observar sus acciones. Vemos reflejos de este proceso en pasajes como Marcos 3:14: "Designó a doce... para que lo acompañaran" y Lucas 6:40, "todo el que haya completado su aprendizaje, a lo sumo llega al nivel de su maestro". Marcos nos revela el proceso y Lucas, el objetivo del discipulado. El discípulos esperaba no solo aprender todo lo que sabía su maestro, sino también desarrollar un carácter pío.

Es claro que la decisión de convertirse en discípulo de un maestro en particular, era una elección de cambio de vida. Y también era igual de importante para el maestro escoger a sus discípulos. Porque aunque el discípulo esperaba que la relación con su maestro le moldeara y equipara, el maestro se vería honrado por la piedad de sus estudiantes y tendría que depender de ellos para poder transmitir sus enseñanzas a las generaciones futuras.

¿Cómo explicamos entonces la descripción casi casual que hace Mateo de cómo eligió Jesús a los Doce? Parecería que al estar caminando por la orilla, vio a Pedro y a Andrés y que en efecto, casi como al pasar dijera: "¡Oigan, muchachos! ¡Vengan y síganme!". Y que los dos pescadores, al instante decidieran dejar el trabajo de toda su vida para seguir a un extraño.

El hecho es que no sucedió de esa manera. En absoluto. Descubrir cómo sucedió nos muestra cómo atraer a otros a Jesucristo.

Interpretación. Este es uno de esos temas que tenemos que tratar comparando los relatos de los Evangelios. Ninguno de los autores distorsiona los hechos. Pero cada uno tiene su propia agenda y sus propias razones por las que incluye cierto material y omite otras cosas. A veces hay que mirar cada uno de los Evangelios para poder construir la secuencia precisa de los hechos. Por ejemplo, tenemos que mirar cada Evangelio para reconstruir las "siete palabras que dijo Jesús desde la cruz", o la secuencia de eventos en esa primera mañana de la resurrección. De manera similar, para ver la dinámica de la relación entre Jesús y los discípulos, tenemos que mirar otros Evangelios, en este caso, los Evangelios de Juan y Lucas.

■ Juan 1:35-51. Andrés, hermano de Pedro, había dejado el negocio familiar de la pesca cuando llegó a Galilea la noticia de la predicación de Juan. Recorrió apresurado los 145 Km. de distancia y estuvo allí cuando Juan bautizó a Jesús. Al día siguiente, habiendo oído que Juan identificara a Jesús como Hijo de Dios, Andrés siguió al nazareno y pasó el día con Él. Al día siguiente Andrés encontró a Pedro que también había llegado para oír a Juan. Y anunciando que había encontrado al Mesías, llevó a Pedro a que conociera a Jesús.
Otros discípulos, como Felipe y Natanael en particular, también conocieron a Jesús justo después de Su bautismo, cuando Cristo se dirigió a su hogar, estos galileos fueron con Él.

■ Juan 2:1-11. Cuando llegaron los compañeros de viaje, fueron untos a una fiesta de bodas en Caná y allí fueron testigos del primer milagro de Jesús.

■ Juan 2:12-23. Pedro, Andrés, Juan y Santiago eran socios en el negocio de la pesca. Habían prosperado tanto que su sede central se mudó de la pequeña Betsaida (1:44) a Capernaum. Los nuevos amigos permanecieron juntos durante varios días (Juan 2:12) y como había llegado la fecha de uno de los festivales judíos en que todos irían a adorar al templo de Dios, se dirigieron a Jerusalén. Allí fueron testigos del primer acto público de Jesús que les dejó atónitos: Jesús echó del templo a los comerciantes que compraban y vendían allí.

Los futuros discípulos ahora habían visto varias facetas del Salvador: le habían conocido como amigo, habían compartido con Él una alegre celebración en una boda, y Le vieron arder de furia cuando echó a los comerciantes del templo. En Jerusalén fueron testigos de otros milagros que obró Jesús (2:23).

■ Lucas 5:1-11. Fue así que Pedro y los otros conocían bastante bien a Jesús cuando un día Él volvió al Mar de Galilea y les encontró lavando sus redes. Apretado entre la multitud, Jesús se subió a la barca de Su amigo Pedro y enseñó desde allí. Luego se volvió a Pedro y le dijo que volviera a salir al lago y echara las redes.

No era inusual esto porque en Galilea, como sucede también hoy, los pescadores trabajan por la noche. Pero Pedro, conociendo a Jesús, hizo lo que Él decía, "y recogieron una cantidad tan grande de peces que las redes se les rompían" (5:6).

En este punto Pedro cayó de rodillas ante Jesús y Le rogó: "¡Apártate de mí, Señor; soy un pecador!" (5:8). Pero Jesús llamó a Pedro y a sus amigos a ser discípulos Suyos. Y eso hicieron.

Aplicación. Es importante que tengamos en mente esta imagen de la relación entre Jesús y Sus discípulos porque de otro modo, podríamos suponer equivocadamente que el vínculo de los Doce con Cristo era completamente milagroso. Y de hecho, lo era pero a la vez, no lo era.

Jesús no era un desconocido para los discípulos cuando los llamó a las orillas del Mar de Galilea. ¡Había pasado semanas junto a ellos! Se había alojado en sus casas, habían asistido juntos a fiestas, Él había conocido cómo era el trabajo de ellos. Se había asegurado de que Le conocieran como persona. Habían visto Su sensibilidad cuando convirtió el agua en vino, y su celo feroz por Dios en el templo. Habían escuchado Sus enseñanzas y hasta Le habían visto obrar milagros en público. Cuando Jesús les llamó a ser discípulos Suyos, no esperaba que tomaran una decisión a ciegas. Jesús se aseguró de que los discípulos supieran muy bien a quién les estaba llamando a seguir: a un Maestro, un Sanador, un Zelote de Dios, completamente comprometido con cumplir la voluntad de Dios.

¡Qué lección para nosotros! Transmitir el Evangelio no es cuestión de repartir folletos y seguir con otra cosa. Tiene que ver con cultivar relaciones. Es cuestión de estar dispuestos a tomarnos el tiempo de dejar que los demás lleguen a conocer a Jesús poco a poco. Así fue como Jesús pescaba personas. Y así es como tenemos que pescar personas nosotros también.

Hay otra lección en estos pasajes. La descubrimos cuando oímos decir a Pedro: "Maestro...como tú me lo mandas, echaré las redes" (Lucas 5:5), y luego, momentos más tarde, exclamó: "¡Apártate de mí, Señor, soy un pecador!" (5:8).

Aquí, "Maestro" es epistates, que puede traducirse como "jefe". Pedro reconoce a Jesús como a Aquel con autoridad, pero sigue dirigiéndose a Él de modo bastante informal. Luego sucede algo. La repentina aparición del enorme cardumen, que contradice todo lo que el hábil pescador Pedro sabe sobre la conducta de los peces, parece causar una revelación súbita. Pedro cae de rodillas y grita: "¡Señor!". Sobrecogido al ver quién es Jesús en verdad, le abruma la conciencia de su propia condición de pecador.

En Pedro, y también en nosotros, el sentido del propio pecado primero hace que se busque la distancia con respecto a Cristo, por temor y vergüenza. Pero Jesús calma los temores de Pedro y luego, maravilla de maravillas, le dice a Su amigo consternado: "Desde ahora serás pescador de hombres" (Lucas 5:10).

Muchas veces sucede que Jesús se nos da a conocer muy gradualmente. Vamos conociendo más y más sobre Él, tal vez en la iglesia o la escuela dominical, o por lo que nos enseñan nuestros padres, y aunque Le respetamos, tratamos a Jesús de manera informal. Pero de repente, al darnos cuenta de Quién es Jesús y quiénes somos nosotros, caemos de rodillas y junto con Pedro gritamos: "¡Señor!".

La conversión es, justamente, este tipo de fusión de lo natural y lo sobrenatural: el proceso gradual de conocer poco a poco a otra persona, y el darse cuenta de repente, porque el Espíritu nos lo permite, Quién es Jesús en realidad. Es importante que usted y yo recordemos que en nuestra pesca tiene importancia lo natural y lo sobrenatural. Y es un consuelo saber que al ministrar a quienes van conociendo a Jesús pero todavía Le tratan con informalidad, llegará el momento en que obrará el Espíritu y reconocerán a Jesús como Señor.

Jesús empieza a predicar (4:12-25). Pasadas ya las tentaciones iniciales, Jesús ha demostrado esas cualidades esenciales a Su ministerio. Y entonces ese ministerio comienza. En pocas palabras Mateo presenta temas que se desarrollarán a lo largo de su libro. Jesús se une a Juan para anunciar que el reino está cerca y en llamar al arrepentimiento. Algunos responden a Su predicación y se convierten en seguidores Suyos. Y quien acude a Jesús para sanar encontrará liberación física que es espejo de la libertad suprema del impacto del pecado. La libertad que recibe la humanidad a través de su relación con el Rey de los cielos.

MATEO 5
Sermón del Monte

EXPOSICIÓN

Mateo ha demostrado que Jesús cumple con todas las condiciones establecidas en el AT para el Mesías. También nos ha mostrado que Jesús está personalmente calificado para tal rol. Ahora Mateo relata el centro de la asombrosa enseñanza de Aquel que ha venido a predicar "Arrepiéntanse, porque el reino de los cielos está cerca" (4:17). Esa enseñanza comienza con un anuncio importante: "Dichosos los pobres en espíritu, porque el reino de los cielos les pertenece" (5:3). ¡El reino que está "cerca" puede experimentarse como realidad ahora mismo!

Así tenemos que entender el informe que Mateo hace del "Sermón del Monte", como al menos parte de su respuesta a los judíos que preguntan: "Si Jesús de Nazaret es el Mesías ¿qué ha pasado con el reino?".

Mateo destaca una serie de puntos a medida que organiza y relata las enseñanzas que Jesús tiene que haber repetido una y otra vez durante los tres años de Su ministerio itinerante. Estos mensajes pueden resumirse de este modo: Primero, se puede experimentar al reino de los cielos ahora, pero solo para quienes tienen valores y actitudes en sintonía con la realidad espiritual (5:1-12).

En segundo lugar, el reino de los cielos se revela en individuos cuyo compromiso con Dios les permite servir como la sal y la luz de la sociedad (5:13-16).

Tercero, la enseñanza de Jesús sobre el reino no niega las Escrituras. De hecho, Jesús ha venido a correr el velo del significado verdadero de la Ley de Dios y su relación con el reino (5:17-20).

Y en cuarto y último lugar, esa Ley debidamente entendida llama a la transformación interior y no a la conformidad exterior (5:21-48). Los Mandamientos, como "No matarás" y "No cometerás adulterio" están tan en contra de la hostilidad y la lujuria que motiva las acciones como contra las acciones en sí misma. Las reglas que permiten el divorcio y que convierten en obligación a algunas promesas aunque no a todas, no dan libertad en realidad a la persona con respecto a la obligación de ser fiel en el matrimonio y a la honestidad en todas las relaciones. Los principios como "ojo por ojo", que limitan la represalia, y el llamado a amar al prójimo que se entiende como limitación de la responsabilidad hacia los demás, sencillamente no se aplican al reino de los cielos que Jesús describe ahora.

Es decir que las imágenes inesperadas y las palabras de Jesús cambian el foco de la atención de quienes sueñan con un reino de los cielos en la tierra desde afuera hacia dentro, de la manifestación física a la espiritual, de la pompa a la humildad, del poder terrenal a la dinámica espiritual que transforma el corazón humano.

Así, se nos presenta al menos parte de la respuesta de Mateo a lo que su propio pueblo pregunta acerca del reino de los cielos. Sí, dice Mateo, Jesús es el Mesías, Quien gobierna el reino de los cielos. Pero el reino de Jesús es un reino espiritual. Y el poder dinámico del Rey de los cielos opera dentro del corazón humano. Como prueba de que Jesús es el Señor, ante todo tenemos que mirar hacia dentro.

ESTUDIO DE PALABRAS

El reino de los cielos les pertenece (5:3). En nuestro último estudio observamos que en pensamiento de la antigüedad la idea central que subyace a la idea del "reino" no era territorial, sino más bien la de una esfera de influencia. Así, el "reino de los cielos" representa la fuerza dinámica de la voluntad de Dios operando en el mundo.

En *Jesús y el mundo del judaísmo*, el reconocido académico judío Geza Vermes señala que el concepto del reino de Dios tenía formulaciones distintivas en la literatura rabínica e intertestamental. Vermes, en las páginas 32 a 35, observa primero que toda formulación "se relaciona con la soberanía de Dios y no con el plano sobre el cual Él gobierna". En la era del reino la soberanía de Dios era contraparte de la monarquía terrenal y operaba a través del rey como representante Suyo. Después del cautiverio en Babilonia, "Israel buscaba un nuevo David para restablecer el gobierno visible e institucional de Dios sobre los judíos liberados de los imperios extranjeros, para imponer este gobierno sobre la humanidad toda". Durante el siguiente período intertestamental se formó la creencia de que "el reino de Dios surgiría de la victoria en la tierra de los ejércitos celestiales de ángeles por sobre las huestes de Satán".

Finalmente, había otro concepto, afirmado en Isaías, de que los paganos repentinamente verían que "el Dios de Israel es el único Salvador" y que acudirían en masa a Jerusalén para adorarle. Al aceptar el "yugo de la Torá", el pueblo judíos podía manifestar la soberanía de Dios " a través de la obediencia personal a la Ley de Dios". Entonces, "un Israel santificado y puro atraería a los gentiles a Dios".

La enseñanza de Jesús en Su Sermón del Monte no encaja en ninguna de estas cuatro formulaciones de su tiempo. En cambio, Jesús anuncia una expresión de soberanía de Dios que obra con tanta potencia dentro del corazón humano que se produce una justicia, una pureza que excede a todo lo que manda la Ley. El "reino de los cielos", como Jesús lo presenta, es un llamado a arrepentirse. Es un llamado a examinar nuestra actitudes además de nuestras acciones, a enfocarnos en ser más que en el hacer. Es un desafío a depender completamente de Dios y no del propio esfuerzo.

En nada de esto niega Jesús explícitamente la visión de los profetas de un reino futuro, visible e institucional de los cielos por sobre la tierra. Pero con claridad llama a quienes Le escuchan, y también a nosotros, a buscar una experiencia presente, oculta y profundamente personal del gobierno de los cielos.

---

100 AÑOS DESPUÉS

Justino Mártir, nacido en el año 100, escribió su Apología, una defensa del cristianismo, más o menos cuando tenía 50 años. Tenía piara decir lo siguiente sobre el impacto del reino de Dios sobre el compromiso del cristiano:

> Y cuando oigas que buscamos un reino supones, sin preguntar, que hablamos de un reino humano. Mientras nosotros hablamos de aquello que es con Dios, como surge también de la confesión de su fe hecha por quienes son acusados de ser cristianos aunque sepan que la muerte es el castigo que se dará a quien confiese tal cosa. Porque si buscáramos un reino humano, deberíamos también negar a nuestro Cristo para que no nos mataran, y nos esforzaríamos para que no nos detectaran, de modo de obtener lo que esperamos. Pero como nuestros pensamientos no están centrados en el presente, no nos preocupa cuándo nos maten los hombres, ya que la muerte también es una deuda que, en todo caso, ha de pagarse.

Dichosos **(5:3).** La palabra que se repite tanto aquí es *makarious*, término que usa el Septuaginto para traducir la interjección hebrea *'asre*, "Oh, dichosos (o benditos)...". A pesar de la traducción podría interpretarse como "alegres" o "felices", *makarious* no significa "sean felices". Es, en cambio, una exclamación de aprobación, afirmación de elogio por gracia de Dios. Jesús no nos promete sentimientos felices, sino la aprobación de Dios, una recompensa mucho mayor.

Los pobres en espíritu **(5:3).** Tal vez esto incluya a los pobres en términos económicos, pero es seguro que se refiere a quienes han aprendido que es inútil esperar lo que sea si no es en Dios. El peligro de la riqueza es el aislamiento de las vulnerabilidades comunes de la persona, que puede convertir al rico en insensible ante su desesperada necesidad de depender de Dios.

Los que lloran **(5:4).** Sentir profunda pena, habiendo reconocido que la tristeza es consecuencia del pecado personal e institucionalizado.

Los humildes **(5:5).** Humilde, praus, es un término complejo que sugiere mansedumbre, ausencia de ostentación, disposición a responder. Los griegos consideraban que la humildad era despreciable y la confundían con la servilidad. En el pensamiento bíblico la humildad es hermosa porque el humilde se relaciona con los demás sin hostilidad, sin malicia y sin arrogancia u orgullo.

Los que tienen hambre y sed de justicia **(5:6).** Ambos expresan potente deseo.

Los que trabajan por la paz **(5:9).** La idea de la paz que encontramos en el AT no es sencillamente la ausencia de peleas. La paz, shalom, es un término positivo y dinámico que implica tanto salud como plenitud. No hay limitaciones al aspecto de la "paz" que implica este versículo: paz con Dios, paz interior, paz interpersonal o paz internacional. Hay, sin embargo, una clara crítica a quienes pelean contra la injusticia por medio de la violencia. Está la implicancia evidente de que la persona equipada para llevar sanidad y plenitud es pobre de espíritu, humilde, misericordiosa y de corazón puro.

La sal de la tierra **(5:13).** En los tiempos del NT la sal era tan valiosa que los soldados romanos recibían a menudo su paga en sal. Se utilizaba como condimento, para preservar alimentos, como fertilizante y hasta como medicina. Aquí Jesús habla de la sal de roca, mineral, que se deterioraba ante el extremo calor, y de la que se extraía minerales mediante la humedad. Esta analogía, así como la referencia siguiente a la "luz del mundo", nos recuerdan que el reino de los cielos se expresa a través de las personas. A menos que permanezcamos comprometidos con las normas de su reino el gobierno de Jesús no será reconocible en nuestra sociedad.

La luz del mundo **(5:14-16).** En la antigüedad, las ciudades se construían con piedra caliza, blanca, que relucía bajo el sol. En las casas se mantenían encendidas las lámparas toda la noche, sobre un soporte elevado. Ambas imágenes nos recuerdan que la "luz" no se puede ocultar. Cristo deja en claro esta analogía. Los actos justos de los ciudadanos del cielo son luces que hacen que el reino sea visible para todos. Vemos una vez más que el reino de los cielos es un reino interior que puede verse y al que hay que buscar en sus ciudadanos.

No piensen que he venido a anular la ley o los profetas; no he venido a anularlos sino a darles *cumplimiento* (5:17). El significado de "a darles cumplimiento" ha sido objeto de amplio debate. Una de las sugerencias es que Jesús vino a confirmar o validar la Ley. Y otra interpretación más común es que Jesús completa lo presentado en la revelación del AT. Hay quienes sugieren que Jesús "llena" la Ley al ampliar sus exigencias. Pero tal vez la interpretación más común sea la que dice que Jesús tiene por intención presentarse a Sí mismo como cumplimiento de las profecías, tipos y preanuncios encontrados en el AT.

Podríamos encontrar una explicación mejor, a pesar de que implique asignar un significado especial a *pleroo*, o "cumplimiento", y con ella poner en perspectiva más precisa el sermón de Jesús. Lo que Jesús quiso decir es que Él logra lo que todo rabino anhelaba lograr: "cumplir" la Ley en el sentido de brindar una explicación más veraz, precisa y autorizada del real significado de la Ley.

Si lo entendemos así vemos en lo que sigue a continuación una nueva fuerza. Incluso el último de los mandamientos no ha de violarse. La participación en el reino de los cielos llama a una justicia que "supere a la de los fariseos y de los maestros de la ley" (5:20). Esto es importante porque los fariseos y maestros de la Ley eran conocidos por su escrupuloso cumplimiento con las indicaciones bíblicas más detalladas o escondidas.

En este punto, Jesús centra la atención de quienes Le escuchan en los mandamientos y prácticas más conocidos. En cada una de las seis ilustraciones que siguen Jesús muestra que la Ley que prohibía una acción en realidad condenaba la actitud que daba lugar a tal acción.

La justicia de la Ley en verdad llama a una justicia superior, suprema, una pureza interior que limpia tan completamente que ni siquiera existe en nosotros el menor deseo de hacer el mal.

Así, el real significado de la ley, ese sentido del "cumplimiento", se ve al mostrarse en una justicia que surge de una transformación interior, una justicia que no se consigue por cumplir leyes o normas. Para participar de esta expresión del reino de los cielos ¡la persona tiene que cambiar desde adentro!

Todo esto, por supuesto, no implica abolir la Ley, que es la que reglamenta las acciones. En cambio, cumple la Ley al mostrar de qué modo los mandamientos y normas dan testimonio del requerimiento supremo de Dios: un carácter moral sin mancha, transformado.

"Pero yo les digo que todo el que se enoje con su hermano quedará sujeto al juicio del tribunal. Es más, cualquiera que insulte a su hermano quedará sujeto al juicio del Consejo. Pero cualquiera que lo maldiga quedará sujeto al juicio del infierno" (5:22). La nota al pie "b" en la NVI explica: "insulte. Lit. le diga 'Racá' (estúpido en arameo)". "Racá" proviene del término arameo *rak*, que significa escupir. La mayoría de las peleas en Medio Oriente se inician con una escupida, acción insultante por demás. Es interesante notar que el hecho de llamar a alguien "estúpido" era mucho menos insultante.

Hay una fascinante progresión en reversa aquí. Llamar estúpido a alguien lleva a la insultante acción de escupir, y eso lleva al asesinato. El asesinato requiere que la sociedad juzgue a la persona, y en cambio la pelea implica que actuará el Consejo o Sanedrín. ¡el solo hecho de llamar "estúpido" a alguien requiere que Dios actúe como juez! ¿Por qué? Porque aunque la sociedad se preocupa por los delitos y el liderazgo civil con los conflictos que podrían terminar en un crimen, a Dios le preocupa la actitud del corazón que lleva tanto al conflicto como al crimen. el hecho de que tal actitud ponga al ser humano en situación de quedar "sujeto al juicio del infierno" deja en claro que Dios juzga el corazón de la humanidad, y no solo las acciones.

Cualquiera que mira a una mujer *y la codicia* ya ha cometido adulterio con ella en el corazón (5:28). Diversos comentaristas han sugerido que esta enseñanza no "hace más estricta a la Ley", sino que sigue con toda naturalidad la promesa de Jesús de "cumplir" en el sentido de revelar el sentido verdadero de esa ley que Israel honraba desde los tiempos de Moisés. El adulterio es por un lado la infidelidad al pacto del matrimonio. Y por otra parte, es violación de la condición del otro como persona, porque trata al ser humano como objeto. Quien es utilizado como objeto muestra que quien lo usa niega el valor básico de la persona.

Entonces ¿a qué "codicia" se refiere Jesús como causa que lleva al adulterio? Es la actitud de mirar, no como persona creada a imagen de Dios sino como "objeto sexual".

No hace falta que un hombre se acueste con una mujer para violar la intención del mandamiento contra el adulterio. Basta con que la mire con lujuria o codicia, como objeto sexual en lugar de cómo persona.

El adulterio es, al igual que el asesinato, un pecado del corazón, tan real en su intención inicial como en su comisión concreta.

Por tanto, si tu ojo derecho te hace pecar, sácalo y tíralo (5:29). Las potentes imágenes de Jesús indican la gravedad del pecado y urgen a los seres humanos a ser drásticos ante el pecado. Orígenes, uno de los primeros padres de la iglesia, tomó esto tan en serio que se hizo castrar. Pero el problema está en que el pecado en realidad no está en el ojo sino en la imaginación. Es la imaginación la que lleva a los ojos a posarse en el objeto de la tentación, y así se alimenta de las imágenes.

Hace falta una cirugía, una operación interna que extirpe toda inclinación hacia el mal, efectuando un trasplante que reemplace esto por una inclinación al bien.

No juren de ningún modo (5:24). Aquí Jesús no se refiere a las malas palabras, sino a la práctica de demostrar que se cumplirá una promesa mediante un juramento. en el siglo primero se había formado todo un sistema que establecía diferencias entre juramentos vinculante y no vinculantes, de modo que la persona se veía obligada a cumplir si juraba "hacia Jerusalén", pero no si juraba "por Jerusalén". Si juraba por "el oro del altar" estaría obligada pero no, si juraba "por el altar".

Jesús descarta todo esto como sofisma, o falso argumento. Uno debiera ser tan honesto como para que su "sí" signifique siempre sí, y su "no" se entienda como no sin duda alguna. La práctica misma de jurar para demostrar compromiso era prueba de que quien juraba no era honesto o confiable en cuanto a que cumpliría con su palabra. A Dios no le agradan las discusiones en cuanto a juramentos vinculantes y no vinculantes. Lo que Le agrada es la honestidad, lisa y llana.

"Ojo por ojo, diente por diente" (5:38). La intención de este principio no es la de alentar a la venganza, sino por el contrario, limitarla. Muchos feudos comenzaban por una simple ofensa, que se veía retribuida con una ofensa todavía mayor y que a su vez, daba lugar a una reacción todavía más feroz. La escalada de violencia, a partir de una palabra u ofensa menor y que llegaba a convertirse en una guerra entre los miembros de la familia, representaba un peligro muy real y presente en la antigüedad del Medio Oriente.

La Ley de Dios decía sencillamente que la persona que había sufrido perjuicios "por el valor de un ojo", no podía reclamar de parte del ofensor compensación mayor al valor de un ojo. Lo mismo, con respecto a un diente o a cualquier otra parte del cuerpo.

Sin embargo, ¿qué revelaba esta norma de la Ley del AT? Demostraba que el pueblo de Dios era vengativo. En lugar de sufrir la injusticia y dejar que Dios se ocupara de lo sucedido, buscaban venganza y eran hostiles, con ansias de tomar revancha hiriendo al ofensor.

Una vez más, la Ley según la "cumple" Jesús, revela nuestra necesidad de una transformación interior. La persona verdaderamente justa, ciudadano del reino de los cielos que trae Jesús, responderá de manera amorosa incluso ante la injusticia.

También hoy es verdad que no hacen falta más reglas ni aplicación más estricta de la ley moral bíblica. Lo que necesitamos es renovarnos para poder ser el tipo de personas que Dios desea.

EL PASAJE EN PROFUNDIDAD

Las Bienaventuranzas (5:1-12). Ver también pasaje paralelo en Lucas 6:20-26.

Trasfondo. Las Bienaventuranzas son el preámbulo al Sermón del Monte de Jesús. Así como lo hace un predicador moderno, Jesús también comienza de manera de llamar la atención de quienes le escuchan. No comienza con una ilustración endulzada, ni con una broma. No. Jesús comienza con una serie de afirmaciones que asombran a todos.

Pronuncia bienaventurados, o dichosos, a quienes están en conflicto directo con la sabiduría popular, de entonces y de ahora. Asombra porque en una sociedad donde se envidia a los "bellos" por su riqueza, orgullo y popularidad, Jesús bendice a los pobres, los hambrientos y los humildes. El primer grupo disfruta de las buenas cosas de este mundo pero Jesús dice que el segundo grupo ¡disfruta de las bendiciones del reino de los cielos ahora mismo!

Para percibir la reacción de la multitud tenemos que imaginar a uno de los predicadores modernos que vemos en la TV. Si este predicador en lugar de decir que Dios quiere que Sus hijos sean sanos y ricos, clama que los pobres y los enfermos disfrutan de la bendición de Dios en este momento ¿qué pensaríamos? Ese mensaje no sería muy popular que digamos. Y tampoco atraería muchas ofrendas. En tiempos de Jesús, tampoco fue un mensaje popular. Pero causó un impacto y también hizo que algunos escucharan y gritaran "¿Qué cosa dijo?". Es posible que algunos preguntaran: "¿Por qué?".

Interpretación. En el comentario para el maestro resumo diversas perspectivas del Sermón del Monte y las Bienaventuranzas, que dan lugar a tal discurso. Algunos creen que Jesús está mostrando el camino de la salvación. Otros insisten en que Sus palabras son la Constitución del reino mesiánico que vendrá y se inaugurará cuando Jesús vuelva. Hay quienes piensan que Su mensaje es para la iglesia y que presenta un parámetro más elevado al que tienen los creyentes. Y otra opinión dice sencillamente que Jesús expone los parámetros éticos, en una EXPOSICIÓN con raíces en la autoridad de la palabra del AT, al tiempo de aclararla.

A estas interpretaciones tradicionales, necesitamos sumarle una quinta perspectiva. *¡El Sermón del Monte describe cómo viven en libertad las personas cuando se comprometen con el reino de Jesús!* Cuando los hombres y las mujeres de cualquier época y edad ven que *en Jesús* el reino está "cerca " de ellos, tienen libertad para abandonarse por completo a la voluntad de Dios, confiados en que al obedecer, Él obrará para moldear los hechos.

Lo que el autor quiere decir es, sencillamente, que el gobierno de Dios ese concreta y Su reino se convierte en una realidad presente cuando el pueblo de Dios se entrega a Él con confianza, adoptando el estilo de vida que describe Jesús en las Bienaventuranzas.

Esta interpretación se apoya en un fascinante juego en la conjugación en presente y futuro que utiliza Jesús. El reino es de los pobres en espíritu, y serán los humildes quienes heredarán la tierra. Tasker señala un hecho significativo: el tiempo presente en griego puede incluir el futuro, y el tiempo futuro puede indicar certeza. Al ser el tipo de personas que Dios desea, tenemos hoy las ricas bendiciones del reino de los cielos y garantizamos nuestra participación en su más plena expresión cuando venga Jesús. El cielo entra en nuestras vidas y quien participa de la obra presente del reino de Dios por dentro, seguramente tendrá un lugar cuando ese reino asuma su forma visible definitiva.

La pregunta que presentan las Bienaventuranzas de Jesús, y la pregunta que responden, es: ¿Quién puede experimentar ahora el reino de Dios? Dicho de manera más simple, solo quienes rechazan los valores del mundo y adoptan los valores de Dios pueden echar un vistazo al reino de Dios. Por eso los pobres en espíritu son dichosos o bienaventurados, porque en su humildad han rechazado los valores terrenales de la arrogante confianza en nosotros mismos. Quienes lloran son bienaventurados porque han rechazado los caminos de un mundo atrapado en la corrida hedonista en pos del placer. Los humildes son bienaventurados porque han rechazado el orgullo, el poder y la propia importancia. Los que tienen hambre de justicia son bienaventurados porque no se conformarán con las satisfacciones que ofrece este mundo. Los misericordiosos, puros de corazón, pacificadores y perseguidos a causa de la justicia no "encajan" en el mundo, pero sí encajan perfectamente en ese reino de los cielos que ahora, así como en el momento en que hablaba Jesús, está "cerca".

Aplicación. Israel cometió un error básico al asumir que Dios les traería Su reino del fin del mundo. Lo que Jesús enseñaba es que hay que permitir que Dios nos lleve a nosotros al reino de Dios. Entrar en el reino de Dios es un hecho sobrenatural, obrado por el Señor para quienes depositan su confianza en Jesús. Pero entrar al reino no garantiza que vivamos en él.

Esto depende no tanto de nuestra fe en Cristo como de nuestra decisión de seguirle. ¿Dejaremos de lado los viejos valores y prioridades que motivan a los hombres y mujeres del mundo? ¿Adoptaremos los valores que destaca Jesús en las Bienaventuranzas? Si lo hacemos, seremos bendecidos de veras. Porque dondequiera que vayamos, estará el reino de Dios y Su potente poder obrará para bien de nosotros.

El cumplimiento de la Ley (5:17-18). Ver también el pasaje paralelo en Lucas 6:20-49.

Trasfondo. Uno siente la tentación de mirar las observaciones de Jesús respecto del asesinado, el adulterio y en especial, al divorcio, como aisladas de la presentación de los versículos 17 a 20. Como observamos en el estudio de palabras de esta sección, en referencia al "cumplimiento" Jesús indica con toda claridad que Él será quien exponga el verdadero sentido de la Ley del AT. Para hacerlo, Jesús utiliza una fórmula conocida: presenta casos de estudio.

Las raíces bíblicas de esta fórmula aparecen en Éxodo. Allí, Moisés graba los Diez Mandamientos (Éxodo 20), que son declaraciones de principios en general pero de inmediato, ofrece diversas ilustraciones con casos donde aplica los principios a situaciones comunes. Por ejemplo, la Ley dice "No matarás" (20:13). Las ilustraciones para este caso establecen una distinción, ya implícita en la palabra hebrea que se traduce como "matar", entre el homicidio intencional y el no intencional (21:12-14). Los casos también presentan la situación en la que el animal de una persona mata a otra (21:28-29), y es notable que también se demuestre que "No matarás" tiene un corolario positivo. El mandamiento en contra de dañar a otros implica también la responsabilidad positiva de ser guardianes del bienestar del prójimo. Quien cava un pozo no debe dejar de cubrirlo para evitar que caiga en él un animal y quede herido (21:33-34). Y así, Deuteronomio 22:8 dice: "Cuando edifiques una casa nueva, construye una baranda alrededor de la azotea, no sea que alguien se caiga de allí y sobre tu familia recaiga la culpa de su muerte".

El uso de casos de la ley para explicar las implicancias de un principio general no es cosa nueva, entonces. Cuando Jesús establece un principio general, es por lo tanto muy natural que brinde diversas ilustraciones para dejar en claro Su mensaje.

¿Cuál es el principio? La justicia que se espera de quien entra en el reino de los cielos tiene que exceder a "la justicia de los fariseos y los maestros de la Ley" (5:20). De alguna manera la Ley misma tiene que reinterpretarse para exhibir la naturaleza de la justicia que el cielo debe requerir, y de hecho requiere.

Interpretación. En las seis ilustraciones que ofrece Jesús aparece un patrón definido. Al presentar cada ilustración, Él dice: "Ustedes han oído..." y luego "Pero yo les digo...".

La literatura rabínica utilizaba a menudo la fórmula de "Ustedes han oído". Se hacía por lo general al presentar un punto teórico que luego se dejaría de lado, o para destacar una interpretación que luego se ampliaría con un análisis más profundo. Es exactamente lo que va a hacer Jesús y por eso Su frase de apertura tiene la fuerza de "Ustedes han entendido". Es decir que Jesús presenta cada ilustración diciendo que la Ley que cita es considerada por los rabinos como con un significado en particular, tal como que a los asesinos hay que juzgarlos (5:21) o que el adulterio es una acción física (5:27-28).

Al decir "Pero yo les digo..." Jesús indica que Él va a exponer un significado más profundo y verdadero de la ley.

Es importante observar que Jesús no está criticando la ley del AT. Pero sí está diciendo que los maestros de la época han malinterpretado el verdadero sentido de la Ley.

En el cuadro que aparece a continuación se resumen los puntos comunes que presenta cada ilustración, iluminando la verdad que Jesús quería que entendiera la gente: la justicia no es cuestión de lo que hagamos, sino de lo que somos. La justicia es asunto del corazón. Solo el corazón completamente puro, que no cede a la ira o la lujuria, podrá estar a la altura del parámetro que Dios nos ha revelado en Su Ley, un parámetro que Su pueblo escogido no entendió correctamente.

Esa mala interpretación fue fatal. Israel no utilizó la Ley como espejo para revelar la condición desesperada de la humanidad, sino que intentó utilizar la Ley como escalera para llegar al cielo. Y al hacerlo, muchos en el antiguo pueblo de Dios omitieron depender totalmente de Su gracia. Como escribirá luego Pablo, los israelitas en su celo "y procurando establecer la [justicia] suya propia, no se sometieron a la justicia de Dios" (Romanos 10:3).

Aplicación. Al sacar estas ilustraciones del contexto del argumento de Jesús, algunos han supuesto que Cristo está presentando una ley más estricta para su pueblo de la que Dios estableció para Israel. Es un error suponer eso.

Podemos demostrarlo de diversas maneras: 1) De lo que fluye del argumento de Jesús. El entendimiento contemporáneo de la ley del AT limitaba su aplicación a la conducta exterior. Jesús amplía el entendimiento de la ley del AT destacando que la Ley demuestra que a Dios le importa el corazón de las personas. La justicia no tiene que ver solamente con lo que uno hace o deja de hacer, sino con la intención y el motivo, con el deseo y la actitud. Si se entiende la Ley de este modo, es claro entonces que nadie puede afirmar ser justo ante Dios. Si el enojo es igual al asesinado ante los ojos de Dios, y la lujuria es lo mismo que el adulterio, es claro que todos hemos pecado.

2) Del desarrollo del tema de Jesús en las epístolas del NT. Pablo volverá a este punto, citando el AT para establecer el hecho de que "No hay un solo justo, ni siquiera uno" (Romanos 3:9-18). Luego señala que "todo lo que dice la ley, lo dice a quienes están sujetos a ella, para que todo el mundo se calle la boca y quede convicto delante de Dios". La Ley no define la escalera que uno sube para alcanzar la justicia. "Más bien, mediante la ley cobramos conciencia del pecado" (Romanos 3:20).

Versículo	La Ley	Lo que se entendía entonces	La reinterpretación de Jesús
v. 21	No mates (Éxodo 20:13)	La sociedad debe castigar a los asesinos	Dios juzgará la hostilidad hacia los demás
v. 27	No cometas adulterio (Éxodo 20:14)	El adulterio como acción física	Es adúltero incluso pensar en la relación sexual con alguien del sexo opuesto
v. 31	El esposo debe dar carta de divorcio a su mujer cuando se divorcie de ella (Deuteronomio 24:1)	El esposo que entrega este papel a su esposa ya no tiene obligaciones para con ella	El matrimonio es un compromiso que no puede tomarse con tal liviandad
v. 33	Mantén las promesas que le haces al Señor	Solo valen las promesas que se juran en nombre de Dios	Ser completamente honestos para que no haga falta jurar
v. 38	"Ojo por ojo" Éxodo 21:24; Deuteronomio 29:21	Está bien vengarse de quien nos ofende o hiere	Hay que responder con generosidad a quienes nos ofenden en lugar de buscar venganza
v. 42	"Ama a tu prójimo como a ti mismo" Levítico 19:18	Tratar a los demás como ellos nos tratan, amando a los cercanos y odiando a los enemigos	Tratar a los demás como Dios trata a Sus enemigos: nos ama y satisface nuestras necesidades

3) Del obvio absurdo de tratar lo que Jesús dice como "legislación avanzada". ¿Tendrá que tratar la sociedad, o siquiera la iglesia, el enojo como si fuera asesinado? ¿Equivale una discusión a gritos al homicidio, ante la ley? Bajo la Ley del AT el adulterio era un crimen que se castigaba apedreando al culpable. ¿Hemos de juzgar al que mira una lámina de Playboy, como adúltero?

Es obvio que mientras el enojo y la lujuria son "equivalentes morales" del asesinato y el adulterio a los ojos de Dios, no pueden ser equivalentes legales de esos crímenes. Jesús no nos está diciendo que legislemos esos parámetros. Nos está diciendo cuáles son los parámetros de Dios para que podamos reconocer nuestra condición de pecadores y corramos al Señor para ser salvos, mediante la transformación interior que es el único camino para volvernos justos.

Hay que observar que este argumento nos lleva a la conclusión de que Mateo 5:31-32 no puede utilizarse para exigir un parámetro contra el divorcio en la comunidad cristiana. Porque si las dos primeras ilustraciones no pueden ser, ni lo son, legislativas en su intención, tampoco puede aplicarse del mismo modo la tercera. Lo que Jesús está haciendo aquí es exactamente lo que hace en cada uno de los demás casos que presenta. Está señalando lo que Dios, hoy y siempre, ha llamado a Su pueblo a hacer: el matrimonio como compromiso para toda la vida. La Ley de Moisés permitía el divorcio (Mateo 19), pero tal permiso no convertía al divorcio en algo correcto. No dejaba libre de mancha al hombre que se divorciaba de su esposa y volvía a casarse con otra mujer. El divorcio "legal", aún cuando cabía en la ley y se aceptaba de hecho y en principio en el judaísmo del siglo primero, era prueba de que una pareja no había logrado cumplir con el ideal de Dios. Por eso, aún cuando el divorcio fuera legal, si luego se producía un nuevo casamiento, implicaba que la pareja estaba en pecado.

¿Cómo hemos de aplicar estas ilustraciones de Jesús a nuestras propias vidas? Ante todo, permitiendo que nos liberen de la falsa y necia creencia de que si lo intentamos, podemos vivir según los parámetros de justicia que requiere el reino de Dios. No podemos hacerlo porque Dios juzga el corazón, y no solo la acción.

En segundo lugar, podemos aceptar el testimonio de estas ilustraciones y clamar humildemente a Dios, primero pidiendo perdón y luego pidiendo ser purificados. La predicación de Jesús sin duda tenía por intención no solo confrontar a Israel con las verdaderas exigencias de Dios, sino también prepararles par la Cruz. Como ninguno de nosotros estamos libres de mancha, el Mesías debió morir y al morir en sacrificio, llevarse nuestros pecados. Esta enseñanza también buscaba preparar a Israel y prepararnos a nosotros para la Resurrección. Solo el poder de resurrección demostrado por Dios en Jesús, y fluyendo en nuestras vidas, podrá darnos esa justicia que lo sobrepasa dodo, la justicia de la que hablaba Jesús, para hacernos realmente buenos.

Y finalmente, podemos entender la verdad que Jesús transmitía a su audiencia del siglo primero. El reino de Dios existe dentro de las personas. Porque si Dios gobierna la vida de la persona, transformará la personalidad del creyente. Y esa transformación se expresa en una vida diferente, renovada.

MATEO 6–7
El estilo de vida del Reino

EXPOSICIÓN

¡Jesús ha llegado! En la Persona del Rey, el reino de Dios que Juan anunció está de veras "cerca" (3:2). Ahora, en el Sermón del Monte Jesús explica la naturaleza de Su reino y el impacto del gobierno de Dios. en lugar de encontrar expresión en un reino visible, institucional, el gobierno de Dios adoptará una forma profundamente personal. Dios no le impondrá la justicia a la sociedad, sino que creará una justicia que lo sobrepasa todo, dentro de los seres humanos, una justicia que la Ley, debidamente entendida, siempre ha requerido (capítulo 5).

Ahora, continuando con el Sermón del Monte, Jesús describe la vida en el reino de Dios del corazón. Ante todo, la ciudadanía produce una impactante y nueva relación "en secreto" con Dios como Padre. Los ciudadanos buscan agradar al Dios que no ven, no para conseguir la aprobación de la gente (6:1-18). Los ciudadanos tampoco se interesan por las posesiones materiales, sino que valoran los tesoros invisibles que se acumulan para ellos en el cielo (6:19-24). Los ciudadanos ponen por propia voluntad las obligaciones del reino primero porque, seguros en el conocimiento de que Dios Padre conocer y satisface toda necesidad, no se preocupan por las necesidades de la vida (6:25-34).

En segundo lugar, la ciudadanía produce una nueva libertad en las relaciones con los demás. Los ciudadanos ya no tienen esa frustrante sensación de obligación de juzgar al os demás (7:1-6). En lugar de depender de que otros satisfagan sus necesidades, los ciudadanos dependen de Dios (7:7-12). Los ciudadanos también se ven libres de esa inseguridad que lleva a tantos a someterse a la presión de los pares (7:13-14) o de los líderes cuyo objetivo es el de aprovecharse de sus seguidores (7:15-23).

Finalmente, en la conocida historia del constructor sabio y el constructor necio, Jesús nos da la clave a la vida en el reino de Dios presente, oculto, interior. Quien quiere vivir como ciudadano del reino de Dios tiene que oír las palabras de Jesús y llevarlas a cabo (7:24-29).

Su Padre que está en el cielo (6:1). ¿Hasta qué punto impactaba en las personas el hecho de que Jesús les animara a pensar en Dios como "Padre? En la Biblia, Dios se conoce como Padre de los israelitas (Isaías 63:16; Malaquías 2:10). Pero aquí, "Padre" se utiliza en el sentido de originador, de fuente. El Salmo 89:26 utiliza Padre en un sentido profundamente personal pero este versículo mesiánico nos muestra a Dios diciendo del descendiente de David: "Él me dirá: 'Tú eres mi Padre, mi Dios, la roca de mi salvación'".

Las invocaciones conocidas en las antiguas oraciones judías se refieren a Dios como "Padre", junto con "Señor" o "Dios", o "Rey". Pero Geza Vermes admite que "En cuando a la oración en la sinagoga, con su frecuente uso de 'Padre nuestro', debo confesar que no es posible probar que incluso la forma más antigua represente nada que estuviera en uso en la época de Jesús" (*Jesús y el mundo del judaísmo*).

Así, hay quienes han argumentado que la invitación de Jesús a que quienes Le escuchan piensen en Dios y acudan a Él como Padre en una forma íntima y personal, era algo asombrosamente nuevo, una innovación drástica. No es del todo cierto. Por ejemplo, el libro de Ben Sira, maestro de la sabiduría judía que ministró entre los años 200 y 175 AC, invoca a Dios como "Señor, mi Padre y el Amo de mi vida" (23:1ª; 51:1ª, 10ª). Esto sugiere que el judío piadoso de los tiempos intertestamentales tenía cierto sentido de relación con Dios como Padre.

Aún así Jesús pone énfasis en este sermón en la relación Padre/hijo que ha de vivir el ciudadanos de Su reino, como algo nuevo. Jesús no describe una oración colectiva en la sinagoga, sino una relación personal, íntima, "en secreto", entre la persona y su Padre-Dios. También nos llama la atención esa oración que conocemos como Padrenuestro, que carece de la serie de títulos honoríficos tan comunes en las oraciones judías: "Oh, Rey soberano, Altísimo, Dios Todopoderoso", y luego, solamente "Padre" (cf. 3 Macabeos 6:2-4). En cambio, Jesús parece vernos como niños que entramos corriendo en la casa y sin llamar a la puerta, irrumpimos en la biblioteca de nuestro padre, seguros de ser bienvenidos.

Necesitamos tanto cultivar esta conciencia de Dios verdaderamente como Padre nuestro hoy mismo, sabiendo que somos Sus amados hijos. No solo encontraremos nueva libertad en la oración, sino que nos veremos libres de la ansiedad, el materialismo. Libres de hacer y cumplir la voluntad de Dios.

Cuando des a los necesitados (6:2). En el judaísmo dar a los necesitados era una obligación religiosa, no una acción filantrópica (Deuteronomio 15:7-11; Salmo 112:9). En la época de Jesús, al ver a alguien que daba a los necesitados nadie pensaría: "¿No es generoso?", sino más bien, "¿No es piadoso?". Jesús no critica esta opinión porque tiene raíces en el mandamiento bíblico. Lo que Jesús critica es que demos a los necesitados para que los demás piensen qué piadosos somos. El verdaderamente piadoso hace lo correcto simplemente para agradar a Dios, a Quien ama.

Como lo hacen los hipócritas en las sinagogas y en las calles para que la gente les rinda homenaje (6:2). En griego, la palabra *hypokrites* identifica al intérprete sobre el escenario, al actor. Para más información, ver el comentario sobre Mateo 23.

Así tu Padre, que ve lo que se hace en secreto, te recompensará (6:4). La frase "en secreto" (knupto) es significativa en este contexto y se repite en 6:6 y 6:18. Es la relación personal invisible del creyente con Dios la que tiene que tener prioridad en nuestras vidas. Se repiten dos cosas en cada contexto: Dios como realidad invisible. Y Dios, que recompensa a los que actúan a partir del amor y la lealtad a Él.

No nos conformemos con la popularidad y el vacío aplauso de la gente. Busquemos agradar a Dios, con el sincero deseo de que Él apruebe de nosotros. Entonces por cierto, recibiremos tesoros en el cielo.

Cuando ustedes oren, no usen muchas palabras, como hacen los que no conocen verdaderamente a Dios (6:7 – Biblia en Lenguaje Sencillo). La idea no es en realidad poner énfasis en la naturaleza repetitiva de la oración de los paganos, sino más bien centrarse en el valor que se da al ritual. La adoración oficial del estado romano exigía que se memorizaran fórmulas religiosas. Si el sacerdote que oficiaba el ritual cometía un error, había que repetir todo el servicio.

En contraste, Jesús nos recuerda que la oración es una expresión de la relación personal, no un rito religioso. Los paganos dependen del ritual pero el pueblo de Dios entra espontáneamente en presencia de Aquel a Quien conocen como Padre celestial.

Danos hoy nuestro pan cotidiano (6:11). La mayoría de las personas en la Palestina de los tiempos de Jesús, o trabajaban en sus propios campos o recibían paga por trabajar como jornaleros en los campos de otras personas. Al final de cada día, cada obrero cobraba un denario. Con ese denario compraba alimentos para su familia, aceite para las lámparas de la casa y otras cosas necesarias. Ese denario, la paga de un día, apenas alcanzaba para cubrir los gastos diarios.

Por eso la oración que Jesús les enseñó a Sus seguidores era realmente significativa. A los creyentes se les indica que dependan de Dios día a día para obtener su pan. La relación con Dios no promete el premio de la lotería, ni una abultada cuenta de ahorros. De hecho, solo hemos de pedir el pan de cada día y esa oración nos recuerda que separados de Dios no podemos confiar en nada de este mundo. Pero con Él como Padre, sí tenemos todo lo que necesitamos.

Cuando ayunen, no pongan cara triste (6:16). El AT manda solo un día de ayuno, el Día del Perdón (Levítico 16:29-31; 23:27-32). Aún así, el ayuno formaba parte de la vida social y religiosa de Israel. El ayuno individual o colectivo era señal de humildad y confesión (Salmo 35:13; Isaías 48:3, 5; Daniel 9:2-19; Jonás 3:5), o como indicación de desesperación en la oración (2 Samuel 1:12; Esdrás 8:21-23; Ester 4:16). Después del exilio en Babilonia, también se realizaban ayunos conmemorativos (Zacarías 7:3-5; 8:19).

En la época de Jesús los fariseos ayunaban voluntariamente dos veces a la semana (Lucas 18:12), los días lunes y jueves. Pero muchos de los que ayunaban se aseguraban de que los demás supieran de su acto religioso, por su expresión sombría, o echándose cenizas sobre la cabeza, no bañándose o no poniéndose aceite en el cabello.

Es interesante notar que a los de la iglesia post-apostólica que decidían ayunar, se les indicaba no seguir la práctica judía sino ayunar los martes y miércoles. Pero todo esto deja de lado lo principal. Jesús no alienta ni desalienta al ayuno. Simplemente nos está recordando que cuando una persona ayuda debiera hacerlo como acción de adoración, y no para auto promocionarse.

Es un buen principio para aplicar a todas nuestras actividades "religiosas". Lo que hagamos, hagámoslo por el deseo de agradar a Dios y no por lo que puedan pensar de nosotros los demás.

Proverbios 30:7-9

Sólo dos cosas te pido, Señor; no me las niegues antes de que muera:

Aleja de mí la falsedad y la mentira; no me des pobreza ni riquezas sino sólo el pan de cada día.

Porque teniendo mucho, podría desconocerte y decir: "¿Y quién es el Señor?"

Y teniendo poco, podría llegar a robar y deshonrar así el nombre de mi Dios.

No acumulen para sí tesoros en la tierra (6:19). El texto en griego dice, *me thesaurizete humin thesaurous*, un juego de palabras que podría traducirse de este modo: "Deja de atesorar tus tesoros". La sabiduría de este edicto se hace evidente al considerar tres cosas. Ante todo, que los tesoros terrenales son corruptibles o perecederos (6:19b). En segundo lugar, que los tesoros terrenales corrompen (6:22-23). Y tercero, que las cosas materiales compiten con la completa lealtad a Dios (6:24).

No se puede servir a la vez a Dios y a las riquezas (6:24). Sabemos qué quiere decir servir a Dios. Pero ¿cómo se puede servir al dinero? En griego, *douleuiein*, el término para "servir", pone énfasis en la sujeción de la voluntad. Tiene la misma raíz que "esclavo".

Podríamos parafrasear este versículo diciendo: "Nadie puede ser esclavo del dinero y aún así servir a Dios".

Jesús establece una profunda verdad espiritual y psicológica. Tal vez podamos agrupar nuestros pensamientos en categorías, de manera que el trabajo, el hogar, la diversión y la iglesia se mantengan por separado. Pero por debajo habrá un valor orientador que medirá cada una de nuestras decisiones. Para algunos ese valor orientador es la popularidad, como en quienes harán lo que sea con tal de que las multitudes les sigan o aprueben. Para otros, el valor básico es la riqueza y toda decisión se medirá con este parámetro. Jesús nos dice que el valor orientador del reino es la voluntad de Dios y que Dios tiene que ser la prioridad en nuestras vidas. Si no decidimos servir a Dios y no hacemos que agradarle sea la cosa más importante en nuestras vidas, seguramente seremos esclavos de algo cuyo valor no es supremo en absoluto.

Solo el servicio a Dios da como recompensa las riquezas eternas.

No se preocupen por su vida (6:25). "Preocuparse" es *merimnao*, sentir ansiedad, temores. En sentido general, podríamos entenderlo como pre-ocuparse. Vida en griego se dice *psuche*, término que refleja el significado de la palabra hebrea *nephish*, y que centra la atención en nuestra naturaleza física, inmersos en el mundo material.

Como existimos en cuerpos físicos necesitamos alimento, bebida y techo para mantener la vida biológica. Hay personas que se consideran seres biológicos nada más y ven la vida como una lucha por obtener cosas materiales. Hay una pegatina para autos que capta esta filosofía: "El que tiene más juguetes al momento de morir, gana".

Jesús no está negando el hecho de que los seres humanos necesitamos comida, ropa y un techo. Aunque sí nos recuerda que los seres humanos no somos esencialmente de naturaleza biológica. Tenemos participación en la imagen de Dios y lo espiritual tiene más importancia que lo material para nosotros.

En cuanto a nuestras necesidades de *psuche*, tenemos al Padre que proveerá para nosotros. Por eso, los ciudadanos del reino de Dios estamos libres de las preocupaciones sobre las necesidades mundanas, y podemos dar prioridad a lo espiritual.

No juzguen a nadie, para que nadie los juzgue a ustedes (7:1). La palabra *krino* tiene tanto el sentido de "evaluar, distinguir" y de "emitir juicio o condenar". Aquí, "no juzguen a nadie" se refiere a la actitud cáustica y crítica hacia los demás. ¿Por qué? Jesús nos presenta tres motivos muy potentes.

Primero, la forma en que tratemos a los demás establece el tono para la forma en que los demás nos tratarán (7:2). Segundo, ya es suficiente trabajo mantenernos alerta ante nuestros propios defectos (7:3-5). Y tercero, si los demás no valoran lo que valora usted ("ni echen sus perlas a los cerdos" [7:6]), si los critica solo logrará enfurecerles en lugar de lograr su convicción del pecado.

Aquí se nos da la impresión muy clara de que si nos erigimos en jueces de la conducta ajena, no solo estaremos haciendo algo equivocado (Santiago 4:11-12), ¡sino que será contraproducente!

Cuando uno sale a pescar hombres ¡de nada sirve usar carnada con sabor desagradable!

Pues si ustedes, aun siendo malos, saben dar cosas buenas a sus hijos (7:11). Esta frase condicional, supone la condición de cumplimiento. El texto original sin duda significa "como son malos". El término griego *poneroi* representa a los seres humanos como activamente hostiles y malévolos, egocéntricos y por ello, indiferentes a las necesidades ajenas. Es la misma palabra que se utiliza cada vez que se describe como maligno a Satanás y su reino (Efesios 6:12).

Cuando Jesús señala que aún los seres humanos malos pueden dar cosas buenas a sus hijos, no está identificando una virtud humana que redima. Solo presenta a quienes Le escuchan el desafío de analizar ´como ven a Dios. Por supuesto, la persona que admite que un buen padre les dará cosas buenas a sus hijos aún siendo pecador, deberá estar de acuerdo en que Dios, que es verdadera y completamente bueno, solo podrá darles cosas buenas a Sus hijos. ¡Y nosotros somos Sus hijos!

¡Qué bendita confianza podemos sentir cuando presentamos nuestras necesidades ante nuestro Padre celestial!

Entren por la puerta estrecha (7:13-14). En el texto original la imagen es más clara. Tenemos que elegir entre dos caminos. Uno es "difícil" (tethlimmene, no "angosto", y la puerta que lleva a ese camino es "angosta" (stene). Pocos la eligen por eso. Por otra parte, las multitudes se agolpan ante la puerta que parece ancha, fácil, y que lleva a un camino más amplio. Como siempre, las multitudes se equivocan porque es la puerta angosta y el camino difícil lo que lleva a la vida.

Si parece fácil y es popular en el mundo, lo más probable es que no sea la decisión correcta.

Muchos me dirán en aquel día: "Señor, Señor, ...Entonces les diré claramente: "Jamás los conocí. ¡Aléjense de mí, hacedores de maldad!" (7:22-23). Durante el ministerio de Cristo en la tierra, el título "Señor" se entiende por lo general como "maestro". Solo después fue que los discípulos y la primera iglesia comenzaron a usar este título en su sentido más pleno.

EL PASAJE EN PROFUNDIDAD

El tema de la relación del creyente "en secreto" con Dios (6:1-18) se desarrollará bajo tres subtítulos en la versión NVI: dar a los necesitados; oración; y ayuno. Para un estudio detallado de la oración del Padre Nuestro (Mateo 6:9-13), ver Lucas 11:2-4.

Trasfondo. Jesús expone el verdadero sentido de la Ley del AT (Mateo 5:17-24) y luego dirige la atención de quienes Le escuchan, mostrando que no es la conducta sino la disposición interna de la que surge la conducta lo que más importa.

Ahora Jesús sigue desarrollando Su tesis, analizando con cuidado tres conductas religiosas que los judíos de su época consideraban especialmente piadosas: la limosna, la oración y el ayuno.

La actitud contemporánea con respecto al dar a los necesitados, arraigada firmemente en los llamados a la generosidad en el AT, se refleja en Tobías 4:7-11, un libro apócrifo que data del siglo II A.C.

> Con tus bienes haz limosna en beneficio de todos los que practican la justicia y el bien, y no vuelvas la cara al pobre, para que el Señor no aparte su rostro de ti. Da limosna según tus posibilidades. Pero nunca temas dar. Así te prepararás un tesoro para el día de la necesidad, pues la limosna nos libra de la muerte y nos guarda de andar en tinieblas. Además, para el que da, su limosna le queda como un precioso depósito ante el Altísimo.

Al leer el libro de Tobías, podemos percibir qué importante era la limosna en la religión de Israel. Y vemos por qué la generosidad se consideraba evidencia de verdadera piedad en tiempos de Jesús.

Del mismo modo, la oración y el ayuno se veían como acciones de especial piedad y como medidas visibles de la dedicación a Dios. En una sociedad caracterizada por el celo por Dios no es extraño que la persona que diera con regularidad a los pobres, orara y ayunara, fuese vista como alguien especialmente cercano al Señor.

Interpretación. Es importante observar que Jesús no critica la limosna, la oración ni el ayuno. Lo que hace Jesús es mostrar que cada una de estas acciones pueden surgir de motivos bajos, como quien da en público para que le vean, y hace lo mismo con la oración y el ayuno para que los demás piensen que es verdaderamente religioso. Jesús observa, a secas: "ellos ya han recibido toda su recompensa" (6:2).

Sin embargo, aquí hay más que la EXPOSICIÓN de la hipocresía. Se nos muestra la obvia verdad de que lo que importan son los motivos. Jesús contradice la suposición de que las acciones pueden servir como medida de piedad.

Hay dos implicancias en esta crítica a la actitud. Primero, que la mejor forma de asegurarnos de que nuestros actos sean piadosos es hacerlos en secreto, para que sean acciones de adoración que solamente vea Dios y nadie más. Por eso, Jesús dice: "que no se entere tu mano izquierda de lo que hace la derecha" (6:4), y también "cuando te pongas a orar, entra en tu cuarto, cierra la puerta y ora a tu Padre, que está en lo secreto. Así tu Padre, que ve lo que se hace en secreto, te recompensará" (6:6).

La relación del creyente con Dios es intensamente personal y privada. Esto no quiere decir que la experiencia o afirmación de la fe en el contexto colectivo pierdan validez. Significa que las expresiones colectivas de fe deben surgir de la vital y real relación "en secreto" de cada uno de los miembros de la comunidad de fe, con el Dios vivo.

La segunda implicancia en lo que dice Jesús es que no hay acciones públicas que puedan servir como medida de la realidad de la relación personal de la persona con Dios.

Es sencilla la razón: no tenemos forma de juzgar qué es lo que motiva las acciones públicas de las personas. Es claro que si alguien envía delante de sí a los sirvientes para que hagan sonar la trompeta de modo que todos vean sus acciones de caridad, supondremos que sus motivos son dudosos. Pero la realidad, es que nunca lo sabremos de veras.

El reino de Dios es la obra secreta y oculta según Su voluntad, en las vidas de los ciudadanos del reino. La acción que más religiosa parezca puede ser en realidad una acción basada en el egoísmo. Pero por otra parte, una acción dudosa podría en realidad ser expresión de una relación íntima con Dios.

Cuando Gib Martin, hoy pastor en Seattle, era maestro de escuela en Ohio, solía ir a beber una cerveza en un bar después de clases. Gib siempre veía a un hombre mayor, sentado a solas y en silencio. Después de unas semanas empezaron a hablar y Gib, que era agnóstico, fue invitado a ir a un lugar donde hablaría un evangelista. Aunque era hostil al mensaje no pudo dormir y finalmente, cerca de las 4 AM Gib entregó su corazón a Cristo. Al día siguiente, fue al bar después del trabajo y le contó a su anciano amigo lo que había pasado. El hombre contestó: "Lo sé. Mi esposa y yo oramos por usted toda la noche, y cerca de las 4 de la mañana el Señor nos dijo que ya podíamos dejar de orar".

Gib entonces le pidió a su amigo que le acompañara a la iglesia, pero el anciano se negó con tristeza: "No soy bienvenido en las iglesias de aquí", dijo. "Porque vengo al bar".

Aplicación. Tal vez lo primero que aprendemos de la enseñanza de Jesús en este pasaje es la importancia de cultivar nuestra propia relación "secreta" con Dios. Necesitamos pasar tiempo a solas con Él en nuestra "habitación interior". Necesitamos servir a Dios y a los demás en el anonimato. Pocas cosas hay más peligrosas para la vida espiritual vital que el elogio que recibamos por nuestras buenas acciones.

Lo segundo que aprendemos de Jesús es que tenemos que evitar definir ciertas acciones como "piadosas" o "impiadosas". Las listas que creamos y usamos para clasificar a los demás ¡seguramente están equivocadas! El solo hecho de que una persona vaya a todas las reuniones de la iglesia, enseñe en la escuela dominical, sirva en las diferentes comisiones y hasta dé el diezmo no significa nada en sí mismo. Por otra parte, desacreditar al que fuma, bebe un vaso de vino de tanto en tanto y luego compra un billete de lotería o hace alguna de las otras cosas "prohibidas" de ciertas comunidades cristianas, también está mal. Ni observar las reglas ni evitar lo prohibido puede medir nuestra relación personal y "secreta" con Dios.

Nada de ello contradice lo que Jesús dice luego: las personas, como los árboles, se conocen por el fruto que producen sus vidas (7:16). Lo que sí contradice es la idea equivocada que tenemos algunos de que las buenas acciones son el fruto.

El fruto de una relación "secreta" con Dios es un corazón transformado, un corazón que responde a las palabras de Jesús y a las necesidades del prójimo.

Tesoros en el Cielo (6:19-24) y juzgar a los demás (7:1-6). Sobre juzgar a los demás, ver también el comentario a Romanos 14 y Santiago 4:11-12.

Interpretación. A primera vista parece raro vincular estos dos pasajes. Es cierto que el tema es diferente. Porque el primer pasaje comienza diciendo "no acumules...tesoros", y el segundo dice "no juzgues". Es seguro que entre los tesoros y el juzgar no hay relación.

Pero si miramos más de cerca encontraremos que sí la hay. Primero, cada uno de los pasajes tiene que ver con los valores personales, esas prioridades internas que dan rumbo a la vida de cada persona. Jesús ha estado hablando acerca de nuestra relación interior "secreta" u oculta, con Dios. Y cada uno de estos pasajes se relacionan con este tema.

Segundo, cada pasaje está compuesto por tres cosas, que a primera vista no parecen vinculadas. Así, la estructura de los dos pasajes es paralela aún cuando el tema parezca diferente.

Para poder interpretar adecuadamente cada conjunto de frases tenemos que tomar en cuenta tanto su enfoque común sobre los valores y su estructura paralela.

La primera secuencia comienza con una frase en imperativo: "Deja de atesorar tus tesoros terrenales" (6:19, paráfrasis del autor). Sería suficiente saber que Jesús pronunció esta orden. Pero por gracia, Jesús explica por qué es esencial obedecer.

Las cosas terrenales son corruptibles, perecederas (6:19-21) y por eso es tonto poner el corazón en algo que no tiene valor supremo.

Las cosas terrenales nos corrompen (6:22-23). Si fijamos la mirada en las posesiones terrenales, nuestro "ojo", que aquí es metáfora del corazón, será "malo". La palabra en griego es *diplous*, que significa "doble". Al no poder ver con claridad los asuntos de la vida nuestra percepción confundida de lo que realmente importa nos llevará a tener problemas.

Las cosas terrenales compiten por nuestra lealtad hacia Dios. No podemos comprometernos plenamente a Dios si amamos el dinero. El amor a Dios y el amor a la riqueza son dos cosas incompatibles porque una y otra compiten por determinar qué decisiones tomaremos. El camino al que nos dirige el amor a Dios es muy distinto del camino que tomaremos si basamos nuestras decisiones en el amor al dinero.

Estas tres frases entonces son eslabones en una misma cadena o argumento. Comienzan por lo visible, por el tesoro terrenal, y terminan con el ser interior, con el compromiso a Dios que ha de ser y tiene que ser el valor que determine el rumbo de nuestras vidas.

La segunda secuencia es parecida aunque el tema no es la relación con Dios, sino con los demás. También comienza con un imperativo: "¡Deja de juzgar!" (7:1, paráfrasis del autor). Jesús también aquí nos brinda una explicación. Y una vez más comienza con lo externo, para concluir con lo interno. Para seguir el argumento tenemos que observar una verdad interesante: cuando se externalizan los valores, estarán expresados como parámetros. Esto es peligroso porque los valores externalizados como parámetros se malentenderás (7:1-2), se aplicarán mal (7:3-5) y se utilizarán de manera equivocada (7:6).

El valor se entiende cuando se externaliza como parámetro porque entonces se le usa como base para juzgar las acciones ajenas (7:1-2). Está bien decir que los ciudadanos del reino de Jesús tendrán "hambre y sed de justicia" (5:6). Pero no está bien decir que se puede identificar el hambre de justicia por medio de un parámetro exterior: que el ciudadano del reino de Dios irá a la iglesia con frecuencia.

No solo está mal convertir los valores en parámetros. También es peligroso ¡incluso para quien lo hace! Si es esta la perspectiva que tomaremos para evaluar la relación de los demás con Dios, los demás utilizarán esa misma perspectiva para evaluar nuestra relación con Él. Y podemos estar seguros ¡de que no llegaremos a la medida que indique el parámetro, cualquiera sea!

Cuando se externaliza como parámetro, el valor se hace trivial, y no puede aplicarse bien (7:3-5). Como parámetro, el valor externalizado solo nos da la capacidad de ver la mota de polvo en el ojo ajeno pero si nos aferramos a los valores como valores, y no los externalizamos como parámetros, cumplirán la importante función de permitirnos discernir las vigas (literalmente "troncos") que tenemos en el ojo.

Podemos ver todo lo que hagamos y preguntarnos: "¿Es por amor?", o "¿Estoy honrando a Dios?". Pero si externalizamos los valores del reino, llegaremos a la conclusión de que "el amor es dar en la oficina", y pronto nos volveremos ciegos a la obligación de medir todo lo que hagamos según el llamado al amor que hace Jesús.

Finalmente, cuando se externaliza un valor como parámetros, no se le podrá utilizar correctamente (7:6). El ciudadano del reino de Dios buscará transmitir el sentido de la relación con Dios afirmando lo que entiende individualmente de los parámetros del reino. Está mal emborracharse y conducir. Está bien no abortar. Está mal que los medios presenten la pornografía como contenido "adulto". Está bien presentar el Creacionismo en la escuela como alternativa científica a la Evolución. Todas estas pueden ser perlas, verdades bellas y valiosas. Pero la gente del mundo, en lugar de recibir nuestro mensaje con deleite, se volverá hostil y "nos hará pedazos".

Los parámetros externos de los valores del reino no revelan la Buena Nueva del reino de Jesús al inconverso. La Buena Nueva del reino de Jesús se resume en la Persona del Rey. El primer y único tema para el inconverso es: "¿Cuál es tu relación con Jesucristo?".

No está mal defender la justicia en nuestra sociedad. Pero no debemos usar los valores del reino, externalizados como parámetros, como base de nuestra relación con los demás, sean creyentes como nosotros (7:3-5) o personas no salvas (7:6).

Aplicación. Estos dos pasajes que tan diferentes parecen, nos enseñan las mismas verdades. En última instancia la relación con Dios es algo secreto, íntimamente personal. Tenemos que estar tan comprometidos a Dios y a Su reino invisible, como para que nuestros tesoros terrenales no tengan asidero en nuestros corazones.

También tenemos que comprometernos con los valores del reino, evitando toda tentación a externalizarlos como "parámetros" que luego utilizaríamos para culpar a los demás y excusarnos a nosotros mismos.

La vida del reino es cuestión del corazón. Y para vivir hoy en el reino de Cristo tenemos que mantener siempre nuestros corazones en sintonía con Él.

Pedir, buscar, llamar: Jesús, sobre la oración (7:7-12). Ver también comentario sobre el Padre Nuestro en Lucas 11:2-4.

Trasfondo. La oración es un tema que aparece y vuelve a aparecer en las enseñanzas de Jesús sobre el estilo de vida del reino. Jesús habla de la oración en privado como expresión de la relación del creyente "en secreto" con el Señor (6:6-7). Enseña una oración que es modelo del respeto, sumisión y dependencia de los hijos a su Padre (6:9-13). Luego les recuerda a quienes Le escuchan que Dios, como Padre, conoce y satisface todas nuestras necesidades, dando libertad a Sus hijos para que concentren sus esfuerzos en Su reino y Su justicia (6:25-34).

Ahora, en 7:7-11, Jesús vuelve al tema de la oración y nos alienta a pedir, buscar y llamar.

Interpretación. Para la interpretación hay dos observaciones clave. Jesús pronuncia estas palabras para alentar y animar. Habla de la petición, y no de otras formas de la oración.

Sabemos que las palabras de Cristo han de ser tomadas como aliento más que como orden porque cada exhortación está acompañada por una promesa:

Pidan...y se les dará.
Busquen...y encontrarán.
Llamen...y la puerta se abrirá.

Esto nos lleva de inmediato a una pregunta: ¿Por qué necesitamos que se nos anime a presentar nuestras peticiones ante Dios?

La respuesta tal vez esté sugerida en el contexto total de la enseñanza de Jesús. La relación con Dios es verdaderamente una cosa "en secreto". Los que no creen no pueden ver, tocar o medir a Dios. ¡Y tampoco podemos hacerlo nosotros!. Orar es un salto de fe, en que dependemos de que un Ser invisible actúe en el universo material por nuestro bien. Cuando comenzamos a practicar la oración necesitamos la seguridad que nos brindan las promesas de Jesús. E incluso más adelante, cuando ya hemos visto respuestas a nuestras oraciones, necesitamos que se nos recuerde una y otra vez lo que sucede, que no puede considerarse como "coincidencia" sino verdaderamente como evidencia de la intervención divina por nosotros.

Hay otra razón por la que necesitamos aliento y ánimo. Muchas veces las respuestas a las oraciones se demoran, y la demora puede llevar a la duda. Tal vez no dudemos de la capacidad de Dios para responder a nuestras oraciones. Pero sí dudaremos de que Él quiera obrar. Quizá estemos conscientes de algún pecado o defecto y sintamos que no merecemos que Dios se ocupe de nosotros. O quizá nuestra idea de Dios es tan exaltada que nos avergüenza "molestarlo" con nuestra situación. Así, parte del aliento que nos da Jesús para que oremos nos recuerda que la relación que tenemos con Dios no es meramente la de una criatura con su Creador. ¡Nuestra relación con Dios es la de un niño con su Padre!

Si los padres humanos, que son malos y pecadores, saben dar cosas buenas a sus hijos, Dios que es plenamente bueno, seguramente les dará cosas buenas a quienes Se las pidan.

Es aliento, de verdad. Dios no solo responderá nuestras oraciones. Su respuesta surgirá de Su amor de Padre por nosotros y será "buena cosa".

Segundo, el tipo de oración que Jesús enseña tiene que ver con la petición. No es una oración de alabanza, de gracias o de contemplación. Es pedirle a Dios algo que es de vital importancia para nosotros.

Lo sabemos porque Jesús describe la oración como pedir, buscar y llamar. "Pedir" es la acción de orar en su forma más simple. "Buscar" transmite intensidad, una "sinceridad total". Y "llamar" da la imagen de persistencia. ¡Llamamos a las puertas del cielo, una y otra vez!

Es importante no confundir lo que dice Jesús con algo más, como echar cimientos que, de estar allí, motiven la respuesta de Dios. Jesús no está diciendo que si pedimos con suficiente fervor y persistencia Dios responderá nuestras oraciones. Simplemente está diciendo que cuando sentimos una necesidad tan intensamente como para que nos haga acudir al Señor una y otra vez, no tenemos que sentir desaliento si la respuesta parece tardar. Dios realmente se interesa por las cosas que les importan a Sus hijos. Y Dios responde a nuestros pedidos dándonos cosas buenas.

Aplicación. Al considerar la oración, las palabras de Jesús nos brindan una libertad maravillosa. De ellas podemos saber que si algo nos importa ¡también Le importa a Dios! Y sabemos que a Dios nunca le "molesta" que insistamos en pedirle o presentarle estos asuntos.

El árbol y su fruto (7:15-23). Para un comentario detalladlo de esta imagen, ver el estudio de Mateo 12:33-35. Y también el mensaje paralelo de Lucas 6:43-45.

El constructor sabio y el constructor necio (7:24-27). Para un estudio detallado, ver el comentario de Lucas 6:47-49.

MATEO 8–11
La autoridad del Rey

EXPOSICIÓN

El Sermón del Monte de Jesús (Mateo 5-7) ha establecido la intención de Cristo de gobernar un reino invisible. Este cimiento del reino de suprema justicia requiere que sus ciudadanos pasen por una transformación interior "en secreto". Ahora mateo registra una secuencia de actos milagrosos que dan prueba del poder real de Jesús (8:1-9:34). Luego, en una demostración asombrosa ¡Jesús da autoridad a Sus discípulos! (9:35-10:42).

Pero ni siquiera entonces, Jesús es el Mesías que esperaba Israel. A pesar de la evidencia de las obras de Jesús, incluso Juan el Bautista tiene dudas ahora. Las ciudades en las que Jesús ha obrado Sus milagros más espectaculares, permanecen inmutables. Aunque Su nación hace oídos sordos al llamado de Jesús, Él invita a las personas a acudir a Él para encontrar reposo (11:1-30).

En la secuencia de estos capítulos, es de importancia observar cómo se desencadenan los hechos. Los milagros de Jesús van en orden ascendente, demostrando Su poder sobre la enfermedad (8:14-17), la naturaleza (8:23-27), lo sobrenatural (8:28-32), el pecado (9:1-8) y la muerte misma (9:18-26). Esto ya es asombroso pero en la secuencia siguiente Jesús les da a Sus doce discípulos "autoridad para expulsar a los espíritus malignos y sanar toda enfermedad y toda dolencia" (10:1-8). El poder de Jesús como Rey es tan grande que Él puede imbuir a los seres humanos la capacidad sobrenatural de servir a los demás. ¡El poder del Rey fluye hacia, y a través de, los ciudadanos de Su reino!

A pesar de la evidencia la población de Su tierra judía duda. Jesús no es el tipo de Rey que estaban esperando. E incluso Juan el Bautista, que sabe que Jesús es el Hijo de Dios (Juan 1:32-34), tiene dudas. Envía a sus discípulos a preguntarle a Jesús si Él es el Rey esperado, o "¿debemos esperar a otro?" (11:3). La esperanza de Israel ha estado tan centrada en la aparición de Aquel que restableciera el reinado visible e institucional de David en la tierra que a pesar de toda la demostración del poder de Jesús el pueblo no llega a aceptarlo como Mesías. Tampoco se conformarán con un reino interior y "en secreto". Quieren un reino terrenal.

Jesús responde con Su gracia a los seguidores de Juan. Les dice sencillamente que informen a Juan de Sus sanaciones (11:4-6). Cristo confía en que Su primo recordará la descripción que hizo Isaías de las obras del Mesías (Isaías 35:5-6; 61:1), y creerá. Pero con toda dureza Jesús critica a las ciudades donde obró la mayoría de Sus milagros (11:20-24). Los pueblos más paganos habrían caído de rodillas, en arrepentimiento, al ver obras como esas. Pero el pueblo escogido de Dios no hace esto.

La secuencia culmina con una bella paradoja de la salvación. Solo aquellos a quienes Dios les revela el reino invisible podrán verlo. Pero está visible para todos en Jesús, que invita a los cansados a aferrarse a Su mano (11:25-30).

ESTUDIO DE PALABRAS

Señor, si quieres puedes limpiarme (8:2). Las palabras que en griego se utilizaron para expresar la idea de "voluntad" o "si quieres" (*thelo* y *boulomai*) pueden representar inclinación y decisión. El leproso no dudaba del poder de Jesús. Lo único que restaba por saber era si Jesús querría utilizar Su poder para sanar al leproso. Lo que hizo Jesús es un saludable recordatorio para todos nosotros. Nuestro Dios siempre desea responder las oraciones de quienes confían en Él.

Lleva la ofrenda que ordenó Moisés, para que sirva de testimonio (8:4). *Eis martyrion* como "testimonio", aparece ocho veces en los Evangelios sinópticos. Aquí, sin embargo, Mateo añade *autois*, que significa "para ellos". Esto centra más la atención en la pregunta que debemos formular: ¿Por qué envió Jesús el leproso sanado ante los sacerdotes, solo para seguir un procedimiento definido en Levítico 14, que tenía por intención confirmar la recuperación de la salud de un leproso?

Tal vez la respuesta esté en el hecho de que autois, en esta construcción, también podría traducirse como "en contra de ellos", además de "para ellos". Los muy religiosos líderes que se contaban entre los más duros críticos de Jesús se vieron obligados a examinar al leproso curado ¡y decir que estaba limpio!

También hoy la obra de Cristo en la vida de los demás es *eis martyrion autois*. El solo admitir: "Sí, puedo ver una diferencia en su vida" es testimonio que obra a favor y en contra del observador.

La fiebre se le quitó; luego ella se levantó y comenzó a servirle (8:15). La conjugación del imperfecto, *diekonei*, se traduce como "comenzó a servirle", correctamente. Mateo quiere mostrarnos que la suegra de Pedro quedó completamente sana, plenamente curada, al instante.

Le llevaron muchos endemoniados, y con una sola palabra expulsó a los espíritus, y sanó a todos los enfermos (8:16). Los demonios y espíritus malignos se mencionan con frecuencia en estos capítulos (cf. 8:31-32; 9:32-34; 10:1,8). La mayoría identifica a estos seres con los ángeles que siguieron a Satanás cuando éste se rebeló contra Dios. La Biblia pinta a los demonios como seres activamente hostiles a los seres humanos, que atormentan con enfermedades (Mateo 4:24; 12:22; 15:22; Lucas 4:33-35) y locura (Marcos 5:2-20; Lucas 8:27-39) a hombres y mujeres.

Dondequiera que Jesús confrontara las obras de los demonios, primero los expulsaba de la personalidad del ser humano al que habían poseído. Luego reparaba el daño que habían hecho. Acudimos a Jesús no solo buscando protección, sino la restauración de la salud y plenitud.

Esto sucedió para que se cumpliera lo dicho por el profeta Isaías (8:17). La cita refleja la paráfrasis personal de Mateo, de Isaías 453:4. Sus palabras no siguen con exactitud ni el texto original hebreo ni su traducción al griego, el Septuaginto..

Dodd observa con razón que cuando se cita un breve pasaje del AT en el NT, se implica el contexto completo. Así, tenemos que leer el énfasis de Isaías en el varón de dolores de Dios, que cargó sobre Sí todas las dolencias y debilidades del hombre en Su sufrimiento y muerte, para incluir todo esto en la breve mención que hace Mateo de la sanidad. También es importante recordar que los judíos, y la Escritura misma, ven la enfermedad como consecuencia directa o indirecta del pecado.

'Qué demostraba Jesús entonces al sanar a las personas? Era más que una acción e poder. Era testimonio de Su intención, a través de Su sufrimiento y muerte, de brindar una salvación que en última instancia destruye toda enfermedad.

En los milagros de sanidad de Jesús podemos leer entre líneas el cumplimiento de la promesa del profeta de la sanidad suprema de todo impacto que el pecado pudiera tener en nosotros.

Señor, primero déjame ir a enterrar a mi padre (8:21). Nos resulta intrigante la respuesta de Jesús: "deja que los muertos entierren a sus muertos" (8:22). No esperamos una respuesta tan dura y contundente de nuestro Señor.

Ante todo, debemos notar que el padre de este hombre no estaba muerto en ese momento. En los tiempos de Jesús se sepultaba a los muertos el mismo día en que morían, tan pronto como fuera posible. Si el padre ya hubiera estado muerto el hijo habría estado organizando el funeral y se supondría que Jesús se contaría entre los deudos, porque este era un deber religioso en el siglo uno.

Entonces, lo que el joven quería decir fue: "Estoy obligado a cuidar a mi padre anciano. Cuando haya cumplido con mi obligación, podré seguirte". Para los del primer siglo la respuesta de Jesús fue tan simple como la pregunta del joven: "Tu primera obligación es la de seguirme".

La enseñanza de Jesús en este pasaje es incómoda. La obligación de cuidar a los padres en su ancianidad era muy real en la sociedad judía del siglo uno. Puede haber sido una obligación que el hombre quería cumplir a partir de su sincero afecto por su padre. Pero el resto de los discípulos de Jesús habían abandonado a sus padres y hasta a sus esposas para seguir a Jesús y al hacerlo, habían dejado su cuidado en manos de Dios y la comunidad de creyentes. Usted y yo a menudo debemos enfrentarnos a decisiones como la que debía enfrentar este antiguo seguidor de Jesús. ¿Pondremos a Jesús primero, antes de incluso las obligaciones más importantes? Si Jesús llama, ¿confiaremos el cuidado de nuestros seres queridos a Sus manos, y Le seguiremos sin dudarlo?

Hombres de poca fe —les contestó—, ¿por qué tienen tanto miedo? (8:26). En griego, la palabra *oligopistoi* habla de la calidad y la cantidad de la fe de los discípulos. Algo de fe tenían, porque le pedían a Jesús que hiciera algo. Pero sus temores revelaron la falla en su fe. Las circunstancias, la tormenta, dominaban su pensamiento al punto de no ver que la presencia de Cristo garantizaba su seguridad. Ante todo, como Jesús era el Mesías, Dios no dejaría que pereciera en una tormenta. Y segundo, como lo demostraron sus milagros anteriores, el poder personal de Jesús no tenía límites. No había tormenta que pudiera representar peligro para Él o para quienes Le acompañaran.

Las circunstancias que inspiran miedo con frecuencia dominan nuestros pensamientos. Esto lo han observado generaciones de comentaristas. Cuando sucede esto, la pregunta de Jesús nos llama a reflexionar: "Hombres de poca fe ¿por qué tienen tanto miedo?" (paráfrasis). Estamos a salvo con Jesús. Y Él siempre está con nosotros.

Para que sepan que el Hijo del hombre tiene autoridad en la tierra para perdonar pecados (9:6). La palabras "perdonar", aphiemi, significa principalmente "echar fuera". Otra palabra griega que también se traduce como "perdonar", *charizomai,* sencillamente significa "mostrar gracia hacia". Usted y yo podemos obrar con gracia, dejando pasar las ofensas o defectos de los demás. Solo Dios puede actuar con decisión respecto del pecado, para echarlo fuera.

Quienes tropiezan necesitan personas que les alienten y acepten, con amor. Pero ante todo, quienes tropezamos necesitamos esa limpieza total que solo puede dar el Dios que tiene poder para borrar los pecados.

¿Por qué come su maestro con recaudadores de impuestos y con pecadores?(9:11). Apenas podemos percibir la devastadora naturaleza de esta crítica. Cuando Jesús llamó a Mateo, un recaudador de impuestos, a ser Su discípulo y cuando fue a cenar a la casa de Mateo, donde había varios recolectores de impuestos y "pecadores", su conducta dejó totalmente atónitos no solo a los religiosos sino también a la gente común.

La literatura rabínica que data de la época cercana a la de Cristo contiene varias listas de oficios despreciables. Entre los marginados sociales estaban los recaudadores de impuestos, que obtenían su puesto presentándose a licitación por el derecho a recolectarlos y que luego cobraban más de lo debido con el fin de enriquecerse. La Mishnah dice que "para los pastores de ovejas [con la reputación de robar los animales ajenos mientras iban con sus rebaños de un lado a otro[, los recolectores de impuestos y los publicanos, el arrepentimiento es difícil". ¿Por qué? Porque esta gente no podría identificar a cada una de las víctimas de sus engaños y daños y por ello ¡no podrían efectuar la restitución que exigía la Ley! (Éxodo 22:3).

La condena general hacia los recaudadores de impuestos se refleja en frases que encontramos en la literatura rabínica y en el NT, que les vinculan con otras clases sociales también despreciables. Las frases de las fuentes rabínicas vinculan a los "recaudadores de impuestos y los ladrones", "los recaudadores de impuestos y los gentiles", y "los asesinos, los ladrones y los recaudadores de impuestos". El mismo patrón lingüístico aparece en el NT, que vincula a los "recaudadores de impuestos y los "pecadores" (Marcos 2:15; Lucas 5:30), y a los "ladrones, malhechores, adúlteros", y por supuesto, los "recaudadores de impuestos" (Lucas 18:11).

Atónitos y asqueados, aunque sin duda contentos de tener con qué acusar a Jesús, los fariseos les preguntaron a los discípulos de Cristo: "¿Por qué...?". ¿Por qué Jesús, que afirma tener una relación especial con Dios, se rebaja al rodearse de esta escoria?

La respuesta de Cristo resuena a través de los siglos como desafío a los cristianos: "No son los sanos los que necesitan médico sino los enfermos" (9:12).

Porque no he venido a llamar a justos sino a pecadores (9:13). Cuando Jesús dice "llamar", *kalesai* tiene el sentido de "invitar". Sus enigmáticas palabras dejan algo en claro. Los judíos del siglo primero esperaban que apareciera el Mesías y que luego de purgar a Israel de los pecadores, estableciera un reino terrenal para los justos. Aquí Jesús nos recuerda que Su misión es una misión de gracia. Ha venido en pos de los perdidos. Los que se clasifican como "justos", no solo han malinterpretado Su misión sino que se ubicaron a sí mismos fuera del círculo de quienes tienen necesidad de la gracia de Dios.

A quien más cuesta alcanzar con el mensaje del Evangelio es a la persona convencida de que la Buena Nueva es algo que solo los demás necesitan desesperadamente.

Ni tampoco se echa vino nuevo en odres viejos (9:17). "el vino nuevo" era jugo de uvas sin fermentar. Los odres eran cueros de cabra cosidos en forma de botellas de cuero. Se utilizaban cueros nuevos con cada cosecha porque a medida que fermentaba el vino y se formaban gases, los odres viejos podrían romperse.

La metáfora comunica una verdad importante. La enseñanza de Jesús sobre el reino como Su revelación de Sí mismo como el Mesías, sencillamente no encaja en las categorías que había desarrollado el judaísmo contemporáneo a partir de su estudio del Antiguo Testamento. La enseñanza de Jesús es nueva, y por eso requiere de nuevas formas de pensar para que Israel la contenga. Si no se abandonan las viejas categorías, podrán romperse y la enseñanza de Jesús terminará derramada en el suelo. Entonces, ni los odres viejos ni el vino nuevo servirán de nada a Israel.

También aquí hay una lección para nosotros. Nuestras categorías teológicas jamás deberán considerarse como equivalentes a la autoridad de las Escrituras. A medida que cada generación enfrenta desafíos nuevos, debemos volver a la Palabra de Dios, pidiendo al Espíritu que abra nuestras mentes y corazones a nuevas formas de entender y aplicar Su verdad.

¡Ten compasión de nosotros, Hijo de David! (9:27). El nombre es un título, el título del esperado Mesías. Muy a menudo los escritores del Evangelio muestran a los ciegos como personas con entendimiento espiritual.

No hay nada encubierto que no llegue a revelarse, ni nada escondido que no llegue a conocerse (10:26). La palabra es *kekalumnenon,* que proviene de *kalupto,* "esconder" o "encubrir". El dicho tiene doble filo porque por un lado, los motivos y acciones corruptas de quienes persiguen a los seguidores de Jesús quedarán expuestos a la luz. Y por otra parte, la fidelidad de los discípulos a pesar de la persecución un día les hará recibir el elogio de todos.

Hay otro contraste en este contexto. Quienes matan el cuerpo son demasiado visibles. Pero lo que no pueden matar es la personalidad esencial, el "alma", o *psyche*. Un día lo invisible será revelado como lo real, y lo visible será expuesto a la luz como ilusorio.

A cualquiera que me reconozca delante de los demás, yo también lo reconoceré delante de mi Padre que está en el cielo. Pero a cualquiera que *me desconozca* delante de los demás, yo también lo desconoceré delante de mi Padre que está en el cielo (10:32-33). Estos dos versículos reflejan dos caras de una misma moneda. Jesús dice que la decisión que toma la persona en este mundo afecta su destino en el siguiente. En este contexto de advertencia, las palabras de Jesús son de veras solemnes. No hemos de temer a las personas, sino a Dios (10:28) y la actitud de Dios hacia nosotros depende enteramente de nuestra respuesta a Jesucristo.

No es poco frecuente que un cristiano le pregunte a alguien: "¿Eres salvo?". Más de uno responderá: "¿Salvo de qué cosa?". El pasaje nos recuerda que hay una sola respuesta posible: "Salvo de Dios". Tenemos que elegir a Jesús porque solo a través de Él podemos evitar la ira venidera de Dios.

Desde los días de Juan el Bautista hasta ahora, el reino de los cielos ha venido avanzando contra viento y marea, y los que se esfuerzan logran aferrarse a él (11:12). Este versículo intrigante ha dado lugar a muchísimas interpretaciones. Una vez más, el contexto puede darnos la clave que nos ayudará a entenderlo. La palabra *biazetai* se utiliza en sentidos contradictorios, construcción que se conoce como "antanaclasis" o equívoco. Desde el principio mismo el mensaje del reino ha tenido que abrirse paso a la fuerza, luchando contra el poder de las tinieblas. Y desde el principio mismo los que se esfuerzan (término utilizado aquí en el sentido de "violencia"), han resistido su avance con desesperación.

Juan había sentido confusión porque el Rey Jesús no había destruido a toda oposición estableciendo con facilidad Su gobierno visible en la tierra. Pero Jesús había estado estableciendo un reino basado en la luz, no en la destrucción feroz. Y los hombres violentos del mundo se han resistido con desesperación, con burlas (11:16-19) e incredulidad (11:20-24).

La historia nos ha enseñado que el mensaje del Evangelio crea oposición además de estimulante fe. Tenemos que entender esta realidad y el hecho de que Dios le da a cada ser humano libertad para aceptar o rechazar a Su Hijo. Pero en el siglo primero, esto era vino nuevo, que rompería los viejos odres de las expectativas mesiánicas de la época.

Mateo 8-11

EL PASAJE EN PROFUNDIDAD

Jesús sana a un leproso (8:1-4). Para el estudio en detalle, ver el comentario sobre Marcos 1:40-45.

La fe del centurión (8:5-13). Ver también el pasaje paralelo en Lucas 7:1-10.

Trasfondo. El ejército romano se organizaba en legiones, de 6.000 cada una. La legiones consistían en seis cohortes, cada una con 60 "centurias" de 100 hombres. Estas unidades de 100 hombres estaban a cargo de "centuriones" de quienes el *Revell Bible Dictionary* nos dice: "Los centuriones eran los oficiales en funciones de quienes dependía la efectividad del ejército romano. Eran hombres inteligentes y altamente motivados, con buena paga, que por lo general permanecían en el ejército más allá de los 20 años requeridos como conscripción. El centurión que se retiraba recibía una recompensa generosa además de su paga. Muchos llegaron a ser influyentes ciudadanos de las ciudades en las que residían después de retirarse de las fuerzas".

Tal vez sorprenda que el NT muestre una actitud universalmente positiva hacia estos hombres militares. Lucas informa que el centurión cuya historia se nos cuenta aquí, era considerado por la comunidad judía como alguien que "aprecia tanto a nuestra nación, que nos ha construido una sinagoga" (7:5), y sobre la base de esto los líderes judíos de Capernaúm urgieron a Jesús para que respondiera a su pedido (Lucas 7:1-10). También se describe a otros centuriones como hombres con sensibilidad espiritual. El oficial a cargo del escuadrón que ejecutó a Jesús no se burló de Él sino que finalmente confesó: "¡Verdaderamente este hombre era el Hijo de Dios!" (Marcos 15:39). El primer gentil en oír y responder al Evangelio fue un centurión llamado Cornelio a quien Lucas describe en Hechos 10 como "devoto y temeroso de Dios" y como hombre que "Realizaba muchas obras de beneficencia para el pueblo de Israel y oraba a Dios constantemente" (10:2). Finalmente, el centurión a quien se le asignó la tarea de llevar a Pablo a Roma salvó las vidas de los prisioneros durante el viaje porque "quería salvarle la vida a Pablo" (Hechos 27:43).

En tanto hay quienes sugieren que los autores de los Evangelios a propósito halagaban a los centuriones para agradar a Roma, no puede ser este el caso de Mateo cuyo Evangelio está dirigido a su propio pueblo, los judíos, cuya hostilidad hacia Roma era intensa en el momento en que escribió su Evangelio.

Interpretación. En esta historia vemos a un centurión que más parece "apostado" que "retirado" en Capernaúm, en ese momento centro administrativo de Galilea. Cuando el centurión pide ayuda para un sirviente Jesús se ofrece a ir y sanar al hombre. Fue entonces que el centurión exhibió una fe razonada, que Cristo no había encontrado en ninguna persona de Israel (8:10).

¿Por qué decimos que la fe del centurión era "razonada"? Sencillamente porque las palabras que el hombre le dice a Jesús revelan un profundo análisis del significado de los milagros que ya ha obrado Jesús y revelan la voluntad del centurión de comprometerse con sus conclusiones.

Esa fe razonada se expresa en la explicación del centurión: "soy un hombre sujeto a órdenes superiores" (8:9). Como oficial del ejército romano el centurión sabía que sus órdenes serían obedecidas porque su poder provenía del mismo emperador. La realidad central de ser alguien "sujeto a órdenes superiores", no era la subordinación sino el poder. De modo que el poder de Roma, que en última instancia derivaba del emperador, implicaba que el soldado que obedecía las órdenes del centurión en efecto estaba obedeciendo al emperador Augusto. El centurión podía mandar a otros solo porque como oficial del ejército era canal de la autoridad imperial.

Así, la explicación del centurión indica que él había visto que también Jesús era un canal, cuyas acciones eran posibles únicamente porque derivaba Su poder de Dios. Era poder divino que fluía de Dios a través de Jesús, que daba a Cristo la capacidad de comandar la obediencia de las enfermedades, la naturaleza y hasta los demonios.

En cierto sentido es una inferencia obvia. Y por eso la conclusión del centurión: "basta con que digas una sola palabra, y mi siervo quedará sano" (8:8).

Ahora, las palabras de Jesús: "Les aseguro que no he encontrado en Israel a nadie que tenga tanta fe" (8:10) no son solo un elogio sino además, una crítica. La simple decisión que tienen los seres humanos delante de sus ojos y que el centurión reconoce con tanta claridad, Israel no la ha visto, como pueblo de Dios ha ignorado el significado de las obras de Jesús, y ponen en tela de debate Su identidad.

¿Es Jesús el vocero de Dios? ¿Realmente habla y actúa en nombre de Dios en el mundo de los hombres? El centurión diría: "¡Por supuesto! Lo que hace lo demuestra". Y entonces, creyó.

Aplicación. La fe del centurión, simple aunque razonada, está en marcado contraste con la incertidumbre, la duda y el interminable debate teológico que leemos en los siguientes capítulos del Evangelio de Mateo. Y nos enseña varias lecciones.

La primera es la que nos recuerda que Jesús tiene todo el poder. Por distante que nos sea hoy Su presencia física, la palabra de poder de Cristo tiene poder para cambiar nuestra situación.

La segunda lección es la que nos recuerda que el tema central en la vida cristiana no es la teología, sino la fe en Jesús. En lugar de debatir creencias, alentémonos los unos a los otros a aferrarnos a la convicción de que Jesús es el Hijo de Dios, el único canal por medio del cual fluye el poder de Dios para satisfacer la necesidad de los seres humanos en nuestros días.

Jesús sana a la suegra de Pedro (8:14-15). Ver Lucas 4:38-39 y el comentario sobre Marcos 1:24.

Jesús calma la tormenta (8:23-27). Ver Lucas 8:22-25 y el comentario sobre Marcos 4:35-41.

Jesús sana al endemoniado (8:28-34). Ver Lucas 8:26-39 y el comentario sobre Marcos 5:1-20.

Jesús sana al paralítico (9:1-8). Ver Marcos 2:2-12 y el comentario sobre Lucas 5:17-26.

Jesús llama a Mateo (9:9-13). Ver el comentario sobre Marcos 2:13-17.

Cuestionan a Jesús sobre el ayuno (9:14-17). Ver Marcos 2:18-22, Lucas 5:33-38 y el Estudio de palabras de Mateo 6:16.

Una niña muerta y una mujer enferma (9:18-26). Ver Marcos 5:22-43 y Lucas 8:41-56.

Jesús sana al ciego y mudo (9:27-34). Ver Lucas 18:35-43.

Jesús envía a los Doce (10:1-42). Ver también pasajes paralelos en Marcos 6:8-11, Lucas 9:1-10 y 10:1-16.

Trasfondo. Sería un error pensar que los rabinos de la época de Jesús eran hombres acaudalados. Las referencias de la literatura judía de su época sugieren que muchos rabinos vivían en extrema pobreza. Hilel, tal vez el rabino más famoso de ese momento, había nacido en un hogar pobre en Babilonia. Caminó hasta Jerusalén y trabajó como obrero por solo medio denario al día. De ese dinero, destinaba un cuarto de denario a sus estudios y con el otro cuarto debía mantener a su familia. Se cuenta que durante un invierno, no lograba encontrar trabajo. Como no podía pagar la escuela, permaneció afuera, escuchando por la ventana. Casi murió congelado. Recién pudo dejar de ser terriblemente pobre cuando se hizo conocido como buen maestro.

Jesús también provenía de una familia pobre (Lucas 2:24; Levítico 12:6-8).Mateo cita a Jesús advirtiendo a uno de los que querían seguirle que el Hijo del Hombre "no tiene dónde recostar la cabeza" (8:20). Cristo Mismo no llevaba dinero (Marcos 12:13-15; Lucas 20:20-24) y dependía de la caridad (Lucas 8:1-3). Al igual que otros rabinos Jesús se cuenta entre los más pobres de la Tierra Santa.

Tenemos que ver, entonces, que no es una innovación religiosa el hecho de que Jesús les mandara a los Doce no llevar oro, ni cobre siquiera, ni "bolsa" [de comida] para el viaje (10:9-10). Esto forma parte de una tradición continua que llama a quienes enseñan sobre Dios a demostrar que dependen del Señor, siendo indiferentes a las cosas materiales.

Esta tradición siguió en la iglesia apostólica y la primera iglesia. Pablo y Bernabé trabajaban para mantenerse pero también recibían ofrendas de la iglesia para poder viajar de ciudad en ciudad. A medida que se establecían iglesias en el mundo romano, una cantidad de maestros cristianos itinerantes recorrían el impero. La Tercera Carta de Juan se refiere a estas personas en los versículos 5 a 8, dándonos una vívida imagen de sus vidas y ministerios:

> Querido hermano, te comportas fielmente en todo lo que haces por los hermanos, aunque no los conozcas.[1] Delante de la iglesia ellos han dado testimonio de tu amor. Harás bien en ayudarlos a seguir su viaje, como es digno de Dios. Ellos salieron por causa del Nombre, sin nunca recibir nada de los paganos; nosotros, por lo tanto, debemos brindarles hospitalidad, y así colaborar con ellos en la verdad.

El mismo tema se refleja en el *Didache,* uno de los escritos cristianos más antiguos, que indica que el maestro itinerante necesita que se le den provisiones suficientes como para alcanzar el siguiente destino (11:6).

Incluso en la sociedad helena la actitud hacia los "filósofos" itinerantes en todas las ciudades, que buscaban reunir a unos pocos estudiantes, se veía moldeada por su actitud en cuanto al dinero. El hombre verdaderamente sabio no aceptaría dinero a cambio de su sabiduría, en tanto a los cínicos los motivaba la avaricia. Así escribe Pablo en 2 Corintios 2:17: "A diferencia de muchos, nosotros no somos de los que trafican con la palabra de Dios. Más bien, hablamos con sinceridad delante de él en Cristo, como enviados de Dios que somos".

Entonces, Mateo 10 no debe verse como conjunto de instrucciones inusuales, aplicables solamente al breve viaje de entrenamiento de los Doce en la pequeña provincia judía de Galilea. De hecho, las instrucciones de Jesús reflejan las convicciones tácitas aunque profundas de la sociedad judía, en cuanto a que quien enseña sobre Dios tiene que ser indiferente a las riquezas del mundo. Las instrucciones también reflejan la total dependencia de Cristo con respecto a Su Padre. Y las instrucciones que Jesús les dio a los Doce contribuyeron también a formar la perspectiva del ministerio en la primera iglesia.

Interpretación. Aunque Mateo 10:5-16 se condice con la situación del momento en Galilea, el resto del capítulo parece ver hacia el tiempo en que los seguidores de Jesús ministrarían en el mundo entero (10:18). Así, Mateo relata la historia de los Doce que son enviados, y luego nos muestra cómo esa primera aventura establece un patrón para el mi misterio en la era de la iglesia.

Podríamos analizar el pasaje en partes:

■ Instrucciones específicas (10:5-15). En esta etapa de la misión de Jesús Él se presenta a Sí Mismo ante Israel como Mesías de esa nación. Se les dice a los discípulos que solo prediquen a Israel. ¿Por qué ofender a Israel

Mateo 8-11

al enviar prematuramente a los discípulos para que ministren entre los detestados habitantes de Samaria, o entre los gentiles? El tema aquí son las afirmaciones de Jesús y nada ha de distraer al pueblo de Galilea de la decisión que deben tomar en cuanto a Su Persona. Por eso, los Doce debían predicar y enseñar, y depender únicamente de Dios para sus necesidades, a través de aquellos que respondieran a su ministerio.

■ Principios generales (10:16-42). En el versículo 16 hay un giro importante, y las enseñanzas de Cristo presentan principios generales que se aplican no solo a la tarea del momento sino a la futura misión de Su iglesia.

Astutos como serpientes y sencillos como palomas (10:16). La imagen de Jesús equilibra a la serpiente con la paloma. Al relacionarse con los que no creen los seguidores de Cristo deben ser lo suficientemente astutos como para evitar los ataques cuando les sea posible, y lo suficientemente inocentes como para que la cautela no se convierta en miedo y les lleve al aislamiento.

Con cautela pero con confianza (10:17-20). Los creyentes saben que podrán perseguirlos pero también pueden tener confianza en que cuando se les presente el desafío Dios Mismo hablará por ellos. En los tiempos del NT los ricos utilizaban oradores profesionales para que les representaran en los tribunales. Cristo les promete a Sus seguidores que tendrán al mejor abogado: el mismo Espíritu Santo, que "hablará por medio de ustedes" (10:20).

Odiados pero a salvo (10:21-23). El compromiso con Cristo hará surgir un antagonismo que podrá dividir familias y despertar odios, con lo cual nuestras vidas en este mundo se verán sujetas a presiones e incluso a momentos en que habrá que huir. Pero antes de que se agoten los refugios, Jesús vendrán y nos liberará.

Perseguidos pero sin miedo (10:24-33). Jesús fue condenado como príncipe de los demonios. No podemos esperar que a nosotros nos traten mejor. Cuando nos persigan, hemos de mantenernos sin miedo. ¿Por qué? La verdad se revelará en última instancia y los humanos solo pueden tocar nuestros cuerpos, pero no nuestras almas. Dios está completamente comprometido con nuestra protección y cuidado. Los que reconocemos a Cristo aquí en la tierra podemos tener la seguridad de que Él nos reconoce ante Su Padre en el cielo.

En guerra pero victoriosos (10:34-39). La vida para quienes siguen a Jesús se verá marcada por el conflicto con los demás y consigo mismos. Pero cuando decidimos seguir a Jesús, ganamos en lugar de perder porque encontramos una nueva vida que solo es posible en Él.

El pasaje concluye con una afirmación que tenía significado especial en el mundo del siglo primero. En esa era, si alguien enviaba a un agente en representación de su persona, éste sería recibido como si de la persona en cuestión de tratara (Lucas 10:16; Juan 12:44-45;

Hechos 9:14). Al honrar al sirviente, uno honraba al amo que lo había enviado.

Es mucho mejor que el pueblo de Dios nos honre por servir a Jesús en lugar de obtener todo el dinero y la popularidad que el mundo nos pueda ofrecer.

Aplicación. El pasaje en su conjunto nos presenta una atinada descripción de lo que es el ministerio. Parece que la persona a quien Jesús envía tiene que estar dispuesta a renunciar a la mayoría de las cosas que todos consideran preciadas.

El pasaje nos recuerda que Jesús debió sufrir hostilidad y persecución y que lo mismo puede sucederle a quien decida vivir como Él vivió en este mundo. Nos recuerda también que el compromiso con Cristo incluso puede costarnos el amor de miembros de nuestra familia. Tal vez, el mensaje más significativo a la iglesia en nuestra era materialista es el llamado de Jesús a abandonar con toda intención la dependencia de la riqueza y a vivir como los pobres.

Un comentarista del Medio Oriente observa que en los países orientales los hombres acaudalados solían vestir varias camisas y abrigos y llevar consigo un segundo par de zapatos. Esto hacía que fueran presa fácil de los ladrones, que se llevaban la ropa de su equipaje y les pegaban si sus víctimas ofrecían resistencia. Así, sugiere este comentarista, la instrucción de Jesús a Sus discípulos de llevar solo un abrigo y no llevar provisiones o monedas en bolsos, tenía por intención protegerles de los bandidos.

Es una interpretación culturalmente exacta. Pero pierde por completo el sentido del mensaje.

Quienes representan a Jesús deben depender enteramente de Dios para la satisfacción de sus necesidades. Han de demostrar su confianza en Dios viviendo como pobres, dispuestos a contar con la generosidad de personas desconocidas. Al elegir esta forma de vida los rabinos, Jesús, y los primeros misioneros cristianos demostraban su compromiso con el mensaje que predicaban: Dios se ocupa, y como hijo del Padre Celestial, con esto el creyentes se contenta.

Sospecho que el mundo sigue juzgando a quienes afirman hablar en representación de Dios por su actitud hacia el dinero. Es fácil sentirse llamado a servir en un principio, pero muchos se convierten en meros vendedores ambulantes, que buscan su ganancia, llevando un Evangelio distorsionado que busca consolar al os ricos en lugar de presentar desafíos a los que viven con comodidad.

El pobre hostil y que vive creyéndose víctima no tiene derecho a afirmar superioridad espiritual. Pero quienes se proponen vivir, como los Doce que visitaban Galilea, decididos a no llevar provisiones para el viaje, pueden llegar a ser los más sabios y más ricos de todos.

Jesús y Juan el Bautista (11:1-30). Ver también Mateo 3 y Juan 1:19-28.

Trasfondo. Malaquías concluye el último libro del canon del AT con esta predicción: "Estoy por enviarles al profeta Elías antes que llegue el día del Señor, día grande y terrible" (4:5). Por lo tanto, aún hoy surge una pregunta: ¿Era Juan el Bautista ese Elías?

Juan mismo negó ser quien cumpliera la profecía (Juan 1:21). Pero Jesús les dijo sencillamente a Sus contemporáneos: "Y si quieren aceptar mi palabra, Juan es el Elías que había de venir" (Mateo 11:14). Hay dos cosas que nos ayudan a resolver el aparente conflicto.

Primero, era creencia común en el judaísmo del siglo primero que Elías, que había sido arrebatado y elevado al cielo (2 Reyes 2), volvería personalmente para dar inicio a la era mesiánica. Juan negó ser el verdadero Elías, y con razón.

En segundo lugar, Jesús condicionó Su identificación de Juan como Elías al decir: "Y si quieren aceptar mi palabra…". Esta observación implica que Juan podría cumplir la profecía de Malaquías pero que no necesariamente es así. La explicación se encuentra en lo que a veces llamamos "referencia múltiple". El *Diccionario Bíblico Revell* señala:

> La predicción de un evento podía predecir una serie de sucesos, más que un solo hecho, así como las profecías de Ezequiel sobre la inminente invasión de Judá por parte de los babilonios, refleja otra invasión mayor lanzada desde el norte al final de la historia (comparar Ezequiel 38,39). Además, algunas profecías pueden cumplirse parcialmente en un suceso mientras se espera el cumplimiento completo en el futuro distante. Por ejemplo, la profecía de Joel sobre el Día del Señor se cumplió parcialmente cuando el Espíritu descendió en el día de Pentecostés (Hechos 2:14-21), aunque todavía falta el cumplimiento de otros elementos de esta profecía (p. 822).

Por eso, lo que Jesús parece estar diciendo es que la profecía de Malaquías sobre un Elías que vendrá, se cumple parcialmente en Juan, al punto de que si Israel acepta a su Mesías, Juan puede cumplir esa predicción por completo.

Es importante entender este punto porque nos brinda la clave a nuestra interpretación del pasaje entero. Nos dice que Jesús, de hecho está defendiendo a Juan y que al mismo tiempo deja perfectamente en claro Su propio rol en la historia de la salvación. Porque si Juan es Elías, entonces seguramente Jesús tiene que ser el Mesías.

Interpretación. El pasaje contiene varios versículos difíciles que podemos entender si seguimos el argumento, o el hilo de pensamiento, a lo largo del texto.

Juan manda a preguntarle a Jesús si Él es el que vendrá (el Mesías) o si Israel debiera esperar a alguien más (11:1-3). Juan ha estado en prisión durante más o menos un año para este momento y no entiende por qué Aquel a quien él ha señalado no hizo nada por juzgar primero, y luego bendecir la nación.

Cristo les dice a los mensajeros de Juan que informen de las sanaciones que han presenciado (11:4-6). Sus palabras hacen alusión a pasajes del AT (Isaías 35:5-6; 61:1) que describen tanto la bendición como el juicio y la promesa: "Su Dios vendrá, vendrá con venganza; con retribución divina vendrá a salvarlos" (35:4). Las bendiciones prueban que Jesús es el Mesías. Las Escrituras le dan a Juan la seguridad de que el juicio, aunque se demore, vendrá con toda certeza.

Cuando se van los discípulos de Juan, Jesús le habla a la multitud sobre Juan (Mateo 11:7-15). Primero, Juan es "más que un profeta" (11:9). Es que Juan es también sujeto de la profecía (11:10). No puede decirse lo mismo de ningún otro profeta del Viejo Pacto.

En segundo lugar, Juan es más grande que cualquiera de los que han venido antes que él. Otros profetas han visto hacia el futuro, describiendo al Mesías a la distancia. Pero Juan ha visto al Mesías, y anunció: "Aquí tienen al Cordero de Dios" (Juan 1:29, y también 1:30-34). Juan solamente tuvo el privilegio de identificar a Jesús de manera tan decisiva.

La privilegiada posición de Juan en la historia de la salvación hizo que Cristo dijera de él: "Entre los mortales no se ha levantado nadie más grande que Juan el Bautista" (Mateo 11:11). Podemos entender en este contexto la siguiente observación de Jesús entonces: "sin embargo, el más pequeño en el reino de los cielos es más grande que él [Juan]". (11:11). Hoy vemos a Jesús desde la perspectiva de Su cruz y resurrección. Incluso el más pequeño en el presente reino de Dios puede dar claro testimonio de Jesús y del significado de Su vida, más de lo que podía hacerlo Juan.

Juan no había entendido que en lugar de barrer con toda oposición el reino "en secreto" de Jesús estaba "avanzando con fuerza" contra la intensa oposición. Sin embargo, el ministerio de Juan cumplía la profecía de Elías y Jesús es el Mesías de quien hablaron los profetas del AT (11:12-15).

Ahora Jesús pasa del tema de Juan y su papel en la historia de la salvación a la descripción de la actitud laxa del pueblo judío hacia Juan y Jesús (11:16-19). En estilo, Juan y Jesús eran muy diferentes, aún cuando cada uno de ellos llamaba al arrepentimiento y anunciaba que el reino de Dios estaba cerca. La imagen que presenta Jesús es la de niños jugando a "la boda" y "el funeral" en la plaza del mercado. Pero el problema es que no importa qué canción toquen, los que escuchan a Juan y a Cristo están mirando desde afuera y se niegan a entrar. En lugar de responder a la música ¡se quejan y critican a los músicos!

Como resultado, las ciudades que Galilea que no se arrepienten sufrirán un juicio mucho más severo que el de antiguas ciudades conocidas por su maldad (11:20-24). Si las obras de Jesús se hubieran realizado en esas ciudades, sus ciudadanos "ya hace tiempo que se habrían arrepentido" (11:21).

El pasaje concluye con palabras de afirmación e invitación (11:25-30). El hecho de que la nación no responda no es más evidencia de que no venga el reino que de la demora de los juicios anunciados en el AT. De hecho, el reino oculto solo puede ser visto por aquellos "hijos" a quienes el Padre y el Hijo se les revelen.

Así, Jesús termina con una invitación. Invita a los

cansados y cargados a abandonar sus propios esfuerzos y a acudir a Jesús para encontrar reposo. Han de cargar el yugo de Cristo y aprender de Él porque es en Él donde podrán descansar.

La referencia al "yugo" hace que nuestra atención vuelva al tema central del capítulo. En el judaísmo era común hablar del "yugo de la Ley", frase que implicaba intenso estudio de la Torá y obediencia a sus preceptos, como medio de obtener la aceptación de Dios. Ahora Jesús les ofrece a todos los cansados el descanso que se halla, no en el estudio académico de la Torá, sino al adoptar las enseñanzas de Cristo. Lo que Israel puede aprender de Jesús y no de las reglas que los académicos han tomado de la Torá, promete descanso a los seres humanos.

Aplicación. Tal vez lo que más se destaca en este pasaje es que aunque ostensiblemente se refiere a Juan, de hecho nos habla de Jesús.

Entendemos la importancia de Juan el Bautista solo si entendemos su relación con Jesús y su papel en la historia de la salvación. De manera similar, la historia de cada uno de nosotros es la historia de Jesús. El rol que tiene Jesús en nuestras vidas determinará nuestros destinos. Y el rol que tengamos en el reino de Dios les da a nuestras vidas en la tierra su sentido y propósito.

MATEO 12–15
Creciente oposición

EXPOSICIÓN

El mensaje de Jesús se ha difundido en la tierra de los judíos. Jesús y Sus discípulos lo han transmitido. La gente común ha permanecido inmutable, sin comprometerse a pesar de que las enseñanzas y sanaciones de Jesús les han impresionado. Pero Mateo ahora centra nuestra atención en la creciente oposición por parte de los líderes religiosos y en la inesperada respuesta: un giro drástico en la enseñanza de Jesús sobre el reino de los cielos..

La oposición se manifiesta en torno a dos temas. El primero era el respeto al día de descanso, el Sábado (12:1-21). Este principio central del judaísmo había sido definido de manera tan rígida por la tradición rabínica que incluso las sanaciones de Jesús eran vistas como violación del descanso sabático. En respuesta, Jesús afirma ser Señor del Sábado, el Siervo de Jahvé prometido en Isaías. El segundo tema se vincula con la inusual actividad demoníaca que parecía surgir dondequiera que fuese Jesús (12:22-45). Al desplegar Jesús Su poder sobre los demonios y cuando algunos comienzan a preguntarse en voz alta si Cristo podría ser el Mesías, los fariseos acusan a Jesús de estar relacionado con el diablo. Jesús ridiculiza esta idea pero advierte que atribuir las obras del Espíritu a través de Él a Satanás es pecado imperdonable. La acusación revela el carácter de los enemigos de Jesús, que exigen milagros pero luego rechazan la evidencia del os milagros que Él ha obrado.

Esta creciente oposición da lugar a un giro dramático en la enseñanza de Jesús (13:1-58). En lugar de seguir hablando con claridad acerca del reino Jesús empieza a utilizar parábolas cuyo significado está velado a quienes no tienen fe, de modo que no puedan entenderlas. Las parábolas exhiben contrastes entre el reino visible e institucional que esperaba Israel y el reino oculto del corazón que establecerá Jesús en Su muerte y resurrección. Un incidente final apunta a la importancia de esta necesidad: los que son del pueblo de Cristo se rehúsan celosamente a siquiera considerar que Él es un profeta (13:53-58).

La fuerza de la oposición contra Jesús se e ilustrada además por la ejecución de Juan el Bautista, testigo de la deidad de Jesús (14:1-12). Sin embargo, Jesús sigue ejerciendo Su poder: alimenta a 5.000 personas que Le siguen al desierto (14:13-21) y camina sobre el agua (14:22-36), hecho que solo presencian los discípulos. Cuando los fariseos vuelven a atacar a Jesús, ahora sobre el tema de la "purificación" tradicional rabínica, Jesús deja en claro que el mero ritual carece de sentido porque a Dios le importa el corazón limpio (15:1-20). Entonces Jesús se cruza con una mujer cananea que le ruega que sane a su hija (15:21-28). El extraño incidente preanuncia algo: indica de manera impactante que los beneficios que Cristo trae a Israel estarán muy pronto disponibles para todos a través de la fe. No es que Cristo haya desistido de enseñar a Su pueblo: sana a las multitudes que acuden a Él, y cuando tienen hambre milagrosamente les provee de alimento (15:29-39). La puerta de Dios está abierta. Pero para entrar, incluso los judíos tendrán que hacerlo por la fe.

ESTUDIO DE PALABRAS

No romperá la caña quebrada (12:20). Los rabinos reconocieron este y otros pasajes del Siervo anunciado por Isaías, como mesiánicos y esperaban ansiosamente a Aquel que "hiciera triunfar la justicia", haciendo que incluso el mundo gentil estuviera sujeto a Dios. Pero Jesús destaca otras imágenes de la profecía: el Siervo/Mesías, no romperá una caña quebrada, ni apagará una mecha que apenas arde, "hasta que" aparezca en juicio.

La caña quebrada es la flauta del pastor de ovejas, un instrumento simple que se fabricaba golpeando suavemente una caña delgada hasta que se soltara la corteza en una sola pieza hueca. Si se quebraba la corteza, la flauta ya no serviría y entonces, se quebraba y descartaba. Del mismo modo, la mecha utilizada en una lámpara de aceite se ahogaba cuando la cubría el hollín y ya no servía. La imagen es potente: el Siervo de Dios no aparecerá primero como Conquistador, barriendo con todos los pecadores. Vendrá como Aquel tan conmovido por la compasión que ni siquiera querrá descartar a los quebrados y los inútiles de la sociedad de Israel. Hasta que amanezca el día del juicio.

De la abundancia del corazón habla la boca (12:34). En la cultura hebrea el corazón (en hebreo, *leb*; en griego, *kardía*), se utilizaba para identificar a los órganos internos y al ser interior de la persona. El pensamiento hebreo no dividía a la persona en funciones por separado: espiritual, racional, intelectual, emocional y volitivo, sino que tendría a ver a la persona como un todo. De allí que "corazón" se refiere a la persona interior en su totalidad, el verdadero ser que incluye toda función que hace de la persona un ser humano. Jesús está diciendo simplemente que lo que la persona expresa con sus palabras y acciones demuestra su carácter y esencia.

Todos tendrán que dar cuenta de toda palabra ociosa que hayan pronunciado (12:36). El término griego es *argón* y aquí se refiere a observaciones que aparentemente no tienen consecuencia o importancia. Cuando pensamos con atención lo que decimos, es fácil decir cosas lindas. Son las palabras que se dicen sin pensar las que revelan el carácter. Por eso, el fariseo que murmuró en contra de sanar a alguien en el día Sábado (12:10), estaba tan preocupado por la tradición que ni se daba cuenta de que sus observaciones revelaban total falta de compasión por un ser humano que sufría. Y ¿qué hay de los que acusaban a Jesús de ser cómplice de Satanás? Estaban tan decididos a esparcir rumores en contra de Jesús para negar que fuera el Mesías, que ni siquiera se daban cuenta de que sus palabras mostraban a las claras una incredulidad basada en el deseo de vengarse.

¿Qué es lo que tiene prioridad? ¿El conocimiento correcto? ¿O las acciones justas? Aunque los escritos rabínicos convocan a hacer acciones meritorias, hay quienes indican que el estudio de la Torá tiene prioridad por sobre las buenas obras. Aquí presentamos dos citas:

El rabino Abbahu envió a su hijo, el rabino Haninah, a Tiberíades para que estudiara la Torá. La gente llegaba y le informaba que su hijo pasaba su tiempo realizando acciones de caridad. Por lo tanto, él le envió a su hijo un mensaje: ¿Es que no hay tumbas en Cesarea? Porque (hace mucho) decidieron en el aposento alto de Beth Arus en Lod que el aprendizaje tiene que tener prioridad por sobre la acción [Yer. Pes. III: 30B, Yer.Hag. 1: 6c. (traducción libre)].

Y también:

Una vez, cuando el rabino Simeon ben Yohai estaba visitando a los enfermos, encontró un hombre que estaba echado, sufriendo una enfermedad de los intestinos y que blasfemaba por el Santísimo a quien Él bendecía. El rabino le dijo: Miserable, debieras estar orando por misericordia en lugar de maldecir. Y el hombre respondió (muy bien entonces), que el Santísimo me quite la enfermedad y te la dé a ti. El rabino Simeón dijo: me lo merezco porque abandoné el estudio de la Torá y me dediqué a actividades que ocupan mi tiempo (*El Padre según el rabino Nathan*) (Traducción libre).

Y les dijo en parábolas muchas cosas (13:3). En griego, la palabra significa "paralelo". Así, la parábola comunica la verdad mediante una comparación, sea en una historia, proverbio, símile o metáfora. Por lo general, las parábolas tienen intención de revelar, pero las que encontramos en Mateo 13 buscan ocultar lo que Jesús llama "secretos del reino de los cielos" (13:11) para que solo los entendieran Sus discípulos.

¿Por qué querría Jesús esconder Sus enseñanzas sobre la forma del reino de Dios que Él venía a establecer? Tal vez para centrar la atención en la cuestión real: Su propia Persona. Solo mediante la sujeción a Cristo como Rey puede uno entrar en el reino de los cielos. Y seguramente, ese reino puede conocerse de veras solo desde adentro.

Cuando brotó el trigo y se formó la espiga, apareció también la mala hierba (13:26). La "mala hierba" en esta conocida parábola es la cizaña, también conocida como *lolium temulentum*. Es casi imposible diferenciar a esta maleza de la planta de trigo cuando solo es un brote joven. Pero hay otra característica de la cizaña que es más importante todavía: las raíces se enredan con las de la planta de trigo a tal punto que es imposible arrancar una sin destruir a la otra.

La aplicación tiene importancia para nosotros. No tenemos que tratar de "purificar" a la iglesia echando a quienes creemos que son malas hierbas. En primer lugar, no podemos estar seguros sobre quién tiene fe sincera y quién está fingiendo. En segundo lugar, aunque tuviéramos razón, nuestros esfuerzos por sacar a los que fingen tal vez perjudicaran a los que son sinceros.

Nuestro lugar es el de amar y permitir que "crezcan juntos". Dios sabe diferenciar lo falso de lo verdadero y Él seguramente lo hará en el día del juicio.

Aunque es la más pequeña de todas las semillas, cuando crece es la más grande de las hortalizas (13:32). Ha habido quienes, muy errados, afirmaron que se trata de una declaración de carácter botánico, entendiendo que Jesús se equivocó porque hay plantas con semillas todavía más pequeñas. Pero lo que importa no es solo que la mostaza tenga las semillas más pequeñas entre las plantas cultivadas en Palestina, sino que los judíos del siglo uno sabían que era la sustancia de menor tamaño que podía pesarse con la balanza de platos. La semilla de mostaza entonces está simbolizando lo insignificante, algo tan pequeño como para no tener importancia.

Allí vemos lo que Jesús quería comunicar. El reino que Jesús presenta puede parecerles insignificante a Sus contemporáneos. Pero al igual que la planta de mostaza que podía alcanzar más de 3 metros de altura, el reino de Cristo también crecerá y se convertirá en un gran movimiento.

El rey se entristeció, pero a causa de sus juramentos y en atención a los invitados, ordenó que se le concediera la petición (14:9). En griego, la palabra es *lupetheis*, que significa entristecer, apenarse, sentir gran pena y dolor. Aquí vemos entonces la descripción acabada de una conciencia perturbada, que urgía a Herodes a hacer lo que él sabe que corresponde hacer. Es trágico que, al igual que Herodes, permitamos que nuestra conciencia calle porque decidimos actuar según la opinión que puedan tener los demás.

Denles ustedes mismos de comer (14:16). La palabra "ustedes" aparece con énfasis en el texto griego. A los discípulos les preocupaba que la gente tuviera hambre, pero querían que cada uno consiguiera su comida donde fuera. Jesús entonces, centra la responsabilidad de la gente en los discípulos: "ustedes" denles de comer. Cuando protestaron diciendo que tenían "solamente" cinco hogazas de pan y dos peces, Jesús multiplicó sus recursos y alimentó a la multitud. Es una importante lección para nosotros. Tenemos que preocuparnos por los demás. Tenemos que aceptar la responsabilidad de satisfacer las necesidades ajenas. Pero solo es posible hacerlo cuando entregamos a Jesús nuestros recursos, para que Él los multiplique.

Dios dijo: "Honra a tu padre y a tu madre" (15:4). En el judaísmo, el "honor" debido a los padres incluía el apoyo material. Los rabinos sostenían que la obligación de un hijo hacia su padre llegaba al punto de que si hacía falta, debía mendigar en las calles con tal de que nada le faltara a su progenitor. Esto valía también en el caso del padre espiritual, del rabino que instruía a un estudiante y para el padre biológico. Pero a pesar de ello, se permitía que cualquiera declarara que sus bienes y dinero eran *corban*, es decir, un monto apartado para el tesoro del templo. La persona podía seguir utilizando lo que había "donado" de este modo, pero ¡tenía una base "legal" para no darlo a sus padres! Jesús señala con desprecio que esto es nada más que pura hipocresía y una ilustración de la forma en que la "tradición" deja de lado la Ley y voluntad de Dios.

Así por causa de la tradición anulan ustedes la palabra de Dios (15:6). La palabra que se traduce como "anulan" es una forma de *akyroo*, término legal común utilizado para hablar de una deuda cancelada o un testamento que se declara inválido. La imagen es la del rabino colocando el sello de "cancelado" en las leyes que expresan la intención de Dios, al utilizar el instrumento de la tradición.

"Tradición" se dice *paradosin*, y se refiere a la ley oral, al conjunto de comentarios e interpretaciones que incluso en el siglo primero se habían pasado de generación en generación como palabra de autoridad. En lugar de respetar la tradición, como sigue haciéndolo el judaísmo rabínico, Jesús lo rechaza a favor de una perspectiva para interpretar las Escrituras con énfasis en la "intención original". Allí donde está en claro la intención original, no es más que hipocresía el utilizar la interpretación humana para no hacer lo que claramente es voluntad de Dios.

EL PASAJE EN PROFUNDIDAD

Señor del sábado (Mateo 12:1-21). Ver también pasajes paralelos en Marcos 2:23-28, 3:1-6, y Lucas 6:1-11.

Trasfondo. La relevancia del Sábado en el judaísmo del siglo primero está representada por un dato sencillo: no hay escrito de la época, sea judío, cristiano o pagano, que deje de mencionar el sábado al hablar de los judíos.

Sin embargo, la cantidad de reglas que gobernaban la observancia judía de este día santo, se generaba a partir de un mandamiento único y sencillo: "Observa el día sábado, y conságraselo al Señor tu Dios, tal como él te lo ha ordenado. Trabaja seis días, y haz en ellos todo lo que tengas que hacer, pero observa el séptimo día como día de reposo para honrar al Señor tu Dios (Deuteronomio 5:12-14). Tenemos un registro de las reglas de la observancia del sábado en el Mishná (ver p. 51), que nos ayuda a percibir el celo religioso de quienes buscaban guardar la Ley hasta en el mínimo detalle. El Mishná también nos brinda una mirada a la forma en que se desarrolló la interpretación, sumando interpretaciones cada vez más complejas, cada vez más refinadas, con lo cual a lo largo del tiempo, la autoridad de estas interpretaciones llegó a ser equivalente a la del mandamiento bíblico original. El gran académico judío Geza Vermes, en *Jesus and the world of judaism* [Jesús y el mundo del judaísmo], explica que el "interés principal" de los escribas "era el de imbuir toda doctrina religiosa con sanción de la tradición como parte de una cadena de transmisión estrictamente definida, originada — de hecho o por medio del ingenio exegético — en las Escrituras, y preferentemente en el Pentateuco". (p. 31).

Michael A. Fishbane añade la siguiente explicación en *Judaism* [Judaísmo]:

> En un sentido estrictamente histórico la revelación del Sinaí fue una ocasión "única en la historia" para el destino religioso judío. Pero como hemos visto ya, este suceso también ha sido algo más que un hecho único para los judíos y el judaísmo: ha sido algo así como un momento mítico, que se repite "una y otra vez, por siempre" cada vez que se estudia la Torá y se interpretan sus enseñanzas. Así, la voz divina que se oyó en el Sinaí no cesa, según el entendimiento tradicional judío, sino que va desarrollándose con autoridad a través de las palabras humanas de los sabios (p. 15).

Esta actitud de temor reverente ante las palabras del os sabios, en combinación con los intensos esfuerzos de éstos por explorar toda posible implicancia de la Ley de Dios, nos permite entender el asombro y escándalo que produjo Jesús en los fariseos. ¡Los discípulos de Jesús incluso cosechaban grano y lo comían en el día sábado! (Ver Mishná 7.2B [3] en p. 51). Para los fariseos, la acción de los discípulos era equivalente a la violación de la Ley de Dios, y se escandalizaban porque Jesús se los permitía.

En nuestro pasaje Jesús responde afirmando ser el Señor del sábado. Así, solo Él tiene derecho a determinar lo que es o no violación del sábado.

En otra confrontación, registrada en Mateo 15, Jesús critica la perspectiva de la tradición que tienen los fariseos y maestros de la Ley. Les demuestra que no solo son sabios sin autoridad, sino que sus enseñanzas de hecho, contradicen y corrompen las Escrituras.

No es de extrañar entonces que las multitudes se asombraran ante lo que enseñaba Jesús. En lugar de depender de la justificación formal de Sus palabras — es decir, de los dichos de los rabinos que le precedían — Jesús "les enseñaba como quien tenía autoridad, y no como los maestros de la ley" (Mateo 7:29). Los líderes religiosos, claro está, sentían resentimiento y odio hacia este joven maestro tan descarado, que abiertamente desdeñaba la interpretación del AT sobre la que se basaba toda la teología que enseñaban ellos.

Interpretación. Cuando acusaron a Sus discípulos de actuar "contra la Ley", Jesús respondió refiriéndose primero al momento en que David

EL SÁBADO SEGÚN EL MISHNÁ

El Mishná es un importante código de reglas, en seis partes, que tiene como propósito gobernar la vida cotidiana y la adoración del pueblo judío. Su estructura es la de los dichos de los rabinos de los siglos primero y segundo D.C. y refleja el ángulo de interpretación de los maestros de la Ley en tiempos de Jesús. Las citas que hay a continuación son algunas de las muy intensas y numerosas discusiones sobre el sábado y la observancia del sábado:

7:2 A. Las categorías que generan o implican trabajo [prohibido el día sábado] son cuarenta menos una:

B. (19 el que cose, (2) ara, (3) cosecha, (4) ata fardos, (5) trilla, (6) zarandea, (7) selecciona [separando el producto bueno del que no servirá], (8) muele, (9) tamiza, (10) amasa, (11) hornea;

C. (12) el que esquila, (13), lava la lana, (14), la escurre a golpes, (15) la seca;

D. (16) hila, (17) teje;

E. (18) hace dos lazos, (19) hila dos hilos, (20) separa dos hilos;

F. (21) ata, (22) desata;

G. (23) cose dos puntadas, (24) rasga para coser dos puntadas;

H. (25) el que caza un ciervo, (26) lo mata, (27) lo desolla, (28) lo sala, (29) cura su cuero, (30) raspa el cuero, y (31) lo corta;

I. (32) el que escribe dos letras, (33) el que borra dos letras para escribir dos letras;

J. (34) el que construye, (35) el que demuele;

K. (36) el que apaga un fuego, (37) el que enciende un fuego;

L. (38) el que martilla, (39) el que traslada un objeto de un lugar a otro _

M. Observen, son cuarenta acciones menos una que implican trabajo.

6:3 A. La mujer no puede salir con (1) una aguja con un agujero, (2) un anillo con un sello, (3) un gorro en forma de caracol, (4) una caja de especias, o (5) un frasco de perfume.

B. "Y si saliera, debe hacer ofrenda de pecado", palabras de R. Mair,

C. Y los sabios la declaran [a la mujer] exenta en el caso de la caja de especias y el frasco de perfume...

6.5 A. La mujer sale con cintas de cabello, sean hechas con su propio cabello, o con el de otra mujer o con pelo de animal;

B. y con (1) vincha, (2) adornos cosidos [en su peinado o tocado]; (3) red para el cabello y (4) rulos artificiales;

C. en el patio;

D. (1) con lana en su oreja, (2) lana en sus sandalias, (3) lana que ha usado como paño para su flujo menstrual;

E. (1) pimienta, (2) un terrón de sal, y (3) todo lo que se ponga en la boca,

F. con la condición que no lo haya puesto allí el día sábado.

G. Y que si se le cayera no pudiera volverlo a meter en su boca.

H. Un diente postizo o diente de oro –

I. El rabino lo permite.

J. Y los sabios lo prohíben.

violó una ley incluida en el Pentateuco, sin recibir castigo (12:3-4). Esto implica dos cosas. Las reglas de la *halajá* (estilo de vida) [N. de T: La Halajá también puede transcribirse como halaká, halakah o halakhá] es la recopilación de las principales leyes judías de la tradición son menos importantes que las Escrituras. Y aunque posiblemente la acción de David pudiera justificarse por la excusa del hambre o la grandeza de David, hoy no hay nadie más grande que David.

Jesús luego observa que cada sábado los sacerdotes que sirven en el templo tienen que "trabajar" pero que tienen la excusa de que la importancia de la adoración en el templo les sirve de eximición (12:5-6). Ahora, deja en claro Su afirmación: "Pues yo les digo que aquí está uno más grande que el templo". La frase "uno más grande" es neutra, con lo cual podría referirse o a una persona o a una cosa. Hay quienes sugieren que Jesús se refiere al reino de Dios que ha llegado, y que los discípulos que sirven al reino ahora están exentos. Es más probable, sin embargo, que Jesús se refiriera a Sí mismo: los discípulos Le sirven y su eximición de la *halajá* del sábado se basa en Su identidad, en Quién es Él.

La declaración final de Jesús critica la forma en que los rabinos ven las Escrituras (12:7-8). Los rabinos han perdido de vista el significado esencial de la revelación del AT: "Si ustedes supieran lo que significa..." y la forma en que acusan a los inocentes discípulos refleja el error de su método para interpretar la Palabra. Y si se preguntan en qué se basa Jesús para afirmar esto, Él deja en claro que Él mismo es el Señor del sábado.

Mateo informa sobre otro incidente en relación al sábado (12:9-14). Jesús es cuestionado con respecto a si está bien o mal sanar a un hombre con la mano paralizada en el día sábado. En general, los rabinos concordaban en que si un hombre corría peligro de muerte, era legal brindarle tratamiento médico el día sábado. Pero si no había peligro, había que esperar al día siguiente para auxiliarlo.

Jesús responde con una forma de argumentación conocida como *qal wahomer* "lo liviano y lo pesado". Si lo liviano o menor aplica, entonces ha de aplicar lo pesado o mayor. Por eso, si los rabinos permitían que el sábado fuera "legal" sacar a un animal que hubiera caído en un pozo aún cuando el animal no corriera peligro de muerte, tenía que ser "legal" también ayudar a un ser humano, quien como persona creada a imagen de Dios es mucho más importante que un animal.

Luego Jesús establece un principio que corta con toda la halajá del sábado: "está permitido hacer el bien en sábado" (12:12). Y sanó la mano paralizada del hombre.

Mateo nos muestra la reacción de los fariseos. "Salieron y tramaban cómo matar a Jesús" (12:14).

Los títulos añadidos a la NVI y a otras versiones podrían hacernos pensar que aquí concluye el pasaje y que luego Mateo pasa a un tema nuevo, sin relación con este. No es así. Jesús cita uno de los "Cantares del Siervo" de Isaías, que en el siglo primero claramente se entendía como mesiánico. Los escribas y fariseos no solo han distorsionado el sentido de la Ley de Dios por la forma en que interpretan el texto, sino que además, no comprenden su mensaje central. Le rechazan porque Él tampoco se acoge a su sistema de interpretación y han ignorado esas profecías que presentan al mesías como compasivo, gentil, sin ánimo de dañar — hasta el día del juicio.

Este es el tema principal, y la tragedia más importante de la época de Jesús. Aunque Israel es un pueblo celoso de Dios, no ha interpretado la revelación de Dios y la corrompe y malinterpreta al punto de que cuando llegó el Mesías en lugar de darle la bienvenida los líderes religiosos deciden que debe morir.

Aplicación. Tenemos que equilibrar nuestra apreciación de lo que son las personas importantes e influyentes en nuestra tradición teológica, con la conciencia de la falibilidad humana. Como consecuencia, continuamente buscamos interpretaciones nuevas de las Escrituras, guiados no solo por el Espíritu sino también por el ejemplo de Jesús. Jesús corta con el legalismo de manera sencilla y hermosa, para recordarnos que nuestras reglas sobre lo permitido y lo prohibido siempre tienen que regirse por principios básicos y sencillos. Dios quiere misericordia, no solo sacrificio (p. ej: observancia ritual). Por ello, será siempre "legal" hacer lo que es bueno y, como Jesús, sentir compasión por aquellos a los que la sociedad margina porque no son de utilidad.

Jesús y Beelzebú (12:22-50). Para un estudio en detalle, ver comentario sobre Marcos 3:7-30. También ver Lucas 11:14-28.

Parábolas del Reino (13:1-56). Ver también Marcos 4:1-34 y Lucas 8:4-18; 13:18-21.

Trasfondo. Como hemos observado ya (ver Estudio de Palabras en Mateo 13:3), una "parábola" es un símil, una historia, un objeto o metáfora en "paralelo" a una verdad espiritual para echar luz sobre su importancia o significado.

Es importante entonces explorar de qué modo entenderían la metáfora quienes la oían en su momento, para poder entender con exactitud el significado de la parábola. Joachim Jeremias en *Las Parábolas de Jesús,* nos ayuda a definir la relevancia de las parábolas que encontramos en Mateo 13. Con respecto a las parábolas de la levadura y la semilla de mostaza, Jeremias observa:

> La ocasión en que aparecen ambas parábolas podría tomarse como cierta expresión de duda respecto de la misión de Jesús. ¡Los inicios de la Era Mesiánica anunciada por Jesús parecían ser

muy diferentes de lo que se esperaba en general! Ninguna de las dos parábolas busca describir meramente un proceso. Es lo que buscaría la mente occidental. La mente oriental incluye tanto el principio como el fin en su perspectiva, tomando el elemento paradojal en ambos casos, las dos situaciones sucesivas aunque fundamentalmente, distintas...La semilla es la imagen de la resurrección, símbolo del misterio de la vida a partir de la muerte. La mente oriental ve dos situaciones enteramente diferentes: por un lado, la semilla muerta y por otro, los campos cultivados. Aquí, la muerte y allí, a través del poder creativo divino, la vida...El hombre moderno al pasar por un campo arado piensa en lo que está sucediendo debajo de la superficie del suelo, y ve un desarrollo biológico. La gente de la Biblia al pasar por el mismo campo arado, mira al cielo y ve un milagro tras otro, anda menos que la resurrección a partir de la muerte. Así es como entiende el auditorio de Jesús las parábolas de la semilla de mostaza y la levadura. Como parábolas de contraste. Su significado es que de los inicios más insignificantes, invisibles al ojo humano, Dios crea Su potente Reino que abraza a todos los pueblos del mundo (p. 148-49 en el original en inglés).

La característica común en las cuatro parábolas es que presentan un contraste entre el inicio y el final, ¡y qué contraste! La insignificancia del comienzo, y el triunfo del final. Pero la verdad completa no está solo en el contraste. Porque el fruto resulta de la semilla: el final está implícito en el comienzo...Aquellos a quienes les es dado entender el misterio del Reino ya ven en su inicio oculto e insignificante la gloria venidera de Dios (pp. 152-53 en el original en inglés).

Esta cita nos ayuda a entender lo más importante de estas parábolas. Se refieren a la forma del reino de los cielos que está presentando Jesús. Y su intención es la de establecer un contraste entre esta forma del reino con el reino visible e institucional que describen los profetas y que esperan los contemporáneos de Jesús.

Con esto ya aclarado y en mente, nos resulta relativamente fácil entender qué es lo que busca enseñar cada parábola.

También entendemos por qué Jesús dice que Sus parábolas son una forma de ocultar, en lugar de revelar, la verdad sobre el reino (13:11-15). Las parábolas ocultan, no porque sean oscuras, sino porque quienes las oyen están cegados porque se niegan a aceptar a Jesús como Mesías. Los opositores de Jesús están tan firmes en su propia visión del Rey y el reino que "Aunque miran, no ven; aunque oyen, no escuchan ni entienden" (13:13).

Si aceptamos la simple premisa de que las parábolas establecen contrastes entre la forma esperada del reino y su forma inesperada, tenemos entonces una base clara para poder interpretarlas. Y si nos preguntamos cómo entendía las parábolas la mente oriental, encontramos que cada una de ellas es relativamente fácil de entender.

Interpretación. El cuadro que aparece a continuación resume el contraste específico que está implícito en cada parábola y nos muestra qué completa es la imagen del reino de Jesús que presentan las parábolas de Mateo 13. Aunque cada una de las parábolas es una fuente muy rica de enseñanzas y predicación, vemos el impacto en su totalidad si las miramos en conjunto y vemos el sentido de lo que significa para nosotros hoy ser parte de la obra presente del Señor en este mundo.

Aplicación. Hoy, como en el siglo primero, es fácil perder de vista lo que Dios implica en este mundo. Nos asombramos ante la incapacidad de la iglesia para tener un efecto sobre la sociedad. Anhelamos el poder que se enfrente a la maldad y la injusticia. Y nos preguntamos por qué el cristianismo parece tener tan poca influencia local, nacional o internacional. Algunos se preocupan a tal punto que en la Sudamérica de hoy, se han desarrollado teologías enteras que incluso justifican el uso de la fuerza para conseguir la "liberación" de los pobres y oprimidos.

Las parábolas de Mateo 13 nos guardan de distorsionar el mensaje del Evangelio. Y nos guardan de la desesperanza. Nos recuerdan, al igual que las cartas del NT, que Dios está obrando en y a través de Su pueblo. La persecución que sufren los cristianos y nuestros sufrimientos aquí en la tierra, no pueden llegar a tocar el reino secreto, interior, oculto del corazón de Cristo.

En este reino Dios sigue obrando de manera vital, tomando pecadores como materia prima para transformarlos en personas rectas y justas, transformando valores, llamando al compromiso, dispersando todo el tiempo a los creyentes entre los habitantes del mundo para que puedan influir en más personas para que acudan a Jesús. Un día todas estas cosas que hoy parecen tan insignificantes, llenarán una tierra renovada y transformada, cuando Cristo regrese para juzgar y separar a los ciudadanos de Su reino de los perdidos.

Decapitan a Juan el Bautista (14:1-12). Para un estudio en mayor detalle ver el comentario sobre Marcos 6:14-29. Ver también Lucas 9:7-9 y mateo 11:1-24.

Lo limpio y lo impuro (15:1-20). Ver también Marcos 7:1-23.

Trasfondo. Ver estudio de la "tradición" en el segmento de trasfondo del comentario de Mateo 12:1-21, p. 50-52.

Interpretación. La tradición en particular a la que se refiere Jesús en 15:1-6 es la que establece el *corban*,

Parábolas del Reino

La parábola	Forma esperada	Característica inesperada
1. El sembrador 13:3-9, 18-23	El Mesías llama a Israel hacia Sí, y a todas las naciones también	Las personas responden de manera diferente a la invitación de la Palabra.
2. El trigo y la mala hierba 13:24-30, 37-43	Los ciudadanos rectos del reino gobiernan el mundo con el Rey	Los ciudadanos del reino se cuentan entre los habitantes del mundo y crecen junto a ellos hasta el tiempo de la cosecha de Dios.
3. La semilla de mostaza 13:31-32	El reino comienza en gloria majestuosa	El reino comienza en la insignificancia. Su grandeza llega como sorpresa.
4. La levadura 13:33	Solo los justos entran en el reino. Toda otra "materia prima" está excluida.	El reino se implanta en una "materia prima" diferente y crece hasta llenar toda la personalidad con rectitud y justicia.
5. El tesoro oculto 13:44	El reino es público y para todos.	El reino está oculto, y se "consigue" de manera individual.
6. La perla de valor precioso 13:45-46	El reino trae a los hombres todas las cosas valiosas.	El reino exige el abandono de todos los demás valores (cf. 6:33).
7. La red de pescar 13:47-50	El reino comienza con la separación de justos e injustos	El reino termina con la separación final de los justos e injustos.

acción de dedicar posesiones y dinero al templo, y que se opone al quinto mandamiento que manda que los hijos honren a sus padres. Los rabinos habían interpretado de manera estricta el quinto mandamiento. De hecho, el comentario del Talmud dice: "El hijo está obligado a alimentar a su padre, a darle de beber, a vestirlo, a protegerlo, a recibirlo, a acompañarlo, a lavarle el rostro, las manos y los pies". Así que la crítica de Jesús no sugiere que los rabinos hayan ignorado las implicancias del quinto mandamiento, sino que se basa en el hecho del *corban*, en sí misma una práctica que surge únicamente de la interpretación rabínica de las leyes referidas a los votos, y que para ellos ¡pesa más que el mandamiento de Dios! Al hacer esto han anulado la Ley, dejándola sin efecto para quien desee evitar sus obligaciones hacia sus padres.

La conclusión de Jesús se establece en una cita de Isaías. Los maestros de la ley son hipócritas porque mientras alaban a Dios con palabras, sus "reglas hechas por los hombres" muestra que sus corazones están muy alejados de Él (15:7-9).

Ahora Jesús pasa a una confrontación más abierta, volviendo a la crítica que habían hecho los fariseos de Sus discípulos: "¡Comen sin cumplir primero el rito de lavarse las manos!" (15:3). El lavado era más ritual que higiénico, mandado por los ancianos más que por la Escritura, pero la tradición le había dado fuerza religiosa. Así, en la tradición halajá, el tratado sobre las "manos" (Yadaim), dice: "Si un hombre echa agua sobre una sola mano con solo enjuagarla, su mano está limpia, pero si la echa sobre ambas manos con un solo enjuague R. Meir declara que están impuras a menos que eche sobre ellas un cuarto de log [N. de T: 1 log = aprox. 3 litros] o más" (2:1).

Jesús descarta esta preocupación por ser completamente irrelevante a la relación que tiene uno con Dios. Lo puro y lo impuro son cuestiones del corazón, y no de acciones visibles como el lavado. De hecho, dice Jesús, incluso comer los alimentos ritualmente "impuros", que las Escrituras mismas enumeran (Levítico 11) no es algo que le importe a Dios. Lo que Dios quiere es un corazón puro (ver Estudio de Palabras de Mateo 12:35). Es evidente lo que implica entonces porque los religiosos de Israel se ocupaban de cosas irrelevantes. Son ciegos a las realidades espirituales y tropiezan en la oscuridad mientras fingen guiar a otros, que son tan ciegos como ellos. En lugar de encontrar el reino de Dios estos hombres "caerán en un hoyo" (15:14).

Los fariseos, nos dice Mateo "se ofendieron" cuando oyeron lo que Jesús le decía a la multitud (15:12). "Ofender", o *skandalizo*, significa causar enojo, impacto o rechazo. Jesús no solo rechazó toda la estructura de su fe, sino que ridiculizó también su reputación. Y para ellos, estas cosas eran las más importantes en la vida.

Necesitamos ver 15:1-9 tal vez como último esfuerzo de evangelización. Estos líderes religiosos no respondieron a las anteriores invitaciones, más suaves, del Rey. Su enseñanza del amor, Sus milagros de sanidad, subrayaban el hecho de que aquí tenían a un Hombre que no amenazaba a nadie y que de hecho, les ofrecía esperanzas a todos. Ahora, ante la creciente oposición Jesús confronta más abiertamente a los fariseos y maestros de la Ley. Tiene que mostrarles la realidad. Tiene que revelarles lo vacía que es su religión y hacer que vuelvan sus corazones a Dios para obtener Su perdón.

Pero cuando los fariseos se ofenden, Jesús se vuelve a la multitud y pronuncia una advertencia (15:10-11). El camino que toman los fariseos puede parecer "religioso" pero sin embargo carece de sentido y esperanza. Por eso Jesús dice: "Déjenlos" (15:14). ¡Suéltense de sus manos! Porque solo si se aparta de la tradición y se vuelve a Jesús puede Israel descubrir la luz y lidiar con el pecado al que tiende el corazón humano.

Aplicación. Si bien este pasaje puede presentarnos un desafía porque por lo general damos testimonio del reino con acciones de bondad y palabras que hablan del amor de Dios, a veces, quien da testimonio del reino de Jesús puede ser llamado a confrontar. Y la confrontación es muchas veces un último y desesperado intento por abrir los ojos que no ven. Por lo general, el intento no da resultados.

Por otra parte, Jesús nos llama a examinarnos a nosotros mismos. ¿Es nuestra fe esencialmente cuestión del corazón? ¿O hemos caído en el mismo pozo, considerando que la ciudadanía en el reino de Dios es cuestión de "lo que se debe" y "lo que no se debe", en lugar de basarse en la relación personal con Jesús? ¿Estamos dispuestos a responderle a Él, o vivimos sencillamente siguiendo reglas establecidas por hombres que dicen enseñarnos cómo agradar a Dios? Cada generación ha de formularse — y responder — estas preguntas. Y también, cada creyente, de manera personal.

La fe de la mujer cananea (15:21-28). Ver también Marcos 7:24-30.

Trasfondo. Pablo describe de manera gráfica la posición de los gentiles antes de la llegada de Cristo, en Efesios 2:12: "Recuerden que en ese entonces ustedes estaban separados de Cristo, excluidos de la ciudadanía de Israel y ajenos a los pactos de la promesa, sin esperanza y sin Dios en el mundo". Para el judío piadoso, el gentil era impuro, un *goy* (perro), a menudo menos que despreciable. Pocos judíos se sorprenderían si Jesús hubiera rechazado de plano el pedido de la mujer cananea que con lágrimas le gritaba su ruego, llamándole "Hijo de David", el Mesías judío. Pocos se habrán asombrado de que Jesús la comparara con un perro, al tiempo de trazar un paralelo entre los judíos y los niños de un hogar. Pero por cierto, a nosotros nos sorprendería e impactaría, hasta que pudiéramos percibir la maravillosa lección que nos enseña este incidente, que sucede inmediatamente después de la dolorosa confrontación de Jesús con los fariseos y maestros de la Ley.

Interpretación. La misión de Jesús era ante todo con el pueblo de Dios, pueblo de la alianza. Su respuesta a la mujer cananea lo destaca. El intercambio también establece principios vitales. Porque aunque como cananea la mujer no tenía derecho a apelar al mesías judíos, su "gran fe" (15:28) hizo que participara de las bendiciones prometidas a Israel.

La fe en el Mesías es la clave a la bendición. El Mesías trae más que suficiente para satisfacer el hambre más profundo de "los hijos" y también de todos los pueblos a los que los judíos despreciaban, como *goyim*.

"Los hijos" sin fe rechazaban al Mesías, y serían rechazados. Pero toda persona, gentil o judía, que acuda al Cristo de Dios con fe, será bendecida en verdad.

MATEO 16–17
El punto de inflexión

EXPOSICIÓN

Mateo ha presentado con todo cuidado el desarrollo de su tema. Que Jesús es el Rey mesiánico que esperaban, se evidencia en los sucesos únicos relacionados con Su nacimiento (Mateo 1-2). Se demuestra en Su bautismo, Su victoria sobre Satanás y las sanaciones obradas por Él (Mateo 3-4). Pero el reino que Jesús anunciaba es un reino interior, caracterizado por una relación "en secreto" con Dios que transforma los corazones de las personas (Mateo 5-7). En una serie de imágenes directas Mateo informa sobre incidentes que prueban que Jesús tenía autoridad de rey sobre la enfermedad, la naturaleza, los demonios se incluso, la muerte (Mateo 8-11). A pesar de la evidencia, sin embargo, la hostilidad de los líderes religiosos hacia el joven Maestro va endureciéndose hasta llegar a ser una oposición declarada y abierta (Mateo 12-15).

Con el capítulo 16 llegamos a un punto de inflexión vital, histórico y teológico. Los líderes han rechazado las afirmaciones de Jesús y se han negado a someterse a Su autoridad. Cuando Jesús envía a Sus discípulos a andar entre las multitudes, se hace evidente que la población en general, aunque dispuesta a aceptar a Jesús como profeta, tampoco quiere reconocer a Cristo como Quien es Él en realidad. La nación no quiere afirmar con Pedro y los discípulos "Tú eres el Cristo, el Hijo del Dios viviente" (16:16).

Muchas cosas demuestran que esta confesión y los hechos que la anteceden son de suma importancia, tanto en términos históricos como teológicos. "Desde entonces comenzó Jesús a advertir a sus discípulos ...era necesario que lo mataran y que al tercer día resucitara" (16:21). Ahora, también cambia el punto central de las enseñanzas de Jesús. Les habla principalmente a los discípulos, más que a las multitudes. Jesús ya no predica un "Evangelio del reino" a Israel, sino que instruye a los Suyos sobre cómo vivir en el reino oculto del corazón que se establecerá después de Su resurrección. Y el movimiento geográfico del libro es de inexorable avance, hacia Judea, Jerusalén y la cruz.

Vemos el cambio con toda claridad en estos dos capítulos. Los "fariseos y saduceos" representan al Sanedrín, consejo oficial de autoridad para los judíos. Demuestran la incredulidad oficial al exigirle a Jesús más pruebas todavía (16:1-12). Y las multitudes, aunque se maravillan con Jesús, no Le reconocen como Mesías (16:13-15). Solo los discípulos, representado en la confesión de Pedro, aceptan la verdad: Jesús es "el Cristo [Mesías], Hijo del Dios viviente" (16:16). Su fe les da la comisión y se fundará una gran asamblea de quienes creen, sobre la realidad que confesó Pedro. La construirán quienes la enseñen (16:17-20).

Sin embargo, para fundar Su reino el Rey debe morir y resucitar (16:21-23). Para vivir en el reino de Jesús, el ciudadano debe renunciar a su propio ser, de modo que pueda ser renovado (16:24-28). ¿Vale la pena esta renuncia, esta entrega? Tres de los discípulos acompañan a Jesús a una montaña, y allí tienen oportunidad de ver la gloria de Jesús, que Se transfigura ante sus ojos (17:1-13). Así como ha sucedido con el Rey, el reino comenzará en humildad, pero culmina en esplendor.

De regreso en el valle Jesús encuentra a los discípulos, frustrados porque no han podido sanar a un muchacho poseído por demonios (17:14-23). El incidente pone énfasis en la importancia de la fe: Dios, aunque no lo vemos, puede actuar y actuará en el mundo cuando los seguidores de Jesús confían en Él. Y pronto la fe en el Dios que no se ve, les será muy necesaria a los discípulos. Jesús será traicionado y le darán muerte. Pero resucitará (17:22).

El capítulo concluye con una lección. ¿Significa esto un cambio en la relación de Israel con Dios? No. Israel siempre ha pagado el impuesto del templo de medio shekel. Y todo el mundo sabe que los gobernantes no cobran impuestos a sus hijos, sino "a los demás". Bajo el Viejo Pacto y también en el Nuevo, la relación personal con el Señor era cuestión de fe personal en la gracia salvadora y el poder de Dios.

ESTUDIO DE PALABRAS

"Los fariseos y los saduceos se acercaron a Jesús" (16:1). Al vincularlos de este modo la frase no implica simplemente que los miembros de estos dos partidos religiosos del siglo primero "acudieran a Jesús". "Fariseos y saduceos" implica una delegación oficial en representación del Sanedrín, el concejo judío de gobierno espiritual y civil.

"Para ponerlo a prueba, le pidieron que les mostrara una señal del cielo" (16:1). Exigen un milagro "del cielo" tan definitivo como para que no haya duda posible sobre la identidad de Jesús. Algunos de los primeros comentaristas lo han tomado literalmente: que los líderes querían que Jesús hiciera que el sol se detuviera o la luna se tiñera de rojo. Su interpretación

SADUCEOS

Los saduceos (en hebreo saiqim, "los justos") eran uno de los dos grupos religiosos principales del judaísmo en el siglo segundo A.C. hasta la destrucción del templo. La información sobre los saduceos proviene de casi una docena de breves menciones en el NT, y de fuentes hostiles como Josefo y el Talmud. Después de que los romanos reprimieran las rebeliones judías de los años 68 a 70 y 135 D.C., solo sobrevivió el grupo del os fariseos. Por eso, solo se refleja esa visión de las Escrituras en el judaísmo rabínico. Pero en la era del NT los saduceos conformaban el grupo de los más acaudalados, en representación del sacerdocio aristocrático. Aunque en escritos posteriores se les acusó de intentar corromper la vida de los judíos mediante la introducción de costumbres griegas, los saduceos tenían importante participación en el Sanedrín como consejo de gobierno (Hechos 23:6-11).

Aunque no existen escritos de los saduceos y no se puede afirmar con certeza nada en cuanto a los ideales o motivos de los miembros de este movimiento, ni de su función en la sociedad del siglo primero, nuestras fuentes sí concuerdan en la descripción de las doctrinas saduceas. *El Diccionario Bíblico Revell* resume:

> Los saduceos negaban la posibilidad de la vida después de la muerte y se burlaban de la creencia común en la resurrección (Marcos 12:18). También rechazaban la existencia de ángeles o espíritus (Hechos 23:8). Los saduceos creían en la plena libertad de la voluntad humana, sin que el destino o la providencia de Dios tuviera influencia en ella. Los saduceos sostenían que solo tenían autoridad los cinco libros de Moisés y rechazaban las interpretaciones tradicionales de la Ley que tanto apreciaban los fariseos (p. 885).

se ve respaldada por la respuesta de Jesús: los fariseos saben leer las señales del clima que se reflejan en el cielo. Pero sin embargo no pueden leer la importancia de las cosas que suceden ante sus ojos aquí en la tierra, en clara referencia a los muchos milagros que Jesús ya ha obrado y que ellos conocen.

Los milagros alientan la fe. Pero no pueden crearla. Primero creemos y luego, vemos.

No se le dará más señal *que la de Jonás* (16:4). Dios le dio a Israel una señal definitiva, que autenticaba inequívocamente a Jesús como Hijo de Dios. La "señal" aparece explicada en Mateo 12:40: "Porque así como tres días y tres noches estuvo Jonás en el vientre de un gran pez, también tres días y tres noches estará el Hijo del hombre en las entrañas de la tierra"-

Pero cuando Jesús resucitó ¿creyeron los miembros del Sanedrín? No. En absoluto. Ingeniaron un plan: les dieron a los soldados una gran suma de dinero, diciéndoles: "Tienen que decir que sus discípulos vinieron por la noche y robaron Su cuerpo mientras ustedes dormían". La fe tiene que ver con estar dispuestos a someternos a Dios, no con el estar convencidos de que Dios ha actuado en Jesús.

—Tengan cuidado —les advirtió Jesús—; eviten la levadura de los fariseos y de los saduceos (16:6). Jesús explica que la referencia es a las "enseñanzas" de los fariseos y saduceos. La combinación es singular, porque estos dos grupos se caracterizaban por enseñar cosas muy diferentes. ¿Qué quiere decir Jesús entonces?

En contexto, tanto los fariseos como los saduceos exigían una "señal" visible (16:1). Así, la enseñanza (doctrina) central es la negación a creer en Jesús sin tener una prueba absolutamente convincente. El problema con esta postura es evidente: la relación con Dios, desde los tiempos de Abraham, ha sido cuestión de fe (Génesis 15:6). Ahora Jesús ha demostrado ser tanto el Mesías como el Hijo de Dios, pero ni los fariseos ni los saduceos aceptarán Su palabra a menos que los convenza con una señal irrefutable.

¡Es tal la medida en que debemos guardarnos de la tendencia a no creer hasta tener pruebas de que Dios obra en nuestras vidas! Jesús es el Señor. Pongamos toda nuestra confianza en Él.

Yo te digo que tú eres Pedro, y sobre esta piedra edificaré mi iglesia (16:18). El versículo ha dado lugar a debates interminables. ¿Estaba jugando Jesús con el nombre "Pedro" al referirse a él como *petros*, o "roca", y llamándole *petra*, "piedra"? Si Jesús estaba hablando en arameo, tal distinción no existe. Por eso, los padres de la iglesia aclamados por la iglesia católica romana, argumentaban:

Pedro es la roca, y su nombramiento constituye su comisión como Papa, y la iglesia se levantará sobre su autoridad como vicario, representante personal de Cristo en la tierra.

Pero otros han ofrecido interpretaciones diferentes:

■ Pedro es una piedra. La roca es la confesión de Pedro con respecto a Cristo y la iglesia se levantará a partir de quienes hacen una confesión similar de fe en nuestro Señor.

■ Pedro es una piedra. La roca es la verdad que Pedro reconoció y afirmó, y la iglesia se fundará en la realidad de la naturaleza de Cristo como Hijo de Dios y Salvador.

■ El tema seguramente será motivo de más debates, hasta que Cristo regrese. Sin embargo, no hay duda de que Pedro, que siempre que se nombra a los Doce en el NT aparece primero en la lista, tuvo el papel protagónico en los primeros años de la iglesia, como lo vemos en Hechos 1-12. También, no hay duda de que nuestra confianza de seguridad en Cristo no descansa no en el hecho de que Pedro creyera, sino en la realidad mucho más grande, de que Cristo Mismo es el firme fundamento sobre el que se levanta la iglesia (1 Corintios 3:11).

Y las puertas del reino de la muerte [el infierno] no prevalecerán contra ella [la iglesia] 16:18). Esta frase se ha interpretado de dos maneras. Una se basa en el uso popular de frases como "puertas de la muerte" en la Biblia (Job 17:16; Salmo 9:13), en la literatura judía (Macabeos 5:5) y hasta en la literatura pagana (La Ilíada 9.312). Esta postura sugiere que "puertas del reino de la muerte" se refiere a la muerte y a morir: que Cristo está diciendo que ni siquiera los poderes de la muerte triunfarán sobre Su iglesia.

La otra interpretación toma "puertas del reino de la muerte", como referencia a los poderes de Satanás, ya que "puertas" puede representar fortalezas y fuerza militar (Génesis 22:17; Salmo 127:5 y ver debajo el Himno de Qumran 6:25-30, de uno de los Rollos del Mar Muerto).

En realidad, ambas interpretaciones reflejan la maravillosa verdad de que tenemos seguridad en Cristo, hoy y por siempre.

Pero seré como quien entra en una ciudad fortificada, como quien busca refugio tras un muro alto hasta ser rescatado. Yo me apoyaré en Tu verdad, Oh mi Dios. Porque tú establecerás el fundamento en la roca, y la estructura con la medida de la justicia, y las piedras aprobadas con la plomada [de la verdad] para [construir] un potente [muro] que no flaqueará, y ningún hombre que entre allí tropezará. Porque ningún enemigo podrá invadir ya que sus puertas serán puertas de protección que ningún hombre podrá traspasar y sus rejas serán sólidas y nadie las romperá. No entrará la turba con sus armas de guerra hasta que todas las [flechas] de la guerra de la maldad se hayan acabado. Luego, en el momento del juicio la espada de Dios se apresurará y todos los hijos de Su verdad despertarán para derrotar a la maldad y los hijos de la iniquidad serán eliminados. El héroe arqueará su arco, la fortaleza se abrirá a un espacio infinito y las eternas puertas enviarán armas de guerra.

Te daré las llaves del reino de los cielos (16:19). En los tiempos bíblicos las llaves servían como símbolo de autoridad del administrador o mayordomo en la casa del amo (Isaías 22:15, 22). Parece no haber duda a partir del texto, de que estas llaves se le dan a Pedro. Pero muchos comentaristas argumentan que los otros discípulos y los seguidores de Jesús de nuestros días, ejercen la misma autoridad. Es claro, como lo demuestra la subsiguiente disputa sobre quién será el más grande en el reino de los cielos (Mateo 20:20-28) que los discípulos no entendían el pronunciamiento de Jesús como unción o nombramiento especial de Pedro como primado, ni en la iglesia ni en el reino.

Muchos comentaristas ven el ejercicio de las llaves de Pedro que se describe inmediatamente después, como la apertura de la puerta de la fe para invitar a otros a que entren en el reino de Cristo. Históricamente, por supuesto es esto lo que sucedió. Fue Pedro el primero en predicar a Cristo a los judíos después de la resurrección (Hechos 2), y también a los gentiles (Hechos 10)..

Todo lo que ates en la tierra quedará atado en el cielo, y todo lo que desates en la tierra quedará desatado en el cielo (16:19). Los términos "atar" y "desatar" se utilizaban de dos maneras en la época de Jesús. Los rabinos debatían precisamente sobre cuándo una persona estaba "atada" (u obligada) a cumplir con una promesa y bajo qué condiciones se le podía considerar "librada" del cumplimiento. La frase también se relacionaba con la competencia de los rabinos a tomar otro tipo de decisiones en cuanto al ritual y la ley. De allí, la oración del rabino Nehuyna ben Hakanah:

> Que sea de Tu agrado, Señor mi Dios y Dios de mis padres, que no pierda yo los estribos en referencia a mis colegas, y viceversa, para que no declaremos impuro lo que es puro, o puro lo que es impuro; para que no desatemos lo que está atado [permitir lo que debemos prohibir] o atemos lo que está desatado [prohibir lo que debemos permitir] para que no sufra pena yo en este mundo y el futuro (y Berakhot 4:2, 7d).

A partir de esto podemos suponer que atar y desatar se relaciona con las enseñanzas. El término griego *ho* es neutro y sugiere entonces que Jesús se refiere a las "cosas" que Pedro ate o desate en la tierra, como "atadas" o desatadas en el cielo. Esto también se sugiere en Lucas 11:52 donde se critica a los maestros de la ley por quitar las "llaves del conocimiento" de modo que no solo no pueden entrar ellos en el reino de los cielos sino que "impiden la entrada a quienes estaban entrando".

Si es así, y la salvación está en juego en el uso de llaves, parece que lo que Jesús le transmite a Pedro es el Evangelio mismo, ese mensaje que abre la puerta de la salvación. Este mensaje ata y desata, permite y prohíbe, porque quienes responden al mensaje con fe son bienvenidos en el reino de Dios en tanto que quienes lo rechazan son excluidos. ¿Por qué el contraste entre el cielo y la tierra? Porque el modo en que responda una persona en la tierra, de hecho será atado o desatado en el cielo, ahora y por siempre.

¿Usó Pedro las llaves? Sí, por supuesto, porque se le otorgó a Pedro el privilegio de proclamar el Evangelio a los judíos primero en Pentecostés (Hechos 2), y a Cornelio tiempo después, en representación de la otra gran división de la humanidad en tiempos bíblicos, los gentiles (Hechos 10).

Allí se transfiguró en presencia de ellos (17:2). El término griego *metamorphoo* significa transformar, cambiar. Implica un cambio interior que puede ser visible o invisible en el exterior. Jesús momentáneamente corrió el velo de la carne que ocultaba Su deidad esencial y exhibió Su gloria ante los tres discípulos. Lo que había sido Jesús antes de la Encarnación, y lo que sería después de la Resurrección, fue momentáneamente visible para Sus seguidores.

Muchos señalan que en los Evangelios no son frecuentes las expresiones como "seis días después" (17:1), estableciendo los tiempos con precisión. Lo que tenemos en la Transfiguración es el cumplimiento de la promesa de Jesús de que algunos de los discípulos verían al Hijo del Hombre en la gloria de Su reino.

La experiencia debe haber hecho que los tres discípulos se maravillaran porque Cristo, tan espléndido en Su naturaleza esencial, voluntariamente dejara de lado su maravilloso poder para vivir y morir como ser humano. La experiencia de estos tres es un recordatorio para nosotros hoy también, aún cuando lo vemos desde el punto de vista posterior a la Resurrección. Cristo volverá un día en gloria y seremos glorificados con Él. No importa lo comunes o tediosas que sean hoy nuestras vidas, el regreso de Cristo transformará nuestra experiencia por toda la eternidad.

Porque ustedes tienen tan poca fe (17:20). Aquí el término griego es *oligopistian*. Y a pesar de que es la única vez que aparece esta palabra en el NT, encontramos su forma de adjetivo también en Mateo 6:30; 8:26; 14:31 y 16:8. En cada uno de estos casos, se refiere a los discípulos, no a las multitudes.

Pero ¿qué es esta "poca fe" que caracteriza con tanta frecuencia a los seguidores de Jesús? La palabra no se refiere a la cantidad de fe, sino a su carácter. Porque incluso una pequeña cantidad de fe puede "mover montañas", expresión proverbial que significa vencer grandes dificultades (Isaías 40:4; Mateo 21:21-22; Lucas 17:6). Sin embargo, la fe defectuosa no tiene poder alguno.

Fue esa la razón por la que los discípulos no habían podido echar los demonios que perturbaban al muchacho epiléptico (Marcos 9:17-19, 29). Esperaban muy convencidos el poder obrar este milagro pero parece que habían entendido que la autoridad espiritual otorgada a ellos (Mateo 10:1, 8) era suya. Fue por esa confianza mal entendida, y la fe defectuosa por no depender totalmente del Dios — en Jesús — que había prometido obrar a través de ellos.

Nuestra fe también es defectuosa cuando esperamos que, como Dios ha obrado a través de nosotros en el pasado, seremos capaces de obrar en lo espiritual hoy también. Lo único que mantiene pura nuestra fe es la constante conciencia de que dependemos de Dios, y la imperturbable confianza en la disponibilidad de Su poder para quienes confían en Él.

EL PASAJE EN PROFUNDIDAD

Exigen una señal (16:1-4). Ver Estudio de palabras de "señal del cielo" y Marcos 8:11-13.

La levadura de los fariseos y saduceos (16:5-12). Ver Estudio de palabras sobre "levadura" (16:6).

Pedro confiesa a Cristo (16:13-20). Ver pasajes paralelos en Marcos 8:27-29 y Lucas 9:18-20 y estudio de palabras sobre "roca" (16:18), "puertas del reino de la muerte (infierno)" (16:18), "llaves del reino" (16:19) y "atar y desatar" (16:19).

Jesús predice Su muerte (16:21-28). Ver pasaje paralelo en Marcos 8.31-9:1.

Interpretación. Los discípulos quedan impactados y horrorizados cuando Jesús presenta de repente el tema de la cruz. Estaba cómodos con la forma en que eran las cosas, seguros en presencia de Jesús. No es de extrañar entonces que Pedro espetara en objeción: "¡De ninguna manera, Señor!" (16:22).

La objeción de Pedro y el rudo reproche de Cristo, reafirman que la crus es voluntad de Dios. También presentan la explicación de Cristo acerca de las implicancias del discipulado.

El impacto de las palabras de Jesús se ve un tanto borroso en versiones antiguas del versículo 25, que traducen psiquis como "alma". Sin negarse a Sí mismo y sin aceptación de Su cruz, el discípulo parecía correr el riesgo de perder "su alma". Esto de perder el alma y encontrarla, confundía. La NVI ayuda a despejar un poco la confusión al buscar un término más claro pero sigue siendo difícil entender ´como el discípulo salva "su vida" al seguir a Jesús y cómo al perder "su vida por Mí", la persona puede "encontrarla".

La solución aparece cuando recordamos que el idioma que usaba Jesús al hablar con Sus discípulos era, sin duda, el arameo. En esta lengua, así como en el hebreo, la palabra *nepesh*, que se traduce como "vida", "persona", "propio ser", "ser", "yo", etc. se utiliza como pronombre reflejo, señalando a la persona misma. Al traducir el texto al griego, se mantuvo el hebraísmo y se tradujo *nepesh* como *psyche*.

Lo que Jesús estaba diciendo era, sencillamente, esto: la decisión de seguir a Jesús y tomar la propia cruz significa perderse al viejo ser. Y también ¡significa ganar un nuevo ser! El NT nos muestra con claridad que el "yo" que dejamos atrás es una sabia renuncia, en tanto el "yo" en que nos transformamos es la persona que siempre anhelamos ser. Una persona en la que podemos convertirnos solo cuando Dios obra Su gracia en nuestros corazones.

¿Qué presenta Jesús entonces como la clave, o la llave, a esta renovación personal? "Si alguien quiere ser mi discípulo, tiene que negarse a sí mismo, tomar su cruz y seguirme" (16:24). La primera frase y la última son fáciles de entender. Negarse a sí mismo es, sencillamente, negarse a responder al llamamiento de la naturaleza de pecado que tenemos dentro. Y seguir a Jesús es actuar según Sus palabras, respondiendo al llamamiento del Espíritu. Pero ¿qué hay de "tomar su cruz"?.

Por un lado, la cruz es símbolo del sufrimiento de Cristo por nosotros pero también debemos recordar que para Jesús la cruz era símbolo de la voluntad de Dios., diciendo "Pero no sea lo que yo quiero, sino lo que quieres tú" (26:39). También tenemos que recordar que Jesús no dijo que hemos de tomar Su cruz, sino cada uno la cruz propia. Dicho de otro modo, mi cruz representa la voluntad de Dios para mi vida. Podemos tomar nuestra cruz cuando tomamos la misma decisión que tomó Jesús: hacer la voluntad de Dios día a día, no importa a qué costo ni dónde nos lleve Dios.

Podemos percibir la interrelación entre la reprimenda de Jesús a Pedro, cuyo "Nunca" era una invitación a apartarse de la voluntad de Dios, y la instrucción de Cristo a Sus discípulos. No nos atrevemos a apartarnos de la voluntad de Dios. Solo al negarnos a nosotros mismos y al comprometernos con la voluntad de Dios podemos encontrar la renovación personal.

Aplicación. Con demasiada frecuencia las personas dudan en aceptar a Cristo por miedo a tener que "renunciar" a algo que les gusta. Y con frecuencia los cristianos no se comprometen plenamente por la misma razón.

Jesús cambia el foco de nuestra preocupación, de "¿Qué perderé si me comprometo plenamente?" a "¿Qué perderé si no me comprometo por completo a Cristo?". Para que lo entendamos Jesús nos pide que imaginemos una balanza de platos. De un lado Jesús pone al viejo ser, y le agrega el mundo entero. Y del otro lado Jesús pone solo una cosa: el nuevo ser. Luego, al ver cómo se inclina la balanza, pregunta: "¡De qué le servirá al hombre ganar el mundo entero y renunciar al ser en que podría convertirse?" (16:26, paráfrasis del autor).

De inmediato, cambia el foco de nuestra mirada al final de la historia. El Hijo del Hombre vendrá en la gloria de Su Padre. No solo resultará que pesa mucho más la persona que anhelamos ser, sino que al decidir tomar nuestra cruz y seguir a Jesús también ganaremos recompensas eternas.

La Transfiguración (17:1-13). Ver el comentario en detalle sobre Marcos 9:2-8 y el pasaje paralelo en Lucas 9:28-36.

Primero tiene que venir Elías (17:10-13). Ver también el mensaje paralelo en Marcos 9:9-13.

Trasfondo. Los cristianos han tendido a suponer que este pasaje implica que los judíos creían que debía aparecer Elías antes de que viniera el Mesías. Sin embargo no hay evidencia convincente de que la venida del Mesías estuviera vinculada con la aparición de Elías en el pensamiento judío contemporáneo. Los versículos en Malaquías que predicen la parición de Elías sencillamente establecen que el profeta reaparecerá: "Estoy por enviarles al profeta Elías antes que llegue el día del Señor, día grande y terrible" (Malaquías 4:5).

La mayoría de los textos rabínicos que mencionan el regreso de Elías ven su rol como quien resuelve los cuestionamientos de la halajá y que están expresados en la literatura en el término teyqu, que significa "el tisbita resolverá dificultades y problemas". Esta idea de que cuando apareciera Elías se responderían preguntas o cuestiones irresueltas está en completa armonía con la preocupación rabínica por los asuntos de la ley y la interpretación.

Sin embargo hay una o dos referencias que vinculan la aparición de Elías con la venida del Mesías, Un *midrash* [N. de T: Midrash "explicación", plural midrashim] del Talmud dice: "Suponiendo que como Elías no vendría tampoco vendría el Mesías ¿por qué no debiera permitirse [beber vino] en la víspera del sábado?" (en b. Erubin 43b). En un comentario sin fecha sobre Deuteronomio 30:4 (Targum Ps. Jonathan) el autor escribe: "Si tus dispersos llegarán hasta el final de los cielos, desde allí el *menra* del Señor tu Dios te reunirá de la mano de Elías, el sumo sacerdote y desde allí Él te llevará de la mano del Rey Mesías".

Aún así no está del todo claro que en los tiempos de Jesús hubiera una creencia general de que la venida de Elías preanunciara la aparición del Mesías. Lo que está claro es que se esperaba a Elías. Hay un vínculo indudable entre Elías y el Mesías porque ambos están asociados con el final de los tiempos. Pero no está del todo claro que se pensara que la venida del Mesías dependía de la aparición de Elías como Su precursor.

Interpretación. En vista de lo que acabamos de mencionar ¿qué era lo que los discípulos le preguntaban a Jesús en realidad? Acababan de ver Su gloria en la montaña. ¿Por qué estos tres mencionaron el tema de Elías al bajar del monte?

La respuesta es que los ojos de los discípulos de Jesús seguían llenos de las visiones del esplendor. Lo que en realidad estaban preguntando era: ¿Cuándo vas a establecer Su glorioso reino? ¿Cuándo va a aparecer Elías para que el corazón de Israel se vuelva a Ti? ¿Cuándo castigarán los juicios al mundo gentil, purificando a nuestro pueblo?

La respuesta de Cristo tiene que haberles impactado. Juan el Bautista habría cumplido la predicción de Elías si el pueblo de Dios lo hubiera aceptado (11:13-14). Pero el pueblo de Israel no estaba dispuesto a aceptar a Juan ni a su ministerio paralelo al de Elías. Mataron a "Elías". "De la misma manera va a sufrir el Hijo del hombre a manos de ellos" (17:12).

Los discípulos no han de esperar el reino, sino la cruz.

Aplicación. Al igual que los discípulos, solemos buscar la gloria, cerrando los ojos al sufrimiento que necesariamente la precede. Sí, Jesús establecerá el reino de Dios aquí en la tierra. Pero no ahora. Aquí y ahora los discípulos de Cristo están llamados a una vida de compromiso con la voluntad de Dios, una vida de negarse a sí mismos, tomar su cruz a diario y seguir a Jesús.

Está bien y es bueno que esperemos con ansias el retorno de Cristo. Es esencial que también sepamos cuál es el llamado del cristiano en nuestros días: servir a Dios y a los demás y pagar con alegría el precio de amar a Dios y al prójimo, no importa cuánto cueste.

La sanación del muchacho epiléptico (17:14-23). Ver el comentario en detalle de Marcos 9:14-32, y el pasaje paralelo en Lucas 9:37-45.

El impuesto del Templo (17:24-27).

Trasfondo. El "impuesto del templo" era de medio shekel o su equivalente, y todo judío de Palestina y más allá de esa tierra, lo enviaba a Jerusalén cada año. Los fondos se utilizaban para el templo y sus sacrificios, pero también se destinaban al mantenimiento de las murallas de Jerusalén, para la reparación del acueducto que traía el agua a la ciudad, y para otras necesidades municipales.

Filo, el famoso filósofo judío de Alejandría en el siglo primero, describe con elocuencia la solemne ceremonia de recolección del medio shekel, la selección de mensajeros que llevarían el dinero a Jerusalén, y el cierre de la ceremonia. Para los judíos, el pago de este impuesto era una gran mitzvá o buena acción, y con frecuencia los judíos que estaban fuera de Palestina luchaban por el derecho a efectuar su aporte, contra los gentiles que atacaban esta práctica argumentando que constituía "el pago de un impuesto a un país extranjero".

En sus Antigüedades (XIV: 7:2 [115]), Josefo informa de un incidente en la Libia de Cirene durante el reino de Augusto, cuando los griegos de la ciudad "los perseguían [a los judíos] al punto de quitarles sus sagrados dineros". Se envió una delegación a Roma y Agripa escribió una carta al os padres de la ciudad, recordándoles que Augusto había dado instrucciones específicas al gobernador para que no permitiera un bloqueo a la contribución anual.

Contra tal contexto podemos ver cierta sorpresa en la pregunta que varios judíos le formularon a Pedro, judíos a quienes se les había dado el privilegio de recolectar el impuesto de medio shekel en Capernaúm: "¿Su maestro no paga el impuesto del templo?" (17:24). La forma de la negativa aquí espera un "sí" como respuesta, como en "Su maestro paga el impuesto del templo ¿verdad?". El hecho de que se formulara la pregunta implica que probablemente, no se hubiera recibido el importe del impuesto para entonces.

Pedro no duda y responde enseguida: "Sí". Era la respuesta que habría dado cualquier judío piadoso, y seguramente, la que esperaban los recolectores del impuesto.

¿Por qué parece entonces que Jesús reprocha con suavidad a Pedro? ¿Y qué significa Su diálogo con Su discípulo? La pregunta que formula Jesús, la respuesta de Pedro y el resumen de Jesús son bastante claros en verdad. Y las implicancias son asombrosas. Veamos el diálogo.

Al entrar Pedro en la casa, se adelantó Jesús a preguntarle:

— ¿Tú qué opinas, Simón? Los reyes de la tierra, ¿a quiénes cobran tributos e impuestos: a los suyos o a los demás?

— A los demás —contestó Pedro.
— Entonces los suyos están exentos
— le dijo Jesús—.

El diálogo con Pedro establece un mensaje central: los reyes no cobran tributos a los miembros de su familia. ¿Qué pasa si aplicamos este principio a la práctica de pagar el impuesto anual del templo?

Notamos lo siguiente, que es esencial:
El impuesto se le paga a Dios (para Su templo)
Lo paga el pueblo judío.
Jesús no ha pagado el impuesto.

La conclusión es asombrosa. Si los reyes no cobran tributo a sus familiares y Dios es Aquel a quien se le pagan los impuestos del templo, claramente la existencia misma del impuesto del templo es testimonio anual y reiterado del hecho de que el pueblo judío no es, solo en virtud de la raza ¡hijo de Dios!

Y como Jesús no paga, tenemos la afirmación tácita pero clara de que Él mismo es el Hijo de Dios.

Los judíos son el pueblo escogido de Dios, sí. Pero no son, como pueblo, la familia de Dios. La relación de familia de los seres humanos con Dios, desde los tiempos de Abraham, se ha establecido únicamente a partir de la fe.

Aplicación. Ni la religión ni la raza pueden brindar una relación personal con Dios. Nuestra herencia puede ofrecernos cierta ventaja en términos del conocimiento de Dios que tenemos disponible. Pero esto puede ser tanto una ventaja como una desventaja porque a menos que la persona responda a lo que puede saberse de Dios con fe sencilla, incluso la revelación más clara será distorsionada y malinterpretada. Es extraño que el impuesto del templo, que en el judaísmo del siglo primero se veía como evidencia del vínculo de una comunidad dispersa con Dios, y como privilegio por el que había que luchar, ¡fuera testimonio de que cada persona en realidad, no formaba parte de la familia de Dios!

MATEO 18–20
El camino a la grandeza

EXPOSICIÓN

Mateo registra ahora una serie de incidentes vinculados por un tema que se presenta en 18:1 y culmina en 20:34. El tema es el siguiente: "¿Quién es el más importante en el reino de los cielos?" (18:1). En conjunto estos capítulos constituyen la enseñanza básica de Jesús a Sus discípulos sobre los logros espirituales.

En respuesta a la pregunta "¿Quién es el más importante?" Jesús llama a u niño, que responde de inmediato y se acerca a nuestro Señor (18:2-5). ¡Qué contraste con Israel, que se ha mantenido alejado, exigiendo el derecho a juzgar a Cristo en lugar de sencillamente responder a Su palabra! Jesús luego subraya la importancia de conservar esta característica de "niño pequeño" (18:6-9) y cuenta tres historias que muestran de qué manera los creyentes pueden animarse y animar a otros a ser como niños, también en la iglesia. Recordando que como las ovejas, los seres humanos solemos desviarnos, tenemos que ser diligentes en restaurarnos los unos a los otros con regocijo y no con recriminaciones (18:10-14). Como los niños en cualquier familia "pecan los unos en contra de los otros", tenemos que tomar la iniciativa cuando nos ofenden y buscar la reconciliación activamente. Esto convoca al reconocimiento de la ofensa y al otorgamiento del perdón (18:15-20). Un breve intercambio con Pedro deja en claro que hemos de seguir perdonando una y otra vez (18:21-22). Si nos parece difícil, hemos de recordar cuánto nos ha perdonado Dios a nosotros, y aceptar el hecho de que se nos ha perdonado una deuda impagable y que por lo tanto tenemos que perdonar a los demás, que seguramente nos deben mucho menos de lo que nosotros le debíamos a Dios (18:23-35).

■ Mateo ahora informa una serie de tres incidentes que ilustran los caminos que han tomado las personas religiosas en búsqueda del logro espiritual.

■ Los fariseos tomaron el camino de la Ley suponiendo que siendo más rigurosos que los demás en lo que se debe y lo que no se debe hacer, alcanzarían la superioridad espiritual. Jesús utiliza una pregunta sobre el divorcio para establecer que la Ley en realidad era un parámetro menor que demuestra que Dios está dispuesto a rebajarse al punto de la debilidad de la humanidad pecadora en lugar de exigir conformidad total con Su ideal (19:1-15).

■ Un joven rico que ha tomado el camino de la filantropía le pregunta entonces a Jesús cómo puede ganar la vida eterna. Jesús le dice que regale sus riquezas, obligando al joven a elegir entre su dinero y el mandamiento de Aquel que es su Dios. El joven se va, y a partir nos recuerda que "las buenas acciones" no son necesariamente evidencia de logro espiritual.

■ Jesús luego relata la historia de un hombre que trata a sus obreros con gracia, más que rigiéndose por el mérito. La historia nos recuerda que incluso el mayor esfuerzo no es prueba de logro espiritual (20:1-16).

¿Qué es entonces lo que marca la grandeza en el reino de Dios? Responder a Jesús como un niño. Esto solo es posible al vivir juntos como ovejas, como hermanos, como pueblo que perdona y es perdonado. Jesús luego revela la actitud que conforma la clave final de Dios a la verdadera grandeza. Él mismo será traicionado y condenado a muerte — por nosotros (20:17-19). Cuando la madres de Santiago y Juan le pide a Jesús que otorgue a sus hijos las posiciones más elevadas en Su reino venidero, Jesús pregunta si ellos podrán beber Su copa — es decir, vivir como ha vivido Él y pasar por lo que Él ha de pasar (20:20-23). Entonces Jesús les explica a los Doce qué es lo que requiere la grandeza: no el gobernar al pueblo de Dios como reyes, sino el vivir con el pueblo sirviendo a los demás, dispuesto a entregarse cada uno a sí mismo como lo ha hecho Jesús, dándose en beneficio de los demás (20:24-28).

Un incidente al final ilustra todo esto. Cuando Jesús sale de Jericó para ir a Jerusalén y a la cruz, oye a dos ciegos, a quienes la multitud manda callar (20:29-34). Pero aún con el pesar que produce en Su corazón el saber que este será Su último viaje, Cristo se detiene y les pregunta a los ciegos: "¿Qué quieren que haga por ustedes?".

Esta es la grandeza en el reino de Jesús: servir a los más pequeños de Dios, a nuestros hermanos creyentes, y vivir con ellos de modo que les alentemos a responder espontáneamente y de corazón a la voz de nuestro Señor.

ESTUDIO DE PALABRAS

¿Quién es el más importante en el reino de los cielos? (18:1). El término en griego es *meizon*, comparativo que implica "en mayor grado", en lugar del superlativo que implicaría "el más grande". Aparece traducido como superlativo porque en el siglo primero se utilizaba con frecuencia en tal sentido en lenguaje coloquial. Lo trágico aquí, sin embargo, es que evidentemente los discípulos estaban pensando en quién de ellos tendría el puesto más importante cuando llegara el reino de Dios. Y lo que Jesús hace entonces, es lo que debemos hacer, cada uno de nosotros, en nuestras propias vidas: cambia el centro de la atención, del logro público al personal, de la posición al carácter. ¡Qué diferentes tienen que ser nuestras prioridades con respecto a las prioridades de quienes siguen al mundo!

El que se humilla como este niño (18:4). El término griego proviene de la raíz *tapeinos*. En la cultura griega los "humildes" eran los indefensos y ser indefenso era vergonzoso. En el NT, sin embargo, *tapeinos* se utiliza casi siempre en sentido positivo, para representar nuestra posición en relación a Dios. Reconocemos que dependemos de Él y que somos indefensos ante Él, y con humildad nos sometemos a Sus palabras. Esto es lo que ilustra el incidente. Cristo se ha presentado a Israel como su Mesías. Pero las multitudes no ceden y se arrogan el derecho a juzgar al Hijo de Dios. Esto, en contraste con el niño que con solo oír Su voz, se acercó. Lo que marca nuestra relación con Dios es tanto ese sentido de dependencia como el de un niño, y la disposición y voluntad de responder.

Pero si alguien hace pecar a uno de estos pequeños (18:6). En este versículo y en los versículos 8 y 9, el término griego para "hace pecar" es *skandalon*, que significa sencillamente algo que hace tropezar a una persona. La versión RVR 60 utiliza justamente "hace tropezar", en paráfrasis de *skandalon*. Sin embargo, como observa un comentarista, es un término demasiado estrecho porque " A uno puede hacerle tropezar una actitud escandalosa, la falta del interés...la negativa a perdonar, además de la tentación a pecar".

Aunque las referencias de Jesús a la mano, el pie y el ojo son figurativas (5:29-30) la mención del fuego eterno añade intensidad. Jesús no está diciendo que los salvos corren peligro de perderse, sino que vivir con los demás de modo que pueda hacerles tropezar espiritualmente ¡no es una ofensa menor! ¡Es tan grave como para enviar a alguien al fuego del infierno!

Tenemos que guardar celosamente la calidad de "niños" en nuestros hermanos y hermanas en el Señor.

Además les digo que si dos de ustedes en la tierra se ponen de acuerdo sobre cualquier cosa que pidan (18:19). En griego la frase *peri pantos pragnatos* es, literalmente "respecto de cualquier asunto". En este contexto, el versículo no es promesa de oración. Ni siquiera habla de la oración. Jesús ha llamado a que se resuelva el conflicto entre los discípulos mediante un proceso de reconciliación definido en 18:15-17. Cuando la reconciliación es imposible porque la persona que causa la ofensa "se niega a escuchar", el caso ha de someterse a arbitrio vinculante (18:18). Los "dos o tres de ustedes" en 18:19-20 son los que la iglesia aparta para investigar el caso y tomar una decisión. La presencia de Jesús en este proceso está asegurada y lo que la "corte" determine será ratificado o "dado" por el Padre de Cristo en el cielo.

No te digo que hasta siete veces, sino hasta setenta y siete veces (18:22). Los rabinos habían llegado a la conclusión de que debía perdonarse a una persona tres veces por un pecado reiterado. ¡Pero nunca por cuarta vez! Así, que Pedro ofreciera perdonar hasta siete veces era algo muy generoso! Cristo utilizó la cifra de 77 veces (o tal vez 70 veces 7) no como límite para el perdón sino para mostrar que hay que perdonar sin límites ni restricciones.

Si quieres ser perfecto, anda, vende lo que tienes (19:21). El joven rico que le preguntó a Jesús qué podía hacer para obtener la vida eterna, era sincero. Lo sabemos gracias a la construcción de la frase en griego: "Si quieres" que supone que tal condición es cierta. "Ya que quieres ser perfecto".

Pero ¿qué significa "ser perfecto"?. El término griego, *teleios*, significa "ser completo, alcanzar un objetivo, ser maduro". Los términos hebreos del AT que se corresponden son *tamim* y *kalil*, y no sugieren falta de pecado sino que implican rectitud moral, conducta sin culpa. La idea aquí es que si el joven quiere ser completamente fiel al Viejo Pacto, tiene que regalar su riqueza.

¿Por qué una exigencia tan extraña? Notemos que la respuesta de Jesús a la pregunta inicial enumera mandamientos de la "segunda tabla" de la Ley, que tienen que ver con la relación del hombre con los demás seres humanos. El mandamiento de Cristo cambia el enfoque a la "primera tabla", a los mandamientos que tienen que ver con la relación del hombre con Dios. El primero de estos mandamientos es "No tengas otros dioses además de mí" (Éxodo 20:13). Sin embargo, cuando el Dios encarnado de Israel, Jesús, dice "Vende lo que tienes y dáselo a los pobres"...el joven...se fue triste" (19:21-22).

El hecho de que alguien sea considerado, amable y generoso no es evidencia de que Dios sea prioridad en su vida. La verdadera prueba llega cuando se nos pide que lo dejemos todo ¡y no solo lo que nos sobra!

Los gobernantes de las naciones oprimen a los súbditos, y los altos oficiales abusan de su autoridad (20:25). Jesús no rechaza el derecho de la autoridad secular a gobernar a los ciudadanos comunes. Pero sí hace referencia a que las estructuras utilizadas para gobernar en el mundo secular no pueden ser transferidas y aplicadas por los líderes cristianos a las relaciones dentro del cuerpo de Cristo.

EL PASAJE EN PROFUNDIDAD

El más grande en el reino de los cielos (18:1-9). Ver el comentario en profundidad sobre Marcos 9:33-50 y el pasaje paralelo en Lucas 9:46-50.

La parábola de la oveja perdida (18:10-14). Ver Estudio de palabras de Lucas 15:7.

El hermano que peca en contra de ti (18:15-19). Ver estudio de palabras de Mateo 18:22, más arriba.

El divorcio (19:1-15). Ver también pasajes relevantes de Mateo 5:31-32 y 1 Corintios 7.

Trasfondo. Este pasaje ha sido el centro de mucho estudio por dos razones. Ante todo porque toca un tema de gran importancia para las personas y para quienes tienen responsabilidades pastorales. En segundo lugar, el pasaje contiene términos cuyo sentido se debate no solo hoy, sino que también se debatía en los tiempos de Jesús.

El debate en tiempos de Jesús giraba en torno al significado de dos palabras en hebreo que aparecen den Deuteronomio 24:1, el único versículo del AT que trata directamente sobre el divorcio: "Si un hombre se casa con una mujer, pero luego deja de quererla por haber encontrado en ella algo indecoroso, sólo podrá despedirla si le entrega un certificado de divorcio".

Por separado, las dos palabras en hebreo se entienden casi sin dificultad. La primera, *'erwat*, indica cierta falta de castidad, en tanto la segunda, *dabar*, significa sencillamente "modo" o "cosa". Un importante grupo de intérpretes, los shamaitas, entendían que las dos palabras formaban una frase indivisible y de allí que para ellos Deuteronomio 24:1 indicaba que el divorcio era permisible solo por "alguna cosa [moralmente] inadecuada].

El otro grupo principal de intérpretes, los hillelitas, argumentaban que había que considerar las palabras por separado y por ello, decían que el divorcio se permitía en caso de falta de castidad, o si alguno de los "modos" (dabar) de la esposa desagradaban a su esposo.

Es importante notar que ninguna de las dos escuelas de pensamiento tenían como propósito facilitar o dificultar el divorcio. A los sabios y estudiosos les interesaba mucho entender qué implicaba Deuteronomio, y buscaban dictar *halajá* "reglas de conducta" que se condijeran con su significado. También había otros mecanismos en tiempos del AT que desalentaban el divorcio, y el divorcio no era de hecho un grave problema social en el siglo uno.

Las dos cosas que desalentaban a la gente a divorciarse en el siglo primero eran: (1) la presión social, y (2) el costo. Socialmente, el divorcio en el judaísmo del siglo primero implicaba un estigma para la esposa y el esposo. Económicamente el divorcio podía costar una gran suma de dinero, porque cuando el esposo se divorciaba de su esposa tenía que darle una suma de dinero que ya se había establecido en el contrato matrimonial y además debía añadir más dinero y asumir las obligaciones que correspondían a todos los bienes perecederos que su esposa hubiera aportado al matrimonio. Durante el matrimonio todos esos bienes estaban bajo el control del esposo y conformaban un activo económico, pero con el divorcio, debían ser devueltos a la mujer junto con los regalos que el esposo o el padre le hubieran dado incondicionalmente a la esposa y que por ello se clasificaban como propiedad "sobre la cual el esposo no tiene control alguno".

Como en el judaísmo solo el esposo podía entregar carta de divorcio, algunos esposos que no querían devolver los activos de la esposa sencillamente se negaban a vivir con ellas y se negaban a devolverles su propiedad. En estos casos el tribunal rabínico del siglo uno presionaba al esposo para que entregara la carta requerida.

Es interesante que en un artículo reciente publicado en la edición del 10 de febrero de 1990 del *Jerusalem Post*, se criticara el hecho de que "miles de mujeres se ven atrapadas a causa de los abusos de la Halajá y los defectos en las cortes rabínicas con jurisdicción sobre el matrimonio y el divorcio". Según el artículo escrito por Beth Uval unas 8.000 a 10.000 mujeres israelíes están atrapadas y no pueden volver a contraer matrimonio porque sus esposos se niegan a otorgarles el divorcio. Al negarles su consentimiento algunos hombres en Israel chantajean a sus esposas por miles de dólares para dar su acuerdo al divorcio.

El divorcio, entonces como ahora, en el judaísmo del siglo primero y en el Israel de hoy, era un derecho del esposo aunque los intereses de la mujer estaban protegidos (al menos, en teoría) por el costo de la disolución del matrimonio y por la presión social.

No importa cómo entendamos la interacción entre Jesús y los fariseos que habían venido a cuestionarle, no hemos de leer el tema en el debate contemporáneo como cuestión de divorcio "fácil" versus divorcio "difícil". El tema, más bien, se refería estrictamente a la interpretación de un pasaje de las Escrituras sobre el que se basaba la halajá tan importante.

Interpretación. Hay dos elementos de contexto que son esenciales para que podamos entender lo que se dice aquí. El primero es el contexto bíblico. Mateo desarrolla el tema de la grandeza en el reino de Dios y en este contexto los fariseos representan la visión de que la superioridad espiritual es cuestión de guardar en todo detalle la Ley de Dios revelada por Moisés e interpretada por los sabios estudiosos a lo largo de los siglos.

El segundo elemento es el contexto histórico. Los fariseos que fueron a preguntarle a Jesús no preguntaban sobre el divorcio en sí, sino que se referían a la interpretación. Si mantenemos en mente estos dos puntos podemos rastrear el argumento del pasaje y estar protegidos de la tendencia a interpretar, no el pasaje como un todo, sino los versículos o frases tomados fuera de contexto.

¿Qué surge cuando vemos el pasaje con estos dos elementos de contexto en mente? Los fariseos van y le preguntan a Jesús: "¿Está permitido que un hombre se divorcie de su esposa por cualquier motivo?" (19:3). La pregunta es, claramente, técnica y obligará a Jesús a identificarse o con la escuela de Shammai o con la de Hillel. También es una pregunta típica porque para los fariseos, la "legalidad" es la clave a la grandeza ante los ojos de Dios.

Jesús asombrosamente ignora el tema de la legalidad y vuelve a la Creación para establecer un principio (19:4-6). La intención original de Dios fue que el matrimonio fuera una unión para toda la vida, una relación de pacto. Cuando una pareja se une en matrimonio, se convierten en "una carne" unidos de tal modo que lo compartirán todo durante su viaje juntos por la vida. De allí que la "legalidad" del divorcio no esté realmente en juego si se entiende la voluntad de Dios. De allí también que los estudiosos, que se erigían como tribunales rabínicos "con jurisdicción sobre el matrimonio y el divorcio", de hecho no tienen jurisdicción entonces. En este contexto es claro que las palabras de Jesús "que no lo separe el hombre", no están dirigidas a un hombre y una mujer que contemplan divorciarse sino a los fariseos que suponen que los sabios estudiosos deben interpretar las Escrituras y dar sentencia sobre la validez de lo que de hecho es un tema privado que han de decidir los integrantes del matrimonio.

La respuesta no satisfizo a los fariseos, que la malinterpretaron y espetaron entonces: "—¿Por qué, entonces, mandó Moisés que un hombre le diera a su esposa un certificado de divorcio y la despidiera?" (19:7). La respuesta de Cristo es muy significativa: Dios permitió el divorcio aunque claramente no es Su voluntad que se disuelvan los matrimonios. La razón que da Jesús es que en efecto Dios le dio a Israel a través de Moisés una ley que representaba un parámetro más bajo que Su ideal "por lo obstinados que son" (19:8). Es decir que Dios sabía que los seres humanos pecadores a veces distorsionarían una relación que en Su intención sería sanadora y constructiva para que fuera destructiva y dañina.

Concluimos entonces que el divorcio y el casarse de nuevo (porque casarse de nuevo era siempre la alternativa supuesta en el judaísmo antiguo y el del siglo primero), no llegan a cumplir con el ideal de Dios y por ello implican pecado, al menos en el sentido de "defecto" que implica el término hebreo *hata'* y el griego *hamartia*. Por ello, el casarse de nuevo implica adulterio, ¡y sin embargo la Ley de Dios provee para el caso del divorcio que luego puede terminar en otro matrimonio! Aunque no queda claro qué significa la así llamada "cláusula de excepción", en "en caso de

	Adulterio	Prostitución (fornicación)
AT	ná'ap	zânâh
NT	*moicheia*	*porneia*
diferencias	En general se refiere a los hombres Relaciones con una persona casada que no es el cónyuge No es prostituta profesional Corresponde pena de muerte	En general se refiere a las mujeres Relaciones fuera del matrimonio Suele ser prostituta profesional No corresponde pena de muerte
semejanzas	Ambos están prohibidos por Dios Ambos se utilizan de manera figurativa para representar la infidelidad espiritual y moral en el pueblo de Dios Ambos merecen y recibirán castigo divino	

infidelidad conyugal [porneia]" (19:9), es claro que el mensaje principal de Jesús no cambia. El divorcio y el casarse de nuevo implican "pecado" pero aún así Dios hace provisión para tal cosa en Su Ley.

Recordando que aquí el tema no es en realidad el divorcio sino la visión que tenían los fariseos de la religión, necesitamos preguntar qué sucede con su postura cuando Jesús les responde. Lo que ha hecho Jesús es, muy sencillamente, mostrar (1) que la intención y voluntad de Dios no pueden discernirse mediante el doloroso proceso de analizar y re-analizar la Ley para poder establecer reglas de conducta. De hecho, utilizando esta perspectiva los fariseos formulaban la pregunta equivocada respecto del divorcio sin ver siquiera la verdad que el Pentateuco revela sobre la voluntad de Dios. (2) De hecho, Jesús rechaza esa perspectiva "enfocada en las reglas" que tienen los fariseos y les muestra decididamente que el camino del legalismo no es el que lleva a la superioridad espiritual.

Los discípulos, al igual que muchos intérpretes cristianos a lo largo de los siglos, no entendieron y pensaron que Jesús estaba emitiendo otra regla rabínica: "Nada de divorcio" (Mateo 19:10-12). Jesús sencillamente está señalando que hay diversas razones para permanecer solteros pero Su enseñanza reafirma el difícil parámetro de que "Aquel que puede aceptarlo [la soltería] debería aceptarla". El matrimonio ha de ser una relación para toda la vida y debe verse de este modo. Pero si en razón de la obstinación o dureza del corazón de una o ambas partes la relación se vuelve destructiva, es Jesús Mismo quien explica la lógica o razón sobre la cual podrá ejercerse la opción del divorcio (19:8).

Un incidente final que incluye aquí el Evangelista Mateo aclara este mensaje central todavía más allá (19:13-15). Jesús recibe con agrado a los "niños" y anuncia que "el reino de los cielos es de quienes son como ellos". Incluso los fariseos más rigurosos jamás habrían imaginado que los "niños pequeños" estuvieran sujetos a la Ley de Moisés y mucho menos a la estricta interpretación de la Ley que se imponían a sí mismos. Los niños pequeños no se relacionan con Dios a través de la Ley sino de manera mucho más directa y personal.

Y, proclama Jesús, es a "quienes son como ellos" que pertenece el reino de los cielos: no a los que ven a Dios como lo ven los fariseos y los sabios estudiosos con sus diligentes intentos por guardar las reglas tomadas de las Escrituras pero escritas por los hombres sino a quienes ejercen la fe personal y el compromiso con Jesús, que son hijos del Rey.

Hay mucha confusión sobre el significado exacto de *porneia*, traducido como "infidelidad matrimonial" en la versión NVI de Mateo 19:9, en cuanto a la así llamada "cláusula de excepción". El cuadro de la página 67 resume el uso más básico de este término en el AT y NT, y su correlación en el AT.

Aplicación. Este pasaje es importante. Trata sobre un tema que en nuestros días produce sufrimiento en muchas personas porque el divorcio y el nuevo matrimonio se malinterpretan mucho en la comunidad cristiana moderna. Nadie quiere promover el divorcio "fácil" y es seguro que las palabras de Jesús no pueden interpretarse de esta manera. Pero con mucha frecuencia se interpretan las palabras de Jesús como lo hacían los fariseos, como si Cristo estuviera imponiendo restricciones más rígidas que las que imponían los tribunales rabínicos. Es trágico que nuestros tribunales eclesiásticos le espeten las palabras de Jesús, "Que el hombre no separe" a una pareja que está sufriendo en lugar de ver que son palabras que Él dirigió a los líderes religiosos, negándoles el derecho a juzgar lo que sin duda es uno de los problemas más dolorosos y personales que podemos tener los humanos. Seguramente, si tuviera que haber un tribunal que juzgara a la pareja que contempla el divorcio, la ley del AT seguramente habría provisto este tipo de arreglos. En cambio, la Ley sencillamente indicaba que el esposo debía entregar carta de divorcio. Esta carta escrita era prueba de que el matrimonio había terminado y que la esposa era libre de casarse otra vez.

Era totalmente innecesario para los sabios estudiosos de Israel, el inmiscuirse en este proceso privado aunque en ocasiones podía pervertirse y utilizarse en contra de los inocentes. El hecho de que sí se inmiscuyeran con la intención, no de ministrar a la pareja que sufría, ni para salvar el matrimonio sin con intención de determinar qué era "legal" revela la mentalidad en cuanto al reino espiritual que Jesús confrontó y rechazó de plano tantas veces.

Tal vez lo más importante que podemos aprender de este pasaje es el terrible peligro que representa el legalismo, que suele disfrazarse en nuestras comunidades a guisa de piedad y rectitud y nos roba ese sentido de la gracia restauradora y de perdón de Dios, aspecto central de nuestra fe.

El joven rico (19:16-30). Ver el comentario en profundidad de Marcos 10:17-31, y el pasaje paralelo en Lucas 18:18-30.

La parábola de los trabajadores en la viña (20:1-16).
Trasfondo. En tiempos del NT muchos judíos se ganaban la vida trabajando en tierras que eran de otras personas. Se mencionan diversas categorías de jornaleros o trabajadores en la literatura de los siglos primero y segundo DC. Estaba el *'aris*, que le daba al dueño de las tierras más o menos la mitad de lo que había producido la tierra. El *hokker* también era terrateniente, pero le daba al dueño un precio fijo en lugar de una participación de la cosecha. El *sokher* pagaba alquiler en efectivo; el *shattal* era un agricultor contratado que recibía la mitad de la cosecha y un porcentaje de toda mejora que hiciera en la tierra del dueño. El *shkhir* era un obrero contratado a quien se daba techo y comida y a quien se le pagaba al final de un período que podía ser entre una semana y siete años, aunque lo normal eran tres años. El *ikkhar* era también un empleado pero aparentemente era un obrero en condición de siervo similar a la del esclavo, a quien se consideraba en cierto sentido parte de la familia.

Los obreros de esta parábola de Jesús son *po'el*, jornaleros que trabajaban desde el amanecer hasta el atarceder y a quienes el dueño les daba comida y la paga del día. El equivalente moderno más cercano es el del trabajador golondrina que sigue la cosecha de lugar en lugar, esperando tener suficiente trabajo cada temporada como para mantenerse y mantener a su familia.

Aunque los religiosos de Israel cumplían con su obligación hacia el po'el y algunos hasta les brindaban alimento y dinero por adelantado, los dueños de las tierras no eran justamente conocidos por su generosidad. Esto se refleja en un interesante incidente del que informa la Mishná (B.M. VII:1):

Sucedió que el rabino Johanan ben Mathia le dijo a su hijo: ve y contrata a algunos po'alim. Salió y acordó con ellos que les daría sus comidas. Cuando volvió, su padre le dijo: Hijo mío, aunque prepares para ellos un banquete digno de Salomón en toda su gloria no habrás cumplido con tu deber porque son hijos de Abraham, Isaac y Jacob. Así que (si quieres protegerte) ve hacia ellos antes de que empiecen trabajar y haz que estipulen que no te harán responsable de nada más que del pan y el pulso [vegetales].

Por cierto, quien oyera a Jesús cuando relató la parábola de los trabajadores en la viña conocería muy bien cómo era la vida del po'el y la actitud de los ricos dueños de tierras hacia ellos. Por eso la historia de Jesús tiene que haber tenido en ellos un impacto mayor que el que produce hoy en nosotros.

Interpretación. A medida que se desarrolla la conocida historia vemos a unos obreros contratados al amaneces, a quienes se manda a trabajar en la viña. La paga acordada, un denario, era una moneda de plata que bajo el dominio de Roba tuvo valor estable durante décadas y equivalía al jornal de un día.

A medida que pasa el día el dueño de la viña vuelve varias veces al mercado, y en cada oportunidad, contrata a algunos obreros más, y les promete "lo que sea justo" como paga (20:4).

Cuando termina el día, al atardecer, el dueño se sienta ante una mesa y reparte la paga del día. Los trabajadores que estaban allí esperando tienen que haber quedado atónitos al ver que ¡les pagaba el jornal del día completo a los que habían trabajado solo una o dos horas! Esto no se condecía con la forma en que los amos trataban a los po'el.

Al mismo tiempo, la generosidad del amo hizo que quienes habían trabajado el día entero sintieran mayores expectativas. Porque por supuesto, si era "justo" pagarles a los que apenas habían trabajado, entonces a los que habían soportado el calor del día se les pagaría mucho más que un simple denario. Pero cuando llegó su turno, solo recibieron la moneda de plata según lo acordado con el dueño esa mañana. Podemos entender por qué se quejaron (sin duda ¡a los gritos como era común en su cultura!), diciendo que el dueño era injusto.

El mensaje central de la parábola se resume en lo que Jesús cuenta que dijo el dueño: "¿Es que no tengo derecho a hacer lo que quiera con mi dinero? ¿O te da envidia de que yo sea generoso?" (20:15).

Si tomamos al dueño de la viña como figura que representa a Dios, como seguramente tiene por intención Jesús (20:1), queda en claro el mensaje de Cristo. Dios se relaciona con los seres humanos sobre la base de Su generosidad, y no sobre la base de los que merece un hombre o una mujer.

La asombrosa implicancia de esta parábola es que al hacer esto, Dios es justo.

Los que oían a Jesús, incluyendo a Sus discípulos, habrían tenido dificultades para entenderlo. Solo después de la cruz y la resurrección los seguidores de Cristo podrían mirar hacia atrás y darse cuenta de que con Su muerte Jesús pagó el precio del pecado, y así dio libertad al Padre para ser justo y al mismo tiempo, actuar con completa generosidad y gracia hacia los seres humanos.

Aplicación. Esta historia tiene valor singular para quienes caemos en la trampa de querer agradar a Dios trabajando más que los demás. NO es que esté mal servir a Dios con celo. Sencillamente, el "trabajar más duro que los demás" no es el camino que lleva a la grandeza en el reino de los cielos.

En todos los aspectos de nuestras vidas como cristianos dependemos de la gracia y la generosidad de Dios. Cuando entendemos de veras y experimentamos esa gracia podemos dedicarnos a servir al Señor. Pero jamás debemos suponer, como los obreros en la parábola de Jesús, que merecemos cosa alguna de manos de nuestro amoroso Dios.

El pedido de una madre (20:20-28). Ver el comentario en profundidad de Marcos 10:32-45 y los pasajes paralelos en Lucas 18:31-34 y Lucas 22:24-30.

Dos ciegos son sanados y pueden ver (20:29-34). Ver comentario en profundidad de Marcos 10:46-52 y el pasaje paralelo en Lucas 18:35-43.

MATEO 21-23
Confrontación

EXPOSICIÓN

Las multitudes de Jerusalén le dan la bienvenida a Jesús y le aclaman como el Mesías. Pero este recibimiento enfurece a los líderes religiosos/políticos, que ven Su popularidad como una amenaza. Renuevan sus ataques, intentando desesperadamente atrapar a Cristo en alguna declaración que erosione Su popularidad o Le incrimine ante el gobierno romano. Jesús no solo silencia cada acusación, sino que se vuelve en contra de quienes Le acusan. Sus parábolas sacan a la luz sus motivos egoístas y su destino. En un potente resumen Jesús pronuncia un mal destino para los fariseos y maestros de la Ley que hipócritamente ponen énfasis en demostraciones externas de religión que enmascaran la codicia, malignidad y egoísmo que los caracterizan. Cada uno de los hechos en esta sección es un avance hacia la crítica y denuncia final de Cristo contra los fariseos, y Sus lágrimas por una Jerusalén tan cegada por el legalismo que no puede — y no desea — reconocerlo como Salvador.

La secuencia comienza con la entrada triunfal (21:1-11). Jesús, en cumplimiento de una profecía de Zacarías entra en la ciudad y la multitud grita aclamándole. Le llaman "Hijo de David", título mesiánico. Luego Jesús va al templo y echa a los mercaderes y comerciantes de dinero que operan allí con licencia del sumo sacerdote (21:12-17). En un acto de potente simbolismo Jesús maldice a una higuera que, al igual que el Israel de su tiempo, parece vital pero no da frutos (21:18-22).

Cuando Jesús vuelve a Jerusalén los furiosos líderes vuelven a atacarlo. Estos hombres, que aducen tener el derecho de interpretar y aplicar la Ley de Moisés para todos los judíos, exigen que Cristo explique cuál es la fuente de Su autoridad. Pero Jesús presenta una pregunta que los líderes temen contestar, y hace que sea evidente la mentira y oquedad de su supuesto derecho a interpretar la Palabra de Dios (21:23-27). Sigue una serie de parábolas devastadoras. En la primera, Jesús afirma que los despreciados "recolectores de impuestos y prostitutas" que respondieron al ministerio de Juan el Bautista entrarán en el reino de Dios, dejando detrás a los "respetables" líderes espirituales (21:28-32). En la segunda Jesús saca a la luz los verdaderos motivos de los líderes: quieren administrar a Israel no parpa la gloria de Dios sino buscando poder y ganancias para sí mismos. Están tan decididos a resistirse a la merecida lealtad que el pueblo le ofrece a Dios, que con gusto matarán al Hijo de Dios (21:33-46). En la tercera parábola Jesús mira al futuro. Israel, a quien Dios invitó primero a Su banquete, Le ha rechazado y será rechazado entonces por el Señor, Quien invita a "cualquiera" que quiera responder (22:1-14).

Las críticas y ataques de Jesús contra la élite religiosa hacen que los líderes religiosos avancen a paso frenético. Los fariseos intentan obligar a Jesús o a expresar su apoyo al derecho de los odiados romanos a recolectar impuestos — para que las multitudes se vuelvan en contra de Él — o a hablar en contra de los impuestos — en cuyo caso los romanos podrían arrestarlo y condenarlo. Cristo evita esta famosa trampa (22:15-22) y luego demuestra que los saduceos no comprenden las Escrituras, cuando este grupo intenta hacer que Él tropiece con un enigma teológico comúnmente utilizado para confundir a quienes creían en la resurrección (22:23-33).

De repente, la atención pasa de estar centrada en un juego intelectual a temas realmente importantes. ¿Cuál es el mayor mandamiento? Amar a Dios con todo el corazón, con todo el ser y con toda la mente, y amar a los demás como nos amamos a nosotros mismos (22:34-40). Y ¿de quién es Hijo el Cristo de quien profetiza el AT? Él es — y tiene que ser — el Hijo de Dios (22:41-46).

Las parábolas del capítulo 21 eran una acusación contra los fariseos y maestros de la Ley. Las trampas pergeñadas por los fariseos y saduceos que encontramos en el capítulo 22, demuestran que su visión de la fe es superficial. Ahora, en el capítulo 23 Jesús pronuncia el veredicto divino sobre estos farsantes religiosos. En tono ominoso y severo Jesús enumera siete "ayes" — siete exclamaciones que denuncian a los líderes religiosos por las actitudes y acciones que les excluirán por siempre del reino del amado Hijo de Dios (23:1-36). Esta crítica es enfática, pero los últimos versículos revelan que el corazón de Cristo se apena, por la ciudad y por el pueblo a quienes Él condena (23:37-39).

ESTUDIO DE PALABRAS

Hija de Sión (21:5). La frase idiomática significa simplemente "Sión", nombre poético de la ciudad de Jerusalén. Para ver más usos de esta frase ver Isaías 22:4; 47:1; Salmo 45:12.

Por lo tanto, yo también...he decidido escribírtelo ordenadamente (1:3). ¿Por qué otro Evangelio? Es claro que Lucas sabe que Mateo y Marcos han brindado sus propios relatos de la vida de Jesús. Tal vez la respuesta está en notar las características que distinguen a este Evangelio de los demás. Lucas, como los otros autores, quiere que veamos a Jesús desde su especial perspectiva. Walter L. Liefeld, en su comentario titulado *Luke* [Lucas] (Zondervan) resume estas características distintivas:

Toda la ciudad se conmovió (21:10). La palabra *eseisthe* significa "estremecido", como por un terremoto. Una ola de loco entusiasmo barrió con Jerusalén cuando Jesús entró en la ciudad. El hecho de que en solo unos días en esas mismas calles se oyeran gritos de "¡Crucifícale!", tiene que ser una señal de alerta para nosotros (27:22). El entusiasmo no es sustituto del compromiso.

Ellos se pusieron a discutir entre sí (21:25). Esta frase es la traducción de una única palabra, *dielogizonto* que significa "razonaron consigo mismos". La conjugación del verbo indica un proceso continuo, un debate en cuanto a cómo responder al desafío presentado por Jesús. Hay dos cosas importantes. Los hombres que se arrogaban la autoridad religiosa de Israel no buscaban la guía de Dios, sino que "razonaban entre ellos mismos". Y su falta de voluntad para aceptar la responsabilidad de la autoridad que se arrogaban de responder las preguntas difíciles sobre cuestiones civiles y religiosas demuestra que su derecho y autoridad no eran tales.

Pero después se arrepintió y fue (21:29). La palabra *metameletheis* significa lamentar. Encontramos este verbo solo cinco veces en el NT: Mateo 21:29, 32; 27:3; 2 Corintios 7:8; y Hebreos 7:21. Es muy diferente a una palabra que se le parece, *metanoia*, que es arrepentirse como en cambiar de idea y de rumbo. La frase "y fue" es clave porque esta pena no llevó a la acción. El hombre se arrepintió y fue a la viña ¡como su padre le había dicho! Comparemos esto con Judas, que se arrepintió (27:3) pero en lugar de acudir a Jesús para que le perdonara, permaneció sumido en la auto-compasión y el remordimiento. Es bueno arrepentirse, pero a menos que la persona añada el "y fue" a la pena, en esencia no significará nada.

Mandó a sus siervos que llamaran a los invitados (22:3). La frase en griego es *kalesai tous keklemoneous*, o "llamar a los llamados". Refleja la costumbre judía de enviar una segunda invitación a quienes ya han sido invitados a una celebración. ¡Qué adecuado! Porque en Abraham, Dios había invitado a Israel a ser Su pueblo escogido y ahora en Cristo Dios llamaba de nuevo a Sus invitados ¡que obstinados, se negaron a asistir! Lo mismo sucede hoy. En Cristo Dios a invitado al mundo entero a venir a Él. Cuando el Espíritu hace esta invitación personal, dando a la persona convicción y llamándole a la salvación, no hay que rechazar el llamado de Dios.

Pero ellos no hicieron caso...los maltrataron y los mataron (22:5-6). El versículo describe dos reacciones a la invitación de Dios. *Amelesantes* significa ignorar, despreocuparse, en tanto *hubrisan* significa insultar, tratar de manera arrogante, despectiva para insultar y humillar públicamente. Cuando usted y yo le extendemos a otros la "segunda invitación" de Dios, algunos responderán. Pero también podremos esperar otras dos reacciones: indiferencia y hostilidad. Cada una de estas respuestas es un insulto a Aquel que invita a toda la humanidad a un banquete pagado con la sangre de Su Hijo.

¿Cuál es el mandamiento más importante de la ley? (22:36). El *entole megale* es "el gran mandamiento". La pregunta es muy importante porque los escribas judíos habían identificado 249 mandamientos positivos y 365 mandamientos negativos en el AT, con un total de unos 613 mandamientos diferentes y por separado. Entonces, la pregunta aquí era "Jesús ¿cuál de los muchos mandamientos de la Ley es el que Tú consideras más importante?". La identificación de Cristo del amor a Dios como primer mandamiento, y el amor al prójimo como segundo mandamiento, echa el cimiento de la teología que Pablo desarrolla de la Ley y el Amor. En Romanos Pablo dirá que la única obligación del cristiano hacia los demás es "amarse los unos al os otros". Como la persona que ama a su prójimo no hará nada por dañarle, el amor cumple la Ley Mosaica porque esa ley prohíbe todo lo que pudiera perjudicar a los demás (Romanos 13:8-10). San Agustín lo resume diciendo: "Ama a Dios y haz lo que te plazca".

La respuesta de Jesús nos recuerda que en nuestro andar con Dios no debemos buscar la perfección en las cosas menores, como lo hacían los líderes religiosos en la época de Cristo. Amemos a Dios y al prójimo. Y que estos grandes principios sean los que rijan nuestros motivos, nuestro carácter y nuestra vida cotidiana.

¿De quién es hijo? (22:41). La palabra *huios*, hijo, suele utilizarse con aplicación amplia. Aquí se la utiliza en el sentido de "descendiente" pero con el significado añadido de "heredero". El AT prometía que Dios exaltaría a un descendiente de David y que Le daría el gobierno perdurable sobre un Israel restaurado a su antigua gloria (2 Samuel 7:11-16; Isaías 9:6-7). Esta es la persona a quien esperaba el pueblo judío y a quien se referían como "hijo de David". Pero en el pensamiento judíos se consideraba que el descendiente era dependiente de su padre/antecesor, y con ello, inferior a él. Por eso la costumbre exigía que el hijo mostrara respeto, llamando a su padre/ancestro "señor". El enigma de la pregunta de Cristo señala al Salmo 110:1, reconocido desde hacía tiempo como salmo mesiánico en el que David revierte esta tradición y llama "Señor" al Mesías — su propio descendiente. Había que concluir entonces que este heredero mesiánico de David es más grande que David, lo cual es directo respaldo de las Escrituras a la frecuente afirmación de Jesús de que Él era Hijo de Dios.

Las autoridades religiosas se negaron a responder cuando Cristo les pidió que explicaran cómo podía ser más grande que David el Hijo y Heredero de David. Ellos ya conocían la respuesta porque las Escrituras y sus implicancias eran muy claras. Se negaron a responder porque no les gustaba la respuesta. Es trágico que hoy también haya gente que entienda lo que dice la Biblia, pero sencillamente no les guste.

Ni permitan que los llamen "maestro" (23:10). La palabra *kathgetai* solo aparece en este versículo del NT: Hay quienes la toman como distinción entre "maestro principal" y maestro común. Como maestro sería la más alta autoridad a diferencia de quien instruye a otros en las interpretaciones del maestro. Si es así, usted y yo tenemos espacio porque no buscamos ser autoridades sino transmitir con la mayor precisión la Palabra de autoridad de "el Maestro", Jesucristo.

Hipócritas (23:13, 15, 23, 25, 27,29). La palabra *hupokritai* tenía como significado original la interpretación en el escenario. Pero luego también se extendió su significado a las implicancias del fraude consciente: el hipócrita finge ser algo que no es. Lleva puesta una máscara, y oculta su verdadero ser con palabras y acciones que tienen el engaño como propósito. No había peor acusación contra los líderes religiosos, tan devastadora acusación como esta de Jesús, porque éstos exhibían su religiosidad para ganarse el aprecio de los seres humanos. Hay un solo antídoto contra el pecado de la hipocresía: tenemos que buscar la aprobación de Dios como prioridad. Cuando de veras nos comprometemos con Él, los demás verán quiénes somos en realidad.

¡Ay! (23:13, 15-16, 23, 25, 27, 29). El término *ouai* es una exclamación, un grito de dolor y crítica a la vez.

Para ganar un solo adepto (23:15). La palabra *proseluton*, o prosélito, proviene de una raíz que significa forastero o recién llegado. En el siglo primero había dos tipos de prosélitos judíos: "el de la puerta" que admiraba el judaísmo y su visión moral y del que se nos habla a menudo en el NT como "temeroso de Dios", y el de "la justicia", circuncidado y comprometido a cumplir la Ley, lo cual en realidad significaba un judío converso. Pero aquí Jesús habla de que los fariseos buscan ¡ganar adeptos al fariseísmo! Les motiva el espíritu partidario. Y es un importante recordatorio para nosotros de que nuestra misión no es la de ganar adeptos a una denominación o a nuestra congregación, sino seguidores de Jesús.

Ay de ustedes, guías ciegos (23:16). En este capítulo los fariseos son acusados de ser "ciegos" cinco veces (23:16-17, 19, 24, 26). El término griego, *typhos*, así como el hebreo *'iuwer*, se usan tanto literal como metafóricamente. Los profetas en especial usan "ciego" como indicación de insensibilidad espiritual. La ceguera espiritual es evidencia tanto del pecado como de juicio divino impuesto a los pecadores (Isaías 29:9-10). Sin embargo, los profetas miran al futuro, al tiempo de conversión para los humildes, cuando "En aquel día podrán los sordos oír la lectura del rollo, y los ojos de los ciegos podrán ver desde la oscuridad y la penumbra" (Isaías 29:18).

Los fariseos eran "guías ciegos" porque se negaban a aceptar la evidencia claramente visible de Cristo como el Mesías. Como resultado de su negativa a ver, les es quitada también la capacidad de ver. Quienes no quieren creer se encontrarán pronto incapaces de creer.

EL PASAJE EN PROFUNDIDAD

La entrada triunfa (21:1-11). Para ver el comentario en profundidad, Lucas 19:28-40. Ver también Marcos 11:1-10; Juan 12:12-19.

Jesús en el Templo (21:12-17). El estudio en profundidad en el pasaje paralelo Lucas 19:45-48. Ver también Marcos 11:15-19.

La higuera se marchita (21:18-22). Ver también Marcos 11:12-14, 20-25.

Trasfondo. Los árboles que se cultivaban en Palestina producían fruto para unos diez meses al año, y eran tan importante que como ideal, cada familia buscaba tener su propia higuera y su propia viña (1 Reyes 4:25). Al punto de que en el tiempo de la Pascua cuando Jesús vio y se acercó a una higuera con hojas mientras iba hacia Jerusalén, se nos dice "porque no era tiempo de higos" (Marcos 11:13). ¿Por qué acercarse al árbol si no era temporada de higos? Porque en las variedades de temporada el fruto suele aparecer antes que las hojas y en todas las variedades el fruto parece entre las hojas.

Interpretación. En Mateo el incidente de la higuera ocurre directamente después de la limpieza del templo. En el relato de Marcos el incidente incluye la limpieza del templo: Jesús predice que se secará el árbol sin frutos de camino al templo y al día siguiente cuando el grupo vuelve a la ciudad, el árbol se ha marchitado ya. Es claro en los dos relatos que estos dos hechos están estrechamente vinculados.

Esa vinculación queda en claro mediante "la ley de la higuera" que mencionamos antes. Las hojas y el fruto aparecen juntos. Si aplicamos esa ley a Israel vemos que Dios quiere que el fruto espiritual sea producido por la religión sincera. Por eso Jesús dice: "Mi casa será llamada casa de oración para todas las naciones" (Marcos 11:17). Pero en lugar de este fruto la codicia de los líderes de Israel ha convertido al Patio de los Gentiles en el Templo en un mercado, y de hecho en "cueva de ladrones" (11:17). La adoración en el templo, tan famosa en el mundo entero y tan aparentemente vital y entusiasta, era tan vacía de fruto espiritual como la higuera llena de hojas pero sin higos.

Como en el tiempo de Isaías Dios "buscaba uvas buenas" pero encontró que la cosecha era mala. Aunque el Señor se deleitaba en Israel, "El esperaba justicia, pero encontró ríos de sangre; esperaba rectitud, pero encontró gritos de angustia" (Isaías 5:7).

Hay otro paralelo entre Isaías y el incidente de la higuera. Dios advirtió a través del profeta que convertiría en desierto a Su vina sin frutos (5:6). Del mismo modo en que la higuera se marchitó, la ciudad que rechazó a Jesús se rebelaría contra el dominio romano y en el año 70 DC sufrió la destrucción completa. El templo quedó en ruinas, y el pueblo que adoraba allí no solo fue exiliado sino que Roma incluso les prohibió acercarse.

En términos de la interpretación entonces, la higuera representa al Israel del siglo primero: su falta de fruto muestra el vacío de la visión legalista de la religión. Lo marchito representa el destino de una nación que no recibió con fe a su Libertador.

Aplicación. Los discípulos se asombraron al ver la higuera marchita, impresionados por el poder que demostraba Jesús aunque ignorando el significado de la acción. No se fijaban en el simbolismo, sino en el poder. No preguntaron "¿Qué significa esta acción?", sino "¿Cómo se marchitó tan pronto la higuera?" (21:20). En esencia, "¿Cómo podríamos hacer tales maravillas nosotros también?

Jesús utiliza una figura conocida en Su respuesta: la de la montaña echada al mar (Mateo 17:20). En esencia, Jesús descarta el milagro de la higuera sugiriendo un milagro mayor, y así señala que todas las respuestas a las oraciones son milagros porque dependen del poder de Dios y no de algo que sea intrínseco al ser humano. De allí que "Si ustedes creen, recibirán todo lo que pidan en oración" (21:22).

Pero ¿no hace esto que el milagro dependa de nuestra creencia? En absoluto. Lo que está haciendo Cristo es explayarse en el tema de la fe, una fe que en Israel no está presente, y lo demuestra con la higuera que marchita. Porque "fe" y "creer" en el NT son expresiones que indican sincera confianza en Dios y genuina relación con Él. La relación de Cristo con el Padre hizo que el milagro de la oración respondida sea no solo una posibilidad sino una certeza. Y cuando nuestras oraciones parten de una relación genuina con el Señor, también pueden ser expresiones no de esperanza incierta, sino de verdadera confianza en que "recibiremos".

¿Por qué entonces, al relatar este mismo incidente Marcos añade "Y cuando estén orando, si tienen algo contra alguien, perdónenlo, para que también su Padre que está en el cielo les perdone a ustedes sus pecados" (Marcos 11:25)? Por la misma razón por la que las higuera con hojas deben tener fruto. La relación genuina de fe en Jesús dará fruto en nuestras vidas y trataremos al os demás como Dios nos trata a nosotros, en gracia y en perdón. Lo genuino de nuestra fe se muestra en el fruto que la relación con Dios produce en nuestras vidas. El poder en oración surge de esta relación llena de fruto con el Señor.

La parábola de los dos hijos (21:28-32).

Trasfondo. Jesús relató esta parábola inmediatamente después de que los líderes religiosos de Israel le desafiaran a que explicara la fuente de Su autoridad. Entonces, les presentó una pregunta, que los líderes se negaron a responder, abdicando en efecto a la autoridad que ellos mismos se arrogaban como intérpretes de la voluntad de Dios para Israel (21:23-27). En esta parábola Jesús presiona a los líderes más allá todavía. No solo carecen de autoridad en Israel, son que ¡no tienen relación personal con Dios!

Interpretación. Los dos hijos en la historia de Jesús representan a los "recolectores de impuestos y prostitutas" que respondieron al llamado de Juan el Bautista al arrepentimiento, y a "ustedes", líderes de Israel. El Padre aquí es Dios, por supuesto. Es importante que en un estado religioso como lo era Israel, los recolectores de impuestos y las prostitutas fueran despreciados por la sociedad. La mayoría, y en especial los muy religiosos, sentían desprecio por ellos. El judío verdaderamente religioso en la sociedad del primer siglo en Jerusalén ¡se correría para no tocar ni siquiera la sombra de un recolector de impuestos o una prostituta! Así, la brecha religiosa /social entre ambos grupos a los que se refiere Jesús en Su parábola es realmente importante.

El primero hijo de la historia, al negarse a responder a la orden de su padre de ir a la viña, repudió su autoridad. Pero luego, cambió de parecer y fue a la viña. Se sometió a la voluntad de su padre. El segundo hijo respondió a la orden diciendo "Yo iré", profesando así reconocer la autoridad del padre. Pero cuando "no fue" mostró que ese reconocimiento carecía de sentido.

Los principales sacerdotes y ancianos profesaban ser hijos de Dios. Pero cuando Juan lea llamó a apartarse del legalismo para entrar en la justicia y rectitud verdaderas, se negaron. Incluso cuando veían a los pecadores convertidos, se negaron a responder. La conclusión inexorable es que incluso los peores pecadores que responden al llamado de Dios están mucho más cerca de Dios ¡que los líderes religiosos de Israel!

Este es uno de los más devastadores ataques de Jesús contra los líderes. No solo no tienen autoridad de Dios, sino que no tienen relación con Él.

Profesar la fe sin obediencia es evidencia de falta de relación y alejamiento.

Aplicación. Hay cuatro posibilidades distintas en cuanto a la relación con Dios. 1) La persona puede decir que tiene relación con Dios y someterse a Él. Es el ideal hacia el que todos queremos llegar. 2) La persona puede decir que tiene relación con Dios pero no someterse a Él en la vida cotidiana. Era la condición de los líderes espirituales en la época de Jesús. Llamaríamos hipócrita a esta persona, que se preocupa por parecer religiosa en lugar de vivir siguiendo a Dios. 3) la persona puede tomar malas decisiones y pecar aunque sepa cuál es la voluntad de Dios. Pero tiene la opción, como los "recolectores de impuestos y las prostitutas" del tiempo de Jesús, de cambiar y someterse al Señor. 4) La persona puede negarse durante toda su vida a someterse a Dios.

Tal vez, en los casos 2 y 3, el tipo de personas que destacan las historias son las que mayor relevancia tienen en nuestros días. Quien asiste a la iglesia puede profesar, al involucrarse en los asuntos religiosos, que tiene una relación con Dios. Pero hay que prestar atención porque a menos que esta profesión de vida religiosa se vea acompañada de la sumisión a Dios, a través de la obediencia, uno no es hijo del Padre. ¡Qué maravillosamente nos habla al corazón el primer hijo! Tal vez hayamos rechazado a Dios en el pasado pero la puerta permanece abierta. Podemos decidir ahora mismo que nos sometemos a Él. Y al someternos a Él y reclamar las promesas que Dios nos da en Cristo, hasta el peor de los pecadores puede convertirse en hijo de Dios.

La parábola del banquete de bodas (22:1-14). Ver Lucas 14:16-24, donde hay una parábola similar, aunque no paralela del todo.

Trasfondo. Los banquetes eran una ocasión social importante y en el siglo uno estaban definidos por un protocolo de etiqueta. Los ricos empleaban a un cocinero caro, que en caso de que su comida avergonzara al anfitrión, debía devolver lo cobrado, más una multa. Los invitados podían beber vino sin diluir, de jarros de vidrio verdadero. Los invitados recibían sus invitaciones con mucha anticipación, y se les informaba quién más estaba invitado. Un mensajero llevaba luego una segunda invitación, con una convocatoria personal al banquete, el día anterior o incluso el mismo día de la fiesta (ver Estudio de Palabras de Mateo 22:3). A menudo los banquetes comenzaban temprano, durante el día y continuaban hasta la madrugada o incluso, duraban varios días. Es el caso de la parábola de Jesús: lo que el rey preparó no era una cena sino el *ariston*, o desayuno. Como lo muestra el versículo 4, la intención del banquete era celebrar un asunto importante, que comenzaría temprano y se prolongaría hasta muy tarde por la noche, y sin duda durante varios días más.

Hay evidencia de que Herodes el Grande daba a sus huéspedes ropas especiales en algunos banquetes. Es por eso que algunos entienden en el hombre "que no estaba vestido con el traje de boda" (22:11) una metáfora de la justicia que Dios ha de dar al ser humano que ha de estar en Su presencia. Pero no hay evidencia de que fuera una práctica común esa costumbre de darles a los invitados ropa para la boda, de manera que lo mejor es entenderlo como simple referencia a alguien que vino con ropa común, vieja o de entrecasa, indicación de que le era indiferente la importancia del evento, o que no estaba preparado para participar.

Hay un interesante paralelo en la decisión del rey de invitar "a todos los que encuentren" para llenar su salón de banquetes. En la Pascua, los pobres de Jerusalén podían ser invitados a una fiesta pública. Y a la muerte de su padre Herodes, Arquelao invitó a "todo el populacho" a un banquete.

En la sociedad judía del siglo uno, un banquete era una ocasión social muy importante. Esto hace que el rechazo a la invitación del rey sea un desprecio todavía mayor del que podría entenderse en nuestros días. Rechazar una invitación era rechazar al rey y mostrar deprecio por su hijo, en cuyo honor se daba el banquete.

Interpretación. En la parábola los invitados representan a Israel en tanto quien da el banquete en honor de su hijo es Dios. La parábola se divide en dos partes. La primera parte describe la reacción de los invitados y la respuesta del rey. Algunos invitados (la población en general) son indiferente (22:5) y otros (los líderes religiosos) son hostiles (22:6). Observemos que ambas respuestas constituyen rebelión en contra del rey, y como todo monarca de esa era, el rey envía un ejército para "a destruir a los asesinos y a incendiar su ciudad".

Esta respuesta tiene un significado histórico dual. El AT presenta a los asirios como ejército de Dios, que Él lidera para disciplinar a Su pueblo Israel (Isaías 10:1-5). Esta imagen de la historia pasada tiene que haber sido conocida por quienes escuchaban a Jesús, y algunos quizá percibirían un preanuncio de lo que vendría. En una generación más Dios envió a otro ejército, el ejército romano de Tito, y en el año 70DC, vinieron a hacer justamente lo que predijo Jesús: "a destruir a los asesinos y a incendiar su ciudad".

La segunda mitad de la parábola se ha visto como figura de la era del Evangelio. Como los invitados — pueblo y líderes de Israel — se niegan a responder a la invitación de Dios, Dios convocará a los que han viajado por los caminos de este mundo, buenos y malos por igual. Pero quien no lleva puesta la ropa de boda, nos recuerda un importante verdad: cuando venimos al banquete de Dios, tenemos que estar preparados para quedarnos. No se nos pide que solo entremos a mirar un rato y salir enseguida. Lo trágico es que no todos los que aparecen en la iglesia habrán respondido con sinceridad a la invitación de Dios. Sigue habiendo curiosos que solo entran a echar un vistazo. Solamente los que se comprometen y demuestran compromiso al venir con la ropa de bodas, podrán quedarse.

Aplicación. La aplicación inmediata para el auditorio de Jesús era una advertencia de juicio: rechacen la convocatoria del Rey y deberán soportar Su ira. La aplicación extendida para nosotros está llena de esperanza. Los sirvientes de Dios han de estar en las calles de su sociedad, invitando a todo el que pase al banquete que Dios ha preparado para todos. Hemos de extender la invitación a buenos y malos por igual porque la gracia de Dios es lo suficientemente grande como para abarcar a todos.

Las palabras "Porque muchos son los invitados, pero pocos los escogidos" (22:14) se toman como uno de los "dichos duros" de Jesús. Pero el "porque" (*gar*, en griego) deja en claro que esta frase tiene por objetivo resumir la enseñanza de toda la parábola. En contexto, nos indica que la invitación de Dios a la humanidad es amplia: dando libertad a asistir, como dice Juan 3:16 "para todo el que...". Aunque como parábola de Cristo y en Su experiencia con Israel y la historia misma de la iglesia, ¡hay muchos más indiferentes de los que aceptan asistir al banquete! La cantidad de escogidos — término usado con frecuencia en las Escrituras para referirse a los que creen — es más pequeña que la cantidad de perdidos.

Siete "Ayes", pronunciados contra los fariseos y los maestros de la Ley (23:1-37). Pasajes paralelos: Marcos 12:38-40; Lucas 20:45-47.

Trasfondo. Jesús introduce esta crítica extendida a los "maestros de la ley y los fariseos", con una observación importante: estos hombres "se sientan en la cátedra de Moisés". En el judaísmo de la época de Jesús, esto significaba que la gente común le obedecía, como autoridades religiosas de Israel.

En esta frase el "y" es *kai*, que debe entenderse como "incluso". Por eso, "fariseo" indica una posición teológica más que un grupo de personas. Jesús habla de los maestros de la Ley que operan a partir de la postura teológica adoptada por los fariseos.

La cátedra de Moisés era un asiento de piedra ubicado al frente de la sinagoga. Desde este asiento la persona que en el judaísmo era reconocido como experto en la Ley, un "rabino" en términos del NT y un "sabio" en términos judíos modernos, pronunciaba su juicio con respecto a la aplicación de la Ley del AT y la tradición, en casos legales y sociales específicos.

En *Foundations of Judaism* [Fundamentos del judaísmo] (Fortress, 1989), un académico judío contemporáneo, Jacob Neusser, señala que en el judaísmo el sabio participa del proceso de la revelación. La Torá (el AT) se interpreta en la Mishná (comentario e interpretación de la Torá, transmitido oralmente pero ahora ya registrado por escrito), y que el sabio aplicará ambos. Así, la Torá, la Mishná y el sabio están necesariamente involucrados en el proceso de discernir la voluntad de Dios. Según Neusser, "las Escrituras, la Mishná, el sabio hablaban con igual autoridad" (p. 119). Es esta postura de la fe la que indica Jesús al decir "los maestros de la Ley y los fariseos se sientan en la cátedra de Moisés". Un siglo antes de Cristo aproximadamente, se había iniciado una drástica transformación de la fe del AT, que tomó una forma definida un siglo después de Cristo y que hoy da forma a lo que conocemos como judaísmo como religión muy distinta de la fe del AT.

La crítica de Jesús señala a la debilidad de esta posición teológica. Los maestros de la Ley son, de hecho, seres humanos falibles y pecadores como cualquier otra persona. Sin embargo, Neusser observa y con razón que el fariseísmo en formación ubicaba al sabio en una posición única. Dice: "Así que en el rabino la palabra de Dios se hacía carne. Y de la unión del hombre y la Torá, que produjo al rabino como la Torá encarnada, nació el judaísmo, la fe de la Torá, la siempre presente revelación y el canon siempre abierto" (p. 121). Al imponer en meros seres humanos la carta de ser "la Torá encarnada" el fariseísmo produjo, no humildes creyentes, sino hipocresía. No es de extrañar que Jesús les diga a Sus discípulos: "No permitan que a ustedes se les llame Rabí...Ni permitan que los llamen "maestro", porque tienen un solo Maestro, el Cristo" (23:10).

Muchos de los fariseos en la época de Jesús eran, sin duda, hombres sinceros. Pero la esencia misma de su postura religiosa les había vulnerables a las debilidades que Cristo presenta tan severamente en Mateo 23. Presionados por la necesidad de parecer más de lo que puede llegar a ser un ser humano, quienes aceptaban esta posición pronto acababan haciéndolo todo "delante de la gente" (Mateo 6:1-18), y se volvían hipócritas, actores, tras máscaras en un escenario religioso.

Pero ¿tenían verdadera autoridad espiritual estos maestros de la ley y fariseos? Es mejor interpretar los versículos 2 y 3 como ironía, traduciendo la palabra *ekathisan* ("sentarse") como "se han sentado" en la cátedra de Moisés. Dios no les había dado la posición de la que gozaban en el judaísmo del siglo primero: ¡ellos la habían tomado! Así, las palabras "deben obedecerlos y hacer todo lo que les digan" es una ironía que refleja la alta opinión que tenían estos maestros de sí mismos por su posición. De hecho, Jesús les dice a quienes Le escuchan que no hagan lo que ellos hacen — y eso que cumplían con rigor sus propias reglas — porque sus enseñanzas atan en lugar de liberar, impidiendo que las personas entren en el reino de Dios.

Interpretación. Cada uno de los siete "ayes" nos muestra el efecto de elevar a menor seres humanos a la posición de "torás vivientes" al tiempo de mostrarnos la naturaleza de la hipocresía religiosa. Debemos entender cada "Ay" como compasiva aunque fuerte condena judicial.

El primer Ay (23:13-14). "Les cierran a los demás el reino de los cielos". Los capítulos 21 y 22 han revelado la negativa de estos líderes a aceptar la clara evidencia de que Jesús es el Mesías, al tiempo de mostrar que han hecho todos los esfuerzos posibles por evitar que la gente del pueblo crea en Él (9:33-34; 11:19; 12:1-14, 23-24; 21:15). No queriendo renunciar a su posición de poder los maestros de la Ley rechazan el testimonio de la Ley que señala a Jesús como el Cristo.

El segundo Ay (23:15): "Recorren tierra y mar para ganar un solo adepto, y cuando lo han logrado lo hacen dos veces más merecedor del infierno que ustedes". El celo de los fariseos del siglo primero por ganar adeptos se ve ilustrado en el celo de los judaizantes, hombres que luego seguían a Pablo dondequiera que fuese y trataban de subvertir a los nuevos cristianos del Evangelio de gracia a un Evangelio de ley. Cristo señala los resultados: los adeptos "son dos veces más hijos del infierno". La hipocresía y legalismo del converso excede a la del maestro.

El tercer Ay (23:16-22): "Guías ciegos". Es claro que los fariseos malinterpretaban las Escrituras que afirmaban interpretar con autoridad. En lo que los académicos judíos han señalado era un intento de los rabinos por corregir el uso de juramentos y votos, los sabios han trazado la distinción entre juramentos vinculantes y no vinculantes. No solo eran tontas esas distinciones, sino que además ¡alentaban al uso de juramentos evasivos!

El cuarto Ay (23:23-24): "Han descuidado los asuntos más importantes de la ley". Las especias que se mencionan aquí se cultivaban en los jardines o patios de los hogares judíos y se utilizaban como condimento para las comidas. El fariseísmo exigía cuidadosa atención al diezmo de cada producto de la tierra, incluso con las especias cultivadas en el hogar. Pero Jesús acusa a estos hombres rigurosamente cuidadosos, de malinterpretar monumentalmente la voluntad de Dios. Para Dios los temas centrales de la fe tienen que ver con la justicia, la misericordia y la fidelidad, y justamente es esto lo que los fariseos ignoran. Jesús lo resume en una ilustración fascinante y perceptiva. Tanto el mosquito como el camello con animales impuros según las leyes dietarias de Levítico 11. De hecho, los fariseos cuelan los mosquitos con cuidado pero se tragan a los camellos ¡y no llegan a ver su inconsistencia en ello! Su mala interpretación de las Escrituras y de la voluntad de Dios es básica y fundamental.

El quinto Ay (23:25-26): "Limpian el exterior del vaso y del plato". Los fariseos cuidan mucho los aspectos externos de la religión y olvidan al hombre interior. En el siglo primero había un debate entre la escuela de Shammai y la escuela de Hillel en cuanto a cómo había que efectuar la limpieza ritual del plato. Jesús dice que esto es ceguera espiritual, porque lo que

JOSEFO DESCRIBE A LOS FARISEOS

Por el momento quiero meramente explicar que los fariseos le habían dado al pueblo determinadas reglas que habían sido heredadas de generaciones anteriores y no registradas en las leyes de Moisés, razón por la cual eran rechazadas por el grupo de los saduceos...Y en cuanto a estos asuntos los dos grupos tenían controversias y serias diferencias, porque los judíos tenían la confianza de los ricos, pero no contaban con seguidores del pueblo en tanto los fariseos tenían el apoyo de las masas.

Antigüedades judías 13:297-298 (Traducción libre)

Los fariseos simplifican su estilo de vida, sin concesiones al lujo. Siguen como guía aquello que su doctrina ha seleccionado y transmitido como bueno, dando importancia mayor a la observancia de esos mandamientos que les han sido dictados. Muestran respeto y deferencia hacia sus mayores, y no presumen de contradecir sus propuestas.

Aunque postulan que todo se produce a causa del destino, no privan a la voluntad humana de buscar lo que está al alcance del hombre porque ha querido Dios que hubiera una fusión y que la voluntad del hombre con su virtud y vicio fueran admitidos en la cámara del concilio del destino. Creen que las almas tienen el poder de sobrevivir a la muerte y que hay recompensas y castigos bajo la tierra para quienes han vivido con virtud o con vicio: la prisión eterna es el destino de las almas malas en tanto las almas buenas pasan con facilidad duna vida nueva.

A causa de estas creencias son, de hecho, extremadamente influyentes entre la gente del pueblo y toda oración y rito sagrado de adoración divina se realiza según su EXPOSICIÓN. Este es el gran tributo que los habitantes de las ciudades, mediante la práctica de los más altos ideales tanto en su estilo de vida como en su doctrina, le dan a la excelencia de los fariseos.

Antigüedades judías 18:12-15 (Traducción libre)

---

debe purificarse no es solo el vaso sino la persona que bebe de éste. El tema espiritual es el de la purificación interna, de la codicia y el egocentrismo que hacen que la persona sea moralmente inaceptable ante Dios.

El sexto Ay (23:27-28). "Son como sepulcros blanqueados. Por fuera lucen hermosos pero por dentro están llenos de huesos de muertos y de podredumbre"[hipocresía y maldad].

El séptimo Ay (23:29-32). "Al declararse descendientes de los que asesinaron a los profetas". Así como sus antepasados que rechazaron y mataron a los profetas que Dios envió a Israel, esta generación busca matar, al rechazar la Palabra de Dios y al Hijo de Dios.

En los siete "Ayes" de Jesús hay un fascinante patrón en forma de V, con el cuarto Ay en el vértice, como acusación fundamental de malinterpretar el mensaje central de las Escrituras.

Aplicación. Los fariseos y maestros de la Ley no solo se permitían ser exaltados como "autoridades" en el judaísmo sino que amaban su poder y posición. Les preocupaban más los detalles del aspecto externo

1 Rechazar a Cristo	5 Mala aplicación de las Escrituras
2 Celo, pero dañan en lugar de hacer el bien	6 Celo, pero dañan en lugar de hacer el bien
3 Mala aplicación de las Escrituras	7 Rechazar a los profetas
4 Mala lectura del mensaje central de las Escrituras	

de la fe que la santidad personal y la relación personal con Dios. Como resultado no podían oír ni entender ni responder adecuadamente a la Palabra de Dios cuando Él hablaba. Y así, la crítica de Jesús resuena a lo largo de los siglos: "Ay de ustedes, maestros de la ley y fariseos, ¡hipócritas!". Esa crítica también nos habla a nosotros hoy.

¿Hemos permitido que la hipocresía infecte nuestra vida espiritual? ¿Queremos la autoridad espiritual por la posición, los elogios y el poder que nos da? ¿Nos concentramos en lo externo para que los demás nos vean más espirituales? ¿Nos importa tanto lo que piensen los demás al punto de fingir una religiosidad que no sentimos? Si es así, hemos estar seguros de que nuestra corrupción interna nos impedirá oír y entender correctamente la Palabra de Dios.

¡Pero no hace falta que esto suceda! Jesús en este capítulo nos muestra Su camino, el mejor, con estas palabras: "Pero no permitan que a ustedes se les llame 'Rabí' , porque tienen un solo Maestro y todos ustedes son hermanos. Y no llamen "padre" a nadie en la tierra, porque ustedes tienen un solo Padre, y él está en el cielo. Ni permitan que los llamen 'maestro' , porque tienen un solo Maestro, el Cristo. El más importante entre ustedes será siervo de los demás. Porque el que a sí mismo se enaltece será humillado, y el que se humilla será enaltecido" (23:8-12).

¿Cuál es ese camino mejor? Poner a Jesús primero, ver a los demás como hermanos y humillarnos para servirles. Con Cristo en el lugar más elevado, y con el bienestar de nuestros hermanos como prioridad, no habrá nada que impida que oigamos, entendamos y respondamos a la santa Palabra de Dios.

MATEO 24–25
El futuro del Reino

EXPOSICIÓN

Mateo ha presentado su caso con solidez. El nacimiento y los milagros de Jesús Le muestran como el Mesías que prometían los profetas del Antiguo Testamento, y maravillosa y asombrosamente, ¡Dios hecho carne! Pero este descendiente de David no ha cumplido con las expectativas de Israel. Porque en lugar de ejercer Su poder para derribar a Roma y establecer un reino visible e institucional en la tierra, Jesús ha utilizado ese poder solo para sanar a los enfermos. Y es más: en Sus enseñanzas Jesús ha hablado solo de un reino oculto del corazón, marcado por una relación "en secreto" con Dios Padre. Esta enseñanza confundía a la multitud. El drástico ángulo de Cristo hacia las Escrituras ha enojado a los líderes religiosos, al punto de la feroz hostilidad que llega a su punto máximo en una serie de confrontaciones en cuanto a guardar el sábado y la tradición y que en última instancia lleva a Cristo a denunciar públicamente a los fariseos y maestros de la Ley, como hipócritas.

Antes de esto, sin embargo, Cristo llama a los Doce que eran Sus discípulos a tomar la importante decisión que el pueblo judío en general no había querido tomar: ¿Quién es Este que ha venido como Hijo del Hombre? Pedro habla por todos cuando responde: "Tú eres el Cristo, el Hijo del Dios viviente". A partir de este momento, el enfoque del ministerio de Jesús cambia y comienza a hablar de Su muerte, inminente. Empieza a enseñarles a Sus discípulos, futuros líderes de Su iglesia, sobre la grandeza y el liderazgo en el reino secreto que se establecerá con Su muerte.

El hilo del argumento de Mateo deja sin respuesta al menos una pregunta vital que Sus lectores judíos seguramente preguntarían. Las parábolas de Cristo han presentado al reino secreto por sobre y en contra del reino institucional que veían los profetas. ¿Qué ha pasado entonces con el reino descripto por los profetas? ¿Queda de lado para siempre? Y si es así ¿Dios se desdice entonces? O tal vez ¿los profetas han sido malinterpretados? El reino presentado de manera tan gráfica y realista ¿es solo una metáfora del reino oculto que Jesús iniciará mediante Su muerte y resurrección?

Llegamos ahora a un pasaje que algunos han entendido como camino a la respuesta a dichas preguntas, aunque de hecho no trata directamente sobre un reino terrenal futuro. Este pasaje trata sobre el final de la historia, y el regreso visible y personal de Jesús a nuestra tierra. Por cierto, muchos comentaristas cristianos de la antigüedad veían en este pasaje una forma de lograr armonía entre las revelaciones del reino del AT y el NT. El reino secreto se inicia mediante la Resurrección y el reino visible e institucional se inicia mediante la segunda venida de Cristo. Pero aún aquí en estos capítulos, el enfoque no está en el futuro sino más bien en cómo hemos de vivir nuestras vidas, en vista de la certeza del retorno de Cristo.

Cuando Jesús habló de la inminente destrucción del templo los discípulos preguntaron tres cosas bore el futuro (24:1-3). Esas preguntas tienen respuesta en este capítulo, en orden inverso. Las tres preguntas son: ¿Cuál será la señal del fin de los tiempos? Y la respuesta está en 24:4-25; ¿Cuál será la señal de Tu venida?, respondida en 24:26-35; y ¿Cuándo sucederá esto?, con respuesta en 24:36-41. Las respuestas de Jesús pueden resumirse. El final de los tiempos se verá marcado por intensa tribulación que comenzará con el cumplimiento de la profecía de Daniel sobre la "abominación que causa desolación" (Mateo 24:15). Su venida será visible para todos porque volverá abiertamente, con un ejército de ángeles. En cuanto a cuándo sucederá, nadie lo sabe.

El resto de Mateo 24 y todo el capítulo 25 desarrollan un único tema. Hasta que Jesús vuelva, el pueblo de Dios ha de mantenerse alerta, siempre preparado, porque Cristo puede venir en cualquier momento (24:42-44). Como sirvientes responsables por el bienestar de los demás hemos de ser fieles hasta que Jesús venta (24:45-51). Como damas de honor en una boda, que esperan para acompañar al novio hasta la casa de la novia, tenemos que estar preparados, alertas, listos (25:1-13). Como aquellos a quienes el amo da recursos cuando se ausenta, hemos de usar lo que somos y lo que tenemos en Su beneficio hasta que Él regrese (25:14-30). Un día el Rey regresará. Entonces los justos serán recibidos en Su presencia en tanto los injustos serán rechazados para siempre (25:31-46).

ESTUDIO DE PALABRAS

¿Cuál será la señal de tu venida y del fin del mundo? (24:3). La frase "fin del mundo" aparece seis veces en el NT, y cinco de estas ocasiones ocurren en Mateo (13:39-40, 49;24:3; 28:20; Hebreos 9:26). En Mateo la frase se refiere claramente a la transición del estado corriente a la consumación de los planes de Dios para Su pueblo.

Tres frases hebreas en uso corriente durante el siglo primero nos brindan el trasfondo que nos ayuda a entender qué pensaban los discípulos al formular esta pregunta. Los escritos judíos del siglo dos A.C. nos muestran aquello que seguiría a los "tiempos actuales", *olam hazzeh*. El siguiente período que comienza con los "días del Mesías" es el "tiempo que vendrá", *atid labho*, que lleva al "mundo que vendrá", *olam habba*.

Se propusieron diversos períodos de tiempo para la era mesiánica, desde 3 generaciones a 7.000 años. No cabe duda casi de que cuando Mateo informa que los discípulos preguntaban sobre "el fin del mundo", de hecho se referían a las expectativas mesiánicas de Israel y querían saber cuándo tenía intención de cumplirlas Cristo.

Tampoco hay duda casi de que estas imágenes del futuro se originaban en las predicciones de los profetas bíblicos según lo registrado en las sagradas Escrituras, aunque con frecuencia las visiones de los profetas se ampliaban. El judío converso Alfred Edersheim describe ciertas opiniones de la época, en el siguiente extracto de su clásico *Vida y época de Jesús el Mesías*.

CÓMO VEN LOS JUDÍOS CONTEMPORÁNEOS LA ERA MESIÁNICA

Finalmente, cuando estas aflicciones han alcanzado su máximo, cuando hay señales en el cielo, ruina sobre la tierra, y los cuerpos insepultos cubren el suelo y son devorados por aves de rapiña y animales salvajes, o bien tragados por la tierra, entonces Dios enviará "al Rey" el cual pondrá fin a la injusticia. Entonces seguirá la última guerra contra Jerusalén, en la cual Dios luchará desde el cielo con las naciones, cuando ellas se someterán y le confesarán. Pero en tanto que en el Libro de Enoc y en otro libro de la misma clase el juicio es adscrito a Dios y el Mesías es representado apareciendo solo después, en la mayoría de estas obras el juicio o su ejecución es asignado al Mesías.

En la tierra así restaurada a Israel y bajo el régimen del Rey Mesías, la nueva Jerusalén sería la capital purificada de paganos, aumentada, es decir, totalmente transformada. Esta Jerusalén había sido mostrada a Adán antes de la caída, pero después de la misma tanto esta visión como el paraíso les fue retirado. Había sido mostrada otra vez a Abraham, a Moisés y a Esdrás. El esplendor de esta nueva Jerusalén se describe en lenguaje brillante. Del glorioso Reino así instituido, el Rey sería el Mesías, aunque bajo la supremacía de Dios. Su reino se extendería sobre las naciones paganas. El carácter de su sumisión era visto de modo muy distinto según el punto de vista más o menos judaico de los escritores. Así en el Libro de los Jubileos la simiente de Jacob recibe la promesa de posesión de toda la tierra; ellos "reinarían sobre todas las naciones según quisieran y después de allegarían toda la tierra a sí mismos y la heredarían para siempre. En la Assumptio Mosis este ascendente de Israel parece ir conjunto con la idea de venganza sobre Roma, aunque el lenguaje empleado es altamente figurativo.

Por tanto, cuando veáis en el lugar santo la abominación desoladora de que habló el profeta Daniel (24:15 – RVR60). Esta es una clara referencia a un hecho que predijo Daniel y que se menciona nada menos que cuatro veces en su libro (8:13; 9:27; 11:31; 12:11). Se ha argumentado que Daniel se refería a la profanación del templo por parte de Antioco Epífanes, que levantó un altar a Zeus en el templo judío y sacrificó allí a un cerdo en el año 168 A.C. Pero es claro que Jesús trata la predicción como si su cumplimiento más acabado no hubiera ocurrido aún.

Predominan dos teorías. La primera asume que Jesús está hablando de la caída de Jerusalén a manos de los romanos, ocurrida en el año 70 DC. Sus defensores observan que os judíos cristianos abandonaron esa ciudad cerca del 68 DC, y argumentan que lo hicieron en respuesta a la advertencia de Cristo, indicándoles huid (24:16-18). Es muy difícil, sin embargo, tomar el sitio romano en las afueras de Jerusalén como sacrilegio que profana el lugar santísimo, en especial cuando durante décadas los romanos habían mantenido una guarnición militar en la Fortaleza de Antonia, que echa sombra sobre el templo mismo. Esto nos deja con otra alternativa. Jesús de hecho está hablando del tema implícito en las preguntas de los discípulos sobre el fin de los tiempos. El "gran dolor" que Jesús menciona es de hecho la tribulación final, que según los profetas del AT marcará el fin de la historia. Y la "abominación desoladora" todavía no ha sido realizada por la persona que el NT llama "Anticristo", u "hombre de pecado", y que Daniel describe como "rey" que hará su voluntad (11:36).

Si bien los estudiantes de la profecía parecen disfrutar del debate en torno a la interpretación de este pasaje, tenemos que recordar que todo lo que Cristo dice aquí lleva a una única conclusión. Jesús se irá durante un tiempo y en Su ausencia Su pueblo tiene que mantenerse alerta y comprometido.

No debemos olvidar jamás que aunque la interpretación de la profecía puede debatirse, no hay debate en cuanto a que tenemos que vivir como fieles siervos del Hijo de Dios. Y tampoco hemos de olvidar que el compromiso personal y el estar preparados para el inminente retorno de Jesús, es mucho más importante que tener razón o no en cuanto a de qué forma ocurrirá ese retorno.

> ## CÓMO VEÍAN LA PROFECÍA DEL ANTIGUO TESTAMENTO LOS PRIMEROS CRISTIANOS
>
> Ya que probamos que todas las cosas que ya han sucedido habían sido predichas por los profetas antes de que sucedieran, es necesario que creamos también que las cosas que son predichas de la misma manera, pero no han sucedido todavía, sucederán con toda certeza. Porque así como las cosas que ya sucedieron, sucedieron cuando se predijo, aunque no lo sepamos las cosas que quedan, aunque no las conozcamos o no se crean, sucederán. Porque los profetas han proclamado dos advenimientos de Él: uno, ya pasado, cuando Él vino como varón sufriente sin honores. Pero el segundo, según la profecía, será cuando Él venga del cielo con gloria, acompañado por Sus huestes de ángeles, cuando también resucitará los cuerpos de todos los que han vivido y vestirá a los que sean dignos con inmortalidad y enviará a los de los malvados, a quienes soportó con eterna sensibilidad, al fuego eterno con los malignos demonios. Y que estas cosas también predichas pero aún no cumplidas, probaremos. El profeta Ezequiel dijo: "los huesos comenzaron a unirse entre sí. Yo me fijé, y vi que en ellos aparecían tendones, y les salía carne y se recubrían de piel" (37:7-8), y "Ante mí se doblará toda rodilla, y por mí jurará toda lengua" (Isaías 45:23)...Y lo que el pueblo de los judíos dirá y hará cuando Le vean venir en gloria, ha sido predicho por Zacarías el profeta: "¡Fui yo quien los dispersó a ustedes por los cuatro vientos del cielo... Y todas las naciones de la tierra se juntarán... En aquel día habrá una gran lamentación en Jerusalén", no lamentación de bocas o labios, sino lamentación del corazón y no se rasgarán las vestiduras sino los corazones. Llorará tribu detrás de tribu y luego mirarán Aquel a quien traspasaron y dirán ¿Por qué Oh, Señor, hiciste que nos apartáramos de Tu camino? La gloria que bendijeron nuestros padres, por nosotros ha sido vuelta en vergüenza' (Zacarías 2:6; 12:3-14; Isaías 63:17; 64:11). Justino Mártir (DC 100-167), Certain fulfillment of prophecy [*Cierto cumplimiento de la profecía*], capítulo 52.

El que esté en la azotea no baje a llevarse nada de su casa (24:17). ¿Cómo debían reaccionar las personas ante la "abominación desoladora"? La advertencia de Jesús nos transmite un fuerte sentido de urgencia. Las azoteas de las casas de Palestina solían servir como habitaciones extra, en especial en el verano. La escalera que llevaba a la azotea estaba fuera de la casa. En las ciudades, la azotea de una casa podía extenderse hasta tocar la azotea del vecino. Quien estuviera asustado y quisiera huir, podría correr de azotea en azotea para salir de la ciudad. Pero si tenía que bajar, no debía siquiera pensar en buscar algún objeto valioso que estuviera dentro de la casa.

Porque habrá una gran tribulación (24:21). La palabra en griego es *thlipsis*, que significa pena profunda, tribulación. El hecho de que esta tribulación no tenga equivalente ni en el pasado ni en el futuro, hace que para quienes recordamos el holocausto de Hitler nos quede en claro que Jesús tiene que estar hablando de ese terrible período del fin de los tiempos al que hicieron frecuente referencia los profetas. Para las imágenes en el AT ver: Deuteronomio 4:30; Isaías 2:12; 19; 13:6, 9; 24:1-6; 19-21; 26:20-21; Jeremías 30:7; Ezequiel 13:5; 30:3; Daniel 9:27; 12:1; Joel 1:15; 2:1-2, 11, 31; 3:14; Amós 5:18-20; Sofonías 1:14-18 y Zacarías 14:1.

Porque surgirán falsos Cristos y falsos profetas que harán grandes señales y milagros para engañar, de ser posible, aun a los elegidos (24:24). La Biblia registra tres períodos históricos en los que fueron dados con frecuencia señales y milagros. El tiempo del Éxodo y la Conquista, en que Dios sacó a Israel del cautiverio y le dio su tierra. El tiempo de Elías y Eliseo, cuando Dios derrotó la amenaza de una forma agresiva de baalismo contra la fe bíblica. Y el tiempo de Jesús y la primera iglesia apostólica. Cada uno de estos períodos marcó una crisis espiritual y religiosa y la llegada de nueva y dramática revelación. Es de notar que se predice un cuarto período de señales y milagros. Pero esta vez, las señales y los milagros serán falsos, de origen satánico y con el propósito de "engañar, de ser posible, aún a los elegidos" (también Apocalipsis 13:13; 16:14; 19-20).

Es un recordatorio importante para nosotros, que caminamos por fe más que por la vista. Tenemos la revelación completa de Dios en nuestro Antiguo y Nuevo Testamento. No necesitamos milagros que nos convenzan para que confiemos plenamente en Él, y nadie que afirme hacer milagros podrá hacer que nuestra fe se debilite.

Les aseguro que no pasará esta generación hasta que todas estas cosas sucedan (24:34). Esta frase nos es confusa y todavía está en debate su significado. Quienes creen que las advertencias de Jesús sobre una gran tribulación venidera, son en referencia a la destrucción de Jerusalén en el año 70 DC, no tienen problema en encontrar la solución. Pero quienes vinculan la referencia a la tribulación con el final de los tiempos, tienen un problema más serio y sugieren por ello dos soluciones posibles. 1) Cristo habla de la generación que vive cuando suceda la "abominación desoladora". Esta generación de la que Él habla sobrevivirá a los disturbios y no será eliminada antes de que Cristo venga. O (2) Mateo utiliza la palabra generación, *genea*, en uno de sus otros sentidos posibles, que incluyen "familia", "raza" e incluso "era". Si se utiliza *genea* en alguno de estos sentidos Jesús puede estar refiriéndose al pueblo judío, diciendo que se preservará como raza hasta el final que predijeron los profetas del AT. O puede estar queriendo caracterizar con "esta generación" a la clase de personas que no creen y son perversas, una clase que persistirá a lo largo de la historia hasta que regrese Jesús, a pesar del poder sobrenatural del mensaje del Evangelio.

Estarán dos hombres en el campo: uno será llevado y el otro será dejado. Dos mujeres... (24:20-41). En el este el trabajo era por lo general un asunto social. Se araba de a dos, con el hijo guiando al buey y el padre sosteniendo el arado. Dos mujeres se sentaban juntas en el patio y conversaban mientras molían el grano. El énfasis no está en lo inesperado de la venida de Jesús sino en el hecho de que más allá de lo cercana que fuera la relación entre las personas, el retorno de Cristo significará la ruptura repentina de las relaciones humanas más íntimas.

Esto nos recuerda que la relación más importante para nosotros es la relación que tenemos con el Señor.

Por lo tanto, manténganse despiertos, porque no saben qué día vendrá su Señor (24:42). El verbo griego es *gregoreo*, que significa "mantenerse alerta y vigilante". La palabra nos brinda la clave al resto del capítulo 24 y para todo el capítulo 25. Cada una de las cinco parábolas que encontramos allí pone énfasis en algún aspecto del estado de alerta. La persona que siempre está alerta ante la inminente venida de Jesús permanecerá en guardia (24:42-44), serviría activamente al pueblo de Dios y no a sus intereses egoístas (24:45-51), planificará y estará preparada para la demora (25:1-13), utilizará todos los recursos al servicio de su amo ausente (25:14-30), y los verdaderos discípulos expresarán la realidad de su fe en la manera en que tratan a quienes representan a Jesús aquí en la tierra (25:31-46).

Apártense de mí, malditos, al fuego eterno preparado para el diablo y sus ángeles (25:41). La imagen del "fuego eterno" en el juicio es común en las Escrituras (cf. Mateo 3:12; 5:22; 18:8; Apocalipsis 20:10-15). Esa imagen era conocida también para los judíos de la época de Jesús, y es importante observar que los dichos registrados de Jesús incluyen siete veces más referencias al infierno que al cielo.

Este es un versículo importante para quienes objetan que un "Dios amoroso" jamás condenaría a nadie a un infierno tan terrible. De hecho, Dios no creó el lugar de los fuegos eternos para los seres humanos, sino para Satanás y sus ángeles caídos.

El amor de Dios por los seres humanos es tan grande que Él cargó con el castigo que merecen nuestros pecados, para que pudiéramos salvarnos del fuego eterno. Dios no condena a ningún ser humano al infierno. Las personas que no responden a la revelación de Dios de Sí mismo en la Creación y en Cristo se condenan a sí mismas (Romanos 1).

EL PASAJE EN PROFUNDIDAD

Señales del fin de los tiempos (24:1-35). Ver el comentario en detalle sobre Marcos 13:5-37, para mayor información.

La parábola de las diez vírgenes (25:1-13).

Trasfondo. La parábola de las diez vírgenes está tomada de la vida cotidiana, y cada uno de los detalles es verdadero no solo con respecto a la vida en los tiempos bíblicos sino al quehacer común a las aldeas palestinas hasta el último siglo.

Las bodas se celebraban siempre durante los meses de otoño o invierno, ya que al haber pocas tareas agrícolas la comunidad podía participar de la gozosa ocasión. Esas bodas eran verdaderos momentos de deleite, como lo refleja la descripción de Jeremías 7:34, que menciona "en las ciudades de Judá y en las calles de Jerusalén ...los gritos de alegría, las voces de júbilo, y los cánticos del novio y de la novia". Seguramente era adecuado entonces trazar un paralelo entre la escatológica venida del reino y una boda.

Sin embargo, se centra nuestra atención en diez jóvenes muchachas que esperan "recibir al novio". En una boda las amigas de la novia esperaban en la casa a que llegara el novio para buscar a su futura esposa y llevarla a su nuevo hogar. La descripción de una boda en Jerusalén, publicada en 1909 nos cuenta cómo los invitados se reunían en la casa de la novia y esperaban durante horas, mientras iban llegando mensajeros que anunciaban con regularidad que el novio estaba cerca. Los invitados salían a recibirlo, y volvían a la casa. Finalmente, cerca de la medianoche, el novio llegaba con sus amigos, llevando lámparas y velas. Entonces, los dos grupos de amigos se unían y todos partían, a la luz de las lámparas y velas, para acompañar a los recién casados a la casa del novio.

En nuestra parábola se nos presentan diez jóvenes solteras, amigas de la novia. Cada una de ellas tiene su lámpara pero solo cinco han tomado la precaución de traer aceite para llenar sus lámparas. Como la luz es símbolo de felicidad, tanto las velas como las lámparas de aceite conformaban el equipo esencial para una fiesta de bodas. Por lo general quienes venían desde otros pueblos compraban velas o aceite en la ciudad donde se realizaba la boda, aunque también podrían traer estas provisiones consigo. Es probable que las cinco vírgenes que no estaban preparadas pensaran conseguir aceite a último momento, pero se quedaron dormidas y despertaron cuando ya era demasiado tarde.

Para el momento en que pudieron "ir a los que tenían aceite para comprar" (25:9) la procesión nupcial ya había avanzado por las calles, llegando a la casa del novio. Como era costumbre después de que hubieran entrado todos los invitados, la puerta estaba cerrada con llave. Las cinco jóvenes llamaron a la puerta, haciendo ruido, pero ya era demasiado tarde para unirse a los festejos. No se habían preparado como debían.

Interpretación. Al igual que las otras parábolas de esta sección, en esta el énfasis está en el estar preparados, alertas, vigilantes. Como en las otras parábolas, también se implica una larga espera para la venida de Cristo.

Sin embargo, en Medio Oriente, es esperable que el novio se demore. Por lo general se debe a negociaciones de último momento en torno a los regalos que el novio ha de llevarles a los parientes de la novia. Si se entrega la novia por muy poco, esto implica que no se la estima mucho. Si el novio ignora este procedimiento, se considera que no toma en cuenta a los parientes. No importa cuál sea la razón, la demora del novio es algo que se sabe que sucederá. Y por eso podemos entender por qué cinco de las vírgenes no parecían demasiado preocupadas por conseguir aceite y prefirieron pasar el tiempo conversando alegremente hasta que el sueño las venció.

El hecho de no haberse preparado como era necesario para estar listas al momento de la llegada del novio fue algo que tuvo desastrosas consecuencias para las jóvenes que no tenían aceite. Aquí vemos que el mensaje de la parábola es simple: no esperar, sino prepararse desde ahora para Su venida.

Uno de los peligros más grandes al interpretar imágenes tomadas de la vida real es "hacer que la ilustración camine en cuatro patas", es decir que en lugar de mantener a la vista el mensaje central de la historia, quien la interpreta busca significados en cada detalle, y al hacerlo suele perder de vista lo más importante.

Por ejemplo, el aceite con frecuencia aparece como símbolo del Espíritu Santo. Por eso algunos ven en la historia una advertencia: los cristianos "de la boca para afuera", no tienen el "aceite" y por ello quedarán fuera del reino.

Otros suponen que las cinco vírgenes incautas habían llevado aceite, pero no lo suficiente. La misma parábola se han interpretado como sugerencia de que algunos creyentes confían en las experiencias espirituales del ayer en lugar de buscar su diaria provisión de gracia.

Por atractivas que nos parezcan estar interpretaciones de los detalles, no hemos de permitir que nos distraigan del mensaje central de esta parábola, dentro del conjunto de cinco imágenes que Jesús utiliza para explicarles a los discípulos Su mandamiento: vigilen, estén siempre preparados. La lección es simple: el estar alerta significa no permitir que nada nos distraiga de estar preparados para el retorno de Cristo.

Aplicación. Las bodas eran momentos de gran festejo y alegría en el mundo antiguo. Se contaban entre las ocasiones sociales importantes, en que los amigos de las aldeas y pueblos de las cercanías se reunían a celebrar. No es de extrañar entonces que las jóvenes estuvieran distraídas ante esta oportunidad de disfrutar de estar juntas y hablar entre ellas. Tampoco nos extraña que los preparativos finales para la llegada del novio quedaran en segundo plano, y que las venciera el sueño.

No nos extraña tampoco entonces que podamos estar demasiado distraídos por otras cosas, en lugar de prepararnos para el regreso de Jesús. Los problemas y cosas placenteras de este mundo captan nuestra atención y por eso, la historia de Jesús nos habla también a nosotros, recordándonos que el Novio, el Esposo, vendrá otra vez. No sabemos cuándo. Pero tenemos que asegurarnos de estar preparados, ahora mismo.

Las ovejas y las cabras (25:31-46).

Trasfondo. Tanto las ovejas como las cabras eran animales que todos conocían en los tiempos bíblicos. Y estos animales eran importantes, cada uno en su propio aspecto, para la economía. Aunque económicamente las ovejas tenían mayor importancia, las cabras eran valiosas por la carne, la leche y el queso. Se utilizaba el cuero de las cabras para hacer contenedores de agua y vino, y el pelo se hilaba para fabricar género y sogas. Las cabras eran animales ritualmente puros y como tales, conformaban sacrificio aceptable (Levítico 1:10; 4:28). Por lo tanto sería equivocado entender a partir de esta parábola que las ovejas y las cabras son opuestos, como también lo sería suponer esto si Jesús hubiera hablado de separar a las ovejas de los cerdos, por ejemplo.

Interpretación. El hecho de que este pasaje del NT es uno de los más difíciles de interpretar queda ilustrado ante la cantidad de opiniones de diversos comentaristas. Las interpretaciones se apoyan en varios temas clave:

¿Quién es o quiénes son "el más pequeño de mis hermanos"? (25:40, 45). La mayoría de los estudiosos suelen entender que son los necesitados, los oprimidos por la sociedad, que sin embargo son preciosos a los ojos de Dios. Esta opinión refleja el énfasis del judaísmo en la generosidad hacia los pobres. Pero al mismo tiempo, no está del todo en armonía con el resto de NT, que aunque refleja compasión por los pobres, no hace de la pobreza el criterio que rige la relación de familia con Dios. Además, el resto del NT tampoco señala que la salvación dependa de cuánto nos ocupemos de los desafortunados.

Otra opinión sostiene que los hermanos de Jesús son los discípulos y apóstoles que llevan el mensaje del Evangelio. Nuestra reacción no conforma la base de la salvación pero sí sirve como indicador de la fe. Una interpretación similar amplía el concepto de "hermanos" a todo quien confiesa abiertamente a Cristo.

¿Cuáles son las "naciones" (20:31) sujetas a este juicio? Quienes ver a los pobres como los "hermanos" de Jesús suponen que Jesús describe el último juicio y equiparan a todas las naciones con todas las personas, ¡incluyendo a los cristianos! Los dispensacionalistas ubican este juicio en un contexto de tribulación. Sugieren que determina quién pueden entrar en el reino del milenio terrenal bajo el gobierno de Jesús como rey davídico prometido. Los "hermanos" son los judíos que han llegado a la fe durante ese período terrible; las ovejas y las cabras son los gentiles — naciones o personas — juzgados sobre la base de cómo han tratado a los judíos creyentes.

¿Cuántos grupos hay aquí? ¿Hay tres: ovejas, cabras y hermanos de Jesús? Esto parecen implicar varias interpretaciones: la que identifica a Jesús con los pobres; y la dispensacionalista que identifica a los hermanos como hermanos de raza, judíos convertidos durante el período de Tribulación. Es probable, sin embargo, que solo haya aquí dos grupos y que "el más pequeño de mis hermanos" se refiera a las ovejas que demuestran su fe amándose con compasión las unas a las otras (Juan 13:34-35).

■ Sin embargo, en cierto aspecto no es esencial entender cada detalle. Lo que necesitamos ver en cambio es el papel que tiene esta parábola en la secuencia de cinco historias que ponen énfasis en estar alertas y preparados para el retorno de Cristo. Por cierto esta parábola añade una importante dimensión a lo que significa "vigilar, estar atentos". Esperar la venida de Jesús estando preparados significa mostrar compasión por los necesitados en el rebaño de ovejas de Dios, un tema que encontramos también en la segunda ilustración (24:45-51). Tal vez la sorpresa que reflejan las ovejas y las cabras ante este criterio es indicación de lo poco que valoramos el vivir ocupándonos los unos de los otros, y lo mucho que valora Dios la compasión.

■ Pero esta parábola hace más que añadir elementos para que entendamos mejor lo que es estar vigilantes. Nos recuerda que cuando venga Jesús ¡con Él viene la bendición! No hay forma de exagerar la relevancia de las palabras "a quienes mi Padre ha bendecido" (25:34), que en griego es *eulogemenoi*, y no *makarioi* como en las Bienaventuranzas (5:3). La bendición para los salvos no es la bendición oculta de los contravalores del reino sino más bien las bendiciones explícitas que vendrán ante el pleno establecimiento del eterno gobierno de Dios.

■ *Aplicación.* Siempre es un error tratar de interpretar o aplicar versículos, sucesos o enseñanzas, aislados de su contexto. Es importante en particular mantener en mente el contexto cuando se trata de la parábola de las ovejas y las cabras.

■ En las cinco parábolas hay dos elementos repetidos que merecen concentración especial. Cada una de las cinco parábolas contribuye a nuestro entendimiento de lo que significa estar "vigilantes" o alertas al inminente regreso de Jesús. Vigilar significa que mientras Jesús está ausente hemos de estar constantemente en guardia (24:42-44), servir a quienes sirven junto a nosotros, con fidelidad (24:45-51) preparándonos en lugar de permitir que los asuntos terrenales nos distraigan (25:1-13), usando todos los recursos que tenemos como administradores de nuestro Amo ausente (25:14-30) y mostrando compasión práctica hacia quienes están en necesidad en nuestra sociedad (25:31-46).

■ El otro elemento que se repite es bastante inquietante. Cuatro de las cinco parábolas sugieren con fuerza un juicio severo y hasta la condenación eterna para quienes no estén vigilantes. Si un siervo explota a sus compañeros siervos, Dios "Lo castigará severamente y le impondrá la condena que reciben los hipócritas" (24:51). Las cinco vírgenes que no estaban preparadas quedan fuera de la fiesta de bodas (25:10-13). La persona que escondió su talento en lugar de usarlo fue echado "a la oscuridad, donde habrá llanto y rechinar de dientes" (25:30). Y las cabras "irán al castigo eterno, y los justos a la vida eterna" (25:46). Aunque el estar vigilantes no es una de las condiciones para la salvación, es claro que quienes están vigilantes son "los justos". Porque solo quienes aceptan quién es Jesús y quienes esperan con confianza Su regreso ordenarán sus vidas según esta realidad.

■ Estas parábolas no nos dan derecho a juzgar la relación que los demás tienen con Cristo. Pero sí nos desafían a examinarnos a nosotros mismos, a ver qué tan real puede ser nuestra fe en el Señor. Quienes tengan fe sincera y constante en Jesús estarán vigilantes.

MATEO 26–27
Juicio a Jesús, muerte de Jesús

EXPOSICIÓN

Casi un tercio de cada Evangelio está dedicado a la última semana de la vida de Jesús en la tierra. Y a medida que pasan los días de esta última semana, cada suceso se registra con más y más cuidado.

El catálogo de los hechos culminantes es básicamente el mismo en todos los libros. Judas se presenta como voluntario para traicionar a Jesús por dinero. El grupo de discípulos se reúne para una última cena de Pascua. Jesús habla de Su traición y Judas se refugia en la oscuridad. A solas con los once fieles Jesús pronuncia las palabras de institución que transmiten el significado de Su muerte y establecen la práctica de la Comunión en la iglesia. Cuando Jesús vuelve a hablar de Su muerte Pedro reafirma su compromiso pero Jesús le dice que esa misma noche, él negará al Señor. El grupo va hacia Getsemaní donde Jesús ora en profunda agonía emocional. Allí, una turba hostil liderada por Judas encuentra a Jesús y Le arrastra hacia un juicio ilegal, esa misma noche. Esa noche Pedro traiciona a Jesús. Cristo reafirma Su identidad como Hijo de Dios pero el Sanedrín Le condena.

A primera hora del día siguiente el gobernador romano Pilato sucumbe a la intensa presión y condena a Jesús a morir. Cristo sufre las burlas y los azotes, y es llevado al Gólgota donde cerca de mediodía, es crucificado junto a dos bandidos. Y cuando el sol se oculta, Cristo sigue sufriendo allí. Finalmente, entrega Su espíritu y muere. Al caer la noche el cuerpo de Jesús es sepultado en una tumba prestada. La brillante promesa que Él ofrecía parece haber acabado en tragedia e injusticia. Mientras Sus amigos parten, devastados por la pena, Sus enemigos ya satisfechos preparan a liderar a la nación para adorar del Dios cuyo Hijo han matado después de una exitosa conspiración.

UNA NOTA DE ESTUDIO

La tesis es la misma en cada uno de los Evangelios: el sufrimiento y la muerte de Jesús fueron hechos reales, sobre los cuales gira la historia misma. Aunque los hechos se informan en cada uno de los Evangelios, cada autor pone un delicado énfasis en determinados temas. Mateo presta atención en especial a la fragilidad humana, que se refleja en el total rechazo de Jesús por parte de Judas y en la negación de Pedro. Marcos nos muestra los hechos clave en una estructura desnuda, cruda y real. Lucas destaca los sufrimientos de Jesús por nosotros. Juan se centra en los juicios de Jesús ante el Sanedrín y ante Pilato. Cada uno de estos temas se desarrolla en la sección "El pasaje en profundidad", para cada Evangelio.

ESTUDIO DE PALABRAS

Pero no durante la fiesta ..., no sea que se amotine el pueblo (26:5). La población de Jerusalén se multiplicaba por cinco durante la semana de la Pascua. Con esto se creaba una situación de volatilidad porque durante esos días Jerusalén desbordaba de fervor religioso. Al no saber hacia dónde podría dirigirse la opinión popular, los líderes religiosos dudaban de la idea de tratar de librarse de Jesús durante esa fiesta. No era necesario que se preocuparan porque aunque la emotividad de la fe es buena, suele ser poco profunda, voluble. Las multitudes que vitorearon a Cristo cuando Él entró en Jerusalén poco después se unieron al grito de : "¡Crucifícale!".

Les aseguro que en cualquier parte del mundo donde se predique este evangelio, se contará también, en memoria de esta mujer, lo que ella hizo (26:13). Los frascos de perfume hechos de alabastro eran tan valiosos en el siglo primero que a menudo se compraban como inversión. El regalo de la mujer era un regalo rico de veras. Sin embargo, no se la recuerda por su generosidad, sino por su entendimiento. Mientras los discípulos se negaban a oír lo que decía Jesús sobre Su inminente crucifixión, la mujer entendió y actuó, como dice Jesús "a fin de prepararme para la sepultura" (26:12). La palabra en griego *hopou* (26:13) significa normalmente "dondequiera". Pero también puede significar "cuando". A medida que se predica el Evangelio en todo el mundo honramos a la mujer que entendió que Cristo estaba destinado a morir y recordamos que solo al entender en nuestros corazones el significado de esa muerte podemos ser salvos.

Decidieron pagarle treinta monedas de plata (26:15). No es el precio de un príncipe, ya que equivale más o menos a la paga de un mes para un obrero. Simbólicamente, el significado de esas treinta monedas de plata es el precio que establece Éxodo 21:32 como multa que ha de pagar el amo cuando un buey hiere de muerte a su esclavo. El precio refleja de manera trágica lo mal que Judas interpretó quién era Jesús. Y hoy sigue siendo símbolo de lo que vale Jesús para quienes descartan Su identidad.

El que mete la mano conmigo en el plato es el que me va a traicionar (26:23). El griego tiene un participio aoristo, *ho embapsas*. En lugar de indicar a una persona específicamente, la frase en griego pone énfasis en que quien traicionará a Cristo es alguien cercano, tan cercano como para compartir la mesa de la cena con Él. Esto tiene una importancia especial en la cultura oriental, donde compartir la comida implica intimidad y obligación mutua. La participación en la comunidad cristiana nos acerca más a Cristo. Pero no basta con la cercanía. También tiene que haber compromiso personal.

Aunque tenga que morir contigo —insistió Pedro—, jamás te negaré (26:35). La palabra es *aparneomai*, que con frecuencia puede usarse indistintamente en lugar de *arneomai*, que es más fuerte. El *Expository Dictionary of Bible Words* [Diccionario de palabras bíblicas] de Zondervan dice: "Utilizado en el contexto en el que una persona tiene que tomar una decisión estos términos griegos indican rechazo. Pero cuando el sujeto de los verbos es una persona que tiene fe establecida en Jesús, la negación significa infidelidad en la relación, abandonar la comunión" (p. 219).

Padre mío, si es posible, no me hagas beber este trago amargo. Pero no sea lo que yo quiero, sino lo que quieres tú (26:39). ¿Qué trago es este? Algunos suponen que el trago hace referencia al inminente sufrimiento y muerte de Cristo en tanto otros ven un significado más profundo porque en el AT y en el Apocalipsis "trago" o "copa" (*poterion* en griego) aparece en asociación con el juicio divino (Salmo 60:3; Isaías 51:19, 22; Habacuc 2:16; Apocalipsis 14:10; 16:19). Jesús no tenía miedo del sufrimiento físico, pero sentía angustia al pensar en que el contacto contaminante de los pecados que Él cargaría necesariamente haría que el Padre se volviera en contra de Él.

Hay que observar en particular el uso del condicional en la frase "si es posible" (26:39). Normalmente, esto sugiere que se supone que ha de cumplirse la condición, es decir que era posible evitar el "trago" o la "copa" a la que se refería Jesús. Esta interpretación se ve respaldada por Hebreos 5:7 que observa que Jesús "ofreció oraciones y súplicas con fuerte clamor y lágrimas al que podía salvarlo de la muerte, y fue escuchado por su reverente sumisión".

¿Cuál era entonces el pedido de Cristo y cómo respondió Dios? Jesús no pidió evitar la cruz, sino más bien, que después de morir pudiera ser liberado de los aspectos espirituales y físicos de la "muerte". ¡Y su pedido fue respondido tres días después". Cristo resucitó de entre los muertos y finalmente fue restaurado a la gloria que poseía desde el principio como Hijo de Dios.

La muerte biológica no encerraba terrores para Jesús. Ni tampoco los encierra para nosotros. Porque Jesús cargó con nuestros pecados y experimentó la ira de Dios por nosotros, también nosotros hemos sido liberados. Ni la muerte biológica ni la muerte espiritual tienen poder permanente sobre aquellos que a través de Cristo han recibido la vida eterna.

Uno de los que estaban con él extendió la mano, sacó la espada e hirió al siervo del sumo sacerdo-

te, cortándole una oreja (26:51). El incidente ha sido utilizado para argumentar a favor del pacifismo cristiano — Jesús rechazó el uso de la espada — y también como argumento en contra del pacifismo cristiano — Jesús dijo: "Guarda tu espada" (26:52) y no "Tira tu espada a la basura".

El argumento pasa por alto el hecho de que en griego se usa la misma palabra para "espada" que para "cuchillo". De hecho, el tipo de espada que se usaba en Israel tenía una hoja triangular y recta, principalmente para acuchillar de cerca. El hecho de que el discípulo tomara su arma y le cortara la oreja a un siervo del sumo sacerdote indica que probablemente se trata de un cuchillo, más que de una espada. Tal vez fuera un cuchillo de los que usaban los pescadores en su oficio. Este incidente no tiene nada para decir ni a favor ni en contra del pacifismo.

¿Cómo podemos aplicar este pasaje? Tal vez, sencillamente para observar que es inadecuado utilizar la fuerza para defender a Cristo. El Evangelio es un mensaje de gracia, cuya más sublime representación está en la acción de Jesús de sanar al siervo, poniendo de vuelta su oreja en su lugar (Lucas 22:51), en lugar de por la violencia que se observa en la acción de cortarla.

De ahora en adelante verán ustedes al Hijo del hombre sentado a la derecha del Todopoderoso, y viniendo en las nubes del cielo (26:64). Jesús no solo afirmó Su deidad, sino que advirtió al Sanedrín. Estuvo ante ellos en situación de debilidad, como prisionero ante quienes se arrogaban el derecho a juzgar. Sin embargo, es Dios quien tiene el derecho a juzgar por sobre todos y cuando los jueces del Sanedrín que condenaron a Jesús Le vuelvan a ver, Él estará en el lugar de autoridad ("a la derecha de Dios"). Entonces será Jesús Quien les juzgue.

Hoy también los seres humanos evalúan las afirmaciones de Cristo y se deciden a favor o en contra de Él. Al hacerlo es importante recordar que en última instancia Cristo es el Juez de la humanidad, además de su Salvador.

Se te nota por tu acento (26:73). Aunque Palestina no es un territorio extenso, la gente de Galilea tiene un acento diferente al de quienes viven en Judea.

Sin embargo, ¡no todos los galileos que estaban en Jerusalén para la Pascua eran seguidores de Jesús! Hace falta más que el acento para que se note quiénes Le pertenecen. De hecho, si no hay nada en nuestro estilo de vida o nuestra forma de hablar que muestre que somos seguidores de Jesús, tiene que haber algo que no está bien en nuestra relación con Él.

Judas, sintió remordimiento y devolvió las treinta monedas de plata (27:3). En griego el verbo es *netamelomai*. Expresa lamento y deja en claro que Judas se sentía muy dolido por haber traicionado a Jesús. Aunque lamentar las cosas después de hacerlas, no las deshace y el hecho de lamentar algo no implica que uno haya cambiado en su corazón.

No está mal lamentar lo que se hizo, pero en realidad no es adecuado porque lamentar algo solo tendrá valor si el arrepentimiento lleva a un drástico cambio en el corazón y en la forma de vivir.

Allí le dieron a Jesús vino mezclado con hiel (27:34). Este ofrecimiento de los soldados que debían crucificar a Jesús no fue un acto de compasión. En lugar de ser un narcótico, la hiel (que en Marcos 15:23 aparece como "mirra") es extremadamente amarga. Después de avanzar por la ciudad, debilitado por los azotes y obligado a cargar la viga de la cruz donde Le clavarían, Jesús tiene que haber estado extremadamente sediento. Al mezclar el vino con una fuerte dosis de hiel los soldados hicieron que el sabor fuera asquerosamente desagradable y la reacción de Jesús tiene que haberles divertido a quienes antes habían jugado cruelmente con el Salvador (27:27-31).

Con él crucificaron a dos bandidos, uno a su derecha y otro a su izquierda (27:38). La palabra es *lestai*, término también aplicado a Barrabás (Juan 18:40). El robo, e incluso el robo mediante el uso de la violencia, no se castigaba con la crucifixión en el siglo primero. Lo más probable es que el término implique insurrección contra el gobierno. En términos modernos, alguien involucrado en la "guerra de guerrillas" que intentara destruir el orden social destruyendo y matando.

Dios mío, Dios mío, ¿por qué me has desamparado? (27:46). El misterio de la crucifixión se ve intensificado por este grito. El término griego que se traduce como "abandonado" *enkataleipo*, es una palabra potente que expresa terrible angustia emocional causada por el abandono. Cristo no fue abandonado a la sepultura (misma palabra, en Hechos 2:27), sino sobre la cruz, abandonado por el Padre.

¿Cómo podía Dios mismo haberse dividido en el Calvario? ¿En qué sentido estaba abandonado el Hijo allí? ¿Era un aislamiento momentáneo, o un corte más profundo? No se nos dice esto y si se nos dijera, no podríamos entenderlo. Lo que sí sabemos es que lo que Jesús temía era esta agonía, tan terrible en ese momento único, interminable. Lo que Cristo sufrió pagó con creces los pecados de la humanidad, desde Adán hasta el fin de la historia.

¡Verdaderamente éste era el Hijo de Dios! (27:54). La confesión del centurión no implica necesariamente que el oficial, que no era judío, reconociera a Jesús como el Mesías judío. Mucho más probable es que haya utilizado la frase (que en griego no lleva el artículo "el"), en el sentido heleno, como "ser divino" un dio pagano. Por cierto, los hechos tan poco frecuentes de ese día — oscuridad, terremoto y las palabras desde la cruz — habían impresionado mucho al centurión.

SALMO 22

Dios mío, Dios mío,
   ¿por qué me has abandonado?
  Lejos estás para salvarme,
    lejos de mis palabras de lamento.
Dios mío, clamo de día y no me respondes;

clamo de noche y no hallo reposo...
Pero yo, gusano soy y no hombre;
la gente se burla de mí,
el pueblo me desprecia.
Cuantos me ven, se ríen de mí;
lanzan insultos, meneando la cabeza:
"Éste confía en el Señor,
¡pues que el Señor lo ponga a salvo!
Ya que en él se deleita,
¡que sea él quien lo libre!"
Pero tú me sacaste del vientre materno;
me hiciste reposar confiado
en el regazo de mi madre.
Fui puesto a tu cuidado
desde antes de nacer;
desde el vientre de mi madre
mi Dios eres tú.
No te alejes de mí,
porque la angustia está cerca
y no hay nadie que me ayude...
Como agua he sido derramado;
dislocados están todos mis huesos.
Mi corazón se ha vuelto como cera,
y se derrite en mis entrañas.
Se ha secado mi vigor como una teja;
la lengua se me pega al paladar.
¡Me has hundido en el polvo de la muerte!
Como perros de presa, me han rodeado;
me ha cercado una banda de malvados;
me han traspasado las manos y los pies.

Puedo contar todos mis huesos;
con satisfacción perversa
la gente se detiene a mirarme.
Se reparten entre ellos mis vestidos
y sobre mi ropa echan suertes.
Pero tú, Señor, no te alejes;
fuerza mía, ven pronto en mi auxilio.
Libra mi vida de la espada,
mi preciosa vida del poder de esos perros.
Rescátame de la boca de los leones;
sálvame de los cuernos de los toros.
Proclamaré tu nombre a mis hermanos;
en medio de la congregación te alabaré.
¡Alaben al Señor los que le temen!
¡Hónrenlo, descendientes de Jacob!
¡Venérenlo, descendientes de Israel!
Porque él no desprecia ni tiene en poco
el sufrimiento del pobre;
no esconde de él su rostro,
sino que lo escucha cuando a él clama.
Tú inspiras mi alabanza en la gran asamblea;
ante los que te temen cumpliré mis promesas.
Comerán los pobres y se saciarán;
alabarán al Señor quienes lo buscan;
¡que su corazón viva para siempre!
Se acordarán del Señor y se volverán a él
todos los confines de la tierra;
ante él se postrarán
todas las familias de las naciones,
porque del Señor es el reino;
él gobierna sobre las naciones.
Festejarán y adorarán todos los ricos de la tierra;
ante él se postrarán todos los que bajan al polvo,
los que no pueden conservar su vida.

v. 1-2; 6-11, 14-29

Mateo 26-27

EL PASAJE EN PROFUNDIDAD

Ver el cuadro de pasajes paralelos (a continuación).

Los versículos en negrita indican dónde aparece cada tema en detalle y profundidad

Tema	Mateo	Marcos	Lucas	Juan
Conspiración contra Jesús	26:1-5	14:1-11	22:1-6	
Unción en Betania	26:6-13	**14:3-9**		
Judas pacta para traicionar a Cristo	**26:14-16**			
La Última Cena	**26:17-30**	14:12-25	22:14-23	13-17
Predicción de la negación de Pedro	**26:31-35**	14:27-31	**22:31-38**	13:31-38
Getsemaní	26:36-46	14:32-42	**22:39-46**	
Arresto de Jesús	**26:47-56**	**14:43-52**	22:47-53	18:1-12
Ante el Sanedrín	26:57-68	14:53-65	22:63-71	**18:13-23**
Pedro niega a Jesús	**26:69-75**	14:66-72	22:54-62	18:25-27
Judas se ahorca	**27:1-10**			
Jesús ante Pilato	27:11-26	15:1-15	23:1-25	18:28-19:16
Los soldados se burlan de Jesús	27:27-31	15_16-20		
La crucifixión	27:32-56	15:21-41	**23:26-49**	19:17-37
Jesús es sepultado	27:57-61	15:42-47	23:50-56	19:38-42
El guardia apostado ante la sepultura	**27:62-66**			

Judas y la conspiración para matar a Jesús (26:1-5, 14-30, 47-56; 27:1-10). Ver el cuadro anterior para encontrar pasajes paralelos.

Trasfondo. Es claro que Jesús despertó muy pronto la hostilidad más extrema entre los líderes religiosos de Su tiempo. Mateo describe una cantidad de confrontaciones y después de uno de los encuentros en cuanto a la observancia del sábado, dice "los fariseos salieron y tramaban cómo matar a Jesús" (12:14). Jesús seguía rechazando la forma en que los líderes interpretaban la religión (15:1-11) y hasta les acusó abiertamente de ser hipócritas (23:1-36). Todo esto hizo que la hostilidad de éstos se hiciera más intensa, de cómo que a medida que se acercaba la Pascua, "Se reunieron entonces los jefes de los sacerdotes y los ancianos del pueblo" (integrantes del Sanedrín) con artimañas buscaban cómo arrestar a Jesús para matarlo" (26:3-4).

Podemos entender qué motivaba a estos líderes. Las enseñanzas de Jesús eran una amenaza no solo a la posición de ellos en la sociedad, sino a la base misma de su forma de ver la fe. En lugar de reconocer, siquiera en su interior, que habían sido "guías ciego" (15:14) e hipócritas (23:13, 15, etc.) los líderes estaban ferozmente decididos a librarse de Jesús y de la amenaza que Él representaba para ellos, para su forma de llevar adelante la religión y de hecho, para su sociedad en general.

Pero aunque podamos entender la motivación de los sumos sacerdotes y ancianos, nos cuesta más entender por qué Judas decidió traicionar a Jesús. Judas había sido uno de los Doce desde el principio. Como tesorero del pequeño grupo (Juan 12:6), tenía un puesto de responsabilidad, mayor al de la mayoría de los otros, cuyos nombres apenas aparecen mencionados en el NT:

Juan descarta a Judas con cierto desprecio y parece asignar su motivación para quedarse con Jesús el tiempo en que Le acompañó a la oportunidad que su puesto le daba para poder quedarse con algo de dinero. Judas reprendió a María de Betania cuando ella ungió a Cristo con el caro perfume, en lugar de donarlo a los pobres, y "no porque se interesara por los pobres sino porque era un ladrón y, como tenía a su cargo la bolsa del dinero, acostumbraba robarse lo que echaban en ella" (Juan 12:6).

Este comentario aparte nos dice mucho sobre el carácter de Judas. Era una persona a quien le interesaban más las cosas que las personas. Judas era un materialista cuyos valores reflejan que lo que más le importaba era este mundo, más que el próximo.

Es una información absolutamente esencial porque nos ayuda a percibir el desasosiego de Judas al ver que el ministerio de Cristo tomaba un rumbo que ni él ni los demás discípulos habían previsto. Como muchas otras personas en el judaísmo del siglo primero, Judas también compartía la expectativa popular de que el Mesías establecería un reino visible, institucional. Y por cierto, ser alguien poderoso en un reino así debe haber sido una idea muy atractiva para un materialista como Judas. Pero a medida que pasaban los meses cada vez se hacía más evidente que Jesús iba en una dirección diferente. Su Sermón del Monte anunciaba Su intención de establecer un reino del corazón "en secreto". A pesar de que poseía poder sobrenatural Jesús jamás lo usó contra Sus enemigos o los de Israel, sino solo para sanar a los enfermos y endemoniados. Después de que Su popularidad inicial llegó a su punto más alto se hizo más evidente que los verdaderamente influyentes en Judea — los que tenían dinero además de poder — estaban en contra de Jesús. Y cuando Cristo hablaba de la cruz con cada vez más frecuencia y predecía Su inminente muerte, ¡Judas tiene que haberse dado cuenta de que se había aliado con el grupo de los perdedores!

No sabemos durante cuánto tiempo resistió Judas la tremenda desazón que tiene que haber sentido. Sí sabemos que a diferencia de Pedro y los de más Judas jamás se comprometió de lleno con la persona de Jesús. Judas se había comprometido con la imagen del Mesías Conquistador y con la expectativa de alguna recompensa material. A menos que nos comprometamos con Jesús como persona en lugar de seguirle por lo que esperamos que haga por nosotros en el aquí y el ahora, nuestra "fe" se apoya en terreno movedizo.

La "fe" de Judas no soportó la tensión. A medida que avanzaban los días de la semana de la Pasión y se hacía más evidente que Jesús no sobreviviría, Judas tomó su decisión. Abandonaría el barco que se estaba hundiendo y mientras tanto, sacaría todo el provecho posible.

Tal vez Judas imaginó que los enemigos de Jesús le darían la bienvenida, y que por gratitud le darían un puesto en su grupo. Si no le era posible tener riquezas y poder en el reino del Mesías, se conformaría con la riqueza y el poder en una Judea subyugada por el poder de Roma.

Pero no fue recibido con respeto ni gratitud. Lo trataron como lo que era: un traidor dispuesto a violar los vínculos especiales entre un discípulo y su maestro, a cambio de dinero. Judas ni siquiera recibió un ofrecimiento de dinero que estuviera de acuerdo con la magnitud de su traición. Negociaron con Judas y al final tuvo que conformarse con apenas 30 monedas de plata, apenas lo suficiente como para pagar techo y comida durante un mes.

Es que el materialismo es engañoso y nos hace ciegos a lo que es realmente importante. Finalmente, lo que obtenemos no vale casi nada.

Interpretación. En Mateo se describen tres hechos en detalle.

■ La traición (26:47-50). Judas no solo acordó decir dónde estaba Jesús, sino que guió a la muchedumbre armada hasta el lugar, e identificó personalmente al Salvador. Aunque Jesús era conocido, en medio de la oscuridad, en épocas donde no había fotografías para confirmar la identidad, tal vez podrían haberlo confundido con otra persona. Por eso Judas subió al monte hasta el jardín de los olivos donde sabía que estaría Jesús, y detrás de él iban los soldados armados.

La descripción de Mateo está cargada de ironía. Ansioso por terminar con su acción tenebrosa Judas se acerca "enseguida" a Jesús y Le besa (26:49). La palabra utilizada para describir la acción del beso es intensa: Judas abraza a Jesús y Lo besa con todo entusiasmo. Al gritar su saludo Judas viola un protocolo que exige que el discípulo guarde silencio ante su maestro. Es claro que Judas ha cortado todo vínculo con Jesús y se ha cubierto con un manto de supuesta superioridad.

La palabra "Rabí" y el beso del saludo estaban dirigidos a los soldados, no a Jesús. Aunque la respuesta de Cristo: "Amigo", es para Judas nada más. El término griego en esta frase es *hetaire*, que expresa un saludo sin intimidad, ni gran afecto pero aún así, sugiere que Jesús sigue manteniendo abierta la puerta para Judas. Judas ha rechazado a Cristo pero Cristo no ha rechazado todavía a Judas.

■ El remordimiento (27:1-10). Después de su acción Judas siente que la culpa lo consume. El texto dice que sintió remordimiento (ver Estudio de palabras de Mateo 27:3, *metamelomai* en páginas anteriores). Pero en lugar de enfrentar su culpa y acudir a Jesús pidiendo Su misericordia, lo que hace Judas es muy diferente. Intenta devolver el dinero y cuando los sumos sacerdotes y ancianos no lo aceptan "arroja el dinero en el santuario" (27:5). ¿Qué significado tiene esta acción que Mateo describe con tanto cuidado?

La Mishná explica una interesante costumbre, anterior a los tiempos de Jesús. El vendedor tenía doce meses para revocar la venta de una casa pero a veces el comprador se escondía, para no tener que devolver el dinero. M. Arak, ix. 4 declara:

> Si un hombre vendió una casa...puede rescindir la venta en cualquier momento durante doce meses...Si llega el último día del duodécimo mes y no se ha rescindido el acuerdo, la casa pertenecerá para siempre al que la compró...El comprador solía esconderse en el último día de esos doce meses para quedarse con la casa pero Hillel el anciano ordenó que el que la vendió podía depositar su dinero en la cámara del Templo y derribar la puerta y entrar y que el otro cuando

quisiera podría entrar y tomar su dinero.

Parece que en Mateo 27 tenemos un intento de parte de Judas por rescindir la venta de Jesús. Pero los sumos sacerdotes y los ancianos se niegan a recibir de vuelta el dinero. En un último y vano intento por librarse de su cumpla, Judas toma las sucias monedas y las tira con violencia sobre el piso del templo.

Claro que Judas no puede regresar de donde ha llegado. Porque aunque devuelva las 30 monedas no podrá romper su pacto con el infierno ni podrá librarse del terrible peso de su culpa. Cuando sale del templo, ya no le pesan las monedas de plata. Pero sigue cargando con el peso de su consciencia.

Ni siquiera entonces puede entender Judas la importancia del saludo de Jesús: "Amigo", ni las implicancias de las palabras crueles y despojadas de sentimiento pronunciadas con respecto a hombres que tenían el mandamiento de sentir compasión por los pobres y ofrecer sacrificios por ellos (27:4b). No hay ayuda para él de parte de los sacerdotes de Israel aunque puede haber misericordia de manos de Aquel a quien ha traicionado. Pero Judas no puede ver. Y los sacerdotes se reúnen en torno de las monedas arrojadas al piso y debaten de qué modo podrían usarse "legalmente" sin pensar siquiera en el hombre acosado por la culpa que acaba de salir corriendo del templo, y sin interesarse tampoco por el Hombre inocente a quien están a punto de condenar a muerte.

Judas intentó librarse de la culpa. Trató de deshacer el terrible pecado que había cometido. Pero no le fue posible ninguna de las dos cosas. Solo cuando enfrentamos nuestra culpa y nos volvemos humildemente como pecadores al Salvador podemos encontrar alivio.

■ **El suicidio de Judas (27:5; Hechos 1:18-19).** Judas no podía vivir con su culpa así que, materialista como siempre, se suicidó. No hay conflicto real entre la descripción de Mateo y la de Hechos. Algunos dicen que Judas se colgó, que la soga se rompió y que al caer sobre la ladera rocosa en la que estaba el árbol, se reventó y se le salieron las vísceras. Irónicamente, su cuerpo acabó en el campo que luego se compró con el dinero que había recibido.

No hay cómo escapar al hecho de que en este mundo o en el próximo hay consecuencias por las decisiones que tomemos. No hay escape pero sí hay redención. Es a Cristo que debemos apelar, a Cristo crucificado por nuestros pecados así como por los pecados de Judas.

Aplicación. Judas es un sujeto de estudio interesante. Al igual que Esaú en el AT, Judas es el ejemplo más acabado del materialista en el NT, alguien completamente insensible a las realidades espirituales.

A medida que se desarrolla la historia de Judas vemos que lo espiritual es mucho más real que lo material. Judas decide traicionar a Jesús por dinero y aunque nada le importaba el reino espiritual del corazón que anunciaba Cristo, su corazón se ve aplastado y agobiado por el insoportable peso de la culpa. Es una culpa que no se puede tocar, ver, oír o lavar. Esta culpa llevó al ahora frenético Judas a abandonar por completo el mundo material que había sido centro de todas sus esperanzas.

Muchos, como Judas, andan a los tropiezos por la vida, con ceguera espiritual total y permanente. Muchos necesitan con desesperación oír que Jesús les diga "Amigo" incluso en el momento en que traicionan a Dios con algún nuevo pecado. Necesitan desesperadamente la Buena Nueva del Evangelio que promete alivio de la culpa, renovación espiritual y vida eterna.

Pedro niega a Jesús (Mateo 26:31-35, 69-75; Juan 21:15-19). Ver también pasajes paralelos indicados en el cuadro de la página 89.

Trasfondo. Estos capítulos contienen en cierto sentido, perfiles de tres personas.

Jesús es el Hijo de Dios y el Hombre perfecto, quien con coraje y completo compromiso con la voluntad de Dios avanza hacia la cruz. Es humano y por momentos le sobrecoge la angustia y el anhelo de obtener apoyo emocional de Sus amigos (26:36-46). Pero al mismo tiempo Él está sereno, totalmente al mando, plenamente dedicado a Dios y a Sus discípulos.

Judas es el hombre materialista, ciego a las cosas espirituales, que busca conseguir poder y riquezas en el aquí y el ahora. Sigue a Jesús no porque comparta la visión de Cristo sino porque supone que le llevará allí donde quiere llegar. Cuando Cristo le decepciona Judas rechaza a Jesús y rechaza también Su visión de un reino espiritual. Decide traicionar al Señor.

Pedro es el opuesto a Judas. Está profundamente comprometido con Jesucristo, Hijo del Dios viviente. No entiende todo lo que dice Jesús y solo de tanto en tanto puede avizorar el reino que su Señor describe. Pero no hay nadie tan leal como Pedro, ni hay quien iguale a este hombre en su firme intención por entregarse plenamente a servir a su Maestro.

De Judas esperamos que tenga defectos y que falle cuando es puesto a prueba. Pero de alguna manera, esperamos también que Pedro pase toda prueba con el mejor puntaje. Después de todo ¿no es que su compromiso es tan pleno? ¿No es absolutamente sincero en sus declaraciones de amor por el Señor?

Pedro es comprometido y leal. Pedro ama de veras a su Señor. Pero también tiene defectos. Como todo ser humano, Pedro puede no llegar a alcanzar su propio ideal, y por supuesto, tampoco llega a la perfección de Dios. Lo que aprendemos de Judas es que el materialista dispuesto a ir hasta las últimas consecuencias tiene esperanza de redimirse. Y lo que aprendemos de Pedro es que incluso la persona con mayor sensibilidad espiritual, que conoce y ama al Señor, a veces no logrará estar a la altura de su compromiso y deberá confiar en la gracia y el perdón que Dios ha puesto al alcance de todos en Jesucristo.

Interpretación. Mateo nos brinda un informe de tres hechos significativos en relación a Judas durante las últimas veinticuatro horas de Cristo. Los Evangelios nos brindan además una descripción de tres sucesos relevantes con respecto a Pedro en el mismo período de tiempo.

La promesa de Pedro (26:31-35). Justo después de la comida, mientras el grupo avanzaba por el valle del Cedrón de camino al Monte de los Olivos y el Getsemaní, Jesús observó: "Esta misma noche ... todos ustedes me abandonarán" (26:31). Aunque Cristo afirmó que sucedería como cumplimiento de la profecía, Pedro espetó en objeción. Tal vez otros Le abandonaran, pero "yo jamás lo haré" (26:33).

Dejemos de lado por un momento la locura de contradecir a Cristo y pensemos en la convicción total con la que habla Pedro. "Aunque otros te abandonen yo jamás lo haré".

"Aunque tenga que morir contigo —insistió Pedro—, jamás te negaré" (Mateo 27:35, ver Estudio de Palabras sobre "negar").

El problema que tenía Pedro y que muchos tenemos hoy también es que, al igual que Judas, incluso el creyente más ardiente tiene defectos. El pecado es una realidad con la que tenemos que vivir todos. No hay cantidad de fe o amor por Cristo que puedan hacernos inmunes a los defectos, ni que garanticen que no pequemos. Solo la continua y humilde dependencia del Señor que surge de un profundo sentido de nuestra condición personal como pecadores puede impedir que neguemos a Jesús de palabra o acción.

La caída de Pedro (26:69-75). Cuando se llevaron a Jesús Pedro fue el único que siguió y de hecho, en ese momento estaba más comprometido que los demás.

Pero mientras esperaba en el patio de Caifás Pedro tiene que haber estado casi desesperanzas. Como Judas, no había estado dispuesto a aceptar la idea de que Jesús podía morir (cf. Mateo 16:21-23). Con incertidumbre, confundido y terriblemente asustado por lo que podía pasarle a su Señor, Pedro tiene que haber sentido una soledad insoportable.

Allí en la oscuridad, le acusaron tres veces de ser seguidor del Nazareno. Y las tres veces Pedro negó el Señor. La última vez lo hizo con agresividad (26:74).

Antes de que se apagara el eco de sus negativas, el gallo cantó y Pedro se dio cuenta de lo que había hecho.

Una vez más, al igual que Judas, Pedro se sintió embargado por la pena y la angustia. Completamente devastado salió y "lloró amargamente" (26:75).

Aquí divergen los caminos de Judas y Pedro. A diferencia de Judas Pedro se había comprometido sinceramente con Jesús aunque todavía tampoco él había comprendido la visión de Cristo con respecto al futuro. Judas, ciego a las realidades espirituales, había abandonado la esperanza pero Pedro, consciente repentinamente de su propia debilidad, siguió creyendo.

Restauración de Pedro (Juan 21:15-19). Cuando llegó la mañana de la resurrección, humillado y sin duda avergonzado, Pedro seguía con los discípulos. Fue el primero en inclinarse a espiar dentro de la tumba vacía. Y ahora, a orillas del conocido Mar de Galilea, aunque todavía un tanto inseguro, Pedro sigue mirando fijo el rostro de Jesús y siente esperanzas.

Nos llena de felicidad ver que Cristo escoge a Pedro para preguntarle: "¿Simón, hijo de Juan, ¿me amas [*agapao*] más que éstos?" (21:15). La palabra que usó Cristo era un término un tanto suave en el griego de habla corriente. Pero el NT llena este término con un significado nuevo al utilizar *ágape* para describir el amor que Dios siente por la humanidad, un amor que decidió mostrar al enviar a Su Hijo para que muriera por nosotros. Pedro responde: "Sí, Señor, tú sabes que te quiero [*phileo*]". La palabra de Pedro no es tal significativa, e indica afecto. Se han presentado muchas teorías en cuanto al uso de los distintos verbos usados por Cristo y por Pedro. Tal vez la mejor explicación es que Pedro por fin ha visto lo débiles y poco confiables que son hasta sus mejores instintos.

Agape es una palabra de firme convicción. Expresa una profunda realidad: Dios ha decidido amarnos aún cuando como pecadores no somos dignos de amor y de hecho somos hostiles a Dios y la justicia de Dios. Pedro antes sentía que su voluntad era lo suficientemente fuerte como para afirmar que él sentía el mismo tipo de amor por Cristo que Jesús tenía por él. Sentía que su compromiso hacia Cristo era tan firme como el compromiso de Jesús hacia él. Pero ahora sabe que no es así.

Y por eso Pedro elige una palabra más débil, diciendo en efecto: "Señor, Tú sabes cuán profundo es mi afecto por Ti. Pero, Señor, sabes que soy incapaz de amarte como Tú me amas. Señor, no me abandones nunca. Porque ahora sé que no soy lo suficientemente fuerte como para aferrarme a Ti".

Jesús aceptó el amor de Pedro y acepta el nuestro. Inseguro, a menudo débil, y muchas veces inadecuado para evitar que neguemos a Jesús mediante alguna palabra o acción al descuido, este amor es aceptado por Jesús de la misma manera en que nos acepta a nosotros.

Pedro supo pronto lo maravillosa que es la aceptación. Porque Jesús no solo restauró a su — ahora humillado — seguidores, sino que le dio una comisión: "Apacienta mis ovejas" (21:15).

Aplicación. Solo Jesús es perfecto. Cuando antes nos conciliemos con esta realidad, tanto antes podremos conocer el secreto abierto de vivir en comunión con nuestro Señor. No debemos ni podemos depender de nosotros mismos. Al igual que Pedro seguramente, no llegaremos a alcanzar n nuestros ideales ni los Suyos.

Lo *que sí podemos hacer es aceptar nuestra debilidad y aprender a confiar y depender totalmente de Su amor por nosotros.* Y cuando fracasamos, podemos acudir a Él una vez más y, como Pedro, volver a experimentar el amor y el perdón de Jesús.

El guardia junto a la tumba (27:62-66). Se le había asignado este puesto al guardia porque el Sanedrín recordó lo que Jesús había dicho sobre Su resurrección al tercer día. Es difícil saber si sentían dudas o miedos. ¿Podría realmente resucitar de entre los muertos este Hombre que había obrado tantos milagros?

Públicamente se negaron a expresar duda alguna: "no sea que vengan sus discípulos, se roben el cuerpo y le digan al pueblo que ha resucitado" (27:64), dijeron . ¡Ese sería un terrible engaño!

Pilato les otorgó un guardia militar. Tal vez, también él se sentía incómodo y quería asegurarse de que nadie se acercara a la tumba. Sus esfuerzos de nada sirvieron. El poder de Dios pronto surgiría en un estallido dentro de la tumba sellada, y así como la enorme piedra que bloqueaba la entrada se estremeció y se corrió, la humanidad recibió prueba inconfundible del sobrecogedor, abrumador y maravilloso amor de Dios. La Resurrección es el testimonio grandioso.

MATEO 28
¡Vive, eternamente!

EXPOSICIÓN

Al amanecer del primer día de la semana dos mujeres dolidas y llorosas caminan lentamente hacia las afueras de Jerusalén, dirigiendo sus pasos a la sepultura donde los discípulos habían puesto el cuerpo de Jesús. Cada uno de los Evangelios ofrece un relato con detalles que van sumándose para que conozcamos los hechos de esa mañana (ver el cuadro a continuación). Pero todos estos detalles no son más que un telón de fondo para la realidad central que comunican los Evangelios. Jesús ya no está en Su tumba. Ha resucitado de entre los muertos.

Mateo centra nuestra atención en el anuncio del ángel a las mujeres en cuanto a la Resurrección y en su primera reunión con el Señor resucitado (28:1-10), en la ficción inventada por los líderes religiosos en su desesperado intento por explicar que se trata de un ardid o engaño (28:11-15) y en esa reunión de Jesús con Sus discípulos donde les presenta el desafío de lo que hoy conocemos como la Gran Comisión (28:16-20). Su mensaje para nosotros es sencillamente que la resurrección de Jesús es real y que la resurrección de Cristo de entre los muertos tiene un significado continuo para Su iglesia y el mundo.

SUCESOS EN LA MAÑANA DE LA RESURRECCIÓN

Tres mujeres se dirigen a la tumba	Lucas 23:55-24:1
Encuentran corrida la piedra	Lucas 24:2-9
María Magdalena va a contarles a los discípulos	Juan 20:1-2
María, madre de Santiago, ve los ángeles	Mateo 28:1-5
Llegan Pedro y Juan y miran dentro de la tumba	Juan 20:3-9
María Magdalena regresa, ve ángeles y a Jesús	Juan 20:10-18
María, madre de Santiago vuelve con los otros	Lucas 24:1-4
Las mujeres ven a los ángeles	Lucas 24:5; Marcos 16:5
El ángel les dice que Jesús ha resucitado	Mateo 28:6-8
Al salir se encuentran con Jesús	Mateo 28:9-10

POSTERIORES APARICIONES DE JESÚS

Ante Pedro, el mismo día	Lucas 24:34; 1 Corintios 15:5
Ante los dos discípulos camino a Emaús	Lucas 24:13-31
Ante los apóstoles (Tomás está ausente)	Lucas 24::36-45; Juan 20:19-24
Ante los apóstoles (Tomás está presente)	Juan 20:24-29
Ante los siete junto al lago de Tiberíades	Juan 21:1-23
Ante unas 500 personas en Galilea	1 Corintios 15:6; Mateo 28:16-20
Ante Santiago en Jerusalén y Betania	1 Corintios 15:7
Ante muchos en la Ascensión	Hechos 1:3-9
Ante Esteban cuando éste es apedreado	Hechos 7:55
Ante Pablo cerca de Damasco	Hechos 9:3-6; 1 Corintios 15:8
Ante Pablo en el templo	Hechos 22:17-19; 23:11
Ante Juan en Patmos	Apocalipsis 1:10-18

Un ángel del Señor ... quitó la piedra y se sentó sobre ella (28:2). En la época del NT las prácticas funerarias eran muy diferentes a las de hoy. Las tumbas eran nichos cavados en la roca y los acantilados. Se sellaban con lápidas redondas y grandes, que se rodaban como ruedas sobre un carril que se había esculpido a la entrada de la tumba. ¿Por qué quitó el ángel la piedra? No para que saliera Jesús ¡sino para que Sus seguidores y todos los demás pudieran ver que la tumba estaba de veras vacía!

Los guardias tuvieron tanto miedo de él que se pusieron a temblar y quedaron como muertos (28:4). La frase sugiere simplemente que estaban

---

Josefo, sobre la resurrección de Jesús

El historiador judío Josefo que vivió entre los años 37 y 95 DC escribió sobre el gobierno de Pilato en sus Antigüedades. Aquí, lo que dijo sobre Jesús en XVIII.E.E. (63): Hubo en este tiempo un hombre sabio, Jesús, si es que cabe llamarle hombre, porque era hacedor de milagros y maravillas, maestro de hombres que recibían la verdad con placer, y que se ganó a muchos judíos y también a muchos de la raza griega. Este era el Cristo. Y cuando al ser acusado de liderar a los hombre Pilato Le condenó a la cruz, los que Le habían amado desde el principio no cesaron porque Él se les apareció vivo de nuevo al tercer día como los divinos profetas habían anunciado, entre diez mil otras cosas maravillosas acerca de Él. Y hasta hoy la "secta" de los cristianos, nombrada así por este [hombre], no ha cesado.

> ## Justino Mártir, sobre la Resurrección
>
> La resurrección posible:
>
> A cualquier persona sensata podría parecerle cualquier cosa más increíble que, si no estuviéramos en el cuerpo, y alguien dijera que era posible a partir de una pequeña gota de simiente humana que se formaran huesos y tendones y carne, de manera que se formara un cuerpo como el que conocemos. Porque digamos ahora esto hipotéticamente. Que si ustedes mismos no fueran como son ahora, nacidos de sus padres, y uno fuera a mostrarles una semilla humana y la imagen de un hombre, y dijeran con confianza que a partir de tal sustancia podría producirse un ser tal ¿creerían esto antes de ver la producción real? Nadie se atrevería a negar [que dicha afirmación no sería creíble].
>
> Del mismo modo entonces, ahora no creen porque nunca han visto que un hombre resucitara de entre los muertos. Pero así como al principio no habrían creído posible que tales personas pudieran producirse a partir de la pequeña gota y sin embargo ahora ven que así es como se producen, también juzguen que no es imposible que los cuerpos de los hombres, después de ser disueltos y como semillas, re-sembrados en la tierra pudieran por designio de Dios volver a levantarse, siendo incorruptibles. Porque qué poder digno de Dios quienes imaginan que dicen que cada cosa vuelve a aquello de donde surgió y que más allá de esto ni siquiera el mismo Dios puede hacer nada, no somos capaces de concebir. Pero vemos claramente esto, que los que no habrían creído posible que pudieran producirse a partir de tales materiales ahora ven por sí mismos el surgimiento del mundo entero.
>
> Y que es mejor creer incluso lo que es imposible a nuestra propia naturaleza y a los hombres, que no creer como el resto del mundo, lo hemos aprendido ya porque sabemos que nuestro maestro Jesucristo dijo: "para los hombres es imposible, mas para Dios todo es posible" (Mateo 19:26) y "No teman a los que matan el cuerpo pero no pueden matar el alma. Teman más bien al que puede destruir alma y cuerpo en el infierno" (10:28). El infierno es un lugar donde están los que serán castigados por haber vivido con maldad y quienes no creen que esas cosas que Dios nos enseñó por medio de Cristo han de suceder.

tan aterrados ante esta aparición sobrenatural ¡que se desmayaron al instante!

Luego vayan pronto a decirles a sus discípulos: "Él se ha levantado de entre los muertos" (28:7). Este es un hecho muy interesante. El término que se traduce como "decirles" es una palabra my común. Lo excepcional es que el ángel les diera a las mujeres la misión de informar de la noticia de la resurrección a los discípulos. ¿Y por qué es excepcional? ¡Porque el testimonio de las mujeres no se aceptaba en los tribunales judíos!

Es un simbolismo potente porque incluso en Su resurrección Cristo decide ministrar a través de "lo débil e insensato". "Dios escogió lo insensato del mundo para avergonzar a los sabios, y escogió lo débil del mundo para avergonzar a los poderosos. También escogió Dios lo más bajo y despreciado, y lo que no es nada, para anular lo que es" (1 Corintios 1:27-28). Es un gráfico ejemplo del reino de Jesús, un reino patas para arriba.

Que Dios eligiera a las mujeres para que fueran quienes informaran de la Resurrección, a pesar de los prejuicios de esa época, debería darnos ánimo porque la efectividad del Evangelio no depende de la posición del mensajero sino de la maravillosa verdad que se nos manda comunicar.

Ellas se le acercaron, le abrazaron los pies *y lo adoraron* (28:9). En griego la palabra es *prosekynesane*, que significa "arrodillarse ante". Con anterioridad a la Resurrección tal acción sencillamente habría expresado el profundo respeto que sentía una persona por Jesús pero ahora, la reacción es instintiva, es el respeto que la Resurrección ha transformado en adoración, en temor reverencial. Jesús no es un mero rabí sino el Señor del cielo y la tierra. Es digno de adoración de parte de todos los hombres y mujeres.

Después de reunirse estos jefes con los ancianos y *de trazar un plan*, les dieron a los soldados una fuerte suma de dinero y les encargaron: "Digan que los discípulos de Jesús vinieron por la noche y que, mientras ustedes dormían, se robaron el cuerpo" (28:12-13). La palabra en griego es *symboulion* y significa consultar, planificar, llegar a una decisión.

El plan pergeñado demostró ser una locura, ya que por un lado dormirse estando de guardia era una ofensa fatal en el ejército romano y ningún guardia admitiría tal cosa voluntariamente. Por otra parte, si hubieran estado dormidos no habría posibilidad de que supieran que los discípulos habían venido por la noche para robarse el cuerpo. Una persona no puede dar testimonio de lo que ha sucedido mientras dormía ¡porque no podía ser testigo! Además, una ordenanza promulgada por César y que se ha preservado en lo que se conoce como "Inscripción Nazarena" declara que la profanación de tumbas es una ofensa grave, que en determinados casos merecía la pena de muerte. Los discípulos, angustiados y desmoralizados, no habrían tenido coraje de profanar la tumba para robar el cuerpo en esa semana santa. Y si hubiera habido evidencia para respaldar la acusación seguramente el

Atenágoras, sobre la Resurrección

De la doctrina de la Resurrección y su papel en las prácticas de los cristianos:

Quienes han creado un mercado para la fornicación y establecido infames lugares para los jóvenes, con todo tipo de viles placeres, que no se abstienen ni siquiera de los varones, varones con varones cometiendo abominaciones asquerosas, insultando a los cuerpos más nobles y bellos en todas las formas posibles y deshonrando así la creación de Dios (porque la belleza en la tierra no se ha creado a sí misma sino que ha sido enviada aquí por la mano y la voluntad de Dios). Estos hombres, digo, nos envilecen por las mismas cosas de las que son conscientes y suscriben a sus propios dioses haciendo alarde de que son acciones nobles, dignas de los dioses. Estos adúlteros y pederastas insultan a los eunucos y a los que han estado casados (en tanto ellos viven como peces porque tragan todo lo que caiga en su camino y el más fuerte manda sobre el más débil y de hecho, se alimentan de carne humana y con violencia en contravención con las leyes que han enarbolado ustedes y sus ancestros cuidando todo lo que es justo y recto), de modo que ni siquiera los gobernadores de las provincias enviados por ustedes alcanzan para oír las quejas en contra de estos, ante quienes no es legal siquiera...Pero lo que nos incumbe es la bondad y la paciencia con los malos, es razonable suponer que quienes piensan que no tendrán que rendir cuentas de su vida actual, vivida bien o mal, y que no hay resurrección sino que calculan que el alma perece con el cuerpo como si éste la sofocara, no se abstendrán de ninguna acción atrevida. Pero quienes están persuadidos de que ninguna cosa escapa al escrutinio de Dios sino que incluso el cuerpo que ha ministrado a los irracionales impulsos del alma y a sus deseos, será castigado junto con esta, no es probable que cometan siquiera el pecado más pequeño. Pero si a alguien le parece locura que el cuerpo que se ha corrompido y hasta disuelto, reduciéndose a la nada, pudiera reconstruirse, por cierto no se nos puede acusar de maldad con referencia a quienes no creen, sino solo de locura porque con las opiniones con las que nos engañamos, no perjudicamos a nadie.

Sanedrín habría intentado suprimir al movimiento cristiano acusando a los Once de haber robado el cuerpo de la tumba.

A pesar de las obvias falencias en el cuento que inventó el Sanedrín, los judíos que no querían aceptar la identidad de Cristo estaban deseosos de creer todo esto. La historia siguió adelante y los primeros padres de la iglesia la refutaron, aunque en los últimos veinte años ha vuelto a aparecer en un libro escrito por un académico judío moderno. Como enseñó nuestro Señor en la historia del hombre rico y Lázaro (Lucas 16:19-31): "Si no les hacen caso a Moisés y a los profetas, tampoco se convencerán aunque alguien se levante de entre los muertos".

El Sanedrín había rechazado el testimonio de Cristo presente en el AT. Había rechazado el testimonio presencial de Sus milagros. Había rechazado Su afirmación de que era el Hijo de Dios y el Mesías prometido y ahora que Cristo había resucitado el Sanedrín seguía negándose a creer la verdad, prefiriendo creer una historia de ficción plagada de argumentos insostenibles.

Cuando lo vieron, lo adoraron; pero algunos dudaban (28:17). Nuestro entendimiento de este versículo sorprendente gira en torno a la pregunta de quiénes son las personas a las que hace referencia Mateo. Lo mejor es vincular esta aparición de Jesús en Galilea al suceso mencionado en 1 Corintios 15:6. En este caso, mientras los Once eran los más visibles en los relatos de la resurrección en el Evangelio, los "hermanos" a quienes se envió a las mujeres para que lo contaran (28:10) incluyen a un grupo grande de personas que siguieron siendo leales a Él. Y el grupo que se reunión para encontrarse con Jesús en Galilea incluía a muchas más personas, que Pablo menciona en 1 Corintios 15 junto con los once apóstoles.

Esta teoría nos ayuda a entender la observación de Mateo de que "algunos dudaban" (28:17). La palabra que se traduce como "dudaban" es *editstasan* y aparece solo aquí y en 14:31. No sugiere que quienes se arrodillaron ante Jesús en ese momento no creyeran, sino que sugiere que sentían algo de duda. El hecho es que la Resurrección era algo tan sobrecogedor que no podían comprenderlo tan rápido.

No es muy probable que la palabra describa la reacción de los Once, ya que los apóstoles se habían reunido con Jesús varias veces antes de este momento (ver cuadro en página 94). Pero sí es seguro que tanto el hecho de la Resurrección como sus implicancias comenzaron a ser reconocidos y comprendidos por el pequeño grupo de 500 personas que conformarían el corazón de lo que luego sería la iglesia apostólica.

Para conocer lo que los padres de la primera iglesia pesaban sobre la Resurrección, ver los pasajes de Justino Mártir, tomados de su *Primera Apología*, escrita en 158 o 159 DC, y de Atenágoras, que escribió su *Argumento a favor de los cristianos,* entre 176 y 180 DC.

Se me ha dado toda autoridad en el cielo y en la tierra (28:18). La idea no es que en Su resurrección Jesús se hiciera más grande que antes, o que poseyera más autoridad. Es, más bien, que mientras estaba en la tierra la esfera en que ejercía Su autoridad se veía limitada al pequeño país en el que vivía y ministraba. Pero ya resucitado, la autoridad de Cristo puede ejercerse universalmente.

Por eso nuestro texto dice: "Vayan". Vamos con confianza y con expectativas, sabiendo que dondequiera que vayamos Cristo está presente en poder.

Por tanto, *vayan* **y hagan discípulos de todas las naciones,** *bautizándolos* **en el nombre del Padre y del Hijo y del Espíritu Santo,** *enseñándoles* **a obedecer todo lo que les he mandado a ustedes (28:19-20).** El único verbo en la Gran Comisión es el imperativo "hagan" en "hagan discípulos". Los tres términos destacados, aunque traducidos como si fueran verbos conjugados, en el griego original son participios. Si bien hay quienes argumentan que los participios describen el medio para hacer discípulos, es mejor decir sencillamente que estos elementos demuestran la forma en que se cumple el mandamiento de Cristo. Allí donde la iglesia acepta la responsabilidad que nuestro Señor nos adjudica como seguidores Suyos, los creyentes han salido activamente y con fuerza (cumpliendo el "vayan"), bautizando a los nuevos creyentes y guiándoles en la forma de vida que describen las palabras de Jesús (cumpliendo el "enseñándoles"). La Gran Comisión es el mandato de la iglesia.

EL PASAJE EN PROFUNDIDAD

La Resurrección (28:1-10). Ver también Lucas 24 y Juan 20-21.

La resurrección real y física de Jesucristo es el pilar de nuestra fe cristiana. Como dice el apóstol pablo en 1 Corintios 15:17: "Y si Cristo no ha resucitado, la fe de ustedes es ilusoria y todavía están en sus pecados". De hecho, una cantidad de líneas de evidencia dejan muy en claro que Jesús sí resucitó de entre los muertos. Como suele suceder, se nos llama a aceptar el mensaje del Evangelio por medio de la fe, y luego descubrimos que nuestra fe de hecho es de lo más razonable. ¿Cuáles son algunas de las líneas de evidencia que nos dan confianza en que la Resurrección no es un mito ni un suceso ocurrido en la "historia sagrada", pero no en el espacio y el tiempo?

Jesús predijo la Resurrección. En Deuteronomio 18 el AT establece un principio: los profetas son autenticados como mensajeros de Dios cuando lo que predicen sucede en realidad, y siempre se cumple. Esta profecía y el cumplimiento en conjunto constituyen una señal divina, clara e inconfundible indicación de que Dios está activo en nuestro mundo. Una predicción que no se cumple no tiene sentido. Y un hecho que no ha sido predicho podría ser casualidad. Pero cuando la predicción y el cumplimiento van vinculados, no hay forma de equivocar la mano de Dios. Los verdaderos profetas no erraban jamás.

Por eso es significativo el hecho de que los Evangelios registren frecuentes declaraciones de Jesús en cuanto a que Sus enemigos Le matarían y que Él resucitaría después del tercer día. De hecho, cada vez que Cristo hablaba de Su muerte, también prometía que resucitaría. Por eso, la Resurrección es un suceso anunciado, y se establece entonces un claro vínculo entre la predicción y el cumplimiento, dando así mayor credibilidad al informe de la resurrección.

¿Dónde predijo Jesús Su muerte y resurrección? Mateo 12:38-40; 16:21; 17:9; 17:22-23; 20:18-19; 26:32; 27:63; Marcos 8:31-9:1; 9:10, 31; 10:32-34; 14:28, 58; Lucas 9:22-27; Juan 2:19-22; 12:34; 14-16.

El Antiguo Testamento predice la resurrección de Cristo. Si el vínculo entre la profecía y el cumplimiento dependiera solo de los informes de los autores de los Evangelios que nos dicen qué dijo Jesús, habría quien pudiera argumentar que adjudican a Jesús palabras que Él no pronunció y así se cerraría el vínculo al describir una resurrección que en realidad no ocurrió.

Pero las predicciones de la resurrección del Mesías también están en el AT, en pasajes escritos siglos antes del tiempo de Cristo. Así, el Salmo 16:10 dice: "No dejarás que mi vida termine en el sepulcro; no permitirás que sufra corrupción tu siervo fiel". E Isaías informa que después de que el Sirvo del Señor sufra y muera, será restaurado: "Pero el Señor quiso quebrantarlo y hacerlo sufrir, y como él ofreció su vida en expiación, verá su descendencia y prolongará sus días, y llevará a cabo la voluntad del Señor. Después de su sufrimiento, verá la luz y quedará satisfecho; por su conocimiento mi siervo justo justificará a muchos, y cargará con las iniquidades de ellos" (53:10-11).

La transformación de los discípulos. Una de las

Juan Crisóstomo, sobre la evidencia

Este Arzobispo de Constantinopla del siglo cuarto argumentaba que en sus esfuerzos por reprimir al movimiento de Jesús los enemigos de Cristo ¡lograron añadir potente testimonio a la historia de la resurrección!

Veamos, en todo caso, las siguientes palabras que dan testimonio de cada uno de estos hechos. "Recordamos" dice el texto "que ese mentiroso dijo cuando todavía estaba vivo" (o sea que ahora estaba muerto) "En tres días resucitaré. Ordenen entonces que se selle el sepulcro" (y entonces estaba sepultado) "para que Sus discípulos no puedan venir a robar Su cuerpo". Así que si el sepulcro estuviera sellado no habría acción delictiva. Porque no podía haberla. Así que o la prueba de Su resurrección se ha vuelto incontrovertible justamente por lo que mandaron hacer. Porque como estaba sellada, no hubo acto delictivo. Y si no hubo acto delictivo y se encontró vacía la tumba, es manifiesto entonces que Él resucitó. Es un hecho que no puede ponerse en controversia. Vean ahora cómo incluso contra la voluntad de ellos, están presentando justamente prueba de la verdad".

razones más potentes para aceptar la Resurrección como hecho histórico es la reacción de los discípulos de Jesús a la muerte y resurrección de Cristo. La muerte de Jesús dejó atónitos a Sus seguidores, desesperanzados, abandonados. A pesar de que Cristo se los había dicho, jamás habían aceptado en realidad la idea de que su Maestro estuviera destinado a morir. Luego vemos de repente a un grupo de hombre que con gran entusiasmo y convicción anuncian que Cristo ha resucitado, y que dedican sus vidas a llevar

FALSAS EXPLICACIONES A LA TUMBA VACÍA

1. Teoría del desmayo.	2. Teoría del robo.	3. Teoría del ocultamiento.	4. Teoría de la alucinación.
Jesús no murió sino que solo se desmayó. Luego salió de la tumba y se ocultó.	El cuerpo de Jesús fue robado por Sus seguidores, que luego mintieron diciendo que Él estaba vivo.	Los mismos judíos quitaron el cuerpo de Jesús y lo ocultaron para impedir que los discípulos lo robaran.	Los seguidores de Jesús alucinaban y solo creían haber visto vivo a su Amigo después de la crucifixión.
Los soldados que crucificaron a Jesús verificaron Su muerte ¡Testimonio de expertos en verdad!	Los discípulos de Jesús estaban desmoralizados y no habrían hecho tal esfuerzo.	Si los judíos hubieran ocultado el cuerpo, cuando los discípulos anunciaron la resurrección a siete semanas de la crucifixión, podrían haberlo mostrado para negar sus dichos. El hecho de que no lo hicieron demuestra claramente que ninguna autoridad, ni del judaísmo ni de Roma, tenía idea de ´donde podría estar el cuerpo.	La constitución psicológica de los testigos y sus reacciones al ver a Jesús no encajan con el perfil de quienes son propensos a las alucinaciones.
Quienes envolvieron Su cuerpo se habrían dado cuenta de que estaba vivo todavía.	Los soldados que estaban de guardia podrían haber impedido el robo con toda facilidad.		Hubo demasiada gente que vio a Jesús al mismo tiempo. Esta teoría no ofrece una explicación razonable.
Después de Sus terribles sufrimiento es casi imposible que Jesús pudiera haber sobrevivido durante 3 días en una tumba fría, de piedra.	El Sanedrín habría arrestado a los discípulos, obligándoles a revelar dónde habían escondido el cuerpo.		Los discípulos podían tocar a Jesús y Le vieron comer. ¡Eso no sucede con una alucinación!
Aunque hubiera estado vivo, no podría haber corrido la piedra que sellaba la tumba.	La ley romana del momento decretaba que la profanación de tumbas se castigaría con la pena de muerte.		

este mensaje al mundo. Si estos hombres se hubieran hecho ricos o famosos al proclamar a Cristo, como sucede con algunos de los que inventan religiones, podríamos cuestionar sus motivos. En cambio, la fama de los apóstoles de Jesús no tenía que ver con la riqueza terrenal sino con el rechazo y la persecución, y a pesar de las más terribles dificultades, se deleitaban en el privilegio de servir a Jesús. No podemos imaginar que todo esto hubiera sucedido si los discípulos no creyeran con plena convicción que Jesús era de veras el Hijo de Dios y que verdaderamente hubiera resucitado de entre los muertos.

La reacción de los enemigos de Jesús. ES claro que si los miembros del Sanedrín que habían planeado la muerte de Cristo pudieran haber desacreditado la Resurrección, lo habrían hecho sin duda alguna. ¿De qué modo? ¡Sencillamente mostrando el cuerpo! Si el Sanedrín de veras pensaba que los discípulos se habían "robado" el cadáver de Cristo como sugiere el rumor iniciado por ellos, tenían todo poder y autoridad para arrestar a los discípulos y obligarles a revelar ´donde habían escondido el cuerpo. ¡Sin embargo no hubo intento alguno de hacer algo así!

El rotundo fracaso de los líderes judíos que querían acallar la noticia de la resurrección — y seguramente les costó encontrar cómo lograrlo — deja en claro que no pudieron impedir que la noticia se difundiera.

Ante tal ansiedad de los líderes judíos por sofocar y reprimir al movimiento de Jesús tenemos que entender que al no poder demostrar que la Resurrección era un engaño, dejan evidencia sólida de que no se trataba de un ardid, sino de un hecho real.

Los Evangelios son un invento posterior. Hay evidencia inconfundible de que los Evangelios se escribieron a pocas décadas de los hechos que describen los autores, en el período de vida de quienes afirman haber sido testigos oculares. Y en el período de vida de los demás, amigos y enemigos por igual ¡que seguramente habrían sabido si eran falsos los informes sobre las actividades de Jesús! La idea de que la historia de Jesús y Su resurrección pudiera ser una fábula es totalmente absurda porque sin base de hecho esas historias podrían haber sido negadas y refutadas de inmediato en Palestina. No se habría formado entonces una iglesia vital, ni allí ni en la cercana Samaria. Y como sabemos que las comunidades judías del mundo se mantuvieron siempre en contacto con su tierra, el templo y los estudiosos de su nación, la misión de Pablo que primero visitó las sinagogas de las comunidades judías del imperio romano podría haber sido refutada mediante la burla y la negativa de que Jesús hubiera existido, obrado milagros, muerto y resucitado de entre los muertos.

Sin embargo, no hay nada de esa época que niegue o refute los hechos conocidos en Palestina ni en las comunidades judías del mundo. Lo que sí había era la negación de que Jesús fuera el Salvador y la insistencia de que de alguna manera los discípulos se habían robado Su cuerpo.

Este testimonio potente señala la confiabilidad de los relatos de los Evangelios y da testimonio impactante sobre la resurrección de nuestro Señor.

El informe de la guardia (28:11-15). ¿Habría admitido voluntariamente la unidad militar de guardia (casi siempre conformada por cuatro hombres) que durante su turno se habían quedado dormidos? Por cierto, no si no tuvieran la promesa de la protección, ¡además del pago del Sumo Sacerdote! Los guardias que el Rey Herodes mandó para vigilar a Pedro en prisión fueron ejecutados sumariamente después de que el apóstol fuera liberado sobrenaturalmente por un ángel (Hechos 12:19). El Digesto (de leyes) de Justiniano enumera unas 18 ofensas por las que los soldados romanos podían ser condenados a muerte. Las ofensas mencionadas en el Digesto son: que el explorador se quedara con el enemigo (3.4); la deserción (3.11; 5.13); trepar un muro o rampa (3.17); iniciar un motín (3.19); negarse a proteger a un oficial o abandonar el puesto de guardia (3.22); el hombre conscripto que rehúye al servicio (4.2); el asesinato (4.5); ponerle la mano encima a un superior o insultar a un general (6.1); huir cuando con el ejemplo pudiera influir en otros (6.3); traicionar revelando planes al enemigo (.4; 7); herir a un compañero soldado con la espada (6.6); incapacitarse o intentar suicidarse sin excusa razonable (6.7); abandonar la vigilia nocturna (10.1); romper el bastón de un centurión o golpearle mientras se es castigado (13.4); escapar de la casa de guardia (13.5) y perturbar la paz (16.1).

Por cierto, "dormirse estando de guardia" mientras un grupo de desconocidos violaban el sello de la tumba habría significado que los guardias cupieran en algunas de estas categorías.

La Gran Comisión (28:16-20). La Gran Comisión brinda la fuerza que impulsa a las misiones cristianas. También nos recuerda una realidad vital. Cristo tenía "toda autoridad" mientras caminaba los polvorientos caminos de Palestina en Su encarnación. Pero la Encarnación, en efecto limitaba el ejercicio del poder de Cristo. Después de la resurrección, Cristo, ahora a la diestra del Padre, está presente nuevamente en todas partes, como Dios-Hombre y les recuerda a Sus seguidores que de Él es "toda autoridad en el cielo y la tierra" y que "por eso" ahora tenemos la capacidad para hacer discípulos "en todas las naciones".

Como Cristo resucitó de entre los muertos y de hecho vive, no hay lugar en este mundo adonde Su poder no pueda llegar. Dondequiera que vayamos, en todas las naciones de este planeta, los seguidores de Jesús vamos con confianza a presentar un Evangelio que puede salvar y transformar las vidas de quienes creen.

MARCOS 1–5
El auténtico Salvador

EXPOSICIÓN

El Evangelio de Marcos tiene como característica la rapidez de movimiento. Jesús aparece como Hombre de acción, de manera que Su naturaleza como "hijo de Dios" (1:1) salta a la luz con claridad. La naturaleza vívida y la frescura del breve Evangelio de Marco se deben al uso frecuente del tiempo presente, con detalles que solo podrían dar los testigos oculares (1:27, 41; 3:5; 7:34; 9:5-6, etc.), y mediante el uso del adverbio *euthys*, "inmediatamente", unas 41 veces. Tradicionalmente, el hábito de Marcos de transliterar palabras del latín al griego y su uso frecuente de la construcción gramatical del latín, hacen que la mayoría de los comentaristas sugieran que este Evangelio estaba dirigido principalmente a quienes por su orientación cultural romana tenían una visión práctica de la vida.

¿Qué impresión de Jesús busca comunicar Marcos al mundo romano? Marcos quiere demostrar que Jesús es una Persona única cuyas palabras y acciones Le establecen como Hijo de Dios. Por eso, Marcos pasa por alto el nacimiento de Cristo, apenas si menciona el ministerio de Juan y el bautismo de Cristo (1:1-13), y el llamado a los discípulos (1:14-20) para pasar de inmediato a describir hechos que revelan la divina autoridad de Jesús. La fuente sobrenatural de la autoridad de Jesús se establece en el primer informe de Marcos: Jesús es confrontado por un espíritu maligno, al que echa fuera (1:21-28). Una serie de incidentes deja también en claro el hecho de que la autoridad de Cristo es completa. No solo echa demonios sino que además puede sanar las enfermedades más devastadoras, y hasta perdonar pecados (1:29-2:17). En cuanto al judaísmo, la sanación que obra Cristo en el sábado demuestra que como Hijo de Dios también es Suya la suprema autoridad religiosa, una autoridad que excede a la de quienes afirmaban ser auténticos intérpretes de Moisés (2:18-27).

Jesús nombra a Doce hombres como apóstoles (3:12-19) y Marcos informa sobre una serie de incidentes significativos. Los líderes del pueblo judíos rechazan a Jesús aún cuando las acciones de Cristo demuestran que no solo es enemigo de Satanás sino que es más grande que el 'príncipe de los demonios (3:20-30). Incluso la madre y los hermanos de Cristo no llegan a ver lo que implican Sus milagros (3:31-35). Ahora Cristo empieza a hablar en parábolas con la intención de que solo quienes quieren hacer la voluntad de Dios (y creer en Él) entiendan lo que Él enseña sobre la naturaleza de la obra presente de Dios en el mundo (4:1-34).

Aunque hay una verdad básica y vital que la humanidad debe reconocer en algo que hace Jesús entonces: acalla a una tormenta, demostrando Su autoridad sobre el mundo natural (4:35-41). Luego echa a una legión de demonios y demuestra Su autoridad sobre las fuerzas sobrenaturales en masa (5:1-20). Sana a una mujer que sufría de una enfermedad crónica e incurable (5:21-34) y hasta resucita a los muertos (5:35-43). La conclusión es ineludible. El Hombre que hizo todas estas cosas es más que un hombre común. Es, como lo anuncia Marcos en el primer versículo de su Evangelio ¡el Hijo de Dios!

ESTUDIO DE PALABRAS

Jesucristo, el Hijo de Dios (1:1). Muchos creen que este Evangelio data de los años 65 a 67 DC. En ese momento la iglesia de Roma sufría persecución a partir del incendio que devastó la ciudad en el año 64 DC y que Nerón adjudicaba a los cristianos. Si este es el marco del Evangelio de Marcos podemos entender por qué pone énfasis en la deidad y autoridad de Jesús como consuelo para la iglesia, además de servir para evangelizar al mundo que no conocía a Jesús. El historiador Tácito cuenta lo que estaba sucediendo en Roma en ese momento, en lo que registra en sus *Anales* (15:44):

> Pero ni la ayuda humana ni la munificencia imperial, ni todos los modos de aplacar al Cielo podían acallar el escándalo o eliminar la creencia de que incendio había ocurrido por orden de alguien. Y por eso, para terminar con los rumores, Nerón nombró culpables reemplazantes, y castigó con la crueldad más refinada, a una clase de hombres despreciados por sus vicios a quienes la multitud llamaba cristianos. Cristo, el fundador de ese nombre, había soportado la pena de muerte en el reinado de Tiberio por sentencia del procurador Poncio Pilato y la perniciosa superstición se calmó por un momento pero volvió a surgir no solo en Judea, lugar de la enfermedad, sino en la capital misma donde se reúnen y encuentran boga todo tipo de cosas horribles o vergonzosas. Entonces, los miembros confesos de la secta fueron arrestados y luego, ante sus declaraciones, se condenó a muchos no tanto por el incendio sino por odio a la raza humana. La burla acompañó su final: les cubrieron con pieles de animales salvajes y fueron destrozados por perros voraces a dentelladas, o los ataban a cruces y cuando atardecía los quemaron para que sirvieran como antorchas por la noche. Nerón había ofrecido sus Jardines para el espectáculo y ofreció una demostración en su Circo, mezclándose con la muchedumbre vestido de conductor de carro de guerra, o montado sobre éste. Así, a pesar de la culpa que se había ganado el castigo más ejemplar, surgió un sentimiento de lástima debido a la impresión de que se les estaba sacrificando no por el bienestar del estado sino por la ferocidad de un solo hombre.

Predicando el *bautismo de arrepentimiento* para el perdón de pecados (1:4). Aquí se sugiere el arrepentimiento precedido o acompañado del bautismo: del cambio en el corazón, por voluntad y decisión propia, que se reflejaba en la acción. El resultado final (*eis*, o "para"), es el perdón de los pecados. En las Escrituras hay cierto atisbo de conversión superficial. En cualquier época la fe se expresa en el compromiso personal y el cambio de vida que da testimonio de la realidad de los pecados perdonados.

Toda la gente de la región de Judea y de la ciudad de Jerusalén *acudía a él* (1:5). Aquí la conjugación del verbo sugiere un constante flujo de personas que "seguían acudiendo" para oír a Juan. El pueblo judío, agobiado de vivir bajo el dominio de Roma y los Herodes, estaba esperando ansiosamente al libertador de las profecías. Fue trágico entonces, como lo demuestran los hechos, que no estuvieran dispuestos a aceptar al Libertador que Dios les envió: les liberaría del pecado, más que de la opresión política del momento.

Él [Jesús] se le acercó, la tomó de la mano y la ayudó a levantarse (1:31). Muchos centran la atención en el hecho de que la persona a quien Jesús sanó era la suegra de Pedro y usan este versículo, junto con 1 Corintios 9:5, como texto de prueba contra la doctrina católico-romana del clérigo célibe. En contexto, Marcos tiene un mensaje muy diferente. La sanidad que trajo Jesús fue inmediata y efectiva. No solo se curó la mujer sino que enseguida "se puso a servirles".

También expulsó a muchos demonios (1:34). Estos seres, identificados por la mayoría como los ángeles que cayeron en el momento del apartamiento inicial de Satanás, tienen un papel importante en el Evangelio de Marcos. En cuanto a su actividad y relación con Jesús, el *Diccionario de Términos Bíblicos* de Zondervan (en inglés), dice:

> Las referencias a los demonios en el Evangelio les muestran poseyendo u oprimiendo a seres humanos (Mateo 8:16, 28, 33; 9:32; 12:22-28; Marcos 1:32; 5:16-18; Lucas 4:33-35; 8:27-29, 36; 9:42). Esta influencia demoníaca se expresaba en diversas enfermedades y en la locura. Cuando algunos observadores argumentaron que Jesús estaba loco o en alianza con Satanás, otros dijeron: "¿Puede acaso un demonio abrirles los ojos a los ciegos?" (Juan 10:21). Los Evangelios también muestran a Jesús echando demonios cada vez que Se le presentaran (Mateo 9:33; 17:18; Marcos 7:26, 29-30; Lucas 11:14). La defensa de

Jesús contra la acusación se basa en este hecho. ¿Cómo podría sostenerse el reino de Satanás si Jesús echaba a los demonios mediante poderes demoníacos? Todo reino dividido ha de caer pronto (Lucas 11:14-22).

Así, los Evangelios presentan a los demonios como seres vivientes con poderes malignos. Los demonios son seres personales, no influencias impersonales (Mateo 8:31). Jesús demostró tener total poder sobre los demonios y los echaba con una palabra. Él es el ser "más fuerte" de Su propia explicación, capaz de "atacar y vencer" a los demonios en su propio terreno (Lucas 11:21-22). No importa lo temibles que puedan ser los demonios, la persona que camina con Jesús no tiene nada que temer (p.218).

Quitaron parte del techo encima de donde estaba Jesús y, *luego de hacer una abertura* **(2:4).** No era inusual que los sabios viajaran de ciudad en ciudad enseñando la Ley aunque para el siglo segundo algunos intentaran confinar el estudio de la Torá al ámbito de las aulas. El material que refleja las condiciones del siglo primero nos muestra a los dueños de casa recibiendo a los sabios itinerantes, diciéndoles "Que tu casa sea hogar de encuentro para los sabios" y "Siéntate en el polvo de sus pies" (Aboth 1:4).

Lo que nos impacta en esta historia es la fe que motivó que los amigos del paralítico hicieran un agujero en el duro techo de adobe, hecho de ramas y barro. El creer en Jesús hace que acudamos a Él cuando estamos en necesidad, no importa qué obstáculos debamos vencer.

¿Por qué habla éste así? ¡Está *blasfemando***! ¿Quién puede perdonar pecados sino sólo Dios? (2:7).** El término en griego significa insultar, o usar palabras abusivas, perjudiciales. Lo que dicen los "maestros de la Ley" es que al arrogarse una prerrogativa que solo Le pertenece a Dios, Jesús está difamando a Dios.

Jesús poco después hizo que la acusación se volviera en contra de Sus críticos, cuando murmuraron que las obras del Espíritu que obraba Jesús se debían al poder de Satanás (3:20-30). Eran ellos quienes blasfemaron, porque insultaban a Dios. Jesús no, por la sencilla razón de que como Hijo de Dios tenía derecho divino a perdonar pecados ¡y probó Su autoridad al sanar al paralítico!

No son los sanos los que necesitan médico sino los enfermos (2:17). Ya en el siglo 3 AC, la opinión popular judía sospechaba de los médicos. La enfermedad se vinculaba con el pecado y por eso, era adecuado buscar ayudar de parte de un hombre de Dios como Elías o Eliseo. Ir al médico se tomaba como falta de fe.

Esta actitud comenzó a cambiar en el siglo 2 AC, como lo reflejan los escritos de Ben Sira. Después de orar, arrepentirse y hacer ofrendas en el templo, se indicaba al enfermo que viera a un médico, y la persona que seguía a Dios buscaría Su sabiduría para entender la enfermedad y tratarla. Ben Sira escribe:

> Hazte amigo del médico, porque te es esencial,
> A Él también lo estableció Dios en su profesión,
> El médico obtiene su sabiduría de Dios...
> (38:1, 2)

En tiempos de Jesús ya era común que hubiera médicos en Tierra Santa, y se les llamaba cuando alguien estaba muy enfermo.

Pero aquí Jesús usa una metáfora, que vuelve a la imagen que vinculaba la enfermedad con el pecado. Esta imagen está presente en los profetas (Isaías 1), donde las dolencias físicas suelen representar dolencias espirituales. La observación de Cristo en cuanto a que el sano no necesita al médico no implica que los "maestros de la Ley que eran fariseos" (2:16) fueran espiritualmente sanos, sino más bien que no llegaban a reconocer su verdadera condición. También hoy solo quienes reconocen su condición de pecadores son los que más probablemente acudan a Jesús. Los religiosos, los que sienten que están bien, son los más difíciles de alcanzar con el Evangelio.

Jesús se les quedó mirando, enojado y entristecido por la dureza de su corazón (3:5). El término griego es *porosis,* en referencia a un hueso endurecido, como de mármol. La dureza de estos opositores a Jesús quedó en evidencia cuando comenzaron a "vigilarle" para ver si sanaría a un hombre en el día sábado. Estos líderes religiosos no sentían interés por el enfermo que sufría, ¡sino por usarlo para atrapar a Jesús!

La reacción de Cristo es fascinante. Los miró con enojo momentáneo (la conjugación del verbo aoristo nos da esa impresión) y luego, con mirada profundamente triste (Marcos cambia, al uso del participio).

Quienes tienen el corazón tan endurecido merecerían la condena pero hemos de entristecernos cuando este tipo de actitudes caracterizan a quienes afirman honrar el nombre de Dios.

A ustedes se les ha revelado el secreto del reino de Dios (4:11). Aquí, como en otros pasajes del NT (21 veces ¡en los escritos de Pablo nada más!), la palabra "secreto" hace referencia a algo que no se conocía pero que ha sido revelado. ¿Por qué limita Jesús el conocimiento del secreto de Su reino a Sus discípulos? Pesar de lo que sugieren algunos, el *mysterion* no es que en Jesús el prometido reino escatológico esté cerca. Las palabras y acciones e Cristo dejan en claro que Él es Quien afirma ser. No. El "secreto" del reino de Jesús es la forma de este reino (cf. Comentario de Mateo 13).

Al limitar Sus revelaciones de la forma del reino ante Sus discípulos, Jesús en efecto mantenía la atención pública en el tema verdadero: la cuestión de Su identidad como Mesías e Hijo de Dios.

También hoy, al tratar con los inconversos, será mejor mantener el enfoque de nuestra comunicación en el tema real: en Quién es Jesús, y lo que significa Su identidad como Hijo de Dios para quienes creen en Él.

¿Acaso se trae una lámpara para ponerla debajo de un cajón o debajo de la cama? ¿No es, por el contrario, para ponerla en una repisa? (4:21). El artículo definido delante de "lámpara" solo aparece aquí, en "ponerla". No se refiere a una lámpara cualquiera. Aquí puede ser que se nos indique que Jesús, aunque en ese momento no fuera reconocido, es la lámpara que en el futuro se pondrá en la repisa. Su luz "está destinada a descubrirse" (4:22).

¡No es de extrañar que la siguiente imagen nos aliente a escuchar con atención a Jesús ahora mismo" (4:24).

Brota y crece la semilla (4:27). Esta parábola, como la del Sembrados y la de la Semilla de Mostaza, centra nuestra atención en el poder de la semilla. No importa si el hombre que esparce la semilla "duerme o despierta". La dinámica de la semilla sigue funcionando, y germinará. ¡Es seguro que el mensaje del Evangelio tendrá una rica cosecha! Y aunque el reino de Cristo pareciera haber sido lanzado a partir de la insignificancia — Su aspecto, tan poco importante como el de una semilla de mostaza — Su reino en última instancia llenará el mundo entero.

Es importante que recordemos esto hoy. Porque muchas veces nos enamoramos de las super-iglesias y nos desalienta la aparente futilidad de nuestros propios esfuerzos. Sin embargo, es la semilla de la palabra del Evangelio la que germina y crece. Si seguimos siendo fieles veremos la rica cosecha de Dios.

Al momento también Jesús se dio cuenta de que de él había salido poder (5:30). Según la Ley del AT la mujer con hemorragia era "impura" y contaminaría a quien la tocara. De manera similar, un cadáver como el de la niña de 12 años en esta historia, haría que fuera ritualmente impura la persona que lo tocara. Como se ha establecido en Hageo 2:10-14 la santidad no puede transmitirse con el tacto, pero la impureza ritual, sí. Y lo impactante es que en la religión de Israel la impureza ritual impediría que la persona se acercara a Dios en adoración ¡o que participara de las celebraciones de adoración del pueblo de Dios!

Por eso tienen significado especial las historias de Jesús sanando a la mujer enferma y resucitando a la niña muerta. Cristo no se separaba de Dios por tocar a la mujer o a la niña. En cambio, el poder de Dios fluía a través de Él para conquistar a la enfermedad y vencer a la muerte. En el caso de este Hombre, el fluir era en sentido contrario. El poder de este Hombre no se veía impedido por la contaminación igual sino que el poder que "salía de Él" era tan grande que se eliminaba la causa misma de la impureza.

Tal vez el método de sanidad, que implicaba tocar al muerto, es la causa de las "estrictas órdenes" que dio Jesús: "que nadie se enterara de lo ocurrido" (5:43). "Lo ocurrido" aquí muy probablemente sea el hecho de que Jesús tomó la mano de la niña y la levantó, más que la referencia a haberla devuelto a la vida. Eso no podía mantenerse en secreto porque la casa ya estaba rodeada de personas que lloraban y sabían muy bien que la niña había muerto. Jesús tal vez estuviera refiriéndose al hecho de que seguramente los líderes religiosos centrarían la atención más en la forma que en el fondo: en tocar al cadáver, más que en resucitar a la pequeña. Utilizarían eso como excusa para criticarlo, ensuciando así el tema del milagro.

No cometamos el mismo error cuando veamos obrar a Cristo hoy. No importa tanto si los demás hacen las cosas a nuestra manera. Lo que importa es el poder de Jesús para sanar el cuerpo y el alma.

EL PASAJE EN PROFUNDIDAD

Juan el Bautista prepara el camino (1:1-8). Ver comentario sobre Juan 1:19-34 y pasajes paralelos en Mateo 3:1-12; Lucas 3:3-20.

El bautismo y la tentación de Jesús (1:9-13). Ver el comentario de Mateo 4:1-11 y pasajes paralelos en Mateo 3.13-17 y Lucas 4:1-13.

El llamado a los primeros discípulos (1:14-20). Ver Marcos 3:13-19.

Jesús sana a muchos (1:29-34). Ver el comentario de Marcos 3:20-30 y pasajes paralelos en Mateo 8:14-17 y Lucas 4:31-37.

Un hombre con lepra (1:40-45). Ver pasajes paralelos en Mateo 8:1-4 y Lucas 5:12-16.

Trasfondo. La enfermedad llamada lepra, *lepros* en este texto, es la que se identifica con el término hebreos *sara'at* en el AT. La versión de la Biblia en Lenguaje Sencillo traduce este término como "piel enferma", y es adecuado esto porque incluye cualquier enfermedad que cause lesiones o erupciones en la piel.

Lo más significativo de estas enfermedades es que hacían que la persona fuera ritualmente "impura" y debiera estar aislada de los demás. Tanto la impureza como el aislamiento de la persona con "lepra" tienen un papel importante en la historia de Marcos.

Según el AT, cualquier persona que tuviera una erupción visible debía presentarse ante un sacerdote, quien sería responsable del diagnóstico (Levítico 13). Una vez desaparecida la erupción la persona tenía que volver a ver al sacerdote, quien entonces certificaría que ya estaba ritualmente "pura" otra vez (Levítico 14). Esto no implicaba que el sacerdote cumpliera la función del médico, sino que reflejaba el papel de los sacerdotes en la religión del AT como responsables de mantener los parámetros rituales para la participación en la vida de adoración y comunidad de Israel.

Interpretación. El hombre que acudió a Jesús estaba convencido de que Cristo podía sanarlo (1:40). Pero no estaba seguro de que Jesús quisiera sanar a alguien "impuro".

El texto nos dice "movido a compasión, Jesús..." (1:41). Aquí, la palabra es *splanchnizomai*, no tan común como *eleos* que también se traduce como "misericordia" u *oiktirmos*, que expresa lástima. Es que la palabra utilizada es especialmente importante, e indica una emoción que embarga. Es el término que eligieron los autores de los Evangelios para describir la respuesta de Jesús ante los necesitados (Mateo 9:36; 14:14; 15:32; 18:27; Marcos 6:34; 8:2; Lucas 7:13; 10:33; 15:20).

Conmovido por este amor e interés, Jesús extendió la mano y tocó al leproso, al tiempo que anunciaba "¡Queda limpio!". La acción dejó atónitos a todos porque cualquier otro habría quedado contaminado por tocar a un leproso pero el toque de Jesús limpió al impuro sanando la enfermedad que causaba su aislamiento.

Muchos han señalado que la lepra a veces sirve como metáfora del pecado, que hace que los seres humanos estemos aislados de Dios. Así, en la acción de Jesús ven una afirmación simbólica de Su poder para limpiar a la humanidad del pecado. Es muy probable. Tal vez, lo que muestra este incidente con mayor claridad es la actitud que distinguía a Jesús en claro contraste con la actitud de los líderes religiosos de la época. A Jesús le importaban los seres humanos y al tocar al leproso mostró que a los ojos de Dios, la necesidad humana está por encima del ritual y las reglas.

¿Por qué envió Jesús al leproso a ver a un sacerdote, cumpliendo la ley del AT que Él mismo parece haber violado? El texto dice que Jesús le mandó: "preséntate al sacerdote y lleva por tu purificación ...para que sirva de testimonio" (1:44). Seguramente el hombre y los líderes no tenían duda de que Jesús hubiera sanado al leproso de veras, mostrando así Su autoridad por sobre la impureza ritual.

Pero ¿por qué le dijo que no se lo contara a nadie? Vemos la razón en el resultado: Jesús ya no podía entrar en una ciudad abiertamente porque en lugar de contribuir a Su ministerio los informes y noticias de Sus milagros atraían a las multitudes que venían, no a escuchar Su mensaje sino a que los sanara, o simplemente para ver cómo hacía milagros.

Aplicación. La respuesta de Cristo al leproso nos brinda un ejemplo potente a los creyentes de hoy. Los "intocables" de nuestra sociedad tal vez crean que Dios tiene capacidad para ayudarles, pero al igual que el leproso, dudan de que Él quiera hacerlo. Así que al responder como Jesús a quienes están en necesidad, con compasión que nos hace extendernos, tocar y ayudar, tenemos la oportunidad de convencerlos de que a nuestro Dios sí le importa.

Jesús sana a un paralítico (2:1-12). Ver el comentario sobre Lucas 5:17-27 y el pasaje paralelo en Mateo 9:1-8.

Jesús llama a Leví (2:13-17). Ver pasajes paralelos en Mateo 9:9-13 y Lucas 5:27-32.

Trasfondo. Es difícil para nosotros entender la posición social de los "pecadores" y recolectores de impuestos en el judaísmo del siglo primero. En tanto "pecadores" puede referirse sencillamente a quienes no cumplían con los altos parámetros de observancia ritual de los fariseos, los "recolectores de impuestos" sin duda eran despreciados y marginados por todos. No solo no podía un recolector de impuestos ocupar un puesto en la función pública o servir siquiera como testigo en un tribunal civil o criminal sino que el dinero de las billeteras de los recolectores de impuestos se consideraba tan sucio que no podía aceptarse en el templo ni siquiera como limosna para los pobres. Tampoco se podía cambiar ese dinero.

Pero Jesús no solo llamó a Leví (identificado en Mateo 9:9 como el mismo apóstol Mateo), sino que además aceptó su invitación a un banquete que daría para muchos de sus colegas "recolectores de impuestos y pecadores".

No es de extrañar que los fariseos, entregados a un estilo de vida que les exigía separarse de cualquier persona o cosa que siquiera tuviera atisbos de impureza, se escandalizaran porque Jesús comiera con los pecadores. ¡En esa época comer juntos significaba aceptación mutua! Seguramente, el Mesías prometido aplastaría a los pecadores y daría socorro a los justos y rectos. Pero aquí este supuesto maestro y Profeta despreciaba a los rectos para identificarse con los pecadores. Para ellos, las acciones de Cristo eran incomprensibles, evidencia de que no importa Quién afirmara ser, sencillamente no podía venir de Dios.

Interpretación. Tanto Marcos como Lucas informan que Cristo observó que los enfermos, y no los sanos, necesitan un médico (ver Estudio de palabras de Marcos 2:17). Cristo entendía claramente Su misión, como misión a los pecadores. Los fariseos no comprendían la naturaleza de Su misión, en parte porque no reconocían ser pecadores que necesitaban sanidad espiritual y renovación.

Mateo añade otra frase a la respuesta de Cristo: "vayan y aprendan lo que significa: 'Lo que pido de ustedes es misericordia y no sacrificios'" (9:13).

Era una declaración asombrosa porque la frase "vayan y aprendan" era una fórmula de los rabinos que se usaba de manera condescendiente con respecto a quienes necesitaban estudiar el texto en mayor profundidad. Los fariseos, que se ufanaban tanto de vivir conforme a la ley del AT, en realidad habían malinterpretado el mensaje de Dios.

El versículo que citó Jesús está en Oseas 6:6. En esta forma en particular: "amor, y no sacrificios", la antítesis semítica significa "la misericordia es más importante que los sacrificios".

Así, Jesús da adecuada prioridad a las necesidades de los pecadores de restaurarse a una relación correcta con Dios. Y los fariseos se equivocan porque dan prioridad al ritual por sobre las necesidades humanas.

Implicancias. Es trágico cuando los cristianos de hoy, como los fariseos de los tiempos de Jesús, se comprometen con tanto celo a las implicancias menos importantes del estilo de vida de fe, ignorando lo que tiene prioridad con Dios. Muchas veces nuestro compromiso con nuestra doctrina en particular nos parece más importante que cumplir el mandamiento de Cristo de amar a nuestros hermanos y hermanas en el Señor (Juan 13:34-35). Muchas veces, por temor a la contaminación nos sentimos incómodos con los "pecadores" de hoy cuando en cambio debiéramos llenarnos de compasión como para llegar a ellos y tocarlos.

Al formular Su propia misión Jesús dijo: "yo no he venido a llamar a justos sino a pecadores" (Marcos 2:17). Cristo nos recuerda la prioridad de Dios, también para nuestros tiempos.

Vivamos la libertad que conocía Cristo para responder a los pecadores, no importa cuál sea la reacción de quienes entre nosotros también necesitan "ir y aprender".

Jesús es cuestionado en cuanto al ayuno (2:18-22). Ver pasajes paralelos en Mateo 9:14-17 y Lucas 5:37-39.

Señor del Sábado (2:23-3:6). Ver el comentario sobre Mateo 12:1-21 y el pasaje paralelo en Lucas 6:1-11.

Las multitudes siguen a Jesús (3:7-12). Ver el comentario sobre 3:20-30, sobre Cristo vs. los demonios.

El nombramiento de los Doce Apóstoles (3:13-19). Ver pasajes paralelos (cf. Cuadro a continuación). La palabra "apóstol" se utiliza en referencia a los representantes comisionados por una persona de alto rango e implica que hablan y actúan bajo y con Su autoridad. En las Escrituras encontramos cuatro listas de los Doce. En cada una de ellas aparece Pedro primero y los cuatro primeros son siempre los mismos aunque en distinto orden. El segundo grupo de cuatro siempre comienza con Felipe y el tercer grupo de cuatro está encabezado por Santiago. Judas Iscariote siempre figura en último lugar. Observemos que Tadeo, en Mateo y Marcos se llama Judas, hijo de Santiago en Lucas y Hechos.

Jesús y Beelzebú (3:20-30). Ver también pasajes paralelos en Mateo 12:22-37 y Lucas 11:14-26.

Trasfondo. Jesús ya había demostrado con claridad y sin lugar a dudas Su autoridad sobre los demonios, echándoles fuera de los enfermos e insanos (1:34; 3:11-12). Incluso les había dado a Sus discípulos autoridad para predicar y echar demonios también (3:15). Solo quedaba una pregunta ¿de dónde obtenía Jesús esa autoridad?

Solo había dos respuestas posibles: O los echaba por el poder de Dios, o por el príncipe de los demonios, Beelzebú. El origen del nombre es incierto, pero tal vez surgiera del hebreo, *zebul*, "casa" y *baal*, "amo". No hay duda, sin embargo, de que en los tiempos de Jesús era el nombre de Satanás.

Por un lado había exorcistas en Israel, bien recibidos y de quien no se sospechaba. ¿Por qué, entonces, no honraban estos líderes a Jesús, si sus propios seguidores (literalmente, "hijos") practicaban el exorcismo? Sin duda, debido al hecho de que Jesús los escandalizaba al comer con los pecadores (2:13-17), violando además su interpretación del sábado (2:23-3:6). ¿Cómo podían reconocer que Dios era el origen de las obras de Jesús, sin al mismo tiempo cuestionar sus creencias más preciadas?

De hecho, los milagros de Cristo eran evidencia que desafiaba toda creencia. Los maestros de la Ley eligieron conscientemente rechazar esa evidencia al acusar a Jesús de estar "poseído por Beelzebú".

Interpretación. La respuesta de Cristo a las acusaciones fue señalar lo obvio. Ningún gobernante actúa en contra de los intereses de su reino. Es obvio que Satanás ¡no le daría poder a Jesús para hacer la guerra contra los suyos!

Hay otra implicancia obvia del éxito de Cristo contra los demonios. ¡Jesús tenía que ser más poderoso que aquel a quien Él vencía! Así, la autoridad de Cristo sobre los demonios es prueba indisputable de que Dios es el origen de Su poder.

Dicho esto, Jesús advierte a Sus acusadores diciéndoles que sus acusaciones son blasfemia contra el Espíritu Santo, lo cual es "pecado eterno" que "no tendrá perdón jamás".

El contexto nos permite definir este "pecado imperdonable". La gente puede dudar del Evangelio y blasfemar contra Cristo, pero también pueden cambiar de parecer, creer, y ser perdonados. El pecado de estos maestros de la Ley es que sabían la verdad y se daban cuenta de que los exorcismos de Cristo tenían que provenir del poder de Dios.

Marcos 1-5

Mateo	Marcos	Lucas	Hechos
1. Simón Pedro	1. Simón Pedro	1. Simón Pedro	1. Simón Pedro
2. Andrés	2. Jacobo, hijo de Zebedeo	2. Andrés	2. Juan
3. Jacobo, hijo de Zebedeo	3. Juan	3. Jacobo	3. Jacobo
4. Juan	4. Andrés	4. Juan	4. Andrés
5. Felipe	5. Felipe	5. Felipe	5. Felipe
6. Bartolomé	6. Bartolomé	6. Bartolomé	6. Tomás
7. Tomás	7. Mateo	7. Mateo	7. Bartolomé
8. Mateo	8. Tomás	8. Tomás	8. Mateo
9. Jacobo, hijo de Alfeo	9. Jacobo	9. Jacobo, hijo de Alfeo	9. Jacobo, hijo de Alfeo
10. Tadeo	10. Tadeo	10. Simón el Zelote	10. Simón el Zelote
11. Simón el Zelote	11. Simón el Zelote	11. Judas, hijo de Jacobo	11. Judas, hijo de Jacobo
12. Judas Iscariote	12. Judas Iscariote	12. Judas Iscariote	12. Judas Iscariote

Su acusación era deliberado, endurecido y consciente rechazo a la obra del Espíritu a través de Cristo aunque no pudiera haber otra explicación a Sus obras.

Es este rechazo consciente y deliberado de la verdad conocida lo que hace que el pecado sea imperdonable. Es imperdonable no porque Dios no quiera aceptar a los que se arrepienten sino porque la decisión de estos hombres muestra que no están dispuestos a arrepentirse.

Aplicación. J. C. Ryle observa "hay tal cosa como un pecado que jamás se perdonará. Pero quienes más se preocupan por ello son los que más probablemente lo han cometido".

Tal vez hay un corolario en esto. Quienes adoptan la visión de los maestros de la Ley son tan hostiles a Cristo que lo más probable es que ni siquiera les preocupe la idea de un posible juicio.

La madre y los hermanos de Jesús (3:31-35). Ver pasajes paralelos en Mateo 12:46-50, Lucas 8:19-21.

La parábola del sembrador (4:1-34). Sobre las parábolas, ver el comentario de Mateo 13:1-58 y los pasajes paralelos en Lucas 8:4-18 y 13:18-21.

Jesús calma la tormenta (4:35-41). Ver también los pasajes paralelos en Mateo 8:23-27 y Lucas 8:22-25.

Trasfondo. El Mar de Galilea está en una hondonada poco profunda, rodeado de colinas. Suele haber tormentas fuertes y repentinas que Lucas llama *lailaps anemou*, "tormentas de viento". Podemos calcular la furia de la tormenta por el terror de los discípulos porque varios eran pescadores que debían haber soportado ya varios vendavales en este mismo mar a lo largo de los años de oficio.

Interpretación. Varios comentaristas han buscado una lección espiritual oculta en esta historia. Tertuliano veía a la barca como la iglesia, y sentía que la tormenta era una amenaza a la iglesia, más que a los discípulos. Otros ven allí una indicación de que quienes siguen a Jesús (Mateo 8:23) deberán pasar por terribles tormentas pero tendrán la seguridad de la protección de la presencia de Jesús. Aunque puede haber mérito en dichas aplicaciones, la secuencia de hechos de Marcos muestra que desde este momento se inicia una serie de "grandes milagros". Están estructurados para mostrarle al lector que Jesús de veras tiene todo el poder. Calmar la tormenta revela Su control sobre la naturaleza. Sanar al hombre poseído por demonios muestra Su autoridad sobre todo el reino espiritual. Sanar a la mujer enferma y resucitar a la niña muerta demuestra Su capacidad para conquistar todo poder que pueda mantener cautivo al ser humano. Jesús no solo afirmó ser el Hijo de Dios, sino que lo demostró en todos los planos.

Aplicación. El terror que sentían los discípulos que no se daban cuenta de que a pesar de la tormenta estaban perfectamente a salvo en presencia de Jesús, seguramente les decía algo a los lectores de marcos. Recordando el informe en los Anales de Tácito, que citamos al principio de este estudio, podemos percibir parte del consuelo que esta historia les habrá dado a los primeros cristianos. No importa qué peligros haya, y no importa cuánto sea el dolor, Jesús estaba presente y en el sentido eterno más significativo de la palabra, el creyente siempre estuvo y está "a salvo".

Jesús sana al endemoniado (5:1-20). Ver también pasajes paralelos en Mateo 8:28-34 y Lucas 8:26-39.

Trasfondo. Este relato sigue al de la tormenta que acalló Jesús, en cada uno de los Evangelios Sinópticos. Y en todos los casos forma parte de una serie que demuestra la ilimitada extensión de los poderes de Jesús.

Esta secuencia, y los detalles como el de haber echado a los demonios que fueron a poseer a una piara de cerdos, dejan en claro que cada uno de los autores describe el mismo incidente. Pero Mateo habla de dos hombres poseídos en tanto Lucas y Marcos solo mencionan a uno. Y Lucas ubica el incidente en Garasa en lugar de Gadara. Muchas veces se ha señalado que este es uno de los "errores" en las Escrituras. Pero el nuevo libro Revell, *Bible difficulties solved!* [Solución a las dificultades de la Biblia], señala una explicación sencilla:

> La ubicación más probable de este hecho es Gadara. La mayoría supone que Garasa refleja un error del escriba que sustituyó letras que en arameo se asemejan mucho.
>
> ¿Y qué hay de la diferencia entre "dos" endemoniados y "uno"? ¿Es una contradicción? No necesariamente. Después de todo, Mateo y Marcos no sugieren que hubiera uno solo. Sencillamente centran su atención en uno. Supongamos que le dice usted a un amigo "Jim estaba en la fiesta pero llegó tarde", en tanto otro le dice al mismo amigo, "Jim y Carl llegaron tarde a la fiesta". ¿Habría que acusarle de cometer un "error" porque no mencionó a Carl cuando informó sobre Jim? ¡Claro que no! ¿Por qué habría que acusar al NT de tener un error porque Mateo y Marcos solo mencionan a un endemoniado cuando Lucas menciona a dos?
>
> Como cada uno de los autores cuenta los mismos elementos centrales de la historia, no tenemos por qué inferir que se trata de un error. Jesús demuestra Su poder sobre los demonios echándolos fuera de sus víctimas humanas y permitiéndoles entrar en una piara de cerdos que corren al agua y se ahogan. Insistir en que mateo y marcos o Lucas cometen un error, sencillamente porque no mencionan la misma cantidad de endemoniados no parece razonable en estas circunstancias.

Interpretación. Quizá el elemento más impactante en esta historia es la transformación de la actitud que exhiben los demonios. Cuando les vemos por primera vez parecen tener dominio total del hombre al que poseen, aterrorizando a todo el barrio. Pero cuando aparece Jesús, afirman Su identidad a gritos: "¿Por qué te entrometes, Jesús, Hijo del Dios Altísimo?" (5:7).

De inmediato pasan de ser tiranos que dominan a suplicar ante Jesús, y le ruegan que no los atormente.

¿Por qué les permitió Jesús poseer a los cerdos? Sería una equivocación suponer que Jesús se compadeció de estos seres malevolentes. Lo que demuestra este hecho singular es que el hombre que había sido poseído y todos los que observaban, pudieron comprobar que de veras Jesús había echado a los demonios. Y como los cerdos corrieron a su propia destrucción, quedó bien en claro que quieren albergan demonios terminan destruidos, más que beneficiados.

Aplicación. Jamás subestimemos la autoridad de Jesús sobre los poderes de las tinieblas. Y jamás equivoquemos el peligro al buscar ayuda de los satánico y lo oculto.

MARCOS 6.1–8.30
Conflictos de Jesús

EXPOSICIÓN

Los milagros que se informan en los primeros capítulos del Evangelio de Marcos han establecido con toda claridad la autoridad de Jesús. Los frustrados fariseos sugieren que el poder de Jesús sobre los demonios proviene de Satanás, un ataque que Jesús descarta con toda facilidad. Luego Jesús muestra Su autoridad como poder por sobre la naturaleza, la enfermedad e incluso la muerte, además de los demonios.

Ahora Marcos informa sobre un nuevo ciclo de sucesos que revelan una variedad de reacciones ante el ministerio de Jesús. El pueblo de Nazaret rechaza a Jesús porque piensan que Lo conocen (6:1-6). Pero ¡Él puede darle autoridad a Sus discípulos sobre los espíritus malignos! (6:6-13). Más o menos en la misma época Juan el Bautista es ejecutado por Herodes que prefirió matar a un hombre aún sabiendo que era inocente en lugar de pasar quizá vergüenza ante sus invitados a una cena (6:14-29).

Luego hay una fascinante doble secuencia de hechos. Cada una comienza con una multitud hambrienta a la que Jesús alimenta, lo cual sugiere la capacidad de Jesús para satisfacer las necesidades más básicas de los seres humanos. Después de cruzar un mar Jesús entra en duro conflicto con los fariseos y maestros de la Ley. Conversa sobre el pan y obra un milagro de sanidad, lo cual hace que las multitudes expresen asombro y maravilla, y los discípulos expresen su fe.

Jesús choca con los fariseos	7:1-23	8:11-13
Jesús produce maravilla y fe	7:37	8:27-30

Es fascinante seguir en estos capítulos la variedad de reacciones ante Jesús.

■ Sus vecinos de Nazaret se sienten casi insultados porque uno de los suyos se ha hecho famoso.

■ Los 5.000 a quienes Jesús alimentó quieren aclamarle rey "a la fuerza" (Juan 6:14-15).

■ Los fariseos y maestros de la Ley se aferran rígidamente a sus tradiciones a pesar de la devastadora crítica de Jesús respecto de su teología.

Una mujer pagana vio con claridad Quién era Él y su fe se vio recompensada.

Otras multitudes quedan profundamente impresionadas con los poderes de sanidad de Jesús pero en lugar de responder con fe, solo quedan "sumamente asombradas" (7:37).

Sus discípulos siguen confundidos acerca del significado de lo que han visto pero aunque no comprenden, sí entienden una verdad central y esencial: Jesús es el Cristo, el Hijo de Dios.

Hoy, como en el siglo primero, los hombres y las mujeres debemos tomar una decisión en cuanto a Jesús. Marcos nos recuerda que la evidencia está allí, y que cada uno deberá decidir y elegir. ¿Solo nos quedaremos en el asombro? ¿O nos entregaremos con toda confianza a Jesús, como el Cristo, el Hijo del Dios viviente?

ESTUDIO DE PALABRAS

¿No es acaso el carpintero? (6:3). En Israel la carpintería era un oficio insignificante. El trabajo en metales se consideraba un arte, pero la carpintería solo era un trabajo de medio tiempo. El carpintero utilizaba unas pocas armas rudimentarias, y arreglaba puertas o arados rotos, fabricaba cucharas y llaves de madera, y daba forma a mesas y sillas primitivas y rústicas. En Oriente, las casas se construían con piedra o ladrillos de barro, y la mayoría de los platos eran de cerámica. No hacía mucha falta el trabajo que hoy hacen los carpinteros modernos.

Así que, decir "el carpintero" en referencia a Jesús era casi un comentario despectivo, como de quien ha seguido un oficio poco importante. Es como si hoy dijéramos: "Oh, solo es un jornalero". Así se cumplió por completo la predicción de Isaías: "Creció en su presencia como vástago tierno, como raíz de tierra seca. No había en él belleza ni majestad alguna; su aspecto no era atractivo y nada en su apariencia lo hacía deseable. Despreciado y rechazado por los hombres, varón de dolores, hecho para el sufrimiento. Todos evitaban mirarlo; fue despreciado, y no lo estimamos" (Isaías 53:2-3).

¿No es acaso el carpintero, el hijo de María y hermano de Jacobo, de José, de Judas y de Simón? (6:3). Los judíos normalmente identificaban a un hombre nombrando a su padre, más que a su madre, incluso si el padre ya había muerto. ¿Por qué llamaron los vecinos a Jesús "hijo de María" entonces? Este versículo puede indicar que persistían los rumores de que Jesús había nacido antes de que se consumara el matrimonio de María y José, y que se pensaba de Él que era hijo ilegítimo. Por un lado esto puede ayudarnos a ver por qué los vecinos se sentían "ofendidos" con Él. Y por otro lado, tal vez es una forma sutil en que las enseñanzas de las Escrituras nos enseñan del nacimiento virgen de Cristo.

"En efecto, no pudo hacer allí ningún milagro, excepto sanar a unos pocos enfermos al imponerles las manos" (6:5). En griego la frase es *ouk edynato*, "incapaz de". El verbo hace referencia al poder inherente, físico, espiritual o sobrenatural de las personas. La pregunta que nos interesa aquí es: ¿cómo es que la actitud de los vecinos de Jesús limitó Su poder inherente de obrar *dynamis*, o "actos poderosos"?

En tanto Marcos suele mostrar situaciones en las que Jesús obraba milagros en respuesta a la fe, no debiéramos concluir entonces que como los vecinos de Jesús non creían, limitaron de hecho el poder esencial de Cristo. En cambio, Jesús no pudo actuar debido a la responsabilidad moral hacia Sus vecinos que no creían. No pudo obrar milagros porque la gente de Nazaret también habría rechazado esta evidencia, endureciéndose en su incredulidad.

Es impactante que en este momento ni siquiera los propios hermanos de Jesús le creyeran (Juan 7:5). Como Cristo no hizo milagros en su ciudad tal vez, esto les dio tiempo para que la fe naciera y creciera más adelante (Hechos 1:14).

Comenzó a enviarlos de dos en dos (6:7). El Sanedrín también enviaba a los rabinos que comisionaba como mensajeros especiales, de dos en dos. La costumbre judía ya establecida aparentemente refleja que había un requisito de que todo testimonio debía establecerse "Por el testimonio de dos o tres testigos" (Deuteronomio 17:6).

Denles ustedes mismos de comer (6:37). "Ustedes", es un pronombre personal que indica énfasis y que se añade a pesar del hecho de que la forma verbal ya indica a quién se dirigía Jesús. Los discípulos eran sensibles a las necesidades de la gente, y eso era bueno. Al decirles "Denles ustedes mismos de comer" Jesús enseñó tres lecciones. Primero, que donde hay necesidad los seguidores de Cristo tienen la responsabilidad de responder. En segundo lugar, que en nosotros mismos no tenemos capacidad para ayudar. Y tercero, que si comprometemos nuestros recursos entregándolos a Jesús Él multiplicará lo que tengamos y nos permitirá satisfacer las necesidades de los demás.

Los que comieron fueron cinco mil (6:44). Mateo añade que también había "mujeres y niños". El número entonces es fenomenal, ya que los estudios arqueológicos han demostrado que en ese momento la población de las ciudades cercanas de Capernaum y Betsaida era solo de dos a tres mil habitantes.

No solo carecían los discípulos de dinero para comprar pan para más de 5.000 personas sino que

¡no habría habido en el área suficiente pan para alimentarlos!

En la madrugada.... Se acercó a ellos caminando sobre el lago (6:48). Marcos utiliza el sistema romano de medición del tiempo. La traducción literal de "en la madrugada" es: Alrededor de la cuarta vigilia de la noche. Esa cuarta vigilia sería entre las 3 y las 6 AM. Como ya era "tarde" (6:35) cuando Jesús alimentó a los 5.000, aquí "noche" significa tarde por la noche.

"Vieron a algunos de sus discípulos que comían con manos impuras, es decir, sin habérselas lavado" (7:2). Alfred Edersheim describe la práctica a la que se refiere Marcos en su Vida y tiempos de Jesús el Mesías:

> Era costumbre buscar agua en lo que se conocía como natla, antila o antelaya, casi siempre hechos de vidrio y que contenían (al menos) un cuarto de log, medida equivalente a una y media "cáscaras de huevo". Porque no podía usarse menos que esa cantidad. Se echaba el agua sobre ambas manos, que debían estar desnudas y sin suciedad de yeso, barro o nada similar. Las manos debían alzarse para que el agua fluyera hacia la muñeca, asegurando así que quedaba toda la mano lavada y que el agua contaminada no volviera a escurrirse entre los dedos. De manera similar, se fregaban las manos una contra la otra (con el puño cerrado) siempre que la mano que fregaba estuviera ya limpia, porque de otro modo habría que frotarla contra la cabeza o incluso contra un muro. Pero había algo a lo que se tenía que prestar mucha atención. En la "primera lavada" que originalmente era todo lo que había falta si las manos no estaban levíticamente "impuras", el agua debía correr hasta las muñeca (*chuts lappereq* o *ad happereq*). Si no llegaba a la muñeca, la mano no quedaba limpia. Por eso, las palabras de San Marcos solo pueden significar que los fariseos no comen "excepto que se laven las manos hasta las muñecas" (Vol 2, pag 11 – traducción libre).

¡Qué trágico que se concentraran en detalles como este! Después de ver los milagros de Cristo queda totalmente claro que el único problema que tiene que resolver cada persona es el de Quién es Él, nada más.

Porque de adentro, del corazón humano, salen los malos pensamientos (7:21-22). Aquí, como en tantas otras ocasiones en la Biblia, el "corazón" representa al carácter esencial de la persona. La verdadera rectitud y justicia solo pueden alcanzarse con corazón transformado, y no por medio de prácticas rituales, ascetismo o intentos de auto-reforma.

Hasta los perros comen debajo de la mesa las migajas que dejan los hijos (7:28). Marcos utiliza el término griego *kynairoi*, o "cachorros", las mascotas de la casa. Es obvio que las necesidades de los niños en el hogar son más importantes que las de los cachorros, por lo que a los niños se los alimentará "primero". Pero la mujer pedía en fe las "migajas" que hubieran sobrado. Sabía en verdad que la provisión de bendiciones de Dios no tiene límites.

Después los discípulos recogieron siete cestas llenas de pedazos que sobraron (8:8). A primera vista podría parecer que después de alimentar a 4.000 personas sobró menos comida que después de haber alimentado a 5.000 ("doce canastos", 6:43). De hecho, sucede lo contrario. Los canastos en el primer milagro eran *kophinos*, contenedores de mimbre en los que la persona llevaba su vianda cuando estaba de viaje. Pero aquí, los canastos son *spyris*, gigantes canastos de almacenamiento, tan grandes como para que el Apóstol Pablo bajara dentro de uno de ellos por las murallas de Damasco (Hechos 9:25). La capacidad de Cristo para proveer y satisfacer nuestras necesidades es verdaderamente ilimitada.

¿Por qué pide esta generación una señal milagrosa? (8:12). Aquí el término griego es *semeion*. Se refiere a un milagro como marca de autenticación, más que como demostración de poder. Jesús ya había mostrado la extensión de Su autoridad en una variedad de milagros que demostraron Su poder sobre la naturaleza, los demonios, la enfermedad e incluso la muerte. Pero los fariseos exigían alguna señal "del cielo" ¡que autenticara Su afirmación de que venía de Dios!

Jesús se negó a satisfacer esta exigencia. Ya habían rechazado la abrumadora evidencia de Sus muchos milagros. Sin fe, rechazarían cualquier señal que Él obrara.

Es interesante que Mateo añade, en 16:4 "pero no se le dará más señal que la de Jonás", en cuanto a Su resurrección más adelante. Cuando esa confirmación innegable de las afirmaciones de Cristo ocurriera, los líderes de Israel aún así seguirían negándose a creer.

Incluso los milagros no pueden cambiar las ideas de quienes sencillamente se niegan a creer.

¡Ojo con la levadura de los fariseos y con la de Herodes! (8:15). Los rabinos utilizaban la levadura como metáfora de la disposición al mal en los seres humanos. La referencia a "Herodes" solo aparece en Marcos. Lucas 12:1 dice "fariseos" y Mateo 16:6 dice "levadura de los fariseos y saduceos", identificando a la "levadura" con sus enseñanzas (16:12). Estas facciones religiosas interpretaban las Escrituras con una disposición al mal, ¡que con el tiempo corrompería cada una de las Palabras que tanto decían interpretar!

111

¿Por qué es que Marcos añade a Herodes? Tal vez porque también Herodes quería una señal (Lucas 23:8). Lo más probable es que porque Herodes, como los fariseos, no quería ver el significado de los milagros de Cristo (Marcos 6:14) y se negó a creer las palabras de Jesús cuando ´{El dijo Quién era. Si aquí el fariseo representa a la persona ciega a Jesús a causa de su fe religiosa, Herodes representa al hombre secular que agobiado por una sensación de culpa por acciones que sabe bien han sido malas, sigue ciego a la Persona de Jesús, a Quién es Él, y ciego también a la esperanza que Jesús les ofrece a todos los seres humanos.

EL PASAJE EN PROFUNDIDAD

Un profeta sin honores (6:1-6). Ver comentario sobre Lucas 4:14-30 y también el pasaje paralelo en Mateo 13:54-58.

Jesús envía a los Doce (6:6-13). Ver comentario de Mateo 10:1-34 y también Lucas 10:1-24.

Decapitación de Juan el Bautista (6:14-29). Ver también Mateo 14:1-12 y Lucas 9:7-9.

Trasfondo. Herodes Antipas, hijo de Herodes el grande, en realidad era tetrarca. Durante unos 30 años Roma le había permitido gobernar Galilea y Perea. De modo que el título de "rey" solo es de cortesía.

Juan había estado predicando principalmente en Perea "al otro lado del río Jordán" (Juan 1:28) en tanto el ministerio de Jesús se centró en Galilea. Técnicamente, tanto Juan como Jesús operaban dentro de la jurisdicción de Herodes y sin duda este gobernante tendría agentes que vigilaban a las multitudes que se reunían para oír a estos predicadores tan populares.

En esta situación, la crítica abierta de Juan a Herodes por tomar "a la esposa de tu hermano" (6:18), creaba un problema para este gobernante malvado pero débil. La primera esposa de Herodes era hija del rey de los nabateos, cuyas tierras eran adyacentes a las de Herodes. Una guerra de fronteras se había desatado tiempo atrás y solo por intervención romana puso salvarse Herodes. Ahora, éste había echado a su esposa y vivía abiertamente con Herodias, que estaba casada con Herodes Filipo, otro de los hijos de Herodes el Grande y medio hermano de Antipas. Para complicar las cosas aún más, Herodias también era sobrina de Herodes, hija de otro de sus medio hermanos, Aristóbulo. Aunque en esa época era aceptable que un hombre se casara con su sobrina, el casarse con la esposa de un medio hermano se consideraba incesto (Levítico 18:16; 20:21). Mateo nos dice que Juan denunciaba a Herodes continuamente. Mateo utiliza "le había estado diciendo", traducción del término griego *elegen*.

Esto representaba un doble peligro para Herodes porque podía despertar mayor animosidad de parte del ex suegro de Herodes, Aretas. Y además podía hacer surgir una revuelta entre los judíos religiosos, escandalizados por la conducta de Herodes y con nueva pasión por la expectativa mesiánica que despertaba la predicación de Juan.

Así, podemos entender por qué Herodes mandó apresar a Juan y por qué temía la reacción del pueblo si mandaba ejecutarlo (mateo 14:5). Además, parece que Herodes sentía fascinación por el "justo y santo" Juan (6:19-20), a quien protegía del violento odio de Herodias.

Percibimos parte del carácter de Herodias no solo de los informes de la época sobre su escandalosa moral, sino a partir del hecho de que lanzó a su hija, de unos 12 o 14 años entonces, como bailarina. Aunque el texto no nos indica que la danza de Salomé fuera sensual, la mala reputación y posición social de las bailarinas nos lo sugiere. La danza agradó a Herodes, que le prometió estúpidamente la recompensa que ella deseara y que él pudiera darle.

Interpretación. La historia que relata Marcos gira sobre la estúpida promesa efectuada por Herodes y la hostilidad de Herodias. Después de que Herodes pronunciaría su tonta promesa, la muchacha le preguntó a su madre qué podría pedir. Y luego le dijo al rey: "Quiero que ahora mismo me des en una bandeja la cabeza de Juan el Bautista" (6:25).

Marcos nos dice que ante este pedido el rey "se quedó angustiado" (6:26). Sabía que estaría mal ejecutar al "justo y santo" Juan. Pero más le preocupaba las apariencias y la opinión de sus invitados.

Es interesante que su promesa: "Te daré cualquier cosa que me pidas, aun cuando sea la mitad de mi reino" (6:23) sigue una fórmula que utilizaban los antiguos gobernantes persas. Herodes, una autoridad menor en el mejor de los casos ¡imitaba a conciencia a los poderosos reyes del pasado! Es difícil para los hombres pequeños, desesperados por parecer más grandes de lo que son, admitir que han cometido una estupidez.

¿Qué podría haber hecho Herodes? Podría haber reprendido a Salomé, y también a Herodias, actuando como verdadero rey. En cambio, prefirió hacer algo que sabía que estaba mal solo por preservar la falsa imagen que tan desesperadamente quería mantener ante los sicofantes que habían asistido al banquete. Y así, Juan murió por la debilidad de un hombre malo y estúpido.

Aplicación. La acción de Herodes esa noche nos brinda un espejo importante que podemos utilizar para examinarnos a nosotros mismos. ¿Somos héroes morales como Juan, que confrontamos el mal aún ante los poderosos? ¿O somos cobardes morales como Herodes, más preocupados por la opinión de los demás que por hacer lo correcto?

Marcos 6.1-8.30

Cuando nos comportamos como Herodes, podemos estar seguros de que perjudicaremos a los demás. Y lo más importante es que seguramente caeremos en una trampa. Tal vez haya quien finja admirarnos, pero los cobardes morales que actúan de manera tal que se les vea como personas fuertes, siempre acaban mostrando lo que son en realidad. Y los demás ríen a sus espaldas.

Jesús alimenta a los cinco mil (6:30-44). Ver el comentario sobre Marcos 8:1-13, más adelante.

Jesús camina sobre el agua (6:45-46). Ver los pasajes paralelos en Mateo 14:22-36 y Juan 6:16-24.

Trasfondo. Los relatos de los Evangelios coinciden en la ocasión, en los vientos que dificultaban el avance de los discípulos y en la aparición de Jesús caminando sobre el agua. Solo Mateo nos habla de la intrepidez de Pedro al saltar por sobre la borda y caminar hacia Jesús, y de la repentina pérdida de fe de su parte.

Puede haber diversas razones para que Marcos no cuente esto. Por un lado, no es un aspecto necesario en el patrón que sigue Marcos (ver EXPOSICIÓN , más arriba). Y por otra parte, tal vez el mismo Marcos dude, como Pedro, en cuanto a contar esta historia. No porque estuviera reflejando a Pedro de manera negativa ¡sino porque de hecho, le presenta tan positivamente!

¿Por qué podría representar el punto de vista de Pedro lo que Marcos escribiera? Clemente de Alejandría (ca. 150-203 DC) informa de una tradición antigua: "del [Evangelio] según Marcos en esta ocasión. Cuando Pedro había predicado la palabra públicamente en Roma y había declarado el Evangelio por [el] Espíritu a todos los presentes, y eran muchos, buscó a Marcos porque había seguido [a Pedro] durante mucho tiempo y recordaba las cosas que se habían dicho, para que escribiera lo que se había dicho, y habiendo hecho esto les dio el Evangelio a quienes lo habían pedido. Cuando Pedro se enteró más tarde, ni lo felicitó ni lo reprendió".

Interpretación. Mateo nos dice que cuando Jesús Se identificó ante los aterrados discípulos, Pedro le gritó: "Señor, si eres tú ..., mándame que vaya a ti sobre el agua" (14:28). Cuando Cristo respondió: "Ven", Pedro "bajó de la barca y caminó sobre el agua" (14:29(.

Es común centrar la atención en el versículo que sigue, porque nos dice que cuando Pedro "sintió el viento fuerte", tuvo miedo y empezó a hundirse. Puede resultar extraño que sintiera el viento recién en ese momento. Pero F. F. Bruce observa: "Una cosa es ver la tormenta a bordo de una barca robusta, y otra muy diferente es estar en medio de las olas". La frase nos dice que de repente Pedro tomó conciencia de la fuerza de la tormenta ¡en tanto que antes solo había estado centrada su atención en Jesús!. Cuando su mirada se apartó de Jesús a las circunstancias que le rodeaban, empezó a hundirse en el agua.

Sin embargo el peligro le sirvió para que recordara a Cristo y por eso gritó con urgencia: "Señor, ¡sálvame!". Jesús extendió Su mano y los salvó, y le preguntó por qué había dudado, llamándole hombre de poca fe.

Había suficientes razones como para crear duda. Pero el hecho de que Pedro abandonara la seguridad de la barca en respuesta a la invitación de Jesús, tendría que haber acallado sus temores. Mientras actuemos en obediencia al llamado de Jesús estamos a salvo, no importa qué tan fuertes sean los vientos.

¿De qué modo da crédito a Pedro este incidente? Sencillamente porque solamente Pedro tuvo coraje suficiente como para dejar la barca. Solo Pedro estaba tan ansioso por estar con Jesús que le pidió a nuestro Señor que lo llamara a acudir a Él. Es este coraje y compromiso de Pedro lo que lo convirtió en el primero de los Apóstoles. Y son estas cualidades las que le convierten en la persona que los creyentes hemos de emular.

Aplicación. Hay aquí muchas lecciones para nosotros. Tal vez, la más importante es que quienes buscan estar cerca de Jesús, y responden con valentía a Su llamado, no dejan de ser vulnerables a la duda. Pero cuando mantenemos la mirada en Cristo, estamos a salvo. Aún si momentáneamente apartamos los ojos del Señor, Él está cerca para extender Su mano y levantarnos.

Puro e impuro (7:1-2). Ver comentario sobre Mateo 15:1-20.

La fe de la mujer sirofenicia (7:24-30). Ver comentario sobre Mateo 15:21-38.

Sanación del sordomudo (7:31-37). Ver también Mateo 16:13-15.

Trasfondo. La respuesta de la gente ante el milagro de sanación de Jesús se asemeja de manera fascinante a lo que la de las multitudes, según lo informa Mateo 16. "Todo lo hace bien" (Marcos 7:37), el mismo tiempo de elogio que ofrecen los discípulos al identificar a Jesús con uno de los grandes profetas del pasado.

El problema está en que la respuesta no es adecuada. Bastaría con que Jesús fuera nada más que un hombre. Pero Cristo era el Hijo de Dios. en lugar de asombro Sus acciones debieran haber generado fe.

Jesús alimenta a los 4.000 (8:1-13). Ver también Mateo 14:13-21, 15:29-39, Marcos 6:30-44, Lucas 9:10-17 y el comentario sobre Juan 6.

Trasfondo. Los ricos hacían el pan con trigo y los pobres lo hacían con cebada molida. Pero para todos, el pan era el alimento más básico. Con frecuencia "pan" servía como metáfora del alimento en general así que era el pan lo que sostenía la vida biológica. Así, cuando Jesús dijo "No solo de pan vive el hombre" (Mateo 4:4) estaba afirmando que los seres humanos, aunque materiales, son también seres espirituales que no han de dejarse dominar por las urgencias — o necesidades, siquiera — del físico.

Los milagros de Jesús cuando alimentó a los 5.000 y luego a los 4000.000 eran evidencia incontestable para Israel, de que Cristo se interesaba por toda necesidad humana pero también estimularon una respuesta más reveladora. Mateo 14:20 dice: "Todos comieron hasta quedar satisfechos", y Juan 6:15 nos dice que la multitud "querían llevárselo a la fuerza y declararlo rey". La multitud sentía más entusiasmo ante la posibilidad de que Jesús pudiera darles de comer que ante la posibilidad de que Él pudiera salvarles de sus pecados.

Interpretación. Se nos informa de los milagros de alimentar a miles de personas con mínimos recursos en Mateo, Marcos y Juan. En Juan el milagro sirva como ocasión para que Jesús predique sobre el Pan de Vida. Es claro a partir de Juan que las multitudes que comían el alimento provisto con Jesús tenían delante el desafío de ver en Sus milagros evidencia de que Él Mismo era el "verdadero pan" (Juan 6:32) enviado por Dios desde el cielo para sostener no solo la vida física sino — lo más importante — la espiritual. Es claro también que las multitudes rechazaron la explicación que dio Cristo sobre el significado de Su milagro. Empezaron "a murmurar contra Él" (6:41) y como las palabras de Jesús eran "muy difíciles" (6:60), muchos de sus primeros seguidores "le volvieron la espalda y ya no andaban con él" (6:66).

Marcos y Mateo no nos dicen nada de esto. En cambio, nos piden que sencillamente miremos lo que hizo Jesús y de ello tomemos nuestras lecciones. Solo al leer a Juan encontramos en el discurso de Cristo el significado más profundo de esta importante señal.

¿Qué podemos aprender de los relatos sinópticos entonces? Si los ponemos lado a lado, notamos sus semejanzas.

JESÚS ALIMENTA A 5.000 PERSONAS

Mateo 14:13-21

Cuando Jesús recibió la noticia, se retiró él solo en una barca a un lugar solitario. Las multitudes se enteraron y lo siguieron a pie desde los poblados. Cuando Jesús desembarcó y vio a tanta gente, tuvo compasión de ellos y sanó a los que estaban enfermos. Al atardecer se le acercaron sus discípulos y le dijeron:

—Éste es un lugar apartado y ya se hace tarde. Despide a la gente, para que vayan a los pueblos y se compren algo de comer. —No tienen que irse —contestó Jesús—. Denles ustedes mismos de comer. Ellos objetaron:

—No tenemos aquí más que cinco panes y dos pescados.

—Tráiganmelos acá —les dijo Jesús. Y mandó a la gente que se sentara sobre la hierba. Tomó los cinco panes y los dos pescados y, mirando al cielo, los bendijo. Luego partió los panes y se los dio a los discípulos, quienes los repartieron a la gente. Todos comieron hasta quedar satisfechos, y los discípulos recogieron doce canastas llenas de pedazos que sobraron. Los que comieron fueron unos cinco mil hombres, sin contar a las mujeres y a los niños

Marcos 6:30-44

Los apóstoles se reunieron con Jesús y le contaron lo que habían hecho y enseñado.
Y como no tenían tiempo ni para comer, pues era tanta la gente que iba y venía, Jesús les dijo:

—Vengan conmigo ustedes solos a un lugar tranquilo y descansen un poco.

Así que se fueron solos en la barca a un lugar solitario. Pero muchos que los vieron salir los reconocieron y, desde todos los poblados, corrieron por tierra hasta allá y llegaron antes que ellos. Cuando Jesús desembarcó y vio tanta gente, tuvo compasión de ellos, porque eran como ovejas sin pastor. Así que comenzó a enseñarles muchas cosas.
Cuando ya se hizo tarde, se le acercaron sus discípulos y le dijeron:

— Éste es un lugar apartado y ya es muy tarde. Despide a la gente, para que vayan a los campos y pueblos cercanos y se compren algo de comer.

— Denles ustedes mismos de comer —contestó Jesús.

— ¡Eso costaría casi un año de trabajo! — objetaron —. ¿Quieres que vayamos y gastemos todo ese dinero en pan para darles de comer?

— ¿Cuántos panes tienen ustdes? — preguntó —. Vayan a ver.

Después de averiguarlo, le dijeron:

— Cinco, y dos pescados.

Entonces les mandó que hicieran que la gente se sentara por grupos sobre la hierba verde. Así que ellos se acomodaron en grupos de cien y de cincuenta. Jesús tomó los cinco panes y los dos pescados y, mirando al cielo, los bendijo. Luego partió los panes y se los dio a los discípulos para que se los repartieran a la gente. También repartió los dos pescados entre todos. Comieron todos hasta quedar satisfechos, y los discípulos recogieron doce canastas llenas de pedazos de pan y de pescado. Los que comieron fueron cinco mil.

Marcos 6.1-8.30

JESÚS ALIMENTA A 4.000 PERSONAS

MATEO 15:29-39

Salió Jesús de allí y llegó a orillas del mar de Galilea. Luego subió a la montaña y se sentó. Se le acercaron grandes multitudes que llevaban cojos, ciegos, lisiados, mudos y muchos enfermos más, y los pusieron a sus pies; y él los sanó. La gente se asombraba al ver a los mudos hablar, a los lisiados recobrar la salud, a los cojos andar y a los ciegos ver. Y alababan al Dios de Israel. Jesús llamó a sus discípulos y les dijo:

—Siento compasión de esta gente porque ya llevan tres días conmigo y no tienen nada que comer. No quiero despedirlos sin comer, no sea que se desmayen por el camino.

Los discípulos objetaron:

—¿Dónde podríamos conseguir en este lugar despoblado suficiente pan para dar de comer a toda esta multitud?

—¿Cuántos panes tienen? —les preguntó Jesús.

—Siete, y unos pocos pescaditos. Luego mandó que la gente se sentara en el suelo. Tomando los siete panes y los pescados, dio gracias, los partió y se los fue dando a los discípulos. Éstos, a su vez, los distribuyeron a la gente. Todos comieron hasta quedar satisfechos. Después los discípulos recogieron siete cestas llenas de pedazos que sobraron. Los que comieron eran cuatro mil hombres, sin contar a las mujeres y a los niños. Después de despedir a la gente, subió Jesús a la barca y se fue a la región de Magadán.

Si comparamos, encontraremos varias semejanzas.

■ La multitud acudió a Jesús sin invitación, pero Él no les rechazó. A pesar de que necesitaba estar a solas Jesús dio de Sí Mismo y sanó a los enfermos.

■ La gente no había llevado comida.

■ Los discípulos no querían la responsabilidad de tener que atender a las necesidades de la gente y le urgían a Jesús que les enviara a sus casas.

■ Jesús sintió compasión por las multitudes, y satisfizo sus necesidades (ver Estudio de palabras de Marcos 1:41).

■ Jesús utilizó los recursos que tenían los discípulos. A ellos les impactó ver lo poco que tenían, sin tomar conciencia de la capacidad de Jesús para multiplicar dichos recursos.

■ Los dos relatos nos dicen que "la gente comió hasta quedar satisfecha". Cristo satisfizo plenamente sus necesidades.

MARCOS 8:1-13

En aquellos días se reunió de nuevo mucha gente. Como no tenían nada que comer, Jesús llamó a sus discípulos y les dijo:

—Siento compasión de esta gente porque ya llevan tres días conmigo y no tienen nada que comer. Si los despido a sus casas sin haber comido, se van a desmayar por el camino, porque algunos de ellos han venido de lejos.

Los discípulos objetaron:

—¿Dónde se va a conseguir suficiente pan en este lugar despoblado para darles de comer?

—¿Cuántos panes tienen? —les preguntó Jesús.

—Siete —respondieron. Entonces mandó que la gente se sentara en el suelo. Tomando los siete panes, dio gracias, los partió y se los fue dando a sus discípulos para que los repartieran a la gente, y así lo hicieron. Tenían además unos cuantos pescaditos. Dio gracias por ellos también y les dijo a los discípulos que los repartieran. La gente comió hasta quedar satisfecha. Después los discípulos recogieron siete cestas llenas de pedazos que sobraron. Los que comieron eran unos cuatro mil. Tan pronto como los despidió, Jesús se embarcó con sus discípulos y se fue a la región de Dalmanuta.

■ En ambos casos hubo canastos llenos de sobras. No solo hubo suficiente, sino más que suficiente.

Aplicación. Si bien podemos encontrar lecciones en las semejanzas que acabamos de señalar, la lección que tal vez sea más importante para nosotros está en la naturaleza de la necesidad y en cómo respondió Cristo.

La necesidad de alimento es una de las más básicas para los seres humanos. Jesús no solo se preocupaba por la condición espiritual de las personas. Le conmovió también el hambre físico. No podemos representar a Jesús adecuadamente si solo nos conmueve la necesidad de ganar almas perdidas. Para representar a Jesús tenemos que preocuparnos por los hambrientos, los sin techo y los oprimidos, como nuestro Señor lo hizo por las multitudes que tenían hambre.

También hay una lección para nosotros en la reacción de los discípulos ante la multitud. Lógicamente, no querían aceptar la responsabilidad de ocuparse de la necesidad de miles de personas. Sentían que la gente tenía que ocuparse de sus propias necesidades — y tal vez hasta sintieran algo de recelo — como muchas veces lo hemos sentido nosotros. Por cierto, también nosotros conocemos muy bien nuestra falta de recursos para poder satisfacer las enormes necesidades que hay en nuestra sociedad. Pero Jesús les dijo: "Denles ustedes mismos de comer" (6:37). Y luego Jesús tomó lo que le traían, unas pocas hogazas de pan y unos pescados, y los multiplicó de manera que pudieran satisfacer a todos.

Abramos nuestros corazones a quienes están necesitados, aceptemos la responsabilidad, avancemos en la fe y confiemos en que Dios multiplicará lo poco que tengamos.

La levadura de los fariseos y Herodes (8.14-21). Ver Estudio de palabras de 8:15 y el pasaje paralelo en Mateo 16:6-12.

Jesús sana al ciego en Betsaida (8:22-26). Ver EXPOSICIÓN.

Pedro confiesa a Cristo (8:27-30). Ver comentario sobre Mateo 16:13-20 y el pasaje paralelo en Lucas 9:18-20.

MARCOS 8.31–10.52
Enseñanza a Sus discípulos

EXPOSICIÓN

Al igual que Mateo y Lucas, Marcos distingue con claridad un punto de inflexión en el ministerio de Cristo. Cada uno de ellos informa de Sus primeras demostraciones de autoridad mesiánica y todos registran la creciente hostilidad de los líderes religiosos. El punto de inflexión llega cuando Jesús les pregunta a los Doce quién dice la gente que es Él, y luego les pide que ellos Le digan Quién es Él. Pedro contesta por ellos. Las multitudes ven a Jesús como profeta: Sus discípulos Le conocen como Hijo de Dios (8:27-30).

Desde ese momento Jesús empieza a hablar de Su inminente muerte y resurrección. Y los hechos y palabras son más para beneficio de las multitudes que para el de los discípulos.

Jesús predice Su muerte y les dice a Sus discípulos que cada uno de ellos tendrá que "negarse a sí mismo" (8:31-37). Cuando tres de los discípulos son testigos de la Transfiguración, el mensaje es claro: negarse a sí mismo lleva en última instancia a la gloria (8:38-9:13). Pero cuando los discípulos no logran sanar a un niño con un espíritu maligno, se pone de manifiesto la necesidad de orar y depender continuamente del Señor (9:14-32).

Surge una disputa entre los discípulos en torno a quién será el más grande, y esto crea una oportunidad para enseñar, en la que Jesús pone énfasis en la importancia de ver el liderazgo cristiano como servicio (9:33-50). Jesús rechaza las afirmaciones de los fariseos que dicen ser árbitros de la Palabra de Dios respecto del divorcio y refuerza la importancia de la respuesta y responsabilidad personal ante Dios, y Su enseñanza de que los líderes son sirvientes y no amos en el reino de Dios (10:1-16). Luego, lo que Cristo le dice a un joven rico les recuerda a los discípulos que los valores del reino no son los valores que precia este mundo (10:17-31).

Otra secuencia de hechos mezclados con enseñanza resumen el mensaje de estos capítulos. Jacobo y Juan le piden a Jesús que les conceda los lugares principales en Su reino y tontamente, insisten que pueden beber de la copa de Cristo (compartir Sus sufrimientos y entrega) (10:35-40). Los otros discípulos se enojan con los dos hermanos. Nuevamente, Jesús dice que los "primeros" en Su reino no tienen poder "sobre" el pueblo de Dios y explica que la grandeza se expresa en el servicio, siguiendo el ejemplo de Su voluntad de dar Su vida por los demás (10:41-45). Cristo entonces muestra exactamente lo que significa esto. Agobiado y cansado al volver hacia Jerusalén y Su inminente muerte, nuestro Señor aún así se detiene para responder al pedido de un mendigo ciego, y pregunta: "¿Qué quieres que haga por ti?" (10:45).

Solo cuando somos capaces de dejar de lado nuestras propias necesidades y responder esto mismo a los demás habremos entendido lo que significa de veras seguir a Jesús, y ser líderes en la iglesia de Cristo.

ESTUDIO DE PALABRAS

Luego comenzó a enseñarles: El Hijo del hombre tiene que sufrir muchas cosas (8:31). Jesús es la única persona que se refiere a Sí mismo como "Hijo del hombre" y lo hace ¡81 veces en los Evangelios! En los Salmos, la frase significa simplemente "hombre" o "ser humano". En Ezequiel es la forma en que Dios se refiere al profeta, nada más. Pero en Daniel 7:13-14 la frase se refiere claramente al Mesías, quien gobierna el reino escatológico de Dios. En Marcos 8:31 y nuevamente en 9:9, 12 Hijo del hombre también es un título mesiánico. Jesús, el Mesías, sufrirá pero resucitará.

El título "Hijo del hombre" es muy adecuado porque Jesús murió como muere un ser humano, para que por Su muerte Él pudiera transformar a todo ser humano que crea en Él.

¡Aléjate de mí, Satanás! (8.33). Jesús pronunció esta severa reprimenda en público al "darse vuelta y mirar a sus discípulos", aunque le estaba hablando a Pedro, individualmente. Parece que Pedro expresaba la reacción de todo el grupo al urgir a Cristo a evitar la cruz. Pero ¿en qué aspectos sería Pedro "Satanás"?

Sencillamente en que se ponía del lado de Satanás al tentar a Jesús a apartarse de la voluntad de Dios, así como Satanás había tentado a Jesús al principio (Mateo 4:1-11). Si somos de veras discípulos de Cristo nada tendrá mayor prioridad para nosotros, o para quienes amamos, que cumplir la voluntad de Dios, cueste lo que cueste.

Que se niegue a sí mismo...¿ De qué sirve ganar el mundo entero si se pierde la vida? (8:34, 36). Negarse a sí mismo es, nada más ni nada menos, decidir la voluntad de Dios cuando esa voluntad entra en conflicto con lo que quiere hacer alguna parte de nosotros mismos. Esa frase "perder la vida" o "perder el alma" es un hebraísmo. En hebreo la palabra *nephes* se usa a menudo como pronombre reflejo para indicar "el hombre mismo". El equivalente griego *psuche*, se utiliza aquí en el mismo sentido. Lo que pierden los creyentes cuando no deciden cumplir la voluntad de Dios no es un "alma" intangible o inmaterial, sino su propia vida, su propio ser, esa nueva persona en que se transformarían si tan solo entregaran plenamente sus vidas a Jesús.

Jesús nos recuerda que nada en el mundo puede pesar más que la importancia de seguir a Jesús y ser las personas que podemos llegar a ser con ayuda del Espíritu de Dios.

¿Por qué dicen los maestros de la ley que Elías tiene que venir primero? (9:11). Para el comentario sobre la profecía de Elías y el lugar de Juan el Bautista, ver lo comentado en Mateo 17:10-13.

La sal es buena, pero si deja de ser salada, ¿cómo le pueden volver a dar sabor? Que no falte la sal entre ustedes, para que puedan vivir en paz unos con otros (9:50). La sal era un mineral tan vital entonces como lo es ahora. Se usaba para dar sabor a las comidas, como fertilizante del suelo y tenía usos medicinales en soluciones salinas. En tiempos del NT el ejército romano les palaba con sal a sus soldados, el salario.

En Israel se extraía la sal de una enorme formación rocosa cercana al Mar Muerto, y se evaporaba también el agua de ese mar parpa obtener sal. La sal de roca se deterioraba a altas temperaturas, y la humedad podía estropearla. Por eso este producto importante podría perder su salinidad y volverse completamente inútil, sin valor alguno.

En contexto, la sal de los discípulos se preserva solo mediante una completa entrega al Señor. Sin esta característica los seguidores de Cristo pierden su valor no solo ante el Señor sino también ante el mundo.

Que todo el que por mi causa y la del evangelio haya dejado casa, hermanos, hermanas, madre, padre, hijos o terrenos. (10:29). Jesús tal vez estuviera refiriéndose a la conocida práctica de que los sirvientes vivían y comían en las casas de sus amos y tenían una casa aparte para sus familias. Los sirvientes y los aprendices de los artesanos que vivían en sus propias casas, no eran bien vistos. A menos que estuvieran disponibles a toda hora en caso de que les necesitaran, podría considerarse que no tenían como prioridad a su amo y a la familia de éste. Y el aprendiz que no vivía con el artesano de quien aprendía solía considerarse posible competidor en el futuro, y entonces no se le enseñaban todos los secretos del oficio.

Las observaciones de Jesús bien podrían ser entendidas por los discípulos sencillamente como indicación de que debían poner primero Sus intereses antes que los de sus propias familias. La promesa de Cristo es impactante. No importa qué "perdamos" con ello, nuestra ganancia será mucho mayor.

Ustedes beberán de la copa que yo bebo (10:39). La imagen de la copa aparece con frecuencia, tanto en el Antiguo Testamento como en el Nuevo. Indica una experiencia por la que deberá pasar una persona o un grupo. La copa de Jesús era el sufrimiento por el que pasaría pronto al cumplir la voluntad de Dios. Pero la copa de Cristo también era la gloria de la resurrección que sucedería a la cruz. Al elegir beber de la copa de Cristo, usted y yo elegimos cumplir la voluntad de Dios, no importa a qué costo. Elegimos con inteligencia sabiendo bien que más allá de toda cruz que tengamos que cargar está la eternidad, llena de gozo y gloria.

¡Jesús, Hijo de David, ten compasión de mí! (10:49). "Hijo de David", es un título mesiánico. Bartimeo apela a Jesús como libertador de Israel, y ruega por su liberación personal.

Aunque la nación en conjunto rechazaba las afirmaciones de Jesús como Mesías (Juan 1:11), Él jamás echó a ninguna persona que le reconociera como Salvador. No importa lo que puedan decir los demás, tenemos la certeza de que si reconocemos a Cristo como Quien es en verdad, Él nos escuchará y satisfará nuestras necesidades.

EL PASAJE EN PROFUNDIDAD

Jesús predice Su muerte (Marcos 8:31-38). Ver comentario en Mateo 16:21-28 y el pasaje paralelo en Lucas 9:22-27.

La Transfiguración de Jesús (Marcos 9:1-13). Ver también pasajes paralelos en Mateo 17:1-13 y Lucas 9:28-36.

Trasfondo. En el siglo primero y también en el judaísmo ortodoxo de hoy el tema del "reino" está estrechamente entrelazado con la confianza de Israel en que un día aparecería el Mesías de Dios. Había muchas presiones en el judaísmo del siglo primero, por lo que el anhelo del reino de Dios era intenso. El dominio romano significaba impuestos muy altos, de parte de extranjeros sin derecho histórico a la tierra que Dios le había dado a Israel. Pilato, siendo gobernador romano de esa tierra, era un hombre cruel que no tenía interés en las profundas convicciones religiosas de los judíos. Y tal vez las presiones más grandes surgieron cuando apareció Jesús Mismo porque Sus milagros y enseñanzas despertaron un fervor mesiánico todavía mayor.

Como lo demostraron los sucesos posteriores, los discípulos de Jesús esperaban también que el Señor estableciera un reino terrenal y con ansias buscaban ganarse posiciones de poder (10:35-45).

Aunque la Transfiguración fue sin duda una revelación milagrosa de la naturaleza esencial de Jesús, en contexto también demostró de manera potente la naturaleza del reino que nuestro Señor tenía intención de establecer por medio de Su muerte.

Interpretación. La clave para entender el significado intencional de la Transfiguración que hallamos en 9:2 está en la frase "seis días después". ¿Qué había pasado seis días antes? Jesús había hablado de Su cruz y de la gloria que le seguiría, dando una promesa específica: "Les aseguro que algunos de los aquí presentes no sufrirán la muerte sin antes haber visto el reino de Dios llegar con poder" (9:1).

No es costumbre de Marcos indicar la relación de tiempo entre sucesos con exactitud. Es claro que la frase "seis días después" vincula la Transfiguración de manera íntima con la predicción que Cristo hizo de Su muerte y resurrección y con la promesa que les hizo a los discípulos de que algunos verían "el reino de Dios llegar con poder".

De las dos, la segunda relación es la más significativa. Porque la Transfiguración brindó confirmación visible de la deidad de Cristo, pero los discípulos ante quienes Él mostró Su gloria ya Le habían reconocido mediante los ojos de la fe (8:29). Lo que no reconocían era la naturaleza de Su reino. No entendían lo que implicaba tomar la cruz y seguir a Jesús para ser hombres nuevos.

Entonces Jesús se transforma ante sus ojos y en esa transformación vieron "el reino de Dios llegar con poder" (9:1). Vieron a Aquel que apareció en Su encarnación como hombre común y corriente, y que ahorra brillaba con una luz radiante. Lo que vieron fue, verdaderamente, una Transfiguración. La revolucionaria transformación de un estado del ser a otro estado. A un estado que inequívocamente mostraba la gloria y el poder de Dios.

Es en esto que redefine el reino para Sus discípulos. Cuando después de la muerte y resurrección de Cristo "el reino de Dios llegue con poder", la marca del reino no serán los ejércitos de ángeles marchando para aplastar al poderío de Roma. El reino de Dios vendrá con poder para cambiar a los seres humanos comunes que deciden seguir a Jesús. El reino, al menos hasta que reaparezca Jesús, tiene que ver con la transformación ¡y no con la conquista!

¿Y por qué aparecieron Moisés y Elías con Cristo en el Monte de la Transfiguración? Hay quien sugiere que Moisés fue el primer revelador del Mesías y que Elías fue el último, como precursor del Mesías. Pero tal vez lo más importante es el hecho de que tanto Moisés como Elías terminaron su tiempo en la tierra de manera misteriosa (Deuteronomio 34:-56; 2 Reyes 2:11). A pesar de los logros de estos grandes hombres de la fe, su aspecto fue siempre el de seres humanos comunes ¡incluso hasta el final!

Por cierto habrá evidencia de la llegada del reino de Dios en poder en nuestras vidas cotidianas. En nuestra vida y muerte, muchos de los que solo observan verán cosas comunes y corrientes ¡incluso hasta el final!

Cuando Jesús venga de nuevo, brillaremos con una gloria como la Suya. Entonces seremos como Él, transformados por completo, "porque lo veremos tal como Él es" (1 Juan 3:2).

Aplicación. Es bueno interesarse por la sociedad y sus males. Como cristianos hemos de ocuparnos de los pobres y oprimidos y hacer todo lo posible para establecer Lajusticia. Pero jamás tenemos que olvidar que el reino que Cristo ha establecido para hoy tiene que ver ante todo con la transformación de las personas. Y que el poder de Dios está disponible para darle a cada ser humano renovación interior y personal.

La sanación de un muchacho con un espíritu maligno (Marcos 9:14-29). Ver también pasajes paralelos en Mateo 17:14-23 y Lucas 9:37-45.

Trasfondo. El trasfondo más importante de esta historia está conformado por dos cosas que aparecen anteriormente en Marcos. Primero, que Cristo ha demostrado Su autoridad sobre los espíritus malignos (1:23-25, 34; 3:20-30; 5:1-20). De hecho, Marcos 9 contiene el último relato, y no el primero, de la autoridad de Jesús sobre los demonios.

Otra cosa establecida ya es que Cristo le ha delegado a Sus discípulos autoridad para echar demonios y que la han utilizado con éxito (6:7; 6:13).

Así, esta historia aparece en el contexto del poder ya establecido de Cristo sobre lo demoníaco, un poder que los discípulos también habían tenido, al menos por un tiempo.

Interpretación. En tanto dos Evangelios más cuentan esta misma historia, el relato de marcos es el más largo y el que más detalles brinda. Marcos pinta de manera gráfica la confusión y el desorden de "los maestros de la Ley" que monitoreaban las actividades de Jesús y aprovechan la oportunidad para lanzar un fuerte ataque contra Él cuando Sus discípulos no logran curar a un muchacho epiléptico. El regreso de Jesús interrumpe la discusión y la multitud acude presurosa a Su encuentro.

El padre cuenta su historia con nerviosismo y Jesús pronuncia dos frases enigmáticas, para hablar luego con el padre sobre la fe. Cristo entonces echa a los demonios y deja al niño exhausto y débil, pero libre al fin. Después de ayudar al niño a levantarse Jesús se retira con Sus discípulos y responde sus ansiosas preguntas sobre por qué no pudieron realizar el exorcismo.

Las preguntas en cuanto a la interpretación se centran en tres temas.

Primero, ¿de quién hablaba Jesús cuando dijo: "¡Ah, generación incrédula!" (9:19) y qué significan las dos exclamaciones que siguen?

La mayoría de los comentaristas cree que Jesús expresaba frustración y desaliento con Sus discípulos con la observación sobre la "generación incrédula [*apistos,* "sin fe"]". Aunque esa caracterización por cierto se ajusta a la nación en general, si se aplica a los discípulos brinda una clave adicional para interpretar la tercera pregunta.

Las dos preguntas siguientes se entienden mejor en forma de exclamación. Algunos sugieren que "¿¿Hasta cuándo tendré que estar con ustedes?" refleja frustración ante el poco tiempo que le queda a Cristo. Si los discípulos no se habían apropiado de los años anteriores, ¿cómo podría lograr algo en unas pocas semanas más? Por otra parte, "¿Hasta cuándo tendré que soportarlos?" expresa frustración ante la falta de entendimiento espiritual de los discípulos.

En segundo lugar, ¿qué significa el diálogo entre Jesús y el padre del niño, sobre la fe? El padre dice "Si puedes hacer algo..." (9:22), lo cual expresa duda y en respuesta Jesús exige fe y dice que "Para el que cree, todo es posible" (9:23). Aquí el punto no es que la fe del creyente le permite a Dios obrar. Dios no se ve limitado por nuestra falta de fe. Lo que se ve limitado por la falta de fe es nuestra capacidad para recibir.

La respuesta del padre revela una lucha que todos sentimos. "¡Sí creo! ¡Ayúdame en mi poca fe!" (9:24), es la sincera confesión de alguien que ha creído lo suficiente como para llevarle a su hijo a Jesús pero cuyas dudas y temores siguen perturbándole. Es importante notar que a pesar de que el hombre confiesa esta lucha interior Jesús sanó al chico. Cristo no exige que tengamos una fe inamovible para obrar por nosotros. Sí requiere que tengamos fe suficiente como para estar abiertos a la posibilidad de la milagrosa intervención de Dios en nuestras vidas, por oscuras que sean las dudas que se ciernen sobre nuestros corazones.

En tercer lugar, están las preguntas de interpretación que hizo surgir Jesús más tarde, la instrucción privada de los discípulos que no habían logrado echar al demonio. Y la mayoría de los comentaristas ven aquí que la solución es relativamente simple. Los discípulos habían supuesto que seguían teniendo el poder que les había otorgado Cristo. Sin embargo los dones de Dios no nos dan autoridad espiritual de manera inherente. Toda autoridad espiritual es ejercida *por* Dios, *a través* de los instrumentos que Él elige.

DE allí la importancia de la oración, no como ritual sino como expresión de dependencia humilde y consciente de Dios. Los discípulos habían visto esta sanidad como acto que prescindía de este tipo de fe, como lo revela la primera exclamación de Cristo (9:19).

Aplicación. A medida que respondemos las preguntas para interpretar este hecho, vemos con claridad que todo centra nuestra atención en la naturaleza y rol de la fe en nuestras vidas. Nos enseña al menos dos verdades profundas.

La primera es que, aunque Jesús tiene todo el poder, hace falta fe para abrir nuestras vidas a una experiencia de ese poder. Esto no quiere decir que debamos tener una fe perfecta. En todos nosotros la fe y la falta de fe permanecen en tensión. Pero sí necesitamos tener fe suficiente como para acudir a Jesús y a pelar a Él para que Él obre por nosotros.

La segunda verdad es que, si hemos de ser utilizados por Dios en las vidas de los demás, nuestra fe tiene que centrarse en Dios más que en cualquiera de los dones que Él pueda habernos otorgado. La fe que existe como continua dependencia del Señor, una fe expresada a menudo por el mismo Jesús en oración, puede convertirnos en canales de bendición para los demás.

Es importante entonces que permanezcamos arraigados en la sencilla convicción de que "Jesús puede" y que "Solo Jesús puede". Si edificamos nuestra relación con Dios sobre estas dos realidades, tendremos fe suficiente para experimentar el obrar de Dios en nuestras vidas y para ser Sus agentes de ministerio al prójimo.

Jesús, sobre la grandeza (Marcos 9:33-50). Ver el comentario sobre Mateo 18-20 y el pasaje paralelo en Lucas 9:46-50.

Jesús, sobre el divorcio (Marcos 10:1-12); Jesús y los pequeñitos (Marcos 10:13-16). Ver el comentario sobre Mateo 19:1-15 y el pasaje paralelo en Lucas 18:15-17.

El joven rico (Marcos 10:17-31). Ver pasajes paralelos en Mateo 19:16-30 y Lucas 18:18-30.

Trasfondo. En toda sociedad a cualquiera que se le dé a elegir muy probablemente prefiera la riqueza antes que la pobreza. En el judaísmo la riqueza se consideraba una doble bendición de Dios porque no solo el rico se veía bendecido por su prosperidad, sino que tenía la oportunidad de usar su riqueza para beneficiar a otros, ganando así gran mérito.

Los escritos judíos intertestamentales y también la Biblia dejan en claro que las riquezas no son una bendición en sí mismas. Los seres humanos pueden quedar atrapados por su deseo de tener más y hasta pueden llenar a depositar su confianza en las riquezas y no en Dios. De hecho, alguien malvado con riqueza puede ir tras sus tendencias malignas, por ello estar mucho peor que aquel a quien la pobreza le limita e impide ir tras los malos deseos.

Sin embargo, el rico que además era bueno gozaba de especial admiración en el judaísmo y su riqueza se consideraba una bendición en sí misma. Por eso Ben Sira, que escribió un siglo y medio antes del nacimiento de Cristo, describe a una persona muy parecida al joven que en este momento acude al Señor:

Feliz el rico a quien se halla sin falta ¡y que no se desvía por su riqueza!
¿Quién es, para que podamos elogiarle?
Él, entre todos los suyos, ha hecho maravillas porque ha pasado la prueba del oro y salió airoso, y esto es su gloria por siempre.
Podría haberse desviado pero no lo hizo. Podría haber hecho el mal pero no lo hizo.
Por eso sus posesiones están a salvo y la asamblea relata sus bondades.

Todos los mandamientos que gobiernan la relación entre los seres humanos habían sido la regla de vida de este hombre "desde que era joven" (10:20). No había usado sus riquezas para hacer el mal, sino más bien se había comprometido enteramente a hacer el bien. Su sinceridad se ve confirmada por Marcos, el único que observa que "Jesús lo miró con amor" (10:21).

Interpretación. La total sinceridad de la respuesta del joven rico y el cálido amor de Jesús nos dan la clave para entender este incidente.

Algunos han centrado la atención en la pregunta de Cristo: "¿Por qué me llamas bueno?" (10:18), argumentando que aquí Cristo rechaza abiertamente la afirmación posterior de la iglesia de que Él era Dios hecho carne. Más bien, busca lo contrario: no me llames "bueno" a menos que estés dispuesto a comportarte en consecuencia con lo que este título implica, confesando que soy también tu Dios. Este punto es esencial para nuestra interpretación, aunque solo es relevante porque el joven rico de veras vivía según los mandamientos en su relación con los demás seres humanos. Según todo criterio humano ¡él también era un hombre "bueno"!

Luego, Jesús deja atónito al joven y a quienes Le escuchan, al decir: "Anda, vende todo lo que tienes y dáselo a los pobres, y tendrás tesoro en el cielo. Luego ven y sígueme" (10:21). ¿Por qué le exigiría Jesús esto en particular a este hombre?

En dos palabras, la respuesta es que Cristo le da una orden en amor, que busca mostrarle al joven que ha vivido una vida tan buena que en verdad sigue siendo un pecados que necesita un Salvador. ¿De qué manera nos lo muestra? Lo primero que manda la Ley es el amor a Dios, por sobre todas las cosas. Al exigirle esto al joven Jesús habló como Dios de Israel (de allí la pregunta en 10:18). Y cuando el joven se desanimó y "se fue triste" (10:22), se revela una terrible realidad oculta hasta entonces. ¡A pesar de todas sus buenas obras, en el análisis final a este joven le importaban más sus riquezas que Dios!

La naturaleza engañosa de las riquezas se pone de manifiesto en lo que Jesús dice entonces: "¡Qué difícil es para los ricos entrar en el reino de Dios!" (10:23). No es que las riquezas corrompan más al malvado. ¡El verdadero peligro está en que las riquezas pueden corromper hasta al más bueno! El verdadero peligro está en que una persona buena puede llegar a depender tanto del bien que le permiten hacer sus riquezas como para que la total dependencia del Señor se le pierda de vista. El verdadero peligro está en que el bueno puede dejar de ver que sigue siendo pecador, ciego a la falta de su relación personal con Dios.

Aplicación. Según los registros históricos algunos han interpretado las palabras de Cristo al joven rico como mandamiento general para que todos se despojen de toda riqueza terrenal. No es así. Las palabras de Cristo están dirigidas a una persona en particular y aunque contienen una lección para todos nosotros, esa orden era para ese joven rico y para nadie más.

¿Cuál es la lección para todos los demás? Por cierto, que ni la benevolencia ni la solidaridad humana pueden ser sustitutos de la relación personal con Dios. Y por cierto que la riqueza no es señal segura del favor de Dios.

Tal vez la lección más importante sea a la vez la más sutil. Incluso aquellos a quienes Jesús ama pueden confundir el hacer buenas obras con el amor a Dios. Y aunque el amor a Dios nos llevará a hacer el bien, sin duda es equivocado suponer que al hacer el bien estamos dando evidencia de que servimos a Dios. Es trágico el hecho de que, como el joven rico, inconscientemente podamos estar sirviéndonos a nosotros mismos y que solo el mandato de que renunciemos a todo aquello que amamos más que a Dios nos haga ver esta realidad.

El pedido de Jacobo y Juan (Marcos 10:32-41). Ver también los pasajes paralelos en Mateo 20:17-18 y Lucas 18:31-34.

Trasfondo. Encontramos en Mateo este tema tratado en mayor profundidad y es este Evangelio ele que mejor describe su contexto. Allí vemos que el hecho que se describe aquí es un elemento más en las enseñanzas de Cristo a Sus discípulos respecto de la grandeza. Para el contexto, ver la EXPOSICIÓN que sigue el argumento de esos capítulos, en las páginas 63-64.

En resumen, este incidente en que Jacobo y Juan manipulan a su madre para que le pida a Jesús los lugares de mayor poder en Su reino venidero creó un momento de enseñanza y Le permitió a Jesús dar instrucción concisa sobre lo que implica realmente el liderazgo en Su reino.

Interpretación. A pesar de las enseñanzas anteriores de Cristo los discípulos siguen viendo un reino terrenal gobernado por Cristo como Mesías/Rey. Para uno de los ansiosos hermanos que "uno de nosotros se siente a tu *derecha y el otro a tu izquierda" (10:37) significa tener poder por sobre todos los demás, solo con el Rey como superior.

La respuesta de Cristo (10:38-40) destaca el hecho de que quienes son importantes en el reino, como verán pronto estos discípulos, deben beber de Su copa y participar de Su bautismo. Deben vivir, y vivirán, lo que Él ha vivido, como parte de la entrega y la obediencia. Pero el poder en la era que vendrá, en la era de la expresión definitiva y plena del reino en la tierra, no es algo que Jesús vaya a entregar ahora.

Cuando los demás discípulos, molestos, se enteran de los intentos de estos dos hermanos por obtener ventajas personales, se crea un ambiente ideal para que Jesús les enseñe sobre el liderazgo espiritual. A diferencia de "los que se consideran jefes de las naciones" (10:42), que ejercen un poder de presión sobre sus súbditos, el líder espiritual en el reino oculto que Cristo está por establecer deberá vivir "entre" (10:43) los ciudadanos como "servidor" (10:43) y "esclavo" (10:44). En lugar de usar a los demás como lo hacen los poderes seculares, quienes tienen autoridad en el reino de Jesús deberán seguir el ejemplo del Señor y servir en lugar de esperar que les sirvan, aún al punto de entregar sus vidas por los demás.

Aplicación. Este pasaje efectúa un aporte significativo a la enseñanza del NT sobre el liderazgo en la iglesia. Porque presenta un contraste entre dos modelos: el secular y el que deriva de la conducta de Cristo.

El modelo secular es tradicional y jerárquico. El que gobierna está por encima de los demás, y su voluntad e intenciones son centrales. Los demás son utilizados para obtener mayor gloria. En contraste, vemos que Cristo, a quien el Padre ha otorgado toda autoridad, vivió entre los seres humanos como servidor y utilizó Su poder para satisfacer necesidades y sanar las enfermedades de la gente. En lugar de ejercer Su poder para obtener gloria personal Cristo lo utilizó para beneficio de los demás y al hacerlo reveló el amoroso corazón de Dios.

En vista de este claro contraste es difícil entender cómo pueden los cristianos exaltar a sus sacerdotes o pastores a un rol "por encima" de sus rebaños. O cómo los sacerdotes y pastores pueden suponer que su rol les da derecho a reclutar a otros para que les sirvan y promuevan su protagonismo personal. En cambio, los líderes espirituales han de subordinar sus intereses a las necesidades del rebaño y en lugar de usarlos, dejarse usar como Cristo Mismo se dejó usar por los que sufrían y los que estaban perdidos.

Es difícil para nosotros entenderlo. Y es difícil llevarlo a la ′práctica. Pero el mandamiento de Dios en cuanto al liderazgo secular es claro: "Pero entre ustedes no debe ser así" (10:43). La iglesia es diferente y sus líderes deben liderar según el modelo de Cristo el Siervo, y no como lideran los poderosos de este mundo.

El ciego Bartimeo recibe la vista (Marcos 10:46-52). Ver pasajes paralelos en Mateo 20:29-34 y Lucas 18:35-43.

Trasfondo. Los Evangelios, y luego Juan en sus Epístolas, con frecuencia relatan situaciones en las que la vista y la ceguera sirven de metáforas de contraste. ¿Cuántas veces encontramos a un ciego que ve claramente a Jesús y Le reconoce como Hijo de Dios en tanto los videntes cuyos ojos pueden ver a Jesús son ciegos a la significancia de Sus palabras y obras?

Aquí, otro ciego oye que Jesús pasa por allí y le llama "Jesús, Hijo de David" (10:47), dejando en claro que Bartimeo reconoce a Jesús como el Mesías que surgiría de la línea de David.

Aunque aquí, la historia no busca subrayar la distinción entre la ceguera física y la espiritual sino que explora las implicancias de la enseñanza de Cristo (que ya mencionamos) sobre el liderazgo como servicio.

Interpretación. Jesús va de camino hacia Jerusalén desde Jericó. Sus predicciones (8:31-33; 10:32-34) muestran que sabe bien qué significa este viaje. Pronto las lágrimas que derramará en Getsemaní nos mostrarán que está viviendo bajo enorme tensión. Y así, cuando pasa por Jericó Su mente está llena de pensamientos de lo que le espera, con gozo porque cumplirá la voluntad de Dios y con angustia porque sabe qué implica para Él el cumplir Su voluntad.

Seguramente, si hay alguien con derecho a preocuparse por Sus propios asuntos, es Jesús en ese día, al pasar por Jericó.

Pero aunque la gente mandaba callar al ciego, Jesús se detuvo y dijo: "Llámenlo". De repente vemos que el contraste que Marcos busca trazar no es entre los ciegos y los videntes, sino entre la reacción de la gente y la de Jesús ante este hombre ciego.

Para la multitud el ciego no tenía importancia, era alguien insignificante a quien había que hacer callar. Todas las miradas se centraban en Jesús, centro de la controversia, nombre que estaba en labios de todos. Para la multitud Jesús era importante y el ciego no era nadie.

En cierto sentido tenían razón. Porque Jesús, Dios hecho carne, sin duda es el centro y el corazón no solo de nuestra fe sino de la historia del universo mismo. Pero en este momento vemos que Jesús lo pone todo patas arriba. Porque deja de lado Sus asuntos, Su visión de la cruz, la angustia de Su alma, Su sentido de propósito e inamovible compromiso con la voluntad de Dios en los angustiosos días que vendrán, y se detiene por un ciego. Le pregunta: "¿Qué quieres que haga por ti?"

En ello muestra Su voluntad de servir hasta a la persona más insignificante. Lo pone todo patas arriba, y asombrosamente, el Amo del Universo se pone al servicio de Bartimeo, sometiéndose a la necesidad de un inútil ciego.

Comenzamos a percibir entonces lo que significa que los importantes en el reino de Dios asuman el rol de servidores, que sus líderes sean esclavos de sus ciudadanos. Como Cristo, decidimos dejar de lado nuestros propios intereses y preocupaciones, por muy importantes que parezcan, y nos dedicamos a responder al sufrimiento de los humildes. Nos volvemos servidores, y nos sometemos a la voluntad de Dios y no a la de los meros humanos, sirviendo a los que necesitan.

No es la persona a la que todos respetan por sus grandes logros o monumentos quien tiene un lugar de grandeza en el reino de nuestro Señor. Más bien, es la persona con una misión, la que ve que el dolor y sufrimiento de los insignificantes son tan importantes para Dios como para hacer que se detenga en su misión para atender una necesidad humana.

MARCOS 11–13
La última semana

EXPOSICIÓN

Ahora avanzamos al plano de lo más conocido. Jesús ha llegado a Jerusalén y los hechos de Su última semana allí, tan conocidos para nosotros como conocemos a un amigo íntimo, se desarrollan con velocidad.

Cada uno de los Evangelios dedica casi un tercio de la biografía de Jesús a esta última semana. Como Jesús ministró durante unos tres años o más, es claro que lo sucedido en esta semana tiene importancia suprema. Durante esos pocos días, la afirmación de Jesús de que Él es el Mesías será promovida, refutada y finalmente rechazada por Su propio pueblo. Hacia el fin de la semana se yergue el oscuro espectro de la cruz, y en asombrosa ironía Aquel que entró triunfante en Jerusalén unos días antes, es clavado en un madero entre el oscuro cielo y la tierra manchada de sangre. Todo lo que pasa ahora es un preludio a esos momentos finales.

¿Qué es lo que pasa? Jesús entra en Jerusalén y es aclamado por las multitudes que se han reunido para el festival anual de la Pascua (11:1-11). Al día siguiente regresa, echa a quienes hacen negocios en el patio del templo y enseña a la gente antes de regresar a Betania al atardecer (11:12-19). A la mañana siguiente los compañeros de Jesús ven lo que ha sucedido con la higuera a la que Cristo maldijo el día anterior (11:12-14, 20-25). Este hecho nos prepara para una serie de confrontaciones con los líderes de Israel, cuya estéril interpretación de la religión tiene su símbolo en las ramas marchitas y estériles de la higuera. Cuando los líderes denostan a Cristo e ignoran Su autoridad (11:27-33), Cristo cuenta una parábola que revela por qué Le rechazan: quienes para sí mismos la gloria que solo Le pertenece a Dios (12:1-12). Furiosos y frustrados, los enemigos de Cristo le tienden trampas con preguntas sobre los impuestos y la resurrección (12:13-27). Pero un "maestro de la Ley" reconoce que Cristo ha respondido correctamente y nos recuerda así que en el siglo primero había hombres rectos en Israel, como en cualquier otra época (12:28-34). Cristo entonces formula una pregunta respecto del Salmo 110:1, y la respuesta requiere que se admita que el Mesías tenía que ser Dios hecho carne, algo que los líderes no están dispuestos a admitir (12:35-40). Marcos ahora relata un último incidente que tiene, una vez más, significado simbólico. Jesús observa a quienes depositan ofrendas voluntarias en el tesoro del templo y señala a una pobre viuda que ofrece muy poco, pero ese poco es todo lo que tiene. Es una imagen de entrega total, un contraste con los líderes de Israel que no estaban dispuestos a entregar su posición y que rechazaron con frialdad el llamado de Cristo a reconocerle como Señor.

Marcos (13:1-37) nos brinda un breve resumen de un tema que Mateo trata en mayor amplitud. Cuando los discípulos comentan sobre las maravillas del templo Jesús observa que no quedará piedra sobre piedra. Tal asombrosa información da lugar a una pregunta esencial. ¿Qué es lo que en realidad le espera a Israel? El pueblo de Dios, representado por sus líderes, ha rechazado decididamente todas las afirmaciones de Cristo. ¿Qué futuro les espera ahora? ¿Y cómo establecerá Cristo Su reino en la tierra?

ESTUDIO DE PALABRAS

¡Hosanna! (Marcos 11:9). Esta frase del Salmo 118:25-26 servía como saludo para dar gozosa bienvenida a los peregrinos que entraban en Jerusalén para adorar a Dios durante la fiesta de los tabernáculos y la Pascua. Aquí se vincula con lo que claramente es un saludo al Mesías: "¡Bendito el reino venidero de nuestro padre David!" (11:10), y sugiere que el salmo también tiene implicancias mesiánicas.

Lo que queda claro a medida que transcurre la semana es que la gente esperaba que Jesús actuara como Mesías, y no que sus Hosannas evidenciaran voluntad de someterse a Su autoridad. Muchas veces buscamos a Dios en nuestros propios términos, por lo que Él puede hacer por nosotros en lugar de buscarle según Sus términos, deseosos de someternos a nuestro Creador.

Jesús entró en el templo y comenzó a echar de allí a los que compraban y vendían (11:15). El 'área del templo" se refiere al patio exterior, aparentemente al "patio de los gentiles". Allí los sacerdotes permitían que se comprara y vendiera, y supervisaban a los mercaderes que vendían animales para el sacrificio y cambiaban moneda extranjera por "moneda del templo".

Se permitía que los comerciantes cobraran una tarifa equivalente a la vigesimocuarta parte del valor de la moneda que cambiaban, cubriendo así el costo del desgaste de la moneda. Pero la familia del sumo sacerdote que controlaba el templo en esta época, quedó en la memoria de varias generaciones por su codicia rapaz. Jesús dice que el mercado es una "cueva de ladrones" (11:17) y esto sugiere que la tradición de establecer límites razonables había quedado relegada en la práctica.

Lo más fascinante en este pasaje es lo que vemos en la cita de Cristo de Isaías 56:7. La casa de Dios ha de ser "casa de oración para todas las naciones" (11:17). Incluso el patio de los gentiles, que los israelitas no consideraban parte del templo, era un lugar santo de hecho porque Dios quería desde el principio llamar a Sí a todas las naciones.

Tenemos que cuidarnos mucho de no definir quiénes están o no dentro del círculo del amor de Dios. Y también debemos cuidarnos de que no importa dónde estemos o qué hagamos, todo ha de ser para honra del Señor.

Les aseguro que si alguno le dice a este monte: "Quítate de ahí y tírate al mar", creyendo, sin abrigar la menor duda de que lo que dice sucederá, lo obtendrá (11:23). En el siglo primero "montaña" con frecuencia se utilizaba como símbolo de una gran dificultad. La mayoría cree que Cristo habló metafóricamente y que Sus palabras buscan recordarnos que la oración es un recurso para la persona de fe que confía en Dios y espera firmemente que Él actúe para bien de nosotros en este mundo.

Perdónenlo, para que también su Padre que está en el cielo les perdone a ustedes sus pecados (11:25). Algunos, como A. T. Robertson, suponen que "evidentemente la voluntad de Dios para perdonar se ve limitada por nuestra voluntad para perdonar a los demás". Para Robertson, "esta es una solemne idea para todo el que ora".

Sin duda hay una conexión cercana entre la oración y el perdón en este texto. Pero no debemos suponer que limitamos a Dios si no queremos perdonar. El espíritu que no quiere perdonar cierra nuestros corazones de modo que no estamos abiertos a recibir el perdón que Dios extiende con tanta libertad. Además, al cerrar nuestros corazones a Dios nos cerramos a esa conciencia de la presencia de Dios, esencial para que podamos creer sin dudar.

No concluyamos que lo que podamos hacer limita a Dios. Pero tampoco olvidemos que las decisiones que tomemos pueden apartarnos de Dios.

Es que *temían* al pueblo, porque todos consideraban que Juan era realmente un profeta (11:32). Es irónico que cada uno de los Evangelios exprese lo mismo en esta descripción de los líderes de Israel: temor y duda. Los líderes resienten las palabras y acciones de Cristo, porque las consideran atrevidas y exigen que justifique su implícita afirmación de autoridad. Por su parte, los líderes se sienten seguros al afirmar que ocupan el lugar de Moisés (Mateo 23:2), como reconocidos intérpretes de la Palabra de Dios y Su voluntad contemporánea.

Esa afirmación se ve reflejada en lo que dice la Torá, en Sanedrín 11:3:

> 11:3. A. Se aplica una regla más estricta al as enseñanzas de los escribas que a las enseñanzas de la Torá.
>
> B. Quien manda "no hay obligación de llevar filacterios" para transgredir las enseñanzas de la Torá, está exento.
>
> C. [Pero si dijera] "Hay cinco particiones [en el filacterio en lugar de cuatro]", para añadir a lo que los escribas han enseñado, es responsable.

Es fascinante la reacción de estos escribas cuando Jesús les pregunta algo que temen contestar. De repente, su afirmación como "autoridades" suena hueca. Si realmente tenían autoridad como la de Moisés, una autoridad proveniente de Dios, tenían que saber si Juan el Bautista era profeta o no. Y tendrían obligación de enseñarlo al pueblo.

Es irónico que quienes más resienten a los que tienen autoridad espiritual sean impostores. Quieren ser importantes pero de hecho, son huecos, vacíos. La pregunta de Jesús sobre la persona de Juan expuso a la luz su condición de huecos impostores, como sucederá finalmente con todos los que hagan lo mismo.

Arrendó el viñedo a unos labradores (12:1). Esta historia, al igual que tantas otras imágenes de Jesús, se basaba en algo conocido para todos. En el siglo primero, las vastas propiedades reales y privadas habían obligado a muchos pequeños labradores a deshacerse de sus tierras, y los dueños entonces arrendaban sus campos o contrataban a jornaleros por el día.

Había diversas categorías de arrendadores: el *aris*, que pagaba un arriendo de un medio o un tercio de la cosecha; el *sokher*, que pagaba una suma fija en dinero; y el *hoker*, que pagaba una suma fija en productos. Había también *shatla*, que trabajaban la tierra y pagaban la mitad de lo producido como renta, y cuando resultaba rentable, también recibía parte de la ganancia. Lo que más importa es que todos estos terratenientes que vivían y trabajaban la tierra pagaban a quien fuera propietario.

La parábola de Jesús no especifica qué tipo de arriendo estaba en cuestión, aunque de 12:1 queda claro que el dueño (Dios) había invertido Sus propios recursos para preparar la tierra de manera que fuera fértil. Lo que Jesús está diciendo es que Dios, como dueño de la Tierra Prometida y su pueblo, merece al menos "una parte del fruto" (12:2) de Su propio viñedo. Pero cuando Dios quiere recoger lo que le toca, Sus representantes son rechazados y maltratados porque los que arrendaron la tierra lo quieren todo para ellos mismos.

Luego, en un último intento por llegar a los labradores Dios envía a Su Hijo "amado" (12:6). *Agapatos*, que se traduce como "hijo amado" o "amado" probablemente se use en el Septuaginto en el sentido de "único Hijo".

Para los que escuchaban a Jesús era claro que la alegoría afirmaba la especial relación de Jesús con Dios, y que conformaba un ataque contra los líderes religiosos que afirmaban servir a Dios. De hecho, Jesús les acusa de negarle a Dios siquiera "parte del fruto" que Le corresponde.

Jesús, sabiendo que *fingían* (12:15). La hipocresía es enmascarar las propias intenciones, queriendo parecer bueno ante los demás. La hipocresía de los fariseos es evidente en sus elogios falsos del principio y también en que no preguntaban para conocer la verdad, sino para atrapar a Jesús en algo que o lo alejara de la gente o les diera una base legal para acusarle ante las autoridades romanas.

El incidente puede servirnos de advertencia. Cuando quienes nos son hostiles vienen con elogios, lo más probable es que busquen perjudicarnos. Pero lo más importante es la advertencia para que cuidemos cuáles son nuestros motivos y nos aseguremos de que en nuestra relación con los demás somos sinceros y buscamos la verdad, en verdadero compromiso con el amor.

Serán como los ángeles que están en el cielo (12:25). El texto griego de Marcos y mateo dice, literalmente "como los ángeles que están en el cielo". Lucas 20:36 dice *isanggeloi*, o "iguales a los ángeles". Esto no significa que los salvos se conviertan en ángeles sino que al resucitar, serán como los seres angélicos creador directamente por Dios, que no se casarán ni procrearán.

En esto hay un mensaje importante. Los fariseos, que creían en la resurrección, pensaban que la vida en el mundo futuro sería muy parecida a la vida en este mundo y la respuesta de Jesús nos recuerda que en realidad no sabemos cómo será el Verdadero Mundo ni tenemos ideas de las maravillas que nos esperan. Sí podemos estar seguros de algo: cuando llegue la muerte, seguiremos viviendo con Dios y seremos resucitados a la vida eterna, con cuerpo. Aquel que diseñó el maravilloso mundo en que ahora vivimos tiene planeadas maravillas aún mayores para ese día futuro.

Yo soy el Dios de Abraham (12:26). Como han observado muchos, aquí la interpretación que hace Jesús de Éxodo 3:6 depende de la conjugación de un verbo. Dios no Se anunció a los antepasados como el que "era" el Dios de Abraham, sino que dijo "soy" el Dios de Abraham. Así, Abraham aún ha de vivir en presencia de Dios, aunque haya muerto hace mucho tiempo ya.

Qué confiables son las Escrituras que revelan realidades ocultas en cada frase y pasaje.

De todos los mandamientos, ¿cuál es el más importante? (12:28). Ver estudio de palabras de "el mandamiento más importante" (Mateo 22:36).

Si David mismo lo llama "Señor", ¿cómo puede ser su hijo? (12:37). Ver estudio de palabras de "hijo" (Mateo 22:41).

Ella, de su pobreza, echó todo lo que tenía, todo su sustento (12:44). Marcos no die que la viuda era "pobre" (12:42). En el versículo 42, la palabra *ptoche* indica la condición de mendigo, no de alguien a quien podríamos considerar solamente pobre. Se nos indica la privación en que vivía en el hecho de que todo lo que tenía la mujer eran dos monedas que Marcos y Lucas identifican como "lepta".

En la Palestina del siglo primero circulaban monedas de muchas denominaciones distintas. La unidad básica era el "denario", una pequeña moneda de plata que representaba la paga de un día para un jornalero común. El "as" valía aproximadamente una vigésimo quinta parte de un denario, y en esa época tal vez habría sido el precio de un solo almuerzo. Pero incluso esta unidad de moneda tenía subdivisiones: a la mitad (semis) y en cuartos (quadran). ¿Qué valían dos leptas? Más o menos un quadran.

Aunque es una locura tratar de trasladar la moneda antigua al equivalente moderno, podríamos como ilustración valuar el denario en unos 20 dólares. Con ello, lo que tenía la viuda serían unos 25 centavos. Aunque solo podemos apreciar el verdadero impacto si comparamos lo que podía comprarse con ello en el siglo primero: una hogaza de pan podría costar el equivalente a 2 dólares y un gorrión, valdría unos 50 centavos. Nuestra viuda, con solo dos leptas, era una mendiga, sin nada.

Pero para Dios su ofrenda contaba más que todas las monedas echadas en los cofres del templo. Porque dio todo lo que tenía.

Es tonta la forma en que medimos el valor y la valía. Muchos de los que hoy son desconocidos llevarán coronas más grandes y brillantes que los más famosos cuando Jesús distribuya nuestras recompensas.

Cuando salía Jesús del templo, le dijo uno de sus discípulos: ¡Mira, Maestro! ¡Qué piedras! ¡Qué edificios! (13:1). Durante unos 2000 años, una piedra que formaba parte de un arco que vinculaba el Arco de Robinson con el muro occidental del monte del templo ha estado expuesta a la vista de todos. La piedra pesa unas 20 toneladas, más o menos 5 toneladas más que la piedra más pesada de las pirámides de Egipto. Pero hace poco se encontró otra piedra que formaba parte del cimiento del muro occidental, soporte del monte del templo. ¡Y pesa 415 toneladas! No es de extrañar que los discípulos se maravillaran ante semejantes piedras, sintiéndose confiados en que el magnífico templo dedicado a la gloria del Dios de Israel perduraría por siempre.

Jesús les deja atónitos al decir: "No quedará piedra sobre piedra; todo será derribado" (13:2).

Como los discípulos, muchas veces confundimos lo temporal con lo permanente. Lo grande, masivo, e impactante, sea un edificio, una organización o institución, nos parece tan sólido, tan impresionante y real. Pero en verdad, lo que el ojo ve es por naturaleza transitorio y pasará prontamente en el escenario de la historia. Lo que es real es el mundo que no podemos ver. Y lo que permanece es el sello de la obra de Dios en los corazones de los creyentes, en los nuestros y en los de quienes servimos y amamos.

Cuando vean *"el horrible sacrilegio"* donde no debe estar ... entonces los que estén en Judea huyan a las montañas (13:14). Ver Estudio die palabras de Mateo 24:15, para encontrar más sobre este hecho.

Porque serán *días de tribulación* como no la ha habido desde el principio, cuando Dios creó el mundo, ni la habrá jamás (13:19). Sobre esta gran tribulación, ver Estudio de palabras de Mateo 24:21.

Porque surgirán *falsos Cristos* y falsos profetas que harán señales y milagros para engañar, de ser posible, aun a los elegidos (13:22). Sobre este tema, ver estudio de palabras de Mateo 24:24.

EL PASAJE EN PROFUNDIDAD

Entrada triunfal (11:1-11). Ver comentario de Lucas 19:28-44 y pasaje paralelo en Mateo 21:1-11.

Jesús limpia el templo (11:15-19). Ver el comentario de Lucas 19:45-48, el pasaje paralelo en Mateo 21:12-17 y un hecho similar que aparece en Juan 2:12-25.

La higuera marchita (11:12-14, 20-26). Ver comentario de Mateo 21:18-22.

La autoridad de Jesús, cuestionada (11:27-33). Ver Estudio de palabras de marcos 11:32, más arriba. Y pasajes paralelos en Mateo 21:23-27 y Lucas 20:1-8.

La parábola de los labradores (12:1-12). Ver el Estudio de palabras de Marcos 12:1, más arriba, y pasajes paralelos en Mateo 21:33-22:14 y Lucas 20:9-19.

El pago de impuestos al César (12:13-17). Ver pasajes paralelos en Mateo 22:15-22 y Lucas 20:20-26, donde hay más relatos de esta cuestión entre la iglesia y el estado en la antigüedad.

El matrimonio y la resurrección (12:18-27). Ver Estudio de palabras de Mateo 12:25 y pasajes paralelos en Mateo 22:23-33 y Lucas 20:27-40.

¿De quién es Hijo el Cristo? (12:35-40). Ver Estudio de palabras de "hijo" en Mateo 22:41 y pasajes paralelos en Mateo 22:41-23:39 y Lucas 20:41-47.

La ofrenda de la viuda (12:41-44). Ver Estudio de palabras de Marcos 12:42, más arriba y pasaje paralelo en Lucas 21:1-4.

Señales del fin de los tiempos (13:1-37). Ver también pasajes paralelos en Mateo 24-25 y Lucas 21:5-38.

Trasfondo. Cuando examinamos cada uno de estos pasajes hay una cosa que queda en claro. El centro de la enseñanza de Cristo está en lo que podríamos llamar "el ínterin", ese período entre el final de Su vida en la tierra y Su retorno en gloria y poder para juzgar a la humanidad.

Quienes se deleitan en utilizar material profético para unir imágenes intrigantes de las Escrituras respecto del futuro, buscan estos pasajes por la información que pueden utilizar para construir sus cuadros y líneas de tiempo. Por cierto, hay mucho material en estos informes que tiene relevancia para tales esfuerzos. Si tomamos la visión integral del futuro según la presentaron los profetas del AT, veremos enseguida referencias a temas escatológicos importantes. Jesús prevé el cumplimiento futuro de la advertencia de Daniel en cuando a la "abominación que causa desolación" (13:14), instaurada en el templo de Jerusalén en el final de la historia, y advierte sobre una gran tribulación (13:19, 24), después de tal suceso. Pero aunque hay palabras como "en esos días" (13:20) o "en aquellos días" (13:24), sería un error suponer que el propósito principal en la instrucción de Jesús es el de brindar material para la confirmación de una línea de tiempo profética.

Esto está muy claro en Mateo, que da un relato más detallado que Marcos y al hacerlo pone énfasis en las lecciones que Cristo Mismo señaló en Sus enseñanzas. Ese +énfasis, que exploramos en las notas de este comentario sobre Mateo 25-26, es sencillamente el siguiente: hasta que regrese Jesús, Su pueblo ha de esperar y vigilar, y vivir de acuerdo a las expectativas de Su retorno.

Por eso, cuando Jesús habla de este período que llamo "el ínterin", los vistazos del futuro que nos brinda Jesús tienen por intención dar forma a nuestras vidas en el presente, y no servir como datos para la especulación profética, por muy atractivo que nos parezca todo eso.

Por esta razón, aprovechamos la exploración de este pasaje si nos concentramos en las implicancias de las enseñanzas de Jesús para nuestras vidas en el presente, ese ínterin entre la resurrección de Jesús y Su regreso.

1ER TEMA: MARCOS 13:5-8

■ El ínterin se caracterizará por el sufrimiento. Es imposible adivinar las veces en que los creyentes del ínterin, abrumados por la tragedia y el sufrimiento, han clamado en desesperación: "¡Este tiene que ser el final! El Señor tiene que estar por volver".

Los hechos que Jesús menciona aquí son en verdad terribles: "guerras y rumores de guerras...nación contra nación" (1:7-8). ¡Qué imágenes de guerras tenemos! Con refugiados que huyen a lo largo de los caminos en tanto los aviones de guerra sobrevuelan y atacan. Judíos amontonados en una plaza, con guardianes de uniformes negros, esperando el transporte que les llevará a los campos de "reubicación" donde millones encontraron la muerte. Napalm, lluvia de fuego sobre aldeanos que gritan desesperados. Restaurantes que explotan, destrozando a inocentes peatones en tanto los terroristas libran sus batallas contra los inocentes, quejándose porque son ellos las víctimas.

Aunque esto no es todo: la naturaleza misma parece conspirar para añadir peso al sufrimiento de la humanidad. Hay terremotos que destruyen comunidades y entierran a bebés y abuelos por igual. La hambruna acecha, primero en un continente y luego en otro, y vemos niños de vientre abultado y mejillas hundidas, con la mirada vacía en tanto sus padres ya han perdido toda esperanza.

Es fácil pronunciar frases como "guerras y rumores de guerra". "Terremotos...hambre" (13:8). Y solo son los afortunados que hasta ahora han escapado a tales desastres los que no llegan a percibir el terror de tales palabras.

¿Qué quiere decir Jesús cuando pareciera descartar tal crudeza, diciendo "Estó será apenas el comienzo de los dolores" (13:8)? El hecho es que esos terrores no deben confundirse con los juicios por los que pasará la humanidad. Que estamos completamente equivocados si confundimos las agonías de la guerra y los desastres naturales con el juicio de Dios!

No son juicios, como tampoco lo son las contracciones de la parturienta.

¿Qué son estas cosas entonces? Son evidencia vívida y continua de la corrupción que el pecado introdujo en nuestra raza y en la naturaleza misma. Mientras vivimos en el ínterin, hemos de ver el sufrimiento no como evidencia de la indiferencia de Dios, o como Su veredicto de juicio, sino como triste y continuo testimonio de que el pecado tiene consecuencias que exceden a nuestra capacidad e imaginación.

Vivimos en una sociedad, en un mundo tan corrupto por el pecado que hasta los inocentes sufren. El hombre con fe no está exento y es tan vulnerable como el que no tiene fe. Pero al menos, podemos entender el por qué. Al menos vemos que el sufrimiento es certero desarrollo de los resultados de nuestra rebelión contra Dios. Como reconocemos esto, mantenemos la confianza en Dios y vivimos con gratitud sabiendo que a través de Cristo no somos víctimas encerradas en el oscuro presente sino triunfantes conquistadores destinados a la gozosa eternidad que nos espera.

2DO TEMA: MARCOS 13:9-13

■ El ínterin se caracteriza por el conflicto interpersonal.

Lo que dice Jesús entonces pinta los tres grandes contextos sociales en los que los seres humanos nos relacionamos: la comunidad local, la sociedad más amplia y la familia, el contexto más íntimo. En cada uno de estos contextos sociales que describe Jesús la experiencia del creyente en el ínterin será de conflictos y no de armonía.

Hay una razón sencilla: el creyente, mediante la fe en Cristo ha hecho las paces con Dios. Pero aún durante el ínterin los creyentes han de vivir en un mundo que sigue en rebelión. No hay manera de que el cristiano comprometido pueda vivir en armonía con Dios y con el mundo, que está en guerra contra Dios.

Al advertirles a los discípulos: "Los entregarán a los tribunales y los azotarán en las sinagogas" (13:9), Jesús centra nuestra atención en la comunidad local. En el siglo primero el "tribunal supremo" del judaísmo era el Sanedrín, un consejo que se reunía en Jerusalén. Pero cada comunidad tenía tribunales locales conformados por los ancianos comunales, que eran los que consideraban y dictaban sentencia en las disputas entre vecinos. Si en lugar de un hecho la disputa era en torno a una cuestión de la Ley, había entonces reconocidos "maestros de la ley" que sentenciaban con autoridad, basándose en las interpretaciones de los antiguos sabios.

Ni la ley judío del siglo primero ni la del AT tenía provisiones en cuanto al encarcelamiento. El castigo más severo que podía dictar un tribunal local eran los azotes, que se limitaban a un máximo de 40 golpes con un látigo o palo. En la práctica el tribunal local ordenaba solo 39 azotes, tradición que buscaba proteger contra la posibilidad de que hubiera un error en las cuentas y alguien administrara 41 azotes, rompiendo así la Ley de Dios sin siquiera buscarlo.

Lo que importa aquí, sin embargo, es notar que se ordenaban azotes solo para los más rebeldes en la comunidad local. Era el último recurso, y no el primero, en los intentos del tribunal de hacer que alguien se conformara a las normas del lugar.

El mensaje es claro. Por santa que sea la vida del creyente, jamás logrará conformarse a los parámetros de la comunidad en la que vive. Siempre estará a destiempo, en algún aspecto o en otro, con los no creyentes que exigen conformidad a parámetros que el creyente sencillamente no aceptará.

Vemos esto hoy también, cuando la policía y los jueces les niegan a los creyentes el derecho a protestar pacíficamente contra el aborto, o cuando a una anciana cristiana de San francisco se le dice que no puede negarse a alquilarle una habitación a un homosexual, o cuando a un grupo de adolescentes les prohíbe reunirse con su club cristiano en la escuela, aunque el club de brujas sí pueda hacerlo.

Jesús luego habla de la sociedad en general, y se refiere a los creyentes que se presentan ante gobernantes y reyes. La tensión aquí no es entre el creyente y su comunidad, sino entre el creyente y el gobierno.

Y finalmente, tal vez el área más dolorosa es la última que menciona Cristo. Durante el ínterin el compromiso a Cristo puede estar en tal conflicto con los valores de la sociedad secular al punto que la familia misma se dividirá. El amor natural entre hermanos, o de padres a hijos y de hijos a padres, podría perderse en medio de tal hostilidad como para que un miembro de la familia busque la muerte de otro.

Jesús no nos está diciendo que esto es lo que tiene que suceder en todos los casos. Señala sencillamente que el compromiso con Jesús tiene el potencial de causar conflictos en toda relación. No tenemos que suponer que el mensaje del evangelio por sí mismo producirá la paz, dando lugar a una era de buena voluntad en la tierra. No lo hará. Y no puede hacer eso. Habrá muchos en este período de ínterin que rechazarán a Cristo. Y tal rebelión no solo elimina toda esperanza de paz mundial sino que además excluye la esperanza de lograr comunidades justas y de amor, en las que todos queramos participar.

El ínterin no guarda esperanzas de paz, de ninguna clase. La única esperanza de paz que tenemos se vincula con el regreso del Príncipe de Paz, nuestro Señor Jesucristo.

3ER TEMA: MARCOS 13:14-31.

■ La historia seguirá el curso planificado por Dios a pesar de la confusión reinante durante el ínterin.

Esta sección del discurso de Jesús comienza con "cuando". A pesar del surgimiento y caída de las civilizaciones, aparentemente al azar, del nacimiento y destrucción de potencias mundiales, los sucesos durante el ínterin jamás se han apartado ni un centímetro del plan de Dios.

En las enseñanzas de Jesús no hay condicionales. No hay "si...". Solo hay "cuandos".

Cuando. Cuando veamos que lo que han profetizado los profetas se cumple.

Cuando. Cuando llegue el tiempo de la "tribulación" (*thlipsis*) mundial.

Cuando. Cuando tras la tribulación "se oscurecerá el sol y no brillará más la luna; las estrellas caerán del cielo y los cuerpos celestes serán sacudidos" (13:24-25).

Cuando. "Verán entonces al Hijo del hombre venir en las nubes con gran poder y gloria" (13:26).

Si bien estas palabras causan entusiasmo entre quienes buscan construir líneas de tiempo escatológicas, debieran darle más consuelo y entusiasmo todavía al creyente promedio. No tenemos por qué buscarle sentido a la historia del ínterin. No necesitamos resolver el acertijo de cómo se está cumpliendo el plan de Dios con el surgimiento y caída del imperio bizantino, del imperio británico, del comunismo o del pasado y el futuro de nuestras democracias. El interminable esfuerzo de los seres humanos por construir civilizaciones separadas de Dios durante el ínterin, está destinado a fracasar, por nobles que sean los ideales sobre los que se construyen. Y todo fracaso no es más que testimonio del hecho de que el sentido y propósito de la historia humana no está en el "ahora" de ninguna sociedad, sino en el "cuando" de Dios, cada vez más cercano.

Los cristianos somos ciudadanos de un reino cuya plena expresión sobre la tierra espera al retorno del Rey. Hasta entonces, hemos de ser leales a Él por sobre todas las cosas y vivir cada día como forasteros y peregrinos, lejos de nuestro verdadero hogar.

4TO TEMA: MARCOS 13:32-37

■ Como no sabemos cuándo terminará el ínterin, hemos de estar alertas, vigilantes (13:33).

Estar alertas significa vigilar. Durante el ínterin los creyentes, como los sirvientes en cualquier hogar del siglo primero, tenemos "cada uno su tarea" (13:34). El hecho es que no sabemos cuál es el momento del "cuando" de Dios, ni en qué momento se convertirá en el "ahora". El cuándo de Dios puede ser hoy, mañana, o en el futuro distante, mucho después de que hayamos terminado nuestro viaje aquí en la tierra. Pero estas opciones para nosotros no representan diferencia alguna. Lo que importa es que mientras esperamos, expectantes, "vigilamos" utilizando toda oportunidad y todo don para servir al Señor.

MARCOS 14–16
Muerte y resurrección de Jesús

EXPOSICIÓN

EEn sentido muy real, unas pocas horas que pasan entre la unción de Jesús en Betania y Su juicio y muerte son el punto de inflexión en la historia. Todo lo que sucedió antes, señalaba a estos momentos. Y todo lo que sucedió después, surge de estos momentos.

Como todos estos momentos aparecen en tanto detalle en cada uno de los Evangelios, en lugar de repetir los comentarios de los capítulos que nos informan sobre lo sucedido, he decidido centrar la atención en diferentes temas, que encontramos en el relato de estas horas en cada uno de los Evangelios. Así, en el estudio de Mateo vimos la conspiración, la traición de Judas, y la negación de Pedro que dijo no conocer a Cristo. En Lucas examinaremos los sufrimientos de Jesús y en Juan, las pruebas de Jesús. En Marcos tenemos otros ángulo, necesario porque cada uno de los escritores de los Evangelios da bastantes detalles de los hechos de esas horas. Pero cada uno informa cosas que los otros omiten. Esto hace que surjan preguntas en cuanto a los tiempos y la secuencia. ¿Cómo se complementan los Evangelios? ¿Qué sucedió en cada momento?

La mejor forma de tratar de responder a estas preguntas es tratar de construir una línea de tiempo, y en lo posible, enumerar los hechos que informan los escritores de los Evangelios, ene l orden más probable. El cuadro que hay a continuación intenta reconstruir los últimos hechos en la vida de nuestro Señor. Y luego, en El pasaje en profundidad, veremos de cerca las últimas palabras de Jesús desde la cruz.

Comentario histórico-cultural del Nuevo Testamento

ÚLTIMO DIA DE JESUS

Hora	Lugar	Hecho	Mateo	Marcos	Lucas	Juan
Atardecer	Betania	Jesús ungido por María	26:6-13	14:3-9		12:2-8
Noche	Casa de Caifás	Judas acuerda traicionar	26:14-16	14:10-11	22:3-6	
Mañana	Jerusalén	Preparativos para la Pascua	26:17-19	14:12-16	22:7-13	
6 PM	Aposento alto	Observancia de la cena de Pascua	26:20	14:17	22:16-16, 24-30	
		Jesús lava los pies de los discípulos				13:1-17
		Jesús predice que será traicionado	26:21-25	14:18-21	22:21-23	13:18-30
		Jesús predice que Pedro Le negará	26:31-35	14:27-31	22:31-38	13:37-38
		Instauración de la "Comunión"	26:26-30	14:22-26	22:17-20	
8 PM	Aposento alto	Discurso de la última cena				13:31-16:33
10 PM	Aposento alto	Oración de Jesús como "sumo sacerdote"				17:1-26
11 PM	Getsemaní	Jesús ora en el Jardín	26:36-46	14:32-42	22:39-46	18:1
12 PM	Getsemaní	Jesús es arrestado	26:47-56	14:43-52	22:47-53	18:2-12
	Casa de Anás	Jesús, examinado por las autoridades religiosas				18:12-14, 19-23
	Casa de Caifás	Jesús examinado por el Sanedrín	26:57-68	14:53-65	12:54	18:24
	Patio de Caifás	Pedro niega a Jesús	26:69-75	14:66-72	22:55-62	18:15-18, 25-27
Amanecer	Sanedrín	Jesús es condenado por el Sanedrín	27:1	15:1	22:63-71	
	Fuera de Jerusalén	Judas se suicida	27:3-10			
6.30 AM	Palacio de Pilato	Jesús es llevado ante Pilato	27:2	15:2-5	23:1-5	18:28-38
	Palacio de Herodes	Jesús enviado ante Herodes			23:6-12	

130

Marcos 14-16

	Palacio de Pilato	Jesús juzgado por Pilato y condenado	27:11-26	15:6-15	23:13-25	18:39-19:16
	Cuarteles de los soldados	Se burlan de Jesús y Le golpean	27:27-30	15:16-19		19:2-3
9 AM	Gólgota	Jesús es llevado a ejecución	27:31-34	15:20-23	23:26-33	19:16-17
9 AM – 12 PM	Gólgota	Jesús es crucificado: primeras tres horas	27:35-44	15:24-32	23:33-43	19:18-27
		Primeras palabras desde la cruz			23:34	
		Segundas palabras desde la cruz			23:43	
		Terceras palabras desde la cruz				19:26-27
12 a 3 PM	Gólgota	Jesús en la cruz. Tres horas siguientes - oscuridad	27:45-50	15:33-37	23:44-46	19:28-30
		Cuartas palabras desde la cruz	27:46	15:34		
		Quintas palabras desde la cruz				19:28
		Sextas palabras desde la cruz				19:30
		Séptimas palabras desde la cruz			23:46	
3 PM	Gólgota	Muerte de Jesús y señales que acompañan	27:51-56	15:38-41	23:44-49	
5 PM	Tumba del Jardín	Jesús es sepultado en una tumba prestada	27:57-61	15:42-47	23:50-56	19:31-42
6 PM	Tumba del Jardín	Se sella la tumba y se monta guardia	27:62-66			

Ver EXPOSICIÓN de Mateo 28 para secuencia de eventos de la resurrección

ESTUDIO DE PALABRAS

En casa de Simón llamado el leproso (14:3). Tanto los fariseos como los esenios, dos grupos judíos del siglo primero que centraban su atención en la pureza, temían a los leprosos y sentían asco ante ellos. Es probable que tuvieran influencia en el establecimiento de la regla de que toda ciudad judía tenía que tener un leprosario, lejos de la comunidad, para que no contaminaran a los demás. Es notable que el Rollo del Templo, uno de los manuscritos recuperados junto con los Rollos del Mar Muerto, indique que los leprosos estaban aislados de los demás "al este de la ciudad" de Jerusalén. ¡Y justamente allí, al este de Jerusalén, estaba Betania!

El reconocido arqueólogo judíos Yigal Yadin concluye que "Jesús no se encontró por casualidad en la casa del leproso sino que a propósito decidió pasar la noche allí antes de entrar en Jerusalén. Eligió esta colonia de leprosos que era anatema tanto para los esenios como para los fariseos".

¡Qué decisión elocuente! Los "religiosos" se apartaban de los necesitamos por miedo a la contaminación ritual. Jesús los buscó, sabiendo del poder transformador y purificador que traerían Su muerte y resurrección.

La sala en la que pueda comer la Pascua con mis discípulos (14:14). Los comentaristas han debatido en cuanto a si la comida que Jesús compartió con Sus discípulos era la cena de Pascua o una comida "en el día de preparativos para la semana de la Pascua"

(Juan 19:124). Es mejor entender esta frase como "el viernes de la semana de Pascua".

Harold Hoener (*Chronological aspects of the life of Christ* [Aspectos cronológicos de la vida de Cristo] Zondervan, p. 76-78), resume 14 argumentos que indican que la Última Cena era en verdad la comida de Pascua.

En forma sumaria, los académicos enumeran los siguientes argumentos a favor de la comida de Pascua: 1) Los sinópticos establecen explícitamente que la Última Cena era la Pascua (Mateo 26:2, 17-19; Marcos 14:1, 12, 14, 16; Lucas 22:1, 7-8, 13, 15). 2) Ocurrió, según lo establecido por la Ley (Deuteronomio 16:7), puertas adentro de Jerusalén aunque la ciudad estaba tan llena de gente en ese momento. 3) El Aposento Alto estaba disponible, sin dificultad alguna, según la costumbre de la Pascua. 4) La Última Cena fue por la noche (Mateo 26:20; Marcos 14:17; Juan 13:30; 1 Corintios 11:23), momento poco usual para la comida. 5) Jesús Se limitó a los Doce en lugar de comer con un círculo de seguidores más amplio (lo cual corresponde a la costumbre de la Pascua). 6) La postura de estar reclinados a la mesa era solo para ocasiones especiales. 7) La comida se realizó con pureza levítica (Juan 13:10). 8) Jesús partió el pan durante la comida (Mateo 26:26; Marcos 14:22) en lugar de hacerlo como era costumbre, antes de comer. 9) Bebieron vino tinto, que era solo para ocasiones especiales. 10) Algunos de los discípulos pensaron que Judas había salido (Juan 13:29) para comprar cosas para la fiesta, lo cual no habría sido necesario si la comida hubiera sido antes de la Pascua porque habría tenido todo el día siguiente (Nisan 14) para hacerlo. 11) Algunos de los discípulos pensaron que Judas salió para dar algo a los pobres (Juan 13:29), como era costumbre en la noche de Pascua. 12) La Última Cena culmina con un himno que habría sido la segunda mitad del halel de la Pascua. 13) Jesús no volvió a Betania, que estaba fuera de los límites die Jerusalén, sino que fue a pasar la noche en el Monte de los Olivos, que estaba dentro de los límites ampliados de la ciudad, por la fiesta de la Pascua. 14) La interpretación de los segmentos especiales de la comida formaba parte del ritual de la Pascua.

La importancia de todo esto se encuentra en el simbolismo del cordero de la Pascua en la liberación de los israelitas de Egipto. Cuando el ángel de la muerte vio la sangre de cordero en los umbrales del pueblo de Dios, pasaba de largo y la familia de esa casa vivía. De la misma manera, la sangre de Jesús, nuestro Cordero de Pascua, nos cubre a nosotros. Por Él y por Su sangre derramada somos salvos de la muerte y bienvenidos a la vida eterna.

Vigilen y oren para que no caigan en tentación. El espíritu está dispuesto, pero el cuerpo es débil (14:38). La frase significa "ceder" a la tentación. En griego queda en claro que "vigilen" y "oren" son palabras dirigidas a todos los discípulos, y no solo a Pedro. Aunque la debilidad del cuerpo aquí, específicamente se refiere al cansancio, muchos comentaristas entienden el término *sarx* ("cuerpo" aquí pero literalmente, carne), en sentido teológico como indicación de la naturaleza humana de pecado.

Lo que nos importa es que vigilar (mantenerse alerta) y orar (depender del Señor constantemente) son imperativos también para nosotros si hemos de vencer a nuestras tentaciones.

Cierto joven que se cubría con sólo una sábana iba siguiendo a Jesús. Lo detuvieron, pero él soltó la sábana y escapó desnudo (14:51). La mayoría de los comentaristas suponen que el joven era el mismo marcos. El texto indica que estaba cubierto solo con un *sindon*, sin ropa interior, el *chiton*. El hecho de que el *sindon* fuera de lino y no de lana nos indicia que el joven era rico.

¿Por qué se nos informa de este incidente aquí? Tal vez, es el modo sutil en que Marcos nos hace saber que él también fue testigo de los hechos que describe. O quizá usa esto para simbolizar lo solo que estaba Jesús, indicando que hasta los jóvenes y niños Le habían dejado solo. Pero hay otra implicancia en esto: el joven, aterrado, quedó desnudo, expuesto. Del mismo modo en que Sus discípulos Le abandonaron, dejando al desnudo lo engañados que estaban.

Jacobo y Juan habían afirmado enfáticamente que podían beber de la copa de Jesús y compartir Su bautismo (10:37-39). Y Pedro juró que seguiría a Jesús hasta la muerte (14:31). Ahora ellos también dejaron solo a Jesús, que tiene que haberse sentido tan desnudo y expuesto como el joven Juan Marcos. Tal vez, se dieron cuenta de lo indefensos e inútiles que eran por sí mismos, incapaces de hacer nada por el Señor.

Como había dicho Jesús momentos antes, la carne es débil. Solo vigilando y orando tenemos en Dios el poder de hacer algo.

Y lo crucificaron (15:24). Para el comentario sobre este método de ejecución que los romanos consideraban demasiado cruel para quien no fuera esclavo o rebelde, ver el estudio de los sufrimientos de Jesús en el comentario de Lucas 23.

José de Arimatea, miembro distinguido del Consejo (15:43). El Consejo es, por supuesto, el Sanedrín, cuerpo de la autoridad en el judaísmo. La palabra traducida como "distinguid" es *euschemon*, término que aparece en diversos papiros de la época para designar a un rico propietario de tierras (Mateo 27:57). Las propiedades de José estarían cerca de su ciudad, Arimatea.

El hecho de que la tumba todavía no había terminado de excavarse en la roca sugiere que tal vez no había sido de su propiedad durante mucho tiempo.

Es fascinante pensar que José haya comprado tierra cerca de Jerusalén, preparándose para su propia sepultura sin imaginar que tal transacción haría posible el cumplimiento de una profecía mesiánica pronunciada unos 700 años antes: "Y se dispuso con los impíos su sepultura, mas con los ricos fue en su muerte" (Isaías 53:9 – RVR 60).

EL PASAJE EN PROFUNDIDAD

LOS SIETE DICHOS DESDE LA CRUZ

Los Evangelios informan que Jesús habló siete veces mientras estaba en la cruz. Tres de las ocasiones pueden asignarse a las tres primeras horas, entre las 9 AM y las 12 del mediodía. Cuatro se pueden asignar a las tres horas siguientes, de 12 a 3 PM, cuando toda la escena se vio envuelta en oscuridad.

Es tradicional en los servicios del Viernes Santo meditar en esas palabras. Seguramente, hay mucho en que podemos meditar.

PRIMERAS PALABRAS DESDE LA CRUZ

■ *Padre* —dijo Jesús—, *perdónalos, porque no saben lo que hacen* (Lucas 23:34).

Es fácil captar la actitud de los soldados romanos a quienes se les había asignado la tarea de la ejecución.

"Solo cumplimos órdenes, señor. Nada personal, ¿lo entiende?".

Y por supuesto, no era nada personal. Oh, tal vez habían protestado por tener que levantarse más temprano ese día. Pero los soldados protestan a menudo y además, los asignados a una ejecución siempre se quedaban con la ropa de la víctima, que luego podían vender. Así que no todo era pérdida para ellos.

Para los soldados romanos las ejecuciones programadas para esta mañana tienen que haber sido como cualquier otra. Oh, uno de los criminales era alguien que había hecho surgir esperanzas entre los judíos. Pero el soldado romano común no conocía ni se interesaba en la religión o la política local. Esos soldados, sin duda auxiliares no romanos reclutados de entre los hombres del imperio occidental y transferidos lejos de su tierra, no se daban mucho con la gente del lugar. En especial en un país donde la gente más pobre consideraba que los soldados eran no solo opresores extranjeros sino paganos, indignos de asociarse con siquiera el más pobre de los judíos.

Los centuriones tal vez hicieran un esfuerzo por entender a los pueblos de las tierras en las que estaban apostados. Pero no los soldados comunes, en una tierra tan inhóspita como el país de los judíos.

Por lo tanto, ejecutar a tres judíos más sin duda era algo que a los soldados les era indiferente. Solo cumplían con su deber, sin pensar en otra cosa. Clavar esos clavos que fijaban las manos de la víctima sobre el madero. Levantar el madero, rasgando la carne al fijar el travesaño al poste ya fijado en la tierra. Luego, clavar los clavos que sostenían los pies y añadir agonía a cada movimiento del cuerpo cuando la persona intentaba tomar aire.

Solo cumplimos con nuestro deber, señor.

Una ejecución más, como cualquier otra.

Otro cuerpo, tibio y con el pulso de vida, que había que fijar al madero manchado de sangre. Allí la víctima se retorcería hasta que los músculos ya no pudieran más, hasta que los pulmones ya no volvieran a inflarse con aire, hasta que la vida se esfumara lentamente. Y mientras moría la víctima, los soldados pasaban el tiempo haciendo apuestas, sin conmoverse ante los lamentos y sollozos, hasta que la muerte les librara de su deber y bajaran de la cruz los restos inertes, pegajosos y sucios de sangre.

Solo cumplimos con nuestro deber, señor. Nada personal, ¿lo entiende?

Y luego una de las víctimas habla y en lugar de maldecir a Sus verdugos dice simplemente: "Padre, perdónalos porque no saben lo que hacen".

Seguramente no entendían quién era Jesús. Pero las palabras de Cristo implican mucho más acerca de su ignorancia. Esos soldados que cumplían sin más las órdenes de su superior y mataban a otros hombres, no tenían sentido alguno de la santidad de la vida humana. No tenían la visión de que la humanidad es una creación especial de Dios, ni sentido de que sus víctimas fueran a imagen y semejanza de Dios. No, no está mal que el estado imponga la pena de muerte. Pero sí es trágico que incluso un asesino sea ejecutado sin consideración alguna en cuanto a su persona.

Fue esta terrible ignorancia, la ignorancia de quienes veían a otros seres humanos e incluso a sí mismos como nada más que animales, tratando a los demás de esa manera, lo que tanto preocupaba a Jesús. En medio de Su dolor Jesús veía a los soldados. Vio su profunda ignorancia del eterno significado del deber que estaban cumpliendo. Y movido a compasión por ellos, pronunció Sus primeras palabras desde la cruz.

Que nadie se equivoque. La ignorancia no absuelve a nadie. Seguimos necesitando el perdón. Pero al igual que Jesús, tenemos que sentir compasión por aquellos que sencillamente no saben lo que hacen. Y como Jesús hemos de orar porque Dios les instruya, y porque puedan aprender, y recibir el perdón.

SEGUNDA VEZ QUE JESÚS HABLA DESDE LA CRUZ
■ *Te aseguro que hoy estarás conmigo en el paraíso (Lucas 23:43).*

El foco de atención ahora pasa de los soldados a los dos "ladrones" crucificados junto a Jesús. El hecho de denominarlos ladrones indica bandidos o guerrilleros, en abierto conflicto con el orden establecido.

Al principio estos dos hombres "insultaban" a Jesús (Mateo 27:44). A diferencia de los soldados, que despreciaban a este a quien la gente había aclamado como rey, estos hombres sabían que el Señor había afirmado ser el Cristo, el Mesías judío (Lucas 23:39).

Finalmente, uno de los dos reprendió al otro. Sus palabras (Lucas 23:40-42) revelan el proceso de su transformación espiritual. Este hombre reconocía su culpa. Reconocía la pureza de Jesús. Y apeló a Jesús en fe: "Acuérdate de mí cuando vengas en tu reino".

¡Qué fe expresó el criminal que estaba en la cruz! Para nosotros es fácil, viendo la Resurrección, saber que Jesús es de veras el Hijo de Dios pero este hombre crucificado veía a un Jesús aparentemente indefenso, sufriendo como sufría él y a pesar del frío sudor que bañaba la frente de Jesús y de la sangre que manchaba Sus manos y pies, el criminal en la cruz creyó.

Y en respuesta a su asombrosa fe Jesús respondió: "Te aseguro que hoy estarás conmigo en el paraíso".

"Paraíso", palabra persa que significa "jardín" o "lugar hermoso", adoptada en los idiomas semitas como eufemismo del cielo, del consuelo y la dicha que se experimenta allí.

Es probablemente un error poner una coma en el versículo antes de la palabra "hoy". Lo más probable es que Jesús haya dicho como era común en arameo: "Te digo la verdad hoy, que estarás conmigo en el paraíso". La figura se utilizaba para confirmar una promesa, porque en dicha cultura la promesa asociada con un día determinado se cumpliría sin falta.

Por eso, Jesús no implicaba que Él o el ladrón estuvieran en el paraíso ese día. Más bien, Jesús se comprometió firmemente con el ladrón, diciendo que su fe le garantizaba un lugar, no solo en el reino de Cristo sino en la eternidad.

TERCERA VEZ QUE JESÚS HABLA DESDE LA CRUZ
■ *Mujer, ahí tienes a tu hijo...Ahí tienes a tu madre (Juan 19:26-27)*

El círculo ahora vuelve a ampliarse, más allá de la colina y comprende a los testigos, que lloran angustiados al pie de la cruz. Allí están la madre de Jesús y otras mujeres, sufriendo su dolor y tal vez, apoyándose en el discípulo Juan.

Jesús levanta la vista y las ve, sintiendo su dolor más que el propio. María y Juan están unidos por la angustia de su pérdida y tal vez, más dolidos que los demás porque sin duda eran más cercanos a nuestro Señor en lo emocional, que cualquiera de los demás.

Al ver su sufrimiento Jesús les da un regalo único: a María le da al sensible y afectuoso Juan, para que tome el lugar del Hijo que esta madre perderá en poco tiempo más. Y a Juan le da a María, para amarlo y cuidarlo como expresión de Su inconmovible e incondicional amor por su Hijo.

No es que María no tuviera otros hijos que la cuidaran. Sí los tenía. Y Juan tampoco estaba solo. Pero Jesús redirige el amor que ellos sienten por Él, para que se amen mutuamente como oportunidad de que cada uno pueda expresar el amor por el otro, gradualmente reemplazando así su sentido de la pérdida.

Hay un bello mensaje para nosotros aquí. Ante todo, nuestro amor tiene que ser amor por Jesús. Pero hasta tanto estemos presentes con Cristo y Cristo esté presente con nosotros, hemos de dirigir nuestro amor por Cristo hacia los demás. Y es amando a los demás que no solo expresamos nuestro amor por Cristo sino también en tal amor, que experimentamos el amor de Jesús por nosotros.

PALABRAS SIN PRONUNCIAR
■ *Mateo 27:41-43*

Los primeros tres dichos desde la cruz están directamente vinculados con testigos de la crucifixión. Jesús le pidió a Dios que perdonara a los soldados cuya actitud casual revelaba su ignorancia no solo de la Persona de Jesús sino del valor de la vida humana en sí misma. Jesús le dio al ladrón que creyó una vinculante promesa del paraíso. Y les dio tanto a Su madre angustiada como al Apóstol Juan un regalo único, al redirigir su amor por Él a un camino de amor mutuo para que al dar y recibir amor pudieran experimentar la presencia de Jesús de manera única.

Pero había otros testigos de la crucifixión que habían venido, no a llorar, sino a regodearse. Mateo les describe: "De la misma manera se burlaban de él los jefes de los sacerdotes, junto con los maestros de la ley y los ancianos. —Salvó a otros —decían—, ¡pero no puede salvarse a sí mismo! ¡Y es el Rey de Israel! Que baje ahora de la cruz, y así creeremos en él. Él confía en Dios; pues que lo libre Dios ahora, si de veras lo quiere. ¿Acaso no dijo: 'Yo soy el Hijo de Dios'?" (27:41-43).

Sus burlas no provocaron respuesta alguna. Todo lo que hubiera podido decirse de ellos estaba dicho ya, y no había evocado respuesta de fe, sino de amargura e incredulidad persistente y antagonista. Incluso cuando Dios hablara tres días después en ese maravilloso acto de la Resurrección que confirmó a Jesús como Hijo Suyo, estos hombres se negarían a creer. Y para tales personas no bastará ninguna palabra de perdón, de promesa o amor.

Oh, sí que habrá una palabra dirigida a los hombres que odiaron y rechazaron al Hijo de Dios. Pero será una palabra de juicio, que se verán obligados a oír por mucho que se tapen los oídos con las manos. Sin embargo, no es la cruz el lugar para pronunciar esa palabra, porque la cruz es el símbolo supremo del perdón de Dios, del paraíso ganado, del redescubrimiento del amor. Y la incredulidad siempre elegirá no creer tales palabras.

De manera que el silencio desde la cruz nos habla tan alto como cualquiera de los otros siete dichos.

Cuarta vez que Jesús habla desde la cruz
"Dios mío, Dios mío, ¿por qué me has desamparado?" (Mateo 27:46)

Las primeras tres veces que Jesús habló desde la cruz, expusieron el sufrimiento de Cristo ante los testigos, porque era de mañana y había claridad. En las tres ocasiones, Sus palabras fueron o dirigidas o referidas a esos testigos: los soldados indiferentes, el criminal que creyó, los seres amados que lloraban. Pero ahora vemos dos giros drásticos.

Primero, el sol parece oscurecerse y la escena se ve envuelta en oscuridad. Durante casi tres horas, la oscuridad se hace más densa y aunque el texto no lo indica, supongo que los religiosos que se burlaban de Jesús desde el camino que pasaba por el Gólgota, se dispersaron y fueron cada uno a su casa.

Durante la mayor parte de esas horas Cristo sufrió en silencio. Y cuando llegaba el momento de la muerte, Cristo pronuncia cuatro frases más. No se dirige a los testigos que a causa de la oscuridad, ya no veían con nitidez. Sus palabras reflejan la lucha interior de Cristo y Su íntima relación con el Padre.

En la primera ocasión, "Mi Dios, mi Dios, ¿por qué me has desamparado?", expresa asombro angustiado, la emoción de la desolación total. El hecho de que encontremos estas palabras en el Salmo 22 nos recuerda que esa emoción es común a los hombres. Pero no es únicamente en este largo momento que Cristo conoce este sentido de total aislamiento y pérdida, Sus palabras tienen un significado profundo.

Como Dios el Hijo nuestro Señor había pasado la eternidad en ininterrumpida comunión de amor, latiendo siempre con la Deidad. Padre, Hijo y Espíritu Santo eran uno, al unísono. Incluso en la Encarnación Jesús vivió una vida de ininterrumpida comunión con el Padre.

Pero ahora el Hijo de Dios moría en la cruz, muriendo para poder cargar con el peso de nuestros pecados, sufriendo la muerte que nos corresponde a nosotros. Por este momento Jesús, que no conocía el pecado, fue tratado por Dios como pecador (2 Corintios 5:21). Y en este largo momento que se extendió durante tres oscuras horas, Dios el Padre abandonó al Hijo apartando Su rostro de Él. Así, Cristo experimentó la muerte espiritual, que es la separación de Dios.

En un maravilloso sentido que no podemos siquiera comenzar a entender, la Deidad misma se rasgó y dividió y la angustia que Jesús sintió fue más profunda y más real que toda la angustia sufrida por nuestra raza maldecida por el pecado. Todo esto, todo el pecado de la historia y todo el sufrimiento, cayó de repente sobre los hombros del Hijo de Dios y en esa separación que resultó de la ruptura del vínculo que unía al Padre, al Hijo y al Espíritu Santo, Cristo sufrió más de lo que podamos imaginar o entender siquiera.

QUINTA VEZ QUE JESÚS HABLA DESDE LA CRUZ
■ *"Tengo sed" (Juan 19:28)*

Las primeras palabras que Jesús pronuncia en la oscuridad nos impactan con la deidad de Jesús. Y en esta segunda ocasión en que habla en medio de la oscuridad, lo que nos impacta es Su humanidad.

El sufrimiento de Cristo era tanto espiritual como físico: un quebranto de Su espíritu y Su cuerpo.

El Salmo 22:15 describe esta dimensión del sufrimiento de Jesús: "Se ha secado mi vigor como una teja; la lengua se me pega al paladar". Físicamente, la cruz no solo agotó la fuerza que quedaba en el cuerpo de Jesús después de los brutales azotes que Le habían propinado en Jerusalén, sino que además produjo una fiebre tremenda que resecó los tejidos de Su cuerpo. Esto sugiere una razón por la que Cristo pidió algo para beber. No era para aliviar su sed o el sufrimiento sino quizá para aliviar momentáneamente la sequedad de la boca para que pudiera pronunciar de manera clara las triunfantes palabras que diría luego.

A pesar de las limitaciones impuestas por haber asumido nuestra naturaleza humana, Cristo prevaleció.

SEXTA VEZ QUE JESÚS HABLA DESDE LA CRUZ
■ *Todo se ha cumplido (Juan 19:30)*

Juan añade: "Luego inclinó la cabeza y entregó el espíritu" (19:31). La última oración a gritos de Jesús, en los versículos 30 y 31, no queda registrada por Juan, que quiere que entendamos plenamente la relación entre nuestra salvación y la muerte de Jesús.

Jesús vino a nuestro mundo, no para meramente revelar a Dios ante los hombres sino para morir como sustituto, tomando nuestro lugar y pagando el precio que exige la justicia por nuestros pecados. En esas horas finales y oscuras sobre la cruz Jesús experimentó la terrible separación del Padre, que conforma la esencia de la muerte espiritual. Y en ese momento del tiempo, se consolidó lo finito con lo infinito y el Hijo de Dios pagó por completo la pena impuesta por el pecado sobre todo ser humano desde Adán hasta el final de la historia, un precio que quienes se niegan a creer no podrán pagar jamás aunque sufran por toda la eternidad. Cuando finalmente Jesús gritó: Todo se han cumplido, había sufrido más que toda la humanidad junta. Y sufrió allí por usted y por mí.

La palabra que se traduce como "entregó" es *paredoken,* y centra la atención en el hecho de que Jesús rindió Su espíritu voluntariamente. Es impactante lo que esto implica. Durante Su sufrimiento Jesús tenía la capacidad de elegir si viviría o moriría. Jesús había dicho antes: "porque entrego mi vida para volver a recibirla. Nadie me la arrebata, sino que yo la entrego por mi propia voluntad. Tengo autoridad para entregarla, y tengo también autoridad para volver a recibirla" (Juan 10:17-18). Ahora, probaba Su decisión de completar Su misión de salvación porque se aferró a la vida hasta haber pagado por todos nuestros pecados. Había pagado el precio completo.

Jamás sabremos lo desesperadamente que anhelaba Cristo el librarse de Su sufrimiento espiritual antes de haber pagado el precio completo. Pero finalmente llegó el momento y solo entonces Jesús "entregó Su espíritu".

SÉPTIMA VEZ QUE JESÚS HABLA DESDE LA CRUZ

■ *¡Padre, en tus manos encomiendo mi espíritu! (Lucas 23:46)*

Las palabras son de otro salmo, el Salmo 31:5, y se utilizaban en Israel como oración de la noche. El salmo es una bellísima expresión e inamovible confianza. Nos recuerda que aunque Cristo aceptaba la muerte como voluntad del Padre, Su sufrimiento no era amenaza alguna para el amoroso vínculo de confianza que existía entre ellos.

Las palabras de ese salmo escrito por David nos recuerdan que aún en los momentos más oscuros Dios es nuestro refugio también. La voluntad de Jesús de sufrir por nosotros es prueba indiscutible de que así como Él entregó Su espíritu en las manos del Padre, podemos hacerlo nosotros.

LUCAS 1.1–3.22
Renace la esperanza

EXPOSICIÓN

Lucas inicia su Evangelio con una afirmación especial: ha "investigado todo esto [la vida de Jesús] con esmero desde su origen" (Lucas 1:1-4). Así, el Evangelio de Lucas es un informe históricamente preciso del nacimiento, ministerio, muerte y resurrección de Jesús. Sin embargo, al leer Lucas vemos que su obra no es una árida repetición de datos y hechos. El escrito de Lucas es vívido y nos acerca a los sucesos que describe. Lucas también demuestra una ardiente sensibilidad a los detalles personales más íntimos. Suele detenerse en el inusual interés de Cristo por los pobres, los indefensos, los marginados de la sociedad y las mujeres. Lucas también pone énfasis en la dependencia de Cristo de la oración y el Espíritu Santo. Los escritos de Lucas también tienen otra cualidad: la energía de una vibrante esperanza en Dios, y la alabanza a Dios. Al leer un capítulo de este Evangelio, no podemos evitar quedar convencidos de que en Jesús Dios ha traído la salvación a la humanidad.

Cada una de estas particularidades positivas, la de la minuciosidad del historiador y la del abundante gozo del creyente sincero, están presentes en los capítulos iniciales del Evangelio de Lucas. Más que cualquier otro autor de los Evangelios Lucas se sumerge en la variedad de hechos únicos, asociados con el nacimiento de Jesús. Nos habla de las circunstancias poco frecuentes del nacimiento de Juan el Bautista (1:5-25, 57-80); de la relación entre María y Elisabet y del gozo exultante de estas mujeres cuando ven que Dios está por obrar milagros y maravillas a través de los hijos que ellas darán a luz (1:26-56). Lucas habla de la visita de los ángeles a los pastores (2:8-20) de la revelación dada a Simeón y Ana en cuanto a que el pequeño Jesús es en realidad el Cristo de Dios (2:21-40) y de la visita de Jesús al templo en Su niñez (2:41-52).

¿Dónde descubrió Lucas estas historias? Muchos creen que Lucas, constante compañero de Pablo, aprovechó los dos años en que Pablo fue mantenido en Cesarea por los gobernadores romanos (Hechos 23-26) para viajar a Tierra Santa y entrevistar a muchos informantes, testigos oculares de esos hechos. Por lo tanto le debemos mucho a Lucas por todo el contexto y el trasfondo que solo él nos cuenta, antes de ocuparse del tema que también intriga a los otros escritores de los Evangelios, el del ministerio "precursor" de Juan el Bautista. Este ministerio pronto lanzaría el primo de Juan, Jesús de Nazaret, a un lugar de repentino protagonismo (3:1-22).

ESTUDIO DE PALABRAS

Por lo tanto, *yo también*...he decidido escribírtelo ordenadamente (1:3). ¿Por qué otro Evangelio? Es claro que Lucas sabe que Mateo y Marcos han brindado sus propios relatos de la vida de Jesús. Tal vez la respuesta está en notar las características que distinguen a este Evangelio de los demás. Lucas, como los otros autores, quiere que veamos a Jesús desde su especial perspectiva. Walter L. Liefeld, en su comentario titulado *Luke* [Lucas] (Zondervan) resume estas características distintivas:

> Entre estas, están el interés de Jesús por todas las personas, en especial por los marginados, los pobres, las mujeres y los que se conocían como "pecadores"; el alcance universal de Lucas, su alteración de cierta terminología usada por Marcos para facilitarles la comprensión a los lectores de Lucas, como por ejemplo el término griego para "abogado" (nomikos) en lugar del término hebreo para "escriba" (grammateus); el énfasis en las enseñanzas prácticas de Jesús (por ejemplo, capítulos 12 y 16, que tienen que ver con las finanzas); el sentido de propósito de Lucas, y su sentido de cumplimiento, de logro; su sentido del gozo y de alabanza a Dios por Su obra salvadora y sanadora; el fuerte llamado de Jesús al discipulado; la dependencia de Jesús del Espíritu Santo y la oración, y los muchos ejemplos del poder de Dios.

En el siglo primero cuando los paganos no solo ya hacía tiempo se habían apartado de los dioses tradicionales sino que no lograban resolver del todo los temas de la suerte y el destino, volviéndose a las falsas esperanzas de las mal llamadas religiones orientales o de misterio, una narrativa como la de Lucas sin duda resultaba auténticamente atractiva. Porque hay aquí un "Salvador" que de hecho vivió y que se interesaba por las personas. Que vivió entre las personas. Que fue crucificado y en verdad resucitó de entre los muertos. Y todo esto Lucas lo cuenta con convicción y con una verosimilitud que le daba seguridad a Teófilo y sigue dándonosla a nosotros en nuestros días.

Habiendo investigado todo esto con esmero *desde su origen* (1:3). Lucas presta mucha atención a los hechos anteriores al nacimiento de Jesús, más que cualquier otro Evangelio. La lista que hay a continuación nos brinda la secuencia de hechos en torno al nacimiento de Cristo, que resulta de la integración de los Evangelios de Lucas y Mateo

LÍNEA DE TIEMPO DE CRISTO, EL ETERNO HIJO DE DIOS

Pre-existencia de Cristo	Juan 1:1-18
Hechos relacionados con el nacimiento de Jesús	
El nacimiento de Juan es anunciado	Lucas 1:5-25
El nacimiento de Jesús le es anunciado a María	Lucas 1:26-38
María visita a Elisabet	Lucas 1:39-45
El "Magníficat" de alabanza de María	Lucas 1:46-56
Nacimiento de Juan	Lucas 1:57-80
El nacimiento de Jesús le es anunciado a José	Mateo 1:18-25
Nacimiento de Jesús	Lucas 2:1-7
Se les anuncia el nacimiento a los pastores	Lucas 2:8-20
Sucesos asociados con la infancia y niñez de Jesús	
Jesús es circuncidado	Lucas 2:21
Jesús es presentado en el templo	Lucas 2:22-38
Los sabios buscan a Jesús	Mateo 2:1-12
La familia huye a Egipto	Mateo 2:13-18
La familia regresa a Nazaret	Mateo 2:19-23; Lucas 2:39
Jesús crece y madura	Lucas 2:40
Jesús visita el templo	Lucas 2:41-50
Jesús sigue creciendo	Lucas 2:51-52

Un sacerdote llamado Zacarías, miembro del grupo de Abías (Lucas 1:5). Cuando en los Evangelios leemos sobre los "sacerdotes" tenemos que distinguir entre la aristocracia sacerdotal y los sacerdotes "comunes". La aristocracia se limitaba a unas cuantas familias sacerdotales que dominaban los puestos de jerarquía, con el control de las finanzas y los rituales del templo. Estas familias tenían sus hogares en Jerusalén y eran extremadamente ricas, y ejercían poder político, económico y religioso. Los antiguos escritos judíos suelen representarles como codiciosos, corruptos. Un escritor se queja de que "sus hijos son tesoreros...y sus sirvientes golpean con palos a la gente".

Por otra parte, los sacerdotes "comunes" vivían fuera de Jerusalén, en Judea o en Galilea. Su función era la de oficiar en los sacrificios y demás ceremonias que ocurrían a diario en el templo. La organización de estos sacerdotes en grupos de 24 se menciona ya en 1 Crónicas 24:1-10 y aunque los nombres de esos grupos fueron cambiando con los años, el sistema de 24 grupos de sacerdotes, que se turnaban para prestar servicio en Jerusalén durante una semana de sábado a sábado, continuaba en la época de Cristo. Los antiguos escritos judíos muestran que en el siglo primero esos 24 "clanes" semanales se dividieron luego en 156 "familias" que se hicieron cargo de los deberes sacerdotales diarios. La "división" que menciona Lucas muy probablemente sea la de una de estas familias diarias cuyos miembros echaban suertes para decidir quién entraría en el templo al momento del sacrificio de la mañana o la noche para ofrecer el incienso.

Algunas autoridades indican que había tantos de estos sacerdotes "comunes" que cada persona solo podría cumplir este deber sagrado una vez en toda su vida. Sea cierto o no, lo que queda claro es que Dios estaba obrando en la asignación "por azar" de Zacarías para este ministerio.

Al verlo, Zacarías se asustó, y el temor se apoderó de él (1:12). "Se asustó", *etarachthe* en griego, indica intensa perturbación emocional que Lucas define como miedo. En cierto sentido la reacción es típica porque hubo otros que reaccionaron del mismo modo en presencia de lo sobrenatural (5:8-10). Pero también aquí hay una lección para nosotros.

Zacarías estaba entrando en el templo donde habitaba el Dios de Israel, un Dios conocido por Sus acciones sobrenaturales en la historia, para el bien de Su pueblo. Un Dios cuyos milagros se relataban en los festivales de alabanza. Sin embargo Zacarías jamás había soñado siquiera que Dios pudiera actuar para su bien. Por eso estaba asustado. A pesar del temor reverencial que tiene que haber sentido al entrar en el santuario ¡Zacarías esperaba acercarse a un Dios silencioso, bastante pasivo! No supongamos lo mismo que Zacarías. Dios puede obrar en nuestras vidas hoy mismo, y de hecho lo hace. Acerquémonos a Él con temor reverencial pero también con un sentido de expectativa.

Jamás tomará vino ni licor (1:15). La descripción sugiere que Juan estaría sujeto al voto de los nazaritas durante toda su vida (Números 6:1-12). La única otra persona que se describe de la misma manera en la Biblia es Sansón (Jueces 13-16). El contraste entre estos dos hombres, uno físicamente fuerte y el otro, gigante espiritual, nos recuerda que lo que marca la diferencia no son los símbolos religiosos exteriores sino nuestro compromiso personal e interior con Dios.

Sansón vivía con los símbolos del compromiso. Juan vivía la realidad que esos símbolos representaban.

Ante estas palabras, María se perturbó, y se preguntaba qué podría significar este saludo (1:29). El término en griego es *dietarachthe*, que significa "perplejo", "confundido". La reacción de esta joven campesina, que probablemente fuera todavía una adolescente, es muy diferente a la de Zacarías, que sintió miedo y terror ante la aparición de Gabriel. Esto no quiere ser una crítica contra Zacarías. Su reacción ante la aparición de Gabriel es entendible y Lucas le describe como un hombre "intachable" (que vivía plenamente en cumplimiento de la ley mosaica). Lo que nos marca este contraste es un marcado énfasis en la forma de ser de María, y que nos recuerda la sencillez y sinceridad de su fe en el Señor. Una sencillez y sinceridad que bien deberíamos imitar.

La confianza en Dios es una cualidad bellísima que no depende de la edad, el rango o la posición. Muchas veces el creyente más sencillo recibe por gracia más de este tipo de fe confiada que algunos que gozan de posición más encumbrada.

— ¿Cómo podrá suceder esto —le preguntó María al ángel—, puesto que soy virgen? (1:34). Podríamos centrarnos en el término "virgen" y notar que no significa sencillamente "joven soltera" sino mujer que no ha tenido relación sexual con un hombre.

Pero consideremos primero lo que pregunta. No dice: "¿Cómo se lo explico a José?". Ni "¿Cómo soportar la vergüenza de ser soltera y estar encinta?". Ni tampoco "¿Qué sucederá conmigo?". Se pregunta, sencillamente: "¿Cómo obrará Dios este milagro parar que yo, una virgen, sea la madre del Mesías?".

Cuando Gabriel le explica el milagro la respuesta inmediata de María es: "Aquí tienes a la sierva del Señor" (1:38).

Esta joven sencilla resultó ser una persona notable. "Sierva" es la que cumple la voluntad de su amo y deja de lado sus asuntos personales para cumplir con la comisión que se le mande. Al decir "Aquí tienes a la sierva del Señor", María se compromete plenamente a cumplir la voluntad de Dios, no importa cuál sea el costo personal.

A los ocho días llevaron a circuncidar al niño. Como querían ponerle el nombre de su padre, Zacarías, su madre se opuso (1:59). El nacimiento de un hijo era ocasión de regocijo, y daba inicio a lo que se conocía como "semana del hijo". Durante siete días llegarían los amigos de visita por las noches. Y al octavo día se reunían todos a celebrar la circuncisión del niño. La circuncisión marcaba la iniciación oficial del niño en el Pacto que Dios hizo con Abraham, y le marcaba para siempre como miembro del pueblo escogido. En la descripción de Lucas se destaca el hecho de que la suya es la única referencia que hay en la literatura del siglo primero a la costumbre de poner el nombre al niño al octavo día, práctica documentada en la historia judía posterior.

También, que los judíos consideraban que la celebración del cumpleaños era una práctica pagana. Su gozo marcaba las festividades relacionadas con la circuncisión del niño. La importancia de la relación de la persona con Dios era mucho mayor que la del inicio de la vida biológica. Hoy también nuestro "segundo cumpleaños", en que establecemos una relación con Cristo por medio de la fe, es un hecho digno de más celebración que nuestro primer cumpleaños.

Por aquellos días Augusto César decretó que se levantara un censo en todo el imperio romano (2:1). Bajo Augusto, era práctica levantar un censo que no solo contaría a las personas sino que registraría sus posesiones como base para el cálculo de impuestos en los territorios bajo dominio romano. En el versículo 2 Lucas menciona un censo realizado mientras Cirenio gobernaba Siria. Ese censo era especialmente notable porque casi causó una rebelión abierta contra Roma en Judea. Judas de Gaulanitis y el fariseo Saddok levantaron a la población clamando que esto simbolizaba la esclavitud, y que Roma seguramente aumentaría los impuestos. Lucas menciona este censo y crea una dificultad, porque se sabe que ocurrió en el año 6 AD, ¡casi una década después del nacimiento de Jesús!

Por este motivo algunos argumentan que Lucas comete un error obvio, y cuestionan así la exactitud de la información contenida en su Evangelio y en el libro de los Hechos.

La mejor solución a esta aparente contradicción histórica está en el significado de la palabra *prote*. Aunque significa "primero", como en Lucas 2:2, *prote* también puede significar "anterior" o "previo". Si utilizamos este significado, Lucas 2:1 indica que "un censo", aquel que llevó a María y a José a Belén, "sucedió antes de que Cirenio fuera gobernador de Siria".

Al adoptar esta traducción vemos que Lucas en realidad busca trazar una distinción entre el censo sobre el cual escribe y el censo anterior ordenado por Cirenio, que el lector podría haber supuesto era el que Lucas tenía en mente aquí.

Hoy...en la ciudad de David (2:11). En las Escrituras la ciudad pequeña o pueblo de David es Belén y Jerusalén es la (gran) ciudad de David.

Gloria a Dios en las alturas, y en la tierra paz a los que gozan de su buena voluntad (2:14). ¿De qué manera se tradujo este versículo de "en la tierra, paz a los hombres de buena voluntad"? La respuesta está en la letra griega *sigma*, o "s". Los textos griegos de los que se disponía en el siglo XVII contenían el término *eudokia*. Luego se descubrieron textos más antiguos con el término *eudokias*. Y la presencia de esa letra al final cambia el significado del anuncio de los ángeles, de proclamación de paz a los hombres de buena voluntad a proclamación de paz para toda la humanidad, sobre la que por medio del nacimiento del Salvador, ahora descansa el favor de Dios.

En antiguos himnos cristianos y en el texto arameo encontrado junto con los Rollos del Mar Muerto, se confirma una construcción similar que deja en claro que esa es la traducción correcta.

Por supuesto que la teología bíblica también lo deja en claro. El favor de Dios no descansa sobre los "hombres de buena voluntad" porque todos fallamos. Más bien, al darnos un Salvador Dios hizo evidente que Su favor descansa sobre todos. ¡Cómo no responder con adoración y alabanza a un Dios de tal gracia!

Un par de tórtolas o dos pichones de paloma (2:24). La ley del Antiguo Testamento requería que la mujer ofreciera un cordero a Dios después del nacimiento de un hijo (Levítico 12:1-8). Pero la regla tenía una provisión especial: "Si no puede encontrar un cordero podrá traer dos palomas o dos pichones, uno como ofrenda de holocausto y el otro como ofrenda por los pecados".

El hecho de que María ofreciera dos pichones indica que ella y José eran de veras pobres.

Es intrigante que Dios no decidiera ubicar a Su hijo en un hogar rico. Prefirió poner a Jesús con una familia pobre en cosas materiales, pero rica en fe y amor.

Seguramente es entendible que busquemos ofrecerles a nuestros hijos una vida mejor en términos materiales. Pero al mismo tiempo, tal vez no sea lo más sabio. Tenemos que meditar y aprender mucho de esta decisión de Dios de poner a Su Hijo en el humilde hogar de María y José.

¿No sabían que tengo que estar en la casa de mi Padre? (2:49). A los 13 años el niño judío se convertía en "hijo del mandamiento" y debía viajar a Jerusalén para participar de los festivales anuales religiosos más importantes. Pero los rabinos de la época solían mandar que se trajera al niño dos años antes a Jerusalén, para que observara los derechos festivos y así Jesús seguramente tendría unos once años cuando ocurrió lo que aquí se describe.

También sabemos por los escritos rabínicos que la imagen que nos da Lucas del niño Jesús discutiendo la Ley con los famosos maestros adultos refleja con precisión una costumbre de la época. En los días festivos y los sábados los sabios no solo enseñaban en público sino que respondían preguntas y debatían con la gente común. Quien conociera las Escrituras en hebreo podría participar de estos debates, como lo hizo el niño Jesús.

La razón por la que Lucas nos lo cuenta es porque Jesús identificó al templo como la casa "de mi Padre". No era esta la forma en que el judío promedio veía a Dios, aunque sí era el "Padre", u origen, de la raza hebrea. Lucas quiere que entendamos que aún a tan tierna edad Jesús estaba al tanto de Su relación única con el Señor, afirmación que Sus padres "no entendieron" (2:50).

Juan recorría toda la región del Jordán predicando (3:3). Para el estudio del ministerio de Juan el Bautista ver Juan 3:22-36, Mateo 11:1-19 y Marcos 1:1-8.

Él los bautizará con el Espíritu Santo y con fuego (3:16). Para el análisis de esta frase ver el Estudio de palabras de Mateo 3:11.

EL PASAJE EN PROFUNDIDAD

Estos capítulos del Evangelio de Lucas informan de monólogos pronunciados por tres personas que son importantes en esta historia de la infancia de Jesús. El primero, en forma de alabanza, pronunciado por María (1:46-55). El segundo, en forma de profecía pronunciada por Zacarías, padre de Juan el Bautista (1:67-79). Y el tercero, en forma de oración pronunciada por el anciano Simeón que ha visto y reconocido al niño Jesús como el Salvador prometido (2:29-32).

Cada uno de los monólogos tiene una característica importante, que es común a todos: ven el futuro con gozo y expectativa por lo que hará Dios, mientras interpretan ese futuro en términos de la revelación de Dios de Su propósito para Israel por medio de Moisés y los profetas. El pasado había sido el momento de plantar la semilla. El presente es para cada uno de ellos el tiempo de germinar y brotar. Y seguramente el futuro dará la cosecha del fruto que Dios quiere.

Vale la pena analizar cada uno de estos potentes monólogos.

EL MAGNIFICAT DE MARÍA
■ Oración de la Virgen (1:46-55)

Trasfondo. Uno de los elementos más llamativos en el poema de alabanza de María es que está saturado de frases y conceptos del Antiguo Testamento. Incluso la construcción de las ideas refleja patrones que encontramos en los salmos hebreos y su traducción contemporánea al griego en el Septuaginto. María siente entusiasmo ante su privilegio de "magnificar" (glorificar) al Señor, y esto es algo que expresaron los salmistas antes que ella. Ellos también claman "Engrandezcan al Señor conmigo; exaltemos a una su nombre" (Salmo 34:3) y "Con cánticos alabaré el nombre de Dios; con acción de gracias lo exaltaré" (Salmo 69:30).

María avanza hacia la adoración directa, alabando a Dios por atributos específicos (1:49-50), y allí los paralelos son aún más impactantes. Por ejemplo, la frase "porque el Poderoso ha hecho grandes cosas por mí" toma la idea y el lenguaje del Salmo 71:19 y puede reflejar la imagen de Dios como guerrero/ héroe que vemos en Isaías 42:13: "El Señor marchará como guerrero; como hombre de guerra despertará su celo. Con gritos y alaridos se lanzará al combate, y triunfará sobre sus enemigos".

Un comentarista que analizó la alabanza de María línea por línea, ha vinculado sus palabras e ideas a unos doce pasajes distintos del AT.

Algunos han cuestionado si una joven, que en ese momento sería adolescente, podría haber producido espontáneamente un poema de tanta profundidad y tan lleno de alusiones bíblicas. Pero tenemos que recordar al menos dos cosas: los judíos del siglo primero seguían siendo una comunidad teocrática, en términos de su corazón. Era su relación con Dios lo que les daba no solo su identidad como pueblo sino el fundamento de su esperanza para el futuro. Eran de veras un pueblo del Libro, y las frases e imágenes bíblicas se entretejían con el discurso cotidiano, se memorizaban y cantaban y todos los sábados se hablaban y debatían en la sinagoga.

También ha que recordar, por supuesto, que María era una joven de profunda fe y entendimiento espiritual. Era de veras una persona excepcional, como podemos ver con su respuesta a lo que le anunció el Ángel Gabriel (1:38). No todas las jóvenes de la Galilea del siglo primero podrían haber compuesto el Magnificat. Pero cuando María viajó para visitar a su prima Elisabet en las colinas de Judá, recorriendo a pie el camino durante unos tres a cuatro días, habrá meditado sobre su experiencia y así compuso estas maravillosas palabras de alabanza.

Es todo un desafío para nosotros. Si esperamos ser utilizados por Dios no hace falta que seamos grandes a los ojos del mundo. Sí tenemos que saturarnos con las Escrituras hasta que los pensamientos y conceptos revelados por Dios sean parte integral de nuestros corazones y mentes.

Interpretación. El Magnificat de María, que se llama así debido a la primera palabra de su traducción al latín, tiene cuatro divisiones. 1) Los versículos 46 al 48 alaban a Dios por lo que Él hizo por María y reflejan su asombro y maravilla porque ha sido escogida para dar a luz al Mesías. 2) Los versículos 49 y 50 centran nuestra atención en los atributos de Dios. El Todopoderoso de Israel es potente, santo y misericordioso. 3) Los versículos 51 a 53 reflejan el compromiso escatológico de Dios, una entrega preanunciada en el hecho de que eligiera a la "humilde" María como madre del Mesías. Este compromiso escatológico también se revela a lo largo de la historia, ya que Dios "derrocó a los poderosos, mientras que ha exaltado a los humildes". Sin embargo, el pasado no es más que un preludio a lo que Dios hará en el Mesías, al poner patas arriba al mundo rechazando a los ricos y dando la bienvenida a los hambrientos.

En un sentido muy destacado el himno de alabanza de maría es una afirmación de verdades fundamentales que enseñan las antiguas revelaciones. A Dios le importa la persona, porque Él es el Dios de poder, de santidad y misericordia. No olvidará las promesas de Su pacto con Abraham. El Mesías, que ahora crece en el vientre de María, será Aquel en Quien Dios cumplirá Su compromiso con los humildes y cuando el Mesías haya juzgado y derribado a los poderosos de este mundo el Señor consolará a los descendientes de Abraham por siempre.

Aplicación. Debemos notar también que Lucas no escoge material que divorcie a Jesús de la visión del Mesías que presenta el Antiguo Testamento, sino que elige material que afirma a Jesús de Nazaret justamente como la persona que describen los profetas. Hoy la iglesia hace bien en centrarse en los primeros versículos del salmo de alabanza de María. Nos regocijamos en Dios como "mi Salvador" y reconocemos nuestra "humildad" al guiar a otros a Cristo para su liberación.

Sin embargo, este poder que nos da la salvación un día también servirá para juzgar, en juicios devastadores que los profetas del pasado anunciaron. Llegado ese día nuestro mundo se dará vuelta y los poderosos caerán en tanto los débiles serán elevados. Dios cumplirá todas Sus promesas, ya que en el día del juico recuerda Su misericordia hacia los Suyos.

Pensemos entonces que el día de gracia transcurre muy rápidamente. Y comprometámonos a hacer Su voluntad.

LA BENDICIÓN
■ Profecía de Zacarías (Lucas 1:67-79)

Trasfondo. La profecía de Zacarías, tal vez con mayor claridad que la alabanza de María, expresa ideas plenamente definidas por los textos del AT y las expectativas contemporáneas de los judíos. La profecía se divide en dos partes: versículos 68 a 75, que se centran en lo que significa para Israel el nacimiento de Cristo, y los versículos 76 a 79, que centran la atención en el rol del plan de Dios que cumplirá Juan, hijo de Zacarías.

Aunque los comentaristas cristianos modernos espiritualizan la profecía del AT y ven bendiciones espirituales para los creyentes del NT en las vívidas imágenes de tierras, el reino y la prosperidad para el pueblo de Dios del AT, no era esta la visión de los comentaristas judíos del siglo primero. Ellos esperaban que apareciera un verdadero descendiente de David, que rompiera el yugo del dominio extranjero que había oprimido a los judíos durante siglos, para establecer un reino terrenal con capital en Jerusalén. El pueblo judío estaba convencido de que como pueblo escogido por Dios, Le servirían a Él y a Su Mesías al dominar a las naciones gentiles donde por fin todos se habrían visto obligados a reconocer a Dios y someterse a Él.

Era esta una grandiosa visión, de un mundo en paz bajo el gobierno benevolente pero firme del Siervo de Dios, el Mesías, un mundo donde finalmente todas las razas de la humanidad reconocerían que los judíos eran especiales.

Todo esto está implícito y más que eso, está expresado de manera patente, en el clamor profético y exultante de Zacarías. Nuevamente se nos recuerda que incluso Lucas, que muy probablemente era un cristiano "gentil", nos hace ver que para entender el rol supremo de Jesucristo en el plan de Dios tenemos que tomar en cuenta no solo las enseñanzas del NT sino también las del AT.

Interpretación. La primera sección (1:67-75) de la profecía de Zacarías, que Lucas nos recuerda que el sacerdote pronuncia cuando está "lleno del Espíritu Santo" (1:67), alaba a Dios "porque ha venido a redimir a su pueblo" (1:68).

Se retoma el tema, y se lo amplía, en los siguientes versículos: "Nos envió un poderoso salvador en la casa de David su siervo" (1:69). Así, el presente se ha convertido en el momento en que por fin se cumplen las visiones mesiánicas de "Sus santos profetas del pasado".

Zacarías alaba a Dios como si la salvación ya se hubiera cumplido. El libertador ha llegado:

■ Para recordar Su santo pacto (1:72)
■ Para librarnos de la mano de nuestros enemigos (1:74)
■ Para darnos la capacidad de servirle sin miedo en santidad y justicia ante Sus ojos, toda la vida (1:74-75).

Zacarías habla de esta manera porque ve en la semilla de la acción de Dios el fruto que resultará cuando esa semilla madure, germine y crezca. Es como cuando se planta una bellota y se tiene la garantía de que surgirá un robusto roble, o cuando se pone la quilla al barco y se sabe que navegará. Todo lo que Dios ha prometido cumplir en el final de la historia se hace cierto, seguro, porque está implícito en Su acción de levantar al Liberador.

El término clave en este salmo profético de Zacarías es "salvación" (1:69), una salvación que el AT vincula con el Liberador que descenderá de David. Aquí, como en la mayoría de las veces que aparece en el AT, "salvación" no se refiere principalmente a la salvación espiritual que se deriva del perdón de nuestros pecados sino más bien, la liberación de las naciones hostiles que oprimen al pueblo de Dios. La salvación de manos "de nuestros enemigos" (1:71), "al rescatarnos del poder de nuestros enemigos" (1:74) "para que le sirviéramos con santidad y justicia, viviendo en su presencia todos nuestros días" (1:74-75).

La segunda parte del himno profético de Zacarías (1:76-79) se centra en Juan, el bebé que tiene delante y que ahora, al octavo día de vida será circuncidado. La descripción del destino de Juan en el versículo 76, "serás llamado profeta del Altísimo, porque irás delante del Señor para prepararle el camino" sin duda refleja Isaías 40:3 y Malaquías 3:1; 4:5, vincula claramente a Juan con Elías, precursor del Mesías. Y por último, "darás a conocer a su pueblo la salvación mediante el perdón de sus pecados" (Lucas 1:77), hace referencia a la futura predicación de Juan sobre el arrepentimiento. Zacarías aquí también habla dentro del contexto del AT, más que la verdad del NT. Cuando el Mesías obre la liberación del pueblo de Dios será por el bien de un pueblo judío redimido, que se ha vuelto de corazón al Señor buscando el perdón y la renovación (Jeremías 31:33-34).

Interpretación. Es importante observar que Lucas

informa con fidelidad la profecía de Zacarías porque el contexto al que se refiere es tan ajustado al Antiguo Testamento. Jesús es Aquel que los profetas anunciaron que vendría. Jesús es Aquel que obrará la liberación de Israel del yugo de sus opresores. Jesús es Aquel que cumplirá las promesas a Abraham y David.

Zacarías, inmerso en el contexto del AT, entendía la misión de Cristo según esas revelaciones y no tenía idea siquiera de la era del Evangelio en la que la salvación del pecado personal está disponible a personas de toda familia, raza y nación que depositen su confianza en el Salvador crucificado y resucitado de Israel.

Algunos, al observar esta aparente discrepancia en las expectativas, suponen o que la visión del AT sobre el futuro, o que la convicción cristiana de que Jesús es el Cristo del que profetizaron, tienen que estar equivocadas. No hay por qué suponer eso. Porque está claro que Lucas, que escribe en retrospectiva y con una visión evidentemente cristiana no ve discrepancia alguna al darnos el informe completo de la profecía de Zacarías. Para Lucas y para nosotros, las palabras de Zacarías deben ante todo implicar la unidad del AT y el NT, como partes de un todo. En segundo lugar, las palabras de Zacarías debieran recordarnos que los planes y propósitos de Dios son más complejos de lo que podamos imaginar. ¿Suponemos que hay una "discrepancia "al descubrir que esta era del Evangelio y el ínterin entre la primera y segunda venida de Cristo no les había sido revelada a los santos del AT? ¿O pensamos que hay algún "error" en las predicciones del AT en cuanto a la Tierra Santa y el futuro de Israel bajo el Mesías, por el que hay que buscar excusas proponiendo un cumplimiento espiritual de las promesas que Dios le dio a Su pueblo en el AT? ¿No será que el plan de Dios y los propósitos que Él tiene intención de cumplir en Cristo son más complejos de lo que imaginamos?

Tal vez, para nosotros es este el mensaje más práctico e importante de la Bendición. No intentemos simplificar las intenciones de Dios para que encajen con categorías hechas por los hombres. Recordemos que los propósitos de Dios son complejos y que no podemos comprender todo lo que Él tiene pensado. En lugar de debatir en cuanto a lo que hay en el futuro, veamos como Zacarías, que en Cristo el futuro es ahora. Todos los propósitos de Dios se resumen y se resumirán en Aquel a Quien presentamos al mundo como Salvador y Señor. Por eso es tan importante que Le presentemos a todas las personas con las que nos relacionamos.

■ LA DESPEDIDA

La oración de Simeón (Lucas 2:29-32).

Trasfondo. El templo era el lugar central de la religión del AT, lugar donde habitaba la presencia de Dios, único lugar donde se ofrecían sacrificios de propiciación o alabanza. Lucas habla de dos personas justas que conocen a María y José cuando ellos llevan al niño Jesús al templo. Estas dos personas, guiadas por el Espíritu Santo, reconocen a Jesús como el Mesías.

Interpretación. Los que reconocen la importancia de Jesús, un hombre y una mujer, son personas de avanzada edad. En cierto sentido representan el final de la era de ese momento. Cada uno de ellos ha sobrevivido a sus contemporáneos, y las largas décadas de Ana como viuda que adoraba en el templo, nos hablan de la paciencia y la expectativa. Pero a lo largo de los años, estos dos ancianos han conservado la esperanza en Dios y por eso fueron escogidos para que vieran al niño Jesús y Le reconocieran como el Mesías.

Lucas registra la oración de Simeón, el anciano a quien el Espíritu le había dicho que no moriría hasta haber visto al Cristo del Señor (2:26). La oración de Simeón, mucho más que la profecía de Zacarías, marca una transición entre la era del AT y la del NT: Si vemos a Simeón como representante de su era tenemos aquí palabras de gran importancia simbólica y personal.

Ya puedes despedir a tu siervo en paz (2:29). Esta declaración es reflejo del sentido de cumplimiento en la persona de Simeón, y su disposición a morir tras este cumplimiento. Es anciano y le pesan los años. Ahora que ha visto la venida del Salvador, está preparado para morir. De manera similar, el nacimiento del Salvador significaba el final de una era en la historia de Israel. Durante siglos Israel vivió oprimido por potencias extranjeras y el pueblo de Dios sentía ahora el peso del yugo de Roma, cada vez más asfixiante. Y luego, por fin, Dios obra enviando a Su propio Hijo como el bebé nacido en Belén.

Porque han visto mis ojos tu salvación (2:30). Por el poder del Espíritu Santo Simeón ve en la persona de este pequeño "Tu Salvación" [la de Dios]. Es un concepto que nos impacta. Ya adulto, Jesús enseñaba y obraba milagros y sus contemporáneos se negaron a reconocerle como el Mesías. Pero Simeón Le reconoce cuando es apenas un pequeño indefenso.

Simeón representa en realidad el eslabón entre la era del Antiguo Testamento la del Nuevo Testamento. Es un eslabón que existe no en las prácticas religiosas externas del israelita o el cristiano, sino en la sencilla fe en Dios y Su Cristo. Los ojos de la fe ven la salvación de Dios porque reconocen al Salvador.

A la vista de todos los pueblos: luz que ilumina a las naciones y gloria de tu pueblo Israel (2:31). Encontramos aquí un entendimiento más grande que el otorgado a Zacarías. Porque la visión de Zacarías en cuanto al significado de la venida de Cristo se centraba en las profecías que tenían que ver con el futuro de Israel. Pero la visión de Simeón incorpora las menos frecuentes referencias de los profetas a la misión del Mesías de llevar salvación a toda la humanidad.

En la era vieja, Israel era el centro de la atención de Dios. Y en la era que la reemplazará el Mesías de Israel se revelará como Salvador de toda la humanidad, luz que ilumina a los gentiles (Isaías 42:6; 49:6) y que da gloria a Israel, de donde Él surgió.

Aplicación. La oración de Simeón representa una transición que este hombre vive con gratitud y por gracia. Simeón está listo ya para morir, sabiendo que su visión del futuro es cumplimiento del pasado, y diferente al pasado.

Simeón nos recuerda que nuestro tiempo en la tierra es limitado y que tendremos que partir pronto, dejando el cumplimiento de nuestra visión a quienes vienen detrás. Hagamos esto llenos de gracia, confiados en que Dios obrará a través de ellos como lo ha hecho a través de nosotros y sabiendo que aunque el futuro tal vez sea distinto a lo que suponemos, todo queda en las manos de Dios.

LUCAS 3:23–4:44
Victoria sobre la tentación

EXPOSICIÓN

Lucas sigue presentando a Jesús ante su audiencia helena. Los sucesos milagrosos asociados con el nacimiento de Jesús le distinguen pero, a diferencia de las deidades griegas y romanas que según las leyendas paganas, asumieron un aspecto humano durante un breve tiempo, Jesús era un verdadero ser humano cuyo linaje puede rastrearse hasta Adán (3:23-38).

Jesús era diferente a las deidades paganas en otro aspecto también. La historia de los dioses y diosas de la mitología les muestran sujetos a todas las pasiones pecaminosas que surgen en la humanidad: la lujuria, el orgullo, la ambición egoísta y la codicia. Pero incluso antes de que Jesús inicie el ministerio público en que Se presentará a Sí mismo como la solución de Dios al pecado, Jesús es tentado. Y aquí hay una revelación asombrosa. En lugar de pensar primero en Sí mismo Jesús se resiste al hambre feroz y decide someterse a la voluntad de Dios (4:1-4). No le conmueve la ambición que llevaba a los dioses y diosas helenos a competir y pergeñar intrigas para obtener mejor posición. Jesús rechaza el ofrecimiento de Satanás, que le muestra todos los reinos de este mundo. Y los rechaza porque Jesús es leal a Dios (4:5-8). En una última tentación, Jesús se niega a saltar desde lo alto del templo para probar Su relación única con el Padre cuando vean que sobrevive (4:9-13).

Lucas añade otro tema sorprendente. Cuando esta persona regresa a Su ciudad, Se anuncia como el Mesías, anunciado por profecías antiguas (4:14-27). Y de pronto, todo encaja en su lugar: Su nacimiento, Su linaje, Su victoria sobre la tentación. Pero cuando Jesús sigue hablando Sus vecinos se vuelven hostiles y no solo niegan lo que Él afirma ¡sino que intentan matarlo!

Lucas 3:23-4:44

¿Habrán tenido razón? Después de todo, ellos tenían que conocerle bien. Lucas demuestra que estaban equivocados porque el ministerio público que inicia Jesús se distingue por señales sobrenaturales de autenticación. Echa demonios, que incluso Le reconocen como "¡el santo de Dios!" (4:31-37). Y cuando predica la buena nueva del reino de Dios sana a todos los que acuden a Él buscando ayuda, no importa qué mal les aqueje (4:38-44).

Así concluye la presentación de Jesús que hace Lucas. Es una presentación que responde a muchas de las preguntas que tendrían sus lectores griegos, y sin embargo, también hace que surjan otras preguntas. Jesús es Aquel cuyo nacimiento se vio marcado por señales sobrenaturales, pero también es un ser humano real. Jesús es el Siervo de Dios, despojado de Sí Mismo. Pero es también el cumplimiento de las esperanzas y sueños de los profetas. Jesús domina a los demonios y puede sanar a los enfermos, pero Sus vecinos Le rechazan. La historia continúa de la mano de Lucas, y los lectores ven que estos temas van entretejiéndose para relatar la historia de la salvación. Toda la trama nos ayuda a entender el significado de la vida de Jesús, y lo que significan para nosotros Su muerte y resurrección.

ESTUDIO DE PALABRAS

Hijo de Elí (3:23). En las genealogías la palabra "hijo" es flexible. Indica descendencia, en lugar de paternidad directa. Como en otras genealogías bíblicas aquí se escogen personas representativas en la línea de familia, en lugar de incluir a todos los antepasados varones.

Para ver el comentario de las diferencias entre la genealogía de Jesús presentada por Lucas y la que presenta Mateo, ver El pasaje en profundidad.

Jesús...fue llevado por el Espíritu al desierto (4:1). Por lo general cuando pensamos en la guía de Dios, nos imaginamos al Espíritu llevándonos a una bendición. Pero aquí Lucas nos está diciendo que el Espíritu llevó a Jesús al desierto, donde con calor abrasador, sin alimento y seguramente con poco agua, Jesús esperó durante 40 días. Finalmente, y ya al borde del agotamiento, Satanás aparece para presionar a nuestro Señor.

Lo primero que nos enseña esto es que no tenemos que sentir confusión ante nuestras tragedias y pruebas. Dios puede llevarnos a lugares desiertos también a nosotros, y como Jesús, allí podremos sentir agotamiento y nos resultará difícil no ceder a tentaciones.

Aunque este versículo también nos presenta otra lección. El verbo que se traduce como "fue llevado", en el texto original está conjugado en el imperfecto pasivo, literalmente "era continuamente llevado". El Espíritu jamás abandonó a nuestro Señor en Su tribulación, sino que Le guió a cada paso. También así está con nosotros el Espíritu cuando pasamos por esos "desiertos" en la vida.

Adora al Señor tu Dios y sírvele solamente a él (4:8). Una tradición cristiana intenta trazar una distinción entre "adorar", *proskyneo*, y "servir", *latreuo*. Así, solo a Dios hay que adorar pero es aceptable orar a maría y a los santos porque esto implica solo "servir". Sin embargo, en el NT todas las formas de *latreuo* se utilizan en el sentido religioso de adorar o servir a Dios.

En contexto Jesús nos muestra algo distinto, por supuesto. Quienes afirman adorar a Dios han de mostrar su compromiso sirviéndole activamente y llevando adelante Sus propósitos. En este sentido y en tantos otros no es nuestra teología sino nuestro compromiso diario a Jesús lo que marca la verdadera diferencia.

Enseñaba en las sinagogas (4:15). La sinagoga era tal vez la institución más importante en el judaísmo del siglo primero. Las fuentes literarias dejan en claro que había muchas sinagogas en Galilea en tiempos de Jesús, y muchas sinagogas en el sector judío de Alejandría, Egipto, y también en Roma. Las escuelas, tribunales y casas de huéspedes (estas últimas, particularmente en Jerusalén) tenían que ver con la sinagoga. La ley romana de años posteriores nos indica que se consideraba al "jefe de la sinagoga" como líder y representante de la población judía. Es interesante observar que este jefe de la sinagoga tenía un asistente (un *hazzan*) que supervisaba los aspectos prácticos del funcionamiento de la sinagoga. En 4:20, el "ayudante" (*uperetes*) que se menciona probablemente fuera el *hazzan*.

La adoración del sábado en la sinagoga solía durar varias horas, en que se oraba y se leían las Escrituras pero también se debatían los textos con quien quisiera participar. Por eso no extraña que nos diga Lucas que Jesús "se levantó para hacer la lectura" (4:16), lo que sugiere que tomó la iniciativa en lugar de esperar que el líder le invitara a hablar.

El versículo 14 parece dejar en claro que Jesús inició la estrategia que luego adoptó Pablo y también otros misioneros cristianos, de contactar a la comunidad judía primero en la sinagoga donde tendría acceso a toda la comunidad y donde la costumbre permitía que cualquiera que conociera las Escrituras pudiera levantarse a hablar.

Impresionados por las hermosas palabras que salían de su boca (4:22). La frase puede referirse a la forma de hablar de Jesús, gentil y suave, o al contenido de Su mensaje. El cercano paralelo de Hechos 14:3 tal vez sugiere que fuera esto último: les asombró lo que decía Jesús sobre la gracia de Dios.

"Asombro" es una palabra neutral que no sugiere ni aceptación ni rechazo del mensaje. Al principio, lo que decía Jesús tal vez solo pareciera algo para asombrarse pero muy pronto la multitud tomó una decisión y se volvió contra Jesús.

No hemos de sorprendernos si lo que decimos sobre la gracia de Dios primero asombra a los demás y luego causa rechazo. Mucha gente resiente la idea de que necesitan depender de la gracia de Dios ¡porque suponen que Dios debe limitarse a darles crédito por sus buenas acciones!

— ¡Cállate! —lo reprendió Jesús—. ¡Sal de ese hombre! Entonces el demonio derribó al hombre en medio de la gente y salió de él sin hacerle ningún daño (4:35). Nos resultan tan conocidos los retratos del NT donde Jesús domina a demonios, que apenas podemos imaginar lo asombroso que era todo esto para el judío del siglo primero.

No es que no conocieran el exorcismo. De hecho, había una tradición ya sólidamente establecida y la literatura nos muestra muchas encantaciones utilizadas contra los demonios por parte de exorcistas, a quienes sus clientes les pagaban bien por sus servicios. Tomemos por ejemplo la encantación mágica que informa J. A. Montgomery (*Aramaic incantation Texts from Nippur* [Textos de encantación aramea de Nippur]) utilizada por Joshua bar Perahya para divorciar a sus clientes de los demonios. Dice:

> Ato y reprimo a todos los demonios y espíritus dañinos que hay en el mundo, sean varones o mujeres, desde el más grande hasta el más pequeño, desde el joven al viejo, conozca su nombre o no. En caso de que no sepa yo su nombre, ya me ha sido explicado en los siete días de la creación. Lo que no me ha sido revelado en el momento de los siete días de la creación lo descubrí en lo que legó aquí desde el otro lado del mar, escrito y enviado al rabino Joshua bar Perahya. Así como hubo una Lilith que estrangulaba personas y el rabí Joshua impuso una prohibición sobre ella pero ella no la aceptó porque él no conocía su nombre y sus nombres estuvo escrito en el get y se hizo un anuncio contra ella en el cielo mediante un get que llegó aquí desde el otro lado del mar, están ustedes atados y reprimidos, eliminados de debajo de los pies del mencionado Marnaqa hijo de Quala. En el nombre de Gabriel, potente héroe que mata a todos los héroes victoriosos en batalla, el nombre de Yah, Yah, Yah, Sabaot. Amén, Amén, Selah.

En esta encantación el get es una "carta de divorcio" que libera al cliente del demonio. La Lilith en la encantación es un demonio que se negó a reconocer la validez del get porque no se la había identificado por nombre. La encantación argumenta que intervino el cielo y milagrosamente proveyó el nombre el get. Así, el exorcista le explica (¡al demonio!) que su exorcismo tiene fuerza legal porque el cielo inserta el nombre correcto aun cuando el exorcista no lo conozca y le de entonces al get fuerza legal para echar al demonio.

Por eso, aunque el judío del siglo primero conocía lo que era el exorcismo, lo consideraba un proceso complicado que implicaba encantaciones mágicas y detalles legales para ser efectivo.

Quienes veían a Jesús echar demonios quedaban atónitos al ver que solo decía: "Sal de ese hombre" (4:35). Veían a una persona que no necesitaba usar palabras mágicas ni recursos legales. Una persona cuya autoridad sobre el mundo espiritual era completa y absoluta. Cuando el texto informa que "les había entrado mucho miedo" (8:37), no es una exageración. Es que la gente tenía miedo porque: "¡Con autoridad y poder les da órdenes a los espíritus malignos, y salen!".

Sería bueno que usted y yo al leer lo que para nosotros son historias conocidas, pudiéramos captar ese miedo que sentían los que oían hablar a Jesús y veían cómo Le obedecían los demonios. Jesús es el Señor. Su Palabra es la autoridad suprema en nuestro universo. Con toda confianza podemos poner nuestro futuro — y nuestro presente — en Sus manos.

"Todos se asustaron" (4:36). Es la segunda vez que Lucas describe la reacción de un grupo ante Jesús. La primera multitud quedó asombrada ante Su mensaje. La segunda, ante Su poder porque podía echar demonios. Lamentablemente, en ninguno de los dos casos ese asombro se tradujo en fe. No basta admirarse ante las palabras y obras de Jesús. Hemos de responder ante ello, y ante nuestro Señor.

"La gente le llevó a Jesús todos los que padecían de diversas enfermedades; él puso las manos sobre cada uno de ellos y los sanó" (4:40). Esta sencilla descripción del ministerio de Jesús retoma el énfasis de la cita de Isaías que Jesús leyó en la sinagoga (4:18-19). Jesús sanó a "cada uno de ellos", lo que nos indica que Él sabía bien que había sido ungido para "predicar la buena nueva a los pobres" y "dar vista a los ciegos, a poner en libertad a los oprimidos, a pregonar el año del favor del Señor".

Uno de los temas principales en el evangelio de Lucas es la preocupación de Jesús por los enfermos y los pobres. Aquí lo vemos. Y también más adelante cuando Jesús responde a las preguntas de Juan el Bautista señalando este ministerio de sanidad y amor: "Vayan y cuéntenle a Juan lo que han visto y oído: Los ciegos ven, los cojos andan, los que tienen lepra son sanados, los sordos oyen, los muertos resucitan y a los pobres se les anuncian las buenas nuevas" (Lucas 7:22; ver también 14:21). En una serie de enseñanzas que destacan el mensaje de Jesús al referirse a banquetes, Cristo vuelve a señalar el amor de Dios por los pobres. "En la resurrección de los justos", Dios seguramente recompensará a quienes se ocuparon de los desaventajados y los pobres (14:12-14). Es también Lucas quien nos cuenta la historia del mendigo Lázaro y la del hombre rico que no sentía interés por los pobres (16:19-31).

Esta sensibilidad hacia los demás tiene que haber parecido extraña en la sociedad griega donde el ideal del *arete*, o excelencia, convocaba a cada persona a desarrollar su propio potencial, no importa a qué costo para los demás. Pero a medida que se desarrolla el relato de Lucas vemos con mayor claridad que Jesús es un ejemplo mucho mejor de lo que han de ser los seres humanos, más que los orgullosos y egoístas y "bellos" de la sociedad. En Jesús, un hombre pobre que constantemente exhibía compasión por los demás, se establecerá un parámetro de *arete* completamente nuevo. Un parámetro que cambiaría por siempre la visión del ser humano de la "excelencia".

"Se inclinó sobre ella y reprendió a la fiebre, la cual se le quitó" (4:39). Aquí la palabra es *epetimesen*, y solo Lucas la usa. Nos muestra el poder efectivo de Jesús sobre la enfermedad y los demonios (4:41). Pero aquí hay más que la liberación o alivio de quien sufría. Lucas continúa: "Ella se levantó en seguida y se puso a servirles" (4:39).

Normalmente, cuando cede la fiebre quedamos agotados, débiles. Pero ¡Jesús no solo sana sino que Su poder además restaura! Y así se nos invita a ver a la suegra de Pedro, contenta y activa en la cocina, con toda su vitalidad recuperada.

Se nos invita con esta imagen a recordar que no importa cuál haya sido el desastre o la ruina en nuestras vidas, cuando Jesús reprende al pecado, seguramente recuperamos la salud física y la vitalidad. Somos salvos de las consecuencias del pecado. A través de Cristo también somos salvos del poder del pecado en nuestras vidas cotidianas. Es maravilloso poder confiar en Él.

EL PASAJE EN PROFUNDIDAD

La genealogía de Jesús (Lucas 3:23-38). Ver Mateo 1:1-17 donde aparecen las mujeres que el evangelista identifica como ancestros de Jesús.

Trasfondo. De inmediato se nota que hay diferencias significativas en la genealogía de Jesús según la presente Mateo o Lucas. Mateo inicia su libro con una genealogía, y Lucas espera hasta que se establece Jesús como único. Mateo vincula a Jesús firmemente con Abraham y David, forjando así un vínculo irrompible entre la historia del AT y la historia de Jesús. Lucas va hacia atrás en el tiempo y rastrea en el pasado hasta llegar a Adán, para luego mostrarnos en detalle que a pesar de los hechos sobrenaturales en torno a Su nacimiento, Jesús es un ser humano de verdad. Mateo agrupa los hombres en tanto Lucas hace una lista. Mateo incluye a varias mujeres y Lucas, a pesar de que en su Evangelio muestra sensibilidad hacia las mujeres, restringe su genealogía solo a los varones. Lo más notable es que las dos líneas que informan las genealogías se separan después de David, con la línea de Lucas siguiendo la descendencia de Natán, hijo del gran rey en tanto Mateo sigue la línea real tradicional que pasa por Salomón y los subsiguientes reyes de Israel.

Aunque hay debate en torno a la razón de esta gran diferencia en las genealogías, no faltan explicaciones plausibles.

1) Hay quienes sugieren que Mateo sigue la genealogía de José en tanto Lucas sigue la de María. Esto se ve respaldado por Jeremías 36:30 que informa de una maldición divina que interrumpe la línea de la realeza: "Por eso, así dice el Señor acerca de Joacim, rey de Judá: "Ninguno de sus descendientes ocupará el trono de David; su cadáver será arrojado, y quedará expuesto al calor del día y a las heladas de la noche". Como José y María descendían de la familia de David, la línea del padrastro de Jesús, José, establecería Su derecho legal al trono en tanto su descendencia en la línea de María establecería el vínculo biológico requerido para el Mesías.

2) Una segunda opción, sugerida ya en el siglo tres DC por Africanus, sugiere que Elí y Jacob eran medio hermanos con la misma madre pero de distintos padres. Si un hombre moría, la viuda sin hijos podía casarse con el hermano y en este caso el primer hijo se consideraría legalmente hijo del primer marido de esta madre. Si fuera este el caso, una de las genealogías podía seguir de manera válida la línea legal y la otra, la línea biológica, lo cual explicaría la diferencia en las genealogías.

También hay otras explicaciones. En conjunto, las dos genealogías nos recuerdan algo importante.

> ## DEFINICIÓN ORTODOXA DE LA PERSONA DE JESÚS
>
> La definición ortodoxa de la Persona de Jesús fue "definitiva" en el Credo formulado en Calcedonia, en el año 451 DC. El párrafo relevante dice:
>
>> Nosotros, entonces, siguiendo a los santos Padres, todos de común consentimiento, enseñamos a los hombres a confesar a Uno y el mismo Hijo, nuestro Señor Jesucristo, el mismo perfecto en Deidad y también perfecto en humanidad; verdadero Dios y verdadero hombre, de cuerpo y alma racional; consustancial (coesencial) con el Padre de acuerdo a la Deidad, y consustancial con nosotros de acuerdo a la Humanidad; en todas las cosas como nosotros, sin pecado; engendrado del Padre antes de todas las edades, de acuerdo a la Deidad; y en estos postreros días, para nosotros, y por nuestra salvación, nacido de la virgen María, de acuerdo a la Humanidad; uno y el mismo, Cristo, Hijo, Señor, Unigénito, para ser reconocido en DOS NATURALEZAS, INCONFUNDIBLES, INCAMBIABLES, INDIVISIBLES, INSEPARABLES; POR NINGÚN MEDIO de distinción de naturalezas desaparece por la unión, más bien es preservada la propiedad de cada naturaleza y concurrentes en una Persona y una Sustancia, no partida ni dividida en dos personas, sino uno y el mismo Hijo, y Unigénito, Dios, la Palabra, el Señor Jesucristo; como los profetas desde el principio lo han declarado con respecto a Él, y como el Señor Jesucristo mismo nos lo ha enseñado, y el Credo de los Santos Padres que nos ha sido dado.

No faltan explicaciones válidas para las diferencias. ¡Solo no sabemos cuál de las varias explicaciones válidas es la correcta!

Interpretación. Notemos que Lucas inicia su genealogía haciendo una aclaración: "Era hijo, según se creía, de José" (3:23). De hecho, aunque Jesús era legalmente hijo de José, no tenía relación biológica con el marido de su madre, María. No importa qué pensaran los vecinos de Cristo en Belén, Jesús era de hecho el único Hijo de Dios así como Le había identificado la voz del cielo durante Su bautismo (3:22).

A la iglesia le llevó siglos llegar a una definición final sobre la Persona de Cristo (ver recuadros). Pero el hecho de que Jesucristo era al mismo tiempo plenamente Dios y también un ser humano real, se ve implícito con claridad en las palabras que elige Lucas para cerrar el relato del bautismo de Cristo, dando inicio al registro genealógico.

Hay otro tema referido a la interpretación en la genealogía, que merece ser comentado. Cuando la línea de Jesús llega finalmente a Adán, Lucas lo llama "Hijo de Dios". Ya notamos en el Estudio de Palabras de 3:23 que en hebreo el uso de "hijo" es un término muy flexible que puede tener diversos significados y usos idiomáticos. El *Zondervan Expository Dictionary of Bible Words* observa:

"Hijo" se usa con frecuencia como giro idiomático. Los "hijos de Israel" son los israelitas, los miembros de ese grupo.

"Hijo" también puede implicar otras cosas. Como la relación estrecha de Dios e Israel, indicada por el anuncio de Dios al faraón:

"Israel es mi primogénito" (Éxodo 4:22).

Del mismo modo, "Hijo" puede indicar al miembro de un grupo, como en "hijo s de los profetas" (1 Reyes 20:35), frase que puede simplemente denotar a los profetas o al gremio de los profetas. La frase "Hijos de Dios" no aparece con frecuencia en el AT (Génesis 6:2, 4; Job 1:6; 2:1; 38:7) y usualmente indica a los seres celestiales.

Puede ilustrarse la imprecisión de "hijo" en el hecho de que al designar a un rey como "hijo de" otro rey, solo se hace referencia a la sucesión y no a la genealogía.

Por lo tanto, "hijo" es en hebreo un término flexible que sugiere pero no define precisamente relación de descendencia.

Lo que indica entonces el uso de "hijo" de parte de Lucas es nada más que Set debía su existencia a Adán, su padre y que Adán debía su existencia a Dios, su Creador.

Pero ¿es posible que Jesús sea "hijo" de Dios en este sentido de la creación? No, porque las Escrituras contienen la provisión contra tal malentendido. No solo se presenta a Jesús como Hijo eterno, preexistente con el Padre desde el principio (ver el comentario de Juan 1, página 197) donde se llama a Jesús "Hijo unigénito" de Dios. Hay más pasajes que presentan a Jesús como Hijo unigénito, como Juan 3:16-21, 32-36; 5:19-27; Romanos 1:3-4; Hebreos 1; 1 Juan 4:9-15; 1 Juan 5:11-13.

Aplicación. Nuestra confianza y seguridad en Jesús entonces se apoya en nuestra convicción de que no es un ser humano común, sino Dios hecho carne.

Lucas luego nos informa de las enseñanzas y milagros de Jesús y nuestra convicción aumenta al ver que este Hombre era de veras único. Al desarrollarse el acto final, cuando Lucas sigue el viaje de Jesús a la muerte y la sepultura y desde allí a la triunfante Resurrección, nuestra convicción es absoluta. Jesús es Señor. Jesús es Dios encarnado. Dios hecho Hombre para ser nuestro Salvador.

OTRAS AFIRMACIONES DE LA DEIDAD Y HUMANIDAD DE JESÚS

Aquí hay una declaración anterior, de Irineo, que escribió unos dos siglos y medio antes de que se redactara el Credo Calcedonio, y una afirmación posterior de parte de John Wesley.

Ahora sea demostrado con claridad que la Palabra que existe desde el principio con Dios, por quien todas las cosas han sido creadas, también estaba presente con la raza de los hombres en todos los tiempos, esta Palabra en estos últimos tiempos, según los tiempos designados por el Padre, se ha unido a Su obra y se ha hecho hombre pasible. Por ello podemos dejar de lado la objeción de quienes dicen: "Si nación en ese momento, concluimos que Cristo no existía antes de ese momento".

Porque hemos mostrado que el Hijo de Dios no comenzó a existir entonces porque existió con el Padre desde siempre, sino que fue encarnado hecho hombre, resumiendo en Sí Mismo la larga línea de la raza humana. (Irineo).

Creo que Él es el verdadero, natural Hijo de Dios, Dios de Dios, muy Dios de Dios y que Él es el Señor de todo, con absoluto, supremo, universal dominio por sobre todas las cosas...

Creo que Él fue hecho hombre, uniendo la naturaleza humana con la divina en una personal, siendo concebido por la singular operación del Espíritu Santo y nacido de la Virgen María. (Wesley).

La tentación de Jesús (Lucas 4:1-13). Ver comentario de Mateo 4:1-11 y el pasaje paralelo en Marcos 1:12-13.

Jesús es rechazado en Nazaret (Lucas 4:14-30). Ver pasajes paralelos en Mateo 13:53-58; Marcos 6:1-6.

Trasfondo. Lucas nos brinda una clave importante al contexto de la presentación que Jesús hace de Sí Mismo como el Mesías en Su ciudad de Nazaret. Nos dice que "se extendió su fama [la de Jesús] por toda aquella región" (Lucas 4:14). Y Juan añade más detalles. Nos dice que "Cuando llegó a Galilea, fue bien recibido por los galileos, pues éstos habían visto personalmente todo lo que había hecho en Jerusalén durante la fiesta de la Pascua, ya que ellos habían estado también allí" (Juan 4:45).

Así, ese sábado por la mañana cuando Jesús entró en la conocida sinagoga de Nazaret, toda la comunidad Le observaba. ¿Podía ser esto? El callado carpintero que durante casi todos Sus treinta años de vida había vivido en Nazaret como un vecino más ¿podía obrar milagros? Sería comprensible que hubiera escepticismo. Aunque el escepticismo no explica la reacción de ira ante las palabras que Jesús pronunció esa mañana.

Interpretación. Para entender este hecho debemos analizar los dos discursos de Jesús que informa Lucas, y la respuesta tan diferente de los vecinos de Cristo en cada ocasión.

Primer discurso y reacción: 4:16-22. Era costumbre invitar a quien visitara la sinagoga a leer las Escrituras del día y a comentar el pasaje. El servicio era largo y en distintos momentos podía levantarse cualquiera de los hombres para ofrecer su comentario o una exhortación. Lucas no nos dice si invitaron a Jesús a leer (cf. Hechos 13:15) o si se levantó por propia voluntad. Tampoco nos indica si fue Jesús quien eligió Isaías 61 o si era la lectura programada para ese día. Sin embargo, es significativo lo que leyó Jesús y más significativo todavía es lo que no leyó. El pasaje de Isaías era para los judíos de ese momento una profecía mesiánica que todos conocían. No solo se habla de esos versículos en el Midrash de Lamentaciones 3:49 sino que los versículos 5 y 9 de este capítulo también se aplican a los tiempos mesiánicos (ver Yalkut, vol. I, Pa. 212, p. 64a y el Midrash de Ecc.3:7). Así, cuando Jesús leyó estas palabras y anunció "Hoy se cumple esta Escritura en presencia de ustedes" (4:21), clara e inequívocamente Se estaba presentando ante Sus vecinos como el Mesías.

Es asombroso que aunque esa afirmación dejó confundidos a los vecinos de Jesús, no hay muestras de hostilidad. De hecho Lucas dice: "Todos dieron su aprobación" (4:22). Incluso la pregunta "¿No es este el hijo de José?" debe entenderse en sentido positivo. En un pueblo donde se valoraba la descendencia, tienen que haber visto los vecinos de José que Él era de la línea de David y la afirmación de Jesús se vería reafirmada por ser hijo de José.

Pero también es claro que los que escuchaban no supieron entonces de la importancia y significado de lo que Jesús no leyó ese día. Porque Isaías 61:2 concluye diciendo: "...a pregonar el año del favor del Señor y el día de la venganza de nuestro Dios". Hoy lo entendemos: Jesús citó la parte del pasaje que tiene que ver con el ministerio de Su primera venida. El "día de la venganza de nuestro Dios" está asociado con la Segunda Venida y por ello no era relevante al amanecer del día de gracia. Pero la naturaleza misma de esta gracia sería la que haría que pronto los vecinos de Jesús se volvieran en contra de Él.

Segundo discurso y reacción: 4:23-3. Jesús permaneció sentado en silencio durante un momento, escuchando el murmullo de aprobación que resonaba por lo bajo en la sinagoga. Luego volvió a hablar y podemos percibir un tono profundamente pesimista. Percibimos el tono triste en Su voz, cuando Jesús sugiere que la aprobación de ese momento pronto se tornará en duda y que quienes Le escuchan exigirán señales milagrosas como prueba de Su afirmación (4:23). Lo que dijo a continuación hizo que la ciudad se volviera en contra de Él. porque Jesús sugirió entonces que históricamente, cuando Israel demostraba falta de fe ¡Dios extendía Sus bendiciones a los gentiles! No había sido una viuda judía a la que Elías había provisto milagrosamente comida durante una terrible hambruna, sino una mujer sirofenicia, una viuda en Sarepta de Sidón. Y Elías había librado de la lepra aun general sirio, aún cuando en Israel había muchos leprosos.

Esas "palabras de gracia" que Jesús había pronunciado, eran para el gentil igual que para el judío. Y ahora Nazaret es un microcosmos que representa a todo Israel.

¿Aceptará el pueblo de Dios al Mesías por fe? ¿Aceptarán a un Salvador que ofrece la gracia de Dios a todos, tanto al gentil que cree como al judío que cree?

La respuesta se refleja en la furia que despertaron las palabras de Jesús. Para entenderlo debemos recordar que durante siglos los judíos habían sufrido persecución en su propia tierra. Sentían resentimiento y odio hacia sus opresores gentiles y anhelaban que Dios enviara al Mesías para castigar al mundo pagano. Esta actitud se ve expresada en el comentario de Yalikutk volumen 1, sobre Isaías 61:5, como mencionamos antes. Al preguntársele qué pasaría con las naciones cuando llegara el Mesías, el sabio responde que toda nación y reino que hubiera perseguido e insultado a Israel sería maldecida y que no participaría de la vida. Pero por otra parte, toda nación y reino que no hubiera perseguido a Israel vendría a esa tierra en los días del Mesías para servir al pueblo de Israel como agricultor o viñatero.

De manera que lo entendemos. Jesús en su primer discurso Se identificó como el Mesías pero en el segundo, prometió extender la gracia de Dios incluso a los gentiles. Y es más, al no terminar de leer el pasaje de Isaías Jesús rechazó implícitamente para los presentes ese sueño de venganza que junto con la fe había sostenido a Israel durante tanto tiempo. Fue eso lo que hizo surgir en los vecinos de Jesús una ira asesina tan intensa como para que intentaran matarlo.

Aunque llevaron a Jesús al borde de un acantilado y trataran de arrojarlo para que muriera, Lucas nos dice que nuestro Señor simplemente "Pero él pasó por en medio de ellos y se fue." (4:30).

Aplicación. La forma en que Jesús trató Isaías 61:1-2 ha sido reconocida desde siempre como principal ejemplo de la dificultad de interpretación de la profecía del AT. Aquí, en un único versículo se relatan hechos que tienen que ver con la Primera Venida y la Segunda Venida de Jesús. Pero aunque entre el "favor" y el "y" hay unos 2.000 años, no se halla atisbo de tal brecha en el texto original en hebreo.

Lo que más nos importa, sin embargo, es la gran verdad que transmite la descripción de los hechos de Nazaret. Cristo fue a Su ciudad como Mesías. La respuesta inicial fue favorable pero cuando Jesús anunció la agenda de Su reino, la respuesta a Sus palabras fue de ira y rechazo.

Es muy extraño. Si Jesús era el Mesías designado por Dios, seguramente debía permitírsele establecer Su propia agenda, en especial si esa agenda tenía raíces en las Escrituras. Si Jesús es el Señor, la respuesta adecuada es la obediencia a Su guía, y seguir Sus pasos.

Sin embargo ¿cuántas veces, nosotros que reconocemos a Jesús como Señor, reaccionamos como lo hicieron Sus vecinos? ¿Cuántas veces exigimos con insistencia que Dios siga nuestra propia agenda, nuestros deseos, necesidades, nuestros tiempos, en lugar de buscar con humildad entender y luego hacer Su voluntad?

La turba furiosa trató de matar a Jesús desde ese acantilado porque les era impensable que pudiera ofrecerles la gracia de Dios a los gentiles. También puede ocurrir que lo que Dios tenga intención de hacer en nuestras vidas sea algo que al principio nos parezca impensable. Cuando Cristo da a conocer Su voluntad, tenemos que resistirnos al impulso de rebelarnos. Porque toda rebelión es un esfuerzo simbólico por hacer que Jesús suba a lo alto de ese acantilado para echarlo, derribándole del trono de nuestros corazones.

Jesús es Dios y el Señor. Y la maravilla es que Su agenda es plena de gracia abundante. Con toda certeza, podemos confiar en nuestro Dios de amor y con alegría someternos a Su voluntad.

Jesús echa a un espíritu maligno (Lucas 4:31-37). Ver el comentario sobre Marcos 1:21-28 y el Estudio de palabras de 4:36.

Jesús sana a muchos (4:38-44). Ver pasajes paralelos en Mateo 8:14-17 y Marcos 1:29-34. Ver también el índice a las diversas discusiones sobre "sanidad" en este comentario.

LUCAS 5:1–7:17
La elección

EXPOSICIÓN

Lucas ha completado su presentación de Jesús. Los hechos sobrenaturales relacionados con el nacimiento de Jesús dejan en claro que Él es especial. Entonces, aunque Dios Mismo afirmó que Jesús es Su Hijo, Lucas brinda una genealogía que demuestra que Jesús también es verdaderamente humano. La victoria sobre el Tentador demuestra que, aunque plenamente humano, Jesús no tiene pecado y está plenamente comprometido a hacer la voluntad de Dios. ¿Quién es este Jesús? En la sinagoga de Su ciudad Jesús se identifica como el Mesías que anunciaron los profetas del Antiguo Testamento. Y aunque Sus vecinos rechazan con ira Su afirmación cuando indica que Él extenderá la gracia de Dios a los gentiles tanto como a los judíos, Cristo luego obra exorcismos y milagros de sanidad que autentican Su identidad.

Con este fundamento Lucas avanza luego hacia una serie de viñetas que, tomadas en conjunto, rubrican un mensaje importante. Al enviar a Jesús Dios ha decidido tratar a la humanidad con gracia. Pero al enviar a Jesús también Dios requiere que cada ser humano tome una decisión: a favor o en contra de Su Hijo.

Este libre albedrío se ve ilustrado en la primera viñeta: Jesús elige a Pedro para que sea "pescador de hombres". Y Pedro, que se sabe pecador, deja de lado Su temor y decide seguir al Señor (5:1-11). Sigue la vindicación del libre albedrío: un leproso se acerca a Jesús y afirma "Señor, si quieres, puedes limpiarme" y Jesús responde: "Sí quiero" y lo sana (5:12-16). Cuando una delegación de fariseos y maestros de la ley critica a Jesús, Él decide perdonar los pecados a un paralítico y demuestra que tiene derecho a hacerlo sanando sus piernas enfermas (5:17-26).

Luego Jesús decide asociarse con "pecadores", y hasta un recolector de impuestos llamado Leví decide seguir a Cristo (5:27-32). En otra demostración de Su autoridad Jesús decide sanar a un hombre que tenía la mano paralizada, en el día sábado. Al hacerlo afirma Su señorío sobre este día sagrado, dedicado a la adoración a Dios (6:1-11). Luego, después de elegir a los Doce que serán Sus apóstoles más adelante (6:12-16), Jesús comienza a anunciar las decisiones que deberán tomar en la vida cotidiana quienes elijan seguirle.

Estas decisiones que ha de tomar el seguidor de Jesús tienen que ver con temas básicos de la vida. En las Bienaventuranzas de Cristo vemos que Dios nos llama a vivir según Sus valores, y no según los de la humanidad (6:17-26). En el llamado de Cristo a amar a nuestros enemigos (6:27-36) y a perdonar en lugar de juzgar (6:37-42) vemos que Dios nos llama a un nuevo tipo de relación con los demás. Es una relación que solo les es posible a aquellos cuyos corazones han sido transformados por Él (6:42-45). ¿Cómo es posible esta vida nueva incluso para aquellos cuyo corazón ha sido renovado? Solo cuando uno fundamenta su vida en el sólido cimiento de la Palabra de Dios, decidiendo no solo oír lo que dice Cristo sino también poniendo en práctica Sus palabras (6:46-49).

¿Cuál es entonces el futuro que puede esperar quien sigue a Jesús? La historia del centurión que apela a Jesús nos muestra que toda persona con fe tiene un futuro brillante. La fe de este oficial del ejército se ve recompensada y su sirviente sana (7:1-10). Y ¿qué hay de quienes ya no tienen esperanza? En Su gran compasión Jesús responde al dolor de una viuda que ha perdido a su único hijo, y lo resucita (7:11-17). Esta historia nos da gran consuelo y seguridad: a Dios sí le importa. A través de Jesús Él llega a nosotros en nuestra necesidad, para traer nueva vida y restaurar incluso aquello que hasta ahora parece perdido, sin posibilidad de reparación. Es claro que lo más sabio es decidir que seguiremos a Jesús como nuestro Salvador. Y una vez decidido esto, lo más sabio es comprometernos a escuchar y obedecer Su Palabra.

ESTUDIO DE PALABRAS

Simón respondió, "Maestro, hemos estado trabajando duro toda la noche" (5:5). Aquí la palabra *epistata* solo podemos hallarla en el evangelio de Lucas. Para sus lectores de habla griega era una palabra conocida, en reemplazo de "maestro" o "rabí", que aparecen en los pasajes paralelos de Marcos y Mateo. *Epístata* podría traducirse como "jefe" y era la forma en que los obreros se dirigían a sus supervisores o capataces. Al utilizarla, Pedro reconoce la autoridad de Jesús pero aún así es claro que duda que su orden sea atinada. Después de todo ¡Pedro era la autoridad en el tema de la pesca! Aunque cuando luego las redes se llenan de peces, Pedro cae de rodillas, atónito, y exclama "Señor" (*kyrios*).

Jamás hemos de dudar que los caminos de Cristo sean los mejores. Tenemos que seguir el ejemplo de Pedro y obedecer, aún cuando no nos lo parezca. Es en esta obediencia que descubrimos, como Pedro, que Jesús es de veras el Señor de todo.

¡Apártate de mí, Señor; soy un pecador! (5:8). En este pasaje Lucas usa la palabra griega *hamartolos*, o "pecador". Pedro comprendió que Quien le hablaba era el Señor, y de repente se sintió abrumado al ver que no podía ser todo lo que debía ser para su Señor. Pero aunque este término griego indica la condición de pecador, Lucas no lo usa en tono de condena, sino para recordarnos constantemente que Dios tiene compasión por los pecadores y que quienes somos pecadores somos objeto de Su amor.

Jesús no "se aparta" de Pedro, el pecador. En lugar de aislarse de tales personas, como lo hacían los religiosos en el judaísmo, Cristo llama a Pedro a acercarse a Él: "No temas", dice nuestro Señor. "A partir de ahora pescarás hombres".

Cuando usted o yo nos sentimos como Pedro, indignos a causa de nuestros defectos y pecados como para asociarnos con Jesucristo, tenemos que recordar lo que dijo Cristo. Él no es escandaliza por lo que hayamos sido o por lo que somos hoy. Lo que Le importa, y lo que debiera importarnos, es que "a partir de ahora" experimentaremos el poder de Cristo para cambiar y ser hechos nuevos.

Al ver a Jesús, cayó rostro en tierra y le suplicó (5:12). Pedro "cayó de rodillas" (5:8), abrumado por la culpa. Pero este leproso "cayó rostro en tierra". ¿Por qué? En Israel, el leproso era considerado impuro, sucio. El leproso no sentía culpa, sino seguramente vergüenza, y por eso cayó rostro en tierra.

¿Cómo respondió Jesús? No con asco y desprecio, apartándose de este hombre. Jesús extendió Su mano y tocó al leproso. Tenemos aquí una imagen que debemos mantener vívida en nuestras mentes. La vergüenza, como la culpa, es una emoción potente que a muchos les impide volverse a Jesús. Pero si cuando sentimos vergüenza visualizamos a Jesús extendiendo la mano para tocar al tembloroso hombre enfermo de lepra, encontraremos el coraje que necesitamos para acudir a Él, y como el leproso, experimentar Su poder sanador.

Estaban sentados allí algunos fariseos y maestros de la ley que habían venido de todas las aldeas... y también de Jerusalén (5:17). Estos "maestros de la Ley" eran rabinos o expertos, cuya maestría de las interpretaciones tradicionales del AT les otorgaban una autoridad religiosa única en el judaísmo del siglo primero. Eran hombres que estaban allí como autoridades, como comité de investigación oficial o semi-oficial, que habían venido a escuchar a Jesús para juzgar si Su enseñanza era aceptable o no. A medida que se desarrolla el pasaje, queda claro que sienten sospecha y que Le son hostiles. Después de todo, nadie que pertenezca al "sistema establecido" ve con agrado a una joven y brillante estrella que aparece de la nada y es un riesgo para su autoridad.

Debemos cuidarnos de esa actitud al acercarnos a las Escrituras. Hemos de acercarnos a Dios como ansiosos discípulos, dispuestos a aprender, y no para descubrir qué nos gusta y qué, no. Para dar la bienvenida con gozo a lo que encontramos, sin erigirnos en jueces. No estamos para juzgar la Palabra, sino para obedecerla.

Subieron a la azotea y, separando las tejas, lo bajaron en la camilla (5:19). Marcos dice que estos hombres "quitaron parte del techo", lo que sugiere que se trataba de una construcción de adobe con techo de paja. Pero Lucas dice que separaron las tejas.

Hay una posibilidad que nos sugiere la construcción de las casas en el área de Siria-Palestina, donde no había demasiada madera. Para techar las casas se ponían arcos en los muros, con un metro de separación entre arco y arco. Luego se ubicaban delgadas láminas de piedra caliza, de unos noventa centímetros sobre estos arcos, que se cubrían con un "cemento" calcáreo. La historia de Lucas sugiere este método de construcción para la casa en cuestión. Así que si los amigos del paralítico primero "quitaron parte del techo", luego levantaron estas "tejas" de piedra caliza para bajar al paralítico hasta donde estaba Jesús en la habitación.

"¿Quién es éste que dice blasfemias? ¿Quién puede perdonar pecados sino sólo Dios?" (5:21) ¿En qué se basaban los maestros de la Ley para decir que las palabras de Jesús al perdonar pecados eran blasfemia? Cunningham Geikie, en su clásico *The life and words of Christ* [Vida y palabras de Cristo], (vol. 1, New York: Appleton, 1893), explica:

La Ley desconocía forma alguna de perdón oficial del os pecados, o absolución. Al leproso el sacerdote podía pronunciarle limpio, y el transgresor podía presentar una ofrenda en el Templo transfiriendo su culpa a la ofrenda al imponer sus manos sobre la cabeza del animal y admitir su pecado ante Dios, a lo que el sacerdote salpicaba sangre sobre el altar y hacia el Lugar Santísimo. Esto se consideraba propiciación que "cubría" sus pecados de los ojos de Jehová y daba testimonio de Su perdón. Pero ese perdón era una acción directa de Dios. No había humano que se atreviera a pronunciar el perdón porque era prerrogativa del Todopoderoso y si un mortal se atrevía a declararlo solo lo haría en nombre de Jehová, con Su inmediata autorización. Sin embargo Jesús había pronunciado el perdón en nombre propio. No había dicho que Dios le hubiera dado poder para hacerlo. Los escribas se escandalizaron, y murmuraban, negando con la cabeza, mirándole con sospecha y gesticulando en señal de alarma, mostrando su incomodidad: "Tendría que haberle enviado ante el sacerdote para que presentara su ofrenda y le fuera aceptada. Es blasfemia decir que uno perdona los pecados. Está arrogándose el derecho divino". El que blasfemaba debía ser muerto a pedradas, para que luego colgaran su cuerpo de un árbol y le enterraran con vergüenza. "¿Quién puede perdonar pecados sino solo Dios?".

Es una locura que algunos argumenten que Jesús jamás afirmó ser Dios. En esta y en muchas otras acciones y palabras Él afirmó Su deidad, ¡algo que Sus contemporáneos entendieron con toda claridad!

Un sábado, al pasar Jesús por los sembrados (6:1). La relación de Jesús con los fariseos se vio marcada por la controversia en cuanto a la observancia del sábado como día sagrado. Para el comentario sobre el origen y naturaleza de la observancia judía del sábado, ver Mateo 12:1-14 en este libro. Como el sábado era tan importante en el judaísmo las diferencias en la relación de Jesús con Dios y la relación del sistema religioso, podrían definirse en estas controversias ¡que el mismo Jesús estimulaba!

Los pasajes que describen estos conflictos (Mateo 12:1-21; Marcos 2:23-28; 3:1-6; Lucas 6:1-11) establecen varios puntos importantes:

■ Jesús es el Señor del sábado y Él (y no la tradición), determina lo que es "legal" hacer en ese día sagrado.
■ El sábado se estableció para beneficio nuestro, y no para ser una carga (Marcos 2:27).
■ El principio regulador es que el sábado es para hacer el bien. Lo que responde a la necesidad humana entonces honra el principio del sábado, en lugar de violarlo.
■ Finalmente, así como Dios sigue activo en el día sábado Jesús tiene derecho a hacer Sus buenas obras en ese día santo (Juan 5:17).

Estos principios podrían aplicarse hoy a los cristianos que buscan establecer reglas sobre lo que "se puede" y "no se puede" hacer el día domingo. Como Jesús, honramos a Dios al afirmar acciones positivas en lugar de imponer restricciones.

Por aquel tiempo se fue Jesús a la montaña a orar, y *pasó toda la noche en oración a Dios* (6:12). Los Evangelios nos muestran a Jesús orando con frecuencia. Pero esta es la única ocasión en que "pasó toda la noche orando" (en *dianuktereyon*). Esto destaca la importancia de la elección final de Cristo de los Doce, como apóstoles Suyos. También contiene un mensaje vital para nosotros. Si Jesús sintió la necesidad de orar ante una decisión tan importante ¿cuánto más necesitamos orar nosotros cuando tenemos que decidir algo que importa?

Luego bajó con ellos y se detuvo en un llano (6:17). Esta frase ha motivado que algunos llamaran esta enseñanza de Jesús el "Sermón del llano", para diferenciarla del "Sermón del Monte", que relata mateo. Otros argumentan que los dos evangelistas están presentando el mismo incidente, aunque hay varias diferencias significativas entre un relato y otro.

Lo que se ignora a menudo es el hecho de que Jesús sin duda repitió este sermón "clave" en varias oportunidades mientras enseñaba en Galilea. No nos sorprendería encontrar variaciones reflejadas en ambos relatos, como sabe cualquier orador que repite el mismo discurso varias veces.

Lo que sin duda es más significativo no es la diferencia que hay entre los relatos, sino su esencial consistencia. Los que oían a Jesús quedaron profundamente impresionados de que cuando Lucas les entrevistó años más tarde, recordaban Sus enseñanzas con toda claridad.

Dichosos ustedes los pobres (6:20). El judío del siglo primero veía a los pobres como personas de las que Dios se ocupaba en especial. Dar a los pobres era una de las formas en que el rico podía buscar congraciarse con Dios. De hecho, los pobres podían enorgullecerse ¡porque gracias a que mendigaban la comunidad tenía oportunidad de ser santa!

Pero en la sociedad griega no había tal tradición y la afirmación de Cristo con respecto a la bienaventuranza de los pobres tiene que haber asombrado a los lectores de Lucas. Las clases altas se dedicaban a aumentar sus fortunas personales. Los pocos que hacían "buenas obras" tal vez daba dinero a alguna biblioteca, una escuela, un baño o algún banquete ofrecido para toda la población de su ciudad. Pero en lugar de reflejar la generosidad del donante, estas acciones eran ante todo muestras de ostentación.

En el imperio romano la sociedad veía al pobre, que tenía que trabajar contratado, con asco más que con lástima o respeto. Incluso los que podían adquirir riquezas por su propio esfuerzo eran considerados con desdén por las clases altas, y se les trataba de manera condescendiente. De hecho, una de las parodias más mordaces de la literatura clásica es la descripción que Petronio hace de Trimalco, un esclavo que trabajaba como agente financiero de su amo y que luego heredó gran parte de la riqueza de ese hombre. el hecho de que obtuviera ganancias al invertir en el comercio en lugar de comprar tierras ponía énfasis en el desprecio de la sociedad por los obreros y por quien tuviera que ganar dinero con su propio esfuerzo.

En este contexto tal vez podremos entender mejor lo difícil que les resultaban a los lectores de Lucas las palabras de Jesús en cuanto a la decisión que debían tomar. Para seguir a Jesús hay que rechazar los valores de la sociedad humana, y reemplazarlos por los valores que corresponden a los ciudadanos del reino gobernado por Dios.

Pero ¡ay de ustedes los ricos! (6:24). ¿Por qué los ricos no tendrán la bendición de los pobres? La riqueza en la sociedad helenística convertía a la persona en alguien egoísta, indiferente a los demás, con una actitud de desprecio que se opone a ese amor al prójimo que somos llamados a vivir. Este versículo sugiere que los ricos están tan satisfechos con los placeres del hoy, que el futuro no les preocupa. En otro pasaje Lucas pinta al rico siendo indiferente a las realidades espirituales (12:15-21). La riqueza tiende a aislar a los ricos de ese sentido de indefensión y humildad que hace que veamos cuánto necesitamos a Dios. Lo trágico es que tiende a aislarnos de ese interés por los demás que tiene Dios, y que espera que se reproduzca en quienes confiesan a Cristo como Señor.

Sean compasivos, así como su Padre es compasivo (6:36). Este llamado de Jesús a que imitemos a Dios no es el único. El AT mandaba: "Sean santos, porque yo, el Señor su Dios, soy santo" (Levítico 19:2). Un rabino del siglo dos, Abba Shaul, comenta sobre este mandamiento: "¡Oh, ser como Él! Así como Él es misericordioso y lleno de gracia, también ustedes han de ser misericordiosos y llenos de gracia". Un comentarista anónimo de Éxodo 34:6 se refiere a Joel 2:32 (Joel 3:5 en el AT hebreo, el Tanakh, que dice "todo el que invoque el nombre del Señor escapará con vida") y pregunta: "¿Cómo puede un hombre ser llamado por el nombre del Dios? Así como se llama misericordioso a Dios, han de ser misericordiosos también. El Santísimo, bendito sea Él, es lleno de gracia y también ustedes tienen que ser llenos de gracia...Dios es justo, y por eso también ustedes deben ser justos". Finalmente una paráfrasis de Levítico 22:28 en el Targum (S.-Jonathan) dice: "Mi pueblo, hijos de Israel, así como Su padre es misericordioso en el cielo deben ser misericordiosos ustedes en la tierra".

Jamás debemos suponer que el cristianismo es el único que tiene la revelación de la voluntad de Dios. Pero tampoco tenemos que imaginar, como lo hacen algunos, que conocer lo que está bien es lo que importa. El tema siempre ha sido hacer lo que está bien. Lo que le importa al cristianismo en forma exclusiva es que Jesús no solo perdona nuestros pecados sino que entra en nuestras vidas y nos infunde la capacidad que no tiene ningún ser humano por sí mismo: la capacidad de servir a Dios ya gradarle haciendo Su buena y perfecta voluntad.

No juzguen (6:37). La siguiente frase es típica del paralelismo hebreo, que con frecuencia fortalece las ideas repitiendo una instrucción importante con un sinónimo. Aquí entonces, "juzgar" no se refiere a la capacidad de distinguir entre el bien y el mal sino a criticar o condenar a otros por violar nuestra sensibilidad moral. Este tema vital aparece en el comentario de diversos pasajes que se refieren a la acción de juzgar. Para encontrarlos, ver el Índice.

Cuando terminó de hablar *al pueblo*, Jesús... (7:1). Jesús daba Sus enseñanzas para que las oyeran todos.

Sin embargo, es fascinante que Lucas de inmediato menciona a un centurión, un oficial romano, que "oyó hablar de Jesús" (7:3) e inmediatamente mandó a buscarle para pedir ayuda.

Muchas veces cuando el mensaje de Jesús se ha anunciado "para todos", son unos pocos los que Le oyen de veras.

EL PASAJE EN PROFUNDIDAD

El llamado de los primeros discípulos (5:1-11). Ver comentario sobre Mateo 4:18-22 y pasaje paralelo en Marcos 1:16-20.

El leproso (5:12-16). Ver el comentario de Marcos 1:40-45 y el pasaje paralelo en Mateo 8:1-4.

Jesús sana a un paralítico (5:17-26). Ver el comentario sobre las disputas en torno al sábado en Mateo 12:1-21 y los pasajes paralelos en Mateo 9.1-8 y Marcos 2:1-2.

Trasfondo. Lucas nos alerta de inmediato sobre la importancia de la historia que va a relatar. Lo hace afirmando que los "maestros de la ley" habían venido no solo de Galilea sino también de Judea y Jerusalén, a menudo consideradas como distrito separado de la provincia de Judea en que se encontraban.

Una de las tareas de los "maestros de la ley" en el judaísmo del siglo primero, era la de servir como jueces en demandas civiles, criminales y religiosas en las que tenían que dictar sentencia. La asamblea de tantos expertos y sabios de todos los rincones de Tierra Santa nos sugiere que se trataba de una delegación oficial que se reunía para observar a Jesús y juzgar Su ministerio.

La dramática historia del paralítico a quien sus amigos con tanto esfuerzo llevaron ante Jesús es conocida por todo el que haya ido a la escuela dominical, y se han predicado muchos serones sobre el rol de la fe que esos amigos mostraron tener en el Salvador. Pero en el relato de Lucas hay un énfasis dual, distinto. Es el énfasis en la transacción espiritual muy personal entre Jesús y el paralítico, y lo escandalizados que estaban los expertos reunidos cuando Cristo anunció que sus pecados le eran perdonados.

Interpretación. La transacción espiritual personal ocurre cuando Jesús le dice al paralítico: "Amigo, tus pecados quedan perdonados" (5:20). Seguramente el paralítico había acudido a Jesús, con la desesperación y esperanza en que el Señor pudiera ayudarle en su enfermedad. Esa necesidad era abrumadora, y revelaba su total indefensión haciéndole depender por completo de la bondad de los demás. Sospecho que cuando el paralítico era llevado por sus amigos hasta donde estaba Jesús, ni él ni los otros pensaron siquiera por un momento en sus pecados.

No hay forma de medir la cantidad de veces en que los seres humanos acuden a Jesús movidos por un sentido de indefensión similar. El diagnóstico de cáncer, la pérdida del empleo, una desilusión devastadora, hacen que la persona apele a Dios por ayuda. Al principio no tiene percepción del pecado pero en el proceso de volverse a Dios para pedir ayuda, crece su conocimiento de que Cristo ofrece el perdón y en repentino gozo, la fe inunda el corazón sabiendo que aunque el cáncer pueda persistir, se ha satisfecho la necesidad más profunda de la vida.

Así sucedió con Jesús y el paralítico. Con las palabras "Tus pecados quedan perdonados", Jesús reveló y satisfizo a la vez la más profunda necesidad del paralítico. Todos los presentes fueron testigos de ese íntimo momento de la transacción de fe entre Jesús y el paralítico.

Sin embargo fue justamente esto lo que avivó la hostilidad de los maestros de la ley. Que Jesús pronunciara el perdón era transgredir una prerrogativa que solo Le pertenecía a Dios. Y todos de inmediato pensaron: "blasfemia", un pecado que se pagaba con la muerte.

Lucas no nos dice cómo es que Jesús "supo lo que estaban pensando" (5:22). Pero el hecho de que "pensaran estas cosas en sus corazones" sugiere algo más que la lectura de su expresión de escándalo y horror. La respuesta de Cristo fue para demostrar Su autoridad, al decirle al paralítico "levántate, toma tu camilla y vete a tu casa" (5:24). Aunque los maestros de la ley pudieran negar la validez del pronunciamiento de perdón por parte de Cristo, jamás podrían negar el poder de Su palabra para sanar. Porque todos pudieron ver que el paralítico se levantó y caminó.

Eso hizo el paralítico y Lucas nos dice que lo hizo "al instante" (*parachrema*) (5:25).

¿Cuál fue el resultado? El hombre "se fue a su casa alabando a Dios" (5:25). Y la multitud, completamente asombrada, se unió a él dando gloria a Dios por el milagro que acababan de presenciar.

Aplicación. Hay muchas lecciones para nosotros en esta fascinante historia. En contexto, los hechos que relata Lucas demuestran la extensión de la autoridad de Jesús: Su acción de sanar era prueba de que tenía derecho a perdonar los pecados. Jesús tiene el poder de transformar al hombre por dentro y por fuera.

Al meditar en la historia vemos que a menudo no es la conciencia del pecado sino alguna otra necesidad acuciante la que hace que una persona busque a Dios por primera vez. Tal vez, cometemos un error al evangelizar en principio con la presentación de las "cuatro leyes espirituales" que buscan ante todo la convicción del pecado en lugar de afirmar "tus pecados te son perdonados".

Sin embargo, tal vez el mensaje más importante de esta historia está en que nos recuerda que siempre hay un testimonio externo de la realidad de esa transformación espiritual interna que trae el perdón. Jesús dijo: "Pues para que sepan que el Hijo del hombre tiene autoridad en la tierra para perdonar pecados..." "(5:24) y luego mandó al hombre: "levántate, toma tu camilla y ve a tu casa". El hombre "al instante se levantó a la vista de todos" (5:25).

¿Cuál es este testimonio visible, externo? No es necesariamente, y ni siquiera con frecuencia, una sanación física. ¡Es algo mucho más convincente que eso!

La evidencia verdaderamente convincente del poder de Cristo para perdonar está en la transformación moral del creyente.

Esta es la importancia de las palabras que siguen en nuestro pasaje: "Después de esto..." (5:27). Después de esto Lucas nos dice que Jesús llamó a un recolector de impuestos llamado Leví para que Le siguiera. Le conocemos más como el discípulo que luego escribió el primer Evangelio de nuestro Nuevo Testamento: Mateo. Leví/Mateo siguió a Jesús. Abandonó su trabajo como recolector de impuestos, un puesto que en esa sociedad le calificaba como flagrante "pecador", y dejándolo todo se entregó a seguir a Jesús.

¿Puede realmente Jesús perdonar pecados? Sí. Demostró visiblemente Su autoridad sobre el universo espiritual y también el material, al hacer caminar al paralítico. Y ha seguido demostrando esa autoridad a lo largo de la historia, cuando los hombres y las mujeres, gente como Mateo, dejan sus pecados atrás y deciden seguirle.

Jesús llama a Leví (5:27-32). Ver el comentario sobre Marcos 2:13-17 y el pasaje paralelo en Mateo 9:9-13.

Cuestionan a Jesús sobre el ayuno (5:33-39). Ver los pasajes paralelos en Mateo 9:14-17 y Marcos 2:18-20 y el Estudio de palabras de Mateo 6:16 y 9:17.

Señor del sábado (6:1-11). Ver el comentario sobre Mateo 12:1-21 y el pasaje paralelo en Marcos 2:23-3:6.

Los doce apóstoles (6:12-16). Ver el comentario sobre Marcos 3:13-19.

Bendiciones y ayes (6:17-36). Ver el comentario y Estudio de palabras de Mateo 5-7.

Juzgar a los demás (6:37-42). Ver el pasaje paralelo en Mateo 7:1-6 y las referencias a "juzgar" en el Índice.

El árbol y su fruto (6:34-35). Ver el comentario sobre Mateo 7:15-23; 12:33-35.

Constructores sabios y necios (6:46-49). Ver el pasaje paralelo en Mateo 7:24-29.

Trasfondo. Palestina es árida, seca. Pero en ciertas épocas del año llueve torrencialmente, y las cañadas antes polvorientas se convierten en arroyos que riegan las laderas de las colinas. Es importante en este mensaje de la historia de Jesús observar que no se critica a ninguno de los constructores por haber decidido construir en mal lugar. Ambas ubicaciones parecen seguras. Hasta que llegan las tormentas, las dos casas parecen sólidas. En Palestina, como en la vida misma, será la capacidad de sobrevivir a las tormentas la que revele la calidad de la construcción.

Interpretación. Lucas ya ha usado diversas historias paria transmitir un mensaje importante: Jesús tiene autoridad para perdonar. Y aunque el perdón es por naturaleza intangible, cada vez que Jesús ejerce Su autoridad ¡los resultados son bien tangibles! Así, la sanación del paralítico dio evidencia tangible del poder de Cristo. Y lo mismo, la transformación de Leví, el recolector de impuestos, que fue entonces Mateo, el discípulo de Jesús.

Este énfasis también aparece en la historia que cuenta Lucas con respecto a la descripción de nuestro Señor del estilo de vida que se espera de quienes experimentan el perdón y que a través del perdón son ciudadanos del reino de Dios. La persona perdonada entonces podrá expresar de manera tangible la transformación interior que ha vivido al comprometerse con un nuevo conjunto de valores (6:17-26) y una nueva forma de relacionarse con los demás (6:27-52) que, como el buen fruto que se forma en un árbol saludable, demostrará la bondad del corazón transformado del creyente.

En esta secuencia de Lucas, está el impulso de la afirmación de que el perdón marca la diferencia. Nuestra experiencia de lo intangible encontrará expresión tangible en la forma en que vivamos nuestras vidas.

Aunque ahora, la historia de los dos constructores presenta otra idea vital. Jamás confundamos las palabras de Jesús cuando las oímos — que aquí equivalen al asentimiento intelectual ante Su pronunciamiento del perdón por gracia — con la respuesta de salvación a dichas palabras. No basta decir: "Señor, Señor". La persona que realmente ha experimentado el perdón es la que acude a Cristo, oye las palabras de Cristo y las pone en práctica. Es decir que cuando la transformación interior es verdadera nos sentiremos atraídos a Jesús, buscándole y acudiendo a Él continuamente. Escucharemos Sus palabras con ansias. Y pondremos en práctica, obedientemente, Su Palabra.

Entonces, cuando lleguen las tormentas se volará con el viento el manto del que finge tener fe, aquel cuyo compromiso es solo intelectual y a quien le gusta coquetear con el cristianismo siempre que no se le exija nada serio. Él y todos los que le rodean comprenderán al instante lo que Dios supo todo el tiempo: que su afirmación de pertenecer a Dios no era sincera, nada más que palabras huecas.

Aplicación. Para quienes sí creemos la historia que Jesús cuenta sobre el constructor sabio y el nació, nos es de consuelo pero también, de desafío. El desafío está en que volvemos a percibir la importancia del pleno compromiso con nuestro Señor. Y el consuelo es la certeza y seguridad. Porque vendrán las tormentas de la vida. Pero cuando llegue, la relación que construimos con Jesucristo nos permitirá no solo sobrevivir, sino triunfar. Y en ese triunfo no solo daremos testimonio del perdón como realidad que disfrutamos, sino que además daremos gloria a nuestro Dios.

La fe del centurión (7:1-10). Ver el comentario sobre Mateo 8:5-13.

Jesús resucita al hijo de una viuda (7:11-17).
Trasfondo. En su libro *Vida y tiempos de Jesús el Mesías* Alfred Edersheim nos brinda este conmovedor retrato del funeral del hijo único de la viuda.

Se cumplieron los oficios finales por el muerto. El cuerpo se había colocado sobre el suelo, y se le habían cortado las uñas y el cabello. Luego habían lavado, ungido y envuelto el cuerpo en la mejor tela que pudo conseguir la viuda, en cumplimiento de la ordenanza que mandaba que los muertos fueran sepultados en "envolturas" (Takhirikhin), o como solían llamarlo "la provisión para el viaje" (Zevalatha), con el lino más barato es posterior a nuestro período. Es imposible saber si estaba en práctica ya esta ordenanza posterior de cubrir el cuerpo con metal, vidrio o sal, para colocarlo sobre tierra o sal.

Ahora la madre queda *Oneneth* (gimiendo, lamentándose), término que diferenciaba al duelo previo al funeral del llanto posterior a tal hecho. La madre estaría sentada en el suelo, y no comería carne ni bebería vino. Lo poco que comiera no sería precedido por la oración, y debería comer en casa de un vecino o en otra habitación, y de no ser posible, lo haría de espaldas al muerto. Los amigos religiosos se ocuparían de los oficios de solidaridad y del funeral a realizarse. Si se consideraba un deber para el judío más pobre que a la muerte de su esposa llevara al menos dos flautas y una mujer que llorara, podemos estar seguros de que la madre viuda no había dejado de hacerlo, por incongruente o difícil que le resultara conseguirlo. Eran las últimas muestras de afecto hacia el difunto. Es muy posible que la costumbre de la época, tal vez con modificaciones, requiriera oraciones funerales junto a la sepultura. Porque aunque la caridad indicaba que hasta el forastero tuviera un sencillo funeral, se podían contratar lloronas que repitieran en tono de lamento: "¡Oh, el león! ¡Oh, el héroe!", o algo similar en tanto los grandes rabinos se prestaban a pronunciar una oración fúnebre teñida de afecto (*Hesped* o *Hespeda*). Porque, de la oración fúnebre podría inferirse el destino del difunto y de hecho "el honor del sabio estaba en su oración fúnebre". En tal sentido el Talmud responde la pregunta de si la oración fúnebre tiene por objeto honrar a los sobrevivientes o al muerto.

Pero en todas estas ceremonias no había nada para el corazón de la viuda, que acababa de perder a su único hijo.

Interpretación. La descripción de Edersheim nos transmite el mensaje definitivo. Cuando se llevaban el cuerpo del hijo de la viuda desde la aldea de Naín hacia el lugar de la sepultura al oeste del pueblo, ya no había esperanzas. El hijo estaba en las terribles garras de la muerte y la viuda, sin un hombre que le proveyera, seguramente se sumaría a los destituidos de esa sociedad.

Fue en este momento, cuando ya no había esperanzas, que Jesús va al encuentro de la procesión y al ver a la madre encorvada, "se compadeció de ella" (7:13). Jesús se acercó al "ataúd" (*sorou*, en realidad una camilla para transportar el cuerpo), llamó al hijo muerto de regreso a la vida y "se lo entregó a su madre" (7:15).

Este hecho es lo que se conoce como el milagro supremo, una obra que certificará que Jesús es el Mesías. De hecho, es la certificación y el énfasis de Lucas está en la angustia de la madre que lloraba y la compasión que sintió Jesús. Este milagro no fue una acción planeada o calculada por el efecto que pudiera tener sobre los demás. Fue un acto espontáneo de compasión. Y como tal, quizá resume la venida de Cristo en su pleno sentido.

¿Por qué entró el Hijo de Dios en la corriente de la humanidad, echando Su suerte junto a la nuestra? A menos que Cristo actuara con decisión, ya no había esperanza. Y al vernos, indefensos y perdidos Dios se compadeció de nosotros.

En compasión Jesús incluso hoy nos toca en nuestra condición de muertos, y con Su toque nos da la vida.

Aplicación. Corresponde que sintamos maravilla y asombro al ver esta expresión del poder de Jesús. Lo que debiera hacer que cayéramos de rodillas para alabar a Dios, como sucedió con la gente que esa tarde estaba allí en Nain, es el ver que a nuestro Dios le importa. Podemos entender que Aquel que formó el universo material tiene todo el poder. Pero lo que jamás entenderemos es la profundidad de ese amor que movió a Jesús a extender la mano, tocarnos, y darnos la vida.

LUCAS 7.18–10.24
Momento de decisión

EXPOSICIÓN

Lucas ha identificado a Jesús y describió las decisiones y elecciones que hizo nuestro Señor, y las decisiones que tomaron algunos en cuanto a confiar en Él o rechazarlo. Ahora, en otro conjunto de historias, Lucas sigue destacando la importancia de tomar una decisión en cuanto a Jesucristo.

Dios ha enviado a esta generación dos mensajeros: Juan, el potente predicador formado según el molde de Elías; y Jesús, cuyo ministerio se ve marcado por la amabilidad y los milagros de sanidad. Pero los "expertos en la ley" (7:30) rechazaron tanto a Juan como a Jesús (7:18-35). De inmediato Lucas nos presenta a una mujer que identifica como "pecadora" (prostituta) (7:39). A diferencia del fariseo que acoge a Jesús esta mujer se conmueve ante el mensaje de perdón de Jesús y responde con amor (7:36-50). Lucas entonces relata la conocida Parábola del Sembrador, pero aquí le da un giro significativo al enfoque. En Mateo, el énfasis está en el poder de la Palabra. Aquí en Lucas, en consonancia con el tema de la decisión, el énfasis está en el tipo de persona que responde a la Palabra (8:1-15). Este mismo énfasis en la decisión y sus implicancias se observa en tres imágenes breves y familiares que también aparecen en los otros sinópticos: una lámpara (8:16-18), la madre y los hermanos de Jesús (8:19-21) y la tormenta que calma Jesús (8:22-25). Las tres imágenes culminan con una declaración específica en cuanto a la cuestión de fondo: "¿Quién es este?" (8:26).

Cristo sana a un hombre poseído por una legión de demonios y así responde a la pregunta de "¿quién es este?". También, se inicia la exploración de Lucas en cuanto a la diferencia que significa decidirse a favor o en contra de Jesús. Solo Lucas describe en detalle el impacto de la posesión de demonios. Sin Jesús, el hombre está indefenso ante los poderes espirituales hostiles (8:26-39). Lucas luego describe la sanación de una mujer que sufría de hemorragias crónicas, y el milagro en que Jesús resucita a una niña (8:40-56). Sin Jesús, el hombre está indefenso ante los poderes de la enfermedad y la muerte. Así, quien se decide a favor de Jesús ya no es una víctima indefensa. Porque ha echado su suerte con Aquel que es en todo sentido el Conquistador victorioso sobre esas fuerzas que matan a la humanidad.

Ahora Jesús envía a Sus discípulos en una misión. Han de llevar la Buena Nueva por la tierra (9:1-19). Aunque por sí mismos los discípulos son incapaces de satisfacer las necesidades de los demás, Jesús puede milagrosamente multiplicar sus magros recursos y satisfacer así a los miles que acuden a Él (9:10-17). Esto es posible porque, como confiesa Pedro, Jesús es "el Cristo de Dios" (9:18-27), cuya naturaleza se revela en la Transfiguración (9:28-36) y cuyo poder vuelve a demostrarse cuando sana al muchacho poseído por un espíritu maligno (9:37-45).

Los discípulos aún no logran entender. Discuten sobre quién será el más grande entre ellos cuando Jesús establezca Su reino (9:46-50) y se enojan cuando unos samaritanos les niegan su hospitalidad (9:51-56). Pero la decisión de reconocer a Jesús como Señor debe reflejarse en el compromiso a seguirle y "Nadie que mire atrás después de poner la mano en el arado es apto para el reino de Dios" (9:57-62). Así, una vez más, Jesús envía a Sus seguidores a llevar sanidad y el mensaje del reino a Israel. Algunos reciben el mensaje. Otros lo rechazan. Benditos aquellos que ven y que con gozo vienen al Padre a través del Hijo (10:1-24).

ESTUDIO DE PALABRAS

Vayan y cuéntenle a Juan lo que han visto y oído (7:22). Juan, como otros en Israel, esperaba que Jesús estableciera pronto el reino mesiánico que habían anunciado los profetas. Juan languidece en prisión y al ver que Jesús no actuó como él lo esperaba, siente dudas. Envía entonces a sus seguidores a que le pregunten a Cristo si de veras Él es el Mesías.

Jesús no se enojó cuando Juan dudó de Él a pesar de que Dios ya le había revelado que Jesús era el Cristo (Juan 1:29-36). En cambio, entendía las presiones que sufría Juan, en prisión y con riesgo de perder la vida. Así también entiende Jesús las dudas que sentimos cuando las circunstancias difíciles nos llevan a preguntarnos dónde puede estar nuestro Dios.

Jesús les dijo sencillamente a los mensajeros que le contaran a Juan sobre los milagros de sanidad. Juan vería que las sanaciones eran milagros mesiánicos, que el AT predecía que serían obrados por el Libertador (4:17-19).

En realidad la respuesta de Jesús fue un maravilloso voto de confianza en Juan porque con Su respuesta demostró que confiaba en que Juan entendería. Tal vez esta demostración de confianza de Jesús hizo más para animar y fortalecer al atribulado profeta de lo que lo haría una respuesta específica. También puede suceder que cuando nos acosan las dudas y el miedo, el silencio del cielo nos hable más de la confianza de Dios en nosotros, que del abandono que percibimos. Dios conoce nuestros corazones. Sabe muy bien que a pesar de la incertidumbre que por momentos nos acosa, creemos en Él. Y que nuestra fe triunfará al fin.

El más pequeño en el reino de Dios es más grande que él [que Juan] (7:28). Para la explicación de este versículo enigmático, ver Estudio de palabras de Mateo 11:11.

Muchas [mujeres] más que los ayudaban [a Jesús y Sus discípulos] con sus propios recursos (8:3). Se consideraba buena acción brindar recursos que permitieran a un rabí continuar con su misión de enseñanza, o mantener a sus discípulos. Aquí Lucas menciona a varias mujeres que brindaban este servicio a Jesús y a los Doce. Es una característica de Lucas prestar atención a las mujeres y darles crédito por sus buenas obras y capacidades.

Es interesante ver que Lucas a menudo presenta mujeres siendo modelos de vida cristiana. La "pecadora" de 7:36-50 sirve como modelo del poder del perdón para evocar amor, la "viuda persistente" de 18:1-5 es modelo de oración y la "pobre viuda" de 21:1-4 es modelo del dar. Si buscáramos en todas las Escrituras encontraríamos pocos modelos más claros de "mujeres liberadas". Observemos que Lucas destaca que estas mujeres ayudaban a Jesús "con sus propios recursos". Aunque María era aparentemente soltera y Juana estaba casada, ambas tenían libertad para actuar según sus convicciones y utilizar su dinero como quisieran.

Pero la parte que cayó en buen terreno son los que oyen la palabra con corazón noble y bueno, y la retienen; y como perseveran, producen una buena cosecha (8:15). "Noble y bueno" (*kale kai agathe*) es una frase común en griego, que aquí recibe una definición cristiana singular. Lo que Lucas quiere decir es que el corazón noble y bueno es el que define a la persona que oye, retiene y por paciencia, en última instancia produce el fruto de una vida recta y buena.

Hay aquí una distinción importante. Algunos dirán que "si uno persevera, llega a ser bueno". La parábola de Cristo nos enseña que "si uno es bueno, perseverará". Las acciones no pueden cambiar nuestra naturaleza. Pero cuando en Su gracia Dios ha cambiado nuestros corazones esa transformación interior se hará visible en las decisiones que tomemos y la forma en que actuemos.

Mi madre y mis hermanos son los que oyen la palabra de Dios y la ponen en práctica (8:21). Jesús no rechaza a la familia sino que otorga a quienes oyen y practican la palabra de Dios la condición de familiares Suyos.

Se había apoderado de él muchas veces (8:29). Lucas es el único que brinda una detallada descripción de los horrores de la posesión demoníaca (8:27-29). Bajo la influencia del demonio el hombre era humillado (desnudo), aislado de los demás, una persona sin techo y sin control de su voz y sus miembros. Tal vez lo más aterrador es esto último, que implica la pérdida del control de sí mismo.

Hoy, como en el siglo primero, casi todos los que recurren al ocultismo lo hacen buscando utilizar fuerzas sobrenaturales para lograr sus propios fines. La aterradora realidad es que estas fuerzas son siempre y totalmente malevolentes, hostiles a los seres humanos como lo son a Dios. Es un riesgo terrible el que corre todo quien se mete en el ocultismo.

Había una manada grande de cerdos paciendo en la colina (:32). Para los judíos los cerdos eran animales impuros, asquerosos. Eran anfitriones más adecuados que los seres humanos para que los poseyeran los demonios. El hombre es un ser creado a imagen de Dios.

Pero esta historia está llena de ironía porque cuando los demonios entran en los cerdos, los animales corren al mar y se destruyen a sí mismos. Los demonios habían controlado al hombre. Pero ¿fueron ellos los que hicieron que los animales se tiraran al agua? ¿O sintieron tanto asco estos animales ante los demonios que prefirieron matarse?

Tal vez la ironía más grande está en la hostilidad de la población de esa región. Quedaron asombrados al ver al endemoniado sano, vestido, racional. Pero también se mostraron molestos ante la pérdida económica de los animales y le dijeron a Jesús que se retirara.

Es fácil para nosotros ponerse un valor económico a las cosas. Y nos cuesta mucho medir el valor del ser humano. Pero esta conocida historia nos recuerda que el valor humano es la medida que tenemos que usar, aún cuando el costo económico sea elevado.

Había entre la gente una mujer que hacía doce años padecía de hemorragias, sin que nadie pudiera sanarla (8:43). Vemos que con frecuencia, y en un aspecto muy humano, los escritores de las Escrituras se dejan ver a través de palabras inspiradas. Lucas era médico, según creen muchos, y observa aquí solo la dificultad del caso. Marcos, que suele dar descripciones más breves de los hechos informados, añade una nota que Lucas (¿a propósito?) omite: "Había sufrido mucho a manos de varios médicos, y se había gastado todo lo que tenía sin que le hubiera servido de nada, pues en vez de mejorar, iba de mal en peor" (Marcos 5:26). Los médicos, entonces como ahora, ¡parecen no querer criticar a sus colegas! La gente común, como Marcos, no muestra tal reticencia.

Ella se le acercó por detrás y le tocó el borde del manto, y al instante cesó su hemorragia (8:44). Marcos 5:28 explica por qué la mujer tocó el mando de Jesús: "Pensaba: 'Si logro tocar siquiera su ropa, quedaré sana'".

La idea, aunque popularizada por los predicadores mediáticos de hoy que urgen a quienes les oyen a buscar pañuelos benditos o a poner sus manos sobre la radio o el televisor, tiene origen pagano más que cristiano. La idea de que el poder puede transmitirse mágicamente mediante el tacto era una superstición griega ampliamente difundida.

¿Por qué funcionó entonces? La mujer sanó cuando tocó el manto de Cristo y Jesús sabía que "de mí ha salido poder" (8:46).

La mejor respuesta la encontramos en lo último que Jesús le dijo a la mujer. "—Hija, tu fe te ha sanado... Vete en paz" (8:48).Las acciones de la mujer estaban basadas en una idea equivocada, pero de hecho expresaban verdadera fe en Jesús. Es esta fe en Jesús la que permite que el poder de Cristo fluya libremente a los seres humanos.

Es trágico que se pierda de vista esta verdad básica y les enseñemos a los demás que tienen que hacer las cosas de la manera correcta para que Dios les bendiga. Tienen que orar como les enseñamos (hablar en lenguas o no hablar en lenguas), interpretar tal pasaje de este modo y el otro pasaje, de otro modo, si quieren que Dios les responda en su necesidad.

De hecho, todos estamos limitados en nuestro entendimiento de Dios y sin duda, todos hemos acudido a Dios de maneras incorrectas alguna vez, o muchas. Es maravilloso que nuestro Dios sea un Dios de gracia que solo pide una cosa: que nos acerquemos a Él en fe, esperando que Él obre.

A Juan mandé que le cortaran la cabeza; ¿quién es, entonces, éste de quien oigo tales cosas? (9:9). Pobre Herodes. Por fin se había librado de Juan el Bautista y de repente, el perplejo gobernador se entera de que hay otro mensajero de Dios que no solo predica sino que envía seguidores a obrar milagros y predicar "por todas partes" (9:6). De alguna manera, no importa cuánto lo intenten, las personas no pueden librarse de Dios. Su nombre sigue apareciendo por mucho que traten de evitarlo. Si en un área de sus vidas le cierran la puerta, de repente aparecerá en otra con la misma insistencia, requiriendo que tomen una decisión, a favor o en contra de Él.

¿Quién es este? ¡Por supuesto! Es Dios que vuelve a confrontarnos. No hay forma de librarse de Él, o de la necesidad de tomar una decisión.

Pero allí la gente no quiso recibirlo *porque se dirigía a Jerusalén* (9:53). Los samaritanos eran un pueblo semipagano cuya adoración a Dios involucraba una forma corrupta del judaísmo. Los judíos eran activamente hostiles hacia ellos y los samaritanos sentían resentimiento por el desprecio de éstos hacia su interpretación de la religión.

Aún así, en Oriente la hospitalidad era algo obligatorio casi, una cuestión de modales y educación. Pero esta aldea de Samaria se niega ante el pedido de albergue de Jesús y los Doce. La frase de Lucas "porque se dirigía a Jerusalén" explica la hostilidad. El grupo reducido de judíos se dirigía al templo para uno de los festivales religiosos de rigor. Era más de lo que estaban dispuestos a tolerar los samaritanos.

Jacobo y Juan estaban enojados y querían castigar a los samaritanos, a quienes seguramente despreciaban por su pacatería. Su actitud les ganó una reprimenda de parte de Jesús.

¿Cómo nos conducimos ante las personas que discuten acaloradamente por cuestiones que para nosotros son vitales, como lo era la religión para los judíos y samaritanos? Seguimos el ejemplo de Jesús, y como el grupo que Él lideraba "seguimos la jornada a otra aldea" (9:56). Nos salimos de la situación, y seguimos adelante.

[Jesús respondió] Yo veía a Satanás caer del cielo como un rayo (10:18). Muchos entienden este versículo como referencia a Isaías 14:4-11, como descripción de la caída de Satanás. Al mismo tiempo, en contexto el versículo tiene una aplicación especial: cuando regresaron los 72 enviados por Jesús a predicar, estaban contentos porque "hasta los demonios se nos someten en tu nombre" (10:17). La observación de Jesús puede indicar simplemente que Él ha visto algo mucho más grande. Pero también vincula la práctica de echar demonios en la Galilea del siglo primero con ese desastre del pasado. En ambos casos el mal es derrotado y se revela el victorioso poder de Dios.

EL PASAJE EN PROFUNDIDAD

Jesús y Juan el Bautista (7:18-25). Ver el comentario de Mateo 11:1-30 y el pasaje paralelo en Juan 1:19-20.

Jesús es ungido por una mujer pecadora (7:36-50).
Trasfondo. A primera vista puede parecer sorprendente: ¿Jesús, comiendo con un fariseo? Normalmente pensaríamos que el fariseo estaría parado a un lado, con ánimo de juzgar, hostil, mientras Jesús disfruta de la comida con los marginados e la sociedad. Pero Lucas nos indica que no era infrecuente que Jesús socializara con fariseos lo mismo que con la gente común. De hecho este es solo uno de tres incidentes informados por Lucas, donde vemos a Jesús compartiendo una comida con fariseos (11:37;14:1).

Jeremías, al explorar las parábolas de Jesús identifica esta comida como un banquete (*kateklithe*) en honor de Cristo. También sugiere que, como se consideraba buena acción invitar a un maestro itinerante a comer después de que hubiera predicado en la sinagoga, se trataba de una comida del sábado y que el fariseo estaba, como mínimo, indeciso acerca de si Jesús era o no un profeta.

Siendo este el caso podemos suponer que no solo el fariseo sino también todos los invitados y la mujer que entró sin ser invitada habían oído las enseñanzas de Jesús. El fariseo respondió invitando a Jesús a comer a su casa, evidentemente para poder examinara con mayor atención a este predicador itinerante. Sin embargo, la mujer respondió con corazón sincero. Cuando supo dónde estaría Jesús, fue hasta allí y tomando un frasco de un perfume caro que sin duda representaba los ahorros de toda su vida, corrió a casa del fariseo y ungió los pies de Jesús.

SE identifica a la mujer como "pecadora" (*hamartolos*) (7:39). Esto nos indica que era prostituta, o esposa de un hombre cuyo empleo se consideraba deshonroso. Como el versículo 47 nos informa que Jesús habló de sus muchos pecados, lo más probable es que se tratara de la primera posibilidad.

Pero nos preguntamos cómo pudo ser que entrara en casa del fariseo una conocida prostituta. No imaginemos que golpeó la puerta de la mansión, le dijo al mayordomo cuál era su misión y le permitieron pasar por una serie de salones hasta el comedor privado. En esa época en que la hospitalidad se consideraba gran virtud, el anfitrión solía ubicar mesas en un área abierta, dejando el portón sin cerrar para que quien pasara pudiera apreciar su generosidad. Incluso podrían detenerse en el patio y admirar la comida, acción que honraba al anfitrión en lugar de darle vergüenza. Así, la mujer podría haber entrado sin problemas para agacharse ante Jesús y mojar Sus pies con sus lágrimas.

Interpretación. La mujer está inclinada sobre los pies de Jesús y de repente, todos los presentes la observan. Cada uno interpretará sus acciones según su criterio y sacará conclusiones. Esto nos enseña más sobre la persona que sobre la mujer.

El fariseo, Simón, enseguida encasilla a la mujer. Es una "pecadora". DE allí el fariseo saca una serie de conclusiones rápidas y aparentemente, lógicas. Si Jesús fuera profeta, sabría qué tipo de persona es esta mujer. Y si Jesús fuera uno de los profetas de Dios seguramente no permitiría que Le tocara una pecadora. La conclusión ineludible para el fariseo es que Cristo no es un profeta y que por cierto, ni habla ni actúa por Dios.

El problema con la lógica de esta conclusión es el mismo problema que tienen muchos de nuestros argumentos: se basa en suposiciones que no se dicen. Son suposiciones que hay que examinar antes de que la razón nos lleve a sacar una conclusión.

Aquí, la suposición del fariseo está arraigada en su forma de ver la religión. Al igual que todos los que pertenecen a su movimiento Simón cree en el compromiso total con las leyes de la pureza ritual que generaciones de rabinos habían derivado de las leyes del AT. La pureza ritual exigía que la persona apartada para Dios fuera apartada de todo lo que fuera impuro. Por eso Simón automáticamente supuso que como la mujer era pecadora, la única forma correcta de relacionarse con alguien así era rechazarla y retirarse. Cualquier otra reacción implicaría contaminación.

Jesús operaba sobre un conjunto de suposiciones completamente diferentes. Vio a la mujer como persona, no como objeto. Con compasión y amor, no con desprecio y condena. Para Jesús la santidad no era algo negativo, sino un poder positivo y dinámico. Las acciones de ese momento demostraban que la mujer respondía ante Él, y eso prometía una transformación interior, que haría que su pasado fuera irrelevante y su futuro, brillante.

En la mujer arrodillada ante los pies de Jesús aparecen en conflicto dos perspectivas de la religión. Aunque las palabras de Cristo a Simón el fariseo, en rechazo rotundo a su opinión, son pronunciadas para instruir, en gracia.

¿Quién ama más? ¿La persona que conoce que tiene una deuda gigante? ¿O la que tiene una deuda pequeña? El fariseo responde, correctamente, que aunque ninguna de las dos personas pueda pagar estará más agradecida la que mucho debe. Cristo entonces compara la respuesta de la mujer y de Simón ante Jesús.

Cuando Cristo llegó al banquete el fariseo omitió la cortesía habitual hacia un invitado de honor. Se trataba de una ofensa menor, pero en esa cultura era algo importante. Esta falta de detalles de hospitalidad era la forma en que Simón les indicaba a los demás invitados que todavía no había decidido si el predicador itinerante era digno o no. También había dejado inequívocamente en claro, aunque de manera sutil, que aunque el banquete era en honor de Cristo Simón consideraba que su invitado estaba por debajo de él, en cuestión social y espiritual.

En contraste, esta mujer a la que Simón descarta como "pecadora" desde el momento en que entró ha demostrado gran amor y gratitud. Jesús la veía de manera completamente distinta a cómo la veía el fariseo. Sus acciones demostraban una fe sincera y transformadora. Y así, Jesús concluyó Su lección a Simón con palabras que la mujer seguramente anhelaba oír, palabras que confirmaban el entendimiento que en ella había despertado el amor: "Tus pecados quedan perdonados" (7:48).

Mientras los demás invitados murmuraban asombrados Jesús vuelve a hablarle a la mujer: "Tu fe te ha salvado. Vete en paz" (7:50).

Aplicación. En esta simple historia hay muchas cosas que hemos de observar. Ante todo, no equivoquemos el sentido de la historia de Jesús. La mujer actuó con amor porque ya había aceptado y hecha suya la gracia del perdón de Dios. No había sido perdonada porque amaba, sino que amaba porque había sido perdonada.

El fariseo, sin tomar conciencia de sus pecados, buscaba a Dios de manera muy distinta: el camino de las buenas acciones. Aunque con ello podía enorgullecerse de su supuesta rectitud y condenar a la mujer por ser una pecadora, el fariseo estaba ciego a la naturaleza de la gracia.

En segundo lugar, tenemos que aprender a ver a los demás como los veía Jesús, y no como los veía el fariseo. El fariseo encasillaba a la gente. Clasificaba a las personas y luego podía descartarlas: esta mujer es una "pecadora", este hombre es "recolector de impuestos", este grupo solo es "del montón" que no conocen los puntos más escondidos de la ley de Dios. En contraste, Jesús vio a la mujer como persona, y no como miembro de una clase. Lo que para Él era importante era la forma en que como persona esta mujer respondió a Su mensaje de gracia. No importaba lo que hubiera sido, sino lo que era ahora y lo que sería como persona perdonada. La mujer que antes se vendía por dinero ahora estaba ansiosa por darlo todo, en gratitud al Salvador.

Es una verdad para recordar. Una verdad de vida. No importa lo que haya sido una persona. Lo que cuenta es lo que puede llegar a ser al experimentar la gracia y el perdón de Dios. La desbordante generosidad de esta mujer de la calle es un recordatorio permanente del poder del perdón de Cristo, un poder de transformación total.

La parábola del sembrador (8:1-15). Ver el comentario sobre Mateo 13:1-23 y el pasaje paralelo en Marcos 4:1-20.

La lámpara en la repisa (8:16-18). Ver el Estudio de palabras de Marcos 4:21 y el pasaje paralelo en Mateo 5:14-16.

La madre y los hermanos de Jesús (9:19-21). Ver los pasajes paralelos en Mateo 12:46-50 y Marcos 3:31-35.

Jesús calma la tormenta (9:22-25). Ver el comentario sobre Marcos 4:35-41 y el pasaje paralelo en Mateo 8:18, 23-27.

Jesús sana al hombre poseído por demonios (9:26-39). Ver el comentario de Marcos 5:1-20 y el pasaje paralelo en Mateo 8:28-34.

La niña muerta y la mujer enferma (8:40-56). Ver los pasajes paralelos en Mateo 9:18-26 y Marcos 5:21-43. También el Estudio de palabras de Lucas 8:43 y 8:48.

Jesús envía a los Doce (9:1-9). Ver el comentario de Mateo 10:1-42 y los pasajes paralelos en Mateo 14:1-12 y Marcos 6:6-29.

Jesús alimenta a los cinco mil (9:10-17). Ver el comentario de Marcos 8:1-13 y los pasajes paralelos en Mateo 14:13-21 y Marcos 6:30-44.

Pedro confiesa a Cristo (9:18-27). Ver Estudio de palabras de Mateo 16:18-19 y los pasajes paralelos en Mateo 11:2-19 y 16:13-20.

La Transfiguración (9:28-36). Ver el comentario de Marcos 9:1-13 y Mateo 16:21-28; 17:1-8.

Jesús sana al niño con el espíritu maligno (9:37-45). Ver el comentario de Marcos 9:14-32 y el pasaje paralelo en Mateo 17:14-23.

¿Quién será el más grande? (9:46-50). Ver el comentario sobre Marcos 9:33-41 y el pasaje paralelo en Mateo 18:1-6.

Oposición samaritana (9:51-56). Ver Estudio de palabras de Lucas 9:53.

El costo de seguir a Jesús (9:57-62). Ver paralelo en Mateo 8:19-22.

Trasfondo. Lucas ha desarrollado en detalle el tema de la elección en los capítulos 5 a 9 de su Evangelio. Ahora, informa brevemente una serie de tres incidentes que nos invitan a considerar las implicancias de la decisión de confiar en Jesús como Señor. Si Cristo es quien Él afirma ser, y aceptamos dichas afirmaciones, entonces hemos de comprometernos a seguirle con fidelidad.

La palabra "seguir" en griego es *akoloutheo*. Es un verbo común que encontramos a menudo en pasajes narrativos, en sentido común, descriptivo. Pero en ocasiones, "seguir" sirve como término técnico de la teología. Cuando es este el caso, se vincula en los Evangelios con el discipulado y expresa el compromiso esencial del discípulo de tomar todas sus decisiones, a diario, en obediencia al Señor.

Interpretación. En tal contexto vemos que los tres incidentes son de veras importantes y en cierto sentido, sirven como culminación del desarrollo del tema principal del Evangelio de Lucas. ¿Qué aprendemos entonces de estos tres incidentes?

Tal vez, lo primero que notamos es que seguir a Jesús implica más que un compromiso personal con Cristo como persona. También significa el compromiso de cumplir los propósitos de Cristo en el mundo. Quien sigue a Jesús debe "ir y proclamar el reino de Dios" (9:60) y entregarse con alegría al servicio "en el reino de Dios" (9:62). Seguir a Jesús significa identificarnos con Sus propósitos en el mundo y entregarnos de lleno a éstos. Al mismo tiempo, cada una de las historias de Lucas deja muy en claro que seguir a Jesús implica renunciar a cosas que los seres humanos consideran importantes:

■ Al hombre que desea seguir a Jesús, Él le dice simplemente: "el Hijo del hombre no tiene dónde recostar la cabeza" (9:57-58). Quien sigue a Jesús tiene que estar dispuesto a renunciar a comodidades materiales y lo que implica "un hogar".

■ Jesús llama a otro hombre y le dice "Sígueme" (9:59). Aunque el hombre Lo llama "Señor", le ruega a Cristo: "primero déjame ir a enterrar a mi padre" (9:60). Tenemos que entender aquí que el padre no ha muerto sino que el candidato a discípulo quiere decir: "Déjame vivir en casa hasta que haya muerto mi padre y termine yo de cumplir con la obligación de hijo". La respuesta de Jesús es rotunda y clara. Quien sigue a Jesús tiene que estar dispuesto a renunciar incluso a la más cercana de sus relaciones para entregar por completo su lealtad al Señor.

■ El tercer hombre dice, comprometiéndose de palabra: "Te seguiré", pero ruega que primero se le permita despedirse de su familia. Es un pedido muy diferente al anterior. En aquel caso, la responsabilidad hacia la familia pesaba más que el compromiso con el Señor. Pero en este caso, solo sugiere que ese compromiso a Cristo no necesariamente excluirá otras obligaciones.

Jesús responde con una imagen cotidiana y conocida, como en tantas de Sus ilustraciones. Los arados de Palestina eran livianos. Podían guiarse con una mano, por lo general la izquierda, que mantenía el arado derecho y ajustaba la profundidad para que las rocas y las piedras no rompieran la delicada punta. Al mismo tiempo el sembrador debía guiar a los bueyes, usando una vara de unos 2 metros de largo, con punta de hierro. Llevaba la vara en la mano derecha. Y todo el tiempo debía concentrarse en que los surcos salieran rectos.

Aunque el arado era liviano y aparentemente simple, el labrador de Medio Oriente antiguo debía dedicar toda su concentración a la tarea.

Por eso Jesús contesta diciendo que quien decide seguirle no tiene otra opción más que la de brindar la misma atención absoluta y total al "servicio en el reino de Dios" (9:62), como sucedía con el labrador que araba la tierra.

Aplicación. Tomadas en conjunto las tres historias resumen lo que implica nuestra decisión de seguir a Jesús como discípulos Suyos. Decidimos hacer Su voluntad, por encima de nuestras comodidades e incluso nuestra seguridad material. Decididos hacer Su voluntad por encima de las relaciones familiares y personales más íntimas. Y dedicamos tota nuestra atención, absolutamente a servirle a Él.

Jesús envía a los 72 (10:1-24). Ver el comentario de Mateo 10 y el pasaje paralelo en Marcos 6:8-13.

LUCAS 10:24–12:3
Desvíos espirituales

EXPOSICIÓN

Poco a poco Lucas ha llevado a sus lectores a ver a Jesús no solo por quién es Él, sino a entender que aquí hay un punto en que han de tomar una decisión. Nos presenta un Cristo que ha elegido entrar en nuestro mundo y mostrar el amor de Dios. Este acto en sí mismo hace que cada uno de nosotros deba enfrentar la decisión de estar a favor o en contra de Jesús como Salvador. Lucas también nos recuerda que si respondemos a Jesús como Salvador, también tenemos que reconocerle como Señor y seguirle en compromiso pleno, absoluto. Ahora, a medida que Lucas sigue contando la historia de Jesús, este amado médico nos invita a explorar junto a él una alternativa al compromiso con Jesús como el Cristo de Dios.

Esa alternativa aparece por primera vez en la parábola del Buen Samaritano. Las figuras clave de este incidente son el "experto en la Ley" (10:25) que ofreció una respuesta que cualquier judío culto le daría a Cristo si se le preguntara: "¿Qué está escrito en la Ley?", respecto de la vida eterna; y el sacerdote y el levita en la historia del samaritano, cuya indiferencia al sufrimiento del hombre que había sido atacado por ladrones niega el principio más básico de esa Ley (10:25-37). La única alternativa real a Jesús es entonces la "religión del Libro" representada por el judaísmo del siglo primero, que había perdido de vista la misericordia al intentar, como el experto en la Ley, "justificarse a sí mismo" (10:29) según sus interpretaciones de la Ley de Dios.

La historia de María y Marta representa una advertencia. A los seguidores de Cristo no les irá mejor que a la primera generación que siguió a Moisés si consideran que la prioridad es "el hacer", como Marta. Tenemos que poner énfasis en el deber del discípulo de mantener una relación personal íntima con Dios (10:38-42). La enseñanza de Jesús sobre la oración (11:1-13) pone en el centro de la escena la calidad de esa relación. Acudimos a Dios y confiamos en Él como Padre nuestro (11:1-4). Sabemos que responderá, con la misma certeza con que el prójimo cumple con una obligación social (11:5-10), o como el padre da cosas buenas a los hijos que piden que les ayude (11:11-13).

Lucas vuelve entonces a la pregunta básica: si la persona no elige a Jesús ¿qué elegirá? ¿Puede alguien imaginar que las obras de Jesús eran por poder de Satanás, como acusaban algunos? (11:14-28). Seguramente, quien acepte esta idea en realidad está del lado de los demonios ¡y se hace vulnerable a ellos!

¿Qué opciones tiene la persona entonces? O aceptar a Jesús por la fe, con mucha más evidencia de Quién es Él de la que tenían los de Nínive en tiempos de Jonás, o la Reina de Saba en tiempos de Salomón (11:29-32), o la opción de continuar siendo ciegos espirituales (11:33-36).

El siguiente incidente informado por Lucas deja en claro la crítica a la religión contemporánea, implícita en la Parábola del Buen Samaritano de Jesús. Una vez más Jesús está comiendo en casa de un fariseo. Cuando Cristo no sigue la tradición del lavado ritual que sí cumplen los fariseos, los invitados quedan escandalizados. En respuesta Cristo pronuncia una serie de "ayes" contra ellos y contra los expertos en la Ley (11:37-54). Los fariseos son hipócritas egocéntricos e impuros (11:39-44) en tanto los "expertos en la ley", como sus antepasados que mataron a los profetas de Dios, son más carga que ayuda para el pueblo de Dios y se han robado la "llave del conocimiento" con la que el pueblo de Dios podría entrar en el reino de los cielos (11:45-54).

¿Cuál es la alternativa a Cristo como Salvador y Señor? No ha alternativa viable. Claro que podemos elegir ser "religiosos". Podemos intentar congraciarnos con Dios por medio de las buenas acciones y la observancia ritual. Pero este camino nos alejará de Dios en lugar de acercarnos a Él. En última instancia, esta decisión nos llevará a ponernos del lado de Satanás, y no de Dios, y también nosotros oiremos decir a Jesús: "¡Ay de ustedes!".

ESTUDIO DE PALABRAS

El que se compadeció de él (10:37). No es frecuente encontrar la palabra "compasión" o "misericordia" en las versiones traducidas del AT. Las palabras hebreas relacionadas con este concepto suelen ser traducidas de otro modo. Pero la idea básica se expresa en dos palabras en hebreo: *raham*, que indica amor de un superior por un inferior, un amor profundo que hace que el superior ayude al amigo en necesidad. Suele traducirse como "amor" o "compasión".

El otro término hebreo es *hanan* que centra la atención en la respuesta de alguien que puede ayudar a quien está en necesidad. Aunque la persona necesitada no tiene "derecho" a esperar que la ayuden, la otra espontáneamente siente que debe ayudarla. Es un término hebreo que suele traducirse como "gracia" o "amor benigno".

Así, el experto en la Ley con quien Jesús estaba hablando sabía bien lo que estaba diciendo cuando admitió que "el que se compadeció" de la víctima en la historia relatada por Cristo era el que amaba al prójimo.

Al llegar al NT encontramos el concepto de "misericordia" con mayor protagonismo. La palabra griega *eleos* es más precisa y definida. La misericordia es una respuesta compasiva, que implica sentir junto con el que sufre y conmoverse a ayudarle. Vemos esto en las palabras de los que sufrían y desesperados, apelaban a Jesús: "Ten compasión de mí" (Mateo 15:22; 17:15). Y vemos misericordia en la inmediata, consistente respuesta de Cristo a tales ruegos.

Tal vez el aspecto más importante de la misericordia es el que se le da en la teología desarrollada de las epístolas del Nuevo Testamento. Vemos allí que "misericordia" representa no solo la actitud de Dios hacia nosotros los pecadores sino que explica también el propósito de la encarnación de Cristo. Él vino para poder tener misericordia de nosotros. El *Diccionario Zondervan de Términos Bíblicos* indica:

> El NT afirma luego que se ha provisto misericordia al creyente: Dios "que es rico en misericordia, por su gran amor por nosotros nos dio vida con Cristo, aun cuando estábamos muertos en pecados" (Efesios 2:4-5). "Por su gran misericordia, nos ha hecho nacer de nuevo mediante la resurrección de Jesucristo" (1 Pedro 1:3). Y "él nos salvó, no por nuestras propias obras de justicia sino por su misericordia" (Tito 3:5)

Uno de los grandes propósitos de la historia del Buen Samaritano es el de sernos de advertencia. Al depender de las buenas acciones el judaísmo rabínico había perdido de vista el rol central de la misericordia en la relación de la persona con Dios. Dependemos de Su misericordia porque somos pecadores que no podremos agradarle y así como quienes han recibido misericordia y entienden de los defectos y debilidades de los seres humanos, hemos de ser misericordiosos con los demás.

Marta, por su parte, *se sentía abrumada* porque tenía mucho que hacer (10:40). El verbo en griego es *periespato*. La atención de Marta no se centraba en Jesús sino en la comida que estaba preparando. Es fácil estar tan ocupados sirviendo a Jesús como para que no nos quede tiempo para estar con Él.

Pero sólo una [cosa] es necesaria (10:42). No hay acuerdo entre los comentaristas sobre qué significa esta enigmática frase. Las tres traducciones más probables son: 1) "Se necesita una cosa"; 2) "Se necesitan pocas cosas", o 3) "Se necesitan pocas cosas, o una sola". Incluso esto no logra despejar las dudas. ¿Está hablando Jesús sobre la cena, alentando a Martha a preparar algo sencillo en lugar de un banquete? ¿O se refiere Jesús al compromiso hacia Él como el que demuestra María?

Cualquiera sea la referencia específica, es claro que el incidente presenta un contraste entre prioridades. La prioridad de María era escuchar y responder a Jesús. La de Marta era la de dedicarse de lleno a servir. El mensaje de la historia es claro: nuestra relación con Jesús, nuestro deseo de pasar tiempo con Jesús y escuchar Su Palabra tiene que tener prioridad incluso sobre el servicio en amor.

La advertencia es clara también aquí. A menos que demos prioridad a la relación, el servicio en amor que hoy brindamos podría deteriorarse y entrar en el terreno de la religión estéril del sacerdote y el levita en la historia del Buen Samaritano.

Ya está cerrada la puerta, y *mis hijos y yo estamos acostados*. No puedo levantarme a darte nada (11:7). Al caer la noche, la mayoría de las familias de Palestina dormían en la misma habitación. Se extendía sobre el piso una estera y la madre y el padre se acostaban, con sus hijos en medio de ambos. Cuando alguien llamaba a la puerta a altas horas de la noche, el dueño de casa se negaba primero a abrir, irritado, quejándose porque perturbaría el sueño de toda su familia. De hecho, aquí, el "no puedo levantarme" significa "no quiero" o "no lo haré". Cuando alguien no quiere hacer algo, por lo general encontrará una razón por la que "no puede".

Siempre recordemos que como discípulos de Cristo somos llamados a ser misericordiosos. Nuestra respuesta a quienes están en necesidad ha de ser "Puedo" y "Quiero".

Les digo que, aunque no se levante a darle pan por ser amigo suyo, sí se levantará por su *impertinencia* y le dará cuanto necesite (11:8). TEs muy probable que aquí *anaideia* signifique "evitar la vergüenza". Es lo más razonable. Hay palabras que en la traducción impiden ver el significado de esta ilustración. Una es que "supongamos" en el versículo 5, no llega a tener el impacto del griego *tis ex humon*, que más bien debiera traducirse como "¿Pueden imaginar?". Eso implica que la respuesta sería: "¡Jamás! Tal cosa es impensable".

También, en 11:7 hay una pausa que en realidad no es una interrupción sino la continuación de la pregunta que presenta el versículo 5. Y así, para entender lo que Jesús está enseñando en realidad con respecto a la oración, tenemos que parafrasear estos versículos y presentar la ilustración de nuevo.

> Entonces les dijo: "¿Pueden imaginar que uno de ustedes tiene un amigo que a medianoche viene y dice: ¿Amigo, préstame tres hogazas de pan porque ha venido a verme un amigo que está de viaje y no tengo nada para ofrecerle'. Ahora ¿pueden imaginar lo que respondería el que está en la casa?. 'No me molestes. La puerta está cerrada y los niños están durmiendo conmigo. No puedo levantarme para darte nada'. ¿Pueden imaginarlo? ¡Por supuesto que no! Porque incluyo si no quisiera levantarse para darle el pan por tratarse de un amigo, lo haría para evitar la vergüenza. Se levantaría y le daría lo que necesitara".

¿Cuál es el impacto de la ilustración de Cristo? Sencillamente que en esa época, en una región sin hoteles, los viajeros solían quedarse en casa de amigos. Un proverbio común observa: "Hoy él es mi huésped y mañana yo seré el suyo". La obligación de ser hospitalarios les cabía no solo a los dueños de casa sino a la comunidad toda. Sería una vergüenza para la comunidad si el hombre se negara a darle pan a quien se lo pidiera, y sus mismos vecinos le harían sentir esta vergüenza.

De allí que el mensaje de la ilustración no es que la persistencia obligará a Dios a responder a nuestras oraciones, sino más bien que es impensable que Dios no responda a la oración de uno de los Suyos, así como es impensable que un vecino no respondiera al pedido de pan para alimentar a un huésped inesperado.

No es de extrañar que Cristo concluya con una promesa: "Así que yo les digo: Pidan, y se les dará; busquen, y encontrarán; llamen, y se les abrirá la puerta. Porque todo el que pide, recibe; el que busca, encuentra; y al que llama, se le abre" (11:9-10).

Va por lugares áridos buscando un descanso. Y al no encontrarlo... (11:24). Aquí Jesús utiliza imágenes que reflejan la creencia popular de que los demonios (espíritus malignos) habitaban el desierto. Pero los espíritus malignos no se sienten cómodos en lugares áridos. Se sienten atraídos a los seres humanos donde pueden expresar su naturaleza al causarles daño a las personas. La mención de "siete" es idiomática, un símbolo común que indica totalidad. El mensaje queda claro en el versículo 25. Si la casa (persona) está barrida, limpia y vacía, la persona no tiene defensa. Solo estamos a salvo cuando nos habita Cristo y Su Espíritu.

[Esta generación] pide una señal milagrosa, pero no se le dará más *señal que la de Jonás* (11:29). Aquí la palabra que se traduce como "señal" es *semeiai* y significa, como lo traduce la NVI, una señal milagrosa. La "señal de Jonás" es el mismo Jonás, cuya palabra profética causó arrepentimiento en Nínive. Jesús quiere decir que Él Mismo es la señal milagrosa de Dios para Su generación, una señal mucho mayor de la que fue Jonás en su momento. Como quienes escuchan a Jesús no se arrepienten, su condenación está garantizada.

Es una locura pedirle a Dios más evidencia de Su amor y gracia de la que ya nos ha dado en Jesús. No hay mayor revelación de Dios que la que Él nos ha dado en Su Hijo. Quien no responde a Jesús tampoco responderá a cualquier señal milagrosa que Dios pudiera darle.

Si tu visión es clara, todo tu ser disfrutará de la luz (11:34). Aquí, "visión clara" es la traducción de *ojos hapilous*, o "sanos". Lo que Jesús está diciendo es que el hecho de que una persona reciba luz o no dependerá, no de cuán brillante sea la luz sino de lo sanos que estén sus ojos. Solo al abrir los ojos a la luz de Dios que ilumina a Jesús, y permitir que esa luz llegue a nuestros corazones, podremos estar llenos de luz. Como cristianos somos llamados a caminar en la luz.

Ay (11:42-44, 46-47, 52). Es una exclamación que expresa pena o denuncia.

A esta generación se le pedirán *cuentas de la sangre de todos los profetas* (11:50). La ley del Antiguo Testamento hacía responsable a la comunidad de dar muerte a los asesinos. La responsabilidad específica para hacer que se cumpliera tal pena le pertenecía al "vengador" pariente cercano de la víctima asesinada (Números 35). El asesinato no podía pasarse por alto bajo ninguna circunstancia, porque de otro modo todo el país sería culpable ante Dios.

Ahora Jesús advierte que esta generación tendrá que rendir cuentas por la sangre de todos los profetas asesinados por generaciones anteriores. ¿Por qué? Porque al rechazar a Cristo y causar Su inminente muerte esta generación se ha puesto del lado de los asesinos de los profetas en lugar de ponerse del lado del Dios que exigía su castigo. Así como quien se niega a ejecutar al asesino se vuelve tan culpable como éste, quienes rechazaron a Cristo se vistieron con el manto de los asesinos de los profetas y tienen plena participación en su culpabilidad.

¡Ay de ustedes, expertos en la ley! porque se han adueñado de la llave *del conocimiento* (11:52). Podríamos traducir esto como "se han adueñado de la llave, incluso del conocimiento". La llave que abre la relación con Dios es el conocimiento del Señor, revelado en las Escrituras. Pero los "expertos en la Ley", que hacen alarde de su conocimiento superior de la Ley de Dios, no solo han perdido la llave sino que la han robado, distorsionando así las Escrituras con su legalismo, y ahora el pueblo de Dios ya no Le conoce.

Tenemos que acudir a la Palabra de Dios buscándole. Si no nos acercamos más al Señor a través del estudio de la Palabra, entonces hemos malinterpretado lastimosamente este mensaje básico.

EL PASAJE EN PROFUNDIDAD

La parábola del Buen Samaritano (10:25-37).

Trasfondo. La parábola del buen samaritano sin duda es una de las historias más conocidas de toda la Biblia. Al igual que otras historias relatadas por Jesús, se apoyaba en lo conocido y familiar y llevaba el sello de las realidades cotidiana.

La angosta ruta de 34 Km. entre Jericó y Jerusalén era muy insegura. No era el camino que normalmente usaban los viajeros comerciales. Más bien, eran los peregrinos quienes iban por allí, y en los días previos o posteriores a algún festival religioso, eran muchos los que circulaban por ese camino. En otras ocasiones, lo más probable era que caminaran por allí gente como el sacerdote y el levita de la historia de Jesús: residentes de Jericó cuyo deber exigía que durante dos semanas al año sirvieran en el templo. Jeremías observa, sin embargo, que cuando se dirigían a Jerusalén para servir en el templo los sacerdotes y levitas viajaban en grupo. Sugiere que los de la historia, al viajar solos no están dirigiéndose al templo para servir. Esto es importante porque si hubieran estado cumpliendo con su deber en el templo el judío piadoso podría argumentar que la responsabilidad ante Dios tenía prioridad por sobre la responsabilidad hacia el prójimo y así, el mensaje de esta historia de Jesús perdería fuerza.

El hecho de que ninguno de los viajeros estuviera acompañado de un guardia puede reflejar el compromiso de Roma por apresar y ejecutar a los ladrones. Pero como la ruta recorría terreno rocoso, se sabía que era peligrosa y la mayoría de las personas prefería viajar en grupo por protección. Es no solo posible sino muy probable que el sacerdote y el levita hubieran dejado abandonado a su compatriota, y apretado el paso por miedo a que quien hubiera atacado al hombre estuviera al acecho y pudiera atacarlos ahora a ellos.

Quienes escuchaban a Jesús seguramente habría entendido todo esto de inmediato, y aunque sintieran compasión por la indefensa víctima también habrían comprendido el miedo del sacerdote y del levita, que pasaron apurados sin detenerse al verlo echado en el suelo, golpeado y sangrando.

En esencia la historia de Jesús creó al instante un dilema moral. Por supuesto, uno siente compasión por los heridos e indefensos. Pero ¿hasta qué punto está obligado uno a arriesgarse por ayudar a los demás? ¿Arriesgará sus posesiones? ¿ Su vida? No importa qué digamos sobre la escena que Jesús presenta de manera tan descriptiva, tenemos que admitir que Su audiencia, y el experto en la Ley con quien estaba hablando, no podían ofrecer una respuesta superficial, débil.

Contra tal contexto entonces podemos explorar lo que este mensaje de Jesús quiso transmitir a quien formuló la pregunta, y a través de Lucas, a usted y a mí.

Interpretación. Para entender la historia necesitamos entender la dinámica de la interacción que da origen a esta ilustración. El texto nos dice que "un experto en la ley[del AT]" (10:25), pregunta: "¿Qué tengo que hacer para heredar la vida eterna?" Jesús entonces le pregunta al experto cómo "lee" (entiende) el AT (10:26).

■ El diálogo inicial (10:25-29). Ante todo notamos que el experto local formuló esta pregunta para poner a prueba (*ekpeirazon*) a Jesús (10:25). No hemos de tomarlo como expresión de hostilidad: el hombre acepta a Jesús como maestro (*didaskale*) y muy probablemente quiso iniciar una de esas largas discusiones sobre la Ley, con las que tanto se deleitaban los de su clase.

La pregunta "Qué tengo que hacer para heredar la vida eterna" no era inusual. Los Evangelios nos dicen que un joven rico hizo la misma pregunta (Mateo 19:16). La pregunta muestra una falla básica en la forma en que el judaísmo rabínico buscaba relacionarse con Dios: siempre está la suposición implícita de que la vida eterna es una recompensa que gana el creyente por sus buenas obras. La pregunta en realidad era: ¿Qué buenas obras son las que puede hacer una persona para ganarse el favor de Dios?

Un escrito rabínico posterior informa de una discusión al respecto entre un rabí y un mercader, y resuelve la pregunta citando el Salmo 34:12-14:

"El que quiera amar la vida y gozar de días felices, que refrene su lengua de hablar el mal y sus labios de proferir engaños; que se aparte del mal y haga el bien; que busque la paz y la siga". Pero Edersheim argumenta que cuando Jesús le preguntó al experto en la ley cómo interpretaba él las Escrituras, la respuesta del hombre expresaba la convicción de la mayoría de los de su época. La obligación principal en la ley, expresada en Deuteronomio 6:5, era amar a Dios de manera absoluta y por encima de todo.

Al mismo tiempo los rabinos discutía con frecuencia en torno a Levítico 19:18 y el deber de amar al prójimo. Hillel expresó: "Lo que tú detestes, no se lo hagas a otro. Esa es la Ley. El resto no es más que comentario".

Lo que impacta es que los dos principios, el de guardar la ley y el de amar al prójimo, no están vinculados en los escritos de los antiguos expertos y sabios, no al menos en los que se conocen. Y así Jesús felicita al rabí, diciendo: "Bien contestado...Haz eso y vivirás" (10:28).

■ Los roles del principio y la práctica (19:29). En una discusión sobre teología hay algo que puede hacernos sentir muy cómodos. Porque podemos discutir en un nivel totalmente teórico, disfrutar tremendamente y después de estimular el intercambio sentir gran satisfacción al convencernos de que por cierto teníamos razón en todo lo que dijimos. Lo podemos hacer sin siquiera vernos obligados a explorar las implicancias prácticas de lo que afirmamos.

Esto es exactamente lo que estaba sucediendo hasta que de repente Jesús cambió el foco de la conversación: "Bien contestado...Haz eso y vivirás".

Así como fue repentino el giro en la conversación, también lo fue el cambio en la sensación de comodidad que, de un debate teórico tornó en incómoda percepción de que no basta con conocer y tener la razón. Lo que cuenta es hacer lo que hay que hacer.

Todo esto se ve expresado en lo molesto que está el experto en la ley, que pregunta: "¿Y quién es mi prójimo?", porque "quería justificarse" (10:25). Esta es una táctica evasiva que hay que tomar si uno espera justificarse por la ley. O hay que reducir las exigencias de la ley, redefiniéndolas para que sean más fáciles de cumplir, o hay que llevar la frente en alto para fingir que uno es mejor de lo que en realidad es. Cuando se aplica el principio a la práctica ¡se hace evidente que el principio tendrá que redefinirse!

Así, los escritos de los rabíes contienen numerosas discusiones sobre la pregunta que este experto en la ley le preguntó, tan esperanzado, a Jesucristo: "¿Y quién es mi prójimo?". Edersheim se refiere a un pasaje, Ab Zar 26ª, que "dictamina que los idólatras [P. ej: los gentiles] no han de ser liberados cuando estén en peligro inminente y los apóstatas han de ser llevados a tal peligro". También señala una exposición sobre Éxodo 23:5 en Babha Mets 32b. El versículo de Éxodo dice: "Si ves un asno caído bajo el peso de su carga, no lo dejes así; ayúdalo, aunque sea de tu enemigo". El comentario rabínico dice que solo hay que quitarle la carga, a menos que la falta de ayuda para volver a cargarlo provocara hostilidad. Además, el principio se aplica solo a los enemigos judíos y no a los enemigos gentiles.

No era infrecuente entonces que el hombre que formuló esta pregunta a Jesús buscara la interpretación de Jesús sobre el término "prójimo", ni que su motivo fuera justificarse al restringir las implicancias de lo que a primera vista pareciera un principio universal.

"¿Y quién es mi prójimo?" (10:29). La parábola del Buen Samaritano que Jesús contó en respuesta a esta pregunta no es una alegoría. En el contexto del pensamiento rabínico contemporáneo, como ya hemos visto, se trata de una aguda crítica a la perspectiva de la religión que en lugar de acercar al pueblo de Dios hacia Él, lo había alejado. El sacerdote y el levita representan el ejemplo más acabado de la vieja forma de la religión. El sacerdote representaba a Dios ante el hombre y al hombre ante Dios en tanto el levita estaba dedicado al servicio y la adoración. Sin embargo ¡ambos desviaron la mirada y pasaron de largo junto al israelita que había sido golpeado por los ladrones!

Luego se acercó un samaritano, perteneciente a un grupo detestado porque los ortodoxos les consideraban apóstatas, y por ello, había que "guiarlos" al peligro. Este samaritano, un "enemigo", se compadeció de la víctima.

En una historia breve pero aguda Jesús había cortado toda la dialéctica rabínica dedicada a la definición de "prójimo" y "enemigo". Entonces Jesús le pregunta al experto en la ley que quería saber quién era su prójimo: "¿Cuál de estos tres piensas que demostró ser el prójimo del que cayó en manos de los ladrones?" (10:36).

Solo había una respuesta posible y el experto en la ley se vio obligado a contestar: "El que se compadeció de él" (10:37).

Aplicación. La historia de Jesús cortó claramente el enredo del debate religioso. ¿Qué leemos en las Escrituras? Que los seres humanos han de amar a Dios y al prójimo. Es claro y simple. ¿Qué significa amar al prójimo? Bueno, simplemente compadecernos al ver a alguien en necesidad, y ayudarlo.

¿Qué pasó con todo ese debate sobre quién es o no es el prójimo? ¿Qué pasó con toda esa discusión sobre cómo tratar al enemigo? No solo es inútil sino terriblemente equivocado porque al definir a los demás como excluidos del círculo de aquellos a los que hemos de amar, somos violentos no solo contra la Palabra de Dios, sino contra Su naturaleza misma. Porque la única realidad esencial que afirma nuestra fe es que Dios es amor y que como todos somos pecadores el amor de Dios por su naturaleza misma ha de comprender a quienes son Sus enemigos.

Y así, esta sencilla y conocida historia nos presenta un desafío también hoy, a usted y a mí. El mandamiento de Dios de amar al prójimo es Su llamado a imitarle en Su actitud hacia nuestra raza humana. Cuando se cruza nuestro camino con el de otro ser humano en necesidad, esa persona es el prójimo y el amor creará en nosotros la compasión que nos moverá a ayudarle.

En casa de María y Marta (10:38-42). Ver Estudio de palabras de 10:39 y 10:42.

Enseñanza de Jesús sobre la oración (11:1-13). Ver Estudio de palabras sobre Mateo 6:11 y Lucas 11/ y 11:8, el comentario sobre Mateo 7:7-12 y el pasaje paralelo en Mateo 6:9-14.

Trasfondo. La oración formaba un tapiz muy rico en el judaísmo del siglo primero. Junto a la convicción de que el llamado más simple del pobre que pedía ayuda era una oración que Dios seguramente oiría, se desarrollaron algunas de las expresiones de alabanza más bellas y complejas entre las que podamos encontrar en cualquier cultura. Muchas de estas expresiones están en el Siddur, libro judío de oraciones comunes que contiene oraciones para cada día de la semana y para el sábado. El contenido incluye oraciones personales y congregacionales, y otras que se corresponden con toda necesidad y situación religiosa del judío piadoso.

Aunque el primer Siddur se compiló en la Academia Rabínica de Sura, en Babilonia, durante la era bizantina, muchas de las tradiciones de la oración tienen orígenes en la era del segundo templo y reflejan las prácticas en los tiempos de Cristo. Por ejemplo, la Mishna registra esta diferencia entre los rabíes Gamaliel y Aquiba del siglo primero, en cuanto a lo que tal vez sea la más famosa de las oraciones antiguas, las Dieciocho Bienaventuranzas.

4.3 A. R. Gamaliel dice: "Un hombre debe orar las Dieciocho todos los días".

B. R. Joshua dice: "Un extracto de las Dieciocho".

C. R. Aquiba dice, "Si la oración es fluida, ora las Dieciocho pero si no lo es, entonces un extracto de las Dieciocho".

No es sorpresa entonces que siendo la oración tan importante en la vida de Israel los rabíes dedicaran tanta atención a la definición de las reglas y condiciones de la oración eficaz. Por ejemplo, la Mishna también ofrece las opiniones de los rabíes en cuanto a lo que hay que hacer si la persona comete un error al recitar una de las oraciones litúrgicas durante la adoración pública.

En Berakhot 5:3, leemos:

A. Quien se presenta ante el arca [en la sinagoga, para recitar la liturgia] y comete un error, será reemplazado por otro que se presentará [ante el arca].

B. Y [el designado para reemplazarle] no podrá negarse a hacerlo.

C. ¿Desde qué punto comenzar [este reemplazo]?

D. Desde el principio de la bendición en la que erró [el anterior].

Así, se creía que incluso las respuestas a la oración privada dependían de la fluidez [o corrección] con que se hubieran recitado. Por eso el Berakhot 5:5 en la Mishna dice:

A. Quien ora y comete un error, eso es mala señal para él.

B. Y si es agente comunal [que ora en nombre de toda la comunidad] es mala señal para quienes le designaron.

C. El agente es como su representado.

D. Dijeron con respecto a R. Haninah b. Dosa, "Cuando oramos por los enfermos él decía 'Este vivirá' o 'Este morirá'.

E. Le dijeron: "¿Cómo lo sabes?".

F. Les contestó: "Si mi oración es fluida entonces sé que es aceptada".

G. "Pero si no lo es, sé que será rechazada".

En Su parábola del Buen Samaritano Jesús curta todo este enredo de interpretaciones rabínicas y reafirma la sencillez original del llamado de Dios, que insta a Su pueblo al amor. Ahora, en Su enseñanza sobre la oración Jesús vuelve a presentar un desafío a la religión de los rabinos de Su época y afirma que la práctica de la oración también es sencilla.

Interpretación. Hay un único mensaje en este pasaje. Cuando el discípulo le pide a Jesús que les enseñe a orar, nuestro Señor pronuncia a breve y simple oración del "Padre Nuestro" (11:1-4). Cristo utiliza dos imágenes para asegurarles a Sus seguidores que Dios no solo escucha sino que ansía responder a sus oraciones. Que Dios no responda es tan impensable como lo sería el hecho de que alguien no fuera hospitalario con un forastero, como era obligación de todos (11:5-10; ver Estudio de palabras de Lucas 11:8). Y también es impensable que Dios no vaya a otorgarles a quienes Le suplican lo que es bueno, como lo sería que un padre le diera al hijo que pide pan, una víbora o un escorpión (11:11-13).

Todo esto se apoya en una gran verdad. Dios es un Padre para quienes creen en Él. La oración es una expresión de nuestra relación de familia con Dios. Y las respuestas a la oración no dependen de si uno comete un error o no al recitar las palabras rituales que correspondan. Más bien, la respuesta a la oración se deben al desbordante amor que Dios tiene por nosotros, Sus hijos.

Esta gran realidad nos da la clave a entender lo que llamamos el Padre Nuestro (11:2-4).

■ Padre: Nos acercamos a Dios como Padre, en profunda conciencia de Su amor y compromiso hacia nosotros, respetándole y amándole.

■ Santificado sea Tu nombre. Exaltamos a Dios y Le alabamos por Quién es Él. Disfrutamos del privilegio de acercarnos a Aquel que es Señor del Universo, dando gracias y alabanza.

■ Venga Tu reino. Afirmamos nuestra sumisión a Dios como rey de un reino universal del que somos ciudadanos. Nos comprometemos a vivir el aquí y el ahora en obediencia al Señor, como si Su reino estuviera ya establecido en esta tierra.

■ Danos cada día nuestro pan cotidiano. Reconocemos que dependemos del Señor y elegimos depositar toda nuestra confianza en Él. Hoy pedimos para hoy, no como para satisfacer las necesidades de mañana, porque sabemos que Dios es nuestro Padre y podemos confiar plenamente en Él.

■ Perdónanos nuestros pecados. Reconocemos nuestros defectos y debilidades y no dependemos de supuestos méritos por nuestras acciones, sino en la voluntad y disposición de Dios para personarnos. Demostramos esta actitud estando dispuestos a perdonar a los demás de la misma forma en que nos trata Dios y así "también nosotros perdonamos a todos los que nos ofenden".

■ Y no nos metas en tentación. Así como Dios no tienta a nadie a pecar (Santiago 1:13), debemos entender este término en el sentido de "prueba". Este pedido no indica duda en cuanto a que Dios nos dé fuerzas para vencer, sino más bien busca demostrar fe. Algunas personas están tan inseguras en su relación con Dios que buscan tentaciones para vencerlas, con el fin de encontrar seguridad de que sí pertenecen al Señor. Dios nos permitirá pasar por pruebas y nos brindará una forma de escapar o salir (1 Corintios 10:13). Como tenemos confianza en que así será no necesitamos buscar evidencia de ello, sino que expresamos nuestra fe pidiéndole al Señor que no nos meta en tentación.

■ Al revisar esta oración modelo percibimos más acerca de la naturaleza de la oración, y más acerca de la relación que hace que la oración sea vital y real. Hay confianza en Dios como Padre. Hay adoración y apreciación de Dios por Quién es Él, por naturaleza. Hay un compromiso expreso a hacer su voluntad, junto a la dependencia de Él, en cuanto a la satisfacción de nuestras necesidades cotidianas. Y a todo esto subyace la maravillosa seguridad de que Dios nos trata con Su gracia, perdonando nuestros pecados y asegurándonos así Su continuo favor y libre acceso a Él cuando estamos en necesidad.

■ *Aplicación*. La enseñanza de Jesús sobre la oración busca eliminar las falsas trampas de la "religión" y nos recuerda que nuestra fe nos da una relación íntima y personal con Dios.

■ Nos equivocamos terriblemente si imaginamos que hay "condiciones" que debemos reunir para que Dios oiga o responda nuestras oraciones. Somos Sus hijos y Él nos ama profundamente. Si lo recordamos siempre, nos libraremos de la duda y el miedo que acosan a muchos. Además, hay muchas personas que no imaginarían que la salvación depende de las obras, pero cometen el error que suponer que las respuestas a las oraciones sí dependen de cómo actúen.

Jesús y Beelzebú (11:14-28). Ver el comentario sobre Marcos 3:7-30 y el pasaje paralelo en Mateo 12:22-50.

La señal de Jonás (11:29-32). Ver el pasaje paralelo en Mateo 12:38-42 y el Estudio de palabras de Lucas 11:29.

La lámpara del cuerpo (11:33-36). Ver el Estudio de palabras de Lucas 11:34.

Seis ayes (11:37-54). Ver el comentario sobre Mateo 23 y el Estudio de palabras de Lucas 11:52.
Trasfondo. La parábola del Buen Samaritano y la enseñanza de Jesús sobre la oración sacaron a la luz la falacia de la perspectiva rabínica contemporánea sobre la religión del Antiguo Testamento. Sin embargo los fariseos, los más celosos practicantes de todos los requisitos de esa tradición, no vieron las implicancias de las palabras de Cristo.

Lo vemos de inmediato, cuando Lucas avanza y describe otro incidente. Una vez más, Jesús está comiendo con un fariseo. Cristo entra y se sienta a comer pero no realiza el lavado ritual exigido por la tradición. El hecho de que el fariseo no haya comprendido la enseñanza se hace evidente cuando se sorprende porque el ahora famoso rabí no cumple con tal exigencia.

En este punto Jesús habla con palabras rotundas, criticando claramente esa tradición y las acciones que mandaba, y que los fariseos consideraban formas de congraciarse con Dios. Son "necios" (11:40) que escudriñan con atención lo exterior pero ignoran la codicia y maldad que hay en sus corazones.

Interpretación. Jesús pronuncia una serie de "ayes" contra los fariseos (11:42-44). Es porque siguen los rituales con toda fidelidad, pero el problema es que dejan de lado la "justicia y el amor de Dios" (11:42), ´porque no les motiva el interés por Dios sino la posición social y la opinión pública. La comparación de los fariseos con "tumbas sin lápida, sobre las que anda la gente sin darse cuenta" (11:44) fue tal vez el insulto más duro. Según el AT, el solo tocar a un cadáver hacía que la persona fuera ritualmente impura, descalificándola para la adoración o la participación de la vida de la comunidad hasta tanto pasara por el ritual de purificación. Los fariseos se cuidaban al extremo de tocar siquiera una sepultura, para no estar sujetos a esta contaminación. Pero las palabras de Jesús acusan al fariseísmo no solo de distorsionar la adoración a Dios. También eran una crítica a los fariseos, con respecto a su corrupción interior, al punto de que quienes estuvieran en contacto con ellos también se contaminaban.

Uno de los "expertos en la ley" que asistía a la comida vio que la crítica de Jesús al fariseísmo era un insulto a toda la tradición rabínica representada por los rabíes y sabios. Cristo respondió acusando explícitamente también a este grupo (11:46-52).

Las tradiciones que tanto valoraban los rabinos eran en realidad cargas insoportables. Y además, la actitud de los líderes religiosos de los tiempos de Cristo refleja la actitud de quienes asesinaron a los profetas. Reconocidos en Israel como intérpretes de las Escrituras, fuente de todo conocimiento de Dios, los expertos en la ley en realidad le han quitado a Israel ese conocimiento. No utilizan la llave a este conocimiento y sus tradiciones e interpretaciones de hecho son obstáculos para quienes quieren usarla.

Es trágico y la crítica de Cristo fue devastadora contra el judaísmo que se practicaba en esos días.

Cuando los fariseos y expertos en la ley oyeron y finalmente, entendieron esta crítica "se pusieron a acosarlo a preguntas" (11:53). Aquí vemos la confirmación final de la precisión de lo que Jesús había dicho con respecto a estos hombres y su forma de entender la religión. Jesús les habló verdades y en lugar de detenerse y evaluar lo que hacían "se opusieron" con ferocidad, rechazando Sus palabras. Cualquiera puede equivocarse. Pero solo quien está abierto a Dios y a los demás estará dispuesto a juzgarse a sí mismo y al notar que está en un error, se arrepentirá.

Aplicación. ¿De qué manera respondemos cuando alguien critica una creencia o práctica que valoramos? Si reaccionamos con enojo y nos negamos a autoexaminarnos, somos iguales a los que se convirtieron en enemigos de Jesús hace ya tanto tiempo.

Porque estamos tan seguros del amor de Dios, como lo estamos de que somos falibles, tenemos libertad para escuchar con atención y abrir nuestras vidas al escrutinio de los demás y de nuestro Señor. Al abrirnos de este modo Su Espíritu tiene libre acceso a nuestros corazones. Entonces, Dios podrá corregirnos, limpiarnos y guiarnos en la dirección en que debemos ir.

LUCAS 12:4–16:31
Ilusiones de la vida

EXPOSICIÓN

Entramos de lleno ahora en una sección de Lucas que tiene pocos paralelos directos con los demás sinópticos o con Juan. Hay temas conocidos, pero aquí se los trata de manera singular. Sin embargo, estos capítulos contienen algunas de las historias más conocidas entre las que contó Jesús. Encontramos la Parábola del rico necio, y la Parábola del gran banquete. Entre las imágenes conocidas están la de la oveja perdida, la moneda perdida y el hijo pródigo, y también hallamos la enigmática parábola del mayordomo inteligente y la impactante Parábola del rico y Lázaro, el mendigo.

Cuando las historias se suceden, y los incidentes presentados de manera breve van sirviendo de introducción a la siguiente historia, los temas más comunes aparecen una y otra vez. ¡Pero en muchos casos se trata de ilusiones! La admiración de los demás de nada sirve si para obtenerla estamos renunciando a la aprobación de Dios (12:1-12). Las riquezas no pueden satisfacer las necesidades más grandes de la vida, ni liberarnos de la ansiedad (12:13-34). La persona hedonista que vive para los placeres del momento no llega a ver que los seres humanos hemos sido puestos aquí para servir a Dios y que tendremos que rendir cuentas cuando Cristo regrese (12:35-59). Llegará el día en que se esfumarán todas estas ilusiones. Por eso el ser humano tiene la acuciante necesidad de arrepentirse y entrar en el reino de Dios por la puerta angosta, una puerta que contrasta con los seductores letreros luminosos de Broadway (13:1-35). Aún así, hay esperanza. Dios invita a todo quien quiera venir a elegir qué camino le llevará en última instancia a Su salón del banquete (14:1-24). Su actitud hacia nosotros, pecadores, se ve maravillosamente pintada en las imágenes de Jesús de la oveja perdida, la moneda perdida y el hijo pródigo, que se perdió porque por tozudez, abandonó a su padre (15:1-32). Con estas historias Jesús vuelve al tema con el que comenzó: la riqueza.

El dinero no tiene valor en sí mismo, sino solo cuando se lo utiliza para prepararnos para nuestro eterno futuro (16:1-18). La eternidad es lo que importa. Con la medida de la eternidad vemos que el mendigo Lázaro era mucho más bendecido que el hombre rico ante cuya puerta estaba echado el pobre hombre (16:19-31). Porque tal vez, la ilusión — el espejismo — más grande de todos es el tiempo, junto a nuestra tonta idea de que lo que importa es lo que nos sucede hoy, o mañana. Pronto, el tiempo ya no contará. Entraremos en la eternidad y finalmente podremos comprender qué es lo que de veras es real.

ESTUDIO DE PALABRAS

Cuídense de la levadura de los fariseos, o sea, de la hipocresía (12:1). Jesús acusó varias veces a los fariseos con esta conocida frase. La palabra "hipocresía" proviene del teatro y de las máscaras de los personajes que los actores usaban para cubrirse el rostro. Aquí, Jesús añade una nota de advertencia: "No hay nada encubierto que no llegue a revelarse, ni nada escondido que no llegue a conocerse" (12:2).

Tal vez hoy sea posible disfrazar los motivos y valores bajo un manto de piedad. Pero llegará el día en que se caerán todas las máscaras y la persona real quedará expuesta a la vista de todos.

"Pero al que me desconozca delante de la gente se le desconocerá delante de los ángeles de Dios" (12:9). Los términos "reconocerá" (*homolgesei*) (12:8) y "desconocerá" (*arnesetai*) son opuestos. Contrastan a quienes se identifican públicamente con Jesús y a quienes Le repudian. La advertencia también contrasta dos momentos: el presente y el futuro escatológico. Tenemos que tomar nuestra decisión respecto de Jesús hoy mismo porque lo que decidamos determinará nuestro futuro eterno.

Luego dijo Jesús a sus discípulos: Por eso les digo: *No se preocupen* **por su vida (12:22).** Este mandamiento de Jesús está dirigido a los discípulos, no a la multitud. "Preocupen" aquí es la traducción de *merimnate*, palabra que en el griego clásico describía la condición de ser "elevado" o "suspendido en el aire". Es la imagen gráfica de la persona que siente completa inseguridad. Pero los discípulos de Jesús jamás quedan "suspendidos en el aire". Tal vez no sepamos cómo se cubrirán nuestras necesidades, pero estamos seguros porque sabemos que para Dios somos valiosos.

Esta es la primera indicación de Jesús a Sus discípulos que comienza con "No", dándoles ánimo y también advirtiéndoles. Las demás son: "no se afanen" por las cosas materiales (12:29), "no se atormenten" por esas cosas (12:29) y "no teman" al futuro (12:32).

Es la buena voluntad del Padre darles el reino (12:32). Jesús nos recuerda que tenemos el reino. No promete simplemente que algún día lo heredaremos. En esa época se entendía por "reino" no a un distrito geográfico o étnico, sino a la primacía de quien gobernara. Vivir en el reino de Dios hoy significa vivir con la conciencia diaria de que Dios es Quien gobierna y controla todas las circunstancias de nuestras vidas.

¿Cuál es la diferencia en la vida del cristiano que sabe que vive hoy en ese reino en el que la voluntad de Dios es suprema? Jesús sugiere varias implicancias. Somos libres del miedo (12:32) y somos libres de responder con generosidad a quienes están en necesidad (12:33).

Jesús añade otra idea más: nuestra actitud hacia el dinero y la forma en que lo usamos no solo muestra nuestra confianza en Dios, sino dónde está nuestro corazón.

Manténganse listos, *con la ropa bien ajustada* **(12:35).** Estar "listo" significa que para viajar o trabajar la persona de la Palestina del siglo primero debía ajustarse un cinturón para que su larga túnica no le estorbara.

Si realmente estamos viviendo hoy en el reino de Dios ¡debemos trabajar en Su obra!

¿Creen ustedes que vine a traer paz a la tierra? ¡Les digo que no, *sino división***! (12:51).** Aquí el término griego es *diamerismon,* o división. Todos los seres humanos pertenecen a una clase: los pecadores, que por naturaleza son enemigos de Dios. Entonces apareció Jesús y la humanidad recibió la posibilidad de elegir.

El hecho de que se presente a los miembros de una familia enfrentados y divididos nos hace pensar en que cada uno deberá decidir por sí mismo si estará a favor o en contra de Cristo. No hay forma de eludir esta responsabilidad porque aún el negarse a tomar una decisión es una decisión en sí misma.

Procura *reconciliarte* **con él [tu adversario] en el camino [a ver al juez] (12:58).** Se debate todavía el significado del verbo que encontramos aquí, *apellachthai*, perfecto pasivo de *apallaso*. En Hechos 19:12 la NVI traduce el mismo verbo como "salían", en "los espíritus malignos salían de ellos.". Las versiones más antiguas traducen la frase del Evangelio de Lucas como "librarte de él", tomándolo como frase legal que sugiere un acuerdo definitivo como solución a la disputa. J. B. Phillips dice: "Esfuérzate por llegar a un acuerdo con él mientras tienes oportunidad de hacerlo".

No importa de qué manera se traduzca, el mensaje de la historia de Jesús está claro. Cada uno de nosotros pasa por la vida en dirección al día del juicio de Dios. Es importante tomar la vital decisión en cuanto a Jesús antes de que termine la vida.

¿Piensan ustedes que esos galileos, por haber sufrido así, eran más *pecadores* **que todos los demás? (13:2).** Jesús se refiere a uno de esos incidentes en que el brutal Pilato había mandado a asesinar a galileos sospechados de ser rebeldes, y a otro incidente en el que 18 murieron "accidentalmente" cuando se derrumbó sobre ellos una torre de piedra (13:4). La gente común supondría que no había diferencia entre el asesinato judicial y el "accidente": en ambos casos consideraban que eran muertes por juicio divino, prueba de que la persona que había muerto era pecadora.

Jesús contradice entonces esta creencia popular para transmitir Su mensaje. ¡No eran más culpables que cualquier persona que viviera en Jerusalén! Es esencial entonces que cada persona se arrepienta porque quien no lo haga, perecerá.

Ya hace *tres años* **que vengo a buscar fruto (13:7).** Según Levítico 19:23 tenían que pasar tres años antes de que pudiera considerarse que el fruto de la higuera era "puro" para poder comerlo. Así, el hombre había plantado el árbol hacía unos seis años y todo indicaba que la higuera era estéril.

El problema es que las higueras agotan los minerales de la tierra y esto mata a las demás plantas. Lo más prudente era que el viñador mandara quitar un árbol inútil que desgastaba el suelo sin dar retorno alguno.

La ilustración de Jesús refleja también un interesante cuento folclórico que durante siglos se ha contado por allí: "Hijo mío", le dijo una vez un padre a su hijo. "Eres como un árbol que no daba fruto aunque estaba cerca del agua, por lo que su dueño se vio obligado a cortarlo. El árbol le dijo: 'Trasplántame, y si tampoco entonces doy fruto, podrás cortarme'. Pero el dueño le dijo: 'Si junto al agua no das fruto ¿qué te hace pensar que lo darás si te pongo en otro lugar?".

Es interesante ver que Jesús cambia esta conocida historia. Aquí el jardinero dice: "déjala todavía por un año más, para que yo pueda cavar a su alrededor y echarle abono" (13:8).

La utilización de imágenes de viñas y árboles en pasajes del AT como Isaías 5:1-7 deja en claro lo que Cristo quería transmitir. Dios ha sentenciado a Israel porque no da fruto, pero en Su gracia ha hecho mucho más de lo que cualquiera tenía derecho a esperar. Si Su pueblo no responde ahora, habrá que cortarlo (cf. el uso que hace Pablo de imágenes similares en Romanos 11:11-24).

Sal de aquí y vete *a otro lugar* (13:31). Los comentaristas debaten en cuanto a si los fariseos que mandaban a Jesús a retirarse estaban real y sinceramente preocupados por Su seguridad, o si les había cansado el ser "humillados" (13:17) y solo querían librarse del motivo de su vergüenza. Puede haber habido peligro porque Herodes había mandado decapitar a Juan el Bautista poco antes. Pero en realidad Herodes no era una amenaza "clara y presente" al bienestar de Jesús.

La reacción de los fariseos ante Jesús es la misma que tienen muchos en nuestra sociedad. Casi no se puede dejar de oír el nombre de Jesús en los medios pero mucha gente decide ignorarlo, esperando así ignorar también esta exigencia de Cristo de tener que decidir en cuanto a la relación personal con Dios. Esperan que simplemente se vaya "a otro lugar" y no les moleste más.

Pero ellos se quedaron callados (14:4). Lucas informa con frecuencia todo lo que los fariseos y "expertos en la ley" le preguntaban a Jesús. Aquí, en cambio, Jesús les pregunta algo a ellos.

Hay una diferencia importante. Quienes presentaban preguntas ante Jesús buscaban conocer Su opinión, casi siempre porque querían analizarla o criticarla. Pero los "expertos en la ley" eran la autoridad aceptada en cuanto a la interpretación del AT. De hecho, afirmaban estar "en el lugar de Moisés" (cf. Estudio de palabras de Mateo 23:2). Es decir que se arrogaban el derecho a juzgar asuntos respecto de la ley y luego sus sentencias eran vinculantes para todos los judíos. Por eso cuando Jesús pregunta, está pidiendo la sentencia de quienes afirmaban tener todo derecho sobre los asuntos de la fe y la práctica.

Esta frase "Pero ellos se quedaron callados" tiene un significado importante. En lugar de arriesgarse a mayor humillación (13:17) estas arrogantes autoridades del pueblo de Dios prefirieron renunciar al rol que en tanta estima tenían (Mateo 21:23-27). Aún al permanecer callados revelaron que sus afirmaciones de autoridad no tenían sustento.

No sea que ellos, a su vez, te inviten y así seas recompensado (14:12). Este concepto no es nuevo en Jesús. Proverbios 19:17 dice: "Servir al pobre es hacerle un préstamo al Señor; Dios pagará esas buenas acciones". Jesús ha asistido a una cena en casa de un fariseo y está sentado junto a los amigos del fariseo. Su observación hace que la atención se centre en el hecho de que aunque adhieren estrictamente al ritual, las prácticas sociales del fariseísmo revelaban que les importaba más la opinión de sus pares que la de Dios.

Entonces el señor le respondió: "Ve por los caminos y las veredas, y *oblígalos a entrar* para que se llene mi casa" (14:23). Esta frase ha dado lugar a un gran debate teológico. En las versiones más antiguas, dice "fuérzalos a entrar". ¿Quiere decir que los seres humanos no tienen voluntad propia? ¿Enseña sobre la "irresistible gracia"?

La respuesta: no hay implicaciones teológicas aquí. Más bien, esta parábola se apoya en la etiqueta de la sociedad judía del siglo primero, y el poder de la frase depende de que entendamos las costumbres. Por ejemplo, se acostumbraba no solo a invitar a la gente al banquete con bastante anticipación, sino que también se enviaba una segunda invitación para informarles que el banquete estaba preparado. Si los invitados presentaban excusas al momento de recibir la segunda invitación, se consideraba esto un gran insulto al anfitrión. Por eso, los que escuchaban a Jesús sabían que el anfitrión estaría enojado.

También habrían entendido lo que quiso decir Jesús al hablar de ir por los caminos a buscar invitados. "Caminos" (*plateri*) y "veredas" (*rhyme*) hace referencia a las rutas más transitadas donde podría encontrarse más gente y a los senderos más angostos en los barrios pobres. Los sirvientes del anfitrión encontrarían allí a gente de las clases bajas, a los marginados de la sociedad.

Pero ¿qué significa esta orden de "obligarles" a ir al banquete? En esa región se considera buena educación parecer reticente cuando alguien ofrece su hospitalidad con insistencia. El anfitrión sincero seguirá ofreciendo su hospitalidad, porque así realza su reputación. Y la reputación del invitado también se beneficia porque implica que su compañía es muy requerida. Así, la orden significaba, sencilla y sorprendentemente: "Sirvientes, traten a los pobres y marginados como invitados de honor y muéstrenles respeto al insistir en que acepten mi hospitalidad".

Jesús contó esta parábola mientras comía en casa del fariseo, justo después de exhortar a los fariseos a invitar a los pobres y cojos que no podía recompensarles con otra invitación. Esto, en lugar de invitar a sus pares sociales que les retribuirían la atención. La parábola sí tiene implicancias teológicas. Porque el pueblo de Israel era el invitado que hacía mucho ya Dios había llamado al banquete escatológico. Pero cuando estuvo listo el banquete, cuando apareció el Mesías para emitir la invitación final ¡los invitados se negaron a asistir!

¿Qué hará entonces Dios? Saldrá a las calles y veredas del mundo y dará a los gentiles el mismo honor que le dio a Israel al invitarlo. Dios tratará a estos pueblos despreciados con respeto.

Nuestro Dios se comporta con gracia asombrosa. No merecemos Su invitación, pero Él no solo nos invita sino que nos honra al hacernos saber que somos preciosos a Sus ojos, objetos de Su amor.

De la misma manera, cualquiera de ustedes *que no renuncie a todos sus bienes*, **no puede ser mi discípulo (14:33).** Aquí el término griego es *apotassetai* que significa "despedirse" al utilizarse para una persona o "renunciar" cuando se aplica a los objetos. Notemos que Jesús no dice "vender" o "regalar", sino renunciar. Su mensaje indica que como discípulos de Jesús Le entregamos la escritura, el título de propiedad de todo lo que poseemos. Desde ahora vivimos conscientes de que somos administradores de nuestro Señor y que todo lo que tenemos Le pertenece.

Un hombre rico tenía un administrador a quien acusaron de derrochar sus bienes (16:1). El administrador era un *oikonomos*, un agente responsable de la administración del dinero o las propiedades. En este caso el *oikonomos* se enteró de que se iban a auditar sus cuentas, con lo cual quedaría al descubierto su deshonestidad.

La historia ha confundido a muchos porque Jesús felicita a este hombre deshonesto por re-escribir "con astucia" diversos contratos con los deudores de su amo. La solución a tal confusión es que Jesús no felicitó al administrador por su deshonestidad, sino porque tenía conciencia de que el dinero no es un fin en sí mismo, con lo cual estaba dispuesto a sacrificarlo con tal de prepararse para su futuro. Algunos incluso han señalado algo más: al re-escribir los contratos el administrador no defraudó a su amo sino que redujo solamente el excesivo interés que había pensado guardarse para sí.

La aplicación de la parábola es simple y directa. Hemos de valorar las "riquezas mundanas" (16:9), solo como algo para ser utilizado al servicio de Dios, y no como un valor en sí mismas. Jesús dejó en claro Su mensaje al afirmar que tenemos que ver la riqueza mundana de este modo porque: o el amor por el dinero le quitará lugar al amor a Dios como motivación central en nuestras vidas, o el amor por Dios deberá quitarle el lugar al amor al dinero.

Aquello que la gente tiene en gran estima *es detestable* **delante de Dios (16:15).** El término griego utilizado aquí es extremadamente fuerte: *bdelugma* o abominable. Expresa el sentido del *siqqus* hebreo, término relacionado siempre con la idolatría y las prácticas inmorales en el AT. ¡De hecho representa el más maligno de los pecados religiosos!

¿Qué estaba diciendo Jesús, entonces? Cuando los fariseos oyeron que Jesús aplicaba Su historia sobre el Administrador Astuto, advirtiendo en contra del amor al dinero, se burlaron con desprecio porque ellos amaban el dinero aunque proclamaban amar a Dios. Al decir que el amor por el dinero es "detestable" Jesús estaba acusando a los fariseos del crimen religioso más odioso: la idolatría. Y junto a la idolatría, toda la corrupción que el AT relaciona con tal pecado.

Lucas es quien registra la mayor parte de los dichos de Jesús en cuanto al dinero. Aquí tenemos las palabras de condena más resonantes. La riqueza mundana es moralmente neutra si se la considera como medio para servir a Dios. Pero si valoramos las riquezas mundanas en sí mismas, nos convertimos en idólatras y la riqueza aparta nuestro corazón del Señor.

EL PASAJE EN PROFUNDIDAD

Advertencias y estímulos (12:1-12). Ver Estudio de palabras de Lucas 12:1 y 12:9, y el comentario de Marcos 3:20-30.

La parábola del rico insensato (12:13-21).
Trasfondo. En tiempos del NT los rabinos servían como jueces en todo tipo de disputas civiles. Como para la gente común Jesús era un experto en la ley, no ha de sorprender que uno de los que estaban en la multitud Le pidiera que dictara sentencia sobre su hermano mayor, que ilegalmente estaba quedándose con un tercio de

la herencia que ambos habían recibido a la muerte de su padre.

Jesús se niega a involucrarse en tal disputa. Prefiere referirse a la motivación de quienes dan tanta importancia al dinero que ya no tienen voluntad de hacer lo que es justo y recto.

Interpretación. A primera vista esta es una historia simple, pero como sucede con todas las ilustraciones de Cristo, al mismo tiempo es profunda. Jesús habla de un hombre rico cuyas tierras producían muy buenas cosechas. El agricultor piensa en su futuro y se siente seguro, porque sus posesiones son abundantes. Ordena que se construyan nuevos graneros para guardar el excedente.

Luego Jesús presenta a Dios, que todo lo observa y que le dice al hombre: ";Necio!" (12:20). Es importante entender que aquí la palabra "necio" o "insensato" no tienen que ver con la estupidez o locura, que suelen ser resultado de la ignorancia o la falta de criterio. El término bíblico en los dos Testamentos tiene una dimensión moral. Aquí, *aphron* se utiliza en el sentido del AT, para presentar a quien ha rechazado a Dios y Sus preceptos como principios rectores de la vida.

¿Qué principios ha violado el rico insensato? Ha centrado toda su atención en esta vida, y no en el futuro escatológico. Y concentró su atención en la ganancia personal, en lugar de pensar en el servicio a Dios.

Aplicación. La enseñanza de Cristo aquí queda en claro en 12:15: "la vida de una persona no depende de la abundancia de sus bienes."

Ese hombre rico jamás habría podido consumir todo el alimento y la bebida que había almacenado para el futuro, ni siquiera si llegaba a avanzada edad. La codicia era su motivación, porque se negaba a adoptar la perspectiva de Dios en cuanto a qué es la vida y con qué tiene que ver. Somos también "insensatos" cuando permitimos que el deseo por acumular posesiones controle nuestras vidas. El sentido de la vida no puede encontrarse en las posesiones. No solo tenemos que creer eso, sino vivir de ese modo.

"No se preocupen" (12:22-34). Ver el comentario sobre Mateo 6:25-34.

"Manténganse listos" (12:35-48). Ver el comentario sobre Mateo 24:36-24:46.

No paz, sino división (12:49-53). Ver el Estudio de palabras de Lucas 12:51.

Señales de los tiempos (12:54-59). Ver el pasaje paralelo en Mateo 16:1-4.

El que no se arrepiente perecerá (13:1-9). Ver el Estudio de palabras de Lucas 13:2 y 13:7.

Jesús sana en sábado a una mujer encorvada (13:10-17). Ver el comentario sobre Mateo 12:1-14.

Las parábolas de la semilla de mostaza y la levadura (13:18-21). Ver el pasaje paralelo en Mateo 13:31-34.

La puerta angosta (13:22-30). Ver también Mateo 7:13-14.

Lamento de Jesús sobre Jerusalén (13:31-35). Ver también Mateo 23:37-39.

Jesús en casa del fariseo (14:1-14). Ver Estudio de palabras de 14:4 y 14:12.

La parábola del Gran Banquete (14:15-24). Ver estudio de palabras y comentario de Lucas 14:23.

El costo de ser discípulo (14:25-35). Ver Estudio de palabras de Lucas 14:33.

Tres parábolas: la oveja perdida (15:1-7), la moneda perdida (15:8-10) y el hijo perdido (15:11-32). Ver también Mateo 18:10-14.

Trasfondo. Estas tres conocidas parábolas que relató Jesús constituyen una misma respuesta a algunos fariseos y maestros de la ley que le reprochan a Jesús:" Este hombre recibe a los pecadores y come con ellos" (15:2). Juntas, muestran la actitud de Dios hacia los pecadores: una actitud en marcado contraste con la que exhiben quienes critican a Jesús.

Para entenderlas necesitamos conocer el gran valor de cada uno de los objetos "pedidos" para su dueño, un valor que los que oían a Jesús habrán percibido de inmediato.

■ **La oveja perdida.** Las ovejas eran una posesión económica importante. Casi toda la vestimenta de la gente común de Israel era de lana. La piel de la oveja se curtía y se usaba como cuero. Las ovejas también eran los animales de sacrificio de preferencia, y su carne se cocinaba y servía en las fiestas y banquetes que muy de vez en cuando realizaba el israelita promedio.

Aunque en el siglo primero se consideraba a los pastores de ovejas como gente de clase baja, todos conocían la atención y cuidado que un buen pastor prodigaba a su rebaño. Por la noche el pastor contaba atentamente sus ovejas para asegurarse de que no faltara ninguna. Si faltaba alguna, no dejaba solas a las demás. Buscaba a quien pudiera cuidarlas por él. Sin embargo, Jesús nos muestra a este pastor, que apurado deja a su rebaño para ir en busca de una sola oveja que se ha perdido. Sentía una terrible urgencia por hacerlo y cuando encontró por fin a la oveja, la alzó en sus brazos y con alegría, la llevó de regreso junto al rebaño.

■ **La moneda perdida.** La mayoría de los comentaristas suponen que esta moneda perdida formaba parte de la dote de la mujer. En tiempos bíblicos estas monedas se cosían a una vincha que la mujer llevaba puesta incluso por las noches. Eran monedas de particular importancia porque simbolizaban los derechos personales y la independencia de la mujer.

El *Revell Bible Dictionary* [Diccionario bíblico Revell] explica la costumbre:

> En Medio Oriente se suponía que el novio debía dar un regalo al padre de su prometida (Éxodo 22:17). Esa compensación no siempre era en forma de dinero. Jacob trabajó durante siete años para poder casarse con Raquel, hija de Labán (Génesis 29:18). Sin embargo sería un error suponer que las mujeres eran consideradas un objeto o propiedad que se compraba. La novia también recibía regalos de parte de su padre, y al casarse, esos regalos la acompañarían, aunque en caso de divorcio, conservaría para sí lo que su padre le hubiera dado...
>
> En tiempos del NT por lo general el padre de una mujer comprometida para casarse le regalaba monedas que tenían un orificio para que pudiera enhebrarlas o coserlas en su tocado. Es probable que la mujer de la parábola de Jesús que se angustió al haber perdido una de sus diez monedas de plata sufriera tanta ansiedad justamente porque la moneda formaba parte de su dote (Lucas 15:8-10).

¿Por qué se angustió tanto la mujer? Porque la dote que ella contribuiría al matrimonio simbolizaba su parte en la relación, y la diferenciaba de la esclava o la sirvienta, otorgándole la dignidad de ser persona, además de la identidad asumida como esposa de su marido.

El hecho de que solo tuviera diez monedas sugiere que ella y su marido eran pobres. Y seguramente, la mujer buscó con tanto afán porque la moneda tenía para ella un valor simbólico, más que económico.

Vemos una vez más que Jesús usa una parábola sencilla para dejar perfectamente en claro ante Su audiencia que los perdidos son realmente valiosos, preciosos a los ojos de Dios.

■ **El hijo perdido.** Jesús ahora relata una historia que aparta la atención del valor de lo perdido y la centra en el profundo interés y amor de Dios por nosotros. La audiencia de Cristo no necesitaba que Él presentar a un contexto porque sabían ya que para un hombre, su hijo le es precioso. Todos consideraban que los niños, y en especial los hijos, eran regalos de Dios.

La primera historia pone énfasis en la indefensión de los perdidos, porque las ovejas son propensas a perderse y, una vez perdidas, suelen echarse y permanecer, confundidas, en un lugar. La segunda historia pone énfasis en el precioso valor de lo perdido y presenta la imagen vívida de una búsqueda frenética por parte de la mujer que perdió la moneda. La tercera historia pone énfasis en el amor del padre, que ama profundamente a su hijo aún cuando el muchacho abandonó su hogar y su familia para gastar su herencia en un estilo de vida promiscuo e inmoral. En conjunto estas historias representan una misma respuesta a la crítica de los fariseos hacia Jesús, porque se juntaba con pecadores. Los seres humanos, como las ovejas, suelen perderse. Pero como para Dios los seres humanos son preciosos, Él les buscará activamente y como Dios es el Padre amoroso, con gusto recibirá a quien se arrepienta y vuelva a Él.

Interpretación. El mensaje de estas historias es inequívocamente claro. Refuta de manera ideal la crítica de los fariseos. Su teología no dejaba lugar al penitente, pero Dios ama profundamente a los perdidos y les busca activamente.

Aunque la tercera historia pone énfasis en el amor del Padre, un amor de perdón, también deja otro mensaje: el hijo pródigo tenía un hermano mayor. La ley judía decretaba que el hermano mayor recibía dos tercios de los bienes del padre en tanto el menor recibía un tercio. Según la costumbre, los bienes podían repartirse cuando muriera el padre, o como regalo mientras estuviera vivo todavía. Si un terreno pasaba a la siguiente generación el hijo menor recibiría el título de su tercio pero no podría hacer uso de éste hasta que muriera el padre. Aparentemente, este hijo pidió su parte en dinero con la idea de irse del lugar y hacer fortuna quizá en alguno de los grandes centros de comercio de Oriente.

El padre accede al pedido del hijo y el joven abandona su hogar. Pero como es joven e insensato, gasta su herencia en todo tipo de placeres de pecado. Solo cuando ya ha gastado todo lo que tenía y pasa miseria, toma conciencia de lo que ha hecho y decide volver a casa de su padre.

Notemos la diferencia en esta parábola. En las otras dos, el dueño busca activamente, con frenesí, aquello que ha perdido: la oveja...la moneda. Pero aquí el padre no busca. Se queda en casa esperando y con paciencia mira el camino esperando alguna señal que le indique que su hijo regresará. ¿Por qué esta diferencia? La oveja y la moneda no son personas, sino objetos. Pero el hijo perdido es una persona y como tal, tiene que tomar la decisión. El padre le ama intensamente pero no obligará a su hijo a volver. Respeta el derecho de su hijo a elegir por sí mismo.

Hay otro aspecto fascinante en esta historia. Cuando el hijo pródigo regresa, la atención se centra en el hermano mayor. Jesús muestra al padre y a los sirvientes llenos de gozo por el regreso del hijo menor. Pero el hijo mayor siente amargura y celos.

Le es indiferente el bienestar del hermano que su padre ama tanto como lo ama a él. Así, los fariseos y maestros de la ley revelaban una hostil indiferencia hacia los "pecadores" a quienes Jesús había venido a buscar y salvar.

Aplicación. El mensaje de cada una de las parábolas es muy claro: a Dios le importan mucho los perdidos. Así como lo hizo el padre del hijo pródigo, el Señor espera que los perdidos logren comprender y se vuelvan a Él, y no hay duda de que los pecadores que decidan volverse a Dios serán bienvenidos.

El hermano mayor y su actitud de crítica nos recuerda que usted y yo hemos de buscar en Dios el modelo para nuestras actitudes. Tenemos que buscar a los perdidos, como a ovejas que se han apartado, ocupándonos activamente como la mujer que buscaba la moneda de su herencia que afirmaba su importancia como persona. Y hemos de estar dispuestos a regocijarnos cuando los arrepentidos vuelven, como el padre del hijo pródigo en la historia que Jesús contó.

La parábola del administrador astuto (16:1.18).
Ver el Estudio de palabras de Lucas 16:1 y 16:15.

El hombre rico y Lázaro (16:19-31).
Trasfondo. La nota al versículo 23 en la NVI nos recuerda que aunque el texto nos muestra al hombre rico en el "infierno", el término griego es "Hades". En los tiempos del NT, "Hades" (en hebreo, *seol*) era la forma en que se identificaba el lugar/estado de los nuestros mientras esperaban el juicio final. La opinión popular era que los justos descansaban en Gan Edén en tanto los malvados observaban desde Gehinnom. La leyenda judía, en contraste con la historia de Jesús que muestra a Abraham dirigiéndose al atormentado hombre rico con compasión, llamándole "hijo", los justos se regocijan mientras observan cómo sufren los malvados.

Edersheim informa de una leyenda judía que conforma un paralelo cercano a esta historia que presenta Jesús. Mueren dos compañeros malos. Uno muere siendo penitente y el otro, no. Cuando el que estaba en Gehinnom vio las bendiciones de su amigo y le dijeron que era porque su amigo se había arrepentido, el malvado impenitente rogó tener oportunidad de arrepentirse también. La respuesta fue que esta vida es la víspera del sábado. (En la víspera del sábado el judío piadoso preparaba los alimentos que comería al día siguiente para no tener que "trabajar" en el día santo violando así las reglas. El mensaje es que debemos prepararnos para la eternidad mientras estamos vivos porque después no habrá oportunidad para cambiar).

La parábola del rico y Lázaro refleja la creencia contemporánea judía sobre la vida después de la muerte en diversos aspectos. Se pensaba que el Hades estaba dividido en dos compartimentos y que quienes estaban en Gan Edén y en Gehinnom podían conversar entre sí. Los escritos judíos también presentan al primero como tierra fértil y verde con aguas claras y manantiales en tanto Gehinnom es tierra árida y seca, pero las aguas del río que separan ambos lugares se retiran cuando los malvados se arrodillan, desesperadamente sedientos y buscando beber.

Estas raíces en la teología popular del judaísmo del siglo primero nos ayudan a responder una pregunta difícil sobre esta historia. ¿Es una parábola esta historia de Jesús? O, como argumentan algunos ¿está describiendo Jesús el destino literal de dos personas que Su audiencia original conocía bien? Los que adoptan la segunda interpretación ven la historia como confirmación de Cristo sobre los detalles de la teología popular en cuanto a la vida después de la muerte. Quienes ven la historia como parábola concuerdan en que enseña que después de la muerte hay existencia consciente y personal pero argumentan (y con razón) que no está bien formar una teología sobre la naturaleza de la vida después de la muerte apoyándose en esta historia.

¿Por qué hay entonces algunos que clasifican esta historia como "verdadera", en lugar de considerarla una parábola? En parte, porque Jesús no la presenta como parábola. Y también porque en otras historias Jesús no usa un nombre específico como lo hace aquí al identificar al mendigo como Lázaro. Este último argumento es, sin embargo, poco convincente en vista de que "Lázaro" era la forma abreviada de uso común para el nombre Elazar, que en hebreo significa "Dios es su ayuda" o "¡Dios le ayude!". En la historia de Cristo Dios era el único recurso de ayuda para el mendigo porque el hombre rico por cierto ¡no iba a hacer nada por él!

Entonces, lo mejor es tomar esta historia como parábola y centrar nuestra intepretación y aplicación en la lección que Jesús quiso dejar en claro para quienes la oyeron de Sus propios labios.

Interpretación. Es importante ver esta parábola de Jesús como continuación de Su conflicto con los fariseos en torno a las riquezas. Cristo ha dicho "no pueden servir a la vez a Dios y a las riquezas" (16:13). Cuando los fariseos se burlaron Jesús respondió: "aquello que la gente tiene en gran estima es detestable delante de Dios" (16:15).

No hay duda de que los fariseos no se convencían y seguían burlándose y ridiculizando al joven profeta cuya pobreza era tan evidente como Su idealismo. Así, Cristo relató una historiar que tenía por intención destacar la importancia de lo que Él acababa de decir.

Los fariseos se habían burlado de Jesús cuando Él advirtió que Dios detesta lo que los hombres valoran. Jesús responde con una historia que contrasta la experiencia de un judío rico y un judío pobre, en esta vida y después de esta vida.

Durante esta vida seguramente el rico habría aparecido en el programa de TV de la década de 1980, "Estilos de vida de los ricos y famosos". Las cámaras habrían filmado su mansión de mármol con sus portones de hierro forjado, sus sedas — género que en el siglo primero valía su peso en oro — y las fabulosas fiestas que diera para sus importantes amigos.

Al entrar en la casa del hombre rico, el camarógrafo tal vez habría tropezado con el mendigo, que agonizaba en el umbral de hombre rico. Nadie le habría entrevistado ni fotografiado, sin embargo. El dueño de casa no lo consideraba merecedor de su atención, y no pensaba ni por un momento en el hombre que moría de hambre ante su puesta, aunque lo único que Lázaro anhelaba eran las migajas de las mesas del banquete.

Si vemos solo esta vida, el rico parece ser afortunado y bendecido a la vez en tanto que el pobre se nos aparece como rechazado y maldecido. No hay duda de quién gozaría del favor de la gente y quién sería detestado.

Pero entonces, dice Jesús, los dos hombres murieron. Y de repente ¡sus situaciones son opuestas a las de antes! Lázaro está "al lado de Abraham", frase que le pinta reclinado en el lugar de honor en un banquete que simboliza la bendición eterna. Pero el rico se encuentra atormentado, separado del lugar de bendición por un "gran abismo" (16:26). Aunque ruega beber al menos un sorbo de agua, Abraham niega con la cabeza, muy triste. No es posible aliviarlo ¡y tampoco corresponde! Porque en vida el rico "le fue muy bien" y a Lázaro "le fue muy mal" (16:25).

Hay una sutil pero muy real nota de juicio aquí. Al rico le había ido bien, y todo lo bueno lo había utilizado para beneficio propio solamente. A pesar de que el AT manda reiteradas veces que los ricos compartan sus buenas cosas con los pobres, la indiferencia de este rico hacia Lázaro mostraba que su corazón estaba muy alejado de Dios y que sus pasos le habían llevado por un camino muy diferente al de Dios. Sus riquezas le pertenecían y las utilizaría solo para sí mismo. ¡Ah! ¡Qué bien representa el hombre rico a esos fariseos "a quienes les encantaba el dinero" y que incluso entonces se burlaban de Jesús!

Así, se destaca el primer mensaje de Jesús: ustedes los fariseos sencillamente no pueden amar a Dios y al dinero. El amor al dinero es detestable a los ojos de Dios porque seguramente les motivará a tomar decisiones que Dios detesta. El amor por el dinero les servirá en esta vida. Pero en el mundo por venir, seguramente han de pagar.

Sin embargo, Jesús no se detiene allí. Presenta al hombre rico rogándole a Abraham que envíe a Lázaro a advertir a sus hermanos, que viven con el mismo egoísmo con que vivió él. Una vez más Abraham se rehúsa. Tienen a "Moisés y los profetas" (16:31), es decir, a las Escrituras. Si no hacen caso a las Escrituras tampoco responderán a quien vuelva de entre los muertos. Aunque esta declaración seguramente es un preanuncio de la resurrección de Cristo y la respuesta de los líderes religiosos ante tan grande milagro, no debemos perder de vista la cuestión de la historia en particular. La Palabra de Dios es suficiente revelación para llamar a las personas a la fe y el compromiso.

En esencia entonces, Cristo formula una acusación asombrosa: los fariseos y maestros de la ley son duros y no están dispuestos a responder a las palabras de Jesús, reflejando así que tampoco están dispuestos a responder a la Palabra de Dios mismo, por mucho que proclamen hacerlo.

Aplicación. Esta vida es "la víspera del sábado". Es el tiempo en que hemos de prepararnos para la eternidad. Todo este capítulo nos llama a ver que si nos tomamos en serio esta realidad, lo afectará todo en cuanto a la forma en que vemos y utilizamos el dinero y a cómo respondemos ante los pobres y oprimidos.

LUCAS 17:1-19:44
Solo cree

EXPOSICIÓN

Lucas ha dejado en claro ante sus lectores que todo quien conoce a Jesucristo tiene que tomar una decisión respecto de Él: aceptar a Cristo o rechazar a Cristo, creyendo o negando lo que Él afirmó. Establecido ya esto Lucas pasa a explorar parte de la naturaleza de la fe de este Hombre que Se presentó a Sí mismo ante Israel como el Mesías, y ante todos como el Salvador.

Una fascinante historia les recuerda a los discípulos de Jesús que para quienes creen, el tema pasa de la "fe" a la obediencia (17:1-10). Y es más, la fe que de veras da plenitud a la persona se caracteriza por una relación continua con Dios que se expresa en la gratitud y alabanza (17:11-19). Un día Dios intervendrá directa y visiblemente en los asuntos humanos. Hasta entonces, hay un reino de Dios que está oculto y que se experimenta a través de nuestra relación con Cristo (17:20-37). Lo que hace posible este tipo de fe es el saber que Dios sí responde a quienes acuden a Él (18:1-8) y que Él Se relaciona en misericordia con los pecadores (18:9-14) como lo haría cualquier adulto ante un bebé indefenso (18:15-17). Cuando un rico funcionario pregunta qué tiene que "hacer" para heredar la vida eterna, la respuesta de Cristo muestra lo imposible que es la relación con Dios basada en las obras (18:18-30). Luego Jesús predice Su muerte, medio por el cual Dios ganará la salvación para todos nosotros 818:31-34). La respuesta de Cristo a un mendigo ciego vuelve a destacar el hecho de que quienes acuden a Dios deben hacerlo convencidos de que Dios es misericordioso y puede ayudarles, si confiamos solamente en Él.

Pero ¿cómo se expresa la confianza en Dios? Lucas vuelve a un tema que recorre todo su Evangelio: el dinero. Quien cree demostrará su compromiso expresándolo financieramente, como lo ilustra el "jefe de los recaudadores de impuestos" Zaqueo (19:1-10). El mismo tema aparece en la parábola del dinero (19:11-27). Quien se compromete a Dios utilizará con fidelidad sus recursos para beneficio de su Señor.

Y ahora Lucas nos lleva hasta las puertas de Jerusalén. Allí, la multitud que ha llegado para la fiesta de la Pascua saluda con entusiasmo a Jesús como "Rey que viene en el nombre del Señor" (19:28-44). Aunque por lo general se llama a este episodio la Entrada Triunfal, Lucas sabe bien que esa multitud que vitorea no tiene fe ni compromiso real hacia Jesús. Gritan porque esperan que Él esté a su servicio mediante el establecimiento del reino del Mesías. No pasará mucho antes de que la misma multitud grite en contra de Jesús en Su camino a la cruz. Por otra parte, la fe verdadera en Dios se expresa en nuestra voluntad de servirle y promover un reino de Dios que todavía no ha llegado de manera visible (17:20) pero que es para nosotros vital y real.

ESTUDIO DE PALABRAS

Más le valdría ser arrojado al mar con una piedra de molino atada al cuello, que servir de tropiezo a uno solo de estos *pequeños* (17:2). Como en el pasaje paralelo de Mateo 18:1-6 Jesús se refiere a los creyentes adultos como "pequeños". La piedra de molino era una rueda de piedra que, tirada por un buey, se usaba para la molienda. De Lucas 16:4 en adelante Jesús se dirigía a los fariseos, pero estas palabras son para Sus discípulos. Subrayan la importancia de la instrucción sobre el perdón. Solo viviendo en mutuo arrepentimiento y perdón puede la comunidad creyente protegerse de "los tropiezos" (17:1) que llevan al pecado.

Si tu hermano peca, repréndelo; y si se arrepiente, perdónalo (17:3). La palabra en esta frase es *epitimeson*. El verbo *epitimeo* aparece 29 veces en el NT e indica severa advertencia o reprimenda. En esencia, Jesús nos presenta la obligación de sentirnos tan comprometidos como para confrontar.

Como cristianos a veces somos negligentes respecto del perdón. Muchos creemos que "pasar por alto" o "ignorar" es lo mismo que "perdonar". El perdón es un elemento esencial en el proceso de reconciliación que Jesús define aquí. Este proceso podría diagramarse como: Pecado – Reprimenda – Arrepentimiento – Perdón. El perdón solo puede producir reconciliación cuando forma parte de este proceso completo.

El creyente que es testigo o víctima del pecado de otro tiene entonces dos obligaciones, en tanto el pecador tiene una sola. La primera obligación del que observa el pecado es la de reprender. La única obligación del pecador es la de arrepentirse. Cuando lo hace, entonces el que observó el pecado tiene una segunda obligación: la de perdonar.

No nos carguemos ni carguemos a los demás con culpa exigiendo "perdón" cuando no hay evidencia de arrepentimiento de parte del culpable. Porque el perdón sencillamente no puede operar en esas circunstancias. Pero tampoco nos excusemos por no perdonar si no quisimos confrontar y reprender.

Levántate y vete —le dijo al hombre—; *tu fe te ha sanado* (17:19). En esta frase el término griego es *sesoken*, palabra que expresa sanidad total. Hay un contraste interesante aquí entre esta palabra y la anterior, *ekatharisthesan* o "limpiar" (17:14, 17), que no es tan abarcativa.

Podemos suponer que como los diez leprosos hicieron lo que dijo Jesús y fueron a mostrarse ante el sacerdote antes de que fueran sanados en realidad, que todos tenían fe. Notemos que quedaron limpios "mientras iban de camino" (17:14).

Pero solo uno regresó para expresar alabanza y gratitud. Solo uno buscó una relación continua con Jesús expresada en su gratitud y alabanza.

La fe en Cristo como Salvador basta para limpiarnos a usted y a mí de nuestros pecados. Pero para la sanidad completa de ofrece Cristo tenemos que volver a Él y formar una relación continua en la que con agradecimiento Le ofrezcamos nuestra alabanza.

—La venida del reino de Dios no se puede someter a cálculos [*de lo visible*] …Dense cuenta de que el reino de Dios está entre ustedes (17:20-21). La NVI no traduce de la mejor manera estas frases. "someter a cálculos" es meta *paratereseos*, que implica "observable". El significado más probable es que la venida del reino no se puede observar ni predecir a partir de signos o señales visibles. ES un reino secreto aunque llegará el día en que Dios inesperadamente irrumpirá en la historia (cf. comentario de mateo 6).

"Entre ustedes" es *entos hymos*. ¡Y era verdad! El Rey del reino de Dios, Jesús Mismo, estaba en ese momento en medio de quienes Le criticaban. Ellos, al buscar señales visibles, no reconocían ni al Rey ni al reino y por ello, podía conocerse su mal destino.

"¿Dónde, Señor?" preguntaron (17:37). Los fariseos habían preguntado "cuándo" vendría el reino, sin darse cuenta de que Cristo el Rey estaba en medio de ellos (17:20). Al oír a Jesús hablar del "día en que se manifieste el Hijo del hombre" (17:30), los discípulos preguntan: "¿Dónde?". La respuesta es insensible: "El lugar de la matanza". Claro que los discípulos habrían entendido esto como referencia a la profecía del AT con respecto al fin de la historia: el "dónde" es la Tierra Santa misma que será dominada por los enemigos de Dios, Quien luego Les destruirá.

Al oír esto, Jesús añadió: Todavía te falta una cosa: *vende todo* lo que tienes y repártelo entre los pobres (18:22). Cristo llamaba a todo discípulo a "renunciar", apotassetai (renunciar al derecho personal sobre algo), a sus posesiones. Aquí se utiliza la misma palabra, pero con un significado diferente porque Jesús le dice a este hombre en particular que no solo renuncie a su derecho sobre sus riquezas sino que las reparta entre los pobres. 'Por qué? Este hombre rico quería merecer un lugar en el reino de Dios por la benevolencia que demostraba en el trato hacia los demás. Su "bondad" era la que enmascaraba la realidad que el mandamiento de Cristo expuso a la luz. De hecho, la decisión del rico funcionario de quedarse con sus posesiones en lugar de obedecer y seguir a Jesús reveló que sin saberlo violaba el primer mandamiento del Decálogo: amar a Dios con todo su ser.

182

¡Nos engañamos con tanta facilidad! Es importante ver que la naturaleza esencial del pecado es la de ponernos a nosotros mismos como prioridad, en el lugar que Le corresponde a Dios.

En realidad, le resulta más fácil a un camello pasar por el ojo de una aguja, que a un rico entrar en el reino de Dios (18:25). Hay quienes suponen que la imagen es la de un camello pasando por la "Puerta de la Aguja", estrecha y baja, en el muro de Jerusalén. Pero el término utilizado aquí, *belone*, es una palabra técnica y hace referencia a la aguja de cirugía, más que a una aguja común o *rhaphis* (Mateo 19:24; Marcos 10:25). La clara implicancia es que Jesús se refiere al ojo de una aguja, literalmente, y su mensaje pone énfasis en la imposibilidad de que el rico entre en el reino de Dios.

Los discípulos quedan atónitos porque suponían que los ricos eran bendecidos por Dios y tenían la ventaja de poder hacer buenas obras y ganar así mérito con Dios. Aunque los judíos sabían que el amor a las riquezas podía ser perjudicial, les era extraña la idea de que la riqueza en sí misma fuera peligrosa. Era inconcebible para ellos pensar que un joven rico y verdaderamente generoso y benevolente pudiera sufrir daño a causa de su riqueza.

SOBRE LA RIQUEZA, BEN SIRA (11:14-26)
Bien y mal, vida y muerte,
Pobreza y riqueza, son del Señor.
El regalo del Señor permanece con el justo,
Su favor trae éxito perdurable...
Hijo mío, aférrate a tu deber,
Ocúpate en ello, envejece haciendo tu tarea.
No te maravilles ante la vida del pecador,
Sino más bien confía en el Señor y espera Su luz
Porque es fácil, según lo ve el Señor,
Que el pobre se haga rico de repente,
en un instante

Puesto que has sido fiel *en tan poca cosa*, te doy el gobierno de diez ciudades (19:17). La palabra *elachistos* es un superlativo e identifica "lo más pequeño", "la cosa de menor importancia". Jesús no está diciendo que la dedicación del sirviente hacia su amo no fuera importante, sino que comparada con la recompensa, las diez minas (tres salarios mensuales) de veras eran insignificantes.

Somos necios si consideramos importantes a las cosas materiales. Comparada con las recompensas que les esperan a los que dedican lo que tienen para servir a Cristo, toda la riqueza del mundo es insignificante.

EL PASAJE EN PROFUNDIDAD

Pecado, fe y deber (17:1-10). Ver el Estudio de palabras de Lucas 17:2 y 17:3.

Trasfondo. La palabra que se traduce como "siervo" en la historia de Jesús es *doulos*, un esclavo o sirviente que no recibía paga alguna. Pablo se refiere a sí mismo con frecuencia como siervo o esclavo de Jesús (Romanos 1:1) para destacar un hecho que se revela en esta historia que reporta Lucas. El creyente que reconoce a Jesús como Señor, voluntariamente somete su voluntad para servir a Jesús y hacer la voluntad de Dios. Esta es, de hecho, la naturaleza que define la esclavitud según se la entendía en los tiempos bíblicos. El siervo ya no vive para sí sino para servir a su amo.

También es importante observar que la posición del siervo en el mundo antiguo dependía en cierta medida de la identidad de su amo y de la cercanía del siervo con respecto a éste. Muchos de los burócratas más importantes del imperio romano eran esclavos. Su cercanía con el emperador y su función como agentes suyos les convertían en hombres poderosos e influyentes. Otros esclavos obtenían reconocimiento e incluso riquezas por su destacada capacidad como académicos, médicos y maestros.

No tenemos que suponer entonces que el esclavo en la ilustración que presenta Jesús, es alguien despreciable o de posición insignificante en la vida. En cambio, tenemos que centrar la atención en la naturaleza misma de la esclavitud, estado en el que el esclavo está dedicado a hacer la voluntad de su amo.

Interpretación. Aunque algunos comentaristas han observado que este pasaje está "desarticulado", de hecho tiene un argumento claro, distinguible. Jesús advierte a los discípulos contra "lo que ocasiona tropiezos" (17:1-2) y de inmediato pone énfasis en la importancia de la reprimenda, el arrepentimiento y el perdón. Este patrón tiene que formar parte integral del estilo de vida de la comunidad creyente para que incluso los pecados reiterados y el reiterado arrepentimiento no puedan impedir el fluir constante del amor y el perdón (17:3-4). Aquí, como en Mateo 18, la pureza de la comunidad de fe conformada por los pequeños de Dios solo puede mantenerse al vivir juntos y conscientes de nuestras debilidades, dispuestos a perdonar.

Los discípulos se sienten movidos a rogarle a Jesús: "¡Aumenta nuestra fe!" (17:5). En esencia, lo que están diciendo es: "Señor, para hacer lo que dices, ¡necesitamos más fe!".

La idea que subyace al resto de este pasaje a menudo se pierde porque los comentaristas se concentran en la imagen de la fe que arroja un árbol (o una montaña) al mar (17:6). De hecho, Cristo menciona el árbol junto a la historia del siervo (17:7-10) para descartar el ruego del discípulo que pedía más fe.

'Qué dice Jesús? Habla de un siervo que trabaja

en los campos, llega a la casa, y prepara la comida para su amo. ¿Debe agradecerle el amo por hacer lo que tiene que hacer? No. El siervo ni siquiera espera que se lo agradezca, porque solo ha cumplido con lo que es su obligación. Jesús concluye entonces: "Así también ustedes, cuando hayan hecho todo lo que se les ha mandado, deben decir: "Somos siervos inútiles; no hemos hecho más que cumplir con nuestro deber" (17:10).

Un comentarista sugiere que tal vez la palabra que se traduce como "inútiles" sea *batiley*, u "ocioso" en arameo. En Oriente los siervos pagos no se contratan para trabajar una cantidad específica de horas al día sino que se espera que estén disponibles a toda hora del día o la noche. El siervo que le dice a su amo que está "ocioso" demuestra una actitud positiva porque sencillamente expresa: "Estoy listo para hacer más".

¿Cómo se concilia este pasaje entonces? Jesús, a Quien los discípulos afirmaban con su Señor, no les había preguntado si querían confrontar y perdonar. Les había mandado a hacerlo. Su pedido para que les diera más fe ¡no correspondía! La fe puede servir para mover árboles. Pero no es cuestión de fe la obediencia a una orden de Jesús. El tema aquí es: ¿Obedecerán los siervos de Jesús?

Lo que los discípulos tienen que hacer cuando Jesús manda "perdonen", es decir: "Sí, Señor ¿y qué más podemos hacer?".

Aplicación. Muchas veces utilizamos la excusa de nuestra "poca fe". "Si tan solo tuviera más fe, podría dar testimonio en el trabajo", o "Si tuviera más fe, daría lo que creo que Dios quiere que dé", o "Si tuviera más fe, iría a ver a esta persona que me ofendió".

Todas estas excusas son iguales al error que cometieron los discípulos de Jesús hace tan tanto tiempo. Malinterpretan el rol de la fe en la vida del cristiano. Y evitan la responsabilidad de la persona que cree y dice "Sí, Señor", y obedece.

La fe es importante en la vida cristiana. Pero la fe no reemplaza a la obediencia.

Cada uno de nosotros debe analizar su vida y saber que lo que pesa en la vida de muchos cristianos no es que no crean, sino que no obedecen.

Jesús sana a diez leprosos (17:11-19). Ver el Estudio de palabras de Lucas 17:19.

La venida del reino de Dios (17:20-37). Ver el Estudio de palabras de Lucas 17:20-21 y 17:37 y los pasajes paralelos en Mateo 24 y Marcos 13.

Parábola de la viuda insistente (18:1-8).

Trasfondo. Esta parábola, y la historia del fariseo y el recolector de impuestos a continuación, centra nuestra atención en el carácter de Dios. La fe no es algo que generamos entrecerrando los ojos para concentrarnos completamente en "creer". La fe es, en cambio, nuestra repuesta a Dios, que Se revela a Sí Mismo ante nosotros. Por eso Lucas incluye, y con razón, estas historias que exploran la naturaleza de la fe en Dios y en estas dos, recordamos Quién es el que nos invita a confiar en Él.

Interpretación. La parábola del juez injusto enseña sobre Dios mediante un contraste. El argumento es el siguiente: si un ser humano sin compasión o interés por lo que es justo respondió al ruego de la viuda (porque no responder sería considerado por la sociedad como mancha en su carácter) ¿cuánto más podemos esperar de Dios, que sí tiene compasión y sí se interesa por lo que es justo? 'Él nos responderá cuando clamemos a Él en necesidad.

Este es otro de los pocos casos en que la traducción de la NVI no es precisa. Edersheim tradujo el hebreo "me haga la vida imposible" de manera más literal y argumenta que significa "para que la mujer no me lastime finalmente" indicando que el juez tenía miedo de que la viuda eventualmente le atacara físicamente.

Es cierto que la expresión en griego *hypopiaze* me significa literalmente "golpear bajo el ojo". Pero es mucho mejor entenderlo como metáfora. Tenemos también en nuestra cultura una metáfora similar, ya que "mirar con un solo ojo" implica no ser imparcial, carecer de integridad. El juez parece estar diciendo que si la viuda insistente sigue apareciendo en cada esquina, clamando por justicia, la gente pronto comenzará a preguntarse por qué él no ha hecho nada por ayudarla. Y así, aunque el juez injusto no temía ni a Dios ni a los hombres, sí valoraba mucho su reputación y finalmente, otorgó a la viuda tenaz lo que tanto pedía.

Ahora Jesús presenta una conclusión ineludible. Si un juez deshonesto, que no respeta ni a Dios ni a sus congéneres, se preocupa tanto por su reputación ¿cómo puede alguien imaginar que Dios, Que está comprometido con la compasión y la justicia, no se preocuparía por Su reputación? ¿Cómo puede alguien imaginar que Dios no se ocuparía de que Sus escogidos recibieran justicia, y pronto?

La reputación de Dios Le es preciosa y Su compromiso mismo de dar justicia a los Suyos nos da la certeza de que oirá y responderá nuestras oraciones.

¿Por qué entonces se describe a Sus escogidos diciendo que "claman a él día y noche" (18:7)? No es para alentarnos a ser persistentes, sino para describir la urgencia que nos mueve a acudir a Él con nuestros pedidos. En esencia, Jesús está diciendo que cuando la necesidad nos abruma al punto de querer acudir a Dios de día y de noche, hemos de tener por seguro que Él responderá, y pronto.

¿Qué hay entonces de la observación final? "cuando venga el Hijo del hombre, ¿encontrará fe en la tierra?" (18:8). La pregunta sugiere una respuesta negativa. A pesar de que Dios revela claramente Su carácter y a pesar de que ello estimula la fe en los escogidos de Dios, la mayoría permanece ciega al carácter de Dios y vive sin fe.

Aplicación. La historia nos invita a repasar nuestra propia imagen de Dios. ¿Le vemos, como conocía Cristo al Padre, como el Dios de compasión, el Dios comprometido con hacer justicia? ¿Le vemos como Aquel cuya reputación misma está en Su voluntad de cumplir con Sus obligaciones hacia Sus escogidos?

Si entendemos a Dios de esta manera acudiremos con confianza a Él en oración. Sabremos y no solo "creeremos" que nuestro Dios oye y que nos responderá con certeza cuando clamemos ante Él, presentándole nuestras más profundas necesidades.

Parábola del fariseo y el recolector de impuestos (18:9-14).

Trasfondo. Esta parábola continúa con el tema presentado en la historia del juez injusto. ¿Cómo hemos de entender a Dios y cómo nos relacionamos con Él?

Para entender esta parábola y el impacto que debe haber tenido en la audiencia de Jesús en el siglo primero, tenemos que entender algo sobre las actitudes y creencias religiosas de la época.

La actitud básica aparece en una oración que data del siglo primero D.C, oración registrada en el Talmud [b. Ber.28b].

> Te doy gracias, Oh Señor, mi Dios, porque me has dado mi lugar con quienes están sentados en el asiento del conocimiento y no con quienes se sientan en las esquinas de la calle. Porque me levanto temprano para trabajar, y ellos también lo hacen. Llego temprano para trabajar en las palabras de la Torá y ellos llegan temprano para trabajar en cosas que no tienen importancia. Me esfuerzo y ellos se esfuerzan. Me esfuerzo y con ello tengo ganancias, en tanto ellos se esfuerzan y no ganan nada. Yo corro y ellos corren. Yo corro hacia la vida del Tiempo por Venir y ellos corren hacia el pozo de la destrucción.

En esta oración, así como en la oración del fariseo que tenemos en nuestro texto, el que adora a Dios se compara con los demás y siente satisfacción en la forma de vida que ha elegido. Ambos dan gracias a Dios y dan crédito al Señor por el favorecido rol que en la vida le toca. Ninguno cambiaría su lugar por aquel al que desprecia, porque cada uno está convencido de que su camino le ganará con toda certeza la vida en "el Tiempo por Venir".

ES importante observar que todos los que escuchaban a Jesús estarían de acuerdo con el fariseo y con el adorador anónimo del Talmud. Los que se comprometían a estudiar y guardar la ley y rigurosamente cumplían con sus obligaciones religiosas, eran candidatos seguros para la bendición eterna. Sus obras les eran de recomendación ante Dios, y por su dedicación estaban seguros de ganarse Su favor.

También es importante recordar que el recolector de impuestos era visto por la sociedad en general, y también por los fariseos, como alguien que entraba en la misma categoría que los bandidos, los estafadores y los adúlteros. Los judíos recolectores de impuestos no tenían derechos civiles y ni siquiera podían dar testimonio ante un tribunal rabínico.

Hoy apenas podemos imaginar el impacto del pronunciamiento de Jesús en cuanto a que el recolector de impuestos regresó del templo justificado ante Dios, en tanto con el fariseo no pasó lo mismo. No hay duda de que en la mente de los que oían a Jesús, surgía una gran pregunta: "¿Cómo puede ser esto?".

Interpretación. Lucas nos da la respuesta a esta pregunta en la introducción de la parábola de Jesús. Las palabras de Cristo estaban dirigidas a "algunos que, confiando en sí mismos, se creían justos y que despreciaban a los demás" (18:9). Muchos de los que escuchaban a Jesús evaluaban su condición espiritual comparándose con los demás. Según esta medida ¡también muchos de nosotros salimos bien parados!

El problema está en que los demás seres humanos no son la medida que usa Dios para medir la rectitud y la justicia. Usted o yo, con unos cinco centímetros en la medida de la moralidad, tal vez parezcamos muy superiores a otros que en altura moral solo alcanzan un centímetro. Pero si miramos a Dios veremos que comparados con Su infinita altura moral, hasta el mejor de nosotros queda irremediablemente pequeño.

La oración del fariseo, el paralelo del Talmud del siglo primero, y casi toda la literatura rabínica, deja en claro que los líderes religiosos de Israel habían caído en esta trampa espiritual. Al igual que el fariseo, "se creían justos".

Podemos destacar esta mala interpretación básica en otro aspecto también. El fariseo siente orgullo porque puede decir: "Ayuno dos veces a la semana y doy la décima parte de todo lo que recibo" (18:12). La ley del Antiguo Testamento establecía un día al año en que el judío piadoso debía ayunar: el día del perdón (Levítico 16:29). Pero los fariseos iban más allá de lo requerido y ¡ayunaban dos veces a la semana! También, la ley del AT mandaba que quien tuviera tierras diera la décima parte de lo que su tierra produjera. El fariseo daba el diezmo también de lo que compraba, porque no quería arriesgarse a comer alimento por el que no se hubiera dado el diezmo a Dios. En esto también iban mucho más allá de lo que requería la ley. Estas personas no solo cumplían lo que mandaba la ley, sino que incluso se excedían y entonces sentían que Dios debía justificarles y recibirles en el tiempo por venir.

Jesús describe al fariseo como alguien a quien todos los presentes pudieron reconocer de inmediato, ¡porque admiraban a los fariseos!

También, describe al recolector de impuestos de manera que todos le reconozcan. Nadie esperaría que el recolector de impuestos entrara confiado al templo porque, conociendo sus muchos defectos, el recolector "se quedaba a cierta distancia" (18:13). Por lo general, el israelita levantaba las manos al orar (Salmo 28:2; 63:4). El recolector de impuestos se golpeaba el pecho, en acción que simbolizaba culpa y sufrimiento, y pronunciaba con congoja: ""¡Oh Dios, ten compasión de mí, que soy pecador" (18:13).

Después de estas breves aunque vívidas descripciones de dos personas tan representativas, Jesús dio Su veredicto. El recolector de impuestos volvió a su casa justificado. El fariseo, no.

Tal vez no haya otra historia que en tan pocas palabras presente en perspectiva el mensaje del Evangelio. Básicamente, la vida, muerte y resurrección de Jesús nos dice que Dios ha decidido tener misericordia de los pecadores que apelan a Él, pidiendo Su gracia. Pero ¿quién está dispuesto a que su relación con Dios se apoye en esta base? Solo quien sabe que es pecador, alguien perdido, sin esperanza alguna, sin nada que pueda recomendarle ante Dios. El problema con el fariseo, que representa a todos los que "se creen justos", es que justamente por creerse justos, son ciegos a su lastimosa condición espiritual. Y como confían en sus obras, más que en la misericordia de Dios, como resultado están perdidos.

Aplicación. El cristiano está llamado a las buenas obras como expresión de gratitud a Dios. Las buenas acciones son la respuesta a la misericordia que recibimos. Es lamentable que muchos hayan adoptado la torcida y equivocada percepción que hace que no vean la misericordia de Dios, ni tampoco su propio quebranto espiritual.

Jesús y los niños (18:15-17). Ver los pasajes paralelos en Mateo 19.13-15 y Marcos 10:13-16.

El dirigente rico (18:18-30). Ver Estudio de palabras de Lucas 18:22 y el Estudio de palabras de Mateo 19:21 y 19:24. Ver también el comentario de Marcos 10:17-31.

Jesús predice de nuevo Su muerte (18:31-34). Ver comentario de Lucas 18:31-45 y el pasaje paralelo en Marcos 10:32-45.

Un mendigo ciego recibe la vista (18:35-43). Ver el pasaje paralelo en Mateo 20:29-34 y el comentario de Marcos 10:46-52.

Zaqueo el recolector de impuestos (19:1-10).
Trasfondo. Lucas identifica a Zaqueo como un *architelones*, "jefe de recaudadores de impuestos". En el sistema romano, se vendía el derecho a recolectar impuestos a quienes se presentaran ofreciéndose para tal privilegio. Estos hombres entonces contrataban a otros para que hicieran el trabajo y en cada uno de los niveles de esta operación las ganancias dependían de cuánto se podía cobrar a la población local.

Como la recolección de impuestos se hacía cumplir mediante el ejército romano, la compra de la concesión impositiva era, de hecho, una licencia para robar. En territorio judío donde muchos creían intensamente que solo Dios tenía derecho a cobrar impuestos a Su pueblo, se despreciaba y odiaba a los recolectores de impuestos y este odio era más intenso todavía porque los que se ocupaban de cobrar los impuestos eran judíos, gente que como Zaqueo había alcanzado una alta posición en el sistema y ganaban mucho dinero.

Stambaugh y Balch, en *El Nuevo Testamento en su entorno social* informan que los principales impuestos fijos en la era de Augusto eran el *tributum soli* y el *tributum capitis*. El primero era un impuesto a la propiedad, que en Siria/Palestina se calculaba a una tasa de 1 por ciento anual. El segundo era un impuesto " a la persona", de un denario al año por adulto. En Siria/Palestina se aplicaba a toda persona de entre 14 y 65 años de edad.

Pero los impuestos más dolorosos tal vez eran los que se cobraban bajo la forma de derechos de aduana, con una tasa del 2,5 por ciento. Se cobraban en las fronteras de las provincias y distritos y también podían corresponder impuestos adicionales en los cruces de los caminos más importantes. A las puertas de las ciudades se cobraban impuestos a los productos agrícolas y hasta a la leña, supuestamente para recolectar el 1 por ciento a las ventas, que correspondía a Augusto.

Aunque para nosotros estos impuestos pueden parecer bajos, tenemos que recordar dos cosas. Que la mayoría de las tierras eran propiedad del estado, del rey o de grandes propietarios, por lo que la persona promedio pagaba más o menos el 40 de sus ingresos en concepto de renta. Además se debía a Dios el impuesto por cabeza y el diezmo, que se pagaba en el templo. Y el funcionario local, uno de los hijos de Herodes en el período que estamos estudiando, también cobraba sus propios impuestos. En conjunto todos estos gastos representaban una carga extremadamente pesada para el trabajador promedio y por ello contribuían a explicar la hostilidad hacia los recolectores de impuestos como Zaqueo.

Jericó, donde Jesús se encontró con Zaqueo, era una ciudad de frontera entre las provincias de Judá y Perea. Como jefe de recolectores de impuestos Zaqueo se había hecho rico al recargar los impuestos de al menos algunos de los contribuyentes (19:8). Por eso, podemos entender por qué le costaba tanto a este hombre abrirse paso entre la multitud para poder ver a Jesús. No solo era bajo en estatura. Cuando la gente lo reconocía, sin duda no le hacían lugar para que pudiera pasar.

Interpretación. En la historia de Zaqueo Lucas reúne una cantidad de temas conocidos. Zaqueo es uno más en la larga lista de pecadores y marginados sociales, pero responde a Jesús, en tanto los líderes religiosos no lo hacen. Jesús decide identificarse con este "pecador" comiendo con él y Se expone así a las más duras críticas. Cristo explica entonces, con una frase que se ha dado en llamar el versículo clave de este Evangelio: "Porque el Hijo del hombre vino a buscar y a salvar lo que se había perdido" (19:10).

Pero hay otro tema aquí que aparece una y otra vez en Lucas. La condición espiritual de la persona estará indicada por su actitud hacia sus posesiones y la forma en que las utilice.

Así, cuando Zaqueo anuncia que dará la mitad de lo que tiene y devolverá cuatro veces el dinero a todo quien él haya estafado, es evidencia sólida de que Jesús dice lo justo: "Hoy ha llegado la salvación a esta casa" (19:9). La ley del Antiguo Testamento tenía provisiones para la restitución. El principio general era que se restituía el total, con más un 20 por ciento (Levítico 5:16; Números 5:7). Pero la ley exigía que el ladrón devolviera el doble de los que había robado (Éxodo 24:4, 7, 9). Al prometer que devolvería cuatro veces lo que hubiera obtenido mediante fraude, Zaqueo hace mucho más de lo que exige la ley.

Jesús explica la salvación de Zaqueo al decir: "este también es hijo de Abraham" (19:9). Así como Abraham, Zaqueo ha respondido con fe a la voz de Dios y demostró así que pertenece no solo a esa línea física, sino también a la línea espiritual. La base de su salvación no es la repentina generosidad de este recolector de impuestos que se ha convertido. Pero sí es la mayora señal de que de veras ha sido salvado.

Aplicación. Esta historia de Zaqueo es la última en una serie de dichos y parábolas que se refieren a la riqueza. Contrasta con la historia del dirigente rico (18:18-30) que al oír que Jesús le mandaba vender todo lo que tenía para seguirle, decidió qué haría y demostró con su decisión que para él era más importante el dinero que Dios. Pero Zaqueo, por el contrario, decide seguir a Jesús y de repente, sus posesiones ya no le importan. Su corazón desborda y sin dudarlo, se compromete a dar la mitad de todo lo que tiene a los pobres y a usar el resto para devolver el dinero que ha obtenido mediante engaños y fraude.

Sería fascinante si hoy aplicáramos la medida sugerida por Lucas para medir nuestro compromiso con el Señor. ¿Qué nos diría este gran indicador de la espiritualidad que nos da Lucas, sobre nuestra relación con Jesús?

Aunque no sería adecuado que la iglesia aplicara esta medida a cada uno de sus miembros, sí corresponde que cada uno de nosotros la utilice paira medir y evaluar su propia forma de vivir. La parábola del administrador astuto que relató Jesús (16:1-15) nos recuerda que podemos usar nuestras posesiones materiales para prepararnos para la eternidad. Cualquier otro uso que hagamos de la riqueza esencialmente no tiene significado ni sentido. Y si permitimos que el Dinero se convierta en nuestro amo, el deseo de acumular riquezas por cierto apartará nuestros corazones del Señor.

Parábola del dinero (19:11-27). Ver pasaje paralelo en Mateo 25:14-30 y Estudio de palabras de Lucas 19:17.

Trasfondo. En Oriente los nobles y los gobernantes de los distritos más pequeños en que se subdividían las provincias no cobraban salario alguno. La población ya cargaba con el peso de los impuestos (ver Trasfondo en la historia de Zaqueo, en esta misma sección). Muchos hacían negocios, pero de manera indirecta porque era indigno de la nobleza comerciar. Por eso, los negocios estaban a cargo de sirvientes o administradores. Tal vez, prestaban dinero a los mercaderes, o lo usaban para comprar ovejas que luego venderían en la ciudad, con cierta ganancia. Es probable también que invirtieran en emprendimientos comerciales, entre otras cosas.

En esta parábola la cantidad de dinero confiada a los administradores es de pocas monedas, unas diez minas, suma equivalente al salario de tres meses de un obrero común. Al establecer este monto Jesús se asegura de que sepamos que lo que importa no es la cantidad sino la fidelidad del siervo en cómo utiliza el dinero para beneficio de su amo.

Interpretación. La introducción que hace Lucas de esta parábola deja en claro que tiene diversos niveles, todos importantes. Lucas nos dice que "como la gente lo escuchaba" (19:11), a Cristo hablar sobre Zaqueo, Jesús contó esta parábola. Así, la historia retoma el tema de la riqueza, añadiendo un comentario más.

Jesús también habló de "Un hombre de la nobleza" que "se fue a un país lejano para ser coronado rey y luego regresar" (19:12). Todos los que escuchaban debían conocer el viaje de Arquelao, hijo de Herodes el Grande, que había ido a Roma para obtener permiso del emperador para poder reinar parte de los dominios de su padre como rey-cliente de Roma. Aunque una delegación de judíos viajó a Roma para oponerse a esta solicitud, el emperador le concedió a Herodes lo que pedía y éste fue confirmado tetrarca [N. de T: administrador de la cuarta parte de determinado territorio].

La analogía nos permite entender esta parábola en otro nivel también. Jesús Se ha presentado como el Mesías ante los judíos pero pronto, morirá por instigación de los líderes de Su propio pueblo. ¿Qué pasará entonces con el reino que sería gobernado por el Mesías, como habían anunciado los profetas del AT?

La respuesta es que Jesús viajará a las cortes del Emperador del Universo, Su Padre. Allí, será confirmado como Rey a pesar de la oposición de los judíos y cuando regrese, Él reinará.

¿Qué han de hacer entonces los siervos de Jesús mientras su amo no está? La parábola lo deja en claro. Tenemos que usar todos los recursos que Él nos ha confiado, por insignificantes que puedan parecer, a Su servicio. Cuando Él regrese, nos recompensará mucho más de lo que pudiéramos esperar por "la poca cosa" (19:17) que hayamos logrado.

Aplicación. A Mateo le lleva dos capítulos (24-25) desarrollar conceptos que Lucas establece al contar esta parábola de Jesús. Y al hacerlo, no solo nos urge a "vigilar", sino que además, da ánimo a nuestros corazones.

Muchas veces lo que sentimos que podemos hacer por nuestro Señor es "poca cosa". Nos sentimos insignificantes al ver nuestras oportunidades, al vernos a nosotros mismos. Pero para Jesús cada "poca cosa" es importante en verdad, y la fidelidad nos dará recompensas desproporcionadas respecto de lo que hayamos sido capaces de hacer.

Quizá lo que más importa es el recordatorio de que Jesús regresará. Volverá como Rey, confirmado en este rol por Dios Padre, y finalmente hará ejercicio de esa autoridad real que Le pertenece por derecho. El regreso de Cristo y el reino que Él establecerá entonces es, y tiene que serlo, mucho más real que el mundo transitorio en que usted y yo vivimos hoy. Cuando Cristo y Su reino venidero nos son de veras reales, Le servimos con todo el corazón.

Entrada triunfal (19:28-44). Ver Estudio de palabras de Mateo 21:5, 9-10 y pasajes paralelos en Mateo 21:1-11, 14-16; Marcos 11:1-11; y Juan 12:12-29.

Trasfondo. La entrada de Jesús en la ciudad era cumplimiento de la profecía: el Rey de Israel entraría a la ciudad "humilde y montado en un burro, en un burrito, cría de una bestia de carga" (Mateo 21:5; Zacarías 9:9).

Cada uno de los Evangelios pinta la conocida escena, las multitudes estáticas y los gritos de deleite y bienvenida. Pero a medida que se desarrolla la historia de los días siguientes vemos que tanta aclamación se debía a que los hombres y mujeres se dejaron llevar por el entusiasmo del momento, sin estar comprometidos en absoluto con Jesús.

Lucas i su relato incluso antes de que Jesús entre en la ciudad. Deja en claro que Cristo sabe muy bien que nada valen los gritos de la multitud. Y así, mientras Cristo se acerca a la ciudad, Él se detiene para llorar por la ciudad y su gente. Los enemigos pronto rodearán y destruirán la ciudad santa, causando indecible sufrimiento a su pueblo "porque no reconociste el tiempo en que Dios vino a salvarte" (19:44).

Hoy, como pueblo de Cristo somos privilegiados al poder presentar a Jesús ante un mundo que va hacia un mal destino. Que nuestra generación sea más sabia que aquellos de la Jerusalén del siglo primero, y reconozcan en el Evangelio el tiempo en que Dios vino a salvarnos.

LUCAS 19:45–24:53
El precio

EXPOSICIÓN

Así como los escritores de los otros Evangelios, Lucas describe ahora en gran detalle las últimas horas de la vida de Jesús. A lo largo de la serie de incidentes volvemos a percibir que el sufrimiento y muerte de Jesucristo fueron hechos históricos, eventos sobre los que se apoya el tiempo y la eternidad.

Aunque los hechos informados en cada uno de los Evangelios son esencialmente los mismos, cada uno de los escritores selecciona y focaliza los detalles que le ayudan a desarrollar temas en particular. mateo presta especial atención a la fragilidad humana, reflejada en su estudio del plan pergeñado contra Jesús, en la traición de Judas a su Señor, y en la negación de Pedro. Marcos brinda una estructura cruda y desnuda de los hechos más relevantes. Lucas destaca los sufrimientos de Jesús y Juan se centra en los juicios de Cristo ante el Sanedrín y ante Pilato. Cada una de estas áreas de desarrolla en la sección "El pasaje en profundidad" del respectivo Evangelio.

Los eventos principales de la última semana que presentan los Evangelios aparecen en el cuadro que hay a continuación. Los versículos destacados en negrita indican dónde se explora en mayor profundidad cada tema. Además, en El pasaje en profundidad correspondiente a Mateo 26-27 se incluye una lista de cada uno de los hechos de la última semana, con referencias cruzadas. En el estudio de Marcos 14-16 se incluyen los "siete dichos desde la cruz" que pronunció Cristo.

Tópico	Mateo	Marcos	Lucas	Juan
Complot contra Jesús	**26:1-5**	14:1-11	22:1-6	
Unción en Betania	26:6-13	**14:3-9**		
Judas acuerda traicionar a Cristo	**26:14-15**			
La Última Cena	**26:17-30**	14:12-25	22:14-23	**13-17**
Jesús predice que Pedro Le negará	**26:31-35**	14:27-31	22:31-38	13:31-38
Getsemaní	26:36-46	14:32-42	**22:39-46**	
Arresto de Jesús	**26:47-56**	14:43-52	22:47-53	**18:1-12**
Ante el Sanedrín	26:57-68	14:53-65	22:63-71	18:12-40
Pedro niega a Jesús	**26:69-75**	14:66-72	22:54-62	18:17-27
Judas se ahorca	**27:1-10**			
Jesús ante Pilato	27:11-26	15:1-15	23:1-25	**18:28-19:16**
Los soldados se burlan de Jesús	27:27-31	15:16-20		
La crucifixión	27:32-56	**15:21-42**	**23:26-49**	
Sepultura de Jesús	27:57-61	15:42-47	23:50-56	
Se ubica la guardia ante la tumba	**27:62-66**			

ESTUDIO DE PALABRAS

Enviaré a mi hijo amado; seguro que a él sí lo respetarán (20:13). El término griego *agapeton* tenía un significado técnico en el Medio Oriente de la antigüedad. Identificaba a la persona como heredero primario y podía servir como sinónimo de *monogenes*, "uno y único" (Juan 3:16), "unigénito" (RV60).

Dios no solo nos dio lo mejor de Sí, sino todo lo que tenía para dar en la persona de su amado Hijo, Jesucristo.

Algunos de los maestros de la ley le respondieron: ¡Bien dicho, Maestro! (20:39). Esta observación puede darnos la impresión de que no todos los expertos en la ley eran hostiles a Cristo, o que Su inteligente argumento de Éxodo 3:6 se ganó la admiración hasta de Sus más acérrimos enemigos.

Hay, por supuesto, otra posibilidad. Marcos nos dice que los "fariseos y herodianos" habían intentado tender una trampa a Jesús con su famosa pregunta sobre los impuestos (12:13-17). Y que los saduceos luego presentaran el caso hipotético de múltiples casamientos de una viuda con los hermanos de sus esposos fallecidos, con la intención de ridiculizar la idea de la redención (12:18-27). La respuesta de Cristo los silenció porque acabó con el enigma, y eso debe haber deleitado a los fariseos, que habían tenido que responder a esta pregunta muchas veces. Es posible que las palabras "¡Bien dicho!", fueran pronunciadas por maestros relacionados con os fariseos, que a pesar de su hostilidad hacia Jesús sentían satisfacción al ver que sus tradicionales opositores habían tenido que callar.

Es fascinante que quien intenta utilizar a Jesús para sus propios fines, se muestre totalmente contrario a someterse a Él para servir a Sus propósitos. Aunque servir a Jesús implica ganar una recompensa eterna.

Mientras todo el pueblo lo escuchaba, Jesús les dijo a sus discípulos (20:45). Lucas es el único de los escritores de los Evangelios que traza una consistente y cuidadosa distinción entre las respuestas de los distintos grupos a Jesús. Así como los demás, presenta a los discípulos comprometidos con Cristo como Señor y también retrata con precisión a los líderes espirituales (maestros de la ley, expertos en la ley, rabíes) y a los miembros de los partidos religiosos, tan hostiles a las enseñanzas de Cristo. Pero además Lucas añade dos términos más que también utiliza con mucha precisión. Son "el pueblo" (*laoi*), que Lucas describe respondiendo a Jesús (21:38) y que Le escucha con cierto deleite o aprobación, y "las multitudes" (*ochloi*) que no respondían a Él. Cuando leemos estas frases en el Evangelio de Lucas hemos de entender que por "pueblo" nos indica un grupo muy grande que en cierta medida al menos aprueba a Cristo, y que "las multitudes" indica un grupo grande que no Le acepta.

En última instancia, por supuesto, la humanidad se divide en dos grupos: los que creen y lo que no creen. Todo lo de Cristo nos exige que no solo aprobemos lo que Él dice, sino que nos comprometamos plenamente con Él como Señor.

Tengan cuidado; no se dejen engañar —les advirtió Jesús—. Vendrán muchos que usando mi nombre dirán: "Yo soy" (21:8). El término griego *planethete* ha sido utilizado con frecuencia en el NT y en la iglesia cristiana primitiva para describir los esfuerzos de los falsos profetas y herejes. Nada ha de hacer que apartemos la mirada de Jesús y la promesa de Su regreso durante el largo ínterin entre la partida de Cristo y Su retorno.

Este largo pasaje en Lucas 21 se destaca por las nueve exhortaciones que tienen por intención guiarnos mientras esperamos la Segunda Venida de Jesús:

1) No se dejen engañar por falsos maestros (21:8).

2) No teman desastres similares a los que se han anunciado para el final de los tiempos (21:9-11).

3) No se angustien cuando les sometan a acción legal porque dan testimonio de Cristo (21:12-15).

4) Manténganse firmes cuando les traicionen los que más aman y cuando todos les detesten (21:16-19).

5) Apártense de Jerusalén cuando vean la ciudad sitiada por ejércitos enemigos (21:20-24).

6) Anímense cuando comiencen a suceder los hechos relacionados con el juicio final (21:25-28).

7) Reconozcan esos hechos como evidencia de que está por aparecer el reino escatológico de Dios (21:29-31).

8) Tengan confianza en que durante este tiempo de tribulación las palabras de Cristo permanecen verdaderas (21:32-34).

9) Manténganse alerta y oren durante el ínterin y durante el terrible tiempo del final para que cuando Cristo venga puedan tener Su apoyo por haber sido fieles (21:35-38).

Aunque solo las primeras cuatro exhortaciones tienen aplicación directa para los creyentes de hoy, las otras nos recuerdan que durante cualquier momento de dificultad hemos de permanecer positivos, con esperanza en nuestra fe.

Entonces entró Satanás en Judas (22:3). Lucas es el único que informa del rol de Satanás en la traición de Jesús. Este simple versículo respalda dos observaciones importantes. La persona que se compromete a medias con Jesús se vuelve vulnerable a las influencias espirituales hostiles. Y Satanás no es tan poderoso o sabio como algunos suponen, temerosos. Satanás no podría haber participado activamente en su propia derrota en el Calvario a menos que hubiera asumido que causar la muerte de Cristo derrotaría los propósitos de Dios en lugar de cumplirlos.

Recordemos siempre que Dios es capaz de ordenar Su universo de modo que incluso las acciones que buscan causar daño a Sí Mismo o a los Suyos, puedan en realidad cumplir Sus buenos propósitos. Somos necios y tontos al temer a Satanás o a nuestros enemigos humanos.

He tenido muchísimos deseos de comer esta Pascua con ustedes antes de padecer (22:15). Esta frase, y la inusual estructura gramática en el texto original que presenta las palabras de Cristo — "No volveré a comer" (22:16) y "No volveré a beber" 22:18) — indican potente emoción y sentimientos intensos.

Aunque Lucas, igual que los demás escritores de los Evangelios, no nos presenta los detalles más escabrosos de la crucifixión como podríamos esperarlos en un informe moderno por televisión, su particular sensibilidad está centrada en la tensión que sufre Jesús y en las emociones que surgen por debajo de la superficie.

Tuvieron además un altercado sobre cuál de ellos sería el más importante (22:24). Lucas presenta un contraste entre la intensidad de los sentimientos de Jesús con la insensibilidad de los discípulos, que siguen con la disputa que los demás escritores de los Evangelios también presentan en otros contextos.

Al leer el relato de cada escrito, cada uno de ellos muestra la pasión de Cristo. Por ello, hemos de dejar de lado nuestras preocupaciones personales y considerar en todo lo que sufrió Jesús por usted y por mí.

Los reyes de las naciones oprimen a sus súbditos, y los que ejercen autoridad sobre ellos *se llaman a sí mismos benefactores* (22:25). En el siglo primero la palabra *euregetes*, o "benefactor" era un título, más que una descripción, hecho que se indica adecuadamente por medio de la "B" mayúscula en algunas traducciones de la Biblia. Pero lo interesante es el verbo *kalountai* que significa "se llaman a sí mismos". Los gobernantes de la antigüedad que explotaban sin misericordia a sus ciudadanos querían el nombre de Benefactor sin el costo de servir a los demás de veras.

¡Qué diferente es Jesús! Y también usted y yo, sirviendo a los demás por Cristo, somos llamados a ser diferentes.

Ahora, en cambio, el que tenga un monedero, que lo lleve; así mismo, el que tenga una bolsa. Y el que nada tenga, que venda su manto y compre una espada (22:36). Este es uno de los dichos más sorprendentes en las Escrituras porque pareciera contradecir anteriores instrucciones que Cristo les dio a Sus discípulos al enviarlos en misiones de predicación (9:1-3; 10:1-3). La pregunta que surge entonces es importante: ¿Tenemos que seguir las instrucciones anteriores o esta normativa durante la Era de la Iglesia?

El contexto general deja en claro que no se implica que el principio anterior se estuviera derogando. Cristo les recuerda a Sus discípulos que Dios siempre satisfizo todas sus necesidades (22:35). Descarta la afirmación de los discípulos, que obviamente entendieron de manera literal sus palabras, cuando le dicen que ya tienen dos espadas (22:36). Y luego, cuando Pedro saca su arma para defender a Cristo de quienes había venido a arrestarle, Cristo no solo dijo "¡Déjenlos!", sino que incluso sanó al hombre cuya oreja Pedro había cortado (22:51).

Aunque, si esta instrucción a los discípulos, que aparenta ser clara, no significa lo que parece significar ¿qué quiso decir Jesús? La mejor respuesta parece la sugerida por el contraste expresado en la frase, *alla nun*, "ahora, en cambio"(22:36). En la emergencia de hoy, en el ínterin entre la muerte y resurrección de Cristo, los discípulos tendrían que arreglárselas solos.

¿Qué pasa con esa referencia a la espada? Tenemos que recordar que tanto el hebreo como el arameo son idiomas pictóricos, lenguas en las que "montaña" representa a la fuerza, "torres" simboliza la seguridad, y "espada" indica tiempos de intenso peligro y crisis. "Comprar una espada" podría ser una instrucción literal en determinados contextos pero aquí, su intención es simbólica, como advertencia sobre una catástrofe inminente.

El Señor se volvió y miró directamente a Pedro (22:61). Esta frase representa una única palabra en griego: *emblepto*. El término significa que fue más que un vistazo, y por cierto no fue una mirada con enojo. Jesús miró a Pedro con amor y preocupación, con una mirada que llegó al corazón del fiel discípulo y lo hizo pedazos. Esa mirada dirigida a Pedro en el mismo momento de su negación le dijo a Pedro que a pesar de lo que había hecho Jesús seguía amándolo y preocupándose por él.

Es maravilloso que podamos percibir la mirada amorosa del Salvador dirigida a nosotros en el momento de nuestro peor error. Se nos parte el corazón entonces, y acudimos a Él con lágrimas de agradecimiento y perdón.

—¿Eres tú, entonces, el Hijo de Dios? —le preguntaron a una voz. —Ustedes mismos lo dicen

(22:70). La frase en griego dice, literalmente "Ustedes dicen que lo soy". La NVI añade "mismos" porque la reacción del consejo deja en claro que entendían tal frase como afirmación de a deidad.

La escena es trágica. Muchos dicen que Jesús es el Hijo de Dios pero en sus corazones no lo creen de veras. Lo que cuenta no es que digamos que Jesús es el Hijo de Dios, sino que nos comprometamos por completo a Él en absoluta convicción de que esas palabras son la verdad.

—Padre —dijo Jesús—, perdónalos, porque no saben lo que hacen (23:34). "Ellos" son los soldados romanos porque su ignorancia de lo que significaba su acción era real y tal vez, excusable. Tanto el AT como el NT señalan que la ignorancia espiritual es, en general, inexcusable. El *Diccionario Zondervan de términos bíblicos* explica:

> El problema de la ignorancia espiritual es un malentendido que proviene de una percepción equivocada de los datos disponibles. La audiencia de Jesús oía lo que Él les decía pero no entendían lo que significaba para ellos (Marcos 9:32; Lucas 9:45). La ignorancia conforma el centro de la adoración pagana (Hechos 13:27) y explica la incapacidad de todos los perdidos de entender que es solo por la bondad de Dios, que espera a que se arrepientan, que Dios demora Su juicio (Romanos 2:14).
>
> ¿Cuál es el antídoto de la Biblia contra una ignorancia que proviene de la incapacidad para percibir realidades espirituales? Romanos 12:2 nos lo dice: "Sean transformados mediante la renovación de su mente". (*nous*, mente como órgano de percepción). Es escuchando la voluntad de Dios expresada en Su Palabra y poniendo en práctica esa voluntad que logramos una visión completamente nueva de los temas de la vida. Pero la transformación interior requiere de la aceptación de lo que dice la Palabra, y de la respuesta obediente a esa Palabra. Solo mediante el compromiso de obediencia a Dios puede el firme conocimiento reemplazar a nuestra ignorancia.

La oración de Cristo ha sido respondida en verdad.

Dios está dispuesto a perdonar a pesar de la forma distorsionada en que Le percibimos y percibimos a Su Hijo. Pero tenemos que dejar de ver a Jesús de ese modo reconociéndole como Hijo de Dios y entregándonos por completo, confiados, a Él. Entonces podrá el conocimiento reemplazar a nuestra ignorancia y experimentaremos el perdón de nuestro amoroso Dios.

El centurión, al ver lo que había sucedido, alabó Dios y dijo: Verdaderamente este hombre era justo (23:47). Los otros Evangelios informan que el centurión dijo: "¡Verdaderamente éste era el Hijo de Dios!" (Mateo 27:54; Marcos 15:39). ¿Por qué usa Lucas una frase diferente? Probablemente porque la audiencia griega para quien estaba escribiendo podría haber supuesto que el centurión utilizaba la frase "hijo de Dios" en sentido pagano, más que cristiano. Al mismo tiempo, al decir "este hombre era justo", Lucas mantiene el énfasis básico de su Evangelio: Jesús representa no solo a Dios en la carne, sino a la humanidad ideal.

Recuerden lo que les dijo cuando todavía estaba con ustedes (24:6). Puede leerse entre líneas una reprimenda implícita. Pero lo más importante es el recordatorio de que desde el principio Jesús sabía del sufrimiento y el triunfo que Le esperaban. Antes de ver en profundidad los sufrimientos de Cristo leamos Sus palabras proféticas:

■ Lucas 9:22: "El Hijo del hombre tiene que sufrir muchas cosas y ser rechazado por los ancianos, los jefes de los sacerdotes y los maestros de la ley. Es necesario que lo maten y que resucite al tercer día".

■ Lucas 18:31-33: "Entonces Jesús tomó aparte los doce y les dijo: 'Ahora vamos rumbo a Jerusalén, donde se cumplirá todo lo que escribieron los profetas acerca del Hijo del hombre. En efecto, será entregado a los gentiles. Se burlarán de él, lo insultarán, lo escupirán; y después de azotarlo, lo matarán. Pero al tercer día resucitará".

EL PASAJE EN PROFUNDIDAD

Cualquier estudio de los sufrimientos de Cristo debe reflejar el conocimiento de que Jesús sufrió como hombre y como el Hijo de Dios. Como hombre, Su sufrimiento implicaba vulnerabilidad al tormento físico y psicológico, vulnerabilidad también compartida por nosotros. Su sufrimiento como el Hijo de Dios fue, sin embargo, único, con el elemento de misterio que apenas podemos percibir pero cuyo entendimiento pleno escapa a nuestra capacidad. Necesitamos examinar cada uno de los aspectos del sufrimiento y la muerte de Jesús, por separado. Pero siempre tenemos que tener en mente que Él fue y es el Dios/Hombre, verdaderamente Dios y aún así, plenamente humano. De esa manera los distintos aspectos de Su tormento final no quedarán aislados o separados.

Al repasar las últimas horas de Cristo, sentimos reverente temor, y avanzamos con lentitud y atención.

EL TORMENTO PSICOLÓGICO

A lo largo de los años de Su ministerio Jesús sufrió psicológicamente. Juan nos dice: "Vino a lo que era suyo, pero los suyos no lo recibieron" (Juan 1:11). Las multitudes acudían a oír a Jesús y Le consideraban un profeta (Marcos 16:14). Pero no estaban dispuestos a aceptarle por lo que Él era de veras, su tan esperado Mesías, el Hijo de Dios. Los líderes religiosos rechazaban Sus enseñanzas y al reconocerle finalmente como amenaza a su fingida autoridad espiritual, pergeñaron un plan para matarlo. Incluso los discípulos plenamente comprometidos con Jesús permanecieron insensibles a Su dolor, sin conocer el significado de Sus enseñanzas más importantes.

Usted y yo conocemos algo del crudo misterio que significa el rechazo. Del dolor que sentimos cuando pareciera que a nadie le importa lo que sentimos pero al mismo tiempo, todos exigen que permanezcamos sensibles al sufrimiento ajeno. Conocemos el dolor de la soledad que nos acosa cuando vemos que no hay ser humano que pueda entendernos de veras.

Todo este dolor acompañó a Cristo constantemente mientras ministraba entre los seres humanos, el Hijo de Dios, sin reconocimiento de parte de quienes eran Suyos, por Creación y por Pacto.

Todo este constante dolor interno aparece concentrado y expuesto en un incidente que cuentan los cuatro evangelios sinópticos: la oración de Cristo en Getsemaní (Nota: los relatos de Mateo y Marcos son, esencialmente, iguales. El de Mateo y el de Lucas aparecen en el cuadro que hay a continuación).

Notamos en particular las palabras destacadas en negrita y vemos que en el original, la emoción es potente y abrumadora. Es la angustia que Cristo conoció a lo largo de Su ministerio, expuesta de repente al quebrarse Su control en la agonía de esa hora terrible.

Como el tribunal judío no tenía autoridad para condenar a muerte a Jesús, Le llevaron ante el gobernador romano, Pilato. Después de que Pilato Le condenara, aunque con reticencia, Jesús fue sometido a abusos más graves todavía.

Marcos 15:16-20 nos lleva al patio de la guarnición romana y describe las crueles burlas de los soldados.

> Los soldados llevaron a Jesús al interior del palacio (es decir, al pretorio) y reunieron a toda la tropa. Le pusieron un manto de color púrpura; luego trenzaron una corona de espinas, y se la colocaron.
> —¡Salve, rey de los judíos! —lo aclamaban. Lo golpeaban en la cabeza con una caña y le escupían. Doblando la rodilla, le rendían homenaje. Después de burlarse de él, le quitaron el manto y le pusieron su propia ropa. Por fin, lo sacaron para crucificarlo.

Mateo añade a este informe un detalle muy importante. Dice: "Entonces [Pilato] les soltó a Barrabás; pero a Jesús lo mandó azotar, y lo entregó para que lo crucificaran" (27:26). El látigo que usaban los soldados para preparar a una víctima para la crucifixión se conocía como flagellum. Estaba compuesto por una cantidad de tiras de cuero en las que se habían entretejido trozos de hueso, plomo o vidrio. La persona que recibiría los azotes era atada a un poste y se le golpeaba reiteradas veces con este terrible instrumento, que al romper y rasgar la piel y la carne dejaba expuesto el hueso, con lo que la víctima sangraba copiosamente, habiendo casos en que moría antes de la crucifixión. Como preparativo, se buscaba debilitar a la víctima para que las horas o días que pasara suspendida de la cruz fueran todavía más dolorosas.

Azotado, golpeado, habiendo sufrido burlas, Cristo fue obligado a cargar el madero sobre Sus hombros heridos. Tambaleando bajo el peso del madero y

---

ANGUSTIA DE CRISTO EN GETSEMANÍ

Mateo 26:36-41 – Marcos 14:32

Luego fue Jesús con sus discípulos a un lugar llamado Getsemaní, y les dijo: "Siéntense aquí mientras voy más allá a orar." Se llevó a Pedro y a los dos hijos de Zebedeo, y comenzó a sentirse **triste y angustiado**. "Es **tal la angustia que me invade**, que me siento morir —les dijo—. Quédense aquí y manténganse despiertos conmigo."

Yendo un poco más allá, se postró sobre su rostro y oró: "Padre mío, si es posible, no me hagas beber este trago amargo. Pero no sea lo que yo quiero, sino lo que quieres tú."

Luego volvió adonde estaban sus discípulos y los encontró dormidos. "¿No pudieron mantenerse despiertos conmigo ni una hora? —le dijo a Pedro—. Estén alerta y oren para que no caigan en tentación. El espíritu está dispuesto, pero el cuerpo es débil."

Lucas 22.39-47

Jesús salió de la ciudad y, como de costumbre, se dirigió al monte de los Olivos, y sus discípulos lo siguieron. Cuando llegaron al lugar, les dijo: "Oren para que no caigan en tentación." Entonces se separó de ellos a una buena distancia, se arrodilló y empezó a orar: "Padre, si quieres, no me hagas beber este trago amargo; pero no se cumpla mi voluntad, sino la tuya." Entonces se le apareció un ángel del cielo para fortalecerlo. Pero, como **estaba angustiado**, se puso a orar con más fervor, y **su sudor era como gotas de sangre** que caían a tierra sufriendo insoportables dolores Jesús debió recorrer las angostas calles hasta salir de la ciudad y llegar allí donde se realizaban las ejecuciones públicas.

Ahora llegamos al más terrible de los horrores físicos. Porque así era como veían los antiguos este método de ejecución, considerado tan terrible, de hecho, que estaba reservado a los esclavos, los bandidos y los que se rebelaban contra el poder imperial. Jamás se usaría contra un ciudadano romano.

¿Qué era lo terrible de la cruz? ¿Y cómo mataba a la persona? Se ataba o clavaba a la víctima a un madero transversal que luego se montaba o clavaba sobre un posteo fijado al suelo. Un informe publicado en la revista *Biblical Archeologist* [Arqueólogo bíblico] de septiembre de 1985 (p. 190-91) nos brinda esta descripción tomada del análisis de los restos de parte de un hombre judío del siglo primero quien, como Jesús, fue ejecutado con este método.

> Es importante recordar que la muerte por crucifixión no era causada por las traumáticas lesiones de los clavos. Más bien, el estar colgado producía un doloroso proceso de asfixia en que los dos conjuntos de músculos que participan de la respiración — los intercostales y el diafragma — van debilitándose progresivamente. Con el tiempo la persona moría como consecuencia de la incapacidad para respirar.
>
> Los pies del condenado se clavaban a los lados del poste, separados..y clavados ya los pies, se colocaba un tablón de madera de olivo entre la cabeza de cada clavo y el pie, tal vez para impedir que el condenado pudiera descolgarse o zafarse del clavo.

Una y otra vez Jesús tiene que haberse incorporado con tal de poder tomar aire una vez más, luchando contra el dolor de Sus manos y pies perforados por los clavos. Debilitada y en agonía, la víctima podría vivir durante días hasta tanto el intenso dolor y la pérdida de sangre hacían que le fuera imposible incorporarse para seguir respirando, y moría por sofocación o ataque cardíaco.

El tormento espiritual

El sufrimiento físico era terrible, pero no podía compararse con el sufrimiento espiritual que pasó Jesús. Esa angustia aparece ya preanunciada en diversos pasajes del Antiguo Testamento. El Salmo 22, reconocido como salmo mesiánico desde hace siglos, expresa con elocuencia los sentimientos de Cristo: "Dios mío, Dios mío, ¿por qué me has abandonado? Lejos estás para salvarme, lejos de mis palabras de lamento. Dios mío, clamo de día y no me respondes; clamo de noche y no hallo reposo" (22:1-2).

Estas palabras no solo describen la experiencia de Cristo. Él mismo las pronunció en un grito mientras estaba colgado en la cruz en ese día oscuro: "Dios mío, Dios mío ¿por qué me has abandonado?" (Mateo 27:46). Este es de hecho el misterio supremo. ¿Cómo podía ser que en este momento tan terrible la Deidad misma estuviera separada, el Hijo separado del Padre, pasando así por la muerte espiritual Aquel que es fuente de la vida eterna?

No importa lo mucho que hablemos sobre los sufrimientos físicos de Cristo, tenemos que saber que empalidecen en comparación con el sufrimiento espiritual. La unión de Dios con el hombre hizo posible que muriera la persona teantrópica, y así Pablo escribe en Colosenses: "Pero ahora Dios, a fin de presentarlos santos, intachables e irreprochables delante de él, los ha reconciliado en el cuerpo mortal de Cristo mediante su muerte" (Colosenses 1:22). El comentario del *Diccionario Zondervan de Términos Bíblicos* observa:

> En vista de los variables y terribles significados que las Escrituras asignan a la muerte sería erróneo pensar en la muerte de Jesús como mero hecho biológico. Cuando la Biblia enseña que Jesús sufrió la muerte y sintió su sabor (Hebreos 2:9), se implica una experiencia completa y profunda de lo que es la muerte. Esto se extiende incluso a la horrible separación de Dios que quebranta el corazón del cristiano y se revela en el grito de Jesús desde la cruz: "Dios mío, Dios mío, ¿por qué me has abandonado? (Mateo 27:46).

En la angustia del momento los labios de Cristo pronunciaron " ¿Por qué?" Sin embargo, desde la pasada eternidad la razón ya era conocida por el Padre, el Hijo y el Espíritu Santo. Ese por qué se expresa a lo largo del Nuevo Testamento en palabras como estas:

> Por medio de un solo hombre el pecado entró en el mundo, y por medio del pecado entró la muerte; fue así como la muerte pasó a toda la humanidad, porque todos pecaron. Antes de promulgarse la ley, ya existía el pecado en el mundo. Es cierto que el pecado no se toma en cuenta cuando no hay ley; sin embargo, desde Adán hasta Moisés la muerte reinó, incluso sobre los que no pecaron quebrantando un mandato, como lo hizo Adán, quien es figura de aquel que había de venir. Pero la transgresión de Adán no puede compararse con la gracia de Dios. Pues si por la transgresión de un solo hombre murieron todos, ¡cuánto más el don que vino por la gracia de un solo hombre, Jesucristo, abundó para todos! Tampoco se puede comparar la dádiva de Dios con las consecuencias del pecado de Adán. El juicio que lleva a la condenación fue resultado de un solo pecado, pero la dádiva que lleva a la justificación tiene que ver con una multitud de trans-

gresiones. Pues si por la transgresión de un solo hombre reinó la muerte, con mayor razón los que reciben en abundancia la gracia y el don de la justicia reinarán en vida por medio de un solo hombre, Jesucristo. Por tanto, así como una sola transgresión causó la condenación de todos, también un solo acto de justicia produjo la justificación que da vida a todos. Porque así como por la desobediencia de uno solo muchos fueron constituidos pecadores, también por la obediencia de uno solo muchos serán constituidos justos. En lo que atañe a la ley, ésta intervino para que aumentara la transgresión. Pero allí donde abundó el pecado, sobreabundó la gracia, a fin de que, así como reinó el pecado en la muerte, reine también la gracia que nos trae justificación y vida eterna por medio de Jesucristo nuestro Señor (Romanos 5:12-21).

Sin embargo, vemos a Jesús, que fue hecho un poco inferior a los ángeles, coronado de gloria y honra por haber padecido la muerte. Así, por la gracia de Dios, la muerte que él sufrió resulta en beneficio de todos... Por tanto, ya que ellos son de carne y hueso, él también compartió esa naturaleza humana para anular, mediante la muerte, al que tiene el dominio de la muerte —es decir, al diablo—, y librar a todos los que por temor a la muerte estaban sometidos a esclavitud durante toda la vida (Hebreos 2:9, 14-15).

Antes de recibir esa circuncisión, ustedes estaban muertos en sus pecados. Sin embargo, Dios nos dio vida en unión con Cristo, al perdonarnos todos los pecados y anular la deuda que teníamos pendiente por los requisitos de la ley. Él anuló esa deuda que nos era adversa, clavándola en la cruz (Colosenses 2:13-14).

LA RESURRECCIÓN: LA CERTEZA DEL SIGNIFICADO DE LOS SUFRIMIENTOS

La noticia de la resurrección de Jesús se difundió muy rápido esa primera Pascua. La historia de Lucas sobre los dos discípulos que iban de camino a Emaús, deja de manifiesto el desconcierto y confusión de los seguidores de Cristo. Esto se observa en la variedad de términos que utiliza Lucas para describir sus animadas conversaciones mientras caminaban. Iban "conversando" — *homiloun* (24:14-15), "hablaban" — *suzetein* (24:15) y "discutían" — *antiballete*. Esto nos indica que literalmente "barajaban ideas".

Fue entonces que se les unió Jesús, a Quien no reconocieron. Mientras caminaban, Cristo "les explicó lo que se refería a él en todas las Escrituras" (24:27), mostrándoles que el Cristo había tenido que "sufrir estas cosas" y solo entonces entrar en Su gloria (24:26).

Usted y yo jamás entenderemos del todo lo que Jesús experimentó aquí en la tierra, ni podremos siquiera comenzar a entender ese momento de muerte espiritual que sufrió nuestro Dios. Pero sí sabemos que Cristo tenía que sufrir.

No porque meréciéramos la redención. No. La necesidad existía a causa de Quién es Él, y no por quienes somos nosotros.

JUAN 1.1-18
Deidad de Jesús

EXPOSICIÓN

El Evangelio de Juan ha sido llamado el "Evangelio universal". Es diferente de los evangelios sinópticos. Porque aunque Mateo, Marcos y Lucas fueron escritos para audiencias diferentes, cada uno de los tres relata los hechos del ministerio público de Jesús más o menos en orden cronológico. Cada uno suele describir los hechos con mínimos comentarios y cada uno tiende a centrarse en Galilea, donde transcurrió la mayor parte del ministerio público de Cristo. En cada uno de los evangelios sinópticos trasluce Quién es Jesús, como el Mesías Rechazado en Mateo, el Hombre de Dios en Acción en Marcos o el Ser Humano Ideal en Lucas. Pero aunque la identidad paralela de Cristo como Hijo de Dios y Salvador se afirma y demuestra plenamente en los milagros y enseñanzas de Jesús informados allí, ninguno de los tres "hace teología".

Al comenzar a leer el Evangelio de Juan de inmediato notamos que es diferente. Las primeras palabras de Juan nos llevan a los misterios centrales de la fe, a medida que Juan nos presenta el desafío de mirar más allá del principio y a encontrar allí a Jesús que existe, no como supuesto hijo del carpintero de Nazaret, sino como Dios, distinto y al mismo tiempo, con Dios e igual a Dios.

Al seguir leyendo encontramos grandes diferencias estructurales entre Juan y los sinópticos. Ellos registran el fluir de la historia de Cristo en la tierra. Juan selecciona siete milagros y los utiliza como telón de fondo para presentar discursos profundamente teológicos del Salvador. Los tres evangelios sinópticos se concentran en hechos sucedidos en Galilea en tanto Juan centra nuestra atención en Judea. Y lo más significativo es que una y otra vez Juan presenta las enseñanzas de Jesús en categorías universales: luz versus oscuridad, vida versus muerte, verdad versus falsedad, amor versus odio, creencia versus descreencia.

Estos contrastes han causado que algunos argumentaran que el cuarto Evangelio se atribuye al apóstol Juan, sin asignarle la autoría pero los estudiosos académicos han refutado cada uno de los argumentos en contra de la autenticidad de la pluma de Juan y la visión tradicional demostró ser la mejor refutación. ¿Cuál es esta opinión tradicional? Sabemos que el apóstol Juan sobrevivió en muchos años a los demás miembros del círculo íntimo de Jesús. A medida que pasaban las décadas Juan vio que hacía falta un relato del Evangelio que pudiera satisfacer la necesidad de la iglesia cristiana en desarrollo, un relato que respondiera a los argumentos en contra del entendimiento sobre Jesús, presentados por fuentes judías y seculares/filosóficas. Así que, en algún momento entre los años 90 y 100 DC, aunque hay quienes afirman que fue cerca del 80 DC, Juan escribió sus más vívidos recuerdos de las acciones y enseñanzas de Jesús, que mostraban que Cristo era Dios y Hombre a la vez, destacando Su persona de entre toda otra distorsión contemporánea.

Juan 1.1-18

Y así, en el Evangelio de Juan tenemos un retrato único de nuestro Señor. Preciso y exacto como los demás retratos de los otros Evangelios, a pesar de las diferencias en estructura y propósito. Nos recuerda entonces que en Jesucristo Dios no solo Se reveló a los judíos como su Mesías, a los romanos como su Hombre de Acción ideal y a los griegos como verdadero Modelo de la Humanidad. En Jesucristo Dios Se reveló a Sí mismo en Su Hijo, como única respuesta a las necesidades universales más profundas de una humanidad perdida. En Jesús la luz brilla y revela la oscuridad en la que andábamos. A través de Jesús recibimos una vida vital dinámica, que rompe para siempre con el poder de la muerte sobre nuestro presente y futuro. Por Jesús finalmente podemos medir la verdad y la falsedad. Con Jesús el amor de Dios termina con la animosidad que pudiéramos haber sentido contra Dios y contra los demás. Y todo vuelve a girar en torno a un único tema: creer o no creer.

El mensaje claro y maravilloso de este Evangelio, el más teológico de todos, es que Dios nos invita a creer en Su Hijo. Y cuando lo hacemos, recibimos luz, vida, verdad, amor — los dones y regalos más grandes de Dios.

ESTUDIO DE PALABRAS

En el principio ya existía el Verbo (1:1). El término griego es *logos*, que suele referirse a la palabra hablada, pero centrando la atención en el significado más que en el sonido. El pensamiento filosófico griego consideraba el *logos* como principio racional, la Mente que gobernaba el universo. El pensamiento hebreo consideraba que "la palabra de Dios" era Su auto-expresión activa, esa revelación de Sí mismo a la humanidad por medio de la que una persona no solo recibe verdad acerca de Dios, sino que se encuentra cara a cara con Dios.

A. T. Robertson resume la importancia y significado de logos en su obra *Comentario al texto griego del Nuevo Testamento:*

Logos proviene de *logo,* una antigua palabra en Homero que implica hilvanar, poner lado a lado, hablar palabras para expresar una opinión. Logos es común a la razón y al discurso. Heráclito utilizó este término para el principio que controla el universo. Los estoicos lo utilizaron para referirse al alma del mundo (anima mundi) y Marco Aurelio utilizó *spermatikos logos,* para referirse al principio generador en la naturaleza. En hebreo, el término *menna* se utilizaba en los Targums para referirse a la manifestación de Dios como Ángel de Jehová o Sabiduría de Dios, en Proverbios 8:23.[1]

Los antiguos escritores cristianos tuvieron para decir sobre el Evangelio de Juan mucho más que sobre los otros Evangelios. Y la mayoría se centró en el tema de la primera oración. Jesús es el Verbo, la Palabra pre-existente de Dios. El uso del término logos, o "palabra" por parte de Juan con profundas raíces en la filosofía griega y el pensamiento hebreo, hizo que este Evangelio entrara de inmediato en el plano de la especulación que tanto fascinaba a los pensadores religiosos.

Aquí, una cantidad de comentarios a este Evangelio y sus palabras iniciales, escritos por los primeros escritores cristianos.

IRINEO (CA 125-200 DC)

Y todos los presbíteros que asociados en Asia con Juan, el discípulo del Señor, dan testimonio de que Juan legó [estas cosas]. Porque permaneció con ellos hasta los tiempos de Trajano [DC. 98-117] .Y también la iglesia de Efeso fundada por Pablo — con quienes Juan permaneció hasta la época de Trajano — son fieles testigos de la tradición de los apóstoles.

Ahora, Mateo publicó también un libro de el Evangelio en el dialecto de los hebreos para que ellos lo leyeran en tanto Pedro y Pablo predicaban el Evangelio en Roma y fundaban la Iglesia. Después de ellos murieran, Marcos, discípulo e intérprete de Pedro, también nos legó por escrito las cosas que predicaba Pero. Lucas también, el seguidor de Pablo, escribió en un libro el Evangelio predicado por éste. Y después Juan, el discípulo del Señor que también se apoyó sobre Su pecho, publicó un Evangelio mientras residía en Efeso, Asia.

Y todos estos nos han legado [la doctrina de que hay] un Dios, hacedor del cielo y la tierra, proclamado por la Ley y los Profetas y un Cristo, el Hijo de Dios. Si una persona no afirma esto, por cierto rechaza a los seguidores del Señor. Rechaza incluso a Cristo el Señor mismo. Rechaza de hecho también al padre y se auto-condena, resistiéndose y luchando contra su propia salvación, cosa que hacen todos los herejes.

Juan, el discípulo del Señor, proclama esta fe y desea por proclamación del Evangelio eliminar ese error que se difundió entre los hombres por parte de Cerinto y mucho después por los que se llaman nicolaitas que son desprendimiento de ese mal llamado conocimiento que confunde, y desea convencerlos de que hay un Dios que hizo todas las cosas por Su Palabra y no como dicen que el Creador era uno y el Padre del Señor, otro, y que el Hijo del Creador era uno pero el Cristo de las altas esferas otro, que Él vivió impasible hasta el final, descendió sobre Jesús el Hijo del Creador y retornó nuevamente a Su Pléroma, y que el Hijo Unigénito de hecho era el principio y que la Palabra era el verdadero Hijo del Unigénito y que el mundo en el que "vivimos" no ha sido creado por el Dios Supremo sino por algún poder que está muy por debajo de Él, excluido de la comunión con las cosas invisibles e inefables...Así comenzó "con" la enseñanza del Evangelio: "En el principio era la Palabra..."

TEÓFILO (CA. 170 – 180 DC)

Pero cuando Dios decidió hacer las cosas que eran Su propósito, produjo esta Palabra pronunciable, primogénito de toda la creación. Él mismo no estaba vacío de la Palabra sino que producía [la] Palabra. Siempre en consorte con Su Palabra. De allí que las Sagradas Escrituras y todos los escritores inspirados nos enseñan a una estas cosas y Juan, dice: "En el principio era la Palabra y la Palabra era con Dios", mostrando que al principio Dios estaba solo y la Palabra era en Él. Luego dice: "Y la Palabra era Dios y por medio de él todas las cosas fueron creadas y sin él, nada de lo creado llegó a existir". Por eso, la Palabra, siendo Dios y procediendo de Dios por naturaleza toda vez que el Padre del universo lo determine, Él Le envía a determinado lugar, y al venir Él es visto y oído, enviado por Él y también, hallado en [ese] lugar".

TERTULIANO (155-234 DC)

Apareció entre nosotros Aquel cuya venida fue para renovar e iluminar la naturaleza del hombre, preanunciado por Dios. Me refiero a Cristo, Hijo de Dios. Y así la suprema Cabeza, y Amo de esta gracia y disciplina, el Iluminador y Maestro de la raza humana, el mismo Hijo de Dios, fue anunciado entre nosotros y nació, pero no naciendo como para que Él sufriera vergüenza del nombre de Hijo o de Su origen paterno. No fue Suyo el sino de tener como Su padre, por incesto con una hermana o por violación de una hija o de la esposa ajena, un Dios con forma de serpiente, o de buey, o de ave o de amante, que por Sus fines viles se transmute en el oro de Danao. Son esas sus divinidades sobre las que recayeron las bajas acciones de Júpiter. Pero el Hijo de Dios no tiene madre en el sentido que implica impureza. Ella, de quien los hombres suponen que es Su madre de la manera común, jamás había entrado en el vínculo del matrimonio. Pero primero voy a hablar de Su esencial naturaleza y así se entenderá la naturaleza de Su nacimiento. Ya hemos afirmado que Dios hizo el mundo y todo lo que hay en él, por Su Palabra y Razón y Poder, como Creador del Universo. Porque Zeno afirma que Él es el creador, habiendo hecho todas las cosas según un determinado plan; que Su nombre es Destino y Dios y el alma de Júpiter y la necesidad de todas las cosas. Cleantes lo adjudica todo al espíritu, que sostiene, está presente en todo el universo. Y nosotros, de la misma manera, sostenemos que la Palabra, la Razón y el Poder por lo que hemos dicho que Dios lo creó todo, tienen espíritu en su correspondiente y esencial sustrato en que la Palabra tiene existencia propia para emitir pronunciamientos y la razón permanece para disponer y arreglar y el poder está por sobre todo, para ejecutar. Se nos ha enseñado que Él procede de Dios y en tal procedencia Él es generado de modo que Él es el Hijo de Dios llamado Dios a partir de la unidad de sustancia con Dios. Porque Dios también es un Espíritu. Así como el rayo procede del sol y sigue siendo parte de la masa que le dio origen, el sol seguirá estando en el rayo porque es un rayo del sol y no hay división de sustancia sino meramente, extensión. Así, Cristo es Espíritu de Espíritu, Dios de Dios, como se enciende luz de la luz. La matriz material permanece entera, sin ser afectada, aunque de ella se derive toda cantidad de brotes que poseen sus cualidades. De modo que también aquello que ha venido de Dios es al mismo tiempo Dios e Hijo de Dios y los dos son uno. De este modo también, así como Él es Espíritu de Espíritu y Dios de Dios Él surge segundo en manera de existencia, en posición pero no en naturaleza, que no se apartó de la fuente original, sino que avanzó. Este rayo de Dios por lo tanto, como se predijo siempre en la antigüedad, descendido en una determinada virgen y hecho carne en su vientre en el Su nacimiento Dios y hombre unidos. La carne formada por el Espíritu se nutre, crece y madura hasta la adultez, habla, enseña, obra y es el Cristo.

ATANASIO (298-373 DC)

1. Mas uno no puede sino estar completamente atónito ante los gentiles que, aunque se ríen de lo que no es motivo de risa, son insensibles a su propia desgracia y no ven que lo que han formado tiene forma de palos y piedras.

2. Solo, porque nuestro argumento no carece de pruebas que lo demuestren, pongámoslos entonces en el lugar de la vergüenza sobre argumentos razonables, principalmente de aquello que nosotros mismos vemos. Porque ¿qué hay de nuestra parte que sea absurdo, digno de burla? ¿Es solo porque decimos que la Palabra se ha hecho manifiesta en el cuerpo? Pero esto incluso ellos han de admitir que sucedió sin absurdo alguno, si se reconocen como amigos de la verdad.

Juan 1.1-18

3. Si entonces niegan que hay una Palabra de Dios, lo hacen gratuitamente, burlándose de lo que no conocen.

4. Aunque si confiesan que existe la Palabra de Dios y que Dios gobierna en universo y que en Él el Padre ha producido creación y que por Su Providencia el todo recibe luz y vida y ser y que Él reina por sobre todo, de modo que por las obras de Su providencia Le conocemos y a través de Él al Padre, consideren, les ruego, si no han estado entonces levantando tal burla en contra de ellos mismos.

5. Los filósofos de los griegos dicen que el universo es un cuerpo enorme, y con razón lo afirman. Porque lo vemos y vemos su camino como objetos de nuestros sentidos. Entonces si la Palabra de Dios está en el Universo, que es un cuerpo y Él se han unido con el todo y con todas sus partes, ¿qué hay de sorprendente o absurdo si decimos que Dios Se han unido también con el hombre?

6. Porque si fuera absurdo que Él estuviera en un cuerpo ¿sería absurdo que Dios estuviera unido con el todo y que diera luz y movimiento a todas las cosas mediante Su providencia? Porque el todo también es un cuerpo.

7. Pero si Él desea unirse con el universo y hacerse conocer en el todo, también puede desear aparecer en un cuerpo humano y que por Él se iluminara y actuara. Porque la humanidad forma parte del todo al igual que el resto. Y si no fuera probable que una parte fuese adoptada como instrumento Suyo para enseñarles a los hombres sobre Su Deidad, tiene que ser de lo más absurdo que Dios se hiciera conocer siquiera por el universo todo [Capítulo XLI]

"En el principio ya existía el Verbo" (1:1). Juan, seguramente a conciencia, replica las palabras de Génesis 1:1: "Dios, en el principio". El "principio" en cada caso nos lleva más allá de la Creación a una eternidad habitada únicamente por Dios. Antes de que Dios pronunciara esa primera palabra formativa que dio existencia al universo, y formara a partir de la materia cruda el mundo habitable en el que vivimos, esa Persona destinada a ser agente activo de Dios en todas las cosas existía ya como Dios y con Dios.

Esto se destaca en el texto mediante el uso del término griego *en*, "era/estaba". Juan usa este verbo tres veces en este versículo, conjugando en tiempo imperfecto el verbi *eimi*, en lugar de la forma verbal *egeneto*. *Eimi* y *en* describen simplemente existencia continua en tanto *egeneto* indica transformación. En el principio el Verbo, como Dios, disfrutaba ya de una existencia atemporal, sin principio ni fin. La traducción de Knox refleja el sentido de este verbo cuando traduce la frase que hay a continuación como "Dios tenía al Verbo habitando con Él".

No podemos siquiera empezar a entender ´como es que Dios puede existir sin un comienzo. Las Escrituras no intentan explicarlo, ni hay lugar a discusión sobre este punto. Simplemente, afirman que Dios es, fue y siempre será. Y Juan nos recuerda, al iniciar su Evangelio, que no hemos de olvidar jamás que Jesús, carpintero de Nazaret, maestro y obrador de milagros de Israel, Salvador crucificado y resucitado, es también Dios hecho carne. Eterno, inmutable, inmortal, el único Dios sabio a quien debemos honor y alabanza por los siglos de los siglos.

Y el Verbo era Dios (1:1). Una secta contemporánea que refleja una posición teológica adoptada por los antiguos herejes señala que en griego el artículo definido "el" solo precede a Verbo, pero no a Dios. Sobre tal base esta secta argumenta que Juan enseña que Jesús era "un" Dios pero no por cierto, Dios. Una deidad menor, sí, Pero ¿el Dios de la eternidad? Jamás.

La falacia de este argumento es que no se apoya en la gramática griega. Como señala el artículo "Qualitative anarthrous predicate nouns" (Sustantivos anártricos) en el *Journal of Biblical Literature* (marzo de 1973), señala que en griego la ausencia del artículo con "Dios" pone énfasis en la cualidad. Así, Juan declara con toda claridad que el Verbo tiene la misma cualidad que Dios ¡Y es Dios!.

Lejos de restarle algo a la elevada consideración de la naturaleza de Jesús Juan afirma con potencia la plena deidad de este Hombre que era el Verbo hecho carne.

Por medio de él todas las cosas *fueron creadas*; sin él, nada de lo creado llegó a existir (1:3). Aquí hay un giro en la conjugación del verbo, del imperfecto de *eimi* en los versículos 1-2 al aoristo de *ginomai* , "llegar a ser". En este pasaje, como en el resto de las Escrituras, Juan ve un comienzo para el universo material y para los seres creados que pueblan el universo espiritual. Y Juan ahora presenta a Cristo como el agente activo en esa Creación.

Tenemos un pasaje del Nuevo Testamento que también afirma esta verdad: "Él es la imagen del Dios invisible, el primogénito de toda creación, porque por medio de él fueron creadas todas las cosas en el cielo y en la tierra, visibles e invisibles, sean tronos, poderes, principados o autoridades: todo ha sido creado por medio de él y para él. Él es anterior a todas las cosas, que por medio de él forman un todo coherente" (Colosenses 1:15-17).

Y tenemos un pasaje del Antiguo Testamento que preanuncia la revelación , más clara, del rol de Cristo en la creación de las cosas: "Por la palabra del Señor fueron creados los cielos, y por el soplo de su boca, las estrellas... Tema toda la tierra al Señor; hónrenlo todos los pueblos del mundo; porque él habló, y todo fue creado; dio una orden, y todo quedó firme" (Salmo 33:6, 8-9).

En él estaba la vida, y la vida era la luz de la humanidad (1:4). El término griego utilizado aquí es *zoe*, que puede indicar el principio que da vida al cuerpo y con frecuencia se refiere a la vida y vitalidad espiritual. Aquí Juan presenta a la Palabra o Verbo, Jesús, como fuente de toda vida, que da vitalidad a la vida y vida eterna espiritual a los seres humanos.

"Vida". Este es uno de los temas favoritos de Juan. En su Evangelio, esta palabra aparece unas 36 veces. El artículo sobre "vida y muerte" en el *Diccionario Zondervan de términos bíblicos*, comenta sobre este pasaje:

> El pecado humano fue el origen de la muerte. Dios solo es el origen de la vida porque Dios "tiene vida en sí mismo" (5:26). Toda otra vida se deriva de Él. Como Creador Dios es fuente de la vida biológica. Juan 1 presenta a Jesús como agente creativo en la creación y como fuente de vida en el universo. "Por medio de él todas las cosas fueron creadas; sin él, nada de lo creado llegó a existir. En él estaba la vida, y la vida era la luz de la humanidad" (Juan 1:3-4).
>
> Dios también es el origen de la vida eterna, la dinámica espiritual que rompe con el poder de la muerte en la personalidad humana. Juan nos transmite las palabras de Jesús: "Ciertamente les aseguro que el que oye mi palabra y cree al que me envió, tiene vida eterna y no será juzgado, sino que ha pasado de la muerte a la vida. Ciertamente les aseguro que ya viene la hora, y ha llegado ya, en que los muertos oirán la voz del Hijo de Dios, y los que la oigan vivirán. Porque así como el Padre tiene vida en sí mismo, así también ha concedido al Hijo el tener vida en sí mismo" (5:24-26).
>
> Jesús también es el origen de la vitalidad para la experiencia de la vida eterna del creyente aquí en la tierra. Es, en palabras de Pablo: "He sido crucificado con Cristo, y ya no vivo yo sino que Cristo vive en mí. Lo que ahora vivo en el cuerpo, lo vivo por la fe en el Hijo de Dios, quien me amó y dio su vida por mí" (Gálatas 2:20; cf. Filipenses 1:21). En todo momento la enseñanza de la Biblia sobre la vida nos señala a Jesús. Como Mediador enviado por Dios Jesús es la fuente en donde se halla la vida eterna que nos da Dios (1 Juan 1:1-2).

¿En qué aspectos es "esa vida la luz de los hombres"? Solo al ver el destello de la esperanza y al acudir al Salvador podemos los seres humanos obtener la vida eterna.

Esta luz resplandece en las tinieblas, y las tinieblas no han podido extinguirla (1:5). Es difícil traducir el verbo *kataleben* en este pasaje. Puede significar "vencer" o "sobrepasar", así como "comprender" o "conseguir". El problema consiste en discernir cuál es el significado que aplica aquí y cómo encaja con lo que Juan está diciendo en cuanto a la luz que brilla en la oscuridad.

"Luz" y "tinieblas". Este es otro par de opuestos que hallamos con frecuencia en los escritos de Juan. En un aspecto real, "tinieblas" representa el mundo dominado por Satanás, cuyos habitantes perdidos se energizan con las mismas pasiones que llevaron a Satanás a la caída y que por ello "prefirió las tinieblas a la luz" (3:19). Solo al seguir las palabras de Jesús y caminar en la luz pueden los seres humanos evitar "que los envuelvan las tinieblas" (nuevamente, *katelambano*, en 12:35).

Tal vez esto nos brinde la mejor clave para entender el sentido de Juan 1:5. La vida que pulsaba en Jesús derramó luz mientras Él vivió entre nosotros en este mundo, este mundo que es dominio de Satanás. Las fuerzas de las tinieblas lo envolvían todo: Satanás, demonios e incluso los líderes religiosos del pueblo de Dios, que luchaban por apagar esa luz. Pero las tinieblas no pudieron extinguir o vencer a la luz.

En Jesús, la luz de Dios sigue brillando. Y no importa qué fuerzas se unan en contra del Salvador ¡las tinieblas jamás triunfarán por sobre la luz!

Juan ... vino para dar testimonio de la luz (1:7). A primera vista nos parece extraño. ¿Por qué habría de "dar testimonio" de una "luz"? (*marturesei* es dar testimonio, hacer que sea más claro). Si hay oscuridad y tinieblas ¡la luz es obvia en sí misma!

Pero recordemos una cosa: la luz que brilla en las tinieblas solo es obvia para quienes pueden ver. Los ciegos no pueden ver la luz, por brillante que sea.

Juan fue enviado por Dios, en cumplimiento de la profecía, para proclamar a una generación cegada por el pecado que el Redentor había venido de verdad. Por el testimonio de Juan hubo muchos que anduvieron a tientas buscándole. ¡Y quienes oían las palabras de Jesús y creyeron, pudieron ver!

Es parecido a lo que sucede hoy. Jesús sigue siendo la luz del mundo. Y los que están ciegos por el pecado siguen necesitando que nosotros demos testimonio de Él para que ellos también puedan creer...y ver.

Esa luz verdadera, *la que alumbra a todo ser humano***, venía a este mundo (1:9).** Si el hombre está perdido en el pecado, y ciego a las realidades espirituales como lo muestra Jesús en 9:39-41 ¿qué quiere decir Juan al hablar de la Palabra como "luz verdadera", diciendo que "alumbra a todo ser humano"?

Se puede redactar de manera diferente, para indicar que Cristo, la verdadera luz "ilumina a cada ser humano cuando Él viene al mundo". Así, en lugar de indicar que todo ser humano tiene luz, se entiende que el versículo dice que la luz verdadera llega a todos con la venida de Cristo.

Aunque tal vez fuera esa la mejor traducción, la que presenta la NVI tiene implicancias interesantes.

Juan 1.1-18

A partir de un estudio de religiones comparativas sabemos que muchas de las religiones del mundo comparten una visión moral elevada. Lo que los seres humanos debieran ser en realidad, no está en disputa en lo que conocemos como religiones "superiores". La diferencia está en que solo el cristianismo afirma que nada puede hacer el ser humano para ganar o merecer la salvación, o para congraciarse con Dios. Más bien, el cristianismo dice que el amor de Dios por los que están perdidos es tan grande que sacrificó a Su único Hijo por nosotros.

Entonces ¿de dónde obtienen las religiones humanas los valores morales? Juan tal vez nos esté diciendo que toda luz verdadera viene por Cristo y que los breves destellos de la verdad que logran vislumbrar los que están perdidos, tienen origen en Su inigualable gracia.

El que era la luz ya estaba en el mundo, y el mundo fue creado por medio de él, pero el mundo no lo reconoció (1:10). En el original, "mundo" o *kosmos*, aparece primero en las tres frases, y en cada una presenta un aspecto diferente de la relación de la Palabra con Su universo y sus habitantes.

La Palabra estaba "continuamente" (así lo indica la conjugación del verbo) en el mundo. Juan quiere que aquí entendamos que la Encarnación fue una intervención especial de la Palabra con Su creación pero que en ningún momento antes de la Encarnación había dejado de estar presente entre nosotros la Palabra. En la revelación de Dios en la naturaleza, en la Ley de Moisés, y en las voces de los profetas, la Palabra daba a conocer Su presencia.

La Palabra, el Verbo, creó al mundo. Su existencia misma dependía de Su acción creativa y de sostén. Fue y es Su mundo, en el sentido más profundo.

Pero el mundo se negó a reconocer (o no supo hacerlo) al Verbo cuando Él vino a vivir entre nosotros. Y aquí observamos un giro sutil en la connotación de *kosmos*. En su sentido teológico, *kosmos* representa en el NT a la sociedad humana separada de Dios, una red de relaciones e instituciones energizadas por las mismas pasiones que llevaron a Satanás a rebelarse contra el Señor. Utilizado sin este tinte teológico, *kosmos* centra nuestra atención en la tierra, no como planeta sino como biósfera, un sistema infinitamente bien organizado diseñado por Dios, que junto a la vida animada e inanimada incorpora a la humanidad como elemento esencial. Y así, Juan nos recuerda que como el Verbo Cristo siempre ha estado activo y presente en el complejo entretejido de este planeta. Como el Verbo, la Palabra, Cristo es de hecho su Creador. Pero cuando el Verbo apareció en la tierra, en Jesucristo, la humanidad — corona de la creación — se negó a reconocerlo.

Todo el universo da testimonio del Verbo. Solo el ser humano se niega a reconocer Su rol, o a adorarle.

Vino a *su propio* mundo, pero *los suyos* no lo recibieron (1:11). En la primera frase "Su propio mundo" nos indica Sus propias cosas, o Su creación. Pero la segunda frase es diferente y se centra en "los suyos", Su propio pueblo. En la primera instancia Juan tal vez estuviera pensando en los judíos, el pueblo escogido por Dios, que no solo se negó a reconocer a su Mesías sino que Le rechazó decididamente. Pero en la segunda instancia comprende a la humanidad toda, porque en la primera frase todo Le pertenece por derecho de creación y Él llama a todos los Suyos en Su universal ofrecimiento de la gracia.

Pero a quienes *lo recibieron y creyeron* en él, les concedió el privilegio de llegar a ser hijos de Dios (1:12). "Creer" es tal vez la palabra más importante en el Evangelio de Juan. A medida que se acerca al final de su relato sobre Jesús, tan único, el apóstol concluye: "Pero estas se han escrito para que ustedes crean que Jesús es el Mesías, el Hijo de Dios, y para que creyendo tengan vida por medio de él" (20:31).

Pero ¿qué significa "creer"? En 1:12 Juan nos brinda una definición preliminar al equiparar "creer" con "recibir". Es una imagen muy clara. ¿Qué podemos hacer usted o yo para recibir un regalo? Sencillamente, extender las manos y tomar lo que se nos ofrece. Al responder a un ofrecimiento, al extender las manos para tomar, expresamos nuestra confianza en el dador, y en su promesa. A diferencia de Lucy en la tira de "Peanuts", que convence a Charly Brown que esta vez sí sostendrá la pelota para que él pueda patearla, y luego la retira, la promesa de salvación de Dios a través de Cristo no es una broma.

Hijos de Dios. Y son *hijos* de Dios, no por la naturaleza ni los deseos humanos, sino porque Dios los ha engendrado (1:12-13). Juan presenta aquí un asombroso cambio de estado. Porque al creer, pasamos de ser meras criaturas de Dios a ser Sus hijos: miembros de Su familia, hijos e hijas del Padre celestial. El versículo luego deja muy en claro que esta relación no depende de un accidente de nacimiento ni de una relación biológica. Es espiritual, una relación que depende de un renacimiento interior que en sí mismo es obra sobrenatural de Dios. J. B. Phillips en su paráfrasis, dice: "Estos eran quienes verdaderamente creían en Él y su nacimiento dependía no de la descendencia natural ni de un impulso físico o plan humano, sino de Dios".

El tema del nuevo nacimiento se presenta por primera vez aquí y se desarrolla luego en la conversación de Jesús con Nicodemo (capítulo 3).

Aquel que es la Palabra se hizo hombre y vivió entre nosotros (1:14). Hay una importante transición aquí. Juan comienza afirmando que desde el principio mismo el Verbo, la Palabra, era Dios. Ahora Juan nos dice que este Verbo se hizo carne. Notemos que no sugiere que la Deidad entrara temporariamente en un ser humano existente ya. No. El gran misterio de todas las épocas es el que está establecido aquí: la Palabra eterna se hizo ser humano, aceptando las limitaciones con que vivimos, sujeto a las condiciones que la naturaleza y la historia imponen en la gente común y corriente. Juan con frecuencia hace alusión a estas limitaciones, como en 3:17, 6:38-42; 7:29, 8:23, 9:5, 10:36 y 16:28, recordándonos que la realidad de la Encarnación no es un concepto filosófico abstracto sino que para Jesús fue una realidad de la experiencia.

En cuanto a Juan, él da testimonio y en la Encarnación vio la gloria de Dios revelada en la Persona de Su único Hijo, unigénito.

Del Padre, por ser su Hijo único, abundante en amor y verdad (1:14). Esta frase llena de significado, "amor y verdad" se repite en el versículo 17 donde la gracia y la verdad que trajo Jesús quedan en contraste con la ley entregada por medio de Moisés. Lo que Juan está indicando no es que la ley fuera algo diferente a un regalo divino, sino que mientras la ley exhibía Lajusticia de Dios para todos, Cristo exhibe la gracia y el amor de Dios. Y la verdad revelada en Jesús tiene una autoridad que sobrepasa a la de la verdad que entregó a través de Moisés.

Más adelante Pablo explora en detalle la relación entre la Ley y la Gracia (ver Índice). Aquí Juan simplemente afirma que a través de Cristo se ha dado una nueva revelación del carácter y plan de Dios, revelación que tiene más importancia que todo lo que se nos haya dado antes.

Nadie ha visto jamás a Dios; el Hijo único, que es Dios y que vive en íntima comunión con el Padre, *es quien nos lo hadado a conocer* **(1:18).** "Dios" es *Theon*, aquí, sustantivo anártrico que significa "deidad". Lo que Juan nos dice es que la capacidad limitada del ser humano hace que nos sea imposible percibir la esencial naturaleza de Dios. Pero el Hijo, el Verbo hecho carne, nos ha explicado o interpretado, *exgesato,* a Dios por medio de la Encarnación. La enseñanza y los actos de Jesús sirven no solo para comunicarnos quién es Dios sino también para llevarnos ante Su presencia misma.

En y a través de Jesús los seres humanos conocen al Dios viviente y quienes responden creyendo, reciben la vida eterna.

JUAN 1.19–4.42
Ha llegado lo nuevo

EXPOSICIÓN

Juan ha iniciado su Evangelio con una serie de valientes afirmaciones (1:1-18). La palabra eterna se hizo carne y vivió durante un tiempo entre los hombres, como ser humano real. En esa Encarnación el eterno Hijo de Dios ha revelado la verdadera naturaleza de la Deidad, y ofrece una nueva, asombrosa y maravillosa relación con Dios a todos los que Le reciben por fe. Dios ya le ha hablado a la humanidad a través de Moisés pero ahora, una nueva revelación "llena de gracia y verdad" sucede y excede al anterior mensaje de Dios a los seres humanos. Más adelante, el autor del libro de Hebreos retomará este tema y señalará que aunque Moisés era un siervo fiel en la casa de Dios, el Hijo es el propietario y arquitecto y por ello, sabemos que cuando el Hijo revele Su autoridad suprema, Su autoridad excederá a la del mensaje anterior. Con este fundamento ya presentado Juan avanza y explora lo nuevo que ha venido en Cristo, el Verbo Encarnado, el Hijo y Revelador del Dios viviente.

Juan sabe presentar su evidencia en detalle, describiendo ante todo a los testigos que dan testimonio de lo nuevo (1:19-51). Estos testigos incluyen a Juan, precursor anunciado en la profecía del AT (1:9-28); al Espíritu Santo, que apareció con la forma de una paloma en el bautismo de Jesús (1:29-34); y a Andrés y Felipe, quienes después de pasar apenas unos momentos con Jesús Le reconocieron y aceptaron (1:35-51).

Juan entonces relata dos incidentes que ilustran la superioridad de lo nuevo (2:1-25). En una fiesta de bodas en Caná Jesús convierte el agua en vino (2:1-11). La bebida común de la gente se transforma para convertirse en el líquido que se asocia con la celebración y el gozo, el líquido que en ambos Testamentos se vincula con el banquete que da inicio al escatológico reino venidero de Dios. Entonces Jesús asombra a quienes Le observan al echar a los que cambiaban dinero del templo de Jerusalén (2:12-25). Este acto es expresión del juicio divino sobre la adoración corrupta, pero es también una promesa. Ha llegado lo nuevo y las implicancias positivas de los actos de Jesús quedan explícitas en Mateo 21:13: "Mi casa será llamada casa de oración".

Pero ¿cuál es la naturaleza de lo nuevo? Juan presenta ahora a Nicodemo, un importante miembro del Sanedrín que acude a ver a Jesús para conversar en privado sobre las enseñanzas del joven rabí (3:1-36). Por medio del diálogo entre Jesús y esta autoridad de Israel (3:1-21), Juan revela que lo "nuevo" que trae Jesús es el "nuevo nacimiento", una renovación espiritual tan fundamental que produce un cambio absoluto en la relación de la persona con Dios y en su destino eterno. Es una renovación cuyas implicancias Juan explica con minuciosidad después de informarnos sobre esta conversación (3:22-36).

Finalmente, Juan nos cuenta otra historia más: es la conocida historia de la mujer samaritana a quien Jesús encuentra junto a un pozo, y con quien Él habla (4:1-42). La historia nos muestra que el impacto de lo nuevo está destinado a llegar más allá de los antiguos límites, llevando esperanza al gentil como al judío.

Sí, en la Encarnación de Jesucristo ha llegado lo nuevo. En Cristo el gozo de la celebración, la gloria de la adoración, la vitalidad de la renovación espiritual y la certeza de la vida eterna llegan para nosotros.

ESTUDIO DE PALABRAS

Cuando los judíos de Jerusalén enviaron sacerdotes y levitas a preguntarle quién era (1:19). Juan utiliza la palabra "judíos" de manera diferenciadora. En el Evangelio de Juan la frase no implica una distinción étnica ni religiosa, sino que busca identificar al pueblo, diferenciándole de los líderes religiosos judíos que se oponían a Jesús activamente (10:24, 31; 18:14, 31, 36, 38). Incluso con tal uso, el adjetivo no es peyorativo, sino meramente descriptivo.

No pensemos que el Nuevo Testamento es antisemita, aún cuando la mayoría del os líderes judíos del siglo primero eran cada vez más hostiles a los cristianos. Pablo expresa la actitud que deben tener los creyentes hacia el pueblo judío, en su carta a los romanos: "Hermanos, el deseo de mi corazón, y mi oración a Dios por los israelitas, es que lleguen a ser salvos" (10:1).

¿Acaso eres Elías?...¿Eres el profeta? (1:21). Las dos preguntas está reflejando creencias comunes en el judaísmo del siglo primero, arraigadas en el AT. La primera muestra la creencia popular de que Elías sería quien ungiría al Mesías y que esta acción revelaría Su identidad. Cuando Juan dice no ser Elías, vemos su entendimiento de sí mismo y no debemos tomarlo como contradicción de lo que Jesús enseñó sobre Juan (Mateo 11:7-15).

La segunda pregunta se basa en la expectativa de que aparecería un profeta que cumpliría la promesa de Deuteronomio 18:15, 18 y que reproduciría los milagros del Éxodo, reconquistando así la Tierra Prometida. Una vez más, Juan niega ser el profeta y esto refleja su entendimiento de sí mismo aún cuando hay quienes ven en su respuesta un rechazo de la teología popular.

En verdad, pocos entendemos el rol que tenemos en el plan mayor de Dios. Juan era mucho más importante de lo que él mismo sospechaba aunque reconocía su comisión de llamar a Israel a volver a Dios, preparándose para la venida del Mesías. ¡Usted y yo podríamos ser mucho más importantes de lo que imaginamos, en el cumplimiento de los propósitos de Dios!

Yo lo he visto y por eso *testifico* que éste es el Hijo de Dios (1:34). A lo largo de la historia de la Biblia los profetas recibieron visiones de espiritualidad que los demás no veían. Ahora, este último de los profetas del AT recibe la más asombrosa visión de todas: ha visto a Jesús como Hijo de Dios.

En esto, compartimos la visión y misión de Juan. La realidad de Quién es Jesús permanece oculta a un mundo que utiliza Su nombre con tanta informalidad. Pero nosotros hemos visto que Jesús es el Hijo de Dios, y de ello tenemos que dar testimonio.

Vengan a ver —les contestó Jesús. Ellos fueron, pues, y vieron dónde se hospedaba, y aquel mismo día se quedaron con él (1:39). Esa experiencia bastó para convencer a Andrés. El texto nos dice que "Andrés encontró primero a su hermano Simón [Pedro], y le dijo: —Hemos encontrado al Mesías (es decir, el Cristo) (1:41).

Es maravilloso cuando usted y yo podemos decirle a cualquier persona: "Ven a ver". Jesús está en el cielo pero a través de Su cuerpo aquí en la tierra mantiene una presencia viva en medio de nuestro mundo perdido. Cuando nuestras congregaciones están llenas del amor y la presencia de nuestro Señor, podemos con alegría invitar a venir a los que buscan y pregunta, sabiendo que en el calor de la relación de amor que distingue a las personas en las que ahora habita Jesús, podrán verle y encontrarle.

—¡De Nazaret! —replicó Natanael—. ¿Acaso de allí puede salir algo bueno? (1:46). Tenemos que tomar esta observación como exclamación. No era como el tono de cruel desprecio que exhibían los líderes religiosos al descartar a la gente común diciendo: "Esta gente, que no sabe nada de la ley, está bajo maldición" (7:49).

De hecho, la exclamación refleja sorpresa, que habrían compartido casi todos los de Judea si se mencionaba la idea de que Galilea, al sur, sería origen de un movimiento religioso importante. La actitud se observa en la forma en que el Sanedrín luego reprendió a Nicodemo (7:52), y también en las observaciones que se atribuyen a los sabios de nuestra era. Se dice que Rabban Johanan ben Zakkai expresó: "¡Oh Galilea! ¡Oh, Galilea! Odiabas la Torá. Y finalmente tu destino será el de caer en manos de los *mesiquin*". En otro diálogo tradicional se dice que el rabí Simlai fue a visitar al rabí Jonathan para hablar sobre la *haggadah*, y que el rabí Jonathan respondió:

> Tengo una tradición de mis ancestros que desalienta la enseñanza de la *haggadah* a los babilonios o a los sureños [es decir, al os galileos] porque son de espíritu rudo y no conocen la Torá y usted,

señor, califica en ambos sentidos. Viene usted de Hehardea y además vive en el sur.

En vista de la opinión general de quienes vivían en Judea, y que se reconoce como centro intelectual del pensamiento judío de los tiempos de Cristo, tal vez sea entendible que Natanael se mostrara sorprendido.

Es muy fácil que la opinión popular tenga influencia en nuestros pensamientos. ¡Y es muy frecuente que la opinión popular esté equivocada!

Antes de que Felipe te llamara, *cuando aún estabas bajo la higuera*, ya te había visto (1:48). Un comentador cristiano árabe ofrece una sugerencia interesante, porque toma esta frase como expresión idiomática que significa: "Te conozco muy bien". Pero la frase "antes de que Felipe te llamara" parece definir una instancia específica en ese momento. Jesús sencillamente está diciendo algo: aunque estaban fuera de la vista de quienes estaban allí Jesús conocía el lugar donde se habían encontrado y sabía del incidente. El AT contiene precedentes: Eliseo supo lo que pasaba en las reuniones de deliberación del rey de Siria aunque él estaba en Israel (2 Reyes 6:8-12); Ezequiel estaba en Babilonia y conocía lo que sucedía al mismo tiempo en Jerusalén (Ezequiel 8). Natanael, hombre de fe sincera, sin duda vio en la afirmación de Jesús el mismo sello divino de aprobación que se hizo evidente en los antiguos profetas y sin dudarlo, aceptó esta confirmación del testimonio de su hermano Felipe.

La respuesta también nos da evidencia de que Jesús conocía bien a Natanael cuando dijo: "Aquí tienen a un verdadero israelita, en quien no hay falsedad", *oude estin en to stomatai autou dolos*, que en griego significa, literalmente "no hay engaño en su boca", sugiriendo no solo que Natanael no es mentiroso sino que con total sinceridad, no busca el engaño en los demás. El fariseo que oyera a Jesús hablando de haberle visto bajo una higuera lejana, podría haber sentido confusión, preguntándose qué truco habría usado Jesús para saber esto. Natanael, sin embargo, aceptó el testimonio de Jesús y creyó.

¡Cuánto necesitamos hoy a gente como Natanael! Gente que crea en Jesús por Su sola palabra, y que responda en fe. Esa es la clave al crecimiento y poder espiritual.

Mujer, ¿eso qué tiene que ver conmigo? (2:4). La frase en griego, *ti emoi kai soi*, significa literalmente "qué, a mí y a ti". Su ambigüedad ha dado lugar a diversas explicaciones. Un comentarista sugiere que Jesús quiere decir: "¿Y qué nos importa a nosotros?". Sugiere que, según la costumbre de ese entonces los huéspedes se tomaban turnos para comprar el vino que todos beberían brindando a la salud de la novia y el novio. Piensa que María al decirle a Jesús que estaba por terminarse el vino,

Le urgía a cumplir con el deber de invitado, para que comprara la siguiente ronda. En tal caso, la respuesta de Jesús significaría solo: "¡No es mi turno!".

Aunque esto nos brinda un dato interesante de la cultura de esos tiempos, tal vez haya explicaciones mejores. Por ejemplo, Cristo podría haber estado preguntando a María en tono amable por qué ella Le habla de una necesidad que Él ya entiende y piensa satisfacer. En este caso las instrucciones de María a los sirvientes se entienden mejor. Jesús no rechaza su pedido sino que piensa satisfacer la necesidad sin que Su madre se lo pida (esta versión apela más a los protestantes, que suelen resentir el uso de esta historia por parte de los católicos romanos como base para orar a la virgen María. Después de todo, dice este razonamiento, Jesús otorgaría también a Su madre todo lo que ella Le pida ¡como lo hizo en Caná de Galilea!).

Pero hay otra posibilidad aún. Jesús está a punto de obrar la primera de Sus señales milagrosas: una señal que revelará Su gloria y por la que "sus discípulos creyeron en él" (2:11). Mucho antes, siendo un niño, Jesús había insistido: "tengo que estar en la casa de mi Padre" (Lucas 2:49). Sin embargo, Jesús regresó a Nazaret y vivió su niñez con María y José. Pero ahora, finalmente, Jesús está por ocuparse de los asuntos de su padre aún cuando la hora final de ese servicio está todavía lejos, en el futuro. Con suavidad Jesús responde a María: Mujer, ¿qué tiene que ver eso conmigo y contigo? Mujer, ahora no hay relación terrenal que pueda atarme porque finalmente, voy a ocuparme de los asuntos de mi Padre.

María ahora se inclina hacia su hijo y les dice a los sirvientes: "Hagan lo que él les ordene" (2:5). Jesús ahora está sujeto solamente al Padre, y por eso, toda la humanidad está sujeta a Cristo como Señor.

Llega un momento también para nosotros en que afirmamos los vínculos de un deber hacia Dios, que sobrepasa toda otra relación que podamos valorar. Cuando llega ese momento, vemos que somos llamados — como lo fue Jesús — a poner primero la voluntad de Dios y a servirle todos los días.

A los que vendían *las palomas* les dijo: —¡Saquen esto de aquí! ¿Cómo se atreven a convertir la casa de mi Padre en un mercado? (2:16). Las palomas eran el sacrificio que Dios, en Su gracia, permitía a quienes eran demasiado pobres como para llevar un cordero al altar del templo. Un estudio fascinante de las circunstancias económicas de la gente de la Jerusalén del siglo primero muestra que los precios de la fruta eran entre tres y seis veces superiores en la ciudad en comparación con el campo. Pero esto no puede compararse con los exagerados precios a los que se ofrecían las palomas de sacrificio en Jerusalén ¡que era casi de 100 veces lo que se cobraba en áreas rurales! La casa de Dios no solo había sido convertida en mercado por los comerciantes que compraban y vendían allí, con anuencia de los sumos sacerdotes. Había sido convertida en mercado donde los pobres para quienes proveía la Ley de Dios ¡eran víctimas de la extorsión!

Muchos creyeron en su nombre al ver *las señales* que hacía (2:23). "Hacía" indica acción continua. Lo que sugiere el original es que en tanto Jesús continuara realizando milagros Sus acciones seguían dando lugar a cierto nivel de fe. El hecho de que esto no implica compromiso con Jesús como Señor, que da aclarado con claridad en el siguiente versículo: "En cambio, Jesús no les creía" (2:24).

La fe que depende de lo visible no es probable que perdure.

Ésta es la causa de la condenación: que la luz vino al mundo, pero la humanidad prefirió las tinieblas a la luz, porque sus hechos eran perversos (3:19). Tanto quienes respondieron a Cristo como quienes Le rechazan han vivido en las tinieblas. Pero la gran diferencia entre los perdidos y los salvos se ve cada vez más en la respuesta de cada uno de estos grupos a la luz. Los perdidos se dispersan y escurren, ocultándose en una oscuridad creciente, no solo porque son malas sus acciones sino porque no quieren quedar expuestos, avergonzados por lo que son. Los salvos se apartan cada vez más del mal. Responden a la luz porque ven que lo que hacen es "en obediencia a Dios" (3:21). Es maravillosamente liberador dar la bienvenida a la luz. Pero sumirse cada vez más en la oscuridad inspira mucho miedo.

A él le toca crecer, y a mí *menguar* (3:30). La verdadera medida de la grandeza está en exaltar a Cristo y no a nosotros mismos.

El que rechaza al Hijo no sabrá lo que es esa vida, sino que permanecerá bajo el castigo de Dios (3:36). Este es el único pasaje en los escritos de Juan donde se menciona la ira, la consciente y decidida hostilidad de Dios hacia el pecado. En otros pasajes del AT y NT encontramos otras enseñanzas sobre la ira de Dios.

La Biblia mantiene una visión positiva de la ira de Dios. Solo surge a raíz del pecado, y con frecuencia se trata de pecados que son o afrentas directas (Éxodo 32:7-12; Números 32:10; Deuteronomio 11:16-17), o el trato injusto hacia los demás (Éxodo 22:22-24). Así, la ira de Dios es no solo justa, sino también consonante con Su compasión, amor, compromiso con la justicia y deseos de perdonar. Se nos presenta en las Escrituras a Dios como "lento para la ira" (cf. Éxodo 34:6; Salmos 86:15).

Con todo esto vemos que Dios permanece comprometido con expresar Su ira contra el pecado. Y lo hace en el juicio justo, considerado y atento a los pecadores, que se dará cuando regrese Cristo. Como dice 2 Tesalonicenses 1:9: "Ellos sufrirán el castigo de la destrucción eterna, lejos de la presencia del Señor y de la majestad de su poder".

Juan 3 se conoce por su gran afirmación de que "tanto amó Dios al mundo, que dio a su Hijo unigénito, para que todo el que cree en él no se pierda, sino que tenga vida eterna" (3:16). Pero en la gratitud que nos invade al contemplar este gran regalo de Dios no hemos de olvidar que este mismo capítulo advierte a quienes no responden al amor que entonces tendrán que temer la ira de Dios.

EL PASAJE EN PROFUNDIDAD

Juan el Bautista niega ser el Cristo (1:19-34). Ver también el comentario a Mateo 3:13-17, 11:1-30 y el pasaje paralelo en Marcos 1:1-8.

Trasfondo. Las preguntas formuladas por la delegación de los líderes religiosos de Jerusalén se centran en un tema vital (1:19). Juan acababa de irrumpir desde el desierto, vestido como un Elías de esos días, y gritando advertencias que resonaban como eco el santo fervor de los profetas de Dios en la antigüedad. Rápidamente atrajo a multitudes llenas de entusiasmo, porque anunciaba que el reino de Dios estaba cercano a iniciarse en la historia. Y urgía al pueblo de Dios a cambiar de manera drástica, para poder prepararse para entrar en ese reino cuando llegara.

La respuesta que exigía la delegación de Jerusalén, era sencillamente la contestación a: "¿Quién eres? ¿Cuál es tu lugar en el plan de Dios?". Juan rechazó las sugerencias de que él mismo pudiera ser el Cristo, o ese profeta que la creencia popular esperaba en el inicio de la era mesiánica (ver Estudio de Palabras de Juan 1:21, más arriba). En cambio, Juan dijo ser "la voz del que grita en el desierto: 'Endereceen el camino del Señor'" (1:23). Su respuesta era una cita del profeta Isaías (40:3), cita que aparece entre las palabras de "¡Consuelen a mi pueblo!" (40:1) que dan inicio a la segunda mitad de esa gran obra profética.

En ese pasaje, Isaías dice:
Sión, portadora de buenas noticias,
¡súbete a una alta montaña!
Jerusalén, portadora de buenas noticias,
¡alza con fuerza tu voz!
Álzala, no temas;
di a las ciudades de Judá:
"¡Aquí está su Dios!"
Miren, el Señor omnipotente llega con poder,
y con su brazo gobierna.
Su galardón lo acompaña;
su recompensa lo precede.
Como un pastor que cuida su rebaño,
recoge los corderos en sus brazos;
los lleva junto a su pecho,
y guía con cuidado a las recién paridas.
(Isaías 40:9-11)

Aquí lo significativo es el hecho de que Isaías pone énfasis no en la venida de los tiempos mesiánicos sino en la Persona mesiánica, el "Señor omnipotente" que a pesar de Su temible poder se inclinará, como un Pastor, para tomar en brazos a las ovejas.

El Bautista mismo luego no pudo separar estos dos temas, como lo demuestran sus preguntas a Jesús (Mateo 11:3). Pero en este Evangelio Juan pone incuestionablemente la atención en el testimonio del Bautista como testigo de la Persona del Mesías, y afirma: "testifico que éste es el Hijo de Dios" (1:34).

¿Cómo hemos de entender entonces la predicación que se informa en los otros Evangelios, que constituye un llamado tan claro y urgente al arrepentimiento? Así como el ministerio de la voz de Isaías preparará el camino para la Persona del Mesías, más que para la Era del Mesías, hemos de ver esa predicación como pre-evangelización. Como predicación que busca quitar las barreras que nos aíslan de la conciencia de nuestro propio pecado y necesidad y al hacerlo, nos prepara para oír el mensaje de Dios del completo perdón, por gracia, de nuestros pecados.

Interpretación. Aunque Juan no nos brinda un resumen de la predicación del Bautista, sí lo hacen otros escritores de los Evangelios. Y corresponde aquí que miremos qué es lo que describen:

La ropa de Juan estaba hecha de pelo de camello. Llevaba puesto un cinturón de cuero y se alimentaba de langostas y miel silvestre. Acudía a él la gente de Jerusalén, de toda Judea y de toda la región del Jordán. Cuando confesaban sus pecados, él los bautizaba en el río Jordán. Pero al ver que muchos fariseos y saduceos llegaban adonde él estaba bautizando, les advirtió: "¡Camada de víboras! ¿Quién les dijo que podrán escapar del castigo que se acerca? Produzcan frutos que demuestren arrepentimiento. No piensen que podrán alegar: 'Tenemos a Abraham por padre.' Porque les digo que aun de estas piedras Dios es capaz de darle hijos a Abraham. El hacha ya está puesta a la raíz de los árboles, y todo árbol que no produzca buen fruto será cortado y arrojado al fuego. "Yo los bautizo a ustedes con agua para que se arrepientan. Pero el que viene después de mí es más poderoso que yo, y ni siquiera merezco llevarle las sandalias. Él los bautizará con el Espíritu Santo y con fuego" (Mateo 3:4-11).

Así se presentó Juan, bautizando en el desierto y predicando el bautismo de arrepentimiento para el perdón de pecados. Toda la gente de la región de Judea y de la ciudad de Jerusalén acudía a él. Cuando confesaban sus pecados, él los bautizaba en el río Jordán. La ropa de Juan estaba hecha de pelo de camello. Llevaba puesto un cinturón de cuero, y comía langostas y miel silvestre. Predicaba de esta manera: "Después de mí viene uno más poderoso que yo; ni siquiera merezco agacharme para desatar la correa de sus sandalias" (Marcos 1:4-7).

Muchos acudían a Juan para que los bautizara.

—¡Camada de víboras! —les advirtió—. ¿Quién les dijo que podrán escapar del castigo que se acerca? Produzcan frutos que demuestren arrepentimiento. Y no se pongan a pensar: "Tenemos a Abraham por padre." Porque les digo que aun de estas piedras Dios es capaz de darle hijos a Abraham. Es más, el hacha ya está puesta a la raíz de los árboles, y todo árbol que no produzca buen fruto será cortado y arrojado al fuego.

—¿Entonces qué debemos hacer? —le preguntaba la gente.

—El que tiene dos camisas debe compartir con el que no tiene ninguna —les contestó Juan—, y el que tiene comida debe hacer lo mismo.

Llegaron también unos recaudadores de impuestos para que los bautizara.

—Maestro, ¿qué debemos hacer nosotros? —le preguntaron.

—No cobren más de lo debido —les respondió.

—Y nosotros, ¿qué debemos hacer? —le preguntaron unos soldados.

—No extorsionen a nadie ni hagan denuncias falsas; más bien confórmense con lo que les pagan.

La gente estaba a la expectativa, y todos se preguntaban si acaso Juan sería el Cristo.

—Yo los bautizo a ustedes con agua —les respondió Juan a todos—. Pero está por llegar uno más poderoso que yo, a quien ni siquiera merezco desatarle la correa de sus sandalias. Él los bautizará con el Espíritu Santo y con fuego (Lucas 3:7-16).

Al comparar estos pasajes observamos importantes elementos en común:

■ El Bautista identifica pecados de manera rotunda. Juan no duda en identificar el pecado como pecado, y a los pecadores como pecadores. Los modernos eufemismos como "literatura adulta", "estilos de vida alternativos", o "el derecho de la mujer sobre su propio cuerpo", no tenían cabida en el vocabulario del Bautista. Hoy, Juan hablaría sin ambages, llamando inmoral a lo "adulto", depravación sexual al "estilo de vida alternativo" y asesinato al aborto de la persona no nacida cuya singularidad ya está impresa en el patrón de cromosomas de cada célula. No hay forma de disfrazar al pecado porque Juan nombró cada acción de pecado por su nombre.

Sin embargo es importante observar aquí que Juan hablaba a la multitud y no a personas en particular. Al hablar como lo hizo obligaba a su sociedad a ver los parámetros de justicia de Dios, negándose a permitir que se escondieran tras palabras que disfrazaran la verdadera naturaleza de sus acciones. Cuando las personas le preguntaban a Juan el Bautista qué debían hacer, él les respondía señalando principios ya establecidos en la ley mosaica.

■ El Bautista desafía las suposiciones religiosas. En el judaísmo del siglo primero era común suponer que bastaba con descender biológicamente de Abraham para asegurarse un lugar ante Dios. Juan no solo negó tal suposición sino que además confrontó directamente a quienes basaban sus expectativas del favor de Dios en la fidelidad a la tradición. Hoy hay gente que adopta anteojeras parecidas, y que suponen que si Dios existe Él es tan "bueno" que pasará por alto los errores humanos y dará la bienvenida gustoso a todo quien profese siquiera alguna cercanía con cualquier tipo de religión. El Dios de la Biblia, que exige total fidelidad a Él y que Se ha revelado a Sí mismo, le es extraño y repulsivo a nuestra población. Así como el Bautista les recordó a los de su época, los seres humanos debemos buscar una relación con Dios según los términos que Dios establece. Es necio insistir en que Dios acepte nuestras condiciones, como si la relación con Él fuera un favor que Le hacemos, en lugar de un regalo que por gracia Él nos ofrece.

■ El Bautista advierte sobre el juicio venidero. Muchos de los que reconocen que actúan mal se encogen de hombros y dicen: "¿Y qué?". Juan el Bautista predicaba a la gente en una sociedad que creía en la bendición y el juicio de Dios. Pero aún en esa sociedad el juicio parecía demasiado distante como para tener relevancia en las decisiones de todos los días. "Tal vez algún día Dios nos llame a rendir cuentas, pero seguramente no será ahora", es sin duda la forma en que muchos se aíslan del miedo a la justa retribución por los pecados. Juan el Bautista predicó sobre un juicio inminente, la "ira venidera" está cerca porque "el hacha ya está puesta a la raíz de los árboles" (Lucas 3:7, 9).

Es fascinante la reacción de nuestra sociedad ante quienes ven en el flagelo del SIDA como expresión del juicio divino, el hacha de Dios ya puesta a la raíz del pecado de nuestra sociedad. Tan solo sugerir tal cosa hace que surjan acusaciones furiosas de prejuicio o insensibilidad. No importa que la mayoría de los casos sean consecuencias de las decisiones de las víctimas a favor de actividades inmorales o ilegales. Nuestra sociedad intenta desesperadamente negar el principio de responsabilidad personal sobre las acciones y sus consecuencias, y con la misma desesperación niega la verdad con la que el Bautista confrontaba a su audiencia: este es n universo moral y Dios juzga, hoy y siempre.

■ El Bautista señala hacia Cristo. Cada Evangelio nos transmite este mismo mensaje. Cuando el Bautista hablaba, señalaba a su audiencia hacia Aquel que vendría después de él. Aquel que identifica en el Evangelio de Juan como "Cordero de Dios" (1:29) e "Hijo de Dios" (1:34).

Este es el objetivo de toda pre-evangelización. Despertar a los seres humanos a la realidad de su condición para que estén dispuestos a oír y a responder a Jesucristo.

Aplicación. El estudio del ministerio del Bautista nos recuerda cuántos errores de concepto hay en toda sociedad que ciegue a los seres humanos a la Buena Nueva del Evangelio. La predicación del Bautista no tiene como propósito servirnos de modelo en la evangelización personal aunque sí nos recuerda que los cristianos, de manera individual o colectivamente, como iglesia, hemos de confrontar a nuestra sociedad con las verdades impopulares aunque vitales que preparan a los hombres y mujeres para responder al Evangelio de Jesucristo.

Jesús cambia el agua en vino (2:1-11). Ver el Estudio de palabras de Juan 2:4, más arriba.

Trasfondo. El hecho de que las grandes vasijas que menciona Juan fueran de piedra (2:6) es significativo. Indica que el agua que contenían muy probablemente se usara para la purificación ritual, porque los contenedores de piedra, a diferencia de los de barro o metal no se contaminaban. Así, la transformación de esta agua en vino tiene significado simbólico: el agua que representaba la religión del AT fue convertida por Jesús en un vino que representaba la abundante bendición de Dios. La validez de este símbolo está establecida en las Escrituras, que con frecuencia presentan el reino escatológico de Dios como un banquete (Mateo 5:6; 8:11-12; Marcos 2:19; Lucas 22:15-18), donde era característica la abundancia de vino (cf. Isaías 25:6).

Encontramos un simbolismo similar en los comentarios del filósofo judío Filo del siglo primero, en referencia a Melquisedec. En su Leg. Alleg. 3.79 Filo escribe que Melquisedec "traerá vino en lugar de agua y dará a nuestras almas una corriente pura para que puedan ser poseídas por esa divina intoxicación que es más sobria que la misma sobriedad".

Al convertir el agua, que representaba la antigua economía, en vino que representa la venida del reino de Dios, Jesús "reveló su gloria, y sus discípulos creyeron en él" (2:11).

UNA NOTA SOBRE EL VINO
Uno de los argumentos más fútiles es el que presentan los que están decididos a transformar el vino en jugo de uvas sin fermentar. Es verdad que la borrachera y el alcoholismo son flagelos en nuestros tiempos, pero hay suficiente testimonio directo en contra de éstos en las Escrituras como para respaldar la posición de los prohibicionistas más apasionados, sin necesidad de negar el rol de vino en las celebraciones del siglo primero y en el simbolismo bíblico. El *Diccionario Zondervan de Términos Bíblicos* brinda un buen resumen de este asunto. Parte del artículo sobre el vino dice:

Hay dos términos hebreos traducidos como "vino" en versiones de la Biblia: *tiros* y *yayin*. Tiros es "nuevo vino", producto de la vid sin fermentar. En el AT se le relaciona con la bendición (por ejemplo, en Deuteronomio 7:13; 11:14; 2 Reyes 18:32) y conformaba un producto importante de la economía agrícola. Yayin es vino fermentado, que en tiempos bíblicos contenía entre un siete y un diez por ciento de alcohol. En la era del NT los rabís mandaban diluir este vino cuando se utilizaba en la Pascua. Pero se bebía vino en las fiestas, se lo regalaba (1 Samuel 25:18; 2 Samuel 16:1) y se usaba también como ofrenda a Dios (Éxodo 29:40; Levítico 23:13; Números 15:7). El AT llama a la moderación en la bebida y rechaza la borrachera y el amor por la bebida (Proverbios 20:1; 21:17; 23:20). En Amós vemos los dos aspectos del uso del vino: el uso correcto y el abuso. El pueblo de Dios sufrió condenas por pecados relacionados con el vino (Amós 2:8, 12; 5:11; 6:6) y en los capítulos posteriores, llenos de promesas de restauración, recibían la promesa de que "los montes destilarían vino dulce" (Amós 9:13) y que " Plantarán viñedos y beberán su vino" (v. 14). El término griego para "vino" es *oinos*. Las referencias en el NT muestran la misma apreciación del vino, y la misma condenación del abuso del vino que encontramos en el AT.

Jesús purifica el templo (2:12-25). Ver el Estudio de palabras en Marcos 11:15 y el pasaje paralelo en Mateo 21:12-17.

Jesús enseña a Nicodemo (3:1-21).

Trasfondo. El texto identifica a Nicodemo como "dirigente de los judíos" (*ho didaskalos tou Israel*, literalmente, maestro de Israel). Esto indica que Nicodemo no era un rabí común, sino miembro del Sanedrín y que ocupaba un lugar importante en la jerarquía teológica, aunque en nuestros días sería difícil de definir su rol. El hecho de que la entrevista ocurriera por la noche no necesariamente implica secreto, como han sugerido algunos, sino que Nicodemo prefirió una hora en que pudiera hablar con Jesús en privado. Lo que más revelador resulta es la forma en que Nicodemo da inicio a la conversación: "Rabí —le dijo—, sabemos que eres un maestro que ha venido de parte de Dios, porque nadie podría hacer las señales que tú haces si Dios no estuviera con él" (3:2). No ha de considerarse mera cortesía, sino más bien, indicación que desde el principio del ministerio de Jesús la élite religiosa sabía que Cristo hablaba con autoridad que Dios Le había otorgado.

No hay nada en las palabras de Nicodemo que sugiera hostilidad. Sí parece haber un sincero deseo de oír de boca de Jesús cuál será el mensaje de Dios a través de este nuevo rabí. En esto Nicodemo se diferenciaba de la mayoría de sus pares. Ellos sabían que los milagros que obraba Jesús eran señales que Le autenticaban plenamente como mensajero de Dios pero a conciencia, cerraban sus corazones y mentes a Jesús, y le veían no como brillante esperanza de Dios para el mañana sino como peligro y amenaza a su autoridad y posición del momento.

En comparación, Nicodemo se agranda porque no nos sorprende ver que intenta decir algo a favor de Jesús (7:50), ni encontrar tradiciones antiguas que sugieren que luego se convirtió al cristianismo.

Pero todo lo que nos preguntemos sobre Nicodemo es, por supuesto, menos importante que los milagros que Jesús le reveló. Aunque necesitamos ver en el diálogo que sigue el sincero intento de un hombre de corazón abierto que busca comprender conceptos que — por su profundo compromiso religioso, o a pesar de éste — eran muy difíciles para él.

Interpretación. El relato se divide en dos partes que se distinguen entren sí: Juan informa sobre la conversación entre los dos (3:1-15) y luego medita en su significado (3:16-36).

■ El diálogo. Jesús efectúa una serie de afirmaciones que asombran a Nicodemo. Dice que para siquiera ver el reino de Dios, hay que "nacer de nuevo" (*anothen*, literalmente, nacer de arriba) (3:3). Cuando Nicodemo exclama, sorprendido, Jesús explica que nacer de arriba significa "nacer del agua y el Espíritu" (3:5). Aquí Jesús utiliza la terminología conocida que presentó Juan el Bautista: el agua simboliza el arrepentimiento y el dejar atrás lo viejo. Y el Espíritu simboliza ese don sobrenatural que otorgará Aquel a quien Juan es enviado a anunciar. En tanto la carne da nacimiento a la carne solo el Espíritu de Dios puede dar ese renacimiento espiritual necesario para que la persona funcione en un reino cuya esencia es espiritual más que biológica y material (3:4-7). Es un nuevo nacimiento interno, no externo, y no puede evaluarse por las acciones visibles que tanto valoraba el judaísmo del siglo primero (3:8). Para Nicodemo es difícil entenderlo y por eso le pide a Jesús que siga explicando. Jesús lo reprende con suavidad pero con firmeza. Seguramente, este maestro de asuntos espirituales de Israel tenía que entender este principio tan básico (3:109. De hecho, el AT enseña el principio de la renovación interior esencial, elemento vital en la visión de Jeremías del Nuevo Pacto de Dios con Israel (Jeremías 31:.33-34; Ezequiel 36:26).

Con suavidad, Jesús reafirma a Nicodemo: Él habla con autoridad. Él sabe, porque ha venido del cielo y aunque ha hablado utilizando las analogías terrestres del agua y el viento, lo que Él describe es realidad, absoluta y cierta (3:10-13). Todo lo que necesita saber ahora Nicodemo es que Cristo mismo está destinado a ser objeto de la fe, que al elevarse dará sanidad y salud a todo quien Le busque con fe (3:14-15).

Ese símbolo también sería bien conocido por Nicodemo. La historia que se relata en Números 21:4-9 tiene que ver con esto, justamente. En ese momento los israelitas se habían vuelto desobedientes, ingratos y hostiles hacia el mensajero de Dios. Dios condenó sus acciones y los castigó con una plaga de serpientes cuya mordida era mortal, sin esperanzas de recuperación. Pero en misericordia Dios mandó a Moisés a "levantar" una serpiente de bronce sobre un poste, emblema del castigo y luego se le dijo al pueblo que si tan solo miraban esa serpiente sanarían.

Son muy claros los paralelos. El pueblo de Dios, y la humanidad entera, eran desobedientes, ingratos y hostiles hacia el Señor, y Él les condenó a morir pero en su misericordia Dios envió a Su Hijo, mandando que fuera elevado como emblema del juicio que requiere el pecado. Y se nos dice que si tan solo Le miramos, buscándole en fe, seremos perdonados y sanados.

■ La meditación. Mirando hacia atrás, con la perspectiva de la cruz, la resurrección y el explosivo crecimiento de la iglesia, Juan escribe su propia meditación sobre esta ahora famosa reunión entre el Salvador y el fariseo sincero. "Porque tanto amó Dios al mundo, que dio a su Hijo unigénito, para que todo el que cree en él no se pierda, sino que tenga vida eterna" (3:16). El Salvador fue levantado y en ese acto decisivo irrumpió la luz en el oscuro mundo de la humanidad. Todo el que responde a esa luz con fe, ha pasado de la muerte a la vida. Todo el que se refugia en la oscuridad muestra que ya está condenado y que su destino es el de experimentar la ira de Dios por todos los siglos.

Aplicación. Ni por un momento hemos de suponer que hay más de un camino a la salvación. El tema está muy claro. Hay una luz, una sola luz. Y todo lo demás son tinieblas. Solo hay un camino a la vida eterna y todo lo demás no es otra cosa que muerte interminable.

Jesús y la samaritana (4:1-42). Ver "Samaritanos" en el Índice.

Trasfondo. Hoy sabemos mucho acerca de la mujer junto al pozo. En Oriente, el momento de ir a buscar agua al pozo era el tiempo en que las mujeres de la comunidad se reunían a conversar, mientras esperaban su turno, sacaban vasijas cargadas con agua y andaban de aquí para allá llevando agua para sus hogares. Pero esta mujer está sola. Es claro que por algo se ha aislado de las demás mujeres. Ellas la han marginado.

Y sabemos más. No hay mujer que en dicha cultura le hubiera hablado a un hombre sin que estuviera presente su esposo. Jesús también lo sabía y por eso, cuando dijo: "Ve a llamar a tu esposo" (4:16), tenía como propósito la confrontación. Aunque no había indicios culturales del hecho de que ella ya había estado con cinco hombres, y que ahora vivía con un sexto, sin haberse casado. Así que entendemos su asombro porque Él, un judío, se rebajara a hablar con una samaritana. Y a los discípulos les sorprendió encontrar a Jesús hablando con una mujer que estaba sola.

Interpretación. A menudo se sugiere la historia de la samaritana junto al pozo como modelo de la evangelización personal. Jesús fue Quien inició la conversación, pidiéndole que hiciera algo por Él, asumiendo así una posición de humildad, sin representar peligro para ella.

De inmediato Jesús introduce el tema de la vida eterna como regalo de parte de Dios. Cuando la mujer expresó deseos de recibir lo que Jesús ofrecía, Él fue más directo en la confrontación. Aunque ella intentó evitar el tema del pecado, formulando una pregunta teológica, Jesús no inició una disputa sino que habló sencillamente de Quién es Dios, asegurándole a la mujer que Dios busca adoradores. Luego Se presentó como el tan esperado Mesías.

La mujer creyó, y corrió a contarle a su comunidad la nueva. Esto hizo que muchos se acercaran al pozo, donde pudieron conocer a Jesús y creyeron al oír Sus palabras. Allí, en esa aldea de Samaria, se estableció una pequeña comunidad de fe, conformada por personas que habían oído a Jesús "nosotros mismos" (4:42) y que ahora sabían "que verdaderamente éste es el Salvador del mundo."

Aplicación. Hay muchos, marginados por los demás, que están esperando que alguien se les acerque. Al igual que Jesús podemos reconocer el pecado sin acusar ni condenar. Este es un concepto importante. Si fingimos desconocer las fallas del otro, habrá quien busque ocultarse tras una máscara y entonces no estará dispuesto a admitir que tiene una necesidad. Pero si condenamos a la persona, solo lograremos que se encierre tras un muro. Lo que hace falta es sencillamente mostrar, como lo hizo Jesús, que conocemos a los demás tal como son y que aún así Dios les ama.

Hay mucho más para aprender en esta historia. Que hemos de mantener el ofrecimiento de Dios a la vista. Que hemos de centrarnos en Jesús y no en la teología. Y que hemos de invitar a los demás, como lo hizo esa mujer hace tanto tiempo, a que respondan a Dios.

JUAN 4.43–6.71
El poder de lo nuevo

EXPOSICIÓN

Juan ha iniciado su Evangelio con una afirmación potente. En Jesús se hizo carne el Verbo, que trajo una nueva revelación a la humanidad. La gracia y la verdad que vienen por medio de Jesús superan a la Ley dada a Moisés (1:1-14), porque como vio y testifica Juan, Jesús es el Hijo de Dios (:15-51). A través de una serie de historias Juan ha mostrado parte de la naturaleza de lo nuevo: las aguas rituales del antaño se han transformado en el vino de la promesa del reino; el templo es purificado y vuelve a ser una casa de adoración (capítulo 2). Esto es posible porque en su naturaleza esencial lo "nuevo" implica un renacimiento, obra del Espíritu de Dios que infunde vida eterna a los seres humanos que estaban espiritualmente muertos (capítulo 3). Y es más: esta nueva obrad e Dios irrumpe y traspasa antiguos límites, llevando la gracia de Dios al samaritano tanto como al judío (4:1-42). Y si el "oficial" de 4:43-54 es, como sospechan muchos, un gentil entonces la gracia de Dios dadora de vida se extiende a toda la humanidad.

Dicho esto Juan pasa a ilustrar en mayor detalle el poder de la Persona que extiende a todos los dones de gracia de Dios. *Jesús sana al hijo de un funcionario, con una palabra (4:43-54). Sana a un paralítico junto a un pozo en Jerusalén (5:1-15)* y explica Sus poderes definiendo Su relación

Juan 4.43-6.71

con Dios Padre (5:16-30), señalando que los milagros que obra dan testimonio de la verdad de Sus afirmaciones (5:31-47). *Jesús continúa mostrando Su poder al alimentar milagrosamente a los 5.000* (6:1-15) *y luego camina de noche sobre las aguas de Galilea* (6:16-24).

Es importante observar que esta porción de las Escrituras contiene cuatro de los siete milagros, indicados en cursiva aquí, que Juan designa como "señales" (*semeia*). Se distinguen los siete porque muestran que Jesús es plenamente capaz de lidiar con las emergencias de la vida, no solo para Sí sino en beneficio de los demás. Varias de estas señales son también ocasión de enseñanzas por parte de Jesús. Las siete señales son:

1. Convertir el agua en vino (2:-11)
2. Sanar al hijo de un funcionario (4:43-54)
3. Sanar a un paralítico (5:1-15)
4. Alimentar a los 5.000 (6:1-14)
5. Caminar sobre las aguas (6:16-21)
6. Curar a un hombre ciego de nacimiento (9:1-41)
7. Resucitar a Lázaro (11:1-44)

Podemos entender, al ver que tres de estos milagros fueron en público, que para ahora Jesús estaría en la cima de Su popularidad, hecho que se refleja en el deseo de mucho de "hacerlo rey" (6:15). Sin embargo Jesús usa la ocasión de alimentar a las multitudes para anunciar que Él Mismo es el Pan de cielo. Para tener vida eterna quienes Le escuchan han de comer Su carne y beber Su sangre, metáfora potente aunque repulsiva para los judíos, que sugiere la plena apropiación de Jesús (6:25-59).

En este punto muchos de los que Le han seguido, entusiasmados y fascinados por Su poder para obrar milagros y con la ilusión de tener un rey que milagrosamente les proveyera de alimento, empiezan a apartarse (6:60-71). Las "enseñanzas difíciles" (6:60) han empezado a obligar a la gente a ver que deberán aceptar a Jesús según Sus propios términos, y no según los que ellos deseen. Ha llegado lo nuevo. Solo la continua y firme confianza en que Jesús es "el Santo de Dios" (6:69), hace posible que lo nuevo venga a nosotros.

ESTUDIO DE PALABRAS

Había allí un funcionario real, cuyo hijo estaba enfermo en Capernaúm (4:46). El término en griego es *basilikos*, que probablemente se refiera a un miembro del personal de Herodes. Algunos sugieren que era gentil porque se sabe que Herodes prefería emplear a gentiles para cubrir puestos administrativos.

Ustedes nunca van a creer si no ven señales y prodigios (4:48). Al momento de pronunciar estas palabras Jesús era muy popular por los milagros que había obrado (4:45). ¿Qué es lo que está mal cuando la fe se basa en los milagros? Sencillamente, que la fascinación con lo milagroso no sustituye la confianza firme en la Persona de Jesús, ni la obediencia a Su Palabra.

Vuelve a casa, que tu hijo vive —le dijo Jesús— (4:50). Aunque la traducción puede transmitir el sentido de lo que dijo Jesús, se trata más bien de una interpretación. Porque el original dice *ho huios sou ze*, o "Tu hijo está vivo".

Las palabras de Jesús obligaron al funcionario real a tomar una decisión difícil. Cuando dejó Capernaúm su hijo había estado al borde de la muerte. Jesús le había dicho "Ve", y le informó "Tu hijo vive". No le prometió que seguiría vivo más tarde. ¿Qué debía hacer el funcionario? ¿Regresar, como le mandaba Jesús? ¿O seguir insistiendo para que Cristo fuera y sanara a su hijo?

La decisión del funcionario reveló el tipo de fe que 4:48 nos sugiere que anhelaba Jesús. Decidió confiar en Cristo y obedecer, sabiendo solo que Jesús estaba al tanto de su necesidad y que había afirmado que, al menos por ahora, su hijo estaba vivo.

Al llegar a su casa vio que su hijo se estaba recuperando y que la fiebre había bajado justamente en el momento en que Cristo había anunciado "Tu hijo vive". Fue entonces que la fe inicial expresada en obediencia floreció para llegar a ser confianza total en el Salvador.

Muchas veces necesitamos justamente lo que Jesús le ofreció a ese funcionario del rey. En este preciso momento estamos vivos y todo lo que podemos hacer es comprometernos a hacer Su voluntad, sabiendo que Jesús conoce nuestras más profundas necesidades. Eso basta por ahora. Mañana, cuando veamos que Cristo ha obrado por nosotros, nuestra fe se fortalecerá y renovará.

Algún tiempo después, **se celebraba una fiesta de los judíos, y subió Jesús a Jerusalén (5:1).** El Evangelio de Juan no está organizado cronológicamente. Encontramos una frase parecida en 6:1: "Algún tiempo después". Aunque cada uno de los escritores de los Evangelios selecciona y organiza su material para desarrollar su tema, en Juan esto es más evidente que en los sinópticos.

Mi Padre aun hoy *está trabajando*, **y yo también trabajo (5:17).** ¡Qué respuesta a los ataques contra Jesús porque sanaba los sábados! Dios no interrumpe los procesos de la naturaleza porque sea sábado. El día sábado, los leucocitos siguen apresurándose a luchar contra una infección, y los cortes comienzan a sanar, y las lágrimas fluyen para remover una mota de polvo que entró en el ojo. Como el Padre obra Su sanidad en el día sábado ¡cómo podría criticarse al Hijo por hacer lo mismo!

Seamos cautelosos de que nuestras convicciones sobre lo que hay que hacer y lo que no, se basen en un mayor entendimiento de la naturaleza y las obras de Dios para diferenciarnos de los opositores a Jesús en el siglo primero.

Que incluso llamaba a Dios su propio Padre, con lo que él mismo se hacía igual a Dios (5:18). Quienes escuchaban a Jesús entendían con toda claridad que Él afirmaba ser igual a Dios. Al leer este pasaje, y lo que sigue, vemos que en lugar de corregir a los líderes judíos Jesús afirmaba para Sí otras prerrogativas de la deidad:

■ Como el Padre, Jesús resucita a los muertos y les da vida.

■ El Padre ha "delegado todo juicio" en el Hijo para que Jesús y el Padre reciban el mismo respeto de parte de la humanidad toda.

■ Como el Padre, Jesús tiene "vida en Sí mismo". Es decir que la existencia del Padre y del Hijo no depende de otro, como depende nuestra existencia de la acción de nuestros padres biológicos.

En algunos círculos se insiste en que Jesús jamás afirmó ser Dios y que fueron los apóstoles y la iglesia primitiva quienes le endilgaron la deidad. No hay forma de sostener esta opinión si se confía en los relatos de la vida de Jesús que nos dan los cuatro Evangelios.

Si yo testifico en mi favor, ese testimonio no es válido (5:31). Este versículo no significa que lo que Cristo dijo de Sí mismo fuera mentira, o un error. Lo que Jesús quiere decir es que bajo la ley judía, romana o griega ningún testigo podría dar testimonio de sí mismo (Deuteronomio 19:15). Más adelante Jesús argumenta que Su testimonio es válido a pesar de las tecnicidades de la ley porque el Padre Mismo habla a través del Hijo y corrobora lo que Él dice (8:12-18).

Porque esa misma tarea que el Padre me ha encomendado que lleve a cabo, y que estoy haciendo, es la que testifica que el Padre me ha enviado (Juan 5:36). Aquí el término es *erga*, o "trabajos" y se ha utilizado para referirse a los milagros. Pero aquí, parece abarcar más e incluir todo lo que dice y hace Jesús al cumplir con esta misión a la que Dios Le ha enviado.

No juzguemos a Jesús solo por los informes de Sus milagros. Veamos la naturaleza de los milagros, que en su mayoría responden a alguna necesidad humana y por ello revelan el compromiso de Dios con Sus criaturas. Estuchemos Sus palabras, que prometen vida eterna. Veamos cómo Él expone la rígida religión vacía impuesta a Israel por tradiciones que no reflejan el espíritu de la Palabra de Dios. Todo lo que hizo y dijo Jesús nos revela cómo es Dios y al revelar al Padre, prueba Su condición de Hijo.

Pero Jesús, dándose cuenta de que querían *llevárselo a la fuerza y declararlo rey*, **se retiró de nuevo a la montaña él solo (6:15).** Lo que está describiendo Juan es un movimiento popular que urge a la rebelión contra Roma y Herodes, con el joven y popular profeta que sería proclamado único gobernante de los judíos. El hecho de que los instigadores planearan hacerlo rey "por la fuerza", *harpazein*, es revelador. Sugiere que sabían que Jesús no daría ese paso por voluntad propia, ni asumiría el rol político. ¡Qué raro! Si la multitud estaba de veras deseosa de someterse a la voluntad de Cristo ¿cómo pueden haber pensado siquiera en usar la fuerza para conseguir algo que querían pero que Él no deseaba? Sin embargo, con frecuencia intentamos doblegar a Cristo para que haga lo que queremos en lugar de decir, sencillamente "Hágase tu voluntad, así en la tierra como en el cielo" (ver Mateo 6:10).

Hay, sin embargo, un interesante paralelo histórico en la forma en que, no mucho después, Claudio llegó a emperador de Roma. Después del asesinato de su sobrino Calígula, unos soldados de la guardia pretoriana hallaron a Claudio escondido en un armario. De inmediato, lo apresaron como candidato y la guardia imperial proclamó emperador a Claudio, obligando al senado romano a confirmar tal acción. Como era de esperar, Claudio — que era ahora emperador, aunque no lo había deseado — recompensó a los pretorianos con la generosa distribución del tesoro público.

Juan 4.43-6.71

Yo soy el pan de vida —declaró Jesús— (6:35). Una de las características que distinguen al Evangelio de Juan es la cantidad de veces en que Jesús dice "Yo soy". El significado de ello está destacado en 8:59, donde Jesús anuncia: "les aseguro que, antes de que Abraham naciera, ¡yo soy!". Los que Le oían habrán entendido la afirmación implícita porque sabían muy bien que "Yo soy" (ego eimi) es el equivalente en griego de UHWH, Jahvé, el nombre personal y revelador de Dios que da vida al Antiguo Testamento.

¿Cuáles son las declaraciones de "Yo soy" que Juan presenta? ¿Y de qué manera exhiben la deidad que afirmaba Jesús?

■ "Yo soy el pan de vida" (6:35). Jesús es Aquel que sostiene la vida física y espiritual.

■ "Antes de que Abraham naciera ¡yo soy!" (8:48). Jesús es Aquel pre-existente, testigo y fuente de la historia sagrada.

■ "Yo soy la puerta de las ovejas" (10:8). Jesús brinda acceso a Dios y la salvación.

■ "Yo soy el Buen Pastor" (10:11). Jesús da la vida por nosotros, Sus ovejas.

■ "Yo soy la resurrección y la vida" (11:25). Jesús es fuente y dador de la vida eterna.

■ "Yo soy el camino, la verdad y la vida" (14:6). Solamente Jesús nos da acceso a Dios Padre y a todos los buenos dones del Padre para la humanidad.

■ "Yo soy la vid verdadera" (15:1). Jesús es la fuente de la vitalidad espiritual. Al permanecer cerca de Él recibimos la capacidad de dar fruto y así dar gloria a Dios.

Nadie puede venir a mí *si no lo atrae* el Padre que me envió (6:44). Por esto les dije que *nadie puede venir a mí*, a menos que se lo haya concedido el Padre (6:64). Estos versículos hacen surgir una pregunta que a muchos ha complicado. ¿Enseñan una gracia irresistible que obliga a la persona contra su voluntad? Y lo que más perturba: ¿sugieren que el "nadie" del Evangelio es una ficción y que solo los especialmente seleccionados a quienes Dios concede tendrán esperanza de salvación?

En el idioma original encontramos ayuda. La palabra que se traduce como "atrae" es *helkuo*, que se diferencia de *suro* o "arrastrar". Aquí *helkuo* puede bien indicar una respuesta moral interior a una fuerza externa, como la de una pieza de metal hacia un imán. Esta perspectiva parece encontrar respaldo en el siguiente versículo que dirige nuestra atención a las Escrituras. Aquí tenemos la enseñanza de Dios y es a esta Palabra que escucha la persona que responde.

En el versículo 65 el texto original dice *ean me e dedomenon auto*. El verbo es el subjuntivo pasivo perfecto perifrástico de *didomai* o "dar". El problema es que este verbo aparece más de 400 veces en el NT, ¡con un amplio espectro de significados! J. B. Phillips traduce este versículo de la siguiente manera: "Nadie puede venir a Mí a menos que Mi Padre ponga en su corazón que venga". Su traducción mantiene un buen equilibrio entre "la espada y la pared" de la teología. Afirma la obra iniciadora de Dios en el corazón humano al tiempo de preservar la responsabilidad humana. Dios lo pone en el corazón, pero es la persona quien decide acudir.

En última instancia, la posición que adopta la persona en cuanto a cuestiones de libre albedrío y elecciones, no dependerá del estudio de las palabras o de la gramática griega porque ninguna puede responder definitivamente las preguntas que podríamos formular.

Lo que tenemos que decidir sencillamente es si confiaremos o no. Jesús es el gran YO SOY: el pan de vida, el buen pastor, el camino, la verdad y la vida, la vid de cuya vitalidad tenemos el privilegio de nutrirnos. Aún las obras que Él realizó en el siglo primero revelaron Su naturaleza y la de Su padre, de modo que es esa naturaleza, el Quién es Dios, que forma el fundamento de nuestra fe. Y en este fundamento podemos y debemos hallar reposo y confianza.

EL PASAJE EN PROFUNDIDAD

Jesús sana al hijo del funcionario (4:43-54). Ver el Estudio de palabras de Juan 4:46, 48 y 50 y la historia similar en Mateo 8:5-13.

Jesús sana a un inválido (5:1-15). Ver el Estudio de palabras de Juan 5:1.

Trasfondo. El estanque que describe Juan probablemente estuviera debajo de lo que es hoy la iglesia de Santa Ana, en el noroeste de Jerusalén. Se debate cuál era su nombre, porque algunos sugieren que era Betzatá ("casa de las burbujas") y otros, que era Betesda (" casa de misericordia"). El primer nombre tal vez implique que el estanque era alimentado por un manantial intermitente, que formaba burbujas cuando fluía el agua.

Es importante observar que la Biblia no afirma que un ángel movía las aguas (ver nota al pie en NVI). Tampoco sugiere el pasaje que se garantizara la curación al primero que entrara en el estanque cuando se moviera el agua. Juan solo cita al hombre paralítico, que sin duda está hablando de una superstición popular.

Aunque no hay indicios ni en el AT ni en el NT de estanques similares donde se curaban las personas,

Edersheim señala que parece que los "estanques santos" eran "muy comunes en la antigüedad" y que se les menciona en las tabletas de escritura cuneiforme de los babilonios.

Interpretación. El milagro de sanidad (5:1-15) brinda la ocasión para un extenso sermón de Jesús (5:16-47). Vemos aquí un patrón que Juan utiliza con frecuencia. Cuando Jesús alimenta a los 5.000, el milagro es el telón de fondo para el discurso de Cristo sobre el Pan de Vida; cuando sana al hombre que había nacido ciego, el hecho forma el trasfondo para la advertencia de Jesús con respecto a la ceguera espiritual. Aún así, hay mucho para que reflexionemos en este relato en sí mismo. Ante todo, es fascinante pensar en lo que se nos dice de este hombre, incluso en esta historia tan breve. Ha estado inválido durante 38 años. Durante esas largas décadas vacías, quienes estaban cerca de él han muerto o se han ido, porque dice: "no tengo a nadie que me meta en el estanque" (5:7). Aparentemente, se ha resignado a su situación porque Jesús le pregunta: "¿Quieres quedar sano?" (5:6).

Es una pregunta de profunda percepción. Porque lo primero que pensaríamos es: "Por supuesto que querría sanar". Pero cuando lo pensamos veremos que hay muchos que no quieren sanar en realidad. Durante unos 38 años este inválido sin duda se han mantenido gracias a la limosna que recibe como mendigo. Si sana, tendrá la responsabilidad de mantenerse y encontrar trabajo. Cuando somos inválidos tenemos muchas excusas para todo lo que nos sale mal, razones para evitar hacernos responsables. Pero si sanamos, todas esas excusas quedan atrás, eliminadas, y tenemos que rendir cuentas.

Entonces, cuando Jesús le pregunta si quiere sanar el inválido no responde "sí" o "no". Dice: "no tengo quién me ayude".

A pesar de ello Jesús le ordena al hombre que tome su esterilla y camine. Juan dice: "Al instante aquel hombre quedó sano, así que tomó su camilla y echó a andar" (5:9). Hay una diferencia interesante en este relato y en la historia que Lucas cuenta sobre la sanación de los diez leprosos. Allí, Lucas dice: "mientras iban de camino, quedaron limpios" (17:14). Hicieron lo que Jesús les mandó y fue por su respuesta de fe (17:19), que fueron sanados. Pero aquí Juan presenta la sanación antes de la respuesta. No podemos inferir que la fe tuvo que ver con la curación del paralítico de Betesda.

Sin embargo el inválido sintió que la fuerza llenaba sus inútiles piernas y cuando Jesús le mandó levantar su camilla, lo hizo y caminó. Luego, cuando "los judíos" (ver Estudio de palabras de 1:19) le confrontaron, notamos que el hombre enseguida pasa la responsabilidad a "el que me sanó".

Lo que es más fascinante todavía es lo que pasa cuando luego Jesús lo encuentra en el templo y le advierte: "No vuelvas a pecar" (5:14). Muchos lo toman como indicación de que la larga enfermedad de este hombre se debía a la disciplina divina. Y lo que hace el hombre a continuación, de ir y contarles a los líderes judíos que había sido Jesús quien le sanó, sugiere como mínimo una falta de gratitud. De la crítica cruel que el antes inválido había soportado de parte de los líderes religiosos, seguramente sabría que eran hostiles a Cristo. Es difícil ver en esta traición a Jesús algo más que un antagonismo latente, o tremenda debilidad personal.

No importa cuánto busquemos excusar al inválido de Betesda, siempre llegaremos a la conclusión de que era un personaje muy desagradable. Débil, reacio a aceptar responsabilidad, ingrato, al punto de traicionar a quien había hecho tanto por él al ir a delatarlo ante las autoridades.

En segundo lugar, nos fascina también la decisión de Jesús de seleccionar a este hombre en particular para sanarlo. Podríamos argumentar que al elegir "un caso sin solución", los poderes de obrar milagros podrían parecer todavía más maravillosos. Pero no hay indicación de que Jesús buscara aprovechar este milagro. Sanó al hombre y luego se mezcló entre la gente, y ni siquiera el hombre a quien había sanado sabía Quién era Él. Fue luego que Jesús encontró al hombre, pero fue para advertirle, más que para solicitar su testimonio.

¿Por qué, entonces? ¿Por qué sanar a un hombre que no ofrece esperanza alguna, un hombre aislado de los demás, un hombre que no muestra fe ni gratitud y cuya enfermedad es juicio divino por algún pecado del pasado, y que estuvo tan dispuesto a identificar a Jesús ante los enemigos del Salvador? Tal vez porque solamente una persona así podría representarnos a usted y a mí. Tal vez porque Jesús viene a nosotros aún cuando no tenemos remedio alguno. Viene a nosotros cuando vivimos bajo el juicio de Dios por nuestros pecados, sin fe ni gratitud, siendo hostiles a Dios y traicionándole al negar lo que conocemos de Su naturaleza.

Cuando Jesús viene a nosotros, Su pregunta es: "¿Quieres quedar sano?". ¿Queremos seguir aferrados a nuestros pecados, nuestra ira, nuestro egoísmo, nuestras excusas? ¿O queremos sanar, sabiendo que cuando seamos sanos tendremos que asumir nuestras responsabilidades sobre nosotros mismos y las decisiones que tomemos? El tema no tiene que ver con el poder de Dios para sanar. El tema ha sido, es, y será, si queremos que Él nos sane.

Vida mediante el Hijo (5:16-47). Ver Estudio de palabras de Juan 5:17, 5:18, 5:31 y 5:36, más arriba. Ver también otros pasajes donde se presentan controversias sobre el sábado, como Mateo 12:1-14; Marcos 2:23-3:6; y Lucas 6:1-11.

Trasfondo. Jesús sanó al paralítico el día sábado. Esto dio lugar a otra de esas intensas controversias sobre el sábado, que avivan la creciente hostilidad de los líderes religiosos que se oponen a Jesús.

Cristo enfrenta las críticas directamente. Argumenta que Dios trabaja el día sábado y que por eso, está bien que el Hijo también lo haga. Luego viene un pasaje que solo puede entenderse del todo si se hace referencia al trasfondo cultural. Ese pasaje dice: "Entonces Jesús afirmó: Ciertamente les aseguro que el hijo no puede hacer nada por su propia cuenta, sino solamente lo que ve que su padre hace, porque cualquier cosa que hace el padre, la hace también el hijo. Pues el padre ama al hijo y le muestra todo lo que hace. Sí, y aun cosas más grandes que éstas le mostrará, que los dejarán a ustedes asombrados" (5:19-20).

En Oriente se daba mucha importancia a los secretos del oficio entre los artesanos. El orfebre, el que trabajaba el vidrio, el que teñía géneros...todos guardaban con celo el secreto de su arte y técnica. Por lo general eran secretos de familia, que se pasaban de generación en generación. Y aunque podrían emplearse aprendices que no fueran de la familia, incluso aquellos que servían con lealtad durante años pocas veces aprendían todos los secretos, por temor a que tal vez se fueran para abrir un negocio que compitiera con la empresa familiar. El hijo que trabaja con su padre, por el contrario, comienza desde pequeño y observa cómo su padre mezcla los componentes o añade toques de terminación especiales al trabajo que realiza en su taller. A medida que pasan los días y los años el padre le enseña a su hijo todos sus secretos.

Ese hijo "no puede hacer nada por su propia cuenta sino solamente lo que ve que su padre hace". Con el tiempo, no se puede distinguir entre el trabajo del padre y del hijo porque el padre "ama al hijo y le muestra todo lo que hace".

En el contexto de los tiempos de Jesús, pues, estos versículos sirven como potente afirmación de la posición única de Jesús, explicando Su derecho a dar interpretación con autoridad respecto de la Ley del Sábado. Como Hijo de Dios, las curaciones de Jesús llevan la inequívoca marca de ser Palabra de Dios, así como la obra de un artesano lleva su sello inconfundible ¡evidente para todo quien observe de cerca su trabajo!

Interpretación. Lo que acabamos de exponer es la clave para interpretar el resto de este extenso pasaje, y también para entender la naturaleza de la respuesta de Jesús a la crítica de los líderes con respecto a Su curación en día sábado.

Cristo pasa a indicar en este pasaje "cosas más grandes" (5:20) que Su reciente milagro de sanidad, confiado por Dios en las manos del Hijo. Las "obras" que Cristo ha aprendido del Padre y que Él le ha confiado incluyen resucitar a los muertos (5:21), juzgar a los seres humanos (5:22) y "el tener vida en sí" (5:26) (ver Estudio de Palabras, más arriba). Jesús no es un "aprendiz" religioso. Más bien Sus acciones están tan plenamente en armonía con la naturaleza y voluntad del Padre que lo que dice y hace Jesús son "obras" que no pueden distinguirse de las obras del Padre.

Hay otra implicancia que Cristo señala en Juan 5:36-40. Si los líderes religiosos de Israel son incapaces de reconocer el sello de la obra de Dios en las curaciones que ha obrado Jesús, entonces la inevitable conclusión es ¡que no conocen al Padre! Ustedes nunca han oído su voz, ni visto su figura, ni vive su palabra en ustedes, porque no creen en aquel a quien él envió (5:37-38).

Los religiosos "estudian con diligencia las Escrituras" (5:39) con la esperanza de encontrar la vida eterna. Pero aunque las Escrituras dan testimonio de Jesús, ellos "no quieren venir a mí para tener esa vida" (5:40).

Aplicación. Tal vez la pregunta más importante que podemos responder al estudiar las Escrituras y meditar en la vida de Cristo es, sencillamente, la siguiente: ¿Cómo es Dios?

Los líderes religiosos del judaísmo habían perdido de vista al Dios del perdón y la misericordia cuya gracia aparece tanto en el AT como en el NT. De alguna manera, comenzaron a verlo como un Dios Legislativo, como un Dios que solo se complacería con la rigurosa observancia del ritual y el infaltable cumplimiento de los requisitos decretados por la tradición, más que por la ley bíblica. No pudieron reconocer a Jesús porque su visión de Dios se había distorsionado y ya no era clara.

Siempre tenemos que buscar un mejor entendimiento de las Escrituras, y la aplicación de los principios bíblicos como guía para la vida cotidiana. Pero el principio más importante en la interpretación sigue siendo este: Mi entendimiento ¿está en plena armonía con el carácter de Dios tal como Él mismo se revela en la Palabra escrita y viviente?

Jesús alimenta a los cinco mil (6:1-15). Ver el comentario a Marcos 8:1-13 y los pasajes paralelos en Mateo 14:13-21; Marcos 6:30-44; Lucas 9:10-17.

Jesús camina sobre el agua (6:16-24). Ver el comentario a Marcos 6:45-56 y Mateo 14:22-36.

Jesús el Pan de Vida (6:25-71).
Trasfondo. El *Diccionario Zondervan de Términos Bíblicos* señala que el pan era el alimento primario en los tiempos de la Biblia. Se hacía pan con diversos cereales y con frecuencia se mezclaba la harina con porotos o lentejas. Las hogazas eran planas y anchas, de más o menos un centímetro y medio de espesor. El pan tiene un significado especial en la biblia: representa el sostén de la vida en el mundo. La importancia del pan como sostén de la vida subyace a los usos metafóricos del término "pan" en las Escrituras (pág. 140).

Interpretación: este extenso pasaje contiene tres segmentos diferenciados: el diálogo de Jesús con la multitud; el debate de Jesús con "los judíos" y la respuesta de los "discípulos" de Jesús.

EL DIÁLOGO DE JESÚS CON LA MULTITUD (6:25-40)

Los miles que Jesús alimentó milagrosamente al multiplicar unos pocos panes y peces (6:1-15) quedaron tristes cuando Él se retiró sin avisarles (6:22-24). Salieron a buscar a nuestro Señor, subidos a las algunas de las 330 barcas de pesca que nos dice Josefo que surcaban las aguas del extremo norte del Mar de Galilea.

Jesús respondió confrontándoles: Le buscaban porque Él les había dado de comer. En lugar de preocuparse por el pan común tendrían que preocuparse por "la comida que permanece para la vida eterna" (6:27). Aquí hay un paralelo directo con el diálogo de Jesús con la mujer junto al pozo (capítulo 4). En ese momento Él pidió agua del pozo pero muy pronto cambió el tema de la conversación: "Pero el que beba del agua que yo le daré, no volverá a tener sed jamás, sino que dentro de él esa agua se convertirá en un manantial del que brotará vida eterna" (4:14). En ambos casos Jesús afirma que Él es el que tiene la capacidad de "dar" aquello que da "vida eterna".

Sin embargo, aquí las dos historias siguen rumbos diferentes. La mujer samaritana solo pide: "Señor, dame de esa agua" (4:15). La multitud que rodea a Jesús, en cambio, dice: "¿Qué tenemos que hacer para realizar las obras que Dios exige?" (6:28). Esta respuesta refleja la gran falta del judaísmo rabínico, una falta que el apóstol Pablo define con crudeza en Romanos 10:2-3: "Puedo declarar en favor de ellos que muestran celo por Dios, pero su celo no se basa en el conocimiento. No conociendo la justicia que proviene de Dios, y procurando establecer la suya propia, no se sometieron a la justicia de Dios".

La pregunta revela la creencia de que los seres humanos tienen que "trabajar" para agradar a Dios, y la equivocada creencia de que los miembros de la comunidad del pacto son capaces de hacer lo que haga falta para agradar al Señor.

Pero Jesús había dicho que Él daría el "alimento que permanece para la vida eterna" (6:27). El único "trabajo" que Dios quiere es: "que crean en aquel a quien él envió" (6:29).

Ahora, sin embargo, vemos una vez más que a la multitud la motivaba lo material más que lo espiritual. Lo que cuenta para la multitud es el ahora, no el después. La vida biológica, y no la vida espiritual eterna. Porque de inmediato piden una "señal milagrosa" (6:30) y astutamente sugieren que la señal adecuada sería la que obró Moisés al proveer maná para la generación del Éxodo.

Algunos comentaristas sugieren que la multitud ya ha olvidado que Jesús alimentó milagrosamente a los 5.000. ¡No es así! Lo recuerdan muy bien. El tema es ¡que Moisés proveyó maná durante 40 años! Si Jesús les proveyera pan continuamente, por cierto creerían en Él.

Casi podemos ver a Jesús meneando la cabeza, triste. El regalo de Dios es el "pan verdadero" (literalmente, "genuino", "auténtico"), que es fuente de vida en este mundo y Jesús Mismo es este Pan de Vida (ver Estudio de Palabras de 6:35, más arriba). "La voluntad de mi Padre es que todo el que reconozca al Hijo y crea en él, tenga vida eterna, y yo le resucitaré en el día final".

EL DEBATE DE JESÚS CON "LOS JUDÍOS" (6:41-59)

En Juan "los judíos" es la forma en que se hace referencia a los líderes religiosos de la nación. Ahora empiezan a "murmurar" sobre las enseñanzas de Jesús. El término griego es *egogguzon*, que indica rumor, zumbido. ¿Cómo podría alguien conocido (¡supuestamente!) como hijo de María y José haber venido del cielo?

En lugar de responder directamente Jesús señala que así como las Escrituras tienen un poder de atracción para quienes escuchan al Padre, Cristo también atrae a las personas y quien escucha al Padre vendrá a Él (Ver Estudio de palabras de Juan 6:44, 65, más arriba). No sirve de nada discutir ante las objeciones de los líderes porque no llegarán a la fe discutiendo. La fe es la respuesta de quienes oyen hablar a Dios y reconocen Su voz.

Ahora, en lugar de hacer que fuera fácil el asunto ¡Jesús parece hacerlo todo más difícil! No solo es el Pan Vivo que bajó del cielo sino que uno debe "comer" este pan, Su "carne, que daré para que el mundo viva" (6:51). Entonces Jesús lleva la analogía al extremo, prometiendo que "El que come mi carne y bebe mi sangre tiene vida eterna" (6:54).

Las imágenes no solo causaron impacto en los líderes judíos, sino que también les hicieron sentir repulsión. Según Levítico 17:11: "La vida de la criatura está en la sangre". Se puede derramar sangre en sacrificio, pero estaba específicamente prohibido beber sangre, bajo pena de ser expulsado de la relación de pacto. Aunque es claro que Jesús no podía estar hablando en términos literales, hasta la imagen de lo que decía les causó repulsión a los judíos.

Estas imágenes también han sido malinterpretadas por los cristianos. Algunos han tomado las palabras de Jesús en sentido literal, suponiendo que se refiere a los elementos de la Comunión, que en la tradición católico romana supuestamente se transforman en la sangre y el cuerpo de Cristo, y en la tradición luterana se convierten en una misma sustancia, con el cuerpo y la sangre de Cristo.

Pero todo esto ignora el uso metafórico de "pan" aquí y en el resto de las Escrituras, ignorando la declaración de Jesús: "El Espíritu da vida; la carne no vale para nada. Las palabras que les he hablado son espíritu y son vida" (6:63). Así, incluso los padres de la iglesia ven una potente metáfora de la fe, la apropiación de Cristo y la unión con Él para compartir Su vida. San Agustín lo llama "figura que nos convoca a comulgar en los sufrimientos de nuestro Señor, y a atesorar secreta y probadamente el hecho de que Su carne fue crucificada y perforada por nosotros". Por eso, el dicho de Agustín *Crede et manducasti*, "Cree y has comido". El devoto monje Bernardo de Clarvaux consideraba que comer la carne de Cristo y beber Su sangre significaba sencillamente lo siguiente: "El que refleja mi muerte y según mi ejemplo mortifica a sus miembros que están en la tierra, tiene vida eterna".

Es importante observar que el texto en griego utiliza conjugaciones diferentes en las diversas referencias a "comer" la carne de Cristo. Los versículos 51, 53 tienen el tiempo aoristo de *esthio*, que es consumir, lo cual implica una acción inicial de aceptación. Pero los versículos 54, 56 están conjugados en el tiempo presente de *trogo*, masticar. La relación con Cristo simbolizada por el comer Su carne es iniciada y sostenida por la participación de la fe en todo lo que es Jesús y todo lo que Él ha hecho por nosotros.

LOS "DISCÍPULOS" DE JESÚS SE RETIRAN (6:60-71)

El sermón del Pan de Vida marca el momento de mayor popularidad de Jesús. Desde aquí, el "movimiento Jesús" comienza a declinar. Aunque no podemos precisar la relación exacta de este sermón con los hechos que informan los sinópticos, es significativo observar que cada uno de los otros tres Evangelios muestra un punto de inflexión a poco de relatar las historias de Jesús caminando sobre las aguas y alimentando a una multitud, hechos que podrían correlacionarse con el Evangelio de Juan.

Juan describe aquí que "muchos de sus discípulos" (6:60) se quejaron de que la enseñanza de Jesús era "muy difícil". Aunque Jesús había dicho con toda claridad: "Las palabras que les he hablado son espíritu y son vida" (6:63), desde ese momento "muchos de sus discípulos le volvieron la espalda y ya no andaban con él" (6:66).

Es importante observar aquí que la palabra "discípulo" en los Evangelios no siempre implica creencia. *El Diccionario Zondervan de Términos Bíblicos* señala:

La palabra *mathetes* se utiliza en los Evangelios de diferentes maneras. Primero, designa a los Doce a quienes Jesús escogió para que estuvieran con Él. Los Doce son únicos, en cuanto a que Jesús los escogió y entrenó para enseñar y servir...

En segundo lugar, *mathetes* identifica a seguidores de diversas escuelas o tradiciones. Había discípulos de los fariseos (Mateo 22:16; Marcos 2:18; Lucas 5:33), y discípulos de Juan el Bautista (Mateo 11:2ff; Marcos 2:18; Lucas 5:33; Juan 1:35-37; 3:34). Utilizado en tal sentido, "discípulo" no identifica al estudiante en la tradicional relación entre el maestro y el que aprende sino que identifica a quienes adhieren a un movimiento.

En tercer lugar nuestro Nuevo Testamento describe un círculo que va mucho más allá de los Doce, a los que también se llama discípulos. Eran adherentes o seguidores del movimiento asociado con Jesús. Por momentos la palabra "discípulo" parece tener la connotación de "creyente" (cf. Juan 8:31; 13:35; 15:8). Pero sería un error pensar que todos los que son llamados discípulos en los Evangelios eran personas que se comprometieron firmemente con Jesús. De hecho, muchos solamente sintieron atracción inicial a Jesús y cuando encontraban que Sus enseñanzas eran difíciles, como sucedió luego de Su sermón sobre el Pan de Vida: "muchos de sus discípulos le volvieron la espalda y ya no andaban con él" (Juan 6:66). [páginas 226-27, del *Zondervan Expository Dictionary of Bible Words*, en inglés].

Jesús, al notar que tantos seguidores se apartaban de Su movimiento se volvió a los Doce y preguntó: "¿También ustedes quieren marcharse?" (6:67).

Pedro respondió por todos, y también por nosotros: "Señor —contestó Simón Pedro—, ¿a quién iremos? Tú tienes palabras de vida eterna. Y nosotros hemos creído, y sabemos que tú eres el Santo de Dios" (6:68-69). El tiempo perfecto es el que aparece en el texto original, así que lo que dijo en realidad el discípulo fue: "Hemos creído y sabido". Hemos tomado la decisión acerca de Quién eres Tú y esa decisión sigue tan firme hoy como lo estuvo el día en que decidimos creer.

Aplicación. Por la fe somos partícipes en la muerte y resurrección de Jesús. Compartimos Su cuerpo y Su sangre y recibimos Su don de la vida eterna. Por difíciles que resulten Sus palabras para que podamos entenderlas, con los Doce afirmamos también "hemos creído y sabido". Jesús tiene las palabras de vida eterna y jamás abandonaremos nuestra lealtad y adhesión a Él.

JUAN 7–9
La luz y las tinieblas

EXPOSICIÓN

La popularidad de Jesús ha llegado a su punto más alto. Ahora se acerca la Fiesta anual de los Tabernáculos y el entusiasmo decae cada vez más. Juan abre esta sección de su libro observando que "[en] Judea, porque allí los judíos buscaban la oportunidad para matarlo" (7:1) y que "ni siquiera sus hermanos creían en él" (7:5).

En la Ciudad Santa la multitud está dividida. Algunos insisten en que Jesús es un buen hombre, pero otros dicen que es un estafador (7:1-13). Aún así Jesús aparece en la fiesta y comienza a enseñar abiertamente, lo cual alimenta el debate. Es conocida la hostilidad de los líderes pero parecen no tener poder para silenciar al predicador galileo. Es en este contexto de declarada hostilidad e incertidumbre que Jesús llama a la multitud a creer en Él. Y con toda confianza promete que de quienes crean en Él "brotarán ríos de agua viva" (7:25-52).

En este momento el relato de Juan sobre la predicación de Jesús se ve interrumpido por una historia que no se encuentra en los primeros manuscritos griegos de este Evangelio (7:53-8:11). Aún así, la historia se condice con el hilo de pensamiento de Juan porque subraya el hecho de que todos han pecado y que Jesús no ha venido a condenar, sino a salvar. A menos que el pueblo de Dios crea que Él es Aquel que dice ser, morirán en sus pecados (8:12-30). Cristo, la Luz del mundo, ha venido a revelar al Padre y Su gracia. El hecho de que los judíos no crean es prueba contundente de que no importa cuál sea su linaje físico, espiritualmente no tienen relación alguna con ese gran hombre de fe que fue Abraham, ¡ni con Dios! De hecho, el rechazo a Jesús muestra que su relación es con Satanás (8:31-47).

Es entonces que Jesús afirma algo que no deja lugar a duda alguna. Antes de Abraham Jesús existía ya como el YO SOY (Jahvé) del Antiguo Testamento. El Hombre que les está hablando es el Dios a Quien dicen adorar, pero que en verdad han rechazado e insultado. Y como si quisieran rubricar este rechazo los líderes religiosos, enfurecidos, toman piedras e intentan matar a Jesús, que sale inadvertido del templo (8:48-59).

La acción continúa, sin interrupciones. "A su paso" (9:1) Jesús ve a un hombre que había nacido ciego y le da la vista (capítulo 9). El milagro asombra a todos. Cuando llevan al hombre ante los fariseos el debate se hace más intenso. Desesperados por condenar a Jesús los fariseos centran la atención en el hecho de que obró este milagro en el día sábado y acusan a Cristo de violar el día sagrado. Pero no son capaces de explicar cómo un pecador podría "hacer semejantes señales" (9:16). Ahora, Juan presenta su mensaje principal. El hombre que había nacido ciego ve con toda claridad lo que implica la acción de Cristo, y cree. Pero los fariseos y altas autoridades religiosas, que son videntes, deciden cerrar los ojos y no quieren creer. Aquel que es la Luz está en el mundo. Pero también en el mundo están las tinieblas. Y sigue habiendo personas que eligen las tinieblas antes que la luz.

ESTUDIO DE PALABRAS

Nadie que quiera darse a conocer actúa en secreto (7:4). El tono de la frase es sarcástico, como lo indica la observación de Juan en cuanto a que ni siquiera los hermanos de Jesús creían en Él todavía (7:5). La mayoría de los que tienen por objetivo glorificar a Dios en algún momento encuentra que hay gente que cuestiona sus motivos.

¿De dónde sacó éste tantos conocimientos sin haber estudiado? (7:15). Esto es en referencia al hecho de que en el siglo primero solamente tenía derecho a llamarse "Rabí" el académico ordenado. Su posición era resultado de un largo aprendizaje y estudio con algún reconocido "experto en la Ley". Como tal, se reconocía que poseía "conocimiento secreto". El escriba no solo había estudiado las Escrituras sino que dominaba las interpretaciones tradicionales del Antiguo Testamento que tenían un peso al menos equivalente al del AT en sí mismo. DE hecho, los libros sagrados solamente eran accesibles a los académicos porque estaban escritos en hebreo y no en arameo, idioma de uso cotidiano de pueblo. Incluso el Rabí Gamaliel I, cerca del año 30 DC, conocido por sus opiniones liberales, tenía una copia del Libro de Job traducida al arameo, pero oculta en un muro (b. Shab. 115a). Esto es solo una señal del bien conocido hecho de que en el siglo primero los escribas principales luchaban contra la difusión de las traducciones del AT al arameo.

Esto nos ayuda a entender el asombro de los enemigos de Jesús, estos expertos en la Ley, ante "tal conocimiento" que demostraba tener Cristo en Sus alusiones y referencias al Antiguo Testamento y en la forma de Sus argumentos.

El que esté dispuesto *a hacer la voluntad de Dios* reconocerá si mi enseñanza proviene de Dios o si yo hablo por mi propia cuenta (7:17). La decisión de la que habla aquí Jesús es el firme compromiso con hacer la voluntad de Dios. De nuestro compromiso de obedecer al Señor depende que entendamos la verdad de Dios.

Hice un milagro y todos ustedes han quedado asombrados (7:21). Jesús ha obrado una cantidad de milagros. Pero el milagro en el que se centran Sus opositores es en la curación del inválido el día sábado (5:1-15). La palabra que aparece traducida como "asombrados" es *thaumazo*. Juan la utiliza de manera específica para describir el impacto general que causaban los milagros y enseñanzas de Cristo. Aquí, *thaumazo* indica duda, vacilación. Porque el milagro ha confrontado a los opositores de Jesús y a la multitud y todos parecen haber quedado momentáneamente inmovilizados a causa de la confusión.

Finalmente, algunos gritan que Jesús tiene que estar poseído por demonios, acusación a la que Jesús responde con uno de esos argumentos típicos de los rabinos y que tanto sorprendía a los estudiosos que Le observaban (ver 7:15, más arriba). El argumento se apoya en el hecho de que la Ley de Moisés mandaba circuncidar al recién nacido al octavo día y que esto se hacía aún cuando ese octavo día fuera sábado. Si se puede realizar en el día sábado un procedimiento quirúrgico que afecta solo una parte del cuerpo ¿cómo pueden las autoridades criticar a Jesús por curar todo el cuerpo de un hombre ese día?

De hecho, esto lo señalaron otros rabíes pero aplicándolo a sí mismos, solo en casos en que se veía en peligro la vida de una persona. En T. Sabb. 15-16 el Rabí Eliezer (ca. 90 DC) argumenta que uno debe realizar la circuncisión en día Sábato y observa: ¿"no justifica ello la conclusión de lo menor a lo mayor? Si uno rompe el descanso del sábado a causa de uno de los miembros ¿por qué no ha de romper el sábado en beneficio del cuerpo entero?". Y sobre el mismo tema el Rabí Eliezer ben Azariah (ca. 100 DC) argumenta en Yoma 85b: "Si la circuncisión, que afecta solo a uno de los doscientos cuarenta y ocho miembros del hombre, supera la prohibición del sábado ¿cuánto más la supera entonces el cuerpo entero?".

La innovación que introduce Jesús es que Él no limita la curación en día sábado a situaciones en las que la vida peligra. La compasión de Dios es mucho mayor que la del hombre.

En el último día de la Fiesta, en que las celebraciones eran muy importantes, Jesús se puso de pie y dijo en voz alta: "¡Si alguno tiene sed, que venga a mí y beba! De aquel que cree en mí, como dice la Escritura, brotarán ríos de agua viva" (7:37-38). El "último día" era el séptimo (Deuteronomio 16:13) o posiblemente un octavo día adicional (Levítico 23:36). La Fiesta de los Tabernáculos era una celebración que recordaba la provisión de Dios para la generación del Éxodo mientras cruzaban el desierto hacia la Tierra Prometida.

Edersheim describe un servicio especial, momento destacado en el festival, y brinda el contexto que nos hace falta para entender el simbolismo tras el enigmático ofrecimiento de Jesús.

> Al son de la música la procesión partía desde el Templo. Iba tras un Sacerdote que llevaba una jarra de oro con una capacidad de tres logs [nota, aproximadamente tres litros]...Cuando la procesión del Templo llegaba al Estanque de Siloé el Sacerdote llenaba su jarro de oro en el estanque y luego todos regresaban al Templo, con el fin de llegar allí en el mismo momento en que se estuvieran ubicando en el gran Altar los sacrificios del holocausto, cerca del final de servicio común

del sacrificio de la mañana. Tres fuertes sones de trompeta anunciaban la llegada del Sacerdote, que pasaba por la "puerta de agua", llamada así por esta ceremonia, y luego se dirigía al Patio de los Sacerdotes.

Allí, cuenta Edersheim, se vertía el agua en un embudo de plata que llegaba a la base del altar mientras se cantaban salmos de alabanza y se recitaba Isaías 12:3: "Con alegría sacarán ustedes agua de las fuentes de la salvación". Edersheim continúa:

> No encontraremos dificultad para determinar en qué momento del servicio de "el último día, el más solemne de la fiesta" se levantó Jesús y exclamó: "¡Si alguno tiene sed, que venga a mí y beba!". Tiene que haber sido una referencia especial a la ceremonia del vertido del agua que, como hemos visto, se consideraba parte central del servicio. Además, todos entenderían que Sus palabras se referirían al Espíritu Santo porque el rito se consideraba universalmente como simbolismo de Su derramamiento. Enseguida después de verter el agua se cantaba el Hallel [alabanzas]. Pero después seguramente habría una breve pausa para prepararse para los sacrificios festivos (la *Musaph*). Entonces, inmediatamente después del simbólico ritual de verter el agua, e inmediatamente después de que la gente hubiera respondido al repetir las líneas del Salmo 117, dando gracias y orando para que Jehová enviara salvación y prosperidad, sacudiendo sus *Lulabh* [atados de ramas que se suponían cumplían con Levítico 23:40] en dirección al altar y alabando así "con el corazón, con los labios y las manos", y en medio del silencio que seguía a toda esta expresión, la voz de Jesús tiene que haber sonado estentórea en el Templo. No interrumpió los servicios, porque ya habían terminado. Los interpretó y les dio cumplimiento.

El significado es más potente todavía cuando observamos que "agua viva" es el término que identifica al manantial que surge a borbotones de la tierra. Y ese simbolismo estaba profundamente impreso en la conciencia judía en el siglo primero. Sukk. 5:1 dice: "Quien no ha visto el gozo de lugar donde surgen las aguas no ha conocido el gozo en toda su vida".

Es en este contexto simbólico tan profundamente impreso en las mentes de todos durante la Fiesta de los Tabernáculos, que Jesús prometió a quienes creyeran en Él que el Espíritu Santo eterno, simbolizado en el servicio de esa mañana, habitaría en ellos y les daría vida eterna.

¡Nunca nadie ha hablado como ese hombre! —declararon los guardias (7:46). Los guardias del templo habían sido enviados para arrestar a Jesús. Volvieron con las manos vacías, con la excusa que en la traducción de nuestra versión no se aprecia del todo. El texto griego ubica la palabra *anthropos*, "hombre", como elemento de énfasis y la estructura sugiere que los guardias estaban asombrados y dudaban porque "ningún hombre común ha hablado de este modo jamás". Sin comprometerse a creer que Jesús era el Cristo, los guardias están dando a entender que, al menos, Jesús tiene que ser el Profeta que vendría y superaría a Moisés como revelador de la voluntad de Dios (Deuteronomio 18:15).

En su frustración los fariseos revelan su desprecio por el pueblo, ante quienes supuestamente son responsables: "esta gente, que no sabe nada de la ley, está bajo maldición" (7:49). Nadie que declarara ser pastor, con tal actitud hacia las ovejas de Dios, podría poseer entendimiento espiritual. Por eso el hecho de que ninguno de los "gobernantes o fariseos "creyeran en Jesús (7:48) es un punto a favor de Él, y no en contra.

¿Cuántas veces nos han reconocido nuestros enemigos tanto como nuestros amigos?

Yo soy la luz del mundo. El que me sigue no andará en tinieblas, sino que tendrá la luz de la vida (8:12). La luz y las tinieblas son símbolos expresivos que con frecuencia aparecen en contraste en el Evangelio de Juan. Pero Juan, al igual que el AT, no está pensando en el iluminismo intelectual y la ignorancia. La luz y las tinieblas son términos soteriológicos, imágenes que contrastan el brillante gozo que experimentan los salvos en presencia del Señor con la terrible pena por la que han de pasar los que están apartados de Él. El Salmo 44:3 exclama: "Porque no fue su espada la que conquistó la tierra, ni fue su brazo el que les dio la victoria: fue tu brazo, tu mano derecha; fue la luz de tu rostro, porque tú los amabas".

Así como el dicho de Jesús sobre los ríos de agua viva habían surgido del ritual de la Fiesta de los Tabernáculos, Su proclamación de Sí mismo como la Luz del mundo también surgía de la fiesta, donde cada noche se celebraba con alegría a la luz de las lámparas ubicadas en el patio del templo. El tratado Sukk. 5 describe la escena:

> Hacia el final del primer día de la fiesta de los Tabernáculos la gente bajaba al patio de las mujeres donde se habían tomado ya las precauciones [para separar a los hombres de las mujeres]. Allí se habían colocado lámparas doradas con cuatro cuencos de oro en cada una y cuatro escaleras ubicadas junto a cada lámpara. Cuatro jóvenes, pertenecientes al grupo de jóvenes sacerdotes sostenían en sus manos vasijas conteniendo aceite, unos 120 litros, que se vertían en los cuencos individuales. Los pabilos se fabricaban con las ropas viejas de los sacerdotes y sus cintos. No había patio en Jerusalén que no brillara con la luz del lugar de donde se tomaba el agua. Los hombres

piadosos y conocidos por sus buenas acciones bailaban con antorchas en las manos y cantaban alabanzas y cánticos y los levitas estaban allí con cítaras, arpas, címbalos y trompetas y demás instrumentos musicales, sobre los 15 escalones que llevaban del patio de los israelitas al patio de las mujeres, y que correspondían a los 15 cánticos de los escalones de los salmos.

Podemos imaginar la alegría, el baile y la música acompañada de cánticos que duraban toda la noche. Los rabíes se cuidaban de distinguir estas celebraciones nocturnas de las fiestas paganas. Durante la ceremonia dos sacerdotes con trompetas bajaban la escalinata, se volvían hacia el templo y proclamaban: "Nuestros padres que estuvieron en este lugar dieron la espalda al templo de Dios y mirando al este se inclinaron ante el sol saliente, pero nosotros dirigimos nuestros ojos a Jahvé". Dios era la luz de Israel, fuente de la salvación, la esperanza y el gozo.

Y fue durante esta celebración, tal vez en el preciso momento en que la multitud callaba para escuchar la afirmación de los sacerdotes, que Jesús se puso de pie y exclamó: "Yo soy la luz del mundo. El que me sigue no andará en tinieblas, sino que tendrá la luz de la vida".

Aunque yo sea mi propio testigo —repuso Jesús—, mi testimonio es válido, porque sé de dónde he venido y a dónde voy (8:14). Antes Jesús argumentó que Sus afirmaciones no carecían de respaldo sino que de hecho, contaban con la evidencia del Padre y de los milagros que Él obraba. Aquí Su mensaje señala otro punto. Tal vez un tribunal judío se negaría a aceptar su propio testimonio suponiendo que la evidencia que ofreciera la persona en defensa propia podría ser parcial a su favor. Pero en este caso el testimonio de Jesús es válido: primero porque Él posee conocimiento único que no está disponible a los que "juzgan según criterios humanos" (8:15), y en segundo lugar, porque es corroborada por el Padre.

No hay manera de argumentar con quienes no quieren creer. Lo sobrenatural no puede analizarse por medios disponibles a los mortales. Tenemos que aceptar el testimonio de Cristo por la fe sencillamente porque, como ha observado Morris, "no hay testigo humano que pueda autenticar la revelación divina".

Es importante, sin embargo, no suponer que tomar las palabras de Jesús "por la fe" significa aceptar lo que Él dice "en contra de la razón". De hecho, es muy razonable creer porque en vista de los milagros obrados por Jesús era irracional que los opositores no Le creyeran. Así como es irracional para los modernos no creer en el testimonio de las Escrituras y de millones de cristianos que durante 20 siglos han experimentado el gozo de la salvación que Jesucristo da a quienes Le siguen en obediencia.

Cuando hayan levantado al Hijo del hombre, sabrán ustedes que yo soy (8:28). La frase "hayan levantado" *hupsoo*, se refiere a la cruz (3:15). Estas últimas palabras, *ego eimi*, aparecen tres veces en este extenso intercambio (8:24, 28, 58) e identifican a Jesús como el YO SOY del Antiguo Testamento, el mismo Jahvé.

Lo que se destaca en las palabras de Jesús, dirigidas a estos hombres que tanto buscan matarle, es la indicación de que "cuando hayan levantado" al Hijo del hombre estas mismas personas "sabrán" que Jesús es el YO SOY. La Resurrección resolverá la cuestión de una vez por todas y entonces los que se complotaron para matar a Cristo sabrán Quién es Él.

Pero al completar la lectura de los Evangelios y llegar a Hechos y las epístolas, lo que descubrimos es terrible: los líderes religiosos siguen negándose a creer y de hecho persiguen a la iglesia de la misma forma en que persiguieron a su fundador.

Aquí hay una lección importante. Lo esencial no es "conocer" quién es Jesús sino el hecho de que sabiéndolo decidamos entregarnos a Su misericordia y aceptar el perdón que Él ganó para nosotros en la cruz.

Si se mantienen fieles a mis enseñanzas, serán realmente mis discípulos; y conocerán la verdad, y la verdad los hará libres (8:31-32). Estas palabras están dirigidas a quienes creen en Jesús, y su mensaje es vital. Porque mantenerse fieles a las enseñanzas de Cristo no es aceptar intelectualmente sino poner en práctica las palabras de Jesús. La traducción de J. B. Phillips dice: "Si son fieles a lo que he dicho".

A pesar de que este versículo ha sido mal utilizado por un importante periódico estadounidense, "conocer la verdad" no tiene que ver con la información. Tanto en hebreo como en griego uno de los significados de la palabra "verdad" es "en armonía con la realidad". Cuando más adelante Juan escribe: "Santifícalos en la verdad; tu palabra es la verdad" (17:17) está diciendo que la Palabra de Dios brinda un retrato exacto de la realidad porque Dios conoce la realidad. Aquí, "si se mantienen fieles a mis enseñanzas" (8:31) implica ordenar la vida según Sus enseñanzas y al hacerlo ¡se comienza a experimentar la realidad! Es esta experiencia de la realidad retratada en las palabras de nuestro Señor lo que nos hace libres. Somos libres de las confusas ilusiones que hacen tropezar a las personas que manotean fantasmas que parecen deseables pero que de hecho solo causan sufrimiento y dolor. Somos libres por las palabras de Cristo para conocer lo que es bueno y justo y al elegir lo bueno y lo justo descubrimos lo que es mejor para nosotros y para los demás. La mayor libertad de todas es la libertad del pecado y sus efectos.

"Les aseguro que todo el que peca es esclavo del pecado —respondió Jesús—. Ahora bien, el esclavo no se queda para siempre en la familia" (8:34-35). El esclavo del siglo primero disfrutaba de ciertas protecciones por ley pero no se le consideraba "persona" en sentido legal. Sin poder afirmar un vínculo familiar no hay quien tenga obligación hacia el esclavo pero el esclavo sí tiene obligaciones hacia su amo. La frase "todo el que peca" está conjugada en participio presente en el texto griego e indica hábito continuo más que tropiezo ocasional. Los seres humanos somos pecadores, atrapados por una disposición interior hacia el pecado que es tan cruel como la esclavitud. Solo el Hijo puede otorgarle libertad a la persona y convertirla en parte de la familia de Dios.

Ustedes son de su padre, el diablo, cuyos deseos quieren cumplir (8:44). Los opositores a Cristo sostienen que como descendientes de Abraham y por ello, miembros de la comunidad del pacto, su relación con Dios es segura. Jesús les responde que no basta con la descendencia física. Es necesario que las personas ejerzan la misma fe en Dios que demostró Abraham.

En este punto Jesús presenta una enseñanza devastadora: que la humanidad puede dividirse en dos grupos. Los de un grupo aman a Jesús y tienen a Dios como Padre. Los otros son "incapaces de oír" (*ou dunasthe*: sin capacidad inherente), porque su "padre" es el diablo, un ser que ama la mentira y el asesinato, igual que los que se oponen a Jesús.

Es importante entender el significado de "padre" en este contexto. En el pensamiento hebreo, "padre" o 'ab, podía indicar descendencia biológica pero también servía como título que indicaba respeto por una autoridad o líder espiritual, o señalaba al fundador de una tribu o grupo familiar. Es en este sentido que Jesús utiliza "padre" al referirse a la maldad de Sus opositores. Porque sus acciones muestran que pertenecen a ese grupo de rebeldes contra Dios y Su santidad, fundado por Satanás cuando éste cayó.

En algunos aspectos todos exhibimos nuestra relación de familia espiritual. O amamos a Dios y mostramos Sus cualidades en la relación con los demás o exhibidos las características de Satanás demostrando así que somos parte de la clase de renegados que se resisten al Señor.

No hay términos medios.

**Ciertamente les aseguro que, antes de que Abraham naciera, ¡yo soy!
Entonces los judíos tomaron piedras para arrojárselas (8:58-59).** Es la tercera vez en este capítulo que Jesús afirma Su identidad como el Jahvé del Antiguo Testamento. Como el YO SOY, Jesús existía antes de que naciera Abraham, y como el YO SOY Jesús era conocido por ese gran hombre de fe. Es claro por la respuesta de los enemigos de Jesús que no tenían duda acerca de lo que afirmaba Cristo. "Tomaron piedras para arrojárselas" (8:59), por el pecado de blasfemia.

La Guía de Referencia a la *Edición Steinsaltz de Talmud* explica el principio halájico que correspondía aplicar: "el celoso podrá atacar".

Hay una cantidad de transgresiones para las que la ley de la Torá no exige que se administre la pena capital por medio de un tribunal. Si una "persona celosa" sorprende a un individuo cometiendo alguna de estas transgresiones, podrá matarlo. Estas transgresiones son: robo de utensilios sagrados; maldecir a Dios usando el nombre de un falso dios; relaciones sexuales en público con una mujer no judía; y servir en el Templo estando ritualmente impuro. Si una "persona celosa" era testigo de alguna de estas transgresiones y luego acudía a un tribunal para obtener consejo, el tribunal no le aconsejaría que matara al ofensor. El permiso para hacerlo solo se otorgaba si la "persona celosa" actuaba en el mismo momento en que el ofensor cometía la transgresión (Vol. 1, 254).

Parece evidente que Jesús enfureció a los opositores y que ellos, suponiendo que eran falsas Sus afirmaciones, decidieron actuar como "personas celosas" para matar a Jesús sin juicio previo.

Jesús vio a un hombre que era ciego de nacimiento. Y sus discípulos le preguntaron: —Rabí, para que este hombre haya nacido ciego, ¿quién pecó, él o sus padres? (9:1-2). La curación milagrosa es vívida evidencia de las verdades que ha afirmado Jesús. Él es le Luz del mundo, capaz de dar vista a los ciegos. Los que son como el ciego a quien Jesús restauró la vista Le reconocerán y caminarán en la luz. Pero los que afirman ver y aún así no pueden reconocer la confirmación de Dios del Salvador en Sus milagros demuestran que tienen ceguera espiritual y morirán en sus pecados.

Hay aquí algo especial para nosotros también. Los discípulos, al ver al hombre que había nacido ciego, mencionan una cuestión teológica interesante. La creencia popular era que la incapacidad del hombre se debía al pecado en su vida pero habiendo nacido ciego ¿qué habría hecho para merecer este castigo? ¿Sería un castigo por pecados cometidos por sus padres? ¿O Dios tenía pre-conocimiento de los pecados que el hombre cometería?

Lo que más importa no es la respuesta que les dio Jesús: que la ceguera no era castigo por pecados sino que servía como ocasión para glorificar a Dios. Lo que nos importa aquí es que cuando los discípulos vieron sufrir a este hombre, les movió la curiosidad antes que la compasión.

La luz que trae Jesús, esa luz en la que hemos de caminar, tiene que cambiar drásticamente nuestras prioridades. La resolución de acertijos teológicos, aunque nuestra interpretación de las Escrituras sea "la correcta" no es tan importante como la compasión y el interés por los demás, revelados constantemente en las acciones de Jesús.

"Jamás se ha sabido que alguien le haya abierto los ojos a uno que nació ciego. Si este hombre no viniera de parte de Dios, no podría hacer nada". Ellos replicaron: "Tú, que naciste sumido en pecado, ¿vas a darnos lecciones?". Y lo expulsaron (9:32-34). ¡Qué fascinante! Los fariseos, con ánimo de investigar, sacaron a relucir su viejo argumento de que Jesús no podía venir de Dios porque había obrado la sanación en el día sábado (9:13-14). Después de verse frustrados totalmente en su intento por mostrar que la sanación había sido un fraude, los líderes religiosos tuvieron que admitir que el hombre en realidad había nacido ciego. Pero no podían admitir la conclusión que obligadamente derivaba de este hecho.

Parecen casi desesperados al urgir al hombre que ahora puede ver, que le dé crédito a Dios ignorando así implícitamente el rol que había tenido Jesús en su curación (9:24). Pero el hombre se mantiene firme: es un comprometido discípulo de su Benefactor. Finalmente, lo único que pueden hacer los frustrados líderes es insultar y atacar personalmente al hombre a quien le fuera restaurada la vista.

No nos sorprendamos cuando quienes rechazan a Cristo demuestran enojo u hostilidad contra sus testigos. El mensaje del Evangelio es un mensaje de esperanza para los que creen pero para los que rechazan la luz es una oscura amenaza que puede hacer que ataquen con odio y temor al mensajero.

EL PASAJE EN PROFUNDIDAD

La mujer sorprendida en adulterio (7:53-8:11).
La mayoría cree que este pasaje, que no se encuentra entre los primeros manuscritos griegos que los académicos consideran son los más confiables, tal vez no estuviera en el texto original de Juan. Al mismo tiempo, también esta mayoría considera que la historia es auténtica y que claramente revela el espíritu de Jesús y el de Sus antagonistas.

Como la historia es tan conocida y aparece tantas veces en nuestras enseñanzas y predicaciones, vale la pena estudiarla de cerca.

Trasfondo. Para los babilonios, los asirios y los hititas el adulterio era un delito capital. En estas culturas se veía el adulterio como delito contra los derechos de propiedad del esposo, y era derecho del esposo exigir la pena mayor, una pena menor, o el perdón para su esposa. En contraste, la ley bíblica veía el adulterio como afrenta moral más que como injuria o perjuicio al esposo. Dios había llamado a Israel a ser un pueblo santo, una comunidad cuyo tono moral reflejara la rectitud y justicia de ese Dios que reclamaba como propio a ese pueblo.

Por eso en la ley bíblica no hay provisión para el rescate o perdón del esposo por el delito y corresponde la pena de muerte para subrayar la gravedad de un crimen que golpea el fundamento de la sociedad, que es la familia. Es importante notar que en el AT se considera igualmente culpable al hombre y a la mujer y por eso las Escrituras dicen: "tanto el adúltero como la adúltera serán condenados a muerte" (Levítico 20:10).

La ley rabínica sigue al AT en su tratamiento del adulterio. No se ocupa de los "derechos" del marido. Los escritos rabínicos en cambio contienen largas discusiones en cuanto a cómo hay que dar muerte a la persona culpable de adulterio. Las formas adoptadas por los rabíes incluían el apedreamiento, la hoguera y el estrangulamiento y se habla mucho de qué forma de ejecución deberá utilizarse según la forma de adulterio entre las que distinguen los rabíes, que son cuatro: 1) adulterio con una mujer casada; 2) adulterio con una mujer casada que es hija de un sacerdote; 3) adulterio con una virgen comprometida; y 4) adulterio con una virgen comprometida de quien el esposo descubre en la noche de bodas que no es virgen.

A pesar de las extensas discusiones y la formulación de casos que definen cómo han de aplicarse las complejas reglas rabínicas, los rabíes querían que la discusión de la pena capital ¡se mantuviera como teoría! No era una práctica que aplicaran los tribunales rabínicos. Es fascinante observar que en la práctica los rabíes se esforzaban por intentar que se aplicara la pena de muerte ante cualquier tipo de delito. Por ejemplo, los tribunales rabínicos requerían que se advirtiera al criminal en presencia de testigos sobre la gravedad de su crimen antes de cometerlo y que el criminal fuera ejecutado solo si dijera, con estas palabras exactamente: "Lo sé y no me importa. Soportaré las consecuencias".

En la práctica, por lo tanto, se utilizaban castigos sustitutos, como por ejemplo los azotes, como pena para el adulterio según lo que mandaban los tribunales judíos del siglo primero. Todo esto hace que la situación que se describe en Juan 8 sea todavía más interesante. Al levar ante Jesús a una mujer sorprendida mientras cometía adulterio, y al desafiar a Jesús a hacer cumplir o rechazar la Ley de Moisés, los opositores de Cristo buscaban obligarle a aplicar lo que ellos mismos consideraban una mera ley teórica, en este caso en particular. Si Jesús no condenaba a la mujer podrían acusarle de negar la Ley de Moisés que Jesús afirmaba honrar. Pero si condenaba a la mujer este Hombre cuyas curaciones en día sábado habían hecho ver a los "maestros de la ley y fariseos" como personas sin corazón ni compasión, Jesús mismo estaría mostrándose menos compasivo que los rabíes.

En el contexto de la cultura del siglo primero podemos percibir la naturaleza real de la trampa que cercaba a Jesús, e inesperadamente ¡también a Sus acusadores!

Interpretación. El relato de este incidente es muy interesante en diversos aspectos. ¿Cómo sabría la persona promedio dónde encontrar a una mujer adúltera? Si sabes dónde ir ¿cómo podrías atrapar a una mujer "en el acto mismo del adulterio"? (8:4). Y hay otro problema: ¿dónde está el hombre con quien la mujer cometió adulterio? La ley del Antiguo Testamento es específica: tanto el hombre como la mujer son culpables y deberán ser castigados. En ese caso ¿por qué no trajeron los maestros de la ley y los fariseos a este hombre, junto con la mujer?

Lo único que podemos concluir es que no había sido un hallazgo espontáneo sino un plan cuidadosamente pergeñado para desacreditar a Jesús ante el pueblo. Si es así, queda claro que se trataba de una trampa y que los líderes religiosos habían conspirado en realidad para atrapar a la mujer cometiendo adulterio.

El texto dice que Jesús se arrodilló y comenzó a escribir en el suelo. Es la única vez que los Evangelios nos muestran a Jesús escribiendo y muchos han especulado acerca de cuáles fueron las palabras que Él escribió en el polvo. Se ha sugerido que escribió el nombre de cada uno de los acusadores, con la lista de sus pecados ocultos. No parece necesario. Tal vez podemos ver aquí no tanto un contraataque a los opositores sino evidencia de la desazón de Cristo ante su falta de compasión. ¿Cómo podrían aquellos a quienes Dios había dado tantas promesas maravillosas en el pacto, con el privilegio de conocerle a través de la Palabra y adorarle en el templo, "utilizar" a otro ser humano de manera tan perversa?

Los rabíes y los fariseos continuaron con su ataque verbal, confiados en que ganarían. Pero Jesús se puso de pie y Sus palabras los asombraron al punto de dejarles sin palabras: "Aquel de ustedes que esté libre de pecado, que tire la primera piedra". De repente, los acusadores de Jesús se encontraban ante un dilema. Es que Deuteronomio 17:7 declara: "Los primeros en ejecutar el castigo serán los testigos, y luego todo el pueblo".

Pero si los testigos estaban presentes y no habían hecho que se pusiera fin al acto, en efecto serían cómplices por condonar tal acción. Si crearon esa situación para atrapar a Jesús ellos eran culpables también. Podría ser que una persona tropezara con una escena tan íntima por accidente, pero no era probable que varios líderes religiosos que normalmente no tenían relación con la gente común, accidentalmente hubiesen descubierto el adulterio.

Al ver que su trampa les había puesto en situación de terrible vulnerabilidad, ni uno de los que acusaban a la mujer se atrevió a dar un paso al frente y a presentarse como testigo.

Cuando se habían ido todos Jesús le habló a la mujer. Aunque nuestro Señor no la condenó, tampoco dijo que fuera inocente. De hecho, las palabras de Cristo dejan en claro que la mujer era prostituta: "Ahora vete, y no vuelvas a pecar" (8:11). Sin duda los líderes religiosos habían arreglado lo del adulterio buscando desacreditar a Jesús pero no tomaron en cuenta que la trampa se volvería en contra de ellos y revelaría, no los defectos de Jesús, sino sus propios pecados y culpa.

Aplicación. Una vez más encontramos que la historia nos revela la sabiduría y la compasión de Jesús. Sin embargo, la revelación más contundente y asombrosa es la del carácter de los que se oponían a Jesús.

Sin embargo, antes de criticarlos tenemos que recordar que la convicción religiosa puede ser moralmente tan contaminante como la lujuria, corrompiendo a la persona que está tan absolutamente convencida de ser recta que busca destruir a quienes están en desacuerdo y por ello, queda expuesta y en peligro. Seamos cuidadosos de mantenernos plenamente comprometidos con Cristo y Su Palabra pero sin caer jamás en la trampa de usar a otras personas para mostrar que estamos en lo correcto, ni olvidando la compasión cuando nos mueve la pasión por la verdad.

JUAN 10–12
La elección

EXPOSICIÓN

El relato de Juan del ministerio de Jesús llega ahora a la etapa más crítica. Cristo Se ha presentado ante Israel no solo como el prometido mesías sino como Revelador e Hijo de Dios. La élite religiosa representada por los maestros de la Ley y los fariseos ha atacado a Jesús abiertamente. La gente común, aunque asombrada ante los milagros de Jesús, parece confundida por las afirmaciones que efectúa y es claro, a medida que Juan avanza con su relato, que todos tendrán que decidir sencillamente si aceptan o rechazan las afirmaciones de Jesús.

Estos capítulos tan importantes comienzan con el anuncio público de Jesús de que Él es el Pastor de las ovejas de Dios (10:1-21). La imagen tiene su origen en el Salmo 23 y en las profecías de Jeremías y Ezequiel. Jesús es el cumplimiento de la promesa de Dios: "Yo mismo apacentaré a mi rebaño" (Ezequiel 34:15). Los líderes de Israel son solo pastores contratados que no aman a las ovejas. El sermón es recibido de diferentes maneras: "los judíos" lo ridiculizan, pero la gente común queda impresionada. Poco después un numeroso grupo de opositores rodea a Jesús y exigen saber si Él afirma ser el Cristo (10:22-42). Jesús afirma que lo es y también afirma Su autoridad para dar vida eterna a quienes respondan a Su voz porque Jesús es Uno con Dios Padre.

Pero ¿cómo puede probarse esta capacidad que profesa Jesús de "darles vida eterna" (10:28)? Cuando María y Marta acuden desesperadas a Jesús para que sane a su hermano, Jesús se demora hasta que Lázaro ha fallecido y ya está sepultado (11:1-16). Las hermanas, al momento de la llegada de Jesús, han de reafirmar su fe en que Jesús es "la Resurrección y la Vida" (11:17-37). Y aunque sí creen, ellas dos y todos los deudos quedan atónitos cuando Jesús llama a Lázaro, que está en la tumba, y lo trae de regreso a la vida (11:38-44). El milagro es demasiado para los opositores de Jesús, que deben decidir qué hacer antes de que los notables milagros convenzan a todo Israel de que de veras Él es el Cristo. En lugar de decidir que creerán en Jesús el consejo de autoridades acuerda que tiene que morir (11:45-57). La gente permanece a un lado, sin definirse. Pero los líderes religiosos ya han tomado su decisión.

En Betania, mientras los jefes de los sacerdotes siguen complotando, Jesús es ungido por María durante una fiesta en honor de Lázaro (12:1-11). Al día siguiente Jesús entra en Jerusalén montado sobre un burro y la multitud entusiasta Le aclama como su Rey (12:12-19). Pero Jesús sabe muy bien que Su popularidad será efímera. Apesadumbrado, Jesús habla de Su inminente muerte y reafirma Su compromiso de hacer la voluntad del Padre (12:20-36). Al mismo tiempo el consejo de autoridades y los sumos sacerdotes endurecen su posición de negarse a creer y ejercen intensa presión directa contra cualquiera de su grupo que decida creer (12:37-49). Con tristeza Jesús describe las consecuencias de su decisión: "La palabra que yo he proclamado lo condenará en el día final" (12:48).

Hoy también nosotros tenemos libertad para decidir. Podemos decidir que creeremos en Jesús, o podemos negarnos a creer en Él. Pero no tenemos libertad alguna para evitar las consecuencias de lo que decidamos. Lo que creemos tenemos vida eterna. Los que no quieren creer están condenados ante Dios. De nosotros depende.

ESTUDIO DE PALABRAS

Ciertamente les aseguro que el que no entra por la puerta al redil de las ovejas ... es un ladrón y un bandido (10:1). El ladrón, *kleptes*, utiliza artilugios y el bandido, *lestes*, recurre a la violencia. Ambos buscan aprovecharse de los demás para beneficio propio. Muchas veces los así llamados "líderes religiosos" buscan aprovecharse de los demás en lugar de servirles.

Entonces el lobo ataca al rebaño y lo dispersa (10:12). La parábola o analogía de Jesús se basa en el conocimiento que tenía la gente de Galilea o Judá con respecto a los pastores y las ovejas. Es solo una ilustración. Si el rebaño de cabras se siente amenazado las cabras se juntan en un rincón apuntando sus cuernos hacia el atacante. Pero las ovejas se dispersan y entonces son más vulnerables. Su única esperanza es el pastor comprometido a defenderlas aunque para hacerlo deba ponerse en peligro.

Tengo otras ovejas que no son de este redil (10:16). La mayoría de los comentaristas creen que este "redil" se refiere a Israel en tanto las "otras ovejas" son los gentiles que reconocerán la voz de Cristo en el Evangelio y Le responderán.

Por esos días se celebraba en Jerusalén la fiesta de la Dedicación (10:22). Era el festival de Januká, que celebraba la purificación y re-dedicación del templo de Jerusalén por parte de Judas Macabeo unos 200 años antes. El templo había sido profanado por orden del sirio Antíoco IV, y se había sacrificado un cerdo en el altar. Después de una rebelión de tres años, incentivada por esta acción y otras más que buscaban borrar al judaísmo de la tierra, los macabeos liberaron al pueblo judío y volvieron a tomar posesión de Jerusalén.

Entonces *lo rodearon* los judíos (10:24). El verbo *ekuklosan* significa "rodear". La imagen que sugiere es la de una multitud de líderes religiosos con actitud amenazante (ver Estudio de palabras de Juan 1:19), que rodean a Jesús tratando de obligarle a "decirles con franqueza" si Él era el Cristo. Casi podemos ver a Jesús meneando la cabeza, asombrado. "Ya se lo he dicho a ustedes", respondió (10:25). Y además, "las obras que hago en nombre de mi Padre son las que me acreditan".

No debiera sorprendernos, porque muchas veces oramos pidiendo alguna señal de Dios que nos permita saber que nos da el visto bueno para hacer algo que no se corresponde con Su voluntad. E problema no es que necesitamos saberlo "con franqueza", sino que muchas veces ¡no queremos aceptar lo que se nos ha dicho!

Si vivimos la vida plenamente comprometidos con hacer la voluntad de Dios tal como Él nos la revela, desaparecerá casi toda nuestra incertidumbre. Pero si vivimos esperando que el Señor nos permita aquello que nosotros queremos hacer, pasaremos por muchos momentos de terrible incertidumbre (Santiago 1:5-8).

Mis ovejas oyen mi voz; yo las conozco y ellas me siguen (10:26). En un mismo redil podían pasar la noche los rebaños de distintos pastores. Por la mañana, cada pastor llamaría a sus ovejas utilizando determinada palabra o frase. Si otra persona llamaba a las ovejas usando esa palabra o frase, las ovejas no respondían. Es que las ovejas reconocían el tono y timbre de la voz de su pastor y solamente responderían a su voz.

El rebaño de Dios reconoce la voz de Jesús y Le responde. Y cuando llega el llamado del Evangelio, Sus ovejas levantan las cabezas y miran hacia el Salvador, le reconocen y Le siguen obedientemente donde sea que Él las lleve.

No podemos hacer que otras personas crean argumentando o discutiendo. Solo podemos hablarles las palabras de Jesús sabiendo que quienes son ovejas de Dios reconocerán y seguirán Su voz.

El Padre y yo somos uno (10:30). "Uno" en griego es el pronombre neutral *hen*. Aquí, su uso indica igualdad o naturalezas idénticas. Una vez más, los judíos sabían muy bien qué era lo que afirmaba Jesús y también esta vez reaccionaron como "personas celosas" (ver Estudio de palabras de Juan 8:58-59), y quisieron apedrear a Jesús por la blasfemia de "hacerse pasar por Dios" (10:33).

Vemos también aquí que la cuestión no tenía que ver con la falta de certezas. No fueron sinceros al indicarle a Jesús que "hablara con franqueza" (10:24), ni expresaron el deseo de conocer o entender. En el mejor de los casos, se trató de un frustrado esfuerzo por obligar a Jesús a negar Su llamado. Y en el peor de los casos, fue un esfuerzo por tenderle una trampa para que dijera algo que les diera una excusa para apedrearlo, justamente lo que querían hacer en este momento.

—¿Y acaso —respondió Jesús— no está escrito en su ley: "Yo he dicho que ustedes son dioses" ? (10:34). Esta declaración tan enigmática ha generado cantidad de interpretaciones confusas. Algunos asumen que las palabras implican la negación de que lo que Cristo dijo en 10:30 era de hecho la afirmación de que Él es igual a Dios. No es así. La referencia de Jesús al Salmo 82:6 reafirma Su declaración de igualdad. El argumento es simplemente el siguiente: si el Señor se dirigía a seres humanos como *elohim* (dioses) en su calidad de jueces con la responsabilidad de aplicar la Ley de Dios, ¿cuánto más merece Jesús, "a quien el Padre apartó para sí y envió al mundo" (10:36) ser considerado igual a Dios?. La acusación de blasfemia es necia e insensata en vistas del demostrado compromiso de Dios con el Hijo.

Entonces Tomás, apodado el Gemelo, dijo a los otros discípulos: Vayamos también nosotros, *para morir con él* **(11:16)**. Cuando Jesús no se apuró para ir a Betania en respuesta al mensaje de María y Marta, los discípulos supusieron que era por temor a Sus opositores. Betania estaba a poco más de tres kilómetros de Jerusalén. En ese momento, Cristo y Sus discípulos estaban a unos treinta kilómetros, en Perea, con lo cual había relativa seguridad. Cuando finalmente Jesús Se levantó y dijo: "Volvamos a Judea" (11:7), los discípulos se sorprendieron.

No se habían equivocado al sospechar cuál era el ánimo de los enemigos de Jesús. Y estaban convencidos de que si Jesús regresaba, seguramente Le matarían.

En esta declaración de Tomás se destacan dos cosas. Primero, Tomás y los discípulos malinterpretaron totalmente la motivación de Jesús. No es que Jesús no partiera por miedo, sino por compasión y por la firme determinación de glorificar a Dios. Recordemos eso en lo que sea que Dios nos pida que hagamos: Sus motivos siempre son positivos y buenos.

En segundo lugar, Tomás demostró un compromiso digno de elogios. No entendía por qué Jesús se disponía a regresar, pero estaba decidido a ir con el Señor aun si le costaba la vida.

El discipulado requiere de dos cualidades, aún hoy: el compromiso de seguir a Jesús no importa a qué costo. Y la convicción de que lo que sea que el Señor nos pida que hagamos, será para bien.

Lázaro llevaba ya cuatro días en el sepulcro (11:17). La literatura rabínica sugiere que había que visitar la sepultura durante tres días para asegurarse de que la persona estuviera muerta de veras (Sem. I) en tanto Gen. Rab. 100 (64ª) dice: "Bar Qappara enseñaba que la fuerza del duelo solo llega en el tercer día. Por tres días el alma retorna a la sepultura, pensando que regresará [al cuerpo]; pero cuando ve que ha cambiado el color del rostro, entonces se aleja y lo abandona".

Jesús esperó a llegar al cuarto día para que no pudiera haber duda de que Lázaro estaba realmente muerto cuando Él le llamó a la vida de nuevo.

Al ver llorar a María y a los judíos que la habían acompañado, Jesús se turbó y se conmovió profundamente (11:33). Aquí el término griego es *embrimaomai*, que indica normalmente un estallido de enojo. Pero la mayoría de los traductores lo toman como una emoción fuerte, como de compasión o pena.

Es fascinante, sin embargo, especular si Jesús sintió enojo al oír el llanto de la gente, percibiendo desesperanza y duda en su creencia de la vida eterna, o si se enojó por el hecho mismo de la muerte y su frío e innecesario poder sobre la humanidad. Como encontramos el mismo verbo en el versículo 38, es posible que así sea. Pero lo más probable es que "profundamente conmovido" sea la traducción adecuada aquí. Porque de todos los hombres, Jesús tiene que haber entendido la importancia del duelo, de enfrentar el dolor del rechazo y la pérdida que todos sentimos y al entregar esta pena a Dios, el conocer finalmente la paz.

...vendrán los romanos y acabarán *con nuestro lugar sagrado, e incluso con nuestra nación* **(11:48)**. Esto refleja el temor de que Jesús pudiera provocar una revolución religiosa espontánea. Si sucedía eso, lo más probable era que los romanos les quitaran a los judíos sus últimos vestigios de identidad y auto-gobierno como nación. Parece importante que lo primero que preocupa era que los romanos les quitaran "nuestro lugar". Al igual que los políticos en todas las épocas, los líderes solían pensar primero en sí mismos y después en su nación.

No entienden que les conviene más que muera un solo hombre por el pueblo, y no que perezca toda la nación (11:50). La afirmación de Caifás fue una profecía sin intención de serlo (11:51). Pero las palabras del sumo sacerdote reflejan el largo debate que durante mucho tiempo habían mantenido los rabíes.

Este debate surgía de la historia de Sabá (2 Samuel 20:1) en el AT. Después de liderar una revuelta contra David, Sabá huyó a la ciudad de Abel Bet Macá. Cuando las fuerzas de David atacaron la ciudad, una "astuta mujer" (20:16) persuadió a los ciudadanos de que decapitaran a Sabá y tiraran su cabeza por encima del muro al general de David, Joab. La historia hizo surgir la pregunta siguiente: ¿Cuánto es correcto entregar a un hermano judío a la muerte?

Gen. Rab. 92.49ª y 94.60ª admiten este principio: "Es mejor que esté una vida en incierto peligro de muerte, que todas en (peligro de) certidumbre de muerte", y "Es mejor que se mate a un hombre antes de que todos sean castigados por culpa de él". Aún así, los rabíes no quedaron satisfechos con esto e intentaban definir específicamente las condiciones en que sería permisible entregar a una persona para salvar al resto. El consenso al que se llegó indicaba que si un grupo de bandidos o de autoridades paganas exigían " a uno" de un grupo de judíos porque si no, matarían a todos, debían morir todos. Pero si las autoridades paganas exigían a uno por nombre, había que entregarlo en beneficio de los demás.

Esto no era enteramente satisfactorio, sin embargo, por lo que se sugirió una condición más. Observando que Sabá era conocido como "malvado" (2 Samuel 20:1), Resh Laqish argumenta que incluso cuando se daba el nombre de la persona, solo se la podía entregar si era alguien que merecía de veras morir.

La fina sensibilidad demostrada en este extendido debate rabínico no es relevante aquí. Porque los romanos no habían exigido que se les entregara a Jesús, ni a ningún otro judío para tal caso. Caifás había reinterpretado el antiguo debate y los sumos sacerdotes y el Sanedrín iban a manipular a los romanos para que Jesús muriera. Jesús sería entregado a las autoridades paganas por Su propio pueblo, aunque las autoridades no había exigido que se le entregara por nombre ni buscaban que se les entregara a ningún otro judío.

Así que, aunque Caifás utiliza el tan conocido refrán: "Es mejor que muera un solo hombre por el pueblo", esto no se condecía con el contexto en el que se había discutido la cuestión. Ningún rabí, al estudiar las implicancias de la rendición de Sabá, imaginó que el principio que algunos derivarían de la situación se utilizaría para justificar la traición contra el Mesías.

A los pobres siempre los tendrán con ustedes, pero a mí no siempre me tendrán (12:8). Es posible torcer este versículo para que las palabras suenen frías y faltas de sentimiento. Sabemos que tal interpretación tuerce la verdad, porque fueron pronunciadas por Jesús, Quien a lo largo de Su ministerio mostró profunda compasión por los oprimidos.

¿Cómo entenderlas, entonces? En sentido llano, Jesús no estaría mucho tiempo más junto a Sus seguidores. Pero si la preocupación de Judas por los pobres era sincera, no tenía por qué preocuparse porque siempre tendría pobres a quienes ayudar.

Jesús tenía razón. Sigue habiendo muchos pobres. Y son muy pocos los que sinceramente se preocupan por ellos.

Pero yo, cuando sea levantado de la tierra, atraeré a todos a mí mismo (12:32). Juan es el único que utiliza el verbo "levantado", *hupsoo*, para describir la inminente muerte de Jesús (3:14; 8:28; 12:32, 34). Este versículo no sugiere que de alguna manera todos los seres humanos serán salvos por medio de la cruz. La frase "todos los hombres", o pantas, nos enseña que la muerte de Cristo fue para todos, sin consideración a la raza o nacionalidad, a la riqueza o la pobreza, a la posición social o el poder. Judíos, samaritanos y gentiles, todos son llamados por la Cruz a Jesucristo, sin diferencias, para encontrar en Él una vida que nadie puede tener fuera de Él.

A pesar de haber hecho Jesús todas estas señales en presencia de ellos, *todavía no creían* **en él (12:37).** Jesús invita a todos. Pero cada persona tiene que decidir. Quien quiera, podrá venir. Quien no quiera, no puede ser salvado.

El que me rechaza y no acepta mis palabras tiene quien lo juzgue (12:48). Dios está aun hoy en Cristo, hablándole a la humanidad perdida a través del Evangelio. Se puede oír Su voz en nuestros días. Y la decisión que tome cada persona tiene consecuencias eternas.

EL PASAJE EN PROFUNDIDAD
El Pastor y Su rebaño (10:1-21).

Trasfondo. Mucho se ha escrito sobre las analogías que este pasaje presenta, entre las rutinas del pastor oriental y la forma en que Cristo se relaciona con los Suyos. Por supuesto, es adecuado porque Jesús esperaba que quienes Les escuchaban conocieran las rutinas del pastor y su tarea con las ovejas, de modo que pudieran entender lo que les estaba diciendo. El mismo tiempo es importante entender el trasfondo bíblico de lo que Jesús expresaba. Las imágenes bíblicas ya establecidas eran importantes también, tanto como el contexto pastoril y agricultor.

Las imágenes bíblicas se apoyan en dos hechos o datos. A Dios a menudo se Le representa como Pastor, en tanto Israel es Su rebaño. Los líderes humanos también se presentan como pastores responsables del bienestar de su pueblo.

El pasaje más famoso que presenta a Dios como Pastor es, por supuesto, el Salmo 23. Hay muchos otros pasajes con la misma imagen, como el Salmo 80, un himno que se utilizaba en la adoración pública y que comienza diciendo: "Pastor de Israel, tú que guías a José como a un rebaño, tú que reinas entre los querubines, ¡escúchanos! ¡Resplandece delante de Efraín, Benjamín y Manasés!

¡Muestra tu poder, y ven a salvarnos! Restáuranos, oh Dios; haz resplandecer tu rostro sobre nosotros, y sálvanos".

Ezequiel pone énfasis en la ternura del pastor y utiliza esta imagen para mostrar el amor de Dios por Su pueblo: "Yo mismo apacentaré a mi rebaño, y lo llevaré a descansar. Lo afirma el Señor omnipotente. Buscaré a las ovejas perdidas, recogeré a las extraviadas, vendaré a las que estén heridas y fortaleceré a las débiles, pero exterminaré a las ovejas gordas y robustas. Yo las pastorearé con justicia" (Ezequiel 34:15-16).

Jeremías, advirtiendo contra los falsos pastores a quienes nada les importa el rebaño de Dios, promete algo que el Mesías cumplirá un día: "Al resto de mis ovejas yo mismo las reuniré de todos los países adonde las expulsé; y las haré volver a sus pastos, donde crecerán y se multiplicarán" (Jeremías 23:3).

Así, cuando Jesús afirmó "Yo soy el Buen Pastor", quienes Le oían tenían que darse cuenta de inmediato que Él se presentaba a Sí mismo una vez más como Mesías de Israel y como su Dios, porque conocían el Antiguo Testamento.

Al mismo tiempo, las referencias de Jesús al "asalariado" (10:12-13) a quien no le importan las ovejas, atacan inequívocamente a los "maestros de la ley", que afirmaban tener autoridad espiritual sobre el pueblo de Dios. No hay duda de que el AT se refiere a los líderes de Israel como pastores (Números 27:15-16). Y no hay duda de que el AT condena severamente a los líderes a quienes no les importa el pueblo del pacto, como sí le importa a Dios. Hay pasajes que lo ilustran: "¡Ay de los pastores que destruyen y dispersan el rebaño de mis praderas!", afirma el Señor. Por eso, así dice el Señor, el Dios de Israel, a los pastores que apacientan a mi pueblo: 'Ustedes han dispersado a mis ovejas; las han expulsado y no se han encargado de ellas. Pues bien, yo me encargaré de castigarlos a ustedes por sus malas acciones afirma el Señor'" (Jeremías 23:1-2). "Mi pueblo ha sido como un rebaño perdido; sus pastores lo han descarriado, lo han hecho vagar por las montañas. Ha ido de colina en colina, y se ha olvidado de su redil" (50:6). "El Señor me dirigió la palabra: 'Hijo de hombre, profetiza contra los pastores de Israel; profetiza y adviérteles que así dice el Señor omnipotente: ¡Ay de ustedes, pastores de Israel, que tan sólo se cuidan a sí mismos! ¿Acaso los pastores no deben cuidar al rebaño? Ustedes se beben la leche, se visten con la lana, y matan las ovejas más gordas, pero no cuidan del rebaño. No fortalecen a la oveja débil, no cuidan de la enferma, ni curan a la herida; no van por la descarriada ni buscan a la perdida. Al contrario, tratan al rebaño con crueldad y violencia. Por eso las ovejas se han dispersado: ¡por falta de pastor! Por eso están a la merced de las fieras salvajes. Mis ovejas andan descarriadas por montes y colinas, dispersas por toda la tierra, sin que nadie se preocupe por buscarlas'" (Ezequiel 34:1-6).

Ezequiel describe con toda claridad a los indiferentes fariseos a quienes no les importaban en absoluto los enfermos a los que Jesús sanaba el día sábado, ni los "pecadores" que tan amargamente condenaban como compañía que elegía Jesús. Así, estos pasajes del AT nos brindan el trasfondo más significativo para la afirmación de Jesús como "el Buen Pastor", y para Su referencia a los "asalariados" a quienes "no les importan las ovejas" (Juan 10:13).

También vale, por supuesto, conocer las formas en que los pastores del siglo primero cuidaban de sus ovejas. Tenemos que visualizar el "redil" del que hablaba Jesús (10:1,9): era una cuenta o corral formado por un cerco de piedras y coronado con ramas espinosas, con una única entrada donde se acostaba a dormir el pastor para proteger al rebaño que estaba dentro. Al decir "Yo soy la puerta" (10:7,9), Jesús estaba afirmando con énfasis que Él era el único camino a la salvación (10:9).

Hemos observado en el Estudio de Palabras de 10:23 que el pastor de Oriente suele ir delante del rebaño, y no detrás. El rebaño sigue la voz del pastor y con confianza le sigue. Todas estas analogías tienen posibles aplicaciones a nosotros en nuestra relación con Jesús. Pero es en el contexto de las imágenes del AT, de ovejas y pastor, y de falsos pastores a quienes no les importan las ovejas, que encontramos la clave para entender el impacto de las palabras de Cristo al proclamárselas en Jerusalén en ese fatídico año.

Interpretación. Tenemos que leer este pasaje tomando en cuenta el uso de las imágenes de ovejas y pastor que encontramos en el AT. En este contexto, lo que Jesús está diciendo es simple, agudo y claro. Podemos resumirlo de este modo:

Cristo anuncia que Él es el "Pastor de las ovejas" (10:2), afirmando claramente que Él es el Mesías, Dios hecho carne, que cuida a Su rebaño. Como "Buen Pastor" Jesús entregará Su vida por Su rebaño y en esto Él es completamente distinto a los "asalariados" a quienes no les importa el rebaño y que de hecho, explotan al pueblo de Dios para beneficio propio.

No todos en Israel Le reconocerán, pero quienes son Sus ovejas sí reconocerán Su voz y Le seguirán.

Aplicación. Por otra parte, la metáfora extendida crea un potente contraste entre la actitud de Dios y Jesús hacia los seres humanos y la actitud de los líderes religiosos de los tiempos de Cristo. Quien acepta un rol de liderazgo en la iglesia tiene que estar dispuesto a examinar con atención sus propias motivaciones y actitudes. Si no tenemos el interés por los demás que movía a Jesús, es seguro que nuestro ministerio tendrá defectos desde el principio.

Y por otra parte, sentimos confianza y tranquilidad porque a pesar de que prevalecerán los falsos pastores, el pueblo de Dios sí reconoce la voz de Jesús. Podemos estar confiados en que al enseñar la Palabra de Dios su verdad será oída y responderán aquellos que pertenecen a Dios.

Muerte y resurrección de Lázaro (11:1-57).
Trasfondo. Ver Estudio de Palabras de 11:17, para el significado de la llegada de Jesús cuatro días después de la muerte y sepultura de Lázaro. Recordemos que los judíos sepultaban a la persona el mismo día en que moría, sin la demora que hoy es usual en nuestras prácticas funerarias.

Interpretación. Juan desarrolla esta historia marcando cuatro partes: la demora de Jesús; el diálogo de Jesús y la acción decisiva de Jesús, seguida de la descripción de la reacción ante este milagro tan notable de Cristo.

Demora de Jesús
Cuando Lázaro enfermó en Betania, Jesús estaba en Perea, a un día de viaje. Pero mientras el mensajero corría para decirle a Jesús: "Señor, tu amigo querido está enfermo" (11:3), Lázaro murió. Antes de que pudiera llegar el mensajero, envolvieron a Lázaro en la mortaja y lo pusieron en la sepultura.

El mensajero llegó recién al día siguiente, y le dio la noticia a Jesús, que respondió: "Esta enfermedad no terminará en muerte" (11:4). Eran palabras cuidadosamente elegidas. La muerte podría intervenir. Pero, así como con usted y conmigo, incluso la enfermedad final no terminaría en muerte sino en nueva vida.

Juan además nos dice que Jesús amaba a Marta, a María y a Lázaro (11:5). Nos lo dice porque las acciones de Jesús parecieran no expresar amor. Porque al enterarse de la enfermedad de Lázaro: "se quedó dos días más donde se encontraba" (11:6). Este versículo es especial y deberíamos memorizarlo y guardarlo en nuestros corazones. Porque nos recuerda que Dios nos ama incluso cuando parece guardar silencio, incluso cuando pareciera no responder a nuestras oraciones.

Jesús "se quedó donde estaba" y no acudió al lado de Sus seres amados. Pero Su inacción no era evidencia de falta de afecto, ni significaba que Jesús dudara en hacer lo que era mejor para María, Marta y su hermano. De hecho, la demorad e Cristo fue intencional, para darles bendición asombrosa que fortaleciera su fe y diera gloria a Dios. Lo mismo, con nosotros. Los dolores, las dudas y angustia que nos hacen preguntarnos: "¿Podría haber sucedido esto si Jesús estuviese aquí?", se disolverán un día en el gozo de los milagros más grandes que Cristo tiene pensado obrar por nosotros.

Y luego, después de dos días y con Lázaro hacía tres días ya en la sepultura, Jesús les dijo a Sus discípulos: "Volvamos a Judea" (11:7). Hay quienes malinterpretan las palabras "Nuestro amigo Lázaro duerme, pero voy a despertarlo" (11:11). Pero "dormir" es un eufemismo bíblico frecuente para referirse a la muerte. El *Diccionario Zondervan de Términos Bíblicos* observa:

> Hay una semejanza obvia entre la persona dormida y la persona muerta. Ninguna de las dos tiene conciencia ni responde a lo que sucede a su alrededor. Pero en el NT hay una semejanza teológica que nos lleva más allá de lo obvio. En los dos pasajes en que se usa esta palabra varias veces (1 Tesalonicenses 4; 1 Corintios 15), el NT habla de nuestra resurrección. La gozosa afirmación de las Escrituras es que la muerte, que para los paganos parecía tan final, asume un nuevo significado en Cristo. Despojada de su terror, la muerte tiene el semblante del descanso sin perturbación y así el creyente de hoy puede decir, las antiguas palabras de David con su profundo significado: "Yo me acuesto, me duermo y vuelvo a despertar, porque el Señor me sostiene" (Salmo 3:5) [p. 571].

Jesús habla aquí del sueño de la muerte. Un sueño del que Él tenía intención de despertar a Lázaro y demostrarnos así el poder que Él tiene sobre la autoridad de la muerte.

Los discípulos no entendían. Incluso cuando Jesús se los dijo con claridad (11:14-15) no hay indicación de que soñaran siquiera con lo que verían enseguida. En lugar de despertar expectativa, las palabras de Jesús tuvieron el efecto contrario y Tomás sentía certeza de que el grupo retornaba a Judea para encontrar la muerte en lugar de ver huir a la muerte ante la orden de Jesús.

Escuchemos a Jesús con más atención y guardemos Sus palabras en nuestros corazones. La muerte biológica sigue siendo enemiga nuestra. Pero es un enemigo que ha sido derrotado. Incluso al enfrentarnos con la muerte, vemos más allá y vemos el rostro esplendoroso y brillante de la vida eterna.

EL DIÁLOGO DE JESÚS
CON LAS HERMANAS

Cuando Jesús llegó por fin a Betania Lázaro había estado en la sepultura durante cuatro días. No había duda ahora de que estaba muerto de verdad.

Marta salió al encuentro de Jesús. Sus primeras palabras fueron palabras de fe y no, como sugieren algunos, de reproche. Si Jesús hubiera estado allí seguramente su hermano no habría muerto. Cristo tenía el poder de impedir la muerte. Pero marta parece esperar todavía más de Jesús: "Yo sé que aun ahora Dios te dará todo lo que le pidas" (11:22).

Sin embargo, cuando Jesús promete "tu hermano resucitará" (11:23), Marta piensa que se refiere a la resurrección del último día.

En esto Marta, y también María (11:32) son muy parecidas a usted y a mí. Estamos convencidos de que Jesús tiene poder para obrar milagros. Convencidos de que Él puede hacer lo que sea. Lo sabemos, y estamos convencidos de que Él murió y resucitó por nosotros y que cuando Jesús regrese Él restaurará a los muertos creyentes a la vida eterna. Pero ¿cuánto de nuestra fe en el poder de Jesús limita Su obra a pasado distante o a lo que está todavía en el futuro?

Juan 10-12

¿Cuánto de nuestra fe se enfoca en el ahora? ¿Cuánto esperamos que obre Él, en nosotros y por nosotros en este día?

Cuando Jesús le dijo a Marta "Yo soy la Resurrección y la Vida" (11:25), utilizó un verbo sin tiempo. No ha habido momento en la historia en que estuviera limitado el poder de Jesús para dar vida. No habrá momento en la historia del futuro en que Él no pueda actuar. Así como nada limita a Jesús en este momento, en nuestro presente, como en el presente de Marta, Jesús es la Resurrección y la vida, el Poder y la Autoridad supremos en todo este universo.

Esto no quiere decir que Jesús actuará en respuesta a cada una de nuestras oraciones. No toda enfermedad sanará. No toda tragedia será evitada. Pero si no sucede así podemos estar seguros de que cuando Jesús espera, Él ama. Y cuando finalmente Jesús sí actúa, descubriremos la bendición del amor en esos dolorosos momentos de espera.

Juan quiere que sepamos que a Jesús realmente le importa cuando — como Marta y María — sufrimos. Jesús "se conmovió profundamente" ante la pena de estas mujeres (11:33) y lloró (1:35). No Le resulta fácil a Dios permitir que suframos. Él nos ama y también sufre con nosotros. Permite que suframos sol porque sabe que a través de nuestro sufrimiento vendrán el gozo y lo bueno.

ACCIÓN DECISIVA DE JESÚS

Cuando Jesús llegó a la sepultura mandó que quitaran la piedra que bloqueaba la entrada. Marta objetó. Dijo que el cuerpo ya había entrado en proceso de descomposición. Jesús insistió y pronunciando una oración de gracias al Padre, Cristo gritó: "¡Lázaro, sal fuera!" (11:43).

El cuerpo de Lázaro sin duda había sido preparado según la tradición. Envuelto en una gran sábana de lino, con pliegues alrededor del cuerpo, y luego envuelto con vendas de lino. "El muerto salió, con vendas en las manos y en los pies, y el rostro cubierto con un sudario" (11:44). Lázaro no salió corriendo hacia la luz. Seguramente, se tambaleaba un poco, todavía con los símbolos de la muerte sobre su cuerpo. Pero su aparición, con vida otra vez, fue suprema demostración del poder de vida que triunfa por sobre la muerte, y de la preeminencia de Cristo.

REACCIONES

Juan finalmente describe las diversas reacciones ante este notable milagro de Jesús. Algunos creyeron (11:45). Pero el Sanedrín se mantuvo ciego ante la esperanza implícita en la resurrección de Lázaro. Celosos y con miedo, lo único que veían era la posibilidad de que Jesús fuera todavía más popular ahora, y por eso, estaban más decididos que nunca a matarlo.

¡Qué ciegos! Como si la muerte pudiera vencer al origen de la vida. O como si la oscuridad pudiera apagar la luz.

Aplicación. La historia de la resurrección de Lázaro nos da aliento porque nos recuerda que Dios nos ama y tiene un buen propósito incluso cuando permite que suframos. Nos recuerda que Jesús no está limitado en Su capacidad para obrar por nosotros, en nuestros días. Y nos asegura que estamos a salvo por siempre en Aquel que triunfa por sobre la muerte.

Jesús es ungido en Betania (12:1-11). Ver la historia similar que se estudia en Lucas 7:36-50 y los pasajes paralelos de Mateo 26:6-13 y Marcos 14:3-9.

Entrada triunfal (12:12-19). Ver comentario a Lucas 19:28-44, y pasajes paralelos en Mateo 21:1-11, 14-17 y Marcos 11:1-11.

Jesús predice Su muerte (12:20-36). Ver predicciones adicionales en Mateo 16:21-28, Marcos 8:31-38 y Lucas 9:22-27.

Los judíos siguen sin creer (12:37-50). Ver Estudio de Palabras en Juan 12:37 y 12:48.

JUAN 13.1–15.17
Últimas palabras de Jesús

EXPOSICIÓN

Cada uno de los Evangelios habla brevemente de una Última Cena que compartió Jesús con Sus discípulos. Pero solo Juan nos invita a unirnos a los Doce que se reunieron en torno a Cristo en esa noche tan cargada de sucesos, para oír las últimas palaras que nuestro Señor les dijo a Sus seguidores más cercanos. Esas palabras aparecen resumidas en Juan 13-17. Se conoce a este pasaje como "el semillero de las Epístolas" porque casi todas las doctrinas principales desarrolladas en las cartas del NT, aparecen en forma seminal en la instrucción de Jesús durante la Última Cena. Este discurso es tan importante que se le dedican dos capítulos en este Comentario, y también se tratan los temas clave que nuestro Señor desarrolló allí.

El relato de Juan comienza cuando se sirve la comida. Jesús deja atónitos a Sus discípulos cuando asume el rol de una mujer o de un esclavo y lava los pies de ellos. En esto, Les presenta el modelo de la actitud de servicio que tendrán que mostrar como líderes de Su iglesia (13:1-17). Cuando Jesús predice que será traicionado, Judas se escurre en la noche, dejando a Cristo solo con los Once fieles (13:18-30). Es a ellos que Jesús Les da Su "nuevo mandamiento" de amarse los unos a los otros "como Yo los he amado" (13:31-38). Es a los Once que Cristo alienta con la promesa de que Él regresará después de preparar un lugar para ellos (14:1-4); es a los Once que Jesús les recuerda que Él es el único camino por el que cualquier ser humano puede llegar a Dios Padre (14:5-14). Entonces, por primera vez Jesús comienza a explicar cómo los creyentes podrán continuar una relación personal con Él después de Su resurrección (14:15-31). Esta posibilidad existe porque Jesús enviaría al Espíritu Santo para que resida, para que habite en el creyente. A través del Espíritu el creyente que ama a Jesús y obedece Sus enseñanzas, en realidad experimentará la presencia de Cristo y conocerá una paz que solamente Jesús puede dar.

¿Qué tan importante es que permanezcamos cerca de Jesús? Es tan importante como lo es para la rama permanecer unida a la vid. La vida es la fuente de la vitalidad y la vida. Sin una unión íntima que permita que los fluidos vitales lleguen de la vida a las ramas, la rama no sirve, porque se seca y no puede producir fruto. Al amar de Jesús y responder a Sus palabras el cristiano mantiene esta unión esencial y producirá el fruto que Dios desea. Además, experimentará el gozo de la fructífera unión con el Señor.

El discurso de la Última Cena, entonces, se abre con un foco de atención que es claro, que se distingue fácilmente. Jesús no está físicamente presente con nosotros mientras vivimos en este mundo pero a través del Espíritu Su presencia espiritual es completamente real. Cuando el amor por nuestro Señor se expresa en obediencia a Él, experimentamos esa presencia real y somos también espiritualmente productivos. No es de extrañar entonces que andar cerca del Señor produzca paz y gozo.

ESTUDIO DE PALABRAS

Se acercaba la fiesta de la Pascua (13:1). Se debate aún si la última Cena era la cena de la Pascua, o la comida que tradicionalmente se comía la noche anterior a la Pascua. Mateo 26:19 nos dice que los discípulos "prepararon la Pascua". SE ha argumentado que como Juan 13:29 indica que los discípulos pensaban que Jesús le había dicho a Judas que saliera a comprar algo para la fiesta, no podría tratarse de la comida de Pascua. Porque si estaban cenando era poco probable que necesitaran ingredientes para la comida. Por otra parte, tal vez necesitaran más comida para seguir la fiesta. Si la Pascua era al día siguiente, no habría habido necesidad de apurarse. En realidad, la frase "o que diera algo a los pobres" (13:29) establece que esta era la cena de la Pascua. ¿Por qué? Porque era costumbre dar limosna a los pobres esa noche, y los mendigos solían reunirse ante las puertas del templo hasta la medianoche para aceptar lo que les dieran los que quisieran realizar esta buena obra.

Los discípulos de Jesús habían entrado en la ciudad cerca de mediodía del jueves 14 de Nisan. Consiguieron la habitación, llevaron el cordero al templo donde se lo mató y se encargaron de los demás arreglos para la cena. Luego se reunieron después de la caída del sol (día 15 según el calendario judío) y Jesús se unió a ellos para celebrar la antigua ceremonia. La tarde siguiente, aún el día 15, se cumplió el simbolismo de la Pascua cuando Jesús murió en la cruz, derramando Su sangre como refugio para todos los que en Él creen.

A medida que seguimos leyendo recordamos que estas son, de hecho, las "últimas palabras" de Jesús a Sus discípulos. Son palabras que expresan lo que había en Su corazón, ahora que se acercaba el momento de Su muerte.

Luego [Jesús] echó agua en un recipiente y comenzó a lavarles los pies a sus discípulos y a secárselos con la toalla que llevaba a la cintura (13:5). El lavado de pies se consideraba una de las tareas que correspondían a los sirvientes, en el siglo primero. Y la literatura rabínica sugiere que era una tarea humillante. Según Mekh Exod 21:2.82ª, los esclavos judíos no debían lavarles los pies a los demás porque esta tarea solo era para los esclavos gentiles, las esposas y los niños. Se cuenta una historia interesante sobre el lavado de pies en Pe'a 1.15c. 14. El Rabí Ishmael no permitía que su madre le lavara los pies cuando él regresaba de la sinagoga, porque era una tarea despreciable. Pero ella le pidió a una corte de rabíes que le reprendiera por no permitirle tal honor. Aunque la intención de la historia es sugerir el lugar encumbrado de los sabios en el judaísmo rabínico, destaca por qué los discípulos reaccionaron como lo hicieron al ver que Jesús comenzaba a lavarles los pies. La acción de Cristo en el contexto del judaísmo del siglo primero fue algo que les dejó atónitos, un ejemplo absolutamente innegable de la humildad, que tiene que haber dejado en Sus seguidores una impresión profunda y duradera. No se nos ocurre un modo más potente en que podría haberles dejado Jesús a Sus discípulos "un ejemplo" (13:15) de la actitud que debían tener ellos para ser líderes efectivos del pueblo de Dios.

El que ya *se ha bañado* no necesita lavarse más que los pies (13:10).
Muchos intérpretes han observado que este versículo utiliza la imagen el baño y el lavado metafóricamente. "Bañarse" aquí es *louo*, en tanto "lavarse" es *nipto*, que significa lavar o enjuagar.

El contexto de esta observación es la negativa de Pedro a permitir que Jesús le lavara los pies. En el versículo 8, el texto griego es enfático: "Tú ¿lavarme los pies? ¡Jamás!". Pero tenemos que considerar que enjuagarle los pies a Pedro con agua no puede compararse con el lavado de la personalidad de Pedro ¡con la misma sangre del Salvador! Quien ha sido lavado por completo por dentro, con el corazón "lavado" entra al reino de Dios. Pero incluso lo que son lavados por la Palabra de Dios son imperfectos. Así como el hombre que después de bañarse va al banquete de su vecino y se ensucia los pies al caminar por la calle, los creyentes necesitan ser lavados de toda falta en la que puedan caer mientras viajan por este mundo.

La perfección nos elude. Pero el amor de Dios, que perdona, sigue limpiándonos cuando confesamos nuestros pecados a Aquel que nos ha purificado por dentro (1 Juan 1:9).

Les he puesto el ejemplo, para que hagan lo mismo que yo he hecho con ustedes (13:15). En algún momento durante la Reforma, hubo quienes tomaron este versículo literalmente y así, añadieron el "lavado de pies" a las ordenanzas o sacramentos que observaban. Juan Calvino, que vio en la acción de Jesús una simbólica humillación de Sí mismo ante los demás, fue muy crítico con quienes alardeaban de sus servicios de lavado de pies, y veía con disgusto a los cristianos que observaban esta práctica. Calvino escribió:

> Todos los años realizan una representación teatral de lavado de pies, y cuando han terminado con esta ceremonia hueca y vacía creen que han cumplido muy bien con su deber y están libres de culpa, para despreciar a sus hermanos. Pero es más, cuando han lavado los pies de doce hombres, torturan cruelmente a todos los miembros de Cristo y escupe el rostro de Cristo Mismo. Esta comedia ceremonial no es más que una parodia de Cristo. En todo caso, Cristo no nos manda

una ceremonia anual, sino que nos dice que durante toda la vida tenemos que estar dispuestos a lavarles los pies a nuestros hermanos.

No está mal practicar el lavado de pies cada año, si lo deseamos. Pero la ceremonia es, en el mejor de los casos, solo un símbolo de una actitud hacia nosotros mismos y hacia los demás, que tenemos que vivir día tras día mientras vivamos.

Jesús dijo: --Ahora es *glorificado el Hijo del hombre, y Dios es glorificado* en él (13:31). Ver comentario a Juan 17:1 sobre este término y sobre el uso que hace Juan.

Este mandamiento nuevo les doy: que se amen los unos a los otros. Así como yo los he amado, también ustedes deben amarse los unos a los otros.
De este modo todos sabrán que son mis discípulos, si se aman los unos a los otros (13:34-35). Aquí el término griego es *kainen,* palabra que indica calidad. "Nuevo" no significa "más reciente" sino "superior, nuevo y mejor en calidad". Por cierto, el llamado al amor es antiguo, y está profundamente arraigado en el primer Testamento (Levítico 19:18, 34). ¿Qué hay de superior en esta nueva expresión de Jesús de este viejo mandamiento? Al menos, tres cosas:

■ Hay una nueva relación. El AT mandaba al pueblo de Dios: "Ama a tu prójimo como a ti mismo" (Levítico 19:18). Y Jesús nos manda: "Ámense los unos a los otros", frase que nos recuerda que en la nueva comunidad de Cristo no somos simplemente prójimos, sino familia, con un vínculo que nos une mediante nuestra relación común con el Dios que ahora reconocemos como Padre.

■ Hay un nuevo parámetro. El mandamiento del AT era el de amar al prójimo como a uno mismo. El mandamiento superior de Jesús nos manda a amarnos los unos a los otros "como yo los he amado". Jesús puso nuestro bienestar por sobre el Suyo, entregándose a Sí mismo para salvarnos. Así, hemos de sacrificarnos también por los hermanos y hermanas a los que nos manda amar.

■ Hay un nuevo resultado. La pureza de la comunidad de fe del AT debía exhibir la justicia y rectitud de Dios. Ahora Jesús nos dice que al amarnos los unos a los otros como Él nos ha amado "todos sabrán que son mis discípulos, si se aman los unos a los otros" (13:35). El amor en la comunidad cristiana es prueba convincente ante un mundo perdido de que Jesús es real y está entre nosotros. Cuando ven nuestro amor saben que la única explicación es: somos el pueblo de Jesús, y discípulos de Jesús.

Así que el mandamiento de Cristo es de veras nuevo. No es que Dios nunca antes hubiera llamado a Su pueblo al amor. Pero en Cristo, el amor se convierte en expresión más dinámica y potente aun de la relación que tenemos los unos con los otros y con nuestro Señor.

No se angustien (14:1). La frase en griego, *me tarasestho*, significa en realidad "dejen de angustiarse". Es fácil sentir desaliento o temor cuando las cosas van mal. Pero la solución está muy cerca de nosotros. Ponemos nuestra confianza en Dios y en Jesús. Al centrarnos en Quién es Dios y en el gran amor de Jesús por nosotros, tenemos paz.

En el hogar de mi Padre hay muchas viviendas (14:2). La expresión *monai pollai* también se traduce como "muchas mansiones", dando la idea de casas grandes e imponentes, aunque impersonales. El lector del siglo primero percibía una imagen muy diferente, como la que describe la NVI: una vivienda bella con muchas habitaciones, rodeando un patio central donde la familia se reuniría en las tardes cálidas. Un hogar hermoso donde cada uno de los miembros de la familia tenía su propio espacio y todos vivían muy cerca del Padre al que todos amaban.

El cielo que anhelamos y que Jesús prepara también para nosotros no es un lugar donde estaremos a solas sino un lugar al que pertenecemos de veras. Un lugar donde podemos estar verdaderamente cerca de nuestro Dios.

Ciertamente les aseguro que el que cree en mí las obras que yo hago también él las hará, *y aun las hará mayores,* porque yo vuelvo al Padre (14:12). A primera vista es una declaración asombrosa. ¿Cómo podría cualquier discípulo — alguno de los Once, o un creyente de nuestros días — hacer cosas mayores de las que hizo Jesús? ¡No puede ser cierto! Pero Jesús lo dijo y por ello tiene que ser que se esperan de nosotros "cosas mayores" de las que había estado haciendo Jesús.

El contexto nos da indicios y claves, que tenemos que entender. Jesús habló de que el Padre, que vivía en Él, hacía Su obra a través del Hijo hecho carne (14:10). Esto no nos sorprende porque el Padre y el Hijo son uno y Jesús, libre de pecado, vivió Su vida en completa, inquebrantable unión con el Padre.

Pero en estas "últimas palabras" Jesús mira a un futuro en el que Él está físicamente ausente, aunque espiritualmente presente con los creyentes. Así como Él vivió en unión con el Padre nosotros viviremos en unión con Él. Y así como el Padre actuó a través del Hijo, el Hijo actuará a través de nosotros, que somos Su cuerpo aquí en la tierra.

Esta es la razón por la que "el que cree en Mí", hará "obras mayores". No nos sorprende que el Padre obrara a través del Hijo, pero sí nos resulta completamente asombroso que como seres humanos, llenos de pecado, podamos convertirnos en el camino por el cual nuestro Santo Dios obrará y Se expresará en el mundo.

Son obras mayores, no porque sean más grandes en grado o poder sino porque Dios expresará Su poder a través de agentes de pecado, y no de un agente libre de pecado. Cuando Dios obra a través de usted o de mí ¡eso sí es un milagro!

Lo que pidan *en mi nombre*, yo lo haré (14:14). En el pensamiento hebreo y también en el NT, el "nombre" se vincula íntimamente con la identidad y el carácter esencial de la persona. El *Diccionario Zondervan de Términos Bíblicos* observa:

> Cuando Jesús animó a los apóstoles a orar en Su nombre (Juan 14:13-14; 15:16; 16:23-24, 26) no se refería a una expresión añadida al final de la oración. Orar "en el nombre de Jesús" significa 81) identificar el contenido y las motivaciones de la oración con todo lo que es Jesús, y (2) orar con plena confianza en Él tal como Él Se ha revelado a Sí mismo. Jesús prometió que la oración en Su nombre sería respondida (p. 454).

Esta promesa no es un cheque en blanco para que cumplamos nuestros deseos egoístas. Es, más bien, la promesa de que cuando hacemos nuestros los objetivos de Cristo Él pondrá a nuestra disposición todos los recursos del cielo para que los alcancemos.

La paz les dejo; mi paz les doy. Yo no se la doy a ustedes como la da el mundo. No se angustien ni se acobarden (14:27). La promesa de Jesús está arraigada en el concepto del AT expresado en la palabra *shalom*. Es un concepto complejo que sugiere plenitud, unidad, armonía, totalidad, salud y bienestar. Aunque es, esencialmente un concepto relacional en el AT, *shalom* también tiene connotaciones de prosperidad, salud y compleción.

El AT deja muy claro que el origen de la verdadera paz es la relación de la persona con Dios, y que solo puede ser experimentada por "los que aman Tu ley" (Salmo 119:165). En contraposición: "los malvados son como el mar agitado,

> que no puede calmarse, cuyas olas arrojan fango y lodo. No hay paz para los malvados dice mi Dios" (Isaías 57:20-21).

La única paz que puede ofrecer el mundo es el cese de la lucha externa. La paz que da Jesús es una calma interior y seguridad, que persisten más allá de lo tormentoso de nuestras circunstancias.

El que no permanece en mí es desechado y se seca, como las ramas que se recogen, *se arrojan al fuego y se queman* (15:6). Este versículo ha inspirado miedo en muchos creyentes. ¿Es una advertencia de Cristo de que a menos que permanezcamos en Él Dios nos rechazará y nos consignará al castigo eterno?

Uno de los principios hermenéuticos más importantes, que tenemos que seguir si esperamos entender cualquier pasaje de las Escrituras, es preguntar ante todo: ¿De qué trata el pasaje que estamos leyendo?.

En este caso Jesús no está hablando de la salvación sino de dar fruto. Al respecto Jesús se apoya en las prácticas comunes de los que cuidaban los viñedos, actividad muy tradicional en las tierras altas de Israel. En este versículo está subrayando la inutilidad de la rama que no da fruto. La vid, que es fibrosa, no puede podarse como el pino o el roble para adornar. Si no da fruto, el que cuida el viñedo cortará y quemará las ramas.

Aquí la observación de Cristo no ha de tomarse como amenaza. No estamos en peligro de perdernos si no damos fruto, pero sí corremos el riesgo de que nuestra vida sea esencialmente vacía, sin utilidad. Dios nos ha escogido para que demos fruto y para ello, tenemos que permanecer cerca de Jesús y responder a Sus palabras con obediencia. No sirve de nada decirnos que hay valor perdurable en cualquier otro objetivo que nos propongamos. Los cristianos somos ramas y nuestro único valor ante Dios está en producir el fruto que Él desea.

EL PASAJE EN PROFUNDIDAD

Jesús lava los pies de los discípulos (13:1-17). Ver Estudio de Palabras de Juan 13:5 y 13:10, más arriba.

Jesús predice que será traicionado (13:18-30). Ver el comentario a Mateo 26:17-30 y los pasajes paralelos en Marcos 14;18-21 y Lucas 22:21-23.

Jesús predice que Pedro Le negará (13:31-38). Ver el comentario a Mateo 26:31-35 y los pasajes paralelos en Marcos 14:27-31 y Lucas 22:31-38.

Jesús consuela a Sus discípulos (14:1-4). Ver el Estudio de Palabras de Juan 14:2, más arriba.

Jesús, el Camino al Padre (14:5-14). Ver los Estudios de Palabras de Juan 14:12-13, más arriba.

Trasfondo. El antiguo Medio Oriente era una tierra de muchos dioses y diosas. En las religiones antiguas había dos elementos comunes. Primero, los diversos dioses y diosas de un pueblo tenían supuestos roles bien definidos: el dio de la guerra, la diosa del hogar, etc. En segundo lugar, se creía que las deidades de cada pueblo eran dueñas de las tierras. Por eso, si una persona se mudaba de Persépolis a Damasco, por ejemplo, podía seguir adorando a sus propias deidades pero también le convenía adorar a los dioses dueños de Siria.

El Dios del Antiguo Testamento es muy diferente a las deidades contemporáneas. Dios de Uno. Él solo tiene todos los atributos de la Deidad y controla cada uno de los aspectos del destino de Su pueblo. Aunque Israel es Su tierra, que a préstamo habita el pueblo del pacto, el Señor es el Creador y Dueño de todas las tierras del planeta. Es el único Amo de todo el Universo.

Esta convicción de los piadosos judíos de que solamente el Dios del Antiguo Testamento es Dios y que todas las deidades de los paganos son ídolos vacíos o máscaras que esconden a demonios, apartaba al judaísmo de todas las religiones del mundo. El resto de las religiones estaba marcado por suposiciones supersticiosas, de que había muchos dioses. Esta creencia llevaba a una tolerancia general de las religiones entre sí. Por el contrario, se consideraba que el judaísmo era intolerante y que su afirmación de exclusividad iba en contra de toda cultura contemporánea. Pero para el siglo primero, el judaísmo ya era aceptado como religión legítima en el imperio romano. No porque se aceptaran sus presuposiciones teológicas, sino por la antigüedad del judaísmo. A los romanos les parecía que cualquier religión tan antigua era encomiable y, del mismo modo, toda religión nueva se veía con sospecha.

Lo que nos importa al ver Juan 14:5-14 es que tenemos que entender que la fe bíblica siempre ha sido esencialmente intolerante con respecto a las otras religiones y siempre mantuvo que es la única que promete una relación con Dios. No ha de sorprender entonces que oigamos a Jesús, que Se presenta como cumplimiento de las visiones de los profetas del AT, afirmar exclusividad.

Interpretación. La afirmación de Jesús es directa y rotunda: "Yo soy el camino, la verdad y la vida. Nadie llega al Padre sino por Mí" (14:6).

Cuando el cristiano pronuncia esta verdad en nuestros días, es posible que le acusen de ser intolerante. Se conoce a Dios por muchos nombres diferentes, nos dirán. Y los hombres y mujeres religiosos dirán que hay muchos caminos y que todos llevan a Dios. Algunos, a quienes les preocupan los judíos, argumentan hoy que la fe bíblica tiene "dos pactos". El primer Pacto (el AT) sigue vigente para el judío, aceptado sobre la base de su compromiso con el Dios del Antiguo Testamento, y el segundo Pacto (el NT) es el que rige para los cristianos, aceptados sobre la base de su fe en Jesucristo. El judío no necesita creer en Jesús para ser aceptable ante Dios porque el Nuevo Pacto no reemplaza el Antiguo.

Otros dirán que Dios es tan bueno y amoroso que no hay posibilidad de que pueda condenar a nadie al castigo eterno y que por eso, es lógico que la salvación está asegurada para todos los hombres y mujeres, que pueden creer en Alá, en Buda o en nada. No hay diferencia. Finalmente, todos serán reunidos por Dios como Suyos. Sin embargo, Jesús dice simplemente: "Nadie llega al Padre sino por Mí".

Hoy, por cierto, cada uno es libre de creer en lo que prefiera. Puede creer que todos seremos salvos. O que la fe del AT es tan aceptable como el cristianismo ante Dios. Pueden presentarse emotivos argumentos a favor del creyente "sincero" que busca llegar a Dios a través del hinduismo o el sintoísmo. Pero más allá de lo que diga cualquier ser humano, Jesús dijo: "Nadie llega al Padre sino por Mí".

Aplicación. La persona que cree en el Dios de la Biblia siempre ha llevado la carga de dar testimonio de un Dios que insiste que solo se puede llegar a Él a Su manera, y no como prefiera hacerlo el ser humano. Este sigue siendo nuestro desafío: dar testimonio de Él y compartir la Buena Nueva de que todos pueden llegar al Padre, pero solo a través de Jesús, el Hijo.

Jesús promete el Espíritu Santo (14:15-31).

Trasfondo. Este pasaje contiene algunas de las enseñanzas más claras de las Escrituras, en cuanto a que el Espíritu Santo es una Persona divina y al mismo tiempo constituye el único Dios del Antiguo y Nuevo Testamentos junto con el Padre y el Hijo. Cuando Jesús dijo que nos daría "otro Consolador" (14:16), utilizó el término griego allos, que significa "otro del mismo tipo". El *Diccionario Zondervan de Términos Bíblicos* resume la evidencia bíblica de la persona y deidad del Espíritu:

> Hay quienes sugieren que se debe entender al Espíritu Santo simplemente como la "influencia divina" o "el poder animador" de Dios. Estos intentos por robarle al Espíritu Santo Su condición de persona y deidad fracasan en su propósito, sencillamente porque las Escrituras los contradicen con tanta claridad.
>
> Cuando Jesús habló del Espíritu Santo, nuestro Señor escogió el pronombre personal "Él", aun cuando en griego "espíritu" es un sustantivo neutro (Juan 14:17, 26; 16:13-15). Cristo prometió enviarles a Sus discípulos "otro Consolador" cuando Él volviera al cielo e identificó al Espíritu como Aquel que había prometido. En las Escrituras, el término griego para "otro" es *allos,* que significa "otro del mismo tipo" en contraposición a *heteros,* u "otro de un tipo diferente". Cristo, la segunda persona de la Deidad, habría de enviar al Espíritu, igualmente Dios, para habitar en los que creen.
>
> Hay muchas otras indicaciones de que el Espíritu es una Persona y no una energía o influencia. El Espíritu Santo tiene conocimiento y entendimiento (Romanos 8:27; 1 Corintios 2:11). El Espíritu Santo se comunica por medio de palabras (2 Corintios 2:13). El Espíritu Santo

actúa y decide (1 Corintios 12:11). El Espíritu ama (Romanos 15:30), y se le puede insultar (Hebreos 10:29) y mentir (Hechos 5:3). Es pasible de que se le resistan las personas (Hechos 7:51) y se apena (Efesios 4:30). El Espíritu Santo enseña (Juan 14:26), intercede (Romanos 8:26), da convicción (Juan 16:7-8) y testimonio (Juan 15:26), y guía (Juan 16:13). De modo que todas estas actividades dan testimonio del hecho de que el Espíritu es una persona y no una influencia impersonal.

El Espíritu Santo también es una persona divina. La Biblia identifica claramente al Espíritu con Dios, por los títulos que Le otorga. Es el Espíritu eterno (Hebreos 9:14), el Espíritu de Cristo (1 Pedro 1:11), el Espíritu del Señor (Isaías 11:2), el Espíritu del Soberano Señor (Isaías 61:1), el Espíritu del Padre (Mateo 10:20) y el Espíritu del Hijo (Gálatas 4:6). No hay otro ser aparte de Dios a quien se otorguen esos títulos divinos.

La deidad del Espíritu se muestra también. Es omnipresente, como solo puede serlo Dios (Salmo 139:7; 1 Corintios 12:13). Es todopoderoso (Lucas 1:36; Romanos 8:11). Fue un agente de la Creación (Génesis 1:2; Salmo 104:30) y tiene poder para obrar milagros (Mateo 12:28; 1 Corintios 12:9-11). El Espíritu es el que nos da un nuevo nacimiento (Juan 3:6; Tito 3:5). Fue el Espíritu Quien levantó a Jesús de entre los muertos y que nos da la vida de resurrección de Dios, a usted y a mí (Romanos 8:11). Contra el Espíritu Santo se puede blasfemar (Mateo 12:31-32; Marcos 3:28-29) y mentir, que es lo mismo que mentirle a Dios (Hechos 5:3-4). El testimonio de la Biblia es claro: el Espíritu Santo es una persona. Y el Espíritu Santo es Dios (p. 186).

Interpretación. Este pasaje hace más que introducir la enseñanza del NT sobre el Espíritu Santo como Persona. Presenta el tema de la presencia personal del Espíritu con y dentro del creyente. Esto tiene muchas implicancias para la vida y la experiencia del cristiano, de las cuales exploramos algunas en el Comentario a Romanos 8 y Gálatas 5. Aquí, el tema en particular es la experiencia personal del creyente de la presencia de un Cristo ausente.

Al efectuar Su promesa sobre el Espíritu Jesús dijo: "No los voy a dejar huérfanos; volveré a ustedes" (14:18). Nuestro primer pensamiento, por supuesto es: Jesús regresará. Pero lo siguiente deja en claro que Jesús no está hablando de la Segunda Venida: "Dentro de poco el mundo ya no me verá más, pero ustedes sí me verán" (14:19).

Pero ¿cómo se podremos "ver" a Jesús? Es claro a partir de la frase "el mundo ya no me verá más" que "ver" no se refiere al sentido natural. El mundo no "verá" a Jesús porque Él no estará físicamente aquí y el sentido de la vista no servirá para verlo. Pero Jesús dice: "ustedes sí me verán". Usted y yo "veremos" a Jesús y así conoceremos Su presencia entre nosotros a pesar del hecho de que Él está físicamente con el Padre (14:2-3).

Es obvio, en el contexto de las observaciones de Cristo que Jesús está hablando de una presencia espiritual con nosotros. También es claro que Jesús tiene intención de que esta presencia espiritual sea tan real parpa Sus discípulos como lo es Su presencia física. De alguna manera Le veremos. De alguna manera Le conoceremos. De alguna manera Le experimentaremos como real y vital, como si Él estuviera al lado de nosotros.

Es claro a partir del énfasis que este capítulo pone en el Espíritu Santo que es Él Quien establece el vínculo entre Cristo y el creyente, que hace posible nuestra experiencia con el Señor. Pero nos queda una pregunta: ¿Qué tenemos que hacer para experimentar en la realidad la presencia de Jesús?

Jesús responde esta pregunta con toda claridad. Vea estos versículos en nuestro capítulo:

"¿Quién es el que me ama? El que hace suyos mis mandamientos y los obedece. Y al que me ama, mi Padre lo amará, y yo también lo amaré y me manifestaré a él" (14:21).

Y "El que me ama, obedecerá mi palabra, y mi Padre lo amará, y haremos nuestra vivienda en él. El que no me ama, no obedece mis palabras. Pero estas palabras que ustedes oyen no son mías sino del Padre, que me envió" (14:24).

Cada uno de estos versículos señala que el amor a Cristo motiva la obediencia a las enseñanzas de Cristo. Y también establecen que Jesús Se muestra a quienes el amor motiva para que respondan.

Por eso el mundo jamás percibirá la realidad de Jesús. El mundo non ama a Jesús y por ello no se ve motivado desde el corazón a obedecer las palabras de Cristo. Pero usted y yo, que sí amamos a Jesús y queremos agradarle, percibimos Su presencia al obedecer.

Implicancias. Hay ocasiones en que a los creyentes el Señor no nos parece real: es en esos momentos en que oramos y pareciera que los cielos se cierran. Es cuando dudamos, cuando no oímos una voz que nos reafirma. Cuando tenemos miedo y nos cuesta mucho encontrar la paz interior. Pero tenemos aquí la promesa de Cristo Mismo, de Su presencia personal con nosotros y tenemos Su guía para que podamos "verle" incluso en los momentos más difíciles.

Esto no es un llamado a que tengamos la fe del vencedor, ni el conocimiento del académico, ni la sabiduría del sabio o la auto-negación del santo. Lo único que tenemos que hacer es amar a Jesús y por la motivación de ese amor, responder a las palabras que Él nos dejó. San Agustín lo dijo muy bien: "Ama a Dios y haz lo que quieras". Lo que quiso decir, por supuesto, es que cuando uno ama a Dios de verdad, y con sinceridad, hará siempre lo que Le agrada a Él.

Así que, cuando lleguen los tiempos de sequía, centre su mirada en Jesús. Piense en Quién es Él y lo que ha hecho por usted. Reencienda ese amor que brillaba con tanta potencia en el pasado y luego, con este amor renovado, viaje paso a paso por el camino que marcan las palabras de Jesús. Y de repente, inesperadamente, percibirá que Jesús está allí con usted.

Seguramente Le verá, junto a usted.

La viña y las ramas (15:1-17).
Trasfondo. Hay una cantidad de pasajes del AT que presentan al pueblo de Dios como viña y al fruto como consecuencia o resultado de las acciones humanas.

Este uso figurativo del "fruto" es común y lo encontramos unas 11 veces en los Salmos y 10 veces en Proverbios. Sin duda, el ejemplo de este principio está en Isaías 5:1-7, donde el profeta describe a Israel como la viña de Dios. Aunque el Señor lo hizo todo para preparar la tierra y proteger a las jóvenes plantas. Los resultados son más que desalentadores. Aquí está la visión de Isaías de la viña de Dios. Es una visión que nos ayuda a entender — como lo habrán entendido los discípulos de Jesús — la analogía extendida de Cristo de la relación de los creyentes con Él como ramas unidas a la vid.

> Cantaré en nombre de mi amigo querido
>   una canción dedicada a su viña.
> en una ladera fértil.
> La cavó, la limpió de piedras
>   y la plantó con las mejores cepas.
> y además preparó un lagar.
> Él esperaba que diera buenas uvas,
>   pero acabó dando uvas agrias.
> Y ahora, hombres de Judá,
>   habitantes de Jerusalén,
> juzguen entre mi viña y yo.
> ¿Qué más se podría hacer por mi viña
>   que yo no lo haya hecho?
> Yo esperaba que diera buenas uvas;
>   ¿por qué dio uvas agrias?
> Voy a decirles
>   lo que haré con mi viña:
> Le quitaré su cerco, y será destruida;
>   derribaré su muro, y será pisoteada.
> La dejaré desolada,
>   y no será podada ni cultivada;
> le crecerán espinos y cardos.
>   no lluevan sobre ella.
> La viña del Señor Todopoderoso
>   es el pueblo de Israel;
> los hombres de Judá son su huerto preferido.
> Él esperaba justicia,
>   pero encontró ríos de sangre;
> esperaba rectitud,
>   pero encontró gritos de angustia.

Con este trasfondo tan conocido, con esta imagen, Jesús ahora anuncia: "Yo soy la vid y ustedes son las ramas" (15:5). Así como Dios esperaba fruto de Su plantación en el AT, que era Israel, Dios espera fruto de esta inversión del NT, la iglesia. A diferencia de la vid del AT, que produjo fruto amargo, Dios espera que las ramas unidas a Jesús "den mucho fruto".

¿Qué significa "fruto" aquí? Esta es una pregunta frecuente y el significado está establecido en la imagen del AT, reforzada por la que presenta el NT. Isaías presenta el fruto como justicia y rectitud y Pablo, en Gálatas 5:22-23, presenta el fruto como el "alegría, paz, paciencia, amabilidad, bondad, fidelidad, humildad y dominio propio", que el Espíritu Santo produce en la vida de la persona convertida. Tanto el AT como el NT centran nuestra atención en el carácter: "el fruto" son esas acciones buenas y rectas de la persona cuyo corazón está en sintonía con el carácter y la naturaleza de Dios (Mateo 7.15-23).

Lo que Jesús les dice a Sus discípulos, entonces, es que como la verdadera Vid Él producirá en Sus ramas ese fruto que Dios siempre ha esperado de los que son Suyos.

Interpretación. Hay dos temas que dominan este pasaje crítico en el NT: el tema de la Vid y sus ramas y el mandamiento de Jesús a Sus discípulos de amarse los unos al os otros.

El primer tema se desarrolla cuando Jesús destaca que el creyente debe "permanecer" (15:4-10) en Él, como la rama tiene que permanecer en íntima unión con la vid. Esto es esencial porque "ninguna rama puede dar fruto por sí misma, sino que tiene que permanecer en la vid, así tampoco ustedes pueden dar fruto si no permanecen en mí" (15:4) y "separados de mí no pueden ustedes hacer nada" (15:5). Así, "permanecer" significa algo muy distinto a seguir creyendo en Jesús. Significa vivir en unión con Él.

Solamente en la unión es posible dar fruto. Y solamente al dar fruto puede alcanzarse el propósito de Dios para nosotros. Lo más importante es que veamos que no importa qué tan prominentes seamos, en la iglesia o en el mundo cristiano en general, el objetivo de Dios para nosotros es que demos fruto. A menos que vivamos en unión con nuestro Señor y veamos Su fruto en nuestras vidas, todo lo demás no tiene sentido (ver Estudio de Palabras de 15:6, más arriba).

¿Cómo vivimos en esa unión con el Señor que nos une a Él tanto como la rama está unida a la vid? Una vez más, como en Juan 14, Cristo pone énfasis en la obediencia a Sus mandamientos y así, a la permanencia en Su amor. Y destaca un mandamiento específico: "que se amen los unos a los otros, como yo los he amado" (15:12).

Dios nos ha elegido para que demos fruto. Si el amor por Cristo nos mueve a amarnos los unos a los otros, lo daremos.

Aplicación. En tanto Juan 15:1-17 por lo general se trata como unidad separada, de hecho forma parte de un argumento que se inicia en 14:15. Jesús ha enviado al Espíritu Santo para que nos una a Él. Experimentamos la presencia real de Jesús cuando el amor por Él nos mueve a obedecer Sus enseñanzas. Y más todavía, al vivir en íntima unión con Jesús, Él produce fruto en nuestras vidas. La clave para vivir en unión es, una vez más, un amor que nos mueve a la obediencia y esta vez, a un mandamiento específico: que nos amemos los unos a los otros. ¿Por qué este mandamiento? Porque el fruto identificado en el AT — la rectitud y la justicia — y el fruto identificado en el NT — el amor, la paciencia, la bondad, etc. — deben expresarse en las relaciones interpersonales. Al amarnos los unos a los otros estas bellísimas cualidades de nuestro Dios, que Él busca expresar a través de nosotros, se concretarán en nuestras vidas. Sin amor mutuo no puede haber fruto. Con el amor por Cristo y el amor entre nosotros, el fruto de Dios germina, florece y crece.

JUAN 15.18–17.26
Últimas palabras de Jesús (continuación)

EXPOSICIÓN

El discurso de la Última Cena continúa. Jesús ha alentado a Sus discípulos con Buenas Nuevas. Incluso después de que Cristo regrese al Padre Sus seguidores estarán unidos a Él por medio del Espíritu Santo que les habitará. Los que aman a Jesús y por ello están movidos a obedecerle, "verán" a Jesús de una manera en que el mundo no puede verlo. Experimentarán Su presencia y encontrarán tanto la paz como el gozo. Y al "permanecer en" Jesús, como la rama permanece unida a su vid, Sus seguidores tendrán capacidad para dar mucho fruto.

Jesús sigue hablando y les dice a Sus discípulos más acerca de lo que sucederá cuando Él se haya ido ya. Ha hablado de la relación del creyente, íntima pero oculta con Él en el futuro. También ha puesto énfasis en Su "nuevo mandamiento" y explicado la importancia de amarse los unos a los otros. Ahora les advierte a Sus discípulos: el mundo que Le ha odiado también los odiará a ellos pero a pesar de la persecución los seguidores de Cristo han de dar testimonio de Él (15:18-16:4). Esta es otra de las razones por la que es tan esencial la venida del Espíritu Santo. Tenemos que dar testimonio pero Quien hace llegar el mensaje de Jesús y da convicción al mundo es el Mismo Espíritu (16:5-16). Los discípulos están confundidos y no entienden muy bien lo que Jesús les está diciendo. Pero llegará el día en que el dolor que sentirán los seguidores de Cristo ante Su partida se tornará en gozo, cuando comiencen a experimentar la maravillosa nueva relación que Jesús ha ganado para ellos con el Padre (16:17-33). El mundo podrá seguir siendo hostil pero nosotros tenemos paz porque Jesús ha vencido al mundo.

Sin una palabra de transición Juan registra entonces lo que se ha dado en llamar la oración de Cristo como "sumo sacerdote". La NVI la presenta como una oración en tres partes. Jesús ora por Sí Mismo (17:1-5), ora por Sus discípulos (17:6-19) y ora por todos los creyentes (17:20-26).

En la oración de Cristo por Sí Mismo descubrimos nuestro deber y nuestro destino. En la oración de Cristo por los discípulos encontramos el secreto a nuestra seguridad y santificación. Y en la oración de Cristo por todos los creyentes, aprendemos el real significado de la unidad cristiana.

ESTUDIO DE PALABRAS

Si el mundo los aborrece, tengan presente que antes que a ustedes, me aborreció a mí (15:18). Aquí el término griego es *kosmos*, la palabra más significativa que se traduce como "mundo" en el NT. La encontramos casi 200 veces en el NT, con diversos significados. En un sentido, "el mundo" es todo lo creado. En otro sentido es la biósfera donde los seres humanos viven y trabajan. En un tercer sentido, "el mundo" es la humanidad misma. Pero *kosmos* también es un término teológico. El *Diccionario Zondervan de Términos Bíblicos* dice que aquí *kosmos*...

Retrata a la sociedad humana como sistema echado a perder por el pecado, atormentado por creencias, deseos y emociones que surgen ciega e incontrolablemente. El sistema del mundo es un sistema oscuro (Efesios 6:12), que opera sobre principios básicos que no son de Dios (Colosenses 2:20; 1 Juan 2:16). Todo el sistema está bajo el poder de Satanás (1 Juan 5:19) y constituye el reino del que Cristo libera a los creyentes (Colosenses 1:13-14). Su hostilidad básica hacia Dios se hace evidente con frecuencia (1 Corintios 2:12; 3:19; 11:32; Efesios 2:2; Santiago 1:27; 4:4; 1 Juan 2:15-17; cf. Juan 12:31; 15:19; 16:33; 17:14; 1 Juan 3:1, 13; 5:4-5, 19).

Lo que tenemos aquí es, entonces, una clara advertencia. No podemos esperar que un mundo perdido, llevado por motivos e impulsos corruptos y opuestos a Dios, abrace con alegría a Cristo o a las creencias y parámetros cristianos. La persona que imagina que el Evangelio un día abrirá un mundo utópico, no ve que la humanidad anda sin rumbo en un mundo oscuro que solo ve cosas ilusorias, y que además de ser incapaz de ver la luz, es hostil y resiente todo atisbo o indicación de que su forma de vida será juzgada por Dios. Los cristianos que viven según las enseñanzas de Cristo y comparten el mensaje de Cristo van contra la corriente del mundo. Y el mundo responde a los mensajeros modernos de Dios de la misma forma en que respondió ante Cristo Mismo: "Los tratarán así por causa de mi nombre" (15:21). A veces cuesta comprender la razón de tan abierta hostilidad del mundo hacia los cristianos que buscan vivir según los parámetros de Dios y los afirman abiertamente. Jesús da dos razones: "no conocen [*ouk oidasin*] al que me envió" (15:21) y que en Su encarnación Jesús reveló la rectitud y la justicia, reprendiendo así al pecado (15:22). La primera frase sugiere que el mundo carece de una concepción adecuada de Dios. Su distorsionada visión de Dios hace que el mundo no tenga forma de juzgar correctamente ni a los mensajeros ni al mensaje.

Pero el problema no es solo conceptual sino moral. En la encarnación de Jesús y a través de Sus palabras se le ha dado al mundo una clara visión de la rectitud y la justicia. Contra el parámetro de la vida perfecta de Jesús, y el parámetro de Sus palabras, cae hasta el más mínimo falso orgullo, y cae toda exclusa, dejando así expuesta a la luz la culpa del mundo ante Dios. Es esto lo que hace que el mundo sea tan hostil hacia Cristo y los cristianos. Si todo lo que implica "el nombre de Jesús" fuera algún concepto filosófico sobre la naturaleza de Dios el mundo podría simplemente ignorar a Cristo y a los cristianos, mostrando indiferencia. Pero es el mensaje moral implícito en el nombre de Cristo lo que despierta odio porque ese mensaje moral expone a todos los seres humanos como culpables de pecado.

Él *testificará* acerca de mí. Y también ustedes *darán testimonio* porque han estado conmigo desde el principio (15:26-27). El concepto que subyace a "testificar" o "dar testimonio" (es la misma palabra en griego) en ambos Testamentos implica una declaración fuerte o la presentación de evidencia que se basa en el conocimiento personal directo.

El tema del testimonio de Jesús aparece con frecuencia en el Evangelio de Juan. El Bautista daba testimonio del hecho de que Jesús era "el Hijo de Dios" (1:34; 5:33). Los milagros que obraba Jesús daban testimonio del hecho de que Cristo había sido enviado de veras por el Padre (5:36). El Padre Mismo da testimonio a través de los milagros de Jesús (5:37) y las Escrituras también añaden su testimonio (5:39). Más adelante Jesús argumentó que Su propio testimonio de Sí Mismo era válido porque solo Él tenía conocimiento personal de Sus orígenes (8:14). Y de nuevo Jesús afirma que Su testimonio de Sí Mismo es confirmado por el Padre (8:18).

En nuestro pasaje Jesús les informa a Sus discípulos que el Espíritu Santo que Él enviará "testificará acerca de mí" (15:26) pero añade: "también ustedes darán testimonio porque han estado conmigo desde el principio" (15:27). El Espíritu Santo dará testimonio pero debe hacerlo a través de las palabras y acciones de los creyentes.

Eso sigue siendo verdad en nuestros días. El mundo responde a Cristo y a los cristianos con hostilidad. Pero nosotros hemos de responder al mundo con un amor que refleje el carácter de Cristo y con un mensaje que ofrezca perdón y esperanza.

Pero les digo la verdad: *Les conviene* que me vaya porque, si no lo hago, el Consolador no vendrá a ustedes; en cambio, si me voy, se lo enviaré a ustedes (16:7). Ninguna de las dos palabras comunes que se traducen como "les conviene", aparecen en este pasaje. El texto griego contiene el término *sumpherei*, que significa que algo es ventajoso y por ello, mejor.

Habría sido difícil convencer a los discípulos, que ahora amaban al Señor y dependían de Él en todas las cosas, de que sería "bueno" que Él se fuera. No "disfrutarían" de la ausencia de Cristo ¡pero se verían beneficiados!

Por supuesto, la razón es que mientras Cristo estaba aquí físicamente los discípulos tenían que estar con Él para disfrutar de Su presencia. Esto limitaba en mucho su ministerio. Pero con Cristo espiritualmente presente en cada creyente, en la persona del Espíritu Santo, el Señor podría guiar a cada uno y darles poder ¡en todo momento y lugar!

Es alentador para nosotros recordar que cuando anhelamos la presencia de Jesús, Él está aquí con nosotros ahora mismo. En la persona del Espíritu, que habita en nosotros, estamos unidos a Jesús dondequiera que vayamos. No importa cuáles sean nuestras circunstancias o necesidades, Él está con nosotros ahora y siempre.

Pero cuando venga el Espíritu de la verdad, él *los guiará a toda la verdad*, (16:13). La palabra que se traduce como "guiará" es *hodegeo*. Y la traducción es acertada porque transmite adecuadamente la imagen e alguien que guía a un forastero en un lugar que éste desconoce.

El versículo ha perturbado a algunos que se preguntan por qué, si el Espíritu guía a los creyentes "a toda la verdad", los cristianos difieren en tantos puntos de la teología. Pero quienes preguntan esto malinterpretan el versículo porque suponen que "la verdad" significa "acuerdo doctrinal". Bajo el concepto bíblico de "verdad" está la convicción de que solo Dios conoce la realidad y que Él nos ha revelado la realidad en Su Palabra. Dios solo sabe qué es lo que está verdaderamente bien, lo verdaderamente bueno, beneficioso y útil. Esta es la verdad: esa realidad mora y espiritual que Dios conoce y que nos ha revelado en Cristo y en las Escrituras.

Toda la humanidad anda sin rumbo en medio de volutas de humo e ilusión, incapaz de aceptar y sin querer hacerlo, los parámetros y valores revelados que surgen de la naturaleza misma de Dios. Pero el creyente, guiado por el Espíritu Santo, recibirá la capacidad de abrirse camino en medio de esta niebla y tomar las decisiones que estén en sintonía con la verdad.

Los cristianos de las diferentes tradiciones pueden estar en desacuerdo sobre puntos menores de la doctrina. Pero no importa cuáles sean nuestras diferencias, al seguir la guía del Espíritu llegaremos a conocer por experiencia personal lo que significa vivir en ese plano de realidad que muestran las Escrituras como Verdad de Dios (ver comentario a Juan 17:17).

En aquel día ya no me *preguntarán* nada. Ciertamente les aseguro que mi Padre les dará todo lo que le *pidan* en mi nombre. Hasta ahora no han *pedido* nada en mi nombre. *Pidan* y recibirán, para que su alegría sea completa (16:23-24). El pasaje puede ser confuso. En la primera frase, Jesús se refiere a que después de Su resurrección los discípulos ya no tendrán preguntas sobre qué quiso decir Jesús. Porque para entonces, ellos también tendrán una relación con el Padre basada en la obra y la Persona de Cristo, que les permite apelar directamente al Padre y tener la certeza de que Él les responderá. Este pensamiento tan maravilloso continúa en 16:26-27: "Y no digo que voy a rogar por ustedes al Padre, ya que el Padre mismo los ama porque me han amado y han creído que yo he venido de parte de Dios".

¡Qué maravillosa seguridad tenemos en la oración! Venimos con confianza, no porque merezcamos respuestas sino porque sabemos que Dios nos ama en Jesucristo y le mueve el amor para darnos lo que sea mejor.

Santifícalos en la verdad; tu palabra es la verdad (17:17). En este versículo se encuentran tres conceptos teológicos críticos. "Verdad", "Santificar" y la "Palabra" de Dios.

"Santificar" significa hacer santo y/o apartar para uso sagrado. "Verdad" es la realidad como la entiende Dios y como nos la revela a través de las Escrituras y el Hijo. Y la "Palabra" de Dios es el medio por el cual, por escrito y en la Encarnación, Él perfora el velo de la confusión humana y nos revela la realidad como Él — siendo Creador y Redentor — la conoce.

Al poner nuestra confianza en Dios y actuar según Su revelación, avanzamos al plano de la realidad donde vivimos la transformación y podemos serle útiles al Señor.

No te pido que *los quites* del mundo, sino que los protejas del maligno. Ellos no son del mundo, como tampoco lo soy yo (17:15-16). Parecería que estos versículos tendrían que haber sido tratados antes del versículo 17. Pero el versículo 17 nos da la clave para entender qué dice Jesús aquí. En el AT, lo santificado se apartaba de lo común, se aislaba para el servicio. Literalmente "se quitaba" del mundo común y hasta podía contaminarse si tan solo era tocado por algo ritualmente impuro. Ahora Jesús dice que Él no quitará a los creyentes del mundo, sino que nos dejará en él. Aunque estamos protegidos del malvado, Satanás, tenemos que seguir viviendo en contacto diario con una sociedad corrupta y que corrompe. Todos los días nos hallamos sujetos a influencias que compiten entre sí para distorsionar nuestros pensamientos, nuestros deseos, emociones, motivos y relaciones con los demás.

Esto nos presenta entonces la drástica diferencia que hay entre "santificar" como se lo concibe en el AT y en el NT. En el AT, la santificación era cuestión de aislamiento. Pero en el NT, la santificación es cuestión de transformación, de la obra dinámica y purificadora del Espíritu Santo en nosotros, que nos permite vivir vidas de santidad aún cuando seguimos cumpliendo con nuestra parte en una sociedad esencialmente corrupta y hostil a Dios.

Esta es una verdad importante, que tenemos que entender y tomar como guía en nuestras vidas. Tenemos que descartar esa mentalidad que ha llevado a algunos cristianos a buscar la santidad, retirándose o apartándose tras reglas de lo permitido y lo prohibido. En cambio, nuestra participación en el mundo tiene que ser activa, pero como lo fue la de Jesús. No como participantes en las necedades de una sociedad perdida, sino como faros de luz, brillando porque nos hemos comprometido plenamente a vivir según la Verdad de Dios.

JESÚS COMO LA PALABRA (17:17)

Hay una cantidad de correspondencias entre la visión de Jesús que presenta Juan como Palabra Encarnada o Verbo Encarnado y el gran salmo de David, en apreciación de la Palabra escrita (Salmo 119). Aquí incluiremos algunas de estas correspondencias:

SALMO 119	EVANGELIO DE JUAN
EL CAMINO	
Dichosos los que van por caminos perfectos, los que andan conforme a la ley del Señor (v. 1)	Yo soy el camino, la verdad y la vida (14:6)
¿Con qué limpiará el joven su camino? Con guardar tu palabra (v. 9 - RV)	Quién es el que me ama? El que hace suyos mis mandamientos y los obedece (14:21)
Corro por el camino de tus mandamientos, porque has ampliado mi modo de pensar (v. 32)	
LA VERDAD	
Tu justicia es siempre justa; tu ley es la verdad (v. 142)	Yo soy el camino, la verdad y la vida (14:6)
Escogí el camino de la verdad; He puesto tus juicios delante de mí (v. 30 – RV)	Jesús se dirigió entonces a los judíos que habían creído en él, y les dijo: Si se mantienen fieles a mis enseñanzas, serán realmente mis discípulos; y conocerán la verdad, y la verdad los hará libres (8:31-32)
Todos tus mandatos son justos y verdaderos (v.138 – DHH)	Santifícalos en la verdad; tu palabra es la verdad (17:17)
	Pues la ley fue dada por medio de Moisés, mientras que la gracia y la verdad nos han llegado por medio de Jesucristo (1:17)
LA VIDA	
Aparta mi vista de cosas vanas, dame vida conforme a tu palabra (v.30)	En él estaba la vida, y la vida era la luz de la humanidad (1:4)
Que venga tu compasión a darme vida, porque en tu ley me regocijo (v. 77)	También tiene que ser levantado el Hijo del hombre, para que todo el que crea en él tenga vida eterna (3:14-15)
Sostenme conforme a tu promesa, y viviré; no defraudes mis esperanzas (v. 116)	Jesús dijo: Yo soy la resurrección y la vida. El que cree en mí vivirá, aunque muera; y todo el que vive y cree en mí no morirá jamás (11:25)
Tus estatutos son siempre justos; dame entendimiento para poder vivir (v. 144)	

LA LUZ

Tu palabra es una lámpara a mis pies; es una luz en mi sendero (v. 105)	Yo soy la luz del mundo. El que me sigue no andará en tinieblas, sino que tendrá la luz de la vida (8:12) Yo soy la luz que ha venido al mundo, para que todo el que crea en mí no viva en tinieblas (12:46)

EL AMOR

Amo tus mandamientos, y en ellos me regocijo. Yo amo tus mandamientos, y hacia ellos elevo mis manos; ¡quiero meditar en tus decretos! (v. 47-48) ¡Cuánto amo yo tu ley! Todo el día medito en ella (v. 97) Tus promesas han superado muchas pruebas, por eso tu siervo las ama (v. 140) Mira, Señor, cuánto amo tus preceptos; conforme a tu gran amor, dame vida (v. 159)	Así como el Padre me ha amado a mí, también yo los he amado a ustedes. Permanezcan en mi amor. Si obedecen mis mandamientos, permanecerán en mi amor, así como yo he obedecido los mandamientos de mi Padre y permanezco en su amor (15:9-10) El que me ama, obedecerá mi palabra, y mi Padre lo amará, y haremos nuestra vivienda en él. El que no me ama, no obedece mis palabras (14:23-24)

EL GOZO

Tus estatutos son mi herencia permanente; son el regocijo de mi corazón (v. 111)	Lo mismo les pasa a ustedes: Ahora están tristes, pero cuando vuelva a verlos se alegrarán, y nadie les va a quitar esa alegría (16:22)

EL PASAJE EN PROFUNDIDAD

El mundo odia a los discípulos (15:18-16:4). Ver los Estudios de palabras de 15:18, 15:21 y 15:26, más arriba.

La obra del Espíritu Santo (16:5-16).

Trasfondo. En la primera parte de este discurso Jesús promete a los discípulos que les enviará al Consolador, la tercera Persona de la Trinidad y presenta algunos de los ministerios del Espíritu Santo a los creyentes.

En esta sección del discurso de la Última Cena Jesús define los mi misterios del Espíritu Santo "al mundo". Aquí, como sucede con frecuencia en los escritos de Juan, "el mundo" es tanto la cultura formada por las pasiones de pecado de una humanidad perdida como los hombres y mujeres que conforman esa cultura. Al presentar este tema Jesús dice que "el Espíritu de verdad que procede del Padre, él testificará acerca de mí" (15:26) y añade "Y también ustedes darán testimonio" (15:27).

Cuando los cristianos damos testimonio de Jesús, en palabra y en la vida, el Espíritu Santo habla a través de nosotros.

Interpretación. Lo más importante de este pasaje es su definición del ministerio del Espíritu al mundo. Lamentablemente, esta definición se ve a veces distorsionada en algunas versiones traducidas (aquí reproducimos tres de ellas).

Para entender lo que está diciendo el texto necesitamos acercarnos al pasaje teniendo en cuenta algo que el Apóstol Pablo les dice a los cristianos de Corinto en su segunda carta. Allí, Pablo destaca que quienes difunden el conocimiento de Jesús "somos el aroma de Cristo entre los que se salvan y entre los que se pierden. Para éstos somos olor de muerte que los lleva a la muerte; para aquéllos, olor de vida que los lleva a la vida. ¿Y quién es competente para semejante tarea?" (2 Corintios 2:15-16). Para los que están siendo salvados el ministerio del Espíritu Santo es liberador, y trae vitalidad y vida. Para el mundo que rechaza a Jesús el ministerio del Espíritu Santo aplasta, condena y destruye toda falsa esperanza.

De manera que no debemos tomar los versículos esenciales que describen el ministerio del Espíritu al mundo como elementos de un proceso salvador y purificador. Más bien, son aspectos del juicio de Dios sobre "todo lo que hay en el mundo". Todo lo que Juan luego identifica como "los malos deseos del cuerpo, la codicia de los ojos y la arrogancia de la vida" (1 Juan 2:16).

Dicho esto, podemos mirar con mayor atención lo que Jesús dice aquí acerca del ministerio del Espíritu al mundo que Le odió y que odia y persigue a quienes Le representan.

Para juzgar cuál de las tres traducciones capta mejor el significado del original necesitamos estudiar el significado de cuatro palabras. Las cuatro se presentan en el versículo 8: convencer, pecado, justicia y juicio.

■ - Convencer. Aquí, el término griego es *elegcheo*. El *Theological Dictionary of the New Testament*

TRES TRADUCCIONES DE JUAN 16:8-11

NUEVA VERSIÓN INTERNACIONAL
Y cuando él [el Consolador] venga, convencerá al mundo de su error en cuanto al pecado, a la justicia y al juicio; en cuanto al pecado, porque no creen en mí; en cuanto a la justicia, porque voy al Padre y ustedes ya no podrán verme; y en cuanto al juicio, porque el príncipe de este mundo ya ha sido juzgado.

DIOS HABLA HOY
Cuando él venga, mostrará claramente a la gente del mundo quién es pecador, quién es inocente, y quién recibe el juicio de Dios. Quién es pecador: el que no cree en mí; quién es inocente: yo, que voy al Padre, y ustedes ya no me verán; quién recibe el juicio de Dios: el que gobierna este mundo, que ya ha sido condenado.

BIBLIA LATINOAMERICANA (1995)
Cuando venga él, rebatirá al mundo en lo que toca al pecado, al camino de justicia y al juicio. ¿Qué pecado? Que no creyeron en mí. ¿Qué camino de justicia? Mi partida hacia el Padre, y ustedes ya no me verán. ¿Qué juicio? El del gobernador de este mundo: ya ha sido condenado.

[Diccionario Teológico del Nuevo Testamento] (2:473-474), dice:

En Homero *elegcheo* significa "despreciar, mirar con menosprecio". En la literatura posterior significa (a) "poner en vergüenza" mediante exposición, oposición, etc.; (b) "culpar"; (c) "exponer, resistir"; (d) "interpretar, mostrar"; (3) "investigar". En el NT el uso es más restringido y básicamente significa "mostrarle a alguien su pecado y llamarle al arrepentimiento".

Pero en Juan esta palabra transmite el primer elemento de este significado "mostrarle a alguien su pecado", sin la segunda parte de "llamarle al arrepentimiento". Por eso, en Juan 3:20 Juan señala que el maligno odia la luz y la evita "por temor a que sus obras queden al descubierto". La reacción de la persona mala a la exposición es ocultarse todavía más en las sombras ¡en un intento por escapar de la luz! Vemos un énfasis similar en Juan 8:46 donde Jesús les pregunta a Sus adversarios: "¿Quién de ustedes me puede probar que soy culpable de pecado?". Este versículo pregunta: ¿Puede alguien exponer a Jesús como pecador?

Aquí tenemos a Juan utilizando *elegcheo* en su sentido usual. El ministerio del Espíritu Santo en el mundo es exponer, desenmascarar, mostrar en su error, despojar de todo lo fingido. Y en este versículo tenemos una clara definición de los errores específicos que expondrá a la luz el Espíritu Santo. El Espíritu demostrará el error con respecto al pecado, a la justicia y al juicio.

Aun así, *elegcheo* tiene una importancia mayor. En el siglo primero, esta palabra era además un término legal que se usaba en referencia al juez que dictaba sentencia declarando culpable a quien era acusado de un crimen. El Espíritu Santo no solo expone a la luz el pecado del mundo, sino que quita toda excusa, todo lo fingido y anuncia públicamente el veredicto de Dios.

Es fascinante. Porque el mundo dio su veredicto respecto de Jesús, rechazando y crucificando al Hijo de Dios. Y ahora el mismo mundo está ante un tribunal celestial, y es el Espíritu Santo quien expone su pecado.

Jesús se cuida de no dejarnos en duda cuando dice que el Espíritu expondrá al mundo en lo referido al pecado, la justicia y el juicio. Y explica en detalle cada uno de estos puntos.

■ **El pecado.** "En cuanto al pecado, porque no creen en mí" (16:9). El pecado central de la humanidad es la incredulidad. Una y otra vez se destaca esta idea en el Evangelio de Juan. "El que cree en él no es condenado, pero el que no cree ya está condenado por no haber creído en el nombre del Hijo unigénito de Dios" (3:18), No creer no es pecado de ignorancia sino — como lo ha sido siempre — la decisión de rechazar a Dios (Romanos 1; Salmo 19), rechazo que hoy es inequívoco porque Jesús vino y en Su vida y muerte reveló el amor de perdón de Dios.

Los seres humanos pueden haber presentado excusas. Podrán (equivocadamente) haber argumentado que la Naturaleza reveló solo el poder y no el carácter de Dios (Romanos 1:18-20) por lo que el temor a lo desconocido les impidió creer en Él. Pero ahora en Cristo Dios ha eliminado tal excusa. En la persona del Hijo se han mostrado plenamente el amor, la gracia y la gloria de

Dios. Negarse a creer ahora expone inequívocamente el pecado de quienes quieren rechazar una salvación tan grande, ofrecida por un Dios tan maravilloso.

■ **Justicia.** "En cuanto a la justicia, porque voy al Padre y ustedes ya no podrán verme" (16:10). Cristo había sido condenado a la cruz como pecador, como blasfemo para el judío y como peligro para el orden social del romano. Sin embargo la cruz misma a la que el mundo condenó a Cristo fue el medio para Su regreso en gloria al Padre, habiendo ganado allí nuestra salvación y siendo plenamente reivindicado por la Resurrección. El regreso de Cristo al Padre probó que Cristo es justo y Le estableció como parámetro de lo que nosotros hemos de determinar como justicia y rectitud. Ese juicio del mundo contra Jesús como pecador fue revertido por Dios cuando Le dio la bienvenida a casa a Cristo, exponiendo así la "justicia" del mundo como pecado y al "pecador" como parámetro de justicia para la humanidad.

El regreso de Jesús al Padre expuso la culpa del mundo también en otro aspecto. Después de la Resurrección, el dolor de los discípulos ante la crucifixión de Jesús se tornó en gozo cuando supieron que Él ahora estaba con el Padre. Pero el mundo, incapaz de ver a Jesús, se alegró ante la errónea idea ¡de que se había librado del Señor! (16:20). El gozo del salvo que descansa en la clara visión del Cristo ausente se contrapone en marcado contraste con la alegría del perdido y condenado. Y así como el dolor de los discípulos se tornó en gozo, la alegría del mundo un día, pronto, se transformará en angustia y remordimiento.

■ **Juicio.** "Y en cuanto al juicio, porque el príncipe de este mundo ya ha sido juzgado" (16:11). La cruz reveló inequívocamente que Dios está comprometido a juzgar al pecado y a los pecadores. Ahora ya no hay esperanza posible de que Satanás y quienes le siguen puedan escapar a la justicia divina. Antes, en referencia a la cruz, Jesús anunciaba: "El juicio de este mundo ha llegado ya, y el príncipe de este mundo va a ser expulsado" (12:31). En la Cruz y la Resurrección Dios proclama el final del poder de las garras del pecado sobre nuestro universo. En la Cruz y la Resurrección, el "príncipe de este mundo", Satanás, ha sido juzgado y con él, un mundo que alegremente y con todo gusto se ha sometido al gobierno de este príncipe.

Aplicación. Este importante pasaje sobre el ministerio del Espíritu Santo al mundo no es un mensaje de esperanza. Aquí no hay absolutamente nada que indique que la obra de "convicción" del Espíritu es una obra de "salvación" del mundo, a pesar de que una de las traducciones, que en realidad es una paráfrasis, daría esa impresión. La obra de convicción del Espíritu es, por el contrario, una obra de juicio que expone a la luz el pecado tan profundamente arraigado en el mundo como sistema y en sus ciudadanos como individuos.

En sentido real la obra del Espíritu, de exponer la culpa del mundo, es un ministerio en beneficio de los creyentes. Jamás tenemos que permitirnos el acostumbramiento a este mundo ni a sus modos. Más bien, tenemos que estar siempre en guardia porque el Espíritu Santo expone todo lo de este mundo como corrupto, con el aliento de un espíritu de incredulidad, injusticia y con compromiso a los caminos de un "príncipe" que ha sido juzgado ya por Dios. La noticia maravillosa es que mientras el Espíritu Santo expone la culpa del mundo, también "nos guiará a toda verdad" (16:13). Al mirar al Espíritu y depender de Él para que nos guíe, Él nos dará la capacidad de andar en la luz.

El dolor del discípulo se convertirá en gozo (16.17-33). Ver Estudio de palabras de 16:23, más arriba.

Jesús ora por Sí Mismo (17:1-5).

Trasfondo. "Gloria" y "glorificar" son palabras clave en el Evangelio de Juan. Su utilización en el NT refleja un concepto del AT expresada en el término hebreo *kabod*, que hace referencia a la presencia activa de Dios con Su pueblo, revelando Quién es Él y dándonos la capacidad de alabarle por Su esencial naturaleza y carácter.

En el uso secular, el término griego *doxa* centraba la atención en la opinión ajena de una persona, basándose en sus acciones o logros. Así, en el lenguaje común *doxa* se aproximaba bastante a "fama". Pero en el NT "gloria" expresa una idea teológica muy diferente y definida establecida ya en el AT. La gloria de Dios tiene su origen en Quién es Él por naturaleza y glorificar a Dios es exhibir Su naturaleza en acciones que ocurren en el espacio y el tiempo.

Interpretación. Cuando termina la Última Cena Jesús acude al Padre en oración, plenamente consciente de que "ha llegado la hora" (17:1). Lo primero que tiene Cristo en Su corazón al orar es, justamente, no Él mismo sino la gloria de Dios. Así, ora: "Glorifica a tu Hijo, para que tu Hijo te glorifique a ti" (17:1) y añade: "Yo te he glorificado en la tierra, y he llevado a cabo la obra que me encomendaste" (17:4) y nuevamente ora: "glorifícame en tu presencia con la gloria que tuve contigo antes de que el mundo existiera" (17:5).

Jesús le dio gloria a Dios en la tierra al completar la obra encomendada, porque en todo lo que hacía y decía Jesús, exhibió la naturaleza y carácter de Dios. Nos impacta que el acto supremo de glorificación sea la cruz misma, porque es la exhibición más asombrosa de la historia, del amor y la gracia de nuestro Dios (7:39; 11:4; 12:16, 23; 13:31).

La cruz es también una puerta. Al pasar por ella Jesús experimentará la resurrección, suceso decisivo mediante el cual "fue designado con poder Hijo de Dios" (Romanos 1:4). En la Resurrección quedan plenamente establecidas Su identidad y naturaleza, y queda firmemente afirmado también el significado de Su crucifixión. Todo esto subyace a la oración de Jesús por Sí mismo: que en lo que ha hecho Él y lo que está por hacer, Jesús dará gloria a Dios y será glorificado.

Aplicación. Así como Jesús glorificó a Dios al cumplir Su obra en el mundo, también nosotros podemos hacerlo. Lo que mostramos al amar y servir a los demás no es nuestra propia bondad, sino la gracia transformadora de un Dios que puede obrar a través de los seres humanos. Nuestras buenas obras son para gloria de Dios, y no para la nuestra, porque con gozo admitimos que Él es el origen de todo lo bueno que hay en nosotros.

Jesús ora por Sus discípulos (17:6-19). Ver los Estudios de Palabras de Juan 17:17 y 17:15-16, más arriba.

Jesús ora por todos los creyentes (17:20-26).
Trasfondo. Tal vez no haya otro pasaje en las Escrituras con un mensaje que a lo largo de las últimas décadas se distorsionara tanto. Se han predicado muchos sermones con el argumento de que Jesús ora porque los creyentes "alcancen la perfección en la unidad" (17:23) como exigencia de que confesemos nuestros pecados por la división que representan las diferencias entre las denominaciones, y busquemos la unidad organizativa. Pero toda esta predicación se basa ¡en una falta de entendimiento total y absoluto de las palabras de Jesús!

Interpretación. La clave a la comprensión de esta parte de la oración de Cristo que contiene el pedido específico de Jesús por los cristianos de toda la iglesia, está en las palabras "para que todos sean uno. Padre, así como tú estás en mí y yo en ti, permite que ellos también estén en nosotros", para que el mundo crea que tú me has enviado" (17:21). La "completa unidad" que hemos de experimentar es como la del Padre y el Hijo.

Algunos pasajes del Evangelio de Juan nos ayudan a entender la naturaleza de esa unidad, como la experimentó Jesús en Su vida en esta tierra:

■ Juan 5:19-20: "Ciertamente les aseguro que el hijo no puede hacer nada por su propia cuenta, sino solamente lo que ve que su padre hace, porque cualquier cosa que hace el padre, la hace también el hijo. Pues el padre ama al hijo y le muestra todo lo que hace".

■ Juan 6:38: "Porque he bajado del cielo no para hacer mi voluntad sino la del que me envió".

■ Juan 8:28-29: "No hago nada por mi propia cuenta, sino que hablo conforme a lo que el Padre me ha enseñado. El que me envió está conmigo; no me ha dejado solo, porque siempre hago lo que le agrada".

■ Juan 12:44-45: "El que cree en mí — clamó Jesús con voz fuerte —, cree no sólo en mí sino en el que me envió. Y el que me ve a mí, ve al que me envió".

■ Juan 14:9-11: "¡Pero, Felipe! ¿Tanto tiempo llevo ya entre ustedes, y todavía no me conoces? El que me ha visto a mí, ha visto al Padre. ¿Cómo puedes decirme: 'Muéstranos al Padre'? ¿Acaso no crees que yo estoy en el Padre, y que el Padre está en mí? Las palabras que yo les comunico, no las hablo como cosa mía, sino que es el Padre, que está en mí, el que realiza sus obras. Créanme cuando les digo que yo estoy en el Padre y que el Padre está en mí".

En esencia, la unidad de Jesús con el Padre Le permitía vivir Su vida humana en el mundo en completa armonía con la voluntad del Padre.

Observe la correspondencia de este lenguaje con lo que leemos en Juan 17:21. Jesús habló antes de estar en el Padre y del Padre, que está en Él. Ahora, Él ora "así como tú estás en mí y yo en ti, permite que ellos también estén en nosotros". Y antes de pedir que los creyentes "alcancen la perfección en la unidad", define esa unidad pidiendo nuevamente "que sean uno, así como nosotros somos uno: yo en ellos y tú en mí" (17:22-23).

La perfecta unidad por la que ora Jesús no es la unión organizativa de las iglesias, sino más bien la unión individual de los creyentes, individualmente con el Padre y el Hijo. Una unión en la que nos sometemos a la voluntad del Padre y la cumplimos. Una unión que permite que Cristo actúe a través de nosotros y por ello "el mundo reconozca que tú me enviaste y que los has amado a ellos tal como me has amado a mí" (17:23).

Así, Juan 17 retoma el tema de Juan 15. Allí Cristo se refirió a Sí Mismo como la vid, y a los creyentes, como las ramas, y destacó la importancia de permanecer en Él al decidir expresar nuestro amor por Él mediante una respuesta siempre obediente a Sus enseñanzas. Aquí Jesús ora al Padre pidiendo que lo que es potencial en la unión que la fe crea entre el creyente y el Señor pueda concretarse en nuestra experiencia.

Aplicación. Usted y yo podemos tener relaciones personales cercanas y cálidas con creyentes de otras tradiciones. Es posible, no porque pongamos los puntos doctrinales sobre las mismas íes, sino porque como hijos del mismo Padre por medio de la fe en Jesús somos hermanos y hermanas llamados a amarnos en lugar de entrar en disputas entre nosotros. Esta unidad de "familia espiritual" sí existe, independientemente de la unión organizativa.

Pero aquí, Jesús está orando no por la unión que usted y yo podamos tener entre nosotros, ¡sino sobre la unión que hemos de experimentar con Él y con el Padre! Esa unión existe porque estamos vinculados por toda la eternidad con Cristo mediante el Espíritu Santo. Y vivimos esa unión cuando nosotros, como Jesús, nos comprometemos a hacer la voluntad del Padre y a responder a Él en todo.

Cuando nos comprometemos a hacer la voluntad del Padre Dios obra a través de nosotros como obró a través de Jesús. Al permanecer con Él, vemos Su gloria. Y la gloria de Dios se ve expresada en nuestras vidas.

JUAN 18-21
Gracia y gloria

EXPOSICIÓN

Aquí, en el cuarto Evangelio volvemos a encontrar un detallado relato de los sucesos relacionados con la crucifixión y resurrección de Jesús. Como los cuatro relatos son tan paralelos, al tratar cada Evangelio ponemos énfasis en un tema diferente. Como Mateo parece prestar tanta atención en la fragilidad humana, vemos que el tratamiento profundo de Mateo se centra en el rechazo a Jesús por parte de Judas y en la negativa de Pedro respecto de conocer a Jesús. Marcos, el Evangelio más corto, nos brinda un panorama de los hechos en secuencia y al tratar marcos examinamos la secuencia y vemos también los "siete dichos de Jesús desde la cruz". Lucas destaca los sufrimientos de Cristo. De manera que al explorar el relato que hace Lucas de las últimas horas de Jesús nuestra atención se centra en el tormento físico, psicológico y espiritual de Jesús en la cruz. Aquí, en Juan, vemos otro tema mencionado en cada uno de los cuatro Evangelios: los juicios a Jesús ante el Sanedrín, ante Herodes y ante el gobernador romano Poncio Pilato.

El cuatro que hay a continuación nos da información adicional sobre los pasajes en particular que se desarrollan en el tratamiento de cada Evangelio.

Tema	Mateo	Marcos	Lucas	Juan
El complot contra Jesús	26:1-5	14;1.11	22:1-6	
La unción en Betania	26:6-13	14:3-9		
Judas acuerda traicionar a Cristo	26:14-16			
La Última Cena	26:17-30	14:12-25	22:14-23	13-17
Jesús predice que Pedro Le negará	26:31-35	14:27-31	22:31-38	13:31-38
Getsemaní	26:36-46	14:32-42	22:39-46	
Arresto de Jesús	26:47-56	14:43-52	22:47-53	18:1-12
Ante el Sanedrín	26:57-68	14:53-65	22:63-71	18:12-40
Pedro niega a Jesús	26:69-75	14:66-72	22:54-62	18:17-27
Judas se ahorca	27:1-10			
Jesús ante Pilato	27:11-26	15:1-15	23:1-25	18:28-19:16
Los soldados se burlan de Jesús	27:27-31	15:16-20		
La crucifixión	27:32-56	15:21-41	23:26-49	19:17-37
Sepultura de Jesús	27:57-61	15:42-47	23:50-56	19:38-42
Guardia ante la tumba	**27:62-66**			

ESTUDIO DE PALABRAS

Así que Judas llegó al huerto, a la cabeza de un *destacamento de soldados* y guardias de los jefes de los sacerdotes y de los fariseos. Llevaban antorchas, lámparas y armas (18:3). El término griego *speira* es la traducción del término técnico militar romano "cohorte". Juan completa así la imagen de lo que implicó el arresto de Jesús. Además de una muchedumbre armada (ochlos) de gente común (Mateo 26:47; Marcos 14:43) y un grupo de policías del templo (Lucas 22:52) y autoridades del templo, se había asignado a unos pocos soldados de la guarnición romana de Jerusalén para que asistieran en la captura, sin duda a pedido de los sacerdotes principales. Esto le resulta importante a Juan que quiere que entendamos que hubo gentiles, además de judíos, responsables de la ejecución de Jesús.

Así como es universal el Evangelio, como invitación abierta a la humanidad para que "el que crea" pueda venir a Jesús (3:16), la responsabilidad de la muerte de Jesús también lo es. Cristo murió por el judío y el gentil. Es necesario entonces que incluso en este pequeño detalle veamos que en Su arresto inicial participaron romanos además de judíos.

Simón Pedro y *otro discípulo* seguían a Jesús (18:15). La opinión de la mayoría es que el otro discípulo era el mismo Juan. El texto añade que pudo seguir a Jesús hasta el patio porque "era conocido del sumo sacerdote" (18:15). Hay quienes suponen que como Salomé, madre de Juan, era hermana de María (cf. Juan 19:25 con Marcos 15:40), ella también habría sido prima de Elisabet, esposa de Zacarías el sacerdote (Lucas 1:36) y que por ello tendría cierta conexión de familia con la clase sacerdotal.

En todo caso, el hecho de que Juan fuera conocido del sumo sacerdote le permitió ser testigo y luego informar sobre el primer interrogatorio, secreto, al que fue sometido Jesús (18:19-24).

Luego los judíos llevaron a Jesús de la casa de Caifás al palacio del *gobernador romano* (18:28). Lo poco que se sabe del gobernador Poncio Pilato no es halagüeño. El *Diccionario Bíblico Revell* indica:

> Pilato sirvió en capacidad de prefecto primero y luego, como procurador de Judea. En tal posición su autoridad era vasta e incluía el mando de las fuerzas militares que ocupaban el pequeño territorio. Solo él podía ordenar una sentencia de muerte. Designaba al sumo sacerdote de los judíos e incluso ejercía el control sobre los fondos del tesoro del Templo. De su servicio en Judea hay testimonio no solo en los Evangelios sino de parte de historiadores del siglo primero, Flavio Josefo y Philo Judeo, además de la evidencia de inscripciones halladas recientemente en Cesarea Marítima, sede administrativa romana.
>
> Fuentes judías informan sobre la década de Pilato en Tierra Santa [26-36 DC], describiéndole como una persona hostil e insensible. Una de las primeras acciones de Pilato fue la de oponerse a los judíos al levantar estandartes con imágenes en Jerusalén, consideradas como idólatras por los judíos. Debido a las vehementes manifestaciones del pueblo Pilato se vio obligado a quitar estos estandartes. Josefo y Philo también le acusan de la matanza de cientos de judíos (comparar con Lucas 13:1), y de haberse apropiado de fondos del Templo para pagar por la construcción de un acueducto que llevara agua a Jerusalén desde un manantial distante. Pero Pilato sirvió en Judea durante diez años, en lugar de los tres o cuatro de rigor, evidencia de que el emperador Tiberio le consideraba efectivo como administrador. Es interesante ver que la única mención que hay de Pilato en escritos paganos es una referencia al pasar. Tácito menciona el servicio de Pilato en el momento de la ejecución de Cristo (p. 793).

Digno de mención es el hecho de que Pilato, culpable de aceptar sobornos, de insultar al pueblo que gobernaba, de robar y de ordenar numerosas ejecuciones sin juicio previo, dudó al principio antes de ordenar que se diera muerte a Jesús, y luego cedió ante los líderes judíos. Para saber más sobre la "historia detrás de la historia" ver la discusión del juicio a Jesús ante Pilato, en El Pasaje en Profundidad, más abajo.

"Nosotros no tenemos ninguna autoridad para ejecutar a nadie — objetaron los judíos" (18:31). Los gobernadores de las provincias romanas supervisaban la administración de la ley criminal de sus jurisdicciones y eran los únicos con autoridad para dictar la sentencia de muerte. El cuarto edicto de Cireno (6-7 DC) afirmaba la obligación del gobernador de, o juzgar personalmente los casos de pena de muerte, o designar a un jurado para que cumpliera con este deber.

Pilato era uno de los gobernadores más opresores de Judea y utilizó con frecuencia su poder de dictar sentencia de muerte. Los registros informan que incluso los gobernadores de Judea más benévolos no dudaban en ejecutar a los que ellos consideraban "revoltosos". Así, aunque el alto tribunal judío no podía ordenar la ejecución de Jesús, tenían razones para esperar que Pilato la ordenara de buena gana, sentenciando así al joven profeta que causaba revuelo en Jerusalén. Quedaron impactados y perturbados cuando Pilato dijo: "Llévenselo ustedes y júzguenlo según su propia ley" (18:31).

Es importante observar que los opositores de Cristo hacía tiempo ya tenían pensado manipular a Pilato para que hiciera ejecutar a Jesús. Los fariseos habían intentado con la trampa de preguntarle a Jesús si estaba bien pagar impuestos al César, buscando así argumentos para acusarle de fomentar la rebelión contra Roma.

Mi reino no es de este mundo — contestó Jesús ... Pero mi reino no es de este mundo (18:36). Cuando Pilato Le pregunta si Él es rey, Jesús responde con una declaración sobre Su reino. Aquí, el término griego *basileia,* como el término hebreo *malkuth,* podrían traducirse mejor como "reinado", que se refiere ante todo al gobierno, poder o autoridad del soberano y no a límites geográficos o étnicos. Jesús declara que Su reinado no es "de este mundo". Es que no se origina en el mundo y, sin seguidores militantes dispuestos a formar un ejército, es claro que Jesús no tiene poder político. Así, Jesús, aunque es rey no representa una amenaza para la autoridad romana.

El reinado de Jesús no es *enteuthen,* "de aquí". O sea que la autoridad de Jesús no tiene origen en este mundo sino en el plano espiritual. Un día la autoridad de los cielos se impondrá en la tierra toda y sobre todos sus habitantes. Pero no es el momento ahora y el reino de los cielos no ha llegado todavía. Pilato entiende bien las palabras de Jesús sobre "Mi reino", y exclama, "Entonces eres un rey". Y es cierto que Jesús lo es.

Y qué es la verdad? — preguntó Pilato (18:38). El reino del hombre se establece por el poder. El reino de Jesús se establece por la verdad y en particular, la verdad salvadora que proclaman las palabras y acciones de Jesús. Podemos percibir el desprecio en la voz de Pilato cuando murmura: "¿Verdad? ¿Y qué es la verdad?". Y luego se aleja sin siquiera esperar la respuesta a tal pregunta.

Los sofisticados de este mundo alzan las cejas, como Pilato, y con educación se burlan de la idea de que existe "la verdad". Mucho menor es la posibilidad de conocer la verdad. Y como Omar Khayyam del Rubaiyat de Fitzgerald, Pilato descarta que valga la pena buscarla:

> Con ellos sembré la semilla de la Sabiduría. Y con mi propia mano trabajé para formarla; y fue esta toda la cosecha que recogí: vine como Agua, y como Viento me voy. Hacia este Universo y sin saber por qué ni dónde, como fluye el agua. Y de allí me voy, como el viento junto con lo que sobra, no se hacia dónde, soplando por capricho...Ya no perplejo con lo humano o lo divino. Deja al viento el enredo del mañana y suelta tus dedos en las trenzas del Ministro del Vino, delgado como ciprés. Es fácil ignorar los temas verdaderos de la vida y negarse a que lo humano o lo divino nos causen perplejidad.

Sin embargo, lo que Pilato no llegó a reconocer al apartarse de Jesús sin esperar la respuesta a su pregunta de qué es la verdad, es que al no oír la repuesta de Jesús perdió la mejor oportunidad de encontrar la vida eterna.

¡Suelta a Barrabás! (18:40). Ahora, Barrabás había participado de una rebelión. El texto griego identifica a Barrabás como un *lestes,* término reservado a los violentos como los ladrones, piratas, soldados desobedientes y los insurgentes. En tanto la población judía en general consideraba que Barrabás era un "luchador por la libertad" la literatura del siglo primero deja en claro que los sumos sacerdotes repudiaban las acciones de esta clase de nacionalistas activos, buscando avenirse al gobierno de los romanos. Por eso, cuando Pilato sugirió que soltaría a Jesús o a Barrabás, supuso que los líderes religiosos que habían acusado a Jesús le iban a pedir que liberara a Cristo en lugar de arriesgarse pidiendo la liberación del notorio Barrabás.

¡Qué equivocado estaba Pilato! Y qué previsible la elección, que nos muestra el carácter de los enemigos de Jesús. En lugar de pedir la liberación de Aquel que había sanado al pueblo de Dios y echado demonios, los líderes prefirieron liberar a un hombre violento, a un asesino (Marcos 15:7).

Pilato tomó entonces a Jesús (19:1). Uno de los relatos extra bíblicos más interesantes sobre la muerte de Cristo es el que escribió Josefo, a poco de la destrucción de Jerusalén en el año 70 DC. Los manuscritos griegos de Josefo de Guerras de los judíos, no tienen este largo pasaje que hace suponer a la mayoría de los académicos fue añadido con posterioridad. Pero de todos modos, contiene una explicación interesante, aunque poco probable, de la inesperada sumisión de Pilato ante el deseo de los judíos en esta cuestión de la crucifixión de Jesús. Lo que sigue es de una traducción de *Antigüedades judías,* de Josefo:

> Entonces apareció un hombre, ... Unos decían de él que nuestro primer legislador había resucitado de la muerte Y obró muchas curaciones y prodigios. Otros creían que era un enviado de Dios. Se opuso en muchos puntos a la ley y no observaba el sábado según la costumbre de los antepasados; pero tampoco hacía nada vituperable ni delictivo, y lo realizó todo mediante la palabra. Muchos del pueblo lo siguieron y observaron sus enseñanzas, y muchas almas titubeantes llegaron a creer que las tribus judías se libraría así del yugo romano. Aquel hombre acostumbraba a detenerse delante de la ciudad, en el monte de los Olivos. También allí efectuó curaciones y se reunieron ciento cincuenta discípulos y una multitud de gente. Viendo su poder, y que obraba con la palabra

cuanto quería, le ordenaron que entrara en la ciudad, abatiera a los guerreros romanos y a Pilato y reinara sobre ellos. Pero él rehusó (lectura variante: él nos despreció). Y después, cuando fueron informados los dirigentes judíos, éstos se reunieron con el sumo sacerdote y dijeron: "somos impotentes y débiles para resistir a los romanos. Y como el arco está tenso, vamos a comunicar a Pilato lo que hemos oído y quedaremos tranquilos, no sea que, si se entera por otros, nos despoje de los bienes y ordene degollarnos y dispersar a los niños". Fueron y lo comunicaron a Pilato. Éste envió tropas, hizo liquidar a muchos del pueblo y mandó llamar a aquel taumaturgo. Y cuando interrogó a los suyos, vio que él era un benefactor y no un malhechor, ni agitador ni aspirante al reinado, y lo dejó suelto. Y es que había curado a su esposa moribunda. Él marchó a su lugar habitual y realizó las obras de costumbre. Entonces se reunió de nuevo más pueblo a su alrededor, porque con sus actos brillaba más que todos. Los letrados se consumían de envidia y dieron treinta talentos a Pilato para que le quitara la vida. Después de ser arrestado encomendó a los suyos la realización de los proyectos. Y los letrados, apoderándose de él, lo crucificaron contraviniendo la ley de los antepasados.

No tendrías ningún poder sobre mí si no se te hubiera dado de arriba — le contestó Jesús. Por eso *el que me puso en tus manos* es culpable de un pecado más grande (19:11). Pilato afirmaba tener poder para crucificar o liberar a Jesús (19:10) y el Señor lo descarta. Porque como el poder de Pilato es "de arriba", Pilato ha de considerar que tendrán que rendir cuentas ante Dios por sus acciones. Quien está en juicio en realidad en esta situación no es Jesús ¡sino el mismo Pilato!

La identidad de "el que me puso en tus manos" ha sido debatida por muchos. Algunos sugieren que Cristo se refiere a Judas porque de él se usa el mismo verbo, *paradous*, en Juan 13:21. Pero Judas entregó a Jesús a Sus enemigos judíos y no a Pilato. Otros sugieren que el que entregó a Jesús es Dios Padre, observando que Hechos 2:23 dice que Jesús "fue entregado según el determinado propósito y el previo conocimiento de Dios". Pero el resto de las Escrituras da testimonio de que esto no era pecado sino demostración de la justicia de Dios (Romanos 3:25-26). La opinión que más se ajusta es que Jesús se está refiriendo al sumo sacerdote, quien como líder espiritual de su pueblo anunció la necesidad de matar a Cristo (11:49-53), formuló las acusaciones contra Jesús (Marcos 14:61-64) y, como veremos, ejerció presión sobre Pilato, obligándole a pronunciar la sentencia de muerte. A causa de su posición como líder espiritual de Israel y dado su claro conocimiento de las obras y afirmaciones de Jesús, su activa participación en el asesinato judicial era un pecado mucho mayor que el cometido por el gobernador romano. Aun así, tal vez aquí la expresión más significativa es lo que Jesús le recuerda a Pilato: que su autoridad le ha sido dada "de arriba". Hoy es lo mismo con nosotros. Es Dios Quien nos da libertad para tomar las decisiones importantes de la vida. Y es ante Él que tendremos que rendir cuentas algún día.

María Magdalena fue *al sepulcro* y vio que habían quitado la piedra que cubría la entrada (20:1). Hoy hay dos lugares en Jerusalén que compiten por el honor de ser reconocidos como el lugar en donde fue sepultado Jesús. Uno está bajo la Iglesia del Santo Sepulcro, y el otro es "la Tumba del Jardín", una tumba del siglo primero redescubierta en el siglo 19. El sitio de la tumba del jardín es considerado dudoso por la mayoría de los arqueólogos contemporáneos, pero se condice con los relatos de los Evangelios y con las prácticas funerales del siglo primero.

Por supuesto, es irrelevante la ubicación exacta ¡porque Jesús solo estaba de paso allí! Hoy no importa exactamente dónde fueron María, Pedro, Juan y los otros buscando a Jesús, sino que la tumba estaba vacía ¡y que Jesús no estaba dentro!. "Acto seguido, sopló sobre ellos y les dijo: Reciban el Espíritu Santo" (20:22). ¿De qué modo se condice el relato de Juan con los relatos tan diferentes de Hechos 2, en cuanto a la llegada del Espíritu Santo? Calvino vio este hecho como entrega parcial del Espíritu y en su comentario al Evangelio de Juan escribió: "se les dio el Espíritu a los apóstoles de modo tal que solo fueron salpicados aquí con Su gracia, y no saturados con pleno poder". Otros sugieren que el relato de Juan es predictivo, que busca dejar bien en claro que cuando el Espíritu vino en Pentecostés, era inequívocamente un don del Señor resucitado. Jesús habló de recibir el Espíritu como si fuera una acción completada porque, lo era, en el sentido de estar garantizada por la resurrección de Jesús. Una sugerencia muy interesante es que la frase "sopló sobre ellos" es un giro idiomático arameo que sigue utilizándose hoy y que significa sencillamente "los animó". Si es así, lo siguiente que dice Jesús aquí ha de entenderse como promesa y aliento, haciéndoles saber a los discípulos qué es lo que se hará por ellos y qué es lo que ellos deben hacer.

No importa de qué modo entendamos el texto, hay dos cosas que son seguras. El Espíritu es un don de Jesús a Su iglesia. Y el Espíritu ha venido no solo para darnos poder para servir sino para enriquecer nuestras vidas con Su poder transformador.

A quienes les perdonen sus pecados, les serán perdonados; a quienes no se los perdonen, no les serán perdonados (20:23). J. R. Mantey, en un artículo publicado en *Journal of Biblical Literature* 58 (1939), y titulado "The mistranslation of the Perfect Tense in John 20:23, Matthew 16:19 and Matthew 18:18" [Errores de traducción del tiempo perfecto en Juan 20:23, Mateo 16:19 y Mateo 18:18], señala que las versiones en inglés traducen mal este versículo. Hoy, a más de 50 años, las versiones modernas siguen cometiendo el mismo error. Lo que dice, literalmente, este versículo es que "aquellos cuyos pecados ustedes perdonen ya han sido perdonados; aquellos cuyos pecados ustedes no perdonen, no han sido perdonados". Para comprender la importante diferencia que implica esto, ver el Estudio de Palabras de Mateo 16:19.

Después de comer, Jesús dijo a Simón Pedro (21:15 – RV95). Podemos imaginar aquí a Pedro junto a la orilla, sentado detrás de los otros discípulos, casi oculto. El recuerdo de haber negado a Jesús tal vez lo abruma y aunque ama a su Señor y ha quedado fascinado al darse cuenta de la identidad de la figura inclinada sobre el fuego junto al mar (21:7), guarda silencio — algo atípico en él — mientras los demás comían.

Entonces, Jesús le habla a Pedro. Lo que dicen ambos se analiza en el tratamiento de la negativa de Pedro, en el Estudio de Palabras de Mateo 26:31-35. Lo que es importante señalar aquí es sencillamente que Jesús fue Quien habló primero.

Nos es de gran consuelo esto, al saber que fracasamos ante Dios y ante nosotros mismos. No hace falta que sintamos incertidumbre y nos ocultemos. Cristo sigue buscándonos, con ansias de restaurarnos a la comunidad y darnos poder para servir. Escuche atentamente y podrá oír Su voz hablándole hoy mismo.

Cuando Pedro lo vio, dijo a Jesús: — Señor, ¿y qué de este? (21:21). Tenemos que estar atentos a la voz de Dios que nos habla sobre nuestra propia vida. La guía no es grupal, y no se nos invita a escuchar las instrucciones de Jesús a los demás.

EL PASAJE EN PROFUNDIDAD

El juicio a Jesús

Después de ser arrestado Jesús fue sometido a una serie de juicios. Si unimos las imágenes que nos dan los Evangelios, podemos hacer una línea cronológica de esa larga noche:

I. Interrogatorio preliminar: por la noche
Ante Anás   Juan 18:12-14, 19-23
Ante Caifás   Juan 18:24; Mateo 26:57, 59-68;
                 Marcos 14:53, 55-65;
                 Lucas 22:54, 63-65

II. Juicio religioso: amanecer
Ante el Sanedrín Mateo 27:1; Marcos 15:1;
                  Lucas 22:66-71

III. Juicio Civil: temprano por la mañana
Ante Pilato   Juan 18:28-38;
                      Mateo 27:2, 11-14;
                      Marcos 15:2-5;
                      Lucas 23:1-5
Ante Herodes   Lucas 23:6-12
Ante Pilato otra vez Juan 18:39-19:1, 4-16;
                      Mateo 27:15-26;
                      Marcos 15:6-15; Lucas 23:13-25

I. Interrogatorio preliminar a Jesús: por la noche
ANTE ANÁS (18:12-14, 19-23)
Anás había sido sumo sacerdote entre los años 6 y 15 DC, antes de que le depusiera el predecesor de Pilato, Valerio Grato. Pero su influencia no se había visto afectada y cinco de sus hijos, y su yerno, le sucedieron en el puesto. Es probable, porque según el AT el sumo sacerdote era designado de por vida, que muchos judíos le consideraran el único sumo sacerdote legítimo aun cuando los romanos designaran a otros en ese puesto, actitud que puede verse reflejada en la referencia de Lucas al sumo sacerdocio de Anás y Caifás (Lucas 3:2).

Edersheim, en su Vida y tiempos de Jesús el Mesías, escribe sobre Anás:

No hay figura más conocida en la historia judía contemporánea que la figura de Anás. No hay persona considerada más afortunada o exitosa, pero tampoco hay nadie que haya sido más ampliamente execrado que el difunto Sumo Sacerdote. Había sido Pontífice durante solo seis o siete años, pero la posición fue ocupada por no menos que cinco de sus hijos, que su yerno Caifás, y su nieto. Y en esos días era, al menos para alguien de la disposición de Anás, mucho mejor que ser Sumo Sacerdote. Disfrutaba de toda la dignidad de su posición y de toda su influencia también porque podía ascender a quienes estaban más cerca. Y aunque eran ellos los que actuaban públicamente, en realidad era él quien dirigía los asuntos, sin la responsabilidad ni las restricciones que podría imponerle el puesto. Su influencia con los romanos era debida a sus opiniones religiosas, a su abierta amistad con el extranjero y a su enorme riqueza. El Anás saduceo era un hombre de la iglesia eminentemente seguro, a quien no presentaba problema convicción especial ni fanatismo judío, un hombre agradable y útil que además, podía hacer que sus amigos del Pretorio recibieran enormes sumas de dinero. Hemos visto que la familia de Anás debió haber recibido enormes ingresos de las tiendas del Templo, además de lo nefasto y poco popular que era el tráfico entre la gente. Los nombres de estos licenciosos, atrevidos, inescrupulosos y degenerados hijos de Aarón se pronunciaban en susurradas maldiciones.

Dada la influencia que tenía Anás es entendible que primero llevaran a Jesús a su casa. La intención de esta primera entrevista era sencillamente la de determinar cómo proceder mejor en el cumplimiento del propósito del sacerdocio de ejecutar a Jesús. Como nos dice el texto, Cristo no vio necesidad de ampliar en privado lo que Él ya había afirmado abiertamente en público, por lo que se negó a responder.

ANTE CAIFÁS (Juan 18:24; Mateo 26:57, 59-68; Marcos 14:53, 55-65; Lucas 22-54, 63-65).

Anás ordenó que Jesús, todavía arrestado y atado, fuera llevado a casa de Caifás. Mateo nos dice que se habían reunido allí "los maestros de la ley y los ancianos". De allí, es claro que el complot para arrestar en secreto a Jesús por la noche, era algo que todo el liderazgo judío conocía. La Misná, en Sanedrín 4:1 establece reglas para el interrogatorio en casos de delitos con pena de muerte o no. Esas reglas se violaron claramente en ese juicio "no oficial" al que se sometió a Jesús esa noche. La Misná dice (4:1):

A. Por igual son casos de propiedad y los casos capitales en términos del examen e interrogatorio.

B. Como se ha dicho "Tendrás una sola ley" (Levítico 24:22).

C. ¿Cuál es la diferencia entre los casos de propiedad y los casos capitales?

D. (1) Los casos de propiedad [se juzgan] con tres [jueces] y los casos capitales con veintitrés.

E. (2) En los casos de propiedad comienzan con el caso o por el sobreseimiento o por la sentencia, en tanto en los casos capitales comienzan solo con el caso de sobreseimiento y no con el caso de la sentencia.

F. (3) En los casos de propiedad deciden mediante una mayoría de uno, sea por sobreseimiento o sentencia, en tanto en casos capitales deciden por mayoría de uno por sobreseimiento pero solo con una mayoría de dos jueces] para sentencia.

G. (4) En casos de propiedad revertirán la decisión sea a favor del sobreseimiento o a favor de la sentencia en tanto en casos capitales revierten la decisión a favor de sobreseimiento pero no la revierten a favor de la sentencia.

H. (5) En casos de propiedad todos [jueces e incluso discípulos] que argumentan o a favor del sobreseimiento o de la sentencia. En los casos capitales todos argumentan por el sobreseimiento pero no todos por la sentencia.

I. (6) En casos de propiedad uno que argumenta por la sentencia puede argumentar por el sobreseimiento y el que argumenta por el sobreseimiento también puede argumentar por la sentencia. En casos capitales el que argumenta por la sentencia puede argumentar por el sobreseimiento pero el que argumenta por el sobreseimiento no tiene poder para retractarse y argumentar por la sentencia.

J. (7) En casos de propiedad el caso se juzga de día y se completa de noche. En casos capitales se juzga el caso de día y se completa de día.

K. (8) En casos de propiedad llegan a la decisión final el mismo día [del juicio], sea por sobreseimiento o por sentencia. En casos capitales llegan a la decisión final por sobreseimiento el mismo día, pero en caso de sentencia lo harán al día siguiente.

L. (Por eso no juzgan [casos capitales] ni en la víspera del sábado ni en la víspera de un festival).

La comparación con el relato de Mateo nos muestra que la animosidad contra Jesús era profunda, y que los líderes de manera hipócrita violaron las reglas tradicionales que supuestamente tan caras les eran. No solo fue un juicio nocturno y por ello , ilegal, sino que los jueces en lugar de argumentar por el sobreseimiento "buscaban falso testimonio contra Jesús para entregarlo a la muerte" (Mateo 26:59 – RV95). Finalmente Jesús confirmó Su afirmación de que era "el Cristo, el Hijo de Dios" (26:63). Triunfante, el sumo sacerdote gritó: "Ahora mismo habéis oído su blasfemia" (26:65), y pidió que se dictara de inmediato la sentencia de culpabilidad y muerte.

II. El juicio religioso: el amanecer
ANTE EL SANEDRIN (Mateo 27:; Marcos 15:1; Lucas 22:66-71)

El Sanedrín volvió a reunirse al amanecer para confirmar un veredicto que ya había pronunciado (ilegalmente).

Hoy nos resulta difícil entender el nivel y extensión de autoridad ejercido por el Sanedrín en el siglo primero. La investigación revela unas nueve funciones distintas que cumplía esta asamblea de unos 70 sacerdotes y rabíes.

(1) El Sanedrín servía como tribunal supremo para dirimir puntos dudosos de la religión y la ley. (2) El Sanedrín servía como tribunal supremo para dirimir cuestiones en disputa. No se permitía que un tribunal local actuara en sentido contrario a la sentencia del Sanedrín . (3) El Sanedrín tenía poder para imponer disciplina (Hechos 9:1-3). (4) El Sanedrín servía como cuerpo legislativo con el poder de establecer *taqanot* (reglas) y *gezerot* (ordenanzas) obligatorias para todo el pueblo judío. (5) El Sanedrín tenía la responsabilidad de establecer el calendario oficial, de importancia debido a las fechas de los festivales

religiosos. (6) El Sanedrín supervisaba los servicios del templo. (7) Solo el Sanedrín tenía jurisdicción en casos que pudieran implicar la pena de muerte. (8) Políticamente, el Sanedrín también tenía poder para actuar en representación de toda la población de Tierra Santa, como lo tendría el Senado estadounidense hoy, en cuestiones tales como dar el consentimiento a la ordenación de reyes o las declaraciones de guerra. (9) El Sanedrín también servía como cuerpo político que trataba con las fuerzas de ocupación romanas, o con otros gobernantes y naciones.

Por eso, no hay duda de que el Sanedrín era la autoridad verdadera y oficialmente constituida en el judaísmo y la tierra de los judíos cuando sus miembros se reunieron esa fatídica mañana para ratificar oficialmente un veredicto que sus miembros habían acordado (ilegalmente) en las primeras horas de la mañana. Condenado oficialmente por blasfema, Jesús ahora sería llevado por el Sanedrín ante Pilato porque solamente Pilato tenía autoridad para ordenar su ejecución.

III. El juicio civil: temprano por la mañana
ANTE PILATO (Juan 18:28-38; Mateo 27:2, 11-14; Marcos 15:2-5; Lucas 23:1-5. Ver Estudio de Palabras de 18:28, más arriba).

Tenemos que recordar que "los judíos" (18:28) es la frase que Juan utiliza para referirse a los líderes religiosos, y no a todo el pueblo judío. Esto queda en claro aquí donde Pilato dice: "Pues llévenselo ustedes y júzguenlo según su propia ley" (18:31). "Los judíos" aquí tiene que ser el Sanedrín, que tenía poder para juzgar a Jesús según la ley judía.

El Sanedrín había declarado a Jesús culpable de blasfemia, porque afirmó ser Dios. Pero eso no estaba en contra de la ley romana, por lo que los líderes judíos tenían que encontrar algún otro crimen que mereciera la pena capital, para acusarlo de ello. En lugar de presentar una acusación específica, argumentan que el hecho mismo de que Jesús fuera llevado ante Pilato demuestra que es un "criminal" o "malhechor habitual", *kakon poion*. Casi podemos percibir el pánico de los líderes cuando Pilato parece devolver a Jesús a su jurisdicción: "Nosotros no tenemos ninguna autoridad para ejecutar a nadie " (Ver Estudio de palabras de 18:31, más arriba).

La acusación específica que efectuó finalmente el Sanedrín no está explícita, pero la vemos implícita cuando Pilato le pregunta a Jesús sobre Su reinado (ver Estudio de Palabras de 18:36, más arriba). Si Jesús se erigía a Sí mismo como rey de los judíos, esto constituía rebelión y debía castigarse con la muerte. Al preguntarle esto a Jesús Pilato concluyó: "Yo no encuentro que éste sea culpable de nada" (18:38).

Es difícil explicar las acciones subsiguientes de Pilato. De lo que se conoce de su carácter, sabemos que a Pilato no le preocupaba en particular lo que estuviera bien o mal. Aunque parece haber sentido perverso placer al violar la sensibilidad de los judíos, este esfuerzo débil por liberar a Jesús carece del aura de desdén que caracterizaba muchas de las acciones de Pilato. Del relato de Juan parece que Pilato siente cierto temor de Jesús y que por alguna razón, también duda en ofender al Sanedrín judío.

ANTE HERODES (Lucas 23:6-12)
Lucas añade un incidente que no hallamos en los otros Evangelios. Pilato, buscando todavía alguna forma de evitar la tarea de condenar a Jesús, descubre que Cristo es galileo. Ese territorio es gobernado por Herodes ¡y entonces Pilato manda que lleven a Jesús ante Herodes!

Herodes está fascinado porque ha oído mucho sobre Jesús y quiere verlo obrar un milagro. Pero Jesús se niega a hablar con Herodes, a pesar de que los sumos sacerdotes y maestros de la Ley que se arremolinan a su alrededor le gritan acusaciones todo el tiempo. Desilusionado y enojado, Herodes manda a Jesús de vuelta ante Pilato.

ANTE PILATO, OTRA VEZ (Juan 18:39-19:1, 4-16; Mateo 27:15-26; Marcos 15:6-15; Lucas 23:13-25).
Cuando Jesús regresa después de estar ante Herodes, Pilato ordena que sea azotado. Este era el preludio a la crucifixión y el flagelo romano era un arma temible, con piedras o metal entretejido en las tiras de cuero.

Pero Pilato no parece satisfecho y vuelve a sacar a Jesús ante la gente, presentándole ante el Sanedrín como hombre inocente. Cuando los miembros del Sanedrín ven a Jesús, exigen a gritos que sea crucificado. Pilato, sabiendo bien que el Sanedrín no tiene autoridad para hacerlo, dice: "Pues llévenselo y crucifíquenlo ustedes" (19:6). Una vez más, Pilato declara inocente a Jesús.

Ahora el Sanedrín de repente estalla en su declaración de la razón real por la que quieren ejecutar a Jesús: "Se ha hecho pasar por Hijo de Dios" (19:7). Juan dice que al oír esto: "Pilato se atemorizó aún más" (19:8).

¿Qué es lo que está sucediendo? Pilato ya ha dicho que Jesús es inocente. Es claro que siente temor reverencial ante Cristo. Y no respeta en absoluto al Sanedrín porque sabe bien que las acusaciones iniciales no tienen que ver con la verdadera razón por la que quieren muerto a Jesús. ¿Por qué duda, entonces? Tiene poder para liberar a Jesús si lo desea y con frecuencia ha mostrado ya que poco le importan las quejas de los judíos. Pero ahora Pilato muestra debilidad y solo "intenta" liberar a Jesús (19:12). Sin embargo, no es capaz de pronunciar la palabra que Le liberaría. ¿Por qué?

La respuesta ha sido presentada por Harold Hoener en su clásico estudio de Poncio Pilato. El emperador Tiberio se había "retirado" a una isla privada donde podía dedicarse a sus notorias perversiones sexuales sin que nadie le molestara. En Roma, el comandante de la Guardia Pretoriana, un oficial de nombre Sejano, era quien gobernaba el imperio en nombre de Tiberio, ascendiendo a amigos y ejecutando a enemigos. Después de algunos años en el poder, a Tiberio le llegaron acusaciones contra Sejano, y el emperador ordenó al Senado que le condenara a muerte.

La muerte de Sejano creó pánico entre los que le debían sus puestos y posiciones. Muchos se suicidaron y otros fueron ejecutados. Solo los que estaban lejos de Roma escaparon al baño de sangre. ¡Y Pilato había sido uno de los protegidos de Sejano!

El Sanedrín conocía bien la precaria posición política de Pilato. Mientras éste buscaba desesperadamente cómo liberar a Jesús, los judíos seguían gritando: "Si dejas en libertad a este hombre, no eres amigo del emperador" (19:12). Como ya era objeto de las paranoicas sospechas de Tiberio, al igual que otros amigos y asociados de Sejano, Pilato no se atrevió a liberar a Jesús ¡más allá de la verdad de Su culpabilidad o inocencia! El verdadero temor de Pilato era que en algún momento fuera él el acusado, si dejaba en libertad a Jesús.

Finalmente, Pilato cedió y ordenó que crucificaran a Jesús.

Es trágico cuando se vuelve irrelevante la cuestión del bien y el mal y tomamos decisiones sobre la base de lo que conviene en lugar de pensar en lo que es justo.

RESUMEN

¿Qué vemos cuando repasamos los juicios a Jesús? Lo primero que observamos es que Cristo fue condenado por un Sanedrín que violó sus propias reglas al realizar un juicio ilegal. Estos líderes religiosos luego Le llevaron engañosamente ante Pilato, acusándole de cosas por las que Jesús no había sido condenado en su tribunal. Y cuando Pilato declaró que para él Jesús era inocente, el Sanedrín ejerció presión política específicamente para obligarle a dar un veredicto que iba contra su conciencia y también contra la ley romana, que mandaba que los inocentes fueran exonerados.

Lo segundo que vemos es a un hombre cruel y débil, convencido de la inocencia de Jesús, totalmente consciente de que le acusaban hombres vengativos y mentirosos, y que a pesar de su poder es demasiado débil y miedoso como para hacer lo que saber que debe hacerse. Pilato finalmente cede a sus miedos y a las presiones políticas, y condena a muerte a Jesús.

Es claro que los juicios a Jesús revelan la debilidad y pecado de los seres humanos. Y es claro que revelan la gracia de Dios. Porque como nos lo recuerda la política de la lejana Roma, que obligó a Pilato a condenar a Cristo, Jesús fue entregado "según el determinado propósito y el previo conocimiento de Dios" (Hechos 2:23).

La mayor injusticia del mundo en última instancia reveló la justicia, la gracia, y el amoroso perdón de nuestro Dios.

HECHOS 1-4
Comienza la aventura

EXPOSICIÓN

La resurrección de Jesús causó asombro en Sus seguidores, que se vio seguido de un estallido de entusiasmo. Lucas, en su Evangelio, continúa con su relato habiendo investigado y estudiado con cuidado. Capta entonces la forma en que se encendió una llama que ardió con fuerza en Jerusalén y luego se esparció muy rápidamente por todo el imperio romano.

Los primeros capítulos de Hechos echan los cimientos del crecimiento explosivo de la joven iglesia. Durante unos 40 días Jesús enseña a los discípulos "sobre el reino de Dios" y la responsabilidad que les cabía de difundir el mensaje de Jesús "hasta los confines de la tierra" (1:1-8). La visible ascensión de Jesús al cielo fue seguida de un breve período de espera durante el cual los discípulos eligieron a un fiel seguidores de Jesús que tomara el lugar de Judas Iscariote (1:9-26). Esa espera terminó el Día de Pentecostés. Entonces, con signos visibles muy particulares y únicos, el Espíritu Santo descendió sobre Jerusalén, y entró en el reducido grupo de creyentes, vinculándoles eternamente a Jesús y entre sí, como cuerpo vivo de Cristo, la iglesia (2:1-13). Los signos y señales visible que acompañaron la venida del Espíritu atrajeron a una multitud asombrada, y fue esa la ocasión del primer mensaje del Evangelio en la historia (2:14-41). Ese mensaje contiene todos los elementos esenciales de la proclamación apostólica de Jesús, y en este sentido sirve como modelo para la predicación de evangelización en todos los tiempos y aún en nuestros días. Del mismo modo, esa comunión de conversos que formaron la comunidad cálida y sólida que se describe en 2:42-47 y 4:32-37 sirve como modelo de los principios universales de la vida congregacional.

Lucas luego informa de otro incidente. Estimulado por la curación de un "lisiado de nacimiento" (3:1-10), Pedro predica otro potente mensaje de evangelización (3:11-26). Esta vez, Pedro y Juan son llevados ante el Sanedrín donde se los interroga y los dos apóstoles con confianza y coraje confrontan con los hombres que habían conspirado para dar muerte a su Señor (4:1-12). Incapaces de castigar a hombres que públicamente habían obrado un milagro tan notable, el Sanedrín amenaza a Pedro y Juan y les dejan ir (4:13-22). Los dos apóstoles vuelven a establecer un patrón que nosotros hoy debemos seguir, informando lo que ha sucedido a "su pueblo" y así convocan a la iglesia a la oración. Dios respondió derramando nuevamente su Espíritu y permitiéndoles seguir hablando con coraje y confianza.

Estos primeros capítulos del libro de los Hechos introducen temas, principios y verdades que se continúan en las epístolas del NT y que son vitales para nosotros en nuestros días. El primer tema es el Espíritu Santo. Su venida es la que inicia a la iglesia y Su presencia da vitalidad al pueblo de Cristo porque al llenar a los creyentes les da la capacidad de ministrar. El segundo tema es la evangelización. Los primeros cristianos se ven llamados a proclamar al Señor, convencidos de que "en ningún otro hay salvación, porque no hay bajo el cielo otro nombre dado a los hombres mediante el cual podamos ser salvos" (4:12). El tercer tema es la comunidad. Los miembros de la joven iglesia se unen porque comparten el compromiso con Jesús. Adoran, estudian, comparten y oran juntos en una unidad que inspira el más profundo amor entre los miembros de la comunidad. Si bien hemos de ver el libro de los Hechos como documento que describe lo que sucedió en el siglo primero más que como documento de prescripción que instruye sobre cómo tenemos que vivir hoy, estos tres temas nos recuerdan que es vital la dependencia del Espíritu, la pasión por la evangelización y el compromiso con la comunidad, para todo quien busca seguir a Jesucristo en nuestros días.

ESTUDIO DE PALABRAS

Estimado Teófilo, en mi primer libro me referí a todo lo que Jesús comenzó a hacer y enseñar (1:1).

Aunque Jesús ya no está físicamente presente en este mundo ¡Su obra aquí no ha terminado! Hechos da comienzo a la historia de lo que *sigue haciendo* Jesús a través de Sus seguidores.

Jesús sigue "haciendo y enseñando" en el mundo, a través de nosotros.

Durante cuarenta días se les apareció y les habló *acerca del reino de Dios* (1:3).

La frase "el reino de Dios" se refiere no solo a la soberanía de Dios sobre el universo que Él creó, sino más particularmente a la forma en que Dios expresa Su gobierno en la historia y en las vidas de los creyentes. Esta instrucción era esencial porque la muerte y resurrección de Jesús requerían de una total reorientación de la visión de los discípulos en cuanto a lo que el futuro les depararía. Como estaban tan inmersos en la visión del AT de un reino terrenal gobernado por el Mesías, necesitaban entender la misión del Mesías en su sentido más amplio y percibir su propio papel, tan vital, en la difusión de la forma actual del Nuevo Pacto, del reino de Dios.

Las citas específicas de Lucas nos muestran lo importante y esencial de esta instrucción. Los discípulos preguntan: "Señor, ¿es ahora cuando vas a restablecer el reino a Israel?" (1:6). Es claro que los discípulos todavía tienen la perspectiva del reino que les dio el AT, una perspectiva formada por la visión de los profetas, de un reino israelita dominante, gobernado por el divino descendiente de David, el Mesías. Observemos que Jesús no rechaza esta visión del reino. De hecho, Él confirma su visión al decir "No les toca a ustedes conocer la hora ni el momento determinados" (1:7) (Ver el cuadro que muestra la relación entre las expresiones del reino del AT y el NT).

Pero esa forma de gobierno de Dios está en el futuro, no en el presente. Y así, en lo que tal vez sea el versículo más

Relación entre las visiones del reino de Dios en el Antiguo y el Nuevo Testamento

Unidad: en el objetivo supremo, la "gloria de Dios"
Divergencia: en el énfasis

Antiguo Testamento - *propósito teocrático* 1. Dios gobernará al mundo a través del reinado del Mesías judíos. 2. Énfasis en la nación de Israel	Nuevo Testamento - *Propósito soteriológico* 1. Dios salvará a las personas y a la sociedad a través de la obra del Mesías judío. 2. La persona y la comunidad creyente (la iglesia) son objeto de énfasis.
Armonía: en las enseñanzas	
El énfasis teocrático del Antiguo Testamento no descarta el interés por las personas (ver Daniel 4; Ezequiel 18; Nahúm 1:6-7; Jonás 4).	La revelación de la plenitud de la salvación de Dios, relativa a la transformación del individuo, no abroga el énfasis del Antiguo Testamento (véase Hechos 1; Romanos 9:11).
Unificación: en Cristo	
Jesús, el Rey prometido de los profetas del Antiguo Testamento ¡es también el Redentor del Nuevo Testamento! En Su persona se cumplirán todos los propósitos de Dios.	

citado del libro de los Hechos, Jesús les dice a Sus discípulos "serán mis testigos tanto en Jerusalén como en toda Judea y Samaria, y hasta los confines de la tierra" (1:8).

Es importante trabajar por la justicia en nuestra sociedad, y ser activistas en defensa de lo que es bueno y justo. Pero tenemos que recordar que el reino presente de Dios encuentra su verdadera expresión en y a través de un pueblo que cree en Jesús, cuya primera prioridad tiene que ser la de dar claro testimonio de Él.

Juan bautizó con agua, pero dentro de pocos días ustedes serán bautizados con el Espíritu Santo (1:5). La promesa aparece temprano en cada uno de los sinópticos: Jesús bautizará a los Suyos con el Espíritu Santo (Mateo 3:11; Marcos 1:8; Lucas 3:16). Y la promesa se repite durante la última semana del ministerio de Jesús, cuando la venida del Espíritu todavía está en el futuro (Juan 14:26; 16:7-11). Sigue estando en el futuro aquí, a pocos días de Pentecostés. Más adelante Pedro recordará Pentecostés e identificará ese día como el momento de la venida del Espíritu (Hechos 10:45; 11:15-16).

Podemos debatir sobre el significado exacto de Pentecostés, y tal vez no todos estemos de acuerdo en cuanto al rol de las lenguas. Pero no podemos olvidar que el Espíritu Santo es la fuente del poder espiritual en nuestra era. Ni olvidaremos que se ha cumplido la promesa de Cristo y que ahora, el Espíritu es nuestro.

Judas... cayó de cabeza, se reventó, y se le salieron las vísceras (1:18). Sobre la forma en que murió Judas, ver Estudio de palabras de Mateo 27:3-5.

Luego echaron suertes y *la elección recayó* en Matías; así que él fue reconocido junto con los once apóstoles (1:26). Hay que destacar varias cosas sobre este incidente. Primero, que antes de que echaran suertes los discípulos eliminaron a todos los candidatos, excepto a dos. El echar suertes fue un último recurso, que se tomó luego de que se hubieran examinado con cuidado las calificaciones personales de los candidatos sin que surgiera un "ganador" evidente. En segundo lugar, cuando los discípulos se hallaron incapaces de decidir, oraron antes de echar suertes. No dependían de la suerte en sí, sino que esperaban que Dios expresara Su voluntad a través de este proceso que no era inusual en la era del AT (Proverbios 16:33).

Lo más importante, sin embargo, es el hecho de que es esta la última vez en que se nos dice que se tomó una decisión echando suerte o mediante algún otro método similar. ¿Por qué? Si echar suertes era una forma reconocida de discernir la voluntad de Dios, en el AT. Lo más probable es que a pocos días de ese suceso, se dio el Espíritu Santo a la iglesia y desde ese momento, fue el Espíritu quien nos dio Su guía. Ahora, acudimos a Él y en fe nos comprometemos a obedecer cuando nos muestra el camino (13:2).

Es vital que reconozcamos la presencia del Espíritu en nuestras vidas. Y es vital acudir al Espíritu para encontrar la guía en todo lo que hagamos.

Cuando llegó el día de Pentecostés... (2:1). Este festival se realizaba 50 días después de la Pascua y marcaba el final de la cosecha. Era un festival de acción de gracias, en que se efectuaban ofrendas y sacrificios y contribuciones voluntarias de la cosecha que acababa en ese momento (cf. Levítico 23:15-22; Números 28:26-31; Deuteronomio 16:9-12). Pentecostés era uno de los tres "festivales peregrinos" en que se esperaba la asistencia de los varones adultos de Israel. En la tradición rabínica Pentecostés también conmemoraba la fecha en que Dios le había dado la Ley a Moisés. Por eso había miles de peregrinos judíos que venían de todo Oriente y del resto del imperio romano a este Pentecostés tan importante.

Los escritos rabínicos informan que para celebrar la Pascua se reunían unos 12 millones de personas, aunque Josefo calcula que eran 3 millones. Son cifras elevadas, en vista del área de Jerusalén y sus alrededores. Pero es claro que la población de la ciudad, de unos 55.000 habitantes en el siglo primero, se veía duplicada y hasta triplicada por la cantidad de visitantes, muchos de los cuales venían para la Pascua y se quedaban allí hasta Pentecostés.

La referencia de Lucas a las tierras "nativas" de donde venían muchos de los peregrinos judíos (2:8-11) se condice plenamente con lo que conocemos de la diáspora judía del siglo primero. Los judíos conformaban una minoría importante en el imperio romano, tal vez un 10 por ciento de los 60 millones de habitantes que allí vivían. Casi todas las ciudades importantes tenían su población judía y sin duda, habrán venido judíos de todas las naciones y estarían presentes allí cuando vino el Espíritu y Pedro predicó el primer mensaje evangelizador de la historia.

De repente, vino del cielo un ruido como el de una violenta ráfaga de viento y llenó toda la casa donde estaban reunidos. Se les aparecieron entonces unas lenguas como de fuego que se repartieron y se posaron sobre cada uno de ellos. Todos fueron llenos del Espíritu Santo y comenzaron a hablar en diferentes lenguas, según el Espíritu les concedía expresarse (2:2-4). El sonido, las lenguas de fuego y el hablar en lenguas sirvieron en conjunto para marcar la inauguración de la iglesia.

Hay un fascinante paralelo —y también un contraste— con el momento en que Dios le dio la Ley a Moisés, acción que según la tradición rabínica había acontecido el Día de Pentecostés. En aquel momento hubo truenos y fuego en la cima del Monte Sinaí y el Espíritu de Dios grabó los Diez Mandamientos en tabletas de piedra. Aquí también hay sonido y fuego, pero no en la distante cima de una montaña. El viento entra en una casa de Jerusalén y las lenguas de fuego se posan por encima de cada uno de los creyentes. Con la capacidad que les dio el Espíritu, todos "proclamaban las maravillas de Dios" (ver 2:11), mostrando que la Ley de Dios ahora estaba grabada en los corazones humanos.

Con frecuencia debatimos sobre el rol de las lenguas en la experiencia cristiana. Pero no dejemos de lado el hecho de que la combinación de señales aquí refleja, aunque en transmutación, señales asociadas con el momento en que Dios dio la Ley en el Sinaí. El mensaje primario de estas señales es claro: ¡ha llegado una nueva era! El Viejo Pacto de la ley se ve ahora superado y reemplazado por el Nuevo Pacto de gracia, derramado sobre todos en Jesucristo.

¡Todos por igual los oímos proclamar en nuestra propia lengua las maravillas de Dios! (2:11). Este versículo deja muy en claro que el fenómeno que se describe aquí no es el mismo que la glosolalia (don de lenguas) que se describe en 1 Corintios 12-14. Allí, hacía falta un intérprete cuando alguien hablaba en lenguas pero aquí todos entendían las lenguas conocidas en que hablaban los cristianos (Ver comentario a 1 Corintios 12-14).

Recordemos, una vez más, que Lucas no está inmerso en el debate actual sobre la naturaleza y extensión del don espiritual de lenguas. Lucas simplemente describe las señales que en ese Día de Pentecostés, dieron inicio a la era cristiana y a la comunidad del Nuevo Pacto de Dios.

En realidad lo que pasa es lo que anunció el profeta Joel (2:16). La profecía original menciona evidencias físicas espectaculares, como sangre, fuego y volutas de humo, el sol oscurecido y la luna teñida de sangre. Pero estas señales no ocurrieron. Para algunos esto es evidencia de que la profecía del AT debe interpretarse de manera espiritual, más que literal. Pero ni la cita, ni el uso que Pedro hace de ella, requieren cumplimiento total de la visión de Joel.

Es bueno recordar que "los últimos tiempos" que comienzan con la venida del Espíritu y terminan con señales terribles justo antes de que regrese el Señor, ya se han extendido durante 2.000 años. Las "señales" más espectaculares están relacionadas con el atardecer de ese día, y no con el amanecer.

Ni siquiera hace falta defender el uso que hace Pedro de este pasaje. Los Rollos del Mar Muerto muestran que Pedro lo citó como *pesher* (interpretación). Esta perspectiva rabínica usual sobre un pasaje del AT no hace exégesis de los detalles sino que se ocupa del punto central para transmitir un concepto. Pedro brinda una imagen bíblica que permite a quienes están escuchando interpretar correctamente el fenómeno de que son testigos sus críticos. En esencia, Pedro está diciendo: "¿No recuerdan que a través de Joel Dios habló de un futuro derramamiento de Su Espíritu? Bien, ¡es esto!".

Derramaré mi Espíritu sobre todo el género humano. Profetizarán sus hijos y sus hijas (2:17). Pedro no hace exégesis de cada detalle de la profecía de Joel y tampoco hemos de hacerlo nosotros. Pero hay por cierto una promesa y una advertencia en sus palabras. El Espíritu de Dios es derramado *sobre todos* los creyentes, hombres y mujeres por igual. En esta era del Espíritu, incluso ese don espiritual tan excelente, la profecía (1 Corintios 14:1) es providencia de hijos e hijas. Tengamos en mente que no hemos de restringir a las mujeres en el ministerio ¡porque el Espíritu Santo no lo hace!

Éste fue entregado según el determinado propósito y el previo conocimiento de Dios; y por medio de gente malvada, *ustedes lo mataron*, clavándolo en la cruz (2:23). La Biblia mantiene un cuidado equilibrio entre la soberanía de Dios y la responsabilidad humana. Tanto "el determinado propósito" de Dios (*boule*) como el "previo conocimiento de Dios" (*prognosei*) determinaron el destino de Jesús: Dios tenía en Su voluntad la muerte de Jesús. Pero eso no exime al judío o al gentil de su responsabilidad en el crimen de clavar al Salvador en la cruz.

Toda persona, antes de actuar, sabe que puede decidir o elegir. Podemos culpar a nuestros padres. Podemos culpar a la discriminación o la pobreza. Podemos culpar a la sociedad. Pero por muchas culpas que echemos, sabemos y también Dios sabe que todo ser humano es responsable de las decisiones que toma.

Arrepiéntanse **y** *bautícese* **cada uno de ustedes en el nombre de Jesucristo para perdón de sus pecados — les contestó Pedro —, y recibirán el don del Espíritu Santo (2:38).** El Evangelio de Juan y las Epístolas de Pablo enseñan que la fe en Jesús es la única llave a la salvación. ¿Por qué entonces convoca Pedro al arrepentimiento y el bautismo "para perdón de sus pecados"? La razón es que, en este contexto, ¡el arrepentimiento equivale a creer!

El pueblo judío no ha reconocido a Jesús como su Mesías. Ahora tienen que "arrepentirse" (*mentanoeaste*), término que indica cambio de mente y de corazón en cuanto a Aquel cuya Resurrección ha demostrado que es el Señor.

Antes, el bautismo de Juan servía como pública confesión del pecado. Pero ahora Pedro llama al bautismo "en el nombre de Jesucristo", que sirve como afirmación pública de que uno cree en Él.

Entonces, no hay discrepancia entre el llamado de Pedro a los judíos de Jerusalén al arrepentimiento y el bautismo, y el llamado de Pablo a los gentiles a creer en Jesucristo. Cambiar de la incredulidad a la creencia dando evidencia pública de tal cambio mediante el bautismo, *es fe*.

Estaban *muy disgustados* porque los apóstoles enseñaban a la gente y proclamaban la resurrección, que se había hecho evidente en el caso de Jesús (4:2). El término es *diaponoumenoi*, que significa "molesto" o "indignado". La guardia del templo tiene que haber informado que dos hombres comunes habían obrado un milagro y que predicaban sobre Jesús en los patios del templo. En este momento, los líderes religiosos parecen haber estado molestos por dos cosas: Pedro y Juan enseñaban sin autorización y — algo que seguro molestaba a los saduceos que negaban la posibilidad de la resurrección — parecían tratar de probar la doctrina de la resurrección apelando al caso "de Jesús" (*en io Iesou*).

Tiene que haber sido muy impactante que "al día siguiente" (4:5) Pedro y Juan afirmaron que habían obrado el milagro "gracias al nombre de Jesucristo de Nazaret, crucificado por ustedes" (4:10).

Muchos se han preguntado por qué, ante tal acusación, el Sanedrín no actuó de inmediato contra Pedro y Juan. El versículo 13, que dice que el Sanedrín se dio cuenta "de que eran gente sin estudios ni preparación", nos da una clave. Es que los *'am ha'eres* (la gente de la tierra) no se consideraba capaz de entender los puntos más elevados de la ley rabínica y por eso no se les castigaba por una primera ofensa sino que se les avisaba que estaba mal lo que hacían y se les advertía que no debían repetirlo. Es lo que sucedió aquí, exactamente: "les ordenaron terminantemente que dejaran de hablar y enseñar acerca del nombre de Jesús" (4:18) y "Después de nuevas amenazas, los dejaron irse" (4:21).

Sin embargo no podemos darle al Sanedrín mucho crédito por seguir sus propias reglas con los discípulos de Cristo después de haber violado las mismas reglas tan flagrantemente al condenar a Jesús (ver el comentario a Juan 18-21). Lucas añade que "no hallaban manera de castigarlos: todos alababan a Dios por lo que había sucedido" (Hechos 4:21).

Los líderes políticos son tan sensibles a la opinión pública. La ignoran de inmediato cuando su poder parece estar en riesgo.

Cuando lo oyeron, alzaron unánimes la voz en oración a Dios: "*Soberano Señor...*" (4:24ff). La imagen de la iglesia reunida para orar ante la oposición oficial es vívida. Su oración nos sirve como modelo en situaciones similares. Notemos el patrón de oración:

LA FORMACIÓN DE LA PERSPECTIVA

■ Hechos 4:24. Afirmamos a Dios como Soberano.

■ Hechos 4:25. Recordamos lo vacío de todo esfuerzo y la inutilidad de todo intento de torcer los propósitos de Dios.

■ Hechos 4:26-28. Reconocemos el total control de Dios sobre toda circunstancia.

LA DEFINICIÓN DE NUESTRAS NECESIDADES

■ Hechos 4:29. Le pedimos a Dios que nos dé poder y fuerzas.

■ Hechos 4:30. Le pedimos a Dios que actúe a través de nosotros.

Como resultado de esta oración de gran fe, "todos fueron llenos del Espíritu Santo, y proclamaban la palabra de Dios sin temor alguno" (4:31). Las circunstancias no habían cambiado. Pero el pueblo de Dios sí: cambió y tenía fuerzas y poder.

EL PASAJE EN PROFUNDIDAD

El Espíritu Santo y Pentecostés (2:1-13).

Trasfondo. El Estudio de palabras de 2:2-4, más arriba, nos dice que tres señales fueron las que marcaron la venida del Espíritu el día de Pentecostés. Juntas, simbolizan la superación del Antiguo Pacto inaugurado en el Monte Sinaí, con el Nuevo Pacto basado en la muerte de Cristo. Es lamentable que muchas veces se pierda esta implicancia en el moderno debate sobre el rol de una de las señales: las lenguas. Un buen resumen de este tema que a menudo causa divisiones, aparece en el *Diccionario Zondervan de Lenguaje Cristiano*:

Las lenguas en la Biblia. En el Antiguo Testamento se utiliza la palabra lengua para indicar el órgano del cuerpo y los idiomas. También se le utiliza simbólicamente, como el órgano que expresa el carácter de quien habla, mostrando así su corazón. A veces nuestro Nuevo Testamento usa esta palabra como se la utilizaba en el Antiguo. Por ejemplo, cuando Hechos indica que los discípulos llenos del Espíritu hablaban en otras lenguas, el contexto deja en claro que los que escuchaban (partos, medos, elamitas, egipcios, libios, etc.) oían el mensaje en su idioma nativo (Hechos 2:4-12).

Pero en 1 Corintios 12 y 14, donde se identifica hablar en lenguas como don espiritual, hay algo inusual. La lengua no es un idioma que se entiende y hace falta una persona con el don de la "interpretación de lenguas" para que sea inteligible el mensaje (1 Corintios 12:10). Pablo mismo afirma tener el don de lenguas (1 Corintios 14:18) y se refiere a ello como "orar con mi espíritu" (1 Corintios 14:14-17). Sin embargo, advierte en contra del mal uso de este don cuando está reunida la iglesia. Para impedir que se utilice mal, han de usarse las lenguas en la adoración pública solo cuando la persona que habla (o alguien más) pueda interpretar, de manera que sea edificada la iglesia (1 Corintios 14:6-17). A Pablo le preocupa en particular que los no creyentes pudieran entrar, porque malinterpretarían lo que oyen como balbuceos y dirán "que han perdido la cordura" (1 Corintios 14:23-24). En contraste, Pablo advierte que las reuniones de la iglesia deben concentrarse en la profecía, es decir, en la clara enseñanza en el idioma de la congregación, de lo que Dios ha revelado a Su pueblo. En este caso el forastero "se sentirá reprendido y convencido de que es pecador" y así "se postrará ante Dios y Le adorará" (1 Corintios 14:24-25).

259

Por cierto, queda en claro a partir de estos capítulos que el hablar en lenguas es un don espiritual, que edifica a la persona que habla en lenguas y que cuando hay un intérprete presente, el hablar en lenguas puede también edificar a toda la congregación reunida. Es claro también que este don no tiene que ser el eje de nuestra experiencia como pueblo reunido de Dios, porque más importante es la instrucción clara y que se pueda entender.

El desacuerdo entre los cristianos. Los cristianos reconocen el don de lenguas como lo describe la Biblia. Pero está en disputa la naturaleza y rol de ese don.

Para algunos, hablar en lenguas es evidencia definitiva de que el Espíritu Santo ha entrado en la vida de la persona. Los que no tienen el don no tienen el Espíritu, o al menos si no les falta el Espíritu, les falta ese vínculo especial con el Espíritu que se expresa por medio del don de lenguas como señal. Para ellos, el tener don de lenguas es el fundamento de una experiencia espiritual más profunda, y de poder espiritual. A menudo los que creen esto sostienen que las lenguas de Hechos 2 y 1 Corintios 12 son lo mismo.

Por otra parte muchos cristianos creen que el don de lenguas fue temporario, limitado a la era previa a que se completara el Nuevo Testamento. Este don, y otros dones extraordinarios, tenían como propósito ser señales que ya no fueron necesarias cuando la iglesia tuvo a su disposición la Biblia toda. Se cita como prueba de este argumento 1 Corintios 13:8 que contrasta la naturaleza del amor que no falla, con las lenguas que callarán. Un argumento teológico más fuerte se apoya en la neumatología: se asegura que la Biblia indica que el Espíritu Santo entra en todos los cristianos al momento de su conversión. Y por ello, hablar en lenguas jamás fue señal exclusiva o indicativa de la presencia del Espíritu en la vida del cristiano.

Estas distinciones teológicas reflejan compromisos emocionales muy profundos. Quienes hablan en lenguas dan testimonio de una vida en Cristo más profunda que la que conocían antes. Y es entendible que resientan que otros digan que su experiencia es ilusoria, o debida a la histeria, o producto de algo demoníaco. Además, los tradicionalistas han visto en la enseñanza pentecostal un riesgo, y esto causa disputa y división en muchas congregaciones.

Hoy, los ánimos no están encendidos como antes y se han formado posiciones de mediación. Quienes hablan en lenguas reconocen la realidad de la obra del Espíritu en quienes no hablan en lenguas, y este don se encuentra ahora ubicado entre muchos otros dones espirituales. Ya no es "el don". Quienes no han hablado en lenguas están menos dispuestos a descartar la experiencia de los hermanos y hermanas que sí lo han hecho. La moderación de actitudes nos permite cada vez más no solo aferrarnos a nuestras convicciones sobre lo que ha sido un tema sensible, sino además hace que podamos afirmar nuestra unidad con cristianos que tienen una experiencia diferente a la nuestra.

Al ver los muchos libros que se han escrito sobre el tema, es claro que no se logrará una convicción única y común entre todos los cristianos. Así que en cuanto al área de las lenguas hemos de acordar o estar en desacuerdo. Es impactante ver que en las Epístolas solamente 1 Corintios 12-14 trata esta cuestión y solo para reglamentar en contra del mal uso del don en público. El resto del Nuevo Testamento guarda silencio en cuanto al tema del don de lenguas, pero contiene gran riqueza en instrucción y enseñanza sobre el amor. Debemos admitir que hay cuestiones centradas en los debates sobre las lenguas, pero sobre el amor mutuo no hay cuestión ni debate en absoluto. No nos debemos acuerdo mutuo, pero sí estamos obligados a aceptarnos y amarnos los unos a los otros. Más allá de lo que creamos sobre las lenguas, seguimos siendo hijos de Dios, juntos, a través de la fe en Jesucristo (Gálatas 3:26) (p. 354-56).

Aplicación. Mantengamos el foco de atención de nuestro estudio de este texto en lo que Lucas quiere mostrarnos: la inauguración de una era nueva: la era del Espíritu, la era de la comunidad del Nuevo Pacto.

Pedro se dirige a la multitud (2:14-41); Pedro habla con los que están mirando (3:11-26).

Trasfondo. Estos pasajes contienen dos de los tres "sermones evangelizadores" que registra el libro de los Hechos. Han sido estudiados intensamente con el fin de definir la esencia — el centro mismo — del testimonio apostólico de Jesucristo en la comunidad judía. C. H. Dodd, en su clásica obra *Apostolic Preaching* [Predicación apostólica] establece la distinción entre seis temas recurrentes en estos sermones:

1. El inicio de la era del cumplimiento.
2. Esto ha sucedido a través del ministerio, muerte y resurrección de Jesús, de lo que se brinda un breve relato con pruebas de las Escrituras.
3. En virtud de la resurrección Jesús ha sido exaltado a la diestra de Dios como Cabeza Mesiánica del nuevo Israel.
4. El Espíritu Santo en la iglesia es la señal del poder y gloria presente de Cristo.
5. La Era Mesiánica pronto alcanzará su consumación en el regreso de Cristo.
6. El *kerigma* siempre cierra con una convocatoria al arrepentimiento, el ofrecimiento del perdón y el Espíritu Santo y la promesa de "salvación", es decir, de "la vida de los tiempos por venir" para quienes entren en la comunidad escogida (pp. 21-24).

Una de las cosas que sugiere la exposición de Dodd es que los mensajes de Pedro estaban cuidadosamente ubicados en su contexto. Es decir que su forma se adaptaba al campo perceptual de quienes le escuchaban y por ello, eran adecuados a su audiencia judía. Se ve esto en el uso de "Cristo" que hace Pedro en el sentido del "Mesías judío". Este uso en particular se ve subrayado (1) por la convocatoria de Pedro, que urge al arrepentimiento para que llegue el momento en que Cristo regrese y "la restauración de todas las cosas, como Dios lo ha anunciado desde hace siglos por medio de sus santos profetas" (3:21); y (2) por el hecho de que Lucas solo se refiere a "Cristo" como título, y en toda ocasión en que se lo utiliza es en discurso dirigido a una audiencia judía (2:31, 36; 3:18, 20; 4:26; 5:42; 8:5; 9:22; 17:3; 18:5, 28; 26:23).

Las conclusiones de Dodd entonces no nos brindan hoy el "evangelio esencial" que hemos de proclamar a la gente de nuestros días. Pero ese "evangelio esencial" que resuena a lo largo del resto del Nuevo Testamento y que da forma a nuestro entendimiento de nuestra misión hoy, es un aspecto central en ambos mensajes de Pedro.

Interpretación. Al decir que los elementos de los sermones de Pedro definen el "evangelio esencial" no implicamos que todo lo demás que dice Pedro deja de ser verdadero o importante. Los elementos "esenciales" son sencillamente las verdades que definen de tal modo a Jesús y Su obra que sin ellas, el Evangelio estaría incompleto. ¿Cuáles son esas verdades esenciales sobre las que se apoya nuestra salvación?

■ Cristo fue un ser humano de verdad: "Jesús de Nazaret fue un hombre acreditado por Dios" (2:22). Cristo vivió y murió como ser humano real, cumpliendo las predicciones de Isaías en el "cantar del siervo" (Hechos 3:13).

■ Cristo fue crucificado. La crucifixión fue un hecho histórico, parte del propósito eterno de Dios y al mismo tiempo, testimonio contra una humanidad que odió y rechazó al Hijo de Dios (2:23; 3:13-14).

■ Cristo resucitó de entre los muertos. Jesús se levantó de entre los muertos en un suceso histórico que ocurrió en el espacio y el tiempo, y fue exaltado a la diestra de Dios (2:24-33; 3:15).

■ Todo esto están en total armonía con las Escrituras. Dios confirma todo lo que ha sucedido mediante las Escrituras, que lo predijeron todo de antemano (2:25-36; 3:21-26).

■ Tenemos que responder al suceso-Cristo y a su significado para ser salvos. Para los judíos que habían rechazado a Jesús, la respuesta de fe era el arrepentimiento, su cambio de opinión acerca de Él (2:38-41; 3:19). Y para todos los que oyen la Buena Nueva, es la fe la que trae el perdón.

Aplicación. El centro del Evangelio y el fundamento de nuestra fe es, sencillamente: que el Jesús histórico murió por nosotros, resucitó y así queda establecido como Señor y Salvador. Estas verdades se confirman mediante las predicciones en las Escrituras del Antiguo Testamento. La salvación solo puede hallarse a través de Jesús y la fe en Su nombre.

Cuando damos testimonio son estas las verdades esenciales que tenemos que mantener en mente, comunicándolas a todo con la mayor claridad posible.

La comunidad de creyentes (2:42-47); Los creyentes comparten sus posesiones (4:32-37).

Trasfondo. El *Comentario bíblico del maestro* destaca un término griego que nos brinda una clave para interpretar estos pasajes de Hechos que describen la comunidad de la primera iglesia. Es la palabra *homothumadon*. El comentario dice:

Hay un término griego en particular, que en 10 de sus 11 usos en el Nuevo Testamento aparece en el libro de los Hechos, que nos ayuda a entender lo singular de la comunidad cristiana. *Homothumadon* es un término compuesto por dos palabras que significan "correr" y "al unísono". La imagen es casi musical: una cantidad de notas que suenan y aunque diferentes, están en armonía de tono y volumen. Así como los instrumentos de una gran orquesta parecen fundirse bajo la batuta del director, el Espíritu Santo funde las vidas de los miembros de la iglesia de Cristo en unidad.

La primera vez que encontramos *homothumadon*, es en Hechos 1:14. Allí, en el Aposento Alto los 11 discípulos y unas pocas mujeres se habían reunidos para orar. Ya no había celos o diferencias que afectaran sus relaciones; los discípulos eran un grupo unido que esperaba la prometida venida del Espíritu. Luego, en Hechos 2:1 vemos reunidos a 120 creyentes que centran su atención en el Señor al percibir el primer toque dinámico del Espíritu. En el versículo 46 vuelve a aparecer esta palabra cuando la comunidad (de unos 3.000 en ese momento) "No dejaban de reunirse [*homothumadon*] en el templo ni un solo día. De casa en casa partían el pan y compartían la comida con alegría y generosidad". Cuando los que pertenecen a Jesús hacen de Él el centro común de su existencia y buscan ayudarse mutuamente a encontrar la libertad del Espíritu Santo en sus vidas, *homothumadon* es lo que marca a la comunidad cristiana (pp. 768-69).

Interpretación. ¿Cómo llegamos a construir esa maravillosa *homothumadon* que parece al mismo tiempo tan atractiva y tan lejana?

Es importante señalar que los párrafos que acabamos de mencionar dicen que los de la comunidad "tenían todo en común" y que "nadie consideraba suya ninguna de sus posesiones, sino que las compartían" (2:44; 4:32-37). No hemos de leer estas descripciones como la definición de un primitivo "comunismo cristiano". Como lo señaló Pedro a Ananías (5:4) que había vendido su propiedad y solo fingía entregar todo el dinero a los discípulos para repartirlo entre los necesitados: "¿Acaso no era tuyo [el terreno] antes de venderlo? Y una vez vendido, ¿no estaba el dinero en tu poder?".

De hecho, esa es la cuestión, justamente. No había obligación de entregar posesiones ni títulos de propiedad. En cambio, los valores de los primeros cristianos habían cambiado, de las posesiones a las personas. Decidían compartir y dar porque habían aprendido a interesarse profundamente por los demás.

No puede haber *homothumadon* real en nuestras iglesias hoy a menos que aprendamos a interesarnos profundamente los unos por los otros. Cuando lo hagamos, también nosotros expresaremos nuestro amor en la práctica.

El segundo elemento del *homothumadon* de la primera iglesia se expresa en 2:46-47. "No dejaban de reunirse en el templo ni un solo día. De casa en casa partían el pan y compartían la comida con alegría y generosidad, alabando a Dios y disfrutando de la estimación general del pueblo". El origen del amor por los demás es el amor a Dios. La maravillosa unidad de los cristianos crece cuando descubrimos y afirmamos continuamente nuestra unidad en la adoración compartida a Dios y en nuestro entusiasmo por Él.

Aplicación. (*El Comentario bíblico del maestro*: Editorial Patmos), concluye:

A veces miramos esos primeros capítulos de Hechos como si nos pintaran una iglesia que se ha perdido ya, como si la unidad y el amor y la experiencia de la presencia de Dios fueran cosas que en realidad hoy no podemos tener. No cometamos este error. El Espíritu de Dios sigue siendo una realidad en el presente. Es posible el *homothumadon* en este mundo nuestro tan quebrantado e impersonal. Si buscamos una razón para el vacío en nuestra experiencia, busquemos primero nuestra falta de disponibilidad para compartir lo que somos con nuestros hermanos y hermanas. O busquemos en nuestra falta de voluntad de permitir que otros nos ayuden con las cargas de la vida, presentándolas en confiada oración a Dios.

La iglesia, la nueva comunidad de Cristo formó, está aquí ahora. Nosotros somos la iglesia. Y Dios, el Espíritu, puede tomar a los 11, a los 120 o a los 3000 de hoy cuando con gozo centramos nuestra vida compartida en Jesús, resonando en sintonía con Su maravilloso "acuerdo" (p. 769).

HECHOS 5.1–11.18
Llegando a los demás

EXPOSICIÓN

Al establecerse la joven iglesia en Jerusalén, debe enfrentar dificultades internas y externas. A pesar de la tensión que causan estos problemas, cada uno de ellos fortalece al cuerpo de Cristo y continúa afinando la definición de su misión.

Los primeros problemas provienen de la comunidad misma. Ananías y Safira se sienten movidos por Satanás a introducir la codicia, la hipocresía y la mentira en la comunidad, para corromper la pureza de la iglesia. Sus muertes dejan inequívocamente en claro que Dios está activo en Su pueblo, al que ha llamado a reflejar Su santidad, a estimular una nueva oleada de milagros y evangelización (5:1-16). Un poco más tarde surge un conflicto entre los cristianos de habla griega y aramea, en cuanto a la distribución de alimentos a los pobres. Este conflicto, de explosivo potencial, se resuelve de manera sabia y según el carácter de Dios, lo cual demuestra el amor unificador que existe en la joven iglesia. Este incidente estimula también la difusión de la Palabra, y "el número de los discípulos aumentaba considerablemente en Jerusalén" (6:1-7).

Es importante que hoy tomemos en cuenta que a medida que se resuelven los problemas internos que asedian a la pureza y la unidad de la comunidad cristiana, la cantidad de discípulos crece. En gran medida, nuestra efectividad en la evangelización depende de la pureza y unidad de nuestras congregaciones locales.

La iglesia primitiva también tuvo problemas que se originaban fuera de la comunidad. La respuesta de la gente a la predicación de los apóstoles hace que los miembros del partido de los sumos sacerdotes sientan celos. Los apóstoles son arrestados y solo la voz moderadora de Gamaliel, — tal vez el más honrado de los sabios judíos, aún en nuestros días — impide que el Sanedrín los haga matar (5:17-42). Pero el rápido crecimiento de la iglesia causa intensa hostilidad. Frustrados ante la valiente predicación de Esteban, los miembros de una sinagoga conspiran para acusarle falsamente de hablar contra el templo y la Ley de Moisés, dos delitos religiosos muy graves. Arrastran a Esteban ante el Sanedrín y éste relata la historia de los esfuerzos de Dios por llegar a un pueblo que está decidido a resistirse al Espíritu Santo, un pueblo que persiguió a los profetas y que ahora han traicionado y asesinado al Hijo de Dios, el Justo en persona. En un ataque de furia, todos llevan a Esteban a las afueras de la ciudad y lo apedrean hasta que muere (6:8-8:1a).

El incidente da inicio a la persecución oficial de la iglesia, abierta e intensa acción que obliga a muchos cristianos a abandonar Jerusalén en un éxodo masivo. Pero también esto tiene resultados positivos. Cuando los cristianos se detienen en las pequeñas aldeas de Judea y Galilea, hablan de su fe (8:1b-4). Entonces, en Samaria se da un resultado inesperado. Allí, cuando Felipe predica sobre Cristo, son multitudes las que responden al Evangelio. Cuando Pedro y Juan llegan allí para investigar, ven que Dios quiere unir a los judíos y samaritanos en una iglesia y también ellos "predicaron el evangelio en muchas poblaciones de los samaritanos" (8:5-25).

Poco después Lucas relata otro incidente que presenta un nuevo problema para la iglesia. Un oficial del ejército romano, llamado Cornelio, manda llamar a Pedro. Dios le muestra a Pedro que tiene que ir, a pesar de que el hombre sea gentil, y no judío. En casa de Cornelio Pedro acaba de empezar a explicar el Evangelio cuando el Espíritu Santo desciende sobre Cornelio y los demás gentiles, y todos comienzan a hablar en lenguas. Luego, en Jerusalén, donde se critica a Pedro por haber ido a una casa gentil e "impura", el apóstol señala esto como evidencia de que Dios ha decidido aceptar al gentil tanto como al judío que crea en Jesús (Hechos 10:1-11:18). Los cristianos judíos aceptan esto como evidencia de que "también a los gentiles les ha concedido Dios el arrepentimiento para vida" (11:18). Pero el hecho de que el judío y el gentil han de relacionarse el uno con el otro como miembros de un mismo cuerpo, es un problema cuya resolución llevará décadas.

Mientras tanto el Sanedrín parece decidido a aplastar al movimiento cristiano dondequiera que surja. Un fariseo llamado Saulo, fanático que persigue a la iglesia, recibe cartas que le autorizan a arrestar a los cristianos judíos en Damasco. Camino hacia allí, Cristo Mismo le confronta. Atónito y repentinamente ciego, Saulo llega con dificultad a la ciudad siria donde le sanan y donde se convierte a Cristo (9:1-19). En lugar de enviar a prisión a los cristianos hebreos Saulo asombra a la comunidad cristiana ¡al proclamar con potencia el mensaje cristiano! La ferviente campaña de Saulo a favor de Cristo perturba a los judíos a tal punto que deciden matarle, y Saulo se ve obligado a huir de Jerusalén. También allí debate con tal coraje que pone en riesgo su vida, y otros cristianos le ayudan a escapar de la ciudad para que pueda ir a Tarso, su lugar de origen (9:20-31). Allí tiene que esperar hasta que madure su mensaje y su carácter, y reaparece como Pablo, el gran apóstol que predica a los gentiles.

La historia que cuenta Lucas en estos capítulos es compleja y sus temas se entretejen, pero son muy claros. La joven iglesia crece pero a cada paso encuentra problemas nuevos, internos o externos. Los peligros internos son los que ponen en riesgo la pureza y la unidad del cuerpo de

Cristo. A medida que se resuelven, el testimonio de la iglesia se hace más fuerte y cada vez son más los cristianos.

Los peligros externos son en forma de persecución. Pero así como la persecución hace que los creyentes de Jerusalén huyan y se dispersen, la misión de la iglesia, de difundir el Evangelio, se define cada vez con mayor claridad. No solo a los judíos sino también a los samaritanos e incluso a los gentiles, hay que transmitirles la Buena Nueva de que Jesús salva. La iglesia está por descubrir su misión, y así, explotará y la llama se propagará desde su diminuto lugar de origen hasta abarcar todo el imperio.

ESTUDIO DE PALABRAS

Y se quedó con una parte del precio, sabiéndolo también su mujer; la otra parte la trajo y la puso a los pies de los apóstoles (5:2 – JER). El verbo *nosphizo*, "guardar para sí" aparece en el Septuaginto para describir el pecado de Acán, que tomó riquezas prohibidas de Jericó y que, al igual que esta pareja, sufrió la pena de muerte (Josué 7). Para algunos, estos delitos parecen livianos, y no merecen esa pena. Pero ambos son tratados con gran seriedad en las Escrituras (5:3, 9).

En ambos casos el pueblo de Dios acababa de iniciar un nuevo rumbo: en Josué, la fundación de una nación y en Hechos, la fundación de una nueva comunidad de fe. Cada una de estas misiones requería completa obediencia y dedicación a Dios. Ambas acciones, la de Acán y la de Ananías y Safira, introducían un elemento de corrupción que, en caso de germinar, agotaría la vitalidad y poder espiritual del pueblo de Dios.

En cada uno de los casos la acción y su castigo sirvió también como advertencia. Dios estaba presente entre Su pueblo, vital, activo y santo. Tanto Israel como la iglesia esperan que Dios obre a favor de ellos. Y ambos deben aprender que tienen que permanecer fieles para que Dios pueda obrar a través de ellos.

Y un gran temor se apoderó de toda la iglesia y de todos los que se enteraron de estos sucesos (5:11). Cuando el AT describe el "temor al Señor" como "principio de la sabiduría" (Proverbios 1:7), sencillamente está diciendo que el temor reverencial a Dios como presencia real es lo que marca la gran diferencia en cómo elegimos vivir nuestras vidas. Quienes están convencidos de que Dios es real y que está activamente involucrado en los asuntos humanos, saben que Él ve todo lo que sucede, con aprobación o desaprobándolo.

Las muertes de Ananías y Safira hicieron que fuera inequívocamente claro que la presencia de Dios en la iglesia era real, dejando una potente impresión tanto en los miembros de la iglesia como en la población de Jerusalén.

Es esta la primera vez, que aparece la palabra "iglesia" (*eclesia*) en Hechos. A partir de este momento la encontraremos a menudo, como descripción de una congregación ocal y también de todo el cuerpo de creyentes.

Por medio de los apóstoles ocurrían muchas señales y prodigios entre el pueblo (5:12). En tanto 1 Corintios 12:9-10 nombra al "don de sanar" y "poder para obrar milagros" entre los dones espirituales que da el Espíritu Santo, 2 Corintios 12:12 identifica tales "señales, prodigios y milagros" como marcas distintivas de un apóstol. Hechos describe milagros notables similares a los que obró Jesús, pero no hay instrucción en las epístolas que sugiera que podemos esperar esos milagros hoy.

SOBRE LOS MILAGROS

El milagro. El naturalista insiste en que lo único que hay es el universo material. Lo que suceda, tiene que ser entonces resultado de las leyes naturales. Los milagros sencillamente, son imposibles. Los informes de las potentes acciones de Dios en época del AT, y de los milagros de Jesús, son rechazados de plano o tal vez se intenta descubrir alguna causa natural lógica y razonable como explicación.

El que cree en lo sobrenatural, afirma que hay una realidad más allá de nuestro universo material. El cristiano, basando su fe en la auto-revelación de Dios en las Escrituras, confía en el Dios que es Creador y Sostén del universo físico. También sabemos que no hay una brecha imposible entre lo natural y lo sobrenatural. Dios ha cruzado esa brecha con frecuencia, y ha demostrado que Él es completamente capaz de actuar en el mundo material.

Mirando la historia y las Escrituras encontramos dos formas en que Dios ha demostrado esta capacidad.

■ Dios ha obrado *milagros obvios*, que parecen involucrar la suspensión de las leyes naturales.

■ Dios ha obrado milagros ocultos que involucran eventos que suceden o adquieren forma únicamente mediante procesos que en apariencia son naturales.

Los milagros obvios. Son hechos de los que todo el mundo concuerda que corresponde aplicar la palabra "milagro". "Jamás se ha sabido que alguien le haya abierto los ojos a uno que nació ciego" (Juan 9:32), dijo uno beneficiado por la sanación obrada por Jesús. No había duda en los testigos: aquí había ocurrido algo sobrenatural. Incluso los enemigos de Jesús, furiosos y frustrados, no podían negar que había sucedido algo que no podía explicarse mediante ningún proceso natural.

Es importante que sepamos que los milagros obvios están concentrados en períodos específicos de la historia bíblica. Hay milagros obvios asociados con el período del Éxodo (1450-1400 AC). Hay milagros obvios asociados con el ministerio de los profetas Elías y Eliseo (875-825 AC). Hay muchos milagros asociados con el mi misterio de Cristo en la tierra y con los primeros años de los apóstoles (30-45 DC). Pero aparte de estos tres períodos, los milagros no son parte de la experiencia cotidiana y común del pueblo de Dios. Es que la suspensión de las leyes naturales, o en contra de los procesos naturales, no es la forma típica en que Dios obra Su voluntad.

Los milagros ocultos. Lo que sí encontramos en las Escrituras, y en especial en la profecía, es que Dios obra secretamente en nuestro mundo. El AT nos dice que Dios utilizó incluso invasiones de enemigos para disciplinar a Israel cuando pecaba. En otros momentos Dios utilizó la enfermedad o el rumor para salvar a Su pueblo. El AT también está lleno de profecías específicas en cuanto al nacimiento y vida de Jesús y a los sucesos en torno a Su muerte y resurrección. Y todo eso sucedió tal cual lo habían predicho los profetas. Aunque debemos creer que Dios obró para que las cosas llegaran a la conclusión que Él tenía pre-designada, por lo general no hay indicios de milagros obvios. La causa y el efecto se suceden en secuencia natural. Las personas involucradas en cada uno de estos milagros actuaron con libertad, siguiendo sus propias motivaciones. Nadie de lo que les viera hubiera tenido razón para decir: "¡Miren! Esto es evidencia de la intervención de Dios".

Los milagros ocultos entonces, son reconocibles para el ojo de la fe, y la incredulidad no encuentra dificultades para descartarlos. Los milagros ocultos no se pueden comparar con la oscuridad que cayó sobre todo Egipto, o con la caída de las murallas de Jericó. No pueden compararse con la multiplicación de alimento para dar a comer a 5.000 personas, ni con las sanaciones de los apóstoles en Jerusalén. No ha nada que sea obviamente sobrenatural en los milagros ocultos. De hecho, la mano de Dios parece disfrazarse de naturalidad, en una serie de hechos que se suceden. Sin embargo, son milagros: Dios obra, guiando con suavidad los procesos naturales para mantenernos en el centro de Su voluntad, o para que se cumpla Su plan para usted o para mí. Claro que Dios puede obrar milagros obvios en nuestros días. Pero es probable que no lo haga. Aún así, podemos estar confiados. Porque nos rodea el amoroso cuidado de un Dios que calladamente obra Sus milagros en cada detalle de nuestras vidas.

A los que oyeron esto se les subió la sangre a la cabeza y querían matarlos.

Pero un fariseo llamado *Gamaliel*, maestro de la ley muy respetado por todo el pueblo, se puso de pie en el Consejo y mandó que hicieran salir por un momento a los apóstoles (5:33-34). Gamaliel (a quien se llama "Rabban Gamaliel el Primero") sigue siendo honrado como uno de los más grandes sabios. Una tradición sostiene que fue el *Nasi*, el juez tan culto que presidió el Sanedrín (ver *Hagigah, Mishná II:2*). Esta opinión, aunque es debatida, tal vez esté respaldada por un informe que se encuentra en la Tosefta (*Sanh. II:6*) que dice que Rabban Gamaliel le dictaba a un escriba de nombre Johanan una carta oficial a Galilea superior e inferior y a la Diáspora de Babilonia y Media para designar un año en particular en que se añadirían 30 días para ajustar el año lunar al solar. El gran respeto a Gamaliel también se observa en esta cita de la Mishná (*Sotah* 9:15 L.): "Cuando murió Rabban Gamaliel el Mayor, la gloria de la Torá llegó a su fin y perecieron la pureza y la dedicación exclusiva".

Este trasfondo nos ayuda a ver que es muy posible que solamente la voz de este hombre excepcional hubiera servido para calmar la furia de los sacerdotes, haciendo posible así la liberación de los apóstoles.

Con él [Esteban] se pusieron a discutir ciertos individuos de la sinagoga llamada *de los Libertos* (6:9). "Esteban" es un nombre griego. Él predicaba a los judíos de habla griega que formaban parte de la población permanente de Jerusalén. "Libertos" es *Libertinoi*, término en latín que sugiere que los miembros de esta sinagoga eran esclavos libertos o hijos de esclavos. No sería extraño porque muchos judíos habían sido tomados como cautivos y esclavos en rebeliones anteriores en Tierra Santa. Frustrados porque no podían derrotar a Esteban en el debate, finalmente le acusaron distorsionando la intención de sus enseñanzas sobre Cristo.

La extensa defensa de Esteban da vuelta la acusación. Dios sí habló a través de Moisés. Pero quienes acusan a Esteban no solo han seguido el ejemplo de sus antepasados que rechazaron a Moisés ¡sino que ahora han asesinado a Aquel de Quien hablaba Moisés! No es Esteban el impío sino sus acusadores y jueces. En cuanto a Esteban, él ve a Jesús exaltado en los cielos, de pie a la diestra de Dios.

Locos de furia, los miembros del más alto tribunal del judaísmo se convirtieron en una turba enardecida, y arrastraron a Esteban hasta salir de la ciudad, donde le mataron.

La muerte de este primer mártir cristiano dio inicio a un período de persecución oficial. Pero cuando los cristianos huían de Jerusalén, llevaban consigo el mensaje del Evangelio, con lo cual el intento por eliminar el movimiento cristiano hizo que los líderes ¡de hecho contribuyeran a su difusión! Siempre ha sido así. La sangre de los mártires es la semilla de la iglesia. Cuando más intentan los poderosos suprimir a Cristo, tanto mayor es la urgencia de los cristianos por proclamarle.

Éstos, al llegar, *oraron por ellos* para que recibieran el Espíritu Santo (8:15). Lucas añade una nota explicativa porque es este un suceso extraordinario, y no un patrón para el siglo primero ni para nuestros días. Oraron y les impusieron las manos "porque el Espíritu aún no había descendido sobre ninguno de ellos" (8:16-17). ¿Por qué aquí, y solamente aquí, se relaciona la oración y la imposición de manos con la venida del Espíritu Santo sobre los creyentes en Jesús?

Tenemos que recordar que entre los judíos y samaritanos había existido durante generaciones una profunda hostilidad y gran competencia religiosa. Al darles el Espíritu a través de Pedro y de Juan el Señor dejó en claro (1) que la iglesia era una sola, y (2) que los apóstoles eran sus líderes, con autoridad. Sin esta evidencia de unidad y autoridad los samaritanos bien podrían haber iniciado un movimiento desprendido de la iglesia, y los judíos cristianos podrían haberse opuesto a aceptar a los samaritanos como miembros del cuerpo de Cristo junto con ellos.

Hoy no necesitamos esas señales para recordarnos que la fe en Cristo nos une a todos los demás creyentes del mundo. Porque esto nos lo enseñan con claridad las epístolas del Nuevo Testamento (Efesios 4:1-7; Gálatas 3:28).

Pero la hostilidad y sospecha que hoy sí existen en la iglesia de hoy nos recuerdan que la evidencia sobrenatural clara de la unidad y la autoridad fueron esenciales cuando los samaritanos creyeron y se convirtieron en parte de la iglesia universal.

Un ángel del Señor le dijo a Felipe: "Ponte en marcha hacia el sur..." (8:26). ¡Qué extraño! Dios envía a Felipe lejos de una obra evangelizadora floreciente, solo para que vaya a ver a un hombre.

No olvidemos nunca, por el orgullo que nos dan los números, que son las personas, los individuos, lo que Le importa a Dios. Esa persona a la que usted o yo llegamos es un alma eterna, tan preciosa como cada una de las miles a las que les predican los famosos evangelistas.

¡De ninguna manera, Señor! —replicó Pedro—. Jamás he comido nada impuro o inmundo (10:14). En la comunidad de fe del AT el compromiso a Dios se demostraba mediante el alejamiento de todo lo que fuera ritualmente impuro, incluso de personas que lo fueran. Las leyes de la pureza ritual afectaba todas las fases de la vida de una persona, desde la concepción y el nacimiento a la ropa que podía llevarse, la comida que podía comerse y la forma de tratar con los muertos.

La intención de estas leyes de apartar al pueblo judío de lo impuro era la de recordarles que eran un pueblo apartado para Dios y que debían honrarle en todos los aspectos de su vida.

En la visión de Pedro los animales que Dios le mostró eran todos ritualmente impuros, y por ello un judío no podría comerlos (Levítico 11). Al mandar a Pedro a matar y comer Dios efectuó una potente afirmación sobre las leyes bajo las que había vivido toda su vida Pedro, y sobre la naturaleza esencial de nuestra nueva vida en Cristo.

El primer mensaje se expresa en 10:15. Lo que hace que algo sea "impuro" o "puro" no es el objeto en sí mismo, sino la Palabra de Dios. Pedro comprendió el significado de su visión y cuando llegaron los mensajeros de Cornelio, que era gentil, Pedro no los echó porque fueran gentiles, y por ello impuros. La misión de Pedro a la casa de Cornelio abrió las puertas del evangelio a los gentiles y dejó en claro a los creyentes judíos que la salvación de Cristo se extendía a todos.

La segunda afirmación implícita en la visión de Pedro requirió de más tiempo para que la asimilara. La santidad en la nueva comunidad ya no se expresaría mediante la *separación* sino al involucrarse activamente *en* el mundo.

La santidad en la nueva comunidad es una fuerza dinámica y vital que le permite al creyente rechazar las tentaciones del pecado y al exponerse al amor y la justicia de Cristo, atrae a otros al Salvador.

Mientras Pedro estaba todavía hablando, el Espíritu Santo descendió sobre todos los que escuchaban el mensaje... pues los oían hablar en lenguas y alabar a Dios (10:44, 46). Una vez más Lucas describe un suceso que no es ni prescriptivo ni normativo para la iglesia. No es prueba este texto de la idea de que hablar en lenguas es evidencia esencial de la venida del Espíritu Santo a los creyentes. ¿Por qué están asociados ambos temas aquí? Pedro lo explica. Hablar en lenguas era evidencia convincente de que estos gentiles habían sido aceptados plenamente por Dios ¡y eran de hecho miembros de la iglesia de Cristo! Incluso aquellos que se habían mostrado más hostiles a la violación de Pedro de las leyes de separación (11:2-3) se vieron obligados por esta evidencia a reconocer que Dios había aceptado a estos gentiles y a admitir que "también a los gentiles les ha concedido Dios el arrepentimiento para vida" (11:18).

EL PASAJE EN PROFUNDIDAD

La elección de los Siete (6:1-7)

Trasfondo. Los escritos rabínicos sugieren que los patrones ya establecidos del cuidado de los pobres habían sido adoptados por la iglesia de Jerusalén, y que se reflejan en este pasaje. El sistema judío de ayuda a los pobres incluía el *tamhuy*, "vasija para pobres" y la *quppah* o "canasta de los pobres". El primero refería a la distribución diaria de alimentos para los que no tenían techo. Y la segunda era la distribución semanal de alimentos y ropas para las familias pobres. En ambos casos la ayuda era en mercadería u objetos, no en dinero.

Hechos 6 describe la ayuda de los cristianos a los pobres también en objetos y no en dinero. El hecho de que se proveyera a diario sugiere que había suficiente comida como para que las viudas tuvieran dos comidas diarias, como era costumbre entre los judíos. Como Hechos 2:42-46 informa que los cristianos se reunían a diario para adorar, parece probable que los alimentos para los pobres se proveyeran durante una cena compartida, y que al día siguiente se volviera a distribuir alimento extra.

Interpretación. La división entre judíos helenos (de habla griega) y arameos en Jerusalén también se reflejaba en la iglesia. La vieja sospecha de los que eran "diferentes" también se notaba cuando estos judíos se convertían y eran miembros de la nueva iglesia. El Talmud refleja el hecho de que los fariseos despreciaban abiertamente a los judíos helenos y que consideraban superior al judío nativo. No es de sorprender que también se evidenciara el miedo a la discriminación, lo cual se refleja en la sensación de que "sus viudas eran desatendidas en la distribución diaria de los alimentos" (6:1). La acusación puede haber sido cierta o no. Lo que importa es que los apóstoles actuaron de inmediato parpa ocuparse de este peligro contra la unidad de la comunidad cristiana.

Es importante observar aquí tanto el rol de los líderes espirituales ("los Doce") como de la comunidad ("todos los discípulos juntos") en la resolución del problema (6:12). Esencialmente, los líderes (1) reunieron a la comunidad, (2) definieron su propio rol en la iglesia, (3) establecieron procedimientos a seguir para resolver el problema, (4) hicieron que la congregación fuera responsable de la resolución de la disputa en conjunto, y (5) oficialmente confirmaron las decisiones de la congregación y les ordenaron sus tareas. Vemos cada uno de estos elementos en Hechos 6:2-3:

> (1) Así que los doce reunieron a toda la comunidad de discípulos y les dijeron (2) : "No está bien que nosotros los apóstoles descuidemos el ministerio de la palabra de Dios para servir las mesas.
> Hermanos y hermanas,(4) escojan de entre ustedes (3) a siete hombres de buena reputación, llenos del Espíritu y de sabiduría, (5) para encargarles esta responsabilidad.

Debemos notar en particular la forma en que la congregación cumplió con su responsabilidad. Eligieron a hombres "llenos de fe y del Espíritu Santo" (6:5). Y también es destacable que cada uno de los elegidos tenía nombre griego, representando así al grupo que inicialmente había formulado la acusación de discriminación. En esencia, los que hablaban arameo en la joven iglesia decidieron hacerse vulnerables ante quienes les habían criticado, expresando asombrosa confianza en que sus críticos — que habían sufrido la discriminación — no serían culpables de discriminar a otros.

Este pasaje ha sido utilizado en algunas tradiciones para dar la definición de la tarea del "diácono" en la iglesia contemporánea. Es interesante notar que el texto griego que usa el término *diakonia* ("distribución") en 6:1 y el verbo *diakoneo* ("servir") en 6:1 no utiliza nunca la palabra *diakonos* ("diácono"), como título. Al mismo tiempo es probable que la función que cumplían los siete fuera muy parecida a la de aquellos a los que Pablo llama diáconos en 1 Timoteo 3:8-13. Lo que más importa, y más que tratar de justificar nuestra definición de los roles en la iglesia moderna a partir de este pasaje, es notar que a medida que surgían los problemas en la iglesia, esos problemas se resolvían de manera creativa mediante la invención de un rol no establecido sobre la base de las enseñanzas de Cristo con que se contaba, ni sobre la base de una posición secular que se correspondiera. Los Doce sencillamente actuaban para satisfacer la necesidad que surgiera de la experiencia de la congregación, a medida que iban surgiendo.

Por cierto, podemos aprender una cosa de este pasaje: la función importa más que el puesto. Y también aprendemos que tenemos que ser flexibles y responsables ante la guía del Espíritu cuando buscamos satisfacer necesidades en nuestros días.

Implicancias. Este pasaje está repleto de implicancias para las iglesias y el liderazgo de las iglesias de hoy:

■ Paternalismo: tal vez, la primera lección que tenemos que aprender es que el liderazgo espiritual de la iglesia debe evitar caer en el paternalismo. La manera de formar una iglesia madura no es imponer soluciones desde arriba, sino involucrar a la congregación en la resolución de problemas y confiarles a los miembros un importante rol en la toma de decisiones.

■ Confianza. Habría sido más fácil ponerse a la defensiva y discutir sobre quién tenía la culpa y quién, no. En cambio, la congregación se centró en el problema y los cristianos de habla aramea mostraron confianza en sus hermanos al hacer responsables a los de habla griega de distribuir a todos por igual. Al hacerse vulnerables este segmento de la congregación demostró una confianza que apaciguó los temores de los miembros helenos de la joven iglesia.

■ Prioridades. Los líderes espirituales de la iglesia deben poner atención en "la oración y el ministerio de la Palabra" (6:4). Sin embargo también hay que ocuparse de las preocupaciones de los creyentes. Y quienes se ocupan de "lo práctico" tienen que ser personas "llenas de fe y del Espíritu Santo".

■ Flexibilidad. Tenemos que estar dispuestos a responder a las necesidades. Con frecuencia nuestras iglesias se cierran y permanecen fijas en programas o puestos antiguos. En lugar de buscar con creatividad ir satisfaciendo las necesidades a medida que surgen, nos esforzamos por mantener en marcha la maquinaria de la iglesia. Este incidente en la vida de la iglesia primitiva nos muestra que las *personas* importan más que las *constituciones* y que la innovación no es mala palabra.

La conversión de Saulo (9:1-31)

Trasfondo. La experiencia de la conversión de Pablo es esencial para entender a este hombre cuyo total compromiso con Jesús se refleja no solo en Hechos sino también en sus 13 cartas incluidas en nuestro Nuevo Testamento. Lucas nos da no menos que tres versiones de la historia de su conversión (9:1-19; 21:37-22:21; 26:1-32), donde dos representan el relato de Pablo ante una audiencia judía, y luego ante una audiencia de gentiles. Es claro que la aparición del Cristo resucitado al apóstol fue fundamental no solo para su conversión sino para su conciencia de que Dios le había apartado como testigo y apóstol ante el mundo.

■ *Interpretación.* La historia de la conversión contiene los siguientes elementos significativos:
- Saulo y la persecución contra la iglesia.
- Saulo es confrontado por Jesús.
- La comisión de Saulo como apóstol.
- El celo de Pablo en un comienzo.

Cada uno de estos elementos nos ayuda a entender más a este celoso judío convertido en misionero y teólogo cristiano.

■ Saulo y la persecución contra la iglesia (9:1-2)(. La primera ver que vemos a Saulo es cuando Esteban es apedreado. El texto dice: "lo sacaron a empellones fuera de la ciudad y comenzaron a apedrearlo. Los acusadores le encargaron sus mantos a un joven llamado Saulo... Y Saulo estaba allí, aprobando la muerte de Esteban" (7:58; 8:1).

El término *neanias*, "hombre joven" se aplicaba en el siglo primero a los varones de entre 24 y 40 años de edad. Esto, más el hecho de que Saulo estuviera a cargo de la ropa de los testigos (que, según la ley judía debían tirar las primeras piedras) y que diera su aprobación, es para algunos indicación de que de hecho Saulo era miembro del Sanedrín. Como estudiaba con Gamaliel, y eso nos los dice Pablo, es posible pero aún así, poco probable.

El odio permanente de Saulo hacia los cristianos por considerarlos herejes se refleja en su pedido de cartas al sumo sacerdote para comisionarle el arresto de creyentes que pudieran encontrarse en Damasco. Pero ¿cómo podría el sumo sacerdote tener jurisdicción sobre los ciudadanos de Damasco? En el impero romano se consideraba que los grupos étnicos quedaban bajo el gobierno de las leyes de su nación, incluso si se mudaban a otra tierra. Así, los más o menos 6 millones de judíos dispersos por todo el imperio romano seguían sujetos a las sentencias del Sanedrín, que estaba en Jerusalén. Las cartas de Pablo escritas por el sumo sacerdote serían consideradas por las autoridades y la comunidad judía de Damasco como autorización legal para mandar a prisión a cualquier judío cristiano y para regresarlo a Jerusalén para ser enjuiciado.

Sin embargo, lo más importante de este pasaje no son las legalidades sino lo que podemos ver del celo del joven fariseo Saulo. Ve a los que siguen a Cristo como traidores al judaísmo y a Dios, y está totalmente comprometido con la eliminación de este pernicioso movimiento.

Recordemos a Saulo cuando nos encontremos con amargos enemigos del cristianismo en nuestros días. Los enemigos más fanáticos de la fe, en su conversión pueden llegar a ser los defensores más ardientes de Cristo.

■ Saulo es confrontado por Jesús (9:2-6). Algunos argumentan que los relatos que presenta Lucas sobre la conversión de Saulo entran en conflicto. Lucas nos dice que Saulo oyó la voz (*phonen* [9:4]) y que sus compañeros también oyeron la voz (*phonen* [9:7]). Hechos 22:9 dice que sus compañeros no oyeron la voz (*phonen*) en tanto Hechos 26:14 dice que solo Saulo oyó la voz (*phonen*). Este conflicto entre relatos ha causado que algunos críticos supongan que Lucas utiliza distintos materiales como fuente, y que sencillamente no se dio cuenta de que había desacuerdo.

La solución se encuentra en el hecho de que *phone puede* significar tanto "sonido" como "discurso". Lo que los lectores del siglo primero entendían sin duda es que todos los que viajaban juntos oyeron el sonido pero solamente Saulo entendió las palabras que decía la voz.

Lo más importante para el judío, sin embargo, es que "voz del cielo" en el pensamiento rabínico se usaba siempre para la voz de Dios, no la de un ángel u otro ser creado. Por eso Pablo quedó atónito cuando el que hablaba se identificó como "Jesús, a quien tú persigues" (9:5). De repente, la teología de Saulo se derrumbó hasta el cimiento mismo ¡y vio que Jesús de veras tenía que ser Dios!

La comisión de Saulo como apóstol (9:7-19). Pablo quedó ciego en esa confrontación camino a Damasco. Durante tres días anduvo en tinieblas, ponderando sin duda las implicancias de lo que la voz le había revelado.

En Damasco el Señor envió a Ananías para que le devolviera la vista a Pablo y sin duda, para que le diera las palabras de la comisión: "ese hombre es mi instrumento escogido para dar a conocer mi nombre tanto a las naciones y a sus reyes como al pueblo de Israel" (9:15). Su sanación en el nombre del Señor Jesús confirmó esa verdad que había empezado a reconocer y produjo su conversión en verdad. Desde ese momento, y con la certeza del señorío de Jesús y de su propio destino, Saulo empezó a servir a Cristo y a promover Su causa.

El celo de Pablo en un comienzo (9:20-31). Saulo se había convertido. Y ahora ese mismo celo que le había llevado a perseguir a la iglesia estaba dirigido a la promoción del Evangelio.

Es fascinante que el ángulo de Saulo hacia la evangelización parece haber sido tan abrasiva y confrontacional como sus ataques contra los creyentes. En Damasco "Saulo... cobraba cada vez más fuerza ...demostrándoles [a partir de Escrituras del AT] que Jesús es el Mesías" (9:22). Después de días de confusión causada por el persistente evangelista ¡los judíos de Damasco se confabularon para matarlo!

Saulo escapó a Jerusalén. Allí, después de ser finalmente aceptado por los creyentes, Saulo empezó una vez más a hablar "abiertamente" (9:28) y "discutía" (9:29) con los mismos judíos helenos que habían asesinado a Esteban. Su potente y enérgico testimonio volvió a despertar hostilidad, al punto que sus opositores intentaron matarle. Esta vez los cristianos de Jerusalén "lo llevaron [a Pablo] a Cesárea y de allí lo mandaron a Tarso" (9:30). El siguiente comentario de que "la iglesia disfrutaba de paz" (9:31), puede ser un sutil comentario sobre el impacto del inicio del ministerio de Saulo. En lugar de ganar conversos el agresivo Saulo parece haber tenido el don de despertar intensa hostilidad.

Al dar testimonio tenemos que mantener un difícil equilibrio. Tenemos que presentar el mensaje de que solo Jesús salva, y ser convincentes. Pero hay que hacerlo de modo que ganemos a otras personas, y no que las ofendamos. Dada la creciente polarización de las comunidades judía y cristiana en Damasco y Jerusalén, tal vez no fuera posible alcanzar este ideal. De manera que no debemos ser severamente críticos con Saulo.

Al mismo tiempo, esto nos recuerda que el celo no puede reemplazar a la sabiduría. Ni que la pasión del nuevo converso puede reemplazar a la paciencia del creyente maduro.

Implicancias. Según los Rollos del Mar Muerto el hombre justo es el que "odia de corazón a todos los hombres de mala reputación" (IQS 9:22). Otro rollo dice: "Cuanto más me acerco a Ti, más celo siento contra todos los que hacen el mal y contra todos los que engañan. Porque los que se acercan a Ti no pueden ver que se profanen Tus mandamientos y los que tienen conocimiento de Ti no soportan que se cambien Tus palabras (IQH 14:13-14). Es seguro que este "santo odio" era lo que sentía Saulo, el perseguidor. Y tal vez también Saulo el nuevo converso.

Sin embargo, vemos que esta actitud es muy distinta a la que se refleja en Romanos 10:1: "Hermanos, el deseo de mi corazón, y mi oración a Dios por los israelitas, es que lleguen a ser salvos", y muy distinta a 1 Corintios 13:13: "hora, pues, permanecen estas tres virtudes: la fe, la esperanza y el amor. Pero la más excelente de ellas es el amor".

No podemos esperar un cambio total en la actitud de un nuevo converso, y tampoco podemos esperar madurez. Pero a medida que usted y yo maduramos en la fe, seguramente llegaremos a ser tan celosos y llenos de amor como lo fue Saulo.

HECHOS 11.19–15.35
La era de la evangelización

EXPOSICIÓN

La iglesia ya está bien establecida en Jerusalén y se han plantado comunidades más pequeñas de creyentes en Galilea e incluso en Samaria. Se han convertido y aceptado los primeros gentiles y se ha establecido una iglesia gentil en Antioquia (11:19-30). Pronto Lucas informará de una asombrosa innovación de Pablo — la evangelización directa de los gentiles — algo que dará lugar a una maravillosa era de evangelización mundial. Pero primero Lucas mira hacia atrás, brevemente, para dejar muy en claro que en tanto nuestra atención se dirige a la misión gentil Dios sigue obrando entre Su pueblo del AT.

Lucas lo establece relatando dos incidentes de directa intervención divina a favor de la iglesia judía. Jacobo, el hermano de Juan, es ejecutado por Herodes Agripa y Pedro es llevado a prisión y sometido a un falso juicio. Un ángel libera a Pedro, que escapa (12:1-19). Poco después Herodes, que ha demostado ser enemigo de la iglesia, sufre una enfermedad fatal (12:20-25). Lucas dirige nuestra atención más allá de Tierra Santa pero Dios sigue vitalmente involucrado en la experiencia de los cristianos que están allí.

Mientras tanto, en Antioquía Bernabé y Saulo son apartados por el Espíritu Santo para el primer viaje misionero (13:1-3). Lucas establece de inmediato el hecho de que Dios también intervendrá activamente a favor de los misioneros. En Chipre Dios hace que con una palabra de Pablo, un maligno hechicero quede ciego y esto hace que se convierta el procónsul romano (13:4-12). Luego, en Antioquia de Pisidia Pablo presenta los Evangelios en la sinagoga, ante la comunidad judía y le invitan a volver a hablar. El Sábado siguiente "casi toda la ciudad" se reunió para oírlo (13:13-52). Esta abrumadora respuesta al Evangelio por parte de los gentiles despertó ira entre los judíos, y con ello los viajes misioneros de Pablo tuvieron un nuevo foco de atención. Al entrar en una comunidad nueva Pablo seguía hablando de Cristo con los judíos primero pero en sus sinagogas también hacía contacto con muchos gentiles que se habían visto atraídos por el judaísmo. Eran estos gentiles, más que los judíos, los que formarían el corazón de una colonia de creyentes, en cada una de las ciudades del imperio. Y lamentablemente los judíos de esas ciudades se volvían enemigos activos, contra los misioneros y su mensaje.

Vemos este patrón en Iconio y en Listra. Pero en cada una de estas ciudades también vemos evidencia de que Dios está activo, a favor de Sus representantes, obrando milagros de sanidad y restaurando a Pablo después de que lo arrastraran fuera de Listra y lo dieran por muerto (14:1-20).

La experiencia de Pablo en este primer viaje misionero sin duda dio forma a su entendimiento de la misión que tenía por delante. De camino a Antioquía Pablo volvió a visitar las nuevas iglesias que se habían establecido. Y ya de regreso en su iglesia "informaron de todo lo que Dios había hecho por medio de ellos, y de cómo *había abierto la puerta de la fe a los gentiles*" (14:21-28 – énfasis añadido por mí).

La repentina llegada de los gentiles, y en especial el inicio de iglesias con predominancia gentil, dio lugar a un debate teológico: ¿Cuál es la relación de estos creyentes gentiles en el Mesías de Israel, con la Ley de Moisés? Muchos cristianos judíos creían sinceramente que para agradar a Dios los gentiles que creen en Cristo deben adoptar el estilo de vida que tan detalladamente indica el AT. En esencia, los gentiles deben convertirse en judíos para ser buenos cristianos. Pero Pablo veía esto como distorsión del Evangelio, un Evangelio que afirmaba que los seres humanos son aceptados y perdonados por Dios no sobre la base de lo que hacen sino sobre la base de lo que Jesús ha hecho por ellos. Esta perturbadora pregunta se resolvió oficialmente en un consejo que se reunió en Jerusalén (15:1-35). Allí prevaleció la opinión de Pablo y los apóstoles, ancianos "y la iglesia toda" acordaron que la salvación es un don que reciben por la fe tanto los judíos como los gentiles. Ni el gentil ni el judío necesita renunciar a su legado cultural para ser un cristiano fiel.

Esta afirmación por parte del primer concilio en la historia de la iglesia fue verdaderamente crucial. Pero a lo largo de las primeras décadas de esta era los cristianos gentiles se verían perturbados por los judíos celosos que afirmaban que solamente la obediencia a la Ley del AT podía dar lugar a la plena expresión de la fe del NT.

ESTUDIO DE PALABRAS

Fue en Antioquía donde a los discípulos se les llamó "cristianos" por primera vez (11:26). Antioquía era la capital de la provincia imperial de Siria. Controlaba las rutas comerciales entre Asia Menor, el Éufrates y Egipto. La ciudad gozaba de libertades, que la eximían del pago de tributo al César o de servir como guarnición militar y permitía una constitución independiente. Desde la fundación de la ciudad los judíos conformaban ya un segmento importante e influente en la población. Más tarde, durante la revuelta de los judíos en Judea, en el año 69 DC, la población judía de este lugar no sufrió tanta persecución como la de otros centros del imperio.

Hechos 11.19-15.35

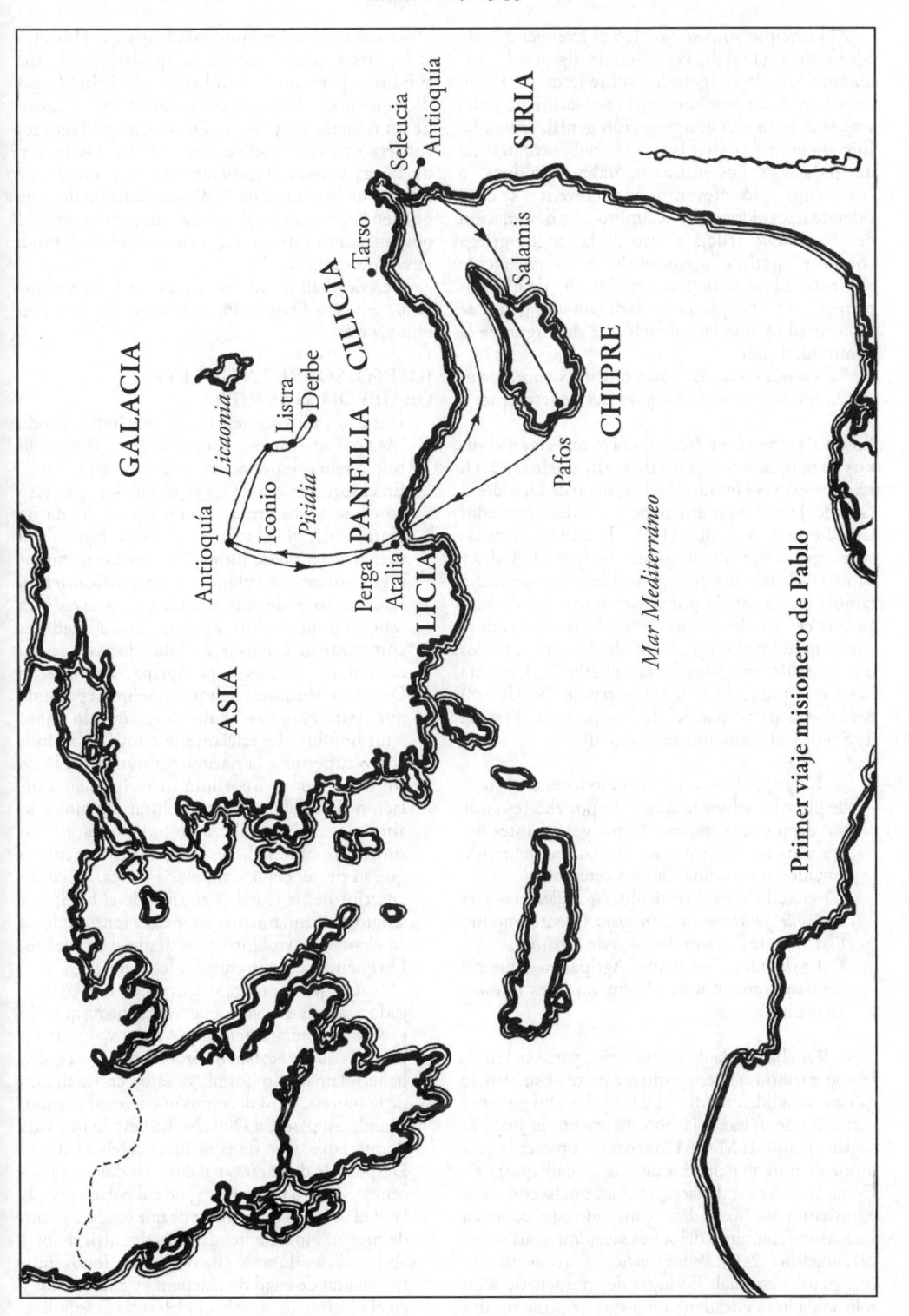

SIRIA
Seleucia
Antioquía
Tarso
CILICIA
GALACIA
Licaonia
Listra
Derbe
Iconio
Pisidia
PANFILIA
Antioquía
Perga
Atalia
LICIA
ASIA
Salamis
CHIPRE
Pafos

Mar Mediterráneo

Primer viaje misionero de Pablo

Al principio aquí se predicó el Evangelio "solo a los judíos" (11:19). Pero cuando algunos les hablaron a los griegos (gentiles) sobre Jesús, surgió un importante reavivamiento en la población no judía y se estableció una congregación gentil, separada. Inicialmente el cristianismo se percibía como secta del judaísmo. Los judíos llamaban "galileos" o "nazarenos" a los creyentes y los creyentes se consideraban seguidores del "Camino". La designación de *christianous* refleja el uso de la lengua griega común y significa "seguidor de" o "perteneciente a" Cristo. El nombre muestra el hecho de que por primera vez una iglesia verdaderamente gentil se ha formado y que la población la distingue de la comunidad judía.

Refleja que los demás notan quiénes somos y piensan en nosotros como en seguidores de Jesucristo.

En ese tiempo *el rey Herodes* hizo arrestar a algunos de la iglesia con el fin de maltratarlos (12:1). La autoridad es Herodes Agripa, nieto de Herodes el Grande. Herodes era amigo personal del emperador Claudio que en el año 41 DC le otorgó todas las tierras que gobernaba su abuelo, incluyendo Judea y Samaria además de tierras en Galilea. Herodes, cuya familia era detestada por la gente común, decidió ganarse el favor de sus nuevos súbditos mostrándose como un judío piadoso. La Mishná (escritos judíos que datan del año 30 AC hasta el 200 DC), cuenta hasta qué punto lo logró. Un pasaje (Sotah 7:8) describe la participación de Agripa en el Festival de Sukot y el segmento relevante dice:

> I. Agripa el rey se levantó y lo recibió y lo leyó de pie y los sabios lo elogiaron por ello [estar de pie demostraba respeto. Otros gobernantes designados por los romanos habían permanecido sentados al participar de esta ceremonia].
> J. Y cuando llegó al versículo, *No aceptes como rey a ningún forastero ni extranjero* (Deuteronomio 17:15), se le llenaron los ojos de lágrimas.
> K. Le dijeron: "No temas, Agripa, eres nuestro hermano, eres nuestro hermano, eres nuestro hermano".

Casi no hay duda de que la activa persecución de Herodes contra la iglesia formaba parte de su plan de ganarse a los líderes judíos. Incluso el hecho de haber mandado decapitar a Jacobo, hermano de Juan, lo sugiere. Porque la Mishná Sanedrín 9.1 prescribe esta forma de muerte para "los de una ciudad apóstata". Como la ejecución de Jacobo fue aclamaba con tanto entusiasmo por "los judíos" (utilizado aquí como en Juan, como sinónimo del sumo sacerdote y sus socios del Sanedrín [12:3]), Pedro fue hecho prisionero, con una guardia especial. En lugar de encadenarlo a un solo soldado lo encadenaron a dos, ¡y pusieron dos guardias más ante la puerta!

Los esfuerzos pseudo-piadosos de Herodes sí lograron que se ganara la aprobación de sus súbditos, pero no la aprobación de Dios. Lucas dice que poco después, en el año 44 DC, y luego de un reinado muy breve, Dios hizo que Herodes sufriera una enfermedad fatal. De la descripción de Lucas los comentaristas suponen que el rey sufrió una infección de lombrices intestinales que pueden llegar a medir 40 cm. y causan gran dolor al obstruir los intestinos. La persona también vomita gusanos, y muere.

Herodes habría sido más sabio si hubiese buscado agradar a Dios en lugar de a sus súbditos más influyentes.

JOSEFO, SOBRE LA MUERTE DE HERODES AGRIPA

Hacía tres años que reinaba en toda Judea cuando [Agripa] se dirigió a la ciudad de Cesárea...Allí hizo celebrar espectáculos en honor del César... En el segundo día de los espectáculos, cubierto con una vestidura admirablemente tejida de plata, se dirigió al teatro a primeras horas de la mañana. La plata, iluminada por los primeros rayos solares, resplandecía magníficamente, reluciendo y deslumbrando con aterradores reflejos a quienes lo miraban. Los aduladores comenzaron a lanzar exclamaciones que no eran nada buenas para Agripa, llamándolo Dios y diciéndole: "Sénos propicio y a pesar de que hasta ahora te hemos reverenciado como a un hombre, en adelante te contemplaremos como superior a la naturaleza mortal". El rey, sin embargo, no reprimió ni rechazó su adulación. Poco después, al levantar los ojos a lo alto, vio sobre su cabeza un búho encaramado sobre un cable, dióse cuenta de inmediato que su presencia le anunciaba males, así como anteriormente le había anunciado el bien; y se afligió profundamente. Empezó a sentir dolores en el vientre, violentísimos desde el comienzo. Dirigiéndose a sus amigos, les dijo:

- He aquí que ahora yo, vuestro Dios, me veo obligado a salir de esta vida, pues el destino ha querido probar inmediatamente que eran mentiras las palabras que se acaban de pronunciar. Yo, a quien habéis llamado inmortal, ya estoy en las manos de la muerte. Pero debemos obedecer al destino, cuando así parece a Dios. No he llevado una vida despreciable, sino de esplendorosa felicidad.

Después de decir estas palabras, su dolor se acrecentó. SE hizo llevar en seguida al palacio; por la ciudad se esparció el rumor de que estaba a punto de morir...Finalmente, después de sufrir dolores abdominales durante cinco días continuos, murió, siendo de edad de cincuenta y cuatro años y en el séptimo de su reinado (*Antigüedades*, Libro XIX, pág. 69)

Hechos 11.19-15.35

Llamó [Pedro] *a la puerta de la calle,* **y salió a responder una sierva llamada Rode (12:13).** A menudo las cosas más pequeñas pueden decirnos mucho. La "puerta de la calle" es *ten thyran tou pilonos,* una puerta que daba a un vestíbulo que llevaba a las habitaciones, alejadas de la calle, lo cual indica que era una casa grande y de gente rica. Rode tal vez fuera una muchacha gentil y esclava. En esta época en Jerusalén los judíos no tenían esclavos judíos y todos los esclavos mencionados en la literatura rabínica o de otros orígenes, eran gentiles. Rode debía cumplir las leyes bíblicas. Si los esclavos eran liberados por sus amos judíos se les consideraba conversos, y serían judíos. No era inusual que el esclavo liberto permaneciera como empleado de la familia y hasta que se casara con uno de sus miembros.

El gran entusiasmo de Rode al oír que Pedro la llama nos dice mucho sobre ella y sobre el punto al que la familia la había aceptado, lo mismo que la iglesia. Ella compartía la fe de la familia y le importaba el bienestar de Pedro. También se alegraba pro su liberación, lo mismo que la congregación toda. Recordemos que las distinciones sociales poco cuentan en el cuerpo de Cristo. Lo que cuenta es compartir la fe, el interés por los demás y el gozo al ver la obra de Dios en sus vidas.

Entonces Saulo, o sea Pablo (13:9). La importancia de los sucesos de Chipre queda reflejada en esta observación, aparentemente trivial. Como ciudadano romano el apóstol sin duda tenía un nombre judío (Saulo) y un nombre griego (Pablo). Hasta ahora se ha llamado "Saulo" al apóstol. Saulo había sido llamado después de Bernabé (13:7) y los visitantes predicaban ante la población judía (13:5). A partir de este momento en el libro de los Hechos, Lucas usa el nombre Pablo, siempre nombrándole primero. Y aunque los esfuerzos de evangelización en cada ciudad comienzan en la sinagoga, los gentiles pronto se convierten en centro del ministerio y de la conformación de nuevas iglesias.

¿Qué fue lo que pasó para que se diera este cambio? Sergio Paulo (posiblemente Lucio Sergio Pablo, mencionado en inscripciones recuperadas como "curador del Tíber" en el reino de Claudio), mandó llamar a los dos predicadores. Sin duda, para interrogarlos por los disturbios que creaba en la comunidad judía la predicación de Cristo. Su interés era oficial en este momento, no religioso. Pero cuando el hechicero judío quedó ciego por obra de Dios con una palabra de Pablo, el procónsul creyó.

Esta experiencia parece haber tenido gran impacto en el apóstol. Desde este momento, Pablo se convierte en líder del equipo misionero y su visión de llevar el Evangelio a los gentiles cambió el rumbo de su ministerio.

Hermanos, si tienen algún mensaje de aliento para el pueblo, hablen (13:15). Se invitaba a los visitantes a hablar. Pablo se encontraba en Antioquía de Pisidia (ver mapa). Su sermón se dirigía a esta audiencia en particular, como lo demuestra el resumen que brinda Lucas. En esencia, Pablo argumenta que Dios, que actuó en la historia pasada a favor del pueblo judío, ha vuelto a actuar. Tanto el judaísmo como esta consecuencia cristiana de la fe, son confesionales y tienen raíces en las acciones de Dios.

Pablo destaca cuatro cosas al resumir la base confesional de cada fe: el judaísmo se basa en la convicción de que (1) Dios escogió al pueblo de Israel, (2) hizo que el pueblo se multiplicara en Egipto, (3) liberó al pueblo con "gran poder", y (4) les dio la tierra de Canaán como herencia permanente (13:16-19).

Después de demostrar que Jesús está en la línea mesiánica (13:20-26), resume la base confesional del cristianismo. (1) Jesús fue crucificado, (2) sepultado, (3) resucitó de entre los muertos y (4) le vieron vivo muchos testigos (13:27-31). El Dios que actuó en el pasado ha actuado de nuevo y al cumplir la profecía del AT ahora ofrece el perdón y la justificación a todos.

Aunque el mensaje puede adaptarse a la audiencia, jamás cambiamos el mensaje para adecuarlo a las creencias de quienes nos escuchan. Pablo le dice directamente a su audiencia judía "Ustedes no pudieron ser justificados de esos pecados por la ley de Moisés, pero todo el que cree es justificado por medio de Jesús" (13:39). Tenemos que ser igual de claros en cuanto a que la salvación solamente puede encontrarse en Cristo.

Como la rechazan (13:46). Los judíos de Antioquía de Pisidia no rechazaban el mensaje cristiano por lo que era, ni se oponían activamente luego solo por lo que decía. Más bien, era por celos. En última instancia, ni los motivos de quienes rechazan nuestro mensaje ni su activa hostilidad debieran importarnos. Habría quienes respondan. Quienes manifiestan rechazo solo están dañándose a sí mismos.

Pero los judíos incrédulos incitaron a los gentiles y *les amargaron el ánimo* **contra los hermanos (14:2).** La intensa animosidad de la comunidad judía en contra de los misioneros ("apóstoles", aquí), se refleja en casi todas las ciudades que visita Pablo. En cierto sentido esa hostilidad contribuye al esfuerzo evangelizador. En la ciudad nadie podía ignorar la presencia de los apóstoles, y al menos tenían cierta idea de lo que decía su mensaje.

Iconio era una ciudad griega y su gobierno seguía la estructura griega tradicional. Es posible que en este contexto "la gente" (*to plethos* [14:4]), se refiere a una asamblea de ciudadanos importante que se reunían para conducir los asuntos de la ciudad. Si es así, la respuesta oficial al mensaje de Pablo fue mixta porque hasta el año 64 DC el cristianismo se consideraba oficialmente como secta del judaísmo y por eso era una religión *lícita*, protegida por ley. Sería difícil que las autoridades de la ciudad tomaran parte en lo que habría parecido una trifulca interna del judaísmo, aunque había muchos gentiles que se unían al grupo del os cristianos.

La impresión de confusión en el desorden se ve respaldada por el uso de la palabra *horme* que aquí se traduce como "complot" (14:5), lo cual sugiere una acción repentina o impetuosa, más que un plan cuidadosamente estudiado.

En muchos aspectos es una lástima que el Evangelio hoy cree tan poca controversia. A pesar de que las ondas de radio y TV están llenas de predicadores, y a pesar de que las ciudades y pueblos tienen tantas iglesias, el cristianismo parece ser fácil de ignorar por parte de muchísimas personas. Quizá, a diferencia de Pablo, no hemos sabido confrontar lo suficiente, ni advertir con valentía a los que se burlan: ¡Cuidado!. Hoy tenemos que volver a proclamar que a menos que quienes escuchan decidan creer, es seguro que perecerán (13:41).

¡Los dioses han tomado forma humana y han venido a visitarnos! (14:11). La geografía del lugar y el uso de la lengua liconia en Listra sugieren que se trata de un área "apartada" o "menor en importancia". El milagro de sanidad de Pablo hizo que los de Liconia pensaran que ambos eran Zeus y Hermes. ¿Por qué? Las inscripciones que datan de alrededor del año 250 AC revelan que en el área se adoraba a estos dioses griegos y Ovidio (c. 43 AC) informa de una leyenda que decía que estos dos dioses habían visitado la región, de incógnito. Mil familias se negaron a aceptarlos y sus hogares fueron destruidos luego. Una anciana pareja sí recibió a los dos dioses y fueron recompensados ricamente. En vistas de esta historia conocida, la conclusión de que Pablo y Bernabé fueran Hermes y Zeus no es extraña, como tampoco lo era el entusiasmo del pueblo por recibir a las dos supuestas deidades.

Es fascinante ver que esta misma población poco después cedió a la presión de los judíos de Antioquía e Iconio para apedrear a Pablo y abandonarlo luego, dándolo por muerto.

En cada iglesia nombraron ancianos ... (14:23). Aquí la palabra del texto griego es *cheirontonesantes*, término compuesto por dos más, que significan "extender la mano" y "estirar".

Originalmente, se refería al voto levantando la mano. A. T. Robertson dice que finalmente, su significado fue "nombrar con aprobación de una asamblea que decide", y que en ocasiones se usó en el sentido de "designar, sin considerar la elección".

Podemos entender la acción de los apóstoles como ordenación del liderazgo de la iglesia local. Al volver a visitar las jóvenes iglesias Pablo y Bernabé sin duda buscaban a aquellos cuyo progreso en la ve y carácter (1 Timoteo 3) fueran reconocidos por la congregación, como señal de autoridad.

Los líderes cristianos no surgen por creación de la jerarquía de la iglesia, sino como demostración de compromiso total y profundo con Jesús. Son reconocidos por la congregación como creyentes maduros, que dan un ejemplo que los demás quieren imitar.

...abstenerse de lo *sacrificado a los ídolos*, de *sangre*, de la *carne de animales estrangulados y de la inmoralidad sexual*. Bien harán ustedes si evitan estas cosas (15:29). El consejo de Jerusalén estableció que los cristianos gentiles estaban exentos y que no se requería de ellos que fueran "circuncidados", y "obedecieran la ley de Moisés" (13:5).

Aun así, el consejo escribió una carta a las iglesias gentiles especificando determinados "requisitos" (15:28). La palabra puede sonar demasiado fuerte, porque la frase en griego indica que el consejo no pedía más que "lo necesario" (*plen touton ton epanagkes*).

Ahora, hay que responder dos preguntas: ¿Para qué eran "necesarias" estas cosas? ¿y cuál es la relación de estos "requisitos" con la ley mosaica? Ante todo, es claro que estos requisitos no son necesarios para la salvación. La mayoría de los comentarios concuerdan en que las cosas especificadas eran necesarias para "hacer bien" (*eu praxete*) en términos de la convivencia entre judíos y gentiles cristianos. Es decir que las cosas que se mencionan son tan ofensivas a los judíos que su práctica haría difícil o imposible que se mantuviera una relación de comunidad entre los dos grandes grupos unidos ahora en la nueva comunidad cristiana.

El vínculo entre la Ley del AT y los "requisitos" para mantener la convivencia armónica existe. Pero es la intensidad de lo que sienten los judíos al respecto lo que los define. La moralidad básica no era problema: tanto judíos como gentiles estaban mayormente de acuerdo en qué cosas eran moralmente correctas, y como señaló Jacobo: "Moisés siempre ha tenido en cada ciudad quien lo predique y lo lea en las sinagogas todos los sábados" (15:21).

¿Qué se puede decir al respecto? Lo "sacrificado a los ídolos" refleja el total rechazo de los judíos hacia todo lo que tuviera que ver con la idolatría. El comer sangre o la carne de los animales estrangulados, con el consecuente contenido de sangre en la carne, refleja similar rechazo a la consumición de este líquido tan sagrado (Levítico 17:11-12). Lo que más cuesta definir es la abstención de la "inmoralidad sexual" (*porneia*). Y es difícil porque, si se refiere a la inmoralidad general, se trata entonces de un problema moral. Casi no se puede concebir que no se entendiera con claridad la moralidad sexual básica, y que no fuera puesta en práctica por los cristianos judíos y gentiles por igual. Así que lo más probable es que

Hechos 11.19-15.35

el término *porneia* se refiera al sentido más técnico (como en 1 Corintios 5:1) indicando matrimonios prohibidos en Levítico 18:6-18, que en algunos casos no eran considerados como algo indebido en la cultura griega.

En este pedido oficial de los judíos a las iglesias griegas hay un reconocimiento implícito de que no tenemos que ser iguales para estar en comunión con otros creyentes. Tenemos que ser lo suficientemente abiertos como para compartir las convicciones particulares que, al violarse, podrían afectar la relación con nuestros hermanos y hermanas en Cristo. Y además, tenemos que estar dispuestos a honrar las convicciones de los demás y a hacer lo que haga falta para vivir en armonía y comunión con ellos.

EL PASAJE EN PROFUNDIDAD

El Consejo de Jerusalén (Hechos 15)

Trasfondo. La masiva conversión de gentiles a Cristo trajo tensiones en la joven iglesia. Los tradicionalistas cristianos judíos insistían en que los gentiles conversos adoptaran el estilo de vida que el AT prescribía parpa el pueblo judíos. Pablo lo consideró una negación de la esencial naturaleza del Evangelio y se opuso con vehemencia a tal opinión. Cuando finalmente se presentó el tema ante los apóstoles y ancianos de Jerusalén, se emitió un escrito con la "posición oficial". A los conversos gentiles no se les requería ser o vivir como judíos.

Esta decisión del consejo de Jerusalén, y las luchas contra los judaizantes en la mayoría de las iglesias gentiles durante las décadas posteriores, tuvo gran impacto en los cristianos gentiles y también en los judíos. Como los primeros cristianos eran judíos y como estos creyentes judíos seguían viviendo su vida de piedad según la ley judía, al principio se consideró a la iglesia una secta (*min*) del judaísmo.

El hecho de que el sumo sacerdote diera autorización a Pablo para que tomara como prisioneros a los seguidores de Jesús en Damasco (Hechos 9:1-4) muestra que incluso los enemigos de la iglesia considerados como creyentes eran judíos. Si no se les hubiera considerado judíos el sumo sacerdote y el Sanedrín ¡no habrían tenido autoridad para tomar como prisioneros a los seguidores de Jesús en Damasco!

Pero ahora, al surgir las iglesias con predominancia de gentiles en todo el imperio, y con la decisión del consejo de Jerusalén por escrito, cada vez se hacía más claro que el cristianismo era una fe que, aunque tenía raíces en el AT, se distinguía del judaísmo. Como resultado, hubo creciente antagonismo de parte de los judíos ortodoxos hacia los cristianos judíos. Y ese antagonismo llegó a ser tan intenso que los sabios proclamaron que los cristianos judíos eran apóstatas ¡y ya no eran judíos!

Los académicos han identificado diversas sectas cristianas conformadas por judíos en la antigüedad, designadas como ebionitas A, ebionitas B, nazarenos (Notzrim) y gnósticos-sincretistas. Los que más nos interesan eran los nazarenos, judíos observantes que creían sin embargo en Jesús como Hijo de Dios nacido de la virgen, y creían en el Espíritu Santo como persona de la deidad, y que aceptaban las cartas de Pablo como Escrituras. La activa animosidad hacia los cristianos judíos se observa en la obra de Justino Mártir, que cerca del año 150 DC acusó: "ustedes los judíos pronuncian maledicencias contra los cristianos en sus sinagogas". La acusación se ve respaldada por la antigua liturgia que debían utilizar los judíos piadosos como "bienaventuranza" unas tres veces al día:

"Que los apóstatas no tengan esperanza y que Tú elimines pronto el malvado gobierno, en nuestros tiempos. Que los nazarenos y los minim (sectarios) desaparezcan en un momento. Bórralos del libro de la vida y que no estén inscriptos junto con los justos".

Una historia del siglo segundo, relatada en la Tosefta (Hul. II:24), indica además la disposición de los sabios hacia los cristianos judíos:

El Rabí Eliezer fue arrestado por los romanos y acusado de ser un Min (aquí, el equivalente a "cristiano"). Lo llevaron al estrado para juzgarlo. El gobernador dijo: "¿Cómo puede un anciano como tú involucrarse en tales asuntos?". El Rabí respondió: "Pongo mi fe en el Juez". Por supuesto, se refería al Padre celestial pero el gobernador supuso que se refería a él. Y le dijo: "Como pones tu confianza en mí ¡anulación! Eres libre". Cuando el Rabí Eliezer bajó del estrado se sentía molesto porque había sido arrestado por ser *minut*. Sus discípulos se le acercaron para ofrecerle consuelo, pero nada le consolaba. Entonces entró el Rabí Akiba y dijo: "Rabí ¿puedo decir algo sin intención de ofender?". Y respondió: "Dilo". Dijo entonces: "¿Es posible que uno de los *Minim* le haya dicho alguna vez algo que a usted le agradó?". Y respondió: "Por los cielos ¡acaba de recordármelo! Estaba yo caminando por la calle principal de Seforis y me crucé con Jacob de Kefar Sikhnin y él me habló un poco de minut en el nombre de Yehsua ben Pantera (Jesús), ¡y me gustó!...Por eso me arrestaron por minut, porque violé la Escritura que dice: "Aléjate de la adúltera; no te acerques a la puerta de su casa" (Proverbios 5:8).

Este, y otros textos similares en los escritos de los sabios nos recuerdan que la iglesia de Jerusalén pagó un precio por su valiente pronunciamiento. Al reconocer la independencia de los gentiles con respecto al judaísmo, estos judíos cristianos también se aislaron de la comunidad de fe del AT. Judíos y cristianos ahora se distinguían en mucho entre sí, a pesar de sus muchas semejanzas. Y los cristianos judíos, aunque observaran la ley de Moisés, no podrían participar de su antiguo legado porque les rechazaban los judíos que no aceptaban a Cristo.

Interpretación. El capítulo se divide en cuatro secciones: la mención del problema, el debate, la conclusión y la posición oficial declarada.

■ Mención del problema (15:1-4). Los que se mencionan como "algunos" que habían llegado de Judea, probablemente fueran cristianos judíos identificados como judaizantes en las cartas de Pablo (Gálatas 6:12-13). Podemos suponer que estaban convencidos de que su posición era la correcta. Pero en vistas de la creciente hostilidad hacia los judíos cristianos (ver Exposición, más arriba) tal vez actuaban a partir de motivos un tanto mezclados. Si de hecho la conversión a Cristo transformaba a los paganos en buenos judíos, identificándoles así con la causa judía ¡la creciente hostilidad del judaísmo oficial podría haberse visto afectada! Pero Pablo y Bernabé disputaban con vehemencia la opinión de que la conversión a Cristo requería que los gentiles adoptaran las costumbres y cultura de los judíos. La iglesia les envió pronto a ellos y a otros delegados a Jerusalén para ver si estos visitantes de Judea reflejaban la opinión de los apóstoles y ancianos de la iglesia madre.

■ El debate (15:5-12). Un grupo numeroso de fariseos cristianos apoyaba la opinión de los judaizantes. Por supuesto, "Es necesario circuncidar a los gentiles y exigirles que obedezcan la ley de Moisés". Para estos fariseos, no era solo la salvación lo que estaba en juego. El respaldo y apoyo a su posición tal vez estaba en el hecho de que la enseñanza de Moisés era de hecho la voluntad de Dios revelada y por ello, todo quien creyera en Dios debía por necesidad (*dei*, "deber" [15:5]) someterse a Su voluntad revelada.

En respuesta Pedro relata la historia de la conversión de Cornelio y observa que él y su casa fueron aceptados por Dios como gentiles. Dios "Sin hacer distinción alguna entre nosotros y ellos, purificó sus corazones por la fe" (15:9). Por cierto esta experiencia brinda un precedente para el alcance directo a os gentiles como gentiles, sin insistir que se conviertan en cristianos judíos. Es interesante observar que Pedro menciona que la ley ha sido "un yugo que ni nosotros ni nuestros antepasados hemos podido soportar" (15:10). Si debido a la debilidad humana la Ley no ha logrado lo que la gracia de Dios y la fe en Jesús han logrado ahora ¿por qué obligar a los conversos gentiles a someterse a la Ley?

Pablo y Bernabé continúan con el tema de las observaciones de Pedro. Pedro sacó su conclusión sobre la base de lo que Dios había obrado en un caso. Y ahora los dos apóstoles relatan múltiples historias de señales milagrosas que Dios obró entre los gentiles. Por supuesto, el punto era que Dios había establecido claramente Su sello de aprobación en la evangelización directa de los gentiles.

Es importante observar que tanto el judaísmo como el cristianismo se basan en la convicción de que Dios ha actuado a favor de Su pueblo a lo largo de la historia. El llamado y el pacto con un Abraham real, las potentes acciones e Dios a favor de Israel cuando ese pueblo era esclavo en Egipto, los truenos y el fuego que envolvieron la cima del Sinaí, el maná que llovió en el desierto, y el lecho seco del río Jordán, fueron acciones de Dios que conformaron el fundamento de cómo Israel entendía a Dios. Por eso, cuando Pablo recita cómo Dios ha actuado a favor de los gentiles, su discurso fue especialmente convincente. Estos hombres esperaban formar su teología sobre la base de las acciones de Dios en la historia en lugar de apelar a la lógica o el argumento filosófico.

■ La conclusión (15:12-21). En tanto era válido formar la teología a partir de las acciones de Dios, la interpretación que la iglesia hiciera de tales actos debía pasar por otra prueba. Tenía que condecirse con las Escrituras. Por eso, el decisivo aporte de Jacobo para la resolución de la cuestión, porque se puso de pie y argumentó que "con esto concuerdan las palabras de los profetas, tal y como está escrito" (15:13). Era evidencia empírica de que Dios de hecho "toma de los gentiles" un pueblo escogido por Él.

Jacobo llega a una conclusión que nadie del consejo podía debatir. No se les podía pedir a los gentiles que adoptaran la cultura judía porque eso "pondría trabas" (15:19) a quienes se volvieran a Dios. Sin embargo, se les pediría que se abstuvieran de ciertas prácticas que presentarían dificultades a los cristianos judíos en su convivencia con ellos (ver Estudio de Palabras de 15:29, más arriba).

■ La posición oficial declarada (15:22-35). La conclusión de Jacobo, guiada por el Espíritu Santo, expresó el consenso de "los apóstoles y los ancianos, de común acuerdo con toda la iglesia"(15:22). Los delegados fueron enviados a Antioquía con Pablo para autenticar un documento que se haría circular entre las nuevas iglesias gentiles.

Aplicación. En muchos aspectos este primer consejo de la iglesia puede servir como modelo para la resolución de disputas en nuestros días. Notemos en especial que:

(1) se definió con claridad cuál era el tema.

(2) se presentó el tema ante todos los líderes, para debate y discusión abierta.

(3) se argumentaron activamente las diferentes posiciones.

(4) se consideró lo que Dios estaba haciendo en ese momento.

(5) se puso a prueba la interpretación de lo que Dios estaba haciendo, contrastándola con las Escrituras para ver si concordaba.

(6) se prestó atención en especial a las sensibilidades de quienes "perdieron" en el debate.

(7) los "ganadores" debieron renunciar a algunos de los derechos que habían ganado debido a algunas de las convicciones de los "perdedores".

Aunque este modelo para la resolución de disputas puede resultar útil, hay que recordar que incluso en el siglo primero la acción del consejo no resolvió el problema. La mayoría de las iglesias gentiles seguían sufriendo confusión a causa de unos pocos maestros itinerantes que persistían en enseñar que los cristianos debían someterse a la ley de Moisés. No podemos esperar que todos renuncien a sus convicciones equivocadas, por muy clara que sea la voz de Dios a través de la iglesia y las Escrituras.

Lo que sí podemos hacer es oír la voz del Espíritu Santo a través de nuestros hermanos y la Palabra de Dios. Y al debatir, debemos recordar siempre que formamos una sola familia en Cristo y que quienes tienen diferentes opiniones siguen siendo hermanos y hermanas a quienes tenemos el deber de amar.

HECHOS 15.36–19.41
La iglesia de los gentiles

EXPOSICIÓN

La decisión del consejo de Jerusalén (Hechos 15) marcó una dramática transición en el movimiento cristiano. Al principio el cristianismo se consideraba una secta judía. Pero el consejo decidió que se otorgara plena aceptación a los gentiles sin requerir que adoptaran el estilo de vida de los judíos. Ahora los misioneros cristianos podían promover el cristianismo en la cultura del siglo primero como una fe independiente de veras, a pesar de sus reconocidas raíces en el AT.

Hechos 16-19 nos da una impactante descripción del impacto disruptivo que tuvo el mensaje cristiano en la sociedad helena, y de las respuestas confusas y a menudo hostiles del mundo gentil.

Este cambio en el foco de atención se ve en el llamado de Pablo a dejar Asia y cruzar a Europa (16:6-10). En Filipo Pablo no encuentra una sinagoga y predica en el mercado "enseñando costumbres que a los romanos se nos prohíbe admitir o practicar" (16:21). Cuando los misioneros sufren golpes y prisión, Pablo reclama la protección que le garantiza su condición de ciudadano romano (16:11-40). Ahora Pablo ministra en el mundo gentil, no como judío sino como hombre de Roma. En Tesalónica Pablo va primero a la sinagoga local. Pero la hostilidad de los judíos surge cuando la población gentil muestra intenso interés en el mensaje de Pablo. A medida que avanza este capítulo percibimos un resultado importante del enfoque de los misioneros en la evangelización de los gentiles: en todo el impero las comunidades judías se vuelven cada vez más opositoras al Evangelio y sus mensajeros (17:1-15). Pero como lo demuestra la predicación de Pablo en Atenas, los conceptos más básicos en referencia a Dios, establecidos en el judaísmo desde hace tanto tiempo, no solo suenan extraños sino también ridículos a aquellos cuya visión del mundo se ha formado a partir de las especulaciones de los filósofos griegos (17:16-34). El mensaje del Evangelio está en conflicto directo con las raíces paganas de la sociedad del siglo primero.

Lucas describe otros incidentes que ilustran el impacto de la transición del cristianismo hacia la conformación de un movimiento con predominancia gentil. Aunque la comunidad judía está dividida en torno al Evangelio, la mayoría se opone al cristianismo activamente (18:1-11). Y cada vez más, el gobierno secular se ve inmiscuido en las disputas (18:12-17) aunque con resultados diferentes (16:22-24; 19:35-41). Tal vez lo más revelador es el retrato que pinta Lucas del impacto del mi misterio de Pablo en Efeso (19:1-41). Allí el Evangelio hace que muchos abandonen la práctica de la magia, tan profundamente implantada en la cultura pagana del siglo primero (19:1-20). Pero con esto se ve en riesgo la forma de ganarse la vida de quienes venden artículos religiosos a los peregrinos que visitan el mundialmente famoso templo de Artemisa, en las afueras de Efeso (19:23-41).

En conjunto, los incidentes que describe Lucas en estos capítulos nos ayudan a percibir por qué muchos percibían al cristianismo como amenaza a la paz del imperio. Las radicales enseñanzas del cristianismo molestaban a los judíos que en esa época conformaban tal vez una décima parte del total de la población del imperio. Surgió gran hostilidad, que creaba problemas para los gobernadores a cargo de hacer respetar la ley y el orden. Y además, la insistencia de los misioneros en cuanto a que los conversos dejaran de tolerar al paganismo y se comprometieran totalmente como Jesús, como Señor, dio lugar a problemas económicos. Los orfebres de Efeso, que veían un riesgo para su medio de vida, ilustran este fenómeno, entre tantos otros casos.

Para nosotros, que vivimos en una cultura donde el cristianismo tiene una presencia fuerte, es difícil entender que el surgimiento de una iglesia gentil pudiera presentar tales desafíos a las creencias e instituciones del siglo primero. Pero la historia de los siglos posteriores da testimonio del hecho de que, a causa de los misioneros como Pablo, el mundo inició un camino que dio lugar a un cambio radical y muchas veces, de confrontación.

ESTUDIO DE PALABRAS

Pero a Pablo no le pareció prudente llevarlo [a Marcos], porque los había abandonado en Panfilia (15:38). El término griego es *exiou*, que proviene del verbo *axioo*, "considerar adecuado, que vale la pena". En este caso Pablo se fijaba en cómo se había comportado Marcos en su primer viaje de misión. Pero Bernabé consideraba aquello que podía llegar a ser Marcos y quería darle una segunda oportunidad. En este caso, el tiempo le dio la razón a Bernabé. Años más tarde marcos escribió el Evangelio que lleva su nombre e incluso Pablo escribió de él: "Recoge a Marcos y tráelo contigo, porque me es de ayuda en mi ministerio" (2 Timoteo 4:11).

Como Bernabé, haremos bien en ver el potencial de los demás en lugar de fijar la mirada en sus errores del pasado.

Se produjo entre ellos un conflicto tan serio que acabaron por separarse (15:39). En el texto griego el término es *paroxysmos*, "irritación, desacuerdo". Es una palabra neutral, a propósito, porque Lucas no quiere asignar culpas. En realidad debemos atribuirles a los dos los mejores motivos: Pablo valoraba el total compromiso con Cristo y Bernabé valoraba el nutrir a los demás.

En ocasiones, hasta los mejores cristianos tendrán desacuerdos y decidirán ir en direcciones distintas. En este caso hubo un resultado positivo de inmediato: la misión se duplicó porque partieron dos grupos misioneros en lugar de uno, a comunicar el Evangelio.

Así que Pablo decidió llevárselo [a Timoteo]. Por causa de los judíos que vivían en aquella región, lo circuncidó, pues todos sabían que su padre era griego (16:3). Algunos han criticado a Pablo por esta acción de "renuncia". Pero el texto nos dice que la madre de Timoteo era judía (16:1). En el judaísmo la identidad racial se establece por parte de la madre, más que del padre. Por eso, Timoteo sería considerado judío por "los judíos que vivían en aquella región" y en tal caso era adecuado circuncidar a Timoteo porque el argumento consistente del apóstol Pablo en el NT es que los creyentes han de expresar su fe a través de las formas culturales que han heredado. No era adecuado que los judíos insistieran en que los cristianos gentiles adoptaran un estilo de vida judío. Por lo tanto, tampoco lo era que Pablo insistiera en que los judíos cristianos abandonaran su estilo de vida judío al convertirse.

Pablo es totalmente consistente cuando hace circuncidar a Timoteo como testimonio ante los judíos de que el compromiso con Jesús no requería que apostataran de sus tan preciadas costumbres judías.

Una vez, cuando íbamos al lugar de oración, nos salió al encuentro una joven esclava que *tenía un espíritu de adivinación*. Con sus poderes ganaba mucho dinero para sus amos (16:16). El texto griego dice que la muchacha tenía un *pneuma pythona*, o "espíritu pitio". En la mitología griega Pitón era una serpiente/dragón que guardaba el oráculo de Apolo. La frase que utiliza Pablo se refería a una persona poseída por un demonio, que servía de vocero de Pitón.

Cuando Pablo exorcizó a la joven, destruyó el valor que ésta tenía para sus amos y se desató una revuelta que derivó en el encarcelamiento de Pablo y Silas. El incidente ilustra además un tema que mencionamos antes en la Exposición. El "artículo editorial" a continuación podría haberse publicado en cualquiera de los periódicos del siglo primero, y nos ayuda a percibir uno de los aspectos del impacto disruptivo que tuvo la difusión del Evangelio dentro del imperio romano.

"ESPÍRITU SANTO" AMENAZA A UNA INDUSTRIA IMPERIAL

Informes del imperio romano indican que una de las industrias más importantes, con niveles de venta de millones de dólares, tal vez esté en peligro a causa de una nueva religión surgida en Oriente.

■ En Samaria, el mago Simón queda atónito ante la capacidad de los cristianos de obrar milagros de verdad. Cuando Simón ofrece pagar por el "Espíritu Santo" que otorga este poder, es amenazado por Pedro, un líder cristiano (Hechos 8:9-25).

■ En Chipre, el hechicero Elimas intenta oponerse a un cristiano llamado Pablo y este hombre que se hace llamar apóstol le deja ciego (Hechos 13:4-12).

■ En Filipo, este mismo hombre, Pablo, echa a un espíritu maligno de una joven esclava que su amo usaba para adivinar la suerte. "¿Cómo vamos a hacer dinero sin ella?", se quejan los amargados dueños. Cuando Pablo es echado en prisión, un terremoto abre las celdas y lo libera. "Pablo utilizó esta magia del 'Espíritu Santo'", dicen entonces los amos de la esclava. "¿Por qué está mal entonces que nosotros ganemos dinero con los demonios?" (Hechos 16:16-40).

■ En Efeso siete exorcistas judíos son golpeados por un hombre poseído por demonios, a quien debían exorcizar. Les habían pagado para hacerlo. Intentan utilizar el nombre "Jesús" como fórmula mágica pero el demonio, que afirmó conocer a Jesús y a Pablo, les azotó de todos modos (Hechos 19:.13-16).

■ En Efeso Pablo convence a la población para que destruyan libros de magia por un valor de $ 5 millones (Hechos 19:17-20).

■ También en Efeso Pablo arruina el negocio de los que hacen y venden imágenes de la diosa Artemisa. Demetrio, jefe de uno de los sindicatos locales, organiza una revuelta con los comerciantes perjudicados. "Tenemos que detener este movimiento o terminaremos desempleados", dice Demetrio.

La preocupación expresada por las víctimas del misionero cristiano no son infundadas. Todos los días nuestros ciudadanos gastan más de $ 80 millones en el ocultismo. Visitan a adivinos. Compran amuletos. Contratan hechiceros y magos para que sanen sus enfermedades o maldigan a sus enemigos. Toda nuestra industria turística se basa en los que visitan ciudades como Efeso donde hay famosos templos y santuarios.

En dos palabras, el imperio ya no puede darse el lujo de tolerar a gente como Pablo, que predica contra la hechicería y la idolatría. Toda nuestra economía se derrumbará si estos fanáticos logran su cometido.

Algunos argumentarán que el mensaje de Pablo es verdad y que el poder de este "Espíritu Santo " y "Jesús" es mayor que el poder de los espíritus de los que dependemos. Tal vez sea cierto. Pero el punto está en que no nos atrevemos a convertirnos al cristianismo. Hay demasiada gente que vive del ocultismo. Es una industria que el imperio sencillamente tiene que respaldar.

Estos hombres son judíos, y están alborotando a nuestra ciudad (16:20). Esta acusación de parte de los amos de la muchacha esclava a la que había sanado Pablo refleja un antisemitismo incipiente que caracterizaba a la mayoría de las ciudades con población judía. Es significativo que los judíos de Filipo no pudieran reunir siquiera a diez hombres, requeridos para poder establecer una sinagoga (16:13) y aún aquí vemos que hay un fuerte sesgo antijudío. La obra de Emil Schürer, Historia del pueblo judío en tiempos de Jesús (Vol. III. 1, p. 132 en inglés), señala:

> Es más bien consistente con el marco histórico en general que los judíos eran perseguidos por las ciudades en tanto la autoridad superior del imperio romano les protegía. El odio contra los judíos se desataba con frecuencia en las ciudades, por supuesto en especial allí donde los judíos tuvieran derechos comunales destacados, como en Alejandría, Antioquía, muchas ciudades de Asia menor y aun en Cesárea de Palestina, donde los paganos y los judíos habían recibido de Herodes el Grande igualdad de derechos. La queja central era, precisamente, que los judíos se negaban a adorar a los dioses de la ciudad. Pero siempre era la autoridad suprema del imperio romano la que protegía la libertad religiosa de los judíos (traducción libre).

La historia registra diversos incidentes que específicamente ilustran el antagonismo de la población en general contra los judíos, una actitud que este versículo refleja. Y también, la historia deja igualmente en claro que poco después, un antagonismo similar estaría dirigido contra los cristianos.

La razón era la misma: se negaban a adorar a los dioses de la comunidad y por ello, se apartaban de la vida comunitaria. Pero tan pronto se hizo evidente que el cristianismo no era una secta judía, el estado dejó de proteger a los seguidores de nuestro Señor.

Cree en el Señor Jesús; así tú y tu familia serán salvos (16:31). Hay una tradición teológica que ve en esta frase un compromiso único del pacto. Los que se encuadran dentro de esta tradición ven en las palabras de Pablo la promesa de Dios de salvar a los hijos de los creyentes.

Esta doctrina de la "salvación del hogar" no implica que una persona pueda ser salva por la fe de sus padres, sino que sugiere que Dios en Su gracia otorgará el don de la fe a los hijos de quienes creen y que el hijo o la hija efectuarán su compromiso personal con el Señor en algún momento de sus vidas.

Aunque no podemos dudar de la gracia que Dios muestra hacia los creyentes con respecto a nuestros hijos, este versículo le da a "casa" un significado que en el siglo primero no se consideraba y por cierto, no es lo que Lucas quiere decir aquí. Exploramos ese significado en El Pasaje en Profundidad, de Hechos 16:31, a continuación.

A nosotros, que *somos ciudadanos romanos*, que nos han azotado públicamente y sin proceso alguno (16:37). En *Studies in Roman Government and Law* [Estudios del gobierno y derecho romano], (Ed. Praeger, p. 54 en inglés), A. H. M. Jones observa que incluso a los gobernadores provinciales romanos se les prohibía "matar, azotar, torturar, condenar o encarcelar a un ciudadano romano que apelara al pueblo, o impedir que un acusado se presentara en Roma". Como ciudadano, Pablo tenía derechos que los magistrados habían violado al responder impulsivamente a los gritos de la multitud. Era una ofensa grave, hecho que se refleja en la "alarma" de las autoridades de la ciudad y su deseo de "apaciguar" a Pablo y a Silas (15:38-39).

Los cristianos tenemos ciudadanía doble. Le debemos lealtad total al cielo. Pero así como vivimos según las leyes de nuestra nación en la tierra, podemos reclamar también todos los derechos que esas leyes nos otorgan.

Todos ellos actúan en contra de los decretos del emperador, afirmando que hay otro rey, uno que se llama Jesús (17:7). Es interesante notar las diversas acusaciones efectuadas ante varios magistrados, como nos lo informan estos capítulos. En Filipo, Pablo y Silas fueron acusados de ser judíos "que están alborotando nuestra ciudad" (16:20-21) y de abogar por costumbres que no se condecían con la ley. En Tesalónica los judíos acusaron falsamente a Pablo y a Silas de desafiar los decretos del César y, en esencia, de afirmar la soberanía de una autoridad que competía con él, Jesús.

Más adelante, en Corinto, otro grupo de judíos acusó a Pablo de andar "persuadiendo a la gente [*ho laos*, es decir el pueblo judío, diferenciado de los gentiles] a adorar a Dios de una manera que va en contra de nuestra ley" (18:13). Y en Efeso la acusación implícita era que habían "desacreditado" a la diosa Artemisa (19:27). A pesar de la furia y los gritos de la muchedumbre, la acusación fue rechazada porque "no han cometido ningún sacrilegio ni han blasfemado contra nuestra diosa" (19:37).

Estos incidentes muestran más aspectos de la disrupción social creada en el imperio romano por la predicación del Evangelio. Y también nos revelan en parte la frustración de los enemigos del cristianismo y las autoridades gubernamentales. ¿Qué acusación válida podía hacerse contra los misioneros? ¿Y en base a qué ley podían pronunciar sentencia los gobernadores?

Finalmente, se halló una solución, que aparece ilustrada en la correspondencia de un gobernador provincial de nombre Plinio y el emperador Trajano (ver recuadro). El cristianismo sencillamente no era una religión *lícita* (sancionada por ley). Así, aunque los cristianos no fueran culpables de crimen alguno per se, sí eran culpables de practicar una superstición, un culto extranjero. Esto constituía violación de la ley romana, base suficiente como para condenar a muerte a los cristianos.

Correspondencia de Plinio y Trajano en cuanto a los cristianos (111-112 DC)

Plinio pide consejo a Trajano:
Jamás he estado presente durante un examen a los cristianos. En consecuencia, no conozco la naturaleza o extensión de los castigos que se les imponen, ni los argumentos para el inicio de una investigación ni hasta dónde ha de seguirse la cuestión. Tampoco estoy seguro de si hay que trazar alguna distinción entre ellos debido a su edad, o si hay que tratar del mismo modo a los jóvenes y a los adultos, o si hay que otorgar el perdón a quien se retracte de sus creencias, o si habiendo profesado el cristianismo, no gana nada si renuncia a éste. Tampoco sé si merece castigo la sola denominación de cristiano aunque la persona no haya cometido un crimen, ni de los crímenes que se asocian con tal denominación.

Más adelante, Plinio escribe una vez más para informar que los ritos cristianos eran inofensivos:
Declararon que la suma total de su culpa o error se resumía a nada más que lo siguiente: se habían reunido con regularidad antes del amanecer en determinado día para cantar versículos en honor de Cristo como si fuera un dios, y de vincularse por juramento, no para propósito criminal alguno sino para abstenerse de robar o cometer adulterio, engañar a quien confía en ellos o negar un depósito cuando se les pide que lo devuelvan. Después de esta ceremonia era su costumbre dispersarse y volver a reunirse más tarde para compartir la comida de manera común e inofensiva.

Trajano respondió en una carta conservada en una colección de correspondencia de Plinio:
Has seguido el curso correcto del procedimiento, mi querido Plinio, al examinar los casos de las personas a quienes se acusa de ser cristianos, porque es imposible establecer una regla general y fórmula fija. No hay que perseguir a esta gente. Si los traen delante de ti y se comprueba la acusación, tienen que ser castigados pero en caso de que alguien niegue ser cristiano y deja en claro que no lo es al ofrecer oraciones a nuestros dioses, deberá ser perdonado como resultado de su arrepentimiento, por sospechosa que haya sido su conducta en el pasado. Los panfletos que circulan anónimamente no deben tener influencia alguna en su acusación. Crean un precedente de la peor especie y no están de acuerdo con el espíritu de nuestra era.

Y así se estableció el principio: los cristianos eran condenados simplemente por su fe. Más tarde, bajo gobernantes menos civilizados, el estado persiguió a los seguidores de Cristo.

Algunos filósofos epicúreos y estoicos entablaron conversación con él [Pablo] (17:18). Estas dos principales escuelas de filosofía, a pesar de sus diferencias, representaban lo mejor que podía producir la cultura pagana en términos de entender el lugar del ser humano en el mundo. Los estoicos ponían su confianza en el raciocinio, en la propia capacidad y el deber moral. Dios infundió todo lo que existe y por eso los estoicos ponían énfasis en vivir en armonía con la naturaleza.

Los epicúreos creían que cualquier dios que pudiera existir no tendría interés alguno en los asuntos humanos. Aunque se les malinterpretaba diciendo que eran hedonistas, los verdaderos epicúreos sostenían que la *ataraxia,* una vida de tranquilidad libre de dolor, de pasiones perturbadoras y temores supersticiosos, era el placer supremo.

A pesar de sus diferencias, los adherentes a ambos grupos suponían que la materia era eterna, negando la posibilidad de un Dios personal que interviniera en asuntos humanos, y les resultaba totalmente ridícula la idea de un futuro juicio y de la resurrección. Las premisas más básicas del paganismo y el cristianismo estaban en conflicto total, del mismo modo en que las premisas básicas del cristianismo están en conflicto con las de la teoría contemporánea de la evolución.

Pablo se puso en medio del Areópago y tomó la palabra (17:22). El sermón de Pablo a los hombres de Atenas ha sido analizado una y otra vez. Tal vez, lo más importante para observar son los esfuerzos de Pablo por encontrar un punto de inicio desde donde argumentar su caso. Como notamos antes, las premisas básicas, o perspectiva del mundo, del cristiano y el pagano eran diametralmente opuestas. Aún así el pensamiento pagano tiene cierta perspectiva de la verdadera naturaleza del Dios que el mismo altar del ateniense demuestra que no conocen (17:23). Aquí Pablo cita a poetas paganos, no como autoridad por lo que está por decir sino sencillamente para ilustrar que hasta los poetas paganos se habían dado cuenta de que no se puede representar a Dios por medio de imágenes materiales. Así, es el Dios verdadero e inmaterial que los paganos vislumbran apenas, el que Pablo les presenta.

EL CONTEXTO DE LAS CITAS DE PABLO

Hicieron una sepultura para ti,
Santo y altísimo,
Los cretinos, siempre mentirosos,
Bestias malvadas, estómagos ociosos!
Pero no estás muerto.
Vives y permaneces por siempre
Porque en ti vivimos y nos movemos
Y somos
Epímenides el cretense, 600 AC

Comencemos por Zeus. Nunca, Oh hombres
Dejemos de mencionarle
Todos los caminos están llenos de Zeus
Y todos los mercados, de seres humanos.
El mar está lleno de él
Así como los puertos.
En todos los aspectos tenemos que ver con Zeus
Porque por cierto somos hijos suyos

Fenómenos
Arato, 310 AC

Recibieron ustedes el Espíritu Santo cuando creyeron?(19:2). El contexto deja en claro que estos hombres eran discípulos de Juan el Bautista. Habían aceptado a Juan como precursor del Mesías pero no habían oído de Jesús aún. Para leer sobre las razones del inusual expediente de la imposición de manos, ver Estudio de Palabras de Hechos 8:15.

EL PASAJE EN PROFUNDIDAD
Pablo y Silas en prisión (Hechos 16:16-40).

Trasfondo. En este pasaje, todo apunta al contexto cultural. Lucas escribe sobre la penetración del Evangelio en el mundo gentil y todos los aspectos reflejan esta orientación. La joven esclava tiene un espíritu pitio; la multitud acusa a Pablo de enseñar "costumbres que a los romanos no se nos prohíbe admitir o practicar" (16:21); el carcelero piensa en suicidarse cuando encuentra abiertas las puertas de la prisión porque en esa sociedad, la persona a cargo de los criminales sufría el castigo que a éstos les correspondía en caso de que los delincuentes escaparan. En el final del relato Pablo es liberado por magistrados avergonzados, después de que él afirma ser ciudadano romano.

En este pasaje todo señala que los misioneros operan en una sociedad pagana, más que judía. Como resultado, tenemos que entender los términos significativos que aparecen en este texto *como los habrían usado y entendido en dicha cultura.*

Interpretación. Esto nos lleva a suponer algo que debe servir de apoyo a nuestra comprensión de la promesa de Pablo al carcelero de Filipo: "Cree en el Señor Jesús; así tú y tu familia serán salvos" (16:31).

Para interpretar nuestro versículo no podemos importar el concepto judío de "familia". Por cierto, tampoco el de la idea moderna de que "familia" se refiere al núcleo familiar que vive en una casa. DE hecho, ni siquiera debemos suponer que sirvan de definición los usos posteriores de "casa" o "familia" en textos cristianos. Tenemos que entender, en cambio, lo que el carcelero mismo como pagano del siglo primero habría entendido cuando Pablo usó esta palabra. Sencillamente, la "familia" romana incluía al *pater familias,* a su esposa, sus hijos y sus esposas, los esclavos de la casa e incluso a cualquier otra persona con quien le vinculara alguna obligación social, como clientes o esclavos libertos.

Cuando Pablo le dijo al carcelero *su kai o oikos sou* "tú y tu familia" , sin duda se refería a más que el hombre, su esposa y los hijos. De hecho, Lucas utiliza este término "familia" en cinco lugares diferentes en Hechos, siempre en referencia a una personas de la clase social suficiente como para tener esclavos o siervos: Cornelio (10:2; 11:14), Lidia (16:15); el carcelero (16:31); y Crispo, el jefe de la sinagoga (18:8).

Pablo utiliza *oikos* (casa) de manera similar, como vemos al comparar 1 Corintios 1:16; 16:15 y Filemón 2. En Filipenses 4:22 Pablo dice "casa (oikias) del emperador". El apóstol por cierto no se refiere a los parientes del César sino a miembros de la guardia pretoriana o a otros en la administración del imperio con quienes había estado en contacto mientras lo tenían prisionero.

Establecido ya este significado de "casa" o "familia", según la traducción, el versículo en cuestión no puede entenderse como compromiso de pacto con los creyentes, de que sus hijos llegarán a la fe personal. La alternativa más probable es la más simple: la promesa que Pablo le hizo al carcelero como promesa a cada uno de los miembros de la familia del carcelero: toda persona que cree será salva. El Evangelio da una gran promesa a toda la humanidad, y cada persona debe elegir si responde o no a esa invitación. Los que sí responden y creen, con certeza serán salvos.

Aplicación. Se ha sugerido otra interpretación para este versículo. Hay quienes señalan que en la cultura romana la cabeza de la casa tenía gran influencia sobre todos los demás, fueran familia inmediata, esclavos o clientes. Así, algunos entienden que la promesa de Pablo implica que la clave a la salvación de una familia está en la acción de fe del jefe de la familia.

Tal vez, en nuestro énfasis en la salvación como decisión individual pasamos por alto la importancia de llegar a quienes tienen influencia en otros. Sea como sea, las palabras de Pablo nos recuerdan dos grandes verdades. La familia de la humanidad está incluida en la promesa que Dios nos hace en Jesús. Sin embargo, cada uno de nosotros como individuo tiene que tomar una decisión de fe que es personal.

Pablo en Efeso (19:1-22)

Trasfondo. Estos pocos versículos se destacan porque hacen referencia al ocultismo. Aquí echamos un vistazo a los exorcistas judíos en acción y leemos sobre la destrucción de libros de magia por un valor de tal vez 5 millones de dólares. Leemos también de "milagros extraordinarios" (19:11) obrados por Pablo, milagros notables por su inusual carácter.

Nos impacta que Efeso, sede de un magnífico templo a Artemisa y que atraía peregrinos de todos los rincones del mundo mediterráneo, fuera también centro de prácticas ocultas. Es un testimonio del hecho de que la religión pública del siglo primero no llegaba a satisfacer las necesidades espirituales del pueblo en general. Hay muchos textos que nos informan sobre la naturaleza de las prácticas del ocultismo en el siglo primero. Al leerlo en nuestros días podemos percibir parte de la desesperación de quienes al no encontrar consuelo ni en la religión pública ni en la filosofía, recurrían a la superstición.

Notemos que se echa luz sobre un incidente que registra Lucas:

Algunos judíos que andaban expulsando espíritus malignos intentaron invocar sobre los endemoniados el nombre del Señor Jesús. Decían: "¡En el nombre de Jesús, a quien Pablo predica, les ordeno que salgan!"

Esto lo hacían siete hijos de un tal Esceva, que era uno de los jefes de los sacerdotes judíos.

Un día el espíritu maligno les replicó: "Conozco a Jesús, y sé quién es Pablo, pero ustedes ¿quiénes son?"

Y abalanzándose sobre ellos, el hombre que tenía el espíritu maligno los dominó a todos. Los maltrató con tanta violencia que huyeron de la casa desnudos y heridos. (19:13-16).

Aunque los sabios condenaban la práctica de la magia, no solo los judíos la practicaban sino que los exorcistas judíos eran muy estimados por sus vecinos paganos. Esto se debía en gran parte a que tanto la magia judía como la pagana presumía de la capacidad para nombrar a un ser sobrenatural como demostración de poder sobre ese ser. El respeto y temor que los judíos tenían por el nombre Jahvé, que hacía que jamás lo pronunciaran, dio lugar a la opinión general de que los exorcistas judíos tenían dominio sobre vastos poderes sobrenaturales. Pero el informe de Lucas en el libro de Hechos deja en claro que algunos suponían que Pablo obraba curas mágicas invocando al nombre de Jesús, y que por eso los astutos exorcistas judíos añadían Su nombre a sus encantamientos.

Un antiguo libro de magia judía, el *Sefer ha Rasim (Libro de los misterios)* nos brinda una lista de seres angelicales a los que se invocaba en diversos encantamientos, suponiendo que estos "ángeles del cuarto escalón" tienen "poder para hacer el bien y el mal": SGR0L, MLKY'L, 'WNBYB, PGRY'L, PRYBY'L, KLNMYY', 'WMY'L, MPNWR, KWZKZYB', 'LPY'L, PRYBY'L, S'QMYH, KDWMY'L, 'SMD1, HWDYH, YHZY'L. El mismo libro ofrece también interesantes instrucciones para maldecir y dar rienda suelta a un enemigo:

> Les entrego, ángeles de lo inquieto que están en el cuarto escalón, la vida, el alma y el espíritu de N hijo de N para que puedan ponerle grilletes y cadenas de hierro, y atarlo con barras de bronce. No otorguen el sueño a sus párpados, ni somnolencia ni cansancio. Dejen que llore y grite como mujer en trabajo de parto y no permitan que nadie le libere.
>
> Escriban esto [en una barra de plomo] y pónganlo en la boca de una cabeza de perro. Sellen la boca con cera y con un anillo que tenga un león grabado. Luego vayan y escóndanlo detrás de su casa o en el lugar por donde entra y sale. Si quieren liberarlo, saquen [la cabeza] del lugar donde está escondida, quiten el sello, retiren el

texto y échenlo en el fuego. Se dormirá al instante. Hagan esto con humildad y les irá bien.

La mayoría de los exorcismo recurrían a fórmulas similares, y a la repetición de palabras carentes de significado. La efectividad del hechizo dependía más de la correcta pronunciación de las palabras que de la humildad u otra característica del exorcista.

Hay una sorprendente semejanza entre las prácticas de magia/exorcismo pagano y judío, incluso milenarias. Por ejemplo, este encantamiento de la antigua Mesopotamia, pronunciado mientras se andaba en círculos ante la entrada de un hogar, con harina seca, no le habría sonado desconocida a los judíos o a los gentiles de la Efeso del tiempo de Pablo.

Fuera, fuera, fuera de aquí, fuera de aquí,
Vete, vete, ¡corre, corre!
Aléjate, vete, fuera de aquí.
Que tu maldad se eleve al cielo como humo.
Sal de mi cuerpo
Sal de mi cuerpo
Abandona mi cuerpo
Deja mi cuerpo
Huye de mi cuerpo
No vueltas a mi cuerpo
No te acerques a mi cuerpo
No vengas cerca de mi cuerpo
No vengas sobre mi cuerpo
Por la vida de Samas, el honorable, te echo
Por la vida de Ea, señor de lo profundo, te echo
Por la vida de Asalluhi, mago de los dioses, te echo
Por la vida de Girra, tu verdugo, te echo
¡Te separarás de veras de mi cuerpo!

Es lamentable que los seres humanos necesiten acudir en su angustia a tales embustes, en su desesperación por encontrar alivio de la enfermedad, la pobreza o el dolor. Desesperados por una esperanza que solo puede encontrarse al conocer y confiar en el Dios viviente.

Interpretación y aplicación. Lucas nos dice que en Efeso Pablo obró "milagros extraordinarios" (19:11). ¿Por qué en Efeso, este centro del ocultismo? Solo podemos ver en las milagrosas sanaciones de Pablo la maravillosa demostración de la gracia de Dios. Porque estos milagros, fuera de lo común incluso en las obras apostólicas, sirvieron como testimonio del poder de Jesús.

Algunos malinterpretaron la naturaleza de ese poder e intentaron unir el nombre del Señor a las prácticas ocultas. Pero otros, que habían practicado la hechicería, lo entendieron. Por fin, ¡aquí estaba lo que habían buscado durante tanto tiempo: la esperanza!

Casi podemos oírles gritando: "¡Jesús es la respuesta!", mientras traen sus rollos y libros de fórmulas mágicas para quemarlos en público.

Lo que ninguna práctica oculta puede lograr, Jesús lo provee.

HECHOS 20–28
Pablo en prisión

EXPOSICIÓN

En estos últimos capítulos de Hechos, Lucas deja su descripción del impacto del Evangelio en la sociedad contemporánea para relatar lo que sucedió con el gran misionero pionero del siglo uno, Pablo. "Obligado por el Espíritu" (20:22), Pablo emprende un doloroso viaje a Jerusalén, un viaje que le apartará de las congregaciones que él ama, y que le pone en riesgo personal.

La despedida de Pablo a los ancianos efesios (20:13-38), único mensaje que Hechos registra como enviado a creyentes, muestra de manera patente la tristeza que causa esa separación. En el camino, las advertencias proféticas ayudan a Pablo a prepararse para lo que le espera (21:1-17): el cautiverio y el peligro demuestre.

En Jerusalén Pablo debe demostrar su solidaridad con su pueblo al someterse a la purificación ritual (21:17-26). Pero mientras está adorando a Dios, unos judíos de la diáspora le reconocen y gritan que está profanando el templo. Fue solo por la intervención romana que Pablo no murió en la revuelta que se produjo entonces (21:27-36). La multitud, sin embargo, calla y escucha lo que Pablo cuenta sobre su conversión, hasta que el apóstol revela que Dios le ha enviado a los detestados gentiles (21:37 – 22:21). Llevado a la fortaleza romana que estaba junto al templo, Pablo evita que lo torturen al afirmar que es ciudadano romano (22:22-29). Aún así, el comandante romano siente que es su deber descubrir exactamente por qué los judíos acusan a Pablo, y hace arreglos para una reunión del Sanedrín. Allí, Pablo afirma que el tema central es la doctrina de la resurrección y con ello crea un revuelo porque los fariseos creen en la resurrección y los saduceos niegan esta posibilidad, y ambas facciones comienzan a discutir a los gritos (22:30 – 23:11).

Cuando se descubre una confabulación para asesinar a Pablo, el comandante romano lo envía con escolta militar a Cesarea, sede del gobernador romano (23:12-35). Después de un juicio inconcluyente ante el gobernador romano Félix, Pablo queda bajo arresto domiciliario durante unos dos años (24:1-27). Cuando Félix es reemplazado por Festo, los judíos vuelven a tratar de condenar a Pablo. Festo entonces decide enviarlo a Jerusalén para un nuevo juicio, y Pablo ejerce entonces su derecho como ciudadano romano a ser juzgado ante una corte imperial en Roma (25:1-12). Antes de que se pueda enviar a Pablo, Festo le pide al rey Agripa, que gobierna el territorio judío y conoce el debate entre judíos y cristianos, que le aconseje en cuanto a cómo encuadrar cualquier acusación que pudiera presentarse en Roma contra el apóstol. Esto le da a Pablo la oportunidad de volver a contar su historia, y a argumentar con convicción a favor del Evangelio no solo ante el gobernador y el rey sino también ante "oficiales de alto rango y ... las personalidades más distinguidas de la ciudad" de Cesarea (25:23-26:32).

Finalmente, después de más de dos años de estar preso en Roma, Pablo, con Lucas acompañándolo, es enviado a Roma, con un guardia. El gráfico relato de Lucas sobre el naufragio, se conoce como el informe escrito más revelador sobre los barcos del siglo primero y las prácticas de navegación de la época (27:1-44). Pero en este relato de Lucas lo que nos importa es el ángel que Dios envía a Pablo, que calma sus temores y le dice que llegará ante el César para presentar su defensa (27:13 – 28:11). La prisión, los peligros, la angustia de estar alejado de las iglesias que Pablo había plantado, forman parte del plan mayor de Dios, de llevar el Evangelio a cada uno de los elementos de la sociedad del imperio.

El libro de los Hechos termina abruptamente. En Roma, Pablo invita a los líderes de la comunidad judía a oír su presentación del movimiento cristiano, esta secta de la "que en todas partes se habla en contra" (28:22). Después de todo un día de estar enseñando, algunos están convencidos pero la mayoría rechaza el mensaje del Evangelio. Lucas concluye su libro con la "última declaración" de Pablo. Como dijo Isaías, el pueblo de Dios del AT ha cerrado sus corazones y sus mentes al Señor. Y así, la salvación de Dios ha sido enviada a un pueblo que sí quiere escuchar: los gentiles (28:17-31).

En cierto sentido esto resume también el propósito de esta obra histórica de Lucas. Ha rastreado los orígenes del movimiento cristiano desde la resurrección de Cristo al florecimiento de una entusiasta comunidad judía mesiánica dentro del judaísmo. Lucas ha presentado los hechos hasta llegar al asombroso descubrimiento de la iglesia en cuanto a que el Evangelio es tanto para los gentiles como para los judíos, y a la decisión del consejo de Jerusalén de que los cristianos gentiles han de ser aceptados como hermanos sin que se les pida que abandonen sus costumbres o cultura. Lucas luego ha pasado a brindarnos un vistazo del impacto de quiebre del mensaje cristiano, divorciado ahora de sus raíces judías, al mundo romano en general. Ese impacto llevaría luego a la condenación oficial de la nueva fe y de sus adherentes.

En tal contexto el informe de los juicios de Pablo sirve a diversos propósitos. El informe hace un seguimiento de la confusión de las autoridades de la ciudad al tener que tratar las acusaciones presentadas contra los cristianos (16-19). Muestra que, al ser interrogado por las más altas autoridades provinciales, Pablo muestra ser inocente de todo crimen. En este sentido Hechos es una apología, una defensa contra posteriores acusaciones de que el cristianismo es un movimiento criminal.

Pero más que eso, el libro de los Hechos en su totalidad, es una afirmación de la intención de Dios de cumplir Su propósito en Cristo. No importa qué hagan los gobiernos o individuos hostiles, la iglesia y el cristiano como individuo, tienen el triunfo asegurado.

ESTUDIO DE PALABRAS

Y ahora tengan en cuenta que voy a Jerusalén *obligado por el Espíritu*, sin saber lo que allí me espera (20:22).

El término griego es *dedemenos*, pretérito perfecto de *deo*, "vincular". El Espíritu Santo le ha comunicado al apóstol la voluntad de Dios, con el resultado de que Pablo ahora tiene que ir a Jerusalén.

Alguien dijo: Nunca dudes en la oscuridad lo que se te mostró en la luz. A pesar del dolor de tener que partir y de la incertidumbre que oculta lo que hay en el futuro, el apóstol permanece firmemente comprometido a hacer la voluntad de Dios.

Así dice el Espíritu Santo: 'De esta manera atarán los judíos de Jerusalén al dueño de este cinturón, y lo entregarán en manos de los gentiles'. (21:11).

Muchos han especulado sobre este y otros mensajes que los profetas le dieron a Pablo de camino a Jerusalén, diciendo que eran "advertencias". Tales comentarios especulan que la determinación de Pablo por ir a Jerusalén surgía de un deseo personal, que por error o engañosamente, se le adjudicó al Espíritu Santo. Pero ¿es esto una advertencia? ¿O es una señal de la gracia de Dios?

En 20:22 (más arriba) Pablo confesó no saber qué le sucedería en Jerusalén. La incertidumbre es una carga muy pesada para cualquiera. Habrá sido muy frustrante para el apóstol sufrir hostilidad de parte de su pueblo sin saber si estaría vivo en un momento más. Pero ¡entonces llegó la palabra de profecía! Pablo iba a sufrir hostilidad. Le atarían o apresarían. Pero sobreviviría y sería entregado a los gentiles y así, cumpliría su misión hacia ese mundo.

¿Es una advertencia? No. Es palabra de gracia y recordatorio de que incluso los hombres de gran fe, como Pablo, necesitan ánimo de parte del Señor. Como lo necesitamos todos.

Llévatelos, toma parte en sus ritos de purificación y paga los gastos que corresponden ... Así todos sabrán que no son ciertos esos informes acerca de ti, sino que tú también vives en obediencia a la ley (21:24). Ha habido comentadores que criticaron a Pablo por haber ido a Jerusalén a pesar de las advertencias del Espíritu Santo. Esos mismos escritores suelen criticar a Pablo por su "hipocresía" de pasar por los ritos de purificación de los judíos. Le adjudican al apóstol los motivos más bajos y le acusan, cuando menos, de prácticas engañosas.

En realidad esas acusaciones son gratuitas. El hecho es que cuando Pablo visitó Jerusalén, eran tiempos difíciles. Mucha gente moría de hambre y al movimiento nacionalista que en una década más aproximadamente, llevaría a la primera revuelta judía y a la destrucción del templo, era ya un movimiento establecido y fuerte. Pablo había llegado con un gran regalo para los creyentes de Jerusalén, enviado por las iglesias gentiles. Pero políticamente no era conveniente que la comunidad cristiana aceptara el regalo ¡identificándose así con los despreciados gentiles!

Por eso, los líderes de la iglesia le dieron a Pablo una sugerencia sabia. Debía pasar por los ritos de purificación a los que se sometía cualquier peregrino judía y pagar los gastos de cuatro hombre que estaban cumpliendo un voto nazarita. Eso era considerado un acto de piedad en el judaísmo, y demostraría la solidaridad de Pablo hacia su propia nación, silenciando tal vez el falso rumor de que el apóstol llamaba a los conversos judíos a negar su identidad cultural. La iglesia entonces podía aceptar el regalo y mostrar así solidaridad con la iglesia mundial, dominada por gentiles.

A Pablo le pareció aceptable el plan por la sencilla razón de que no estaría comprometiendo o negociando nada. Pablo nunca enseñó "a todos los judíos que viven entre los gentiles...que no circunciden a sus hijos ni vivan según nuestras (gentiles) costumbres" (21:21). Lo que Pablo enseñaba era que los cristianos gentiles no debían negar su legado cultural y suponer que al convertirse en judíos podían complacer más a Dios. Para Pablo, la cultura de cada quien era irrelevante, y el compromiso a Dios podía — y debía — expresarse dentro del marco que a cada uno le brindara su sociedad.

Pablo era un hombre que vivía en dos culturas. Y por eso, como la cultura de hecho no es relevante a la relación con Dios, Pablo vivía libremente como gentil entre los gentiles, y como judío entre los judíos. Sin dudarlo, Pablo aceptó la sugerencia, sobre un principio que él mismo había establecido con anterioridad:

Entre los judíos me volví judío, a fin de ganarlos a ellos. Entre los que viven bajo la ley me volví como los que están sometidos a ella (aunque yo mismo no vivo bajo la ley), a fin de ganar a éstos.
Entre los que no tienen la ley me volví como los que están sin ley (aunque no estoy libre de la ley de Dios sino comprometido con la ley de Cristo), a fin de ganar a los que están sin ley.
Entre los débiles me hice débil, a fin de ganar a los débiles. Me hice todo para todos, a fin de salvar a algunos por todos los medios posibles.
Todo esto lo hago por causa del evangelio, para participar de sus frutos (1 Corintios 9:20-23).

Cuando criticamos a otros, o cuando limitamos nuestra propia libertad de acción basándonos en lo que otros opinan sobre lo que es correcto o incorrecto, asegurémonos de que nuestro razonamiento no sea tan superficial como el de quienes aquí criticaban a Pablo.

La multitud estuvo escuchando a Pablo hasta que pronunció *esas palabras*. Entonces levantaron la voz y gritaron: "¡Bórralo de la tierra! ¡Ese tipo no merece vivir!" (22:22). La multitud había estado escuchando en silencio mientras Pablo les hablaba de su conversión, y de que había oído la voz de Jesús. Pero cuando dijo la palabra "gentiles" estallaron de furia. No hace falta más evidencia de que en esos días el nacionalismo era un movimiento extremista, ni necesitamos comprobar la sabiduría de los líderes de la iglesia que le pidieron a Pablo que demostrara respeto por las costumbres judías, sometiéndose al ritual de la purificación.

El comandante se acercó a Pablo y le dijo: — Dime, ¿eres ciudadano romano? (22:27). Nos extraña que el oficial del ejército sencillamente le preguntara sobre su ciudadanía romana y luego aceptara la palabra del acusado de fomentar una revuelta, en cuanto a que en realidad era ciudadano romano. Pero en el siglo primero nadie tenía pasaporte, ni documento de identidad, ni estaba empadronado como votante. En ese momento la ciudadanía era una rareza, y el *diploma civitatis Romanae* se entregaba a las personas solo si se contaba con archivos familiares en cuanto a un servicio o posición social, por lo cual se registraba el nombre del nuevo ciudadano en Roma y se le incluía en la lista de ciudadanos del registro municipal local. Los ciudadanos romanos no llevaban consigo identificación alguna cuando viajaban, ni vestían de manera que se les pudiera identificar.

En el siglo primero, la palabra que afirmara ciudadanía bastaba. Tal vez no es tan difícil entenderlo si vemos que la ley romana dictaba que quien falsamente afirmara ser ciudadano o falsificara documentación, sería condenado a muerte.

Me están juzgando porque he puesto mi esperanza en la resurrección de los muertos (23:6). Aquí, una vez más los comentaristas han acusado a Pablo de no ser sincero y de recurrir al engaño. Y por cierto, si las palabras de Pablo hubieran sido un ardid, logró su cometido porque los setenta y un hombres sentados en el tribunal, se dividieron, con los fariseos defendiendo a Pablo y los saduceos, acusándolo.

Pero aunque no queremos dedicarnos a destacar los errores humanos de los grandes hombres y mujeres de la fe a lo largo de la historia, tampoco queremos imputar fallas donde tal vez no las haya. Como principio general, es mejor aceptar la interpretación que vislumbra algo positivo en cualquier acción, a menos que haya algo en el texto que deje en evidencia que de hecho, la acción fue errada o que surgió de motivos equivocados.

En este caso tenemos que recordar que Pablo hablaba y creía en la resurrección dentro del marco provisto por la resurrección de Cristo de entre los muertos. En sentido real, todo el Evangelio cristiano tiene que ver con la resurrección, con la de Él y la nuestra. Pablo les había escrito antes a los de Corinto: "Y si Cristo no ha resucitado, nuestra predicación no sirve para nada, como tampoco la fe de ustedes", y "Y si Cristo no ha resucitado, la fe de ustedes es ilusoria y todavía están en sus pecados" (15:14, 17).

La validez de todo el ministerio de Pablo, así como su entendimiento del AT y su esperanza para el futuro, se apoyaban en la resurrección de Jesús.

Así, la afirmación de Pablo en este pasaje "Me están juzgando porque he puesto mi esperanza en la resurrección de los muertos", es completamente verdadera, y señala de manera aguda el tema que ocupaba no solo al pueblo judío sino a todo el mundo romano.

El texto nos dice que "apenas dijo esto" (23:7) los fariseos y saduceos iniciaron una acalorada discusión, porque estos dos partidos tenían diferencias teológicas. Tal vez lo lamentable es que en lugar de ocuparse de la cuestión que presentaba la afirmación de Pablo — "¿Ha resucitado Cristo y tenemos por eso esperanza?" — el Sanedrín volvió a su antiguo y amargo debate teológico.

Vemos esto con mucha frecuencia en nuestros propios intentos de dar testimonio. Presentamos el tema: Cristo. Y enseguida, la persona con la que estamos hablando cambia de tema para centrarse en alguna cuestión teológica más segura, donde se pueda debatir sin la necesidad que existe en toda confrontación con el evangelio. No hay necesidad de debatir, sino de tomar una decisión personal, definitiva y transformadora de la vida.

Nosotros hemos jurado bajo maldición no comer nada hasta que logremos matar a Pablo (23:14). Números 30:2 declara: "Cuando un hombre haga un voto al Señor, o bajo juramento haga un compromiso, no deberá faltar a su palabra sino que cumplirá con todo lo prometido". Ahora, no supongamos que los 40 hombres que hicieron ante el sumo sacerdote el juramento de asesinar a Pablo murieron de hambre.

La Guía de Referencia a la edición de Steinsaltz del *Talmud* (Random House, 1989), describe un concepto halájico (interpretativo y aplicativo) conocido como *se'elat lehakam*, "pedido [formulado] a un académico". La explicación que brinda la guía de referencia es: "Si una persona jura o hace un voto bajo juramento, o consagra propiedad y luego lamenta haberlo hecho, puede ir ante un estudioso y pedirle que le libre de su compromiso" (p. 259).

El Talmud de Jerusalén (*Avod. Sar.40a*) ilustra este principio, con una impactante similitud con la historia de Lucas: "Si un hombre jura abstenerse de comer, maldito sea si come y maldito sea si no come. Si come, peca contra su juramento. Y si no come, peca contra su vida. ¿Qué ha de hacer entonces? Que se presente ante los sabios y ellos le absolverán de su juramento".

Sin duda, más allá de lo que manda Números, los 40 asesinos que no lograron su cometido habrá corrido a ver a uno de los rabíes después de que Pablo fuera escoltado a Cesarea. Le pedirían que les absuelva de su juramento.

Escribió una carta en estos términos (23:25). El texto en griego dice *echousan ton tupon touton*, o "con este patrón". Lucas no afirma haber visto una copia de la carta, pero deja en claro que informa el sentido de la misiva.

¡Apelo al emperador! (25:11). Los ciudadanos romanos tenían derecho a apelar al emperador (*provocatio ad Caesarem*). Durante el siglo primero este derecho podía ser ejercido por los ciudadanos romanos que vivían fuera de Italia únicamente en caso *extra ordinem*, o más allá de la competencia normal de un gobernador provincia y particularmente si había posibilidad de que se aplicara la pena de muerte.

Posteriormente se amplió este derecho, al ampliarse la ciudadanía.

Al llegar Pablo a este punto de su defensa, Festo interrumpió. — ¡Estás loco, Pablo! — le gritó —. El mucho estudio te ha hecho perder la cabeza (26:24). La idea de la resurrección le era tan ajena al romano y práctico Festo, como a los saduceos. Festo concluye que al haberse dedicado tanto a su tradición, Pablo ha perdido la cordura (*mainomai*, "loco"). En esencia, Festo acusa de Pablo de ser totalmente irracional. Se ha metido de lleno en una religión que no tiene sentido alguno.

La respuesta de Pablo es que sus palabras y su posición son *aletheis kai sophrosynes* (26:25), tanto verdaderas como razonables. Sus palabras significan "en armonía con la realidad" y "racional, cuerdo". Todo lo que afirma Pablo puede probarse para satisfacción de quienes tienen la mente sana.

Publio, el *funcionario principal de la isla* (28:7). Las inscripciones en latín de esta época dicen que en el siglo primero el gobernador romano de Malta era conocido como "primer hombre de la isla". Aquí, como en el resto de Hechos, el texto presenta evidencia del conocimiento preciso y de primera mano de los lugares y sucesos que se informan en este fidedigno documento histórico.

EL PASAJE EN PROFUNDIDAD

Anteriormente Lucas nos ha brindado reveladoras imágenes de la reacción de distintas ciudades del imperio ante el Evangelio y sus mensajeros. En estos capítulos que relatan el viaje de Pablo en su regreso a Jerusalén, su tiempo como prisionero en Cesarea, y su viaje a Roma para ser juzgado, Lucas nos presenta a varias personalidades fascinantes del siglo uno. Si la descripción que hace Lucas de Efeso, ciudad del templo corrupta por la práctica del ocultismo, nos recuerda que la sociedad necesita renovación espiritual, el conocer un poco a las personas importantes que Lucas presenta también nos recuerda que todo ser humano tiene una necesidad *personal*: la de la salvación y el perdón de los pecados.

El sumo sacerdote Ananías (23:2). Ananías, hijo de Nedabeo, fue sumo sacerdote entre los años 48 y 58 o 59 DC. Aunque era muy rico, se le conocía por su codicia. No titubeaba en utilizar la violencia y el asesinato para lograr su cometido. Josefo dice que sus sirvientes iban a las moliendas y tomaban el diezmo que les correspondía a los sacerdotes comunes. Es interesante observar que el Talmud (*Pesahim 57a*) contiene una parodia del Salmo 24:7 que pone en ridículo a Ananías, a causa de su codicia:

"Levántense, Oh, puertas, para que pueda entrar Yhanan ben Narbai, discípulo de Pinqai (plato de carne) y llene su estómago con los sacrificios divinos".

Ananías, como muchos otros hombres acaudalados, apoyaba al régimen romano. Esto, junto con su carácter avaro y brutal, le valía el desprecio del pueblo, cada vez más nacionalista. Cuando estalló la rebelión contra Roma en el año 66, el pueblo arrastró a Ananías desde su escondite hasta el lugar donde lo ejecutaron.

Vemos a Ananías en Hechos 23, actuando según su carácter, violando la ley que debía hacer cumplir al mandar azotar a Pablo. La respuesta de Pablo fue profética, aunque apresurada: "¡Hipócrita, a usted también lo va a golpear Dios! — reaccionó Pablo —. ¡Ahí está sentado para juzgarme según la ley!, ¿y usted mismo viola la ley al mandar que me golpeen?"

El gobernador Félix (Hechos 24). Si tomamos lo dicho por Tertulio, orador profesional que empleaban los líderes judíos para que presentara su caso contra Pablo, concluiríamos que Félix era un hombre de lo más admirable. Después de todo, según Tertulio,

"Disfrutamos de un largo período de paz bajo su gobierno y su capacidad de previsión ha producido reformas en esta nación, En todas partes y en todos los aspectos, excelentísimo Félix, reconocemos esto con profunda gratitud" (24:2-3).

De hecho, tal halago no podría haber estado más alejado de la verdad. Antonias Félix nació esclavo en el hogar de Antonia, madre del emperador Claudio. Claudio lo nombró gobernador de Judea en el año 48 DC, aunque tal puesto tradicionalmente estaba reservado a romanos que tuvieran rango de ecuestres, como mínimo. Según Josefo, durante el gobierno de Félix hubo insurrecciones y revueltas, que reprimió con franca brutalidad. El historiador romano Tácito le llamó "maestro de la crueldad y la lujuria que ejerció poderes de rey con espíritu de esclavo".

Es interesante observar que este hombre cruel y codicioso se casara con tres mujeres, todas princesas. La última fue Drusilla, hija menor del rey Agripa I, que abandonó a su esposo por Félix.

Por cierto, el judío promedio que oyera los dichos de Tertulio sobre este hombre conocido por su ferocidad y brutalidad, habría quedado anonadado. ¿Cuál período de paz? ¿Qué reformas? ¿Qué gratitud del pueblo se había ganado? Por cierto no era Félix este hombre tan elogiado, porque durante su gobierno entre los años 52 y 59, dio muestras de lo terriblemente corrupto que puede llegar a ser el corazón humano. El mal uso que Félix hizo de su autoridad deja en claro sin lugar a dudas su gran necesidad del Evangelio y de la transformación interior que Cristo promete a todo el que cree.

Drusilla (24:24). Drusilla fue la tercera esposa de Félix, y como se mencionó antes, hija del Herodes Agripa I. Siendo adolescente se casó con Azizo, gobernador de Emesa, y Azizo se convirtió al judaísmo para casarse con ella. Pero la belleza de Drusilla atrajo a Félix y al mismo tiempo, parece que la crueldad del éste atrajo a Drusila. De modo que ella abandonó a su esposo para casarse con el pagano Félix. Sus motivos parecen haber sido el deseo de una mayor posición social y el poder, aunque Félix parece haberse casado con ella por amor.

El texto nos dice que al principio Félix y Drusila mandaron llamar a Pablo y escucharon sus palabras sobre "la justicia, el dominio propio y el juicio venidero" (24:25). Este mensaje, que hablaba directamente a la pareja por su estilo de vida, parece haber desagradado especialmente a Drusila. Aunque Félix habló con Pablo "con frecuencia" (24:26-27) durante los siguientes dos años, no hay mención de que Drusila volviera a escuchar al apóstol.

¿Qué sucedió con Félix y Drusila cuando el gobernador fue llamado de regreso a Roma por parte de Nerón? No lo sabemos, porque sencillamente parecen desaparecer de la historia.

Festo (25:1-12). Nada se sabe de Festo antes de su asunción como gobernador de Judea en 59 o 60 DC. Heredó un territorio hostil y con muchos problemas de larga data, exacerbados durante el cruel gobierno de Félix. Lucas nos presenta a este hombre como alguien de buenas intenciones pero sin certidumbres, que se esfuerzo por llegar a entender a este pueblo difícil, que ahora debe gobernar. La historia no nos dice mucho sobre el tipo de gobernador que fue Festo, porque murió en funciones, en el año 62 DC.

El rey Agripa (25:13). Su nombre completo era Marco Julio Agripa II, y era bisnieto de Herodes el Grande. Fue criado en Roma, como su padre, pero tenía 17 años cuando su padre murió en el año 44 DC (ver Estudio de Palabras de Hechos 12:1). Seis años más tarde, a la muerte de un tío, Agripa fue nombrado rey de Calcis por el emperador Claudio. En 53 DC le fue asignado un territorio mayor que el de Calcis, al norte de Judea. Nerón amplió las tierras bajo su gobierno en el año 56. Aunque Agripa gobernaba territorio poblado mayoritariamente por judíos, se esforzó por evitar la insurrección del año 66, que culminó con la destrucción de Jerusalén y su templo.

Durante la guerra Agripa permaneció firme del lado de Roma, y después de que se reprimiera la rebelión fue recompensado por Vespasiano, con las tierras que gobernaba más otras áreas adicionales. La historia no registra que haya tenido descendientes. Con su muerte desapareció la línea herodiana.

Tal vez sea Hechos 26:25-32 el pasaje que nos brinde el retrato más acabado de Agripa. Festo interrumpe a Pablo, que está presentando a Cristo, gritando: "¡Has perdido la cordura!", y Pablo responde: "No estoy loco, excelentísimo Festo ... Lo que digo es cierto y sensato". Luego mira a Agripa y dice que el rey está familiarizado con estas cosas (26:26). Con una frase muy breve, Pablo pone a Agripa en el centro de atención de todos: "Rey Agripa, ¿cree usted en los profetas?. ¡A mí me consta que sí!" (26:27).

Casi podemos percibir la tensión que genera tal afirmación. Todas las miradas se vuelven a Agripa. Festo, incrédulo y tal vez atónito, quiere ver qué dirá el rey. Agripa hace una pausa mientras piensa cómo responder. Sí cree en los profetas. El Talmud (*b. Pesahim 88b*), dice que la madre de Agripa estaba profundamente interesada en la religión judía y los romanos acudía a Gripa como experto en esa fe, de la que tan poco entendían. Aun así, ¿cómo puede admitir Agripa dar credibilidad a una doctrina que el gobernador romanos acaba de llamar demente? Y luego Agripa espeta una frase muy distorsionada en la traducción al inglés de la King James Version: "Un poco más y me convences a hacerme cristiano" (26:27). Otras versiones son más claras, y lo traducen como: "¿Piensas hacerme cristiano en tan poco tiempo?" (DHH).

No es una broma buena, pero basta para que Pablo le responda a Agripa: "Sea por poco o por mucho — le replicó Pablo —, le pido a Dios que no sólo usted, sino también todos los que me están escuchando hoy, lleguen a ser como yo, aunque sin estas cadenas", levantando las manos y en tono de ironía. Con esta frase de Pablo, se alivia la tensión y los hombres y mujeres importantes del séquito del gobernador salen de la habitación.

Al salir, Agripa le dice a Festo: "Se podría poner en libertad a este hombre si no hubiera apelado al emperador" (26:32).

De hecho, tanto Agripa como Festo sabían muy bien que el gobernador tenía autoridad para liberar a Pablo después de la apelación. Lo que no tenía era autoridad para condenarlo. Pero en su observación Agripa estaba expresando una aprobación tácita, a un curso político que demostraría sabiduría. No había nada de provecho si Festo liberaba a Pablo y se apartaba así de la población a la que tenía que gobernar. ¡Mejor era enviarlo a Roma! Porque allí ya no sería problema para Festo y no podría el apóstol presentarle a Agripa el desafío de tomar una decisión que el rey desesperadamente prefería postergar.

Agripa tenía una enorme necesidad. Porque de las observaciones de Pablo llegamos a la conclusión de que él sabía que la afirmación de Cristo era "verdadera y razonable", pero a Agripa le importaba más la aprobación de Festo que la de Dios. Aunque era rey, su debilidad como hombre le impedía defender la verdad. Y debido a su debilidad quería librarse de este hombre que había expuesto a la luz sus defectos, ante él mismo y ante el mundo.

Berenice (25:23). Hoy llamaríamos a Berenice Verónica, su nombre en latín. En el siglo primero, se le daban nombre diversos.

Berenice era hermana de Agripa, un año menor que el rey. Había estado casada con su tío Herodes de Calcis, pero cuando éste murió ella fue a vivir con su hermano. El escritor romano Juvenal y el judío Josefo, también escritos, informan sobre persistentes rumores en torno a una relación incestuosa entre Agripa y Berenice. Aparentemente, su breve matrimonio con el rey Polamo de Silicia en el año 63, fue un intento por silenciar estos rumores. Pero tres años más tarde, Berenice estaba de nuevo viviendo con su hermano. Después de la guerra romana, Berenice fue amante de Tito, comandante del ejército que luego llegó a ser emperador. Ella siguió a Tito hasta Roma en el año 75 DC, pero la opinión pública obligó a ambos a romper su amorío, ya público, y Berenice debió abandonar la ciudad. Fue presurosa a Roma en el momento en que nombraron emperador a Tito, en el año 79 pero una vez más, éste se vio obligado a ignorarla. Después de esto Berenice regresó a Palestina.

La vida nómade de Berenice sugiere que buscaba una plenitud que nunca logró encontrar. No era solo el hombre promedio del siglo primero quien vivía una vida de "callada desesperación". Si dejamos de lado los palacios, las joyas, la pompa y las finas vestiduras, veremos que la gente bella de la historia también era frágil y se sentía tan vacía como los demás. Incluso hoy, buscan y buscan en los tesoros del mundo pero no llegan a encontrar nada que dé sentido a sus vidas, o que brinde un valor que no tenga que ver con sus posesiones materiales. Berenice nos recuerda que todo ser humano necesita desesperadamente buscar más allá de lo que tiene para ofrecer el mundo, para encontrar verdadera plenitud en una relación personal con Dios.

Resumen. Sería un error sugerir que no había hombres y mujeres buenos y sensibles en el siglo primero. La correspondencia entre Plinio y Trajano (ver Estudio de palabras de Hechos 17:7), sugiere que había en muchas personas una disposición humanista moderada y hasta admirable, que caracterizaba al menos a una parte de los poderosos en el mundo pagano. Pero incluso los "buenos" no llegan a los parámetros de la justicia de Dios, y necesitan un Salvador tanto como los malvados.

ROMANOS 1-3
La justicia por fe

EXPOSICIÓN

Con buena razón, el libro de Romanos ha sido llamado el mayor tratado teológico del cristianismo. Pablo, que en Hechos se nos presenta como el prototipo del misionero, aquí se revela también como gran teólogo.

Este segundo rol no fue buscado por el apóstol. Es que a medida que se difundía el Evangelio, la constitución de la iglesia pasó de ser predominantemente judía a predominantemente gentil. Con ese cambio surgieron grandes preguntas. ¿Cómo podía el Dios que había escogido a los judíos recibir ahora a los gentiles paganos? ¿Cómo podía Aquel que reveló Su Ley a través de Moisés, construir una comunidad donde esa Ley ya no sería como fundamento de la vida en comunidad? ¿No era la supuesta ofrenda de salvación de Dios "por la fe" a quienes estaban fuera de Su antiguo pacto con Israel, una incoherencia en al mejor de los casos y en el peor, una negación de Su Palabra misma? Obligado a debatir cuestiones como esta durante sus viajes de misión, Pablo recurrió a su maestría del AT, y a la guía del Espíritu Santo en la revelación del propósito de Dios, brindando así la respuesta definitiva del cristianismo.

En su forma más simple, la respuesta es la siguiente: los seres humanos tienen que ser justos para poder estar en comunión con el santo Dios. Pero ni los judíos ni los gentiles son justos. Por eso Dios actuó en Cristo para darnos la justicia, como regalo, que ambos hemos de recibir por la fe.

Aunque la respuesta es simple, sus implicancias se multiplican. Pablo comienza a describir en Romanos el impacto de esta justicia "por la fe", ante la comunidad que se ha formado. El desarrollo que hace Pablo de estas implicancias aparece en el cuadro que presentamos a continuación. Los primeros tres capítulos de Romanos presentan el argumento de Pablo, y un mensaje esencial: tanto los judíos como los gentiles carecen de justicia y por ello son objeto de la ira de Dios.

Romanos comienza con saludos personales de parte de Pablo, apóstol de Jesús, el Hijo de Dios, a los santos que están en Roma (1:1-17). Después de expresar su deseo de conocer a los creyentes de esta ciudad que jamás ha visitado, Pablo presenta su tema: Dios en el Evangelio ha revelado que la justicia es "de Dios"; una justicia que en todo recibimos "por la fe" (1:16-17). De inmediato, lanza su argumento. La corrupción de la humanidad demuestra tanto su falta de justicia como la ira de Dios (1:18-32). Esto vale tanto para el gentil (2:1-16) como para el judío (2:17-29). Es una realidad que establecen claramente las Escrituras, al afirmar que "No hay un solo justo, ni siquiera uno" (3:1-18). Sea que la luz moral se derive de lo que Dios ha plantado en la naturaleza humana, o la que Él revela en la Ley de Moisés, lo mismo da. Toda ley, natural o revelada, establece parámetros con los que puede estar de acuerdo el ser humano ¡pero que ninguno cumple! Así, lo único que puede hacer cualquier parámetro de justicia es condenar a quien lo afirma y hacer que esa persona sea consciente del pecado y de que habrá de rendir cuentas ante Dios (3:19-20).

La conclusión de que "todos han pecado" podría compararse con el negro terciopelo sobre el que se presenta en todo su esplendor un magnífico diamante, que por contraste se aprecia mucho mejor. Contra la oscura amenaza de la impotencia del hombre Pablo exhibe como gema y centro la gracia de Dios. Sí, en Jesucristo, Dios reveló Su ira contra el pecado. Y sin embargo en asombrosa contradicción, la llama de la ira contra el pecado que tan ardiente refulgió en el Calvario, transformó ese mismo acto de juicio. Jesús, el Hijo de Dios, resucitó triunfante de entre las cenizas, para ser el canal por el que fluyen la gracia y la redención de Dios hacia todo el que Le busca con fe sencilla (3:21-31). En Cristo, la mala noticia se convierte en el Evangelio y la acusación de que todos han pecado se transforma en mensaje de esperanza. Porque solo aquel que reconoce el pecado y abandona todo esfuerzo por justificarse a sí mismo buscará a Jesús como única esperanza, encontrando en Él el regalo de la justificación que Dios da libremente a todo el que está dispuesto a creer.

Romanos

Revelación de la justicia de Dios

I. Introducción (1:1-17)
  A. Saludos (1:7)
  B. Asuntos personales 81:8-13)
  C. Tema (1:14-17)

II. Libertad: la justicia como regalo (1:18-5:21)
  A. Necesidad universal de justicia (1:18-3:21)
    1. Culpa de los gentiles (1:18-32)
    2. Culpa de los judíos (2:1-3:8)
    3. Prueba de la culpa universal (3:9-20)
  B. Provisión de justicia (3:21-26)
  C. Armonización: la justificación y la ley (3:27-31)
  D. Ilustración: justificación en el Antiguo Testamento (4:1-25)
    1. Abraham, David y la justificación (4:1-8)
    2. Circuncisión y justificación (4:9-12)
    3. Herencia y justificación (4:13-17)
    4. Fe y justificación (4:18-25)
  E. Exaltación: Certeza de la justificación (5:1-11)
  F. Conjunto: la universalidad de la justificación (5:12-21)

III. Victoria: la vida justa es posible (6-8)
  A. La base para la victoria: la unión con Cristo (6:1-14)
  B. El principio: esclavos de la justicia (6:15-23)
  C. La relación: Liberados de la Ley (7:1-25)
    1. La ley y el creyente (7:1-16)
    2. La ley y el pecado (7:7-12)
    3. El pecado que habita en el hombre, y el creyente (7:13-25)
  D. El poder: El Espíritu dentro de nosotros (8:1-17)
  E. El fin: la glorificación (8:18-39)

IV. Historia: La justicia, una certeza (9:1-33)
  B. El rechazo actual de Israel es justo (9:1-33)
  B. Explicación del rechazo actual de Israel (10:1-21)
  D. El rechazo no es completo (11:1-36)
    1. No es total (11:1-10)
    2. No es definitivo (11:11-36)

V. Comunidad: una realidad en justicia (12-16)
  A. El impacto de Cristo (12-13)
    1. En la comunidad (12:1-21)
    2. En la sociedad (13:1-14)
  B. La actitud de Cristo encarnada (14:1-15:13)
    1. No juzgar (14:1-13)
    2. Sacrificio propio (14:13-15:4)
    3. Con propósito (15:5-13)
  C. Despedidas de Pablo (15:14-16:27)

Romanos. Este libro toma su nombre de la ciudad a la que fue enviado el mensaje. Anteriormente, Roma tenía una comunidad numerosa de judíos; en la era de Augusto, unos 40.000 habitantes, o el 5 por ciento en la población, eran judíos. Suetonio informa que durante el reinado de Claudio hubo revueltas entre los judíos a "instigación" de un cierto "Cresto". Los académicos debaten sobre la fecha, si fue en el año 41, 46 o 49 DC. Pero la mayoría ve como posible causa de estas revueltas una disputa en la comunidad judía entre los tradicionalistas y los seguidores de Cristo.

Como resultado de tales revueltas el emperador envió al exilio a una cantidad de líderes de ambos grupos (que tal vez incluyeran a Aquila y Priscila: Hechos 18:2; Romanos 16:3), y clausuró las sinagogas. Sin duda esto avivó la ruptura entre la iglesia romana y la comunidad judía. Pero cuando Claudio murió en el año 54 DC, se permitió el regreso de los exiliados judíos. Por eso, cuando Pablo les escribió esta carta a los romanos, tal vez en el año 57, muchos de los exiliados judíos y cristianos habían regresado ya a la capital del imperio.

No sería de extrañar que aunque las casas-iglesias cristianas y la comunidad judía estuvieran bien diferenciadas, surgieran de nuevo las preguntas del antiguo debate que acosaba a los cristianos judíos y gentiles. Y para responder esas preguntas no había nadie más calificado que Pablo, el fariseo que además era ciudadano romano, el hombre de dos culturas que entendía tan bien a ambos mundos: el de los judíos y el de los gentiles.

Pablo, siervo de Cristo Jesús (1:1). Aquí el término griego para siervo es *doulos*, "esclavo". En la cultura helenística se consideraba una vergüenza ser esclavo. Pero Pablo busca dejar en claro su identidad. Es un esclavo de Cristo, atado a la voluntad de Jesús más que a la propia. Fue Jesús quien lo llamó al apostolado, y lo apartó (*aphorismenos*: consagrado, comisionado) por el Evangelio. Pablo escribe como representante de Cristo, para servir a los propósitos de Jesús y no a sus propios propósitos.

Es especial poder decir "Soy un *doulos* de Cristo Jesús", y saber que Su voluntad me importa más que la mía. No habrá jamás otro Apóstol Pablo. Pero el más humilde de los cristianos podrá afirmar con Pablo, "Soy *doulos* de Jesús". Usted puede decirlo, y también yo. Siempre y cuando lo creamos y lo vivamos así.

Jesucristo nuestro Señor (1:3-4). Pablo ha establecido cuál es su identidad. Ahora, deja en claro la identidad de Aquel a quien sirve, a Aquel de quien es *doulos*. Jesús es humano y eso lo demuestra Su línea de descendencia, de David. Y es Dios, y lo demuestra "designado por poder" (1:4) como Hijo de Dios mediante Su resurrección. La frase dice "*oristhentos uiou theu en dunamei*". Aquí la primera palabra se entiende más acabadamente como "designado oficialmente". Así como el hijo mayor de un rey humano es, de hecho, su heredero, en casi toda sociedad hay una ceremonia en la que se le designa oficialmente como sucesor de su padre. Jesús no se convirtió en Hijo de Dios en virtud de la resurrección. Más bien, ese acto de poder que no podemos siquiera imaginar, fue el anuncio público y oficial de parte de Dios, de la posición que Jesús siempre tuvo, en virtud de Su eterna condición de Hijo Suyo.

No tomemos este libro de Romanos como obra de teología de un mero ser humano. Pablo habla como apóstol, mensajero, de Jesús el Hijo de Dios. Romanos, como el resto del NT, es la Palabra de Dios, con autoridad de tal Palabra.

A todos ustedes, los amados de Dios que están en Roma, que han sido *llamados a ser santos* (1:7). La frase en griego es *kletois hagiois*, "llamados santos". Conocemos ya la identidad de Pablo y la identidad de Jesús. ¿Quiénes son los que reciben esta carta? Pablo dice que son los "llamados santos" de Dios, aquellos que son santos en virtud de haber sido llamados.

La palabra "santos" tiene raíces en el AT, profundas en el sentido de "apartados para uso exclusivo de Dios". Así como los objetos utilizados en la adoración del templo no debían utilizarse para usos comunes o impuros, Dios ha apartado a aquellos a quienes Él llama en el Evangelio, para Sí y para que Le sirvan.

Mejor dicho, para que *unos a otros nos animemos con la fe que compartimos* (1:12). Pablo desea con avidez ministrar a estos creyentes de Roma (1:11). Pero su entusiasmo a veces lo supera. Tiene mucho que aportar, pero casi implícitamente niega una verdad que más tarde desarrollará en detalle. Los cristianos son interdependientes. La congregación en la que el pastor es tan sensible como el Apóstol Pablo al peligro mayor del liderazgo espiritual, es una congregación bendecida. Existe el peligro del orgullo que presume que el pastor o la pastora instruyen sin necesidad de aprender de los demás, que escucha pero que nunca cuenta lo suyo, que aconseja pero que nunca pide consejo.

No me avergüenzo del evangelio (1:16). "Vergüenza" (*epaischunomai*), en el NT, es la caída en desgracia de quien ha puesto su confianza en algo vago o sin valor alguno y que queda en evidencia por ello. Pablo está convencido de que no se equivoca al poner su confianza en Cristo, y apuesta su vida entera a la confiabilidad del Evangelio.

Tal vez, lo más importante es que si también nosotros vivimos y actuamos como "santos llamados" de Dios, en la convicción de que Cristo es real ¡Dios no tendrá causa para avergonzarse de nosotros!

A la verdad, no me avergüenzo del evangelio, pues es poder de Dios para la salvación de todos los que creen (1:16). Poder es *dunamis*. Y no es, como suponen algunos, la fuerza explosiva (dinamita) de Dios, sino la inagotable energía que Le permite transformar a los seres humanos desde adentro.

El concepto que subyace a "salvación" mantiene nuestra atención centrada en lo interno. En el AT, "salvación" suele hacer referencia a enemigos externos, pero en el NT, habla mayormente de librarnos del poder de corrupción, temiendo a las eternas consecuencias del pecado. Aquí Pablo quizá espera que sus lectores piensen también en el uso cotidiano del término en el siglo primero, cuando *soteria* significaba "salud, seguridad, preservación". El Evangelio es el poder de Dios, un poder que fluye a todo el que cree, para librarnos de las ruinosas consecuencias de nuestro pecado y hacernos por fin espiritualmente sanos.

De hecho, en el evangelio se revela la justicia que proviene de Dios, la cual es por fe de principio a fin, tal como está escrito: *"El justo vivirá por la fe"* **(1:17;** Habacuc 2:4). Ver el artículo a continuación para mayor información sobre la naturaleza de La justicia. En esta declaración es importante notar que Pablo vuelve al AT para establecer el vínculo esencial entre la justicia y la fe.

En la comunidad judía habría muchos que entenderían que el versículo de Habacuc enseñaba que el hombre justo viviría por su fidelidad a la Ley de Moisés pero Pablo va a demostrar lo que realmente significa el versículo del Antiguo Testamento, y lo que enseña consistentemente el texto del AT: el hombre justo es el que vive *por su confianza* en Dios.

LA JUSTICIA

Las palabras hebreas que se traducen como "justo" y "justicia" tienen como raíz SDQ. Cada una refleja la convicción de que las personas son justas cuando sus acciones están de acuerdo con un parámetro establecido, y presuponen que ese parámetro es la voluntad de Dios según está revelada en Su Ley. Al alabar al Señor como "Dios justo" (Salmo 4:1; Isaías 45:21), cuyos actos son "siempre justos" (ver Jeremías 12:1; Salmo 71:24) el AT deja en claro que más allá de esto la justicia absoluta Le pertenece únicamente a Dios. Así, Dios Mismo es el parámetro que el ser humano debe igualar porque la voluntad de Dios expresa Su carácter esencial.

El AT identifica dos formas especiales en que Dios exhibe Su justicia en Su relación con los seres humanos. Dios detesta la maldad y Su carácter requería que Él creara un universo moral y que aceptara el rol de ser su Juez. Así el AT dice: "Juzgará al mundo con justicia" (Salmo 9:8; 96:13). Sin embargo el AT también identifica el rol de Dios como Salvador, como otra expresión de Su justicia (Salmo 31:1; Isaías 45:21). Esta idea de que la justicia de Dios se expresa en estas dos formas que parecen contradictorias, es básica en el argumento de Pablo ante los romanos.

El AT, a la vez, también habla del hombre "justo". Es fácil comparar al hombre con el hombre y decir que uno es "más justo" que otro (1 Samuel 24:17). Pero si Dios Mismo es la verdadera medida de la justicia ¿cómo podría considerarse justo a un humano en comparación con Él? Pablo argumentará que es imposible. Aunque en un sentido limitado el que vive en conformidad con la Ley de Moisés es "justo" *según ese parámetro* (Deuteronomio 6:25) tal justicia humana no amerita el favor de Dios (Deuteronomio 9:4-6). Solo la respuesta personal y confiada a la revelación de Dios de Sí mismo que ambos Testamentos conocen como "fe" puede darle justicia a cualquier ser humano ante Dios (Génesis 15:6).

Lo que Pablo está por explicar en Romanos es que la justicia imputada de la que habla el Antiguo Testamento, ahora está disponible para toda la humanidad a través de la fe en Jesucristo. Esa justicia nada le debe a la Ley (Romanos 3-4), sino que en cambio, es ofrecida a los pecadores sobre la base de la muerte propiciatoria de Cristo, y solamente se recibe por la fe (4-5). Aunque imputar a los seres humanos una justicia que por naturaleza no tenemos no se resume a ningún tipo de contabilidad cósmica. El Dios que imputa justicia al creyente ¡entra en la vida del creyente! Unido a Jesús mediante la obra del Espíritu Santo, y por el poder del mismo Espíritu, el cristiano que vive por la fe en lugar de vivir por la ley ¡en realidad tiene la capacidad de vivir una vida verdaderamente en justicia! (capítulos 6-8). En última instancia, en la resurrección, la transformación obrada por Dios será completa y quedará eliminado todo rastro de pecado. En ese día glorioso y por toda la eternidad "seremos semejantes a él, porque lo veremos tal como él es" (1 Juan 3:2).

Y así en el Evangelio descubrimos el asombroso alcance del eterno plan de nuestro Dios de justicia. Él, en Cristo se humilló para elevar a la humanidad caída, no solo del pantano del pecado en el que nos sumimos sino cada vez más alto hasta que, limpios y transformados, compartamos plenamente Su carácter moral.

Así en esta carta toda referencia de Pablo a la "justicia" del creyente, tendrá alguno de estos puntos centrales: hay una *justicia imputada* que se acredita a nuestra cuenta sobre la base de la obra de Cristo para que se nos pronuncie inocentes en el tribunal celestial de Dios. Y hay una *justicia activa* que se basa en nuestro vínculo con el Señor resucitado que infunde nuestra vida presente cuando permanecemos abiertos al Espíritu Santo y nos permite vivir vidas verdaderamente buenas aquí y ahora. Y hay una *justicia prometida*, una eternidad que para nosotros ganó Jesús, durante la cual por fin seremos como nuestro justo Señor.

Lo que se puede conocer acerca de Dios *es evidente* para ellos, pues él mismo *se lo ha revelado* (1:19). En ambos casos, la raíz de la palabra es *phaner*, término que como verbo es netamente cristiano y que afirma revelación. Como adjetivo describe al sujeto como "visible, claro, evidente a simple vista". Este versículo está afirmando más de lo que parece. Toda la humanidad ha recibido revelación de Dios en y a través de Su Creación. Y es más: Dios ha creado al ser humano ¡para que pueda entender esta revelación! El universo es el transmisor de Dios (1:20) y la humanidad fue creada con conexión de radio, presintonizada en Su frecuencia. Sin embargo, obstinadamente bajamos el volumen para suprimir el mensaje de Dios, fingiendo no reconocerlo en Su obra. Pablo concluye, y con razón, que "nadie tiene excusa" (1:20).

Así mismo los hombres dejaron las *relaciones naturales* con la mujer y se encendieron en pasiones lujuriosas los unos con los otros (1:27). Ni el Antiguo Testamento ni el Nuevo Testamento definen la homosexualidad como "estilo de vida alternativo". En todos los textos bíblicos, la homosexualidad es antinatural, "indecente" y "perversión" de la voluntad de Dios.

Por tanto, no tienes excusa tú, quienquiera que seas, cuando juzgas a los demás (2:1). El término griego es vocativo, *ho anthrope*. Esto nos indica a las claras que Pablo utiliza el estilo de la diatriba en Romanos: hace una pausa para dirigirse a su interlocutor representativo. Este interlocutor se ha apartado del resto de la humanidad y se burla de la necedad de quienes Pablo describe en 1:18-32. Pero Pablo cierra su argumento aquí con una lista de vicios lo suficientemente amplia como para incluir a todos ¡incluyendo a los escrupulosos fariseos! Uno puede desdeñar la idolatría y rechazar la homosexualidad, y aún así ser esclavo de la codicia, el engaño, la malicia, la falta de fe y fidelidad, y la arrogancia. Y es muy fácil que hasta los mejores transmitan chismes, o hagan alarde de sí mismos o critiquen a los demás. El hecho es que la descripción que Pablo hace de los caminos del hombre de pecado es tan amplia como para incluirnos a todos. ¿Cómo juzgar a otros, entonces, si nosotros hacemos "las mismas cosas" que ellos"?

Él dará vida eterna a los que, perseverando en las buenas obras (2:7). Aquí Pablo no está enseñando la salvación por las obras. En cambio, contrasta dos perspectivas de la religión: una, que busca la gloria y el honor de Dios al persistir en hacer lo bueno, y la otra que es esencialmente egoísta y enseguida abandona la verdad para dedicarse a lo malo. Tanto el gentil como el judío entenderían el amplio marco que Pablo presenta aquí. El judío podía afirmar ser exclusivo poseedor de la Ley, pero no podía afirmar posesión exclusiva de la actitud hacia la religión que describe Pablo. Más adelante, Pablo dejará en claro que solamente la persona que vive en total dependencia del Señor, en fe, puede vivir esa vida de persistir y perseverar en la bondad que la verdadera religión exige.

De hecho, cuando los gentiles, que no tienen la ley, cumplen *por naturaleza lo que la ley exige,* ellos son ley para sí mismos, aunque no tengan la ley (2:14). El judío afirmaba que el poseer la Ley de Moisés le daba ventaja espiritual por sobre los gentiles. Aquí Pablo señala que Dios les ha dado a todos los seres humanos una naturaleza moral y que todos tienen parámetros del bien y el mal. Aunque las reglas en cada caso pueden ser diferentes, son las mismas cosas las que en toda sociedad se ven como cuestiones morales. Aunque lo que se considera sexualmente válido puede variar, ninguna sociedad supone que un hombre pueda tener a todas las mujeres que quiera, en cualquier momento. Y aunque las reglas puedan variar, toda sociedad identifica ciertas áreas en las que las personas tienen derechos personales y responsabilidades sociales. Así el hecho de que los gentiles "por naturaleza" cumplan con parámetros establecidos justamente en las áreas reglamentadas por Moisés, nos muestra que los no judíos no han quedado desprovistos de ley.

Pablo luego observa que eso no es una ventaja en absoluto. ¿Por qué? ¡Porque no hay persona, en ninguna sociedad que exista, que haya vivido en total cumplimiento de sus propios parámetros! Lo que hace la ley natural, como lo hace también la Ley de Moisés, es poner al ser humano en posición de ser vulnerable de ser juzgado (2:12). Como la conciencia requiere que la persona viva según los parámetros que ha aceptado, y la condena si no los cumple, la ley da testimonio del hecho de que ningún ser humano puede vivir esa vida de perseverancia en lo bueno, que es lo único que puede agradar a Dios.

Que estás convencido de ser *guía de los ciegos* y *luz de los que están en la oscuridad* (2:19). La base del orgullo religioso judío estaba en la convicción de que Dios había escogido a este pueblo para darles Su Ley. Por eso, suponían que el judío era superior a cualquier otro pueblo, y Pablo muestra que tal convicción motivaba un orgullo y arrogancia que en sí mismos eran ridículos por diversos motivos: 1) el hecho de que también los gentiles tienen luz (ver 2:14, más arriba), 2) el hecho de que los judíos quebrantaban su ley del mismo modo en que los gentiles incumplían sus parámetros (2:21-24) y 3) el hecho de que la ley se da para que se la cumpla, y no como "posesión".

Encontramos ejemplos modernos de la actitud de superioridad — bien intencionada aunque claramente arrogante — que Pablo critica. En sus *Studies in Jewish Law, Custom and Folklore* [Estudios de la ley, costumbres y folklore judíos], (KTAV Publishing, 1970) Jacob Z. Lauterbach escribe:

Así, la misma doctrina de la elección de Israel (por parte de Dios) lejos de hacer que el judío fuera particularista y poco amigable hacia los demás pueblos, le ha hecho universalista, de mente amplia, tolerante y amigable hacia los demás. Porque, si ha de ayudar en la educación de los más pequeños de su Padre celestial, puede hacerlo con éxito únicamente mediante la amabilidad y benigno entendimiento de los más pequeños, y no con una actitud prepotente y de enemistad. Porque "la persona impaciente y de mal talante no puede ser buen maestro".

La relación de Israel con las demás naciones, según esta misma doctrina de la selección de Israel, es precisamente la relación del maestro y el alumno. No puede haber enemistad ni mala intención de parte de un maestro hacia su alumno, en especial si el maestro por propia voluntad y sin esperar paga, se dedica a enseñar. Naturalmente, incluso este maestro podrá cada tanto impacientarse con sus alumnos. Y en ocasiones podrá enojarse o indignarse justamente ante la indiferencia o falta de aprecio que algunos manifiestan, o ante la mala conducta de algún otro... Pero no abandona su tarea. Sabe muy bien que él mismo ha llegado a la posición de maestro solo al haber recibido la preciosa doctrina que le han dado sus grandes maestros, y al capacitarse con asiduidad para seguir las instrucciones y cumplir los mandamientos de su Maestro (p. 166-167).

Es difícil convencer a un pueblo tan confiado en que la posesión de la Ley les convierte en maestros de la humanidad, y hacerles ver que — al igual que el resto de la humanidad — son pecadores que necesitan dejar de poner su confianza en la Ley para poner su fe sencilla en Jesús ¡y así ser salvos!

Lo exterior no hace a nadie judío, ni consiste la circuncisión en una señal en el cuerpo (2:28). El término griego significa "visiblemente" y contribuye a resumir la crítica de Pablo hacia la religión en la que creció porque ponía demasiado énfasis en las apariencias, en lo externo, lo ritual, lo físico. En última instancia, lo que hace al judío es cuestión del corazón y no de la carne y no se puede medir como medía la piedad el judío observante.

¿Qué significa todo esto? Simplemente que el judío, al igual que el pagano, rechazaba la luz que Dios le dio. En lugar de deteriorarse hacia el pecado y el libertinaje, el judaísmo se deterioraba hacia el orgullo y la superficialidad. En conclusión, tanto gentil como judío carecen de la justicia que la propia justicia de Dios hace que Él requiera de las personas.

¿Qué se gana *con ser judío*? (3:1). El griego dice *to perisson tou loudaiou*, que significa literalmente "la ventaja del judío". Es una cuestión racial, más que individual. La respuesta de Pablo es "¡Mucho, en todos los aspectos!", porque al judío se le había confiado el *logia* de Dios. La idea no depende tanto de las palabras, sino del uso común en griego de los "pronunciamientos inspirados", o los "oráculos" de Dios. Israel era el pueblo escogido y aunque a lo largo de la historia y también en ese momento "a algunos les faltó la fe" (3:3), Dios es fiel a Sus pronunciamientos.

Aquí Pablo ha pasado del enfoque del judío sobre el Antiguo Testamento como conjunto de leyes que describen lo que debe hacer el ser humano, al carácter del AT como promesa divina que describe lo que con certeza hará Dios. Dios sigue siendo fiel a las promesas de Su pacto. Su fidelidad asombra, en vistas de la persistente negativa de Israel a responderle a Dios poniendo su confianza en Él.

Pero si nuestra injusticia pone de relieve la justicia de Dios (3:5). En Kadish Israel se rebeló y se negó a atacar Canaán. Solamente dos hombres de esa generación, Josué y Caleb, vivieron para entrar en la Tierra Prometida. Pero a pesar de la rebeldía casi universal del pueblo de Dios Él fue fiel a Sus promesas. La falta de justicia de la generación de Éxodo "hace surgir" la justicia de Dios al "poner de relieve" Su cumplimiento de las promesas del pacto.

¡Pero esto no es excusa para el comportamiento del pueblo! No pueden decir: "Vean...¡después de todo, lo que hicimos dio gloria a Dios!". El pecado es pecado y la condenación de todos los que hacen el mal, es merecida. ¡Y además, cetera!

No hay un solo justo, ni siquiera uno (3:9-18). Pablo ha argumentado que tanto judíos como gentiles han pecado y que no hay nadie que haga lo bueno para gloria de Dios. Ahora da prueba de su argumento, citando varios salmos. Sus lectores judíos podrían rechazar su argumento pero no pueden refutar el veredicto de las palabras que ellos saben, son palabras de Dios.

Ahora bien, sabemos que todo lo que dice la ley, lo dice a quienes están sujetos a ella, para que todo el mundo se calle la boca y *quede convicto delante de Dios* (3:19-20). Aquí el término es *hupolikos*, utilizado en el sentido legal de "pasible de castigo". La ley moral a la que acuden el judío observante y el gentil de moral, ha demostrado no ser fuente de esperanza ¡sino el parámetro que demuestra sus falencias! Así, la ley no es un cartel que nos señala el camino a la recompensa divina, sino un espejo que al usarse de manera correcta, nos muestra nuestro pecado.

EL PASAJE EN PROFUNDIDAD

La ira de Dios contra la humanidad (1:18-32).
Trasfondo. Muchos cristianos erran al cuestionar lo que sienten que es injusto de parte de Dios. Dicen: "¿Qué hay de los que jamás han oído de Dios? ¿Es justo que Dios condene al pagano que jamás ha tenido la oportunidad de oír sobre Jesús?".

No es una pregunta nueva. En el mundo antiguo, y también en nuestro mundo moderno, la objeción al cristianismo se ha visto representada por esta pregunta, que es de veras seria: "¿Qué hay de los que no han tenido oportunidad de conocer a Dios?. En el siglo segundo Celso escribió: "¿Es recién ahora, después de tanto tiempo, que se le ocurre a Dios juzgar la vida de los hombres? ¿Acaso antes no le importaba?" (Cels. 4.7). Porfirio argumentaba que el Dios de todo el mundo difícilmente se revelaría solo a un pueblo específicamente, y preguntaba: ¿Qué sería de los antiguos romanos que no conocían a Jesús porque habían vivido antes de Su tiempo? El emperador Juliano el Apóstata descartaba a Jesús, preguntando por qué Dios enviaba profetas a los judíos, "pero a nosotros ni profeta, ni óleo de unción, ni maestro ni heraldo que nos anuncie Su amor por el hombre, que pudiera un día, aunque tarde, también llegarnos a nosotros".

Hay una respuesta a esta pregunta. Y la encontramos en este pasaje, en un argumento potente, desarrollado por el apóstol Pablo.

Interpretación. Es importante notar de inmediato que nuestro texto dice que la ira de Dios "viene revelándose" (1:18). El pasaje no es, como muchos suponen, una lista de pecados que ameritan juicio escatológico. Pablo escribe sobre una ira que "viene revelándose" contra una raza que obstinadamente suprime lo que conoce sobre ese Dios que, desde el principio, Se ha revelado a Sí mismo a través de Su creación.

Esta idea se repite varias veces en el pasaje: "lo que se puede conocer acerca de Dios es evidente para ellos" (1:19); "A pesar de haber conocido a Dios" (1:21); "Cambiaron la verdad de Dios por la mentira" (1:25); "estimaron que no valía la pena tomar en cuenta el conocimiento de Dios" (1:28). Es cierto que tal vez fueran solamente los judíos los que tenían las Escrituras. Pero Dios Se hizo accesible a todos, hablándoles a través de Su creación, y de hecho, todos conocían a Dios al punto de que Él se dio a conocer a través de este canal de revelación.

Pero lo que hicieron los hombres con esta revelación fue rechazarla, y al Dios que Se presentó en ella. Suprimieron la verdad. "No lo glorificaron como a Dios ni le dieron gracias" (1:21). Y "Estimaron que no valía la pena tomar en cuenta el conocimiento de Dios".

El hecho de que el mundo pagano no adore al Dios de las Escrituras no es culpa de Dios, porque Él no dejó de revelarse ante ellos. La culpa, el error, es de ellos porque no respondieron al Dios que Se da a conocer.

Pero aquí el propósito de Pablo no es el de argumentar a favor de un Dios justo, sino explicar por qué y de qué modo la ira "contra toda impiedad e injusticia de los seres humanos" (1:18), viene revelándose desde el cielo. La actitud básica de la humanidad hacia Dios se revela en la supresión y rechazo del conocimiento de Él. Ahora Pablo muestra que la ira de Dios se revela en los pecados con que la humanidad se apartó de Dios ¡solo para regodearse en ellos!

Tres veces, en 1:24, 26 y 28, Dios dice que Dios "los entregó" (apredoken autos). Aquí el verbo significa "entregar el control o responsabilidad". Como el hombre no quiso glorificar a Dios, ni responderle ni darle gracias, Dios lo entregó al control de sus propios "malos deseos" (1:24). Como las personas decidieron adorar y servir a lo creado, Dios los entregó bajo el control de sus propias "pasiones vergonzosas" (1:26).

Como no estimaron el conocimiento de Dios, ni su retención, Dios les entregó bajo el control de su propia "depravación mental" (1:28). *Esta acción deliberada de "entregarlos" es un acto de juicio, que como resultado ha producido la continua revelación de la ira de Dios desde el cielo.* Aquí tenemos que señalar algo importante: la lista de acciones que Pablo enumera en este pasaje, no se presenta como pecados por los que la humanidad habrá de enfrentar el juicio escatológico. ¡Son acciones que en sí mismas dan evidencia de que la humanidad es el objeto actual de la ira de Dios!

En la década de 1940 la ciencia ficción se ocupaba de explorar la cuestión de lo que podría suceder si estallaba una guerra atómica. Los escritores parecían fascinados con la idea de que la radiación arrasaría con todo y produciría mutantes. Los cuentos, e incluso las películas, se veían pobladas de seres feos, deformes y hostiles, con rostros distorsionados y varios brazos o piernas, básicamente bestias que luchaban y se alimentaban de sus víctimas. Solo había que ver a estos hombres y mujeres mutantes, y observar su conducta, para saber que la guerra atómica corrompía a la civilización humana.

¡Y es el mismo argumento que Pablo presenta aquí! La sociedad, tal como la conocemos, está llena de pecado y corrupción. Los seres humanos son mutantes, hombres y mujeres deformes, con mentes depravadas y torcidas y pasiones pervertidas. La sociedad se corrompió, con "toda clase de maldad" (1:29), y los hombres y mujeres se han llenado de "envidia, homicidios, disensiones, engaño y malicia" y en lugar de amarse los unos a los otros desinteresadamente, se comen entre sí. El pecado que vemos en nosotros mismos y alrededor de nosotros, es prueba irrefutable de que incluso ahora Dios está juzgando a una humanidad que Le ha rechazado y abandonado.

Aplicación. Hoy no hay canal de televisión o periódico que no nos muestre evidencia de que los seres humanos y nuestra sociedad, estamos bajo la ira de Dios. Sin embargo, los mutantes espirituales que habitan nuestro perdido planeta se han olvidado de lo que era la humanidad antes de la Caída, y de lo que podría volver a ser si tan solo cada uno de nosotros reorientara su vida al Señor, nuestro Dios.

Justicia por la fe (3:21-31).

Trasfondo. El gran debate sobre este pasaje se centra en el término griego que en la NVI se traduce como "sacrificio de expiación" (3:25). En la mente del lector no hay duda de que estos pasajes tan fuertes presentan la esperanza de una salvación disponible para todos, que ganó para la humanidad Jesucristo en el Calvario. Una salvación de la que nos apropiamos mediante la fe. La pregunta es: ¿cómo es que la muerte de Jesús hizo que para Dios fuera posible no solo absolver a los pecadores sino además imputarles una justicia que le es ajena a la naturaleza humana, caída?

La respuesta se apoyará en nuestro entendimiento del término griego *hilasterion*. ¿Es satisfactoria la traducción "sacrificio de expiación"? ¿O necesitamos volver a versiones más antiguas, y a la traducción de esta palabra como "propiciación"?

Los traductores del Septuaginto utilizaron el verbo *hilaskesthai*, como traducción del término hebreo *kipper*. C. H. Dodd concluyó que en los casos en que el sujeto es humano, significaba expiación (pago, satisfacción) pero que cuando el sujeto es Dios, el concepto es sencillamente el de perdón. Así, el versículo afirmaría sencillamente que la muerte de Jesús fue un sacrificio mediante el cual Dios ofrece salvación a los pecadores que creen, sin definir en modo alguno cómo o por qué fue eficaz ese sacrificio.

No todos están de acuerdo. Sin duda, el significado común de la palabra en el siglo primero identificaba al sacrificio como propiciatorio. ES decir que el sacrificio tenía como intención servir como regalo que propiciaba (apaciguaba o satisfacía) a una deidad enojada. Sin embargo el Septuaginto contiene esta palabra con frecuencia en contextos donde está muy claro que la ira de Dios con Su pueblo pecador es un factor bien definido. Y lo más importante, el fluir de todo el argumento en esta sección deja en claro que Pablo está escribiendo sobre la "ira de Dios [que] viene revelándose desde el cielo contra toda impiedad e injusticia de los seres humanos" (1:18). La ira (*orge*) se menciona cuatro veces (1:18; 2:5, 8; 3:5) de manera que queda en claro que un Dios justo no solo tiene intención de juzgar, sino que ya está juzgando a una humanidad pecadora. Dios no es libre de — en sentido figurado — encogerse de hombros y decir "Perdono", ignorando el pecado. De algún modo la muerte de Jesús debía cumplir con los requisitos de justicia para apartar la ira de Dios para que pudiera fluir el perdón. Solamente si se entiende el sacrificio de Jesús como *hilasterion* en sentido clásico de sacrificio propiciatorio, podemos de veras entender la enseñanza de estos versículos.

Interpretación. Pablo ha mostrado en Romanos 1-3 que "todos han pecado y están privados de la gloria de Dios" (3:23). El hombre no tiene justicia, y en cambio está bajo la ira de Dios. Pero en el Evangelio Dios ofrece una "justicia [que viene] de Dios" (3:22) y que recibimos "mediante la fe en Jesucristo".

Ahora, ¿cómo puede un Dios cuya justicia se expresa juzgando al pecado, absolver a los pecadores "gratuitamente" por Su gracia"? (3:24). La respuesta de Pablo es que solo es posible esto porque Jesús brindó la redención al ser presentado por Dios como sacrificio propiciatorio. La muerte de Jesús era necesaria para que Dios perdonara porque Su misma naturaleza hacía que Dios tuviera que castigar el pecado. Al castigar el pecado en Jesús, como sustituto de nosotros, Dios ha demostrado Su justicia.

De repente, se resuelve el misterio de cómo podría Dios actuar en armonía con Su propia justicia y carácter y aún así perdonar a los santos del AT. Dios desde la eternidad quiso sostener los requisitos de la ley moral, natural y revelada, que imponía en el Creador la obligación de castigar el pecado. Cargó sobre Sí Mismo con el castigo, en la persona del Hijo.

En esa acción Dios pudo entonces extender Su gracia a la humanidad y brindar un perdón que nada tiene que ver con la ley pero que hacemos nuestro simplemente al confiar en la Promesa de Aquel que presenta a Su Hijo como objeto de nuestra fe y base de nuestra salvación.

Aplicación. Recordemos que la muerte de Cristo no fue un gesto de parte de Dios. No fue, como dicen algunos, nada más que Su forma de mostrarnos Su amor. La muerte que Jesús murió no debe trivializarse. Fue una muerte a un precio muy alto, una muerte en la que el Hijo cargó sobre Sí Mismo con nuestros pecados y experimentó todo el peso de la ira del Padre contra la injusticia. Solo ese tipo de muerte podía cumplir con las exigencias que la naturaleza de Dios Le imponía. Solo ese tipo de muerte podía habernos ganado la libertad que hoy tenemos en Él.

ROMANOS 4–6
La justificación por fe

EXPOSICIÓN

Pablo ha mostrado que toda la humanidad está condenada por Dios, sin posibilidad de justificarnos por nosotros mismos (capítulos 1-3). ¿Cómo puede entonces registrar la historia que en la antigüedad había hombres y mujeres cercanos a Dios? La respuesta de Pablo es esta: "Porque sostenemos que todos somos justificados por la fe, y no por las obras que la ley exige" (3:28).

Como prueba de ello Pablo señala a Abraham. Los estudiosos judíos contemporáneos sugerían con frecuencia que había sido la obediencia de Abraham la que causó que Dios le bendijera y le diera una relación de pacto. Pero las Escrituras dicen que Abraham "creyó a Dios" y que su fe "se le tomó en cuenta como justicia" (4:1-5). David concuerda en el Salmo 32:7-8. Y es más, como en el momento en que Dios pronunció estas palabras Abraham no estaba circuncidado, el gentil tiene tanto derecho como el judío de llamar "Padre" a Abraham. Lo que Dios toma en cuenta es si la persona tiene o no una fe como la de Abraham (4:10-17). Y lo que caracterizó la fe de Abraham fue sencillamente que cuando oyó la "imposible" promesa de Dios de darle un hijo con Sara, estaba "plenamente convencido de que Dios tenía poder para cumplir lo que había prometido" (4:18-25).

Es a aquellos que confían en la promesa de Dios, y no a los que buscan hacerse justos cumpliendo la Ley, que Dios les otorga las bendiciones de la paz, el acceso y la transformación personal (5:1-5). Son aquellos que reconocen su falta de justicia y su impotencia, y que reconocen que Cristo murió por ellos, los que tienen esperanza y gozo (5:6-11).

Pero aun así ¿cómo puede ser que todos sean pecadores? La respuesta está en que en la caída de Adán, toda la raza se corrompió. Pero ahora Dios ha actuado en Cristo para redimirnos y darnos justicia. El pecado reinaba ¡pero a través de Jesús, ahora reina la gracia! (5:12-21). Esa regla encuentra su expresión en la vida de cada creyente. A través de nuestra unión con Jesús, el poder del pecado sobre nuestras personalidades, ese poder obtenido mediante la caída de Adán, ahora ya ha sido vencido y la nueva vida a la que resucitó el Mismo Jesús, fluye a través de nosotros (6:1-7). Si día a día contamos con esta promesa, negándonos a responder a las exigencias del pecado y nos ofrecemos a nosotros mismos y a nuestros cuerpos a Dios como instrumentos de justicia ¡el pecado ya no podrá dominarnos! (6:8-13).

Pablo cierra este capítulo dejando en claro algo muy importante. Jesús rompió las cadenas que forjó el pecado pero todo esto significa que los que ahora ya no estamos encadenados, somos libres de elegir a quién seguir. Ningún ser humano es verdaderamente independiente, de manera que solo tenemos la opción de decidir a quién servir. Recordemos siempre que Cristo nos dio la libertad para que podemos decidir que serviremos a Dios y cosechar las recompensas de la santidad y la vida eterna (6:19-23).

ESTUDIO DE PALABRAS

¿Qué diremos en el caso de nuestro antepasado Abraham? (4:1). Los comentaristas han observado desde temprano que este capítulo es una Midrash muy lógica y razonada. Es decir, una exposición de un texto del AT (4:3; Génesis 15:6) desarrollada según un modelo rabínico. Por eso, nos servirá conocer algo de los principios de exposición del judaísmo rabínico.

En su versículo de apertura Pablo llama a sus lectores judíos a mirar al pasado, a Abraham. ¿Por qué tendría relevancia la experiencia de Abraham? Los rabíes estaban convencidos de que las Escrituras no están atadas al concepto del tiempo. Es decir, que la Biblia es un libro del presente, y no solo del pasado. En la historia sagrada Dios les habla con autoridad a las personas de hoy. Así, lo que le sucedió a Abraham es existencialmente tan importante como lo es en términos históricos.

Por eso Pablo puede argumentar que lo que Abraham encontró en su relación con Dios establece un patrón para todo el que afirma tener una relación con Dios como la que tuvo él.

Es tan importante que nos acerquemos a las Escrituras como Palabra de Dios presente, actual y viva. En el libro *A Midrash Reader* [El lector del Midrash] Jacob Neusner resume un vínculo común que siempre ha relacionado a los cristianos comprometidos y a los judíos religiosos: "Nosotros y ellos compartimos la convicción de que las Escrituras son la palabra de Dios, no solo en el pasado sino también ahora, pronunciada hace mucho pero en nuestra era y a los de nuestro tiempo: a mí, en el aquí y el ahora" (p. 163).

Y así Pablo invita a Dios a hablar a través de lo que Él le dijo a Abraham, dirigiéndose a los lectores contemporáneos de Pablo, y a usted y a mí en estos días.

En realidad, si Abraham hubiera sido justificado *por las obras*, habría tenido de qué jactarse, pero no delante de Dios (4:2). En el tapiz de la religión judía del siglo primero, "la fe" era nada más que una hebra, entretejida con las obras, la ley, la obediencia, el mérito y la bendición, en un todo que lograba confundir, más que distinguir, los roles de cada uno. Pablo, sin embargo, ha empezado a separar estas hebras e insiste que hay que mantenerlas separadas para poder entender el mensaje de Dios.

Aquí, "obras" debe entenderse como piedad, esa obediencia reverente a la ley de Dios que el judío suponía que era la fe. Así, en el judaísmo la bendición era algo que el creyente merecía por su piedad. Esta perspectiva dio forma incluso a la interpretación de los hechos en la vida de Abraham, como vemos en los escritos de Ben Sira, del siglo dos antes de Cristo (44:19-21):

ABRAHAM, padre de muchos pueblos,
Mantuvo su gloria sin mancha.
Obedeció al mandamiento del Altísimo,
Y *entró en un pacto* con él.
En su propia carne se inscribió la ordenanza,
Y al ser puesto a prueba, *se le encontró firme*.
Por esta razón, Dios le prometió con un juramento,
Bendecir a las naciones a través de sus descendientes,
Hacerle numeroso como los granos de polvo
Y exaltar su posteridad, lo mismo que las estrellas,
Dándoles como heredad de mar a mar
Y desde el Río a los confines de la Tierra.
(cursiva añadida por mí)

Al conocer acabadamente esta visión expresada por Sira, Pablo confronta esta interpretación al preguntar: "Pues ¿qué dice la Escritura? 'Creyó Abraham a Dios'" (4:3). La bendición fue en respuesta a la fe, y no a las obras. Fue un don, y no la paga (4:4-8). La justicia que Dios le acreditó a Abraham fue otorgada 13 años antes de su circuncisión, y no a causa de ésta (4:9-12). No tenía nada que ver con la Ley, porque las palabras de Dios a Abraham fueron de promesa, no de obligación (4:13-18). Se le consideró justo a Abraham, sobre la base de la fe ¡y solamente de la fe! El judaísmo rabínico ha perdido el camino a la bendición, al no hacer esta distinción y perder de vista así la gracia salvadora de su Dios.

Abraham fue justificado (4:2 - RVR). El término griego *dikaioo* significa "absolver", "reivindicar", "pronunciar como justo". Pablo ha mostrado en Romanos 1-3 que todos han pecado. Así, ya culpables ante Dios, la cuestión es no cómo puede uno permanecer en Su gracia sino cómo quien ya está condenado podrá ser absuelto.

El Evangelio no tiene sentido para quienes asumen que de alguna manera están aquí a prueba, y que su destino depende de lo que hagan en el futuro. Solo los que reconocen que ya están condenados tienen esperanza, porque son quienes se apartarán de las obras a esa fe que reposa únicamente en la gracia de Dios expresada en Jesucristo.

**David *dice lo mismo* cuando habla de la dicha de aquel a quien Dios le atribuye justicia sin la me-

diación de las obras (4:6-8). Es difícil entender esto cuando leemos los versículos que Pablo cita del Salmo 32. ¿Qué correspondencia hay entre "se le tomó como justicia [a Abraham]", y "aquel cuyo pecado el Señor no tomará en cuenta"?

La respuesta está en otro principio de interpretación del Midrash, conocido como *gezerah shavah*, o "analogía verbal". El artículo del Talmud Stienmetz sobre hermenéutica (p. 150) lo llama:

> Un principio talmúdico fundamental de la interpretación bíblica, que aparece en todas las listas comunes de reglas de la exégesis. Si la misma palabra o frase aparece en dos lugares en la Torá, y una ley determinada se cita en uno de estos lugares, podemos inferir sobre la base de la "analogía verbal" que la misma ley debe aplicarse también en el otro caso... En su forma más simple, entonces, *gezerah shavah*, es un tipo de interpretación lingüística por medio del cual el significado de una palabra o frase confusa se infiere sobre la base de otra aparición de la misma palabra o frase en un contexto más claro.

Lo que tienen en común Génesis 15:6 y el Salmo 32:7-8 es el término griego *logizesthai*, que en el Septuaginto aparece en ambos versículos aunque en las traducciones aparezca como "atribuye" (4:6) y "cuenta" (4:8). Lo que ha hecho Pablo aquí es usar el principio establecido de la analogía verbal para argumentar que el sentido de Génesis 15:6 puede trasladarse al Salmo 32 para explicar lo que está diciendo David sobre el perdón de los pecados. La persona a quien Dios perdona al mismo tiempo es considerada justa, y esta bendición es consecuencia de la fe.

¿Acaso se ha reservado esta dicha sólo para los que están circuncidados? (4:9). Ahora, Pablo utiliza "dicha" para presentar el resumen de su argumento (4:6-9). Está claro que en este contexto la bendición de la que hablan las Escrituras es la de la completa y plena salvación, resumida en frases que son esencialmente sinónimos: "contar por justo", "perdonar transgresiones", "cubrir pecados" y "no tomar en cuenta el pecado" del que cree. La "dicha" entonces, no es una recompensa, sino un don para los que tienen fe. Es un don disponible para el gentil tanto como para el judío (4:9).

Contra toda esperanza, Abraham creyó y esperó (4:18). Ver la discusión de 4:1-25 en *El pasaje en profundidad* (más abajo).

En consecuencia, ya que hemos sido justificados mediante la fe *tenemos* paz con Dios (5:1). Los manuscritos están en desacuerdo en cuanto si aquí la palabra *echomen*, se escribe con una "o" larga o corta (dos letras parecidas pero diferentes en griego). Si tomamos la "o" como larga, algunas versiones dirán "tengamos (o sigamos en) paz con Dios". Pero el contexto respalda la traducción de la NVI, porque Pablo enumera beneficios que son nuestros a través de Jesús.

Al ver la lista de beneficios es importante recordar esa frase, "Tenemos paz". No es un catálogo de "premios por puntos". Todo lo que hay en la lista es nuestro, ahora, para que lo reclamemos y lo disfrutemos. ¿Cuál es la lista?

- Tenemos paz con Dios (5:1)
- tenemos acceso a esta gracia en la cual nos mantenemos firmes (5:2)
- hemos sido justificados (5:9)
- fuimos reconciliados con él ...seremos salvados por su vida (5:10)
- ya hemos recibido la reconciliación (5:11)
- los que reciben en abundancia la gracia y el don de la justicia reinarán en vida (5:17)
- la justificación que da vida a todos (5:18)
- nos trae justificación y vida eterna (5:21)

Y no sólo en esto, sino también [nos regocijamos] en nuestros sufrimientos (5:3). Parece raro encontrar "sufrimientos" en un pasaje que enumera beneficios que los creyentes disfrutan a través de Jesús. Pero luego, al mirar la lista, vemos que todos los beneficios son espirituales, no materiales. Jesús no murió para que seamos ricos, para garantizar nuestra salud física o para hacernos inmunes al sufrimiento durante nuestra vida en la tierra. Jesús ¡murió para darnos dones mucho más ricos que todo eso!

Aquí Pablo nos recuerda *que a través de Cristo se nos da el privilegio de entender el propósito de Dios al permitir esas cosas que nos causan sufrimiento*. Dicho de manera simple, nuestra fe nos brinda una perspectiva que nos permite experimentar gozo a pesar de las presiones y desilusiones que todo ser humano tiene que vivir. A través del sufrimiento el Señor nos enriquecerá al desarrollar nuestra perseverancia y carácter. El sufrimiento contribuirá a guardarnos del error de fijar nuestras esperanzas en lo que podemos ganar aquí mañana, en lugar de fijarlas en Dios.

Por eso, cuando oímos a un predicador en la radio o la TV, que dice: "Dios quiere que Sus hijos sean ricos", recordemos esto: lo que Dios realmente quiere es que sepamos que *somos* ricos. Dios puede usar la pobreza, la enfermedad, el desempleo, la pérdida y el dolor para mantener nuestros ojos fijos en la riqueza espiritual que ya poseemos, y nuestras esperanzas, fijas en Él.

Pero Dios demuestra su amor por nosotros en esto: en que cuando todavía éramos pecadores, Cristo murió por nosotros (5:8). El verbo *sunistesin* significa "sumar". Es difícil percibir el amor de Dios cuando sufrimos. Pero la muerte de Cristo es la acción que lo suma todo, la grande, decisiva y totalmente cierta demostración histórica de la profundidad del amor de Dios hacia nosotros.

Ese acto de amor es completamente asombroso, si recordamos que nosotros, por quienes murió Cristo, éramos débiles, impotentes, apartados de Dios y pecadores. Recordar qué éramos cuando Jesús murió por nosotros hace que no podamos dudar del amor de Dios ahora que la muerte de Jesús nos ha devuelto a la armonía con Dios, y que Él derrama sobre nosotros bendiciones espirituales. ¡Claro que nos regocijamos en Dios! En Jesús conocemos a Dios y tenemos la certeza de Su amor.

Acaso no saben ustedes que todos los que fuimos bautizados para unirnos con Cristo Jesús, en realidad fuimos bautizados para participar en su muerte? (6:3). Romanos 5 nos habla de los beneficios que reciben los creyentes *a través* de Jesús. Ahora, Pablo habla de los beneficios que son nuestros *junto* con Él.

Pablo aquí no está hablando del rito del bautismo de agua. Más bien, habla de una realidad espiritual explicada en 1 Corintios 12:13, que utiliza la palabra *baptizo* para definir la obra del Espíritu Santo mediante la cual Él une al creyente a Jesús, como miembro del cuerpo de Cristo.

"Bautismo" está claramente explicado aquí en contexto: es estar "unido a" Jesús mediante un vínculo espiritual irrompible.

Tal vez la analogía más cercana al significado de esta relación sería la de las leyes que gobiernan el matrimonio como estado de "propiedad común". Imaginemos a una joven que no tiene nada, a quien corteja y enamora un multimillonario. Apenas se casan se considera que la esposa comparte la propiedad de su esposo en partes iguales. Cuando la pareja se une en matrimonio en un caso como este, sus vidas y posesiones se funden.

Esto dice Pablo que sucede cuando creemos. Nuestras vidas y posesiones se funden. Nosotros aportamos el pecado...y Jesús lo carga sobre Sí mismo. Cristo aporta Su vida de resurrección...y de repente en Jesús ese poder de ser santos fluye en nuestras vidas. En términos del texto de Pablo, morimos con Cristo. Resucitamos con Cristo. Y es esta unión con Jesús la que nos da libertad para rechazar los tironeos del pecado que siguen pujando por nuestras personalidades. Esa libertad nos permite elegir vivir vidas de rectitud y justicia que honran a nuestro Señor.

Así el pecado no tendrá dominio sobre ustedes, porque ya no están bajo la ley sino bajo la gracia (6:14). Pablo ha explicado en 6:1-13 que ya no estamos bajo el dominio del pecado. Pero ¿por qué el "así", en esta frase? ¿Y qué tiene que ver la "ley" con el dominio del pecado sobre el corazón humano?

Para encontrar la respuesta a estas preguntas acuciantes, tenemos que ver Romanos 7-8, que explora la cuestión de si la "ley" que Pablo ha demostrado no puede ser auxiliar para la ganar la salvación, tiene algún papel en la vida del cristiano.

¿Acaso no saben ustedes que, cuando se entregan a alguien para obedecerlo, son esclavos de aquel a quien obedecen? (6:16). Todo el pasaje (6:15-23) se deriva del argumento de Pablo. Aunque es una derivación importante. Pablo ha mostrado que Cristo libera a los creyentes del poder de la muerte y urge a los lectores a presentar a Dios "los miembros de su cuerpo como instrumentos de justicia" (6:13). Ahora, Pablo le responde a un lector imaginario que no ha entendido y que gritando "¡Libre al fin!", equivoca la gracia como licencia para hacer lo que le venga en gana.

La respuesta de Pablo es que para los seres humanos no hay tal cosa como la "libertad" de los poderes que compiten por nuestra lealtad y adhesión. Podemos usar nuestra libertad, sí, pero para elegir hacer el bien o el mal. En cualquiera de los dos casos, seremos esclavos: o del pecado que nos empuja hacia el mal, o de Dios, cuyo Espíritu nos atrae hacia la justicia.

Porque la paga del pecado es muerte, mientras que la dádiva de Dios es vida eterna en Cristo Jesús, nuestro Señor (6:23). Pablo no nos advierte que si elegimos pecar Dios nos condenará. En Romanos 8:1, se ocupa de corregir tal impresión afirmando que ahora no hay condenación para quienes están en Cristo Jesús. Lo que sí nos recuerda Pablo es la naturaleza de los terrenos a los que nos llevan los dos caminos que tenemos como alternativas para elegir.

El pecado es un camino que lleva a la muerte. Necesitamos entender la muerte en todo su sentido, pleno y exclusivo. *El Diccionario de Términos Bíblicos Zondervan* (en inglés), resume la enseñanza del NT sobre la muerte de la siguiente manera:

> La muerte, entonces, es un concepto biológico que se aplica teológicamente para transmitir de manera gráfica el verdadero estado de la humanidad. La muerte que tiene en sus garras a los seres humanos, es moral y espiritual. La muerte destruye y tuerce al hombre para alejarlo del patrón de la creación original. Todo potencial humano se distorsiona, toda capacidad — de gozo, de formar relaciones, de estar en armonía con Dios, de buscar el bien verdadero — queda trágicamente deformado. Y como cada una de estas deformaciones es expresión del pecado, el hombre — que Dios creó a Su imagen y semejanza para reflejarlo — cae bajo la condenación de Dios (p. 409).

El creyente puede hacer uso de su libertad para pecar, y aún así ir al cielo. Pero el santo que peca, como el pecador perdido, también vagará por la vida lleno de frustración, sin plenitud, vacío. Porque el camino del pecado lleva a la tierra de la muerte y se adentra en ésta cada vez más.

Nuestras vidas será mucho más ricas si decidimos ser esclavos de la justicia y encontramos que cada paso que damos nos lleva a una experiencia más rica, más plena, más bendecida, más satisfactoria. Son los beneficios de la vida de Dios dentro de nosotros, hoy mismo.

EL PASAJE EN PROFUNDIDAD

Abraham justificado por la fe (4:1-25)

Trasfondo. Hemos visto antes que la religión judía del siglo primero trababa la fe, las obras, la ley, la obediencia, el mérito y la bendición como un todo, sin establecer claras distinciones entre sus roles ni definir las relaciones entre estos elementos vitales de la religión del AT.

Es fascinante ver hoy en la Mishná el tremendo trabajo de los sabios en los años 30 a 200 DC, con el propósito de formar un código de la Ley Oral — reglas tradicionales de la vida cotidiana y la adoración — que incluso en tiempos de Jesús dominaba la visión de los fariseos. En tedioso y reiterado detalle los sabios examinaron y definieron las obligaciones religiosas del judío para producir un libro que en el judaísmo rabínico tiene la misma postura que el AT, revelación de Dios al hombre. Al hacerlo, los sabios encontraron dificultades para definir cosas similares, y cosas diferentes, creando listas y luego estableciendo reglas basadas en sus listas. Lo fascinante de esto es que en su intensa motivación por definir, no prestan atención a los temas que Pablo presenta en Romanos. No se examinan las suposiciones sobre la naturaleza de la fe, ni la relación de la fe con la ley, ni de la fe con la obediencia. Nadie formula las preguntas que hace Pablo sobre la naturaleza del hombre y el daño que causó la Caída. Más bien, los sabios parecen haber trabajado sobre la premisa de que Israel tiene una posición especial ante el Señor en virtud del pacto de Dios con Abraham, y que al obedecer las leyes de Dios el judío religioso merece bendiciones aquí en la tierra y (si es ortodoxo) gana la recompensa de entrar al cielo. Así, lo que realmente cuenta es definir con todo el esmero posible, lo que constituye la vida de obediencia para que el judío de piedad pueda entender qué es lo que requiere Dios.

Pero en Romanos, en cambio, Pablo llama a sus lectores a examinar esta premisa, y a definir los conceptos teológicos más importantes, y no las leyes. En este proceso Pablo se ve obligado a revisar su propio entendimiento del AT, y a establecer distinciones que ningún judío de su generación imaginaba siquiera que pudieran existir.

Interpretación. A medida que avanzamos en la lectura de este pasaje vemos que Pablo nos va presentando conceptos teológicos, que trata en dos categorías opuestas. En esto, su perspectiva se encuentra dentro del judaísmo rabínico. Busca agrupar cosas según su semejanza y luego distinguirlas cuidadosamente, de las cosas que son diferentes. Sin embargo, como notamos antes, Pablo aplica esta visión del Midrash no a lo *halakah* (leyes para la vida) sino a lo *aggadah* (lo teológico, lo filosófico, lo ético).

Pablo presenta dos listas en este pasaje, y argumenta que ambas son mutuamente excluyentes. En tanto una lista contiene elementos que se vinculan íntimamente entre sí, ninguno de ellos puede relacionarse con un elemento de la otra lista, siempre y cuando estemos hablando de la acción de Dios de justificar gratuitamente a los pecadores.

Lista número 1
- Obras (buenas obras, obediencia)
- Paga
- Circuncisión
- Ley
- Ira
- Muerte

Lista número 2
- Fe (confianza en la promesa de Dios)
- Justificación
- Dicha y bendición
- La justicia, acreditada
- El perdón de los pecados
- El don
- La promesa
- La gracia
- Los herederos de Abraham
- La vida a partir de la muerte

Al leer este pasaje vemos con claridad que la fe es la palabra clave en la segunda lista. Es la persona de fe la que sale del plano de los elementos de la primera lista y entra al de la segunda lista. No nos extraña entonces que en 4:18-25 Pablo vuelva a Abraham para darnos una definición y un ejemplo de esta "fe salvadora" de la que habla aquí.

Aquí Pablo se ocupa del contexto histórico en el que Abraham ejerció esa fe de la que Génesis 15:6 habla: "Abram creyó al Señor, y el Señor lo reconoció a él como justo". Dios le promete a Abraham, que tiene ya 100 años y está casado con una mujer de 90 que ya no menstrúa hace mucho tiempo, que ambos tendrán un hijo juntos. Abraham sabía, hablando en términos humanos, que era imposible. Pero en lugar de "vacilar como incrédulo" (ver 4:20) Abraham creyó a Dios.

Oyó la palabra de promesa y confió en el Dios que la pronunciaba.

La analogía es clara. A nosotros Dios nos hace una promesa en Cristo: una promesa de perdón y aceptación, una promesa de aceptación y de vida. En términos humanos es imposible para nosotros cambiar nuestra naturaleza o estado de pecadores, sujeta como corresponde a la ira de Dios. Pero si como Abraham oímos la palabra de promesa y confiamos en el Dios que la pronunció, también a nosotros se nos da justificación y todo lo que la justificación implica.

En el AT la lengua hebrea expresaba una compleja mezcla de conceptos en el término *'aman*, que en el Septuaginto griego se tradujo usando la palabra que Pablo usa aquí: *pistis*. La idea que subyace a este término es de "certeza, seguridad". En sus diversas formas, la raíz se aplica a varias relaciones y denota así fidelidad, fe, confianza, certeza, firmeza. En el judaísmo había una tendencia fuerte a poner énfasis en la dimensión de la fidelidad. Dios era honrado por Su fidelidad a Su pacto. Y la "fe" era en efecto la fidelidad del judío religioso que vivía según sus obligaciones bajo la ley de Moisés.

Al volver a Abraham Pablo argumenta aquí que esa *pistis* (certeza) que se acredita como justicia, es de hecho la simple confianza, respuesta del corazón gozoso a la promesa de Dios, una convicción de que aunque Dios ofrezca lo imposible, con toda certeza hará lo que Él ha prometido.

La percepción de Israel sobre la "fe", como fidelidad del judío a los requisitos de la ley era un error porque dejaba de lado por completo el hecho de que todos hemos pecado y estamos apartados de la gloria de Dios, sujetos a Su ira. La única esperanza para el gentil o el judío es una palabra de promesa mediante la cual Dios Se comprometa a hacer por nosotros lo que ningún ser humano puede hacer por sí mismo.

Aplicación. Aunque el judío del siglo primero veía la *pistis* como fidelidad, en términos prácticos, el hombre occidental de hoy suele verla como creencia, en términos intelectuales. "¿Crees en Dios?" es una pregunta que hoy, más que nada significa: "¿Crees que Dios existe?" o "¿Crees que Jesús es el Hijo de Dios"?. Tomado de este modo, "fe" significa suponer que algo es verdad.

Ambas percepciones de la fe, la antigua y la moderna, tienen lamentables falencias. La fe que salva es algo completamente diferente: es oír la palabra de promesa de Dios en Jesús, y en respuesta, confiarnos a Él en todo. *Pistis*, entonces, no tiene que ver con las obras o el intelecto. Es una palabra que describe nuestra actitud básica hacia Dios. Hasta tanto la actitud de la persona hacia Dios cambie de modo que abandone la independencia y la confianza en su propia capacidad, para depender completamente de la gracia de Dios, esa persona seguirá atrapada y perdida.

Muerte a través de Adán. Vida a través de Cristo (5:12-21).

Trasfondo. En Romanos 1-3 Pablo argumentó que toda la humanidad está perdida, en las garras del pecado, tanto judíos como gentiles. En Romanos 4 palo mostró que la justificación por la fe también está universalmente disponible a todos los que confían en que Dios cumplirá Su promesa del Evangelio, tanto judíos como gentiles.

Pablo ahora da un paso atrás para preguntar cómo es posible esto. ¿Cómo fue que toda la humanidad se volvió pecadora? ¿Y cómo es que ahora la vida puede estar disponible para todos?

Como trasfondo, tenemos que entender algo importante en la relación entre "pecado" y "pecados". "Pecados" son acciones de maldad, o violaciones de la Ley de Dios. Pero "pecado" es otra cosa. "Pecado" se refiere a esa carencia o mancha esencial en la naturaleza humana, que distorsiona el carácter moral del hombre, oscureciendo su intelecto y haciendo que su voluntad se incline hacia el mal. En la terminología bíblica, se le dice comúnmente "muerte", no en sentido biológico, sino espiritual.

El judío de los tiempos de Pablo veía los "pecados" como acciones mediante las cuales una persona violaba la Ley que había sido dada a través de Moisés. Pablo señala que incluso cuando no había ley, y nadie podía ser acusado de cometer un pecado, los seres humanos estaban espiritualmente muertos. Vivían en estado de pecado, porque estaban espiritualmente muertos. Por eso Pablo dice que "desde Adán hasta Moisés la muerte reinó" (5:14).

El milagro del Evangelio es que en su buena nueva Dios viene a todos nosotros, con la promesa del regalo de la vida.

Interpretación. Pablo inicia su exposición declarando que "Por medio de un solo hombre el pecado entró en el mundo, y por medio del pecado entró la muerte; fue así como la muerte pasó a toda la humanidad, porque todos pecaron" (5:12). La relación de la humanidad con Adán es el origen del pecado en nuestra raza y en cada persona en particular.

No es esta una visión exclusiva del apóstol Pablo. El libro de 2 Esdrás, obra judía del siglo primero que encontramos en los libros apócrifos de la Biblia católico romana, dice:

> [Adán] transgredió...Y le nombraste muerte, para él y sus descendientes...
>
> Porque el primer Adán, con el peso de un corazón malvado, transgredió y fue vencido, así como todos los que descendieron de él. Así, la enfermedad se hizo permanente (3:7, 21-22).
>
> Oh, Adán ¿qué has hecho? Porque aunque fuiste tú quien pecó, la caída no fue solo tuya, sino también nuestra, porque somos tus descendientes (7:118).

Otras obras apócrifas no respaldan esto. El Apocalipsis de Baruc, del siglo segundo, dice: "Adán, entonces, no es la causa, salvo de su propia alma. Pero cada uno de nosotros ha sido el Adán de su propia alma" (2 Baruc 54:19). Sin embargo, Pablo es claro. En algún modo horrible el pecado corrompió a tal punto la naturaleza esencial de Adán que esa mancha engendró en todo ser humano, y la muerte espiritual desde su nacimiento. Es nuestra relación con Adán lo que nos hace pecadores.

Pero ahora Pablo traza comparación y contraste. Así como la acción de pecado de un hombre trajo la muerte a la raza humana, la acción de obediencia de un Hombre, nos trae la vida. Jesús es el Segundo Adán, el fundador de una nueva raza de hombres y mujeres a los que se les ha restaurado la vida. Al establecer una nueva relación con Jesús, el Hijo de Dios, salimos del reinado del pecado y la muerte, para entrar en el de la justicia y la vida, donde reina la gracia. Por fin somos capaces entonces de ser lo que Dios siempre quiso que fuera la humanidad.

Aplicación. Es difícil entender exactamente el por qué y el cómo de todo esto. Pero no podemos dudar que el pecado de Adán causó una gran mutación en nuestra raza y que es origen de pecado y sufrimiento interminables. La caída de Adán cambió su relación con Dios y también dio forma a nuestra actitud innata hacia Dios.

En última instancia, "pecado", "muerte", y también "vida" y "justicia" son todos términos relacionales porque su más profundo significado refleja la verdad acerca de la naturaleza de nuestra relación con Dios. NO es lo que hacemos lo que nos hace pecadores. Es el hecho de que nos apartamos de Dios. No es lo que hacemos lo que nos salva. Lo único que puede salvarnos es la relación personal con Dios. Y en el Evangelio, por medio de Jesucristo, hoy esa salvación está disponible para todos.

Muertos al pecado, vivos en Cristo (6:1-14).

Trasfondo. El razonamiento de Pablo ahora le lleva a una conclusión fascinante. Todos somos pecadores (capítulos 1-3). Dios justifica a los pecadores por medio de una "fe" que nada tiene que ver con la fiel obediencia a los mandamientos de Dios sino que existe más bien como confianza firme, sin vacilaciones, en Dios (capítulo 4). La promesa de salvación de Dios es Jesucristo y por medio de la fe en Él todo el que cree recibe multitud de beneficios: paz con Dios, acceso, esperanza, reconciliación, justicia y vida (5:1-11). Antes, Pablo nos mostró que la relación de fe con Dios está disponible para el gentil tanto como para el judío. Ahora nos muestra la razón: todos los seres humanos estamos relacionados con Adán, y esa relación es la causa de la muerte racial. Pero ahora la fe nos abre a todos la puerta a la relación con Jesús, y esa relación es la fuente de nuestra nueva vida.

Exposición. Ahora Pablo indaga en las implicancias de la relación que tenemos con Jesús. Como señala el Estudio de Palabras de 6:1, esa relación es de unión con Jesús. Nuestro vínculo con Jesús es tan íntimo, tan cercano, que a los ojos de Dios morimos con Jesús en el Calvario y cuando Jesús resucitó de entre los muertos a la nueva vida, Dios nos resucitó también a nosotros.

Las implicancias de nuestra identificación con Jesús son maravillosas. Porque si morimos al pecado, entonces el pecado como distorsión de la naturaleza humana ya no tiene poder sobre nosotros.

Eso no significa que el pecado, como distorsión de la naturaleza humana, haya perdido su influencia. Sigue tentándonos. Seguimos sintiendo esa atracción del pecado. Muchas veces estamos conscientes de nuestro deseo de hacer lo que sabemos que está mal. Pero cuando llega esa urgencia de pecar, ¡el pecado no puede obligarnos a hacerlo! No podemos decir "el diablo me obligó" o "no pude resistirme a la tentación". En Jesús, se nos restaura nuestra libertad de decidir entre lo que conocemos como bien y lo que conocemos como mal.

Y es más, si hemos resucitado a la vida en Jesús ese mismo poder de resurrección que Le resucitó a Él, nos resucita a la vida también a nosotros. No estamos solos para luchar contra el pecado. Estamos llamados a elegir. Al elegir la obediencia Su vida fluye a través de nosotros, Su voluntad nos anima, Su fuerza nos permite ser "instrumentos de justicia" de Dios.

Es en este punto que Pablo empieza a responder la pregunta que tanto ha perturbado a muchos cristianos. "Sé que la unión con Jesús hace que me sea posible vivir una vida agradando a Dios. Pero ¿qué tengo que hacer?". La respuesta de Pablo se resume en una serie de verbos de acción: saber (6:6), considerar (6:11), y ofrecer (6:13). La prescripción de Pablo puede resumirse en tres pasos.

1. Saber: saber lo que significa esa unión con Jesús. Nuestra crucifixión junto a Jesús acabó con el dominio del pecado y nuestra resurrección con Él nos da poder para la vida recta y justa.

2. Considerar: considerar que lo que Dios dice es verdad. Confiar en que Dios hará realidad lo que Él promete, y que lo viviremos en experiencia.

3. Ofrecer: algunas versiones dicen "preséntense ante Dios". Es decir, actuar según lo que entendemos es Su voluntad.

Aplicación. Tantas veces complicamos lo que es sencillo. El genio de Dios hace que lo difícil sea simple.

Y por cierto", esto vale cuando se trata de vivir la vida cristiana. Hay quienes oran desesperadamente pidiendo fuerzas. Otros ponen énfasis en el compromiso. Algunos más se esfuerzan por encontrar reglas y cumplirlas. Habrá quien busque una palabra especial de Dios, como guía. Y quienes hablan de fortalecer nuestra voluntad. Sin embargo Pablo nos recuerda que lo único que requiere de nosotros la vida en armonía con Jesús, es la fe sencilla, de lo más simple.

¿Somos lo suficientemente simples y sencillos como para creer lo que Dios nos dice y creer que no tenemos que pecar? ¿Somos lo suficientemente sencillos como para creer que Dios hará lo que Él prometió, en nuestras vidas hoy mismo? Si es así, lo único que tenemos que hacer es dar un paso adelante en la fe, actuando según lo que sabemos que es justo, y el poder de Cristo nos elevará más allá de nosotros mismos y Su justicia será lo que vivamos en la vida diaria.

ROMANOS 7–8
Justicia, hoy mismo

EXPOSICIÓN

En Romanos 6:14 Pablo efectuó una declaración que causó impacto en todos los lectores judíos: "Así el pecado no tendrá dominio sobre ustedes, porque ya no están bajo la ley sino bajo la gracia". En los versículos siguientes se desvió un poco del tema pero ahora vuelve, para responder a las objeciones que surgirían desde todos los judíos que hubieran leído su carta. El diálogo entre Pablo y el judío escandalizado sería algo como esto:

Objeción: "¿Cómo puedes decir que no estamos bajo la ley?". Respuesta: "Morimos con Cristo. La muerte nos libera" (7:1-3).

Objeción: "Pero ¿por qué querría alguien liberarse de la maravillosa Ley de Dios?". Respuesta: "Porque la Ley va en contra de nuestra naturaleza carnal y produce pecado. Dios quiere que nos relacionemos con Él en el camino del Espíritu" (7:4-6).

Objeción: "¿Cómo puedes hablar así en contra de la Ley de Dios?". Respuesta: "La Ley como expresión de la rectitud y la justicia es santa, recta, justa y buena. El problema está en la forma en que como pecadores reaccionamos ante la Ley. De hecho, fue la Ley la que hizo que yo viera mi terrible condición espiritual, de estar espiritualmente muerto" (7:7-13).

Objeción: "Pero Pablo ¿no hablas así ahora solo porque eres cristiano?". Respuesta: "Ahora yo deseo hacer lo que manda la Ley. Pero cuando intento relacionarme con Dios a través de la Ley, encuentro que no puedo hacerlo" (7:14-25).

Clamor: "Oh, Pablo ¿es que no hay esperanza entonces?". Respuesta: "¡Gracias a Dios sí hay esperanza! Cristo murió para condenar al pecado en la carne, y ahora el mismo Espíritu que Le resucitó vive en mí para darme capacidad de vivir una vida realmente santa. Cuando vivimos 'según el Espíritu' y 'controlados por el Espíritu' tenemos capacidad para agradar a Dios y cumplir plenamente con todos los requisitos de la Ley" (8:1-11).

Objeción: "Pablo, no lo comprendo". Respuesta: "Lo sé. Es difícil. Pero la clave es esta: ahora tienes una relación totalmente diferente con Dios. Tu obligación es hacia un 'Papá' y no hacia un amo. Eres Su heredero y no Su esclavo. Cuando Él te hable a través del Espíritu, responde confiado, como hijo, y aprenderás por experiencia lo que te estoy diciendo" (8.12-17).

Finalizado este diálogo imaginario, Pablo está lleno de santo entusiasmo y asombro. En uno de los pasajes más potentes del NT Pablo se deleita en el impacto cósmico de la resurrección de Jesús. La resurrección de Cristo significa transformación, para el universo tanto como para nosotros (8.18-25). Significa poder en la oración hoy mismo, conformidad a la semejanza de

Jesús en el mañana (8:26-30). Y esto significa que vivimos nuestras vidas humanas completamente a salvo, seguros en la inconmovible confianza de que Dios nos ama y que no hay nada "ni cosa alguna en toda la creación, [que] podrá apartarnos del amor que Dios nos ha manifestado en Cristo Jesús nuestro Señor" (8:31-39).

ESTUDIO DE PALABRAS

Hermanos, les hablo como a quienes conocen la ley. ¿Acaso no saben que uno está sujeto a la ley solamente en vida? (7:1). Uno de los temas más complicados en este pasaje es el uso que hace Pablo del término *nomos*, o "ley". Es porque la palabra en sí es compleja, más que por la dificultad del argumento de Pablo.

Pablo utiliza esta palabra, por supuesto, basándose en el concepto hebreo de Torá, que significa "enseñanza" o "instrucción", y que tiene aplicación extensa. Torá puede referirse a la revelación de Dios en aspecto general. O puede señalar un conjunto específico de instrucciones, como en Romanos 7:2, la "ley del matrimonio". Torá también puede indicar códigos morales o ceremoniales, o los primeros cinco libros de Moisés. Pero más allá del referente específico, Torá siempre presume instrucción divina. La ley es algo dado por Dios, que revela lo que está bien y lo que está mal. Es el camino que lleva a la bendición en la vida terrenal del hombre.

El término griego *nomos*, según se lo utiliza en el NT, suele reflejar los significados que tiene en hebreo la palabra Torá. Pero la cultura griega además le añade a *nomos* mayor complejidad. Nomos comprendía las tradiciones y normas de la sociedad. Pero la palabra además reflejaba la convicción de los filósofos griegos en cuanto a que había principios universales que operan en el mundo y que el hombre debe aprender a vivir en armonía con ellos. Muchas de las referencias de Pablo a la "ley" en Romanos 7-8, se toman con frecuencia en este sentido: cuando Pablo habla de una "ley del pecado y de la muerte" (8:2) se está refiriendo al pecado que opera como principio universal en la humanidad caída y apartada de Dios. Por otra parte, la "ley del espíritu de la vida" en Jesucristo (8:2) se entiende como otro principio universal que opera en el creyente mediante el cual el Espíritu de Jesús da vida y poder.

La aproximación interpretativa que busca encontrar en este pasaje los cambios entre la Torá-Ley (Ley como revelación de Dios) y la nomos-ley (la ley como principio universal) tiene una larga y respetable tradición. Sería la mejor forma de examinar el pasaje.

Pero tenemos que recordar que lo que el apóstol presenta aquí surge del hecho de que la Ley del AT es una revelación divina. Toda su atención está centrada en el análisis de esa Ley y su relación con el judío y con el cristiano. Por lo cual, sería mejor tratar de seguir la idea del pasaje manteniendo la atención en los significados de la Torá-Ley.

Si adoptamos esta perspectiva, enseguida veremos que el tema central para Pablo es simple: ¡la forma en que nos relacionamos con la Torá es la clave al éxito o el fracaso en la vida cristiana! Si leemos la Torá (revelación de Dios) como sirvientes, obligados a cumplir reglas establecidas por nuestro supremo maestro, el pecado se aprovechará de nuestra debilidad y nos condenará. Pero si leemos la Torá (revelación de Dios) como hijos que responden con alegría al Padre, en plena confianza de que somos herederos de Su promesa, el Espíritu nos da poder, incluso siendo mortales, para poder vivir vidas de santidad y agradando a Dios.

La casada está ligada por ley a su esposo sólo mientras éste vive (7:2). El término griego aquí es *hupandros*, palabra de uso infrecuente que significa "bajo un esposo". En la ley judía solamente el esposo tenía derecho al divorcio. Solo si el esposo de la divorciada moría, la mujer quedaba libre "de las obligaciones de la ley matrimonial" para casarse con otro.

En esta ilustración Pablo reconoce el sentido judío de que ningún ser humano puede liberarse de las obligaciones que la Ley mosaica imponía a los judíos. Pero luego señala que nuestra unión con Jesús en Su muerte, es en realidad nuestra muerte. Y así, la muerte ha liberado al creyente de la "Torá como obligación", así como la muerte del esposo libera a la esposa unida a él. Pablo está en lo cierto, en términos legales, al afirmar: "ustedes ya no están bajo la ley" (6:14).

Porque *cuando nuestra naturaleza pecaminosa* aún nos dominaba, las malas pasiones que la ley nos despertaba actuaban en los miembros de nuestro cuerpo, y dábamos fruto para muerte (7:5). Sin duda este es uno de los versículos más importantes sobre este tema, en todo el NT.

La frase que en la NVI aparece traducida como "cuando nuestra naturaleza pecaminosa aún nos dominaba" en griego es *en te sarki*, o "en la carne". Pablo usa la frase para describir a los que no son salvos, pero también en referencia a su propia experiencia como creyentes (Gálatas

2:20; Filipenses 1:22; 1 Pedro 4:2). En su carácter más amplio, *en sarki* o *kata sarki* (según la carne, Romanos 8:8), indica las actitudes, percepciones y motivos de la humanidad caída y alejada de Dios. Por eso, en este pasaje Pablo mira primero a la Torá, como la ve el ser humano caído, y luego trazará el contraste con la forma en que la verá el creyente que posee el espíritu de Cristo.

La frase "la ley nos despertaba" (7:5) es *dia tou nomou energeito*. La ley, según la ve el hombre de pecado, da energía o estimula a la naturaleza de pecado. Como resultado, las obras que realizan los seres humanos bajo la ley tienen defectos o manchas ¡y eso necesariamente lleva a la muerte!

La visión de Pablo se contradice con la visión de la Torá-obligación, que tiene el judío (ver la cita de

y no por medio del antiguo mandamiento escrito (7:6). El texto en griego dice *en kainoteti pneumatos*, o "en novedad de espíritu". Aquí la palabra "nuevo" no significa "reciente" tanto como "fresco, vigoroso y superior". En Cristo ha comenzado una nueva época. La forma antigua e inferior de aproximarse a la Torá por "la letra de la ley" ha dado lugar al acercamiento a la Torá por medio del Espíritu al descubrir promesa en lugar de obligación.

Pablo traza la diferencia en 7:4-6, como veremos al comparar los elementos de estos versículos:

Es un gran alivio acercarnos a las enseñanzas de Dios, nuestras Escrituras, y oír no de la Torá como obligación, sino de la Torá de promesa, encontrando así en la Palabra de Dios libertad y liberación.

JOSEFO SOBRE LA VISIÓN DE LA LEY SEGÚN LOS JUDÍOS

Desde el principio mismo, con el alimento con que nos nutrimos desde la infancia, y la vida privada del hogar, él [Moisés] no dejó nada, por insignificante que fuere, a discreción y capricho de cada persona. Desde qué carne ha de abstenerse de comer el hombre, y qué carne puede disfrutar, a las personas con quienes debiera asociarse, al período que ha de dedicarse respectivamente a la labor y al descanso, para todo esto, nuestro líder ha convertido a la ley en parámetro y regla para que podamos vivir bajo la ley como bajo un padre y maestro, siendo libres de culpa y pecado en que incurriéramos por voluntad o ignorancia. Para la ignorancia no ha dejado pretexto alguno. Designó a la ley como forma más excelente y necesaria de instrucción, ordenando que no en una o dos ocasiones, sino cada semana, los hombres deben abandonar sus demás ocupaciones y reunirse para escuchar la ley y obtener preciso y profundo conocimiento de ésta, práctica que todos los demás legisladores parecen haber dejado de lado (En contra de Apión 2:173-175).

Josefo). Pero es básica a la enseñanza de Pablo sobre el camino a la victoria en la vida cristiana. Pablo está convencido de que hay una forma diferente de ver la Torá, no como obligación sino como promesa. Y si el creyente adopta esta "nueva" forma, podrá vivir una vida cristiana en victoria.

Pero ahora, al morir a lo que nos tenía subyugados, hemos quedado libres de la ley, a fin de servir a Dios *con el nuevo poder* que nos da el Espíritu,

LA LEY	EL ESPÍRITU
↓ Da energía ↓	
Naturaleza de pecado	Produce	Nueva naturaleza
↓	↓
Fruto de muerte	Fruto de Dios

Pero el pecado, aprovechando la oportunidad que le proporcionó el mandamiento (7:8). La frase, favorita de los escritores militares, describía la base desde la cual se planeaba una expedición agresiva. El pecado no solo tiene una forma de entrar en nuestras vidas sino que busca con ansias golpear en lo más profundo de nuestras personalidades.

La idea de Pablo aquí es que cuando leemos la Torá como obligación, sus prohibiciones mismas son las que despiertan la naturaleza de pecado, al identificar oportunidades para golpear. Todos lo hemos vivido como fenómeno psicológico. Por ejemplo, si nos dicen "No cortes la torta", la acción parece más deseable todavía. El hecho de que nos digan "espera hasta el matrimonio" en lugar de aquietar el deseo del joven parece encenderlo más aún.

Sin embargo, aquí Pablo tiene en vista mucho más que lo psicológico. Describe una realidad terrible: el pecado tuerce nuestra respuesta a la Torá como obligación. Los que permanecen castos se vuelven críticos y condenan a los que no cumplen, o sienten un orgullo de sí mismos que es tan pecado como lo es la inmoralidad. El acercamiento a la Palabra de Dios con la actitud y la perspectiva de la humanidad caída traerá siempre consecuencias que en alguna forma u otra implicarán pecado.

En otro tiempo yo tenía vida aparte de la ley; pero cuando vino el mandamiento, cobró vida el pecado y yo morí (7:9). En este pasaje el hecho de que Pablo hable en primera persona, causa confusión. ¿Habla de su propia experiencia personal? ¿O de sí mismo en representación de los judíos? ¿O representando a la raza humana? ¿Es un "yo" universal, utilizado en el sentido de "todos los hombres"?

La confusión se reduce, quizá, si vemos dos verdades. Ante todo, que Pablo es un ser humano, cuya naturaleza es común a todos los seres humanos. Así, cuando leemos "yo", podemos entender que está hablando de "todos y cada uno de nosotros". Si recordamos que en Romanos 2 Pablo ha mostrado que el gentil igual que el judío tiene la Torá en el sentido de la enseñanza divina a través de la revelación, veremos que Pablo el fariseo puede hablar a partir de su propia experiencia, en representación del judío y el gentil por igual.

En segundo lugar, al analizar su experiencia Pablo está consciente de que como cristiano es un hombre profundamente dividido. Al vivir solo *en sarki* (como ser humano caído) Pablo sentía que "yo tenía vida" (7:9). Luego dirá de su vida en el judaísmo que era "en cuanto a la justicia que la ley exige, intachable" (Filipenses 3:6). Después de su conversión Pablo se volvió muy consciente de su naturaleza de pecado. Y vio que aunque seguía amando la Torá de Dios y quería obedecer sus leyes, algo muy profundo en su personalidad presentaba constante batalla y le era imposible entonces la perfecta obediencia que tan apasionadamente buscaba.

La división que Pablo percibe dentro deo sí se corresponde con la división que ve dentro de la Ley. Hay un "Yo" de la carne, así como hay una Torá de la obligación. Y hay un "Yo", que recibe vida del Espíritu, así como hay una Torá de promesa. Lo que Pablo hace en este pasaje es describir de qué manera la aproximación a la Torá con la perspectiva del "Yo" de la carne, incluso cuando uno desee la santidad, terminará fracasando por completo.

Por lo tanto, ya *no hay ninguna condenación para los que están unidos a Cristo Jesús* (8:1). Pablo ya describió la condición de quienes están *en sarki*, en la carne.

Ahora centra la atención en lo que significa estar *en Christo*. Ante todo, eso significa que para nosotros "no hay ninguna condenación".

Katakrima es un término legal que significa "juzgar en contra". La palabra tiene aquí una implicancia práctica, pero también forense. Porque por Jesús, Dios nos ha absuelto y no hay juicio contra nosotros en los registros que se mantienen en el cielo. Y es más, no hay ninguna condenación hoy para quienes se relacionan con Dios en el Espíritu. La Torá como obligación, desde la perspectiva de la carne, no tiene relevancia alguna para el creyente. Porque de un sacudón, la época del Salvador lo ha transformado todo.

En efecto, la ley no pudo liberarnos porque la naturaleza pecaminosa anuló su poder; por eso Dios envió a su propio Hijo en condición semejante a nuestra condición de pecadores, para que se ofreciera en sacrificio por el pecado. Así condenó Dios *al pecado en la naturaleza humana*, a fin de que las justas demandas de la ley se cumplieran en nosotros, que no vivimos según *la naturaleza pecaminosa* sino según el Espíritu (8:3-4). La NVI es una traducción dinámica. Es decir que en lugar de ofrecer una versión del original palabra por palabra, busca comunicar el significado o intención del pasaje. Aquí los traductores decidieron traducir un término básico que Pablo usa en Romanos 7 como referencia al "hombre pecador" o la "naturaleza de pecado". Es el término griego *sarx*, o carne. Tal vez la traducción sí logra transmitir lo que Pablo quiere decir pero es importante entender que en estos capítulos, *en sarki*, o "en la carne" caracteriza a la humanidad en su relación con Adán, caída, en las garras del pecado que tuerce y distorsiona deseos, percepciones y acciones. Pablo está diciendo aquí que Cristo, al asumir la semejanza de un ser humano relacionado con Adán, a través de Su muerte como ser humano real, puso fin a lo antiguo e inició una época nueva. El creyente ahora está unido a Cristo, o en Cristo y se relaciona con Dios por medio del Espíritu de Cristo. Al vivir y relacionarnos con Dios bajo la perspectiva del nuevo "Yo", en lugar de la del viejo "Yo", descubrimos que los requerimientos de justicia de la Torá, de hecho "se cumplen en nosotros".

Sin embargo, ustedes no viven según la naturaleza pecaminosa sino según el Espíritu, si *es que* el Espíritu de Dios vive en ustedes (8:9). No es este el "si" de la incertidumbre, sino el "ya que..." de una gloriosa realidad. Pablo dice que cada creyente tiene el Espíritu de Cristo (8:9).

Ahora tenemos la capacidad de relacionarnos con Dios en el Espíritu en lugar de hacerlo en la carne, y al hacerlo "el mismo que levantó a Cristo de entre los muertos también dará vida a sus cuerpos mortales por medio de su Espíritu, que vive en ustedes" (8:11).

La frase "cuerpos mortales" es importante. En 8:3 Pablo señala que la Torá como obligación no tenía poder para moldear a un pueblo santo porque nuestra debilidad como criaturas caídas se aferra a nuestro "Yo" en un abrazo irrompible. Aquí Pablo nos recuerda que ahora el Espíritu de Dios vive en nosotros para darnos vida en nuestra mortalidad, dando también energía al nuevo "o" que recibimos al renacer de modo que ahora podamos agradar a Dios.

Y ustedes no recibieron un espíritu que de nuevo los esclavice al miedo, sino el Espíritu que los adopta como hijos y les permite clamar: "¡Abba! ¡Padre!" (8:15). En última instancia, la diferencia esencial entre la época antigua y la época nueva, está marcada por el tipo de relación. Como seres humanos caídos y en pecado, éramos esclavos, con la Torá que expresaba obligaciones de cada uno como criatura hacia su Creador. Pero como seres humanos redimidos, los creyentes son herederos y la Torá expresa las bendiciones prometidas que Dios tiene para quienes somos Sus hijos e hijas.

La persona que opera en la carne no puede sino ver la Torá como compilación de obligaciones que hay que cumplir, y asumirá que el ser humano que obra bien merece alguna recompensa del Señor. Pero la persona que opera en el Espíritu no puede sino ver la Torá como amorosa explicación de lo que Dios quiere hacer con y a través de Sus amados hijos. La carne ve la Torá como obligación, y teme. El hombre sincero sabe que no podrá cumplir según la perfección de Dios. Pero el espíritu ve la Torá como promesa y clama ¡Abba! (¡Papá!), como el niño cuyo padre regresa de un viaje con regalos para él.

La creación misma ha de ser *liberada* (8:21). La palabra significa "hacer libre", de la esclavitud de la corrupción. Pablo quiere que sepamos que la nueva época, al igual que la vieja, tiene implicancias personales y también cósmicas. En la caída de Adán, la trama misma de la naturaleza se rasgó, quedando obligada a operar en la corrupción y degradación (Génesis 3:17-18). En Cristo, será restaurado el estado original del universo natural.

También nosotros mismos, que *tenemos las primicias del Espíritu*, gemimos interiormente, mientras aguardamos nuestra adopción como hijos, es decir, la redención de nuestro cuerpo (8:23). La ley mosaica requería que los israelitas presentaran como ofrenda al Señor los primeros frutos que produjera la tierra (Éxodo 23:19; Nehemías 10:35).

El ritual era expresión de gratitud y confianza en la bendición del Señor para la cosecha que comenzaba. Aquí Pablo presenta al Espíritu, que Dios da a todo creyente, como promesa divina de que en la ceremonia de adopción final los que hemos sido bienvenidos en Cristo como herederos de Dios recibiremos todos los beneficios de esa relación y seremos plenamente conformados a Jesús Mismo.

Ahora bien, sabemos que Dios dispone todas las cosas para el bien de quienes lo aman (8:28). No todo lo que nos sucede es "bueno", de la manera en que solemos entender lo bueno. Pero aquí el texto griego hace distinciones que no vemos. Porque la palabra *kalos* sugiere lo "bueno" en el sentido de los "bello y agradable". Y *agathos*, utilizada en este versículo, sugiere lo "bueno" en el sentido de lo "útil y beneficioso".

Dios no promete en ningún momento que nos gustarán "todas las cosas" que nos sucedan en la vida. Pero sí promete que bajo Su supervisión, no permitirá que nada toque a quienes Le amen si no será de beneficio y utilidad en sus vidas.

Porque a los que Dios conoció de antemano, también los predestinó a ser transformados según la imagen de su Hijo (8:29). Mientras los cristianos siguen debatiendo el tema de si Dios predestina o no a algunas personas a la salvación, este versículo no puede ser utilizado como argumento a favor de ninguna de las dos posiciones. El tema del apóstol es aquí lo que significa una nueva época para los que están "en Cristo". La maravilla de este versículo es que, así como la naturaleza será rescatada y restaurada de la corrupción producida por el pecado, también lo seremos quienes creemos ¡y aún más! Elevados más allá de Adán en su inocencia, nuestro destino es el de ser transformados ¡a la imagen de Jesús Mismo!

EL PASAJE EN PROFUNDIDAD

La dificultad del pecado (7:1-25)

Trasfondo. No hay quien lea este pasaje con atención y lo compare con Romanos 8, que pueda evitar un giro drástico en la terminología. En Romanos 7 Pablo utiliza la palabra "ley" (nomos) en 20 oportunidades. Y habla en primera persona, o "Yo", unas 22 veces, además de afirmar acción en primera persona nada menos que en 14 ocasiones. Por otra parte, en Romanos 8 Pablo utiliza la palabra "ley" solamente cuatro veces, ¡pero en 20 oportunidades usa "Espíritu [Santo]"!

Es evidente que para entender este pasaje tenemos que llegar a alguna conclusión en cuanto a lo que quiere decir Pablo en Romanos con *nomos* y con "Yo" o el uso de la primera persona.

Como vimos en el Estudio de palabras de Romanos 7:1, anteriormente, es mejor tomar el término *nomos* en esta sección importante de Romanos, en el sentido más básico del término del AT, *Torá*. La Ley es enseñanza (revelación) dada por Dios a los seres humanos, sea en la naturaleza, a los gentiles o en forma escrita a los judíos. El tema principal en el texto de Pablo es que el ser humano caído (o en la carne, *en sarki*) percibe la revelación de Dios como una Torá de obligaciones. Cuando la Palabra de Dios llega al hombre que vive según la carne, se la ve no solo como obligación sino como oportunidad. Porque el hombre que vive en la carne supone que ha sido llamado para tratar de obedecer a Dios, por lo que puede obedecerle y su obediencia hace que Dios tenga cierta obligación hacia él. Para el ser humano que vive en la carne la Torá parece ofrecer un camino a la salvación y los de mejores intenciones hallan satisfacción en cumplir con sus obras.

Pero en Romanos 7 Pablo se refiere a esta Torá como obligación, esa Torá con la que busca relacionarse el hombre que vive en la carne, como ley como camino a Dios. La conclusión de Pablo es que tal camino es igual de improductivo para el creyente como para el que no es salvo.

Ahora, en el Estudio de palabras de Romanos 8:9 hemos explorado el uso del "Yo" o primera persona, en este pasaje. Y notamos un paralelo entre este "Yo" dividido y las dos formas de percibir la Torá. Pablo es consciente de que como creyente está influido por la carne (por su naturaleza de pecado) y también por su nueva naturaleza. Cuando se acerca a Dios con la mentalidad de la carne que percibe la Torá como obligación, el creyente encuentra que es incapaz de hacer ese bien que tanto ansía hacer. Quiere agradar a Dios pero cuando intenta obedecer ¡fracasa!

Por eso Romanos 7 culmina con un grito de desesperanza. Pero es un grito que Pablo transforma en Romanos 8 en exultante grito de victoria.

Interpretación. No es difícil estudiar el hilo del argumento de Pablo, aún cuando los detalles puedan parecer confusos.

■ La paradoja: la naturaleza santa, recta, justa y buena de la ley, versus sus terribles consecuencias (7:7-13).

■ Las implicancias: una ley "espiritual" no puede beneficiar a seres humanos con naturaleza de pecado (7:14-21).

■ La frustración: incluso el converso bajo la ley se convierte en prisionero del pecado (7:21-25).

La paradoja (7:1-13). El creyente judío, con entusiasmo por la Ley de Dios, vería de inmediato en la enseñanza de Pablo de 7:4-6, un ataque contra la revelación de Dios del AT. El cristiano gentil que también sentía reverencia por el AT, estaría confundido ante esta enseñanza y por eso Pablo se ocupa de aclarar la idea en mayor detalle.

Expresa total acuerdo con que la Torá en sí misma es "santa, justa y buena". La revelación de Dios refleja Su naturaleza y carácter, así que ¿cómo podría ser menos que todo eso?

Sin embargo, los seres humanos no viven la Torá como abstracción distante. El hombre y la Ley necesariamente han de interactuar. In esta interacción, dice Pablo, lo que es santo, justo y bueno ¡mata!

Pablo aquí no se retracta de lo que dijo en su enseñanza de Romanos 5:12-21, en cuanto a que todos los seres humanos nacemos espiritualmente muertos. Más bien, está examinando ahora la interacción del hombre de pecado con la Ley, y analiza el impacto de la ley sobre él. El hombre caído (el hombre "que vive en la carne") encuentra que su naturaleza se rebela contra el parámetro revelado en la Ley. Por lo tanto, si la Ley dice "No codiciarás", lo que "produce en mí" es todo tipo de deseos de codicia (7:7-8).

Todos hemos visto algún niño en la tienda que corre de Mamá a Papá en tanto ellos insisten "Vuelve aquí" o "Quédate junto a mí". De alguna manera, esa insistencia del padre o la madre hace que el pequeño quiera corretear más que antes. De allí la terrible paradoja de la "Ley", según la vive el hombre que vive en la carne. Aunque en sí misma es santa, justa y buena, la Ley si se la percibe en la carne ¡se convierte en estímulo para pecar!

Como resultado de ello, cuando oímos la voz de la Ley, el pecado se mueve en nosotros. Lo cual, de hecho, es intención de Dios "para que mediante el mandamiento se demostrara lo extremadamente malo que es el pecado" (7:13).

Aquí Pablo explica lo que quiso decir antes cuando preguntó si "la fe" en realidad no "anulaba la ley" (3:31). ¿Recuerda usted la respuesta? "La fe" nos permite "sostener la ley". Al hacer de la salvación una cuestión den fe más que de la Ley, el cristiano pone la Torá como obligación justamente allí donde Dios quiere que esté. No es un cartel que nos señala hacia la salvación que debemos ganar mediante las obras, sino un espejo que nos revela que somos pecadores que necesitamos una salvación ¡que jamás podríamos merecer por nosotros mismos!

Las implicancias (7:14-21). Ahora Pablo nos lleva a que veamos una realidad que nos impacta. Si "Yo" me acerco a la Ley como la percibe un ser humano que vive en la carne — es decir, como Torá de obligación —, voy a experimentar el pecado como fuerza abrumadora dentro de mí, como fuerza que da forma a mi experiencia. Estoy de acuerdo con lo que exige la Ley y quiero hacer lo que manda, pero en cambio "aborrezco lo que hago" (ver 7:15). Y Pablo repite lo que expresó antes: "De hecho, no hago el bien que quiero, sino el mal que no quiero" (7:19).

En cierto aspecto no es el "Yo" que busca agradar a Dios el que actúa sino que más bien la causa de nuestra frustración y fracaso está en el hecho de que "el pecado que habita en mí" controla mis acciones (7:20).

La frustración (7:21-25). La conclusión a la que llegó Pablo puede bien haber venido de su experiencia personal temprana como creyente. Pero al escribir, habla por todos nosotros. La guerra interior va tomando forma, como lucha interminable entre mi deleite en la Ley de Dios y " los miembros de mi cuerpo [donde] hay otra ley, que es la ley del pecado" (7:23).

Mirando hacia atrás y hacia adelante. Al interpretar este pasaje tenemos que recordar que esta descripción tan llena de agonía, se encuentra entre dos pasajes cuyo tono es muy diferente. Romanos 6:1-14 celebra nuestra unión con Jesús y promete "Así el pecado no tendrá dominio sobre ustedes, porque ya no están bajo la ley sino bajo la gracia" (6:14). Y Romanos 8:1-11 anuncia que para nosotros ahora "no hay condenación". La muerte de Cristo se ocupó de nuestra naturaleza de pecado y el Espíritu que resucitó a Jesús de entre los muertos da vitalidad incluso a nuestros cuerpos mortales. En tanto caminamos según (de acuerdo a, en armonía con, controlados por) el Espíritu Santo y plenamente conscientes de nuestra nueva posición como herederos de Dios e hijos de un Padre amoroso, el Espíritu nos da capacidad para vivir vidas de santidad y justicia.

¿Cómo explicamos el tono de Romanos 7, entonces? Notando que en nuestro pasaje Pablo explica por qué el creyente debe desprenderse de la vieja forma de ver a la Torá como obligación. Esa es la perspectiva de la humanidad perdida y cómo ve la Palabra de Dios. Pero tal perspectiva es destructiva para el creyente y también para el que no cree. Como cristianos debemos ver las Escrituras como una Torá de promesa, y *en lugar de tratar de cumplir la Ley de Dios, hemos de esperar que el Espíritu Santo haga realidad en nosotros lo que las Escrituras dicen que es hoy nuestra herencia como hijos de Dios.*

Cada vez que nos acercamos a las Escrituras viéndolas como Torá de obligación, nuestra naturaleza de pecado se verá estimulada por la Ley, a las acciones de pecado.

Pero cuando nos acercamos a las Escrituras en el Espíritu y oímos la Palabra de Dios como Torá de promesa, nuestra nueva naturaleza se ve estimulada por la promesa de la Palabra de Dios, para confiar y obedecer.

Aplicación. Romanos 7 no nos dice cómo aproximarnos a las Escrituras como Torá de promesa. Pero Romanos 6 nos los dijo.

■ Saber: conocer qué significa la unión con Cristo. Nosotros morimos con Jesús y fuimos resucitados con Él a la nueva vida. Al vieja época y la vieja forma de ver la relación con Dios, son completamente reemplazadas.

■ Contar: Considerar como verdad lo que dice Dios. Cuando Dios nos habla ahora, es con la promesa de lo que será, no con la exigencia de que hagamos lo que es imposible. La Torá como promesa me dice que no haga el intento de cumplir, sino que confíe en Dios.

■ Presentarnos ante Dios: Dar un paso al frente y actuar. Actuar en plena convicción de que el Espíritu Santo podrá actuar en y a través de nosotros, y confiar en que lo hará. El sencillo secreto a la justicia es la fe, en realidad. La confianza nos da justicia forense: Dios declara que se nos encuentra inocentes debido a Jesús. Y la confianza nos da justicia práctica. Cuando sencillamente confiamos en que Dios hará realidad en nosotros lo que revela la Palabra de Dios, Él lo hará.

Más que conquistadores (8:28-39).

Trasfondo. ¿Qué es lo que nos da la libertad de descubrir la Palabra de Dios como Torá de promesa y no como Torá de obligación?

La respuesta está en conocer la verdadera naturaleza de la nueva relación con Dios de la que hoy disfrutamos en Cristo. Los seres humanos caídos en pecado tienen consciencia innata de su alienación con respecto a Dios. La Ley se percibe como parámetro establecido para permitir un acercamiento a Dios. Pero los seres humanos caídos en pecado, movidos por el miedo, presumen que si con sinceridad intentan vivir según ese parámetro, merecerán al menos cierta consideración por sus acciones. Incluso cuando su consciencia les condena por sus fracasos, los seres humanos alejados de Dios sostienen la esperanza de que sus buenas obras pesen más que las malas.

Entonces llega el Evangelio y en Cristo oímos la buena nueva de que Dios nos ama a pesar de nuestra terrible imperfección. Descubrimos que Cristo murió por nuestros pecados; en lugar de condenarnos, Él pronuncia que somos inocentes. Y es más, nos enteramos entonces de que Dios nos ha hecho herederos Suyos y que nos ha dado Su propio Espíritu para transformarnos y darnos capacidad. De repente, la Torá como obligación se vuelve completamente irrelevante a nuestra relación con el Señor. Ya no tenemos que tener miedo ni tratar de merecer una salvación que hemos recibido como regalo.

Cuando tomamos consciencia de esto, y en cada una de las amorosas Palabras reveladas por Dios vemos la Torá como promesa, entonces en total confianza nos echamos en Sus brazos. La Ley luego describe no lo que tenemos que ser, sino lo que es nuestro ya. No lo que hay que ganar, sino lo que nos es dado. No es lo que intentamos hacer sino la confianza que depositamos en Dios para que Él obre en nosotros. Es esto, nuestro en plena confianza en el amor de Dios, lo que nos da libertad.

Y así Pablo pone fin a este magnífico capítulo, con un gran recordatorio de lo completo que es el amor de Dios por nosotros. Porque cuando por fin aprendemos a percibir la Palabra de Dios a la luz de nuestra nueva naturaleza como hijos y herederos de Dios, lo que percibiremos es únicamente la promesa. Y tal como lo prometió Dios cumplirá Su Palabra en nuestras vidas.

Consideremos entonces la potente descripción del amor de Dios con la que concluye Pablo. Y también cómo la seguridad del amor de Dios por nosotros nos libera del miedo y de la carta de leer Su Palabra como una obligación que tenemos que cumplir.

¿Qué diremos frente a esto? Si Dios está de nuestra parte, ¿quién puede estar en contra nuestra? El que no escatimó ni a su propio Hijo, sino que lo entregó por todos nosotros, ¿cómo no habrá de darnos generosamente, junto con él, todas las cosas?

¿Quién acusará a los que Dios ha escogido? Dios es el que justifica.

¿Quién condenará? Cristo Jesús es el que murió, e incluso resucitó, y está a la derecha de Dios e intercede por nosotros.

¿Quién nos apartará del amor de Cristo? ¿La tribulación, o la angustia, la persecución, el hambre, la indigencia, el peligro, o la violencia?

Así está escrito: "Por tu causa nos vemos amenazados de muerte todo el día; nos tratan como a ovejas destinadas al matadero."

Sin embargo, en todo esto somos más que vencedores por medio de aquel que nos amó.

Pues estoy convencido de que ni la muerte ni la vida, ni los ángeles ni los demonios, ni lo presente ni lo por venir, ni los poderes, ni lo alto ni lo profundo, ni cosa alguna en toda la creación, podrá apartarnos del amor que Dios nos ha manifestado en Cristo Jesús nuestro Señor (8:31-39).

ROMANOS 9–11
¿Justicia en la historia?

EXPOSICIÓN

La exposición que Pablo ofrece sobre la justicia concluye con un cántico triunfal. La justicia de Dios que recibimos por la fe nos transforma, no solo en nuestra posición ante Dios sino en nuestra experiencia. Dios nos declara justos (capítulos 4-5), se nos da capacidad para vivir vidas de justicia (6:8-17)

Y en última instancia seremos hechos perfectamente justos cuando en la resurrección seamos hechos conformes a la imagen del Hijo de Dios (Romanos 8:18-39). Para el judío que veía la rectitud y la justicia como fiel adhesión a la Ley de Moisés, la presentación de Pablo con respecto a esta justicia que viene de Dios a través de Cristo como regalo a todo el que cree, era algo de veras chocante.

Sin embargo, el argumento de Pablo al momento ha dejado sin resolver un gran problema. Al hablar de una "justicia de Dios" (1:17; 3:21-22) que recibimos mediante la fe ¿no se ha hecho Pablo vulnerable a la acusación de que el mismo Dios actúa sin justicia? ¿No significa esa bienvenida que ahora se amplía a los gentiles, que Dios se ha retractado de Su Palabra a Su pueblo del pacto, Israel? Si Pablo está en lo correcto ¿cómo puede considerarse justo que Dios le dé la espalda a Israel a favor de esta nueva comunidad de fe que es la iglesia de Cristo?

Para responder a esta objeción Pablo vuelve al AT y a un argumento desarrollado en el texto bíblico con toda lógica y razonamiento. Ante todo Pablo muestra que la promesa del pacto no se extiende automáticamente a todos los descendientes *físicos* de Abraham (9:1-9). Desde el principio mismo Dios demostró Su libertad para dar misericordia a quien Él escogiera (9:10-21). Dios entonces no es inconsistente si ahora llama a Sí a un pueblo de entre los gentiles (9:22-26). Tampoco está siendo inconsistente Dios con respecto a Israel porque en la iglesia Él preserva un remanente de un pueblo que rechazó la fe a favor de las obras (9:27-33).

En lo referente a ser justo, Cristo está disponible para todos, judíos y gentiles por igual, y "bendice abundantemente a cuantos lo invocan" (10:1-15). Por cierto, a lo largo de la historia Israel oyó el mensaje de Dios pero la misma historia muestra que por generaciones ese pueblo fue "desobediente y rebelde" (10:16-11:18). La ceguera de Israel en la historia pasada y la era presente es un juicio divino sobre un pueblo incrédulo (11:9-10). Pero eso no significa que Dios haya rechazado a Su pueblo ¡ni que haya roto Sus promesas del pacto con Israel! Los gentiles son ramas, pero la raíz en la que han sido injertados es judía. Un día Dios obrará para restaurar las ramas naturales. En ese gran día cuando se cumpla la visión del profeta y el "Vendrá de Sión el libertador, que apartará de Jacob la impiedad" (11:11-27).

La grande y total certeza que subyace a toda la historia es que "las dádivas de Dios son irrevocables, como lo es también su llamamiento". La era del Evangelio podrá mostrar que el plan de Dios es más complejo de lo que Su pueblo de AT y nosotros podamos comprender. Pero jamás hemos de interpretar los hechos de manera que Dios aparezca como infiel a Su Palabra (11:28-32).

Y así Pablo concluye su defensa de la justicia de Dios con una doxología de alabanza a Aquel cuyos juicios son insondables, y cuyos caminos son impenetrables (11:33-36).

ESTUDIO DE PALABRAS

Mis hermanos, los de mi propia raza, el pueblo de Israel (9:3-4). Para Pablo el pueblo de Israel presenta un problema tanto emocional como teológico. A nivel personal Pablo siente dolor y angustia continuos al ver a los de su propia raza volviéndole la espalda a la salvación por fe. Y a nivel teológico Pablo debe ocuparse de la siguiente acusación: si Cristo está a favor de los gentiles entonces Dios se ha retractado de Su palabra a la semilla de Abraham, rompiendo las promesas de Su pacto. La pena de Pablo por su propio pueblo persistió durante toda su vida. Pero en Romanos 9-11 logra resolver la tensión teológica.

Aún así, al leer estos capítulos nos cuesta entender lo difícil que era para una persona inmersa en el judaísmo oír lo que está diciendo el apóstol.

La razón es que para el judío común y para los sabios también, Israel es único. Los privilegios principales otorgados a la raza (9:4-5) se perciben con frecuencia como *merecidos*. Encontramos una ilustración de esta creencia en una cita de *Leviticus Rabba*, en la página 315. Aunque se completó cerca del año 450 DC, esta exposición de Levítico refleja la opinión persistente de los sabios en cuanto a Israel y su relación con Dios, desde al menos el siglo primero en adelante. En el pasaje que se cita los rabíes argumentan que cuando se aplica una palabra a Israel, expresa elogio y alabanza al centrar la atención en las excelencias de Israel pero cuando se aplica la misma palabra a las naciones, esa palabra condena y pone la atención en sus defectos y fallas.

Aquí no hay más que la presunción expresa de que Dios no solo ama a Su pueblo sino que además está complacido con ellos. Y la presunción de que la fidelidad de Israel a la ley de Dios ¡merece Su favor!

Es bueno que tengamos la seguridad de que Dios nos ama. Pero es desastroso suponer que nos ama porque lo merecemos.

No digamos que la Palabra de Dios ha fracasado (9:6). El término es *ekpipto*, que significa "caer" o "desprenderse". Aparece en Hechos 27:17, 26 y 29 como descripción de un barco que se desvía de su curso. Pablo está diciendo que a pesar de que fue creada la iglesia, el influjo de los creyentes gentiles y el rechazo de la mayoría del os judíos hacia su Mesías, no se ha abandonado el curso establecido en la Palabra de Dios.

No importa *cómo se vean* las cosas. Dios no ha cambiado y Él no se desdice ni retracta de Su Palabra.

También nos resulta fácil, cuando enfrentamos alguna pérdida o tragedia, preguntarnos si Dios se ha apartado y ahora ya no se ocupa de nosotros, a pesar de que tenemos Su promesa de amor infinito e inacabable. Nos será difícil entender nuestras circunstancias, así como para los judíos los hechos del siglo primero les causaban asombro y confusión. Pero es en esos momentos en que tenemos que confiar en Dios, y no poner en duda Su Palabra. Hemos de buscar renovado entendimiento de Sus caminos y no insistir en que Dios se ajuste a nuestras antiguas ideas sobre cómo tiene que comportarse.

No todos los que descienden de Israel son Israel (9:6). A pesar de que algunos tienden a ver la descendencia física de Abraham como garantía de salvación, había en el siglo primero muchos que se preocupaban porque sus compatriotas judíos no se comprometían plenamente con la Ley de Dios. Tal lasitud molestaba a los judíos que se identificaban a sí mismos y a sus compatriotas como los devotos, los "justos" o "los elegidos de la justicia".

Tienen que haber conocido muy bien lo que Pablo argumenta aquí. No todo el que es israelita en términos físicos, lo será en términos espirituales.

Notemos aquí que Pablo no contrasta el Israel físico (judío) del AT con un supuesto Israel espiritual del NT (la iglesia). Nos está llevando de regreso al AT para dejar muy en claro que dentro del gran círculo de los descendientes físicos de los patriarcas, hay un círculo más pequeño y que dentro de ese círculo pequeño están los descendientes espirituales que conforman la verdadera familia de Abraham y de Dios.

Nacer judío era un feliz accidente de nacimiento. Pero nacer de nuevo, desde el principio fue no un accidente sino una decisión personal de confiar en la Palabra de promesa de Dios.

LEVITICO RABBAH V:VII

1,B, [Ya que al imponer sus manos sobre la cabeza del toro los ancianos sostienen a la comunidad al añadirle el mérito que les pertenece], dijo R. Isaac, "Las naciones del mundo no tienen a nadie que les sostenga porque escrito está: 'Caerán los aliados de Egipto'" (Ezequiel 30:6).

C. Pero Israel tiene quien lo sostenga, porque está escrito: "los ancianos de la comunidad impondrán las manos sobre la cabeza del novillo [y así sostendrán a Israel]"' (Levítico 4:15).

1. A. Dijo R. Eleazar: "Las naciones del mundo se llaman congregación e Israel se llama congregación".

B. Las naciones del mundo se llaman congregación: "Porque la congregación de los hipócritas será asolada" (Job 15:34 – RVR2000).

C. E Israel se llama congregación: "los ancianos de la congregación pondrán sus manos sobre la cabeza del novillo" (Levítico 4:15 – RVR2000).

D. Las naciones del mundo se conocen como novillos fuertes e Israel se conoce como novillo fuerte.

E. Las naciones del mundo se conocen como novillos fuertes: "manada de toros bravos entre naciones que parecen becerros" (Salmo 68:30).

F. Israel se conoce como novillo fuerte, como está dicho: "Escúchenme ustedes, obstinados [como toros] de corazón" (Isaías 46:12).

Las naciones del mundo son llamadas excelentes e Israel es llamado excelente.

H. Las naciones del mundo son llamadas excelentes: "a él y a las hijas de las naciones, majestuosas" (Ezequiel 32:18).

I. Israel es llamado excelente: "ellos, en cambio, a los santos que hay en la tierra: ¡Magníficos, todo mi gozo en ellos!" (Salmo 16:3).

J. Las naciones del mundo son llamadas sabias e Israel es llamado sabio.

K. Las naciones del mundo son llamadas sabias: "suprimiré yo de Edom los sabios" (Obadías 1:8).

L. E Israel es llamado sabio: "Los sabios atesoran conocimiento" (Proverbios 10:14).

M. Las naciones del mundo son llamadas íntegras e Israel es llamado íntegro.

N. Las naciones del mundo son llamadas íntegras: "entero, como devora la fosa a los muertos" (Proverbios 1:12).

O. E Israel es llamado íntegro: "los íntegros heredarán el bien" (Proverbios 28:10).

P. Las naciones del mundo son llamadas hombres e Israel es llamado hombre.

Q. Las naciones del mundo son llamadas hombres: "hombres perversos" (Salmo 141:4 – BPD).

R. E Israel es llamado hombres: "A ustedes los hombres, los estoy llamando" (Proverbios 8:4).

S. A las naciones del mundo se las llama justas y a Israel se lo llama justo.

T. A las naciones del mundo se las llama justas: "Pero los hombres justos les darán el castigo" (Ezequiel 23:45).

U. Y a Israel se lo llama justo: "Entonces todo tu pueblo será justo" (Isaías 60:21).

V. A las naciones del mundo se las llama poderosas y a Israel se lo llama poderoso.

W. A las naciones del mundo se las llama poderosas: "Por qué tú, poderoso, te jactas de la maldad" (Salmo 52:1).

X. Y a Israel se lo llama poderoso: "héroes poderosos, que ejecutan sus órdenes" (Salmo 103: 20 – BL95).

No sólo eso. También sucedió que los hijos de Rebeca tuvieron *un mismo padre* (9:10). La frase en griego es más explícita todavía y dice que Rebeca "concibió [a Jacob y Esaú] por medio del mismo acto sexual.

¿Por qué importa esto? Pablo ha citado anteriormente la elección de Dios de Isaac y Su rechazo de Ismael, como evidencia de que el significado más profundo de "Israel" no puede establecerse por la mera descendencia física de Abraham. Sin embargo el lector judío podría argumentar que Ismael era hijo de una esclava y no de Sara. Así que el argumento de Pablo no tendría validez.

"Bien", parece decir Pablo. "Miremos a Jacob y Esaú". No solo tenían la misma madre sino que el hecho de que fueran mellizos — concebidos en el mismo acto sexual — es prueba irrefutable de que tenían en común a ambos progenitores. Y aún así ¡Dios escogió a Jacob y rechazó a Esaú! Por muy importante que sea la genealogía de la persona ¡la descendencia física en sí no garantiza el favor de Dios!

Es grandioso nacer en un hogar cristiano. Pero la fe de mamá y papá no puede salvar a nadie.

Antes de que los mellizos nacieran, o hicieran algo bueno o malo (9:11). ¿Qué hay entonces del argumento de la élite, de que ellos eran el verdadero Israel porque a diferencia de sus hermanos de conducta más laxa, ellos sí eran fieles a la Ley de Dios?

Con estas palabras Pablo da otro portazo en las narices de sus lectores. Uno no puede establecer la relación con Dios sobre la base de la descendencia física. Ni tampoco sobre la base de las obras porque Dios anunció que había escogido a Jacob ¡aún antes de que nacieran los mellizos!

Lo que Pablo señala es, simplemente, esto: cuando examinamos la historia sagrada, sencillamente tenemos que llegar a la conclusión de que Dios siempre operó bajo los principios de que en algún aspecto u otro Israel nunca había entendido las cosas del todo.

Es tan peligroso ser dogmático. Necesitamos estudiar y formar creencias sólidas, creencias con firmes raíces en las Escrituras. Pero no tenemos que ser dogmáticos jamás, sino dispuestos en todo momento a someter lo poco que entendamos a la Palabra de Dios, para corrección y reforma.

Y para confirmar el propósito de la *elección divina* (9:11). Esta frase, que ha causado tanto debate teológico y sigue produciendo controversia, es *kat'eklogen*, o literalmente "en términos de Su libre elección".

Pablo en este pasaje no argumenta a favor de una predestinación que determina el destino eterno de individuos pasivos y que echa a algunos a la perdición sin más ni más, salvando a otros de las llamas. Pablo no está argumentando que los seres humanos no tienen alternativa. Lo que está diciendo es que está evidentemente mal que Israel suponga que su descendencia de los patriarcas o su observancia de la Ley limita la libertad de elección de Dios.

La historia sagrada revela una y otra vez que Dios es libre para tomar las decisiones que mejor se ajusten a Sus buenos propósitos. La implicancia es clara: si Dios escoge ahora ofrecer Su salvación a los gentiles y hacer que exista una nueva comunidad de pacto ¡por cierto es libre de hacerlo!

Es nacio de parte de nosotros tratar de meter a Dios dentro de una cajita etiquetada con algún concepto. Es necio que cuando oímos el testimonio de un hermano que cuenta lo que el Señor ha hecho en su vida, digamos en objeción: "Pero Dios no puede hacer eso". Dios es más libre de lo que suponemos y toma decisiones que reflejan Sus propósitos, no los nuestros. Su percepción de Su Palabra, la mayoría de las veces no es lo que percibimos nosotros.

Amé a Jacob, pero aborrecí a Esaú (9:13). Esta es una frase legal, más que emocional. Es una forma de decir en el AT que Jacob fue escogido en tanto todo reclamo de Esaú de las promesas del pacto fue rechazado de manera decisiva.

El apóstol no enseña que Jacob estaba predestinado a la salvación, o que Esaú estuviera predestinado a la perdición. Las implicaciones de esta declaración se limitan al tema de Pablo, que es la total libertad de Dios para escoger y decidir.

Así que Dios tiene misericordia *de quien* él quiere tenerla, y endurece a quien él quiere endurecer (9:18). La cita que indica que Dios "endureció" al faraón perturba a algunos más que las palabras que expresan el "odio" de Dios hacia Esaú.

Una vez más debemos entender el énfasis en el contexto del tema de Pablo, de la completa libertad de Dios para decidir, y no debemos suponer que si Dios actúa tan libremente ¡los seres humanos no tenemos ninguna libertad de decisión!

De hecho, es posible mostrar a partir de Éxodo que este ejercicio de la libertad por parte de Dios no afectó en nada la responsabilidad del faraón en cuanto a sus propias decisiones. *La guía del lector de la Biblia, publicado por Editorial Patmos,* observa lo que muchos sienten:

> Si Dios hizo que el faraón se Le resistiera, no era justo castigar al gobernante y a Egipto por tal pecado. Y el texto sí dice que Dios endureció el corazón del faraón (4:21; 7:3; 14:4). Pero también dice que el faraón endureció su propio corazón (8:32; 9:34-35). También, es importante considerar de qué manera Dios endureció el corazón del faraón. Dios no cambió la tendencia natural del faraón, ni lo obligó a actuar en contra de su voluntad. Fue la acción de auto-revelación de Dios la que endureció el corazón del faraón. Y

una auto-revelación similar fue la que hizo que creyeran los ancianos hebreos (4:30-31).

Dios sigue endureciendo y ablandando corazones, por los mismos medios. Se nos revela en Cristo. Quienes deciden creer, son ablandados y responden al Señor. Los que eligen no creer son endurecidos y se niegan a responder. Cada uno elige libremente cómo reaccionar a la auto-revelación de Dios. Y cada uno, como el faraón, es plenamente responsable de su propia decisión (p. 56).

La libertad de Dios no tiene que llevarnos a suponer que los seres humanos son títeres. Tampoco tenemos que suponer que Dios se ve limitado en Su libertad de decisión por lo que podamos hacer, solo porque los seres humanos seguimos teniendo responsabilidad sobre nuestras acciones.

¿No tiene derecho el alfarero de hacer *del mismo barro* unas vasijas para usos especiales y otras para fines ordinarios? (9:21). La imagen nos refleja las palabras de Jeremías 18:11. Allí se describe a Dios el Creador como alfarero que toma una vasija estropeada en Sus manos, vuelve a formar un bolo de arcilla y "volvió a hacer otra vasija, hasta que le pareció que le había quedado bien" (18:4).

¿Qué objeción real puede presentar el judío ahora si Dios el Creador decide volver a formar a los gentiles y hacer con ellos una vasija noble, que es la iglesia? La creación no puede cuestionar al Creador.

Tenemos que notar en particular la frase "del mismo barro". Israel se veía como único, especial, completamente diferente al resto de la humanidad. Y sin embargo para Dios, toda la humanidad es "del mismo barro". Ni el judío ni el gentil puede reclamar en exclusiva la gracia, la bondad o el amor de Dios.

¿Y qué si Dios, queriendo mostrar su ira y dar a conocer su poder, soportó con mucha paciencia a los que eran objeto de su castigo y estaban destinados a la destrucción? (9:22). La traducción más adecuada es: "Qué, si se da el caso de que...". Dios ejerce Su libertad de decisión no de manera arbitraria o caprichosa. Lo que Él decide hacer está guiado por Su propósito en la Creación y la salvación.

Pablo no intenta dar una explicación total de la decisión de Dios. Simplemente ilustra un principio establecido en Romanos 1-2. Dios tiene muchísima paciencia. En tanto el pecado que corrompe a la sociedad humana muestra tanto la ira como el poder de Dios, Él demora el juicio final para que hoy "las riquezas de Su gloria" (9:23) puedan darse a conocer a estos judíos y gentiles de quienes Él ha decidido decir que "llamaré 'Mi pueblo'" (9:25).

Aunque los israelitas sean tan numerosos como la arena del mar, sólo el remanente será salvo (9:27). El remanente (*to hupoleimma*) es un tema constante de los profetas del AT, y una doctrina muy positiva. Por terrible que fuera la apostasía de la nación de Israel, y por más que el pueblo le diera las espaldas a Dios, el Señor sigue comprometido a preservar a un remanente central de verdaderos creyentes. El *Diccionario Zondervan de Términos Bíblicos* (en inglés), dice:

> El tema del "remanente" está presente en todo el AT. Es un tema importante porque afirma que por terrible que fuera la apostasía de Israel y el juicio de Dios, seguiría existiendo un remanente de fieles (p. ej.: 1 Reyes 19:18; Malaquías 3:16-18). Es importante en el aspecto profético porque pinta el cumplimiento del propósito divino solamente en parte del pueblo de Israel. La apostasía, aunque de parte de la mayoría de los judíos, no podía anular la divina promesa. Una y otra vez los profetas anunciaron juicios contemporáneos o venideros en los que moría la mayoría y solo quedaba una minoría creyente. Así, la doctrina del remanente subraya la enseñanza del AT sobre la fe. No es el mero nacimiento físico lo que daba lugar a una relación personal con Dios. Los que han nacido dentro del pacto de todos modos necesitan responder personalmente ante Dios y demostrar una confianza como la de Abraham, mediante su respuesta a la Palabra de Dios (p. 251).

Al entender lo que significa "el remanente" podemos ver la fuerza de esta cita en el argumento de Pablo. Dios *ha sido consistente desde el principio mismo*. Siempre ha establecido una distinción entre el Israel físico y el Israel espiritual. Ha demostrado siempre que Él es completamente libre de decidir que extenderá misericordia a los que creen, sean judíos o gentiles. Y Dios desde el principio mismo ha demostrado Su compromiso de cumplir Su propósito declarado, no a través del "pueblo" Israel, sino a través del remanente de creyentes.

Pues que los gentiles, que no buscaban la justicia, la han alcanzado (9:30). La frase no nos está diciendo que a los gentiles no les interesaran las cuestiones morales. Lo que Pablo está diciendo es que los gentiles no veían la justicia y la rectitud del mismo modo que los judíos, como algo que había que buscar dentro del marco establecido por el Pacto mosaico. ¡Es tan extraño! Los judíos, que sentían hambre de Dios, venían la Ley como una enorme escalinata que había que subir para llegar a Él, y habían tropezado, quedando atrás cuando los gentiles respondieron sencillamente a Su promesa, mediante la fe.

No basta con ser sincero, ni tampoco con el "celo" (10:2). Con Dios, lo único que cuenta es la confianza en la promesa que Él nos ha hecho en Jesucristo.

De hecho, Cristo *es el fin de la ley*, para que todo el que cree reciba la justicia (10:4). Lo que Pablo dice es que la venida de Cristo pone *fin a la mala interpretación judía de la Ley como camino de salvación*, tema de 10:1-3. Nadie puede oír el Evangelio de la gracia de Dios en Jesús y al mismo tiempo seguir aferrado a la idea de que lo que hacemos obliga a Dios a salvarnos o bendecirnos.

Que si *confiesas con tu boca* que Jesús es el Señor, y *crees en tu corazón* que Dios lo levantó de entre los muertos, serás salvo (10:9). Pablo no es el único que ve Deuteronomio 30:11-14, que cita, como fuente esencial en el AT. El libro apócrifo de Baruc y los escritos de Filo del siglo primero ven en la alusión de Deuteronomio al mandamiento de "en el cielo" y "más allá del mar", la referencia a alguna revelación cósica, más que discretas reglamentaciones. Así que, los lectores judíos de Pablo entenderían aquí que había precedentes para su exposición.

Para Pablo, la intención cósmica solo puede referirse a Cristo y el "mandamiento" del AT tiene que entenderse como su verdadera naturaleza revelada en Jesús: un llamado a la fe que comienza en el corazón y se expresa en la acción. Una vez más, la completa armonía entre los dos testamentos queda revelada. Siempre y cuando se entienda correctamente el AT como Torá de promesa, y no como Torá de ley.

Por eso, el rechazo de Israel queda explicado en su totalidad. Según las palabras de Deuteronomio 29:25 "este pueblo abandonó el pacto del Dios de sus padres", según ha de entenderse ese pacto.

¿Acaso no oyeron? ¡Claro que sí! (10:18-21). El judío de fe podría argumentar que el mensaje cósmico del AT, esa Torá de promesa, no queda en claro. Pero Pablo rechaza ese argumento de lleno. ¿Acaso no oyeron? ¡Claro que sí! El problema es que Israel no estaba dispuesto a escuchar, y como "pueblo desobediente y rebelde" le ha dado la espalda a la fe, para poner su confianza en las obras.

EL PASAJE EN PROFUNDIDAD

El remanente de Israel (11:1-32)

Trasfondo. Lo que le ha sucedido y le sucederá a Israel sigue siendo un tema que causa profundas divisiones en los círculos teológicos. La cuestión también tiene implicancias prácticas en las relaciones entre judíos y cristianos.

La posición cristiana tradicional respecto al pueblo judío se conoce como *supersesionismo*. Enseña que la iglesia reemplazó a Israel como pueblo del Pacto de Dios. La convicción central del supersesionismo es que nadie es salvo sin una fe personal en Jesucristo. Las viejas distinciones que se habían trazado entre judíos y gentiles se han borrado en lo que concierne al camino de la salvación.

El supersesionismo ha sido refutado en tiempos recientes. Es que muchos, buscando una relación más cercana entre cristianos y judíos, han postulado una perspectiva de "dos pactos". Tal noción señala que judío y cristiano adoran al mismo Dios y concluyen así que el judío establece una relación personal válida con Dios a través del Viejo Pacto (Ley de Moisés) en tanto el cristiano basa su relación personal con Dios, igualmente válida e igualmente personal, por medio de la fe en Jesucristo.

Las enseñanzas básicas se descartan con ligereza: el testimonio universal del NT de que la salvación es por la fe y no por las obras, la cuidada demostración de Pablo de que todos somos pecadores en necesidad de una justicia que Dios ofrece como regalo al que cree, e incluso la declaración de Jesús de que "nadie viene al Padre sino por Mí" (Juan 14:6). ¡Es asombroso! No hay forma de respaldar a partir de la Palabra de Dios una teología de "dos pactos".

Pero el problema está en que algunas de las conclusiones a las que llegan quienes sostienen la visión del supersesionismo ¡están equivocadas! Se han tomado ciertas conclusiones de la creencia supersesionista, que no necesariamente se pueden sostener, son:

■ Que la iglesia ha tomado el lugar de Israel en el plan de Dios

■ Que la iglesia ha heredado las bendiciones que Dios prometió para Israel.

■ Que los judíos han sido rechazados como pueblo y que se han revocado las promesas del pacto hacia ellos.

Aceptación de Dios de un Israel espiritual (11:1-6). La primera prueba de que Dios no ha rechazado a Israel es obvia y evidente. Pablo mismo es judío y cristiano. Y es más, aunque para el momento en que Pablo escribió esta carta eran los gentiles los que predominaban en la iglesia, la cantidad de judíos presentes era muy grande. Estos judíos cristianos habían respondido con fe a la promesa de Dios en Cristo y ahora ellos representan ese fiel remanente del que habla con frecuencia el AT.

Pablo entonces señala a un precedente bíblico histórico. En tiempos de Elías la apostasía caracterizaba todas las facetas de la vida nacional de Israel. Pero cuando Elías clamó a Dios el Señor le habló de los 7.000 creyentes ocultos que no se habían inclinado ante Baal. En gracia Dios había preservado Su pueblo del AT en ese remanente fiel durante una época de terrible apostasía.

¿Ha rechazado Dios a Su pueblo del Antiguo Testamento?

A. ACEPTACIÓN DE DIOS DE UN ISRAEL ESPIRITUAL (11:1-6)
B. RECHAZO DE DIOS DEL ISRAEL RACIAL (11:7-32)
   Es merecido (11:7-10)
   Es beneficioso (11:11-17)
   Derivación: advertencia contra la arrogancia (11:18-24)
   Es temporario (11:25-32)

¿Y ahora? En lugar de rechazar a Israel Dios ha vuelto a exhibir Su maravillosa gracia hacia Israel al preservar a un remanente de ese pueblo ¡dentro de la iglesia de Jesucristo!

Rechazo de Dios del Israel racial (11:7-32). Es, sin duda, cierto que la Iglesia ha reemplazado al Israel racial como pueblo de Dios. Pero en cuanto a este rechazo, Pablo tiene algunas cosas para decir:

■ Es merecido el rechazo (11:7-10). El Israel racial no obtuvo la posición con Dios que tanto ansiaba y buscaba con sinceridad. Porque al buscar una relación con Dios basada en las obras y no en la fe (10:1-4) Israel ha caído bajo la ira de Dios. No hay duda de que el estado actual del Israel racial es resultado divino del juicio divino, como lo muestran Isaías y David.

■ Es beneficioso (11:11-16). Ha ayudado al resto de la humanidad. Israel no está "más allá de la recuperación" (11:11). Y como Israel no dio la bienvenida a su Mesías, la puerta a la salvación ha sido abierta de par en par a los gentiles.

Al hablar del rechazo de Israel como "reconciliación entre Dios y el mundo" (11:15), Pablo está pensando seguramente en la visión de los profetas de un mundo dominado por la nación de Israel, gobernado por el Mesías de Dios. Si bien la especulación de "lo que podría ser" no sirve de mucho, es claro que Pablo sugiere que si Israel hubiera aceptado a Cristo inmediatamente después de Su resurrección, el programa divinamente revelado para todas las épocas podría haber avanzado hacia su cumplimiento inmediato. En cambio, la continua negativa de Israel al reconocimiento de Cristo ha significado la "reconciliación del mundo [gentil]" con Dios a través del Salvador.

¿A qué se refiere 11:16 con "primicias"? Aquí, como en Romanos 8, la imagen corresponde a los primeros frutos que da la tierra, que sirven como promesa de la futura cosecha. El Israel espiritual, los judíos cristianos que han aceptado a Dios como el Mesías, sirven como clara promesa de Dios de la redención de Su antiguo pueblo en Su tiempo de cosecha.

ES interesante notar que Pablo deja en claro en 11:15 que, aunque el rechazo temporario de Israel nacional ha beneficiado a la humanidad, la restauración de Israel como nación traerá beneficios aún mayores al mundo: "Pues si el haberlos rechazado dio como resultado la reconciliación entre Dios y el mundo, ¿no será su restitución una vuelta a la vida?"

Así, aunque el rechazo del Israel nacional es un juicio divino a la incredulidad, todo lo que ha hecho Dios y todo lo que hará en el futuro es, en última instancia, para bendición de todos. A pesar del rechazo del Israel nacional, el Israel espiritual es bendecido y el mundo de los gentiles recibe así la oportunidad de experimentar la gracia de Dios.

■ Derivación: advertencia contra la arrogancia (11:18-24). Aquí Pablo presenta una advertencia. La causa clave del rechazo de Israel fue la arrogancia de su pueblo. Supusieron que poseían una posición de privilegio y así, tergiversaron la Torá de promesa de Dios, haciendo de ella una Torá de la ley. En lugar de confiar y por fe reclamar una justicia que Dios ansía dar, Israel insistió en las obras, y en su orgullo supuso que las buenas obras podían hacerles justos ante Dios. Pablo nos recuerda que la raíz y el tronco de la salvación son judíos. El rechazo actual de Israel, sencillamente significa desgajar las ramas judías de ese árbol que sigue en pie, injertándose así los gentiles. Esas ramas judías se han desgajado a causa de la incredulidad "y tú por la [sola] fe te mantienes firme" (11:20). Dios con toda facilidad podría cortar las ramas gentiles y volver a injertar las judías. Después de todo ¡el árbol es de ellos!

Debemos ser cautelosos aquí, y no leer este pasaje como si Pablo estuviera hablando de una persona y de su salvación personal. No es esta una advertencia de que una vez salvo el individuo corre peligro de ser desgajado o apartado del Salvador. Pablo está hablando de pueblos, y no de personas en particular. El supersesionista que desprecia a Israel y ve a la iglesia reemplazando a Israel en el eterno plan de Dios, pisa terreno peligroso. Es por cierto más fácil para Dios volver a injertar a Israel a la relación dadora de vida en Él, de lo que fue para Él injertar a los gentiles que vivían como extraños a Dios, ¡fuera de Sus antiguos pactos!

Es temporario (11:25-32). Pablo aclara algo más: ¡Dios va a restaurar al Israel nacional! Citando promesas registradas en Isaías 27:9 y 59:20-21, Pablo prevé el día en que Cristo "vendrá de Sión" cumpliendo el rol que Se le asignó como Mesías en el AT. El pueblo judío como pueblo sigue siendo el elegido de Dios. Y cuando llegue ese día "todo Israel será salvo" (11:26).

Aplicación. Pablo ofrece una declaración en forma de resumen, que nos ayuda a definir el elemento del supersesionismo que está en lo correcto, y las conclusiones relacionadas, que no lo están. "Con respecto al evangelio, los israelitas son enemigos de Dios para bien de ustedes; pero si tomamos en cuenta la elección, son amados de Dios" (11:28).

No hay salvación para ningún ser humano, sea gentil o judío, aparte del Evangelio de la fe en Jesucristo. Y la teología de "los dos pactos" que postula dos caminos para la salvación, está equivocada. Pero de allí no se desprende que Dios haya rechazado a Israel, ni que Se haya apartado de Sus compromisos con Israel. En cuanto a la decisión, Israel es amado y "las dádivas de Dios son irrevocables, como lo es también su llamamiento" (11:29).

A medida que la historia llega a su fin habrá restauración para Israel, primero a la fe y luego a la prominencia, cuando toda predicción respecto del pueblo del Pacto se cumplirá. No conocemos los detalles. Y no es sabio confiar demasiado en nuestros cuadros y diagramas proféticos, que vislumbran cada detalle de la noticia del fin de los tiempos en el mañana. Sin embargo, el inesperado rechazo actual y temporario del Israel nacional, un hecho que los profetas no pudieron prever con claridad, nos recuerda que el plan de Dios es más complejo de lo que suponemos.

Y con este pensamiento el apóstol cierra esta sección de Romanos (11:33-36). Su revisión dela historia sagrada ha mostrado con claridad algunas de las cosas más profundas y ocultas de la sabiduría y conocimiento de Dios, dejando en claro que Sus juicios son "indescifrables" (11:33). No conocemos lo que piensa Dios y no podemos conocerlo tampoco. Pero sí podemos en maravilla total, en alabanza, darle gloria por la complejidad, la gracia, la belleza y la gloria de Su plan.

ROMANOS 12–16
Una iglesia justa, de amor

EXPOSICIÓN

Los últimos capítulos de Romanos le dan a esta sección su carácter "práctico" en contraposición con su esencia teológica. De hecho, estos capítulos son la última parte del desarrollo de un argumento teológico donde Pablo ha mostrado que ni judío ni gentil es justo por sí mismo (capítulos 1-3) sino que Dios le acredita justicia al que cree (capítulos 4-5). Esta justicia de Dios no es simplemente legal o "forense" porque Dios nos une a Cristo al salvarnos y nos brinda un canal a través del cual puede fluir el poder del Espíritu Santo para darnos en verdad capacidad de vivir con rectitud y justicia aquí y ahora. Y de hecho, la presencia del Espíritu es la garantía que Dios nos da sobre nuestra redención y final perfección a la imagen de Cristo (capítulos 6-8). Cumplida su exploración de esta justicia que es "por fe de principio a fin" (1:17), Pablo hace una pausa para responder a la objeción de aquellos que veían en esto la aparente separación de Israel con respecto a Dios. No es que Dios haya actuado injustamente porque la historia sagrada demuestra Su libertad para tomar tales decisiones, el principio de misericordia que subyace a Sus acciones, y Su compromiso con Sus promesas. La historia sagrada también establece el principio del remanente, ese Israel espiritual que en todo momento está preservado a pesar de la apostasía del Israel nacional, y así Pablo asegura a su lector que en última instancia "todo Israel será salvo" (capítulos 9-11).

Pero ahora queda otra cuestión. La "justicia" es más que un tema legal o forense. Y es más que un tema individual. A lo largo de las Escrituras vemos que la justicia también es un tema colectivo. Dios quiere crear una comunidad justa y moral, un pueblo que al vivir en comunidad dé testimonio de Su carácter y también de Su gracia. Y por eso en Romanos 12-16 Pablo nos invita a visualizar el estilo de vida en comunidad de una iglesia justa y de amor.

¿Cómo expresará la comunidad de fe la justicia? ¿Y cómo la experimentará? Ante todo, cada persona debe comprometerse a la voluntad de Dios (12:1-2). Luego, cada uno debe comprometerse al cuerpo, usando los dones que tenga para beneficio de los demás (12:3-8) y expresando a diario amor verdadero y en la práctica (12:9-21). Los miembros de la comunidad de justicia de Dios vivirán como buenos ciudadanos del estado secular (13:1-7), actuando siempre de acuerdo con el principio de amor, tanto para el extranjero como para el hermano o hermana en Cristo (13:8-14).

Los cristianos también darán a cada uno la libertad de ser responsables ante Cristo en cuanto a sus convicciones personales. Porque al negarse a condenar o despreciar a los demás en referencia a cuestiones "discutibles", la iglesia mantendrá su espíritu de unidad y glorificará a Dios. La aceptación, y no la conformidad, ha de ser la norma en la comunidad de fe (14:1-15:13).

En conclusión, Pablo pasa a un tono más personal y habla de sus motivos y planes para el futuro (15:14-33). Son de especial interés los muchos saludos que se registran en el último capítulo, donde en la lista de nombres encontramos varias mujeres, además de nombres judíos, griegos y romanos (capítulo 16). La iglesia de Cristo es de veras una nueva comunidad, formada por personas de toda extracción humana, vinculadas y unidas en Él para vivir — juntos — una vida de amor.

ESTUDIO DE PALABRAS

Les ruego que cada uno de ustedes, en adoración espiritual, ofrezca su cuerpo *como sacrificio vivo, santo y agradable* a Dios (12:1). Pablo adopta ahora a propósito el lenguaje del AT para mostrar el contraste con el llamado del cristiano. En lugar de quemar cuerpos sobre un altar, la adoración cristiana nos llama a rendir a diario nuestros miembros vivos para cumplir la voluntad de Dios. Esto, dice Pablo, es nuestro *logiken latreian* que entenderemos mejor como "religión razonable". Latreia se traduce usualmente como "servir" y se refiere a la práctica de la adoración en el templo del AT. Lo que Pablo está diciendo es de veras algo que entusiasma.

En vistas de que Dios nos ha dado la justicia, la adoración adecuada será el vivir a diario ese don.

¡Con nuestra obediencia estamos adorando a Dios! **Sean transformados mediante *la renovación de su mente* (12:2).** La palabra "mente" en el texto griego es *nous*, y no debe confundirse con "conocimiento" o "razón". Pablo más bien se refiere a lo que conocemos como "perspectiva" o "modo de pensar".

Los creyentes deben resistirse a las presiones que el mundo ejerce para obligarnos a pensar según piensa el mundo. Tenemos que mantener nuestra perspectiva centrada en los temas de la vida renovada y transformada. La única forma en que usted o yo podemos hacer la voluntad de Dios es reconociéndola. Y solo podemos reconocer la voluntad de Dios si aprendemos a ver las cuestiones de la vida desde la perspectiva de Dios.

¡Qué gran regalo nos son las Escrituras! Y qué gran regalo nos es el Espíritu, que usa la Palabra para renovar nuestras mentes y transformar nuestras vidas.

También nosotros, siendo muchos, formamos *un solo cuerpo* en Cristo, y cada miembro está unido

a todos los demás (12:5). Pablo sabe que tiene que haber una expresión colectiva de la obra de Dios en las personas. Sugiere aquí una forma particular de ver las relaciones interpersonales de los cristianos. La iglesia es el "cuerpo". Los cristianos son los miembros de este cuerpo espiritual. Estamos todos íntimamente ligados los unos a los otros.

En este pasaje Pablo pone énfasis en una de las implicancias de esa relación de los miembros del "cuerpo". La iglesia funciona como cuerpo cuando cada uno de sus miembros utiliza sus dones para servir a los demás.

Este énfasis de Romanos 12 sirve como importante recordatorio. Os cristianos muchas veces vemos a las iglesias locales como "organizaciones de servicio". ¿Qué programas tiene la iglesia para mis hijos? ¿Qué programas tiene para mí? ¿Es bueno el coro? ¿Hay un grupo de jóvenes?

Aunque todos estos intereses pueden ser legítimos, no es esta en realidad la forma en que Dios mira a la iglesia. Tenemos que abrir nuestros corazones a la Palabra de Dios y dejar que el Espíritu renueve nuestra perspectiva. Tenemos que empezar a ver a la iglesia como comunidad de hombres y mujeres, íntimamente ligados, que se dedican a cuidarse y servirse los unos a los otros. Y tenemos que empezar a ver a nuestras iglesias como vínculo entre vidas que compartimos con los demás.

El amor debe ser sincero...Ámense los unos a los otros *con amor fraternal,* **respetándose y honrándose mutuamente (12:9-10).** En todos los pasajes del NT que hablan sobre la iglesia como cuerpo, el contexto pone énfasis en el amor. Aquí, el término es *agape*. En el griego secular, era un término común que no trazaba gran distinción. Así que los escritores del NT tomaron la palabra y la llenaron de significado cristiano, específicamente.

Es la palabra que eligió la iglesia primitiva al hablar del amor de Dios expresado en Jesús. El amor de Dios no es respuesta a nuestra bondad o belleza. El amor de Dios es una expresión del carácter y la voluntad de Aquel que decidió amarnos siendo pecadores.

El ágape-amor es el compromiso del afecto. Y más todavía, el ágape-amor es un compromiso a tomar acción en pos del bienestar de la(s) persona(s) amada(s).

Al enviar a Jesús Dios llenó de significado extraordinario una palabra común, y definió para siempre la forma en que usted y yo hemos de relacionarnos mutuamente en la iglesia de Cristo. Cuando nos amamos los unos a los otros como ágape-amor, comprometidos a preocuparnos por el bienestar de los demás, es entonces y solo entonces que la iglesia de Jesús funcionará como el cuerpo que ha de ser.

Ayuden a los hermanos necesitados (12:13). En *The New Testament in its social environment* [El Nuevo Testamento en su entorno social] (Westminster Press, 1986), Stambaugh y Balch escriben:

Tal vez la cualidad más conspicua de los cristianos fuera su caridad, su generosidad para con los pobres. El Evangelio de Mateo pone énfasis especial en la necesidad de vestir al desnudo y visitar al enfermo (5:42-6:4; 19:16-22 y paralelos; 25:31-46), y en Hechos vemos acciones de caridad (3:1-19; 9:36; 10:2-4), además de una forma más institucionalizada de proveer para los pobres, como a distribución a las viudas de Jerusalén (6:1) y la colecta para las víctimas de la hambruna (11:27-30; 24:17). Hay muchas exhortaciones a la caridad (Hechos 20:33-35; Romanos 12:13; Efesios 4:28; 1 Timoteo 5:3; Hebreos 13:1-3; Santiago 2:14-17; 1 Juan 3:17-24), que en las generaciones siguientes *era algo que los de afuera reconocían como una de las cualidades características de la comunidad cristiana* [cursivas incluidas por mí] (cf. Luciano, El paso del peregrino 12-13; Juliano, Mosopogon 363ª-b; Cartas 430d, ed. Spanheim).

Sigue siendo cierto que el amor cristiano puede medirse a través de nuestro interés y afecto por los demás.

Que haciendo esto, ascuas de fuego amontonas sobre su cabeza (12:20 – RV2000). Este dicho de Proverbios 25 ha sido un enigma para los comentaristas de todos los tiempos. Según Crisóstomo y algunos otros, que Pablo sugiera que hagamos el bien al enemigo para que su castigo final sea todavía más severo, no parece estar a tono con el resto de lo que escribe el apóstol. Es más probable la opinión de Agustín y Jerónimo, en cuanto a que Pablo utiliza el versículo para sugerir una "vergüenza que quema", y que pudiera llevar al arrepentimiento.

Nuestra única ayuda para entender la metáfora de "amontonar brasas ardientes" sobre la cabeza de una persona, está en el Tárgum judío sobre Proverbios 25:21-22. La imagen aquí se entiende en sentido positivo porque el texto añade "y el Señor te recompensará" (es decir, le convertirá en tu amigo, dándote la capacidad de ganarlo). Podemos concluir entonces que, más allá de lo que significara la imagen para el lector del siglo primero, la intención es positiva. Al hacer el bien a quienes buscan perjudicarnos, de hecho "vencemos al mal con el bien".

No tengan deudas pendientes con nadie, *a no ser la de amarse unos a otros* **(13:8).** El texto griego dice *opheilete*, término que expresa un sentido de obligación moral y responsabilidad personal. Pablo amplía esta obligación más allá de la iglesia ("unos a otros") al hacer referencia al "prójimo". Así como Dios nos amó cuando nosotros éramos Sus enemigos, los cristianos hemos de amar a todos.

Pero ¿por qué sugiere Pablo que el amor es la única cosa que les debemos a los demás? Por la simple razón ¡de que el amor lo incluye todo! Como el ágape-amor busca solamente el beneficio del otro, no hace falta la lista de permisos y prohibiciones de la Ley. La persona que ama de veras al otro, no utilizará el cuerpo de otro para cometer adulterio de manera egoísta, y tampoco matará, ni robará, ni codiciará las posesiones ajenas.

El amor no perjudica al prójimo. Así que el amor es el cumplimiento de la ley (13:10). Pablo no sugiere, como los que proponían la ética de la situación, que el amor reemplaza a la ley como parámetro moral. Más bien, argumenta que quien ama escogerá el camino que marca la ley.

San Agustín lo dice en pocas palabras: "Ama a Dios y haz lo que te plazca". La persona que ama a Dios no hará nada que Le desagrade. La persona que ama al prójimo no hará nada por perjudicarlo.

Así que la convicción que tengas tú *al respecto*, mantenla como algo entre Dios y tú(14:22). El pasaje se refiere a prácticas que no están prohibidas en las Escrituras pero que algunos cristianos sentían que no eran adecuadas para los creyentes. En el siglo primero algunos estaban convencidos de que había que guardar un día "sagrado" a la semana, reduciendo significativamente las actividades ese día como importante expresión de la fe cristiana. También, algunos creyentes se horrorizaban porque otros cristianos comían carne. El problema era, y sigue siéndolo hoy, que los cristianos que "prohíben" algo critican a quienes lo hacen, en tanto los cristianos que "permiten" desprecian a los que prohíben, llamándoles fanáticos.

El consejo de Pablo en este versículo impacta por su sencillez. Después de argumentar que a cada cristiano ha de dársele libertad en la comunidad de fe para que decida sobre tales cuestiones, Pablo presenta un principio práctico "mantén tu convicción entre tú y Dios".

Se sanarían muchísimas divisiones en nuestras familias e iglesias si tan solo guardáramos nuestras convicciones sobre cuestiones en disputa, entre nosotros y Dios, centrando nuestra atención solo en esa deuda de amor que nos debemos unos a otros.

Les recomiendo a nuestra hermana Febe, diaconisa de la iglesia de Cencrea (16:1). El mismo término se traduce como "diaconisa o sierva" en otras cartas de Pablo, como anota la NVI.

Los estudiosos de la sociología del siglo primero han llegado a una cantidad de conclusiones en cuanto a esta referencia y sugieren observaciones en cuanto al rol de Febe y de otras mujeres en la iglesia del siglo primero. Incluyo una muestra de sus opiniones en el recuadro que hay a continuación. A pesar de que este contexto no constituye "prueba" de que Febe tuviera el puesto oficial de diaconisa, sí nos ayuda a responder la pregunta de si se aceptaba o no el liderazgo de una mujer en la sociedad de la época.

EL PASAJE EN PROFUNDIDAD

Sumisión a las autoridades (13:1-7).

Trasfondo. La iglesia se formó como comunidad de fe, dispersa en un mundo pagano que le era hostil. Era esencial que para ser la comunidad de justicia que concebía en su mente Pablo, se definiera la relación entre la iglesia y la sociedad y en particular, entre la iglesia y el gobierno.

Las raíces de la incertidumbre original pueden encontrarse en el origen judío de la iglesia. En Babilonia la comunidad judía adoptó como principio rector la regla de que "la ley del soberano es ley para nosotros". Pero en Occidente, se generó una hostilidad intensa e inconmovible hacia Roma en Judea/Palestina, y tal sentimiento influyó a los judíos de todo el imperio. En Judea se consideraba a Roma como "Roma la Culpable", "reino de la maldad", contra cuyo señorío había que resistirse. Este era un gran contraste respecto de la perspectiva de otros pueblos gobernados por Roma, que celebraban al emperador como "salvador" de un poder "eterno y divino". Es interesante observar que aunque la población judía de las ciudades del imperio solía provocar agitación en defensa de sus derechos, también por razones religiosas se aislaban de la vida política y las responsabilidades de otros ciudadanos.

Por eso había resentimiento contra los judíos en todo el imperio, y se les acusaba de diferentes cosas con frecuencia, por lo que su sector de la ciudad era lugar de revueltas.

Gran parte de esta hostilidad era consecuencia natural de la opinión que prevalecía en el siglo primero en cuanto a que todo ciudadano responsable debía participar activamente de la vida de su comunidad. Más adelante, tal convicción dio lugar a críticas contra los cristianos. Pero la vida pública en las ciudades del imperio romano era pagana. Los sucesos públicos que realizaban las autoridades municipales y provinciales involucraban la adoración de los dioses y diosas tradicionales de cada sociedad, y con el tiempo también se honró al emperador como deidad. Al igual que los judíos, los cristianos no estaban dispuestos a tomar parte de algo que consideraban idolatría.

Por eso los pensadores paganos como Municio se quejaban de que los cristianos "no entienden su deber cívico" (Octavio 12), y Celso arguyó que los cristianos debían "aceptar puestos públicos en nuestro país...en beneficio de la preservación de las leyes de piedad" (c. Cels. 8.75). Se burlaba de la razón que esgrimían los cristianos para no participar en cuanto a que el servicio público exigía que se participara de

FEBE LA "DIACONISA":

DATOS DEL TRASFONDO CULTURAL

El thiasoi que se reunía en las ciudades griegas y el collegia de las ciudades romanas se asemejaban a las comunidades cristianas en diversos aspectos. Todos adoraban a algún Dios. Las sociedades profesionales, sociales y funerarias todas adoptaban una deidad como patrón o patrona, y le ofrecían sacrificios en el momento central de la ceremonia en la reunión (mensual, por lo general)... La mayoría de estas sociedades dependía de la generosidad de uno o varios patronos, que suplementaban las contribuciones modestas de los miembros comunes. Estos patronos debían ofrecer banquetes más elaborados, por ejemplo, o pagar por la construcción de un templo nuevo. En la iglesia cristiana hogareña, el anfitrión también se ocupaba de cosas similares. En Corinto, Estéfanas parece haber sido patrono (1 Corintios 16:15-18) y en la cercana Cencrea, se identifica a Febe como diaconisa y prostatis (Romanos 16:1-2). Este término tal vez denote a la mujer que funciona como patrona de una sociedad (Stambaugh y Balch, *The New Testament in its social environment* [El Nuevo Testamento en su entorno social], Westminster, p. 140).

Para algunas mujeres, los roles tradicionales presentaban demasiadas limitaciones. No es de sorprender que los ejemplos más conspicuos provinieran de las clases más altas, cuya situación otorgaba mayor libertad. Incluso Filo, firme creyente en la inferioridad espiritual y mental de las mujeres, concedía que la formidable emperatriz Livia era una excepción. La instrucción (paideia) que había recibido le permitió "ser masculina en su capacidad de razonamiento." Tampoco faltaban oportunidades para mujeres de clases inferiores. Hay inscripciones que muestran que las mujeres tenían un rol activo en el comercio y la manufactura y que al igual que sus contrapartes masculinos, utilizaban parte del dinero que ganaban para obtener reconocimiento en sus ciudades. Pomeroy observa que las mujeres liberadas de las provincias orientales solían comerciar mercadería de lujo "como tintura púrpura o perfumes," hecho que hemos de recordar al conocer a Lidia "comerciante en tela púrpura" en Hechos 16:14. En Pompeya una mujer llamada Eurnachia, que ganaba dinero con la fabricación de ladrillos, compró un importante edificio y lo donó a un gremio de obreros. Su título era el de sacerdos publica. También Mamia, otra mujer del mismo lugar, construyó el templo al Genio de Augusto. Las mujeres con posición y actividad comercial de todo tipo eran numerosas en Pompeya. MacMullen además señala que las mujeres aparecen cada vez con mayor frecuencia como litigantes independientes, aunque la actividad se incrementa justo después de la época que nos ocupa aquí. En Italia y las provincias donde se hablaba griego MacMullen encuentra un reducido aunque significativo número de mujeres mencionadas en monedas e inscripciones, como benefactoras y autoridades municipales, y recibiendo honores de parte de los ciudadanos (Wayne A. Meeks, *The First Urban Christians* [Primeros cristianos urbanos] Yale, p. 24).

En Romanos 16:1 se describe a Febe como diakonon tes ekklesias, de la ciudad portuaria de Cencrea en Corinto. Es una persona que ha ayudado a Pablo y a muchos otros (16:2). Por eso dice Pablo que la comunidad ha de ayudarla en hoo an humoon chreze pragmati, "en lo que sea que pueda pedirles." El término pragma suele referirse a "negocios o asuntos" en el sentido económico y la cláusula de generalidad señala que se trata de asuntos que van más allá de lo netamente congregacional. Como mínimo, hemos de entender esta afirmación como recomendación de ayudar a Febe en sus negocios "del mundo." Tal ayuda sería retribución del servicio de Febe a Pablo y otras personas. Así, también sus servicios habrían consistido de cosas "mundanas", o sarkika (Gerd Theissen, *The social setting of Pauline Christianity* [Contexto social del cristianismo paulino], Fortress, p. 878).

la adoración pagana, negando así al verdadero Dios. Para Celso "en cuanto a Dios es irracional que uno evite el adorar a diversos dioses". Después de todo "el hombre que adora a varios dioses, porque adora a algunos que pertenecen al gran Dios por su acción hace lo que a Él le gusta. Cualquiera que honre y adora a todos esos que pertenecen a Dios no Le ofenden porque todos son Suyos". (c. Cels.8.2).

Así, en tanto los primeros cristianos no compartían la hostilidad de los judíos palestinos contra Roma, la naturaleza de la sociedad romana sí obligaba a la comunidad cristiana a tomar un curso de acción que el gobierno y el ciudadano romano percibían como desleal y hostil.

En esencia, la iglesia de Jesucristo estaba obligada a tratar de vivir la justicia de Dios en una situación en que la tensión entre los creyentes y el estado era constante. Y así, el tema de cómo debía relacionarse el cristiano con un gobierno esencialmente hostil era algo extremadamente difícil para la iglesia y es de enorme importancia la enseñanza que Pablo da aquí.

Interpretación. El principio que Pablo presenta para la relación con el gobierno secular es, esencialmente, el de los judíos babilonios "Todos deben someterse a las autoridades públicas" (13:1-7). Es un claro paralelo de "la ley del soberano es ley para nosotros".

Pero Pablo se cuida de dar una base teológica para la sumisión a las autoridades seculares (13:1). Argumenta que Dios Mismo es quien ha dispuesto quién gobernará. Eso no significa que Dios prefiera a un gobierno en particular, como por ejemplo "el gobierno de los Estados Unidos". Lo que Pablo dice es que Dios ha estructurado el mundo de los seres humanos de tal manera que habrá autoridades y súbditos, gobiernos y ciudadanos. Quien es ciudadano debe responder adecuadamente al gobierno porque de otro modo viola el orden divino de la sociedad. Quien lo hace, está rebelándose contra Dios.

Pablo luego explica por qué Dios ordenó las cosas de este modo (13:3-4). Lo hizo para promover la paz pública. La misión del gobierno es la de "esgrimir la espada". En esto el gobierno "está al servicio de Dios para impartir justicia y castigar al malhechor".

Esto tampoco implica que el gobierno sea consciente sirviente de Dios, ni que sea responsable de establecer leyes en conformidad con los parámetros bíblicos. Lo que Pablo argumenta, en cambio, es que la naturaleza misma del sistema de gobierno y gobernados que Dios ha instituido, hace que los que gobiernan castiguen a los malhechores, en interés propio.

Como en nuestro mundo caído los seres humanos tienen gran potencial para la maldad, la restricción impuesta por el gobierno humano es absolutamente vital. El hecho es que cualquier gobierno tendrá que castigar a los malhechores con tal de sobrevivir. No puede darse el lujo de permitir que se victimice y asesine a los ciudadanos porque para bienestar del estado es esencial que la ciudadanía prospere. Así, el interés propio inteligente hace que los gobernantes castiguen a los malhechores y como subproducto de ello está el beneficio de que los ciudadanos tienen protección y bienestar.

Pablo argumenta que al someterse a los gobernantes el cristiano apoya el sistema ordenado por Dios y participa así de uno de los propósitos de Su gracia en nuestro mundo. A ello se refiere Pablo cuando dice que tenemos que someternos como cuestión de consciencia y no solo porque el gobierno tenga poder para castigarnos. La consciencia exige que apoyemos activamente el funcionamiento de un sistema instituido por Dios para beneficio de la humanidad.

Pablo concluye "Por eso pagan ustedes impuestos..." (13:6-7). Es para apoyar una sistema ordenado por Dios incluyo cuando ese sistema, como el del imperio romano, utilice mal su poder ¡para perseguir a los cristianos! Y la clara implicancia de estos versículos es que tenemos que respaldar al gobierno de manera activa y sincera.

El principio de sumisión que Pablo presenta fue rigurosamente seguido por la iglesia cristiana, incluso en tiempos de persecución. Pero como señalamos antes (ver Trasfondo), los cristianos no podían participar del gobierno. Por convicción religiosa los cristianos no podían contribuir en su deber cívico como se esperaba que lo hiciera un ciudadano en el siglo primero, y eso los paganos no podían ni entenderlo ni apreciarlo. Con el tiempo se consideró que la hostilidad de los cristianos era mayor que la de los judíos. Al no participar en la vida pública, traicionaban el ideal griego de modo que se acusaba a los creyentes de odiar a la humanidad, y como se negaban a adorar a las deidades, la sociedad les acusaba de ser ateos.

Aún así el cristiano promedio se concentraba en vivir una buena vida dentro del marco de la ley humana y divina. Atenágoras, el escritor cristiano del siglo dos, arguye en defensa: "Entre nosotros encontrarán gente sencilla sin educación, artesanos y mujeres ancianas que, aunque no pueden probar el beneficio de nuestra doctrina con palabras, con sus acciones lo muestran y dan prueba de que surge de su convicción de que es verdad. No ensayan discursos pero sí muestran buenas acciones. Si les golpean, no devuelven el golpe. Si les roban, no acuden a la ley. Dan a quienes les piden y aman al prójimo como a sí mismos" (Plea, capítulo 11). Es decir que los cristianos era los mejores ciudadanos, en un estado que los despreciaba y maltrataba, sin comprenderlos.

Aplicación. En nuestros días, hay una pregunta que se repite continuamente: ¿hasta dónde como cristianos hemos de aplicar el principio de Pablo de sumisión a las autoridades? Nadie entiende que Romanos 13 enseñe que el creyente debe obedecer al gobernante si eso significa desobedecer a Dios. Y nadie entiende Romanos 13 como mensaje de que la voluntad del gobernante es la voluntad de Dios, por sí misma.

Pero en muchas oportunidades, las cosas no son nítidas y claras. ¿Significa Romanos 13, por ejemplo, que las colonias no tenían derecho a rebelarse contra la corona británica en la década de 1770? ¿Significa Romanos 13 que quienes marchaban en la década de 1960 por la igualdad racial estaban equivocados? ¿Qué la persona convencida de que la guerra e inmoral no tuviera derecho a resistirse a la conscripción de soldados en la década de 1970? ¿Qué en la década de 1990 está mal protestar contra las clínicas donde se practican abortos? A la luz de Romanos 13 ¿hay ocasiones en que la desobediencia civil está bien?

Aunque siempre debe tomar precedencia la obediencia a Dios, podremos encontrarnos en un dilema moral donde no hay claridad en cuanto a "lo que está bien" versus "lo que está mal".

¿Cómo resolver una cuestión cuando llegamos al pasaje que dice: "sométanse...a las autoridades" y nuestra conciencia parece gritar que al menos esta vez no debemos hacerlo?

Para responder, tendremos que volver al centro de la enseñanza de Pablo. Pablo acaba de decir que el gobierno como sistema ha sido ordenad por Dios. La sumisión del cristiano a las autoridades es cuestión de conciencia y expresa la intención de apoyar al gobierno como estructura ordenada por Dios para beneficio de la humanidad. Por eso, lo que hagamos tendrá que apoyar la función adecuada del gobierno.

Al obedecer las leyes de nuestro país estamos apoyando al gobierno y sometiéndonos a la autoridad. Pero también es posible apoyar y someterse al gobierno mientras se desobedecen las leyes de nuestro país. Nos sometemos al obedecer pero también al negarnos a resistir al gobierno en su rol legal de castigar a quienes violan la ley.

Por ejemplo, si marcho en manifestación ante una clínica abortista y mi conciencia me manda bloquear el acceso a ese lugar, aún en contra de la ley, entonces también en conciencia deberé apoyar el derecho de las autoridades a castigarme por mi acción. No puedo negarme a ir ante la Corte, ni escapar a Canadá. Tal vez haya violado la ley al impedir el acceso, pero sostengo la ley al aceptar que me corresponde el castigo que imponga la Corte.

Lo que nos enseña Romanos 13 es que tenemos siempre que actuar de acuerdo a consciencia para sostener el gobierno de la ley, incluso cuando mi compromiso con la ley de Dios me lleva a violar cualquiera de las leyes de m sociedad.

No es fácil vivir con la tensión que sentimos como cristianos, entre nuestro compromiso a Dios cuyos valores son tantas veces completamente diferentes a los valores de nuestra sociedad, y nuestro compromiso de vivir como buenos ciudadanos en el mundo de los hombres. Sin embargo, estamos llamados a vivir con esta tensión y al hacerlo, tenemos que obedecer las leyes humanas o demostrar nuestra sumisión al gobierno de la ley aceptando el castigo que corresponda cuando nuestra consciencia nos llame a desobedecer.

Débil y fuerte (14:1-15:7)

Trasfondo. En este pasaje en realidad hay un único tema: "¿Cuál es el precio de la aceptación en la comunidad cristiana?".

La aceptación nos importa a todos, seamos cristianos o no. Es de abrumadora importancia en la adolescencia, cuando nuestro concepto de nosotros mismos es frágil y surgen las dudas. Los adolescentes intentan encontrar un grupo con el que puedan identificarse, un grupo de pertenencia. Por eso es tan importante vestir como visten los demás chicos, que nos guste la misma música y hacer lo que hagan los demás. Al actuar como los de su grupo los adolescentes ganan aceptación y sienten que pertenecen.

Lo mismo sucede con la mayoría de los adultos. Nos vestimos como se visten nuestros compañeros de trabajo. Cuando nos invitan a una cena, lo primero que preguntamos es: "¿Cómo hay que vestirse?". Bajo los obvios patrones de vestimenta hay reglas más sutiles. Para encajar, hay que jugar al tenis y ser miembro del club. Y para pertenecer, hay que estar involucrado en una causa común.

En toda sociedad humana hay que pagar un precio para ser aceptado: la conformidad. Conformidad en la vestimenta, conformidad en las actividades, conformidad en los valores y el estilo de vida. si somos como los demás, suponemos que nos aceptarán y finalmente sentiremos que somos parte, que pertenecemos.

Muchísimos cristianos han adoptado este sistema, y conformándose al molde del mundo, establecen sus propios parámetros para pertenecer. También nosotros le ponemos precio a la aceptación. Para algunos, el precio será doctrinario: para ser aceptado tienes que creer en una biblia infalible, o en el regreso de Jesús antes del Milenio. Pero para otros, el precio será la conformidad en el estilo de vida, más que en las creencias. Que no hay que fumar o beber. Que hay que reunirse en la iglesia y no en un casa para el estudio bíblico o que hay que estar en una iglesia doméstica más que en un templo. Hay que ser conservador o liberal, el materia política. Hay que tomar posición definida en cuanto al aborto. Ninguna de esas cosas está directamente prohibida en las Escrituras. Pero si no vemos la prueba de conformidad que establece la comunidad cristiana local, es posible que te toleren, aunque no te aceptarán. De manera sutil se te informará que en realidad no perteneces. No publicamos nuestros precios, pero en demasiadas iglesias existe el precio de la aceptación y la gente lee estos precios.

Este precio que los cristianos exigen de los demás para ser aceptados, es lo que Pablo toma como centro de este pasaje.

Interpretación. Cuando entendemos la aceptación como algo que el mundo ofrece a cambio de la conformidad podemos ver lo impactante de esta enseñanza de la biblia. Pablo se explaya y comienza su instrucción diciendo: "Reciban al que es débil en la fe, pero no para entrar en discusiones" (14:1).

El pasaje luego explica esto. Al igual que en las comunidades cristianas de hoy, los creyentes de la época de Pablo habían empezado a poner precio a la conformidad para la pertenencia. Un grupo solo aceptaba a los cristianos vegetarianos. Otros, solo a quienes estaban de acuerdo con ellos respecto de qué día de la semana es el más sagrado. Se aceptaría de veras a una persona solo si creía en Jesús y además, manifestaba conformidad con todo lo que tal o cual grupo en particular marcara como distintivo.

Pero Pablo habla con todo coraje a favor de la libertad del cristiano. Les recuerda a los de Roma que ahora cada persona Le pertenece al Señor y que "Para esto mismo murió Cristo, y volvió a vivir, para ser Señor tanto de los que han muerto como de los que aún viven" (14:9). En aquellas áreas abiertas a disputas (es decir, cuando lo correcto no queda claramente establecido mediante enseñanza directa de la Palabra de Dios), no hemos de juzgar ni despreciar a nuestros hermanos. Jesús es el único calificado para juzgar (14:10-12). Liberados ya de nuestra autoimpuesta responsabilidad de vivir la vida del otro, quedamos libres para simplemente amar al prójimo. Pablo lo dice así: si Dios ha aceptado a nuestros hermanos cristianos ¿quiénes somos nosotros para establecer pruebas adicionales que demuestre idoneidad? (14:3-4).

Hay en Cristo una libertad maravillosa. En el mundo, los seres humanos podrán insistir en poner a prueba a quienes quieran pertenecer. Pero en Cristo podemos abrir el corazón a los demás, con todo afecto y dando la bienvenida incluso a aquellos cuya fe es débil. Pablo concluye su explicación con un desafío: "Por tanto, acéptense mutuamente, así como Cristo los aceptó a ustedes para gloria de Dios" (15:7).

Aplicación. En este pasaje Pablo ha aclarado la perspectiva divina sobre "los asuntos que provocan disputa". En este proceso, establece varios principios que como cristianos hemos de aplicar a nuestras vidas:

■ No criticar o juzgar al que tiene convicciones diferentes.

■ Reconocer el señorío de Jesús como realidad práctica. Eso significa proteger la libertad de cada cristiano para decidir en cuanto a "los asuntos que causan disputa". Jesús, y no mi consciencia, es el Señor de mi hermano o hermana.

■ Los "asuntos que causan disputa" y sobre los que tenemos diferencias, en sí mismos no están bien ni mal. Pero cualquier acción que viole la consciencia de alguien estará mal para esa persona.

■ En el ejercicio de nuestra libertad hemos de permanecer sensibles a las convicciones de los demás. Si decidimos actuar en beneficio de nuestros hermanos, estaremos haciendo algo más importante que el hecho de usar la libertad para hacer algo que viole la consciencia del otro.

■ Será mejor mantener nuestras convicciones sobre las cosas dudosas, entre Dios y cada uno de nosotros. Seguiremos amando y sirviéndonos los unos a los otros.

Recordemos siempre el ejemplo de Cristo. ¿Cómo nos aceptó Jesús a usted y a mí? Nos aceptó aún siendo imperfectos. Nos dio la bienvenida, en nuestra ignorancia. Nos aceptó aún cuando seguíamos aferrados a viejas prácticas, como las mortajas que seguían envolviendo a Lázaro (Juan 11:44). Jesús nos dio la bienvenida a la transformadora experiencia del amor, confiando en que el poder del perdón de Dios nos limpiaría y purificaría. Como cristianos tenemos el privilegio de llegar a otros con este mismo amor y aceptación hacia todo el que confiese a Jesús como Salvador.

Aceptar no significa que tengamos que estar de acuerdo con todo lo que crea el otro. Ni que aprobemos lo que hagan. En el mundo, la aceptación significa que tiene que haber conformidad. Pero en Cristo la aceptación significa que en compañía del pueblo de Jesús, hay bienvenida, hay calidez y amor, un amor que les dice a los hermanos y hermanas que por fin han encontrado al pueblo donde pertenecen.

1 CORINTIOS 1–4
Una iglesia unida como familia

EXPOSICIÓN

La carta a los cristianos de Corinto se conocen como "la epístola problema" del NT: Contiene la respuesta de Pablo a informes de conflicto en la iglesia local y a la confusión en cuanto a la práctica y la doctrina cristianas. Cada tema nuevo es precedido por la frase *peri dei*, en griego "en cuanto a", para que sea relativamente fácil seguir el argumento de Pablo. Pero los comentaristas no están de acuerdo en relación al tema central, y solo observan que a lo largo de este libro Pablo parece defender su autoridad apostólica, que ciertas facciones de Corinto habían puesto en duda.

Sin embargo sí parece haber un tema que unifica, un problema que se refleja en varios de los puntos a los que hace referencia Pablo. El problema es, sencillamente, este: por un medio u otro, algunos miembros de la iglesia de Corinto buscan establecer su superioridad espiritual. El prestigio parece ser la cuestión de fono: ¿quién, en la iglesia, tiene posición más elevada, mayor influencia, más poder, más derecho a mandar?

Buscando marcar posiciones, los diversos grupos de Corinto han afirmado su derecho a la posición más alta, con diversos reclamos. Uno de los grupos afirmaba ser superior por su adhesión a un líder humano más impactante (capítulos 1-4). Otro afirmaba ser más espiritual porque sus miembros practicaban la abstinencia sexual en el matrimonio (capítulo 7). Otro grupo se consideraba superior porque no comían la carne de los mercados junto a los templos paganos (capítulo 8).

Y otros más decían ser superiores porque gozaban de mejor posición social (capítulo 11) en tanto más allá había quienes protestaban diciendo que eran más espirituales que los demás porque hablaban en lenguas (capítulos 12-14). Una y otra vez vemos que los cristianos de Corinto pujan por establecer jerarquías dentro de la comunidad de fe: una jerarquía que según la escala de valores de cada grupo ¡les haría superiores a los demás!

¡Por eso Pablo escribe con tal vehemencia! La iglesia tiene que ser una, el cuerpo vivo de Cristo en la tierra. Para cumplir con su propósito divinamente ordenado la iglesia tiene que ser una sola, en experiencia y en realidad. Por eso Pablo se ocupa no solo de defender su autoridad apostólica sino de corregir el pensamiento de quienes suponen que su doctrina o práctica en particular forma la base para el reclamo de superioridad con respecto a sus hermanos y hermanas.

Así, llegamos a los primeros capítulos de esta importante epístola. Allí, después de los saludos iniciales (1:1-9) Pablo se dirige a quienes buscaban formarse prestigio al afirmar que seguían a un líder humano más importante que los que lideraban otros grupos (1:10-17). Pablo muestra que este tipo de pensamiento del mundo puede parecer "sabio" según los parámetros humanos. Pero la sabiduría de Dios, que para los hombres es "tonta", ha revelado que esos pensamientos son vanos. El Evangelio centra nuestra atención en Cristo y no en líderes humanos (1:18-31); su llamado es a la fe, y no al argumento persuasivo (2:1-5). El contento de la sabiduría de Dios es nuestro por revelación y cada persona que tiene el Espíritu tiene acceso a la mente de Cristo (2:5-16). En vista de ello, los corintios que pelean por quién es mejor líder humano están demostrando que operan como "meros hombres" y no como cristianos maduros (3:1-4). Los líderes humanos no son más que obreros en el campo que Dios está cultivando; es Su pueblo el que importa, y no sus líderes. Lo que cuenta es que pertenecemos a Cristo, y no que sigamos a Apolo, a Pablo o a quien fuera (3:5-23).

Pero además, la iglesia tiene que ver a los apóstoles como "siervos de Cristo" sabiendo que se les han confiado las "cosas secretas de Dios" (4:1-7). A pesar de que los del mundo griego pudieran tener a Pablo en baja estima (4:8-13), él es su "padre a través del Evangelio", fundador de su iglesia y Dios le ha otorgado autoridad espiritual a la que deben someterse los arrogantes, o en caso contrario, enfrentarán las consecuencias (4:14-21).

CORINTO

La ciudad de Corinto estaba en un istmo que le daba control al acceso a dos mares, el Egeo al este, y el Jónico al oeste. Esta próspera y antigua ciudad, conocida como "el puente de los mares" había sido destruida por los romanos en el año 146 AC. Fue restablecida en el 46 AC por Julio César, y poblada por veteranos del ejército y libertos. La estratégica ubicación de la ciudad atrajo a muchos y más o menos para la época en que nació Cristo Estrabo escribió que "Se dice que Corinto es 'rica' gracias al comercio". Otra fuente de prosperidad era la industria bancaria que allí floreció. Un tercer factor fue la gran colonia de artesanos que se estableció en Corintio. Por ejemplo, el bronce de Corintio era valorado en todo el imperio y las lámparas corintias se exportaban a todas partes. También, en la época de Pablo Corinto era también capital de Acaia y la actividad del gobierno le brindaba riquezas a la ciudad, además de mayor población. Esto nos da la imagen de una comunidad dinámica, activa y próspera, poblada por hombres y mujeres ambiciosos que querían prosperar y alcanzar el éxito.

Se ha escrito mucho sobre la vida sexual de Corinto y el informe erróneo de un templo a Afrodita en el que servían 1.000 prostitutas del templo. Sin duda, la moral era laxa en Corinto, tanto como en cualquier otra ciudad portuaria, pero la frase "corintianizar", como eufemismo de la promiscuidad, se acuñó antes de que fuera destruida en el año 146 AC y no se refería a la Corinto del siglo primero.

Lo que más significativo parece es el tono general de la ciudad: su impulso y entusiasmo, su enfoque en el éxito y los logros personales. Al leer la epístola que Pablo le escribió a su "congregación problema" percibimos que tales cualidades habrían contagiado a la iglesia, y que se reflejan en la búsqueda de sus miembros de lograr una posición de prestigio dentro de la comunidad de fe.

En nuestra sociedad, por cierto valoramos el trabajo duro, el entusiasmo y el compromiso con el éxito personal, como sucedía con los hombres y mujeres de Corinto. Pero como veremos, esas mismas cualidades pueden ser destructivas para la unidad que tenemos que aprender a forjar al vivir juntos como miembros del cuerpo de nuestro Señor Jesucristo.

ESTUDIO DE PALABRAS

Pablo, llamado *por la voluntad de Dios* a ser apóstol de Cristo Jesús (1:1). Pablo suele dar inicio a sus cartas identificándose como apóstol. Aquí, sin embargo, pone énfasis en su llamado "por la voluntad de Dios". Los que en Corinto critican con arrogancia el aspecto del Pablo y le comparan desfavorablemente con oradores mejores, están ignorando la cuestión de fondo. Pablo es un hombre de Dios y es por voluntad de Dios que tiene rango de apóstol. Por esta razón la iglesia tiene que respetar a Pablo y escuchar sus enseñanzas con atención.

También para nosotros vale este énfasis en mirar más allá de lo superficial en nuestras relaciones con quienes tienen autoridad espiritual en nuestras iglesias. La actitud de antagonismo o la falta de respeto pueden dañar más al cuerpo local que la debilidad de un líder, sea cual sea, o incluso los errores de criterio que pudiera evidenciar ese líder.

A la iglesia de Dios que está en Corinto, ... llamados a ser su santo pueblo, junto *con todos* los que en todas partes invocan el nombre de nuestro Señor Jesucristo (1:2). Esta carta está dirigida a toda la iglesia, y no a las facciones que pudiera existir en ella. Los cristianos han sido llamados, como pueblo, a ser apartados, juntos, para Dios. Somos llamados en Cristo a ser, juntos, el santo pueblo de Dios. Y no hemos de marcar un curso independiente como lo hicieron los de Corinto, estableciendo criterios propios para juzgar la espiritualidad de nadie.

Los cristianos que buscan establecer su propia superioridad dentro de la iglesia abandonan el llamado de la iglesia a ser una comunidad de fe unida y santa.

No les falta ningún *don espiritual* mientras esperan con ansias que se manifieste nuestro Señor Jesucristo (1:7). No es nuestro potencial espiritual lo que cuenta, sino el esfuerzo que hagamos o no para alcanzar nuestro potencial.

Al mismo tiempo Pablo nos brinda una perspectiva importante. Él "siempre da gracias a Dios" (ver 1:4) por esta iglesia dividida, con defectos, porque sabe que tiene potencial. Luego Pablo nos mostrará que Dios le otorga dones espirituales a cada creyente. Así que el potencial para el crecimiento y el cambio existe en cada uno de nosotros. Al ver los problemas de la iglesia de Corinto Pablo podría haber sentido desaliento pero decidió centrarse en la promesa que el tener al Espíritu de Dios le da a cada persona en Cristo.

Si alguien nos decepciona, recordemos el ejemplo de Pablo. Unámonos a él en su gratitud a Dios por el potencial que a Su tiempo Dios ayudará a alcanzar incluso al cristiano más aburrido.

Que no haya divisiones entre ustedes (1:10). El término en griego es *schismata*. Literalmente significa "rasgar" o "rajar". Pablo no piensa aquí en tal fenómeno en términos de denominaciones. Más bien, le preocupa que haya conflicto en el cuerpo de la iglesia local, con cristiano contra cristiano, que destruye la unidad de "un mismo pensar" que tan esencial es cuando damos testimonio vital de Jesús.

Esto no significa que los cristianos no puedan tener opiniones diferentes. Pero quiere decir que no debemos permitir que nuestras diferencias rasguen la trama de unidad que nos permite dar testimonio de nuestra unidad esencial en el Señor.

El mensaje de la cruz es una locura *para los que se pierden*; en cambio, *para los que se salvan, es decir, para nosotros,* este mensaje es el poder de Dios (1:18).

Pablo quiere dejar en claro que el Evangelio no es una forma de "sabiduría". En el mundo griego la "sabiduría" implicaba un esfuerzo racional por encontrarle sentido a lo que el hombre observaba y experimentaba. En el judaísmo, la "sabiduría" exigía un milagro visible, la directa intervención de Dios para cumplir las promesas del fin de los tiempos (cf. 1:20 con 1:22).

Pablo aquí establece un punto muy claro, al contrastar a los que creen con los que no creen. Los que se salvan han rechazado la perspectiva humana para confiar en la sabiduría de Dios como la expresa el mensaje de Cristo. Son los que se pierden quienes descartan el mensaje de Cristo como cosa de locos, rechazando de plano la sabiduría de Dios.

Las implicancias son obvias. Si iniciamos la vida de la fe considerando que la locura de la cruz es la verdadera sabiduría, por cierto habremos de continuar en nuestro andar como cristianos plenamente comprometidos a la sabiduría y los caminos de Dios.

No muchos de ustedes **son sabios, según criterios meramente humanos; ni son muchos los poderosos ni muchos los de noble cuna (1:26).** El hecho es que en el siglo primero solo un 1 por ciento de la población sería considerado sabio según el criterio humano, o influyente, o de noble cuna. Y como en esta clase superior extremadamente reducida había cristianos, tenemos que dar importancia a este dato.

Aún así, los cristianos como clase eran despreciados por la élite. El escritor pagano Celso aparece citado por Orígenes (*Contra Celsus* 3:44) en un pasaje que distorsiona y al mismo tiempo ridiculiza esta declaración de Pablo. Celso escribió:

> Sus exhortaciones son: "Que nadie que sea educado, sabio y con sentido común se acerque. Porque para nosotros tales capacidades son maldad. En cuanto a todo el que sea ignorante, estúpido, sin educación, niño, esos sí pueden venir confiados". Al admitir ellos mismos que esta gente es digna de su Dios muestran lo que quieren y convencen entonces solamente a los locos, a los deshonrosos y a los estúpidos, y solo a esclavos, mujeres y niños.

En nuestros días, nuestra auto-proclamada élite también se burla de los cristianos. Pero cuando Dios lo disponga, se demostrará que los que creen son en verdad sabios.

Yo mismo, hermanos, cuando fui a anunciarles el testimonio de Dios, no lo hice *con gran elocuen-*

cia y **sabiduría (2:1).** En el capítulo 1 Pablo centra la atención de los lectores en el contenido del Evangelio, identificándolo como expresión de la sabiduría de Dios. Aquí, nos señala la forma de presentar la enseñanza cristiana. Ni la "elocuencia" (*hyperochen logou*: oratoria arrolladora (2:1), ni la "sabiduría superior" (probable significado de *sophia* en este texto: "discurso filosófico"), son relevantes.

Es importante esto porque en la cultura helena la destreza del orador a menudo se consideraba más importante que el contenido de su discurso y en muchos casos ante el tribunal el veredicto favorecería al abogado cuya oratoria fuera más convincente, en lugar de fallar a favor de aquel a quien asistía el derecho.

Cuando se trata de presentar el Evangelio, sin embargo, es más importante el mensaje que el mensajero. Lo que convence es la verdad del Evangelio. La validez de nuestro testimonio no depende de nuestro aspecto u oratoria.

Los cristianos modernos también pueden dar mayor importancia al mensajero y no al mensaje: "Me gusta cómo predica" puede parecerles más importante a algunos de lo que lo es el sermón, en cuanto a si nos enseña, nos desafía o nos llama a vivir una vida de transformación.

Más bien, exponemos *el misterio de la sabiduría de Dios*, una sabiduría que ha estado escondida (2:7). ¿Qué es lo que caracteriza a la sabiduría de Dios? Pablo tiene cuatro cosas importantes para decir al respecto:

Está contenida en un *mysterion*: es sabiduría "secreta". El término se refiere a una verdad inaccesible a los seres humanos, pero revelada ahora a todos en Cristo.

Ha estado "escondida". La frase explica "el misterio". Hasta la Encarnación, Dios mantuvo oculta esa parte de Su plan eterno que ahora ha sido revelada en Jesús.

"Ninguno de los gobernantes de este mundo la entendió" (2:8). Pablo señala que la sabiduría de Dios sigue oculta para los que no quieren creer. Aunque está revelada, los que solo miran al universo con ojos humanos sencillamente no pueden "ver" el Evangelio.

Finalmente, aunque fuera de este orden, la sabiduría de Dios ha sido "destinada para nuestra gloria" (2:7). Al decidir que viviremos según la sabiduría divina, se nos asegura la salvación prometida porque estaremos ante nuestro Dios transformados a la imagen de Cristo.

Este es un contraste con la sabiduría humana que se ve limitada no asolo por nuestro limitado poder sino también por nuestra incapacidad para ver la realidad que está más allá del mundo físico y social en el que vivimos.

Somos muy tontos si permitimos que los argumentos de meros seres humanos nos desvíen en modo alguno de nuestro compromiso con la verdad de Dios, revelada.

Sin embargo, como está escrito: "Ningún ojo ha visto, ningún oído ha escuchado" (2:9). Los comentaristas han encontrado dificultad en esta cita de Pablo porque no hay pasaje del AT que en realidad se parezca a esa frase, ni en el hebreo ni el el Septuaginto griego. Los paralelos más cercanos son Isaías 64:4 y 65:17, y se han desarrollado tortuosos argumentos para mostrar de qué manera Pablo tomó lo que no puede ser más que una paráfrasis, muy libre.

Pero Pablo aquí presenta el contraste entre la sabiduría humana y la sabiduría secreta de Dios. Es posible que estuviera citando una fuente secular, no como prueba de su posición sino para ilustrar las limitaciones de la capacidad humana para entender la realidad. Si es así, Pablo puede haber estado refiriéndose a un pasaje de los escritos de Empédocles, griego del siglo cinco AC, cuyas palabras se parecen mucho a la cita de Pablo (ver la parte en cursiva en el extracto que aparece debajo). El pasaje de Empédocles deja en claro lo que Pablo busca enseñar aquí, al contrastar la sabiduría de Dios con la sabiduría humana.

EMPÉDOCLES
Débiles y angostos son los poderes implantados en las extremidades del hombre. Muchos son los dolores que les acaecen y nublan las orillas del pensamiento. Corta es la medida de la vida en la muerte a través de la cual se esfuerzan. Luego son llevados como el humo que se desvanece en el aire. Y lo que sueñan que saben es apenas lo poco con lo que ha tropezado cada uno al vagar por este mundo. Sin embargo, hacen alarde de que lo han aprendido todo.
¡Tontos y vanos! Porque eso no es más que *lo que ningún ojo ha visto, lo que ningún oído ha escuchado, ni puede ser concebido por la mente del hombre.*

***El que es espiritual* lo juzga todo, aunque él mismo no está sujeto al juicio de nadie (2:15).** En este pasaje "el que es espiritual" es *pneumatikos*. Y es importante para el argumento de Pablo que sepamos que siempre enseña que todo cristiano ha recibido el Espíritu de Dios. Entonces, por un lado Pablo les recuerda a los de Corinto que ninguna facción puede afirmar ser espiritualmente superior ¡porque todos tienen el Espíritu!

Algunos asumen que "no está sujeto al juicio de nadie" significa que el cristiano no está sujeto al juicio de nadie que no tenga el Espíritu. A la luz de Romanos 14 y en vista de las divisiones que había en Corinto, lo más probable es que aquí Pablo estuviera advirtiendo a los de Corinto que no debían juzgarse los unos a los otros. Cada creyente tiene acceso a la mente de Cristo por medio del Espíritu y es responsable ante Él como Señor. Y como no conocemos la mente de Cristo tenemos que reconocer por cierto que la unidad del cuerpo aquí en la tierra ¡es Su voluntad!

Porque aún sois carnales (3:3- RV95). Aquí el término es *sarkikos*, "carnal", "de la carne". Aunque poseen el Espíritu los corintios no viven según el Espíritu. Su perspectiva y conducta expresa la naturaleza de pecado de la humanidad.

Aunque la traducción de la NVI, que dice "inmaduros" no es la mejor, sí nos recuerda una verdad importante. Todas esas "prohibiciones" que los cristianos han acumulado a lo largo del tiempo — fumar, beber, o lo que fuera — en realidad no son "carnales". Carnal significa "actuar según criterios meramente humanos" (3:3), movidos por los impulsos egoístas que mueven a la humanidad perdida.

Les di leche porque no podían asimilar alimento sólido (3:2). El Evangelio es leche y carne, sugiere 1 Corintios 2:6-16. La salvación es la leche y el alimento sólido es la consciencia de que la vida cristiana tiene que vivirse a la luz de la sabiduría de Dios en lugar de seguir la sabiduría y los caminos de la sociedad humana.

Si su obra *es consumida por las llamas*, él sufrirá pérdida. Será salvo, pero como quien pasa por el fuego (3:15). La sabiduría de Dios nos llama, a cada uno de nosotros, a construir con materiales que sobrevivirán cuando sea consumido el universo físico (2 Pedro 3:5-7). Nuestra salvación no es lo que está en juego aquí, sino el hecho de si nuestra conducta pasará el escrutinio el día en que Dios recompense a quienes han hecho Su voluntad.

Lamentablemente, algunos de los que están en línea para la inspección de ese día, según la imagen de Pablo, se apartarán de un saldo de la perecedera estructura de madera de sus obras, cuando las llamas las conviertan en cenizas.

Si alguno destruye el templo de Dios, *él mismo será destruido por Dios*; porque el templo de Dios es sagrado, y ustedes son ese templo (3:17). Es importante observar que la terrible advertencia de Pablo tiene que ver con la destrucción (*phtheiro*: ruina, corrupción) de la iglesia como verdadera comunidad cristiana. La razón de esta advertencia es que el templo de Dios es santo, y ha sido apartado para Sus propósitos. No hay implicancias aquí de pérdida de la salvación, pero es una advertencia extremadamente seria. La persona, las personas o las facciones que corrompen a la comunidad cristiana y la arruinan en su capacidad para reflejar la sabiduría de Dios, se enfrentarán a la ruina que Dios causará.

Por mi parte, muy poco me preocupa *que me juzguen* ustedes o cualquier tribunal humano; es más, ni siquiera me juzgo a mí mismo. Porque aunque la conciencia no me remuerde, no por eso quedo absuelto; el que me juzga es el Señor (4:3-4). Pablo es siervo de Jesús y se le ha confiado una misión. Sabe bien que a quienes se les confía tanto han de ser fieles. Los corintios han ridiculizado a Pablo, atacando tanto su conducta como sus enseñanzas.

Pero la fidelidad es algo que solamente el Señor puede evaluar. Aunque necesitamos mantener limpia la consciencia, no somos competentes para juzgarnos a nosotros mismos porque podríamos no estar al tanto de motivos y deseos que nos desvían del camino de Dios. ¿Qué hacemos entonces? Simplemente nos comprometemos a hacer la voluntad de Dios tal como la entendemos.

Esta era no es momento para criticar a los demás. Ni siquiera es momento parpa la introspección que causa angustia. Es el momento de concentrar todos nuestros esfuerzos en servir al Señor.

¿Quién *te distingue* de los demás? ¿Qué tienes que no hayas recibido? Y si lo recibiste, ¿por qué presumes como si no te lo hubieran dado? (4:7). La palabra aquí es *diakrino*, que significa evaluar, juzgar, establecer distinciones. Aquí Pablo está retando a las personas que causan las divisiones en Corinto, preguntándoles qué es lo que les hace diferentes, qué les distingue.

No importa cuál fuera la distinción que mencionaran los corintios, ya fuera riqueza, un don espiritual en particular, o lo que fuese, ahora son cristianos y deben enfrentar el hecho de que lo que son o lo que tienen proviene del Señor.

Es una verdad de doble filo. No hay lugar para la arrogancia o para hacer alarde sobre algo que nos ha sido dado. Al mismo tiempo, aquí encontramos gran consuelo. Porque usted y yo sabemos que nuestro amoroso Dios lleno de gracia nos hizo como somos. Él fue Quien supervisó el desarrollo de nuestros cuerpos en el vientre. Él escogió la familia y la cultura en la que nacimos. Y todo lo que ha hecho es un don, un regalo, porque ha sido Su obra la que nos da capacidad para cumplir nuestro rol en la vida y en Su iglesia.

Así que demos gracias a Dios por lo que somos, sin enorgullecernos de esas cosas que pueden diferenciarnos de los demás. Y demos gracias a Dios por lo que distingue también a los demás porque tanto ellos como nosotros somos regalos de Dios a Su pueblo.

Se nos considera la escoria de la tierra, la *basura del mundo*, y así hasta el día de hoy (4:13). Son palabras fuertes. *Perikathamata* es la suciedad que se elimina con el lavado, en tanto *peripsema* es la suciedad incrustada que se elimina raspando, después del baño. Es una imagen potente la que presenta Pablo, y un agudo contraste que el gran apóstol traza para marcar la distinción entre la sabiduría del mundo y la de Dios.

Los más cultos del mundo griego despreciaban a Pablo y a los demás evangelistas, considerándoles basura. La historia los ha validado como no solo quienes dieron forma a la cultura occidental, sino como mensajeros de la Buena Nueva que ha transformado a miles de millones de personas.

Él les recordará mi manera de comportarme en Cristo Jesús, como enseño por todas partes y en todas las iglesias (4:17). El texto griego dice simplemente "mi forma de vivir, que enseño".

No supongamos nunca que la enseñanza cristiana es doctrina divorciada de la práctica. La enseñanza a los creyentes sobre la vida que agrada a Dios es misión del pastor o misionero, tanto como la enseñanza de la doctrina. Pero para enseñar de veras la forma de vida cristiana, el líder también tiene que vivirla así, además de enseñarla. Para los cristianos la vida en el Evangelio acompaña necesariamente a las palabras del Evangelio.

Porque el reino de Dios no es cuestión de palabras *sino de poder* (4:20). *Dunamis* significa acción que no puede impedirse ni debilitarse mediante acción humana. El poder en que confía Pablo no es suyo sino del Espíritu Santo. Dios se ocupará de los arrogantes a menos que éstos se sometan a Sus palabras, dirigidas a ellos a través del apóstol.

EL PASAJE EN PROFUNDIDAD

Sabiduría del Espíritu (2:6-16)

Trasfondo. Como vimos ya en la cita de Celso (ver Estudio de Palabras de 1 Corintios 1:26), los cultos del impero romano consideraban el cristianismo una religión de locos y tontos.

Aunque el imperio era gobernado por Roma, la cultura del imperio era esencialmente griega. La lengua y el pensamiento griegos cambiaban las ciudades y daban forma a la perspectiva de las clases altas. Esa visión griega del mundo, que se forjó a lo largo de siglos gracias a notables filósofos y poetas, celebraba los logros humanos, como el del atleta que había esculpido su cuerpo a la perfección, el del gran orador, el del pensador cuyas especulaciones sobre la naturaleza del universo tanto fascinan la mente. Eran ellos los admirados, los idolatrados. Incluso la gente común tenía acceso a la sabiduría de la época porque había maestros itinerantes que iban de ciudad en ciudad, cobrando a los estudiantes que se reunían a su alrededor para escuchar sus teorías de Platón o sus argumentos respecto de la postura ética de los estoicos o epicúreos.

Pero por debajo, subyacente a toda escuela de pensamiento, existía una suposición universal y tácita. Los seres humanos, usando sus facultades de raciocinio, podían penetrar los más profundos secretos del universo y entender la realidad oculta. Los filósofos no siempre estaban de acuerdo en cuanto a la naturaleza de esa realidad pero todos concordaban en que la sabiduría (*sophia*, ejercicio del intelecto y la comprensión) era el medio por el cual la humanidad podía entender el universo y aprendería a vivir en armonía con las leyes universales.

En vista de esta perspectiva tan general y profundamente arraigada, podemos entender por qué Celso y otros más veían con desprecio al cristianismo. Los cristianos no se apoyaban en la sabiduría humana o *sophia*, sino en la creencia supersticiosa (es decir, irracional) de que un judío muerto había resucitado. Y sus líderes hasta exigían que tal increíble mensaje se aceptara por la fe. Esta nueva religión sin base en la sabiduría o *sophia* (argumento racional) de hecho iba en contra de la razón (*sophia*). El cristianismo entonces debía ser una religión para tontos y locos, para los ignorantes que abandonaban la razón y preferían la sinrazón.

Cuando comprendemos mejor el clima intelectual del mundo del siglo primero, podemos percibir la importancia de las enseñanzas de Pablo en 1 Corintios 2:6-16. Porque allí él argumenta que hay otra *sophia*, una sabiduría divina, radicalmente distinta en naturaleza a la *sophia* del hombre.

Interpretación. El argumento de Pablo, de que el cristianismo se arraiga en una sabiduría divina en marcado contraste con la mera sabiduría humana, puede delinearse como indico a continuación:

La naturaleza de la *sophia* de Dios (2:6-8).
La naturaleza de la *sophia* humana (2:9).
La revelación de la *sophia* de Dios (2:10-11).
Nuestro acceso a la *sophia* de Dios (2:12-14).
La importancia de nuestro acceso a la *sophia* de Dios (2:15-16).

La naturaleza de la *sophia* de Dios (2:6-8). Pablo comienza afirmando que pronuncia "un mensaje de *sophia*" (2:6). Es un mensaje que pronuncia entre los "maduros", que aquí se entienden como quienes han recibido la comprensión por parte del Espíritu.

Esta sophia de Dios contrasta con "la sabiduría de esta era" y sus gobernantes. La sabiduría del mundo es inútil porque quienes la proponen "no llegan a nada". Los "gobernantes" son esas personas influyentes que establecen el tono de la era: los pensadores, los creadores de opinión, los líderes seculares y religiosos.

El gran problema con la sabiduría humana es que conforma un callejón sin salida. Y más que eso, es el camino que se disuelve bajo los pies de la humanidad cuando las personas lo siguen, y se hace cada vez más endeble hasta que se disuelve por completo, dejando en la nada, suspendidos en el vacío, a los que lo intentaron.

Esto conforma un enorme contraste con la sabiduría de Dios "destinada para nuestra gloria" (2:7). Quienes siguen el camino de la sabiduría de Dios no solo andan sobre suelo sólido, sino que ese camino les llevará a la gloria, a salvo.

¿Cuáles son las características que contrastan la sabiduría de Dios con la sabiduría humana?

■ La sabiduría de Dios es *mysterion*, "secreta".
■ Ha estado escondida antes de la llegada de Cristo.
■ No puede ser entendida por los seres humanos que no tienen el Espíritu.
■ Lleva a la gloria.

En contraste:
■ La sabiduría humana es aparente.
■ Solo reflexiona sobre lo que se puede tocar y ver.
■ Encaja con la naturaleza del pensamiento de la persona (perdida).
■ Lleva a la nada.
■ La sabiduría de Dios y la del hombre son completamente diferentes en naturaleza, orden y contenido.

Las limitaciones de la *sophia* humana (2:9). El problema esencial con la sabiduría humana es que necesariamente sus conclusiones tendrán defectos. Primero, porque los humanos solo pueden razonar a partir de evidencia a la que se accede mediante los sentidos. Solo lo que ha visto el ojo o ha escuchado el oído, puede ser considerado por los humanos que especulan sobre la verdadera naturaleza del universo.

Pero hay otro problema, además. La mente humana, incluso en su fantasía más loca, es incapaz de concebir esa realidad que conoce Dios.

Por eso no hay forma en que el ser humano podría descubrir "lo que Dios ha preparado" (2:9) mediante el ejercicio de las facultades de la razón (*sophia*).

Es interesante que aquí Pablo parece citar no las Escrituras sino a Empédocles. Y su cita es muy adecuada porque el poeta del siglo quinto antes de Cristo declaró con claridad el fatal defecto de la sabiduría humana: sabía muy bien que quienes "hacen alarde...de que lo han aprendido todo", son "¡tontos y vanos!" (Empédocles). El hombre vaga por el mundo, en el mejor de los casos, y tropieza con fragmentos de la verdad pero jamás podrá aprenderlo todo (ver cita completa en Estudio de Palabras de 2:9, más arriba).

La revelación de la *sophia* de Dios (2:10-11). ¿Cómo podemos los seres humanos, con nuestras limitaciones, acceder a la secreta *sophia* de Dios?

La respuesta está en la revelación. El Espíritu de Dios, que como Dios tiene acceso a la mente del Padre, conoce los pensamientos de Dios. Y el Espíritu ha revelado estos pensamientos en palabras (2:13).

Así, el cristiano no necesita confiar en sus capacidades humanas limitadas, sino que acude a la revelación y en la revelación obtiene acceso al conocimiento sobre "todas las cosas" (2:15) que ningún mero humano podría descubrir por sus propios medios.

Nuestro acceso a la *sophia* de Dios (2:12-14). La pregunta, entonces, es ¿no tienen todas las personas acceso a la *sophia* de Dios en las Escrituras? Sí, y no al mismo tiempo. Porque las palabras del Espíritu han sido "codificadas", o escritas, y cualquiera puede leerlas. Pero el leer o incluso oír esta sabiduría secreta, no garantiza que el hombre natural pueda entender o aceptar la sabiduría divina. Son solamente los que poseen el Espíritu los que entenderán, porque el Espíritu que inspiró las palabras tiene que residir en nosotros para que podamos interpretarlas adecuadamente y aprovechar la sabiduría de Dios para bien.

Eso no significa que solo los cristianos puedan entender el Evangelio como para explicarlo. Pero sí que solo los que tienen el Espíritu guardarán en su corazón la Palabra de Dios, y percibirán sus implicancias para la vida, siguiendo el camino que marca.

La importancia de nuestro acceso a la *sophia* de Dios (2:15-16). La primera implicancia es que el "hombre espiritual" (es decir, la persona con el Espíritu 2:15]), puede ver los temas de la vida desde una perspectiva completamente diferente a la del resto de la humanidad. Con el acceso a la Palabra de Dios y con el Intérprete de esas palabras habitando dentro, el cristiano "lo juzga todo", aunque "no está sujeto a juicio de nadie" (2:16).

El mundo podrá despreciar al cristiano y tildarlo de loco por sus creencias y estilo de vida. Pero nuestro juicio guiado por el Espíritu en cuanto a los temas de la vida, sencillamente no está sujeto al juicio humano. Los hombres y mujeres perdidos, ciegos a las realidades que entendemos por medio de la revelación, no tienen fundamentos para juzgarnos a usted y a mí. A través de la Palabra y el Espíritu ¡usted y yo tenemos acceso a los pensamientos de Cristo Mismo!

Aplicación. La exposición de Pablo tiene aplicación dual. En primer lugar, su exposición del os defectos del acercamiento humano a la sabiduría nos reafirma en el compromiso a la Palabra de Dios. No tenemos por qué acobardarnos cuando los sofisticados de esta era atacan nuestra fe. Nadie que no tenga el Espíritu de Dios podrá entender la realidad tal como la forma Dios. Pero usted y yo, con la Palabra Escrita y con su Intérprete dentro de nosotros, tenemos acceso a la verdad suprema. Mantengámonos firmes afirmando la verdad de Dios con confianza, aún ante la burla o el ataque de los que están perdidos.

En segundo lugar, en el contexto de las divisiones que destruían la unidad de la iglesia de Corinto, lo que Pablo dice sobre las dos sabidurías nos recuerda que tenemos que comprometernos plenamente con la sabiduría de Dios para vivir en armonía con nuestros hermanos en la iglesia de Cristo. El acceso a la mente de Cristo que nos da nuestra fe no es solamente nuestro sino también de nuestros hermanos. No tenemos que juzgar las convicciones de los demás, como tampoco ellos deben juzgar las nuestras. El camino de la sabiduría de Dios es el camino de la unidad, forjada en la conciencia de que Dios nos ha llamado a amarnos los unos a los otros y a descubrir en amor una unidad que por siempre seguirá siendo un misterio para los meros humanos.

Cuando reconozco que también mi hermano tiene al Espíritu para guiarle, ya no insistiré en imponerle mis convicciones, o en buscar la forma de mostrarle que soy mejor. Veré que el Espíritu me ha sido dado no para juzgar o controlar a los demás sino para que yo descubra el camino que Dios quiere que recorra, junto a Él.

1 CORINTIOS 5–6
Disciplina en la familia de la iglesia

EXPOSICIÓN

En la competencia de los corintios por lograr posición y prestigio, la iglesia había abandonado la sabiduría de Dios, a favor de la pobre sabiduría de meros seres humanos. Pablo ahora se ocupa de los informes de que la iglesia de hecho tolera la inmoralidad sexual y de que los creyentes presentan sus disputas ante tribunales seculares. La relación de estos asuntos con el argumento de los capítulos 1 a 4 queda en claro. Es que los corintios son "carnales" porque han abandonado la aplicación de la sabiduría de Dios a los temas que tienen que ver con la pureza de la iglesia.

La primera evidencia de que han preferido al mundo es que la iglesia tolera la inmoralidad. Pablo pronuncia un juicio sobre el pecador e insiste en que la iglesia "entregue[n] a este hombre a Satanás" (5:1-5). Es esencial que la iglesia "se libre" de la malicia y la maldad para que la comunidad se vea marcada por la "sinceridad y la verdad" (5:6-8). Pablo luego aclara sus palabras. Su instrucción de no "se relacionen con personas inmorales" (5:9) tiene que ver solamente con las relaciones dentro de la iglesia. Los cristianos no deben apartarse de los que no creen y son inmorales. No es asunto nuestro juzgar a los perdidos, pero sí es asunto de la iglesia disciplinar a los creyentes que viven en la inmoralidad (5:9-13).

Pablo luego se ocupa del tema de las disputas dentro de la iglesia, que en muchos casos se han presentado ante tribunales seculares. Si surgen disputas ¿por qué no hacer que otros creyentes, con acceso a la sabiduría de Dios, juzguen entre los que están en disputa? (6:1-6). La existencia misma de demandas legales muestra que no están viviendo según la sabiduría de Dios. El tipo de disputas sobre el que se informó a Pablo incluye acusaciones de engaños y perjuicios a otros. Seguramente, nadie que se haya comprometido con la sabiduría, con el estilo de vida que Dios quiere para Su pueblo, cometería tales cosas (6:7-8). Apenado y enojado Pablo declara lo que es obvio. Hay muchas relaciones en Corinto que reflejan el modo de los malos, que jamás "heredarán el reino de Dios" (6:9). Todo esto debiera haber quedado en el pasado para los creyentes de Corinto, que han sido lavados, santificados y justificados en el nombre de Jesús (6:9-11).

Y Pablo vuelve a hacer una pausa para explicar. En cierto sentido los corintios que afirman que "todo me está permitido" (6:12) tienen razón. El cristiano es salvo por el sacrificio de Dios y las obras del pasado o el presente no tienen peso en la salvación de la persona. Aunque no es este el tema. Hemos sigo unidos a Cristo y estamos vinculados a Él en la más íntima de las uniones, por el Espíritu de Dios. ¿Cómo podría alguien imaginar que Jesús daría su anuencia a la inmoralidad sexual? Sin embargo, cuando el cristiano peca, hace a Jesús parte de su maldad (6:12-17). Es impensable entonces el pecado sexual. Estos corintios que tanto hablan de lo permitido ¿no se dan cuenta de que sus cuerpos son templos del Espíritu Santo de Dios? ¿No se dan cuenta de que han sido comprados por un precio, y que como pueblo de Dios ahora tienen que honrarle con sus cuerpos?

Podemos percibir el intenso disgusto de Pablo al hablar de la corrupción moral en la iglesia de Corinto. Esta gente que tan importante se cree, tan arrogante a sus propios ojos, no solo le ha dado la espalda a la sabiduría de Dios. Han repudiado Su llamado a la santidad y a una vida que honre a su Señor.

ESTUDIO DE PALABRAS

Es ya del dominio público que hay entre ustedes un caso de inmoralidad sexual que *ni siquiera entre los paganos se tolera* (5:1).
Aunque solemos ver la sociedad pagana del siglo primero como muy inmoral, no es ese necesariamente el caso. Las novelas griegas de romances en esa época, a diferencia de las de nuestros días, desarrollaban su argumento en torno a la fidelidad mutua del héroe y la heroína. Un buen ejemplo es la Efesiaca de Xenofón de Efeso, donde Habrocomoes y Anthia prometen "que vivirás en castidad hacia mí y jamás tolerarás a otro hombre, y que yo jamás seré consorte de otra mujer" (1.11.3-5). La popularidad de esas novelas entre la gente común sugiere que la fidelidad era algo muy admirado por todos. Tal actitud también está reflejada en muchos epitafios de la época, elogiando a mujeres por ser *monoandros* o "mujeres de un solo hombre".

Es impactante que la inmoralidad que toleraba la iglesia de Corinto "ni siquiera entre los paganos se tolera", y la inmoralidad se define en la frase que sigue: "un hombre tiene por mujer a la esposa de su padre" (5:1). El verbo "tiene" está en presente e indica un asunto inmoral que todavía continúa. Como la "inmoralidad sexual" es *porneia*, término que en general no es tan específico como incesto, es probable que el hombre tuviera un amorío con una mujer que había sido esposa de su padre aunque ahora, o se habían divorciado o el padre habría muerto ya. No solo era ilícita tal relación bajo la Ley del AT (Levítico 18:8), sino que también la ley romana la prohibía, al menos según lo declaran los Institutos de Gayo.

Este relación sexual inmoral, escandalosa a los ojos de judíos y gentiles por igual, era algo que los líderes de la primera iglesia dejaban pasar.

¿No debieran, más bien, haber *lamentado* lo sucedido y *expulsado* de entre ustedes al que hizo tal cosa? (5:2). ¿Cuál es la reacción que corresponde cuando un hermano creyente cae en la práctica regular del pecado? Nuestra primera reacción debiera ser de pena, de profunda angustia en el alma no solo por el pecado del hermano sino porque no hemos podido ayudarle a mantenerse en el camino recto.

Esta actitud se presenta como contraste del orgullo de los corintios. Y nos recuerda que cuando es necesario ejercer la disciplina en la iglesia, no tenemos que hacerlo con espíritu de orgullo o condenación. La falla de nuestro hermano en cierta medida lo es nuestra también.

Al llamar a la iglesia a "expulsar" a este hombre Pablo está prescribiendo la forma de actuar con respecto a los que continuamente practican el pecado. Es importante esto porque el pecado interrumpe la comunión entre el creyente y el Señor. Cuando un cristiano sigue en pecado, es claro que no entiende o no le importa su condición espiritual actual.

Entonces es responsabilidad de la iglesia actuar según la realidad de esa separación espiritual, en el cuerpo que conformamos en la tierra. Apartamos a los que persisten en practicar el pecado para que puedan sentir el dolor de la separación del Señor por medio del obligado ostracismo al apartarlo de Su pueblo.

Entreguen a este hombre a Satanás para *destrucción de su naturaleza pecaminosa* **a fin de que su espíritu sea salvo en el día del Señor (5:5).** Aquí, una vez más la traducción de la NVI no es la mejor. Porque el texto griego dice "entreguen...para la destrucción de la carne". Los traductores *interpretaron* el texto en lugar de traducirlo.

Hay muchas interpretaciones en cuanto a la entrega de alguien a Satanás. Algunos lo entienden como entregar a la persona a la esfera de Satanás. Otros dicen que es un dicho en arameo que significa "que sufran por lo malo que han hecho" o "que se cocinen en su propio jugo".

Otra alternativa sugerida, y que tiene mérito, es que Pablo quiere trazar una distinción entre participar en la comunidad dominada por el Espíritu y participar en un mundo dominado por fuerzas demoníacas. Ante la realidad de esta diferencia, el creyente que es apartado sufrirá tal vez el dolor que causa el vivir en la carne, y se apagará el atractivo que esto tiene para su vida.

Lo que respalda esta interpretación es el hecho de que la disciplina de la iglesia no tiene por designio castigar a los pecadores sino hacer que recuperen el sentido y devolverlos a la comunión con el Señor y Su cuerpo.

Deshágansede la *vieja levadura* (5:7). Pablo utiliza imágenes del AT para dar un mensaje muy importante. Cuando el ama de casa del siglo primero hacía pan, usaba levadura para que la masa levara. Se cocía casi toda la masa pero se guardaba una pequeña porción para mezclarla con ingredientes nuevos. Durante la noche, la levadura hacía que la nueva mezcla levara. El proceso se repetía una y otra vez.

En la Pascua se tiraba la levadura vieja y entonces Israel celebraba una vez más su redención y el nuevo comienzo. Así, Pablo les recuerda a los corintios que Cristo es nuestro Cordero pascual. Él nos ha dado un comienzo completamente nuevo, y al librarnos de esas cosas "viejas" como la malicia y la maldad tenemos que ser lo que somos, hombres y mujeres nuevos, renovados en Jesús para vivir una vida de sinceridad y verdad.

Por supuesto, no *me refería a la gente inmoral de este mundo,* **ni a los avaros, estafadores o idólatras. En tal caso, tendrían ustedes que salirse de este mundo (5:10).** Es tan extraño que los cristianos desprecien y se aparten del incrédulo que es inmoral, pero por otra parte, muestren tal tolerancia hacia un hermano cristiano. Pablo nos recuerda que no tenemos que apartarnos ni cortar el contacto con los incrédulos. Tampoco hemos de juzgarlos. Después de todo, cuando los perdidos se muestran como pecadores, simplemente "hacen lo que les sale por naturaleza". No necesitan que los condenemos ni critiquemos su conducta. ¡Necesitan que Jesús perdone sus pecados y les muestre un nuevo camino de vida!

Dar testimonio no es convencer al otro de que es pecador. Dar testimonio es transmitirle la Buena Nueva de que Jesús lo ama a pesar de sus pecados. Y dar testimonio es mostrarle el amor de Jesús al interesarnos sinceramente por ellos a pesar de sus pecador.

Sí, hay que expulsar al creyente que persiste en el pecado. Pero no apartarnos del que no cree y es pecador. Después de todo ¡somos la mejor esperanza para el pecador!

"Todo me está permitido" (6:12). Pablo aquí no está expresando su propia opinión sino lo que afirman algunos en Corinto respecto de que tienen libertad sin restricciones para actuar como les plazca en lo que concierne a su cuerpo físico. ¿Cuál es su argumento? "Los alimentos son para el estómago y el estómago para los alimentos" (6:13). Un estudiante universitario presentó el mismo argumento como desafío a Billy Graham: "Comer un emparedado de jamón no es cuestión de moral. El sexo es tan natural como comer, por lo que tampoco es cuestión moral".

Si la comida y el hambre se complementan, ¿por qué no podemos ser igual de libres para s satisfacer nuestros impulsos sexuales por medio de estas estructuras corporales que Dios creó, para complementarlos?

Horrorizado, Pablo rechaza esta opinión y presenta cuatro pruebas que el cristiano debería aplicar a cualquier cuestión.

■ ¿Es beneficiosa la acción que estamos considerando (*sumpheres*)? ¿Contribuye de manera positiva a nuestro desarrollo como cristianos y al desarrollo de otras personas?

■ ¿Es algo que nos dominará (*exousiasthesomai*)? (6:12). Es claro que la naturaleza sexual del ser humano, torcida por el pecado, domina a demasiadas personas.

■ ¿Está en armonía esta acción con el hecho de que el cuerpo es "para el Señor"? (6:13). Pablo deja en claro continuamente que hemos sido redimidos para presentar "los miembros de su cuerpo [a Dios] como instrumentos de justicia" (Romanos 6:13). El argumento de que el sexo es "natural" es hueco e irrelevante. Lo que cuenta es que lo único que hagamos en nuestros cuerpos sea para servir a la justicia y la inmoralidad no es justicia ni rectitud, sino pecado.

La última prueba que Pablo presenta es: ¿Se contempla esta acción en armonía con la verdad de que el Señor es "para el cuerpo" (6:13)? Pablo nos dice que Cristo redimió nuestros cuerpos. Nos resucitó de la corrupción de la tumba que marcaba nuestra antigua vida y Se unió a nosotros en un vínculo indestructible. En esta unión todo lo que hagamos debiera ser expresión de Jesús. Somos canales por medio de los que Jesús toma cuerpo hoy en nuestro mundo. Por eso Pablo dice que le horrorizan los pecados sexuales y quiere que también a nosotros nos causen horror. Como templos vivos del Dios viviente hemos de huir de la inmoralidad sexual, como de la plaga. Porque es una plaga que deshonra a nuestro Señor.

EL PASAJE EN PROFUNDIDAD
Expulsión del hermano inmoral (5:1-13).

Trasfondo. En 1 Corintios 4:5 Pablo instruía a los corintios a "juzgar nada antes de su tiempo". Pero en este pasaje Pablo critica con acidez a la iglesia por no juzgar a un hermano inmoral.

No es que Pablo sea inconsistente. Una revisión de los pasajes referidos a "juzgar" nos ayudará a establecer distinciones más importantes. En general, no tenemos que "juzgar" en el sentido de criticar o condenar a los demás. Pero sí tenemos que "juzgar" en lo que se refiere a evaluar.

Más importante todavía es establecer distinciones entre lo que los cristianos no deben tratar de evaluar, y las áreas en las que es importante hacerlo.

Lo que no hemos de juzgar

■ No tenemos derecho a criticar y condenar a los demás, sino más bien, tenemos que perdonar (Mateo 7:1-2; Lucas 6:37-38).

■ No tenemos que juzgar a los demás por prácticas que no estén específicamente consideradas como malas en las Escrituras. Cuando existe la duda sobre si una práctica en particular es adecuada o no para los cristianos tenemos que dar a cada hermano y hermana el derecho a seguir su conciencia, y seguir nosotros a la nuestra (Romanos 14:1-18).

■ No hemos de juzgar la fidelidad de otro creyente, ni su llamado en el Señor (1 Corintios 4.3-5).

■ No hemos de relacionarnos con los no cristianos en actitud de juicio. Su moral o falta de moral no es la cuestión. La única cuestión es que necesitan conocer a Cristo (1 Corintios 5:12).

■ No tenemos que usar la crítica o la condena en el intento de obligar a otros a conformarse a nuestras conciencias (Colosenses 2:16).

■ No tenemos que hablar en contra o "injuriar" a nuestros hermanos. Al hacerlo, estamos exaltándonos, erigiéndonos como jueces en lugar de cumplir la Ley. Solo Dios, que dio la Ley, puede condenar (Santiago 4:11-12).

En cada uno de estos pasajes la palabra "juzgar" tiene fuerza casi legal. La persona que juzga está cuestionando los motivos o decisiones de otro y por eso lo condena. Pero en este proceso, se descarta cada elemento ante todo por el hecho de que los seres humanos no somos competentes para evaluar los motivos o prácticas "dudosas" de los demás. Incluso si una acción es mala sin lugar a dudas, nuestro papel no será el de jueces, sino que tenemos que perdonar y tratar de restaurar. La actitud de juicio y el intento de castigar y condenar sencillamente no son adecuadas en la comunidad cristiana.

Lo que sí hemos de juzgar

■ Los seres humanos hemos de juzgar la violación a la ley penal y civil. Dios ha establecido el gobierno humano para imponer restricciones a los malhechores (Romanos 13:1-7).

■ Hemos de "juzgar todas las cosas". Aquí, *anakrino* significa ejercer el discernimiento, examinar. Porque tenemos la Palabra y al Espíritu Santo podemos ver las cuestiones de la vida desde la perspectiva de Dios (1 Corintios 2:15).

■ La iglesia ha de juzgar al hermano o hermana que persistan en la práctica de la inmoralidad u otro pecado (1 Corintios 5.12-13).

■ Los creyentes han de servir en juntas establecidas para resolver las disputas entre los cristianos (1 Corintios 6:2-5).

■ "Juzguen ustedes mismos" los temas claramente establecidos en las Escrituras, formando convicciones que se basen en principios establecidos en la Palabra de Dios (1 Corintios 10:15; 11:13).

■ Hemos de juzgarnos a nosotros mismos en el sentido de ser conscientes cada vez que nuestras acciones sean contrarias a la voluntad de Dios. Reconociendo los pecados los confesamos y somos restaurados a la comunión con el Señor. Cuando nos juzgamos a nosotros mismos no hace falta la disciplina por parte de la iglesia o del Señor (1 Corintios 11:31-32).

El conocer la enseñanza del NT sobre la cuestión de juzgar nos brinda un trasfondo significativo al estudiar la cuestión de la disciplina en la iglesia y la necesidad que esa disciplina nos impone de juzgar las acciones de un hermano o hermana en el Señor.

Interpretación. El asunto más importante se establece en la simple declaración de que "hay un caso de inmoralidad sexual entre ustedes" (5:1). Pablo se refiere a la práctica persistente (ver Estudio de Palabras de 5:1, más arriba) de algo incuestionablemente inmoral. Pero ¿por qué es incuestionablemente inmoral? Por cierto no porque Pablo o la iglesia lo llame inmoral. Pablo sabe que la práctica es sexualmente inmoral porque esa conducta se ha identificado como inmoral en las Escrituras. Por eso Pablo y la iglesia no están juzgando ni los motivos ni la fidelidad del otro hacia el Señor. Prestan su acuerdo a la Palabra de Dios de que la conducta que se está practicando está mal.

Es esta la primera distinción de la disciplina en la iglesia. Solo corresponde en casos en que el asunto a juzgar sea pecado según lo define claramente la Palabra de Dios.

En lugar de leer este pasaje tomando cada versículo por separado, debemos observar los siguientes elementos en el argumento de Pablo. De allí podemos establecer principios que nos guiarán al aplicar la disciplina de la iglesia en nuestros días. Los elementos relevantes son:

■ Decisión de un hermano creyente de practicar lo que la Biblia identifica como pecado: es esto lo que requiere de la disciplina de la iglesia.

■ El objetivo de la disciplina no es el de castigar, sino que busca restaurar el hermano a la comunión con Dios y la iglesia. En el caso del hermano corintio, su expulsión lo llevó al arrepentimiento y a la plena restauración a la comunión (2 Corintios 2:6-8).

■ La lógica de la disciplina que impone la iglesia (la expulsión) es una realidad espiritual básica. El pecado rompe nuestra comunión con el Señor (1 Juan 1:6). Por eso es adecuado que el cuerpo de Cristo en la tierra lleve a cabo tal realidad en la tierra, ayudando al creyente que peca a experimentar la separación que le impone el haber decidido pecar.

■ La ocasión para la disciplina de la iglesia es la falla moral, y no un acto de pecado aislado. Más bien, es la práctica continua del pecado. Es importante señalar que la iglesia no disciplina por diferencias de convicción o perspectiva de doctrina. Solo se aplicará disciplina de la iglesia a lo que las Escrituras identifiquen claramente como pecado.

■ La comunidad cristiana local tiene la responsabilidad de imponer disciplina cuando hay miembros que pecan. La mayoría supone que lo que vemos en este pasaje es el último paso y no el primero en la búsqueda de la restauración del hermano que peca, y se refieren a Mateo 18:15-17, para establecer un proceso de varios pasos. Pero cuando el hermano persiste en el pecado, la iglesia "se reúne en el nombre de nuestro Señor Jesús" (ver 1 Corintios 5:4), y ha de actuar como cuerpo para expulsarlo.

Hay una gran diferencia entre "juzgar" como en este ejercicio de la disciplina de la iglesia, y la actitud de crítica o juicio que vemos reflejada en pasajes que nos advierten en contra de juzgar a los demás. En el caso de la disciplina de la iglesia el cristiano no decide independientemente lo que está bien o mal sino que actúa de acuerdo a lo que Dios a Su juicio declara que es pecado.

Aplicación. A la enseñanza de este pasaje subyace la convicción de que la iglesia de Jesucristo es y debe ser santa. No hay espacio en nuestras comunidades para una actitud permisiva hacia el pecado. Al menos en cierto sentido, la pureza de la iglesia tiene relación con su poder. No veremos reavivamiento si no vemos un compromiso total y renovado de parte del pueblo de Dios, hacia la santidad personal y colectiva.

Demandas legales contra creyentes (6:1-11).

Trasfondo. Un poco después de que Pablo escribiera esto, el orador Arístides elogió al sistema romano de justicia por su ecuanimidad en todo el imperio y para toda clase de personas (*Oraciones*, 26.94).

> Hay una abundante y bella igualdad del humilde con el grande y del desconocido con el ilustre, y por sobre todo, del hombre pobre con el rico y del plebeyo con el noble.

Su afirmación aunque es elogiosa hacia el gobierno, no se condecía con la realidad. Los códigos de la ley romana, de hecho, establecían marcadas distinciones entre el tratamiento que correspondía a "los ilustres" y el que correspondía a "los humildes". La clase alta, que representaba solo un 1 por ciento de la población, tenía ventaja en las cortes. No solo podían contratar oradores para que los jueces sintieran favor por sus causas sino que la misma estructura de las leyes les favorecía.

La frase que usa Pablo, llamativamente, para describir las disputas presentadas ante el tribunal gentil es *pragma echon* (con demanda legal). El término indica que los casos presentados ante los tribunales eran referidos a la propiedad (*pragma*) y puede implicar que los que apelaban eran miembros de la clase alta que esperarían un juicio favorable.

Sea o no este el caso, la construcción de Pablo indica intenso asco por esa práctica. El orden de las palabras en griego nos sugiere que el versículo 1 podría traducirse mejor de este modo: "Que se atreva alguno que tiene un caso en contra de otro, a presentarlo para juicio ante los impíos y no ante los santos".

La convicción de Pablo de que las disputas entre cristianos había que resolverlas dentro de la comunidad de creyentes también refleja una larga tradición en el judaísmo y un aspecto único de la ley romana. Es que los romanos eran muy tolerantes respecto de las costumbres y creencias de los pueblos que la conquista sumaba al imperio. Eso significaba que diversas razas y nacionalidades tenían permitido aplicar sus propias leyes y costumbres para dirimir disputas que surgieran entre los miembros de sus grupos.

Los judíos habían ejercido este derecho durante mucho tiempo, comprometidos a la Ley de Moisés. Sus sabios buscaban aplicarla en todas las áreas de la vida. En Palestina había paneles del sabios que servían como jueces y los casos difíciles se presentaban ante el Sanedrín en Jerusalén. Con frecuencia, se enviaba a los sabios de a dos para informar a las comunidades judías esparcidas en el imperio sobre decisiones importantes que afectaran el calendario religioso y para que sirvieran como jueces en casos de demandas en los lugares que visitaban.

Esta tradición de usar jueces judíos para dirimir disputas entre judíos estaba muy arraigada, lo mismo que el horror de apelar ante las cortes de los gentiles. Basándose en Éxodo 21:1 los rabíes sostenían que era ilegal que un judío se presentara siquiera en un tribunal gentil. Una regla basada en ese versículo y que encontramos en b. Git. 88B, dice:

> R. Tarfon solía decir: dondequiera que encuentres tribunales paganos, aún si su ley es la misma que la ley de los israelitas, no has de recurrir a ellos porque dice: "Estos son los juicios que has de traer ante ellos", que equivale a decir que "ante ellos" no indica que sea ante los paganos.

Pero sería un error suponer que Pablo se horroriza porque se aferra al judaísmo contemporáneo. Más bien, su reacción se basa en un entendimiento mucho más profundo de las cuestiones del momento. En última instancia, se preocupa porque *la iglesia no ha asumido la responsabilidad de dirimir disputas entre los creyentes*, disputas que por su naturaleza misma han de causar dolor y división.

Interpretación. Nuestro pasaje hace surgir una cantidad de cuestiones, muchas de las cuales son más complejas de lo que podríamos suponer. Mientras aquí se usa a menudo un versículo como "texto de prueba" para criticar a los cristianos que piensan en demandar a otro creyente en la corte, ¡tal aplicación de lo que enseña Pablo podría ser verdaderamente equivocada! Para explorar los complejos temas que presenta nuestro pasaje tenemos que examinar las palabras de Pablo a las personas involucradas y a la comunidad cristiana toda.

PALABRAS DE PABLO A LOS QUE ESTABAN EN DISPUTA

En lugar de llevar las disputas legales ante tribunales paganos Pablo instruye a los corintios a que presenten tales cuestiones "ante los santos" (6:1). Por cierto los santos, a quienes Pablo revela que un día tendrán participación en el juicio a los ángeles caídos, son competentes para juzgar "casos insignificantes" (6:2), definidos luego como "los asuntos de esta vida" (6:3).

Al clasificar de este modo las cuestiones en disputa Pablo deja en claro que en comparación con nuestro llamado a vivir como ciudadanos del reino de Dios, las meras cuestiones de dinero ni siquiera valen la pena de la disputa. Pero en otro sentido hay cuestiones que no son triviales. Al involucrarse en un conflicto los cristianos "se demandan unos a otros" (ver 6:6). En lugar de buscar el bienestar del otro, cada uno busca ganar sin preocuparse por el perjuicio que pudieran causar sus acciones.

Pablo dirá luego que "ya es una grave falla el solo hecho de que haya pleitos entre ustedes" (6:7). Si las cuestiones en disputa se hubiera tratado a la manera cristiana, donde cada uno se preocupa por lo que es justo y correcto para el otro ¡no existirían tales conflictos! El hecho de que sí existan muestra que los miembros del cuerpo local han abandonado el más básico principio del amor fraternal que debe gobernar las relaciones interpersonales de los cristianos.

¿Qué quiere decir Pablo con: "No sería mejor soportar la injusticia?" (6:7)? ¿Está proponiendo de veras que asumamos el rol de víctimas y que permitamos que el cristiano carnal se aproveche del espiritual? La respuesta aquí es doble: sí y no.

A nivel individual Pablo, dirigiéndose al que acusa (el que se siente defraudado) está en contra de tal decisión defensiva. Cristo enseñó que tenemos que amar a nuestros enemigos y orar por quienes nos maltratan (Mateo 5:43-48). Pablo mismo les escribió a los romanos que no debían "pagar el mal con el mal" (12:17). Por el contrario "si tu enemigo tiene hambre, dale de comer" (12:20). Ante el maltrato, la respuesta del cristiano tiene que ser la de "vencer al mal con el bien" (12:21). Así, al presentar una demanda legal, en lugar de soportar la injusticia y devolver el bien, quien acusa se ha apartado de los principios de Cristo para la vida cristiana. Sea que gane o pierda este juicio, ya ha sufrido una derrota espiritual importante.

Dicho esto Pablo ahora se dirige al acusado, cuya mala acción ha precipitado la demanda. Al engañar y perjudicar a un hermano (6:8) el acusado actuó en espíritu de codicia y egoísmo, que motiva a los que

1 Corintios 5-6

no tienen parte en el reino de Dios (6:9-11). Sea que gane alguna ventaja temporal o no, también él ha sufrido derrota porque su acción es una amenaza para su eterna recompensa.

A nivel individual entonces, tanto la víctima como el victimario no han actuado como santos que han sido lavados, santificados y justificados en el nombre de nuestro Señor Jesucristo.

PALABRAS DE PABLO A LA IGLESIA

Dicho esto ya a las personas involucradas en la demanda presentada ante los no creyentes, nos ocuparemos ahora del principio del pasaje y notamos que allí hay un mensaje para la iglesia. Si surgen disputas, *es responsabilidad del cuerpo resolverlas*. Y por eso Pablo pregunta: "¿Acaso no hay entre ustedes nadie lo bastante sabio como para juzgar un pleito entre creyentes?" (6:5).

El caso es que, como se nos ha dado el Espíritu y por ello tenemos acceso a la mente de Cristo (1 Corintios 2:15-16) solamente los cristianos son competentes para dirimir disputas que surjan entre los creyentes. Hay de hecho aquí asuntos en juego que son mucho más grandes que el ganar o el perder, que quién gana dinero y quién lo pierde. El proceso de evaluación no solo ha de considerar la cuestión de la disputa sino que tiene que resolver el conflicto de manera que se restaure la armonía entre las partes. Hasta tanto cada una de las partes vuelva a ese lugar en donde con sinceridad vive con amor y sirviendo con alegría al prójimo, la disputa no se habrá resuelto en absoluto.

Hay otro aspecto más en las disputas entre creyentes. Volviendo a mirar el tema desde el punto de vista de la comunidad de fe, es esencial que se trate la conducta del victimario. El marco de la ley del AT sugiere que aunque la persona puede presentar una demanda a partir de un motivo errado, en algunos casos el creyente debe presentar la mala conducta ante la iglesia, como mi misterio hacia el que actuó mal así como también para cumplir con la responsabilidad de cada cristiano de mantener la pureza en el cuerpo de Cristo.

El concepto de responsabilidad del Antiguo Testamento se expresa en el sistema de justicia penal de la Ley de Moisés. El AT no establecía políticas ni sistemas de cortes penales. Más bien, cada comunidad era responsable de hacer cumplir el código de la ley de la Biblia. Dentro de la comunidad, los ancianos servían como jueces de los hechos y cada uno de los miembros de la comunidad era responsable de servir como testigo en cualquier caso en que tuviera conocimiento personal (Levítico 5:1). Y más importante todavía, cualquier ciudadano que fuera testigo de un delito debía presentarse con su información y asumir el rol de fiscal (Levítico 24:11; Números 15:33).

Era una responsabilidad tan importante que Deuteronomio 13:6-11, en referencia a la idolatría dice: "Si tu propio hermano, o tu hijo, o tu hija, o tu esposa amada, o tu amigo íntimo, trata de engañarte y en secreto te insinúa: Vayamos a rendir culto a otros dioses, dioses que ni tú ni tus padres conocieron, dioses de pueblos cercanos o lejanos que abarcan toda la tierra, no te dejes engañar ni le hagas caso. Tampoco le tengas lástima. No te compadezcas de él ni lo encubras,

ni dudes en matarlo. Al contrario, sé tú el primero en alzar la mano para matarlo, y que haga lo mismo todo el pueblo."

La idea aquí es que Israel debe ser santo, porque Dios es santo. Y cada israelita tiene la responsabilidad de mantener la pureza de la comunidad creyente.

Este principio del AT se retoma en el NT y Jesús lo aplica. Mateo 18:15-17 registra lo que Cristo enseñó:

> Si tu hermano peca contra ti, ve a solas con él y hazle ver su falta. Si te hace caso, has ganado a tu hermano. Pero si no, lleva contigo a uno o dos más, para que 'todo asunto se haga constar por el testimonio de dos o tres testigos'. Si se niega a hacerles caso a ellos, díselo a la iglesia; y si incluso a la iglesia no le hace caso, trátalo como si fuera un incrédulo o un renegado.

Observemos que en ambos Testamentos el principio es el mismo. La persona con conocimiento o experiencia directa de un crimen o delito tiene la responsabilidad de actuar. El objetivo de esta acción en ambos Testamentos es confrontar al mal, restaurar la armonía entre el que actuó mal y su víctima y mantener así la pureza de la comunidad creyente.

En 1 Corintios 6, lo que preocupa a Pablo es ante todo la errada actitud de ambas partes en las disputas. Pero nos equivocaríamos si sacáramos este pasaje del contexto de la enseñanza de justicia y santidad que brindan el Antiguo y el Nuevo Testamento. La persona ofendida puede, con la actitud correcta, presentar la ofensa ante la iglesia. Y muchos sienten que la última frase de Mateo 18:17 "si incluso a la iglesia no le hace caso, trátalo como si fuera un incrédulo o un renegado" indica que son válidos los juicios ante la corte secular y que hasta son una opción necesaria si el ofensor no responde al arbitraje de la iglesia.

Aplicación. Nuestro pasaje tiene aplicación personal y colectiva.

Nos habla como individuos, ante todo con el recordatorio de que lo más importante en la vida es aprender a evaluar toda experiencia desde el punto de vista de Dios, perspectiva que difiere enormemente de la de los meros seres humanos. Es terriblemente difícil, cuando nos ofenden, ocuparnos primero de nuestra propia actitud hacia el ofensor. En lugar de buscar defendernos, o defender nuestros derechos, tenemos que comprometernos a hacer solamente el bien a quien nos perjudicó.

Incluso cuando esta es nuestra actitud, es difícil el paso siguiente. Tenemos que confrontar al mal, ante todo en beneficio de nuestro hermano y luego con el fin de mantener la pureza de la comunidad de fe. Eso significa ir ante quien nos ofendió e involucrar a otros cristianos en un proceso de confrontación que busca sanar antes que dividir.

En última instancia, si el hermano no responde, ni a nosotros ni a la iglesia, allí sí será concebible acudir a los tribunales seculares para que allí, en público, se vea obligado a confrontar su mala acción.

Pero las implicancias de este pasaje para la comunidad cristiana pueden ser todavía más importantes. Porque la comunidad de fe ha de ser una comunidad auto-purificadora, comprometida a hacer lo que haga falta para mantener su pureza y ministrar a sus miembros. Lamentablemente, la iglesia moderna parece no solo dudar sino hasta ser reticente a involucrarse en este proceso de purificación.

Pablo nos dice que llevemos las disputas "a los creyentes [la iglesia]" (6:1). Sin embargo, la iglesia exclama, retrocede, se niega a tener algo que ver y muchos líderes cristianos prefieren "burocratizar" la disputa. Urgen a la víctima a perdonar, sin llamar al ofensor a confesar y pedir perdón. Le dicen a la víctima que sufra en silencio, y sin confrontar. Al elegir este curso de acción estos líderes cristianos permiten que el ofensor sufra su propia pérdida espiritual y permiten que la iglesia exista en un estado de imperfección, manchada en lugar de mantenerse pura.

No es fácil vivir según las enseñanzas de nuestro Señor. No lo es para las personas, y no lo es tampoco para la comunidad cristiana. Sin embargo, no se trata de que la vida sea fácil. Se trata de saber si estamos dispuestos a vivir comprometidos con las enseñanzas de Cristo. De otro modo ¿seguiremos viviendo como meros seres humanos?

1 CORINTIOS 8–10
Disputas en la familia de la iglesia

EXPOSICIÓN

Con demasiada frecuencia la comunión entre los cristianos se ve afectada cuando la práctica que un grupo de creyentes considera perfectamente aceptable, es considerada algo malo por otro grupo. Lo primero que piensan estos últimos es: "¿Cómo podría un (verdadero y dedicado) cristiano hacer algo así?". Surge la duda, luego la sospecha y finalmente, el espíritu de crítica y juicio y la división dentro de la iglesia. Los que tienen opiniones diferentes tal vez sí sean uno solo en Cristo, pero al aparecer grietas en su unidad, el tema los divide.

En Corinto había una cuestión que dividía a la iglesia: si el creyente podía o no comer alimentos que habían sido ofrecidos a ídolos en sacrificios paganos. Un grupo se horrorizaba: "¿Cómo podría un cristiano (verdadero y dedicado) hacer algo así?". El otro grupo parecía divertido: "No existen los 'dioses' paganos, así que ¿por qué no comerlos?".

El tema tenía que ver con varios aspectos de la vida de Corinto. En tiempos bíblicos era infrecuente que la gente comiera carne. Cuando lo hacían las personas de la ciudad, por lo general era porque se había comprado la carne en un mercado que tenía relación con un templo pagano, donde la porción del sacerdote correspondía a un tercio del animal. Si un corintio quería comer carne asada en una cena especial, el mercado de carnes del templo era el lugar donde podría comprarla. Pero para algunos cristianos todo lo que tuviera que ver con el paganismo, incluso en un contacto remoto, era algo deleznable.

Había otro problema, más significativo todavía. Cuando los paganos del siglo primero organizaban una cena o banquete, para unos pocos amigos o para un grupo numeroso, era tradicional que se dedicara la comida a alguno de los dioses o diosas. Así, muchos cristianos rechazaban toda invitación social al hogar de un pagano porque no querían comer alimentos que tuvieran vinculación con la idolatría. Pero para otros cristianos, no había nada malo en aceptar la invitación. Después de todo: "sabemos que un ídolo no es absolutamente nada, y que hay un solo Dios" (8:4), decían. Y para quienes se dedicaban al comercio, o para los clientes de alguien importante, la asistencia a eventos sociales era algo que no se podía eludir.

Muchos comentaristas sugieren que también había un tercer problema. Parece que algunos cristianos participaban de cenas ofrecidas por amigos suyos en templos paganos. Estos cristianos se reían de la idea de que la práctica fuera incorrecta, porque "sabemos que un ídolo no es absolutamente nada".

En nuestro pasaje Pablo les da a los corintios diversos principios de guía que se refieren en particular al tema de los alimentos ofrecidos a los ídolos. Al hacerlo, también desarrolla principios que pueden guiarnos a usted y a mí en cualquier tema donde haya conflicto entre cristianos que afirman ser libres de participar de algo que perturba a otros hermanos y hermanas de su iglesia.

Pablo enseña que el amor por nuestros hermanos en Cristo es más importante que el derecho a ejercer la libertad cristiana (8:1-13).

A medida que se desarrolla el pasaje vemos que Pablo con gusto a renunciado a muchos de sus "derechos" como apóstol (9:1-18). Ha mostrado su amor y compromiso al Señor al aceptar los patrones sociales y culturales de los grupos ante los que ha dado testimonio y enseñado (9:19-27). Por otra parte, el antiguo Israel no ejercía auto-control y de hecho adoptó la idolatría participando de su inmoralidad (10:1-13). Pablo concluye con una advertencia. Es peligroso jugar con la idolatría, en cualquiera de sus formas. Por eso el cristiano no debe participar en actividades que incluyan prácticas religiosas paganas evidentes.

Sin embargo, en lo que atañe a las ocasiones sociales normales, está bien participar. Pero si el anfitrión anuncia en público que la carne se había dedicado a un ídolo, no se debe comer por cuestión de su conciencia. En cuanto a comprar carne en el mercado relacionado con un templo pagano, no hay que hacer de ello un problema. Disfrutemos de la comida como don de Dios, siendo sensibles a la conciencia de nuestros hermanos para que sea el amor y no los "derechos" los que sirvan como principio rector (10:14-22).

ESTUDIO DE PALABRAS

En cuanto a lo sacrificado a los ídolos (8:1). La palabra es *eidolothuton,* y el tema era más importante de lo que podemos imaginar. Solamente los muy ricos comían carne con regularidad en el siglo primero. Casi todos los eventos sociales en los que el 99 por ciento de la población comería carne, tenían alguna relación con una deidad, que se consideraba el huésped de honor o el anfitrión. Esta carne por lo general se compraba en negocios de carniceros que la obtenían de los sacerdotes paganos.

Aunque nos resulta difícil entenderlo, hasta el siglo tercero DC en realidad no había actividad formal social que fuera completamente secular. Toda ocasión social tenía cierta connotación religiosa.

La posición de los judíos en cuanto a comer esa carne era clara. El Rabí Akiba decretó: "La carne que se ofrecerá en adoración pagana es legal, pero la que sale de tal ceremonia está prohibida porque es como los sacrificios de los muertos" (Avod.S.ii.3). Pero ningún judío se habría sentado a una mesa gentil para comer carne, no importa de dónde proviniera.

Es claro que la mayoría de los primeros cristianos estaban de acuerdo con Akiba. Plinio el Joven, escritor de fines del siglo primero, informa que las conversiones al cristianismo ¡afectaban gravemente el mercado de la carne en muchos lugares del imperio! (Cartas 10.96.9-10).

Todos tenemos conocimiento. El conocimiento envanece (8:1). La NVI traduce esta primera oración de mejor manera en la nota al pie, que dice "Todos poseemos conocimiento, según dicen ustedes".

En más de una ocasión en 1 Corintios las palabras de Pablo representan la posición de una u otra parte en diversos debates de esta iglesia. Esta cita señala el hecho de que cada una de las partes en una disputa había argumentado a favor de alguna verdad conocida. Así, una parte diría: "Sabemos que la idolatría está mal", en tanto la otra parte respondería: "Sí, pero sabemos que los dioses y diosas de los paganos nada son".

¿Cuál es el problema de esta postura para dirimir disputas? Pablo dice que "el conocimiento envanece". La palabra aquí es *plusioi* (agrandarse, inflarse como fuelle). ¡Qué buena imagen!. Los argumentos son como el viento, sin sustancia. Apelar a lo que "sabemos" y tratar de lograr que mediante argumentos el otro acepte nuestras conclusiones, no es más que un ejercicio inútil.

Luego Pablo explica en el versículo 2: "El que cree que sabe algo, todavía no sabe cómo debiera saber". Nuestro "conocimiento" de la verdad espiritual es limitado e imperfecto. Todo intento por resolver dificultades apelando a lo que "sabemos" está destinado a fracasar.

El conocimiento envanece, mientras que *el amor edifica* (8:1). En este pasaje el término griego es *oikodomeo*. La metáfora de la edificación es importante en el NT, y con frecuencia se usa para representar el fortalecimiento del pueblo de Dios y el desarrollo espiritual de la persona.

Pablo aquí señala un punto que es básico en su argumento, con un pasaje que ocupa tres capítulos. Al tratar un tema desde el punto de vista del conocimiento los creyentes tomarán posición y argumentarán. Ninguno estará abierto a oír al otro. Cada uno piensa en cómo apoyar su posición para "ganar" la discusión. Como resultado, hay mucho viento pero ninguna resolución ¡y nada de crecimiento espiritual!

Al tratar un tema desde el punto de vista del amor, los creyentes permanecen juntos. Al amor les da la capacidad de escucharse mutuamente y al considerar cada punto de vista abren sus corazones al Espíritu de Dios que es el Maestro de los cristianos. Como resultado de dar prioridad al amor, nos nutrimos los unos a los otros y crecemos no solo en entendimiento sino espiritualmente también.

Nuestra primera meta al buscar la resolución de diferencias con otros cristianos no es tratar de "ganar" sino mantener un espíritu de unidad y amor que nos permita explorar los temas sin interrumpir nuestra comunión.

Pero el que ama a Dios es conocido *por él* (8:3). Algunos de los mejores textos griegos no contienen las palabras que aquí destaco en cursivas. En estos textos el pasaje dice "El que ama a Dios conoce en verdad (o es conocido)". Parece ser una mejor traducción para el contexto que nos ocupa. La persona que realmente entiende cómo tratar este tema es la persona que ama, no la que "sabe".

Es un excelente recordatorio para nosotros en nuestros días. La persona verdaderamente sabia y sinceramente cristiana en nuestra congregación no es la que se destaca por su conocimiento superior, sino por su mayor amor (1 Corintios 13).

***Sabemos* que un ídolo no es absolutamente nada (8:4).** Es mejor entender aquí a Pablo como a quien cita la posición de uno de los grupos de Corinto. Admite que tienen razón. El hecho de que solo hay un Dios significa que los dioses y diosas paganos no son reales. Pablo parece sugerir que quien esté convencido de esta verdad bien podría comer "comida ofrecida en sacrificio a los ídolos", sin perturbar su conciencia.

Pero ¿qué quiere decir Pablo con "Pues aunque...por cierto hay muchos "dioses" y muchos "señores", para nosotros no hay más que un solo Dios, el Padre" (8:5). Pablo está diciendo que aunque los dioses paganos no tienen realidad objetiva, sí tienen efecto subjetivo en quienes creen en ellos.

Más adelante Pablo mostrará que el paganismo también tiene impacto en la conducta de quienes participan de efectos sociales vinculados con la idolatría.

Así que decir "sabemos...que hay un solo Dios" (8:4), es verdad. Pero no es toda la verdad. Así, el apóstol señala las limitaciones de tratar un tema como este desde el punto de vista del "conocimiento".

Sin embargo, tengan cuidado *de que su libertad* no se convierta en motivo de tropiezo para los débiles (8:9). "Libertad" es *exousia*, que significa "autoridad", "poder", "libertad de acción". Pablo sugiere aquí que los creyentes cuya fe es lo suficientemente fuerte para reconocer la objetiva irrealidad de las deidades paganas y que subjetivamente no se ven afectados, tienen autorización para comer carne ofrecida en sacrificio a los ídolos. Luego apela al amor y a la preocupación por el bienestar del prójimo, marca identificadora del amor.

Si un corintio "fuerte" evalúa su decisión basándose en el conocimiento, llegará a la conclusión de que tiene derecho ah comer estos alimentos. Pero si el mismo corintio evalúa su derecho a comerlos basándose en el amor, no lo hará para no causar posible perjuicio a su hermano "débil".

Por lo tanto, si mi comida ocasiona la caída de mi hermano, no comeré carne jamás, para no hacerlo caer en pecado (8:13). La conclusión de Pablo es potente. Hablando de sí mismo, Pablo nos dice que su compromiso es total. Cada uno de sus actos se verá guiado por el amor.

¿Acaso no tenemos derecho a comer y a beber? ¿No tenemos derecho a **viajar acompañados por una esposa creyente, como hacen los demás apóstoles y Cefas y los hermanos del Señor?(9:3-5).** Pablo se manifestado con vehemencia a favor de renunciar a un derecho (la libertad de actuar de una forma en particular) cuando el ejercicio de ese derecho podría perjudicar a un hermano creyente. Ahora, se esfuerza por mostrar que ha vivido bajo tal principio, con consistencia.

Presenta varias ilustraciones de renuncia a sus derechos personales. Pablo tiene como apóstol el derecho a que le mantengan aquellos a quienes enseña (9:4, 7-14). Tiene derecho a la compañía de una esposa (9:5). Sin embargo, Pablo no ha hecho uso de "ninguno de estos derechos" (9:12, 15).En cambio, se ha ocupado de "presentar el Evangelio gratuitamente" (9:18).Pablo quería que no quedara ni la más remota duda de que el Evangelio es, en todo, expresión del amor de Dios.

Los que enseñamos y alentamos a otros a vivir el amor no podemos cargar sobre ellos el peso de sacrificios que nosotros mismos no estamos dispuestos a hacer.

TRABAJAR ¿O ACEPTAR QUE NOS MANTENGAN?

Algunos sugiere que tal vez Pablo fuera criticado por haber decidido que no aceptaría que lo mantuvieran. Después de todo, ¿no mandó Jesús a Sus seguidores a ir sin dinero, aceptando la hospitalidad de quienes les recibieran? (Mateo 10). ¿No "defraudaba" su decisión de trabajar a las iglesias que buscaban la oportunidad de ayudarle en su misión?

Puede ser. Pero había un claro precedente tanto en la sociedad judía como en la griega, en pos de la postura de Pablo. De los rabíes citados en el Talmud ¡a más de 100 se les identifica por su oficio! Entre los más famosos rabíes del siglo primero, Shammai era carpintero y Hillel era jornalero incluso mientras estaba estudiando. El rabí Eleazar b. Zadoz y Abba Saul b. Batmith tenían tiendas en Jerusalén, durante todos los años en que enseñaron. El trabajo de Pablo en su oficio podría parecer natural y "correcto" a los de su pueblo.

Por otra parte, había una larga tradición en la cultura helena que quizá le obrara en contra. Epíteto el Cínico, refleja el punto de vista de la mayoría de los muchos filósofos itinerantes que andaban por el imperio y enseñaban a cambio de comida y dinero. En Disertaciones III, 22, pp. 46-48, escribió,

Y vean que Dios les ha enviado a uno que mostrará en la práctica que es posible (ser feliz con la vida cínica). "Mírenme, no tengo casa o ciudad, propiedad o esclavo. Duermo en el suelo, no tengo esposa ni hijos, ni miserable palacio, sino solo la tierra y el cielo y un solo manto.
Aún así ¿qué me falta? ¿No estoy libre de dolor y miedo? ¿No soy libre?

Al trabajar para mantenerse y mantener su misión Pablo tal vez parecía no solo violar esta tradición sino incluso preocuparse demasiado por las cosas mundanas en lugar de ser libre para servir a su Dios.

La explicación de Pablo aquí pone el tema en perspectiva. Es libre de aceptar que le mantengan. Pero no ejerce ese derecho, no porque le importe el dinero sino porque no quiere que nadie equivoque el hecho de que el Evangelio es gratuito en verdad.

Podemos estar seguros de una cosa: muchas veces Pablo era un incomprendido. La gente malinterpreta también nuestros motivos, no importa qué hagamos. Así que tenemos que seguir el ejemplo de Pablo, haciendo lo que creemos que está bien y transmitir nuestros motivos a quienes dudan de nosotros, sin ponernos a la defensiva.

Entre los judíos me volví judío, a fin de ganarlos a ellos (9:20). Pablo se refiere a tres grupos para ilustrar su voluntad de renunciar a los derechos personales en beneficio ajeno. Entre los judíos Pablo sigue las costumbres judías aunque no está obligado a cumplir con las tradiciones y reglas del AT que definían la vida del judío en todo el imperio. Entre los gentiles no está obligado a vivir como judío aunque Pablo no reclama su "libertad" de la responsabilidad de vivir según la voluntad de Cristo.

Pablo también adapta su conducta como para no ofender la conciencia del débil. En todo esto, su objetivo es el de "salvar a algunos" (ver 9:22).

Algunos han acusado a Pablo de renunciar a sus convicciones para que pareciera que defendía las que le eran ajenas. Pero aquí no hay renuncia. Pablo está ejerciendo su libertad de renunciar a los derechos personales, en beneficio del prójimo. En esto, Pablo nos sirve de ejemplo. Hay muchas cosas que tanta gente considera importantes y que en realidad, son irrelevantes. Pablo escribió: "lo que comemos no nos acerca a Dios, ni somos mejores o peores por comer o no comer" (8:8). Su objetivo al adaptarse a la cultura de aquellos entre quienes estaba trabajando era el de no poner obstáculos para que pudieran atender al tema real: Jesús y la salvación que Dios nos ofrece a todos en Él.

Todos los deportistas se entrenan con mucha disciplina. Ellos lo hacen *para obtener un premio* **(9:25).** La referencia de Pablo es a los juegos ístmicos, que se realizaban cada dos años en Corinto. Lo que quiere indicar es claro: los atletas gustosos renuncian a su "derecho" de vivir una vida fácil y "se entrenan con mucha disciplina" para prepararse para los juegos. Como cristiano, que busca un premio mucho mayor que la corona de hojas que se daba a los que ganaban una carrera o una lucha, la renuncia de Pablo a sus derechos es más que sabia, en vistas de la corona "que dura para siempre" (9:25) y que ganará por su servicio fiel y amoroso.

No sea que, después de haber predicado a otros, yo mismo quede descalificado (9:27). La palabra es *adokimos*, "descalificado". Y aquí se la utiliza en un contexto deportivo: hace falta el dominio propio, no para la salvación sino para vivir esa vida disciplinada que nos mantiene en el curso de las recompensas escatológicas.

Este último recordatorio es importante. El dejar que el amor nos guíe y estar dispuestos a renunciar a nuestros "derechos" si esto es en beneficio de los demás, es algo importante de veras. Los corintios podrían insistir en que tenían derecho a disfrutar de un buen pedazo de carne del mercado del templo. O podrían reconocer que tal derecho era irrelevante, ejercer el dominio propio y buscar las recompensas al servicio fiel que Dios dará cuando Jesús regrese.

Todos ellos fueron bautizados en la nube y en el mar para unirse a Moisés (10:2). La frase se refiere a la iniciación de Israel en la relación de pacto con Dios bajo el liderazgo de Moisés. El argumento de Pablo es que, al igual que los corintios, el antiguo Israel también recibió bendiciones espirituales, incluyendo la provisión y protección de Cristo. Él estaba con los israelitas, así como con Su pueblo del NT (10:3).

Lo que Pablo dice aquí es que a pesar de sus bendiciones la generación no agradó a Dios y en lugar de entrar a la Tierra Prometida, sus cuerpos "quedaron tendidos en el desierto" (10:5).

Es claro el mensaje. Las bendiciones de Dios no son licencia para ignorarle a Él ni ignorar Sus caminos. Hemos de responder al Dios que nos bendice con sincero compromiso hacia Sus caminos.

Todo eso sucedió para *servirnos de ejemplo*, a fin de que no nos apasionemos por lo malo, como lo hicieron ellos (10:6). La palabra aquí es *typoi*, que significa figura o patrón que puede servir como modelo o ejemplo. Pablo mira hacia atrás y ve patrones en la relación de la generación de Éxodo con Dios, que debieran servir de advertencia para los corintios. Esos patrones son:

Las bendiciones que Dios nos da hacen que sea todavía más certero que de ningún modo tolerará Él nuestros pecados. No tenemos que ser orgullosos ni arrogantes. Los dones de Dios han de hacernos humildes, dispuestos a responder.

Por lo tanto, si alguien piensa que está firme, tenga cuidado de *no caer* (10:12). Aquí Pablo usa el verbo

	ISRAEL	DIOS
10:7-8	Adoraban a ídolos, inmoralidad sexual	Destruyó a 23.000 en un solo día
10:9	Pusieron a prueba a Dios.	Los mataron las serpientes.
10:10	Se quejaron	Los mató un ángel destructor.

común *pipto*, para representar la comisión de pecado. Pablo se dirige a los cristianos "fuertes" que suponen que las bendiciones que han recibido (10:1-4) les hacen invulnerables a los peligros que representa la adoración pagana. Aun cuando los ídolos "no sean absolutamente nada" (8:4), la historia de Israel muestra que la idolatría es peligrosa. A los que están tan seguros de sí mismos Pablo les dice: "¡Cuidado! La demasiada confianza a menudo es preludio del pecado".

Ustedes no han sufrido ninguna *tentación* que no sea común al género humano. Pero Dios es fiel, y no permitirá que ustedes sean tentados más allá de lo que puedan aguantar. Más bien, cuando llegue la tentación, él les dará también una salida a fin de que puedan resistir (10:13). *Peirasmos*, significa "prueba" o "tribulación". Y se traduce a menudo como "tentación", para referirse a presiones internas y externas que pueden llevar a la persona a pecar.

Uno de los versículos más conocidos de las epístolas a los corintios es este que ha alentado a los cristianos de todos los siglos cuando la vida se vuelve difícil. En contexto sirve como advertencia y como promesa. Pablo ve pruebas que "son comunes al género humano". Los corintios son vulnerables a los pecados relacionados con la idolatría, por mucho que digan que los ídolos "no son nada". Al afirmar la fidelidad de Dios Pablo deja en claro que nadie tiene que pecar cuando llega la tentación. Pero observemos que también dice que Dios "dará una salida" para que podamos resistir.

¿Cuál es la "salida" que han de buscar los corintios? El versículo siguiente, 10:14, lo dice en pocas palabras "huyan de la idolatría". No permanezca en una situación donde pasan por la tentación de pecar.

Es este un principio importante que tenemos que recordar. La "salida" de Dios suele ser bastante simple. ¡Tenemos que aprovecharla!

¿No entran *en comunión con el altar* los que comen de lo sacrificado? (10:18). Aquí, *koinonoi* significa "socios", "los que participan". En el judaísmo se devolvía una parte del sacrificio al que adoraba, y él y su familia y amigos comían de esta ofrenda. El anfitrión de la reunión era Dios, que era Quien les brindaba la comida y que como anfitrión protegía a los que participaban. El gran estudioso judío del siglo primero Filo se refiere a esto en su spec.leg.1.221, diciendo que había que comer esta comida en tres días porque pertenece a Dios y no a quien presentó la ofrenda. Él, "benefactor, pródigo y abundante...ha formado la compañía de convivencia de quienes presentan los sacrificios como socios (*koinomon*) del altar, cuya tabla comparten".

De allí que quienes participaban de comidas similares ofrecidas en templos paganos y dedicadas a dioses paganos, serían socios de la idolatría y aunque los ídolos podían no ser nada "cuando ellos ofrecen sacrificios, lo hacen para los demonios" (10:20). Hay poderes espirituales hostiles que operan en los seres humanos a través de la adoración pagana.

Es claro entonces que "No pueden beber de la copa del Señor y también de la copa de los demonios" (10:21). El cristiano no debe participar de ningún evento público o social abiertamente dedicado a una deidad pagana.

Coman de todo lo que se vende en *la carnicería*, sin preguntar nada por motivos de conciencia (10:25). Por otra parte, la carne vendida en el mercado (*makellon*) ya no tiene significado religioso, haya sido o no ofrecida como sacrificio a un ídolo.

Si *algún incrédulo* los invita a comer, y ustedes aceptan la invitación, coman de todo lo que les sirvan sin preguntar nada por motivos de conciencia (10:27). El término aquí es *apistos*, o "sin fe". Pablo es consistente en su postura sobre las relaciones con los no cristianos. Deben ser fomentadas, en lugar de desalentarlas (5:9-13). ¿Cómo ha de reaccionar el cristiano cuando le invitan a comer? Son sencillas las indicaciones de Pablo.

Disfrutar de la comida sin preocuparse por el origen del plato principal. La carne en sí misma no tiene significado religioso y no es motivo de perturbación para la conciencia del cristiano (*suneidesis*, cuestión moral).

Ahora bien, si alguien les dice: "Esto ha sido ofrecido en sacrificio a los ídolos", entonces no lo coman, por consideración al que se lo mencionó, y por motivos de *conciencia* (10:28). Aquí, "conciencia" (*sneidesis*) se utiliza en el sentido usual de la "conciencia moral". Nuestro entendimiento depende de una pregunta: ¿Por qué señalaría alguien a propósito que la comida había sido "ofrecida en sacrificio"? La respuesta parecería ser que el anfitrión supone que los cristianos, como los judíos, no comerían carne ofrecida a una deidad pagana y que la advertencia del incrédulo es una acción moral, que el cristiano debe honrar par ano causar preocupación de que al comerla, el cristiano podría estar haciendo algo "malo".

La comida no es cuestión de moral para la conciencia del cristiano (8:8; Romanos 14:5, 14). Pero sí lo es el interés por la conciencia del otro, sea cristiano o no. Y "ya sea...que hagan cualquier cosa" (10:31), los cristianos han de actuar para gloria de Dios, cuidándose de "No [hacer] tropezar a nadie, ni a judíos, ni a gentiles ni a la iglesia de Dios" (10:32).

EL PASAJE EN PROFUNDIDAD

Los derechos de un apóstol (9:1-27). Pablo inicia este capítulo con una pregunta retórica: "¿Es que no soy libre?". La pregunta sirve de introducción a un tema que subyace no solo a la enseñanza de Pablo a los corintios sino a su enseñanza de Romanos 14-15 y otros pasajes del NT. Por eso es importante entender la perspectiva del NT sobre la libertad, para interpretar el pasaje. Cuando los corintios afirmaban tener derecho a comer en los templos paganos, a comprar carne que hubiera sido ofrecida en sacrificio a los ídolos y a cenar en casa de amigos paganos donde, según la costumbre, la comida se dedicaba a alguna deidad pagana, ellos también estaban diciendo "¿Es que no soy libre?". "Ahora que soy cristiano y veo que los dioses de los paganos nada son ¿no puedo hacer lo que quiera en lo que se refiere a la comida ofrecida a los ídolos?".

Al afirmar este derecho, los "firmes" de Corinto, liberados de todo respeto supersticioso hacia los ídolos, estaban diciendo exactamente lo mismo que Pablo: "¿Es que no soy libre?".

Y a menudo hoy los cristianos "firmes" y cuyas conciencias no se ven turbadas por las cosas irrelevantes que molestan a algunos hermanos y hermanas, dicen lo mismo: "¿Por qué no puedo hacer tal o cual cosa? ¿No soy libre?". Por cierto, esa pregunta merece una respuesta. Y para responder tenemos que entender la naturaleza y los límites de la libertad cristiana.

La libertad en el Antiguo Testamento.

"Libertad" es la traducción de varias palabras hebreas diferentes, entre ellas, *salah, 'azab, naqi* y *hapsi*. La revisión de su uso en el AT indica una visión de la "libertad" como liberación de restricciones internas o externas impuestas por otros o por la sociedad. Son palabras, sin embargo, que se aplican únicamente a situaciones específicas y nadie sugiere un concepto abstracto de la "libertad" ni una doctrina de la "libertad" tal como la encontramos en el NT:

Los términos griegos.

Por otra parte, la cultura griega sí hablaba de "libertad" como concepto abstracto. *Elutheria* significaba libertad en el sentido de ser "independiente de los demás". *Elutheros* significa "libre", "sin ataduras", implicando al que era dueño de sí mismo y capaz de actuar sin referirse a límites que pudieran tratar de imponer otras personas. *Elutheroo* era "liberar, soltar, dejar ir".

Originalmente eran términos políticos y establecían una distinción entre las libertades de los miembros plenos de una comunidad y aquellas de las que no disfrutaban los esclavos o forasteros. Con el paso de los siglos quedó claro que la "libertad" política no liberaba a la persona ni a la comunidad de tragedias como la guerra, la injusticia o la hambruna. Por eso los filósofos del mundo heleno comenzaron a mirar hacia dentro y a buscar la libertad personal del dolor que sufría el ser humano en el mundo. Para el Estoico, profundamente ocupado en este tema, la libertad solamente podría encontrarse mediante el desapego de toda preocupación o interés mundano.

El hombre común tomó los términos que se referían a la libertad y los aplicó de manera muy diferente. Para la persona promedio, "libertad" se refería a la oportunidad de hacer lo que le viniera en gana. El hombre libre era dueño de sí mismo, sin ataduras causadas por carencias o limitaciones impuestas por otros. La persona realmente libre podía hacer lo que deseara, cuando quisiera. Libre de límites externos el hombre libre podía seguir sus propios deseos.

En el NT jamás se usan las palabras que se refieren a la libertad en sentido político o en el que usaban los estoicos. Tampoco se ve la libertad como licencia para que la persona haga lo que quiera, sin impedimento o consecuencia alguna. El NT desarrolla un nuevo concepto de libertad, arraigado en la profunda convicción de las Escrituras de que todos los seres humanos son esclavos del pecado y que nadie puede librarse de tal esclavitud.

El Nuevo Testamento, sobre la esclavitud humana.
La esclavitud humana es compleja y completa. Los seres humanos están sujetos a fuerzas del mal, comandadas por Satanás y sus cohortes (Lucas 13:16; Efesios 6:12; 2 Timoteo 2:26).

Los seres humanos son esclavos de su naturaleza de pecado, un complejo de pasiones, turbulento y que domina en lugar de servir al que no es salvo. En tal condición la persona está espiritualmente muerta, dominada por un "viejo yo" totalmente corrupto que le mueve a usar su "libertad" para pecar (Romanos 6:6; Efesios 4:22; Colosenses 3:9; Gálatas 5:1; 2 Pedro 2:19).

Además, los seres humanos son esclavos de la ley. Esto, porque la ley, aunque santa, justa y buena en sí misma, estimula a la naturaleza de pecado a pecar (Romanos 7:1-4). Establece parámetros morales. Y el hombre, pecador, jamás será capaz de vivir cumpliendo tales parámetros. Como resultado, la ley se erige por sobre los seres humanos, exigiendo sin capacitar, y condenando en lugar de ofrecer esperanza (Romanos 3:19-20; 6:14; 7:7.25).

Y así, en tanto los seres humanos pide a gritos libertad para hacer lo que quieren, a causa de que son esclavos de Satanás, del pecado e incluso de la ley, la libertad no es más que una ilusión. Para el hombre pecador, la libertad es permiso para pecar y las consecuencias — la paga — del pecado es la muerte.

LA LIBERTAD DE LOS HIJOS DE DIOS

Entonces, al hombre en su desesperado estado, le llega la Buena Nueva del Evangelio. Y llevando esta buena noticia, Pablo anuncia "Cristo nos libertó" (Gálatas 5:1). Y les dice Pablo a los corintios: "¿Es que no soy libre?", esperando la respuesta obvia: "¡Sí!".

¿Cuál es, entonces, la naturaleza de la libertad que Cristo ha ganado para los cristianos? Tenemos varios pasajes clave que nos ayudarán a verlo:

■ Juan 8:31-36. Jesús promete que quienes guardan Sus enseñanzas "conocerán la verdad y la verdad os hará libres". Aquí, "verdad" se refiere a la realidad como la conoce Dios. Los meros humanos van a los tumbos por la vida, incapaces de separar la verdad de la ilusión. Quienes se comprometen a seguir las enseñanzas de Jesús, dejan de lado la ilusión y experimentan la realidad. Al seguir a Cristo, nos apartamos de lo que perjudica para acercarnos a lo que asiste y auxilia. Lejos de lo malo, nos acercamos a lo bueno.

¿Por qué es tan importante esto? Jesús lo explica: "todo el que peca es esclavo del pecado" (Juan 8:34). La libertad que da Jesús es liberación del poder del pecado, capacidad para experimentar la vida tal como Dios la revela.

■ Romanos 6:15-23. Pablo retoma el mensaje de Jesús. Somos "esclavos" de aquel a quien obedecemos. El hombre nunca es libre en el sentido de ser independiente. Más bien, cada uno de nosotros ha de elegir un amo. Y ese amo será, o el pecado — cuya paga es la muerte — o Dios — que guía a Sus esclavos a la vida recta y justa y les bendice con la vida eterna.

■ Romanos 8:2-11. Pablo señala que incluso el cristiano está sujeto a los tirones y limitaciones de un cuerpo que sigue infectado por el pecado. Pero Dios nos ha dado Su Espíritu Santo y el poder de dar vida del Espíritu es el origen de una nueva dinámica para la vida en santidad.

■ Gálatas 5. La Ley del Antiguo Testamento no le ofrece al creyente ni salvación ni poder para la vida en santidad. Pero la "libertad" que da Cristo sí brinda un poder que nos da capacidad para ignorar los impulsos de nuestra naturaleza de pecado y vivir agradando a Dios. Lo vital es que tomemos una decisión. Porque como nadie es independiente, cada uno de nosotros ha de decidir si servirá al pecado o a Dios.

Si elegimos servir al pecado nuestras vidas se verán

marcadas por el odio, los celos, los arranques de ira, la envidia, etc. Pero si elegimos servir a Dios, seremos liberados para vivir vidas de amor, paciencia, bondad, fidelidad y benignidad.

La libertad del cristiano no es libertad para hacer lo que nos plazca. Es libertad del dominio del pecado. Es libertad para comprometernos a Dios y vivir para agradarle. Y en el contexto de 1 Corintios, es libertad para renunciar a nuestros derechos en consideración hacia los demás y su bienestar espiritual. Sean judíos, griegos o miembros de la iglesia de Dios.

LA VIDA DEL CRISTIANO VERDADERAMENTE LIBRE

Lo que hace Pablo en Romanos 14-15 y 1 Corintios 8-10 es darnos un esbozo del estilo de vida del que es verdaderamente libre.

El cristiano sabe que las reglas respecto de las cosas dudosas no tienen nada que ver con él. El hombre libre sabe que las reglas como "No comas esto" o "no compres carne en los mercados públicos", no son temas de conciencia y que ni comer ni dejar de comer tiene que ver con agradar a Dios. Así, el cristiano tiene "derecho" a comer o no comer, sin juzgar a otros y sin que los demás le juzguen.

El cristiano también sabe que la consideración hacia los demás es cuestión de conciencia. El hombre verdaderamente libre es tan libre para no ejercer sus "derechos" como para hacerlo. Y al dejar de hacer algo que pudiera causar tropiezo a otro, el cristiano ejerce la libertad que Dios le ha otorgado para servir al Señor haciendo el bien.

El cristiano que logra distinguir entre las acciones que son cuestión de conciencia y las que no lo son, no convertirá en problemas las cosas irrelevantes dentro de la comunidad cristiana. Actuará según su conciencia sin convertir sus decisiones en temas de debate público. Y siempre el cristiano buscará ser sensible hacia quienes no compartan su opinión, porque se ha comprometido a servir en pos de su bienestar.

1 CORINTIOS 12-14
Dones en la familia de la iglesia

EXPOSICIÓN

Pablo ha tratado una cantidad de temas, problemas que han surgido en la iglesia de Corinto. En su búsqueda de prestigio hay algunos que afirman ser superiores porque sus líderes son mejores (capítulos 1-4). Otros suponen ser mejores que sus hermanos porque son "firmes" y por ello, libres para comer alimentos ofrecidos en sacrificio a los ídolos (capítulos 8-10). Ahora Pablo se ocupa de otro tema: "Somos más espirituales que ustedes" insisten algunos. "Y podemos probarlo. Hablamos en lenguas ¡y ustedes no!".

Al examinar 1 Corintios 12-14 es importante tener en mente que el tema que Pablo trata aquí no es el de los "dones espirituales". Más bien, le ocupa el tema más amplio de la espiritualidad. ¿Qué es la espiritualidad? ¿Qué tienen que ver los dones espirituales con la espiritualidad? ¿Cómo reconocemos a los que son verdaderamente espirituales? Y finalmente, ¿qué hay de este don de "lenguas" que algunos afirman les hace mejores que otros?

Una vez entendido que el tema aquí es la espiritualidad más que los dones espirituales, se vuelve relativamente fácil seguir el argumento de Pablo. El gran apóstol comienza observando que lo que hace "espiritual" a una persona es el Espíritu Santo (12:1-3). Pero el Espíritu expresa Su presencia de diversas formas en cada cristiano. Cada don espiritual, no solo las "lenguas" es manifestación de Su presencia (12:4-11). Una buena analogía es la del cuerpo humano, con sus órganos y funciones. Cada parte del cuerpo es diferente pero no hay una que no sea esencial para que el cuerpo funcione como un todo. Así como no hay cuerpo que sea todo "ojos" o todo "pies", y funcione como un todo, no hay iglesia que pueda ser completa si todos los creyentes tienen el mismo don. Así, cada creyente con don espiritual es esencial al cuerpo de Cristo. Los dones más espectaculares, como el de lenguas, no son evidencia de superioridad espiritual, en absoluto (12:12-31).

Aquí Pablo hace una pausa para destacar algo importante. Si la iglesia quiere una prueba de espiritualidad ¡Pablo se la dará! Es una prueba simple pero devastadora para los que, en arrogancia y con orgullo, afirman ser superiores a sus hermanos y hermanas en el Señor. La persona verdaderamente espiritual se nota por el amor. Y "El amor es paciente, es bondadoso. El amor no es envidioso ni jactancioso ni orgulloso" (13:1-4). En pocas palabras, ¡la persona espiritual exhibe cualidades en todas sus relaciones, en directo contraste con las actitudes y conductas de quienes se muestran tan interesados en establecer su propio prestigio dentro de la comunidad de fe!

Ahora Pablo vuelve a la cuestión de los dones espirituales y su ejercicio. Todos los dones espirituales tienen importancia para el cuerpo. Aún así, si hubiera que establecer una jerarquía, la "profecía" (instrucción) es decididamente más importante que las lenguas. ¿Por qué? En lo que respecta a la iglesia, la persona que instruye con palabras inteligibles edifica a los demás en tanto que la que habla en lenguas podrá edificarse a sí misma pero no contribuye en nada a los demás (14:1-19). En cuanto a los que son de afuera, las lenguas tal vez sirvan como señal inicial que les alerta sobre la presencia de Dios. Pero si el de afuera decide visitar la iglesia y allí todos hablan en lenguas, la impresión inicial se esfumará y el visitante sencillamente ¡concluirá que todos estos tipos están locos! Si el visitante oye la Palabra de Dios, enseñada en su propio idioma, recibirá convicción y se convertirá (14:20-25). En el mejor de los casos, entonces, el don que los corintios tanto exaltan como señal de superioridad espiritual, es menor y poco contribuye al bienestar espiritual de los cristianos, y menos todavía al alcance de evangelización.

Al cerrar esta sección Pablo brinda instrucción muy práctica sobre cómo realizar las reuniones de la iglesia. Aparentemente, la exaltación competitiva del don de lenguas ha causado un completo desorden en las reuniones de la congregación. Por lo tanto, Pablo pone énfasis en el orden, un orden donde cada uno de los miembros tenga oportunidad de aportar según su don. Un orden que requiere que los miembros del cuerpo tengan la cortesías de escucharse los unos a los otros (14:26-33).

Las últimas palabras de Pablo aquí están dirigidas a grupos específicos en la iglesia, que aparentemente han estado involucrados de lleno en la disputa sobre el don de lenguas. Las mujeres que han interrumpido las reuniones de la iglesia deben "permanecer calladas" y aprender lo que es la "sumisión" (14:33b-37). Los que afirman ser "espirituales" ahora deben reconocer que lo que escribe Pablo tiene la fuerza de un mandamiento divino (14:38). ¿Y qué hay de las lenguas? La iglesia no debe prohibir que se hable en lenguas, porque es un don espiritual válido. Pero la iglesia de Corinto, y también la nuestra en estos días, debe aprender a estructurar sus reuniones de modo que haya orden para que quienes tengan dones espirituales cuenten con una estructura desde donde puedan ministrar a todos (14:39-40).

ESTUDIO DE PALABRAS

En cuanto a los *dones espirituales*, hermanos, quiero que entiendan bien este asunto (12:1). El texto griego no contiene la palabra "dones". La frase es *ton pneumatikon*, "lo espiritual". Los comentaristas no están de acuerdo en cuanto a si la frase implica "dones" espirituales o "personas" espirituales. En vista del amplio espectro que cubre el discurso de Pablo, ambas opciones parecerían demasiado limitadas. Es mejor tomar esta frase como "En cuanto a las cosas del Espíritu" o quizá mejor todavía, "En cuanto a la espiritualidad, hermanos, no quiero que sean ignorantes".

No sorprende que los corintios tuvieran confusión en cuanto a la espiritualidad. Hoy mismo, unos 2.000 años después, muchos cristianos siguen estando confundidos. Este largo pasaje es importante para nosotros porque aquí Pablo nos da una prueba simple mediante la cual podemos reconocer a los sinceramente espirituales entre nosotros. Es un objetivo por el cual todos podemos esforzarnos.

Ustedes saben que cuando eran paganos *se dejaban arrastrar hacia* los ídolos mudos (12:2). La combinación de verbos *('egesthe 'apagomenoi)* no es usual en griego y sugiere que ambos indican un fenómeno singular y que han de traducirse juntos y no por separado. Lo más probable es que Pablo se esté refiriendo a "palabras inspiradas" o al "discurso en éxtasis" de quienes en la cultura griega se suponía que estaban inspirados por alguno de los "ídolos mudos" de los paganos.

Esto echa luz sobre el problema que había en Corinto. Algunos de los cristianos habían trasladado a su nueva fe las suposiciones del paganismo. Los que hablaban en lenguas les parecían especialmente dotados por el Espíritu, del mismo modo que los de los oráculos de los templos paganos que también entraban en éxtasis y se suponía estaban especialmente cerca de sus dioses o diosas.

Esta opinión, sin embargo, tiene su origen en la ignorancia y Pablo se dispone a acabar con ella. La ignorancia sobre el Espíritu de Dios y Su relación con el creyente marca a muchos de los del pueblo de Dios, incluso en nuestros días.

Nadie que esté hablando por el Espíritu de Dios puede maldecir a Jesús; ni nadie puede decir: "*Jesús es el Señor*" sino por el Espíritu Santo (12:3). Pablo acaba de enseñar que las palabras pronunciadas en éxtasis no son evidencia de la vital presencia del Espíritu. ¿Qué cosa lo es, entonces? La respuesta es: la relación de la persona con Jesús es evidencia de la presencia del Espíritu.

Nadie que descarte a Jesús como *anathema* (objeto de la ira divina) tiene el Espíritu. En cambio quien reconoce que Jesús es *kurios* (Señor" (Dios eterno, el Jahvé del AT) lo hace por el Espíritu y así demuestra Su presencia.

El versículo sin embargo a perturbado a algunos que señalan que cualquiera puede decir "Jesús es el Señor". Es una frase con que los primeros cristianos confesaban su fe. Confesar públicamente "Jesús es el Señor" era comprometerse a Jesús como el exaltado, Dios hecho carne, Aquel que resucitó de entre los muertos y es fuente de vida eterna para todos los que creen en Él.

La afirmación de Pablo también pone en perspectiva un asunto importante. A lo largo de la historia de la Iglesia algunos han centrado la atención en el espíritu de Dios, afirmando que determinados dones Suyos les hacen más espirituales que otros creyentes. Pablo nos recuerda que Jesús es el Señor. Cristo es Aquel en quien hemos de centrarnos, Aquel ¡en quien el Mismo Espíritu se centra! Como dijo Jesús´, "Él [el Espíritu] testificará acerca de mí" (Juan 15:26).

Cualquiera que cambie el centro de su vida espiritual de Jesús al Espíritu, por cierto ha equivocado el rumbo.

A cada uno se le da una *manifestación especial del Espíritu para el bien* de los demás (12:7). Pablo ha dicho que la persona que confiesa que Jesús es el Señor "habla por el Espíritu Santo" (12:4). Es decir que esa persona posee el Espíritu.

Ahora, la pregunta es: ¿cómo manifiesta el Espíritu Su presencia en la vida del creyente? La respuesta de Pablo es que el Espíritu otorga "dones" o *charismata*. Estos dones son manifestaciones, expresiones, del Espíritu a través del creyente. Pablo pone énfasis en tres cosas en este versículo y su contexto. (1) Los dones, aunque "diversos" (12:4-6) son obra de un único Espíritu, el mismo en todos los creyentes. (2) Cada creyente tiene un don espiritual (12:7). Y (3) los dones son para promover "el bien de los demás" (12:7). Es decir que los *charismata* deben usarse para fortalecer y edificar a los creyentes y a la comunidad. No son pruebas ni medidas de espiritualidad.

De este versículo aprendemos varias cosas. Tal vez, la más importante es que cada hermano y hermana en el Señor tiene algo que aportar a su iglesia. Cada creyente es ministro. Cada creyente tiene una capacidad para contribuir al bienestar de los demás. Tenemos que aprender a vernos y a ver a los demás como ministros, y no como quienes reciben mi misterio de líderes cristianos profesionales, nada más. Y necesitamos llegar a nuestros hermanos y hermanas cristianas con amor. Cuando lo hacemos, el Espíritu obra a través de nosotros bendiciendo a los demás.

LOS DONES ESPIRITUALES

Se ha debatido mucho sobre la naturaleza de los dones que figuran en 1 Corintios 12, Romanos 12 y Efesios 4. En el libro de Charles C. Ryrie, *El Espíritu Santo* (Ed. Portavoz) encontramos un conjunto de definiciones típicas. Aquí, adaptada, está la lista de dones y su función, según Ryrie.

- Administración. Capacidad para guiar, dirigir, liderar y ocuparse de la iglesia.

- Apostolado. Capacidad para servir como misionero u otro representante especial de Dios.

- Discernimiento. Capacidad para distinguir entre las fuentes de revelación verdaderas y falsas.

- Evangelización. Excepcional capacidad para ganar a otros para el Señor.

- Exhortación. Capacidad para alentar, consolar y amonestar a otros de manera constructiva.

- Fe. Capacidad para creer en el poder de Dios para satisfacer necesidades especiales.

- Dar. La capacidad de contribuir excepcionalmente recursos materiales para beneficio de otros creyentes.

- Hospitalidad. Capacidad para brindar la bienvenida a viajeros que necesitan techo y comida.

- Misericordia. Capacidad para brindar consuelo y bondad al que sufre.

- Milagros y sanaciones. Capacidad para realizar actos de sanación y restaurar la salud sin el uso de medios naturales.

- Pastor/maestro. Capacidad para liderar, proteger, guiar, enseñar y cuidar a los miembros del cuerpo de Cristo.

- Profecía. Capacidad para entender y comunicar un mensaje inmediato de Dios a Su pueblo.

- Servicio. Capacidad para identificar las necesidades de los demás y ayudar a satisfacerla.

- Enseñanza. Capacidad para entender las implicancias de la revelación de Dios para la vida diaria y para guiar a los demás para que entiendan y vivan la verdad de Dios.

- Lenguas. Capacidad de hablar en una lengua desconocida [espiritual].

- Interpretación de lenguas. Capacidad para entender y explicar las palabras de quien habla en lenguas.

Es importante ver esta lista como una enumeración representativa, más que exhaustiva. De hecho, cualquier cosa que pueda hacer un creyente para fortalecer o contribuir al desarrollo de otro creyente es "manifestación del Espíritu", ejercicio de un don que contribuye "para bien de los demás" (12:7).

De hecho, aunque el cuerpo es uno solo, tiene muchos miembros, y todos los miembros, no obstante ser muchos, forman un solo cuerpo. Así sucede con Cristo (12:2). El "así sucede" (*houtos kai*) nos alerta acerca de lo que es tal vez la metáfora primaria del NT que busca ayudarnos a entender la naturaleza de la iglesia. En Romanos Pablo enseñó que por la fe el creyente está unido a Jesús en una unión indisoluble. Ahora enseña que los que están unidos a Cristo también están unidos entre sí, en una relación tan orgánica como la que hay entre los miembros y órganos del cuerpo.

La imagen transmite varias realidades. No podemos ser cristianos en soledad. Tenemos que funcionar junto con los demás. No podemos cumplir nuestra misión en la vida si estamos separados de una iglesia. Necesitamos estar lo suficientemente cerca de los demás como para ejercer nuestros dones al amarlos y servirles. Y no podemos permitir las peleas y divisiones en la congregación local. Tenemos que estar unidos por un compromiso compartido no solo hacia Jesús sino los unos hacia los otros.

Todos fuimos bautizados *por un solo Espíritu* para constituir un solo cuerpo (12:13). La contribución de este versículo es su definición bíblica de la frase "bautismo del. Espíritu". El bautismo del Espíritu es la obra del Espíritu mediante la cual todo el que cree está unido a Jesús, y así junto con los demás cristianos es miembro de esa iglesia que es el cuerpo de Cristo.

En la tradición carismática le dan una definición teológica, antes que bíblica, al "bautismo del Espíritu". En esa tradición la obra de bautismo del Espíritu se entiende como obra realizada por el Espíritu después de la conversión, obra que muchos sostienen solo se prueba cuando la persona que recibe este "bautismo" comienza a hablar en lenguas. Sin juzgar la validez de esta posición teológica, nos vemos obligados por 1 Corintios 12:13 a observar que en términos bíblicos, el "bautismo del Espíritu" es algo muy distinto.

En realidad, Dios colocó cada miembro del cuerpo como mejor le pareció (12:18). El verbo griego *etheto* significaba en esa época "establecer" u "ordenar". Aquí pone énfasis en el papel activo de Dios en cuanto a determinar qué participación tiene cada cristiano dentro de la iglesia. Junto con 12:11, que pone énfasis en que el Espíritu da dones a cada uno "según él lo determina" (*bouletai*, "decide" o "quiere"), la frase destaca algo importante.

Dios es Quien decide qué dones tendremos. Estos dones no son indicadores de espiritualidad, sino el papel que Dios tiene para nosotros dentro del cuerpo. No corresponde que "busquemos" los dones que no tenemos, ni que exaltemos a los que tienen determinado don por encima de quienes tienen otro. Más bien, hemos de regocijarnos de que cada uno de nosotros haya sido equipado por Dios para el rol que tiene dentro del cuerpo de Cristo.

Así Dios ha dispuesto ... mayor honra a los que menos tenían (12:24). El juego de palabras en griego, en los versículos 23-25 es imposible de traducir literalmente. Pero el mensaje es claro. Cubrimos las partes del cuerpo que consideramos "impresentables" es decir, nuestros órganos sexuales [12:22]) y le prestamos atención especial a las partes más "débiles" (por ejemplo, al estómago, al ingerir alimentos [12:23]). De manera similar, la iglesia debe prestar atención especial a las personas cuyos dones no son tan visibles como las lenguas, o tan "deseables" como el don para ser pastores.

El hecho es que cada una de las partes del cuerpo es indispensable y merece igual atención. Si alguna parte sufre, se perjudica el cuerpo entero. Si alguna parte recibe honra, todos comparten la gloria. Es claro que cada miembro es digno de igual atención y que los corintios que exaltaban el don de lenguas como el mayor don espiritual ¡estaban muy equivocados!

Ustedes, por su parte, ambicionen los mejores dones (12:31). En 14:1 encontramos un pensamiento similar: "Empéñense en seguir el amor y ambicionen los dones espirituales". Pero ¿de qué manera encaja esta exhortación con el énfasis que pone Pablo en el hecho de que Dios distribuye los dones espirituales según Su soberana voluntad? (12:11).

La respuesta es que Pablo le habla a la comunidad cristiana y no a personas en particular, como lo indica la segunda persona en plural del texto griego. Le recuerda a la iglesia que en lugar de poner énfasis en el don de lenguas, han de dar prioridad a los dones "mayores", *mallon* (14:5). Según el capítulo 14, dones tales como la profecía (14:3) que fortalece, alienta y conforta a la iglesia, contribuyendo directamente al bien común.

Pero antes de dar esta explicación Pablo se detiene para explicar el "más excelente" (12:31) camino del amor. No es "amor en lugar de dones" sino amor en el contexto dentro del cual han de ejercerse los dones espirituales.

Si hablo en *lenguas humanas y angelicales*, pero no tengo amor, no soy más que *un metal que resuena* o un platillo que hace ruido (13:1). Es probable que los corintios pensaran en el don de lenguas en términos de un lenguaje angelical. En el *Testamento de Job* judío (49-50), las tres hijas de Job recibieron cinto que les daban la capacidad de hablar "en éxtasis en el dialecto de los ángeles". Hay quien sugiere que en Corinto había algunos que rechazaban la sexualidad (1 Corintios 7) porque suponían que el don de lenguas les daba entrada al reino de los ángeles, por lo que asumían que habían "llegado" a la perfección espiritual.

Sin embargo ¡la conducta de este grupo demostraba falta de amor! Y la vida del amor es "el camino más excelente", el camino de la verdadera espiritualidad.

La crítica de Pablo es devastadora en este pasaje. Incluso si un corintio hablaba "lenguas humanas y angelicales" sin amor esa persona no era más que un *chalkos echon*, "un metal que resuena". Pablo aquí se refiere a grandes vasijas huecas de bronce, puestas en la parte de atrás de un anfiteatro de piedra, que servían como sistema amplificador del sonido. Lejos de ser modelos de espiritualidad, los que hablan en lenguas pero no tienen amor, son hombres y mujeres vacíos y huecos.

Si reparto entre los pobres todo lo que poseo... pero no tengo amor, *nada gano* con eso (13:3). Las lenguas y la "fe" (13:2) no son suficiente evidencia de espiritualidad. ¿Qué hay de la dedicación total de quien lo da todo a los pobres, o de quienes son hechos mártires sin queja alguna? Sin amor, por mucho que den "nada ganan con eso" (ver 13:3).

Por cierto, el pobre que recibía alimento sí ganaba. Las buenas obras benefician a sus beneficiarios. Pero nada gana el que da, porque sin amor no hay satisfacción interior. Sin amor no hay crecimiento espiritual personal. Sin amor no hay recompensa escatológica.

En todo esto Pablo no critica el don de lenguas, ni la fe que obra milagros ni las buenas obras que benefician al prójimo. Más bien, nos recuerda que el amor tiene primacía en la vida cristiana. Sin amor el cristiano está vacío. Sin amor no hay beneficio alguno para nosotros, no importa qué cosa hagamos.

El amor es...(13:4-5). Muchas veces olvidamos que Dios Se expresa en las cosas humanas sencillas. Cristo no vino con un estrepitoso relámpago, sino como un bebé nacido en un pesebre en un ignoto rincón del mundo civilizado. Tampoco la "espiritualidad" es cuestión de un don espectacular. Más bien, se discierne en las acciones más modestas y en las cosas comunes de la vida cotidiana.

Para discernir a los verdaderamente espirituales entre nosotros, y si queremos ser hombres y mujeres espirituales, ante todo necesitamos entender la definición que Pablo nos brinda aquí sobre la naturaleza del amor.

Ahora vemos de manera *indirecta y velada*, como en un espejo; pero entonces veremos cara a cara (13:12). La frase en griego, en *ainigmati*, probablemente no significa "como en un espejo", ya que Corinto era famosa por sus espejos de bronce y la excelente imagen que reflejaban. Lo que Pablo dice es que, aunque podemos ver a Dios revelado, esto no se compara con lo bien que Le conoceremos cuando estemos en Su presencia y Le veamos cara a cara. Nuestro conocimiento es ahora indirecto y parcial y por eso puede fallarnos a veces. Pero el amor no fallará jamás (13:8). Por eso, que nuestro compromiso sea con el amor. Y permanezcamos humildes con respecto a aquello que creemos "conocer".

EL PASAJE EN PROFUNDIDAD

Dones de profecía y lenguas (14:1-25)

Trasfondo. La religión pagana se caracterizaba por la maravilla ante el éxtasis. El oráculo de Delfos respiraba los vapores volcánicos que surgían en el cubículo, y la pitonisa pronunciaba el a menudo ininteligible mensaje del dios que luego era interpretado por los sacerdotes. De una persona con epilepsia se decía que sufría de la "enfermedad divina", y se creía que esta persona era especialmente cercana a alguna deidad. No ha de sorprender entonces que los jóvenes cristianos de Corinto se sintieran tan impresionados cuando alguien hablaba en lenguas, y que les consideraran especialmente espirituales. Debido a la creencia de muchos judíos de que el discurso carismático era la lengua de los ángeles (ver Estudio de Palabras de 13:1, más arriba), el respeto y temor con que se veía a los que tenían el don de lenguas en Corinto no habría sido objeto de críticas de parte de los creyentes judíos de la iglesia.

Podemos entender la fascinación de los corintios ante este don espiritual inusual, pero nos cuesta definirlo. Solo hay dos pasajes en el NT que tratan del don de lenguas: 1 Corintios 12-14 y Hechos 2. Muchos comentaristas argumentan que estos dos relatos se refieren a dos fenómenos espirituales distintos.

Y podemos entender por qué. En Hechos 2 "todos fueron llenos del Espíritu Santo y comenzaron a hablar en diferentes lenguas" (2:4). Cada uno de los miembros de la multitud "los escuchaba hablar en su propio idioma" (2:6). En Hechos 2, el don de lenguas servía a un propósito de evangelización.

Al leer 1 Corintios 12-14 nos impacta el hecho de que solo algunos, y no todos los corintios, hablaran en lenguas. También, el hecho de que en lugar de ser llenos el Espíritu los que hablaban en lenguas son como los otros "inmaduros" y "meramente humanos" (1 Corintios 3:3). Además, a los que hablan en 1 Corintios no los entiende nadie. En lugar de reconocerse como idiomas extranjeros, las lenguas aquí son inteligibles, y requieren de un intérprete. Finalmente, en tanto Pablo ve el don de lenguas como un don que edifica a quien habla (14:17) el do ni edifica a otros cristianos ni sirve al propósito de la evangelización.

Aunque ninguna de estas observaciones nos brinda evidencia convincente de que se trata de dos fenómenos diferentes, parece claro que el ejercicio del don de lenguas en la congregación corintia creó una variedad de problemas. Para resolverlos, Pablo explica primero que el don espiritual de una persona no es evidencia de su espiritualidad porque todos los dones son "manifestación del Espíritu" que habita en cada creyente (capítulo 12). Luego, Pablo presenta al amor como verdadera medida de la espiritualidad, cualidad esencial como lo es el contexto en el que ha de ejercerse cualquier don espiritual (capítulo 13).

Ahora Pablo está preparado para ocuparse explícitamente de los problemas que creó en Corinto el ejercicio irrestricto del don de lenguas.

Interpretación. Pablo va a instruir a la iglesia en cuanto a la regulación del ejercicio del don de lenguas. Pero en lugar de simplemente establecer reglas, el gran apóstol explica en detalle las razones de los lineamientos que quiere establecer. Podemos entonces encontrar los siguientes elementos:

El don de lenguas es un don menor (14:1-25)

■ La profecía es un don superior al de las lenguas (14:1-5).

■ El don de lenguas no edifica a los creyentes (14:6-19).

■ El don de lenguas no gana a los perdidos (14:20-25).

■

Regulación del don de lenguas (14:26-40)

■ Tiene que estar presente un intérprete (14:26-28).

■ Tiene que mantenerse el orden (14:29-33).

■ Han de cesar las interrupciones (14:34-36).

■ No hay que prohibir el don de lenguas (14:37-40).

El don de lenguas es un don menor 14:1-25).

La iglesia afirmaba que el don de lenguas era el don espiritual supremo, como evidencia principal de la espiritualidad. Eso es un error. Los corintios se han centrado en un don menor y lo han transformado en un tema mayor. Pero ¿por qué es un don menor? Pablo lo explicará.

■ La profecía es un don superior al de las lenguas (14:1-5).

Los dones espirituales nos son dados "para bien de los demás" (12:7). Es decir que su función primaria es la de nutrir y edificar a las personas y a la iglesia. Pero al hablar en lenguas la persona dirige el ejercicio de su don a Dios y no a los seres humanos (14:2). En cambio, quien profetiza (en el sentido de hablar la palabra de Dios, de comunicar o explicar el mensaje de Dios a los hombres), les habla a los seres humanos "para edificarlos, animarlos y consolarlos" (14:3). El don de lenguas es menor en comparación con un don como la profecía. Las lenguas, como don, no pueden ejercerse por sí, porque se requiere de la interpretación para que el don cumpla su función en la iglesia.

■ **El don de lenguas no edifica a otros creyentes (14:6-19).** Pablo presenta las implicancias del hecho de que las lenguas sean ininteligibles. Hasta los instrumentos musicales deben producir sonidos reconocibles. Las trompetas que llaman a la batalla deben hacer sonar una señal reconocible. Incluso el idioma de los extranjeros tiene significado para quien lo habla. Es obvio que para que algo tenga significado (14:10-11), tiene que ser reconocible e inteligible.

Pero como las lenguas son ininteligibles, su contribución a la vida espiritual de quien tiene este don es menor, y lo es mucho menos para quienes lo escuchan (14:14-15). Es obvio que las lenguas no edifican a otros creyentes a menos que el que las pronuncia o alguien más en la congregación puedan interpretarlas. Quienes oyen a una persona que habla en lenguas ni siquiera pueden decir "amén" a la expresión de gratitud de quien las pronuncia "puesto que no entienden lo que dice" (ver 14:16).

Pablo pone en perspectiva el valor del don de lenguas para la iglesia cuando él mismo, que habla en lenguas, dice: "prefiero emplear cinco palabras comprensibles y que me sirvan para instruir a los demás, que diez mil palabras en lenguas" (14:19).

El don de lenguas no gana a los perdidos (14:20-25). El párrafo parece un tanto confuso, hecho que a menudo se atribuye a un pequeño error de transmisión en el texto griego. Pero la idea de Pablo es clara.

El AT parece indicar que aunque Dios habla "por medio de gente de lengua extraña" este fenómeno no hará que "me escucharán [dice Dios]" (14:20-21). Como en el mundo griego se tenía en alta estima a quien pronunciaba sonidos en éxtasis, el ejercicio público del don de lenguas por parte de un creyente pudría crear una primera impresión de que la persona tiene relación especial con Dios (14:22). Pero si alguien que no es cristiano se deja llevar por esa primera impresión y asiste a una reunión de la iglesia donde todos hablan en lenguas "no dirán que ustedes están locos?" (14:23). Con sobredosis de lenguas, el que no es cristiano sencillamente dirá que esta gente está loca y saldrá, meneando la cabeza, disgustado. Por otra parte Pablo argumenta que si el que no cree llega a la reunión de los cristianos y oye a los de la congregación pronunciando las palabras de Dios de manera inteligible, "se sentirá reprendido y juzgado por todos y los secretos de su corazón quedarán al descubierto. Así que se postrará ante Dios y lo adorará, exclamando: "¡Realmente Dios está entre ustedes!" (14:24-25).

En pocas palabras, las lenguas no tienen casi nada que aportar a la iglesia reunida, y poco a la persona que habla en lenguas. Es claro que la iglesia debe dar prioridad a dones como la profecía, que sí edifican a todos.

Regulación del don de lenguas (14:26-40) Pablo no prohíbe el ejercicio de este don en las reuniones de la iglesia. Pero sí establece lineamientos para regular su uso.

■ **Tiene que estar presente un intérprete (14:26-28).** La reunión de la congregación es el momento en que cada hermano y hermana tienen oportunidad de ejercer sus dones "para fortalecer a la iglesia". Como las lenguas son inteligibles y no aportan tal cosa, el don solo podrá ejercerse cuando haya alguien presente que pueda interpretar la lengua.

■ **Tiene que mantenerse el orden (14:29-33).** El hecho de que Pablo destaque este aspecto sugiere que los que hablaban en lenguas tenían el hábito de interrumpir a los demás, supuestamente dejándose llevar por el Espíritu. Muchas veces las reuniones de la iglesia habían devenido en competencias de gritos, con varios que hablaban en lenguas y trataban de hacerse oír por sobre los demás. Pablo dice que "El don de profecía está bajo el control de los profetas"(14:32). Es decir que Dios no convierte a Su pueblo en marionetas, tirando de los hilos ¡sin que tengan control sobre sí mismos! La excusa de decir: "No pude evitarlo. ¡Estaba poseído/a por Dios!", no es válida. Las reuniones de la iglesia deben ser en cortesía y en orden, no en confusión ni en competencia. Dios no es un Dios de desorden.

■ **Han de cesar las interrupciones (14:34-36).** Esta instrucción a las mujeres de "guardar silencio en la iglesia" ha causado considerable debate en particular porque Pablo aparentemente reconoce que hay mujeres que profetizan en las reuniones de la iglesia, en esta misma carta en 11:4-5. La cuestión de las mujeres en la iglesia se verá en mayor detalle en el estudio que hay a continuación, de 1 Corintios 7 y 11. Pero el hecho de que Pablo haya incluido estas palabras en este contexto, parece indicar que tal vez fuera un grupo de mujeres el que más interrumpía y vociferaba en lenguas en la iglesia de Corinto cuando se reunían los creyentes.

■ **No hay que prohibir el don de lenguas (14:37-40).** Pablo ha explicado cuidadosamente las limitaciones del don de lenguas. Ahora les recuerda a los corintios, y también a nosotros, que aunque es un don relativamente menor, es un don espiritual de todos modos y que como tal, la iglesia no debe prohibirlo.

Aplicación. El propósito de Pablo en este extenso pasaje ha sido el de brindar una perspectiva en referencia al don de lenguas. El don no es signo de espiritualidad porque todo creyente tiene el Espíritu y todo don nos ha sido dado por el Espíritu. El amor es un indicador de espiritualidad mucho más seguro, esencial como contexto interpersonal en el que ha ejercerse cualquier otro don. En cuanto a las lenguas, es un don muy menor. Al ser inteligible, aporta muy poco a la edificación de la iglesia y non gana a los perdidos. Cinco palabras de profecía en lengua inteligible pueden significar mucho más que 10.000 palabras en don de lenguas.

Así, cuando se reúne la iglesia y aunque no hay que prohibir el ejercicio de este don, sí habrá que limitarlo y regularlo.

1 Corintios 12-14 establece un maravilloso equilibro en una disputa que continúa en nuestros días. Quienes hablan en lenguas no deben ser arrogantes, como si su don les hiciera especiales en algún aspecto. Y los que no hablan en lenguas no tienen por qué sentirse menos, ni rechazar el ejercicio de este don. Hemos de saber que "el camino más excelente" de Dios (12:31), el camino del amor, debe gobernar nuestras relaciones con quienes son como nosotros en su experiencia cristiana y su opinión del don de lenguas, y también con quienes son diferentes en su experiencia cristiana y opinión sobre el don de lenguas.

Si nos conducimos en el espíritu del amor, ni el ejercicio del don ni su ausencia tendrán por qué dividir nuestra expresión local del cuerpo vivo de Cristo.

Adoración ordenada (14:26-33)

Trasfondo. La congregación se reunía en casas. Durante los primeros tres siglos después del nacimiento de Cristo, los cristianos se reunían semanalmente a adorar, en las casas. Este pasaje nos muestra parte de lo que sucedía en esas reuniones: aparentemente había un intercambio libre en el que cada persona aportaba según su don. Pablo dice: "Que cuando se reúnan, cada uno puede tener un himno, una enseñanza, una revelación, un mensaje en lenguas, o una interpretación" (14:26). Solo unos pocos pasajes describen la reunión de una congregación del siglo primero, pero en todos se refleja esta atmósfera de ministerio mutuo. Hebreos 10:24-25 dice: "Preocupémonos los unos por los otros, a fin de estimularnos al amor y a las buenas obras. No dejemos de congregarnos, como acostumbran hacerlo algunos, sino animémonos unos a otros, y con mayor razón ahora que vemos que aquel día se acerca".

Y Colosenses 3:16 añade lo siguiente: "Que habite en ustedes la palabra de Cristo con toda su riqueza: instrúyanse y aconséjense unos a otros con toda sabiduría; canten salmos, himnos y canciones espirituales a Dios, con gratitud de corazón".

¿Cuántos se reunían cada semana, en estas iglesias? Un artículo del *Biblical Archaeologist* de septiembre de 1984 (vol. 47: No. 3) nos brinda esta perspectiva sobre "El Corintio que vio San pablo", por Jerome Murphy-O'Connor.

A medida que crecía la cantidad de conversos de Pablo se hizo necesario encontrar un lugar donde pudiera reunirse. Las tensas relaciones con los judíos excluían la posibilidad de la sinagoga, y como el cristianismo no tenía posición alguna, cualquier otro lugar público de reunión quedaba fuera de la cuestión. Por eso, las casas se convirtieron en centros de la vida de la iglesia.

La villa de Anaploga, una de las cuatro casas del período romano que se excavaron en Corinto, data del tiempo de Pablo según los hallazgos. Por eso, es el tipo de casa en el que Gayo actuó como anfitrión de Pablo y de la iglesia (Romanos 16:23).

En vista de las condiciones sociales de la época, toda reunión que incluyera a más de unos pocos amigos íntimos de la familia se limitaría a las áreas públicas de la casa, el *triclinium* [comedor] y el *atrium*. En la villa de Anaploga el *triclinium* medía 5,5 por 7,5 metros, pero la superficie de 41, 25 metros cuadrados se veía reducida porque había poltronas junto a las paredes. El *atrium*, ubicado a continuación, medía 5 por 6 metros, pero también aquí el espacio utilizable era menor porque en el centro había un estanque de 2 por 2 metros.

Estas cifras nos ayudan a explicar los problemas que surgían en la celebración de la Eucaristía en Corinto (1 Corintios 11:16-34). Como mínimo, la comunidad tenía entre cuarenta y cincuenta mientras. Eso significa que estarían incómodos y que no todos cabrían en el mismo ambiente (p. 157).

Es importante saber eso porque las reuniones de lo que hoy llamamos "iglesia local" donde hay cientos y hasta miles de personas sentadas en bancos, no son reflejo de las reuniones de la iglesia del siglo primero. En las casas de la ciudad, unos 30, 40 o como mucho, 50, debían ministrarse los unos a los otros. En la relativa intimidad de lo que con toda certeza era un "grupo reducido" o "célula", se ejercían los dones del Espíritu en tanto que cada uno, como dijo Pablo, contribuía "a la edificación de la iglesia" (1 Corintios 14:16).

1 CORINTIOS 7, 11, 14
Las mujeres en la familia de la iglesia

EXPOSICIÓN

James Thurber utilizó como epígrafe de una de sus tiras cómicas en el New Yorker la siguiente frase: "Me encanta la idea de que haya dos sexos. ¿A ti no?". Leyendo 1 Corintios, no parece que Pablo estuviera de acuerdo con él. No porque fuera anti-mujeres, a pesar de lo que digan algunos. Sencillamente, porque cierta cantidad de problemas en la iglesia de Corinto tenían que ver con la interacción entre ambos sexos. En el capítulo 5 Pablo se pronunció con palabras fuertes contra la inmoralidad sexual. En el capítulo 7 escribe para corregir malos entendidos sobre el sexo en el matrimonio y el divorcio. En el capítulo 11 Pablo trata un tema de la adoración que tiene que ver con la vestimenta de las mujeres y pasa a corregir a los corintios que habían corrompido la celebración de la Santa Cena. Luego, en el capítulo 14 vuelve a surgir la cuestión de las mujeres en la adoración, aunque en un breve pasaje (14:33b-36). Como los pasajes están vinculados, es útil explorar los problemas en un mismo capítulo.

Pablo condenó la inmoralidad sexual, sin duda con la misma severidad tanto mientras vivía en Corinto como en los capítulos 5 y 6 de su carta. Pero ¿cuál es la actitud de este apóstol dedicado y soltero respecto del sexo? En Corinto algunos parecían creer que el compromiso cristiano requería del celibato y hasta se negaban a tener relaciones normales con sus cónyuges, o se divorciaban. Pablo entonces trata el tema del sexo (7.1-9). Luego, se ocupa del divorcio y observa que el cristiano no ha de iniciar la separación, ni siquiera si se ha casado con alguien que no es creyente (7:10-16). Como principio general, los converses han de tratar de vivir una vida cristiana en el mismo estado en que llegaron a conocer al Señor, sin buscar cambios en su condición (7:17-25). Pablo luego vuelve a la cuestión de la sexualidad y observa que aunque el matrimonio por cierto está autorizado para las vírgenes y las viudas, él encuentra grandes ventajas en la soltería (7:26-40).

El matrimonio es un contexto social primario en el que interactúan hombres y mujeres. La iglesia en sí misma es otro de los contextos sociales primarios en los que han de interactuar ambos sexos. Por eso Pablo se ocupa de dos situaciones muy específicas en las que ha surgido conflicto entre hombres y mujeres. En uno de los casos, algunas mujeres se han entusiasmado tanto por su nueva libertad para participar en la adoración que se niegan a vestirse de manera adecuada para las reuniones de la iglesia (11:2-20). Pablo las reprende pero de inmediato destaca que rechazará toda sugerencia en cuanto a que las mujeres son inferiores. De hecho, hombres y mujeres son interdependientes y el derecho de la mujer aj participar como mujer en el ministerio de la iglesia debe preservarse (11:11-16).

Más adelante Pablo convoca a las mujeres a limitar su participación en las reuniones de la iglesia local, limitación que ha de entenderse en el contexto del tratamiento del mal uso del don espiritual de lenguas (14:33b-36).

Pero los comentarios de Pablo en cuanto a lo adecuado durante la adoración le recuerdan otro de los problemas de Corinto (11:17-31). Esta iglesia, caracterizada por la división, ha distorsionado la celebración de la Santa Cena. La celebración religiosa se ha convertido en una comida común, donde los amigos de clase alta del anfitrión reciben comida y la gente común queda relegada o afuera, en el atrium, con hambre, mientras otros comen alegremente en el triclinium (salón comedor). Los corintios no han reconocido el significado e importancia de observar era Cena y su insensibilidad hacia sus hermanos y hermanas es una de las causas de la enfermedad de la que sufren algunos.

En estos pasajes volvemos a ver lo que por cierto es el problema más grande de Corinto. Corinto es una iglesia dividida, que se ha corrompido en su búsqueda del prestigio, que sufre por los esfuerzos de personas y grupos que quieren establecer su primacía a expensas de otros. Este espíritu de competencia y antagonismo es evidente en toda relación interpersonal, y eso incluye la relación entre maridos y esposas y entre hombres y mujeres de la comunidad. El espíritu de competencia y antagonismo se revela cuando los de las clases altas reclaman para sí privilegios que dejan a los ciudadanos más pobres en su lugar, como ciudadanos de segunda clase del reino de Dios, y también en el reino del hombre.

ESTUDIO DE PALABRAS

Es mejor no tener relaciones sexuales (7:1).
Aquí, al igual que en otros lugares (8:1) el apóstol no está expresando su opinión sino más bien citando la de algunos corintios. Esto es más claro aún cuando vemos que el texto griego original dice "no tocar a una mujer", es decir, no tener relaciones sexuales. El tema aquí no es el matrimonio, sino el celibato.

A medida que avanza el pasaje Pablo tratará el celibato dentro del matrimonio y también el tema de si los que tienen un fuerte impulso sexual deben casarse o no, como primera medida.

La cuestión del matrimonio es particular de los gentiles. Los judíos, cuyo legado comparte Pablo, tenían su postura afirmada en Génesis 2:18: "Non es bueno que el hombre esté solo". En el judaísmo el matrimonio se consideraba responsabilidad primera de todo hombre. Pero algunos corintios se habían convertido, fuera de la cultura general y con actitud laxa respecto del sexo, sin tener certezas acerca de hasta dónde debía llegar su pureza moral a la que eran llamados en Cristo, y por eso se habían ido al otro extremo. Es probable también que para algunos, la renuncia a las relaciones sexuales se hubiera vuelto cuestión de orgullo, como base para afirmar que tenían era espiritualidad superior que tantos buscaban demostrar en su búsqueda de prestigio dentro del cuerpo de Cristo.

La respuesta de Pablo es un rechazo a tal postura y argumenta a favor de la plena y normal expresión sexual dentro del matrimonio (7:2-3).

Tampoco el hombre *tiene derecho* sobre su propio cuerpo, sino su esposa (7:4). Pablo utiliza el verbo *exousiazo*. El marido ya no tiene dominio exclusivo sobre su propio cuerpo, sino que cada uno de los que componen la relación del matrimonio de "una sola carne" (1 Corintios 6:16) tiene derechos sexuales que no se le pueden negar.

Aquí el lenguaje es agudo. Quienes han optado por el celibato dentro del matrimonio no son espiritualmente superiores en absoluto. Su abstinencia les niega a sus cónyuges algo que por derecho es importante. En lugar de actuar en amor, los célibes han tomado su decisión sin pensar en las necesidades o deseos de sus cónyuges.

***Pero si no pueden dominarse*, que se casen, porque es preferible casarse que quemarse de pasión (7:9).** La NVI equivoca aquí el punto del mensaje. Pablo les escribe a los que tienen fuerte impulso sexual, que, por el verbo que utiliza el apóstol, "no se controlan". Esto se ve respaldado por el condicional ("si, con el presente indicativo), que supone que existe la condición. Pablo entonces les escribe a los solteros que tienen relaciones sexuales. Tenemos que observar que Pablo no insiste en que se nieguen. Es más práctico. Dice que el antídoto es el matrimonio, dentro del cual las personas pueden dar legítima expresión a su impulso sexual.

"A los casados les doy la siguiente orden (no yo sino el Señor): que la mujer no se separe de su esposo" (7:10). En el siglo primero la distinción que trazamos entre "separación" y "divorcio" no existía. Aquí Pablo se refiere al divorcio.

Pablo presenta este mandamiento como directo del Señor, sin duda refiriéndose a la tradición que registran Mateo 19 y Marcos 10. Pablo no está presentando aquí un tema nuevo. Sigue hablándoles a los que exaltan el celibato y se abstienen del sexo con sus cónyuges, incluso llevando al divorcio por motivos ascéticos. Por cierto que en esta situación se aplican las palabras de Cristo en cuanto al divorcio.

Aunque muchos se aferran a este texto como base para la posición de "no existe el divorcio entre los cristianos" tenemos que recordar que Pablo aquí está tratando un problema muy específico de Corinto. Antes de tomar sus palabras como principio universal que vincula a todos los cristianos en todas las situaciones, necesitamos recordar que sus palabras caben en un contexto histórico.

Sin embargo, si *se separa*, que no se vuelva a casar; de lo contrario, que se reconcilie con su esposo. Así mismo, que el hombre no se divorcie de su esposa (7:11). La frase, *ean de kai*, representa una condición general del momento. En lugar de representar una situación hipotética, Pablo describe una posibilidad alternativa que, aunque no es ideal, es permisible.

Esto llama la atención, en vista del "mandamiento" que acaba de dar. Pero a diferencia del hermano inmoral de 1 Corintios 5, no se prescribe expulsión de la iglesia para la persona que se ha divorciado, incluso por esta razón inaceptable.

Pablo sí deja en claro, sin embargo, que al brindar esta alternativa no está dando licencia general a los divorciados para que vuelvan a casarse. La persona que se ha divorciado para vivir una vida célibe, tiene que hacer justamente eso: o permanecer sin casarse, o reconciliarse con su esposo.

Hay más sobre el divorcio en este pasaje, porque enseguida Pablo considera una situación muy diferente, y llega a una conclusión muy distinta (ver Estudio de palabras de 7:15, más abajo).

Porque el esposo no creyente *ha sido santificado* por la unión con su esposa... Si así no fuera, sus hijos serían impuros, mientras que, de hecho, son santos (7:14). Las dos palabras en cuestión son *hagiazo* o "santificar, apartar," y *hagia* "santo, apartado para Dios". Estos términos no se utilizan en sentido moral sino relacional. En la ley del AT la persona que entraba en contacto con algo o alguien impuro, se volvía impura. Ahora, la dinámica de la presencia de Cristo transforma la situación. La presencia del creyente en la unidad familiar lleva a los hijos y al cónyuge no salvo a la esfera de esa divina influencia que ejerce el Espíritu a través del creyente.

Lo que Pablo quiere decir es que quien se ha convertido no necesita separarse de su cónyuge que todavía no ha conocido a Cristo, siempre y cuando la persona no salva esté dispuesta a seguir viviendo con la que es cristiana.

Sin embargo, si el cónyuge no creyente decide separarse, no se lo impidan. En tales circunstancias, el cónyuge creyente *queda sin obligación* (7:15). Pablo sigue tratando problemas prácticos que enfrentan los jóvenes cristianos de Corinto. Algunos aceptan la enseñanza de Pablo y no han iniciado el divorcio. ¡Pero sus cónyuges no cristianos les han abandonado! ¿Cuál es su situación? ¿Tienen que seguir sin casarse y esperar a que su cónyuge se convierta, con la esperanza de una futura reconciliación?

Pablo argumenta que tal esperanza no es realista (7:16) y anuncia la total liberación de los vínculos matrimoniales. El creyente en esta situación "queda sin obligación" (*ou dedoulotai*; sin atadura [7:15]). Algunos argumentan que Pablo quiso decir que el creyente no está obligado a tratar de sostener un matrimonio con el cónyuge reacio. Pero lo más probable, sin embargo, es que Pablo quisiera significar que en este caso el creyente no está obligado a seguir los lineamientos que el apóstol ha dado antes con respecto a no divorciarse (7:10), y que si uno se divorcia deberá permanecer sin casarse o reconciliarse con su cónyuge (7:11). En caso de que el cónyuge no creyente abandone al creyente y ya no quiera seguir en el matrimonio, la persona abandonada en realidad está "descasada".

Pablo aquí no habla del tema de casarse de nuevo. Y a lo largo de este pasaje recomienda con vehemencia la vida de soltero (7:25-26), urgiendo también a sus lectores a no cambiar su estado, sea cual sea en el presente (7:27-28). Pero podría argumentarse a favor de que la persona que estuvo casada y cuyo cónyuge ya no quiere seguir en el matrimonio y que no está obligada a seguir los lineamientos que Pablo dio antes, es tan libre como cualquier otra persona no casada, para hacerlo si Dios le presenta esa oportunidad.

El divorcio y las segundas nupcias

Pocos asuntos son tan dolorosos y son pocos los que causan tanta división como el debate sobre si los cristianos pueden divorciarse y volver a casarse, y bajo qué circunstancias. Un libro publicado hace poco, *Four views on divorce* [Cuatro posturas respecto del divorcio] (InterVasity Press), explora todos los pasajes relevantes y sus diversas interpretaciones. La opinión del autor está en otro libro: *Remarriage: a healing gift from God* [El segundo casamiento: un don sanador de Dios] (Word).

¿Eras esclavo cuando fuiste llamado? No te preocupes, aunque si tienes la oportunidad de conseguir tu libertad, aprovéchala (7:21). En el imperio romano era fundamental el cambio de estado de ser esclavo a hombre libre, y viceversa. De hecho, había tres niveles: esclavo, liberto y libre. El liberto era quien había sido esclavo pero había comprado su libertad, o la había recibido de parte de su amo.

La importancia de estas categorías se observa en los epitafios de la época. Incluso parecen tomar precedencia por sobre otras consideraciones como el género o la posición en la familia. El nombre de una mujer liberta aparecería por delante del nombre de su marido esclavo. Y el nombre de un hijo nacido libre, aparecería delante de los nombres de su padre (esclavo) y madre (liberta).

El cambio de estado, de esclavo a liberto, que ofrecía el estado superior de libres por nacimiento a los hijos, era algo deseado por muchos. Y en el imperio no eran pocos los que recorrían este camino de ascenso. La investigación de Gordon sobre la aristocracia menor italiana reveló que un tercio de las autoridades en los centros comerciales como Ostia y Capua eran hijos de libertos.

Por eso, el consejo de Pablo de "permanecer en la condición" en la que había sido llamada la persona, suena sorpresiva, cuando menos (1 Corintios 7:20). ¿Por qué no debía un cristiano buscar mejor posición? ¿Por qué no recorrer un camino que les brindaría una vida mejor a sus hijos?

El "aunque" de Pablo en 7:21 nos ayuda a entender esto. No es que Pablo esté en contra del avance, por sí mismo. Pablo está en contra de que se centre la atención del creyente con tanta fuerza en objetivos del mundo como para distraerle de su llamado a vivir como "esclavo o esclava de Cristo". El objetivo del cristiano debe ser el de cumplir la voluntad de Dios en cada situación, y no el de concentrarse en tratar de cambiar su condición.

Es algo que para nosotros hoy sigue siendo muy válido. Muchas veces creemos que si tuviéramos más dinero, o más tiempo, o si no tuviéramos esposa e hijos, podríamos ser más devotos a Dios. Pablo nos recuerda que ese tipo de pensamientos no está bien. No hemos de concentrarnos en lo que haríamos si las cosas fueran diferentes, sino en servir a Jesús en la situación que existe hoy. En esto, y solamente en esto, conoceremos la paz.

La mujer *está ligada a su esposo* mientras él vive; pero si el esposo muere, ella queda libre para casarse con quien quiera, con *tal de que sea en el Señor* (7:39). La palabra que se traduce como "ligada" es *delatai*, y aparece también en 7:15 cuando Pablo dice que la mujer no está obligada si su esposo no creyente ya no quiere vivir con ella. Es claro entonces que Pablo establece el ideal que gobierna el matrimonio, pero que no excluye las situaciones excepcionales a las que se ha referido anteriormente.

Aquí la contribución más importante no es la reformulación de un ideal con el que concuerdan todos los cristianos, sino el comentario de Pablo de que la viuda cristiana que se vuelve a casar debe hacerlo en el Señor.

Casarse con otro cristiano no garantiza inmunidad con respecto a los problemas, las desilusiones o incluso el divorcio. Pero sí significa que tenemos la oportunidad de formar ese hogar cristiano armonioso y lleno de amor que necesita todo adulto y todo niño.

Ahora bien, quiero que entiendan que *Cristo es cabeza de todo hombre*, mientras que *el hombre es cabeza de la mujer* y Dios es cabeza de Cristo (11:3). A pesar de los esfuerzos de algunos que querían imponer jerarquías, Pablo no usa "cabeza" en el sentido de la relación de superior-subordinado. Cabeza, *kephale*, no se usaba por lo general en la literatura griega en el sentido de "jefe" o "de mayor rango". Aunque la palabra hebrea *ro'sh* sí tenía este sentido, los traductores del Septuaginto casi nunca utilizan *kephale* como traducción de *ro'sh* en el sentido de "gobernante" aunque sí utilizan *kephale* si se habla de la cabeza en términos físicos. Los lectores de Pablo en el siglo primero habrían entendido esta metáfora con el significado de "origen de la vida" más que de "gobernante" o "superior vs. inferior".

¿Por qué habla Pablo de este modo y qué está diciendo? Pablo enseguida se ocupará del problema específico que tiene que ver con la cobertura de la cabeza. Pero antes, quiere formar un marco para sus observaciones. Este marco es a la vez teológico, histórico y relacional. Cristo es el origen de la vida del hombre (Juan 1:4). Adán (*ho aner*; "el hombre") es el origen a partir del cual se formó la mujer. Dios Mismo es el origen de donde vino Cristo encarnado. Lo que hacemos, entonces, refleja el origen de donde surgimos, para honor o deshonra de este origen.

Cada tanto oiremos que alguien argumenta, basándose en este pasaje, que los hombres, "la cabeza" son superiores y que las mujeres son inferiores y que por eso la mujer tiene que obedecer. Pero ¿en qué es inferior Cristo al Padre, que es su "cabeza"? Desde la eternidad, Padre, Hijo y Espíritu Santo existen como Un Solo Dios, co-iguales aunque con roles diferentes en el cumplimiento del plan de salvación. Podríamos argumentar con mayor lógica a favor de la igualdad de los hombres y las mujeres a partir de este versículo, en lugar de verlo como defensa de la subordinación de la mujer. De hecho, Pablo hace exactamente esto al destacar la interdependencia de los sexos en 11:11-12.

Sí, los hombres y las mujeres tienen papeles diferentes en la familia, en la sociedad y en la iglesia. Pero esa diferenciación no debe distorsionarse como indicador de superioridad e inferioridad. Y el uso que hace Pablo del término "cabeza" no debe entenderse como afirmación de una jerarquía en las relaciones entre el hombre y la mujer en el hogar o la iglesia.

En cambio, toda mujer que ora o profetiza *con la cabeza descubierta* deshonra al que es su cabeza; es como si estuviera rasurada (11:5). Aquí Pablo no está objetando a que las mujeres "oren y profeticen" en las reuniones de la iglesia. Sí objeta a que las mujeres lo hagan con la cabeza "descubierta".

A pesar de la investigación y el debate no se ha podido establecer con exactitud qué quiere decir Pablo con "cabeza descubierta" o por qué se consideraba inadecuado. Difieren las opiniones: la cabeza se podía cubrir con velos, como los que usan las mujeres de Medio Oriente, con pañuelos, o con el cabello suelto y sin peinar, y hasta con el cabello corto. Desafortunadamente, ha pasado tanto tiempo desde el siglo primero, y en particular, desde los inicios de la Iglesia cristiana, que sencillamente no tenemos forma de saber qué quiere decir Pablo con estas palabras.

Pero sí sabemos lo suficiente. Parece que a las mujeres de Corinto les entusiasmaba esta nueva libertad que tenían en Cristo. Es cierto que en el siglo primero las mujeres tenían su papel en la adoración en las sinagogas, pero era un papel limitado, como lo define T. Megillah 23: "Todos pueden presentarse para dar el quórum de siete, incluso las mujeres y los menores. Pero los sabios dicen que la mujer no puede leer las Escrituras, por respeto a la congregación".

Sin embargo, en Corinto las mujeres no solo lideraban la oración sino que profetizaban, sirviendo como agentes de la continua revelación de Dios a Su pueblo.

Lo que aparentemente sucedió fue que algunas mujeres de Corinto decidieron afirmar su igualdad con los hombres, al adoptar un peinado masculino. Si ahora tenían el privilegio que antes solo estaba reservado para los hombres en la adoración ¡loa firmarían adoptando vestimenta y peinado de varón!

Esto es lo que molestaba a Pablo. Al adoptar una posición extremadamente feminista las mujeres de Corinto estaban negando la verdad de la Creación porque Dios Mismo creó a los hombres y las mujeres para que fueran diferentes, y no iguales.

La mujer es gloria del hombre (11:7). Pablo presenta un argumento original. Dios es el origen de las diferencias entre hombres y mujeres (11:7-9). La diferencia no es algo que rebaje, porque "la mujer es gloria del hombre".

Esta frase nos ayuda a ver que al decir que la mujer fue creada "para" el hombre, Pablo no está diciendo que fuera creada para que el hombre la dominara o tuviera autoridad sobre ella. Más bien, Pablo está diciendo que al provenir del hombre la mujer completa al hombre y con él hace que sea posible la raza humana. Las excelencias de la mujer reflejan su crédito en el hombre, de cuya costilla fue formada ella como compañera e igual.

Por esta razón, y a causa de los ángeles, la mujer debe llevar sobre la cabeza señal de autoridad (11:10). Ahora Pablo insiste y subraya su argumento. La autoridad, *exousia*, de la que habla Pablo no es algún tipo de autoridad que tiene el hombre sobre la mujer, como han enseñado algunos. Es, más bien, la nueva libertad, autoridad o derecho, que tienen las mujeres dentro de la iglesia, para orar y profetizar. Al peinarse como mujeres estas mujeres de Corinto les demostrarán a los hombres y ángeles que no son ciudadanas de segunda clase y que no tienen que negar su naturaleza femenina para lograr la igualdad. Es como mujeres que Pablo quiere que estas tomen su lugar, junto a los hombres de la congregación de Corinto y no por debajo de ellos, como iguales, participando en la adoración a Dios.

El mensaje de este pasaje suena contemporáneo. También hoy hay mujeres que sienten que tienen que vestir y actuar como hombres para lograr la igualdad. La buena nueva del Evangelio es que en Cristo las mujeres son valoradas y aceptadas como mujeres. Y que tienen autoridad para participar plenamente en el ministerio ejerciendo los dones espirituales que les ha dado nuestro Dios.

Hoy la iglesia tiene que aprender lo que sabía y enseñaba Pablo, abriendo las puertas al ministerio, ya que han estado cerradas durante demasiado tiempo.

Como es costumbre en las congregaciones de los creyentes, guarden las mujeres silencio en la iglesia, pues no les está permitido hablar. Que estén sumisas, como lo establece la ley (11:33-34). Después de estudiar la afirmación de Pablo respecto de la libertad y autoridad de la que han de disfrutar las mujeres al orar y profetizar en la iglesia, este versículo, solo tres capítulos más adelante, causa impacto en nosotros. ¿Es una inconsistencia de Pablo? ¿Cómo pueden orar y profetizar las mujeres y permanecer calladas al mismo tiempo? ¿Cómo pueden tener autoridad, si no se les permite hablar? ¿Cómo es que se las llama iguales en el capítulo 11 y aquí son subordinadas?

Para entender este pasaje, ver el Pasaje en Profundidad sobre el rol de las mujeres en la iglesia.

EL PASAJE EN PROFUNDIDAD

La Santa Cena (11:17-34).

Trasfondo. Al tratar el tema de la adoración Pablo escribe para corregir prácticas de la iglesia de Corinto, relacionadas con la Eucaristía, la celebración de la Santa Cena. Hay tres temas que le preocupan. 1) La iglesia está abusando del ágape (fiesta de amor) que acompaña la celebración, versículos 17-22. 2) La iglesia no está tomando en serio la celebración, ni sigue la forma establecida por Jesús, v. 23 a 26. Pablo define la forma y pone énfasis en que la ceremonia es "un recordatorio" (11:24,26), oportunidad de volver a estar al pie de la cruz, percibiendo y afirmando el significado de la muerte de Cristo por nosotros. 3) Hay algunos que participan "de manera que no es digna", v. 27-34. Aquí la "manera indigna" es la falla (11:27). No cuestiona la forma de la celebración sino la actitud de quienes celebran. Quienes se acercan ignorando sus pecados sin confesar se arriesgan a desagradar a Dios, e incluso se arriesgan a la enfermedad y la muerte física. La Santa Cena honra un sacrificio efectuado para liberarnos de las garras del pecado. No podemos participar dignamente si entramos muy alegres aún en las garras del pecado, negando así el propósito de la muerte de Cristo.

Pero es el primer asunto el que refleja el tema general de la carta. "Cuando se reúnen como iglesia hay divisiones entre ustedes" (11:18). Las divisiones son aparentemente sociales, porque el anfitrión atiende a sus iguales y a la clase social más alta, ignorando a los más pobres.

La descripción que hace Murphy-O'Connor de los hogares en donde se reunían los cristianos de Corinto dejan en claro que no había demasiado espacio (ver Adoración en orden [124:26-33] en El pasaje en profundidad de 1 Corintios 12-14). Por necesidad, algunos eran recibidos en el *triclinium* (salón comedor) en tanto otros tenían que permanecer en el *atrium*, afuera. Se ha prestado mucha atención en los últimos 30 años a la sociología de la iglesia de Corinto y gran parte de la tensión en esta iglesia se atribuye a la estratificación social pre-existente. En cuanto a las comidas que se compartían los que eran de diferentes clases sociales no recibían la misma cantidad o calidad de comida. Aparentemente esta práctica común había sido llevada en Corinto por algunos de los anfitriones a las reuniones de la iglesia ¡causando división! Con esta práctica "menosprecian a la iglesia de Dios y quieren avergonzar a los que no tienen nada" (11:22).

Una interesante sección de una de las cartas de Plinio sugiere mayor sensibilidad al impacto de este trato, que el que mostraban los cristianos de corintios hacia sus hermanos.

> Estaba cenando con un hombre, aunque no era amigo suyo en particular. Su elegante economía, como la llamaba él, me pareció una tacaña extravagancia. Los mejores platos se servían delante de él y a los demás se les servía poco alimento y de menor calidad. Hasta hizo poner el vino en vasijas pequeñas, divididas en tres categorías, no con la idea de que sus huéspedes pudieran elegir sino para que les fuera imposible negarse a beber el vino que se les diera. Para él y para nosotros, se servía un tipo de vino, y para sus amigos menores (todos sus amigos están clasificados), se servía otro vino. Y un tercer vino era para sus libertos y los nuestros. Quien estaba a mi lado en la mesa notó esto y me preguntó si me parecía bien. Dije que no. "¿Y qué hace usted?", me preguntó. "Les sirvo lo mismo a todos, porque cuando invito gente es para comer, y no para establecer distinciones de clase. Los siento a la misma mesa como iguales, y por eso los trato a todos por igual, en todo". "¿Incluso al liberto?". "Por supuesto, porque en ese momento comparten la mesa conmigo y no son libertos". "Eso debe costarle caro". "Por el contrario". "¿Cómo es posible?". "Porque mis libertos no toman el tipo de vino que bebo yo. Más bien, yo tomo el tipo de vino que beben ellos".

Así, dice Pablo, tiene que ser en la iglesia. Porque cuando los creyentes se reúnen para celebrar la muerte de nuestro Señor y para compartir en amor, no se deben hacer distinciones sociales. Todos han sido huéspedes del Señor resucitado, y todos iguales son Sus libertos, con una libertad que fue comprada al precio de la sangre del Salvador.

Las mujeres en la iglesia (11:2-16; 14:33-36).

Generalidad. Para entender cualquiera de los pasajes que tratan este tema es necesario ubicarlo en contexto. Por eso cito aquí un extenso artículo del *Diccionario Zondervan de Términos Bíblicos*.

1. Evidencia de la importancia de las mujeres.

A pesar de la realidad de la vida en una cultura dominada por los hombres, las mujeres, sorprendentemente, tenían un papel importante en la primera iglesia. La razón, sin duda, es que en Cristo las mujeres al igual que los hombres reciben dones espirituales para el ministerio. Así, la contribución de las mujeres al ministerio total del cuerpo de Cristo es básica para la salud y el crecimiento de la congregación toda.

Hay pasajes específicos de evidencia en el NT que muestran que se le daba un lugar especial a las mujeres en la vida de la iglesia. Vale la pena mencionar algunos datos.

■ Las mujeres tuvieron un papel importante en el establecimiento de varias congregaciones del NT (hechos 16:13-15, 40; 17:4, 12).

■ Se identifica a las mujeres por nombres y Pablo las llama "compañeras de trabajo" (en especial en Romanos 16 donde identifica por nombre a siete mujeres). Esta inclusión de las mujeres en un equipo ministerial es un rasgo que marca una diferencia importante con respecto a las prácticas judías. También es de extremada importancia que se nombre a Priscila antes que a su esposo Aquila (Romanos 16:3).

■ Se ven mujeres participando a través de la oración y la profecía en las reuniones de la iglesia (1 Corintios 11:5). Aunque el AT predecía que habría un día en que los hijos y las hijas profetizarían cuando el Espíritu fuera derramado sobre "hombres y mujeres" (Joel 2:28-32; Hechos 2:17-18), la participación de las mujeres en las reuniones de la iglesia es otra violación a la tradición del AT.

■ Se identifica a Febe como diaconisa en Romanos 16:1, y hay evidencia que sugiere que habría tanto mujeres como hombres que trabajaban de diáconos.

A pesar de que es clara la evidencia en cada una de estas áreas, y que sugiere que las mujeres eran libres de participar en la vida de la iglesia primitiva y que se las reconocía por sus aportes al ministerio, existen pasajes difíciles de interpretar, que causan problemas.

2. Las mujeres en puestos de la iglesia

Las posiciones que menciona el NT por lo general correspondían a los hombres. Parece ser así, ya se hable de apóstoles, ancianos o supervisores (obispos). Pero no sucede lo mismo con los diáconos. En Romanos 16:1 Febe es llamada diaconisa de la iglesia de Cencrea. La palabra significa "siervo" y también se traduce así en varias versiones, pero es la misma que aparece en 1 Timoteo 3:8 cuando se supone que los "diáconos" tienen que ser (entre otras cosas) "deben ser honorables, sinceros, no amigos del mucho vino". Luego el versículo 11 dice: "Así mismo, las esposas [*gyne*] de los diáconos deben ser honorables, no calumniadoras" (3:11). La NVI y otras versiones traducen *gyne* como "esposas", pero en la NVI hay una nota al pie: "o...diaconisas". La falta del posesivo en el texto original sugiere que la mejor traducción sería "mujeres" y no "esposas". El pasaje puede referirse a las mujeres que, como los hombres a los que se refiere Pablo, eran diáconos y tenían responsabilidades como tales.

Aunque hay evidencia de que las mujeres servían como diaconisas en la iglesia primitiva, falta evidencia en cuanto a su servicio en cualquier otra posición. Debemos cuidarnos de argumentar. Porque sea cual fuere el papel de los diáconos en la iglesia, hay indicaciones positivas de que entre ellos había mujeres.

3. Las mujeres en el servicio de adoración

Los pasajes más controvertidos del NT en referencia a las mujeres tienen un contexto común: tratan sobre temas relacionados con la adoración. Más allá de cómo los entendamos, tenemos que interpretar estos pasajes en el contexto completo de una reunión en la que las mujeres sí tenía participación (al menos en Corinto) porque Pablo escribió sobre las mujeres que oraban y profetizaban cuando se reunían la congregación (1 Corintios 11:5). Dentro de este marco de participación, los pasajes y su interpretación más probable aparecen a continuación.

Según 1 Corintios 14:34-36 las mujeres "han de permanecer calladas en las iglesias" al punto que "nos e les permite hablar". Debían reservar las preguntas hasta que llegaran a sus casas, y entonces podían preguntarle a sus esposos. Esta instrucción, tan tosca, se ha interpretado de distintas maneras. 1) Definitivamente, descarta la participación de las mujeres. 2) Fue añadido por otra persona, no por Pablo. 3) Es un ejemplo de lo inconsistente que era Pablo y refleja su visión cultural anti femenina. 4) las declaraciones de Pablo en el capítulo 11 se han malinterpretado, y las mujeres no deben hablar en la iglesia. 5) La prohibición del capítulo 14 ha de verse como una opinión en particular, referida a un problema específico y no como patrón para todas las reuniones de la iglesia.

Esta última opción parece más acorde con la visión de las Escrituras, y con la debida atención al texto. En 1 Corintios 14:26-40 Pablo trata no solo el tema de las reuniones en desorden sino también la cuestión de la revelación profética (14:30). Pablo dice que "En cuanto a los profetas, que hablen dos o tres, y que los demás examinen con cuidado lo dicho" (14:29). El verbo griego que se traduce como "examinen" es *diakrino* (juzgar, discernir). Es en este contexto inmediato que Pablo da instrucciones sobre el silencio de las mujeres. Así, mejor es tomar este pasaje como indicación para el momento de examinar lo dicho por los profetas, en cuanto a que las mujeres han de permanecer en silencio, sin participar.

Esta interpretación concuerda con lo que se entiende de otro pasaje importante, 1 Timoteo 2. Al escribirle a Timoteo Pablo vuelve al tema de la reunión de la congregación. Y dice aquí de las mujeres: "La mujer debe aprender con serenidad, con toda sumisión. No permito que la mujer enseñe al hombre y ejerza autoridad sobre él; debe mantenerse ecuánime" (2:11-12). Pablo luego presenta un argumento teológico a partir de la Creación y la Caída, como base para su instrucción (2:13-14).

Hay una diferencia entre este pasaje y el de 1 Corintios 14. Aquí "serenidad" y "silencio" son traducciones de *hesychia*, en tanto que en 1 Corintios 14, la palabra es *sigao*. Este último es un término utilizado nueve veces en el NT (Lucas 9:36; 20:26; Hechos 12:17; 15:12-13; Romanos 16:25; 1 Corintios 14:28, 30, 34) y significa "guardar silencio", "cerrar la boca". Pero *hesychia* solo aparece cuatro veces en el NT (Hechos 22:2; 2 Tesalonicenses 3:12; 1 Timoteo 2:11-12) e indica receptividad callada pero atenta. Esa actitud que promueve el aprendizaje, se contrasta con "enseñanza" o "autoridad" sobre el hombre. Mejor es no separar los conceptos de enseñanza y autoridad, aunque gramaticalmente sea posible hacerlo. Nos convendrá ver en toda la discusión el tema de la "enseñanza con autoridad". La enseñanza con autoridad en la iglesia se considera entonces incompatible con el rol adecuado para la mujer, de hesychia y sumisión.

El paralelismo entre ambos pasajes se hace evidente. Las mujeres sí participaban hasta cierto punto en las reuniones de la iglesia de Corinto, orando y profetizando. Pero les estaba prohibido cualquier rol de prominencia, en especial al juzgar a los profetas y pronunciar enseñanza con autoridad para todo el cuerpo de la iglesia.

4. Implicancias para nuestros días

Las dos limitaciones que especifican las epístolas para el ministerio de las mujeres, son para los roles que se supone eran ocupados por ancianos o por obispos (supervisores) en la iglesia primitiva.

En esencia, estos puestos parecen estar directamente vinculados con la responsabilidad de la salud de la iglesia local, al proteger los procesos que fomentan la salud espiritual en la iglesia. Podría incluirse el juzgar el mensaje de un profeta contemporáneo y la enseñanza con autoridad (interpretación de las Escrituras) con el propósito de guiar a la iglesia.

Si es correcta esta opinión, parece claro que en la iglesia primitiva no había mujeres que fueran ancianos o supervisores. Parece posible que, como los argumentos de Pablo se originan en la teología más que en las costumbres contemporáneas, la limitación también esté dirigida a la iglesia de hoy.

Hemos de recordar que hoy sigue habiendo debate respecto de estos pasajes. Por cierto, no importa qué sea lo que uno piense, todo ha de hacerse con humildad, equilibrado por la fuerte afirmación de la importancia de las mujeres como personas en la iglesia de Jesucristo (págs.. 631-33).

1 CORINTIOS 15–16
La resurrección: la familia es eterna

EXPOSICIÓN

Cerca del final de su carta Pablo se ocupa de un último tema: la enseñanza de "algunos de ustedes" (15:12) de que a los creyentes no les espera la resurrección. La respuesta de Pablo se divide en tres partes. Primero les recuerda a los corintios una verdad fundamental: Cristo resucitó de entre los muertos (15:1-11). Es claro que la resurrección es una realidad objetiva, y que de hecho es la fuente de la nueva vida en Cristo para el creyente. En segundo lugar Pablo muestra las absurdas consecuencias de esta negación de la resurrección (15:12-34). Si no existe la resurrección de entre los muertos entonces Cristo no resucitó y el cristianismo es un engaño (15:12.19). Si Cristo resucitó, entonces eso conforma evidencia de que la muerte ha sido derrotada y de que los muertos en Cristo resucitarán (15:20-28). Pablo señala entonces las implicancias prácticas de negar la resurrección. En tal caso, sufrir por Cristo es locura y más les valdría a los creyentes vivir según la carne, como parecen estar haciendo algunos (15:29-34).

Aclarado ya este tema Pablo se ocupa de otra pregunta: ¿Cómo resucitan los muertos? (15:35-59=. Esto, más que cualquier otra cosa, para los paganos es algo que va en contra de la lógica. Celso argumentaría luego: "¿Qué clase de cuerpo, después de su total descomposición, podría volver a su naturaleza original y a la misma condición en que estaba antes de disolverse? Como no tienen nada que decir para responder a esto, buscan un ridículo artilugio diciendo que 'con Dios todo es posible'. Pero de hecho, Dios no puede hacer algo vergonzoso ni hacer lo que Él desee si es contrario a la lógica". (c. Celso 5:14). En realidad, la atención que Pablo dedica al cómo, sugiere que Celso expresa la opinión de aquellos corintios que dudan. La respuesta de Pablo evita el "ridículo artilugio" al utilizar la analogía para demostrar que la resurrección en restaura al cuerpo a su "naturaleza original" ni "a la misma condición" en que estaba antes de disolverse. Los seres humanos no piensan que sea extraño que surja nueva vida de una semilla plantada en el suelo, aún cuando esa semilla original se disuelva. ¿Por qué sorprenderse entonces de que el cuerpo terrenal se transforme, de perecedero a imperecedero, de la deshonra a la gloria, de la debilidad al poder y de lo natural a lo espiritual? Ahora estamos vinculados a Cristo y no a Adán y cuando Cristo regrese los muertos en Cristo serán resucitados y los creyentes que todavía estén vivos en ese momento serán transformados junto con ellos. Y entonces resonará en todo el universo un grito de alegría: "La muerte ha sido devorada por la victoria" (15:54).

El capítulo 16 parece presentar un clima contrario al grito triunfante con que concluye la defensa de la resurrección presentada por Pablo. Sin embargo nos recuerda que aunque la gloria nos espera en el futuro, mientras tanto tenemos que ocuparnos de lo mundano, y que esto también es importante. Por eso Pablo les recuerda a los corintios de la colecta que están realizando para los pobres (1:1-4), lo cual hace que recuerde que Timoteo está a punto de legar (16:5-11) a pesar de que Apolo no desea regresar a Corinto tan pronto (16:12). Luego, con exhortaciones y deseos finales Pablo pone fin a su carta a los de Corinto. Corinto era una iglesia problemática. Pero sus miembros seguían siendo muy amados por el gran apóstol y sus últimas palabras aquí expresan una actitud que, aunque no siempre es evidente en las palabras fuertes que usa en su carta, por cierto se refleja en todo lo que ha escrito: "Los amo a todos ustedes en Cristo Jesús. Amén".

ESTUDIO DE PALABRAS

Porque *ante todo* les transmití a ustedes lo que yo mismo recibí (15:3). El texto griego hace que sea posible utilizar "ante todo" en sentido temporal. Pero en el contexto es claro que Pablo pone énfasis en la importancia de lo que "les transmití", como mensaje del Evangelio. ¿Cuáles son las doctrinas centrales del cristianismo? Nos lo dicen los versículos siguientes:

> que Cristo murió por nuestros
> pecados según las Escrituras,
> que fue sepultado, que resucitó al
> tercer día según las Escrituras,
> y que se apareció a Cefas, y
> luego a los doce (15:3-5).

Dios predijo en las Escrituras lo que sucedería, en el espacio y en el tiempo. Y los apóstoles y otros más fueron testigos oculares de ello. La resurrección es, por tanto, una realidad histórica. Hay algunos que intentan relegar la Resurrección a un "plano espiritual" en la historia de la salvación, muy distinta a la historia sucedida en el espacio y el tiempo. Consideran la historia de la resurrección de Jesús como forma creativa de expresar la convicción de los apóstoles de que incluso después de la cruz Jesús se les apareció como "real". Esta teología es muy distinta de la sencilla afirmación de Pablo, de que la muerte, sepultura y resurrección de Jesús fueron reales, y de lo cual dan testimonio los testigos oculares y las Escrituras. Pedro lo dice con claridad: "Cuando les dimos a conocer la venida de nuestro Señor Jesucristo en todo su poder, no estábamos siguiendo sutiles cuentos supersticiosos sino dando testimonio de su grandeza, que vimos con nuestros propios ojos" (2 Pedro 1:16).

"Que fue sepultado, que resucitó al tercer día según las Escrituras" (15:4). Los comentaristas difieren en cuanto a la frase "según las Escrituras", sobre si hace referencia solo a la Resurrección, o a la Resurrección al tercer día.

La opinión judía general en el siglo primero sostenía que el cadáver empezaba a descomponerse recién al tercer día. Pablo entonces puede haber estado haciendo una referencia oblicua al Salmo 16:10: "No dejarás que mi vida termine en el sepulcro; no permitirás que sufra corrupción tu siervo fiel".

Es más probable, sin embargo, que Pablo se refiere a las Escrituras simplemente como testimonio del hecho de que el Mesías moriría y resucitaría. aunque el Salmo 16:9-11 sí hace referencia a la resurrección de Jesús (Hechos 2:25-31), Pablo tal vez estuviera pensando en un pasaje de mayor claridad.

> Después de aprehenderlo y juzgarlo, le dieron muerte;
> nadie se preocupó de su descendencia.
> Fue arrancado de la tierra de los vivientes,
> y golpeado por la transgresión de mi pueblo.
> Se le asignó un sepulcro con los malvados,
> y murió entre los malhechores,
> aunque nunca cometió violencia alguna,
> ni hubo engaño en su boca.
> Pero el Señor quiso quebrantarlo y hacerlo sufrir,
> y como él ofreció su vida en expiación,
> verá su descendencia y prolongará sus días,
> y llevará a cabo la voluntad del Señor.
> Después de su sufrimiento,
> verá la luz y quedará satisfecho;
> por su conocimiento
> mi siervo justo justificará a muchos,
> y cargará con las iniquidades de ellos.
> Por lo tanto, le daré un puesto entre los grandes,
> y repartirá el botín con los fuertes,
> porque derramó su vida hasta la muerte,
> y fue contado entre los transgresores.
> Cargó con el pecado de muchos,
> e intercedió por los pecadores.

Isaías 53:8-12

Estas palabras, escritas por el profeta Isaías unos 700 años antes del nacimiento de Jesús, constituyen potente testimonio tanto de la muerte como de la resurrección de Jesús. No pueden descartarse o ignorarse. tanto la muerte como la resurrección son temas centrales del Evangelio cristiano y de ambas cosas hay testimonio real de que son sucesos históricos, ocurridos en el espacio y en el tiempo.

EL ANTIGUO TESTAMENTO, SOBRE NUESTRA RESURRECCIÓN

La doctrina de la resurrección personal no se desarrolla en el AT, pero está presente con toda claridad y los fariseos de la época de Jesús enseñaban esta doctrina. Sin duda, la declaración más clara del AT se encuentra en Daniel 12:2: "y del polvo de la tierra se levantarán las multitudes de los que duermen, algunos de ellos para vivir por siempre, pero otros para quedar en la vergüenza y en la confusión perpetuas". Pero la doctrina del AT no se apoya en un único versículo. Isaías miraba al futuro, al día en que el Señor "Devorará a la muerte para siempre" (Isaías 25:8), y proclamó: "Pero tus muertos vivirán, sus cadáveres volverán a la vida. ¡Despierten y griten de alegría, moradores del polvo!" (Isaías 26:19). Tanto Enoc como Elías fueron llevados directamente al cielo (Génesis 5.24; 2 Reyes 2:11), hechos que sugieren la continuación de la vida más allá de nuestro mundo, aunque estos dos casos obviamente fueron inusuales. Otros versículos que señalan a la liberación que se extiende más allá de esta vida son: Job 14:14; Salmos 17:15; 49:712; 73:23-26).

Aunque no se desarrolla la doctrina, es claro al punto de que Jesús podía con justicia criticar a los saduceos, que se burlaban de la idea de la resurrección personal. Jesús les dijo: "Ustedes andan equivocados porque desconocen las Escrituras y el poder de Dios" (Mateo 22:29; Marcos 12:24).

Y que *se apareció* a Cefas, y luego a los doce. Después se apareció a más de quinientos hermanos a la vez (15:5). El verbo en el texto griego, *opththe*, significa simplemente que Jesús era visible a quienes fueron testigos de su resurrección. La lista de testigos es impresionante, en especial pro el hecho de que al momento en que Pablo escribía esta carta, la mayoría de ellos estaban vivos todavía. La lista completa de apariciones de Jesús después de la resurrección es:

Pedro	Lucas 24:34; 1 Cor. 15:5
Dos discípulos	Lucas 24:13-51
Los apóstoles (sin Tomás)	Lucas 24:36-45; Juan 20:19-24
Siete, en el lago Tiberíades	Juan 21:1-23
500 personas, en Galilea	1 Corintios 15:6
Santiago, en Jerusalén	1 Corintios 15:7
Muchos, en la Ascensión	Hechos 1:3—11
Pablo, cerca de Damasco	Hechos 9:3-6; 1 Corintios 15:8
Esteban, siendo apedreado	Hechos 7:55
Pablo, en el Templo	Hechos 22:17-21; 23:11
Juan, en Patmos	Apocalipsis 1:10-19

Como han señalado muchos, tenemos más evidencia histórica de la resurrección física de Jesús que de casi cualquier otro hecho sucedido en el mundo antiguo. Aquellos que rechazan el Evangelio no pueden argumentar con validez que sus afirmaciones no han sido autenticadas históricamente.

En este caso, también están perdidos *los que murieron en Cristo*. Si la esperanza que tenemos en Cristo fuera sólo para esta vida, seríamos los más desdichados de todos los mortales (15:18-19). En algunas versiones el texto dice "se durmieron", como eufemismo de la muerte. el verbo en griego es *konaoma*i, y en el NT aparece con frecuencia (Mateo 27:52; 28:1; Lucas 22:45; Juan 11:11-12; Hechos 7:60; 12:6; 13:36; 1 Corintios 7:39; 11:30; 15:6, 18, 20, 51; 1 Tesalonicenses 4:13-15; 2 Pedro 3-4). Pablo ha repasado la evidencia de la resurrección física de Cristo y ahora se ocupa de las implicancias de negarla. Si Cristo resucitó, nosotros resucitaremos. Pero si Cristo no resucitó y la resurrección es un engaño, el cristianísimo es fútil y seguimos en pecado y los muertos están perdidos. Para el cristiano, la esperanza requiere de lea resurrección porque sin la resurrección, nada tiene sentido.

El énfasis cristiano en la resurrección tiene particular importancia en vistas de que el paganismo antiguo y las religiones orientales de misterio no ofrecían tal esperanza.

La resurrección de Cristo proclamada como evidencia de la efectividad de Su muerte para procurar nuestra salvación era evidencia de que un día también el creyente resucitaría.

FUNERALES ROMANOS

Los ritos funerarios romanos miraban hacia atrás, más que hacia adelante. Los ritos de los hombres famosos ponían énfasis en una breve biografía en la que se ensalzaban las virtudes y el carácter del fallecido. Polibio (6.54-2) los veía como "la forma en que constantemente se renueva la buena reputación de los hombres nobles; la fama de aquellos que han logrado algo grandioso y que sigue siendo inmortal, y la gloria de los benefactores del país, que se hace conocida al pueblo y es un legado para la posteridad". Tácito (*Agric*. 1, 46), consideraba que la biografía y su énfasis eran una forma de 2legar a la posteridad n registro de las obras y personalidades de los hombres distinguidos", permitiéndoles así " vivir para siempre".

Aun así en la mente pagana no había dudas acerca de que, por mucho que viviera por siempre el recuerdo o la fama de los "hombres distinguidos", las personas estaban muertas y ya no volverían. No fue sino hasta que la luz del Evangelio comenzó a brillar en el mundo del siglo primero que los paganos pudieron soñar siquiera con que los muertos volvieran a vivir.

No es de extrañar entonces que Pablo les recordara a los tesalonicenses, preocupados por los que "se habían dormido", su indicación de que los cristianos "no se entristezcan como esos otros que no tienen esperanza" (1 Tesalonicenses 4:13). El Evangelio trae esperanza. Y la esperanza es la de la resurrección, una esperanza a la que nos aferramos con gozo.

Lo cierto es que Cristo ha sido levantado de entre los muertos, como *primicia*s de los que murieron

(15:20). Con anterioridad, Pablo había presentado hipótesis: "Y si Cristo no ha resucitado..." (15:14, 17). Ahora, deja estas hipótesis de lado y afirma una certeza. Y es más, la resurrección de Jesús es como la primicia de la cosecha, los primeros frutos que sirven como garantía de que llegará la cosecha plena. en este sentido la resurrección de Jesús sirve como garantía personal de parte de Dios de que también nosotros resucitaremos.

Entonces *vendrá el fin*, cuando él entregue el reino a Dios el Padre, luego de destruir todo dominio, autoridad y poder (15:24). Lo que Pablo está diciendo es que nuestra resurrección es un hecho que ocurre una sola vez, y que siendo un hecho importante, es uno de los que conforman la secuencia de sucesos del fin. El primer evento fue la resurrección de Jesús, que transformó el curso de la historia y brindó certeza sobre la resurrección del creyente. Sin embargo, es un suceso que hay que ubicar en el marco del plan general de Dios. Está:

Cristo,	la primicia
Cuando Él venga,	los que le pertenecen
Luego el fin	en que Él entrega el reino a Dios y pone fin a todos los demás dominios, es decir, a los poderes demoníacos y la muerte misma.

La resurrección de Cristo, por tanto, es más que la garantía de nuestra resurrección. Es el suceso primordial de la historia misma, el suceso que presenta el gobierno de Jesús, un gobierno escatológico que cumplirá los propósitos de Dios y abolirá a Satán y a la muerte, restaurando así el universo a su estado puro original y revirtiendo el fluir del poder destructivo al que dio rienda suelta la caída de Adán.

Por eso, Pablo dice: "Y si Cristo no ha resucitado, la fe de ustedes es ilusoria y todavía están en sus pecados" (15:17). Todo, para nosotros como individuos y para nuestra raza, nuestro universo y el cumplimiento del plan de Dios, depende enteramente de la resurrección de Jesucristo.

Y cuando todo *le sea sometido*, entonces el Hijo mismo *se someterá* a aquel que le sometió todo, para que Dios sea todo en todos (15:28). Aquí, el lenguaje es funcional, más que ontológico. Es decir que Pablo no sugiere la inferioridad de Cristo, Quien desde la eternidad ha estado con Dios como Dios. Lo que Pablo está diciendo es que habiendo cumplido con su rol de Salvador y mesías, Jesús habrá restaurado el universo a la plena armonía con la voluntad de Dios Padre para que el Padre lo administre nuevamente.

Si no hay resurrección, ¿qué sacan los que se bautizan *por los muertos*? (15:29). Es una referencia que nos confunde, por el hecho de que no hay referencia a tal práctica en la historia de la iglesia, ni pasaje en las Escrituras que apunte a alguna doctrina que vindique tal práctica. La mejor solución parece ser la siguiente: en Corinto algunos creían que el bautismo era necesario para que la persona entrara en el reino futuro de Dios y por ello, practicaban el bautismo vicario, en representación de los seres queridos que habían muerto ya.

Pablo menciona la práctica pero no como si estuviera en favor de ésta. Más bien, está señalando la inconsistencia de los corintios. ¿Cómo pueden afirmar por un lado que no existe la resurrección, en tanto practican con tanta asiduidad el bautismo en representación de los que ya han muerto? O hay una vida futura, o no la ay. Y si no la hay ¿por qué tal compulsión a practicar el bautismo de los muertos?

Y nosotros, ¿por qué *nos exponemos al peligro* a todas horas? (15:30). La frase en griego es fuerte. Pablo arriesga su vida a diario para promover el Evangelio. Pero a diferencia de los corintios, Pablo no es inconsistente. Sabe que le espera la resurrección y por ello se compromete por entero a un estilo de vida que no tendría sentido alguno si no hubiera resurrección.

Muchos jamás nos hemos preguntado la pregunta que Pablo formula y responde con tal claridad. Como nos espera la resurrección también nosotros tenemos que comprometernos de corazón a servir, no importa qué sacrificios materiales haya que hacer.

Vuelvan a su sano juicio, como conviene, y dejen de pecar (15:34). El "pecado" al que se refiere ¿es la negación de la resurrección del creyente? ¿O está haciendo referencia a un estilo de vida laxo, que no toma en cuenta la resurrección que espera al creyente? Encontramos la respuesta más adecuada en la cita del versículo 33, tomada del poeta griego Menandro de Thais, "Las malas compañías corrompen las buenas costumbres". La palabra que se traduce como "compañía", es *homili*a, y puede significar también "conversación". Lo que Pablo está diciendo tal vez, es que "la mala conversación [tal como negar la resurrección] tiene mala influencia sobre el compromiso del cristiano". Los corintios tenían que "volver a su sano juicio" (15:34), manteniendo la mirada en la resurrección futura, cuya garantía es la resurrección de Cristo mismo. Tienen que dejar de cometer esos pecados de la carne que no cometería nadie que estuviera esperando con ansiedad el regreso de Cristo.

Juan también dice lo mismo en su primera epístola, cuando escribe: "Queridos hermanos, ahora somos hijos de Dios, pero todavía no se ha manifestado lo que habremos de ser. Sabemos, sin embargo, que cuando Cristo venga seremos semejantes a él, porque lo veremos tal como él es. Todo el que tiene esta esperanza en Cristo, se purifica a sí mismo, así como él es puro" (1 Juan 3:2-3).

"¿Cómo resucitarán los muertos? ¿Con qué clase de cuerpo vendrán?" (15:35). Como se señala en la Exposición, al principio de esta sección, el "cómo" era algo que causaba gran preocupación en el siglo primero. El centro de la cuestión queda claro a través de la interacción de dos palabras que encontramos en este versículo: *nekros*, o "muerte", que aparece 11 veces en los versículos 1-34 pero solamente 3 veces en el resto del capítulo; y por otra parte, soma, o "cuerpo", que aparece 10 veces en la última parte del capítulo pero no ocurre ni siquiera una vez entre los versículos 1 y 34. Entonces, la gran duda es sobre cómo resucitará el cuerpo. ¿Puede volver a vivir algo que se ha descompuesto totalmente en la tumba? Y tal vez más aún ¿quién querría volver a habitar algo tan asqueroso? Podemos entender por qué la idea les era repugnante a los corintios, si es que pensaban en una resurrección bajo el aspecto de algo así como muertos vivos o zombis.

Pablo señala que hay una correspondencia entre el cuerpo que muere y el que resucita, pero que sin embargo no son exactamente iguales. Porque el cuerpo mortal es perecedero, deshonroso, débil y "natural", en tanto el cuerpo de resurrección será imperecedero, glorioso, fuerte y "espiritual" (15:42-44). En lugar de asemejarse a Adán, el cuerpo de la resurrección se corresponde con el de Cristo (15:49).

¡Qué tontería! Lo que tú siembras no cobra vida *a menos que muera*. No plantas el cuerpo que luego ha de nacer sino que siembras una simple semilla de trigo o de otro grano (15:36-37). Se ha criticado a Pablo porque su afirmación no es científicamente correcta: la semilla no muere. Pero Pablo no está escribiendo un texto de biología sino señalando que la naturaleza misma responde a la tonta objeción de los que suponen que la resurrección del cuerpo supone la reanimación de lo descompuesto. ¡La semilla da lugar a algo nuevo! Este patrón también está presente en el orden sobrenatural. el cuerpo del creyente va a la tumba, pero en la resurrección, lo que se levante de la tumba será renovado y transformado.

No todos moriremos, pero todos *seremos transformados* (15:51). Cuando vuelva Jesús, los creyentes que estén vivos pasarán por una transformación de sus cuerpos. El término griego es *allaso*, que no se usa normalmente para indicar una transformación como esta pero cuyo significado es claro de todos modos porque Pablo dice que "lo corruptible tiene que vestirse de lo incorruptible, y lo mortal, de inmortalidad" (15:53) porque "el cuerpo mortal* no puede heredar el reino de Dios" (15:50). La transformación debida a nuestra resurrección no es opcional. Es esencial. En su forma presente, el cuerpo sencillamente no puede "heredar el reino".

Entonces se cumplirá lo que está escrito: "La muerte ha sido devorada por la victoria." (15:54) Pablo cita dos profecías del AT, que son las únicas predicciones que cita y que todavía no se han cumplido. Isaías 25:8 dice: "Devorará a la muerte para siempre; el Señor omnipotente enjugará las lágrimas de todo rostro". Y Oseas 13:14 dice: "¿Habré de rescatarlos del poder del sepulcro? ¿Los redimiré de la muerte? ¿Dónde están, oh muerte, tus plagas? ¿Dónde está, oh sepulcro, tu destrucción?".

Pero en cierto aspecto, esas profecías se han cumplido en Jesús, y sencillamente estamos esperando su cumplimiento completo. En Su propia muerte y resurrección Jesús ha vencido a aquel que esgrimía e poder de la muerte, y ganó la victoria eterna, para usted y para mí (Hebreos 2:14-15; Colosenses 2:15).

El aguijón de la muerte es el pecado, y el poder del pecado es la ley (15:56). Al triunfar sobre la muerte Jesús también venció a los enemigos que trajeron la muerte a la humanidad. El primer enemigo es el pecado, que Romanos 6 muestra como ya desposeído del poder sobre la persona que está unida a Jesús por la fe. El segundo es la ley, que según Romanos 7:1-4 es el "poder del pecado" porque las prohibiciones de la ley de hecho estimulan la naturaleza de pecado a pecar.

Al derrotar al pecado Jesús puso fin al poder de los socios de la muerte para que incluso en la tierra podamos vivir vidas de santidad. Por eso Pablo concluye: "Por lo tanto, mis queridos hermanos, manténganse firmes e inconmovibles, progresando siempre en la obra del Señor, conscientes de que su trabajo en el Señor no es en vano" (15:58).

Cada uno de ustedes aparte y guarde algún dinero conforme a sus ingresos (16:2). Muchas de las cartas de Pablo mencionan colectas para ayudar a los creyentes judíos de Tierra Santa. No se menciona el por qué pero tal vez, para los años 55 y 56 DC, época del tercer viaje misionero de Pablo, se había endurecido la actitud hacia los cristianos y los creyentes de Tierra Santa tendrían dificultad para ganarse la vida. De todos modos Pablo menciona aquí a los gálatas y habla de la colecta en Romanos 15:26 y también en 2 Corintios 8-9.

Aunque la enseñanza principal de Pablo sobre el dar, está en su segunda carta a los corintios, aquí el énfasis en que aparten dinero con regularidad "conforme a sus ingresos" es un mensaje importante que añade al pasaje.

EL PASAJE EN PROFUNDIDAD

La resurrección

En este pasaje Pablo argumenta que la resurrección, la de Cristo y también la del creyente, es una verdad cristiana básica y fundamental. También deja en claro que la "resurrección" es totalmente diferente de los milagros del pasado en que se restauraba a la vida terrenal a alguien que había muerto.

Hay una cantidad de incidentes en que se restaura a alguien a la vida terrenal, tanto en el AT como en el NT. Entre ellos, está el retorno de los hijos de dos mujeres

(1 Reyes 17:17-24; 2 Reyes 4:8-37). La resurrección de la hija de Jairo obrada por Jesús (Mateo 9:18-26; Lucas 8:41-56) y la espectacular resurrección de Lázaro, que ya había estado en la tumba durante tres días (Juan 11) demuestran el poder de Dios por sobre la muerte. Pero cada una de estas personas resucitadas, luego volvió a morir. A diferencia de los resucitados no pasaron más allá del poder de la muerte, a una vida sin fin.

La resurrección de Jesús nunca se compara con estas resucitaciones. Más bien, Jesús "permanece para siempre" (Hebreos 7:24) y por eso "su sacerdocio es imperecedero. Por eso también puede salvar por completo a los que por medio de él se acercan a Dios, ya que vive siempre para interceder por ellos" (7:24-25). La resurrección de Cristo es prueba de la verdad de Su afirmación como deidad, porque "fue designado con poder Hijo de Dios por la resurrección" (Romanos 1:4).

No extraña entonces que la resurrección de Jesús fuera piedra angular de la predicación apostólica (Hechos 2:24-36; 3:15-26; 4:10; 5:30; 10:40; 13:34, 37; 17:18-32). Y aun más, Su resurrección es la garantía de que los creyentes también resucitarán un día a la vida eterna (1 Corintios 15:20).

Hay tres aspectos de la enseñanza de la resurrección que tienen importancia: su naturaleza de transformación, sus características y su poder.

■ La resurrección como transformación. La Biblia enseña que todos los muertos deben aparecer ante Dios para el juicio (Hebreos 9:27; Apocalipsis 20:11-15), pero la resurrección a un estado transformado solo es para los creyentes. Juan escribe que el Dios que nos hizo Sus hijos quiere que seamos como Su Hijo (1 Juan 3:2; Romanos 8:29).

En Tesalonicenses 4 Pablo explica que cuando Jesús regrese, aquellos que "han muerto en unión con él" (4:14) irán con Él y los que estén vivos todavía se encontrarán con ellos en el aire. Los "muertos en Cristo" (4:16) serán levantados antes de que sean arrebatados los creyentes aún vivos. Juntos, toda la familia se reunirá con Jesús en el aire "Y así estaremos con el Señor para siempre" (4:17).

Nuestro pasaje añade más detalles. Aquí Pablo observa simplemente que aunque el cuerpo de resurrección se corresponderá con nuestro cuerpo actual, por contraste será imperecedero, glorioso e infundido de poder (15:42-44). Transformados "a la imagen del hombre celestial" (15:49), por medio de la transformación que ocurre "en un abrir y cerrar de ojos, al toque final de la trompeta" (15:52), "los muertos resucitarán con un cuerpo incorruptible, y nosotros seremos transformados".

La resurrección, entonces, significa una transformación total de nuestros cuerpos mortales en algo que excede a nuestra capacidad de imaginación.

■ Características del cuerpo de resurrección. Aunque sabemos muy poco sobre el estado de resurrección, es fascinante descubrir indicios de sus características en la descripción del Jesús resucitado que nos brinda el NT: Cristo habló de Su cuerpo, y dijo que era "carne y huesos" (Lucas 24:39), tal vez en contraste con "carne y sangre" (1 Corintios 15:50), ya que "la vida de toda criatura está en la sangre" (Levítico 17:11). También notamos que Jesús pudo aparecérseles de repente a Sus discípulos en una habitación que estaba cerrada (Juan 20:26). ¿Se habrá librado el cuerpo de resurrección de las limitaciones materiales bajo las cuales estamos obligados a vivir? Este tema, aunque es fascinante, no se desarrolla en realidad en ninguno de los dos Testamentos, de manera que nos queda lo que nos dice Juan: "todavía no se ha manifestado lo que habremos de ser" (1 Juan 3:2). Pero sí sabemos que cuando llegue nuestra resurrección, la debilidad con la que vivimos los mortales se verá reemplazada por fuerza e inmortalidad. Y viviremos para siempre.

■ El poder de la resurrección. Uno de los aspectos más importantes de la enseñanza del NT; aunque no siempre tomado en cuenta, es que la resurrección de Jesús hizo que para los creyentes estuviera disponible el fluir del poder de resurrección. Después de la desesperanza inicial de Pablo, al tratar de vivir la vida cristiana por sus propias fuerzas, Pablo descubrió la vida de la fe. Y escribe, exultante: "el mismo que levantó a Cristo de entre los muertos también dará vida a sus cuerpos mortales por medio de su Espíritu, que vive en ustedes" (Romanos 8:11). El Espíritu Santo, agente de la resurrección de Cristo, vive en usted y en mí. Eso significa que aunque hoy vivamos en cuerpos mortales el Espíritu nos eleva por encima de nuestras limitaciones y nos da capacidad para vivir una vida de santidad.

El no ver esta verdad, ha hecho que se malinterpretaran otros pasajes. En Filipenses 3 Pablo no expresa incertidumbre acerca de su propia resurrección cuando dice que "Así espero alcanzar la resurrección de entre los muertos" (3:11). Más bien, Pablo anhela "conocer a Cristo, experimentar el poder que se manifestó en su resurrección [¡ahora!], participar en sus sufrimientos [¡ahora!] y llegar a ser semejante a él en su muerte [¡ahora!]. Así espero alcanzar [¡ahora!] la resurrección de entre los muertos [en el sentido de experimentar la vida nueva que el Espíritu nos da, incluso en nuestra mortalidad] (3:10-11).

aunque Pablo anhela su futura resurrección y alienta a los corintios a tener perfecta confianza en que un día serán transformados y resucitados, la atención de Pablo está en el presente, más que en el futuro. Lo que quiere es vivir una vida en el poder del Espíritu, fuente del poder de resurrección, y experimentar así en su rutina diaria una calidad de vida que se hará plena solo en la eternidad.

¡Qué objetivo grandioso para usted y para mí! Porque sabemos que un día seremos como Jesús, podemos confiar en que el Espíritu de Dios nos da capacidad para vivir nuestras vidas aquí como vivió Jesús, en el poder de Dios y para Su gloria.

2 CORINTIOS 1-3
El hombre menos adecuado

EXPOSICIÓN

La segunda carta a los corintios se escribió unos 6 a 18 meses después de la primera. aparentemente, la mayoría de los problemas que Pablo trataba allí, como las demandas legales y la deformación de la Santa Cena, se habían subsanado ya. Pero aún así la relación de Pablo con los corintios se deterioraba, y por eso quizá hacía falta una corta visita, que "les causaría tristeza" (2:1; 12:14, 21; 13.1-2). Tampoco esto resolvió el problema, y la camarilla que se había formado en oposición a Pablo seguía atacando al apóstol y a sus representantes (2:-8, 10; 7:12), alentados por los judaizantes de Palestina (11:4, 22).

Aunque hay debate en torno a esto, muchos comentaristas creen que Pablo escribió una carta breve pero contundente en ese momento (2:3-4, 7, 9; 7:8,12) que fue entregada por Tito (2 Corintios 8:6a).

Mientras tanto, Pablo dejó Efeso para ministrar en Troas (Hechos 19:23-20:6; 2 Corintios 1:8-11) y Macedonia (2:16;7:5). allí Tito se reunió con Pablo y le dio buenas noticias: los corintios habían respondido de manera positiva a la severa carta que él les había entregado (7:5-16). Pero poco después Pablo se enteró de que había problemas adicionales en Corinto. Frustrado y sin embargo, con confianza, Pablo escribió entonces la carta que conocemos como 2 de Corintios, una carta que tal vez es la más reveladora de la persona de Pablo. Porque a pesar de su continuo conflicto con sus críticos de Corinto, con toda franqueza Pablo habla de su debilidad y de sus fortalezas, al explicar los principios de su ministerio del Nuevo Pacto.

La total sinceridad de Pablo se revela en el primer capítulo. Después de los saludos habituales (1:1-2) Pablo alaba al Señor como "Dios de toda consolación" y confiesa su profunda desazón y necesidad de consuelo (1:3-11). Es impactante, porque en lugar de defenderse recitando sus credenciales de apóstol, Pablo expone su debilidad como hombre, afirmando "agobiados bajo tanta presión, que hasta perdimos la esperanza de salir con vida: nos sentíamos como sentenciados a muerte". Esta auto-revelación tiene un propósito: solo un hombre débil que ha experimentado el consuelo que Dios brinda puede identificarse con quienes son débiles, para comunicarles el consuelo de Dios. Las cartas de Pablo exponen las debilidades de los corintios y ahora él mismo expresa las propias, para asegurarles que Dios es capaz de librarlos a todos de tal condición.

Luego Pablo responde a la acusación de que aunque prometió pasar algún tiempo en Corinto ahora pareciera haber olvidado su promesa. la respuesta de Pablo es simple: ha comunicado sus intenciones pero como siervo de Cristo, responde a la voluntad de Dios. Y el Señor ha tenido otros planes (1:12-22). Y más aún, la demora de Pablo no es evidencia de su falta de amor hacia los corintios. Dudó, para ahorrarles otra "dolorosa visita" y con angustia, les ha escrito en lugar de acudir allí (1:23-2:4). Aparentemente la carta de Pablo surtió efecto y la iglesia disciplinó a los que lideraban el ataque contra el apóstol. Pablo alienta a todos a perdonar a la persona ahora penitente y a recibirlo nuevamente en comunión (2:5-11).

En este momento Pablo entra en lo que se ha llamado "ramificación", desde 2:12 a 7:16. Sea un aparte o no, esta larga sección contiene una impactante explicación del os principios del ministerio bajo el Nuevo Pacto, en contraste con el ministerio bajo el Viejo Pacto de la Ley de Moisés.

Pablo comienza con la imagen de sí mismo marchando en victoriosa procesión, celebrando el triunfo de Jesús por sobre todos los enemigos de Dios (2:12-3:6). a medida que esa procesión avanza por el mundo, el mensaje del Evangelio es como la fragancia de ofrendas de gratitud, que llena el aire. Esa fragancia es como el hedor de la muerte para los perdidos, pero para los salvos es "fragancia de vida". El impacto de ese ministerio se ve en los seres humanos a los que esta fragancia cambia, ya que la Palabra de Dios ha sido escrita por el Espíritu Santo "no en tablas de piedra sino en tablas de carne, en los corazones".

Los pensamientos de Pablo pasan a una comparación adicional (3:7-18). El Antiguo Pacto tenía un tipo de gloria, pero fue una gloria que se esfumó así como se esfumaba el resplandor del rostro velado de Moisés cada vez que dejaba la presencia de Dios. Sin embargo, el Nuevo Pacto tiene una gloria mucho mayor. Israel, con los ojos todavía fijos en Moisés, no puede ver la gloria de Cristo porque el verdadero significado de la ley permanece velado. ¡Para los cristianos es tan diferente! A través de Cristo Dios obra en nosotros, logrando una transformación que en lugar de esfumarse, crece a lo largo del tiempo. Y al quitar el velo, compartiendo lo que somos con sinceridad y libertad, vemos a Cristo reflejado en la transformación que Él obra en cada uno de nosotros.

Pablo tiene una enorme base para su confianza, a pesar de que admite debilidad e incluso en vistas de los problemas obvios de los corintios. Es que Cristo está obrando en cada creyente. Y en tanto el Espíritu continúa Su obra y los miembros del cuerpo aprenden lo que es la apertura y la sinceridad que demuestra Pablo, Cristo seguirá obrando, con Su obra de transformación en cada uno de ellos. Y ellos verán y conocerán Su gloria.

ESTUDIO DE PALABRAS

Padre misericordioso y Dios *de toda consolación, quien nos consuela* en todas nuestras tribulaciones (1:3-4). Estos versículos introducen un tema central de los capítulos 1 a 7. "La consolación", es *paraklesis*, término que puede significar "alentar", además de "consuelo" o "consolación". La palabra aparece diez veces en los versículos 3 a 7, con *thlipsis* ("problema", "aflicción", tres veces), y con *patherna*, ("sufrimiento", cuatro veces).La vida está llena de presiones y angustias para pablo, pero el aliento que recibe de Dios le fortalece y da capacidad.

No existe la vida libre de problemas y angustias. Solamente el cristiano experimenta el consuelo divino en "todas nuestras tribulaciones".

Quien nos consuela en todas nuestras tribulaciones (1:4). Pablo utiliza el pronombre o verbo en primera persona en plural, con diversos referentes, que van desde (1) Pablo mismo a (2) Pablo y quienes trabajan con él, (3) Pablo y los destinatarios de su mensaje, (4) todos los cristianos, (5) todos los seres humanos en general, y (6) todos los judíos.

Aquí, Pablo no se refiere a sí mismo sino a Pablo como cristiano representativo.

Es bueno estar incluido en esa clase de personas para quienes Dios Padre, fuente de todo consuelo, es Quien alienta y renueva.

Estábamos tan agobiados bajo tanta presión, que hasta perdimos la esperanza de salir con vida (1:8). Aquí, el término es *eaxaporenthena*i, una palabra infrecuente que literalmente significa "sin salida". Aquí, el "nosotros" de Pablo es "yo", y su confesión de angustia surge a partir de su experiencia de "tanta presión". Algunas versiones lo traducen como "completa e insoportablemente aplastado".

La confesión parece indicar un gran riesgo. Pablo a sufre severos ataques de parte de sus críticos de Corinto. ¿No le hace más vulnerable ante sus enemigos esta admisión de debilidad?

Aunque este es el miedo que hace que muchos escondan sus defectos y debilidades, destacando solo lo bueno y sus puntos fuertes, Pablo es mucho más sabio en los caminos del Señor. Todos los hombres son débiles, y las circunstancias les abruman fácilmente. Solamente la esperanza confiada en la continua intervención de Dios, y el pedido de ayuda a otros con sus oraciones, pueden ayudar cuando se acumulan "grandes presiones" y no parece haber salida.

Especialmente entre ustedes, con la *santidad* y sinceridad que vienen de Dios (1:12). Muchas de las más antiguas versiones en griego dicen *haploteti* ("integridad") en lugar de *hagioteti* ("santidad"). Palo está respondiendo a la acusación de algunos que dicen que él es inconsistente y variable. Su respuesta es que no, que él siempre ha actuado con integridad.

El problema es que Pablo tenía planeado volver a visitar Corinto. en 1 Corintios 16:2-8 menciona dos opciones: después de Efeso iría a Macedonia y luego a Corinto de camino a Jerusalén. En 2 Corintios 1 menciona otra ruta: Efeso, luego Corinto y después macedonia, para volver a Corinto y proseguir hacia Judea. El problema no era el cambio de planes, sino la posibilidad de que hiciera una "visita" a Corinto desde Efeso, que resultaría dolorosa, pero luego volvió a su plan de viaje original (Hechos 20:1-3, 16). Los opositores de Pablo no solo acusaban al apóstol de no poder tomar una decisión consistente sino que además decían que era cambiante engañoso. Así, Pablo afirma que a pesar de estos cambios, se ha conducido siempre hacia los corintios con *haploteti* (integridad).

Al proponerme esto, ¿acaso lo hice *a la ligera*? ¿O es que hago mis planes según criterios meramente humanos, de manera que diga "sí, sí" y "no, no" al mismo tiempo? (1:17). Pablo admite que no siguió su plan original (1:23). Pero no fue por algún defecto de su carácter ni porque vacile (*elaphria*, actuar "a la ligera"). De hecho, él no hace planes *kata sarka* ("según la carne", o "según el mundo").

Lo que Pablo quiere decir es importante. No es un vendedor que planifica su itinerario de ventas. Pablo sirve a Cristo. Dios dice sí y no, y siempre cumple Sus promesas. Esto implica, entre otras cosas, que Dios es Quien tiene el derecho del sí y el no sobre los planes que hagan Sus siervos (1:18-20).

El Espíritu de Dios dentro de nuestros corazones es Su garantía de nuestra futura redención. La referencia que hace Pablo al Espíritu, como Quien nos ha ungido, es de gran importancia. El término *chrisas*, que encontramos aquí, se usa siempre de manera figurativa e indica una unción o comisión especial de Dios. Pero *chrisma*, una palabra parecida, también se utiliza para hacer referencia a la unción del Espíritu. El primero de estos términos pone énfasis en la comisión de la obra que encomienda el Espíritu, en tanto la segunda palabra habla de la obra del Espíritu en el creyente, como maestro y guía (1 Juan 2:20, 27; Juan 16:12-15). El pasaje contiene una verdad vital que cada uno de nosotros tiene que aplicar en su andar como cristiano. Sí, tenemos que hacer planes. Pero al mismo tiempo, siempre hemos de permanecer sensibles al Espíritu Santo, que puede guiarnos en un rumbo diferente al que hayamos planificado.

Nuestro sí de hoy, puede ser reflejo de la luz limitada que tenemos y tal vez mañana se convierta en un "no", cuando el Espíritu nos muestre la voluntad de Dios. No permitamos que nuestros planes nos atrapen al punto de que no podamos responder a lo que el Espíritu nos muestra y guía.

Sólo por consideración a ustedes por lo que todavía no he ido a Corinto (1:23). Pablo acaba de sugerir que su cambio de planes no fue caprichoso, sino en respuesta a la guía de Dios. ¿No está siendo inconsistente ahora, al dar otra razón para su ausencia?

Aquí encontramos otra lección importante. El Espíritu nos habla de diferentes maneras y al vivir en sintonía con Él reconocemos Su voz. En este caso, el Espíritu habló por medio del interés y amor de Pablo por los corintios, y su deseo de "no hacerles otra visita que les causara tristeza" (2:1). Como se convencía cada vez más de que la visita que había planeado originalmente no sería la mejor forma de expresar el amor que sentía por los corintios, fue sensible a la obra del Espíritu y por ello, cambió de plan.

No esperemos que el Espíritu escriba algún mensaje en grandes letras, sobre el espejo del baño, o interrumpa un programa de radio para hablarnos. El Espíritu nos habla desde adentro, desde la mente y el corazón, y a través de nuestro amor y preocupación por los demás. Aprendamos a mirar hacia adentro y a ser sensibles a lo que el Espíritu susurra allí.

Para él es suficiente *el castigo* que le impuso la mayoría. Más bien debieran perdonarlo y consolarlo para que no sea consumido por la excesiva tristeza (2:6-7). Hay quienes creen que la persona a la que Pablo hace referencia aquí es el hermano inmoral de 1 Corintios 5, que ahora se arrepintió ante la censura (*epitimia*) de la comunidad. La expresión *ton pleionon* ("los muchos") muy probablemente indique a la comunidad toda más que a una mayoría que abogaba por la disciplina, en contraste con una minoría que prefería no disciplinar.

Los comentaristas modernos no encuentran demasiada evidencia que respalde la postura de que se trate del hermano inmoral de 1 Corintios 5. Argumentan, en cambio, que Pablo está hablando de un activo opositor del apóstol. Después de la severa carta de Pablo, sugieren que los corintios le disciplinaron.

El problema principal con la opinión contemporánea es teológico. La disciplina de la iglesia es para quien practica el pecado reiteradamente. Uno podría argumentar que resistirse a la autoridad apostólica es pecado pero no hay en el NT sugerencia alguna de que tal acción deba tomarse contra quienes estén en desacuerdo o incluso, se resistan, contra los líderes cristianos.

Es posible que jamás lleguemos a resolver este debate de manera satisfactoria. Aún así, el pasaje expresa un importante principio, con toda claridad. El objetivo de la disciplina de la iglesia no es el castigo sino la restauración. Al arrepentido hay que perdonarlo y darle la bienvenida y por eso Pablo nos recuerda que hemos de buscar "reafirmar...el amor" (2:8) hacia quienes se desvían, recibiéndoles de vuelta cuando expresen pena por lo que hayan hecho.

Para que Satanás *no se aproveche* de nosotros, pues no ignoramos sus *artimañas* (2:11). El no entender o perdonar y reafirmar el amor hacia una hermana o hermano que hayan sido disciplinados, le abre las puertas a Satán, que utilizará la ocasión para *pleonektethomen* (defraudar, engañar, aprovecharse) a la congregación. No es solo que Satanás se aprovechará del hermano que ha sido disciplinado, sino que se verá afectada y endurecida toda la iglesia por no haber amado y perdonado a este hermano o esta hermana.

Cuando Pablo dice que "no ignoramos sus artimañas", utiliza la palabra *noemata*, "pensamientos", "planes malvados". Dios quiere perdonar a los pecadores. Satanás quiere mantener a los seres humanos atrapados en sus pecados, bloqueando la experiencia del poder de Dios y Su poder para purificarnos.

Si erramos en la cuestión de la disciplina y la restauración, será mejor que nuestro error se deba a que nos inclinamos hacia los caminos de Dios y no los de Satanás.

Gracias a Dios que en Cristo siempre *nos lleva triunfantes* (2:14). Pablo utiliza la imagen de los Triunfos, en que el senado romano votaba a los generales victoriosos. El general, sobre un carro de guerra, iba a la cabeza del desfile de soldados que vigilaban a los cautivos y el resto del botín que se hubiera logrado capturar durante una exitosa campaña militar.

¿Cuál es el papel de Pablo en esta procesión? Él es, al mismo tiempo, botín, tomado cautivo por Cristo en Su conquista en el Calvario, y también miembro del ejército conquistador de Cristo, por medio de Quien Dios "esparce por todas partes" (2:14) la buena nueva del Evangelio.

Hoy marchamos en la misma procesión. Jesús nos exhibe como precioso botín de Su conquista. Y somos soldados de su ejército. Que nuestras vidas exhiban la belleza que Él ve en nosotros, y que podamos ser tan valientes como Pablo en su ministerio.

A diferencia de muchos, nosotros no somos *de los que trafican* con la palabra de Dios (2:17). Platón utilizó el término *kapelos*, para burlarse de los filósofos que "vendían sabiduría", como si el conocimiento pudiera venderse al por mayor o al por menor. Una de las cosas que destacaban a Pablo era la pureza de sus motivos. En 1 Corintios 9:9-12 Pablo argumenta que quienes ministran a tiempo completo tienen derecho a recibir ayuda económica. Pero esto es muy distinto de lo que hacen quienes ministran solo para ganar las ofrendas que entregan aquellos a quienes está llamado a servir el verdadero ministro de Cristo.

Él *nos ha capacitado* para ser servidores de un nuevo pacto (3:6). El texto griego dice que Dios "nos ha calificado", *ikanosen hemas*. La conjugación verbal aorista sugiere que Pablo está pensando en su propio llamado al ministerio, por parte de Dios. Nadie tiene capacidades innatas para calificar como ministro. Es el llamado de Dios lo que califica, porque junto con ese llamado Él nos capacita.

Él nos ha capacitado para ser servidores de un nuevo pacto, no el de la letra sino el del Espíritu; porque la letra mata, pero el Espíritu da vida (3:6). El tema rector de la carta de Pablo es exactamente este: el ministerio del Nuevo Pacto.

El Viejo Pacto es la Ley de Moisés, que gobernaba las relaciones entre las generaciones de israelitas y el Señor. Pablo demostró en Romanos 4-5 que la Ley no tuvo como propósito en ningún momento ser camino a la salvación, por mucho que Israel así la considerara. Jeremías por eso predijo un día en que el Señor formaría un Nuevo Pacto con Israel, diferente en esencia al Antiguo Pacto, y que en ese Nuevo Pacto el pueblo de Dios recibiría tanto el perdón como un corazón transformado. Los estándares morales de Dios registrados en piedra en Sinaí, quedarían entonces grabados en los corazones de Su pueblo. En la era del Nuevo Pacto los seres humanos responden, no a un mandamiento externo sino al estímulo interno hacia la vida cristiana, que produce el Espíritu.

Pablo ha utilizado el lenguaje del Nuevo Pacto al describir a los corintios como "carta de Cristo" (3:3). Ahora pasa a explorar en mayor profundidad las diferencias entre el Antiguo Pacto y el Nuevo. El Nuevo Pacto es el reino del Espíritu, en tanto el Antiguo era el reinado de la letra. El Espíritu da vida, pero la letra mata.

¿Qué quiere decir Pablo como *gramma*, o letra? Tanto el Antiguo Pacto como el Nuevo son revelación divina. Debidamente entendidos, ambos llaman a la fe e invitan a quienes quieren escuchar, a depender de Dios para la salvación. Sin embargo, Israel equivocó este mensaje de salvación y miró solamente la letra de la Ley. Al tratar al AT como letra, como palabra que evoca el propio esfuerzo en lugar de llamar a la fe, Israel perdió la vida en lugar de encontrarla.

Pero ahora, esas mismas Escrituras, leídas en el Espíritu, implican que el creyente descubre que la Ley apunta más allá de sí misma hacia Cristo y llama a depender totalmente de la gracia de Dios, lo cual constituye fe salvadora.

EL PASAJE EN PROFUNDIDAD

El Dios de toda consolación (1:3-11)

Trasfondo. Segunda Corintios es verdaderamente la más reveladora de las cartas de Pablo. Al mismo tiempo es la más importante de las epístolas de NT, en la conformación de una filosofía de este ministerio del Nuevo Pacto, filosofía de ministerio que importa tanto al creyente laico como al que ha sido ordenado.

El objetivo de Pablo no parece ser el de definir los principios del ministerio, sino el de transmitir, y al hacerlo nos ayuda a entender gradualmente no solo al hombre sino también a la naturaleza misma del ministerio del Nuevo Pacto.

Interpretación. Como se señala en el Estudio de Palabras de 1:3, más arriba, Pablo centra la atención aquí en los problemas, sufrimientos y angustia y en el consuelo y aliento que Dios nos da gratuitamente.

La palabra *thlipsis*, traducida como "tribulación" y "angustia", aparece con frecuencia en el NT para describir intensa angustia espiritual y emocional, causada por presiones externas o internas. Todo ser humano que haya vivido es vulnerable, porque ninguno de nosotros puede controlar todas las circunstancias de su vida.

Esto queda expresado con mayor potencia en la palabra que usa el pasaje para referirse al sufrimiento: *patherna*. En la cultura griega esta raíz expresaba la opinión común de que la humanidad sufre aflicción, que se ve obligada a pasar por experiencias que escapan al control humano pero que causan gran angustia física y mental. Esta raíz se utiliza para el sufrimiento y la angustia. Ante todo, el hombre experimenta a Dios como fuente de consolación o aliento. No importa cuán terrible sea la angustia Dios "nos consuela en todas nuestras tribulaciones" (1:4).

En segundo lugar, esas presiones le han enseñado a Pablo una lección vital. Tiene que depender de Dios y no de sí mismo ni de sus capacidades. Dios ha librado a Pablo de circunstancias como estas en el pasado y por eso, en lugar de permitir que le desalienten al punto de bajar los brazos, Pablo mira hacia delante con "esperanza" (1:10).

Esa palabra, "esperanza" (*elpizo*) aparece 70 veces en las epístolas del NT, donde siempre se refiere a la expectativa de algo bueno. Si solo mirásemos el presente y las dificultades en que vivimos, podríamos quedar atrapados en la desesperanza permanente. Pero Pablo nos recuerda que hemos de mirar al mañana con expectativa, confiando en que Dios hará un mañana brillante, esperando Su liberación.

Pero Pablo tiene más para decir sobre nuestra experiencia común de la angustia y el sufrimiento. Dice que Dios no solo nos consuela y nos da esperanzas, sino que le da sentido al sufrimiento. Nuestras dificultades no son juegos de Destinos indiferentes, sino parte del plan de un Dios amoroso que usará nuestros sufrimientos para bien, no solo de nosotros sino de los demás.

Esos sufrimientos forman parte de nuestro llamado a ser el cuerpo de Cristo en este mundo. Lo expresa el versículo 5, que dice "participamos abundantemente en los sufrimientos de Cristo". Una interpretación sugiere que aquí Pablo refleja una doctrina judía conocida como *heble hammasiah*, o "las aflicciones del Mesías". No es sufrimiento por el Mesías, sino el sufrimiento por el que pasan quienes se asocian con Él antes de Su venida a Su reino.

Es mejor darle a la frase un significado más definido como cristiano. Cristo en Su obra de redención Se comprometió a vivir como ser humano sujeto al sufrimiento. Ahora nosotros, el cuerpo de Cristo en la tierra, continuamos Su misión y debemos soportar el mismo antagonismo de parte del ser humano natural. Nuestra disposición a vivir como vivió Jesús, sirviendo a Dios y al prójimo, garantiza que los sufrimientos de Cristo abundarán también en nuestras vidas.

Pero hay una razón todavía más impactante que explica por qué Dios permite que suframos. El sufrimiento y la angustia no solo son concomitantes aspectos de la vida de quien sigue los pasos de Jesús. Son calificaciones esenciales para que podamos ministrar a los demás. Al pasar por la angustia y tomar conciencia de lo vulnerables que somos, nos volvemos al Señor y experimentamos Su consuelo. Y el vivir tanto nuestra humanidad como la gracia de Dios, son requisitos para un ministerio efectivo. Como dice Pablo, podemos "consolar a todos los que sufren" (1:4).

Para consolar a otros tenemos que sufrir como ellos porque solo al mostrarnos vulnerables al sufrimiento podrán aceptarnos como testigos válidos del consuelo que Dios brinda. Dicho en pocas palabras, para que los demás acepten nuestro testimonio de Dios como fuente de consuelo, tienen que ver que somos iguales a ellos al punto de que puedan identificarse con nosotros. La única persona que puede dar a otros esperanza en Dios tiene que ser la que es reconocida como compañero de angustias, víctima de las circunstancias que aquejan a los demás, que conoce el mismo dolor y la misma angustia.

No nos extraña entonces que Pablo está dispuesto a arriesgarse a ser vulnerable ante sus críticos. Dejando de lado por un momento su manto de apóstol, Pablo abre su corazón para mostrarles a los corintios un hombre muy humano, un hombre que sufre, que duda, que teme como los demás. Los "terrenales" (Santiago 3:15) de Corinto no podían identificarse con Pablo si él era el "súper apóstol" (2 Corintios 11:5; 12:11). Pero sí pueden hacerlo con Pablo el vulnerable hombre, porque los corintios podrán oír así el mensaje del consuelo que da Dios, que jamás habrían aceptado de parte de Pablo el Grande.

Aplicación. Tal vez uno de los aportes más importantes de este pasaje es la guía que brinda, para lo que he llamado "consejería de identificación" en otro libro (*Youth Ministry* [Ministerio de jóvenes], Zondervan). Significa que podemos ayudar al otro cuando se reconoce una experiencia común de tribulación, como base desde la que podemos hablar con sentido de lo que les causa sufrimiento, para contarles también de dónde ha venido el consuelo y el aliento. Muchos de los que intentan ministrar adoptan una actitud como de directores. Se espera que el que sufre revele cuál es su problema. La persona que aconseja le sugiere una solución bíblica (en el mejor de los casos) y se supone que el que sufre deberá aceptarla para actuar en consecuencia. Otros intentan ministrar sin esta perspectiva rectora. Se espera que quien sufre revele su problema, quien le ayudará escucha, y refleja sus sentimientos e ideas. Se supone que este proceso ayudará a aclarar el problema, y que quien está sufriendo encontrará su propia solución, para actuar luego.

Es muy diferente la perspectiva de Pablo, según vemos en este pasaje. Él, que ayuda, conoce las presiones bajo las que se esfuerzan los demás, cuenta sus propios conflictos y luego cuenta también cuáles son sus soluciones: el consuelo y esperanza que encuentra al confiar en Dios. De este proceso de compartir lo propio, quien sufre descubre la solución de Dios y se ve motivado por el ejemplo de quien le ayuda, para imitarlo y actuar como él.

La clave a este ángulo de ministerio es que la persona que ministra tiene que humillarse, revelando su propia vulnerabilidad como ser humano, y después de revelar esta vulnerabilidad, transmite "el mismo consuelo que de Dios hemos recibido" (1:4).

La gloria del Nuevo Pacto (3:7-18)
Trasfondo. Nos impacta de inmediato el constante uso que hace Pablo de la palabra "gloria" que aparece 12 veces en estos 11 versículos. El Antiguo Pacto tenía una gloria que le era propia, pero el Nuevo Pacto tiene gloria mayor que esa. Antes de ver los contrastes que traza Pablo entre ambos pactos, servirá que nos dediquemos a ver el significado e importancia de "gloria".

Al respecto, el *Diccionario Zondervan de Términos Bíblicos* (en inglés), dice:

En el Antiguo Testamento, la gloria de Dios está íntimamente vinculada a la auto-revelación del Señor. Hay muchas imágenes: un esplendor que ciega y la santidad como llamas marcan Su presencia (e.g., Éxodo 16:10; 40:34, 35; 2 Crónicas 7:1,2). Pero ni el poder ni la ardiente santidad expresan a Dios de manera completa. Así, Éxodo vincula la gloria de Dios con la revelación de Su carácter amoroso. Cuando Moisés Le rogó a Dios que le mostrara Su gloria, la Biblia informa: "Y el Señor le respondió: Voy a darte pruebas de mi bondad, y te daré a conocer mi nombre. Y verás que tengo clemencia de quien quiero tenerla, y soy compasivo con quien quiero serlo. Pero debo aclararte que no podrás ver mi rostro, porque nadie puede verme y seguir con vida" (Éxodo 33:19-20). En este mismo sentido de revelación Dios dice: "Voy a cubrirme de gloria", en el caso de la negativa del faraón de dejar ir a los israelitas (Éxodo 14:4). El poder redentor de Dios se reveló en el Éxodo (Números 14:22), así como Su poder creativo se revela cuando "Los cielos cuentan la gloria de Dios" (Salmo 19:1).
Pero "gloria" implica más que la revelación de Dios de Quién es Él. Implica la invasión del universo material, la expresión de la presencia activa de Dios entre los Suyos. Así, el AT vincula siempre el término "gloria" con la presencia de Dios entre los israelitas, en el tabernáculo y el templo (ej.: Éxodo 29:43; Ezequiel 43:4-5; Hageo 2:3). La gloria objetiva de Dios se revela en Su venida para estar presente con nosotros, Su pueblo, y para mostrarse a Sí mismo ante nosotros mediante Sus acciones en nuestro mundo (p. 310-11).

Ahora Pablo argumenta, no que el Antiguo Pacto no tuviera "gloria", sino que la gloria del Nuevo Pacto sobrepasa en mucho a la del Antiguo. Al presentar este mensaje Pablo fija nuestra atención en cómo se revela la gloria de Dios en Su venida para estar con Su pueblo, bajo el Antiguo Pacto y bajo el Nuevo. Al hacerlo nos muestra también que el cristiano es de veras libre para adoptar la perspectiva del "riesgo", del ministerio del Nuevo Pacto que Pablo ha mostrado dando el ejemplo al hacerse vulnerable, como vemos en el capítulo 1.

Interpretación. Pablo indicó que Dios, el Espíritu Santo, ha escrito en los corazones de los corintios, haciendo de ellos una "carta de Cristo". Esta es la esencia del ministerio del Nuevo Pacto: Dios revela Su gloria a través de Su presencia en el creyente. Pero, con solo considerarlo un momento encontramos que esta revelación de la gloria de Dios no basta. Después de todo, ¡los corintios son, seguramente, una expresión bastante pobre de Su gloria! Han revelado las características de ser peleadores, como "meros humanos" (Romanos 2:3; 1 Corintios 3:3-4), tolerado la inmoralidad, acudido a tribunales paganos, dividiéndose en cuanto a si comer o no la carne ofrecida a los ídolos en sus templos, y con multitud de manchas y defectos además. ¿Cómo es posible que Pablo diga que ellos son "una carta de Cristo"? ¡Seguramente, la lectura de esa carta no revela la gloria de Dios!

Incluso el mismo Pablo es un pobre ejemplo. ¿No admite que ha pasado por angustias "tanta presión, que hasta perdimos la esperanza de salir con vida" (2 Corintios 1:8)? Seguramente, el Antiguo Pacto entregado por Moisés, hombre de veras admirable,

¡exhibe una gloria mucho mayor que la de este Nuevo Pacto que tanto elogia Pablo!

Pablo concuerda con que Moisés es la figura humana centran, asociada con el Antiguo Pacto. Y por eso le pide a su lector que compare la gloria de Dios según se revela en Moisés, con la gloria de Dios según se revela en el creyente del Nuevo Pacto. Para ello, Pablo elige un incidente que se detalla en Éxodo 34:29-35, y usando únicamente principios establecidos de la *Midrash* judía (exégesis, comentario) muestra que la gloria del Antiguo – visible evidencia de la presencia de Dios en esa era – era una gloria que se desvanecía, en contraste con la gloria del Nuevo – evidencia visible de la presencia de Dios hoy – y que es "más y más gloria" (3:18). El pasaje que Pablo desarrolla en 2 Corintios dice:

> Cuando Moisés descendió del monte Sinaí, traía en sus manos las dos tablas de la ley. Pero no sabía que, por haberle hablado el Señor, de su rostro salía un haz de luz. Al ver Aarón y todos los israelitas el rostro resplandeciente de Moisés, tuvieron miedo de acercársele; pero Moisés llamó a Aarón y a todos los jefes, y ellos regresaron para hablar con él. Luego se le acercaron todos los israelitas, y Moisés les ordenó acatar todo lo que el Señor le había dicho en el monte Sinaí.
> En cuanto Moisés terminó de hablar con ellos, se cubrió el rostro con un velo.
> Siempre que entraba a la presencia del Señor para hablar con él, se quitaba el velo mientras no salía. Al salir, les comunicaba a los israelitas lo que el Señor le había ordenado decir.
> Y como los israelitas veían que su rostro resplandecía, Moisés se cubría de nuevo el rostro, hasta que entraba a hablar otra vez con el Señor.

Al volver a este pasaje Pablo lo ve cómo vívida ilustración de la diferencia entre la admitida "gloria" de la dispensación del Antiguo Pacto y la "gloria" mucho mayor de la era del Nuevo Pacto.

Pablo observa que cuando Moisés acudí a hablar con el Señor, su rostro se volvía radiante. Estar en presencia de Dios transformaba el aspecto de Moisés. Pero además, Pablo observa otra cosa. Cuando Moisés salía de la presencia del Señor, se quitaba el velo pero enseguida volvía a cubrirse el rostro y seguía con el rostro velado hasta entrar de nuevo en presencia de Dios. ¿Por qué se comportaba Moisés de este modo? No para ahorrarle al pueblo una imagen terrible, porque al volver de la presencia de Dios les hablaba con el rostro descubierto. La razón real para el velo, dice Pablo, era para ocultar el hecho de que la gloria radiante ¡iba desvaneciéndose porque era temporal!. Así que, Moisés se cubría con el velo "para que los israelitas no vieran el fin del resplandor que se iba extinguiendo" (3:13). Es claro, entonces, que el Antiguo Pacto, como lo vemos incluso en el hombre que transmitió la ley, no ofrece una transformación permanente.

Ahora, dice Pablo, comparemos el impacto del Nuevo Pacto. En lugar de subir al Sinaí o entrar en la tienda de reunión con Dios, el Nuevo Pacto ¡trae al Espíritu Santo al creyente! Y con el Espíritu llega una gloria ¡que en lugar de extinguirse aumenta! Porque, como dice Pablo: "somos transformados a su semejanza con más y más gloria por la acción del Señor, que es el Espíritu" (3:18).

El judío que volvía la mirada a Moisés y veía en su rostro radiante evidencia de la gloriosa presencia de Dios en el Antiguo Pacto, mira al cristiano y no ve tal cosa. Pero, dice Pablo, ¡el judío está errado! Porque el velo sigue allí, de manera que no puede darse cuenta de que la gloria del Antiguo Pacto es una gloria que no permanece, que se extingue, ¡en tanto la gloria del Nuevo Pacto es transformadora y en permanente aumento!

La real e inequívoca revelación de la presencia viva de Dios en el cristiano es el proceso de transformación por el que pasamos.

Así, Pablo admite gustoso que el Antiguo Pacto sí tenía gloria. Dios Se reveló a Sí mismo a través de esas palabras grabadas en la piedra. Pero el Nuevo Pacto tiene una gloria mucho mayor, porque hoy el Espíritu de Dios habita en quienes conocen a Cristo y escribe activamente en sus personalidades esa santidad que da muestras de la presencia de Dios, en una gloria mucho mayor que la del Antiguo Pacto.

Aplicación. Pablo entreteje la aplicación de esta verdad con su argumento. El cristiano, con esta segura expectativa ("esperanza") de transformación continua, tiene "plena confianza" (3:12). En esto, No hacemos como Moisés, quien se ponía un velo sobre el rostro" (3:13). Y va más allá. Pablo dice: "que con el rostro descubierto reflejamos..." (3:18).

Moisés se cubría el rostro para que los israelitas no pudieran ver lo que sucedía en su vida. Por el contrario, los cristianos nos quitamos el velo para que los demás ¡puedan ver lo que sucede en nuestras vidas! Esto es, por supuesto, precisamente lo que hizo Pablo cuando reveló su vulnerabilidad en el capítulo 1 y habló de las presiones, de su incapacidad para soportar, de la desesperanza que le agobiaba (1:8).

Seguramente, habrá quien diga: "Pablo, eso es ser débil ¿No te estás abriendo a las críticas?". La respuesta de Pablo es: "Por supuesto". Por eso es que hace falta "plena confianza" para ser cristianos (3:12). Nos hacemos vulnerables a las críticas, a que no nos entiendan. Y asusta ser como somos ante los demás, quitándonos ese velo que la mayoría de los humanos usa para esconder sus debilidades.

Habrá quien objete: "Pablo, se supone que prediques a Cristo. Que les digas a los demás lo suficiente y potente que es Cristo. Lo grandioso que es ser cristiano. Este tipo de mensaje mina tu poder de convicción porque hace que ser cristiano no parezca tan atractivo". Pablo responde con potencia: "No es así". El mensaje del Evangelio no es "cree en Cristo y sé perfecto ahora". El mensaje del Evangelio es: "Cristo salva a los pecadores. Consuela y da capacidad a los incapaces. El Evangelio es que Jesús nos entiende en nuestra debilidad, viene a nuestro encuentro allí donde estamos, y se ocupa de transformarnos en algo nuevo". Es más, Su obra dentro de nosotros se ve con el tiempo. Al mirar atrás, vemos maravillados que aunque no somos todavía todo lo que legaremos a ser ¡tampoco somos lo que éramos! El Espíritu de Dios ha estado obrando en nuestras vidas y cada vez nos conformamos más y más a la imagen de Cristo.

Para Pablo, esta es la razón por la que los cristianos han de vivir con plena confianza. Es "con el rostro descubierto [que] reflejamos la gloria del Señor". El término griego que la NVI traduce como "reflejamos" es *katopritzomei* ("reflejar" o "mirar"). Es preferible esta última opción. Porque al quitarnos el velo, necesariamente mostramos nuestras imperfecciones actuales. También, al quitarnos el velo permitimos que otros sean testigos del proceso de transformación que se da en nosotros. Como cristianos vivimos a rostro descubierto, débiles y vulnerables como somos, y descubriremos que Dios obra en nuestras vidas. Veremos a Jesús en los rostros descubiertos de aquellos a los que conocemos y amamos porque el Espíritu de Dios, que nos da la libertad de ser francos y reales (3:17) está obrando Su transformación en nuestras vidas.

No nos extraña entonces que Pablo dice: "como tenemos tal esperanza, actuamos con plena confianza" (3:12). Porque la confianza de que Dios el Espíritu está obrando dentro de nosotros nos da libertad para ser honestos, francos, reales ante los demás. Y al ejercer esa libertad vemos una gloria que sobrepasa en mucho a la gloria del Antiguo Pacto, al punto de que "lo que fue glorioso ya no lo es, si se le compara con esta excelsa gloria" que es nuestra, en Cristo (3:10).

2 CORINTIOS 4–7
Ministerio de la reconciliación

EXPOSICIÓN

Pablo nos ha brindado un potente ejemplo de lo que es la apertura y la vulnerabilidad, y ha presentado el fundamento del ministerio del Nuevo Pacto (capítulo 1). La buena nueva del Evangelio es que Dios está presente en la vida del que cree, dándonos a todos la esperanza de una transformación gradual hacia la imagen de Cristo (capítulo 3). Sobre esta realidad, Pablo afirma dos veces: "No nos desanimamos" (4:1, 16). El ministerio del Nuevo Pacto rechaza el uso del "engaño" para predicar las perfecciones de Cristo y no "a nosotros mismos" (4:1-6). Somos como vasijas de arcilla que contienen un gran tesoro: lo que cuenta no es lo que se ve, sino lo que no se ve. No lo temporario que pasará, sino ese centro, esa esencia, de eternidad que hay dentro (4:7-18).

Pablo se detiene para señalar que nuestra mortalidad, seguramente será "absorbida por la vida". La vida aquí significa estar atrapados en la imperfección, pero no cambia nuestro objetivo de tratar de agradar al Señor, sea ahora o en la gloria (5:1-10). Pablo establece una vez más un principio básico del ministerio. A diferencia de aquellos que hacen alarde de lo que se ve, Pablo cuenta con lo que no se ve: la realidad de Cristo en el corazón del creyente, y el hecho de que el amor motiva al creyente a vivir para el Señor. Pablo está plenamente convencido de esto. El propósito de la muerte de Cristo fue "que los que viven ya no vivan para sí, sino para el que murió por ellos y fue resucitado". Es impensable el hecho de que el sacrificio de Cristo no pueda cumplir con su propósito (5:11-15).

Con esta perspectiva, Pablo ya no considera a nadie "desde el punto de vista del mundo". No son ya las apariencias, sino la realidad espiritual. No son los defectos actuales, sino la promesa del futuro lo que para el apóstol es más real. Como el creyente está ahora en Cristo, ha venido lo nuevo. Y lo nuevo, por supuesto renovará al creyente. Así, la misión de Pablo a los cristianos consiste en urgir a la reconciliación. Es decir, a una vida en completa armonía con Cristo y con el hecho de que al volverse pecado por nosotros Cristo nos ha dado la capacidad de "que recibiéramos la justicia de Dios" en Él (5:16-21). ¡Y a hacerlo hoy mismo! (6:1-2).

Establecido ya este fundamento teológico Pablo vuelve a algo más personal. En todas sus dificultades Pablo ha sido sincero con los corintios, abriéndoles su corazón (6:3-13). En total integridad, Pablo puede urgir a los corintios a que eviten la intimidad con los no creyentes, confiando en la promesa de Dios de que la persona que se purifica del pecado será recibida por Dios como hijo Suyo (6:14-7:1). En cuanto a los corintios, las críticas de Pablo jamás tuvieron por intención la condena. Pablo sigue confiando plenamente en estos creyentes ya los ama intensamente. No lamenta haber dicho palabras duras, porque han oído estas palabras con "temor y temblor", que les llevó al arrepentimiento. Su respuesta a estas duras palabras ha demostrado justamente lo que Pablo sabía desde antes: ese Jesús que no se ve y que está en sus corazones es de veras la influencia que controla sus vidas. Y su respuesta le ha dado gozo al apóstol y a quienes les aman tanto como los ama él (7:2-16).

ESTUDIO DE PALABRAS

Por esto, ya que por la misericordia de Dios tenemos este ministerio, no nos desanimamos (4:1). El término griego es *ouk egkakeo*, "no nos comportamos con debilidad", e indica perseverancia. Pablo entiende la naturaleza de la obra transformadora del Espíritu en los creyentes, y esto hace que más allá de los obstáculos, siga adelante, con confianza.

Es importante que también nosotros lo entendamos. Es fácil sentir desaliento cuando nuestros hijos nos desilusionan, con cuando alguien en quien invertimos tanto tiempo y oraciones vuelve a sus viejos hábitos. Como Pablo, tenemos que tomar conciencia de que tenemos un ministerio del Nuevo Pacto, un ministerio que reconoce la debilidad humana y aún así, confía en la obra del Espíritu del Señor que irá transformando gradualmente al creyente, para darnos a su tiempo la capacidad de reflejar la gloria del Señor, cada vez más.

Pero tenemos este tesoro *en vasijas de barro* para que se vea que tan sublime poder viene de Dios y no de nosotros (4:7). La vívida imagen de la vasija de barro (*ostrakinon skeuos*) ha atraído la atención de muchos comentaristas. Esas vasijas, que se usaban con frecuencia como lámparas de aceite en el siglo primero, eran frágiles y de bajo costo. En nuestros frágiles cuerpos mortales arde la llama del Espíritu, revelando una gloria que es más maravillosa todavía debido a lo común que es su contenedor.

El hecho de que Dios Se revelara a Sí mismo en el Cristo encarnado fue un gran milagro. Tal vez sea un milagro todavía mayor que Dios pueda revelarse a Sí mismo en usted y en mí.

Así que la muerte actúa en nosotros, y *en ustedes la vi*da (4:12). Los traductores de la NVI refieren al "actúa" de la primera cláusula y por ello, puede crearse confusión. La frase *en humin* es dativo y debiera decir "pero para ustedes es la vida".

Pablo ha contado de las constantes presiones bajo las que ministra (4:7-9). Para Pablo esta experiencia de muerte constante (el sufrimiento) no es solamente lo que le toca vivir, sino la prueba de su llamado. Su constante exposición al sufrimiento y su evidente debilidad significan solo que en Él se "revela" la vida de resurrección de Jesús (*phanerothe* [4:10]). Pablo está dispuesto a sufrir porque este continuo compromiso, a pesar de su "muerte", revela el poder de Jesús. Y también sufre bien dispuesto porque su "muerte" es ventaja para los corintios porque su sufrimiento les ha traído la nueva vida en Jesús de la que hoy ellos disfrutan.

En cierto sentido, todos los que conocemos a Jesús somos llamados a sufrir como también Él fue llamado. Solamente en nuestra debilidad podemos revelar de veras la fuerza de Jesús. Y con demasiada frecuencia, es solo al sacrificar algo que apreciamos mucho podemos darle a alguien más el don de la vida. Es bueno entonces si podemos hacer estos sacrificios con el gozo que expresa Pablo cuando escribe: "Todo esto es por el bien de ustedes, para que la gracia que está alcanzando a más y más personas haga abundar la acción de gracias para la gloria de Dios" (4:15).

Así que *no nos fijamos* en lo visible sino en lo invisible, ya que lo que se ve es pasajero, mientras que lo que no se ve es eterno (4:18). El término es *skopounton*, por lo general utilizado en el sentido de "fijar la mirada en". Indica examinar con atención, una mirada que penetra en la cosa examinada para determinar su valor y al mismo tiempo, considera este valor.

Este versículo es clave, porque nos permite entender el argumento de Pablo en estos capítulos. Él ve claramente los defectos de los corintios y con la misma claridad ve la angustia y el sufrimiento que van de la mano con su compromiso de servir a Cristo. Pero descarta todas estas cosas como *proskaira*, "temporarias" (4:18). Pablo mira más allá de los meros fenómenos sensoriales, sabiendo que todo lo que pueda tocar, ver y sentir es pasajero y en última instancia, irreal. A Pablo le importa lo eterno, esa realidad que nuestros sentidos no pueden descubrir. Es esta realidad, que ha descubierto en Cristo, donde él fija su mirada, y hacia ella ha fijado su rumbo.

Cuanto más entendamos los caminos de Dios y cuanto más firme sea nuestro compromiso con ellos, tanto mejor podremos ver nuestro propio camino en la vida. Mantener la mirada fija en lo eterno es la mejor forma de protegernos contra las angustias y desilusiones de la vida.

De hecho, sabemos que si esta *tienda de campaña* en que vivimos se deshace, tenemos de Dios un edificio, *una casa eterna* en el cielo (5:1). Este es uno de los pasajes más debatidos del NT, por la cantidad de interpretaciones. La mayoría, iguala "tienda de campaña" con el cuerpo mortal y "casa eterna" con el cuerpo de resurrección o algún cuerpo intermedio con el que "se vestirá" el creyente hasta tanto llegue el día de la resurrección.

Aunque jamás podrá resolverse adecuadamente este debate, podemos ver aquí un tema básico del pensamiento cristiano. En el siglo primero muchos creían que el alma "desnuda" (5:3) podía acercarse a Dios sin vestido (sin cuerpo). Para ellos, la resurrección era espiritual más que corporal. Pablo aclara esa cuestión en 1 Corintios 15, pero aquí hace una nueva y breve referencia al tema. La muerte de la que tan consciente es Pablo (4:7-15) no es más que la pérdida de lo físico como lo es la muerte, porque la pérdida del cuerpo mortal sencillamente significará pasar más allá de lo visible a un lugar en que, aunque ahora nos es invisible ¡seremos revestidos de nuevo y esta vez, para siempre!

Esa maravillosa transición de los visible a lo invisible, de la mortalidad a la plena experiencia de la vida eterna, nos la garantiza el Espíritu que está presente en nosotros (5:5).

Al ver estos versículos, nuestra especulación en cuanto a si Pablo tiene o no un cuerpo temporal y de transición, pierde importancia porque el mensaje verdadero de este pasaje es certero: más allá del tiempo, existe la eternidad. Y el regreso de este cuerpo presente al polvo es un hecho que no tiene importancia alguna porque a quienes mueren en Cristo les espera un glorioso cuerpo celestial.

Confiados en esta maravillosa verdad "nos empeñamos en agradarle [a Dios] ya sea que vivamos en nuestro cuerpo o que lo hayamos dejado" (5:9).

Porque es necesario que todos comparezcamos *ante el tribunal* de Cristo (5:10). En Corinto, el *bema* era una plataforma elevada que estaba cerca del centro de la ciudad. Aunque las autoridades municipales anunciaban las sentencias judiciales desde ese podio, la imagen no asustaba a los lectores de Pablo en el siglo primero. Porque desde el *bema* se efectuaban todas las proclamaciones públicas, las que elogiaban a las personas y también, las que les censuraban.

Pablo no escribe aquí sobre el juicio final, sino sobre esa evaluación de las acciones del creyente a la que hizo referencia en 1 Corintios 3:10-15. Cuando Cristo regrese los creyentes no solo experimentarán la plenitud de la salvación sino que aparecerán ante el Señor *hina komisetai* "para que cada uno reciba lo que le corresponda" (5:10). E retorno de Cristo es el tiempo de cosecha, para nosotros y para el Señor. Somos la cosecha de Dios, y también cada uno de nosotros cosechará "lo que le corresponda según lo bueno o malo que haya hecho mientras vivió en el cuerpo".

Vivamos entonces de manera que nuestra cosecha sea abundante, para que las palabras que Jesús pronuncie desde el *bema* del cielo sean palabras de elogio y no de reprimenda.

***El amor de Cristo nos obliga* (5:14).** El "amor de Cristo" por lo general se entiende como una frase objetiva, más que subjetiva. Es el amor que Cristo siente por nosotros y que ha expresado en el Calvario, más que nuestro amor por Cristo, lo que nos mueve en la vida cristiana. Es la fuerza que nos impulsa. El término en griego es *sunechei* y significa "tener aferrado". Implica más que la influencia moral. El amor de Cristo desata dentro de nosotros una fuerza innegable. Ese amor tiene un carácter transformador, y con toda certeza renovará al creyente como ha transformado a Pablo, que antes era enemigo del Señor y se convirtió en Su siervo más dedicado.

Porque estamos convencidos de que uno murió por todos, y por consiguiente todos murieron. Y él murió por todos, para que los que viven ya no vivan para sí, sino para el que murió por ellos y fue resucitado (5:14-15). Aquí son los conectores los que transmiten la potencia del mensaje de Pablo. ¿Por qué nos obliga el amor de Cristo? Porque ese amor encontró expresión en Su muerte por "todos" (aquí, claramente todos los creyentes). Y por eso, el creyente en unión con Jesús murió también y en unión con Jesús resucitó a una nueva vida (Romanos 6:1-14). *Hina,* aquí, expresa propósito más que resultado, traducido como "para que" en esta versión. Lo que Pablo dice es que a través de la muerte de Jesús y de nuestra unión con Él Dios tiene intención de obrar en nuestras vidas para que lleguemos al lugar en el que está Pablo ahora, un lugar en donde ¡vivimos para Jesús más que para nosotros mismos!

Lo que hizo Pablo aquí es echar el cimiento teológico sobre el cual edifica su ministerio, la gran verdad que da forma a la manera en que se relaciona con los corintios y con los demás. Pablo no pierde las esperanzas, incluso cuando hay divisiones, disputas e inmoralidad en la iglesia de Corinto. Sigue ministrando con confianza porque está plenamente convencido de que ¡no hay nada que pueda impedir que se cumpla el propósito de propiciación de Dios! Dios cumplirá con toda certeza, en la vida de cada creyente, lo que Él planeó al entregar a Su Hijo por nosotros.

¿Cómo cumplirá Dios Su propósito? Uniéndonos a Jesús para que podamos ser partícipes tanto de Su muerte como de Su resurrección. Esta obra cumplida por el amor de Cristo ejercerá una fuerza de motivación en la vida del creyente, y por eso los creyentes de Corinto serán transformados gradualmente a imagen y semejanza de su Salvador.

Esta es una verdad vital, que tenemos que recordar siempre. A veces pareciera que damos un paso adelante en nuestra vida cristiana, solo para retroceder dos. Y muchas veces, las personas a las que amamos parecen indiferentes, sin que el llamado de Cristo al pleno compromiso les afecte en lo más mínimo. Podemos animarnos justamente cuando nos sobreviene el desaliento. Dios seguramente cumplirá Su propósito en nosotros y en ellos. La muerte de Jesús no pierde ni perderá su sentido. A través de Su gran amor, ha entrado en nosotros un gran poder que nos moverá como movió a Pablo "para que los que viven [nosotros] ya no vivan para sí, sino para el que murió por ellos [nosotros] y fue resucitado" (5:15).

Así que de ahora en adelante no consideramos a nadie *según criterios meramente humanos* (5:16). El mundo evalúa a las personas sobre la base del rendimiento, por lo que hacen o dejan de hacer. Desde el punto de vista del mundo, podría considerarse fracasados a los corintios, o en el mejor de los casos, como cristianos con defectos sin diferencia alguna con los "meros humanos" (1 Corintios 3:3). Pero Pablo ve a Cristo vivo en sus corazones, como influencia imparable que reformará cada uno de sus motivaciones hasta que con alegría decidan vivir solamente para Él.

Aunque antes *conocimos* a Cristo de esta manera, ya no lo conocemos así (5:16).

El verbo aquí es *egnokamen,* "conocer" y aquí se utiliza en el sentido de ver o entender a Cristo. La idea que presenta Pablo busca aclarar la importancia de no ver a los demás de manera humana (carnal, del mundo). A juzgar por las apariencias, Jesús fue un fracaso total, un Mesías rechazado por Su propio pueblo y entregado por ellos a la crucifixión. Desde el punto de vista del mundo Jesús fue una figura trágica o ridícula. ¡Pero la realidad es completamente diferente! La Crucifixión, lejos de hacer de Su misión un fracaso, ha demostrado ser la piedra angular de Su éxito. Y la Resurrección ha demostrado que Él es el Hijo de Dios, que vive eternamente.

Esto nos recuerda que las cosas espirituales no suelen ser lo que parecen. Tenemos que aprender a mirar más allá de las apariencias, y basar nuestras vidas en creencias que, a pesar de que con frecuencia no presentan evidencias, sabemos que reflejan la realidad.

Por lo tanto, si alguno está en Cristo, es una nueva creación. ¡*Lo viejo* ha pasado, ha llegado ya lo nuevo! (5:17). Lo "viejo" es *archaias,* lo que viene de épocas pasadas. El nuevo acto de creación cumplido en el creyente, ha dejado en el pasado el viejo orden del pecado, la muerte y la carne, asociado con Adán. A partir de ahora hemos de vernos y ver a los demás con la perspectiva basada en la realidad de la obra de Cristo en nuestras vidas. No es que Pablo esté enseñando el perfeccionismo, ni que diga que ahora estamos libres de la influencia de lo viejo en nuestras vidas. Lo que está diciendo Pablo es que lo "viejo" ha pasado en el sentido de que ya no tiene poder sobre nosotros. La nueva dinámica de vida en Cristo nos promete una libertad transformadora, la libertad de lo que llegaremos a ser.

Todo esto proviene de Dios, quien por medio de Cristo *nos reconcilió* consigo mismo y nos dio el ministerio de la reconciliación (5:18).

Pablo continúa con su argumento, señalando la tensión entre nuestro actual estado de reconciliados y nuestra experiencia de reconciliación.

"Reconciliar" (*katallasso*) es un término teológico esencial en el NT, e indica un cambio en las relaciones personales entre los seres humanos y en especial, entre los seres humanos y Dios. El *Diccionario Zondervan de Términos Bíblicos* observa que se expresan varias verdades vitales en los pasajes en que aparece esta palabra.

(1) Son los seres humanos los que necesitan la reconciliación; su actitud de pecado hacia Dios tiene que cambiar. (2) Dios ha actuado en Cristo para obrar la reconciliación para que, no contando ya nuestros pecados en contra de nosotros, los creyentes ya no tengan base para considerar a Dios como enemigo. (3) Cuando creemos en el Evangelio, experimentamos un cambio psicológico y espiritual, ya que nuestra actitud entra en armonía con la realidad divina (p. 515).

Este pasaje afirma la obra objetiva de Cristo en el cumplimiento de la reconciliación. También centra nuestra atención en lo psicológico y espiritual. El "ministerio de reconciliación" de Pablo se dirige a los creyentes, no a los que no creen (5:18-20). El objetivo de este ministerio es el de efectuar ese cambio en la percepción y la actitud hacia Dios que permitirá al cristiano ser verdaderamente nuevo. Con la mirada centrada en plena armonía con la mirada de Dios, "en Él, recibimos la justicia de Dios".

Esto es, que en Cristo, Dios estaba reconciliando al mundo consigo mismo, no tomándole en cuenta sus pecados (5:19). El argumento de Pablo en este pasaje es lógico y muy razonado. La muerte de Jesús fue una propiciación en el sentido de que Él pagó el precio que requiere el pecado. La muerte de Jesús fue redención en cuanto al precio que Él pagó, comprando así nuestra libertad. Y la muerte de Jesús es reconciliación en el sentido de que exhibe la gracia de Dios y constituye evidencia de que Dios perdona de veras y ya no cuenta nuestros pecados.

La frase *me logizomenos autois*, "no tomándole en cuenta sus pecados", refleja una verdad destacada en Romanos 4. Dios no toma en cuenta los pecados de quien tiene fe en Jesús (Romanos 4.3; Salmo 32:2). El Evangelio de Cristo se centra en el perdón ¡no en la condenación! Que la ley y nuestra conciencia nos condenen y nos hagan sentid incómodos ante Dios. Jesús deja todo eso detrás y nos invita a acudir ante Dios con total libertad, seguros de que en nuestra relación con el Señor nuestros pecados ya no son un problema.

Lo que hace que este punto sea tan importante es que el "ministerio de reconciliación" del Nuevo Pacto que presenta Pablo, mantiene el mismo énfasis. Al tratar con los corintios Pablo no parece inclinarse hacia sus pecados, tomándolos en cuenta en contra de ellos. Más bien, es positivo y optimista. Ve más allá del problema actual y dice con total franqueza: "es tengo mucha confianza y me siento muy orgulloso de ustedes. Estoy muy animado; en medio de todas nuestras aflicciones se desborda mi alegría" (7:4).

Pablo está absolutamente convencido de que el amor de Cristo es la influencia primordial en sus vidas, y que llegarán a ese lugar donde, como Pablo, vivirán para el Señor y no para sí mismos. El papel de Pablo no es el de echar culpas o condenar, sino el de seguir expresando la confianza que tiene en la obra de Cristo en cada uno de ellos, y al expresar esta confianza, ayudar a los corintios a vivir

cada vez en mayor armonía con el Señor.

Esto es, una vez más, una lección para nosotros. El padre o pastor que depende de la crítica constante, con palabras que producen culpa, obstaculiza el crecimiento espiritual en lugar de contribuir a que se produzca. Pero el padre o pastor que dice "Tengo gran confianza en ti", y se niega a permitir que los errores repetidos erosionen esa confianza, está cumpliendo con un ministerio de reconciliación que dará frutos. Cristo está en el corazón de cada creyente. El Espíritu está presente, cumpliendo con Su obra de transformación. Hemos de creer en Dios para el crecimiento y transformación de nuestros hijos, hasta que a través del ejemplo de nuestra fe, lleguen a confiar en Él por sí mismos.

Más bien, en todo y con mucha paciencia *nos acreditamos como servidores* de Dios (6:4). El término es *sunistanein*, "probar o mostrar". Pablo se basa en su propia experiencia para brindar un bosquejo que permitirá al lector el reconocimiento del verdadero siervo de Dios.

Esa imagen se desarrolla en los versículos subsiguientes, como en un cuadro de Rembrandt, un estudio de la luz contra la oscuridad. Contra el trasfondo de aflicciones (6:4-5) el siervo de Dios exhibe cualidades internas que traslucen la luz de Jesús.

Las nueve aflicciones se presentan en grupos de tres: pruebas generales ("sufrimientos, privaciones, angustias"), persecución ("azotes, cárceles y tumultos") y las consecuencias naturales del compromiso ("trabajos pesados, desvelos y hambre"). Pero la oscuridad de estas dificultades, sirve para destacar en lugar de extinguir, la "pureza, conocimiento, constancia y bondad" junto con el "amor sincero; con palabras de verdad" que el Espíritu Santo y el poder de Dios obran en la vida de quien sirve a Cristo (6:6-7).

No formen yunta con los incrédulos (6:14). El término es *heterozygountes*, "doble arnés", y solo lo hallamos aquí, en el NT. Los comentaristas concuerdan en que esta instrucción se basa en la prohibición del AT de arar con animales desiguales (Deuteronomio 22:10), y tal vez, contra el apareamiento de dos animales domésticos de diferente tipo (Levítico 19:19).

El problema está en determinar con precisión cómo se aplica este principio. Pablo ya les había dicho a los corintios que no tenían que abandonar sus relaciones con los no cristianos aunque fueran inmorales (1 Corintios 5:9-13). Y les ha dicho a los cónyuges cristianos que permanecieran junto a sus esposos o esposas no cristianos siempre y cuando la persona quisiera vivir con ellos (1 Corintios 7:12-14). Sin embargo queda claro que Pablo espera que los cristianos que contraen matrimonio ahora, solo se casen con alguien que "sea en el Señor" (1 Corintios 7:39).

Pablo establece un principio general que podríamos parafrasear así: no te involucres en una relación con no creyentes que pudiera implicar la renuncia al testimonio y estándares del cristiano. Sea cual sea esa relación – social, de negocios u otra – Pablo sabe que cada uno de nosotros tendrá que depender de la guía del Espíritu para poder decidir.

Luego Pablo ofrece un consejo adicional. Recordemos que Dios nos llama a una vida de pureza, purgando de nuestras vidas "todo lo que contamina el cuerpo y el espíritu" (7:1). Si la relación que consideramos no promueve "completar en el temor de Dios la obra de nuestra santificación" entonces hay que evitarla.

Hagan lugar para nosotros en su corazón (7:2). La palabra *choresate*, se ha parafraseado como "hagan lugar para mí". Es un término que transmite la idea no solo de apertura, sino de expansión. Pablo está diciendo: agranden sus corazones, aumenten su capacidad de respuesta.

Muchas veces cuando reaccionamos ante una ofensa real o imaginaria, casi podemos sentir cómo se nos cierra el corazón. Pablo les recuerda a los corintios que a pesar de las acusaciones en su contra, "A nadie hemos agraviado, a nadie hemos corrompido, a nadie hemos explotado" (7:2). E incluso su pedido de que ahora hagan lugar para él en sus corazones no demuestra espíritu de condenación.

La mejor forma de ayudar a alguien a abrir su corazón a nosotros es siguiendo el ejemplo de Pablo: reafirmando nuestro amor, siendo cuidadosos de no atacar, criticar o condenar.

La tristeza que proviene de Dios produce el arrepentimiento que lleva a la salvación, de la cual no hay que arrepentirse, mientras que la tristeza del mundo produce la muerte (7:10). La palabra traducida como "tristeza" es *lupe*, en ambos casos. Este término griego que en el NT también se traduce como "dolor" o "pena", abarca todo tipo de angustia física y emocional. Los traductores del Septuaginto utilizaron este término para traducir unas 13 palabras diferentes en hebreo, cuyos sutiles matices de significado no tenían equivalente en la lengua griega.

Aquí, sin embargo, el énfasis de Pablo está en si la respuesta de la persona al *lupe* es "cristiana" o "del mundo". Si la tristeza lleva al arrepentimiento – a ese cambio en el corazón y la mente que nos ubica en el camino que lleva a la salvación – esa tristeza cabe en la categoría de "tristeza que proviene de Dios". Es importante recordar que "salvación" con frecuencia se utiliza en el sentido de la liberación presente. Lo que Pablo dice es que el arrepentimiento revierte nuestra corrida hacia el desastre y redime la situación de modo que somos liberados de las consecuencias relacionadas con las malas decisiones que hayamos tomado en el pasado.

Por otra parte, la tristeza será humana o del mundo si lo único que produce es tristeza, o incluso el reconocimiento de nuestro error, sin llevar al arrepentimiento. Vemos en Saúl un buen ejemplo de esta tristeza que no proviene de Dios, cuando admitió ante David: "¡He pecado! ... me he portado como un necio" (1 Samuel 26:21). A pesar de admitir su error, Saúl no se arrepintió y el no hacerlo le llevó poco después a la muerte.

Sea que entendamos *lupe* como tristeza, dolor o pena, siempre será un regalo de Dios. Porque el arrepentimiento significa que aceptamos este regalo y transformamos nuestra angustia en algo que nos beneficia, a pesar del dolor.

Me alegro de que puedo *confiar plenamente* en ustedes (7:16). El verbo para "confiar plenamente" es *tharrein*, "tener confianza, coraje". Pablo mira adelante sin temor, confiado en el continuo progreso de los corintios en la fe.

Antes hemos visto que la confianza de Pablo se basa en su convicción de que Cristo murió para llevar a los creyentes a ese lugar de compromiso en que viven por Él y no para sí mismos (5:15). Pablo no basa su evaluación en lo que puede observarse sino en el hecho de que Cristo está en el corazón y en que Su amor "obligará" a una transformación.

Así, el énfasis de Pablo que vemos en el lugar de prominencia que le da a la palabra en el principio mismo de la oración, no está en la reacción de los corintios sino en la suya: ¡*Chairo!*, "¡Me alegro!".

Es bueno ver en otros la evidencia de que aun en este momento están respondiendo a esa compulsión interior, avanzando hacia el compromiso cristiano. Es bueno ver que no hemos errado en nuestra confianza.

Lo mismo, con Pablo. No confía porque hayan sido "obedientes" al recibir a Tito con "temor y temblor" (7:15), sino porque esperaba la respuesta como confirmación de la confianza que Pablo ya sentía. La respuesta crea alegría, y no mayor confianza como si hubiera tenido dudas el apóstol.

EL PASAJE EN PROFUNDIDAD

El ministerio de reconciliación (5:11-21)

Trasfondo. Pablo ha declarado que fija sus ojos no "en lo visible sino en lo invisible" (4:18). Este es el principio básico del ministerio del Nuevo Pacto, que Pablo desarrolla en su importante exposición sobre la naturaleza de su "ministerio de reconciliación" a los corintios.

Este énfasis traza un rotundo contraste con el judaísmo. Porque por un lado, el judaísmo no tiene un credo definitivo. Tal vez, la mejor representación del credo del judaísmo se halla expresada en los "Trece principios de la fe" de Moisés Maimónides (1135-1204 DC). Ese credo, preservado en el libro de oraciones diarias, comienza diciendo: "Creo, en perfecta fe, que el Creador, bendito sea Su Nombre", y enumera los siguientes principios: (1) Dios es el único Creador, (2) únicamente Uno, (3) más allá de toda concepción y forma, (4) el Primero y el Último, y (5) el verdadero Dios de oración, y (6) que las palabras de los profetas son Verdad, (7) que Moisés es el Verdadero y Primer profeta, (8) que a Moisés le fue dada toda la Torá; (9) que no hay nuevo pacto, (10= que el Creador es Omnisciente, y (11) que recompensa y castiga por la observancia de los mandamientos, (12) que a Su tiempo Dios enviará al Mesías, (13) y resucitará a los muertos.

Pero aunque el judaísmo es un sistema teológico, esencialmente es un sistema ritual que pone énfasis práctico en el principio número 11: la creencia de que importa lo que se ve porque Dios recompensa y castiga por la observancia de los mandamientos.

En un librito muy valioso, titulado *Judaism* [El judaísmo], Michael A. Fishbane, Profesor Samuel Lane de Historia Religiosa Judía de la Universidad Brandeis, escribe sobre el judaísmo como sistema ritual:

> En el judaísmo tradicional todos los aspectos de la vida se ritual izan mediante regulaciones halájicas, desde los primeros pensamientos y oraciones de la mañana hasta las últimas oraciones, en la cama por la noche, desde los alimentos permitidos y no permitidos, a las prácticas comerciales permitidas y no permitidas, desde las obligaciones de la oración diaria a los requerimientos de la celebración de festivales y el duelo personal. Del mismo modo, todos los aspectos de la vida adquieren el carácter legal de *mutar* y *asur*, o acciones "permitidas" o "prohibidas"., y todas las demás categorías como *hayyav* y *patur*, u "obligatoria" y "libre" (no obligatoria), que dominan también la conciencia religiosa cotidiana y la experiencia de los judíos tradicionales. El judío observante será entonces escrupuloso en el cumplimiento de sus obligaciones halájicas, es decir, atento a los momentos y formas de cumplir los mandamientos (p. 83).

Por supuesto, esta era la historia de Pablo como fariseo, miembro de una de las sectas judías más estrictas del siglo primero. Que Pablo dijera, como ministro del Nuevo Pacto, que había que descartar lo visible por temporario y transitorio y por ello, en esencia carente de importancia, es algo impactante.

De hecho, esa declaración tiene que haber sorprendido también al pagano de su época. Como todos los hombres de todas las eras con al menos una vaga noción de la moral, o de alguna deidad que medía las acciones del ser humano según algún estándar moral, se habrían evaluado a sí mismos y a los demás sobre la base de la conducta, sobre la base de sus acciones, y por ello no según lo invisible sino sobre lo que podía observarse.

¿Por qué ha pasado Pablo a esta posición radical? Porque, como dijo en el capítulo 3, él es ministro del Nuevo Pacto de Dios, un pacto que el credo de Maimónides niega explícitamente. La obra de Dios del Viejo Pacto era una ley externa escrita en piedra. La obra de Dios del Nuevo Pacto es una transformación interna del carácter del creyente, escrita en el corazón. Las obras del hombre bajo el Viejo Pacto eran visibles, pero la obra de Dios bajo el Nuevo Pacto es invisible. Sin embargo, aquello era transitorio y esencialmente inútil en tanto esto otro es eterno, lleno de la promesa de la salvación.

El ministerio de reconciliación de Pablo se afianza en esta percepción de la realidad, derivada del Nuevo Pacto. Es una percepción que define la forma en que él se relaciona con los corintios y con los creyentes de las iglesias que él y otros más han fundado en todo el imperio.

Interpretación. Los Estudios de palabras (más arriba) analizan los términos e ideas clave de este pasaje. Por eso aquí, para evitar repeticiones, solo hará falta seguir el argumento del apóstol de manera breve.

Pablo acude al Señor con temor reverente y está plenamente comprometido a la misión de persuadir a los hombres. Rechaza la acusación de algunos, que dicen que él presenta un camino "fácil" a la salvación con tal de ganarse el favor de los corintios y otros más. Y siente que tiene que volver a explicar el principio del ministerio: "para que tengan con qué responder a los que se dejan llevar por las apariencias y no por lo que hay dentro del corazón" (5:12).

Vemos una vez más el contraste entre lo que se ve y lo que no se ve. Los que critican a Pablo se basan en los resultados visibles. Pablo basa sus esperanzas en algo que no puede verse y medirse, porque está en el corazón. Aunque para algunos esto puede sonar como locura, no lo es para el apóstol, que cuenta con el amor de Cristo para mover a una transformación que fluye desde el corazón hacia fuera.

Pero ¿ocurrirá de veras tal transformación desde adentro hacia fuera? Tiene que ser así, porque Cristo murió por todos (los que creen en Él) y por eso los creyentes "murieron". La intención de Dios en este acto tan grande fue transformar a los enemigos no sencillamente en amigos, sino en seguidores. Murió "para que los que viven ya no vivan para sí, sino para el que murió por ellos y fue resucitado" (5:15).

Esto ha cambiado totalmente la perspectiva de Pablo respecto de las realidades espirituales. Él ya no evalúa a los demás "según criterios meramente humanos" (5:16). Volvemos al contraste entre lo visible y lo invisible. El mundo, sin percepción espiritual, solo puede juzgar según la evidencia de la que disponen los sentidos. Pablo mira más allá, al corazón, y sabe que "si alguno está en Cristo, es una nueva creación" (5:17). El viejo vínculo con Adán que mantenía a la persona indefensa y atada, ya no existe ¡lo nuevo ha irrumpido en su corazón!

Lo que Pablo tiene es un "ministerio de reconciliación". Así como se riega la semilla para que germine, Pablo alienta al crecimiento de lo nuevo que, como la semilla que espera a hincharse y germinar, está en el corazón. en cuanto a lo legal, el creyente ha sido devuelto a la armonía (reconciliado) con Dios a través de Cristo. Ahora, solo es cuestión de vivir en armonía con Cristo. Solo se trata de alentar a esa nueva vida, que se expresa en un estilo de vida.

Vemos nuevamente el marcado contraste entre el Viejo Pacto y el Nuevo. El primero se centra en lo externo, en la conducta ritualizada. El segundo ve más allá de los defectos y errores del presente, para centrar la mirada en la "nueva creación" interior. Aquel exige conformidad. Este alienta a la transformación.

Pero ¿de qué manera alienta a la transformación el ministerio de reconciliación del Nuevo Pacto? Pablo ve la clave en la actitud que Dios Mismo demostró tener hacia la humanidad. Dios estaba en Cristo, reconciliando al mundo, no tomando en cuenta las ofensas y pecados de la gente. Del mismo modo Pablo decide no tomar en cuenta los pecados de los corintios y ¡se niega a criticarlos por ello! En lugar de condenarlos por sus muchos defectos, Pablo simplemente sigue implorando, pidiendo, rogando (*parakolountos*, 5:20) a los corintios para que vivan en armonía con Cristo.

Y lo hace con una confianza y seguridad que tiene que haber alentado a los corintios a arriesgarse a este compromiso. Después de todo, se trata de una transacción mayor. Dios puso todo el peso de nuestros pecados sobre Jesús, y en ese mismo acto plantó nueva vida en nuestros corazones "para que en él recibiéramos la justicia de Dios" (5:21).

Aplicación. Con toda facilidad podríamos caer en la trampa de evaluar sobre la base de lo que se ve. Sucede en las iglesias, que suelen medir el éxito y el fracaso en términos del crecimiento numérico. Sucede en las familias, donde los padres tienden a medir su éxito más en términos de los defectos de sus hijos que en términos de su futuro potencial. Pasa en nuestras propias vidas, donde a veces nos pesa tanto la culpa de nuestros errores que no queremos arriesgarnos a dar un paso adelante y aventurarnos en la fe con renovada energía.

Pero lo que Pablo nos dice refleja la realidad tal como la conoce Dios. Y Dios quiere que también nosotros la conozcamos. Lo que se ve es transitorio. Por muy desalentador que pueda ser el presente, el hoy siempre está sujeto a cambios y no solo eso ¡es seguro que cambiará! El maravilloso mensaje del Nuevo Pacto es el rumbo de ese cambio, porque Cristo está en el corazón del creyente, y nos lleva a ser cada vez más como nuestro Salvador.

2 CORINTIOS 8–9
Principios del dar en el Nuevo Testamento

EXPOSICIÓN

Al final de su primera carta a los corintios (16:1-4) Pablo mencionó una "colecta para los creyentes". Ahora retoma en detalle el tema del dar. Las epístolas del NT y el libro de los Hechos dejan en claro que entre los años 52 y 57 DC aproximadamente, Pablo dedicó gran parte de su energía para recaudar dinero para "los hermanos pobres de Jerusalén" (Romanos 15:26; Gálatas 2:10). Pero ¿por qué había tanta pobreza entre los cristianos de Jerusalén? Una de las razones, sin duda, era que los judíos los apartaban y se negaban a emplearlos o a siquiera comprar mercadería de estas personas que ahora no eran consideradas miembros de una secta judía, sino apóstatas. Otro factor era la escasez de alimentos causada por la sobrepoblación, que dio como resultado la hambruna del año 46 DC durante el gobierno de Claudio (Hechos 11:27-30). El problema de los pobres se agravaba por los altos impuestos que Roma y los gobiernos locales cobraban en Palestina. Hay quienes sugieren que la disposición de los que más tenían, a vender sus posesiones para ayudar a los pobres, si bien habrá satisfecho necesidades inmediatas, habría tenido el impacto a largo plazo de empobrecer a todos (Hechos 2:44-45; 4:32-35).

Más allá de las causas, los cristianos de Tierra Santa vivían casi en la miseria en esta época, y Pablo se dedicó a recolectar dinero entre las iglesia gentiles para satisfacer lo que era una necesidad acuciante. En muchos aspectos, las contribuciones que Pablo alentaba con tanta sinceridad, eran vívida demostración de verdades cristianas centrales. La preocupación de los gentiles era símbolo adecuado no solo de la unión del judío y el gentil en Cristo (Efesios 2:11-22), sino el reconocimiento de la deuda que estos, antes paganos, tenían con el pueblo donde se originó el Evangelio (Romanos 15:19, 27). Tal vez para Pablo esto tuviera un significado especial en lo personal, como forma en que podría compensar su conducta en el pasado, como Saulo, el que perseguía a los cristianos (Hechos 8:3; 9:1; 26:10-11; 1 Corintios 15:9; Gálatas 1:13). Pero ante todo, el énfasis de Pablo en el dar, y la voluntad de las iglesias gentiles para ayudar (2 Corintios 8:3-4) mostraba ese compromiso hacia los demás que el NT llama "amor fraternal": esa disposición de hacer sacrificios personales en pos del bienestar de otros en la familia de nuestro Señor.

Contra este telón de fondo Pablo les escribe con alegría a los corintios, en referencia al ejemplo que dieron las iglesias de Macedonia (8:1-5), urgiéndoles a la excelencia en esta "gracia de dar" (8:6-7). Pablo se cuida de no dar una orden: el dar en el NT debe venir de un corazón dispuesto, y no ser una orden de apartar un porcentaje del ingreso según se lo establezca (8:8-12). También se cuida de señalar que el objetivo es la "igualdad", satisfacer toda necesidad presente, sabiendo que algún día quien recibe podría ser quien brinde ayuda al que hoy da (8.13-15).

Después de algunas observaciones personales sobre sí mismo y Tito (8:16-9:5) Pablo sigue desarrollando lo que de hecho es la teología del dar en el NT. Cada persona ha de "decidir en su corazón", qué dará, mirando a Jesús como modelo de Dios para todas las relaciones con los demás. También, cada uno ha de recordar que lo que se siembra determinará lo que se cosechará (9:6-7), que nadie puede dar más que Dios que nos provee todo lo que necesitamos para que podamos ser generosos con los demás (9:8-11). El dar de este modo estimula la alabanza y la oración en el corazón de quien recibe (9:12-15).

ESTUDIO DE PALABRAS

Rogándonos con insistencia que les concediéramos el privilegio de tomar parte en esta ayuda para los santos (8:4). El texto griego dice *ten charin* "la gracia" de dar.

Charis ("gracia") aparece nada menos que 10 veces en los capítulos 8 y 9, con diversas traducciones. Aquí, es el honor o privilegio de participar del servicio. En 8:1, 9:8 y 9:14, *charis* se refiere al don de Dios que da capacidad a los corintios para participar. En 8:6 y 8:19 *charis* es la colecta en sí misma como expresión de amor y buena voluntad. En 8:7 el dar se describe como "gracia", con énfasis en la virtud de la acción. En 8:9 *charis* es la generosidad de Dios en tanto en 8:16 y 9:15 *charis* es la acción de gracias que surge en quienes reciben la ofrenda de amor.

En cada uno de estos casos, al uso del términos subyace la idea básica de la palabra. La gracia (*charis*) es un favor o beneficio que se otorga, y al mismo tiempo es la respuesta de gratitud que corresponde a lo que se recibió. El reiterado uso de la palabra en estos capítulos subraya el hecho de que dar es siempre un acto de gracia. Dar es nuestra respuesta agradecida al gran don que se nos dio en Cristo. Dar es otorgar un beneficio al otro, que a la vez estimula su respuesta de alabanza a Dios y oraciones por quien ha dado. La libertad misma que tenemos para dar con generosidad es, en sí misma, un don y el reconocimiento del compromiso de gracia de Dios de proveer a todas nuestras necesidades para que nuestra abundancia satisfaga las necesidades de otros.

Es un privilegio poder ver el dar no como obligación o carga, sino como gracia. ES liberador entender que nuestra ofrenda semanal en la iglesia y nuestro apoyo regular a las misiones y a los necesitados es de veras fuente de gozo.

No es que esté dándoles órdenes, sino que quiero probar la sinceridad de su amor (8:8). Aquí, *epitagen* tiene el sentido de "orden". Pablo no abusa de su autoridad apostólica dando órdenes para una acción que debe ser genuina expresión de amor sincero para agradar a Dios, no como obligación o deber.

Les robamos a nuestros hermanos cristianos el gozo de dar si insistimos que "deben dar" en lugar de invitarlos diciendo "tienen la oportunidad".. Algunos temen que los cristianos dejarían de dar si se no se les dice que "tienen" que dar el diezmo. Pero aquí vemos algo más importante. Si imponemos el requisito de un porcentaje, algo que Pablo se cuida de no hacer, de hecho limitamos el dar porque el amor es un motivo mucho más potente que la obligación en la vida del cristiano.

NOTAS SOBRE EL DIEZMO

El pasaje básico sobre el diezmo está en Levítico 27:30-33 y dice:

"El diezmo de todo producto del campo, ya sea grano de los sembrados o fruto de los árboles, pertenece al Señor, pues le está consagrado. Si alguien desea rescatar algo de su diezmo, deberá añadir a su valor una quinta parte.
En cuanto al diezmo del ganado mayor y menor, uno de cada diez animales contados será consagrado al Señor. El pastor no hará distinción entre animales buenos y malos, ni hará sustitución alguna."

Otros pasajes nos explican más. Números 18:21-32 instruye que el diezmo ha de usarse para mantener a los Levitas, la tribu apartada para servir a Dios, y en consecuencia, sin una provincia asignada cuando Josué conquistó Canaán. Deuteronomio 12:5-14 y 14:22-26 enseñan que el diezmo debía ser llevado al santuario central, que más adelante se estableció en Jerusalén. Deuteronomio 14:27-30 y 26:12-15 introducen otro diezmo que se recaudaría cada tres años y debía guardarse para distribuir entre los necesitados. Aunque algunos ven tres diezmos en el AT, es más probable que hubiera solo dos: el 10 por ciento anual apartado para los que servían al Señor, y el diezmo cada tres años, para ayudar a las viudas, los huérfanos y los forasteros pobres.

Es importante entender que el diezmo se imponía sobre lo que producía la tierra, y no sobre el ingreso que derivara del comercio. El diezmo era, de hecho, la renta que Dios le cobraba al pueblo de Israel a quienes Él les otorgaba el privilegio de vivir allí (Deuteronomio 1:8; 3:2). También el diezmo tenía por intención dar la oportunidad de expresar la fe. Dios había prometido bendecir el trabajo de Su pueblo (14:29). Quienes confiaban en Él apartaban el diezmo con alegría, seguros de que Él proveería para satisfacer todas sus necesidades, en futuras cosechas abundantes (Malaquías 3:10).

Pero ¿por qué no requiere el NT el diezmo de los cristianos, y en cambio refleja la negativa de Pablo a dar una orden en tal sentido? Para responder tenemos que recordar que el diezmo se le impuso a Israel, una comunidad de fe que era también una nación. Israel tenía su propia tierra y las Escrituras civiles gobernadas por la Ley de Moisés. El diezmo primario de Israel mantenía el centro de adoración de la nación y a una clase sacerdotal, especial y levítica que servía allí. Y es más, el diezmo servía como la porción que correspondía a Dios, del producto de la tierra que Él permitía que Israel ocupara.

Por otra parte, la comunidad de fe del NT existe como comunidades pequeñas y dispersas en cada nación. Nuestra comunidad de fe no tiene un centro de adoración que haya que mantener. Y en lugar de un sacerdocio según el modelo del AT, cada creyente ahora es considerado sacerdote. Así, en el NT, aunque Pablo argumenta a favor del derecho de los obreros cristianos a tiempo completo, de recibir ayuda, ni la lógica del dar, ni el uso de tales aportes, son iguales en los dos Testamentos. El único paralelo real se ve en esa preocupación por los pobres, que se expresa en el diezmo de los tres años en Israel y en la colecta de Pablo para ayudar a los pobres de Jerusalén.

No podemos justificar la importancia del diezmo a nuestra era. Las raíces de esa práctica forman parte de la vida de Israel bajo la Ley, como eran parte también los sacrificios rituales. Y la enseñanza del NT explícitamente declara que cada uno ha de dar, no un monto establecido, sino cada uno "según lo que haya decidido en su corazón, no de mala gana ni por obligación, porque Dios ama al que da con alegría" (2 Corintios 9:7). Como expresión de amor y de confianza en que Dios provee para cada una de nuestras necesidades, el dar del cristiano es de verdad, por gracia. Es nuestra respuesta de amor al maravilloso regalo de Dios hacia nosotros, como respuesta de amor a los hermanos y hermanas que están en necesidad.

Porque si uno lo hace *de buena voluntad*, lo que da es bien recibido según lo que tiene, y no según lo que no tiene (8:12). La palabra es *prothumia*, "con ansias", "de buena voluntad". No es el tamaño de la ofrenda lo que agrada a Dios, sino la actitud del que da.

¿Cómo medimos la actitud? Pablo dice que es "según lo que se tiene". La ofrenda de la viuda que dio dos monedidas (Marcos 12:41-44) es mucho más que las monedas de oro y plata que daban los ricos, porque ella dio todo lo que tenía. No caigamos en la trampa de pensar en cuánto daríamos si fuésemos ricos. Más bien, sencillamente demos según lo que podamos, con voluntad de ofrecer la ayuda que podamos.

No se trata de que otros encuentren alivio mientras que ustedes sufren escasez; es más bien *cuestión de igualdad* (8.13). La palabra en griego, *isotetos*, significa más que igualdad. Es también justicia, o porciones justas.

Pablo lo explica en el versículo siguiente. Su intención es que quienes están en necesidad reciban ayuda, con la expectativa de que quienes hoy pueden dar, tal vez en el futuro estén en situación de necesitar ayuda de quienes hoy la reciben.

Tal vez la imagen de la iglesia como cuerpo de Cristo nos ayuda a entenderlo mejor. El dinero es como el oxígeno y los nutrientes que la sangre transporta a las células del cuerpo. "Dar" es sencillamente una forma de distribuir los recursos para que cada una de las partes del cuerpo satisfaga sus necesidades básicas y pueda funcionar como parte del todo. No es justo, sencillamente, que una pierna esté gorda e hinchada en tanto la otra se consume porque le falta alimento. No es así como funcionan las cosas en el cuerpo humano. Y no es como tiene que funcionar el cuerpo de Cristo.

Cada uno debe dar según lo que haya *decidido* en su corazón, no de mala gana ni por obligación, porque Dios ama al que da con alegría (9:7). La palabra *proeretai*, tal vez debiera haber sido traducida como "determinar". Porque pone énfasis en la conciencia y la profunda convicción que se refleja en tanto cada uno de nosotros reflexiona en cuánto dará.

No es extraño entonces que tantos cristianos se sientan incómodos con la libertad que se nos ha dado en Cristo. Tal vez, vemos que con la libertad viene también la responsabilidad, y no nos resulta fácil aceptarlo.

Por cierto, la iglesia en general no ha sabido enseñar lo que es la libertad y la responsabilidad en el área del dar. Intentamos importar un parámetro del Antiguo Testamento que, aunque nos alivia de la responsabilidad de "determinar en nuestros corazones", nos roba al mismo tiempo el gozo de decidir libremente que expresaremos nuestro amor por el Señor y nuestro compromiso hacia nuestros hermanos y hermanas. Pablo, al menos, si bien urge a la generosidad se cuida de no imponer falsas exigencias, o de establecer porcentajes o parámetros. Protege la libertad y la responsabilidad, convencido de que, una vez libres, los cristianos serán responsables.

Tengamos nosotros esta misma confianza en Dios, en nosotros mismos y en nuestros hermanos.

Ustedes serán enriquecidos en todo sentido para que en toda ocasión *puedan ser generosos* (9:11). Dios nos bendice no para que estemos cómodos, sino para que seamos generosos.

La obediencia con que ustedes acompañan la confesión del evangelio de Cristo, y por su *generosa solidaridad* con ellos y con todos (9:13). La palabra es *koinonias*, expresión de ese vínculo común que hace de cada cristiano un partícipe de la fe en Cristo. Pero lo peculiar es que *koinonia* es el término que suele usarse para describir el dar de los cristianos, y no se usa otro término (Romanos 15:26; 2 Corintios 8.4; 1 Timoteo 6:18). El mensaje de esto es importante.

El dar cristiano no es "sacar" de nosotros mismos para "transferir" a los demás. Es una transacción más cálida, es compartir de manera que enriquece en lugar de empobrecer, tanto al que recibe como al que da.

¡Gracias a Dios por su don inefable! (9:15). La palabra *anekdiegetos* es inusual, y describe un regalo para el que no tenemos capacidad de medición. Lo primero que pensamos es que Pablo está hablando de que Cristo se dio, se regaló a Sí mismo (8:9). Pero es más probable que la doxología se vea estimulada por la gracia que Pablo percibe que lo infunde todo: el ejemplo de Cristo, la abundante provisión de Dios, la libertad de dar con alegría y responsabilidad, el privilegio de compartir con los demás, la gratitud y alabanza que la generosidad hace surgir en los corazones de los que reciben. La gracia es lo que toca a cada uno de estos aspectos, y el dar, que para muchos parece una carga, es un don que vale oro.

EL PASAJE EN PROFUNDIDAD

Principios del dar en el Nuevo Testamento (2 Corintios 8-9).

Trasfondo. Sería demasiado fácil leer estos capítulos y trazar una falsa dicotomía entre el énfasis de Pablo en el NT sobre la responsabilidad personal del dar, y la necesidad en el AT de dar a Dios el diezmo. Es grande la tentación, en especial cuando vemos a tantos cristianos que urgen a la obligación del AT como parámetro para nuestros días. Por cierto, si lo hiciéramos podríamos señalar una gran diferencia en el tono de este pasaje, en contraposición con los escritos de los sabios que buscaban definir la naturaleza exacta y los límites de la responsabilidad del judío justo.

Por ejemplo, la Mishná (Maaserot 3:10) examina el caso de una higuera en un jardín, que extiende una de sus ramas al jardín del vecino. Ese vecino tiene derecho a comer los higos de uno, si lo desea. Pero si recoge los higos en una canasta, tendrá que dar el diezmo.

O veamos el tratado Maaser Sheni, que habla del segundo diezmo. Allí, en 4:6 los sabios examinan una situación en la que un comprador toma posesión de productos de la tierra, según el segundo diezmo. ¿Cuáles son sus obligaciones si, antes de que pueda pagar por su compra, el precio aumenta a dos selas? ¿Y qué sucede si valen dos selas cuando compra, pero el precio cae a un sela antes de que pueda pagar?

El motivo de preguntar y responder preguntas como estas, era el de poner un cerco alrededor de la Ley. Es decir que a los sabios les preocupaba mucho que se explorara cada una de las implicancias de Moisés para que la persona comprometida a obedecer, no violara la Ley sin darse cuenta. Sin embargo, y más allá del motivo, vemos una enorme y clara diferencia en el tono de esta visión, en contraste con la de Pablo en 2 Corintios 8-9.

Pero, como observé antes, hay un sentido en el que este contraste crea una falsa dicotomía. La razón, ¡es que no hay un paralelo real entre el diezmo del AT y el dar del NT! El diezmo era una obligación impuesta a Israel, la renta que le debían a Dios por usar Su tierra hasta tanto se cumpliera en el fin de la historia Su promesa de darle la tierra a la Semilla de Abraham (Cristo) (Génesis 12:7; 3:15). Los sabios buscaban definir el alcance de tal obligación estableciendo reglas que guiaran al judío piadoso en su cumplimiento. Por el contrario Pablo habla de dar por propia voluntad para ayudar a los pobres, algo que en el AT y el judaísmo siempre se distinguió del diezmo como tema aparte.

Por eso Ben Sira, que escribió unos 150 años antes de Cristo, alienta al piadoso a respetar al sacerdote y "darle su porción como se te ha mandado" (7:31) y luego pasa de inmediato, del diezmo a la generosidad hacia los pobres.

También extiende tu mano al pobre
para que sea completa tu bendición.
Dale a todo el que viva, y no le niegues tu bondad a los muertos.
No evites al que llora. Más bien, llora con él.
No dejes de cuidar al enfermo. Por estas cosas serás amado (7:32-35).

En *The book of Jewish knowledge* [Libro del conocimiento judío] Nathan Ansubal observa que los antiguos rabíes

Creían que cuando Dios les daba riquezas a los ricos, no se las daba directamente ni para recompensarles por sus acciones o por algún mérito especial. Se los daba meramente para que la administraran para los pobres. Así, los ricos eran solo agentes fiscales de Dios en la tierra, en beneficio del pobre. Dar *tzedaka* ("con las manos abiertas") a los pobres cumplía el verdadero sentido del acto de "justicia". De allí surgió el axioma de que si el rico era realmente honesto y temía a Dios, distribuiría con gusto la riqueza que Dios les había confiado, a los innumerables acreedores de Dios: los pobres, los enfermos, los indefensos y los necesitados, etc. (p. 82).

En su excelente libro *The joys of Yiddish* [El gozo del Yiddish], Leo Rosten observa que en Yiddish no hay un término para "caridad", sino que dar es *tzedaka*, la obligación de ser justo y sobre todo, de ayudar al prójimo. Dice:

> Toda comunidad judía ponía gran énfasis en la ayuda a los pobres, los enfermos, los minusválidos y los refugiados, que siempre han sido la parte triste de la historia de los judíos. Cada comunidad tenía un fondo especial para los necesitados. Cada festividad incluía actividades filantrópicas, y en todas las casas hacía alcancías donde se ponían monedas para diversas obras de caridad. Cada niño judío aprendía desde temprano que debía sentir la obligación de ayudar a quienes lo necesitaran. Se les daba a menudo monedas a los niños para que a su vez, ellos las dieran a los mendigos que tocaban a la puerta (p. 420-21).

Dar para ayudar a los pobres era y sigue siendo una gran virtud en el judaísmo, como lo es en la gran exhortación de Pablo a los corintios (¡y a nosotros!) el dar con generosidad a los necesitados.

Por supuesto, podemos argumentar que hay una enorme diferencia en la motivación, que queda explícita en los escritos de los sabios y en lo que escribe Pablo. Pablo ve el dar como respuesta a la gracia de Dios y los rabíes lo veían como acto meritorio. Así, se cuenta la historia del debate del rabí Akiba con Tineio Rufus, el gobernador romano de Judea. Rufus le dijo al rabí: "Si, como dice usted, su Dios ama a los pobres ¿por qué no los ayuda Él?". Y se dice que el rabí Akiba respondió que Dios dejaba a los pobres al cuidado del judío "para que por los méritos de nuestra generosidad nos libremos del castigo del infierno".

Incluso aquí vemos la distinción básica que mencionamos antes. El dar que describe el NT no se compara con el diezmo del AT, sino que el hecho se relaciona más con el principio establecido en Deuteronomio 15:10-11: "No seas mezquino sino generoso, y así el Señor tu Dios bendecirá todos tus trabajos y todo lo que emprendas. Gente pobre en esta tierra, siempre la habrá; por eso te ordeno que seas generoso con tus hermanos hebreos y con los pobres y necesitados de tu tierra".

Es en este tipo de generosidad que el NT centra nuestra atención también. En una época en que no había edificios con grandes hipotecas por pagar, y cuando eran contados los ministros asalariados. En diversas partes del mundo ha habido cristianos que en un momento u otro han necesitado ayuda para sobrevivir y funcionar como miembros del cuerpo de Cristo. Sin criticar la orientación más "dura" de gran parte de la visión contemporánea de la generosidad, podemos afirmar que las necesidades reales de los seres humanos tienen que ser la prioridad, en tanto consideramos en oración de qué modo quiere Dios que dirijamos los recursos que Él nos guía a apartar para Su obra.

Interpretación. Encontramos en la trama de estos dos importantes capítulos una cantidad de conceptos básicos que contribuyen a nuestro entendimiento de la generosidad cristiana. En lugar de intentar una definición de este pasaje la mejor forma de explorarlo es identificando y estudiando estos conceptos básicos, que podemos enumerar:

- Dar es un privilegio (8:4).
- Dar surge del compromiso (8:5).
- Dar es una acción voluntaria (8:8).
- Dar tiene propósito (8:13-16).
- Dar tiene consecuencias personales (9:6).
- Dar tiene que ver con la mente y el corazón (9:7).
- Dar tiene resultados espirituales y también materiales (9:12).

Al ver estos conceptos de a uno, empezamos a formar una teología determinada del NT en cuanto al dar, que puede guiarnos como personas y como iglesia.

Dar es un privilegio (8:4). Pablo describe la participación en la ofrenda que está colectando para los hermanos pobres de Jerusalén, como "privilegio de tomar parte en esta ayuda para los santos" (8:4).

Es claro que las iglesias de Macedonia a las que hace referencia Pablo, veían el dar como privilegio. A pesar de pasar por "las pruebas más difíciles" y aún en su "extrema pobreza", los cristianos de esta provincia participaban con gusto. Es importante observar aquí que Pablo describe a estos creyentes como conocedores de "desbordante alegría". Tenían una relación vital y satisfactoria con Jesús, que les producía gozo interior, a pesar de sus difíciles circunstancias.

Es imposible ver el dar como algo aislado del resto de la experiencia como cristianos. Nadie que haya dejado de amar con pasión a Cristo, nadie que orienta su vida según el mundo y no el cielo, nadie que vincule su felicidad con sus posesiones, nadie que desconozca el gozo del contacto diario con Jesús puede encontrar que el dar es un privilegio ni percibir la gracia que infunde la oportunidad que Dios nos da de compartir lo que tenemos con aquellos que necesitan.

Dar surge del compromiso (8:5). Pablo sigue describiendo a los macedonios y observa que "se entregaron a sí mismos, primeramente al Señor y después a nosotros, conforme a la voluntad de Dios".

La experiencia de los macedonios de la gracia de Dios producía una desbordante alegría (8:2). Los primeros metodistas eran criticados por la entonces primitiva Iglesia de Inglaterra por su "entusiasmo". Se consideraba inadecuada tanta emoción. Sin embargo, la emoción tiene un papel vital en el verdadero cristianismo. Por otra parte, la religión nunca basta. La alegría en Jesús tiene que ir acompañada por el compromiso con el Señor y ese compromiso tiene que expresarse en un estilo de vida "conforme a la voluntad de Dios" (8:5).

Si dar para el cristiano es algo espontáneo y generoso, como nos los describe Pablo aquí, la alegría y el gozo que tenemos en Jesús ha de llevarnos a dedicar nuestras vidas al Señor, comprometiéndonos conscientemente a hacer Su voluntad.

Nos recuerda esto, una vez más, que el dar no puede considerarse por separado, sin que forme parte de la experiencia espiritual de una persona o congregación. Si prestamos atención primero a nutrir el crecimiento espiritual, las personas responderán con generosidad cuando encuentren a alguien en necesidad.

Dar es una acción voluntaria (8:8). Hay una verdad que a muchos les cuesta aceptar: el dar es algo realmente voluntario. El cristiano no está obligado a dar el diezmo. No se requiere contribución alguna del cristiano. Por eso Pablo dice: "no es que esté dándoles órdenes".

Una de las verdades que más nos cuenta comprender es que la gracia que nos libera de la obligación en nuestra relación con Dios, en realidad nos libera para hacer mucho más de lo que haríamos si se nos obligara. Cuando Pablo dice que quiere "probar la sinceridad de su amor [el de los corintios]", nos alerta sobre la motivación ulterior y necesaria en el dar, y en cualquier otra acción de servir.

A diferencia del rabí Akiba, que veía el dar como forma de ganar mérito y salvarse de los tormentos del infierno, Pablo dice "Ya conocen la gracia de nuestro Señor Jesucristo" (8:9) En lugar de buscar un mérito que aumenta con nuestras acciones, entendemos que a través de la generosidad y sacrificio de Cristo nosotros, que éramos pobres y miserables "nos volvimos ricos". Se presenta aquí a Cristo no tanto como ejemplo a seguir sino como la fuente de la salvación que ya nos ha ganado el premio más grande: la salvación. Y a la vez nos ha enriquecido con todas las bendiciones espirituales.

¿Qué nos queda por hacer entonces? ¡Nada! Pero ¿qué crea en nosotros el conocimiento de esta gracia de Cristo? ¡Crea amor! Y la sinceridad de nuestro amor queda demostrada en voluntarios actos de servicio, sean de dar o de otra índole, y que hacemos no porque sean obligación ni porque esperamos algún beneficio sino simplemente porque amamos al Señor y para nosotros es una alegría y un privilegio hacer Su voluntad.

Dar tiene propósito (8:13-16). Hay una marcada diferencia aquí entre la lógica del dar del NT y la del judaísmo del siglo primero. En el judaísmo los pobres eran los que socialmente no tenían nada: la viuda, el huérfano, el que no tenía techo, el obrero que no podía encontrar trabajo. Se alentaba a ser generosos hacia esas personas porque Dios había expresado su especial interés por ellas. Además, Proverbios 19:17 enseñaba: "Servir al pobre es hacerle un préstamo al Señor;

Dios pagará esas buenas acciones". Por cierto, existía una compasión similar por los pobres en la iglesia primitiva (Hechos 4:32-37; 6:1-3; Santiago 1:27). Pero en este caso Pablo presenta un propósito muy diferente para el dar, que no se refiere al alivio de la necesidad individual.

En Jerusalén y Judea casi todos en la comunidad cristiana vivían en extrema pobreza, por razones que ya explicamos en la Exposición (más arriba). Pablo ve un problema especial aquí, un problema de la iglesia, ya que las condiciones del mundo en gran parte hacían que a los creyentes les fuera imposible sobrevivir y funcionar en la sociedad. La ayuda que Pablo quiere enviar no solo satisfará necesidades humanas muy reales y que existen, sino que brindará recursos que hacen falta para el testimonio vital de Cristo en Jerusalén y Judea.

Vemos aquí que corresponde la analogía entre la iglesia y el cuerpo. Cada uno de los miembros necesita sustento para estar sano y vital, y así cumplir la obra de Cristo en el mundo. La contribución que solicita Pablo no es solo para satisfacer las necesidades de los pobres de Jerusalén, sino para permitir que la iglesia de allí sobreviva y funcione.

Este análisis sugiere dos propósitos primarios de la generosidad cristiana. Damos para satisfacer necesidades humanas simplemente porque a Dios le importan los pobres y oprimidos. Y también damos para que los cristianos puedan funcionar como iglesia, dando testimonio de Cristo en múltiples formas en la sociedad.

Con respecto a este segundo propósito, que en este pasaje se destaca especialmente, Pablo nos recuerda que esta generosidad no tiene que considerarse interminable. Deuteronomio declaró rotundamente que siempre habría pobres que necesitarían ayuda (15:11). Pero Pablo dice que los corintios han de dar ahora "para que a su vez la abundancia de ellos supla lo que ustedes necesitan" (2 Corintios 8.14). La iglesia dispersa en el mundo es interdependiente, y a medida que avanza la historia, habrá áreas que prosperarán y otras que pasarán necesidad. Es responsabilidad de los que prosperan en este momento dar con generosidad a los creyentes necesitados allí donde hay pobreza, sabiendo que con el tiempo la situación puede revertirse.

Dar tiene consecuencias personales (9:6). Aunque la salvación del creyente no depende en modo alguno de sus buenas acciones, y aunque el cristiano no tiene la obligación de dar, hay consecuencias personales cada vez que tomamos una decisión. Pablo no quiere dar la orden de ser generosos pero se siente completamente libre para establecer algunas de las implicancias derivadas de la decisión que los corintios tomen con respecto a si darán o no. Pablo les dice: "El que siembra escasamente, escasamente cosechará, y el que siembra en abundancia, en abundancia cosechará".

Este versículo no se debe tomar como promesa de bendición económica para el hoy. Dios no nos da ninguna garantía de que "invertir" $ 50 en el Hermano Tal o Cual, del Ministerio de TV de tal o cual canal, nos brinde un retorno de $ 500 en tres meses. La promesa es escatológica. Sembramos cosas materiales aquí y ahora, y al hacerlo acumulamos tesoros en el cielo (Mateo 6:19-21). Es un hecho que quien siembra pocas cosas materiales tendrá poco acumulado en el cielo cuando regrese Jesús y llegue el tiempo de nuestra cosecha.

No tiene que ser este el motivo primario para que seamos generosos. Pero sí es una realidad que debemos mantener en mente, y que nos dará la perspectiva sobre la relativa insignificancia de la riqueza material. Si somos tacaños, tal vez será porque las cosas materiales nos son muy preciosas. Pablo quiere que recordemos que lo precioso no es las cosas, sino las personas. Al dar con generosidad para ayudar al pueblo de Dios que pasa por malos momentos, mostramos que nuestras prioridades están en armonía con las de Dios y exhibimos un amor que por la gracia de Dios se verá ricamente recompensado cuando Jesús regrese.

Dar tiene que ver con la mente y el corazón (9:7). Como señalamos en el Estudio de palabras de 9:7, tenemos que evaluar y "decidir" con atención qué es lo que daremos. Esto no solo pone énfasis en la responsabilidad personal, sino en la evaluación racional y atenta.

Pero ¿qué principio utilizaremos para evaluar? La respuesta se nos sugiere en 8:13. Tenemos que mirar lo que tenemos y mirar lo que otros necesitan. Luego, equilibraremos lo que tenemos contra lo que les falta a otros y tomaremos una decisión.

El tipo de generosidad que Pablo explora aquí no es, sin embargo, mera cuestión de raciocinio. También es una cuestión de corazón. Cuando decidimos lo que es adecuado, tenemos que efectuar nuestro aporte con alegría, porque "Dios ama al que da con alegría". La palabra "alegría" (*hilaros*) es la raíz de *hilarante*. Dar tiene que ser una alegría, un deleite. Cuando damos de corazón, no hay sentido de obligación ni buscamos escatimar, por lo que la acción de dar se purifica y es un sacrificio que agrada a Dios, que ama al dador.

Sería equivocado desalentar toda ofrenda que no se haga con alegría. Porque si lo hiciéramos, el necesitado no recibiría lo que le hace falta. Pero también sería errado no recordarnos mutuamente que el dar sin amor y alegría ¡no beneficia en nada al que da! (1 Corintios 13:3).

Dar tiene resultados espirituales y también materiales (9:12). El recibir lo que se nos da estimula la alabanza a Dios, y la oración por el que nos lo dio. Por eso, la generosidad tiene consecuencias espirituales y también, materiales y directas. Damos no solo para satisfacer las necesidades de otro sino porque al dar profundizamos su relación con el Señor y hacemos que perciba Su constante amor e interés.

Aplicación. Estos dos excelentes capítulos de Pablo sobre la generosidad nos ayudan a reexaminar nuestra actitud hacia la riqueza y nuestra sensibilidad con respecto a la necesidad ajena. Pero la enseñanza también sugiere que los que lideran la iglesia deberían no solo reevaluar sus enseñanzas sobre el dar, sino la forma en que la iglesia busca recaudar dinero. Al presentar claramente las necesidades que se buscan cubrir con los aportes, y al instruir en cuanto a los conceptos que Pablo presenta aquí, puede estimularse a dar todavía más, con mayor generosidad, y lograr que la alabanza a Dios sea más grande.

2 CORINTIOS 10–13
Autoridad espiritual

EXPOSICIÓN

La inigualable exhortación de Pablo a los cristianos en cuanto a la generosidad (capítulos 8-9) concluye en alabanza. Y luego, casi repentinamente, cambia el tono de esta carta. Aunque sigue apelando sin dar órdenes, su tono se vuelve severo. Se envuelve en el manto de la autoridad apostólica y confronta a los que en Corinto afirman tener mayor autoridad, desafiando la suya.

Estos capítulos no son tanto una defensa de la posición de Pablo sino más bien, una crítica a los corintios. La evidencia que Pablo presenta siempre estuvo a su disposición y sin embargo hay muchos que prefirieron escuchar a "súper-apóstoles" (11:4; 12:11), que se promocionan a sí mismos y no a Cristo.

Pablo inicia su defensa con una apelación y una advertencia (10:1-3). El Señor le ha dado a Pablo la autoridad que él tiene, y las críticas con respecto a que "en persona no causa impresión" no cambian el hecho de que lo que dicen quienes se le oponen solo buscan engrandecerse (10:7-12). Dios le ha dado Corinto a Pablo como parte de su *kanon*, territorio bajo su responsabilidad, y por eso a Pablo le interesa tanto el bienestar de los corintios (10:13-11:2). Por supuesto se preocupa cuando llega alguien a Corinto y predica un Evangelio diferente, para atacar luego a Pablo esgrimiendo débiles argumentos (11:4-12). Esos hombres son "falsos apóstoles" que sirven a Satanás y no a la justicia (11:13-15).

Contra su voluntad, Pablo tiene que "hacer alarde" de la evidencia de su apostolado (11:16-21). Al hacerlo, su modo es diametralmente opuesto al de los falsos "súper-apóstoles". Ellos señalan sus puntos fuertes. Pablo señala sus sufrimientos (11:22-29) y su debilidad (11:30-12:10). Pablo ha aprendido que la debilidad humana es el secreto a la fuerza espiritual, porque es el hombre débil el que depende del Señor, y es por medio de nuestra debilidad que se exhibe más vívida Su fuerza. Todo esto, acompañado del poder de obrar milagros, es evidencia del apostolado de Pablo (12:11-13). Los corintios no han respondido y esto le preocupa, porque Pablo teme que al visitarlos encontrará a la comunidad sumida en la falta de espiritualidad y el pecado (12:14-21).

Pablo concluye con una advertencia. Si las faltas que él ha identificado no se corrigen, "no seré indulgente con los que antes pecaron ni con ningún otro". Si los corintios no se examinan a sí mismos, Pablo tal vez tenga que ser "severo en el uso de mi autoridad" (13:10). Pablo cierra el libro pidiéndole algo a la iglesia: "hagan caso de mi exhortación", y se despide con una bendición (13:11-14).

2 Corintios 10-13

La extensa defensa de Pablo de su autoridad tiene importancia para nosotros. No porque la iglesia moderna dude entre sus palabras y las de estos opositores del siglo primero. La historia ha establecido que los escritos de Pablo son Escrituras, y los "súper apóstoles" que se le oponían han caído en el olvido hace mucho tiempo ya. Sin embargo, estos capítulos nos brindan contenido importante sobre la naturaleza de la autoridad espiritual, y sobre el delicado equilibrio que deben mantener hoy los líderes cristianos, entre la protección de la libertad de los creyentes para ser responsables ante el Señor, y su propia responsabilidad al guiar y proteger al cuerpo de Cristo.

ESTUDIO DE PALABRAS

Por la ternura y la bondad de Cristo, yo, Pablo, apelo a ustedes (10:1). La palabra *parakalo* nos recuerda que incluso ahora que Pablo reafirma su autoridad apostólica, no da órdenes sino más bien, les recuerda a las iglesias la responsabilidad personal de ejercer el juicio moral.

El liderazgo cristiano no se preocupa tanto por conformar, como por el compromiso. Pablo no quiere obligar a la iglesia a hacer lo que él les diga. Prefiere influir en la iglesia para que reconozcan que su instrucción es voluntad de Dios, y que respondan por propia voluntad.

Las armas con que luchamos no son del mundo (10:4). La palabra es estrategias, término militar que aparece aquí y en el versículo siguiente, más desarrollado. Los argumentos de los opositores de Pablo son como un muro de palabras, levantado no contra Pablo sino "contra el conocimiento de Dios".

¿Cuáles son las armas del mundo (*sarkinos* "de la carne"), que Pablo descarta? Probablemente sean las cosas que sus opositores realzan: el aspecto imponente, la buena oratoria, cosas que parecen atractivas pero que "están a la vista" (10:7). Veremos con mayor claridad la naturaleza de las "armas" de Pablo a medida que avanza en su defensa. Pero podemos resumirlas como la debilidad que permite que Cristo hable con mayor claridad a través de él.

Cuanto menos dependemos de nuestras propias fuerzas en el ministerio, tanto más dependeremos de Cristo. Y cuanto más dependemos del Señor, mejor podrá obrar Él a través de nosotros.

Y estamos dispuestos a *castigar* cualquier acto de desobediencia una vez que yo pueda contar con la completa obediencia de ustedes (10:6). Aquí, "castigar" es *ekdikesai*, término legal que conjuga las ideas de tomar venganza y hacer justicia. Las palabras "de ustedes" en "completa obediencia de ustedes" indica que Pablo se dirigía a la iglesia en su conjunto. Así, Pablo tiene en mente a dos grupos: a intrusos que se ensalzan como "súper apóstoles" (11:5) y quieren desviar a la comunidad cristiana, y a la comunidad sobre la cual han influido. Pablo se ocupará de los falsos apóstoles, pero quiere que la comunidad rechace primero el falso evangelio y se reúna en su compromiso al Evangelio del que Pablo es apóstol.

Una vez más vemos que Pablo es consciente de que los cristianos son responsables y tienen que actuar con responsabilidad. Pablo les escribe, en lugar de visitarlos, para darles a los corintios la oportunidad de purificarse.

No me avergonzaré de *jactarme* de nuestra autoridad más de la cuenta, autoridad que el Señor nos ha dado para la edificación y no para la destrucción de ustedes (10:8). El tema de jactarse, que Pablo presenta aquí, está ampliado en 10:15-18 y también en los capítulos 11 y 12. El verbo *kauchaomai* significa "hacer alarde, gloriarse, sentirse orgulloso". Pablo utiliza la palabra con cierta ironía: sus críticos se jactan de sus fuerzas en comparación a la supuesta debilidad de Pablo y por eso, hacen alarde de su superioridad. Por otra parte, Pablo se jacta de una sola cosa: es Dios Quien le ha dado autoridad en la iglesia, y ejercerá esa autoridad, no para destruir a la iglesia sino para edificarla.

Lo mismo vale para los líderes cristianos de hoy. Sirven porque han sido llamados por Dios al ministerio de servir al prójimo. Y su intención es la de edificar al cuerpo de Cristo, y no la de ensalzarse a sí mismos.

Si es esta nuestra actitud, el falso orgullo y la arrogancia de los opositores de Pablo se verá reemplazada por la humilde jactancia de quienes se glorían en el Señor Jesucristo.

No me avergonzaré de jactarme de nuestra *autoridad* más de la cuenta, autoridad que el Señor nos ha dado para la edificación y no para la destrucción de ustedes (10:8). La palabra *exousia* significa "libertad de acción y por ello, poder o autoridad. Como apóstol de Dios a Pablo se le ha conferido autoridad o libertad de acción respecto de la iglesia de Corinto. Pero Pablo sabe bien que su libertad de acción se ve limitada por el propósito de su comisión: tiene que edificar y no destruir.

El saber esto sin duda es una de las grandes razones por las que apela en lugar de dar órdenes, y espera que la iglesia responda antes de tomar la decisión de castigarlos. Muchas veces, al forzar la obediencia los padres y líderes de iglesia debilitan a los jóvenes en lugar de fortalecerlos. Pablo enseña, anima, apela, advierte y explica, buscando influir en la congregación para que ellos decidan libremente qué es lo que está bien. Pablo sabe que el carácter se fortalece cuando uno toma la decisión correcta, en tanto verse obligado a hacer el bien contra la propia voluntad, puede dar como resultado debilitamiento.

No nos atrevemos a igualarnos ni a compararnos con algunos que tanto *se recomiendan a sí mismos* (10:12). El problema con los opositores de Pablo es que basan sus afirmaciones en *heautous sunistano*nton, la reafirmación de sí mismos. Buscan comparar sus supuestas fortalezas contra las supuestas debilidades de Pablo. Pero él, en tono algo sarcástico, dice que no puede jugar a las comparaciones. A medida que Pablo avanza, vemos que no destaca sus puntos fuertes sino justamente esas debilidades que tanto critican sus opositores.

Antes de eso, sin embargo, Pablo afirma su caso sobre algo más importante. Es Dios Quien le ha dado esta comisión, y el Señor le dio autoridad sobre un territorio del que Pablo es responsable.

Este es el tema constante. No si somos más sabios, mejores oradores, con más conocimiento o destreza que los demás. El tema es si Dios nos ha llamado a ser líderes y nos ha dado un "territorio" del que somos responsables.

Nos limitaremos *al campo* que Dios nos ha asignado según su medida, en la cual también *ustedes están incluidos* (10:13). Aquí el término es *kanon*, que en otros contextos significa "regla" o "parámetro". El sentido en este pasaje es técnico, y está ilustrado en una inscripción hallada en Galacia en 1976, que es un adicto a los años 13 a 15 DC que define los servicios requeridos de la ciudad. Parte de la inscripción dice:

> Sixto Sotidio Strabo Libuscidianas, legado de [Tiberio] César Augusto, en su función de pretor, declara:...que nadie hará uso del transporte gratis sino que, como la licencia de determinadas personas exige acción inmediata, he promulgado en las ciudades y aldeas un *kanon* de lo que juzgo deseable como provisión, y es mi intención mantenerlo y si se lo abandona, imponerlo, no solo por mi propio poder sino por la divinidad del excelente salvador Augusto, de quien acepté justamente esto en mi mandato.

El término *kanon* es la lista de las cosas que pueden solicitar las autoridades cuando están de viaje, y lo que más nos importa, es que indica cuál es el territorio en el que son responsables de cumplir el edicto los súbditos.

Lo que Pablo dice entonces es que Dios le ha otorgado un *kanon*, un territorio bajo su responsabilidad, y este territorio incluye a los corintios. El debate en torno a las fuerzas y debilidades es totalmente irrelevante entonces, porque más allá de lo que digan sus opositores, la responsabilidad ante Dios por lo que suceda en Corinto es de Pablo. Y a Pablo se le ha otorgado la correspondiente autoridad.

Una vez más, este tema de jactarse de la propia capacidad en comparación con otros, es algo irrelevante al liderazgo espiritual. La cuestión primordial y más importante es el *kanon* que Dios asignó a los líderes y sus responsabilidades respecto a lo que Él les confió.

El celo que siento por ustedes proviene de Dios, pues los tengo prometidos a un solo esposo, que es Cristo, para presentárselos como una virgen pura (11:2). El papel de Pablo no es el de un padre, como en las bodas modernas, sino el de un "amigo que asiste al novio" (*philos tou numphiou*, Juan 3:29). Edersheim, en *Sketches of Jewish Life* [Bosquejos de la vida judía], observa que en Judea se le asignaba un "amigo" a la novia y otro, al novio. Estos amigos actuaban como intermediarios y "garantes de la castidad de la novia virgen". Después de la boda el amigo del novio seguía prestando servicio a la pareja, buscando que estuviesen en buenos términos y defendiendo la reputación de la novia contra cualquier crítica.

Usando estas imágenes Pablo aclara que aunque Corinto es el *kanon* que Dios le ha dado, su ministerio está motivado por un intenso amor por este pueblo, que es la novia de Cristo, y por el ardiente deseo de ver que la iglesia mantiene una íntima relación con su Señor.

Los líderes no solo tienen que ser fieles a su responsabilidad. Tienen que amar.

¿Es que cometí un pecado *al humillarme yo para enaltecerlos a ustedes*, predicándoles el evangelio de Dios gratuitamente? (11:7). El término *tapenion* significa "humillar" pero sugiere más que eso. En la cultura griega, las palabras derivadas de esta raíz transmitían la idea de desprecio. La persona que era *tapeinos*, era socialmente indefensa, condición que se consideraba vergonzosa en el mundo heleno.

Pero ¿por qué era causa de críticas la disposición de Pablo de trabajar por su sustento? Una interesante sugerencia es que sus críticos decían que al trabajar Pablo demostraba falta de fe. Después de todo, cuando Cristo envió a Sus discípulos de a dos, les dijo que no llevaran dinero sino que dependieran de la generosidad de quienes recibían su ministerio (Mateo 10). Así que, estos "súper apóstoles" que hacían alarde de su mejor oratoria (11:6) también se gloriaban de ser más espirituales ¡porque aceptaban dinero de los corintios y hacían que la iglesia los mantuviera!

El argumento habría sido difícil de sostener, en vistas de la explicación anterior de Pablo en cuanto a que si bien tenía "derecho" a que le mantuvieran, prefería renunciar a éste (1 Corintios 9), en pos de una recompensa eterna. Los opositores de Pablo distorsionaron sus motivos, al punto que ellos, que eran "falsos apóstoles" se "disfrazaban de apóstoles de Cristo", cuando en realidad servían a Satanás (2 Corintios 11:13-14).

Quien esté en el liderazgo espiritual seguramente pasará por lo mismo que pasó Pablo: críticas basadas en la distorsión de su motivación y una tergiversación de sus acciones. Es frustrante, pero forma parte del precio de servir a Cristo.

Si alguien se atreve a dárselas de algo, también yo me atrevo a hacerlo; lo digo como un insensato (11:21). Pablo se ha visto obligado a formar parte de una contienda muy necia, que compara credenciales. De hecho, las mejores credenciales son las de Pablo. Él también es un judío capacitado en Palestina (un "hebreo" [11:22]), y ha trabajado más duro que sus opositores (11:23), y sufrido más (11:23b-27), además de que los corintios le importan mucho más (11:28-29).

Dicho esto, Pablo menciona algo que desarrollará en el capítulo 12: es más débil que sus opositores y de hecho, esto es parte del secreto de su fuerza. Al desarrollar este tema, exhibirá "locura de Dios", que es más sensata que la sabiduría humana (1 Corintios 1:25).

Conozco a un seguidor de Cristo que hace catorce años fue llevado al tercer cielo (12:2). Este pasaje ha sido origen de interminables especulaciones. ¿Por qué habla Pablo en tercera persona cuando es obvio que se refiere a sí mismo? ¿Y qué es el "tercer cielo"? ¿Qué quiere decir con "no sé si en el cuerpo o fuera del cuerpo; Dios lo sabe" (12:3)? Y ¿qué "espina clavada en el cuerpo" era la que le atormentaba (12:7)?

En cuanto al uso de la tercera persona, la mejor sugerencia es que Pablo la utiliza para evitar toda sugerencia de que se arroga crédito personal por las visiones o revelaciones que le fueran otorgadas (12:1).

La mención del "tercer cielo", se supone que hace referencia a una cosmología que ve la atmósfera de la tierra como primer cielo, el plano de los cuerpos celestiales como segundo cielo, y el plano espiritual habitado por Dios y Sus ángeles, como tercer cielo. Pero los escritos intertestamentales también mencionan una división de los cielos en siete partes (2 Enoc 8-22 y la Ascensión de Isaías), un quinto cielo (3er Apocalipsis de Bernabé 11:1) y hasta sugieren 10 divisiones de los cielos (2 Enoc 20:3b). Como el NT guarda silencio al respecto, parece inútil suponer que Pablo está basándose en la cosmología. Sin embargo, sí permanece el hecho de que fue llevado a un plano solo accesible a Dios.

La incertidumbre de Pablo respecto de si su visión había sido recibida en el cuerpo o fuera del cuerpo (12:3) ha sido citada por quienes argumentan a favor de la "proyección astral", un fenómeno en que se supone que el alma sale del cuerpo. Este paréntesis no es respaldo de tal teoría. Lo que Pablo está diciendo es sencillamente que aunque la visión fue real, no sabe si él estaba o no físicamente presente en ese paraíso donde experimentó tales maravillas y se le dijeron cosas que aún hoy es incapaz de revelar.

En este punto Pablo menciona la "espina" que tiene clavada en el cuerpo (12:7). Dios permitió que Satanás enviara a su "mensajero", pero fue para que se cumplieran los propósitos de Dios. Después de pedirle a Dios tres veces que se la quitara Pablo vio que la "espina" era un regalo que tenía como propósito hacerle débil a los ojos de los hombres para que pudiera "perfeccionarse" el poder de Dios (ver 12:8) en su debilidad.

Nadie sabrá jamás cuál era esa espina, por mucho que se especule al respecto. La palabra *skolops* significa "estaca", además de "espina" y sugiere grave tormento. Aunque algunos suponen que la "espina" son los opositores de Pablo, la mayoría cree que se trataba de alguna enfermedad crónica, que le debilitaba. En este caso, sería algo que alimentaba la hostilidad de los enemigos de Pablo porque ¿cómo podía un verdadero apóstol que tuviera poder real, ser incapaz de curarse a sí mismo?

Porque cuando soy débil, entonces soy fuerte (12:10). Debilidad es *astheno*, palabra que indica más que fragilidad, sugiriendo una discapacidad que es impedimento. Por otra parte, fuerte es *dinatos*, que no significa sano sino poderoso. Pablo está diciendo que es fuerte en su debilidad porque Dios obra en y a través de la fragilidad humana.

Este es un tema que les era totalmente ajeno a los críticos de Pablo. Pero después de todo, sus armas son del mundo, de la carne (10:4). En su extensa defensa Pablo les ha ofrecido a los corintios una impactante alternativa. Pueden medir la autoridad de una persona según criterios que los críticos de Pablo les presentan, o pueden reconocer los criterios que les menciona Pablo. Los criterios que exaltan a Cristo, y no a un ser humano. Son criterios que exhiben una sabiduría de Dios que se levanta en marcado contraste con la sabiduría de este mundo (cf. 1 Corintios 1:18-2:16).

¿Todo este tiempo han *venido pensando* que nos estábamos justificando ante ustedes? (12:19). La palabra *dokeite*, equivale más bien a "suponer" o "asumir". Cuando los corintios – y también los cristianos modernos – leen estos capítulos, muchos "suponen desde el principio" que Pablo se está defendiendo y que defiende además su autoridad apostólica.

Pero lo que Pablo está haciendo es brindar un parámetro que permitirá a los corintios una nueva evaluación, un parámetro que, de no reconocer su validez ¡también será la base del juicio a ellos mismos!

Ésta será la tercera vez que los visito. "Que todo asunto se haga constar por el testimonio de dos o tres testigos." (13:1). Pablo aquí está citando Deuteronomio 19:15, pero para los comentaristas es un enigma el por qué de la inclusión de este versículo aquí. ¿A qué "testigos" se refiere Pablo? ¿A las visitas que él mismo efectúa? ¿Está amenazando con un tribunal, donde habrá testigos que desenmascararán a los pecadores? Tal vez debiéramos entender que los testigos son las palabras de esta carta. Son palabras que expresan verdades espirituales "ante Dios" (12:19) y que Su Espíritu autentica en los corazones de los Suyos (1 Corintios 2:12).

Esta interpretación concuerda con las palabras de Jesús a los líderes judíos que se Le oponían: "Pero no piensen que yo voy a acusarlos delante del Padre. Su acusador es Moisés, en quien tienen puesta su esperanza" (Juan 5:45). La misma Palabra de Dios que libera a quienes responden a ella condena a los que no lo hacen. Cada una de las palabras escritas por Pablo en defensa de su apostolado tiene el potencial de liberar a sus lectores o servir como base para su juicio cuando les visite.

Recordemos esta naturaleza de doble filo de las Escrituras. La Palabra de Dios nos invita pero nos advierte, nos libera pero al mismo tiempo ata, reivindica y al mismo tiempo puede ser de juicio. Respondamos a la Palabra de Dios porque si no lo hacemos esa misma Palabra servirá de testigo en contra de nosotros cuando estemos ante nuestro Señor en Su regreso.

Examínense para ver si están en la fe; pruébense a sí mismos (13:5). "Examinar" es *peirazo*, que suele significar prueba o tentación pero que aquí se usa en el sentido neutral de "discernir". Esto, seguido de una exhortación: *kokimazete*, "pruébense". La palabra conlleva la expectativa de la aprobación: examínense y pruébense y verán que de veras están en la fe.

Un auto-examen atento revelará al Cristo que está dentro de los corintios y ellos reconocerán Su voz, que habla a través del apóstol porque el Señor en verdad le ha dado autoridad a Pablo para edificarlos (13:10).

Es mucho mejor mirar hacia adentro y escuchar la voz interna de Cristo, que fijar nuestra atención en la supuesta debilidad de los líderes que Dios ha puesto en nuestras iglesias. Es mejor que dejarnos llevar por las quejas de los críticos que se ocupan de todas las debilidades reales o imaginarias, para destruir en lugar de realzar el ministerio de la iglesia local.

EL PASAJE EN PROFUNDIDAD
Pablo defiende su ministerio (capítulos 10-13)

Trasfondo. Los problemas a los que se refiere Pablo en 1 Corintios eran creados por miembros de la congregación. Pero los que menciona en 2 Corintios, eran creados por personas externas, por intrusos palestinos que predicaban "un Evangelio diferente" (2 Corintios 11:4) y que buscaban apoderarse de la joven congregación atacando vigorosamente la autoridad de Pablo. Murray J. Harris, en su comentario a 2 Corintios (Zondervan) (en inglés), brinda un excelente resumen.

Pablo, alegaban ellos, era [un apóstol] de dos caras, que actuaba caprichosamente (2 Corintios 1:17-18; 10:2-4) y que quería enseñorearse y dominar a sus conversos (1:24; 7:2), restringiendo su desarrollo espiritual (6:12). No llevaba cartas de recomendación (3:1; 10:13) porque se recomendaba a sí mismo (4:2, 5; 5:12; 6:4; 10:12, 18; 12:11; cf. 1 Corintios 9:1-3; 14:18; 15:10b) como lo haría un loco (5:13; 11:1, 16-19; 12:6, 11) o un impostor (6:8). Así como era oscuro y confuso su evangelio (4:3; 6:2-3) también eran ininteligibles o confusas su cartas (1:13), escritas con el perverso objetivo de condenar y destruir (7.2-3; 10:8; 13:10) y causar dolor (2:2, 4-5; 7:8). A la distancia, era un hombre que impactaba pero de cerca, cuando se dignaba a aparecer en persona, era despreciable y débil (10:1-2, 9-11; 11:6; 13:3-4,9). Su negativa a aceptar remuneración de parte de los corintios demostraba qué poco le importaban, y mostraba además que sabía muy bien que era un falso apóstol y no el vocero de Cristo (1:5, 7-11, 13; 12:11-15; 13:3ª, 6). Sin embargo, se aprovechaba de la buena voluntad de la iglesia, que quería mantenerlo, organiza no una colecta que según él era para los hermanos de Jerusalén pero que en realidad era para sus bolsillos (12:16-18). Estas eran algunas de las acusaciones de los que calumniaban a Pablo (p. 314).

Tal vez, en 11:22 vemos con mayor claridad lo que buscaban los competidores del apóstol: "¿Son ellos hebreos? ". Todos concuerdan con que el término significa "judío de palestina", diferenciándolo de "israelita" o judío por origen racial. Eran individuos que decían ser cristianos y afirmaban tener una autoridad especial tal vez derivada de (1) su contacto personal con Jesús durante Su vida, que algunos creen está implícito en 5:16, (2) de los 12 apóstoles o de Pedro, o (3) de la iglesia de Jerusalén.

Lo interesante es que era costumbre del Sanedrín enviar delegaciones a las comunidades judías de todo el imperio, con cartas que daban testimonio de su autoridad, para anunciar oficialmente las fechas de los festivales anuales y servir como jueces en la resolución de disputas. Estos hombres, que eran sabios, actuaban con autoridad que nadie cuestionaba porque no solo era el Sanedrín la autoridad suprema para todos los judíos dondequiera que estuviese, sino que se pensaba que los rabíes palestinos tenían una santidad superior y mayor autoridad.

Lo que parece haber sucedido es que aparecieron en Corinto unos judíos cristianos de Palestina, afirmando tener el mismo tipo de autoridad sobre esa congregación, que el que tenían los rabíes judíos enviados por el Sanedrín sobre los judíos de la diáspora. Cuando muchos corintios se resistieron y apelaron a la autoridad de Pablo, estos intrusos ini-

> ## LA AUTORIDAD EN EL JUDAÍSMO RABÍNICO
>
> Hay muchísimos escritos antiguos y modernos que nos ayudan a entender la visión de la autoridad que prevalecía en el judaísmo rabínico del siglo primero y en el contemporáneo también. Michael Fishbane explica que en el judaísmo "Dios, la Torá, y la interpretación de la Torá por parte de sabios calificados" son estructuras de autoridad en intersección. Jacob Neusner en su excelente libro *Foundations of judaism* [Fundamentos del judaísmo], desarrolla las implicancias de esta perspectiva, en las páginas 110 a 121.
>
> No era el caso de que un componente de la Torá, de la palabra de Dios a Israel, estuviera dentro del círculo sagrado y otro componente estuviera más allá. La interpretación y lo que era interpretado, la exégesis y el texto, iban juntos...Las Escrituras y la Mishná gobiernan lo que conoce el rabí. Pero el rabí es quien habla con autoridad sobre estas cosas. El hecho de lo que querían hacer los rabíes con la Mishná es precisamente lo que estaban preparados para hacer con las Escrituras: imponer su propio juicio en cuanto a su significado...El rabí habla con autoridad sobre la Mishná y las Escrituras. Y por eso tiene autoridad que se deriva de la revelación. Él mismo puede participar en el proceso de la revelación (no hay diferencia material).
>
> Si los opositores palestinos que criticaban a Pablo se acercaban a la iglesia con tal perspectiva de la autoridad, en efecto estaban arrogándose el derecho a reinterpretar con autoridad el mensaje del Evangelio que Pablo había predicado como Palabra de Dios. Y al arrogarse este derecho, estos intrusos implícitamente requerían que los corintios se sometieran a sus dichos, como al a misma Palabra de Dios.

ciaron un vigoroso ataque contra el apóstol ausente, y lograron minar su autoridad en mucho. Esto dio lugar a que Pablo escribiera 2 Corintios, donde hace mucho más que defender su apostolado. Pablo explica aquí la naturaleza del ministerio del Nuevo Pacto y los capítulos que estamos estudiando trazan un contraste entre la visión del liderazgo espiritual que representaban estos oponentes o "súper apóstoles", y el apostolado de Pablo.

Interpretación. Los capítulos 10 a 13 presentan la respuesta de Pablo a los intrusos palestinos cuya supuesta autoridad había confundido a los corintios. Aunque estos intrusos se hacen llamar "apóstoles" es claro que lo usan el término como equivalente funcional de "rabí" o "sabio" y que bajo tal afirmación hay un concepto de liderazgo espiritual. La respuesta de Pablo desarrolla tres conceptos vitales, que por cierto se aplican a la iglesia moderna porque conforman el centro de lo que se entiende como liderazgo espiritual, no importa qué título les demos a nuestros líderes. Podemos examinar estos conceptos bajo los siguientes aspectos:

- Lo que marca al apóstol
- El ministerio del apóstol
- La autoridad del apóstol
- Lo que marca al apóstol

Los intrusos se arrogaban autoridad espiritual sobre la iglesia de Corinto, y respaldaban sus afirmaciones diciendo: que poseían conocimiento y elocuencia superiores (11:6), que tenían visiones y revelaciones (12:1,7), que tenían cartas de recomendación (3:1). Además, recibían dinero en pago por sus servicios espirituales (11:12) y eran de Palestina, sede del cristianismo primitivo (5:16; 10:7).

Si tomamos 2 Corintios 12:12 como aparece traducido en la NVI, podríamos suponer que lo que marca al apóstol es la capacidad para obrar milagros. Ese versículo dice: "Las marcas distintivas de un apóstol, tales como señales, prodigios y milagros, se dieron constantemente entre ustedes" (12:12). Sin embargo, no es precisa la traducción de la NVI, que implica que los milagros son la marca esencial que autentica al apóstol. La traducción no es precisa en términos teológicos porque Pablo acababa de brindar una larga defensa en la que enumera una variedad de cosas como evidencia de su apostolado. Tampoco es buena la traducción si la vemos desde un punto de vista lógico, porque si los milagros son "lo que marca al apóstol", sus opositores podrían haber respaldado su argumento sobre la capacidad que tenían ellos de obrar milagros y Pablo habría podido contra-argumentar, enumerando los milagros que había obrado mientras estaba en Corinto. En términos de la gramática, la traducción de la NVI tampoco es acertada porque "señales, prodigios y milagros", está en el caso dativo y no en el nominativo, como debería ser si fuera correcta la traducción.

¿Qué está diciendo Pablo entonces? Sencillamente que "Las marcas distintivas de un apóstol, [junto con] señales, prodigios y milagros, se dieron constantemente entre ustedes". El esfuerzo de Pablo, sus sufrimientos, su profundo interés por las iglesias y el hecho de que Dios había obrado poderosamente a través de él a pesar de sus evidentes debilidades, esas son evidencias convincentes de que Pablo viene con una misión que Dios Mismo le dio.

Lo mismo vale hoy. Las marcas de los líderes en quienes confiamos y a quienes respondemos tienen que ser el persistente compromiso al servicio que también hoy se expresa en el esfuerzo, el sufrimiento, el profundo interés por el pueblo de Dios y dando evidencia de que Dios obra a pesar de la debilidad humana, presente en cada uno de nosotros y tan evidente por cierto.

EL MINISTERIO DEL APÓSTOL

En esta carta Pablo habla dos veces de la "autoridad que el Señor nos ha dado para la edificación y no para la destrucción de ustedes" (10:8; 13:10). Pablo aquí hace más que afirmar que el Señor, (¡y no Palestina!), es el origen de su autoridad. Define y limita su autoridad. Su *kanon*, ese territorio por el que se le ha hecho responsable, incluye a Corinto (10:13). Él es responsable de "edificarlos", pero específicamente tiene limitaciones porque en su ministerio no puede hacer nada que pudiera "destruirlos".

La pregunta entonces es: ¿cómo ministra el apóstol Pablo de manera que edifique a los corintios sin destruirlos?. En 2 Corintios vemos varias características del ministerio de Pablo. En los capítulos 1 a 3 Pablo brinda su ejemplo de auto-revelación y muestra que se ve a Cristo en el proceso de transformación que ocurre en los creyentes, y no en la afirmación de la perfección libre de pecado que busca afirmar la fuerza. En los capítulos 4 a 7 Pablo muestra que el ministerio de reconciliación se apoya en la convicción de que el amor de Cristo es la fuerza motivadora en el corazón del creyente. Como Pablo sabe que Dios cumplirá en los creyentes el propósito por el que murió Cristo, el apóstol depende del obrar del Espíritu, un obrar invisible. Tiene confianza plena – y la expresa – en sus santos, que tienen defectos. En los capítulos 8 y 8 Pablo muestra también su confianza al no dar la orden de ser generosos, sino al destacar la responsabilidad personal de los corintios que han de considerar el dar con el corazón y la mente, en tanto deja también en claro por qué corresponde dar con alegría y generosidad.

Este mismo espíritu es el que anima los capítulos que vemos ahora. Pablo "apela" a los creyentes, esperando su respuesta (10:1) y su aparente auto-defensa en realidad es la revelación del ministerio que se basa en la debilidad más que en la fuerza, y en el servicio más que en la superioridad.

Sobre la base de esta asombrosa e impactante explicación del liderazgo del Nuevo Pacto Pablo llama a sus lectores a examinarse a sí mismos y expresa confianza en que, cuando lo hagan, pasarán la prueba porque reconocerán que Cristo les ha estado hablando a través de él. No a través de los falsos apóstoles de Palestina que basan sus afirmaciones en una visión completamente diferente de lo que es el ministerio y la autoridad del líder.

LA AUTORIDAD DEL APÓSTOL

El problema con la interpretación que presentamos aquí es que pareciera que el mismo Pablo la niega con severidad al advertirles a los corintios: "Cuando estuve con ustedes por segunda vez les advertí, y ahora que estoy ausente se lo repito: Cuando vuelva a verlos, no seré indulgente con los que antes pecaron ni con ningún otro" (13:1-2). Un poco después dice: "Por eso les escribo todo esto en mi ausencia, para que cuando vaya no tenga que ser severo en el uso de mi autoridad, la cual el Señor me ha dado" (13:10).

Al leer estos versículos pareciera que Pablo ha abandonado su compromiso anterior con la enseñanza, el ejemplo y la apelación, y que ahora utiliza amenazas de castigo (cf. 10:6). Parecería también que la autoridad espiritual incluye el derecho a exigir cumplimiento además de existir como una posición desde donde se influye en el pueblo de Dios.

Al menos, parecería que es así. Pero Pablo añade una cláusula final a su advertencia, y luego una explicación. Ha dicho: "Cuando vuelva a verlos, no seré indulgente con los que antes pecaron ni con ningún otro, ya que están exigiendo una prueba de que Cristo habla por medio de mí. Él no se muestra débil en su trato con ustedes, sino que ejerce su poder entre ustedes" (13:2-3).

¿Qué hará Pablo para castigar a los que se niegan a responder a su amable instrucción? ¡Nada! ¡Es que no tiene que hacer nada! El hecho de que él es un apóstol, designado por el Señor y cuyo *kanon* incluye Corinto significa que Cristo está hablando a través de él. Por lo tanto, si los corintios no le hacen caso, ¡están rechazando a Cristo, y no a Pablo! Por eso Pablo dice que es Cristo quien se ocupará de los pecadores, y que Él no es débil en su trato hacia ellos sino que ejerce Su poder.

El verdadero líder espiritual no necesita poderes de coerción. El verdadero líder espiritual, llamado por Dios y designado a un ministerio, tiene la responsabilidad de guiar y proteger a su gente, y es a través de este líder que Jesús está obrando. La persona que no responde ante el líder que transmite la verdad de la Palabra de Dios, tendrá que responder ante Jesús, y no ante el líder.

Y así será por cierto, con todos.

Aplicación. El liderazgo espiritual en la iglesia de Jesucristo es una función difícil no solo para el líder sino también para la congregación. Es todo un desafío. Muchas veces, entendemos el liderazgo como lo entiende el mundo, y así tenemos más en común con los críticos de Pablo que con lo que el apóstol define en esta epístola.

Hay otros pasajes que necesitamos explorar para poder desarrollar una teología del liderazgo que sea adecuada. Las palabras de Jesús con respecto al servicio en Mateo 20, por ejemplo. O la instrucción de Pablo a Timoteo y Tito en cuanto a la selección de líderes, que en tantos aspectos es reflejo de Hechos 6. Y las palabras del autor de Hebreos sobre cómo hemos de responder a los líderes que Dios pone delante de nosotros. También, la definición del rol de los dones de cada uno como parte del cuerpo, que encontramos en Efesios 4. Y la exhortación de 1 Pedro 5 a aquellos que son pastores del rebaño de Dios.

Pero seguramente, todo el libro de 2 Corintios nos brinda verdades esenciales para que entendamos no solo la función del líder sino la forma en que tiene que ministrar, con el objeto de obtener lo mejor en el pueblo de Dios. Y sobre la forma en que el líder que actúa según la naturaleza del ministerio del Nuevo Pacto, se relacionará con la congregación a la que ha sido llamado a edificar y no a destruir.

GÁLATAS 1–2
El Evangelio

EXPOSICIÓN

Gálatas es una breve pero potente defensa del Evangelio tal como lo predicó Pablo. Sus opositores son los conocidos como judaizantes – personas de extracción judía que insistían en que para ser cristianos había que circuncidarse y guardar la Ley de Moisés. Los judaizantes visitaban las jóvenes iglesias con estas enseñanzas distorsionadas, casi con la misma rapidez con que los evangelistas difundían el evangelio entre los gentiles de todo el imperio romano.

Pablo les escribió esta carta probablemente a las iglesias fundadas en la provincia romana de Galacia, en su primer viaje misionero, en ciudades como Pisidia de Antioquía, Iconio, Derbe y Listra (Hechos 13-14). Aunque no se ha podido precisar la fecha de la carta, es probable que Pablo la escribiera poco después de realizado el concilio de Jerusalén mencionado en Hechos 15. En este libro de corta extensión Pablo responde a tres conjuntos de acusaciones con que le atacaban los judaizantes: (1) que Pablo no era uno de los apóstoles originales y que por eso no refleja la opinión de quienes estuvieron personalmente con Jesús, capítulos 1-2; (2) que el Evangelio de Pablo no es el verdadero Evangelio porque aparta la Ley de Dios, capítulos 3-4; (3) que el Evangelio de Pablo abre las puertas a la inmoralidad porque solo la Ley protege al ser humano contra tal flagelo, capítulos 5-6. Ninguna de estas acusaciones es cierta. Y la respuesta de Pablo, en particular a las últimas dos acusaciones, constituye con Romanos la exposición más clara que tenemos en las Escrituras sobre la naturaleza de la Buena Nueva de la salvación en Jesucristo.

Pablo responde al primer conjunto de acusaciones relatando la historia de su vida y su relación con los 12 apóstoles. Después de un breve saludo (1:1-5) y de expresar sorpresa ante el hecho de que las iglesias de Galacia hayan virado tan repentinamente hacia un Evangelio "diferente" (1:6-10), Pablo inicia su defensa. Comunica, ante todo, que en lugar de depender a alguna autoridad humana, recibió tanto su llamado como su Evangelio directamente del Señor (1:11-24). Luego habla de su relación con los otros apóstoles. En las reuniones privadas que se realizaban al mismo tiempo que las sesiones públicas del concilio de Jerusalén, los apóstoles presentaron ante los Doce "el evangelio que predico entre los gentiles". Los Doce no añadieron ni quitaron nada de las enseñanzas de Pablo. Más bien, reconocieron su comisión de ser pionero en la obra entre los gentiles, así como Pedro había recibido la comisión de ser pionero entre los judíos (2:1-1).

Luego Pablo cuenta una historia que ilustra de manera dramática su afirmación de que su posición equivale a la de los Doce de Jerusalén. Cuando Pedro mismo, de visita en Antioquía, "no actuaba[n] rectamente, como corresponde a la integridad del evangelio", Pablo confrontó a Pedro "delante de todos". Y lo hizo justamente en torno al tema que los judaizantes esgrimen como argumento: obligar a los gentiles a seguir costumbres judías como si la salvación dependiera de la observancia de la Ley (2:11-15). Citando sus propias palabras Pablo afirma la verdad central y la más grande maravilla del cristianismo: "He sido crucificado con Cristo, y ya no vivo yo sino que Cristo vive en mí" (2:16-21).

La carta de Pablo es más corta de lo que querríamos y por cierto, estos dos primeros capítulos dejan sin respuesta varias preguntas biográficas: ¿Cuándo fue, exactamente, Pablo a Jerusalén? ¿Qué pasó en esas reuniones privadas con los Doce? ¿Qué hizo y dijo Pedro después de que Pablo confrontara con él? Sin embargo, a Pablo no le interesa responder nuestras preguntas. Tiene en mente un propósito claro y se mantiene firme: predica el verdadero Evangelio, que recibió de Dios, que fue afirmado por los Doce y los ancianos de Jerusalén. Y más que estar subordinado a los Doce, él es su par en el apostolado, como lo demuestra su confrontación con Pedro cuando éste erró.

ESTUDIO DE PALABRAS

Pablo, apóstol, no por investidura ni mediación *humanas*, sino por Jesucristo y por Dios Padre, que lo levantó de entre los muertos (1:1).

La primera preposición, *apo*, indica origen. Y la segunda, *dia*, denota medios o agente. Las primeras palabras de Pablo, entonces, afirman su apostolado de manera vehemente y de hecho, están diciendo: el Señor resucitado y Dios Padre me comisionó directamente como apóstol y no le debo esta posición a seres humanos ni dependo de ellos para el Evangelio que predico.

Es cierto que Pablo era único, y también lo era el apostolado que él solo compartía con los Doce. Pero la confianza de Pablo reposaba en Dios, que le había llamado y equipado. También nosotros podemos estar confiados como Pablo, siempre y cuando estemos conscientes de que vivimos según la voluntad de Dios.

Jesucristo dio su vida por nuestros pecados *para rescatarnos de este mundo malvado*, según la voluntad de nuestro Dios y Padre (1:4). "Rescatarnos" es *exeletai* en el texto griego. Pablo no está diciendo que necesitamos ser rescatados para salir de la sociedad, sino que este rescate nos libra de la corrupción y la mala influencia del mundo. La era del mundo, que se sugiere pasajera y temporaria, se caracteriza por ser *poneros*, o "maldad".

Esta palabra, en contraste con *kakos*, de sentido más filosófico, denota maldad y activa rebelión contra la voluntad de Dios. Se utiliza *poneros* para describir el carácter de Satanás (Efesios 6:12) y también el carácter de una humanidad no solo perdida sino también depravada (Mateo 15:18-19; Marcos 7:21-23).

Consideremos entonces lo grande que es la salvación que ofrece Jesús. Jesús nos rescata no solo de la influencia corrupta de la sociedad en la que vivimos sino también de la maldad (poneros) interior. Es equivocada la acusación de los judaizantes en cuanto a que el Evangelio que predica Pablo lleva a la inmoralidad. La transformación moral depende de lo que Cristo obra en nosotros, y no de Leyes o reglas que cualquiera pudiera levantar como algo externo.

La experiencia cristiana: pasado, presente, futuro.

■ El pasado: "En otro tiempo ustedes estaban muertos en sus transgresiones y pecados, en los cuales andaban conforme a los poderes de este mundo. Se conducían según el que gobierna las tinieblas, según el espíritu que ahora ejerce su poder en los que viven en la desobediencia. En ese tiempo también todos nosotros vivíamos como ellos, impulsados por nuestros deseos pecaminosos, siguiendo nuestra propia voluntad y nuestros propósitos. Como los demás, éramos por naturaleza objeto de la ira de Dios" (Efesios 2:1-3).

■ El presente: "Pero Dios, que es rico en misericordia, por su gran amor por nosotros, nos dio vida con Cristo, aun cuando estábamos muertos en pecados. ¡Por gracia ustedes han sido salvados! Y en unión con Cristo Jesús, Dios nos resucitó y nos hizo sentar con él en las regiones celestiales" (Efesios 2:4-6).

■ El futuro: "para mostrar en los tiempos venideros la incomparable riqueza de su gracia, que por su bondad derramó sobre nosotros en Cristo Jesús" (Efesios 2:7).

Para pasarse *a otro evangelio*. No es que haya otro evangelio (1:6-7).

En griego hay dos palabras que con frecuencia se traducen como "diferente" u "otro": *allos*, que indica otro de la misma especie, y *heteros*, que indica lo que es esencialmente diferente de aquello con lo que se le compara. Los gálatas, al escuchar la versión del Evangelio que presentaban los judaizantes, estaban abandonando la verdad a favor de un sistema que "no es el evangelio". Lo que Pablo trata en esta carta es la verdad esencial. Es una verdad central al sentido de la muerte de Cristo por nosotros, y a nuestro rescate del poder del mal.

La confusión sobre la verdadera naturaleza del Evangelio también es una grave amenaza al cristianismo moderno. Cualquier "evangelio" que mezcle las obras con la fe, o que confunda la libertad con la licencia, es un evangelio sin poder, que desilusionará a quienes lo acepten.

Pero aun si alguno de nosotros o un ángel del cielo les predicara un evangelio distinto del que les hemos predicado, ¡que caiga bajo maldición!
(1:8). La palabra aquí es *anathema*. Han acusado a Pablo de oscurecer la verdad, de hacer del Evangelio algo "fácil", que suene más agradable. En esencia, los judaizantes argumentaban que a ellos les interesaba la aprobación de Dios y lo demuestran con su insistencia de que los gálatas tienen que observar una Ley de la que Pablo los ha liberado con total liviandad. Las palabras de Pablo a los gálatas son rotundas e incluso pueden parecer muy severas. Pero dejan en claro que "ahora" (con un toque de ironía) no está buscando agradar a los seres humanos sino a Dios. Pablo sigue escribiendo su historia, y se hace cada vez más claro que siempre ha estado comprometido con el Señor, buscando agradarle y cumplir con su comisión como apóstol.

No lo recibí ni lo aprendí de ningún ser humano, **sino que me llegó por** *revelación de Jesucristo* **(1:12).**
El tema es, en realidad, la forma en que se transmite la verdad. "Recibir" es *parelabon*, que Pablo utiliza aquí tal vez en sentido técnico. Si es así, describe la forma en que los rabíes memorizaban con atención las interpretaciones tradicionales y las ampliaciones que los antiguos sabios habían hecho de la Ley, las "tradiciones de los ancianos" que tan duramente criticó Jesús (Mateo 15:1-9). En el mundo heleno la antigüedad era considerada prueba de la validez de una religión. Muchos romanos, aunque se burlaban de ciertas prácticas judías, consideraban que el judaísmo era una religión válida porque su origen podía rastrearse a un pasado de dos milenios. Sin duda, los judaizantes se aferraban al hecho de que las reglas que ellos querían que los conversos de Pablo siguieran, habían sido "recibidas" en un proceso histórico válido.

"Enseñar" es *edidachthen*, que connota una transmisión actual más que histórica. Los gálatas habían aprendido el Evangelio que les enseñó Pablo. Había un agente humano en este proceso pero, como afirmará Pablo ahora, ¡él no recibió el Evangelio por medio de ningún agente humano!

"Revelación" es *apokalupsis*, el más significativo de los términos de la Biblia para la comunicación de Dios con los seres humanos. En el siglo primero este término no tenía casi sentido religioso. Así, como sucedía con frecuencia, los primeros cristianos tomaron un término religiosamente neutro y le dieron un significado teológico completamente único. Aunque la palabra tiene diversas aplicaciones, la frase que lo define es *Iesou Christou*. El nombre está en genitivo y puede ser objeto o sujeto. Así, el texto diría "revelación de Jesucristo" indicando que Él fue el objeto de la revelación o – en casi de ser sujeto – "revelación de (dada por) Jesucristo". La NVI presenta una buena traducción de esta frase, para definir el origen del Evangelio que Pablo predica.

Pablo presenta el tema con toda sencillez. Estos judaizantes podrán apelar a las tradiciones de su pueblo. Podrán afirmar que han aprendido el Evangelio de los maestros de la iglesia de Jerusalén. ¡Pero Pablo recibió este Evangelio directamente de Jesús!

¿Cuánto tardaron las iglesias en reconocer eso? ¿Y cuánto se tardó en acordar que los escritos de Pablo se reconocían como Escritura, al igual que los libros canónicos del AT? El testimonio nos llega no solo de los antiguos escritos de los padres de la iglesia, sino ¡del mismo apóstol Pedro! Porque en 2 Pedro 3:15-16, este apóstol menciona los escritos de "nuestro querido hermano Pablo" y habla de quienes distorsionan sus cartas "como lo hacen también con las demás Escrituras, para su propia perdición".

En la práctica del judaísmo, yo *aventajaba a muchos de mis contemporáneos* en mi celo exagerado por las tradiciones de mis antepasados (1:14). Todo niño judío tenía que aprender pasajes básicos de la Biblia y memorizar capítulos de los libros de Moisés. Así se difundía el conocimiento de la Biblia, aunque era esta solo la primera etapa del estudio, que se veía seguida por otros niveles. Podemos calcular la proporción de los que avanzaban, según este proverbio que refleja una etapa posterior aunque igual de importante, y que cita la introducción a la *Edición Steinsaltz* del Talmud: "Miles entran para estudiar la Biblia, y cien para estudiar la Mishna, en tanto diez estudian el Gemara y uno solo será el que enseñe".

En el siglo primero, el hecho de que Pablo estudiara con Gamaliel, fundador de una de las dos más grandes escuelas de interpretación del judaísmo en esa época, indica que verdaderamente "aventajaba a muchos de [sus] contemporáneos" en el judaísmo.

¿Hasta dónde era importante esto para los judíos? Podemos percibir en parte lo que subyace a esta afirmación si observamos la estructura severamente jerárquica del judaísmo de Palestina en el período talmúdico (200-500 DC), que tenía sus orígenes en el período Misnaico anterior (30 AC- 200 DC). Solo una selecta minoría de estudiantes llegaba a ordenarse como rabíes y se unían así a la aristocracia académica. Pero incluso dentro de este grupo pequeño había una jerarquía rígida. Por ejemplo, cuando se reunía un grupo de 23 o 71 como Sanedrín, los académicos se sentaban en un orden ya fijado y definido por su jerarquía. Era común que estos académicos firmaran sus cartas según su lugar en la fila: "el tercero" o "el sexto".

Pablo, "circuncidado al octavo día, del pueblo de Israel, de la tribu de Benjamín, hebreo de pura cepa; en cuanto a la interpretación de la Ley, fariseo; en cuanto al celo, perseguidor de la iglesia; en cuanto a la justicia que la Ley exige, intachable" (Filipenses 3:5-6), seguramente habría alcanzado el más alto rango dentro del judaísmo, y no duda en aclarar esto al refutar los argumentos de los judaizantes que están buscando corromper a las iglesias de Galacia.

Sin embargo, Dios me había apartado *desde el vientre de mi madre* y me llamó por su gracia (1:15). *Koilias* significa "desde el vientre". La idea es que Dios ya había apartado a Pablo desde antes de que naciera. Se expresa la misma idea con mayor claridad en Jeremías 1:5, donde Dios dice: "Antes de formarte en el vientre, ya te había elegido; antes de que nacieras, ya te había apartado; te había nombrado profeta para las naciones".

Pablo sin duda traza un paralelo consciente entre su llamado y el de Jeremías. No solo es que vino directamente de Dios el Evangelio que él predica, sino que además, ¡fue elegido por Dios para esta misión de predicarlo!

Hoy hay en este pasaje otra implicancia vital. A pesar de la evidencia médica de que el feto es un ser totalmente independiente, con su propia identidad cromosómica, los abortistas siguen afirmando que el aborto es el derecho que tiene una mujer para decidir lo que hace "con su propio cuerpo". Pero desde el vientre, mucho antes del nacimiento, Dios reconoció a Jeremías y a Pablo como individuos únicos y los eligió, a cada uno, para una misión especial en la vida.

¿A cuántos potenciales siervos de Dios se los arranca brutalmente del vientre? ¿A cuántos seres humanos se les violan sus derechos, como seres independientes, por lo que por lo general son razones completamente egoístas? Dios conoce al que no ha nacido como individuo, como persona que tendrá nombre algún día, que reconocerá su existencia independiente. Tenemos que orar porque muy pronto los que no han nacido también sean reconocidos como seres independientes por nuestros tribunales y por la gente.

Catorce años después *subí de nuevo* a Jerusalén (2:1). Los académicos no se ponen de acuerdo en cuanto a la cronología de la visita. Lo más probable es que Pablo haga referencia al viaje que hizo a Jerusalén para presentar el tema que trata en esta carta ante el consejo de Jerusalén.

Aunque no menciona las reuniones públicas que se describen en Hechos 15, sin duda hubo reuniones privadas con los líderes de la iglesia, como leemos aquí. Resta el hecho de que no se cita la decisión del consejo, y es entendible porque las concesiones que pedía el consejo podrían ser malinterpretadas por los gálatas en este momento.

Pablo no quiere introducir un tema ajeno a esto porque desea mantener la atención centrada en lo central: tanto la experiencia cristiana como la salvación son cuestión de fe, no de Ley.

Suponiendo que la visita que menciona aquí es la del viaje de Pablo para el concilio de Jerusalén, podemos trazar la siguiente línea de tiempo para su vida y ministerio:

34 DC	Conversión
36 DC	A Tarso, "años de silencio"
46 DC	A Antioquia
47-48 DC	Primer viaje misionero
48 DC	Consejo de Jerusalén (Hechos 15)
49 DC	Pablo escribe Gálatas
50-51 DC	Segundo viaje misionero
53 DC	Inicia su tercer viaje misionero
59 DC	Viaje a Roma
64 DC	Martirio

La cronología es incierta. Sin embargo, no son las fechas precisas lo que nos interesa aquí. Lo que Pablo quiere mostrar es que aunque su Evangelio no depende de los otros apóstoles, ellos han oído y afirmado sus enseñanzas y afirmaron su divina comisión como apóstol a los gentiles.

Ahora bien, ni *siquiera Tito, que me acompañaba, fue obligado a circuncidarse,* **aunque era griego (2:3).** La circuncisión era la señal física de inclusión en el Pacto de Abraham, y era anterior a la Ley (Génesis 17:14). Los judaizantes insistían en que los que se convertían a Cristo tenían que circuncidarse primero y luego cumplir la Ley de Moisés. En esencial, su enseñanza era: "Cree en Jesús, conviértete al judaísmo y cumple la Ley de Moisés y serás salvo". Pablo se ocupará de la Ley en el siguiente capítulo. Aquí, refuta la que enseñan los líderes de Jerusalén sobre la circuncisión para los gentiles. ¿Cuál es la prueba? Ni siquiera se le obligó a Tito que se circuncidara ¡y él formaba parte del equipo de misión de Pablo! ¿Cómo podían entonces exigir que se circuncidaran los gálatas y otros cristianos gentiles?

Es importante ver tres grupos que Pablo define en este párrafo. Está Pablo, Bernabé y Tito, que representan al Partido de la Libertad. Están los "falsos hermanos" (2:4) que se infiltraron con la intención de "esclavizarnos", el Partido de la Esclavitud. Y están también "ellos" (2:5) que en 2:9 se definen como "Jacobo, Pedro y Juan, que eran considerados columnas".

Lo que sucedió es simplemente que cuando salió a la luz la disputa, los apóstoles y pilares de la iglesia de Jerusalén se pusieron todos del lado del apóstol. Pablo.

Eso no prueba que Pablo estuviera en lo correcto, o que se equivocara, por la sencilla razón de que la comisión de Pablo vino de Dios, y no de Jerusalén. Pero esa experiencia derribó los cimientos de los judaizantes de Jerusalén. Los líderes de la iglesia de Jerusalén no estaban de acuerdo con ellos ¡pero desde la primera gran explosión del Evangelio en el mundo gentil han estado del lado de Pablo!

EL PASAJE EN PROFUNDIDAD

Pablo se opone a Pedro (2:11-21).
Trasfondo. Nos cuesta entender la intensa presión que los cristianos judíos de Jerusalén habrán ejercido sobre Pedro y Bernabé. El hecho de que vinieran "de parte de Jacobo" (2:11) sugiere que no podemos pensar que formaban parte de los "falsos hermanos" (2:4) que se oponían a Pablo al momento del consejo reunido en Jerusalén.

Es más probable que estos representantes "de Jacobo" fueran un comité parecido al que encabezaba el mismo Pedro y que buscaran verificar los informes del gran reavivamiento de Samaria (Hechos 8:14). No hay indicación alguna en el texto de que la delegación se opusiera al reavivamiento en Antioquía. Más bien, vemos que eran hombres que pertenecían al "grupo de la circuncisión", es decir, judíos que observaban la Ley y que antes de su conversión habrían sido parte de los *haber*, que se dedicaban a guardar la Ley en cada uno de sus detalles tradicionales, en contraste con los *am haares*, o población judía en general que si bien observaba la Ley, no eran tan escrupulosos.

No hay duda de que quienes provinieran de tal grupo, sentirían aversión a sentarse a comer con los conversos a Cristo de origen gentil, y no necesariamente porque dudaran de su conversión, sino porque eran gentiles.

Encontramos información al respecto en las reglas de la Mishná que tratan sobre las relaciones entre los *haber* y los *am haares* judíos. Por ejemplo, dice *Tohorot* 7:4 que si la esposa de un *haber* dejaba a la esposa de un *am haares* moliendo grano en su casa, la casa quedaría impura si cesaba el sonido de la piedra de moler. Pero si el sonido no cesaba, la casa quedaría impura solo en tanto y en cuanto la *am haares* pudiera extender su mano y tocar algo.

Por supuesto, si hay dos *am haares* moliendo, y la esposa del *haber* las deja a solas, la casa quedará impura aún cuando no cese el sonido porque según el Rabí Meir "una muele y la otra solo está husmeando".

Con tal mentalidad, podemos ver por qué los pertenecientes a este grupo desaprobarían con severidad a cualquier creyente judío que se atreviera a sentarse a comer con un cristiano gentil. No hacía falta que dijera una palabra, pero con la mirada de crítica y condenación, estas personas ejercerían una presión tremenda sobre los cristianos judíos de la iglesia de Antioquía, básicamente gentil.

Por supuesto, fue eso lo que sucedió. Bajo tal presión Pedro, los demás judíos e "incluso Bernabé" (2:12) comenzaron a apartarse de sus hermanos y hermanas en Cristo porque eran gentiles.

En cierto sentido era algo poco importante, irrelevante. Pero en otro sentido, era de vital importancia porque esa acción simbólicamente distorsionaba el mensaje del Evangelio y rompía la unidad del cuerpo de Cristo, con la potencial introducción de las distinciones jerárquicas que habían dividido al judaísmo contemporáneo en grupos que competían entre sí y se trataban con hostilidad. Tal vez lo más grave era que esta acción simbólica, tan apartada de "la integridad del Evangelio" (2:14) seguramente con el tiempo llevará a negar la justificación por la sola fe, transmutando al cristianismo de un evangelio de gracia a un evangelio de obras, así como el Antiguo Testamento en el judaísmo había dejado de ser una religión basada en la justicia por la fe, para ser una religión que falsamente prometía la justicia supuestamente alcanzada mediante las obras de la Ley.

No es de extrañar entonces que Pablo, que veía el problema con claridad, se haya opuesto a Pedro abiertamente y argumentara que los creyentes deben *vivir*, además de *creer*, una justificación que solo depende de la fe.

Interpretación. El breve informe de Pablo sobre este incidente cubre solo los puntos más destacados de su confrontación con Pedro.

■ Pedro "se separó" de los cristianos gentiles (2:11-13).

■ Pablo afirma la justificación por la fe (2:14-16).

■ Pablo defiende la justificación por la fe contra la acusación de que se oponía a la Ley (2: 17-21).

Pedro "se separa" de los cristianos gentiles. El trasfondo expuesto anteriormente nos ayuda a entender la presión de pares que hizo que no solo Pedro, sino otros cristianos judíos de Antioquía, se "separaran" (2:12) de los creyentes gentiles.

Pablo observa que Pedro les tenía "miedo" (*phoboumenos*). Para los teólogos católicos esta acusación de Pablo, que dice que Pedro es hipócrita y se aparta de los hermanos y hermanas gentiles, resulta molesta. Algunos suponen que Pablo se refiere a otro Pedro, o que fue una confrontación "preparada" para que los creyentes de Antioquía entendieran mejor la verdad del Evangelio. Después de todo ¿no le había mostrado a Pedro el mismo Dios, que los gentiles ahora eran "purificados" (Hechos 10:15)? ¿Y no había afirmado Pedro con toda confianza esta verdad, ante las graves críticas por haber entrado en la casa de Cornelio? (Hechos 10-11). No parece posible que Pedro, el Príncipe de los Apóstoles y reconocido líder de los Doce ¡renunciara a su puesto!

En realidad, hay aquí algo que es muy diferente. La conjugación del verbo nos dice que antes de que vinieran estos hombres de parte de Jacobo Pedro solía comer periódicamente con los creyentes gentiles. Una cosa era que la iglesia judía aceptara que los creyentes gentiles no tenían obligación de cumplir la Ley de Moisés. Pero era muy diferente que estuvieran de acuerdo en que los creyentes judíos ya no tenían obligación de cumplirla.

Era este el tema que Pedro, el "apóstol de los judíos" (Gálatas 2:8), no quería enfrentar. En privado sí quería comer con los gentiles, violando así lo que se entendía como Ley entre los judíos de su tiempo. Pero cuando los haber de Jerusalén llegaron a Antioquía, Pedro se apartó de los gentiles "por miedo".

No tenemos por qué pensar mal de Pedro y suponer que sencillamente no quería enfrentar las críticas. Por cierto, podemos suponer motivos mejores: preocupación porque se difundiera el rumor de que él no observaba la Ley, perdiendo así credibilidad ante la comunidad judía, lo cual podría dañar su futuro ministerio. No importa cuáles fueran los motivos, al apartarse de los gentiles, otros judíos de la iglesia de Antioquía, e incluso Bernabé, siguieron su ejemplo e hicieron lo mismo.

Más allá de sus motivos, las acciones de Pedro crearon una división en el cuerpo de Cristo y no solo eso, sino que no se condecían con "la verdad del Evangelio" (2:14).

El incidente sirve como importante recordatorio. Si Pedro era tan vulnerable al miedo de lo que pudieran pensar los demás sobre sus acciones, como para actuar con hipocresía, también por cierto usted y yo somos vulnerables. Es vital que pongamos a prueba cada una de nuestras acciones para asegurarnos que actuamos "de acuerdo con la verdad del Evangelio". Tenemos que poner en práctica la verdad, además de creerla y proclamarla.

El versículo 13 deja en claro que la acción de Pedro tuvo su impacto sobre los cristianos gentiles de Antioquía, y sobre los creyentes judíos también. Porque mientras Pedro vivía "como gentil" (2:14) su ejemplo mostraba a las claras a la iglesia predominantemente gentil que la Ley judía era irrelevante a la vida en Cristo. Más tarde, al separarse de ellos su influencia moral de revirtió y en efecto "obligó" (*anankazo*, "insistir, forzar") a los gentiles a seguir costumbres judías. Sus acciones no solo implicaban que los modos de los judíos eran espiritualmente superiores sino que la unidad de la iglesia solo podría preservarse si los gentiles adoptaban estas costumbres.

Pablo afirma la justificación por la fe (2:14-16). Ahora, Pablo ofrece un breve resumen de lo que dijo al confrontar a Pedro "delante de todos". Pedro y los otros judíos saben muy bien que "nadie es justificado por las obras que demanda la Ley sino por la fe en Jesucristo" (2:16).

Esta verdad se afirma no menos de tres veces. "hemos puesto nuestra fe en Cristo Jesús, para ser justificados por la fe en él y no por las obras de la Ley" y otra vez, al decir "por las obras de la Ley; porque por éstas nadie será justificado".

Hay tres términos legales aquí que son clave: justificado, fe y Ley. "Justificado" es un término legal que en un tribunal significa ser declarado inocente o no culpable. Es lo opuesto a ser encontrado culpable o a ser condenado.

"Fe" es un término religioso que en su sentido cristiano significa "poner la confianza en". Plenamente convencido de que Dios es confiable, la persona cree "en" (*eis*) Cristo y se compromete al Señor y confía plenamente en Jesús para su salvación.

"Ley" aquí se refiere a la Ley de Moisés, pero más que nada a cómo Israel entiende la Ley, suponiendo que al cumplirla la persona puede justificarse ante Dios.

Pablo ahora les recuerda a Pedro y a los demás judíos que ellos saben que el hombre no es, ni puede ser, justificado por observar la Ley, en tanto sí puede ser, y lo será, justificado por la fe en Jesucristo. Y más todavía, y aquí Pablo vuelve a hablar a los judíos creyentes que se unieron a Pedro en su hipocresía, "también nosotros hemos puesto nuestra fe en Cristo Jesús".

El volver a la observación de las costumbres judías en este contexto de la iglesia gentil, confunde la verdad de la justificación por la sola fe e implica que de alguna manera es esencial al cristianismo el cumplimiento de la Ley de Moisés.

¿Qué tan importante es el principio de la justificación por la sola fe? Es tan importante como para que el mismo Pedro debiera ser sometido a esta confrontación, porque sus acciones incluso implicaban que la Ley tenía algo que ver con la salvación.

No es que Pablo sea anti-Ley. En Romanos 7 dice con toda claridad que la Ley, en su rol como reveladora del carácter de Dios, es santa, justa y buena. Pero la Ley nada tiene que ver con la justificación ¡y debemos asegurarnos de que no hagamos nada que implique que así es!

Pablo defiende la justificación por la fe cuando lo acusan de estar contra la Ley. No sabemos con certeza si Pablo sigue con sus citas de lo que dijo al dirigirse a Pedro, o si ahora deja de citar lo que le dijo y está hablándoles a los gálatas. Sí es claro que Pablo ha pasado del ataque a la defensa y que se defiende contra la acusación – que a lo largo de los siglos hemos oído una y otra vez – de que la justificación por la fe lleva a una vida de libertinaje.

Los comentaristas han presentado diversas interpretaciones del versículo 17. Puede entenderse como argumento de que aún si el cristiano peca después de ser justificado por la fe, esto no implica que Cristo promueva el pecado. Pero esto no parece tener nada que ver con el tema de Pablo en Gálatas, ni con el argumento que ha desarrollado. La mejor interpretación centra la atención en el tema de la justificación por la fe y no por la Ley, y en la suposición de los judaizantes de que sin la Ley quienes busquen la justificación por la fe pecarán y que así la doctrina hace de Cristo un promotor del pecado. La respuesta de Pablo a esta acusación es que el legalista ¡no entiende para nada las implicancias de la justificación!

En el versículo 18 Pablo señala que la persona justificada por la fe, que abandona el principio de la fe y retorna a la Ley como forma de relacionarse con Dios "probaría que yo estoy contra la Ley". Después de todo, como escribirá Pablo en Romanos, la persona que intenta guardar la Ley está destinada a fracasar y así demuestra ser pecador (Romanos 7.21-23). Solo quien vive "según el Espíritu" (8:4) puede cumplir con "los requisitos de justicia de la Ley" y librarse así de la telaraña del pecado que envuelve a todo ser humano.

Entendido esto Pablo presenta la positiva dinámica que permite que el creyente, y solamente el creyente, viva una vida de justicia. No es la Ley, sino Cristo Quien nos libera. La persona que cree en Cristo tiene la capacidad de vivir para Dios porque el creyente es crucificado con Cristo y ahora Cristo vive en él o ella. La fe no solo justifica, sino que da vida para que "Lo que ahora vivo en el cuerpo, lo vivo por la fe en el Hijo de Dios". El cristiano debe vivir por la fe, porque volver a la Ley como base para la justificación o como ayuda para la vida cristiana nos aparta de la gracia de Dios y hace que sea irrelevante.

Al concluir su resumen Pablo vuelve a dar un mensaje pleno y convincente. Si la justicia pudiera alcanzarse mediante la Ley, la muerte de Cristo habría sido innecesaria. El hecho mismo de que Jesús tuviera que morir deja en claro que la Ley no tiene poder para salvar o sostener.

Al leer Gálatas veremos que el informe de Pablo sobre este incidente forma el corazón de su argumento. No está contándonos la historia para respaldar su independencia como apóstol o su igualdad con los Doce. La historia nos sirve para llegar al corazón de la defensa del Evangelio, en oposición a lo que sostienen los judaizantes.

El hecho de que Pedro se apartara y volviera a las costumbres judías nublaba verdades básicas del Evangelio que deben afirmarse. Y Pablo seguirá afirmándolas con potencia. En los capítulos 3 y 4 Pablo explorará en profundidad la naturaleza y defectos de la Ley de Moisés como camino de salvación y ayuda para la vida cristiana. En los capítulos 5 6 7 Pablo confrontará ´directamente la acusación de que al ser libres de la Ley necesariamente se cae en el pecado. Como demostrará Pablo, el problema no es la Ley, sino la naturaleza de pecado. La solución no está en hacer cumplir ninguna Ley, sino en "vivir según el Espíritu" (5:16). Solo el cambio interior, y que sea un cambio obrado por Dios en los corazones de quienes creen en Jesús, puede liberar a la persona para vivir una vida de justicia.

Aplicación. En la vida de casi todos nosotros, la aplicación inmediata de lo que Pablo cuenta sobre su confrontación con Pedro será personal. Se nos recuerda que cada uno de nosotros somos vulnerables a la presión de pares, y al miedo a cómo reaccionarán si nos conducimos de manera diferente a lo que ellos esperan.

Pero tal vez haya una lección más importante. Pedro aparentemente actuó sin darse cuenta de que su conducta en efecto negaba verdades en las que él creía. Pablo, sin embargo, vio las implicancias de las acciones de Pedro y la implícita distorsión del Evangelio en lo que estaba haciendo.

GÁLATAS 3–4
La Buena Nueva de la fe

EXPOSICIÓN

Pablo acaba de relatar brevemente lo que sucedió cuando retó al apóstol Pedro por no actuar "según la integridad del Evangelio" (2:14). Bajo la presión de un grupo de judíos cristianos de Jerusalén, que acababan de llegar, Pedro hipócritamente adoptó un estilo de vida gobernado por la Ley de Moisés. Su acción enviaría el mensaje equivocado sobre el rol de la Ley en el cristianismo.

Pablo cuenta cómo confrontó a Pedro, brinda un resumida declaración de su posición, y usa esto como trampolín para llegar a un cuidadoso análisis del rol y las limitaciones de la Ley.

Pablo comienza con este análisis expresando su frustración. La traducción de J. B. Phillips [al inglés] dice que Pablo exclamó "¡Oh, queridos idiotas de Galacia!". Es incomprensible para Pablo que los gálatas hayan abandonado tan rápido su confianza en el Espíritu que tanto ha hecho por ellos para tratar de alcanzar objetivos espirituales mediante el esfuerzo humano (3.1-5). Pablo dirige la atención a Abraham y les recuerda a sus lectores que el principio de la fe también tiene raíces en el AT (3:6-9). Y que ese mismo AT deja en claro que la Ley trae maldición, y no bendición. Que Cristo cargó con esa maldición por nosotros para que las bendiciones dadas a Abraham estuvieran disponibles para los gentiles por la misma vía por las que las recibió Abraham: la promesa de Dios, de la cual nos apropiamos por la fe.

Los judaizantes no tardarán en reaccionar en contra de esta forma de entender el AT. Y así Pablo dirige su atención a las graves limitaciones que las mismas Escrituras adjudican a la Ley de Moisés. Porque en tanto la "fe" es un principio básico y que persiste, la Ley, según el AT mismo, es temporal (3:19-20). Y aún más, la Ley se ve limitada en su capacidad porque no puede dar vida espiritual (3:21-22). Por supuesto, Dios nunca tuvo como propósito que la Ley brindara la salvación. La Ley no era más que un esclavo de la casa que controlaba a los hijos de Dios, adolescentes (3:23-24) hasta que viniera Cristo y la fe indujera a todo quien creyera a ser plenamente hijo en la familia de Dios. Como pedagoga de Dios, comisionada a llevar a Su pueblo a Cristo, la misión de Ley acabó cuando vino Cristo. Por eso, la Ley ya no tiene vigencia y su autoridad, en lo que se refiere al que cree, es nula (3:25-4:7).

Aquí hay mucho más en juego que un punto de la teología. Al volver a la Ley los cristianos de Galacia se arriesgan a quedar atrapados en una forma de vida que ya les ha robado su gozo y demorado la formación de Cristo dentro de ellos (4:8-20). Para dejar en claro su mensaje Pablo vuelve al Antiguo Testamento y usa un principio establecido de la interpretación rabínica, y usa una historia que aplica a la situación del momento. Dios mismo le dijo a Abraham que enviara a Ismael, hijo suyo con la esclava Agar, lejos de las tiendas habitadas por Abraham, Sara e Isaac, nacido de él y su esposa "como resultado de la promesa de Dios". La historia ilustra lo que quiere decir Pablo: no hay forma en que en la misma casa puedan coexistir el Viejo Pacto y el Nuevo Pacto. Como pueblo del Nuevo Pacto de Dios, los gálatas deben "Echa[r] fuera a la esclava y a su hijo (la Ley)", y vivir solamente con y en la promesa (4:21-31).

El argumento de Pablo es completo pero completo. La experiencia, el ejemplo, la enseñanza explícita de las Escrituras y hasta la interpretación alegórica de la historia sagrada dan testimonio del hecho de que la Ley no tiene nada que aportar a la vida del cristiano. Y más que eso, la Ley causa perjuicio, por lo que toda mentalidad formada por la Ley deberá ser echada fuera si queremos experimentar gozo y crecer en nuestra fe.

ESTUDIO DE PALABRAS

¡Gálatas torpes! (3:1). Pablo no dice *moros*, que indica a la persona moral o espiritualmente deficiente. Usa el término *anoetos*, que indica a quien no puede ejercer su poder de percepción. El creyente cristiano tiene capacidad para evaluar correctamente los temas de la vida en el mundo. el problema es que con frecuencia no nos molestamos en pensar las cosas hasta su lógico final.

¿Recibieron el Espíritu por las obras que demanda la Ley, o por la fe con que aceptaron el mensaje? ¿Tan torpes son? Después de haber comenzado con el Espíritu, ¿pretenden ahora *perfeccionarse* con esfuerzos humanos? (3:3). Pablo usa el término *epiteleisthe*, "llevar a compleción", que aquí implica "alcanzar el fin" en contraste con "haber comenzado".

Pablo está sorprendido ante la ineptitud espiritual de los gálatas porque el problema es claro como el agua. La decisión es entre el Espíritu y la carne ("esfuerzo humano" es *sarx*, "carne"), entre la fe y las obras.

No hace falta pensar demasiado para darse cuenta de que no hay esfuerzo humano que nos dé vida espiritual ¿Por qué supondría alguien entonces que el esfuerzo humano, incluso si está guiado por la Ley de Dios, podría tener algo que ver con la vida cristiana?

Al darles Dios su Espíritu y hacer milagros entre ustedes, ¿lo hace por las obras que demanda la Ley o por la fe *con que han aceptado el mensaje*? (3:5). El texto griego dice *ex akoes pisteos*, donde la preposición *ex* indica relación causal directa. El uso del participio presente para "dar" y "hacer milagros" indica que Pablo sigue trazando el contraste entre el "comienzo" y la "perfección" que presentó en el versículo 3. Tanto la salvación como la vital experiencia cristiana son funciones, no de la observación de la Ley, sino de "aceptar el mensaje" y creer.

Ni *akoes* ni *pisteos* son palabras independientes aquí. Cada una es un elemento dentro de un proceso continuo, el proceso de escuchar, que está vinculado a y se cumple en la fe.

Por lo tanto, sepan que *los descendientes de Abraham* son aquellos que viven por la fe (3:7). Uno de los argumentos más fuertes que presentaban los judaizantes se refleja en las palabras del os fariseos, que leemos en Juan 9:29: "Y sabemos que a Moisés le habló Dios".

A partir de esta certeza los judaizantes argumentaban que como Dios le había dado la Ley a Moisés, entonces la Ley debía ser vinculante para todo quien buscara agradar a Dios relacionarse con Él.

Pablo, sin embargo, convoca a los gálatas al "pensar en Abraham" (3:6). Moisés es honrado como dador de la Ley, pero Abraham es honrado como padre del pueblo de Dios. Abraham, que era pagano cuando Dios le habló y fue entonces que creyó, es el hombre con quien Dios comenzó. Así Pablo señala a Abraham y

La vida o la Ley

> **GÁLATAS 3-5**
>
> I. La Ley se opone a la vida (3:1-18). Esto queda demostrado por:
>   A. La experiencia: ¿Cómo recibieron y vivieron su vida espiritual? (3:1-5)
>   B. El ejemplo: ¿Cómo recibieron la vida espiritual los santos del Antiguo Testamento? (3:6-9).
>   C. Exposición: ¿Qué enseñan las Escrituras en cuanto a cómo hemos de recibir la vida? (3:10-18).
> II. El rol de la Ley (3:19-4:7) en las Escrituras se describe como con severas limitaciones:
>   A. En su extensión: es temporario (3:19-20).
>   B. En su capacidad: no puede dar vida (3:21-22).
>   C. En su función: era solo un custodio (3:23-24).
>   D. En su vigencia: hoy es nula (3:25-4:8).
>   1. Porque estamos "en Cristo"
>   2. Porque ahora somos hijos
> III. La Ley es un camino inferior que ahora lleva a trágicos resultados para el creyente (4:8-5:12). La Ley lleva a:
>   A. La insatisfacción: nos roba el gozo (4:8-19).
>   B. La esclavitud: nos roba la libertad (4:20-5:1)
>   C. La indefensión: nos quita de la fe con expectativa y nos lleva al esfuerzo sin esperanza (5:2-12).

no a Moisés como prototipo válido al que han de mirar estos conversos paganos.

¿Cuál fue la experiencia de Abraham? Mucho antes de que se introdujera la Ley, Abraham creyó en Dios y su fe se le tomó en cuenta como justicia. Pero ¿en qué sentido son descendientes de Abraham los que creen? "Hijos" es *huioi*. Además de identificar al hijo, *huios* puede significar "descendiente" y, en lo figurativo, una relación espiritual. Pablo dice aquí que existe un vínculo espiritual entre los creyentes de hoy y Abraham.

Así que los que viven por la fe son bendecidos junto con Abraham, el hombre de fe (3:9). El participio pasivo del presente indicativo pone énfasis en que "son bendecidos", con lo cual Pablo está diciendo que los que tienen fe comparten la bendición de la que disfrutó Abraham. ¿A qué bendición se refiere? el texto deja en claro que Pablo dirige nuestra atención a la bendición de la justificación por la fe, apartada de las obras. Y el uso del singular en 3:14, *he eulogia* o "la bendición", lo respalda.

Disfrutamos de muchas bendiciones espirituales en Cristo. Pero la bendición suprema es la de la salvación que se otorga libremente y gratis a todo el que cree.

"Maldito el que no practica fielmente todo lo que está escrito en el libro de la Ley." (3:10). El texto dice *ex ergon nomou*, "obras de la Ley". Pablo contrasta dos perspectivas de la salvación. La de buscar la bendición de Dios por la fe, y la de reclamar la bendición de Dios sobre la base de cumplir con lo que requiere la Ley.

Pablo señala que todo el que adopta la segunda perspectiva de la religión recibe lo opuesto a la bendición de Abraham: la maldición de Dios.

La maldición es inevitable porque la Ley exige obediencia *perfecta* (3:10). Así, debemos tomar la Ley en su conjunto y no como un agregado de reglas separadas y diferentes entre sí. De la misma manera en que si usamos un alfiler para pinchar un globo estallará todo el globo, quien rompe un estatuto ha violado toda la Ley.

Y como la Ley es de naturaleza unitaria, es imposible que quien busque relacionarse con Dios a través de la Ley evite quedar bajo maldición por haberla violado.

Cristo *nos rescató* de la maldición de la Ley al hacerse maldición por nosotros, pues está escrito: "Maldito todo el que es colgado de un madero" (3:13). La palabra aquí es *exageonazo*, comprar a un esclavo para darle la libertad, pagando un precio.

Pero ¿cómo llega Pablo a la relación entre la maldición para quien viola la Ley, y la muerte de Cristo? Usando un principio básico de la interpretación rabínica, llamado *gezera savah*, o "analogía verbal". En su forma más simple este principio significa que si la misma palabra o frase aparece en pasajes diferentes de la Torá, puede inferirse sobre la base de la similitud verbal en lugar de la correspondencia conceptual.

Aquí Pablo ha citado dos versículos de Deuteronomio (21:23; 27:26), y cada uno comienza con una palabra que proviene de la misma raíz verbal ("maldición"). Pablo usa la analogía verbal para vincular los versículos y muestra que en la muerte de Cristo en la cruz, a la que se suma la maldición, Él cargó sobre Sí mismo con la maldición pronunciada sobre quienes no cumplen la Ley de Dios a la perfección.

¿Por qué hizo esto Cristo? Para que todo el tema de la relación con Dios pudiera transferirse, de ser vinculado a la Ley, a ser vinculado a la fe. De la obediencia a los mandamientos de Dios, pasa a ser un tema de respuesta en fe a la promesa de Dios.

Es un contraste fuerte y rotundo el que traza Pablo entre estas dos perspectivas de la salvación. Por un lado Pablo pone a la Ley, la dependencia de las obras y la maldición de Dios. Y del otro lago pone la promesa, el oír con fe y la bendición de Dios (ver también 3:18).

Lo que Pablo les está diciendo a los gálatas es que ninguno de estos principios es intercambiable. Los gálatas han estado escuchando a hombres que vinculan la Ley y las obras con la bendición y no se dan cuenta de que lo que siempre debe acompañar la fe y las obras no es la bendición sino la maldición.

Ahora bien, las promesas se le hicieron a Abraham y a su descendencia. La Escritura no dice: "y a los descendientes", como refiriéndose a muchos, sino: "y a tu descendencia", dando a entender uno solo, que es Cristo (3:16). Tanto en hebreo como en griego "semilla" funciona a menudo como sustantivo colectivo. ¿Por qué dice entonces Pablo que la intención de Dios en Génesis es singular y que en realidad se refiere a Cristo?

Si tomáramos el versículo original como "descendientes", algunos argumentarían que la promesa se cumplió en Abraham y los patriarcas, antes de que Dios diera la Ley. Pero ahora Pablo muestra que la promesa es para Cristo y así, vincula las eras anteriores y posteriores a la Ley, y por implicancia también la era transcurrida durante la Ley.

Y hay más todavía. Porque como la verdadera semilla de Abraham es Cristo, el Hijo de Dios y quienes creen son llevados a la unión con Cristo por la fe, entonces nos convertimos en hijos de Dios a través de Él, en descendencia espiritual de Abraham, y heredamos con Cristo la bendición que Dios Le prometió.

La Ley se promulgó por medio de ángeles, por conducto de un mediador. Ahora bien, no hace falta mediador si hay una sola parte, y sin embargo Dios es uno solo (3:19-20). Gálatas 3:20 se conoce como el versículo "más confuso" de la Biblia, y se han propuesto entre 250 y 300 interpretaciones diferentes. Pero el mensaje principal parece claro, sin embargo. La Ley era un instrumento con múltiples partes y así el contrato dependía de que ambas partes lo cumplieran.

Por otra parte, la promesa dada a Abraham y su Semilla era un pacto único, con el carácter de juramento o promesa efectuada por Dios y no dependía en modo alguno de la conducta de Abraham o la Semilla.

¿Estará la Ley en contra de las promesas de Dios? (3:21). Pablo ha mostrado que la Ley, la dependencia de las obras y la maldición de Dios son un sistema cuyos elementos no son intercambiables sino opuestos. Aquí, el texto riego dice *kata*, "en contra". Ambos sistemas son totalmente diferentes, pero ¿son incompatibles? ¿Podría el mismo Dios ser origen de la Ley y la promesa?

La respuesta de Pablo es que no son incompatibles. La Ley no tiene capacidad para impartir vida (3:21) así que es claro que no funciona en el mismo plano que está gobernado por la promesa, que sí tiene capacidad para impartir vida. ¿Entonces en qué aspecto es compatible la Ley con la promesa?

Pablo argumenta que toda la humanidad es "prisionera del pecado" (3:22) y luego dice que "Antes de venir esta fe, la Ley nos tenía presos, encerrados hasta que la fe se revelara" (3:23). La palabra *synkleio*, "encerrar juntos" o "encerrar por todos lados" aparece en cada uno de estos versículos. Pero la frase "la Ley nos tenía presos" es *upo nomon ephrouroumetha*, o "custodiados por la Ley". Aquí la pregunta es, si el custodio está para proteger a los que están encerrados por el pecado, como argumentan algunos que implica la palabra griega *phroureo* o si los mantiene prisioneros, como dice la NVI.

La respuesta aparece sugerida en la referencia de Pablo al *paidagogos*, o "guía del niño", a menudo un esclavo de la familia a cargo del niño hasta que alcanzara la edad de ser responsable. Para un niño era horrible que, aunque quisiera correr y jugar, tuviera como "custodio" a su pedagogo que le obligaba a conducirse de manera que muchas veces le resultaba insoportable. La imagen aquí no es la de la Ley que educa gradualmente al niño para que llegue a reconocer a Cristo, sino de la Ley que obliga al niño a patrones de conducta que eran contrarios a su naturaleza y que así demostraba una y otra vez la realidad del pecado (4:1).

Lo que hace la Ley, entonces, es recordarle constantemente al pecador que es "prisionero del pecado". La Ley grita una y otra vez que no hay escapatoria hasta tanto uno deje de acudir al propio esfuerzo y busque la fe, para ver de repente la libertad que le libera de la supervisión de la Ley.

Pero cuando se cumplió el plazo, Dios envió a su Hijo, nacido de una mujer, nacido bajo la Ley, para rescatar a los que estaban bajo la Ley, a fin de que fuéramos adoptados como hijos (4:4-5). El término griego es *huiothesian,* que en general significa adopción. Ver la discusión de esta imagen en El pasaje en profundidad (más abajo).

¿Qué pasó con todo ese entusiasmo? (4:15). El término *markarismos* significa dicha o felicidad. En el NT, "gozo" es la traducción de *chairo*, por lo general.

Lo que Pablo señala es importante. La experiencia subjetiva de los que son objetivamente bendecidos (3:9-14) ha de ser de abundante felicidad. Los gálatas han abandonado la fe como manantial de la experiencia cristiana y como resultado han perdido su gozo y entusiasmo.

EL PASAJE EN PROFUNDIDAD
Hijos de Dios (3:26-4:7)

Trasfondo. En este pasaje Pablo usa dos imágenes para transmitir el tremendo impacto de establecer una relación con Dios sobre la base de la fe. La primera de estas imágenes es la del heredero que llega a la mayoría de edad. Y la segunda, la de una persona adoptada por una familia romana.

En el siglo primero el llegar a la mayoría de edad

era algo muy significativo, tanto en la sociedad judía como en la griega. En el judaísmo el niño pasaba de la niñez a la adultez más o menos a los 12 años. Y en el mundo heleno un adolescente se hacía adulto cerca de los 18 años. En las dos culturas había ritos que destacaban la importancia de este suceso.

En el judaísmo el niño se convertía en "hijo de la Ley". Antes de eso, era responsable ante sus padres, y sus padres eran responsables de él. Pero después de su *bar mitzvah* el niño aceptaba plena responsabilidad por sus acciones y prometía obedecer la Ley de Dios.

En el mundo griego el menor llegaba a la mayoría de edad durante el festival de Apatouria. También aquí el evento simbolizaba la entrada a la responsabilidad plena de la adultez, dejando de estar a cargo de sus padres para quedar bajo el estado.

La costumbre romana era celebrar un festival familiar sagrado conocido como Liberalia. Se realizaba el 17 de marzo e incluía la adopción formal del niño por parte del padre. La ceremonia marcaba el reconocimiento del padre de su hijo como hijo y como heredero y era prerrogativa del padre establecer a qué edad se realizaría la Liberalia de su hijo.

Lo que importa es que en todas estas culturas es que cuando niño, como lo destaca Pablo en este pasaje, ni siquiera el hijo tenía posición legal superior a la del esclavo. Y más todavía, el niño no tenía libertad ni derecho de tomar decisiones independientes. Pero después, ya adulto, disfrutaba de ambas cosas: responsabilidad y libertad para decidir.

Puede argumentarse que Pablo piensa solamente en la ceremonia de la mayoría de edad en el desarrollo de su argumento. Porque después de todo, la "adopción" formaba parte de la ceremonia romana. Al mismo tiempo nos es útil entender un poco más de la adopción desde fuera de la familia así como desde adentro. Porque ¡cada adopción le brindaba al nuevo "hijo" los mismos maravillosos derechos!

En la Ley romana, cuando una persona era adoptaba se cortaba toda relación anterior que tuviera y se cancelaban sus deudas y obligaciones del pasado. el adoptado era transferido a la autoridad del padre de su nueva familia. Por un lago ahora el padre era considerado propietario de las posesiones del adoptado y obtenía el derecho de guiar la conducta de su nuevo hijo. Además, como el padre era responsable de las acciones del adoptado, también tenía derecho a disciplinarlo.

Por otra parte, el hijo se convertía en heredero y así, en cierto sentido era propietario legal de todo lo que poseyera el padre. Aunque le debía obediencia a su padre adoptivo, el padre aceptaba la responsabilidad de este nuevo hijo y se comprometía a mantenerlo.

Esta es una maravillosa imagen que Pablo elige para recordarles a los creyentes de Galacia que, ahora como hijos de Dios, ya no le debían lealtad a sus antiguos amos. Todo lo que eran y todo lo que tenía le pertenecía a Dios, pero a cambio ¡todos los recursos de Dios eran ahora de ellos! Dios se compromete plenamente con todos los que se convierten en "hijos de Dios" por la fe en Jesucristo y a cambio, nos comprometemos a vivir como hijos Suyos para que todo lo que hagamos refleje el crédito hacia Él.

Interpretación. En Gálatas 3:7 Pablo presentó la idea de que a través de la fe los creyentes se convierten en descendencia espiritual de Abraham. ahora avanza un poco más. ¡A través de la fe en Jesucristo, todos los creyentes se convierten en hijos de Dios!

El término "hijo" no implica género, sino que su uso es estrictamente legal. En el siglo primero los "hijos" tenían una posición legal vital y bien definida que no se transmitía sencillamente por la relación biológica. Y por supuesto, para los lectores originales de Pablo este terreno era bien conocido, aunque no lo es para nosotros porque nuestro sistema legal no tiene un paralelo cercano.

Pero si entendemos el trasfondo del siglo primero podremos definir el pasaje en sus puntos más relevantes.

■ Nuestra identidad se ve definida por nuestra condición de hijos (3:26-29).

■ Nuestra condición de hijos establece nuestros derechos (4:1-5).

■ Nuestra condición de hijos explica por qué tenemos acceso (4:6-7)

Nuestra identidad se ve definida por nuestra condición de hijos (3:26-29). Cuando Pablo dice "Ya no hay judío ni griego, esclavo ni libre, hombre ni mujer, sino que todos ustedes son uno solo en Cristo Jesús" (3:28), no está sugiriendo que ya no existan estas importantes distinciones sociales del siglo primero. Por cierto, los cristianos judíos entre los cuales la mayoría continuaba observando las prácticas judías, se distinguían de los gentiles en muchos aspectos. Y no había forma en que la conversión pudiera borrar la división social que existía entre el esclavo – esencialmente sin derechos humanos en el imperio romano – y el hombre libre que sí gozaba de derechos. De manera similar, y especialmente en vistas de 1 Corintios 11, Pablo no está sugiriendo que haya que borrar toda distinción social entre el hombre y la mujer.

Lo que está diciendo Pablo es que ya no pueden usarse estas distinciones sociales para establecer la identidad de los cristianos. Hay cristianos judíos y cristianos esclavos. Hay cristianos varones y cristianas mujeres. Pero todos esos términos ahora no son más que meras descripciones y nada de esto tiene relevancia cuando nos preguntamos lo esencial: "¿Qué es ser cristiano?". Pablo ahora afirma que lo único que resume la identidad de todo cristiano es la relación que cada uno tiene que Dios Padre. A través de Jesucristo "todos ustedes son hijos de Dios" (3:26).

Como observamos, "hijos" indica algo más importante que la descendencia biológica en el mundo romano. "Hijos" es un término legal que denota la posición de la persona que ha sido formalmente reconocida por un padre, natural o adoptivo.

En el contexto del argumento de Pablo esto refrenda su insistencia de que los cristianos no están sujetos a la Ley de Moisés. Se ha esforzado por mostrar cuáles son los defectos y limitaciones de la Ley y para probar que Dios jamás tuvo como objetivo que la Ley cumpliera la función que le adjudican los judaizantes que estaban acosando a los gálatas. Les recuerda a sus lectores que la Ley, al igual que el esclavo doméstico a cargo de supervisar que el niño de la casa haga lo que el jefe de familia indica, no tiene autoridad alguna por sobre quien ha sido formalmente reconocido por el Padre como hijo y heredero Suyo.

Ya firmes en nuestra nueva identidad como hijos, nuestra vieja relación con la Ley ha finalizado para siempre y la Ley ya no tiene autoridad alguna sobre nosotros.

Nuestra condición de hijos establece nuestros derechos (4:1-5). Pablo explica su mensaje estableciendo claramente cuál es el punto legal más importante: incluso el hijo que potencialmente podría heredar la propiedad de su padre no tiene legalmente posición más elevada que la del esclavo, hasta tanto sea formalmente adoptado como hijo de su padre.

Ahora Pablo deja la imagen del pedagogo para hablar de guardianes (*epitropos*) y fideicomisos (*oikonomos*), palabras que en los documentos del siglo primero aparecen como sinónimos. Mientras el pedagogo cuidaba al niño y supervisaba su conducta, eran los guardianes o fideicomisos los que cuidaban su herencia. Ellos eran los que tomaban las decisiones fiscales del día a día y administraban las propiedades. Y el niño, aún cuando todo le perteneciera, no tenía derecho a tomar decisión alguna al respecto. Una vez más, la analogía es potente. Porque el menor bajo tutela de guardianes y fideicomisos no tiene gran control sobre sí mismo y su herencia, del mismo modo en que el ser humano sin Cristo no tiene gran control sobre "los principios de este mundo" (4:3) bajo los cuales vive quien no es salvo. Y aunque Dios creó al ser humano para vivir en comunión con Él y para que fuera heredero de la creación, con la entrada del pecado la humanidad perdió todo control sobre sí misma y su herencia, a cambio de los "principios básicos" que operan en nuestro mundo retorcido y perdido.

Pero todo esto cambió cuando Dios envió a Su Hijo para redimir a quienes estaban "bajo la Ley". Sería un error leer esto como "bajo la Ley de Moisés", limitando el enfoque de Pablo a la raza hebrea. Tanto el gentil como el judío están "bajo la Ley" en el sentido de ser responsables a la revelación divina de los principios morales (Romanos 2) y también en cuanto a ver la relación con Dios como cuestión de hacer buenas obras. Dios envió a Su Hijo para redimirnos a todos, con el objetivo de que a través de Cristo para que "fuéramos adoptados como hijos" (4:5).

Cristo es entonces la clave del drástico cambio de la posición legal de todos los que creen. el creyente se convierte en hijo de Dios y como tal su herencia ya deja de estar bajo el control de administradores y fideicomisos, para dar acceso directo al creyente a todo lo que heredará. De repente, somos libres de vivir como individuos responsables, libres para tomar decisiones responsables y quizá, más importante aún, ahora tenemos acceso a los vastos recursos de Dios, que son nuestra herencia en Cristo Jesús.

Nuestra condición de hijos explica nuestro acceso a Dios (4:6-7). Los judaizantes que promovían su falso "evangelio" en Galacia afirmaban que la Ley era un recurso que Dios brindaba para ayudar al ser humano a vivir en santidad y justicia. Pablo ahora les recuerda a los gálatas de ese acceso a su herencia en Cristo que conforma el verdadero recurso para la vida de santidad. Como ahora somos hijos, Dios ha enviado al "Espíritu de Su Hijo" (4:6) para que habite nuestros corazones. El Espíritu nos ha brindado acceso directo e inmediato a Dios y Él Mismo sirve como conducto por el cual fluye el poder de Dios hacia nosotros.

Se ha hablado mucho del uso de "Abba", diminutivo que sugiere intimidad y que podría traducirse como "Papito". Sin embargo, deberíamos centrar la atención en la frase "Abba, Padre". El siervo podría dirigirse a su amo llamándole Pater (Padre) en señal de respeto. Pero solo el hijo del amo se atrevería a llamarle "Abba, Padre", con tal familiaridad.

Lo que Pablo dice aquí es decisivo. Por medio de la fe tenemos una relación con Dios que jamás podríamos alcanzar si nos basáramos en nuestras obras. Porque el amo puede determinar cuál será su relación con el esclavo según obre éste. Pero el hijo tiene una relación con su padre que se ha establecido según la decisión del padre, definida por la Ley, asegurando al hijo el acceso a su padre y a su pleno apoyo.

Aplicación. ¿Cómo podría quien verdaderamente entiende la relación entre un padre y su hijo imaginar que Dios quiere relacionarse con nosotros por medio de la Ley, o que las bendiciones que ya son nuestras tenemos que ganarlas en lugar de recibirlas por la fe?

Por cierto, los gálatas eran torpes. Y muy a menudo, también nosotros lo somos.

Agar y Sara (4:21-31)

Trasfondo. La Biblia pocas veces interpreta con alegorías las historias de los patriarcas. Pero al ofrecer la interpretación figurativa de la historia de Ismael e Isaac (4:24), Pablo no se aparta de la establecida *midrash* (interpretación) judía. No es infrecuente que los sabios vean en las historias del AT una aplicación directa a algún tema del presente.

Por ejemplo, el Génesis Rabbah 47 XLVII:V (aproximadamente 400-450 DC), ve este mismo incidente que examina Pablo y ve al pueblo judío en Isaac, y como lo establecen otros pasajes, a la Roma cristiana en Ismael. (Reproducimos el texto en el recuadro que hay más abajo).

Lo que la midrash señala es que en tanto los judíos (Isaac) y los cristianos (Ismael) tienen sus orígenes en Abraham, es Israel quien posee las promesas perdurables del pacto mientras que la ascendencia cristiana es temporal y pasará. Se lo indica con sutileza, con un típico juego de palabras al estilo rabínico, porque las letras que forman la raíz de "príncipes" también sirven para "vapor" (2C), en tanto que las que dan origen a "tribu" son las mismas que se encuentran en "cayado" o "vara" (2D). Pablo, por supuesto, ve implicancias diferentes en la historia. Pablo dice que Sara y Agar representan el Nuevo Pacto y el Antiguo Pacto. Los detalles que respaldan esta opinión son que mientras Agar dio a luz de manera normal, el vientre de Sara estaba muerto y el nacimiento ocurrió como resultado de una promesa.

De manera similar la Ley, el Antiguo Pacto, se apoya en el esfuerzo del hombre natural que busca agradar a Dios pero el Nuevo Pacto ejecutado en Cristo se apoya enteramente en la promesa.

Establecido esto Pablo vuelve a la historia y pregunta qué sucedió con el hijo de la esclava. La respuesta es que el hijo de la esclava persiguió al hijo de la mujer libre (es decir, la Ley era y sigue siendo hostil a la promesa) y Dios mandó a Abraham a "echar fuera" (4:30) a la esclava y a su hijo "porque el hijo de la esclava jamás tendrá parte en la herencia con el hijo de la libre".

La Ley y la promesa no pueden coexistir

Por eso los gálatas tienen que librarse de la Ley y confiar solamente en la promesa de Dios que se oye y se acepta por la fe, y por fe también a ella se responde.

GÁLATAS 5-6
La Buena Nueva de la libertad

EXPOSICIÓN

A Pablo le preocupaban los informes de que las iglesias de Galacia estaban influenciadas por los judaizantes, que eran hombres que afirmaban tener la autoridad de Jerusalén para corregir la "distorsión" que había hecho Pablo del mensaje del Evangelio. Según los judaizantes, el Evangelio era: cree en Jesús, circuncídate, y guarda la Ley de Moisés. En esencia, insistían en que para ser cristianos había que convertirse al judaísmo, aceptando las costumbres judías y guardando la Ley judía para poder tener una relación con el Mesías judío. Atacaban el Evangelio "fácil" de Pablo al poner en disputa su autoridad, poniendo énfasis en que la Ley era una revelación histórica y acusando a Pablo de que este Evangelio sin Ley convocaba a una vida de libertinaje.

Al llegar a Gálatas 5, vemos que Pablo ya ha respondido a las dos primeras acusaciones. Recibió su Evangelio por revelación directa y en tanto su enseñanza y comisión como apóstol de los gentiles se ha visto afirmada por los líderes de Jerusalén, el mensaje que predica no requiere de ningún sello de aprobación por parte de los seres humanos (capítulos 1-2). en cuanto a la insistencia de los judaizantes en la observancia de la Ley, esto muestra total falta de comprensión de la revelación de Dios en el Antiguo Testamento. La Ley no tiene capacidad para dar vida, y está asociada con la maldición en lugar de con la bendición. Además, siempre tuvo por intención ser temporaria (capítulo 3). Lo que ha sucedido ahora es que, por medio de la fe en Cristo, Dios otorga formalmente a los creyentes "fuéramos adoptados como hijos" (4:5). Esto nos libera de nuestra pasada esclavitud bajo el pecado y la Ley. Así, como Dios le dijo a Abraham que "echara fuera" a Agar e Ismael que simbolizan el esfuerzo humano y que no serán herederos con Isaac que simboliza la promesa, los creyentes deben "librarse" de la Ley si quieren vivir una vida cristiana exitosa (capítulo 4).

Pero ¿qué importancia tiene esta nueva libertad de la que disfrutamos como "hijos" de Dios formalmente reconocidos? ¿Pablo dice que los cristianos han de mantenerse firmes y reclamar la libertad porque "Cristo nos liberó para que vivamos en libertad" (5:1). La persona que acepta la circuncisión, que aquí simboliza la confianza en la carne, no obtiene beneficio actual de su relación con Jesús. Solamente la fe abre el canal por el cual fluye la gracia de Dios que nos da poder (5:1-12).

Pablo vuelve a recordarles a sus lectores que han sido llamados a vivir en libertad. Pero la libertad cristiana no es licencia para dar rienda suelta a la carne y disfrutar de una vida de pecado (5.13-21). Lo que realmente implica la libertad del cristiano es libertad del pecado, una libertad que permite que el Espíritu Santo produzcan en nuestras personalidades aquellas cualidades reconocidas por todos como características de la bondad y la santidad.

cuando en nosotros existen y se desarrollan tales cualidades, la Ley no tiene relevancia. Para el cristiano, entonces, el tema no es esforzarse por cumplir la Ley, sino vivir por el Espíritu (5:22-26).

Pablo cierra con varios pensamientos que se relacionan con este tema en ciertos aspectos. Aunque no somos gobernados por la Ley de Moisés, seguimos siendo responsables los unos por y ante los otros (6:1-6). Uno jamás debe suponer que librarse de la Ley indica que Dios Se encoge de hombros ante el pecado. Toda persona cosecha lo que siembra, y la cosecha de quien peca es la destrucción en tanto que la de quien siembra para agradar al Espíritu es la plena experiencia de la vida eterna (6:7-10).

Finalmente, Pablo resume su mensaje. Los judaizantes urgen a un modo de vida que nada tiene que ver con el cristianismo. el legado cultural, sea judío o gentil, es irrelevante porque lo único que cuenta es que en Cristo somos nueva creación de Dios. El poder del Evangelio gira, no en torno a lo que haga el hombre en su esfuerzo por ganarse la aprobación de Dios, sino en lo que Dios ha hecho en y por nosotros a través de Jesucristo (6:11-18).

ESTUDIO DE PALABRAS

Cristo nos libertó para que vivamos en libertad (5:1).
Este versículo se considera clave en el libro de los gálatas. Resume lo dicho anteriormente, y nos orienta hacia lo que resta de la breve carta de Pablo.

En el judaísmo, tomar el yugo de la Ley se consideraba el corazón de la religión. Pero Pablo ha mostrado que es la promesa, y no la Ley, lo central en la revelación de Dios y que Cristo murió para darnos libertad tanto del pecado como de la Ley que lo define.

Ahora bien, ¿qué es esta "libertad" que Cristo nos ha dado? El término griego es *eleutheria*, que en la sociedad secular en general indicaba a quien era su propio amo y señor. No es así en las Escrituras, donde la libertad cristiana se entiende contra el trasfondo de la atadura de la humanidad al pecado, y más tarde a la Ley. Pablo está diciendo que Jesucristo nos ha liberado de todo lo que nos impedía vivir una vida recta y justa para que podamos cumplir nuestro destino como hijos de Dios, según Su voluntad, llamados a reflejar el carácter de nuestro Padre Celestial.

Para que nuestra experiencia esté en armonía con nuestra posición como hijos de Dios tenemos que mantenernos firmes en nuestra libertad, y no asumir la carta de aceptad voluntariamente un "yugo de esclavitud" (5:1).

La libertad cristiana
Gálatas 5:1 y 5:13 describen a los cristianos como aquellos que están llamados a la libertad. Estos pasajes nos ayudan a entender más sobre la libertad que hemos de reclamar y disfrutar.

■ Juan 8:31-36. La persona que vive según las palabras de Jesús, "conocerá la verdad y la verdad le hará libre". Aquí, la "verdad" es la revelación de Dios de la realidad, revelación que nos permite ver a través de todas esas nociones que intentan indicarnos qué es la vida. Los seres humanos que no son salvos viven en un mundo de ilusión, incapaces de ver la verdad, incapaces de discernir lo realmente bueno y correcto, lo que ayuda y lo que perjudica. La persona que se deja guiar por la Palabra de Dios toma buenas decisiones y evita los peligros que acechan a los que andan a los tumbos en la oscuridad.

■ Por eso, "libertad" es liberación de la ceguera espiritual y obstinación inherentes a la trágica condición de la humanidad de pecado. La capacidad de la fe, de oír y responder a las palabras de Jesús, nos permite conocer por experiencia una realidad que otros jamás podrán ver siquiera, y que nunca podrán entender. Eso es verdadera libertad.

Romanos 6:15-23. Pablo desarrolla un tema que Jesús introdujo en Juan 8:34: "Todo el que peca es esclavo del pecado". La libertad es librarse de las garras del pecado, es la capacidad de poner cada parte de nosotros a disposición de Dios, al servicio de la justicia. Lejos de implicar independencia, la libertad cristiana implica un cambio de amos. Somos liberados del dominio del pecado, y transferidos a un reino donde la voluntad de Dios es suprema. El pasaje destaca el resultado final del servicio que rindamos a cada amo. Quienes sirven al pecado obtienen vergüenza y muerte. Quienes sirven a la justicia se vuelven santos.

Romanos 8:2-11. Romanos 8 explica cómo puede experimentar la libertad la persona que no puede cumplir la Ley. La respuesta es el Espíritu Santo, que insufla vida y da energía a los creyentes que se entregan a Su control, a pesar de su mortalidad.

Aquí también la libertad es la capacidad de hacer lo bueno y correcto con ayuda divina.

■ Gálatas 5.1-26. Pablo ha dejado en claro que la Ley no es ni un medio para la salvación ni un camino para los logros espirituales. Cristo nos ha liberado de la Ley, otorgando a quienes creen el "pleno derecho como hijos". Pero ¿cuál es la naturaleza de esta libertad? Es la libertad para "servirnos unos a otros con amor" (5:13). Esto es la libertad: el relacionarnos con el Espíritu Santo de modo que en lugar de que nuestra naturaleza de pecado sea la que dicte nuestras actitudes y acciones, permitamos que Dios desde dentro nos transforme, tanto a nosotros como a nuestra forma de vivir.

Aquí la libertad cristiana es libertad para vivir vidas tan buenas que ya no haya lugar para la Ley porque es irrelevante, porque no hay nada en nuestras vidas que la Ley pueda prohibir.

Resumen. Es claro que la libertad cristiana no es independencia, ni el derecho a hacer lo que nos venga en gana. La libertad cristiana es depender del Espíritu que nos libera de nuestra esclavitud y la opresión del pecado, y el ejercicio de nuestra libertad es vivir una vida disciplinada, haciendo y viviendo lo bueno.

Si se hacen circuncidar, Cristo *no les servirá de nada* (5:2). La circuncisión simbolizaba la identificación con el pueblo de Dios del AT, descendientes de Abraham y los patriarcas, y la participación en el Pacto. Significaba "ser judío" y estar sujeto a la Ley que Dios le había dado al Pueblo Escogido. Aquí, Pablo utiliza "circuncisión" para indicar aceptación de la posición en la que insistían los judaizantes: el cristiano tiene que decidir por propia voluntad que vivirá bajo el Antiguo Pacto después de su conversión.

Pero ¿por qué dice Pablo que Cristo "no les servirá de nada" (literalmente "no les será de provecho") a los cristianos que voluntariamente adopten la Ley como camino para relacionarse con Dios? Pablo no está hablando de la salvación aquí, sino de la vida cristiana. Es como si se le diera a alguien una lámpara con dos opciones de tomacorrientes donde enchufarla. Un tomacorrientes está conectado a la línea de electricidad, y el otro no. Quien enchufa su lámpara en el tomacorrientes muerto no tendrá beneficio alguno, por buena que sea su lámpara.

En tanto el creyente busque poder para la vida cristiana conectándose al tomacorrientes de la Ley, conocer a Cristo no marcará diferencia alguna en su vida cotidiana.

Aquellos de entre ustedes que tratan de *ser justificados* por la Ley, han roto con Cristo; han caído de la gracia (5:4). El texto de la NVI no deja en claro lo que Pablo quiere decir porque traduce *dikaiousthe* como "justificados". La razón por la que tal traducción impide entender el texto con claridad es porque solemos tomar "justificación" en su sentido legal, como declaración judicial de Dios de que quienes creen en Jesús son inocentes. Asumimos entonces que "justificación" debe entenderse siempre como equivalente de "salvación" y concluir así que este versículo habla de la salvación. ¡Pero no es ese el caso!

El *Diccionario Teológico del NT* de Kittel [en inglés – Theological dictionary of the NT] (Vol. II, p. 216) rechaza el significado forense en Gálatas 5:4 y ofrece una alternativa que refleja el uso de *dikaioo* como término común en el lenguaje cotidiano del siglo primero. Traduce la frase del griego como "ustedes que quieren ser justos por la Ley". Es decir, que Pablo no está hablando de la justificación/salvación sino del hecho de que algunos gálatas habían adoptado el punto de vista de los judaizantes y buscaban lograr la justicia experiencial por medio de la Ley.

Pablo no ha apartado la atención de la experiencia cristiana a la salvación sino que sigue explicando por qué la Ley no tiene valor alguno para el creyente. La razón es que al tratar de "ser justos por la Ley" (Kittel) el creyente "ha roto" (*katargo*, "se corta") con la esfera en la que opera Cristo, que es una esfera que se caracteriza por la gracia y no por la Ley.

Pablo dice "han caído de la gracia" y no implica aquí la pérdida de la salvación para el creyente. Describe simplemente una desconexión experiencial del cristiano de la fuente de poder para la vida justa.

En Cristo Jesús de nada vale estar o no estar circuncidados; lo que vale es la fe que actúa mediante el amor (5:6). Pablo resume su argumento. Ni el judío ni el gentil tienen ventaja alguna. Los que marca la diferencia en la experiencia cristiana no es la Ley sino "la fe que actúa mediante el amor".

¿Por qué esta frase? Tal vez, en parte para refutar la afirmación de los judaizantes de que la fe puede expresarse a través de la Ley. Pero más aún, quizá, para centrar nuestra atención en la evidencia primaria de la obra del Espíritu en nuestros corazones.

Pronto, Pablo nos dirá que "el fruto del Espíritu es amor" (5:22). Por cierto, tenemos aquí un eco de la enseñanza de Pablo en 1 Corintios 13. Allí dice que la verdadera espiritualidad no se ve indicada por la posesión de un don espiritual en particular, sino por ese amor que se retrata tan bellamente en los versículos 4 a 7 de ese gran capítulo.

Aquí Pablo dice lo mismo. el cristiano no demuestra su fe por el rigor con que cumple la Ley de Moisés, sino por el amor que muestra en toda relación con Dios y con los demás.

Les hablo así, hermanos, porque ustedes han sido llamados a ser libres; pero no se valgan de esa libertad para dar rienda suelta a sus pasiones. Más bien sírvanse unos a otros con amor (5:13). Lo que en español se ha traducido como "rienda suelta" es la palabra *aphorme*. Originalmente este término indicaba la base de operaciones desde la cual se lanzaba una expedición. Pablo está diciendo: afirmen su libertad en Cristo pero no permitan que la carne use esa libertad como base de operaciones. Entendida correctamente, la libertad es una base desde la cual nos lanzamos a una vida de amor y servicio.

Quien dice "Soy salvo/a ahora y puedo hacer lo que quiera", no ha comprendido lo que es la libertad cristiana y la utilizará para justificar acciones que sabe que son malas. La persona que dice, "Ahora soy salvo/a y por eso puedo dedicarme a amar a Dios y a los demás" es la única que ha entendido correctamente la naturaleza de su libertad en Cristo.

En efecto, toda la Ley se resume en un solo mandamiento: "Ama a tu prójimo como a ti mismo" (5:14). El tema se desarrolla en Romanos 13:8-10. Lo que Pablo dice, aquí y en romanos, es que el amor y la Ley se relacionan con la justicia. No hay conflicto entre ambos al respecto. De hecho, los estatutos de la Ley del AT, en efecto, eran definiciones operacionales del amor, que describían cómo se comportaría – y no solo por obligación — quien amaba a Dios y al prójimo.

El problema por la Ley, claro está, es que aunque describe en cierto detalle las acciones de amor, no tiene capacidad para crear seres humanos que amen. Pero todo su énfasis se resume en el mandamiento: ama a tu prójimo como a ti mismo. Es una enorme ventaja la que hoy tenemos, ya que la Ley no es más un problema. Ahora, a través de Cristo, somos libres para poder amar al prójimo de verdad. Y cuando amamos, nos encontramos viviendo esa vida de justicia que requieren tanto la Ley como el amor.

Así que les digo: *Vivan por el Espíritu,* **y no seguirán los deseos de la naturaleza pecaminosa (5:16).** En el texto original, la frase es "anden (*peripateite*) en el Espíritu". Refleja un dicho hebreo común, en el que "caminar" significa "conducirse en la vida".

Los judaizantes les han dicho a los gálatas que vivan mirando la Ley. Pero Pablo argumenta que la Ley no tiene rol alguno en la vida cristiana. Quien busca "ser justo por la Ley" (5:4) ha caído de la gracia y rompe con Cristo como recurso para la vida de justicia.

En Romanos 7:4-6 Pablo va aún más allá y dice que la naturaleza de pecado (*sarx,* la carne), de hecho se ve incentivada por la Ley (estimulada).

¿Qué ha de hacer entonces el cristiano? Debe vivir mirando no a la Ley, sino al Espíritu de Dios. Porque, promete Pablo, quien mira (se apoya en) al Espíritu "no seguirá los deseos de la naturaleza pecaminosa".

Las obras de la *naturaleza pecaminosa* **se conocen bien (5:19).** Nuevamente, aquí el término es sarx, utilizado teológicamente para indicar la naturaleza humana de pecado. Lo que Pablo dice es que en realidad, no hacía falta la Ley para definir lo que todos conocemos ya como dañino, detestable o malo. Nadie debiera suponer que, con Ley o sin ella, quienes "practican tales cosas" (5:21) tendrán parte alguna en ["heredarán"] el reino de Dios.

Pablo luego describe el fruto que produce el Espíritu y señala que para el creyente la Ley no tiene valor alguno porque la Ley solamente define aquello que está mal. A nadie se le ocurriría promulgar una Ley contra las acciones de amor de quienes viven por el Espíritu.

Nuestro reto entonces no consiste en guardar la Ley, sino en permanecer sensibles y dispuestos a responder al Espíritu Santo de Dios (5:25).

Les advierto ahora, como antes lo hice, que los que practican tales cosas no heredarán *el reino de Dios* **(5:21).** El "reino de Dios" es ese reino en el que el poder y la autoridad de Dios operan sin impedimento. Los cristianos que viven según el Espíritu disfrutan de "plenos derechos de hijo" para participar ahora mismo de la herencia que recibirán.

El participio *prassontes* pone énfasis en la conducta habitual. Aquellos cuyo estilo de vida está dominado por la carne no tienen acceso a las bendiciones y el poder que están disponibles para nosotros en Cristo.

Ayúdense unos a otros a llevar sus cargas, y *así cumplirán la Ley de Cristo* **(6:2).** La Ley de Moisés se caracteriza por las reglas y reglamentos. Los rabíes, de hecho, contaban unos 614 "permisos" y "prohibiciones". Pablo ha reducido esto a una sola cosa: el amor (5:14), que en 6:2 es lo que quiere decirnos con "la Ley de Cristo".

Que cada uno cargue con *su propia responsabilidad* **(6:5).** A primera vista, esto parece estar en directo conflicto con lo que acaba de decir Pablo en 6:2: "ayúdense unos a otros a llevar sus cargas". Pero los lectores originales de la carta de Pablo lo habrían entendido perfectamente. El término griego traducido como "cargas" en 6:2 de Gálatas es *bare*, una carga inusualmente pesada, en tanto 6:5 dice *phortion*, la carta adecuada al barco que la llevará, o a la mochila del soldado.

El amor nos llama a ayudar a quienes sufren. Pero proteger a los demás del dolor o responsabilidad normal de la vida, no es amor.

El que siembra para agradar a su naturaleza pecaminosa, de esa misma naturaleza *cosechará destrucción***; el que siembra para agradar al Espíritu, del Espíritu** *cosechará vida eterna* **(6:8).** La imagen de la "cosecha" en las Escrituras en general tiene referencia escatológica. Pero Pablo no está advirtiendo a sus lectores que si no viven para agradar al Espíritu se perderán. Lo que dice es que, no importa cuánto analicemos el tema, la carne y el Espíritu son principios opuestos.

Antes, Pablo escribió que la carne y el Espíritu "se oponen entre sí" *en su naturaleza esencial* (5:17). Luego mostró que la carne y el Espíritu se oponen entre sí, *en el estilo de vida que generan* (5:19-23). Y ahora completa su análisis al mostrar que la carne y el espíritu *dan cosechas opuestas.*

En vista de todo esto ¿por qué querría un cristiano vivir según la carne? Es mucho mejor hacer lo bueno, confiando en que "a su debido tiempo cosecharemos si no nos damos por vencidos" (6:9).

EL PASAJE EN PROFUNDIDAD

Gálatas, un estudio de los opuestos

Trasfondo. Los primeros cristianos eran judíos que reconocieron a Jesús como el Mesías. Profundamente comprometidos a un estilo de vida gobernado por la Ley, no veían conflicto alguno entre su compromiso a Jesús y su observancia del estilo de vida gobernado por la Ley. Incluso al descubrir que los gentiles respondían al mensaje del Evangelio y que aquellos que creían recibían el Espíritu Santo, los primeros cristianos judíos no consideraron que esto fuera impedimento para seguir comprometidos con un estilo de vida gobernado por la Ley y la tradición.

Pero surgió un problema cuando algunos en esta primitiva iglesia argumentaron que los cristianos judíos debían someterse también a la circuncisión y cumplir con la Ley de Moisés. A primera vista, su opinión parecía razonable. Después de todo, había sido Dios Mismo Quien le diera la Ley a Israel. ¿Cómo podía quien reconocía a Dios dejar de someterse a esa Ley que Dios había revelado? Y más todavía ¿qué alternativa había? ¿No seguirían los cristianos gentiles sus propios valores morales y culturales, como era su tradición, si no se les enseñaba a buscar la guía en la histórica revelación de Dios a Israel?

En el curso normal de la historia, la antítesis entre dos posiciones suele resolverse mediante la síntesis. La tensión entre dos polos opuestos se reduce gradualmente mediante la construcción de puentes, hasta que surge algo nuevo. Pero Gálatas trae una perspectiva diferente. Pablo no busca una síntesis que los judíos y gentiles puedan aceptar sin problemas. En cambio, argumenta que existe un conflicto esencial. No hay síntesis posible, sino que debe mantenerse una distinción absoluta entre la Ley y la promesa, entre la esclavitud y la libertad, entre vivir según la carne y según el Espíritu.

En Gálatas Pablo desarrolla su tema rechazando de plano toda síntesis, y describiendo la antítesis con creciente agudeza. Una forma muy útil de ver Gálatas y entender el poder de este libro tan breve consiste en ir estudiando la introducción y desarrollo de las diversas antítesis que Pablo presenta a nuestra consideración.

Interpretación. A medida que avanzamos en la lectura de esta breve carta, Pablo da cada vez más detalles de la definición de los elementos de la vida y experiencia cristianas, no por síntesis sino por antítesis. A continuación, delineamos cómo desarrolla tales contrastes.

El Evangelio predicado por Pablo entre los gentiles fue recibido por directa revelación de Dios. Tanto la comisión de Pablo de parte de Dios como el contenido del Evangelio que proclama, fueron afirmados por los líderes de la iglesia de Jerusalén.

El Evangelio del Apóstol Pablo es un evangelio de salvación por sola fe, sin contribución alguna de parte de la observancia de la Ley. El Evangelio establece la unión entre Jesucristo y el creyente, de modo que el cristiano participa de la crucifixión de Cristo y comparte también

Gálatas 1:1-2:21

Evangelio de Pablo	El otro Evangelio
*Libertad	*esclavitud
	*requiere que todos "sigan las costumbres judías"
*fe	*observancia de la Ley
*justificado	*nadie es justificado
*crucificado con Cristo	
*Cristo vive en mí	
*vivir por la fe	
*afirma la gracia	*aparta la gracia
*trae justicia	*no puede traer justicia

Gálatas 3.1-5:12

La fe	La observancia de la Ley
*recibe el Espíritu	
*alcanza su objetivo	
*justificado (declarado justo por Dios)	*nadie es justificado
*nos hace hijos de Abraham	*trae maldición
*nos brinda las bendiciones de Abraham	*relacionada con las obras
*depende de Dios solamente	*depende de la conducta humana
*imparte vida	*no puede impartir vida
*es el agente por el cual nos convertimos en hijos de Dios con plenos derechos	
*libertad	*esclavitud
*se expresa por medio del amor	*se expresa por medio de las obras
	*niega la gracia
	*rompe con Cristo como fuente de poder

la nueva vida de Cristo, que ahora vive dentro de quien cree. Esta vida en Cristo se vive por la fe y como no tiene nada que ver con la observancia de la Ley, sirve para exhibir la maravillosa gracia y misericordia de nuestro grandioso Dios.

El Evangelio de Pablo es un Evangelio de fe, sin lugar alguno para la dependencia de la observancia de la Ley. La salvación es por la fe y el objetivo de la nueva vida

Gálatas 5

El Espíritu	La naturaleza de pecado
*Amor	*Ley
*En conflicto con la naturaleza de pecado	*En conflicto con el Espíritu
*Guiados por el Espíritu no estamos bajo la Ley	*la Ley se opone a sus acciones
*El Espíritu produce fruto bueno y justo	*La naturaleza de pecado produce acciones que obviamente son de pecado

impartida por el Espíritu es cuestión de fe, como lo es recibir el Espíritu. La Ley requiere del esfuerzo humano para su cumplimiento. Pero nadie puede ser justificado por la observancia de la Ley. Lo único que brinda la Ley es esclavitud y maldición.

Por otra parte, la fe se apoya únicamente en la promesa de Dios. Quien tiene fe sencilla en la promesa de Dios recibe la vida, y con la vida, el Espíritu Santo. Por medio de la fe en la promesa de Dios nos convertimos no solo en hijos de Abraham, sino que somos adoptados como parte de la familia de Dios, con pleno derechos de hijos, tanto a la intimidad con el Padre como al acceso a la abundante bendición que forma parte de nuestra herencia.

Y más aún, nuestro reconocimiento formal como hijos de Dios conlleva una libertad que nos quita de encima el peso de la Ley, que antes de Cristo servía como pedagogo a cargo de nuestras acciones, y no nos daba libertad alguna, como no se la da al esclavo tampoco.

Esa libertad es importante porque la persona que vuelve a elegir la Ley se obliga a sí misma a obedecer toda la Ley y al aceptar esta obligación está rechazando la gracia y corta con Cristo como fuente de diario poder y capacidad.

Pablo ha negado que la Ley tenga lugar en la experiencia cristiana. ¿Pero no está negando la importancia de la justicia entonces? Pablo muestra ahora que al descartar la Ley, no le ha abierto la puerta al libertinaje o la licencia para hacer lo que queramos. La razón es que el principio del amor es el que subyace a todos los requisitos de justicia de la Ley. ¡Y el Espíritu de Dios produce amor en el corazón del creyente!

La antítesis que importa es la que existe, no entre la Ley y la fe, sino entre la carne y el Espíritu. Porque tan pronto uno decide relacionarse con Dios por medio de la Ley, tendrá que depender de sus propios recursos y con esto activará a la carne. Por contraste, quien busca relacionarse con Dios mediante la fe, se vuelve al Espíritu y el Espíritu crea amor en su corazón, que se derrama a toda actitud y acción de justicia y bondad.

Aplicación. Al describir estos opuestos Pablo nos recuerda verdades vitales y maravillosas. Lo que nosotros no podemos, Dios puede hacerlo y lo hará, en nosotros y por nosotros. Jamás llegaremos a ser las personas verdaderamente buenas que tanto queremos ser si intentamos obedecer la Ley de Dios. Pero poco a poco podremos ser más y más justos si confiamos en que el Espíritu de Dios nos guíe y dé capacidad.

La vida según el Espíritu (5:13-26).

Trasfondo. El contraste que desarrolla Pablo entre el fruto que produce el Espíritu y el que producen las acciones de la carne, es la culminación de su enseñanza en Gálatas. Dios no nos liberó de la Ley para que nos comportáramos de manera anárquica, sino para que al depender plenamente del Espíritu, Él pueda transformarnos desde adentro. Esto queda especialmente en claro cuando comparamos las dos listas que presenta este breve pasaje: la lista de las acciones de la carne, y la lista del fruto del Espíritu.

La primera lista contiene cuatro categorías definidas, de acciones de la carne. Cada una es una conducta, una acción más expresiones del carácter. Las categorías de la lista de Pablo son:

- pecados sexuales: Inmoralidad, impureza, libertinaje (sensualidad)
- pecados religiosos: idolatría, brujería
- pecados interpersonales: odio, discordia, celos, arrebatos de ira, rivalidades, disensiones, sectarismos y envidia.
- pecados de intemperancia: borracheras, orgías.

En contraste, la lista que Pablo da del fruto producido por el Espíritu no incluye acciones o conductas específicas. Todo lo que contiene esta lista es interno, parte del carácter de la persona.

¿Por qué no presenta Pablo dos listas que sean paralelos estrictos, contrastando las acciones del cristiano con las acciones del pecado, o el carácter cristiano con el carácter de la naturaleza de pecado?

Tal vez, la mejor explicación sea que la Ley, que tanto elogiaban los judaizantes, solo se ocupa con lo externo para referir a la justicia. Se relaciona con lo que hace la persona, y no con lo que es. Por otra parte, Dios se refiere a la justicia de manera totalmente diferente. En el mejor de los casos, lo que hacemos solo refleja lo que somos. La forma de producir justicia es mediante un cambio interior, para que la persona sea de veras amorosa, buena, justa. Cuando ocurre este tipo de transformación, las acciones de la persona también serán verdaderamente buenas, justas y de amor.

Los judaizantes del siglo primero y los que hoy querrían mezclar la Ley y la gracia, parecen incapaces de entender esta verdad tan básica.

EFESIOS 1–2
Un solo pueblo

EXPOSICIÓN

Efesios es una de las varias cartas que escribió Pablo mientras estaba en prisión en Roma (Hechos 28:30). Algunos creen que originalmente, Efesios era una carta encíclica, que debía circular entre todas las iglesias en lugar de estar dirigida a los efesios. La cuestión parece no tener importancia. Porque al igual que las otras cartas de Pablo, esta epístola es para nosotros. Y es claro que esta maravillosa carta es distinta a 1 y 2 Corintios y a sus respuestas a problemas específicos que surgen en una congregación. Más bien, Efesios comparte una visión exaltada de la iglesia de Cristo. En Efesios descubrimos nuestra identidad como cuerpo de Cristo, como templo en construcción por parte del Espíritu Santo, y como familia de Dios. Vemos aquí las maravillas de la obra de gracia de Dios, al ver cómo toma Él al os retorcidos pecadores que Le son antagonistas, y los salva y une a Jesús como Cabeza, y a partir de esta materia prima crea entonces un "hombre nuevo". Un hombre nuevo que no solo sirve a Dios con alegría sino que experimenta una creciente transformación, hasta alcanzar "a una humanidad perfecta que se conforme a la plena estatura de Cristo" (4:13). A lo largo de Efesios Cristo es exaltado porque es Su rol cósmico y Sus propósitos los que se cumplen en el mundo de hoy a través de Su cuerpo en la tierra, esa iglesia de la que formamos parte usted y yo.

Después de una introducción muy breve (1:1-2) Pablo da comienzo a su carta con uno de los pasajes trinitarios más claros y potentes de toda la Biblia (1:3-14). Hemos sido bendecidos con "toda bendición espiritual en Cristo" como resultado directo de la obra de la Trinidad. el Padre nos escogió antes de la creación del mundo y derramó Su gracia sobre nosotros en Cristo (1:3-7). El Hijo nos redimió, comprando el perdón de nuestros pecados, eligiéndonos en Él "a fin de que nosotros, que ya hemos puesto nuestra esperanza en Cristo, seamos para alabanza de su gloria" (1:8-12). E incluido en Cristo el Espíritu sirve como sello y garantía de Dios de nuestra redención definitiva (1:13-14). La iglesia, por lo tanto, no es un derivado, sino parte central del plan eterno de Dios. La iglesia no es una choza hecha como al pasar, sino una construcción que implicó el esfuerzo dedicado de cada una de las Personas de la Deidad.

Habiendo escrito esto, Pablo pasa a maravillarse y expresar su maravilla en oración y alabanza, para finalizar en una doxología al Cristo resucitado. Nuestro Señor ha de ser exaltado no solo por sobre todo poder cósmico sino que de manera especial es "cabeza de todo" en la iglesia. Y, maravilla de maravillas, nosotros, Su cuerpo, somos "la plenitud de aquel que lo llena todo por completo" (1:15-22).

Esta revelación inicial de la importancia de la iglesia para Dios nos asombra en particular si consideramos, como nos lo pide Pablo, la materia prima inferior que ha utilizado Dios para construir la iglesia. Dios tomó a seres espiritualmente "muertos en sus transgresiones y pecados", que no merecían otra cosa que la ira de Dios. Y porque Él nos amó tal como somos, Dios "nos dio vida con Cristo". Luego "nos resucitó y nos hizo sentar con él en las regiones celestiales". Pero nada de esto fue en respuesta a las buenas obras que pudiéramos haber hecho. fue todo de gracia, todo expresión del inmerecido favor de un Dios que nos ha re-creado en Cristo. Solo que ahora, como obras de Su mano, podemos realizar las buenas obras que reflejarán Su gloria y Le darán crédito a Él (2:1-10).

Esto es, entonces, la iglesia. ES una nueva creación, una nueva creación en la que las viejas distinciones entre "judío" y "gentil" son irrelevantes. Porque todos llegamos a Dios a través de Cristo cuya muerte destruyó la antigua barrera de la Ley los mandamientos haciendo que toda la humanidad estuviera en paz con Dios. De repente, lo único que cuenta es Cristo porque en Él toda la humanidad está unida en "un hombre nuevo". Unidos por fin en Cristo, la humanidad, diversa y a menudo hostil, por fin tiene un único fundamento donde afirmarse. Sobre este fundamento, unidos por y en el Señor, somos "edificados juntamente para ser morada de Dios por su Espíritu" (2;11-22).

Muchas veces solemos pensar en la salvación en términos de lo individual: Él es salvo y va a ir al cielo. Ella es salva, comprometida con el Señor. Yo también soy salvo. Efesios nos llama a mirar más allá de nosotros mismos como individuos y a captar la visión de Dios de la iglesia como cuerpo de Cristo, como pueblo unido en Cristo, llamado a unirse a las buenas obras que glorifican a Aquel que nos creó. Llamados a ser en conjunto una morada en la que vive Dios por Su Espíritu.

ESTUDIO DE PALABRAS

Alabado sea Dios, Padre de nuestro Señor Jesucristo, que nos ha bendecido en las *regiones celestiales* con toda bendición espiritual en Cristo (1:3). No supongamos que Pablo quiere trazar un contraste entre las bendiciones espirituales y las materiales. No es que Pablo esté diciendo que lo material no tiene importancia. Más bien, está recordándonos de las verdaderamente importantes bendiciones que Dios nos otorga, que son espirituales y que nos llegan a través del Espíritu Santo.

¿Por qué dice "regiones celestiales"? Porque Cristo, exaltado en los cielos por sobre todos los principados y poderes, es Aquel que las ha asegurado para nosotros, y es Quien nos las garantiza.

Dios *nos escogió* en él antes de la creación del mundo, para que seamos santos y sin mancha delante de él (1:4). Aquí el verbo es *exelexato*, "escoger". Es un verbo que se utiliza usualmente en el Septuaginto para traducir verbos que se refieren a la elección de Dios de Israel como pueblo Suyo del pacto.

Uno de los estudiosos más importantes del griego, el obispo Lightfoot, declara que el uso de este término implica tres ideas: la raíz de la palabra (*leg*), "pronunciar"; la preposición en el compuesto (*ek*), o escoger a unos de un grupo dejando a otros; y la voz media, de Dios que "escoge para Sí".

La implicancia de que Dios "antes de la creación del mundo" eligiera a algunos para la salvación ha preocupado a muchos, que ven toda forma de predestinación como objeción a la "justicia" de Dios. Sugieren que la "elección" de Dios no es para la salvación y observan que el versículo afirma que "nos" escogió (a los que creen), "para ser santos y sin mancha". Según esta opinión la elección divina se limita a cumplir el propósito de Dios en aquellos que confían en Cristo.

Ver El pasaje en profundidad para leer la discusión de la elección, pre-conocimiento y predestinación de Dios en Efesios 1:1-14.

En él tenemos *la redención* mediante su sangre, el perdón de nuestros pecados, conforme a las riquezas de la gracia (1:7). Este es uno de los grandes términos teológicos utilizados en el NT para describir el significado de la muerte de Cristo. Fue una muerte necesaria porque la sangre de Cristo es el precio de la redención. Solo así podía Dios ofrecer a los pecadores perdón y libertad.

Redención. El concepto aparece por primera vez en el AT, con diversos matices de significados según el término hebreo que se utilice. En cada uno de esos términos está implícita la convicción de que los seres humanos son indefensos cautivos de las fuerzas internas o externas que no pueden vencer sin intervención de un tercero. La redención, como solución, es:

■ *Palah*, un término comercial que indica la transferencia de título de propiedad por medio de pago o algún equivalente. Es el término utilizado en Deuteronomio 15:15, de la liberación de Dios en el éxodo de los israelitas esclavos en Egipto (Salmo 78:42-43). De todos los usos de este verbo en el AT, solamente en el Salmo 130:7-8 se sugiere redención del pecado.

■ *Ga'al*. Término relacional que significa "hacer de pariente" y actuar para aliviar la angustia o peligro de un familiar. El énfasis aquí está en la necesidad de la relación que debe existir entre el redimido y el redentor. Se requería una relación cercana para darle al redentor su derecho u obligación de actuar en beneficio del otro. Esta palabra también aparece en referencia a la liberación de Israel por parte de Dios (Éxodo 6:5-6).

■ *Koper* suele traducirse como "rescate". Es una forma del verbo *kapar*, o "hacer propiciación". El AT registra las acciones de Dios en beneficio de Israel y las interpreta con frecuencia utilizando palabras que ponen énfasis en la relación familiar de Dios con Su pueblo del pacto. Tanto el amor como el deber movieron a Dios para liberar a Su pueblo de los enemigos ante los cuales eran completamente indefensos. No importa cuál fuera el precio, Dios estaba dispuesto a pagarlo con tal de que Su pueblo estuviera a salvo.

El NT tiene dos palabras que se traducen como "redimir" o "redención". Deben entenderse dentro del marco establecido en el AT, más que por su referencia a su uso en la cultura pagana de Grecia.

■ *Lytroo*, significa "redimir o rescate" y centra la atención tanto en la liberación obtenida como en los medios usados para lograrla. Esta raíz aparece pocas veces en las epístolas del NT; en Tito 2:14, 1 Pedro 1:18, Hebreos 9:12. Pero en Efesios 1:7 aparece un sustantivo más fuerte, *apolu-trosis*, que se traduce como "redención", y que también encontramos en otros ocho pasajes del NT: La aplicación de estos términos en el NT deja en claro que la sangre de Jesús fue el precio de la redención. Hizo falta que Cristo muriera para liberarnos de la "vacía forma de vida" del pasado para que "sirvamos al Dios viviente". Hay aquí un interesante paralelo con la ley romana. La persona capturada en la guerra y luego rescatada por otro ciudadano romano mediante el pago de un rescate, tenía obligación de devolver esta deuda a quien lo había rescatado. Usted y yo jamás podremos pagarle al Señor el precio de nuestra redención. Así, estamos eternamente en deuda con Él y en gratitud, con alegría Le entregamos, en Sus manos, todo lo que somos y tenemos.

■ *Agorazo*, "comprar", es otra palabra utilizada para aclarar el significado de redención. *Exagorazo*, un término compuesto, hace alusión al mercado de esclavos y se ha tomado como implicancia no solo de la compra del esclavo sino de una compra que tiene como propósito quitar para siempre del mercado a ese esclavo. Así, la redención es una compra que nos quita permanentemente de nuestra vieja situación de esclavos del pecado, del propio ser y de Satanás. En tanto los términos del AT definen el concepto de la redención, es el NT el que aplica este concepto a la salvación personal. Se revela a los seres humanos como indefensos, encerrados en la inexpugnable prisión del pecado. Solo la sangre de Cristo puede redimir, romper las ataduras del pecado y garantizarnos un lugar en la familia de nuestro Dios.

En él tenemos la redención mediante su sangre, el perdón de nuestros pecados, conforme a las riquezas de la gracia (1:7). Este mismo versículo utiliza otro de los grandes términos teológicos del NT: "gracia". El concepto está estrechamente relacionado con el de la redención porque la gracia también opera contra el trasfondo de la indefensión humana.

Gracia. El término hebreo más cercano al concepto desarrollado en el NT es *hanan* "obrar con gracia, con misericordia" y el sustantivo *hen*, "gracia" o "favor". El énfasis en cada caso está en la compasiva respuesta de quien puede ayudar a otra persona que está sumida en gran necesidad.

En el NT, "gracia" es *charis*. En el lenguaje común y en los Evangelios el verbo indica favor o beneficio otorgado y también la gratitud que corresponde a lo que se ha recibido. Pero *charis* se desarrolla como término teológico técnico en las epístolas. Aquí, Pablo lo usa para comunicar una verdad que está en el corazón de la obra salvadora de Dios en Cristo. De hecho, "gracia" nos da la perspectiva que nos permite percibir el significado de las acciones pasadas y presentes de Dios.

Por ejemplo, en Romanos 3 Pablo nos muestra que todos somos pecadores pero luego describe la decisiva acción de Dios de enviar a Cristo como sacrificio de propiciación para que pudiéramos ser perdonados. Esto, dice Pablo, es gracia.

En Romanos 5:15-21 Pablo pinta la salvación como regalo que nos llega a través de Jesús, que revierte el destructivo impacto de la inicial acción de pecado de Adán. Esto, dice Pablo, es gracia.

En Efesios 2:1-11 Pablo resume la indefensa condición de la raza humana. Nacemos muertos en pecado, siguiendo los caminos de este mundo y de Satanás, gratificando los deseos de nuestra naturaleza de pecado. Pero Dios llega a nosotros en nuestra total impotencia, para darnos el regalo de la vida. Esto, dice Pablo, es gracia.

Lo más maravilloso de todo es que en el origen de todo acto de gracia está el carácter de Dios. Él viene a buscarnos por Quién es Él, amoroso, compasivo, misericordioso y *a pesar de* – más que *a causa de* - lo que somos. Como la gracia es lo que conforma el carácter de Dios en su esencia, somos liberados de todo temor de que nuestros pecados nos separen de Él. Dios viene a nosotros con la promesa del perdón, diciéndonos que nos ama y nos acepta de todos modos, e invitándonos a recibir el regalo que Él nos ofrece, gratis, en Jesucristo. Y esto, nos dice la Biblia, verdaderamente es gracia.

Y lo creyeron, fueron marcados con el sello que es el Espíritu Santo prometido (1:13). "Sello", es el pasivo aoristo de *sphragizo*, "sellar". En el mundo heleno el sello de un hombre, una insignia grabada sobre cera, tenía significado legal. Las posesiones selladas indicaban propiedad, y eran una forma de salvaguarda contra el robo. Si se sellaba un documento el sello autenticaba el mensaje y simbolizaba la plena autoridad de quien lo enviaba. Además, el documento sellado solo podía ser abierto por la persona a quien se dirigía el mensaje.

Aquí Pablo presenta al Espíritu Santo como sello de Dios, estampado en el corazón del creyente. El Espíritu nos marca como propiedad de Dios y nos pone bajo Su protección, garantizado que podamos ser entregados a Dios, Aquel que en Cristo nos ha destinado a ser Suyos.

El Espíritu Santo prometido. Éste *garantiza nuestra herencia* **hasta que llegue la redención final del pueblo adquirido por Dios, para alabanza de su gloria (1:13-14).** El Espíritu Santo es una promesa ya cumplida. Está con nosotros ahora. Pablo usa entonces una analogía para ayudarnos a entender mejor lo que implica la presencia del Espíritu en nosotros.

El espíritu de Dios es un *arrabon*. Este término, tomado del mundo del comercio, significa un depósito efectuado por bienes que sirve como garantía de que se hará el pago completo y que el comprador recogerá la mercadería.

Dios nos ha comprado en Cristo, para que seamos Su preciosa posesión. El Espíritu Santo con nosotros es un *arrabon*, que nos asegura que en el final de la historia Dios recogerá a los Suyos.

Y más todavía, este depósito en particular garantiza nuestra herencia. Todas esas "bendiciones espirituales" de las que habla 1:3 serán derramadas sobre nosotros en su máxima extensión cuando nos unamos a Jesús en las regiones celestiales.

Que les sean iluminados los ojos del corazón para que sepan a qué *esperanza él los ha llamado* **(1:18).** En las Escrituras "corazón" se usa por lo general en el sentido de "toda la persona interior", el centro de la percepción, la emoción y la voluntad. La "esperanza" a la que Pablo se refiere aquí no es nuestra salvación futura y final sino las "la riqueza de su gloriosa herencia entre los santos" (1:18) "y cuán incomparable es la grandeza de su poder a favor de los que creemos" (1:19).

Hay una pregunta en cuanto a la primera frase. ¿Está diciendo Pablo que tenemos que apreciar lo preciosos que somos para Dios y así ganar confianza en nosotros mismos, sabiendo cuánto valemos para Él? ¿O nos está diciendo que tenemos que apreciar los vastos recursos que conforman nuestra herencia, ahora que somos hijos de Dios?

Aunque son posibles las dos lecturas, la segunda es más probable. Tenemos esperanza hoy porque hemos recibido el Espíritu. Él es el sello y la garantía de que Le pertenecemos a Dios. Y más, Él es Aquel por medio de Quien accedemos a las riquezas de Dios que ahora son nuestra herencia. Cuando entendemos los vastos recursos que están disponibles para nosotros, enfrentamos el mañana y la eternidad con confianza y esperanza.

Y cuán incomparable es la grandeza de su poder *a favor de los que creemos* **(1:19).** Pablo quiere que entendamos exactamente qué podemos esperar ("esperanza"), ahora, a causa de nuestra relación con el Espíritu de Dios. El Espíritu es el conducto de la incomparable grandeza de Su poder, que opera *eis hemas*, "a favor de nosotros". Pablo está diciendo que el incomparable poder de Dios fluye hacia nosotros, en nosotros y a través de nosotros.

Pablo acumula sinónimos para poner énfasis en la abrumadora naturaleza de ese poder divino, cuya más plena demostración está en la resurrección de Cristo de entre los muertos y en Su exaltación por sobre toda autoridad que compite con Él en el universo. Las palabras que Pablo utilizó incluyen *dynamis* (capacidad intrínseca), *energeia* (poder efectivo en acción), *kratos* (poder ejercido para controlar y vencer resistencia) e *ischys* (poder vital inherente a la vida, en general referido a la fuerza física).

Muchos cristianos se sienten débiles, y viven con debilidad. Esperan el fracaso espiritual y entonces, o se niegan a intentarlo o lo hacen a medias. Pablo ora porque se abran los ojos de nuestros corazones de modo que veamos el vasto poder de Dios que ahora está disponible para nosotros, canalizado por medio del Espíritu Santo.

Hemos de enfrentar los problemas de la vida como conquistadores, y no como víctimas. Porque el poder que fluye hacia nosotros es el poder de Cristo mismo, y Él es supremo por sobre todo lo demás.

Dios sometió todas las cosas al dominio de Cristo, *y lo dio como cabeza de todo a la iglesia.* **Ésta, que es su cuerpo... (1:22-23).** Este a Quien Dios ha exaltado "muy por encima de todo gobierno y autoridad, poder y dominio" (1:21), nos ha sido dado como "cabeza de todo a la iglesia". Tenemos el poder para vencer gracias a que Aquel que es nuestra cabeza, es supremo.

Pero ¿qué sugiere "cabeza" aquí? En el AT, "cabeza" se usaba con frecuencia en sentido institucional, indicando autoridad, como cabeza (comandante) de un ejército, por ejemplo. Pero Efesios ve a la iglesia como organismo vivo, y la relación entre Jesús y cada creyente, es de naturaleza orgánica. Un estudio de los pasajes que usan esta metáfora que presenta a Jesús como cabeza de la iglesia como organismo vivo (Efesios 1:22; 4:15; Colosenses 1:18; 2:10, 19), pone énfasis en el rol de Jesús como origen, sustento, protector y organizador de la vida de la iglesia.

Necesitamos que se iluminen los ojos de nuestros corazones para ver la importante implicancia de esta verdad. Jesús es la Cabeza viva de la iglesia. Como pueblo de Dios tenemos que aprender a mirar a Jesús, como organizador de nuestras vidas y no rendir a los líderes humanos un rol de guía y dirección que por derecho solamente Le pertenece a Jesús.

Ésta, que es su cuerpo, *es la plenitud de aquel* que lo llena todo por completo (1:23). La relación de *to pleroma* con otros elementos de la oración está en debate. La NVI la toma como aposición al sustantivo que la precede, "cuerpo". En este caso, puede tomarse el cuerpo como complemento del rol de Cristo en la tierra como cabeza, en el Cielo.

Pero el participio que se traduce como "lo llena" podría indicar "Él que llena", o "quien es llenado". Así, Pablo podría estar diciendo que el cuerpo se llena de Cristo, Quien infunde Su vida, atributos y poder al cuerpo.

No importa cómo se lo entienda, el hecho es que esta declaración final resume la condición única de nuestra relación con Jesús, Juntos, completamos al Jesús resucitado y Su presencia dentro de nosotros nos completa.

En otro tiempo ustedes estaban *muertos* en sus transgresiones y pecados (2:1). "Muerte" y "vida", son las metáforas básicas del NT, que nos llevan más allá de lo biológico para exponer el estado espiritual de los que no son salvos. Efesios 2:1-4 tal vez sea la más potente descripción de la Biblia en cuanto al impacto de la muerte espiritual sobre la experiencia presente de los seres humanos.

La muerte se caracteriza por un estilo de vida de transgresiones (*paraptomat*a, "apartarse, caer") y pecados (*hamartia*, "falta") (2:1). El perdido es moralmente débil, y no puede de ninguna manera enfrentar el reto de vivir la vida como Dios quiere.

La muerte se caracteriza por seguir los caminos de este mundo (*kosmos*). Aquí, "mundo" se usa teológicamente para describir una sociedad cuyos valores y morales se anclan en el tiempo y no en la eternidad, y que reflejan valores humanos distorsionados, y no los valores de Dios (2:2).

La muerte se caracteriza por seguir los caminos del "que gobierna las tinieblas" (2:2), una metáfora de Satanás. Los seres humanos corren por el camino que ha marcado Satanás, ignorando el camino que Dios ha abierto para nosotros en Su Palabra.

La muerte se caracteriza por una forma de vida "impulsados por nuestros deseos pecaminosos, siguiendo nuestra propia voluntad y nuestros propósitos" (2:3).

Lo peor, y no lo mejor, de la naturaleza humana es lo que capta nuestra adhesión. El problema es peor que el de la imperfección. Es que los seres humanos se rebelan contra Dios.

La muerte se caracteriza por vivir bajo la nube de la ira de Dios, percibiendo nuestra culpa y sabiendo que un Dios santo, seguramente tiene que castigarnos.

Es una imagen muy adecuada la de presentar a los seres humanos tan completamente arruinados por el pecado como para tener tan poca esperanza en Dios como la que tiene el cadáver de salir del ataúd para socorrer a su vecino que pide ayuda.

Esta breve, pero potente, descripción de la muerte espiritual sirve a dos propósitos. Nos recuerda que de veras no tenemos recursos apartados de la gracia de Dios. Y destaca el hecho de que los materiales de construcción que Dios usa para edificar su iglesia, son de veras malos y pobres. Solo un verdadero milagro puede vitalizarnos y transformarnos, para que podamos participar del cuerpo de Cristo.

Porque por gracia ustedes han sido salvados mediante la fe; esto *no procede de ustedes*, sino que es el regalo de Dios, no por obras, para que nadie se jacte (2:8-9). Gramaticalmente, *kai touto*, "y esto", podría referirse a "salvados" o a "fe" o a todo el proceso que Pablo describió. Es mejor tomarlo en este último sentido.

El argumento de si la "fe" puede concebirse como "obra" (algo generado por o desde dentro del ser humano) no es un tema aquí. Lo que Pablo dice es que como los seres humanos están muertos en sus transgresiones y pecados, sencillamente no hay nada que la persona pueda hacer para contribuir a su salvación. La salvación tiene que ser obra de Dios, de principio a fin.

En este caso, nuestra respuesta adecuada es la de humilde gratitud por la salvación de gracia que se nos ofrece gratis, y no el argumento de si la "nada" que pueden hacer los seres humanos incluye o no a la fe o el creer.

Porque somos *hechura* de Dios, creados en Cristo Jesús para buenas obras, las cuales Dios dispuso de antemano a fin de que las pongamos en práctica (2:10). Pablo nos recuerda que como cristianos, ahora somos la *poiema* del Señor, Sus obras de arte. Pero la belleza de la obra de Dios no se exhibe en pose. Esa belleza solo puede mostrarse cuando se nos hace obrar para cumplir Su propósito en nosotros.

¿Hay algún conflicto aquí entre las "buenas obras" que buscan hacer los que no son salvos y las "buenas obras" a las que están llamados los cristianos? Hay una enorme diferencia entre buscar ganarnos el favor de Dios con lo que hacemos y cumplir el propósito que tiene Dios al habernos otorgado Su favor. Hacer "buenas obras" antes de la salvación, para ganar la bendición de Dios es como tratar de construir una ruta a la luna apilando tierra desde nuestro planeta. Hacer "buenas obras" después de la salvación como agradecida respuesta a Dios por lo que el Señor ha hecho por nosotros, es, sencillamente, caminar por la ruta que Dios construyó para nosotros.

Porque Cristo es nuestra paz: de los dos pueblos ha hecho uno solo, derribando *mediante su sacrificio* el muro de enemistad que nos separaba,

pues anuló la ley con sus mandamientos y requisitos (2:14-15). Muchas de las palabras y frases de 2:11-22 nos recuerdan la enorme diferencia entre el judío y el pagano (griego) en el siglo primero. A los ojos del judío la humanidad se dividía en dos razas: los judíos y todo el resto de la humanidad, los gentiles. Los gentiles estaban impedidos de recibir todos los privilegios que Dios les otorgaba a los judíos (2:11-13) pero ese pueblo que había estado "lejos" de Dios (*makran*) ahora estaba "cerca" (*engus*) en Cristo.

No solo estaban cerca los gentiles, sino que para los cristianos, había sido derribada la vieja barrera religiosa y ahora ambos constituían, en términos religiosos, un "nuevo hombre". Así, Clemente de Alejandría citaría luego una obra llamada *Predicación de Pedro*, al decir: "Quienes adoramos a Dios de manera nueva como tercera raza, somos cristianos".

Aquí Pablo señala a Cristo como "la paz" nuestra, no solo Aquel que hace la paz, sino Aquel en Quien experimentamos una paz y armonía entre las "razas" que antes no podía existir. Lo que hizo Cristo fue "derribar" (katargo, "anular", "dejar sin efecto", "hacer irrelevante") la ley que a los ojos de los judíos los apartaba del resto de la humanidad. Pablo transmite la idea de que como el judío creyente ya no se relaciona con Dios por medio de la Ley de Moisés, ya no hay causa para que continúe el antiguo antagonismo, ni de una parte ni de la otra. Ahora el gentil creyente participa de todas esas bendiciones que antes estaban disponibles solamente para el judío creyente y juntos somos conciudadanos con el pueblo de Dios y miembros de la familia de Dios.

Si usted y yo nos relacionamos con los demás sobre la base de nuestra participación conjunta en Cristo, no podrán sostenerse ninguna de las diferencias sociales o étnicas que nos dividen.

EL PASAJE EN PROFUNDIDAD

Bendiciones espirituales en Cristo (1:3-14).
Trasfondo. El Antiguo Testamento nos presenta un Dios que actuó con libertad al escoger a Israel y darle su tierra. La plena libertad de acción de Dios se ve destacada de diversas formas. Dios le dijo a Moisés, entonces, "Y verás que tengo clemencia de quien quiero tenerla, y soy compasivo con quien quiero serlo" (Éxodo 33:19). La misma verdad aparece expresada de otra forma en Deuteronomio 9:6. Allí, Dios le advierte a la generación del Éxodo que no deberán suponer que Su regalo de la tierra a este pueblo se basa en sus méritos, "Entiende bien que eres un pueblo terco, y que tu justicia y tu rectitud no tienen nada que ver con que el Señor tu Dios te dé en posesión esta buena tierra".

En Romanos 9-11 Pablo desarrolla este tema en detalle. El repaso de la historia sagrada demuestra una y otra vez que la libertad de acción de Dios jamás se vio restringida por acción humana alguna, y que no hay acción humana que obligue a Dios a actuar de determinada manera. Pablo argumenta allí que determinados sucesos de la historia, como el anuncio de Dios a Rebeca, antes de que nacieran sus gemelos, de que el mayor (Esaú) serviría al menor (Jacob), sucedió "antes de que los mellizos nacieran, o hicieran algo bueno o malo, *y para confirmar el propósito de la elección divina*" (9:11). En todo este pasaje el argumento de Pablo es que *las acciones de Dios son de Su propia determinación y provienen de Su misericordia. Que no se ven determinadas por algo externo, en respuesta o reacción a la conducta del hombre.*

Pablo podría haber multiplicado las ilustraciones del AT. Pero ha dejado en claro ya su mensaje. Y lo importante es que los sabios del siglo primero lo habían pasado por alto. Sí asumían la soberanía de Dios pero al mismo tiempo, para ellos era impensable que Dios, el Juez Moral de Su universo que recompensa el bien y castiga el mal, no respondiera a los buenos según sus méritos.

De hecho, los escritos de los sabios y sus sucesores con frecuencia amplían esta suposición y muestran a Dios actuando de manera determinada, *en respuesta a los méritos de Israel*. Por ejemplo, Génesis Rabbah 29, en el comentario a Génesis 6:8, "Noé encuentra favor", cita al Rabí Simón que argumenta a partir del uso de "encontrar" en Oseas 9:10: "Cuando encontré a Israel, fue como hallar uvas en el desierto" – y dice que Noé encontró la gracia "¡por los méritos de la generación del desierto"! (XXIX:III 1.H).

Y esto, ¡a pesar del hecho de que Dios estaba enojado con esta generación incrédula y la condenó a vagar por el desierto hasta que hubiera muerto cada uno de los adultos que participaron de la gran desobediencia!

Es más sugestivo todavía el mirar el índice de la obra de Emil Schurer, de tres volúmenes, *Historia del pueblo judío en tiempos de Jesús*[1] y ver que no hay referencia alguna a la elección, pre-conocimiento, predestinación, soberanía ni otros conceptos relacionados con la libertad de elección de Dios respecto de los supuestos méritos del hombre. En dos palabras, digamos que esos temas se ignoraban, porque los sabios suponían que la persona celosa de la Ley podía agradar a Dios y que al mismo tiempo Dios tenía que recompensar a tal persona tanto ahora como en el mundo por venir.

Sin embargo, no se refleja tal suposición en el NT: Más bien, las epístolas del NT presentan la visión de una humanidad perdida, completamente apartada de Dios a causa del pecado y sin mérito alguno que sea aceptable al Señor. La Ley dada a los judíos no ayuda en nada porque la Ley condena a quien no la cumple y no hay nadie que sea justo y la haya cumplido. La ley moral de los paganos no es de ayuda porque aunque reconocen el bien y el mal, tampoco ellos llegan a cumplir con los parámetros que les imponen sus propias conciencias (Romanos 2). Así, todos han pecado y no hay nadie que llegue a la gloria de Dios, y todos estamos ante Dios sin mérito, condenados (Romanos 3). De nada sirve la Ley porque los seres humanos de naturaleza pecadora están espiritualmente muertos y la Ley no puede dar vida (Gálatas 3:21-22).

Así, con la indefensión de todos los seres humanos, nuestra única esperanza está en apelar a la misericordia de Dios. Esa misericordia nos es ofrecida a todos en Jesucristo, que murió por todos. Por la gran misericordia de Dios, otorgada en Jesús, todo el que cree será salvo.

Pero ahora Efesios parece ir más allá. ¿Es la acción de fe de salvación algo que se genera dentro del corazón del ser humano perdido? ¿O es esa acción de fe de salvación también en sí misma un regalo de parte de un Dios misericordioso? Y si la fe en sí misma es un don, es claro que se les da a algunos y no a todos. ¿Actúa Dios entonces eligiendo a algunos para la salvación, destinando a otros a la perdición?

Contra el trasfondo de esta pregunta, que no se formulaba en el siglo primero ni se formula en el judaísmo contemporáneo porque en esa religión la salvación se percibe como cuestión de mérito, se lee Efesios 1:3-14, y muchos encuentran aquí un problema.

Interpretación. Pablo comienza con una doxología, bajo la forma de una tradicional bendición judía (1:3). Luego pasa a describir el rol de cada una de las personas de la Deidad en cuanto a las bendiciones que nos ha dado y de las que hoy disfrutamos. Podríamos marcar tres partes en el pasaje:

■ El rol del Padre (1:4-6)

■ El rol del Hijo (1:7-12)

■ El rol del Espíritu (1:13-14)

El rol del Padre 81:4-6). El rol del Padre es el que llena estos versículos, para dominar todo el pasaje. Incluso la obra del Hijo fue acorde con el propósito y decisión de Dios (1:11). ¿Qué hizo, específicamente, el Padre?

Dios nos escogió en Cristo antes de la creación del mundo para que fuéramos santos y sin mancha.

Dios nos predestinó a ser adoptados como Hijos Suyos a través de Jesucristo.

Dios hizo esto "de su voluntad conforme al buen propósito" (1:9).

La palabra que se traduce como "escogió" (1:4) es *exeleato*, indicativo aoristo medio de *eklego*, que significa seleccionar e implica tomar a algunos de entre muchos. La elección se describe como anterior a la Creación y por ello, no podría haber dependido de lo que hicieran los escogidos. También, se la describe como "en Cristo". Calvino, en su comentario a Efesios, observó que "si somos escogidos en Cristo, esto es fuera de nosotros. NO es por ver nuestros méritos sino porque nuestro Padre Celestial nos ha injertado a través de la bendición de la adopción, en el cuerpo de Cristo. Es decir que el nombre de Cristo excluye todo mérito y todo lo que los hombres tengan por sí mismos; porque cuando Él dice que somos escogidos en Cristo, se desprende de allí que en nosotros mismos no merecemos nada".

La palabra "predestinado" es *proorisas*. Este término significa "marcar de antemano" y lo encontramos seis veces en el NT. Nos es útil comparar otros usos de la palabra para percibir la forma en que se la usa en las Escrituras. Hechos 4:28 dice que los sucesos asociados con la muerte de Jesús y que culminaron en la cruz, fueron exactamente "para hacer lo que de antemano tu [de Dios] poder y tu [de Dios] voluntad habían determinado que sucediera". 1 Corintios 2:7 habla del plan de Dios de redimirnos a través de Cristo como algo "que Dios había destinado para nuestra gloria desde la eternidad". Si examinamos estos pasajes veremos que todo el proceso de la salvación, incluyendo específicamente la muerte de Jesús, nuestra adopción como parte de la familia de Dios, nuestra transformación a semejanza de Jesús, fue planeado y cumplido tal como Dios lo había decidido de antemano.

Hay otra frase que aclara este énfasis todavía más. Todo lo que Él hizo fue "según el plan de aquel que hace todas las cosas conforme al designio de su voluntad" (1:11). Aquí, "conforme" es *eudokian*, verbo que aparece 21 veces en el NT, de las cuales nada menos que 15 expresan o la voluntad de un ser humano o la de Dios respecto de alguna elección. Dios, al menos, está completamente satisfecho con Sus decisiones.

Finalmente, "voluntad" es *thelematos* aquí. Al igual que su sinónimo *bouloumai*, al utilizar este término en referencia a los propósitos de Dios, *thelo* indica propósito determinado, absoluta determinación (Lucas 7:30; Hechos 4:28; Hebreos 6:17).

En el caso de un déspota, estos términos sonarían duros, faltos de sensibilidad. Pero tenemos que recordar que el carácter de la Persona que escoge, predestina y decide dar color a la connotación de estas palabras. Pablo no duda en presentar a Dios como plenamente soberano en la distribución de Sus bendiciones. Pero Pablo nos recuerda que hay que entender la decisión de Dios bajo la luz de Su amor (1:4) y Su gracia (1:6).

El rol del Hijo (1:7-12). Cristo tenía la comisión de cumplir el gran designio del Padre. Pablo habla de "redención mediante su sangre, el perdón de nuestros pecados", que recibimos por medio del auto-sacrificio de Cristo.

Pero aquí también Pablo mira hacia atrás para aislar el origen de las bendiciones que recibimos. La causa original no somos nosotros sino la voluntad de Dios y Su "voluntad conforme" (*eudokeo*, una vez más, 1:9), que Dios "estableció en Cristo". "Propósito" es *proetheto*, "proponerse". Desde la eternidad misma el Padre no solo tenía este plan en mente sino que lo atesoró y volvió a éste una y otra vez, como suprema demostración del bien, que se hace evidente cuando Él actúa para "reunir en él [en Cristo] todas las cosas, tanto las del cielo como las de la tierra" (1:10).

También Pablo nos recuerda que usted y yo hemos estado en el corazón y la mente de Dios. Con estas palabras, que ahora ya conocemos, Pablo dice: "En Cristo también *fuimos hechos herederos*, pues fuimos predestinados según *el plan de aquel* que hace todas las cosas *conforme al designio de su voluntad*" (1:11, cursivas añadidas por el autor). Y todo esto Dios lo ha hecho "a fin de que nosotros,... seamos para alabanza de su gloria" (1:12).

La obra del Espíritu (1:13-14). Aquí por primera vez Pablo presenta a los seres humanos como actores en la salvación. "En él también ustedes, cuando oyeron el mensaje de la verdad, el evangelio que les trajo la salvación, y lo creyeron". Si suponemos que "oyeron el mensaje" connota, como sucede con frecuencia tanto en el AT como en el NT, la respuesta a la Palabra, podemos entender que Pablo dice que fuimos incluidos en Cristo *cuando creímos*. Esto se ve respaldado por la inmediata inclusión de la frase "y lo creyeron".

Así, Pablo ve la decisión, el plan y el propósito de Dios con origen en la eternidad. Y ve nuestra participación como algo que sucede en el tiempo, y únicamente cuando creemos.

El apóstol vuelve enseguida a este tema y describe la obra del Espíritu Santo que nos trae las bendiciones de la salvación en el aquí y el ahora. Al volver a este tema nos recuerda un principio de interpretación importante. Tenemos que asegurarnos de que no extenderemos el alcance de ningún pasaje más allá del propósito del autor. Pablo está alabando a Dios por lo que Él hizo por nosotros y en su brillante presentación nos lleva a considerar, maravillados, la inversión que ha hecho en nuestra salvación cada una de las Personas de Dios. No somos algo de ínfimo interés para Dios, que tiene Su atención centrada en asuntos cómicos. Nuestra salvación ha sido el centro de Su interés, desde mucho antes del acto de la creación, y cada una de las personas de Dios ha puesto de Sus energías, y Su dolor, para que se cumpliera nuestra redención.

Pablo, sencillamente, no está preguntando si la fe es en sí misma algo que Dios causa en los corazones de los que creen. Según la lógica "Dios es soberano" y "el hombre tiene libre albedrío" son frases contradictorias. Pero en el sentido bíblico, la enseñanza de que Dios escoge, predestina y cumple, se establece junto a la invitación – para que venga quien quiera – y no hay contradicción alguna.

Aplicación. Como seres humanos seguiremos maravillándonos, y a algunos les perturbarán las palabras que Pablo usa en Efesios 1 para describir el rol de Dios en el plan y provisión de nuestra salvación. Pero sospecho que a Pablo esto no le preocupaba, y por una sencilla razón: el gran apóstol entendía y dependía del amor y la sabiduría de Dios.

"No parece justo", tal vez sea la peor de las razones para que nos perturbe Efesios 1 o Romanos 9-11. Sin embargo, cuando se dice esto, con toda franqueza digamos que añadimos la palabra "me". "No me parece justo". Y al decir esto actuamos con necedad, como si usted y yo, con nuestro limitado entendimiento y nuestra ignorancia de la realidad suprema ¡pudiéramos tener algo con que pararnos delante de Dios como jueces!

Pero hay otra razón, más convincente todavía. Sea cual fuere la conclusión que saquemos de estos pasajes, equivocada o correcta, en cuanto al dilema moral, hay un hecho: conocemos al Dios que escoge y decide. El recurso supremo para enfrentar cualquier paradoja como esta es recordar y descansar en el carácter de un Dios que conocemos, en Cristo, como Dios de infinito amor y compasión.

¿Es injusta la predestinación, tal como dicen algunos? Sencillamente no tenemos base para juzgar. ¿Puede ser injusto Dios? ¡Claro que no! Y en esta maravillosa verdad, nos refugiamos de toda duda y abandonamos la disputa.

EFESIOS 3–4
Un solo cuerpo, una sola familia

EXPOSICIÓN

Pablo sigue explorando las implicancias corporativas de la salvación. El AT deja en claro que desde el principio Dios tuvo por intención salvar a los gentiles como a los judíos. Pero la intención de Dios de hacer de gentiles y judíos "un solo cuerpo" a propósito no ha aparecido en la revelación anterior (3:1-9). Este hecho asombroso no ha de considerarse un cambio de plan de Dios, ni el rechazo de Su parte hacia Israel. Más bien, es una demostración de la "múltiple sabiduría" de Dios, la revelación de una nueva faceta del "eterno propósito", mucho más complejo de lo que se había imaginado (3:10-13). Es en este contexto que Pablo ora por la iglesia como familia (*patria*). Solo cuando los elementos dispares que conforman la iglesia de Cristo se arraigan y establecen en el amor mutuo, es que pueden, juntos, conocer el amor de Cristo. Un amor que aunque está más allá de nuestra capacidad de comprensión, no excede a nuestra capacidad de experiencia (3:14-19). ¿Cómo es posible esto? En una grandiosa doxología Pablo alaba a Dios como Aquel que es capaz de hacer "muchísimo más que todo lo que podamos imaginarnos o pedir" a través de ese poder Suyo que obra dentro de nosotros, dándole gloria a Dios por todas las generaciones (3:20-21).

Pablo ha establecido el hecho de que la iglesia es un "misterio", término técnico que indica un aspecto antes oculto pero ahora revelado, del propósito de Dios. En Efesios 4, Pablo centra nuestra atención en la unidad del cuerpo y explica parte del propósito de Dios en esta inesperada creación de una comunidad de fe verdaderamente nueva. Los creyentes han de "esforzarse" por mantener la unidad de un cuerpo que es uno solo: habitado por un Espíritu, ganado por un Señor, y que debe lealtad a un solo Padre (4:1-6). Dentro del contexto de una unidad mantenida por expresiones de amor tales como la humildad, la amabilidad, la paciencia, se ejercen los dones distribuidos por Cristo Victorioso en Su ascensión y se concretan los propósitos de Cristo en y para el cuerpo (4:7-10). Ese propósito, observemos, no se cumple en los líderes que Cristo le da a la iglesia, sino en los laicos. Los líderes son siervos cuyo rol consiste en equipar al pueblo de Dios para sus "obras de servicio". A través de los esfuerzos de todos sus miembros se edifica el cuerpo de Cristo (4:11-13) y por medio de la activa participación en un cuerpo que crece y ministra, el creyente madura (4:14-16).

Y dentro del contexto del cuerpo de Cristo se da una transformación maravillosa. Los que vivían en la impureza y la oscuridad aprenden a quitarse su vieja forma de vida y a vestirse del nuevo ser que Dios crea en Cristo (4:17-24). Aquí hay una teología práctica de verdad, porque con la experiencia de las realidades dinámicas que dan forma a la iglesia de Cristo, surge una forma de vida totalmente nueva. Los seres humanos, que antes estaban perdidos y eran hostiles, se convierten en imitadores de Dios y viven vidas de amor (4:25-5:2).

ESTUDIO DE PALABRAS

Sin duda se han enterado del plan de la gracia de Dios que él *me encomendó* para ustedes (3:2). El término es *oikonomia*, que suele significar "tarea" o "administración". Aquí Pablo se presenta como aquel a quien Dios encomendó cumplir la estrategia implícita en la doctrina de la gracia, al servir a los demás (ver Estudio de Palabras sobre Gracia, de 1:7).

Al leer esto, podrán darse cuenta de que comprendo *el misterio* de Cristo (3:4). Un *mysterion* es un aspecto del propósito de Dios que no se ha revelado en el AT, y que sí se ha revelado en Cristo y la predicación del Evangelio. La frase "de Cristo" puede tomarse de varias formas: un misterio del que Cristo es autor, un misterio que es Cristo, o un misterio relacionado con Cristo. Es preferible esta última opción. El Evangelio de Cristo implica una asombrosa revelación del inesperado alcance de la gracia divina (3:2), una gracia que nos enseña a comprender al judío y al gentil en los mismos términos.

Que los gentiles son, junto con Israel, beneficiarios *de la misma herencia* (3:6). Pablo utiliza tres términos con el prefijo *syn-* para expresar el asombroso hecho de que los gentiles son recibidos en el cuerpo de Cristo como iguales, junto con el pueblo escogido. Los gentiles y los judíos son coherederos (*sygkleronoma*), co-miembros en un cuerpo común (*syssoma*) y co-participantes (*symmetocha*). Para entender parte de la naturaleza verdaderamente asombrosa de esta nueva revelación a los judíos y gentiles del siglo primero, ver la discusión en El pasaje en profundidad, de este capítulo.

El misterio que... se *mantuvo oculto* en Dios (3:9). Una vez más, esta sección pone énfasis en lo inesperado de la presente unidad del judío y el gentil en Cristo. Que Dios no mencionara este aspecto de Su propósito en la revelación antigua, fue algo deliberado. Pero ahora la iglesia ha surgido y tanto los seres celestiales como nosotros, los seres humanos, podemos empezar a apreciar algo de la complejidad del eterno propósito de Dios y glorificarle, maravillados.

Por esta razón me arrodillo delante del Padre, de quien recibe nombre *toda familia* en el cielo y en la tierra (3:14-15). Cuando Jesús les enseñó a Sus discípulos a orar, diciendo "Padre nuestro", fue con la intención de poner énfasis en la asombrosa intimidad con Dios que ahora pueden tener las personas. Pablo tiene una intención diferente aquí. La iglesia es una "familia" (*patria*) que deriva su identidad de Aquel que es el Padre (*pater*).

Y aunque se traduce como "toda familia", en el siglo primero una *patria* era todo grupo que se uniera bajo un ancestro común, por descendencia. Así, la patria podía ser una familia, un grupo tribal, o como en el caso de Israel, toda una nación. Lo esencial, que unía a los miembros de toda patria, era su origen común, un origen que le daba su identidad.

Es claro que pablo sigue reforzando su enseñanza sobre la unidad del judío y el gentil en la iglesia de Cristo. Somos miembros del cuerpo de Cristo, Y más todavía, a través de Cristo ahora podemos trazar nuestra genealogía a un mismo Padre, Dios, y así constituimos una *patria* o familia.

Así, cuando Pablo ora por la iglesia, se acerca a Dios como el *pater* (Padre) que nos ha dado nuestra identidad compartida. Y en su oración pide que podamos experimentar la realidad de esa unidad que acaba de describir.

Para que por fe Cristo habite en sus corazones. Y pido que, arraigados y cimentados *en amor*, puedan comprender, junto con todos los santos, cuán ancho y largo, alto y profundo es el amor de Cristo; en fin, que conozcan ese amor que sobrepasa nuestro conocimiento, para que sean llenos de la plenitud de Dios (3:17-19). Nuestro entendimiento de esta oración depende de cómo tomemos la frase "en amor".

¿Hemos de arraigarnos y establecernos en *el amor de Cristo por nosotros*? ¿O en *nuestro amor por Cristo*? ¿O en el *amor al prójimo*, tal vez? La gramática no nos ofrece ninguna respuesta, así que tendremos que referirnos al contexto. Y el contexto parece ser determinante. Todo el pasaje explora a la iglesia como misterio, en el que creyentes judíos y gentiles están unidos, como iguales. Como miembros de una patria, ahora tenemos que desarrollar relaciones que se arraiguen y establezcan en el amor. Solo así podremos tener el poder "junto con todos los santos" de experimentar lo que no puede comprenderse con el intelecto: el amor que Cristo tiene por nosotros.

Es vital que entendamos esta idea. El amor de Cristo es demasiado ancho, demasiado largo, demasiado alto y demasiado profundo como para que lo comprendamos. Pero aún así, podemos conocerlo por experiencia. Y nos llega este amor dentro de la iglesia como nueva comunidad de fe, cuando nos arraigamos y establecemos en el amor mutuo.

El principio de la encarnación sigue vigente. Conocemos a Dios porque Él se encarnó en Cristo. Y conocemos a Cristo como Señor nuestro porque sigue expresándose a través de nuestros hermanos y hermanas, miembros de Su cuerpo vivió aquí en la tierra.

Les ruego que vivan de una manera digna del llamamiento que han recibido (4:1). El término *axio* significa "a la altura de lo que marca la balanza". Es la imagen del equilibrio: la forma de vida del cristiano tiene que estar en armonía con las verdades que profesa creer.

Siempre *humildes y amables, pacientes, tolerantes* unos con otros en amor (4:2). Pablo ahora introduce cuatro gracias que son elementos esenciales en esa vida "digna" que debe identificar al cristiano. No es una lista completa. Así como el resto de este pasaje, representa características esenciales para que la iglesia viva en amor y unidad.

"Humilde" es *tapeinophrosyne*. En la cultura griega la raíz de esta palabra servía como expresión de desprecio a los inferiores sociales. En el NT, el término tiene connotación positiva, y representa la estima adecuada de uno mismo en relación con Dios y con los demás. La persona humilde ve a los demás como personas de gran valor porque son personas a quienes Dios ama, y encuentra satisfacción en servirles.

"Amable" es *prautes*, que podría traducirse como considerado. Las palabras que se basan en esta raíz sugieren una cualidad de calma y suavidad. En lugar de generar peleas la persona amable busca general un clima de paz y armonía alrededor de sí.

"Paciente" es *makrothymia*, capacidad de dominio propio que permite que la persona siga amando y provocando a pesar de la provocación.

"Tolerante" es *anechomenoi*, que podría traducirse como "seguir aguantando" hasta tanto pase la provocación.

En esencia, Pablo nos acaba de dar una clara explicación del amor al que llama a los miembros de la iglesia. Si vivimos de esta manera, aprenderemos lo que es el amor y podremos experimentar el amor de Cristo por cada uno de nosotros.

Hay *un solo* cuerpo y *un solo* Espíritu (4:4-6). Pablo sigue insistiendo en la unidad de la iglesia. Así como en Efesios 1, ve a cada una de las personas de Dios en su rol esencial. En Efesios 1 Pablo se centró en la participación del Padre, el Hijo y el Espíritu Santo en la obra de salvación. Aquí, en Efesios 4, Pablo revierte el orden y se centra en la participación del Espíritu, el Hijo y el Padre en la creación y mantenimiento de la unidad de la iglesia.

El Espíritu Santo es el agente de la unidad. El Hijo es Aquel a Quien estamos unidos. El Padre es Aquel cuyos propósitos se expresan por medio de la unidad del cuerpo.

Con esta gran afirmación Pablo concluye esta sección de su carta, donde ha insistido una y otra vez en la unidad de la iglesia como comunidad de fe verdaderamente nueva. Pasa ahora a centrar la atención en cómo han de vivir los miembros de esta comunidad.

Cuando subió a lo alto, llevó consigo a los cautivos y dio dones a los hombres (4:8). El uso que hace Pablo de este salmo ha causado perturbación en muchos, porque el Salmo 68:18 dice: "Cuando tú, Dios y Señor, ascendiste a las alturas, te llevaste contigo a los cautivos; tomaste tributo de los hombres, aun de los rebeldes". ¿Cómo conciliamos las versiones de este versículo en el AT y el NT?

Hay una sugerencia que se basa en el hecho de que el Tárgum, paráfrasis en arameo del texto hebreo original, dice: "Ascendiste al firmamento, Oh profeta Moisés, y tomaste cautivos a los cautivos, y les enseñaste las palabras de la Ley, y las diste como regalo a los hijos de los hombres". Es posible que Pablo estuviera reflejando esta paráfrasis, en lugar del texto original.

Pero hay otra propuesta, más satisfactoria, que se basa en la imagen del triunfo del conquistador. Cristo, el Conquistador, regresa al cielo llevando consigo a los cautivos. Luego, en el trono de gloria, comparte con Sus seguidores en la tierra el botín ganado. El AT y el NT, así, ven un evento común: el triunfo de Cristo y se centran en dos consecuencias diferentes, pero que están en armonía. El Conquistador obtiene el botín y con generosidad lo distribuye entre Sus seguidores.

Él mismo constituyó a unos, apóstoles; a otros, profetas; a otros, evangelistas; y a otros, pastores y maestros, a fin de capacitar al pueblo de Dios para la obra de servicio, para edificar el cuerpo de Cristo (4:11-12). La Encíclica papal de 1906, *Vehmenter Nos*, afirma "En cuanto a las masas, no tienen más derecho que el de dejarse guiar, y el de seguir a sus pastores como rebaño dócil". ¡Qué distinto es el énfasis de Pablo aquí! Aunque los líderes tengan muchas áreas bajo su responsabilidad (apóstoles, profetas, evangelistas) o aunque su influencia sea más reducida (pastores y maestros) son ordenados a servir a los laicos. Son los laicos quienes cumplen las "obras de servicio" que edifican al cuerpo de Cristo.

Por su acción todo el cuerpo crece y se edifica en amor, sostenido y ajustado por todos los ligamentos, según la actividad propia de cada miembro (4:16). Pablo resume. La madurez de las personas en particular y de la iglesia como cuerpo llega a través de la participación activa de "cada miembro".

Así que les digo esto y les insisto en el Señor: no vivan más con *pensamientos frívolos como los paganos* (4:17). Solo ahora Pablo pasa de centrarse en el cuerpo y nuestra participación en él, a mirar al creyente en particular. El cristianismo nos llama a reorientar drásticamente nuestras vidas, a quitarnos el "viejo ser" y vestirnos con un "nuevo ser" creado para ser cada vez más como Dios, en justicia y santidad.

Pablo urge aquí a los efesios a no volver a su vieja forma de vida. Es una forma de vida pagana, ante todo porque la iglesia de Éfeso era predominantemente gentil, y también porque los pecados que se describen aquí eran más característicos del estilo de vida gentil, que del de los judíos. Pablo advierte específicamente en contra de:

■ "Pensamientos frívolos" (4:17). El término es *mataiotes*, relacionado comúnmente con la idolatría, pero indicando aquí las necias creencias que subyacen a esta conducta.

■ "La ignorancia que los domina" (4:18). Sus opiniones son expresión de completa ignorancia de la realidad.

■ "La dureza de su corazón" (4:18). Es una ignorancia tan moral como mental. Los gentiles decidieron no responder a la luz que tenían y al endurecer sus corazones contra esta luz se condenaron a vagar en las tinieblas, cautivos de creencias arraigadas en la falsedad.

Pablo describe a los gentiles o paganos también como:

■ "Han perdido toda vergüenza" (4:19). La palabra es *apelegkotes*. Sus corazones endurecidos ya no son capaces de distinguir entre el bien y el mal, y les hacen vulnerables a las pasiones descontroladas que surgen dentro de ellos.

■ "Se han entregado a la inmoralidad" (4:19). La sensualidad aquí es *aslgeia*, el abandono total y la entrega a la indecencia sexual y de toda clase.

■ "no se sacian de cometer toda clase de actos indecentes" (4:19). Aquí el término es *akatharsia*, impureza o suciedad.

■ "No se sacian de la impureza" (4:19). *Pleonexia* indica un deseo insaciable. La vida del pagano, de auto-indulgencia total, no da satisfacción sino que aviva la llama del insaciable deseo que aparta a la persona cada vez más lejos de Dios, y más lejos de lo que Dios quiere que sea.

Quitarse el ropaje de la vieja naturaleza... y ponerse el ropaje de la nueva naturaleza (4:22, 26). Es común en la literatura griega la imagen de quitarse y ponerse ropa, y también se la encuentra con frecuencia en las Escrituras. Aquí hay otro recordatorio de que el viejo y el nuevo potencial existen en la personalidad del creyente. Dios nos ha dado una nueva naturaleza. Es responsabilidad nuestra decidir que nos vestiremos con la nueva naturaleza y viviremos según sus caminos.

Si se enojan, no pequen."* No dejen que el sol se ponga estando aún enojados (4:26). De estos breves proverbios extraemos dos principios. Ante todo, que el enojo no es pecado en sí mismo, mientras sea solamente emoción. Pero como el enojo nos mueve a hacer acciones, estas sí pueden ser de pecado. En segundo lugar, hemos de tomar tan en serio este peligro como para arreglar nuestro enojo antes de que se ponga el sol. No es que tenemos que tragarnos el enojo hasta que nos amargue. En realidad, tenemos que abandonar "toda amargura, ira y enojo" (4:31).

Nuestro objetivo es el de vivir "una vida en amor", entregándonos por los demás, así como Cristo Se entregó por nosotros (5.1-2).

El enojo humano

Las palabras hebreas que se traducen como "enojo" suelen ser descriptivas de los síntomas físicos de la ira. Las narinas agrandadas, la sensación ardiente, la mirada feroz y hostil, todo esto se refleja en los términos hebreos. Por supuesto, es porque la ira es de hecho una reacción física y emocional ante algo que nos parece grave violación de una relación.

Un repaso de algunos pasajes del AT deja en claro que en ciertos casos la ira está justificada, como sucedió con la reacción de Moisés cuando Aarón hizo el becerro de oro (Éxodo 32:19; cf. 1 Samuel 20:34). En muchos casos, la ira puede ser entendible pero no justificable (1 Samuel 17:28; 18:8).

Otra enseñanza importante es que la ira puede expresarse con justicia o sin pecado. El furioso Potifar sintió justificado al condenar a José a prisión y de hecho reaccionó conteniéndose en lugar de tomar venganza personal. En tanto la ira de Simeón y Leví por la violación de su hermana era justificada, no lo fue su plan de asesinar a todos los hombres de Siquen, y su ira fue severamente condenada (Génesis 34; 49:6-7). Sea cual sea la justificación, la persona enojada no tiene derecho a vengarse. Como dice el Salmo 37:8-9: "Refrena tu enojo, abandona la ira; no te irrites, pues esto conduce al mal. Porque los impíos serán exterminados, pero los que esperan en el Señor heredarán la tierra".

En vistas de la tendencia que tiene la ira de llevarnos al pecado, el AT contiene muchas advertencias (cf. Proverbios 27:4; 29:22; 30:33; etc.).

En última instancia, la Biblia deja en claro que somos responsables de nuestra ira. La ira es nuestra reacción ante las circunstancias y podemos elegir cómo reaccionar. Así, el Salmo 37:8 nos dice que refrenemos el enojo y nos apartemos de la ira y que no nos angustiemos o irritemos por situaciones que podrían estimular nuestro enojo. En lugar de cargar con el peso de la ira hemos de entregarle la situación de injusticia al Señor. Porque Dios es el Juez moral de su universo, podemos estar seguros de que "los impíos serán exterminados". El Salmo 37:7 dice: "Guarda silencio ante el Señor, y espera en él con paciencia; no te irrites ante el éxito de otros, de los que maquinan planes malvados". En lugar de irritarnos, le entregamos la situación al Señor, agradecidos porque la carga de la respuesta que corresponda es Suya, y no nuestra.

EL PASAJE EN PROFUNDIDAD

Pablo, el predicador de los gentiles (3:1-21).
Trasfondo. Pablo es cuidadoso cuando admite que la iglesia es una entidad totalmente inesperada. Aunque el AT deja en claro que Dios ha tenido siempre la intención de extender las bendiciones de la salvación a los gentiles, en la antigua revelación no hay indicios de que Dios planeara poner a disposición de judíos y gentiles el mismo plan de salvación, ubicándoles en un mismo lugar dentro de la comunidad de fe.

El judío del siglo primero, de hecho encontraba un problema que no lograba resolver: la dificultad emocional en cuanto a las relaciones entre judíos y gentiles. Por otra parte, Israel se veía a sí mismo como pueblo que llevaba el conocimiento de Dios a los gentiles, convencido de que el judaísmo se convertiría algún día en la religión del mundo. Cuando los gentiles por fin reconocieran a Dios, entonces serían aceptados por el Señor. Pero por otra parte la actitud básica del mundo gentil hacia los judíos era de desprecio y aversión. Reconociendo esto, los judíos se refugiaban y consolaban con los pasajes del AT que hablaban del juicio de Dios sobre los gentiles. Por

---

PASAJES DEL ANTIGUO TESTAMENTO SOBRE LA SALVACIÓN DE LOS GENTILES

El pacto de Abraham

¡Por medio de ti serán bendecidas todas las familias de la tierra! (Génesis 12:3).
Pasajes del Siervo, de Isaías (que Israel aplicaba a sí mismo en lugar de al Mesías)
"Éste es mi siervo, a quien sostengo, mi escogido, en quien me deleito;
Sobre él he puesto mi Espíritu, y llevará justicia a las naciones. No clamará, ni gritará, ni alzará su voz por las calles. No acabará de romper la caña quebrada, ni apagará la mecha que apenas arde. Con fidelidad hará justicia; no vacilará ni se desanimará hasta implantar la justicia en la tierra.
Las costas lejanas esperan su enseñanza." (42:1-4).

Y ahora dice el Señor, que desde el seno materno me formó para que fuera yo su siervo, para hacer que Jacob se vuelva a él, que Israel se reúna a su alrededor; porque a los ojos del Señor soy digno de honra, y mi Dios ha sido mi fortaleza: "No es gran cosa que seas mi siervo, ni que restaures a las tribus de Jacob, ni que hagas volver a los de Israel, a quienes he preservado. Yo te pongo ahora como luz para las naciones, a fin de que lleves mi salvación hasta los confines de la tierra." (49:5-6).

El extranjero que por su propia voluntad se ha unido al Señor, no debe decir: "El Señor me excluirá de su pueblo." Tampoco debe decir el eunuco:
"No soy más que un árbol seco." Porque así dice el Señor:.... "Y a los extranjeros que se han unido al Señor para servirle, para amar el nombre del Señor, y adorarlo, a todos los que observan el sábado sin profanarlo
y se mantienen firmes en mi pacto, los llevaré a mi monte santo; ¡los llenaré de alegría en mi casa de oración! que ofrezcan sobre mi altar,
porque mi casa será llamada casa de oración para todos los pueblos." Así dice el Señor omnipotente, el que reúne a los desterrados de Israel: "Reuniré a mi pueblo con otros pueblos, además de los que ya he reunido" (56:3-8).

eso, los comentadores judíos se dedicaban a interpretar los dichos de las Escrituras en referencia a los gentiles, siempre de manera negativa argumentando que aunque se aplicaran los mismos términos a Israel y a los gentiles, tales palabras seguían implicando bendición para Israel y maldición para los gentiles. Así, Levítico Rabbah V:VII indica:

J. "Las naciones del mundo son llamadas sabias e Israel es llamado sabio".
K. "Las naciones del mundo son llamadas sabias, 'Y borraré a los sabios de Edom' (Obad. 1:8).
L. "A Israel se le llama sabio, 'Los sabios acumulan conocimiento'" (Proverbios 10:14).
M. "Las naciones del mundo son llamadas sin marcha e Israel es llamado sin mancha".
N. "Las naciones del mundo son llamadas sin mancha, 'Sin mancha como los que caen en el sepulcro'" (Proverbios 1:12).
O. "Y a Israel se le llama sin mancha: ¿Los puros heredarán la bondad" (Proverbios 28:10).

Ante tal ambivalencia, y por el hecho de que la iglesia sí es un misterio que no está revelado en el AT, es entendible que tanto judíos como gentiles se sintieran incómodos ante la idea de que las dos razas ahora conforman una, una tercera raza de la humanidad, a imagen de Cristo por obra del Espíritu Santo. No era fácil desprenderse de los viejos prejuicios y aprender a vivir esa vida de amor que es la única que puede mantener una unidad que existe como realidad teológica pero debe también vivirse como realidad práctica.

Interpretación. Hay un marcado énfasis en la unidad del cuerpo de Cristo en el libro de Efesios. Efesios 2:14-22 afirma que Cristo destruyó "el muro de enemistad que nos separaba", en referencia a judíos y gentiles, para crear "de los dos pueblos, uno solo".

Como resultado los gentiles son "conciudadanos del pueblo de Dios [del Antiguo Testamento]", elementos de un mismo edificio que ahora Dios edifica a partir de personas vivas, como templo santo que Él habitará.

En Efesios 3 Pablo admite que esto es un misterio, un sorprendente elemento del plan de Dios que no se reveló en el AT. Pero que es coherente y consistente con la gracia de Dios y con Su sabiduría. No debemos esperar que el designio de Dios sea simple o simplista. Y así, aunque no había sido revelado antes, la iglesia ahora se muestra como *patria* que toma su identidad de Dios, el Padre de todos nosotros.

Es claro que Pablo no puede resistirse a extraer implicancias prácticas de su enseñanza doctrinal. Dios nos ha constituido en familia y es en las relaciones de amor de familia, y a través de ellas, que juntos podremos experimentar algo que nadie puede comprender: el amor de Cristo.

A medida que Pablo avanza hacia el capítulo 4, regresa una vez más a su tema central. Somos un solo cuerpo en Cristo. La unidad existe. Pero hay que mantenerla mediante el esfuerzo consistente de cada uno de los miembros del cuerpo, en una relación mutua de humildad, amabilidad, paciencia y tolerancia. Al hacerlo, descubrimos otra maravilla: Cristo "dio dones a los hombres" (4:8). En Su triunfo el Conquistador comparte con nosotros el botín y da a cada creyente la capacidad de efectuar su aporte al crecimiento y madurez del cuerpo y sus miembros.

Una vez más, es esencial la plena experiencia de esta unidad que sí existe. Y al crecer, "todo el cuerpo crece y se edifica en amor, sostenido y ajustado por todos los ligamentos, según la actividad propia de cada miembro" (4:16).

El resto del capítulo dirige nuestra atención hacia las personas que en conjunto conforman el cuerpo pero es claro que aún aquí, se considera a cada uno en su relación con los demás miembros del cuerpo.

Aplicación. La enseñanza de Efesios en cuanto a la unidad del cuerpo de Cristo tiene aplicación directa en nuestros días, así como durante toda la historia de la iglesia. No importan las barreras sociales que puedan existir en cualquier sociedad, son barreras que en Cristo se vuelven totalmente irrelevantes. Y tienen que ser irrelevantes para el pueblo de Cristo.

Este es un tema más práctico que teórico. Dentro del cuerpo hemos de vivir una vida de amor. Dentro del cuerpo tenemos que ser completamente humildes y amables, pacientes y tolerantes los unos con los otros en amor. Dentro del cuerpo tenemos que reconocer la primacía el amor en nuestras relaciones interpersonales, y amar activamente. Y también hemos de reconocer nuestra dependencia, la de los unos con los otros. No hay segmento de la sociedad que sea superior o llamado a "ministrar" en tanto otros segmentos solo son para que "se les ministre".

En una obra fascinante de George H. Gallup Jr. y Timothy Jones (*The saints among us* – [Los santos entre nosotros], Morehouse, 1992(, los autores concluyen que los calificados como "santos" se encuentran más probablemente entre los más indefensos de la sociedad: los pobres sin educación, las mujeres, los que no son blancos. Hoy, como en los tiempos del NT; tenemos que aprender que Dios no obra según funcionan la sociedad humana. Como escribió Pablo en 1 Corintios 1:26-29: "No muchos de ustedes son sabios, según criterios meramente humanos; ni son muchos los poderosos ni muchos los de noble cuna. Pero Dios escogió lo insensato del mundo para avergonzar a los sabios, y escogió lo débil del mundo para avergonzar a los poderosos. También escogió Dios lo más bajo y despreciado, y lo que no es nada, para anular lo que es, a fin de que en su presencia nadie pueda jactarse".

EFESIOS 5–6
Uno solo, en amor

EXPOSICIÓN

Pablo ha llamado a los que están en Cristo y que conforman la tercera raza de la humanidad a ser "imitadores de Dios" y a "vivir una vida de amor" (5:1-2). El versículo nos lleva hacia atrás, a 4:17-32 y también hacia delante, a 5:3-6:9. Porque desde el comienzo Pablo sigue con su llamado a los creyentes y a la iglesia, a permanecer comprometidos con la moralidad sexual (5:3-14), la templanza (5:15-18) y la adoración compartida (5:19-20). Pero al llegar a este punto Pablo decide dar un importante giro para describir cómo vivir una vida de amor dentro del marco de las rígidas estructuras sociales tan propias del mundo del siglo primero.

En las estructuras sociales de la época, la jerarquía era algo implícito. Solo el emperador ocupaba la cúspide de la pirámide, y por debajo de él estaban los senadores, un grupo de unos 600 hombres. Luego estaban los *équites,* hombres de negocios y ricos propietarios. Por debajo, las aristocracias locales de las provincias y ciudades del imperio que poseían algún poder político o influencia debido a su riqueza. Allí, se suponía que las mujeres permanecían un tanto apartadas, dedicadas a tener hijos y a ser fieles a sus esposos, pero viviendo vidas sin relevancia alguna. Se entendían que si el esposo gobernaba, la esposa debía someterse a él. La posición de las mujeres se ve reflejada en la regla general de que la mujer de Roma no podía heredar más del 10% de las propiedades de su esposo.

La población en su mayoría ocupaba las clases más bajas: los pequeños terratenientes, los artesanos, los comerciantes con tiendas y los pobres que buscaban su sustento como jornaleros. Por debajo de ellos, en el estrato inferior de la escala social, estaban los esclavos a quienes la ley consideraba nada más que propiedad del amo. Y esto a pesar de que muchos esclavos eran personas talentosas, con un alto nivel de educación. En esta sociedad tan estratificada, la posición social y los privilegios se daban por sentado y se guardaban celosamente.

El NT no critica directamente la estructura social existente, pero como vemos aquí, les habla a los cristianos llamándoles a vivir una vida de amor dentro de las estructuras de la sociedad. Así, aunque se urge a la esposa a someterse a su esposo, también el esposo tiene instrucciones de amar a su esposa tanto como para dar prioridad a sus necesidades dentro de la relación del matrimonio (5:23-33). Se urge al hijo a obedecer a sus padres, pero al mismo tiempo los padres reciben la indicación de "no hacer enojar a sus hijos" (6:1-4). Y aunque se manda a los esclavos a ser obedientes con sus amos, a los amos cristianos se les manda tratar bien y con respeto a sus esclavos (6:5-9). En última instancia la vida de amor a la que son llamados los cristianos tiene que romper toda barrera artificial que haya levantado la sociedad. Inicialmente, la vida de amor daría al pueblo de Dios la capacidad de estar unidos como lo que Pablo nos muestra que somos: un cuerpo, una *patria* en el Señor.

El libro de Efesios concluye con un repaso muy particular. Pablo vuelve a mirar lo que ha escrito y visualiza las verdades que ha destacado como si fueran el equipamiento de un soldado romano. Armado con las grandes realidades de nuestra fe, el cristiano tiene capacidad para mantenerse firme, confiado y seguro (6:10-20, 21-23).

ESTUDIO DE PALABRAS

Entre ustedes ni siquiera debe mencionarse la inmoralidad sexual (5:3). La palabra es *porneia*, término general que comprende toda inmoralidad sexual. Era común en la época de Pablo, y es común en nuestros días. Y entonces, como ahora, igualmente mala..

Tampoco debe haber *palabras indecentes, conversaciones necias ni chistes groseros,* todo lo cual está fuera de lugar; haya más bien acción de gracias (5:4). Este es el único lugar del NT donde encontramos estos términos. *Aischrotes* es "lenguaje soez". *Monologia* es la charla vana, estúpida, tonta. *Eutrapelia* son los chistes sucios que sugieren la postura del sofisticado que trata el tema sexual con arrogancia. Nada de esto es adecuado para el cristiano, que debe emplear la boca para dar gracias a Dios, en lugar de dedicarse a estas cosas.

Porque ustedes antes eran oscuridad, pero ahora son luz en el Señor. Vivan como hijos de luz (5:8). Pablo no nos dice que los creyentes estaban en la oscuridad, sino que *eran* oscuridad. Y encontramos el significado de esto en Efesios 2:1-3 y 4:17-24, de manera muy gráfica y potente. De la misma manera, ahora los creyentes no solo andamos en la luz, sino que *somos* luz. Nuestro llamado en este mundo es a ser aquello que somos ahora en Cristo.

Así que tengan cuidado de su manera de vivir. No vivan como necios sino como sabios, *aprovechando al máximo* cada momento oportuno, porque los días son malos (5:15-16). Aquí, *kairon*, usualmente indicativo de tiempo, aparece traducido como "oportunidad" y es acertada la elección del término. Porque las circunstancias en las que vivimos

---

Testamento de Judá 14:1-4

Y ahora, mis hijos, les digo que no se emborrachen con vino; porque el vino aparta la mente de la verdad e inspira la pasión de la lujuria, llevando a los ojos al error. Porque el espíritu de fornicación tiene como ministro al vino que da placer a la mente. Y estos dos le roban al hombre la mente. Porque si un hombre bebe vino hasta emborracharse, su mente se ve perturbada por ideas sucias que llevan a la fornicación y su cuerpo se calienta y busca la unión carnal, y si está presente la ocasión para la lujuria, el hombre pecará y no se avergonzará. Ese es el hombre que se emborracha, hijos míos, porque el que está borracho no siente reverencia por nadie.

---

son duras, pero como sabe todo comerciante avezado, los tiempos difíciles suelen presentar inusuales oportunidades de ganancia. En lugar de quejarse el cristiano tiene que estar más alerta, dispuesto a aprovechar toda oportunidad que se presente para permitir que brille Cristo.

No se emborrachen con vino, que lleva al desenfreno. Al contrario, sean llenos del Espíritu (5:18). Hemos de estar bajo la influencia del Espíritu Santo, no del alcohol.

La analogía tal vez se base en el poder de ambas influencias sobre las inhibiciones naturales. Pero cuando se trata del vino "esto lleva al desenfreno". La idea se ve reflejada en un pasaje del pseudoepigráfico Testamento de Judá (ver más abajo). En contraste, la influencia del Espíritu relaja esas inhibiciones que hacen que dudemos en hablar a favor del Señor.

Esto es un misterio profundo; yo me refiero a Cristo y a la iglesia (5:32). En las cartas de Pablo, un *mysterion* es la revelación actual de una verdad no revelada en el Antiguo Testamento. Es inesperado su uso aquí hasta que vemos que la enseñanza de Pablo sobre la relación entre el esposo y la esposa es en verdad una revelación asombrosa y también inesperada de la verdadera naturaleza de la intención de Dios para el matrimonio. Génesis 2:24, versículo al que Pablo se refiere, establece el fundamento de la unión matrimonial. Pero las implicancias de esta unión solo se aclaran cuando aparece Cristo y presenta el modelo del matrimonio, que debemos seguir, en Su relación con Su esposa, que es la iglesia.

Como veremos más adelante en El Pasaje en profundidad, el modelo del matrimonio que vemos en Efesios contrasta radicalmente con la opinión común de la sociedad del siglo primero y también con la opinión de muchos cristianos de hoy.

***Hijos*, obedezcan en el Señor a sus padres (6:1).** Pablo exhorta directamente a los hijos. Aparentemente, ¡espera que estén presentes en las congregaciones en las que se leerá su carta!

La frase "en el Señor" no tiene por intención liberar a los hijos cuyos padres no son creyentes, diciendo que no hace falta que obedezcan. Más bien, esta frase sugiere la transformación de la familia, iniciada por el cristianismo. En la sociedad romana era supremo el *paterfamilias*. Pero la frase "en el Señor" es reconocimiento explícito de que tanto los hijos como los padres están sujetos a Cristo. Es Su autoridad suprema la que reina en la familia, como en la iglesia.

"Honra a tu padre y a tu madre, "que es *el primer mandamiento con promesa* (6:2). La frase nos confunde porque este quinto mandamiento no es el primero de los diez que se asocia con una promesa. Se sugiere que *protos* ("primero") aquí indica que "honra a tu padre y a tu madre" es un mandamiento primario.

Tal vez, sin embargo, los rabíes que vieran esto como el mandamiento de mayor peso estuvieran en lo cierto. Psicológicamente, al menos, sería este el primer mandamiento que tendría significado para un niño pequeño. Y el niño que aprende a relacionarse adecuadamente con sus padres tiene mayores probabilidades de establecer una relación adecuada con Dios.

Y ustedes, padres, no *hagan enojar* a sus hijos (6:4). El término griego es *patorgizete*, que sugiere un trato ilógico hacia el niño de modo que se crea resentimiento y desaliento en el hijo. Pero lo más significativo es que Pablo haga responsables a los padres del trato hacia sus hijos. Bajo la ley romana el padre era la autoridad suprema en el hogar. Y aunque sus hijos le debían respeto y obediencia, el padre no tenía obligación alguna de tomar en cuenta su bienestar o sentimientos. El alcance de este derecho se ve ilustrado en el hecho de que si un amo vendía a su esclavo y el esclavo más tarde lograba comprar su propia libertad, el primero amo ya no tenía derecho a reclamar nada. Pero si un padre vendía a su hijo o hija como esclavo y ese hijo o hija luego compraba o ganaba su libertad, el padre podía vender a su hijo o hija otra vez.

Así, en el contexto de la época, la indicación de Pablo sobre vivir una vida de amor obliga a los cristianos a vivir con responsabilidad hacia su familia y quienes socialmente estén por debajo, así como a respetar a sus familias y superiores en la sociedad. Esto era algo verdaderamente revolucionario.

Esclavos, obedezcan a sus amos terrenales con respeto y temor... Y ustedes, amos, correspondan a esta actitud de sus esclavos (6:5, 9). El mismo tema, por igual sorprendente, de la obligación mutua aparece aquí en referencia a una de las instituciones sociales más opresivas del siglo primero. En esa época los esclavos eran considerados una propiedad, con muy pocos derechos personales. Pablo convoca a los esclavos a "vivir una vida de amor" y a servir a sus amos de corazón. Luego, llama a los amos cristianos a ver a sus esclavos como seres humanos iguales a ellos y a vivir su vida de amor dentro del marco de esa institución social, mostrando consideración hacia sus esclavos. Este tema de la obligación mutua aparece en varios pasajes del NT, que reproducimos aquí.

> Esclavos, obedezcan a sus amos terrenales con respeto y temor, y con integridad de corazón, como a Cristo... Y ustedes, amos, correspondan a esta actitud de sus esclavos, dejando de amenazarlos. Recuerden que tanto ellos como ustedes tienen un mismo Amo en el cielo, y que con él no hay favoritismos (Efesios 6:5, 9).

> Esclavos, obedezcan en todo a sus amos terrenales, no sólo cuando los estén mirando, como los que quieren ganarse el favor humano, sino con integridad de corazón y por respeto al Señor. Hagan lo que hagan, trabajen de buena gana, como para el Señor y no como para nadie en este mundo, conscientes de que el Señor los recompensará con la herencia. Ustedes sirven a Cristo el Señor. El que hace el mal pagará por su propia maldad, y en esto no hay favoritismos (Colosenses 3:22-25).

Criados, sométanse con todo respeto a sus amos, no sólo a los buenos y comprensivos sino también a los insoportables. Porque es digno de elogio que, por sentido de responsabilidad delante de Dios, se soporten las penalidades, aun sufriendo injustamente. Pero ¿cómo pueden ustedes atribuirse mérito alguno si soportan que los maltraten por hacer el mal? En cambio, si sufren por hacer el bien, eso merece elogio delante de Dios. Para esto fueron llamados, porque Cristo sufrió por ustedes, dándoles ejemplo para que sigan sus pasos. "El no cometió ningún pecado ni hubo engaño alguno en sus labios." Cuando proferían insultos contra él, no replicaba con insultos; cuando padecía, no amenazaba, sino que se entregaba a aquel que juzga con justicia (1 Pedro 2:18-23).

Pónganse *toda la armadura de Dios* para que puedan hacer frente a las artimañas del diablo (6:11). *El Comentario bíblico del maestro*, interpreta este pasaje de la armadura de la siguiente forma:

Se han ofrecido diversas interpretaciones de la armadura y sus equivalentes en el equipamiento del soldado romano de la época de Pablo. Pero lo más importante es lo que con frecuencia se ha pasado por alto: Pablo describe la armadura que nos permite enfrentar los ataques a nuestras vidas juntos como nueva comunidad de Cristo. Desde esta perspectiva, veamos cuáles son los recursos divinos que se nos han dado (p. 932).

■ El cinturón de la verdad. "Por lo tanto, dejando la mentira, hable cada uno a su prójimo con la verdad, porque todos somos miembros de un mismo cuerpo" (4:25). La sinceridad y la apertura nos unen. La falta de comprensión y los motivos ocultos, dividen.

■ La coraza de la justicia. "Entre ustedes ni siquiera debe mencionarse la inmoralidad sexual, ni ninguna clase de impureza o de avaricia, porque eso no es propio del pueblo santo de Dios" (5:3). Esto, dentro del santo pueblo de Dios. Porque la vida recta y justa es esencial y protege el corazón mismo de la vida que compartimos.

■ Los pies equipados con el Evangelio de la paz. Más de una vez en esta carta Pablo ha destacado que el Evangelio trae la paz, nos reconcilia con Dios y nos une en un solo cuerpo. En Efesios la paz es el vínculo que sostiene la unidad creada por el Espíritu. Al mantener la unidad la iglesia de Cristo puede avanzar en plena respuesta a su Cabeza.

■ El escudo de la fe. Mantenemos confiada esperanza en la realidad y el poder de Dios. Por nosotros mismos no podemos. Pero nuestra confianza está en Dios "que puede hacer muchísimo más que todo lo que podamos imaginarnos o pedir, por el poder que obra eficazmente en nosotros" (3:20).

■ El casco de la salvación. La salvación nos ha dado nueva vida e identidad. Al mantener nuestra identidad como iglesia viva de Cristo, siempre delante de nosotros, se transforma la forma en que percibimos la vida. Los sueños de Satanás, de distorsionar las relaciones, no pueden nublar la mente de quien comprende el pleno sentido de la salvación que tenemos en Cristo.

■ La espada del Espíritu. ¿Por qué explica Pablo aquí que la espada es "la Palabra de Dios" (6:17). Es porque en todo Efesios Pablo no ha hecho referencia a las Escrituras, aunque sí a los otros elementos de nuestra armadura. Esta vital herramienta es necesaria para que podamos librar la guerra espiritual. "Oren en el Espíritu en todo momento, con peticiones y ruegos. Manténganse alerta y perseveren en oración por todos los santos" (6:18).

EL PASAJE EN PROFUNDIDAD

Esposas y esposos (5:21-33)
Trasfondo. Hay quien sugiere que nadie en nuestra época puede comprender la belleza de este famoso pasaje sobre la relación entre la esposa y el esposo. Para poder entender, uno tendría que reproducir la actitud hacia las mujeres en el siglo primero. Y más significativo todavía sería reproducir la actitud hacia la importancia como personas. Porque en el siglo primero la sociedad tenía una estructura jerárquica muy compleja y la posición social se guardaba con ferocidad en tanto que se reafirmaban los derechos del superior en detrimento de los de quien ocupara escaños más bajos.

Entonces, como trasfondo para leer Efesios 5 necesitamos ver: 1) la actitud general de la sociedad hacia las mujeres, y 2) las suposiciones sobre la importancia de las personas, que se reflejaban en toda institución social, incluyendo el matrimonio.

SOBRE LAS MUJERES
Lefkowitz y Fant, en su antología sobre la vida de las mujeres en Grecia y Roma (Women's life in Greece and Rome – Baltimore, Johns Hopkins University,

1982) brindan varias citas sobre las mujeres, tomadas de los antiguos escritores. En su conjunto, nos muestran una actitud que ni siquiera el más chauvinista de los hombres sostendría hoy. Bastan dos ejemplos representativos. El griego Simónides, dice en *Sobre las Mujeres*, del siglo 6 AC:

> Sí, esta es la peor plaga que haga hecho Zeus: las mujeres. Si le parecen de alguna utilidad a quien las tiene, es en especial que demuestran ser una plaga. El hombre que vive con una mujer jamás pasa el día entero con alegría...Justamente cuando el hombre quiere disfrutar del hogar, ella encuentra la forma de señalarle sus faltas y levanta su cresta para la batalla. La mujer que más respetable parece es justamente la que resulta culpable de la peor atrocidad.

En el siglo primero, Valerio Máximo de Roma comenta sobre las históricas relaciones de los grandes hombres de la historia romana y sus esposas. Escribió:

> Egnatius Metellus...tomó un garrote y mató a golpes a su esposa porque ella había bebido vino. No solo no lo acusaron por el crimen sino que nadie lo halló culpable...Gaius Sulpicius se divorció de su esposa porque la encontró al aire libre con la cabeza descubierta: una penalidad estricta, pero con cierta lógica. "La ley", dijo, "indica que tú solo puedes mostrar tu belleza ante mis ojos...y si con innecesaria provocación, invitas la mirada de alguien más, debes ser suspendida por hacer el mal". Quintus Antistius Vetus sintió lo mismo al divorciarse de su esposa porque la había visto conversando en público con una mujer libertad común. Movido, no por un crimen real sino por el inicio u origen del mismo, la castigó antes de que pudiera cometer el pecado para evitar que lo cometiera en lugar de castigarla después...Y así, en el pasado, cuando se prevenían los delitos de las mujeres, sus mentes se apartaban de la idea de hacer el mal.

Lilla presumió de que el hombre tenía derecho a tratar a la mujer como le viniera en gana también aparece en los escritos de Ben Sirah. En 9:2, advierte: "No les des a ninguna mujer el poder sobre ti, de pisotear tu dignidad". Aunque los escritos de Ben Sirah suelen elogiar al matrimonio y describir a la buena esposa como gran bendición, en esos mismos escritos queda en claro que la relación entre el esposo y la esposa en el judaísmo y el mundo secular no se concebía como la de una relación entre iguales. Ben Sirah escribió:

> **HOMBRES DEPRIMIDOS,**
> **ROSTROS TRISTES,**
> corazón partido...todo por una esposa mala.
> manos débiles, rodillas temblorosas, por una mujer que no hace feliz a su esposo.
> En una mujer comenzó el pecado,
> y por ella todos morimos.
> No permitas que el agua se escurra,
> no seas indulgente con la esposa que se equivoca.
> si no camina a tu lado,
> córtala de tu carne con carta de divorcio (25:23-26)

Para el siglo primero, el judaísmo tenía definidos 10 deberes del esposo hacia la esposa. Incluían cosas como el cuidado de la salud, el funeral respetable, la comida, el sustento de sus hijas hasta que se casaran, etc. Pero lo "indecente" (Deuteronomio 24:1) por lo que podría divorciarse el hombre de su esposa, según Edersheim, se interpretaba entonces como "cualquier cosa impropia, como andar con el cabello suelto, hilar en la calle, hablar con hombres en tono familiar, maltratar al os padres de su esposo en su presencia, y hasta hablar a su esposo en voz alta como para que los vecinos pudieran oírla (*Sketches of Jewish social life* – Bocetos de la vida social judía).

No hay duda de que el matrimonio se consideraba de manera más positiva en el judaísmo, más que en la sociedad secular. Pero aún así, Ben Sirah refleja que la orientación era hacia el hombre, y que se centraba en los beneficios que la esposa pudiera traerle, sin considerar cómo podía él servir o beneficiar a la mujer. Ben Sirah escribe:

> Aunque cualquier hombre puede ser aceptado como esposo, hay algunas mujeres que son mejores esposas que otras.
> La belleza de una mujer hace que el rostro de su esposo se ilumine, porque sobrepasa a todo lo que pueda encantar al ojo.
> Y si además, su forma de hablar es calma, este hombre tiene más suerte que el resto de los mortales.
> La esposa es el más rico tesoro del hombre, una ayuda, un firme apoyo.
> El viñedo sin cerco se desbordará. El hombre que no tiene esposa se vuelve un errante sin hogar.

Suposiciones sobre la importancia de la persona

El mundo del siglo primero presentaba una estructura social muy compleja. Las personas con mayor posición social se creían superiores intrínsecamente, en comparación con sus inferiores sociales. Así, la importancia de la persona, tanto a sus propios ojos como a los de los demás, se veía determinada mayormente por su posición social.

En *The New Testament and its social environment* [El NT y su entorno social], Stambaugh y Balch observan que "los honorables" miraban a los "humildes" con desdén y sin disculpa alguna, ya que había una brecha enorme entre ellos. Y los autores además señalan que "la literatura clásica está llena de burlas de la clase alta, sin compasión alguna ante la holgazanería asquerosa y la pobreza y miseria del pobre...Incluso en las comidas, sean cenas privadas en las que alguien rico invitaba a sus clientes, o en los banquetes públicos ofrecidos por un aristócrata a sus conciudadanos, el lugar y hasta la comida servida dependían estrictamente de cuál fuera la posición social de cada uno" (p. 114).

Tal orientación al estatus social se nota también en los títulos de honor, tan abundantes en la lengua griega. Pero como ilustran las cartas del NT; el cristianismo presentaba un enorme desafío a esta mentalidad. Pablo, al hablar de "el plan de la gracia de Dios que él me encomendó para ustedes" (3:2), no reclama para sí título alguno, sino que se refiere a sí mismo como "servidor del evangelio" (3:7). Cuando menciona a los apóstoles, profetas, evangelistas y pastores o maestros de la iglesia, asombra a sus lectores al asignarles el rol de preparar al pueblo de Dios para sus obras de servicio, tarea educativa que por costumbre se relegaba a los esclavos o libertos, pertenecientes a la clase social más baja a pesar de su inteligencia o talento (4:11-12). Al definir a la iglesia como patria en la que judíos y gentiles son coherederos, miembros y partes de un mismo cuerpo (3:67) Pablo está presentando un modelo de igualdad que literalmente no conoce paralelo en las culturas antiguas. Pablo afirma además que habiéndonos versito de Cristo no hay "judío ni griego, esclavo ni libre, hombre ni mujer, sino que todos ustedes son uno solo en Cristo Jesús" (Gálatas 3:28).

Al llegar a Efesios 5:21-22, solo podemos discernir la potente verdad que afirma si vemos ese pasaje contra el telón de fondo de la sociedad del siglo primero. Una sociedad en donde se valoraba a las mujeres pero solo en tanto y en cuanto contribuyeran a la felicidad de los hombres. Y donde los hombres suponían sin siquiera la posibilidad de una opinión alternativa, que la posición del marido era tan superior a la de su esposa que aunque la amara, no le debía nada prácticamente, más allá de la manutención física. Literalmente era impensable hablar de la relación entre esposo y esposa, como Pablo hace aquí, diciendo: "Sométanse unos a otros, por reverencia a Cristo" (5:21).

Interpretación. El principio que gobierna la discusión de las relaciones entre el esposo y la esposa está en 5:21, lamentablemente separado de 5:22 por un título y un párrafo en la NVI. Ese "sométanse unos a otros por reverencia a Cristo" como principio de convivencia, está ilustrado de dos maneras.

Primero, Pablo pasa a discutir relaciones interpersonales en tres aspectos: esposo/esposa, padres/hijos y amo/esclavo. En cada situación hay una relación en la que la cultura supone absoluta autoridad de una de las partes, y total sumisión de parte de la otra. En cada una de estas situaciones Pablo afirma la responsabilidad del "subordinado" de responder al "superior".

Y también en cada situación Pablo llama al "superior" a mostrar interés por el "subordinado", algo que culturalmente no se esperaba. De hecho, en cada una de estas situaciones lo que Pablo pedía se habría considerado no solo inadecuado sino vergonzoso, porque implicaba que el superior se subordinaba al inferior.

Aunque para nosotros hoy el llamado a "amar a sus esposas", "no hacer enojar a sus hijos" y "tratar con consideración a sus esclavos" nos parece casi algo común y corriente, en el siglo primero tales declaraciones se veían como radicales y revolucionarias.

La segunda razón por la que vemos que "sométanse los unos a los otros" es el principio que gobierna a cada situación, es una razón gramatical. En griego el versículo 22 dice *hai gynaikes tois idiois andrasin host o kurio* "esposas a sus esposos como al Señor". El verbo "so métanse" no está en el texto original, sino que los traductores lo suponen a partir del versículo 21.

El tema que Pablo trata en Efesios 5:22-23 es entonces que el esposo y la esposa se sometan el uno al otro por reverencia a Cristo. En el desarrollo de su tema Pablo se cuida de sugerir que la esposa se relacione con su esposo de un modo que pudiera violar la norma cultural para la institución del matrimonio. Tampoco les sugiere a los esclavos que se rebelen y violen las normas de esa institución. La esposa ha de responder a su esposo así como la iglesia responde a Cristo. Y los esclavos deben obedecer a sus amos terrenales.

El drástico giro es que dentro del contexto de cada institución, el tirano ha de aprender a someterse, al ver y tratar a su esposa, hijo o esclavo como ser humano con sentimientos, necesidades y preocupaciones ¡que el "superior" tiene la responsabilidad de satisfacer!

¿Qué significa esto dentro del matrimonio? Podemos resumirlo al señalar tres cosas que Pablo manda al esposo:

- Esposo, ama a tu esposa (5:25).

- Esposo, ama como ama Cristo (5:26-28).

- Esposo, ama a tu esposa como a ti mismo (5:33).

Esposo, ama a tu esposa (5:25). Si la frase proviniera de la pluma de un escritor clásico, es probable que hubiera elegido una de tres palabras para "amor". *Erao* expresaba la pasión sexual, y corresponde al esposo maduro tener un deseo continuo y cada vez más maduro por su esposa. *Phileo* y *storgeo* se usaban con frecuencia en referencia al amor familiar. Y es adecuado que los esposos sientan afecto por sus esposas. Pero Pablo utiliza *agapao*, término más suave en el griego secular, pero infundido con un sentido cristiano único debido a su uso en el NT. Aquí, *agapao* expresa amor desinteresado, un amor que a conciencia se compromete a velar por el bienestar de la persona amada, sea cual fuere el costo personal.

Al decidir que el bienestar de la esposa es prioridad, y esto es lo que implica *agapao*, el esposo somete sus intereses a las necesidades de su esposa y así se somete a ella por reverencia a Cristo.

Esposo, ama como ama Cristo (5:26-28). Pablo nos recuerda que Cristo amó a la iglesia y Se entregó por ella "para hacerla santa". La intención de nuestro Salvador era que a través de Su misterio a nosotros pudiéramos llegar a ser todo lo que podemos ser. Su intención es la de elevarnos. La de darnos capacidad para ser.

En el siglo primero las clases sociales más altas veían el matrimonio como un paso importante para aumentar la riqueza o posición del hombre. La familia de donde provenía su esposa, la dote que ella aportaba, eran cosas importantes a causa de su impacto en la posición del hombre dentro de la comunidad. La idea de que el esposo se ocupara de las necesidades, ambiciones y potencial de su esposa ni se le cruzaba por la mente al hombre del siglo primero.

Pero es esto, justamente, por lo que aboga Pablo. El esposo tiene que amar a su esposa y verla como persona, ocupándose de sus necesidades y ayudándola a alcanzar su potencial.

Esposo, ama a tu esposa como a ti mismo (5:33). En el matrimonio el esposo y la esposa están unidos como uno solo. No ha de considerarse a la esposa como propiedad, sino como extensión del esposo. Nos dedicamos a mantener nuestra salud y plenitud y a promover nuestro desarrollo. La misma dedicación ha de dirigirse a la esposa, por parte del esposo.

Dicho esto, Pablo vuelve a la esposa. El esposo debe amarla y ella le debe el respeto que le corresponde.

Aplicación. Es tan frecuente que en nuestros tiempos el debate se centre en las preguntas equivocadas. ¿Cuánta autoridad tiene el esposo? ¿De qué manera debe someterse la esposa? ¿Puede trabajar la esposa y su esposo lo desaprueba? ¿Tiene derecho el hombre a disciplinar (o golpear) a la esposa? ¿Pueden ser médicas o abogadas las mujeres?

Pablo se niega a formar parte de este tipo de debate. En cada cultura, hay patrones de conducta que se consideran adecuados, dentro del contexto de las instituciones. Pablo no está llamando a la anulación del matrimonio o la familia, y ni siquiera aboga por abolir la esclavitud. No critica las expectativas que su sociedad impone a las esposas, los hijos, los amos. Lo que está diciendo es que dentro de la iglesia, cada persona, no importa cuál sea su rol en la sociedad, le debe mutua sumisión a los demás. Esta deuda solo puede pagarse si cada relación se basa en el compromiso mutuo. La esposa tiene deberes hacia su esposo. Pero el esposo le debe a la esposa un amor que ponga las necesidades de ella a la par de las propias, dando prioridad al desarrollo y crecimiento de su mujer. El hijo tiene obligaciones para con su padre, pero el padre le debe a su hijo consideración y debida enseñanza. El esclavo tiene obligaciones para con su amo, pero el amo tiene que aprender a ver y tratar al esclavo como persona que vale, y no simplemente como propiedad.

Lo que ha sucedido, por supuesto, es que el ideal cristiano transformó gradualmente y con los siglos las expectativas culturales al punto que muchos vivimos de la manera en que Pablo manda. Leemos estos versículos y decimos: "Pero, por supuesto", y jamás nos damos cuenta de lo revolucionarias que fueron sus palabras en ese momento.

Para algunos, claro está, siguen siendo revolucionarias. Porque el hombre que apela a las Escrituras como excusa para maltratar a su mujer, todavía necesita aprender lo que dice Pablo. Él no habla de la institución del matrimonio sino de la relación entre el esposo y la esposa. Cuando el esposo ama con el amor y la intención de Cristo y se preocupa por el bienestar de su esposa tanto como por el propio, se resuelven sin dificultad esas cuestiones que tan a menudo son motivo de debate. Pero cuando el esposo no ama ni busca vivir en mutua sumisión, no se pueden resolver estos problemas y el matrimonio está lejos de ser el ideal que Dios tuvo por designio para esta relación.

FILIPENSES
Llamados al gozo

EXPOSICIÓN

Pablo le escribió esta carta a la iglesia de Filipo mientras estaba en prisión en Roma, esperando su juicio. La cálida y personal misiva de Pablo es notable por su énfasis en la alegría y el regocijo, a pesar de las dificultades.

La carta de Pablo adopta el formato tradicional de una comunicación epistolar, pero presenta un invento que luego se convirtió en convención. Después de un breve *salutatio* (saludo, 1:1-2), Pablo pasa al *captatio benevolentiae* (1:3-11). En esta sección, que tenía por intención asegurar la buena voluntad del lector, Pablo habla de su profundo afecto por los filipenses y reafirma el compromiso mutuo que ambas partes tienen con respecto al Evangelio, y añade una oración específica por ellos. Es en este punto que Pablo introduce algo de su invención y que para el siglo segundo y tercero se tomó como convención: cuenta información sobre su propia situación y lo que siente por esto (1:12-27). Pablo está frustrado porque está preso y desconoce lo que sucederá en el futuro. Pero ve evidencia de que lo que le sucedió ha "contribuido al avance del evangelio" (1:12), y en esto se regocija.

El resto de la carta es más complejo porque Pablo alterna entre la *narratio* y la *petitio* (pedido o demanda específicos) antes de llegar a su breve conclusión (4:21-23). Dentro del cuerpo de la carta encontramos momentos de exhortación, entremezclados con narraciones y un impactante himno a Cristo. Pablo urge a la vida digna del Evangelio (1:27-30), marcada por una unidad (2:1-4) que solo se logra mediante una humildad como la de Cristo en la relación con los demás (2:5-17). En un aparte Pablo le pide a la iglesia que le dé la bienvenida a Epafrodito, que regresa, y que respondan al ministerio de Timoteo (2:18-30). Al mismo tiempo han de cuidarse de los judaizantes que quieren convertir el Evangelio de gracia en una religión basada en el esfuerzo humano (3:1-11). Una vez más, Pablo urge a sus lectores a seguir con la mirada puesta en Cristo y a seguir su modelo de vida de compromiso mientras esperan el regreso del Señor (3:12-4:1).

L carta luego presenta una serie de breves exhortaciones de naturaleza personal (4:2-3) y universal (4:4-9) antes de agradecer a los filipenses por cierto dinero que han enviado y poner su generosidad en perspectiva espiritual (4:10-20).

En parte debido a su complejidad y a los diversos temas que cubre, hay comentaristas que afirman que filipenses es un compendio de cartas diferentes, más que una única composición. Sin embargo, no hay razón convincente para suponer que Filipenses no es lo que se supone que

Filipenses

es: una carta escrita por Pablo mientras estaba en prisión, y llevada personalmente a Filipo por Timoteo y Epafrodito. Llena de calidez, de notas personales y exhortaciones que se condicen con la actitud del apóstol hacia una congregación por la que siente tanto afecto.

ESTUDIO DE PALABRAS

Porque *han participado* en el evangelio desde el primer día hasta ahora (1:5). La palabra griega *koinonia* significa "tener algo en común con". Pablo la usa 13 veces y es el término que elige para describir lo que hoy llamamos "dar". En vistas de ello, y el paralelo de la construcción de este versículo con Romanos 15:26 y 2 Corintios 9:13, parecería que Pablo se refiere al hecho de que desde el principio los filipenses han aportado dinero para que Pablo pueda continuar con su ministerio de evangelización.

Para que ... sean *puros e irreprochables* para el día de Cristo, *llenos del fruto de justicia* que se produce por medio de Jesucristo, para gloria y alabanza de Dios (1:10-11). Pablo ora porque los filipenses puedan ser los mejores cristianos posibles y usa tres adjetivos para describir lo que hace falta para alcanzar ese objetivo.

"Puros" es *eilikrineis*, "discernir a la luz del sol". La imagen sugiere una forma de vida tan abierta y transparente como para que todos vean la integridad moral de la persona.

"Irreprochables", es *aproskopoi*, término compuesto que significa "no hacer tropezar a alguien", o "no tropezar". Pablo tal vez tenga por intención ambos sentidos. El cristiano deberá cuidarse de los obstáculos que puedan hacerle tropezar y al mismo tiempo tendrá que evitar cualquier acción que pudiera hacer tropezar a otros.

El "fruto de justicia" es una imagen comúnmente utilizada en las Escrituras para calificar el carácter que produce la obra de Dios en la personalidad del creyente (Amós 6:12; Gálatas 5:22). Este fruto solamente se produce mediante la transformación interna que obra el Espíritu de Dios a través de Cristo.

Es por esta razón que la vida pura, irreprochable y fructífera del cristiano es "para gloria y alabanza de Dios". Solo Dios puede hacer de nosotros lo mejor que podamos llegar a ser.

Se ha hecho evidente a toda *la guardia del palacio* y a todos los demás que estoy encadenado por causa de Cristo (1:13). Como Pablo había apelado ante el emperador, quienes cubrían los turnos de guardia eran miembros de la guardia pretoriana (significado de *praitorio*, aquí). Es impactante ver que todo lo que nos sucede el Señor de veras lo transforma en bien. ¿De qué otro modo habrían tenido oportunidad de oír el Evangelio estos miembros de la elite militar?

Es cierto que algunos predican a Cristo por envidia y rivalidad, pero otros lo hacen con buenas intenciones (1:15). Más adelante Pablo dirigirá su atención a los judaizantes que distorsionan el Evangelio al insistir en que las obras son esenciales para la salvación (3:2-11). Aquí, la tensión es personal, más que doctrinal. Algunos se vuelven evangelistas más activos a partir de un espíritu competitivo, y sienten perverso placer en la idea de que Pablo está preso y no puede seguir predicando. Otros, se vuelven evangelistas más activos por amor, en un esfuerzo por aliviar la preocupación de Pablo de que la expansión del evangelio se verá retrasada a causa de su obligada licencia.

Es fascinante ver cómo Pablo se niega a juzgar los motivos y se deleita en el hecho de que, sea por la razón que fuere, se sigue predicando el Evangelio. No hay muchas personas tan maduras como Pablo. Sus críticos tal vez sintieran amargo recelo por su éxito ¡pero el apóstol no siente resentimiento porque a ellos les vaya bien! Se regocija, en cambio, porque se esté predicando a Cristo y le deja al Señor la cuestión de los motivos.

Sé que...todo esto resultará *en mi lib*eración (1:19). Pablo no hace referencia a su salida de la prisión aquí. El peligro más grave que podemos correr cualquiera de nosotros es el desaliento que crean las dificultades. Pablo siente "ardiente anhelo" y "tiene esperanza" de que por medio de esta experiencia "ya sea que yo viva o muera, ahora como siempre, Cristo será exaltado en mi cuerpo" (1:20).

"Ardiente anhelo" (*apokaradokia*) solo aparece en la literatura cristiana posterior a Pablo y sugiere central la atención, concentrado en lo que hay por delante. "Esperanza" es de la familia de palabras *el pis*, que indica confiada anticipación de la concreción o resolución de una contingencia futura. El secreto de la liberación de cualquier riesgo actual contra nuestra salud espiritual está en centrar la atención en el futuro que tenemos asegurado por y en Jesucristo.

Quien, siendo por naturaleza Dios, no consideró el ser igual a Dios como *algo a qué aferrarse* (2:6). La palabra *harpagmon* se utiliza únicamente aquí en el NT; y es infrecuente en la literatura en general. En este contexto el argumento deja en claro que Pablo la usa para presentar el ejemplo supremo de la humildad. Cristo, que existía como Dios, igual con el Padre, no consideró que mantener Su posición era algo a lo que tenía que aferrarse at oda costa. En lugar de insistir en la posición que correspondía a Su naturaleza esencial, Cristo estuvo dispuesto a vaciarse y a adoptar forma humana. Si fue esta la actitud de Cristo ¡somos necios al tratar de mantener los harapos de posición y estatus que nos ofrece la sociedad humana!

Para ver más sobre este himno y su rol en el argumento de Filipenses, ver El pasaje en profundidad, más abajo.

Lleven a cabo su salvación con temor y temblor, pues Dios es quien produce en ustedes tanto el querer como el hacer para que se cumpla su buena voluntad (2:12-13). Pablo supone que los filipenses son salvos. Y por eso es importante "llevar a cabo" la dimensión experiencial de esa nueva vida que poseen ahora los creyentes.

Esto tampoco depende de nosotros sino del hecho de que Dios, que nos da la salvación, obra en nosotros. Su obra transforma nuestras voluntades y acciones, de manera que nuestro deseo y motivación se canaliza hacia el cumplimiento de la voluntad de Dios.

La salvación no se gana mediante las obras. Pero la salvación que Dios nos da es una realidad tan dinámica que necesariamente se llevará a cabo en nuestras vidas.

Y aunque mi vida *fuera derramada sobre el sacrificio y servicio* que proceden de su fe, me alegro y comparto con todos ustedes mi alegría (2:17). Tanto en los ritos paganos como en los judíos, los sacrificios solían incluir el vertido de vino sobre el sacrificio, o al pie del altar. Esta libación completaba el sacrificio.

El uso del verbo en presente que elige el apóstol Pablo sugiere que ve su sufrimiento de ese momento como un sello sobre las ofrendas y el servicio de los creyentes filipenses. Lo que Pablo está diciendo es que se alegra y agradece poder compartir con ellos su ministerio y servicio a Dios de este modo.

Porque estuvo a punto de morir por la obra de Cristo, arriesgando *la vida* para suplir el servicio que ustedes no podían prestarme (2:30). Pablo elogia a Epafrodito por su disposición a *paraboleusamenos te psuche*. La imagen aquí es tan gráfica que sugiere un acto de arrojo. Lightfoot sugiere que podría referirse a "quienes arriesgan sus vidas cuidando a los enfermos de plaga". De hecho, no se conocía este término fuera del NT hasta que se lo encontró en una inscripción del siglo segundo cerca del Mar Negro, donde significa "exponerse valientemente al peligro".

No sabemos mucho sobre Epafrodito. Sí sabemos que era miembro de la iglesia de Filipo. Que le llevó a Pablo una contribución de parte de esa iglesia. Que estuvo gravemente enfermo mientras estaba con Pablo y que el apóstol se preocupó mucho por él. Y del participio *paraboleusamenos*, sabemos que su decisión para llegar a Pablo llevándole ayuda, la tomó estando plenamente consciente de que estaría arriesgando su vida. El compromiso que Pablo sentía hacia los filipenses era recíproco, al menos en el caso de este hombre, que los representaba.

Por lo demás, hermanos míos, alégrense en el Señor (3:1). El uso de *to loipon* en este versículo ha sido considerado por algunos como evidencia de posteriores añadidos a este libro. Pero si repasamos la literatura contemporánea, veremos que la frase también se usaba para introducir nuevos temas y que por ello podría traducirse como "además". En este caso, el inicio del párrafo no indicaría eso porque la exhortación a "alegrarse en el Señor" acompaña a lo que sigue, en contraste con la advertencia de Pablo contra la dependencia de la carne (las obras humanas).

Cuídense de esos perros, cuídense de esos que hacen el mal, cuídense de *esos que mutilan el cuerpo*. Porque la circuncisión somos nosotros (3:2-3). Pablo llama perros (*kuon*) a esos hombres, a conciencia. Es una palabra usada para los perros de la calle, en contraste con el diminutivo afectuoso para las mascotas (*kunarion*). "Perro" era el término despectivo que con frecuencia utilizaban los judíos en referencia a los gentiles. Aquí, Pablo les arroja el epíteto de vuelta a los judíos que "hacen el mal" y "mutilan el cuerpo". Esta última frase implica un juego de palabras, que contrasta *katatome* (cortar con propósitos religiosos), con *peritome* (circuncisión). Lo que quiere decir Pablo es que los judíos practican un rito que no tiene sentido alguno porque en lugar de alegrarse en el Señor como fuente de la salvación, cortan la carne con la expectativa de que tal rito tenga sentido salvador. Como la circuncisión ha perdido su significado espiritual en el judaísmo contemporáneo y porque tal significado sí es entendido por quienes creen en Jesús, los cristianos son "la circuncisión", es decir, el pueblo del pacto de Dios.

Por él *lo he perdido todo*, y lo tengo por estiércol, a fin de ganar a Cristo. Es importante notar por qué Pablo usa panta en esta frase. Ha enumerado las cosas que el judaísmo considera importantes y que él antes consideraba valiosas en su esfuerzo por establecerse como justo. Si tales cosas tenían valor, la afirmación de Pablo sobre la superioridad espiritual suya se basaba, cuando menos, en lo mismo que basan los judaizantes que ahora causan problemas a la iglesia. De hecho, Pablo les ha dado la espalda no solo a esto sino a todas las cosas en las que cualquier ser humano pueda depositar su confianza para ganarse el favor de Dios.

En dos palabras, esas cosas son basura, y no tienen valor alguno. Solamente Cristo y la justicia que Dios da a quienes confían en Él, tienen sentido.

Así espero *alcanzar la resurrección* de entre los muertos (3:11). Es sorprendente que tantos comentaristas persistan en ver la observación de Pablo como escatológica. Pablo ansía experimentar el poder que la resurrección de Cristo pone a disposición de los creyentes (3:10). Y sigue en la misma tónica con la inusual frase *ten exanastasin ten ek nekon*: resurrección "de entre" los muertos. El gran compromiso de Pablo es el de vivir su vida en Cristo para que el estilo de vida que surja de eso sea esa asombrosa expresión del cristianismo: la santidad y justicia, de entre los espiritualmente muertos. La frase "así espero" no expresa duda, sino maravilla. Y el hilo de su pensamiento refleja una verdad que Pablo no solo comprende, sino que ha expresado claramente en Romanos 8:11: "Y si el Espíritu de aquel que levantó a Jesús de entre los muertos vive en ustedes, el mismo que levantó a Cristo de entre los muertos también dará vida a sus cuerpos mortales por medio de su Espíritu, que vive en ustedes."

La vida, surgiendo de entre los muertos ¡así es! La vida que surge no por el esfuerzo humano sino por la sobrenatural obra de Dios dentro de nosotros.

Olvidando lo que queda atrás y esforzándome por alcanzar lo que está delante, sigo avanzando hacia la meta para ganar el premio (3:13-14). La potente analogía de Pablo está tomada de la actividad del atleta. Nos permite percibir la intensidad con la que se esfuerzan los corredores para llegar a la meta, exigiéndoles a sus músculos.

"Meta" es *skopos*, o "marcador de llegada". Era un poste ubicado al final de la pista, en la que fijaba los ojos el atleta y que le permitía medir su progreso. Pablo no define qué es lo que nos sirve de marcador de la meta en nuestra experiencia cristiana. Tal vez, la respuesta sea evidente: el modelo de Cristo, cuyo propósito fue el de cumplir la voluntad de Dios y cuyo poder de resurrección nos permite elegir ese mismo propósito para nuestras vidas.

Ruego a Evodia y también a Síntique *que se pongan de acuerdo* en el Señor (4:2). "Que se pongan de acuerdo" no llega a explicar el alcance de *to auto phronein*. La frase en griego, "tener el mismo pensamiento" pone énfasis en la armonía de la actitud y las emociones, además de la perspectiva.

No basta que los cristianos estemos de acuerdo en la doctrina, o la práctica siquiera. Se nos llama a una unidad arraigada en un amor que vence las ofensas y los desacuerdos, y que disuelve las disputas.

Pongan en práctica lo que de mí han aprendido, recibido y oído, y lo que han visto en mí, y el Dios de paz estará con ustedes (4:9). Este versículo tal vez sea el clásico resumen de la enseñanza cristiana, tanto para el que enseña como para el que aprende. Los dos pares de verbos describen el rol del instructor. "Aprendido" y "recibido" se refieren a la instrucción. "Oído" y "visto" describen el ejemplo que da quien enseña. La enseñanza cristiana implica la descripción de una realidad que el creyente está llamado a experimentar. Por eso, el maestro debe tanto describir como demostrar la vida cristiana.

Quien aprende, sin embargo, tiene una sola responsabilidad. Debe "poner en práctica" lo que se le enseñó. Solo se puede decir que uno aprendió algo cuando lo hace, y no cuando lo conoce en el sentido de dominar la terminología y los conceptos.

EL PASAJE EN PROFUNDIDAD

Imitando la humildad de Cristo (2:1-11)

Trasfondo. La idea de que Dios pudiera o estuviera dispuesto a convertirse en hombre era una gran piedra de obstáculo para los paganos. Celso, un griego que escribió cerca del año 170 DC, consideraba "una vergüenza" la teoría de la encarnación y argumentaba que "Dios es bueno y bello y feliz y existe en un estado de lo más hermoso. Si entonces Él desciende para estar con los hombres, tiene que pasar por un cambio, un cambio de lo bueno a lo malo, de lo bello a lo vergonzoso, de la felicidad al infortunio, y de lo que es mejor a lo que es de lo más malvado" (Celso 4.14).

En la cultura heleno-romana no era impensable que un ser humano pudiera ser elevado a la divinidad. Algunos críticos del cristianismo hasta admitían que Jesús podría ser alguien que hubiera pasado por ese cambio, aunque veían con aversión la posibilidad de que este judío hacedor de milagros estuviera a la par de algunos de sus antiguos héroes o siquiera, de héroes judíos como Daniel. Pero para ese Único Dios que los paganos más iluminados del siglo primero sí aceptaban sería impensable dejar ese estado "bueno, bello y feliz" en el que Él debía existir para rebajarse a la condición de ser humano. ¡Eso jamás! Esa transformación no solo iría en contra de la naturaleza de Dios ¡sino que no le convenía en absoluto!

Para Pablo esta idea también es asombrosa. Sin embargo, la Encarnación sí había sucedido. Y así, en lugar de negar la posibilidad sobre la base de los teológico/filosófico, Pablo nos invita a reevaluar nuestra percepción de Dios y nuestra noción de lo que es "bueno, feliz y bello" en vistas de lo que necesariamente implicaba la Encarnación.

Esa es exactamente la potencia de la convocatoria inicial de Pablo a los miembros de la comunidad cristiana de Filipo, a que mantuvieran su unidad, no haciendo "nada por egoísmo o vanidad; más bien, con humildad consideren a los demás como superiores a ustedes mismos. Cada uno debe velar no sólo por sus propios intereses sino también por los intereses de los demás" (2:3-4). Al adoptar esta actitud el cristiano sigue el ejemplo que dio Jesucristo en Su encarnación. Lo bueno, feliz y bello no se encuentra cuando uno cuida sus propios intereses, sino al entregarse en beneficio de los demás.

Interpretación. Filipenses 2:6-11 se considera en general un himno de la iglesia primitiva, tanto sea que lo haya escrito Pablo como si sencillamente se trate de una cita. La estructura exacta del himno está en debate, pero es claro que el tema se duplica: Jesús eligió voluntariamente la encarnación y a continuación fue exaltado por acción soberana de Dios.

La acción voluntaria de Jesús (2:6-8). La frase "siendo por naturaleza Dios" (2:6), literalmente es "existiendo en la forma [*morphe*] de Dios". La palabra *morphe* implica armonía entre el aspecto y la naturaleza esencial, de manera que el aspecto refleja la naturaleza y viceversa. El énfasis de Pablo no está tanto en la naturaleza esencial de Cristo, sino más bien en la posición que por derecho tenía Cristo porque Él era Dios en esa naturaleza esencial. Toda señal externa, todo símbolo, todo privilegio de la deidad, le pertenecían a Cristo porque Cristo es Dios.

Cuando Pablo dice que Cristo "no consideró el ser igual a Dios como algo a qué aferrarse" se está refiriendo a la posición relacionada con la deidad, más que a la Deidad en sí misma. La actitud subyacente de Cristo se vio demostrada en Su acción de vaciarse, de hacerse "nada" y de tomar "la naturaleza de siervo [*morphe*, también aquí] y haciéndose semejante a los seres humanos" (2:7).

Por otra parte, la gramática indica que Cristo siempre existió en la forma de Dios en tanto en la Encarnación adoptó, como algo nuevo, la forma de un siervo. También aquí *morphe* implica esencia e imagen a la vez, pero con mayor énfasis en el aspecto. Al convertirse en ser humano Jesús no dejó de ser Dios en Su esencial naturaleza pero sí abandonó la posición de deidad, a cambio de la posición de "siervo".

La palabra que aparece traducida como "siervo" es *doulos*, en referencia al siervo-esclavo. Lo que Pablo está diciendo es que el siervo no tiene ventaja social sino que en cambio tiene la desventaja de no tener posición social alguna. Jesús abandonó por completo Su posición como Dios para vivir como "una nada" entre los hombres.

Pero Pablo no termina allí. Viviendo entre nosotros como ser humano Jesús Se humilló a Sí mismo todavía más y Se permitió sufrir la ejecución más vergonzosa y dolorosa que existía en la antigüedad: la crucifixión (2:8). Así, la actitud de Cristo fue totalmente desinteresada, de total auto-sacrificio, dirigida únicamente a las necesidades e intereses de los demás. Y así en la Encarnación descubrimos verdades sobre Dios y Su amor por los seres humanos, verdades que nadie podría haber imaginado jamás.

Acción soberana de Dios (2:9-11). Después de la voluntaria humillación de Jesús el Padre Le exaltó. Cristo no solo fue resucitado de entre los muertos y restaurado a una posición acorde con Su naturaleza. Cristo fue exaltado "hasta lo sumo" y Dios "le otorgó el nombre que está sobre todo nombre" (2:9). La palabra en griego es *huperupsosen*, término que solo encontramos aquí en el NT y que significa, literalmente "super exaltar".

En esta acción Dios Le dio a Jesús un nombre, Señor (2:11) ante quien toda rodilla ha de hincarse, y que toda lengua ha de confesar (2:10). Así, Dios restauró a Jesús a una posición más alta, es decir a una posición y rango visibles superiores a los que tenía antes.

Con anterioridad a que Cristo eligiera por propia voluntad el camino de la auto-humillación, Él existía como Dios pero en su incredulidad los seres humanos pudieron ignorarlo y lo hicieron. Ahora, elevado y super-exaltado y habiendo recibido el nombre de Señor, Cristo regresará en gloria y en ese grandioso regreso será reconocido por todos, creyentes y no creyentes por igual. El creyente reconoce a Jesús hoy y con alegría decide arrodillarse delante de Él. El no creyente reconocerá a Jesús cuando Él venga y cuando en contra de su voluntad, se vea obligado a arrodillarse y confesar a Cristo como Señor supremo.

El patrón que presenta el pasaje, entonces, es el siguiente:

	Pre-encarnación	Encarnación	Post-encarnación
Esencia	Dios	Dios/Hombre	Dios/Hombre
Forma	Deidad	Humano	Dios/Hombre
Posición	Igualdad con Dios	Sin derechos - esclavo	Super exaltado
Nombre	Dios Hijo	Jesús el Cristo	Señor

Aplicación. En tanto este excelente himno de la iglesia primitiva tiene un impacto teológico enorme, Pablo lo presenta para dejar en claro un punto de naturaleza ética. Lo que está bien, lo bueno y lo bello es "considerar a los demás como superiores a nosotros mismos" (ver 2:3) y velar "por los intereses de los demás" (ver 2:4). Es esta una posición que iba a contrapelo de los valores culturales porque en la cultura griega lo bueno, lo correcto y lo bello era considerarse siempre uno mismo y los propios intereses por encima de todo, esforzándose por llegar a la plenitud personal. No es de extrañar entonces que los pensadores paganos pusieran objeciones a la idea de que Dios decidiera encarnarse. Su visión de Dios respondía a sus valores y no podían creer que Dios quisiera actuar de manera tan apartada de lo que ellos consideraban válido.

En contraste, el judaísmo y el cristianismo nos llaman a aceptar a Dios tal como Él se revela a Sí mismo ante nosotros y luego a formar nuestros valores para que encajen con la revelación de Dios que tenemos en las Escrituras. En lugar de argumentar que Dios no elegiría la humildad porque jamás podría estar dispuesto a hacerlo, el cristiano mira el ejemplo de Cristo y decide elegir la humildad porque al hacerlo Cristo reveló que la humildad es una virtud.

En lugar de considerar que la posición y el estatus representan los bueno, lo feliz y lo bello, vemos el ejemplo de Jesús y entendemos que lo bueno, lo feliz y lo bello es vivir por los demás.

Por supuesto hay otro aspecto de este himno que es importante para nosotros. Jesús eligió el camino de la auto-humillación y como resultado, Dios Le exaltó hasta lo sumo. Dios recompensa a quienes viven según Sus valores y como para nosotros la aprobación de Dios vale mucho más que cualquier cosa que pudiéramos ganar aquí, con alegría decidimos abandonar la posición y el estatus a favor del servicio al otro. Y como para nosotros la felicidad en la eternidad es un beneficio enormemente mayor a cualquiera de los placeres que podamos disfrutar durante nuestra breve existencia aquí en la tierra, atesoramos la oportunidad de compartir los sufrimientos de Cristo.

El gran himno de alabanza a Cristo que presenta Pablo deja en claro y sin duda alguna cuáles son las implicancias de las declaraciones un tanto enigmáticas que aparecen en los evangelios: "Porque el que a sí mismo se enaltece será humillado, y el que se humilla será enaltecido" (Mateo 23:12, Lucas 14:11; 18:14). "Porque el que quiera salvar su vida, la perderá; pero el que pierda su vida ...la encontrará. ¿De qué sirve ganar el mundo entero si se pierde la vida? ¿O qué se puede dar a cambio de la vida?" (Mateo 16:25-26). Así, llega a explicación de la gran paradoja. Para el cristiano el camino ascendente lleva hacia abajo. Y dar es el camino a la ganancia.

La alegría en Filipenses

Trasfondo. Todos queremos ser felices. Es una afirmación válida tanto para el siglo primero como para nuestros días. En esa época varias filosofías ofrecían sistemas de ética que prometían guiar a los estudiosos a una vida plena y feliz. Eran sistemas demasiado sofisticados como para confundir la "alegría" con la felicidad. Y así, los filósofos se ocuparon de redefinir el término porque aunque no podían ayudar a que todo el mundo se sintiera feliz, sí era posible convencerles de que su estado era un estado feliz ¡no importa cómo se sintieran!

Muchas de las filosofías de entonces, todas con raíces centenarias, tenían su propia idea de la felicidad y de cómo alcanzarla. Los estoicos y platónicos en general estaban de acuerdo en que era necesario vivir una vida moral para ser feliz y que solo se podía vivir una vida moral si la razón dominaba las emociones y guiaba al alma. Los cínicos estaban convencidos de que habían encontrado el atajo a la felicidad. Consistía en vivir una vida simple, en solo "necesitar unas pocas cosas".

La persona que se conforma con poco es autosuficiente y está libre de los deseos y preocupaciones de lo que se ven atrapados en la carrera por poseer más y más. Para los epicúreos la felicidad era algo sumamente fácil de conseguir. Sencillamente, establecían una distinción entre "felicidad" y "placer" y llenaban la vida con unas pocas actividades bien austeras, lo más lejos posible de lo que fuera triste y doloroso. La felicidad ha de hallarse en el "sobrio razonamiento" que lleva a "un entendimiento del bien supremo de la carne y sus limitaciones", y así "nos ofrece la vida completa" (Diógenes Laertio).

Los filósofos consideraban que la alegría (*chara*) era una subdivisión del placer (*hedone*). Como emoción, para los estoicos la *chara* era algo sospechosa y bajo la presión de la opinión común, la clasificaron luego como "buen ánimo" del alma. En tanto las otras escuelas tenían una visión más positiva de la alegría, ellos seguían considerándola algo reservado a los sabios, que la buscaban de la misma forma en que buscaban la felicidad.

Lo impactante en el uso de este concepto en el NT, sea bajo la forma de sustantivo (*chara*) o verbo (*chairo*) es que retiene su fuerza secular básica. Sin embargo, la forma en que uno vive esta emoción potente, positiva, confiada y exaltada se ve directamente vinculada a otras paradojas de la fe. Así como el camino a la exaltación es mediante la humillación voluntaria ilustrada en Filipenses 2:6-11 (ver más arriba) la alegría o gozo del cristiano a menudo está en circunstancias ¡que a nadie más le parecerían felices! El gozo, una gracia que el Espíritu Santo produce en nosotros (Gálatas 5:22), es posible en medio de la tribulación, y a pesar de ésta. El gozo que conocemos los cristianos como algo que nos espera en el futuro, de algún modo desborda de ese futuro escatológico y nos llega hoy, en el presente, y así conocemos el gozo.

Interpretación. Las palabras "alegría", o "gozo" y "alégrense" o "regocíjense" aparecen 14 veces en esta breve carta. Chara, "alegría o gozo" está en 1:4, 25; 2:2, 29; 4:1. Chairo "regocijarse o alegrarse" está en 1:18; 2:17, 18, 28; 3:1; 4:4 (dos veces). Y además *sugchairo*, "alegrarse o regocijarse con", aparece en 2:17 y 18.

■ *Chara*:

1:4-5: En todas mis oraciones por todos ustedes, siempre oro con alegría, porque han participado en el evangelio desde el primer día hasta ahora.

1:25: Convencido de esto, sé que permaneceré y continuaré con todos ustedes para contribuir a su jubiloso avance en la fe.

2:2: Llénenme de alegría teniendo un mismo parecer, un mismo amor, unidos en alma y pensamiento.

2:29: Recíbanlo [a Epafrodito] en el Señor con toda alegría.

4:1: Por lo tanto, queridos hermanos míos, a quienes amo y extraño mucho, ustedes que son mi alegría y mi corona.

El capítulo 2 de este gran libro contiene el llamado de Pablo a los filipenses a adoptar la perspectiva de

Cristo, anteponiendo los intereses de los demás a los propios. El himno cristológico de este capítulo deja en claro que quien se humilla voluntariamente será exaltado por Dios. Hay así una recompensa escatológica reservada para quienes adopten la actitud de Cristo.

Pero incluso una lectura rápida de los versículos en los que aparece chara deja en evidencia que este estilo de vida trae recompensa presente, además de futura. Como cristianos, cuando nos ocupamos de la vida del prójimo encontramos que nos invade el gozo. Nos une el sentido de comunidad, al observar el crecimiento de cada uno en el Señor, y esto es algo que entusiasma. Las personas a las que amamos se convierten en fuente de constante gozo, más allá de nuestras circunstancias.

■ *Chairo*:

1:18: Al fin y al cabo, y sea como sea, con motivos falsos o con sinceridad, se predica a Cristo. Por eso me alegro; es más, seguiré alegrándome.

2:17: Aunque mi vida fuera derramada sobre el sacrificio y servicio que proceden de su fe, me alegro y comparto con todos ustedes mi alegría.

2:18: Así también ustedes, alégrense y compartan su alegría conmigo.

2:28: Así que lo envío urgentemente para que, al verlo de nuevo, ustedes se alegren [*chairo*].

3:1: Por lo demás, hermanos míos, alégrense en el Señor.

4:4: Alégrense siempre en el Señor. Insisto: ¡Alégrense!

Aquí, 1:18 nos indica que es motivo de alegría para el cristiano que se predique el Evangelio. Y tanto 2:28 como 4:4 vuelven al tema del vínculo mutuo dentro de la comunidad, como fuente de gozo en tanto 3:1 llama a centrar la atención en la relación personal con Dios.

■ *Sugchairo*:

2:17: Y aunque mi vida fuera derramada sobre el sacrificio y servicio que proceden de su fe, me alegro y comparto con todos ustedes mi alegría.

2:18: Así también ustedes, alégrense y compartan su alegría conmigo.

Aquí Pablo combina los temas del ministerio y las relaciones. La alegría está en participar en el servicio a Cristo junto con los demás y cualquier sacrificio que hagamos, cualquier sufrimiento que debamos soportar, adquiere nuevo sentido cuando compartimos los compromisos que nos motivan.

COLOSENSES 1–2
Una nueva humanidad

EXPOSICIÓN

Colosas es la ciudad menos importante entre las que reciben cartas de Pablo. Porque aunque había llegado a ser una gran ciudad, cuando Pablo les escribió al os colosenses era "un pueblo y mercado insignificante", despojado de su importancia por Laodicea y Hierápolis, que estaban a unos 16 y 20 Km. de distancia. Sin embargo la carta de Pablo a Colosas es una declaración potente y esencial de la centralidad de Jesucristo, dirigida a una iglesia que aparentemente estaba confundida en cuanto a Su primacía. Aunque la población de Colosas consistía principalmente de frigios y griegos, unas 2.000 familias judías se habían asentado en el distrito bajo el gobierno de Antíoco III unos 200 años antes. Por eso las raíces culturales de Colosas eran diversas, factor que contribuyó al desarrollo de una "herejía colosense" que parece haber incluido una síntesis de ideas paganas, griegas y judías. Los detalles del sistema de pensamiento que Pablo confronta no están definidos. Pero son claros los temas centrales, ya que Pablo escribe para afirmar la primacía de Jesucristo y para describir cómo han de vivir en este mundo los que siguen a Jesús.

Después de un breve saludo (1:1-2) Pablo expresa su aprecio por la comunidad cristiana de Colosas (1:3-8), y les comunica la oración por ellos que ha estado en su corazón desde hace tiempo (1:9-14). Habiendo asegurado a los colosenses de su aprecio e interés por ellos, Pablo pasa de inmediato al tema crítico que le ocupa aquí: quién es Jesucristo. Tanto por Quién es Jesús en Su esencial naturaleza, como por lo que Él logró por nosotros en Su muerte, en todas cosas ha de otorgársele a Cristo la supremacía que Le corresponde (1:15-23). La vida entera de Pablo desde su conversión se ha centrado en una sola cosa: explicar la esperanza que trae "Cristo en ustedes". Porque por bien que suenen los argumentos que puedan presentar otros, "todos los tesoros de la sabiduría y del conocimiento" se resumen en Cristo Mismo (1:24-2:5).

Pablo ahora les recuerda a sus lectores que "Por eso, de la manera que recibieron a Cristo Jesús como Señor, vivan ahora en él". El poder de la vida cristiana no se halla en ninguna "tradición humana" sino en la nueva vida a la que hemos sido elevados con Cristo (2:6-12). Los cristianos vivimos en un mundo nuevo que no se caracteriza por la cancelación de "pagarés" cobrados bajo la Ley (2:13-15) ni por reglas o rituales impuestos por los que allí en Colosas han perdido de vista la importancia de Cristo. Lo que importa en la experiencia cristiana es esa relación vital que Jesús mantiene con los miembros de Su cuerpo, una relación orgánica en la que el crecimiento depende de que mantengamos una conexión íntima con Cristo, nuestra Cabeza (2:16-19). La vuelta atrás de muchos colosenses a las prácticas ascéticas puede "aparentar sabiduría" pero en realidad esas disciplinas se basan en "reglas y enseñanzas humanas" y no tienen valor alguno para contrarrestar las pasiones que surgen en la carne (2:20-23).

Pronto Pablo pasará a describir el estilo de vida que resultará de que los colosenses vuelvan a centrar su fe en Cristo. Pero ese estilo de vida solo es posible mediante la relación con la Persona que es verdaderamente Dios, de quien surge tanto el patrón como el poder para una vida de santidad.

ESTUDIO DE PALABRAS

Su fe en Cristo Jesús y del amor que tienen por todos los santos a causa de la esperanza reservada para ustedes en el cielo (1:5-6). "Esperanza" en las cartas de Pablo puede referirse a la confianza en el futuro (acción de esperar) o a aquello que se espera (el contenido de la esperanza). Aquí el énfasis está en la cosa que se espera: un futuro que Dios ya ha preparado y reservado para el creyente en el cielo. Esta "orientación al futuro" del verdadero cristianismo tal vez fuera centro de las críticas por parte de los falsos maestros de Coloso. Por cierto, ha sido criticada desde entonces por quienes se burlan de nuestra fe, diciendo que nos ofrece "un pastel en el cielo, algún día". Pero para los que sabemos que los años que pasamos aquí son menos que un pestañeo comparados con la infinita extensión de la eternidad, hacia la que vamos todos los seres humanos, ese "algún día" es una prioridad, y lo es por derecho propio.

No importa qué parezcan prometer las filosofías humanas, solamente Cristo puede garantizarnos nuestro futuro eterno.

Los comerciales de hoy no son nada nuevo
Los comerciales de hoy que presentan imágenes del "antes y después" de hombres y mujeres que ha perdido 20, 25 o 40 kilos con la "dieta X", en realidad no son algo nuevo. El filósofo Porfirio, discípulo de Plotinio, produjo este testimonial en cuanto al valor de las opiniones de su amo:

Estaba también Rogatanio, un senador, que llegó a tal punto en su renuncia a la vida pública que regaló todo lo que tenía, despidió a todos sus sirvientes y renunció a su puesto. Cuando estaba a punto de aparecer en público como pretor y los lictores estaban ya allí, se negó a aparecer o a tener algo que ver con el puesto. No quiso siquiera mantener su propia casa para vivir allí, sino que dormía en casas de amigos y conocidos, cenando en casa de uno y durmiendo en la de otro (aunque solo comía un día por medio). Como resultado de esta renuncia e indiferencia a las necesidades de la vida, aunque había sufrido gota al punto de tener que ser transportado en una silla, recuperó su salud y aunque no había podido antes extender sus manos, pudo ahora utilizarlas con mayor facilidad que los artesanos profesionales. Plotinio le consideraba en gran estima y favor, y le elogiaba mucho y con frecuencia lo presentaba como ejemplo a todo quien practicara la filosofía (*Vida de Plotinio* 7).

Por cierto que el compromiso de Rogaciano con la filosofía de Plotinio produjo notable mejora en su salud física. Pero solamente el compromiso con Cristo ofrece vida eterna.

Él *nos libró* del dominio de la oscuridad *y nos trasladó* al reino de su amado Hijo (1:13). "Librar" (*errusato*) es rescatar, poner en libertad. La imagen nos trae un eco del AT, y del sufrimiento de Israel bajo los tiranos egipcios. Tal vez lo más importante sea el verbo: "Dios nos libró" en Cristo de la tiranía de las tinieblas y "nos trasladó" al reino de Cristo. Aquí el verbo usado es *metestesen*, que suele describir la acción de mudar a un grupo de personas. Dios nos ha librado de la tiranía de las tinieblas. A diferencia de la generación del Éxodo, no estamos destinados a vagar durante años por un desierto vacío. Él nos ha llevado al "reino del Hijo que Él ama" donde reina Cristo y donde podemos experimentar una nueva vida, *ahora*.

Por eso, el cristianismo *no es* simplemente una religión que "espera un pastel en el cielo algún día". La relación con Jesús tiene un abrumador y poderoso impacto en nuestras vidas ahora mismo, y nos libera de lo viejo dándonos la libertad para vivir lo nuevo.

Y, por medio de él, reconciliar *consigo todas las cosas*, tanto las que están en la tierra como las que están en el cielo (1:20). Este versículo se ha interpretado a veces como enseñanza del universalismo, esa creencia de que en ´última instancia todos seremos salvos, incluso Satanás. Ese argumento depende de que se identifiquen "todas las cosas" del versículo 20, con "todas las cosas" del versículo 16, que claramente incluye a los seres celestiales, en combinación con un entendimiento soteriológico de *apokatallaxa*i, "reconciliar".

Si aceptamos la frase "todas las cosas" en su sentido más amplio y probable, se presentan dos alternativas al universalismo, y cada una de ellas tiene la venta de estar en armonía con la inconfundible enseñanza de las Escrituras de que Satanás y quienes le siguen están destinados al castigo eterno.

La raíz *allaso* significa "alteración de las cosas" y en el NT indica un cambio en las relaciones. La forma que tenemos aquí, *apokatallaso*, pone énfasis en la compleción y finalidad del cambio en cuestión. Cada vez que estamos ante la relación entre Dios y los seres humanos, el cambio en la relación es la restauración a la armonía entre Dios y el hombre, enemigo de Dios. Esa restauración siempre se ve como cumplida por Jesucristo en Su muerte y resurrección (Romanos 5:10-11; Efesios 2:16; etc.).

Sin embargo, aquí "todas las cosas" reconciliadas por Cristo no son seres humanos sino, como lo define 1:19, o centran nuestra atención en toda la creación o en aquellos seres angélicos que aquí se mencionan como tronos, poderes, potestades y autoridades. Entonces, lo mejor sería preguntar: ¿Qué "alteración" de relación enseña el resto de las Escrituras que cumplió Jesús entre (1) Dios y toda la creación, o (2) Dios y los seres angélicos caídos.

Si (1) "todas las cosas" comprende a toda la creación, personal e impersonal, material e inmaterial, lo mejor sería entender que el versículo enseñan que Cristo cumplió un reordenamiento de un universo que se había descalabrado y corrompido en todos los aspectos a causa de Satanás y luego, por el pecado humano. La muerte y resurrección de Cristo, seguidas de Su exaltación al trono de Dios, fue esa acción cósmica sobre la base de la cual Dios volverá a traer el universo a la total armonía y bondad, acorde con Su perfecta voluntad.

Si (2), "todas las cosas" son los ángeles caídos entonces el cambio efectuado por Cristo fue el sometimiento. Su rebelión fue efectivamente aplacada porque en la cruz Cristo "Desarmó a los poderes y a las potestades" y " los humilló en público al exhibirlos en su desfile triunfal" (2:15).

Más allá de cómo entendamos este versículo, es fácil ver su lugar en el argumento de Pablo. La herejía de los colosenses erosionaba ese lugar que le corresponde por derecho a Cristo en la fe cristiana. Y Pablo responde así. Cristo no solo es Dios, el Creador y sustento del universo. La encarnación de Cristo y Su muerte en la cruz eran parte central del plan de salvación de Dios, en sentido cósmico y personal también. En Su muerte Cristo salvó a quienes creen y de una vez por todas estableció el control soberano de Dios sobre el universo entero. El cristianismo es Cristo porque Cristo es de veras supremo.

Ahora me alegro en medio de mis sufrimientos por ustedes, y *voy completando en mí mismo lo que falta de las aflicciones de Cristo*, en favor de su cuerpo, que es la iglesia (1:24). Es claro que el sufrimiento de Cristo por nosotros en la cruz es totalmente eficaz. Como dice al autor de Hebreos: "Y en virtud de esa voluntad somos santificados mediante el sacrificio del cuerpo de Jesucristo, ofrecido una vez y para siempre" (10:10). ¿En qué sentido completa el sufrimiento de Pablo "lo que falta" de las aflicciones de Cristo (*thlipseon*)? Ha habido dos sugerencias que se hicieron populares: 1) Pablo dice que está *sufriendo por causa* del nombre de Cristo. O (2) los sufrimientos de Pablo *se parecen* a los de Cristo. Sin embargo, hay una solución mejor: somos el cuerpo de Cristo y Cristo está presente en nosotros. Así, Cristo sigue sufriendo con nosotros cuando los cristianos pasamos por penas, dolor y dificultad. Así, en el camino a Damasco Cristo le dijo a Pablo, que perseguía activamente a los cristianos: "*¿Por qué me persigues?*" (Hechos 9:4). Al perseguir a los cristianos Pablo estaba persiguiendo a Cristo.

Ahora Pablo es uno del os que pasan sufrimiento como cristianos y el gran apóstol sabe bien que Cristo Mismo siente su dolor. Pero se regocija en el sufrimiento "a favor de" la iglesia (los colosenses). Como seres humanos vulnerables que vivimos en un mundo corrupto, estamos sujetos al sufrimiento y varios aspectos. Pero el sufrimiento de Pablo es consecuencia específica de su compromiso a Cristo y a los colosenses. Pablo se ha identificado con la misión de Cristo y puede bien considerar sus sufrimientos como algo que acepta voluntariamente por el bien de la iglesia, considerándoles como aflicciones que ayudarán a *completar* lo que Cristo todavía ha de sufrir por el bien de Su pueblo aquí en la tierra.

Cuídense de que nadie los cautive con la *vana y engañosa filosofía* que sigue tradiciones humanas, la que va de acuerdo con los principios de este mundo y no conforme a Cristo (2:8). En el siglo primero la "filosofía" no era como hoy un sistema de pensamiento especulativo sino más bien, una perspectiva que brindaba una guía para vivir la vida en este mundo. Cada "filosofía" de la época se basaba en ideas sobre la naturaleza del universo y el lugar del hombre en éste. Y cada una proponía una definición del camino de la vida que se suponía estaba en armonía con la realidad subyacente.

Según Pablo, el problema con estas filosofías es que son *kenes apates*, "vanos engaños". Como globos lindamente decorados, las filosofías humanas pueden parecer atractivas pero están vacías, sin sustancia que respalde su aspecto. Pablo además ofrece más explicaciones. Las filosofías humanas dependen de la "tradición humana" y el hombre es falible. El hecho de que una visión del mundo sea antigua no implica que sea correcta. Las filosofías humanas también se apoyan en los "principios del mundo". El término griego traducido como "principios"

es *stoicheia*, que originalmente indicaba al alfabeto y luego, a los elementos físicos. En el sentido que escoge la NVI, supone lo elemental, el ABC. Por naturaleza, el ser humano es tan limitado que jamás podrá comprender la realidad más allá de lo que llega a comprenderla un niño de preescolar.

Y la mancha final de las filosofías que distraen a los colosenses es que ignoran a Cristo. En lugar de depender de Cristo como fundamento de nuestro entendimiento, dependen de ideas perimidas desarrolladas por personas que por naturaleza son tan limitadas que jamás pueden llegar más allá de lo básico – el ABC – en su entendimiento de la realidad.

Somos necios si hoy permitimos que nos impresione la sabiduría de este mundo sin recordar que por muy lejos que llegue el ser humano con su intelecto, lo mejor que puede ofrecer no es nada comparado con la sabiduría de Dios revelada en Cristo y registrada en la Palabra de Dios.

Anular la deuda que teníamos pendiente *por los requisitos de la ley*. Él anuló esa deuda que nos era adversa, clavándola e.n la cruz (2:14). La deuda o "código" que mencionan algunas traducciones es *cheirographon*, o "escrita a mano". Todos lo entienden como referencia a la ley de Moisés, pero no están de acuerdo en cuanto al sentido de su intención. *Cheirographon* podría describir a la ley como acusación contra nosotros, los acusados. O podría describir la ley como lista de acusaciones que nosotros, los acusados, hemos leído y firmado indicando así que las acusaciones son válidas.

Es preferible esta segunda acepción que nos recuerda que la ley divina acusa al judío y el gentil por igual. Como señala Pablo en Romanos 2, en tanto el judío afirma la validez de la ley de Dios, la conciencia cumple una función similar en los gentiles al dar testimonio de que sí existen el bien y el mal y que cada persona a sabiendas ha hecho lo que sabía que estaba mal.

Esta ley consiste en regulaciones ("requisitos de la ley"). Que nos son adversas en cuanto a que sujetos a la ley por el código de Moisés o a la conciencia, no pudimos satisfacer sus requisitos y por eso la ley, necesariamente se convirtió en nuestra acusadora. Pero por Cristo, la ley y su escrito de acusación ¡ya no valen nada! Cristo canceló esa deuda, la anuló "clavándola en la cruz".

El término griego que se traduce como "anuló" significa borrar, eliminar o en el caso de la ley, abolir. En Cristo toda obligación que teníamos ante Dios a causa de la ley, se ha anulado y somos libres ahora de vivir vidas nuevas sin referencia al pasado.

Desarmó a los poderes y a las potestades, y por medio de Cristo los humilló en público al exhibirlos en su desfile triunfal (2:15). El verbo en griego es *apekdusamenos*, aquí intensivo en la voz media y que significa "habiendo despojado". No se especifica qué es lo que Cristo les quitó a los hostiles poderes del "dominio de la oscuridad" (1:13). Hay quienes suponen que se trata de una imagen militar y que a los poderes angelicales Cristo les quitó las armas que les daban poder sobre los seres humanos. Pero el contexto del reino aquí sugiere un sentido más político que militar y la referencia a humillar en público a estos poderes indica otra fascinante posibilidad.

En el imperio romano los activos intangibles que poseían quienes ostentaban el poder y mediante los cuales podían dominar a los demás, eran la *auctoritas* y la *dignitas*. Colleen McCullough en el glosario de su fascinante libro *La corona de hierba*, describe tales cualidades de la siguiente manera:

> *Auctoritas*. Significaba la pre-eminencia, el poder, el liderazgo, la importancia pública y por sobre todo, la capacidad de tener influencia en los hechos solo sobre la base de la reputación pública (p. 993).

> *Dignitas*. La *auctoritas* era una cualidad pública, en tanto la *dignitas* era personal, la acumulación de posición y poder que provenían de las cualidades y logros personales. De todos los activos que poseía un nombre romano la dignitas probablemente fuera la que más defendería, al punto de estar dispuesto a ir a la guerra o al exilio, de suicidarse o ejecutar a su esposa y su hijo (p. 1101).

Lo que Pablo tal vez esté diciendo en este versículo es que por medio de la cruz Cristo les quitó a los poderes demoníacos su *auctoritas* y *dignitas*. Ya no pueden tener influencia en los hechos por su sola reputación. Y la reputación que ganaron con sus logros del pasado se ha derrumbado y solo es polvo porque en la cruz Jesús exhibió en público su falta de poder.

Los poderes sobrenaturales y sus autoridades hoy no son nada para nosotros porque se ha revelado aquel que tiene *auctoritas* y *dignitas* verdaderas. Y con alegría Le damos nuestra lealtad a Él y a nadie más.

EL PASAJE EN PROFUNDIDAD

Cristo y la herejía de los colosenses (1:15-22).
Trasfondo. La teoría de que Pablo escribió esta carta en ataque a la herejía que surgía en Colosas fue presentada por el obispo Lightfoot con vehemencia en su comentario a Colosenses, en 1875. Desde entonces los estudiosos han debatido no solo en torno a la naturaleza de tal herejía, sino en cuanto a su existencia. Aunque no ha sido posible definir claramente el sistema herético sí parece claro que Pablo escribió en contra de la herejía y que pueden discernirse sus principales elementos.

En parte, se encuentra evidencia de la existencia de un sistema herético en cantidad de palabras y expresiones relacionadas con antiguas ideas religiosas y religiones de misterio. Pablo habla de maestros de una "filosofía" que presentan como antigua (y por ello, confiable para la persona del siglo primero). Estos maestros usan palabras atractivas como "plenitud" (*pleroma*) y frases como "cosas que se ven al entrar" (*ha heoraken embatteuon*). Los falsos maestros insistían también en la "adoración voluntaria" (*ethelothreskia*) de seres angélicos (*threskei ton angelón*) a quienes se aplacaba mediante la estricta observancia de tabúes (cf. 2:21) y mediante "un severo trato del cuerpo " (*apheidia somatos*).

Una vez más, hay debate sobre los detalles de la herejía que se había instalado en Colosas. ¿Está escribiendo Pablo en contra del judaísmo de los esenos, una secta pagana de misterio que como sincretismo unía el judaísmo gnóstico y el paganismo? ¿O contra el ascetismo místico judeo-cristiano? Aunque no está determinada la naturaleza exacta de la herejía de Colosas, es claro que Pablo escribe para combatir algo que está atacando a la iglesia. Al examinar lo que dice a la luz de los sistemas filosóficos de la época que ya conocemos, y los de los siglos posteriores, podemos discernir los principios básicos de la herejía de Colosas.

Ante todo, es claro que esta herejía de Colosas se basaba en el dualismo. Es decir que quienes causaban problemas a la iglesia de Colosas suponían, según lo común en la filosofía griega, que tanto el universo material como el inmaterial eran co-eternos. Que la materia no había sido creada por Dios sino que existía desde el principio y que Dios – o alguna otra deidad inferior – simplemente le había dado forma para "crear" nuestro mundo.

Otra antigua tradición sostenía que Dios existía a la distancia del mundo material, sin que le afectara lo que sucediera. Luego, Plotio refinaría la obra de Platón para presentar un complejo argumento que mostraba que debía existir una serie de "emanaciones" entre el Dios inmaterial y el universo material.

Plotio desarrolló el tema que ya habían presentado algunas filosofías, de que solamente el Dios inmaterial era verdaderamente "bueno" y argumentaba que en este caso, y por oposición, lo material debía ser "malo". De allí que Dios no podía contaminarse teniendo contacto con el universo material. ¿Cómo adoptó su forma el universo material entonces? Para resolver este problema Plotio postulaba que entre Dios y el universo material existían unos seres. De éstos, los más cercanos a Dios eran más "inmateriales" y más "buenos". Y los más cercanos al universo eran más "materiales" y "malos".

El dios que había dado forma al universo, el *demiurgo* de Platón, sencillamente no podía ser "Dios" sino alguno de los poderes angélicos de menor rango y más "materiales".

Colosenses 1-2

Aunque no debiéramos aplicar la filosofía de Plotio (207-260 DC) al siglo primero, los elementos básicos de su filosofía sí existían en esa cultura y las tendencias místicas evidentes en Plotino también estaban presentes tanto en el judaísmo como en los cultos de misterio orientales. Así, al lees Colosenses y ver los temas en los que se centra Pablo, podemos reconstruir las creencias básicas propuestas por los falsos maestros que corrompían a esta iglesia primitiva. Y podemos apreciar por qué responde como lo hace ante tales enseñanzas.

La primera razón por la que Pablo responde con tal vigor, *es que la herejía de Colosas mina por completo el rol central de Jesús en el cristianismo*. Incluso si se reconoce a Jesús como deidad, por definición Él tiene que ser una deidad inferior porque ninguno de los rangos ordenados entre el universo y Dios se dignaría a contactar el material "malo" del mundo. Jesús incluso podría ser reconocido como el demiurgo de Platón, o como el Creador de las Escrituras, pero siempre y cuando siguiera siendo relativamente insignificante.

Por eso los que proponían las herejías de Colosenses tal vez hablaran bien de Jesús pero urgiendo a los cristianos a ir más allá de Cristo para encontrar la "plenitud" de Dios. Esto se lograría mediante la humildad voluntaria y la adoración a poderes supuestamente superiores a Jesús en rango, siguiendo tabúes que definían lo que se podía tocar y lo que no, las celebraciones religiosas que debían observarse y lo que se podía o comer o beber y lo que estaba prohibido (cf. 2:16-18).

Interpretación. Después de las formalidades de rigor en el siglo primero Pablo ataca la herejía de Colosas en un párrafo que deja perfectamente en claro la verdadera naturaleza de Jesucristo y Su obra.

■ 1:15. "Él es la imagen del Dios invisible, el primogénito de toda creación". La palabra "imagen" es *eikon*, que implica semejanza y manifestación a la vez. La naturaleza de Dios está impresa en Cristo, así como en una moneda vemos impresa la imagen del emperador: Jesús es Dios de manera reconocible y por ello, el revelador de Dios. el "Dios invisible" no está enmascarado por una serie de rangos de seres angélicos. Está presente, visible al ojo humano, en Jesucristo.

La palabra "primogénito" es *protogokos*, que sugiere tanto prioridad como supremacía. En cuanto al tiempo, Cristo existía ya antes de que existiera el universo. Y en términos de la supremacía, Cristo tiene el rango más alto de todos en la familia de Dios. Como heredero de Dios Cristo es Aquel que tiene derechos de señorío y control por sobre el universo entero. No hay forma de que Cristo pueda estar subordinado a ángeles "superiores".

■ 1:16-17. "Porque por medio de él fueron creadas todas las cosas en el cielo y en la tierra, visibles e invisibles, sean tronos, poderes, principados o autoridades: todo ha sido creado por medio de él y para él. Él es anterior a todas las cosas, que por medio de él forman un todo coherente". Aquí Pablo afirma algo que es esencial. El universo material y el inmaterial no son co-eternos. De hecho, solamente Dios es eterno. Tanto el universo material como el inmaterial fueron creados ¡y creados por Cristo!

Esto significa que los seres angélicos que existen solo existen porque los creó Jesucristo. Están totalmente subordinados a Cristo y no pueden ser superiores a Él. Pero hay más todavía. Solo por Cristo es que "forman un todo coherente". La palabra *sunesteken* significa "sostener". Pablo está diciendo no solo que Jesús dio existencia al universo visible e invisible, sino que únicamente por el continuo y presente ejercicio de Su poder mantiene su forma el universo. Si por un momento Jesús dejara de ejercer ese poder, el cosmos caería en un caos.

■ 1:18-19. "Él es la cabeza del cuerpo, que es la iglesia. Él es el principio, el primogénito de la resurrección, para ser en todo el primero. Porque a Dios le agradó habitar en él con toda su plenitud". Cristo es supremo, no solo en el universo material y en el inmaterial sino también en la iglesia. En Su resurrección Cristo estableció una nueva humanidad, que responde ante Él y es responsable ante Él y nadie más que Él. En lugar de ser una religión "inferior" el cristianismo es la fe más superior porque el cristiano está en relación orgánica con Aquel en quien habita la plenitud de Dios.

■ 1:20: "...y, por medio de él, reconciliar consigo todas las cosas, tanto las que están en la tierra como las que están en el cielo, haciendo la paz mediante la sangre que derramó en la cruz". Para el comentario a este versículo ver Estudio de palabras de Colosenses 2:15, más arriba.

■ 1:21-22. "En otro tiempo ustedes, por su actitud y sus malas acciones, estaban alejados de Dios y eran sus enemigos. Pero ahora Dios, a fin de presentarlos santos, intachables e irreprochables delante de él, los ha reconciliado en el cuerpo mortal de Cristo mediante su muerte". Pablo ha establecido la supremacía de Cristo en el reino espiritual y material. Ahora muestra que Jesús, En Quien habita toda la plenitud de Dios, entró en el universo material y cumplió un propósito espiritual en "su cuerpo físico a través de la muerte". Lo material y lo espiritual no son reinos aislados el uno del otro. Lo que sucede en uno puede afectar, y lo hace, a lo que suceda en el otro. Cuando el hombre se rebeló en el universo físico al comer el fruto prohibido, "alienándose" así y volviéndose "enemigo", Dios al morir en el universo físico revirtió la condición espiritual de quienes creen en la buena nueva del Evangelio.

Aplicación. Jesús es la figura central y suprema del cristianismo. Completamente único: Dios en Su plenitud, y aún así verdaderamente humano, amo del universo material e inmaterial.

Hoy no es tan probable que nos atraiga el tipo de sistema religioso/filosófico al que eran vulnerables los del siglo primero. Pero sí tal vez formemos una dicotomía similar en nuestro pensamiento. Además, somos propensos a relegar a Jesús al pleno de lo sobrenatural e invisible sin darnos cuenta de que Él ejerce pleno control sobre los detalles de nuestras vidas cotidianas también, y que por nuestra relación con Jesús, podemos influir en los hechos por medio de la oración.

La vida cristiana y la herejía de Colosas (2:6-23)
Trasfondo. Las suposiciones dualistas que conformaban el corazón de la herejía de Colosas tenían implicancias prácticas, filosóficas y teológicas. El dualismo llevaba a la negación de la plena deidad y supremacía de Jesucristo. También era causa de que se creyera que la naturaleza del hombre tenía aspectos "espirituales" y "materiales" en esencia sin relación entre sí. El hombre interno, espiritual, era "bueno" y el hombre físico y material era "malo". Era lo inmaterial lo que podía percibir a Dios y acercarse a él y esto solo podía lograrse a través de la mente o el espíritu.

Del dualismo surgían dos estilos de vida diferentes: uno, caracterizado por lo licencioso porque si lo físico es intrínsecamente malo, lo sensual es lo que puede esperarse del hombre físico y como no hay relación directa entre lo material y lo inmaterial, lo que haga el cuerpo físico no tiene impacto en la parte espiritual. La persona puede ser mística y buscar a Dios con el espíritu pero al mismo tiempo puede ser lujuriosa y dedicar su cuerpo a los pecados más bajos.

El segundo estilo de vida se caracteriza por el ascetismo. El espíritu humano, que es bueno, está atrapado dentro de un cuerpo físico malo. Una de las formas de fortalecer lo espiritual es negando o castigando al cuerpo mediante un "trato cruel". Aquí, es la disciplina lo que cuenta, el rigor en el cumplimiento de reglas sobre el comer, el dormir, el tocar. Las reglas imponen estrictas horas y días de oración o ayuno que hay que observa.

A pesar de que no contamos con indicación en la carta de Pablo de que la iglesia hubiera sido influenciada hacia el estilo de vida licencioso, sí hay evidencias de que los maestros de lo herético estuvieran imponiendo un patrón de ascetismo. Pablo advierte en cuanto a permitir que nos juzguen "por lo que comen o beben, o con respecto a días de fiesta religiosa, de luna nueva o de reposo" (2:16). Habla de las reglas "No tomes en tus manos, no pruebes, no toques" (2:21) y del "severo trato del cuerpo" (2:23). En conjunto, todo esto parece indicar que quienes introducían las falsas enseñanzas en la iglesia de Colosas imponían no solo una teología falsa sino que insistían en una forma de vida asceta que supuestamente promovía el progreso espiritual.

Interpretación. Pablo ha establecido que Jesucristo es de veras el Señor. Ahora llama a los colosenses a "vivir en Él" ()2:6) y a hacerlo "arraigados y edificados en él" (2:7), como única forma de lograr el crecimiento espiritual.

La perspectiva del asceticismo en cuanto a la espiritualidad según la presentan los falsos maestros es "vana y engañosa filosofía que sigue tradiciones humanas, la que va de acuerdo con los principios de este mundo y no conforme a Cristo" (2:8). Pablo entonces presenta el contraste entre las dos formas de ver la vida espiritual.

■ Según el cristiano: la transformación interior (2:9-15). Dios nos dio Su plenitud en Cristo. Jesús ejerce Su poder para ir más allá de la operación externa e ineficaz en la carne, que los hombres llaman circuncisión y que servía como señal externa de una relación de pacto con Dios. Jesús llegó a lo más profundo de nuestras personalidades, y obró para quitarnos "la naturaleza de pecado" (literalmente "la carne", sarx). Y lo hizo al unirnos a Cristo (sentido del "bautismo" tanto aquí como en 1 Corintios 12:13 y Romano 6), muriendo la muerte que nosotros merecíamos y dándonos Su nueva vida. Así, dice Pablo, cuando estábamos muertos "Dios nos dio vida en unión con Cristo" (2:13). Y desarmando a todos esos poderes que antes dominaban a los perdidos con su auctoritas y dignitas, Cristo liberó al creyente parea vivir una relación personal con Dios.

■ Según los falsos maestros: la auto-negación ascética (2:16-23). En lugar de la dinámica relación con Jesús, los falsos maestros ofrecen solo un sistema hueco lleno de reglas, de obligaciones y prohibiciones con tal de ganarse el valor de seres angélicos que supuestamente están entre Cristo y Dios y que exigen la auto negación como señal de "humildad voluntaria". Pablo, aunque describe las disciplinas que han impuesto los falsos maestros dice que su "severo trato del cuerpo" y dice que "de nada sirven frente a los apetitos de la naturaleza pecaminosa" (2:23).

Es importante esto. Porque en lugar de someter al cuerpo, al asceticismo se remite a redirigir las expresiones de la naturaleza de pecado. El asceta no puede practicar la promiscuidad pero su orgullo y el desprecio que siente por los menos disciplinados es expresión de la carne, tanto como la promiscuidad.

Aplicación. A primera vista parecería que Pablo, aunque presenta el contraste de lo externo que proponen los maestros pseudo-cristianos que se han infiltrado en la congregación de Colosas, con lo vital del cristianismo, no explica cómo se vive esta vida interior que él elogia.

De hecho, Pablo ya ha explicado el secreto. Está contenido en la oración que él ofrece continuamente por los colosenses, como lo registra Colosenses 1:9-12.

Allí Pablo pide que Dios llene a los colosenses con el conocimiento de la voluntad de Dios (*tou thelematos autou* [1:9]). Pero este conocimiento de la voluntad de Dios que tenemos en las Escrituras por medio de la revelación tiene que guardarse en "sabiduría y entendimiento" (*sophia* y *sunesin*[1:9]). Dirigirán nuestra atención a la capacidad de ver las implicancias prácticas de la revelación de Dios "para que vivan de manera digna del Señor, agradándole en todo" (1:10).

¿Qué sucede cuando vemos las implicancias de la revelación de Dios para la vida en este mundo y respondemos decidiendo que viviremos una vida digna del Señor, agradándole en todo? Nos lo dice una serie de verbos: damos fruto en toda buena obra, crecemos en el conocimiento (personal, no teórico) de Dios, y nos vemos fortalecidos por Su glorioso poder.

COLOSENSES 3–4
Una nueva vida por vivir

EXPOSICIÓN

En Colosenses el apóstol Pablo confronta con los colosenses respecto de una herejía que ha capturado a muchos de los de esa iglesia. Era una herejía basada en el dualismo: la concepción de que los mundos espiritual y material se oponen y son co-eternos. Parte del hombre, su "chispa" participaba en el plano espiritual y bueno de Dios aún cuando el cuerpo fuera material y parte del universo físico "malo".

Al aceptar esas creencias el cristianismo se corrompía por completo. No se podía identificar sencillamente a Jesucristo con el Dios supremo porque Dios no querría tener nada que ver con el universo material. En el mejor de los casos, Jesús era nada más que un miembro de bajo rango en una serie de seres angélicos que llenaban la brecha existente entre el mundo material y el espiritual. Con la misma creencia básica, la "vida espiritual" tenía que ser interna e intelectual, con poca o ninguna injerencia en la vida cotidiana del ser humano. Uno podía justificar la vida licenciosa encogiendo los hombros ante lo que hacía el cuerpo "malvado" o se podía argumentar a favor de una vida ascética de auto-negación como intento por fortalecer al a persona interior, negando los deseos de la carne.

En Colosenses 1-2 Pablo confronta tanto las presunciones básicas de los herejes sobre la realidad y también critica sus conclusiones. La realidad es que Jesús creó tanto el universo material como el espiritual. En lugar de estar por siempre aislados el uno del otro, su base está en la unión con Cristo que es Señor de ambos. En Cristo, Dios el Hijo entró en el universo material y por medio de Su muerte en un cuerpo físico reconcilió "toda las cosas" con Dios, restaurando amb planos a la armonía con Dios. Así, Cristo es exaltado en el cristianismo al lugar de supremacía qu Le corresponde, lugar que Le niega la filosofía "vana y engañosa" que proponen los herejes.

La herejía de Colosas también tiene una falsa visión de la espiritualidad. Los seres hum nos no son de naturaleza dual con un hombre interior espiritual "bueno" y un hombre físico exterior "malo". La naturaleza humana es totalmente corrupta porque por naturaleza estam "alejados de Dios" y somos "sus enemigos" (ver 1:21). Pero Cristo ha satisfecho nuestra neces dad. Cargó con nuestros pecados en la cruz y por medio de la unión de fe con Jesús, lo viejo nosotros ha muerto y Dios nos ha dado vida nueva. Esta transformación interior es la base la vida espiritual y todas esas reglas que siguen los ascetas con la intención de subyugar la carr no tienen valor alguno para la espiritualidad. De hecho "de nada sirven frente a los apetitos la naturaleza pecaminosa" (2:23).

Establecido esto, el apóstol ahora pasa a describir en Colosenses 3-4 la vida de quien h experimentado la renovación interior por medio de Cristo. Vemos una vez más un marcad contraste entre la perspectiva de los herejes de Colosas y la del cristianismo bíblico. En el cristia ismo la vida que vivimos en el cuerpo no es irrelevante a la espiritualidad, sino que de hecho, *verdadera espiritualidad se expresa en la vida que vivimos en el cuerpo*. Así, quien ha experimentad la renovación interior "hace morir" los pecados que surgen de las pasiones de la carne (3:1-7) el orgullo egoísta (3:8-11).

Esa renovación interior tendrá expresión práctica en la compasión, la amabilidad, la humi dad, la bondad y la paciencia del creyente. Se expresará en la paz y la armonía que distinguen cuerpo local cristiano como pueblo de Dios (3:12-17). La renovación se expresará en la form positiva en la que se relacionan entre sí las personas, dentro de las estructuras que establece cad sociedad (3:18-4:1). Así, el verdadero cristianismo, lejos de apoyar una visión dualista de realidad, presenta una visión unitaria en la que los universos espiritual y material están unid en Cristo y la vida cristiana no es nada menos que la vida de Cristo dentro de nosotros, que expresa en cada acción y cada relación.

El capítulo 4 de Colosenses es el cierre de la carta. Pablo brinda algunas instruccion finales (4:2-6) y añade saludos personales a una cantidad de personas de Colosas y la cercar Laodicea (4:7-17). Su última observación es un pedido para que recuerden al apóstol que es preso (4:18).

El capítulo 4 de Colosenses es el cierre de la carta. Pablo brinda algunas instruccion finales (4:2-6) y añade saludos personales a una cantidad de personas de Colosas y la cercar Laodicea (4:7-17). Su última observación es un pedido para que recuerden al apóstol que es preso (4:18).

ESTUDIO DE PALABRAS

Ya que han resucitado con Cristo, busquen las cosas de arriba (3:1). El término griego es *zeteite*, literalmente "buscar". La palabra indica atención y urgencia, y la conjugación en imperativo indica acción continua: mantengan su vida centrada en las cosas de arriba y sigan buscándolas.

Ya que han resucitado con Cristo, busquen las cosas de arriba, donde está Cristo sentado *a la derecha de Dios* **(3:1).** La frase "las cosas de arriba" (*ta ano*) tiene una connotación ética, además de espacial. Pablo no está diciendo que todas las cosas de la tierra sea intrínsecamente malas, sino que tenemos que est dispuestos a evaluar todas las cosas bajo la perspectiv que nos da la eternidad.

La definición de "arriba" como lugar donde Crist está sentado "a la derecha de Dios", efectúa un apor especial. En los tiempos bíblicos estar a la derech de una persona poderosa era considerado lugar honor, influencia y poder. Cuando el cristiano ev lúa según esas cosas de arriba, evalúa todas las cos según Cristo.

Concentren su atención en las cosas de arriba, no en las de la tierra (3:2). El término griego es *phroneite*, que significa "considerar" en el sentido de "juzgar", "evaluar", "buscar", "con sentido común y razonable". La espiritualidad cristiana no es simplemente la pasión por la santidad sino una forma de pensar, una orientación a la vida que no es de naturaleza terrenal sino que constantemente toma en cuenta a Cristo y Su perspectiva.

Cuando Cristo, que es la vida de ustedes, se manifieste, entonces también ustedes serán manifestados con él en gloria (3:4). Las realidades que el cristiano conoce por revelación y experiencia ahora "están escondidas con Cristo en Dios" (ver 3:3). La brecha entre el mundo visible y el invisible sigue estando en nuestros tiempos, aunque fue cubierta por Cristo y hoy es cubierta por el creyente que ha muerto y resucitado a la nueva vida en nuestro Señor. Aunque llegará el tiempo en que la unificación de los dos mundos que logró Cristo en el Calvario será concretada por todos. Y esto sucederá cuando "aparezca" Cristo. El verbo en griego *phaneroo* significa manifestarse o hacerse visible. Cuando Cristo regrese visiblemente nuestra posición "con Él en gloria" también se hará visible a todos.

Hagan morir todo lo que es propio de la naturaleza terrenal (3:5). La palabra *nekrosate*, "hacer morir" es muy fuerte y la conjugación del verbo indica una acción decidida. Esto difiere en mucho de la perspectiva de los herejes de Colosas que buscaban suprimir los deseos del cuerpo mediante un "severo trato". Lo que Pablo está mandando es a decidir que se exterminará todo lo que esté relacionado con lo viejo, al adherir completamente a lo que esté asociado con la nueva vida que tenemos en Cristo.

Pablo define bien lo que "es propio de la naturaleza terrenal". No quiere que confundamos las necesidades y deseos neutrales en términos morales, que tienen que ver con la vida terrenal, como cosas intrínsecamente de pecado. Por eso, añade en la aposición: "inmoralidad sexual, impureza, bajas pasiones, malos deseos y avaricia" (3:6). Las primeras cuatro tienen que ver con el vicio sexual. Y la última, la avaricia (*pleonexian*) indica una pasión feroz e implacable por las cosas materiales.

Es todo esto lo que el creyente tiene que rechazar con determinación, "haciendo morir" y enterrando dichas expresiones de la naturaleza de pecado.

Pero ahora *abandonen también* todo esto: enojo, ira, malicia, calumnia y lenguaje obsceno (3:8). El verbo en griego *apothesthe* significa "dejar de lado". Tanto en sentido literal (Hechos 7:58) como metafórico (Romanos 13:12; Efesios 4:22), la palabra se refiere a quitarse la vestimenta. Junto con "hacer morir" en 3:5 "abandonar", brinda la imagen de un rechazo decidido de toda expresión del viejo ser, a favor del nuevo (3:9-10).

En 3:5 las características del viejo ser eran esencialmente sensuales, y se debían a pasiones carnales. En 3:8 las características tienen que ver con lo actitudinal y surgen de la orientación psicológica.

"Enojo, ira, malicia" sugieren una disposición hostil hacia los demás. La calumnia, dirigida a otros (*blasphemia*) implica insulto, acusación engañosa, en tanto el "lenguaje obsceno" (*aischrologia*) muy probablemente se refiera aquí al "lenguaje abusivo". En conjunto, presentan un ego desenfrenado, absorto en sí mismo, despectivo y hostil hacia los demás, tanto en su disposición como en su acción.

Lo que Pablo hace aquí es, por supuesto, presentar dos litas que representan en 3:5 los pecados que tienen que ver con el cuerpo físico y en 3:8 los asociados con el hombre psicológico o interior. Una vez más Pablo destaca que el dualismo de los falsos maestros que están en Colosas es de veras un engaño vano y hueco. La corrupción de la naturaleza humana en la Caída, corrompe a la persona entera, y la renovación que recibimos en Cristo purifica a la persona entera. Lo que se considere menos que eso no es digno de Cristo, y niega al nuevo ser en que se convierte el cristiano.

Dejen de mentirse unos a otros (3:9). La forma del verbo *pseudesthe*, con la partícula del negativo, significa "dejen de mentir". Que se lo mencione por separado indica un énfasis especial. ¿Por qué? Tal vez porque la mentira y el engaño son el medio que usa la mayoría de las personas para expresar hostilidad y malicia hacia los demás. La persona abiertamente antagonista, ataca verbalmente a quienes entran en contacto con ella, y aleja a los demás, quedando aislada muy pronto de la sociedad normal. Muchas personas disfrazan su hostilidad con un barniz de sociabilidad.

Se han quitado el ropaje de la vieja naturaleza con sus vicios, y se han puesto el de la nueva naturaleza, que se va renovando en conocimiento a imagen de su Creador (3:10). Pablo ha utilizado imágenes que podrían malinterpretarse. "Hacer morir" y "abandonar" parecieran ser acciones decididas, rotundas. Ahora, Pablo nos recuerda que si bien, volverse a Cristo es una acción definitiva y que la conversión implica quitarse lo viejo y vestirse con lo nuevo, la renovación que experimentamos es gradual, progresiva. Lo sabemos porque "se va renovando" (*anakainoumenon*) está conjugado en presente e indica un proceso continuo.

Hay varias razones para que esta verdad nos dé esperanzas. Ante todo, no se nos obliga a esperar la perfección en nosotros mismos. Cuando un cristiano, nuevo o maduro, comete un error, no necesita poner en duda su salvación. En segundo lugar, en Cristo nos hemos vestido de una nueva naturaleza. Es una vida nueva la que existe en nosotros. En tercer lugar, este nuevo ser "se va renovando...a imagen de su Creador". ¡Como cristianos vamos de camino hacia arriba, definitivamente!

Es posible que el cristiano falle, temporariamente. Pero en última instancia el nuevo ser que Dios nos da, encontrará su expresión en nuestras vidas.

Por lo tanto, como escogidos de Dios, santos y amados, vístanse (3:12). El llamado a vestirse (*endyasthe*) aparece en paralelo a los llamados de Pablo a "hacer morir" y "abandonar". Este llamado urgente expresa el aspecto positivo de la responsabilidad personal del cristiano en tanto los llamados anteriores expresan los aspectos negativos de la responsabilidad del cristiano.

Lo que hace Pablo en estas exhortaciones es recordarnos que aunque la transformación que experimentamos por dentro es obra de Dios exclusivamente, usted y yo somos responsables de tomar las decisiones morales que determinarán si esa obra de Dios encontrará o no expresión en nuestra vida cotidiana (ver El pasaje en profundidad).

Que *gobierne* en sus corazones la paz de Cristo, a la cual fueron llamados en un solo cuerpo (3:15). El término es *brabeuo*, y solo aparece aquí dentro del NT. En el griego antiguo tenía una connotación deportiva, como de árbitro. Tal vez, para el siglo primero la palabra significara simplemente decidir o gobernar.

La cuestión crítica es si Pablo sigue hablando de las relaciones dentro de la iglesia, con lo cual "paz" se refiere a las relaciones interpersonales. O si está presentando un nuevo tema y habla de la paz interior. Los traductores de la NVI están a favor de la segunda posibilidad, en donde "paz" es la confianza que viene cuando tomamos decisiones dentro de la voluntad de Dios. La falta de paz puede indicar que tenemos que reevaluar o postergar una decisión.

Y todo lo que hagan, de palabra o de obra, háganlo *en el nombre del Señor Jesús* (3:17). En el siglo primero, actuar "en el nombre de" otra persona era actuar como representante del otro. Lo que digamos o hagamos contribuirá a la impresión que tengan los demás de Jesús.

EL PASAJE EN PROFUNDIDAD
Reglas para los hogares cristianos (3:18-4:1).
Trasfondo. En el siglo primero, como ahora, la mayoría de las personas aceptaban sin cuestionamientos la "corrección" de las instituciones sociales existentes. También aceptaban sin cuestionar las expectativas establecidas para quienes cumplían roles dentro de esas instituciones. Por eso, un senador romanos jamás se dedicaría al comercio sino que obtendría ingresos de sus propiedades o de la riqueza ganada (u obtenida por extorsión) durante el ejercicio de su mandato en alguna de las distantes provincias o territorios de Roma.

No es que hubiera algo inmoral en el comercio, en el sentido objetivo, bíblico. Pero dentro de esa sociedad, el comercio no era una actividad adecuada para un senador, y de hecho, se consideraba algo escandaloso.

El hecho es que en toda sociedad hay expectativas, implícitas pero de todos modos entendidas por todos, para cada rol o función. Tal vez no haya nada intrínsecamente "bueno" o "malo" en tales expectativas. Pero para vivir en armonía dentro de una sociedad, la persona no puede violar las expectativas relacionadas con su función, si es que quiere tener influencia.

En determinadas cosas los primeros cristianos eran drásticos, porque violaban las expectativas de los que conformaban su comunidad. Por ejemplo, los más ricos, y "buenos ciudadanos" debían participar de los asuntos públicos. Pero como todas las actividades públicas incluían el sacrificio a los dioses del lugar, y más tarde al emperador como si fuera un dios, para los cristianos esto sencillamente era imposible. Con el tiempo, surgió el desprecio hacia los cristianos por considerárseles anti-patriotas y hasta misántropos.

De manera similar, se esperaba que los soldados romanos veneraran a las águilas que eran el símbolo de su legión. Los soldados cristianos se negaban a participar de algo que consideraban idolatría, pero que a los oficiales les parecía desleal. La historia registra que fueron ejecutados muchos cristianos del ejército romano solo porque defendían la adoración exclusiva a Jesús.

Sin embargo, era frecuente que no hubiera una razón moral para que los cristianos violaran las expectativas de la sociedad. La esposa cristiana podía ser "buena" esposa según la opinión que se tenía en el siglo primero, sin negar a Cristo. El padre cristiano podía ser "buen" padre sin violar lo que se consideraba adecuado en el siglo primero. Y el esclavo cristiano podía ser "buen" esclavo según la opinión que se tenía del rol del esclavo, sin violar su compromiso hacia Cristo.

Es importante reconocer esto cuando leemos las exhortaciones de Pablo a las esposas y esposos, hijos y padres, esclavos y amos. Lo que dice Pablo *no implica que tengamos que aceptar la visión del matrimonio, de la paternidad o la esclavitud en esos tiempos*. Lo que Pablo enseña es, sencillamente, que los cristianos han de cumplir con las expectativas que tiene la sociedad respecto de ellos siempre y cuando el hacerlo no implique violar la lealtad que le debemos a Jesucristo.

Interpretación. Pablo comienza con la exhortación "Esposas, sométanse a sus esposos, como conviene en el Señor" (3:15-4:12). La serie de exhortaciones que inicia este versículo es un paralelo de las instrucciones que da Pablo en Efesios 5:21-6:9, y en el capítulo sobre Efesios 5 y 6 incluimos un estudio sobre ese extenso pasaje.

Lo que queremos observar aquí son los diversos principios que gobiernan el tratamiento que hace Pablo de tres conjuntos de relaciones: la relación entre esposas y esposos, entre hijos y padres, y entre esclavos y amor.

Ante todo, esta serie de exhortaciones se desprende del mandamiento de 3:17 de "hacerlo todo en el nombre del Señor Jesús". Así como Cristo vivió Su vida aquí en la tierra dentro del marco que brindaban las expectativas de Su sociedad, nosotros también hemos de vivir dentro del marco que brinda nuestra sociedad. Esto no implica necesariamente que, por ejemplo, Dios esté dando Su aprobación respecto de la esclavitud. Pero sí significa que en el siglo primero el esclavo debía guiarse por las normas que en ese momento gobernaban la relación del esclavo y su amo. Como representante de Cristo dentro de su sociedad, el esclavo debía ser un esclavo ideal. Y de manera similar, como representante de Jesús el amo tenía que ser un amo ideal.

Pablo no está diciendo que la esclavitud o la conducta que se espera del esclavo estén "bien". No es ese el tema en absoluto. El tema es que para representar a Cristo el cristiano necesita ganarse la admiración de los de su sociedad, con excelencia en las cualidades que tal sociedad aprueba.

Podemos llegar a una conclusión parecida en el caso de las esposas. En el siglo primero se esperaba que se sometieran a sus esposos, y esto se expresaba de diversas formas. La esposa cristiana, para representar a Cristo, debía ganarse la admiración de su esposo y sus pares mediante la excelencia en las cualidades que la sociedad aprobaba.

En segundo lugar, Pablo destaca los deberes que se esperan de las personas en cada una de las funciones que menciona. No pone en discusión los derechos de la esposa, el niño o el esclavo según la ley. Y no nos sorprende, ya que en otras cartas Pablo urge a los cristianos a renunciar voluntariamente a sus derechos a favor de las obligaciones. El clásico ejemplo aparece en 1 Corintios 9, donde Pablo presenta sus derechos como apóstol (9:1-12) y luego explica que no reclama ni ha hecho uso de ninguno de sus derechos, y dice "me he hecho esclavo para ganar a tantos como sea posible" (9:13-19). Pablo luego comenta que "Entre los judíos me volví judío, a fin de ganarlos a ellos" y "Entre los que no tienen la ley me volví como los que están sin ley" (9:20-23). Lo que está diciendo Pablo es que cuando estaba entre los judíos se sometía a ellos en términos de vivir según sus expectativas, y cuando entre los gentiles, vivió según las expectativas de estos.

No estaba comprometiendo ni renunciando a nada, sino más bien cumpliendo con su deber. Es a este deber al que urge a los esposos, esposas, hijos, padres, esclavos y amos aquí en Colosenses. El deber de servir como representante de Cristo, siendo y dando lo mejor en la función que se requiera que tengamos según la definición de esa función en la sociedad.

En esto Pablo tiene que poner énfasis en el "deber" porque es nuestro llamado, como lo era para Pablo, quien explicó: "me he hecho esclavo para ganar a tantos como sea posible" (1 Corintios 9:19).

En tercer lugar, en su descripción de cómo vivir en la sociedad "en el nombre del Señor Jesús" (Colosenses 3:17), Pablo insiste en que los deberes son recíprocos. Toda función en la sociedad tiene una función que la complementa: los empleados tienen empleadores, las esposas tienen esposos, los hijos tienen padres y los esclavos tienen amos. Si bien la persona que tiene una función (socialmente) subordinada tiene deberes hacia la persona que está en posición (funcional) superior, también el superior tiene obligaciones con respecto al subordinado.

Este principio es más importante de lo que podemos imaginar porque implica que en última instancia, los roles sociales son irrelevantes. Es decir que para los cristianos, no hay rol social superior ni inferior. Todo rol social define cómo ha de servir el cristiano a los demás.

En el siglo primero ser esposa significaba servir al esposo sometiéndose a él y ser esposo en esa época significaba servir a la esposa amándola.

Ser hijo en el siglo primero significaba servir al padre mediante la obediencia y ser padre significaba servir al hijo tratándole con amabilidad y no con crueldad al guiarlo.

Ser esclavo entonces significaba servir al amo cumpliendo con el trabajo de manera honesta y ser amo, servir al esclavo tratándole con justicia.

Entre los cristianos, la función o rol no implica que nadie sea superior ni inferior porque cada uno de nosotros es un esclavo a quien Dios llama para servir a los demás. Entre los cristianos lo único que hace la función es definir nuestro deber hacia los demás y definir de qué modo les servimos.

Implicancias. Las asombrosas implicaciones de la enseñanza de Pablo en este capítulo y en Efesios, no siempre se toman en cuenta. Cometemos el error de la persona secular que piensa que los roles sociales definen la importancia. Pero para el cristiano, nadie es más importante que los demás, ni por ser varón ni por ser mujer, ni por ser amo o esclavo. Cada uno está llamado a vivir, dentro de su rol o función, como representante de Jesucristo así que lo que digamos o hagamos, reflejará que Jesús está presente dentro de nosotros.

Para esto necesitamos centrar la atención, no en las prerrogativas de nuestra función social, sino en nuestros deberes. Y la pregunta central será: Como esposa, esposo, hijo, empleador, etc. ¿cómo puedo servir a los demás? ¿Qué oportunidades me brinda mi rol en la sociedad para hacer el bien?

También es importante observar el impacto que la enseñanza de Pablo tiene en el continuo debate sobre las mujeres. ¿Por qué llama a la esposa a "sujetarse"? ¿Es porque en el orden divino la mujer fue creada para estar sujeta al hombre? ¿O porque en el marco de la sociedad del siglo primero se esperaba que la mujer fuera sumisa?

Muchos argumentarán que la base para la "sumisión" de las mujeres – según entienden la sumisión – es ontológica, con raíces en el orden de la creación.

Sin embargo, en el contexto de la enseñanza de Pablo en Colosenses y Efesios, debemos considerar en serio la posibilidad de que Pablo esté instruyendo conscientemente a las esposas del siglo primero para que vivan dentro del marco de las expectativas de la sociedad cumpliendo así mejor la obligación que se requiere de todo cristiano: "todo lo que hagan, de palabra o de obra, háganlo en el nombre del Señor Jesús, dando gracias a Dios el Padre por medio de él" (Colosenses 3:17).

1 TESALONICENSES
La palabra: oída y vivida

EXPOSICIÓN

Tesalónica era una ciudad vital y cosmopolita en el siglo primero. Desde el año 146 AC había servido como centro administrativo de Roma para su provincia, ganándose el título de "madre de toda Macedonia". Pablo llegó a la ciudad a comienzos del año 49 DC. Después de un breve ministerio en la sinagoga del lugar, que se describe en Hechos 17:1-9, Pablo trabajó durante un tiempo con los conversos que había ganado, predominantemente gentiles, hasta que fue echado de la ciudad. No sabemos durante cuántos meses ministró Pablo en Tesalónica, pero estuvo allí lo suficiente como para trabajar en su oficio (1 Tesalonicenses 2:9; 2 Tesalonicenses 3:8), para que se le enviaran al menos dos ofrendas o regalos especiales desde Filipo, y para que los miembros de la joven iglesia pudieran conocer bien al apóstol (2:4-12). Esta carta, escrita desde Corinto en el año 50 DC, era para expresar su entusiasmo por la vitalidad de su fe, animándoles a vivir de manera que agradara a Dios.

La carta comienza, como era costumbre, dando gracias por la entusiasta respuesta de los tesalonicenses ante el Evangelio. NO solo recibieron la Palabra sino que la transmitían de modo que ahora en todas partes la gente hablaba de lo que Dios estaba haciendo allí (1:2-10). Pablo también repasa su ministerio en Tesalónica, tal vez para contrarrestar las críticas que le seguían dondequiera que fuera, atacando la fe al atacar a Pablo. Pablo les recuerda de su forma de ministrar en Tesalónica (2:1-12), de la respuesta de ellos a sus enseñanzas de la Palabra de Dios (2:13-16) y habla de su continuo interés por el bienestar de ellos (2:17-3:13). Pablo entonces les recuerda de sus primeras enseñanzas y les urge a vivir vidas de pureza, santidad y amor (4:1-12). También se ocupa de un aspecto de la escatología, respecto del cual hay confusión entre los tesalonicenses. Quienes mueren siendo cristianos participarán con los santos vivos en la resurrección que ocurrirá cuando Jesús regrese. Está bien llorar por los seres amados que hemos perdido. Pero el futuro que les espera y nos espera a nosotros presenta un elemento de esperanza, que da ánimo (4:13-5:11). Luego siguen cuatro breves exhortaciones (5:12-22), y una conclusión bastante breve con una oración que Pablo ofrece por los tesalonicenses, y pedidos para sí mismo (5:23-28).

ESTUDIO DE PALABRAS

A causa de la obra realizada por su fe, el trabajo motivado por su amor, y la constancia sostenida por su esperanza en nuestro Señor Jesucristo (1:3). Pablo siente gran consuelo al recordar el enorme progreso en la fe que han hecho los miembros de esta joven iglesia en tan poco tiempo.

Pablo destaca tres evidencias de su progreso, cada una acompañada de una cualidad del carácter, que la produce:

Cualidad		Expresión
Fe	produce	Trabajo
Amor	produce	Esfuerzo
Esperanza	produce	Tolerancia

Nota: "Trabajo" (*ergou*) es el producto del esfuerzo, y "esfuerzo" (*kopou*) es más que trabajo, con inusual dedicación. El amor nos mueve a hacer más de lo que podría esperarse normalmente en el servicio a los demás.

Con esta lista de cualidades y expresiones de la fe, el amor y la esperanza, Pablo nos recuerda una verdad importante. Estas cualidades cristianas, si existen en realidad, seguramente encuentran expresión en nuestra forma de vivir.

Sabemos que él los ha escogido, porque nuestro evangelio les llegó no sólo con palabras sino también con poder (1:4-5). Pablo acaba de observar esas cualidades cristianas internas que encuentran expresión en la forma en que vive su vida el creyente. Ahora, vuelve al mismo tema. El Evangelio nos llega en forma de palabras, pero no son simplemente palabras. El Espíritu Santo infunde poder a esas palabra y en conjunto, el impacto es visible.

En este pasaje las palabras "les llegó" (1:5) y "recibieron" (1:6) y luego "proclamado" (1:8) de parte de quienes se vieron tan fuertemente afectado por el Evangelio, hicieron que se "hicieran imitadores nuestros y del Señor" (1:6).

Ellos mismos cuentan ... de cómo se convirtieron a Dios dejando los ídolos para servir al Dios vivo y verdadero (1:9). El mensaje del Evangelio centra nuestra atención en Cristo y en la salvación que Dios nos ofrece en Él. Los primeros evangelistas cristianos no atacaban la idolatría, sino que presentaban a Jesús. La conversión no implicaba apartarse de los ídolos para acercarse a Dios sino acercarse a Dios y dejar a los ídolos. Es decir que lo esencial era la decisión de volverse a Dios y la decisión de rechazar la idolatría era una consecuencia de ello.

A veces perdemos de vista este orden de la conversión. Abogamos por la oración en las escuelas, o en contra del aborto y clamamos por el cambio social. Confrontamos al alcohólico o al abusador de niños, insistiendo en la reforma personal. Pero la salvación no es cuestión de apartarse del alcohol para volverse a Dios. Es cuestión de volverse a Dios primero (y luego), dejar el alcohol.

No agradan a Dios y son hostiles a todos, pues procuran impedir que prediquemos a los gentiles para que sean salvos. Así en todo lo que hacen *llegan al colmo de su pecado*. Pero *el castigo de Dios vendrá sobre ellos* con toda severidad (2:15-16). Pablo se está refiriendo a los opositores judíos que en efecto, después de matar a los profetas y a Jesús siguen oponiéndose a Dios al perseguir a los cristianos. La frase "llegan al colmo de su pecado" refleja palabras similares de Jesús, que encontramos en Mateo 23:32. Lo que Pablo está diciendo es que Dios ha establecido un límite, una línea que si se cruza causa que el juicio sea inevitable. La frase *ephthasen de ep' autous he orge eis telos* podría traducirse como "la ira les ha sobrevenido de una vez por todas", indicando que no solo se ha cruzado esta línea sino que Dios ha comenzado a ejecutar el juicio que Él ha decretado.

Es importante no generalizar esta declaración, extendiéndola al pueblo judío en su totalidad. Pablo deja claro en Romanos 11 que incluso ahora se ha preservado un remanente creyente del pueblo de Israel. Y sus palabras van dirigidas a los judíos de Tesalónica que, como los líderes de Jerusalén, se oponen con agresividad a Cristo y Sus representantes.

Que cada uno aprenda *a controlar su propio cuerpo de una manera santa y honrosa*, sin dejarse llevar por los malos deseos como hacen los paganos, que no conocen a Dios (4:4-5). La palabra traducida como "controlar es *ktashai*, que suele significar "adquirir" en tanto "cuerpo" es *skeuos* o "vasija". Aunque se usa *skeuos* de manera metafórica para el cuerpo, en la LXX (el Septuaginto) y el NT, en 1 Pedro 3:7 marido y mujer son *skeue*, y la mujer es "más delicada".

Una nota al pie en algunas traducciones reconoce esto con una lectura alternativa: "tomen esposa, no por lujuria ni pasión como los paganos".

Más allá de la traducción que mejor refleje la intención de Pablo, sabemos que el apóstol quiere recordarles a los tesalonicenses que no deben dejarse llevar por su impulso sexual.

Tal vez en nuestra sociedad sea necesario destacar el significado alternativo, más que el aceptado. Muchísimos jóvenes (y también los mayores) están programados para ver el amor y el matrimonio principalmente en términos del sexo, y buscan entre quienes más logran despertar sus impulsos sexuales. No es de extrañar que los matrimonios basados en "la lujuria y la pasión" duren tan poco.

A procurar vivir en paz con todos, a ocuparse de sus propias responsabilidades y a trabajar *con sus propias manos*. Así les he mandado (4:11). La instrucción de Pablo sugiere que en Tesalónica había muchos ociosos que necesitaban concentrarse en sus propios asuntos. Pero su llamado a "trabajar con sus propias manos" sugiere muchas cosas acerca del estrato social que conformaba a esta iglesia.

En el mundo romano se consideraba poca cosa el trabajar con las manos, actividad que les cabía al os esclavos y libertos pertenecientes a la clase social más baja. El judaísmo, por el contrario, exaltaba el trabajo manual y el ideal judío era el del hombre que conocí bien tanto las Escrituras como su oficio. El cristianismo también daba valor a esto, y para dar el ejemplo el apóstol Pablo seguía con su oficio de fabricar tiendas (trabajar el cuero) siempre que le era posible.

El llamado a "trabajar con sus propias manos" sugiere que la mayoría de los cristianos de Tesalónica provenía de las clases sociales más bajas (1 Corintios 1:26-31).

Pues Dios no nos destinó *a sufrir el castigo* sino a recibir la salvación por medio de nuestro Señor Jesucristo (5:9). Algunos han utilizado este versículo como texto de prueba para demostrar que el cristiano no pasará por la tribulación que los profetas del AT y Cristo Mismo asocian con la Segunda Venida y el fin de los tiempos. Pero aquí, castigo (orge) o "ira" como en 1:10, es la ira que se expresará en la venida de Jesús más que con anterioridad a ésta.

No apaguen el Espíritu (5:19). Algunas versiones dicen "no apaguen el fuego del Espíritu", significado literal de *to pneuma me sbennute*. La figura del fuego en ambos Testamentos se relaciona con el Espíritu Santo y Su actividad (Jeremías 20:9; Mateo 3:11; Lucas 3:16; Hechos 2:3). Este versículo corto se ve seguido de inmediato por una referencia a las profecías (5:20-21). Así, muchos concluyen que "apagar" el Espíritu implica negarse a hablar cuando el Espíritu nos mueve a transmitir Su mensaje.

EL PASAJE EN PROFUNDIDAD

Ministerio de Pablo en Tesalónica (2:1-12).

Trasfondo. El capítulo 1 de este libro se relaciona con lo sucedido cuando llegó a Tesalónica la Palabra de Dios. Allí Pablo destaca lo sobrenatural, el poder del Evangelio y la obra del Espíritu Santo.

En el capítulo 2 Pablo nos brinda un fascinante bosquejo de la dimensión humana de la evangelización. En esencia, nos muestra lo mejor de la evangelización, donde lo sobrenatural y lo natural, lo divino y lo humano, obran juntos para ganar a las personas para Cristo y alimentar su crecimiento en el Señor. De hecho, casi todos los versículos de esta sección nos ayudan a entender mejor la naturaleza del ministerio personal efectivo.

Interpretación. Pablo describe la evangelización y sus características más destacadas, con tres elementos potentes:

- La integridad (2:3-6)
- La inversión (2:7-9)
- El involucrarse (2:10-12)

La integridad (2:3-6). Pablo comienza recordándoles a los tesalonicenses qué tipo de persona es él, y cómo le han conocido. No espera que pongan en disputa lo que está diciendo. "Nunca hemos recurrido a las adulaciones" (2:5) y "ustedes me son testigos de ...a cada uno de ustedes lo hemos tratado como trata un padre a sus propios hijos" (2:10-11). Ha establecido una relación con los tesalonicenses tan íntima que para el apóstol es seguro que los miembros de la iglesia jamás dudarán de lo que él presenta como motivación.

¿A cuántas personas de nuestras iglesias conocemos lo suficiente como para sentirnos confiados en cuanto a sus motivos? ¿Cuánta gente nos conoce tan acabadamente a nosotros? ES importante actuar con integridad. Pero también lo es el estar lo suficientemente cerca de los demás como para que nos conozcan al punto de saber con certeza que actuamos con integridad.

¿Qué implica la integridad en la relación de la evangelización? Pablo dice lo siguiente:

> Nuestra predicación *no se origina en el error ni en malas intenciones, ni procura engañar a nadie*. Al contrario, hablamos como hombres a quienes Dios aprobó y les confió el evangelio: *no tratamos de agradar a la gente sino a D*ios, que examina nuestro corazón. Como saben, *nunca hemos recurrido a*

las adulaciones ni a las excusas para obtener dinero; Dios es testigo. Tampoco hemos buscado *honores de nadie*; ni de ustedes ni de otros (2:3-6).

Este pasaje contiene descripciones negativas. La integridad de Pablo se ve ante todo si entendemos lo que no conforma sus motivos y métodos.

■ No se origina en el error (2:3). En griego, "error" se dice *planes*, y lo usa aquí en sentido pasivo de autoengaño. Aunque aparentemente se trata de una característica intelectual, Pablo tal vez vea en este término el reflejo de las palabras hebreas para "necio", que tienen dimensión moral. El ministerio de Pablo no se origina en el error porque en su integridad Pablo no es moralmente corrupto. Conoce la verdad purificadora de Dios y la presenta a los demás.

■ Ni en malas intenciones (2:3). El término *akatharsia* denota impureza sexual. Posiblemente, los maestros itinerantes que viajaban de ciudad en ciudad en el siglo primero para promover sus filosofías, con frecuencia explotaran sexualmente a algunas personas. Pablo declara lo que todos los tesalonicenses sabían ya: él no utilizaba a la gente y en su integridad, no explotaba a nadie, ni sexualmente ni en ningún otro sentido.

■ Ni procura engañar a nadie (2:3). La palabra es dolo, "trampa" o "engaño". A veces los enemigos de Pablo lo acusaban de ser un farsante (2 Corintios 4:2; 12:16). Pero él se niega a depender de la técnica de la oratoria, ante la que respondían tan bien las personas de siglo primero. Con respecto a esto, Pablo dice en 1 Corintios 2:4: "No les hablé ni les prediqué con palabras sabias y elocuentes sino con demostración del poder del Espíritu". No había el menor rastro de deshonestidad en la predicación y ministerio de Pablo, ni en su corazón ni en la forma en que presentaba el Evangelio.

■ No tratamos de agradar a la gente 82:4). A menudo se acusaba a Pablo de ajustar su estilo de vida o su mensaje según el público que tuviera, negociando o comprometiendo así su integridad (Gálatas 1:10). Pero la frase "tratar de agradar a la gente" implica buscar la aprobación de los demás, para sacar ventaja. Pablo ministra con integridad. La única gloria que busca Pablo es la de Dios, y solo busca beneficiar a la persona que intenta alcanzar con el Evangelio.

■ Nunca hemos recurrido a las adulaciones (2:5). El término griego *kolakeias* aparece con frecuencia en los escritos clásicos describiendo la forma de hablar para agradar a la gente y así obtener alguna ventaja egoísta. El amor y el afecto que Pablo ha expresado por los tesalonicenses con frecuencia, no tiene rastros de *kolakeias*. En todas sus expresiones el apóstol ha sido completamente sincero.

■ Ni excusas para obtener dinero (2:5). "Codicia" en griego es *pleonexias*. Es más inclusivo que otro término griego que indica pasión por el dinero. Está implicando todo tipo de acción interesada. Pablo ministraba con integridad porque – como decía – su ministerio no tenía por objeto sacar ventaja personal.

■ Ni honores de nadie (2:6). "Honores" es *doxan*, que significa honor o gloria. Pablo está diciendo que con su ministerio no buscaba prestigio, algo que buscaban con ansias los filósofos o magos de la época. En pocas palabras y frases Pablo describe la integridad que debe tener quien ministra para el Evangelio de Dios. Una integridad que no solo hemos de poseer, sino también comunicar mediante un estilo de vida abierto y transparente para que las personas a las que ministramos puedan conocernos bien.

La inversión (2:7-9). El segundo elemento en el ministerio, según Pablo, es la inversión. Esto implica su disposición a dar de sí, de corazón, a quienes ministra. Lo vemos en lo siguiente:

> Aunque como apóstoles de Cristo hubiéramos podido ser exigentes con ustedes, *los tratamos con delicadeza*. Como una madre que amamanta y cuida a sus hijos,
> así nosotros, *por el cariño que les tenemos*, nos deleitamos *en compartir con ustedes* no sólo el evangelio de Dios sino *también nuestra vida. ¡Tanto llegamos a quererlos!* Recordarán, hermanos, nuestros esfuerzos y fatigas para proclamarles el evangelio de Dios, y *cómo trabajamos día y noche* para no serles una carga.

Una vez más Pablo utiliza frases cortas e imágenes potente para recordarles a sus lectores hasta qué punto dio de sí en su relación con ellos.

■ Los tratamos con delicadeza (2:7). *Nepioi* es amabilidad, delicadeza, consideración. La frase "con ustedes" es importante (*en meso hyumon*), donde *en meso* indica moverse entre los miembros de la iglesia como iguales. Pablo y su equipo rechazaban toda oportunidad de dominar, y buscaban en cambio fomentar lo mutuo como contexto donde pudiera darse el verdadero afecto.

■ Como una madre que amamanta y cuida a sus hijos (2:7). Una vez más, las palabras son importantes. "Madre" es tropos, que refiere a la acción de amamantar. "Sus hijos" pone énfasis en el amor de esta madre por sus pequeños.

Tal vez, lo más fascinante de esta descripción sea que Pablo aplica la imagen a sí mismo, un hombre que – según una antigua descripción, era menudo, encorvado, que debía mirar a los demás hacia arriba, y cuyas cejas espesas coronaban una nariz aguileña que le llegaba casi al mentón. Su aspecto no podía ser más lejano al de la imagen de una madre amorosa. Pero a pesar de todo, la figura era acertada porque todos conocían que su corazón era el de la madre que ama a sus pequeños y se deleita en ellos.

"Tanto llegamos a quererlos" (2:8), es la traducción de un término inusual: *homeiromenoi*. Que significa anhelar. Pablo no habla aquí del amor desinteresado, del ágape que todo cristiano debe a su prójimo. Más bien, está hablando del anhelo de estar con aquellos a quienes ama, algo que solo sentimos cuando se conoce y ama profundamente a la otra persona.

■ Nos deleitamos en compartir con ustedes ...nuestra vida (2:8). El anhelo que Pablo menciona es evidencia clara de que ha invertido de sí en los tesalonicenses. Y nos brinda más evidencia en este pasaje. "Deleitamos" es *eudokoumen*, que indica intenso placer. El ministerio para Pablo era un placer, no una obligación, y así era porque le importaban mucho los tesalonicenses, y les tenía gran cariño. "Nuestras vidas" es *psychas*, algo más que el compartir experiencias, sino más bien compartir todo su ser: sentimientos, pensamientos, actitudes, creencias. Todo lo que hace de Pablo la persona que es.

■ ¡Tanto llegamos a quererlos! (2:8). Finalmente, aparece ágape, la raíz utilizada en el NT para expresar el tipo de compromiso más profundo: el amor.

■ Trabajamos día y noche para no serles una carga (2:9). El amor de Pablo por los tesalonicenses ¿es no solo profundamente emocional sino además, un compromiso desinteresado? Pablo nos menciona un indicador. En lugar de aceptar que los tesalonicenses costearan sus gastos, pablo trabajó en su oficio "día y noche" para mantenerse. Es claro el impacto de esta sección de la carta de Pablo. El apóstol de veras ha invertido su persona de la manera más profunda, en aquellos a quienes ministra. Movido por un creciente amor el apóstol se ha compartido a sí mismo con ellos y también se ha sacrificado en beneficio de esta iglesia.

El involucrarse (2:10-12). La última sección resume lo anterior y brinda una excelente descripción de la forma en que Pablo se involucró en las vidas de los cristianos tesalonicenses.

> Dios y ustedes me son testigos de que nos comportamos con ustedes los creyentes en una forma santa, justa e irreprochable. Saben también que *a cada uno de ustedes lo hemos tratado como trata un padre a sus propios hijos*.
> Los hemos *animado, consolado y exh*ortado a llevar una vida digna de Dios, que los llama a su reino y a su gloria (2:10-12).

El ministerio de Pablo tenía un objetivo. Todo lo que hacía entre los tesalonicenses se centraba en nutrir a estos jóvenes creyentes para que llevaran "una vida digna de Dios" (2:12). ¿De qué manera?

■ A cada uno de ustedes los hemos tratado (2:11). Es maravillosa la forma en que el apóstol encontraba tiempo para tratar con cada uno de sus conversos. Sabemos que trabajaba en su oficio en Tesalónica, para mantenerse. Sabemos por Hechos 17 que pronto formó un grupo de seguidores y que les enseñaba los sábados. Podemos suponer a partir de otras descripciones del ministerio de Pablo en Hechos, que les hablaba a grupos de personas en diferentes situaciones. Pero a pesar de su mucha actividad y de estar tan ocupado, Pablo les escribe a los que seguramente habrán conocido la verdad de la forma en que "trataba a cada uno" (2:11).

■ Como trata un padre a sus propios hijos (2:11). Muchos de los padres de la iglesia señalaron que Pablo se compara con la madre que amamanta al hablar de su amor por estos creyentes, pero también que al referirse a cómo les enseñaba, se comparaba con la figura del padre. Esto implica entonces dos cosas: ante todo, el padre que acepta la responsabilidad de educar a quienes, literalmente son "sus hijos". Y en segundo lugar, que pasan varios años antes de que el padre se involucre personalmente en la instrucción del hijo. En cuanto al amor, Pablo ansía abrazar a estos creyentes. Y en cuanto a las enseñanzas, Pablo da un paso atrás y trata a cada persona con el respeto debido a cada uno. No importa cuánto amemos a los demás, cuando se trata de enseñarles no podemos tratarles como si fueran bebés.

■ Animándolos (2:12). La palabra es *parakalountes*, que también puede significar "amonestar". Probablemente sea este el sentido en esta frase, indicando que Pablo indicaba a las personas a comprometerse con la conducta del cristiano. La frase podría entonces entenderse como "alentando y exhortando".

■ Consolándolos (2:12). El texto griego dice *paramuthoumenoi*, que se entiende mejor como "alentar". Transmite un cálido sentido de apoyo al que está desalentado, con la intención, no de excusar sus errores, sino de ponerlos en perspectivas como preludio al éxito.

■ Exhortándolos (2:12). La palabra *martyromenoi* transmite un sentido de autoridad. Implica dirigir, guiar con autoridad.

■ Lo que más importa aquí, tal vez, es que el apóstol demuestra que conoce "a cada uno de ustedes" (2:11) lo suficiente como para poder darle a cada uno lo que necesita para avanzar en una forma de vida digna, sea si la persona necesita ánimo, consuelo o exhortación.

En su integridad, Pablo invirtió de sí mismo para formar una relación de sincero afecto con los creyentes tesalonicenses, y se involucró de manera importante en sus vidas.

Aplicación. Es posible que ya no haga falta decir mucho más. La evangelización efectiva implica la comunicación de una potente, sobrenatural y eficaz Palabra de Dios. Pero las Escrituras nos muestran que quienes ministran están llamados a preparar los corazones de quienes los escuchan, además de proclamar la Palabra.

Hoy, como en el siglo primero, el ministerio efectivo implica formar una comunidad de amor. En esa comunidad, es seguro que será oída la Palabra de Dios y de tal comunidad, también se proclamará la Palabra de Dios.

La venida del Señor (4:13-18)

Trasfondo. Para nosotros es difícil entender cómo veían la muerte los hombres y las mujeres del siglo primero. Por supuesto, tanto para ellos como para nosotros la muerte es un enemigo, y el dolor que uno siente ante la muerte de un ser querido es de veras profundo. Pero nuestra perspectiva de la muerte adopta su forma a través de dos factores que en esa época no estaban presentes. El primero es que nuestra perspectiva se ha formado a lo largo de siglos de tradición cristiana, que afirma la certeza de la resurrección. El segundo es que también se ha ido formando al ver la longevidad del ser humano hoy. Basándonos en las edades que registran los epitafios de las tumbas de dos a tres siglos, antes y después de Cristo, la expectativa de vida del varón era de 29 años y la de la mujer, de solo 27 años. Hoy, muchos sentimos que la muerte llega en el momento que corresponde: después de una vida larga y productiva. Pero para el hombre y la mujer del siglo primero la muerte era un oscuro espectro que se empecinaba en llegar antes de tiempo.

En la arqueología, uno de los caminos secundarios más fascinantes es la colección de epitafios de las tumbas judías, del período inmediatamente anterior y posterior a la era cristiana, y durante esta época. La primera colección fue publicada por Jean-Baptiste Frey en la década de 1930, y la más reciente, *Ancient Jewish Epitaphs* [Antiguos epitafios judíos], por Pieter W. Van Der Horst, en 1991. La mayoría de estos epitafios están en griego, más que en hebreo. En muchos, se ve algo del oscuro desaliento ante la muerte, compartido por judíos y paganos por igual. De la obra de Frey, tres inscripciones lo ilustran:

> Teodoro, padre adoptivo, a su niño más dulce. Ojalá yo, que te crié, Justo, hijo mío, pudiera ponerte en un ataúd de oro. Ahora, Oh Señor [otorga] en Tu justicia el sueño de la paz a Justo, un niño incomparable.

> Aquí yazco yo, Julio, de 4 años y 8 meses, dulce con mi padre adoptivo.

> Esta es la tumba de Horaia: viajero, derrama una lágrima. Hija de Nikolaos, desafortunada en todas las cosas durante sus treinta años. Aquí estamos los tres: marido, hija y yo, a quien hicieron morir de tristeza. Mi esposo murió en el tercero, y en el quinto mi hija Eirene, a quien no se le otorgó casarse. Y yo luego, sin lugar ni alegría, les seguí bajo tierra el séptimo de Choiak. Pero forastero, tú ya conoces todo lo que hay que saber de nosotros, para que les digas a todos lo repentina que es la muerte.

> Esta es la tumba de Arsinoe, forastero. Quédate por un momento y llora por ella, desafortunada en todas las cosas, cuya vida fue dura y terrible. Porque perdí a mi madre cuando era pequeña y en la flor de la juventud, cuando estaba lista para casarme, mi padre me casó con Phabeis. Y el Destino me llevó al final de mi vida al dar a luz a mi primer hijo. Viví pocos años, pero en la belleza de mi espíritu floreció la gracia en abundancia. Esta tumba esconde en su pecho mi casto cuerpo, pero mi alma ha volado hacia los santos. Un lamento por Arsinoe.

La lectura de estos epitafios y otros similares nos ayuda a percibir la frustración y desesperanza ante la muerte, en la época en que Pablo escribió este gran párrafo sobre la esperanza cristiana en 1 Tesalonicenses.

Interpretación. Pablo escribe para aclarar un aspecto de la enseñanza de la resurrección, que no había llegado a explicar durante el relativamente poco tiempo que pasó en Tesalónica. Los creyentes tesalonicenses sabían que Cristo regresaría y esperaban con ansias ese suceso (1:10). Pero ¿qué se perdería el cristiano que muriera antes del regreso de Cristo? ¿Y qué pasaba con el creyente que ahora estaba "dormido"? (4:13). Un poema de Cátulo nos muestra qué era lo que pensaban los paganos de la época:

> El sol podrá ponerse y volver a asomar
> Pero cuando se oculte nuestra fugaz luz
> Hay una noche interminable
> En la que dormiremos siempre

Ante la sensación general de desasosiego en torno a la muerte en esos tiempos, la incertidumbre habría añadido una pesada carga a los corazones de los cristianos que habían perdido a sus seres amados. Por eso Pablo les consuela. La muerte es una tragedia, y tanto el cristiano como el pagano lloran cuando muere un ser amado. Pero a diferencia del pagano, el cristiano tiene esperanza. Es una esperanza que, una vez comprendida, da enorme consuelo y por eso marca la diferencia entre el cristianismo y el paganismo.

Pablo comienza afirmando una doctrina central: "¿Acaso no creemos que Jesús murió y resucitó?" (4:14). La resurrección es un hecho establecido. Y la pregunta entonces no es si hay o no resurrección, sino (1) ¿Qué pasa con los creyentes muertos? Y (2) ¿Qué relación tienen los creyentes muertos con los que estén aún vivos cuando regrese Jesús?

La respuesta a la primera pregunta es indirecta: "Dios resucitará con Jesús a los que han muerto en unión con él" (4:14). Aunque el cuerpo ha muerto y se lo ha sepultado, el creyente – su conciencia – ahora está "con Jesús" y acompañará a Jesús en Su regreso.

Es claro que el cristiano podrá llorar la pérdida de un ser querido. Pero si es creyente quien murió ¡no lloraremos ni nos lamentaremos por la persona! Como les escribió Pablo a los corintios: "mientras vivamos en este cuerpo estaremos alejados del Señor" (2 Corintios 5:6), y que "nos mantenemos confiados, y preferiríamos ausentarnos de este cuerpo y vivir junto al Señor" (5:8).

Así, el "sueño" de la muerte en el cristianismo se limita al cuerpo. La persona, en su existencia consciente, está despierta, alerta y "con el Señor".

La segunda pregunta se responde de manera más directa. ¿Cuál es la relación del creyente muerto con el creyente aún vivo? ¿Cómo se dará su resurrección? ¿Se perderá el que murió la Segunda Venida? ¿Qué va a pasar?

Aquí Pablo es bastante explícito. Lo que estén vivos al momento del regreso de Cristo "de ninguna manera nos adelantaremos a los que hayan muerto" (4:15). El creyente vivo no tiene ventaja especial por sobre la persona que ha muerto en el Señor.

¿Qué sucederá entonces? "El Señor mismo descenderá del cielo" (4:16). Cuando Él venga, hablará *en keleusmati* "con voz de mando". Este es un término militar y pone énfasis en la naturaleza de autoridad de la palabra mediante la cual Jesús llama a la vida a los creyentes muertos. Como dice Juan 5:25: "ya viene la hora, y ha llegado ya, en que los muertos oirán la voz del Hijo de Dios, y los que la oigan vivirán". Al mismo tiempo las voces de arcángeles y la trompeta de Dios llamando, se harán eco de lo que mande Cristo (Mateo 24:31; Apocalipsis 11:15). Y los muertos responderán. Pablo escribe que "Luego los que estemos vivos, los que hayamos quedado, seremos arrebatados ... para encontrarnos con el Señor en el aire" (4:16-17).

Aquí la palabra que se traduce por "encontrarnos" con el Señor, es *apantesin*. Se usa con frecuencia en sentido técnico, para describir a una delegación de ciudadanos que formalmente se reúnen con un importante visitante fuera de la ciudad y lo escoltan hacia el interior. Algunos concluyen que los santos resucitados y transformados se encuentran con Cristo "en el aire" y luego Le acompañan de regreso para ejecutar los juicios que se describen en 1:5-10 y en otros pasajes. Otros argumentan que los salvos se reúnen con Cristo y vuelven con Él al cielo. Pero Pablo identifica claramente su mensaje, al decir: "así estaremos con el Señor para siempre" (4:127). Donde esté Jesús, allí estaremos nosotros. Y es esta verdad, de que quienes mueren antes que nosotros y los que estemos vivos cuando regrese Cristo, tenemos la misma maravillosa esperanza, que Pablo quiere que entiendan sus lectores. Y con este mensaje, Pablo concluye: "Por lo tanto, anímense unos a otros con estas palabras" (4:18).

Aplicación. Este pasaje de 1 Tesalonicenses ha dado lugar a diversos debates teológicos. ¿Por qué dice Pablo "los que estemos vivos", por ejemplo, en referencia al regreso de Cristo? ¿Esperaba Pablo que Jesús regresara mientras él estuviera todavía vivo? Si es así, ¿no causa algo de dudas el hecho de que se haya equivocado, en cuanto a la Segunda Venida? Hay, por supuesto, varias soluciones posibles que hacen que sea totalmente innecesaria la conclusión sugerida aquí. Pablo puede estar identificando dos categorías, nada más: los muertos y los vivos. Tiene que ubicarse entre los vivos porque es claro que él todavía no ha muerto. Lo más probable, sin embargo, es que Pablo sí esperara que Cristo regresara mientras él viviera. Jesús dejó muy en claro que nadie conoce la fecha del regreso, que el Padre mantiene en secreto (Mateo 24:36). Así, Cristo podría volver en cualquier momento, mensaje que se ve reafirmado por Jesús en Mateo 25. Como el regreso de Jesús es inminente, Pablo de hecho está dándonos un ejemplo. Como el apóstol, nos vemos como miembros de esa última y afortunada generación que no conocerá la muerte sino que estará todavía con vida al momento en que regrese nuestro Señor.

El pasaje también ha sido un punto de inflexión en los debates escatológicos. Hay quienes argumentan que el hecho que se describe y que se ha dado en llamar "Arrebato" o "Rapto", es prueba de una premilenaria visión del futuro. Observan que Pablo no describe una resurrección general, sino solamente de los muertos "en Cristo". Acorde a esta descripción, junto con otras descripciones de la resurrección en el Antiguo y el Nuevo Testamento, respaldan su perspectiva de la dispensación en cuanto a que Israel y la iglesia con distintos y complementarios aspectos de un plan divino mucho más complejo de lo que muchos suponen.

Aunque podemos otorgarle al teólogo el derecho a especular y el estudioso de la profecía tiene derecho a ubicar este pasaje aquí o allá en sus cuadros de estudio, tenemos que recordar que Pablo no está buscando aclarar ni confundir la secuencia escatológica.

Lo que hace Pablo aquí tiene que ver con su intención pastoral y es como pastor que pablo dirige nuestra atención a este aspecto del futuro en particular. Los muertos y los vivos tienen en Cristo una esperanza común. Ambos seremos transformados. Seremos llevados juntos al cielo. Y estaremos con nuestro Señor por siempre.

Esta es la maravillosa verdad que nos consuela y transforma la pena en confianza e incluso, en gozo.

2 TESALONICENSES
El Día del Señor

EXPOSICIÓN

La segunda carta de Pablo al os tesalonicenses probablemente haya sido escrita pocas semanas después de la primera. Las noticias provenientes de Tesalónica alertaron al apóstol sobre la intensificación de la persecución en esa ciudad. Bajo tal presión, algunos miembros de la iglesia confundidos por una carta que supuestamente había enviado Pablo (2:2) estaban convencidos de que la intensidad de su sufrimiento probaba que el Día del Señor estaba cerca y que Cristo iba a aparecer en cualquier momento. Algunos cristianos inferían que si Jesús estaba por regresar, no había sentido en trabajar, y por eso vivían de los demás creyentes. Cada uno de estos problemas se corresponde con temas que encontramos en 1 Tesalonicenses (1 Tesalonicenses 4:9-12 con 2 Tesalonicenses 3:12; 1 Tesalonicenses 4:13-5:11 con 2 Tesalonicenses 2:1-12), y esto es algo que refuerza el concepto de que las dos cartas estaban muy relacionadas.

Después de los saludos de siempre (1:1-12) Pablo vuelve a asegurarles a los tesalonicenses que sus sufrimientos tienen un propósito (1:3-5) y que cuando regrese Cristo Dios les pagará a los que les persiguen (1:6-12).

Luego Pablo se dedica a corregir un grave malentendido. Su sufrimiento actual no es evidencia de que "ha llegado el Día del Señor". Todavía no hay sucedido cosas asociadas con el Día del Señor, incluyendo la aparición en público de un "malvado" a quien respaldan falsos milagros (2:1-12). Hasta ese día, el cristiano debe mantenerse firme y con esperanza (2:13-17). Es claro, a partir de esta breve aclaración que a pesar de que Pablo había permanecido en Tesalónica por poco tiempo, se había dedicado a instruir a esa congregación en escatología. Sabían que en el final de los tiempos vendría lo que los profetas del AT y Jesús identifican como período de "Gran Tribulación". Ante la desesperanza que sentían muchos por la intensa hostilidad y persecución que sufrían, se había difundido el rumor de que el mismo Pablo había dicho de que sus problemas eran evidencia de que este era el fin de los tiempos y que Jesús aparecería muy pronto.

Este malentendido generaba una falsa esperanza y también llevaba a prácticas destructivas. Después de pedir sus oraciones (3:1-5) Pablo advierte en contra de la ociosidad. La creencia de que Cristo podría regresar en cualquier momento no es excusa para estar ociosos. Los que no quieren trabajar no tienen derecho a recibir ayuda económica de los demás cristianos (3:6-15). Habiendo tratado estos tres temas, Pablo da fin a su carta (3:16-18).

ESTUDIO DE PALABRAS

Así que nos sentimos orgullosos de ustedes ante las iglesias de Dios por la perseverancia y la fe que muestran al soportar toda clase de persecuciones y sufrimientos (1:4). La palabra *diognois* ("persecuciones"), se utiliza en referencia al sufrimiento por el nombre de Cristo en tanto *thlipsesin* ("sufrimientos") comprende a los diversos problemas que enfrentan los seres humanos. Pablo no siente orgullo por la iglesia de Tesalónica porque ésta sufra, sino porque a pesar de las persecuciones y sufrimientos la iglesia creía en fe y amor (1:3).

No hay beneficio alguno en el sufrimiento en sí mismo. Lo valioso es la forma en que respondemos ante el sufrimiento.

Todo esto *prueba que el juicio de Dios es justo*, y por tanto él los considera dignos de su reino, por el cual están sufriendo (1:5). La fidelidad de los tesalonicenses a pesar del sufrimiento no es lo que les hacía "dignos del reino". Más bien, Dios les pronunciaba dignos sobre la base del sacrificio de Cristo, si creían. Su fidelidad es verdadera evidencia de que Dios es justo en hacer justos a los que creen. Ahora ellos son diferentes y un día su dignidad será evidente para todos.

Dios, que es justo, *pagará con sufrimiento* a quienes los hacen sufrir a ustedes (1:6). La doctrina de la retribución divina está bien establecida en las Escrituras (Salmo 137:8; Isaías 66:6; Romanos 12:19; Hebreos 10:30). También es un tema importante en los escritos judíos intertestamentales, como vemos en la cita de 1 Enoc que incluimos aquí, y que data del año 200 AC aproximadamente.

> El Gran Santo vendrá desde Su lugar de habitación y el Dios Eterno pondrá su pie sobre el Monte Sinaí.
> Y aparecerá con Su ejército,
> Sí, Él aparecerá con Sus potentes huestes desde el cielo de los cielos.
> Y todos los centinelas temerán y temblarán,
> Y los que se ocultan en los confines de la tierra cantarán; gran temor y temblor les sobrevendrá hasta los confines de la tierra.
> Y se estremecerán las altas montañas, y se derrumbarán
> Y las altas colinas serán arrasadas y se derretirán como cera en el fuego;
> Y la tierra se partirá, y todo lo que hay en la tierra perecerá, y sobrevendrá el juicio sobre todo...
> Vean, Él viene con sus miles de santos,
> Para ejecutar el juicio sobre todos,
> Y para destruir a los malvados,
> Y dar convicción a toda carne,
> Por todos sus hechos de maldad que han cometido

y las palabras duras y orgullosas que los pecadores enemigos de Dios han pronunciado en contra de Él (1:4-7,9).

Y a ustedes que sufren, les dará descanso, lo mismo que a nosotros. Esto *sucederá cuando el Señor Jesús se manifieste desde el cielo* entre llamas de fuego, con sus poderosos ángeles (1:7). Aquí, la palabra es *apokalypsei*, término con aplicaciones diversas en el NT, aunque siempre con significado teológico.

Su uso aquí hace referencia al regreso visible de Cristo al final de los tiempos, regreso visible a toda la humanidad porque involucra a todos. Aquí la referencia a los "poderosos ángeles" de Cristo nos recuerda a Mateo 24:30, que registra la enseñanza de Jesús: "La señal del Hijo del hombre aparecerá en el cielo, y se angustiarán todas las razas de la tierra. Verán al Hijo del hombre venir sobre las nubes del cielo con poder y gran gloria". En cada uno de estos contextos, se describe que Cristo vendrá acompañado por ángeles, y que el mundo de los seres humanos podrán verlos.

El regreso de Cristo significa una cosa para los salvos: apareceremos con Él en gloria. Significa algo muy diferente para quienes rechazan el Evangelio y persiguen al pueblo de Dios.

Para castigar a los que *no conocen a Dios ni obedecen el evangelio* de nuestro Señor Jesús (1:8). Algunos ven en estas dos frases una referencia a los gentiles (los que "no conocen a Dios") y a los judíos (los que "no obedecen el evangelio").

No parece necesaria la distinción. La incredulidad del ser humano siempre está marcada, no por la ignorancia acerca de Dios sino por el rechazo de lo que sí se sabe de Él (Romanos 1:18-20), que encuentra su más clara expresión en la negativa a responder cuando se oye el Evangelio.

No se dejen engañar de ninguna manera, porque *primero tiene que llegar la rebelión contra Dios y manifestarse el hombre de maldad* (2:3). En 1 Tesalonicenses 4 Pablo escribió sobre el retorno de Jesús para los que están "n Cristo". Los muertos resucitarán y los vivos serán transformados antes de ser llevados para encontrarse con el Señor en el aire. En 2 Tesalonicenses 2 Pablo escribe para recordarles a los miembros de esta iglesia que el "Día del Señor" no podría haber llegado todavía porque no se han cumplido dos condiciones. El Día del Señor se caracteriza por (a) "la rebelión", y (b) la revelación del "hombre de maldad".

Rebelión es apostasía, utilizado en la literatura contemporánea en referencia a la rebelión política o a la que se opone a la autoridad divina. Este último sentido es el que corresponde a esta frase: la humanidad se volverá abiertamente hostil a Dios y a los Suyos.

Maldad es anomias. *El Diccionario Zondervan de Términos Bíblicos* (en inglés) dice que las palabras que surgen de esta raíz "son conceptos activos. Reflejan acciones que no están fuera del gobierno de la ley, pero que son activa violación de principios o divinos o morales innatos. El apóstol Juan dice: "Todo el que comete pecado quebranta la ley; de hecho, el pecado es transgresión de la ley" (1 Juan 3:4). (p. 399). El "hombre de maldad" se describe aquí además como hombre "destructor por naturaleza", que "se opone y se levanta contra todo lo que lleva el nombre de Dios" (2:4). La nota añadida de "hasta el punto de adueñarse del templo de Dios y pretender ser Dios" claramente identifica este suceso con una predicción sobre el fin de los tiempos efectuada por Daniel en su profecía (Daniel 11:31-32) y confirmada por el Mismo Jesús (Mateo 24:15).

El argumento de Pablo pareciera entonces apoyar lo que se conoce como "Rapto (o Arrebato) pre-Tribulación" en el final de los tiempos: los cristianos son arrebatados en el aire para estar con el Señor (1 Tesalonicenses 4.13-18), y a esto seguirá una gran rebelión liderada por el "hombre de maldad" (2 Tesalonicenses 2:3) que finalmente acabará cuando regrese Jesús en poder a la tierra (1:5-10). Los tesalonicenses deben recordar que el "Día del Señor" – el plan de Dios para el final de los tiempos – no puede haber llegado. Porque no solo falta el Rapto o Arrebato, no solo están siendo perseguidos, sino que además falta la segunda parte del programa del fin de los tiempos que implica una rebelión mundial liderada por aquel que llamamos el Anticristo.

Es una gran tentación suponer, cuando vemos que nuestra sociedad se derrumba y los cristianos sufren, que Cristo tiene que regresar pronto para rescatarnos. Y así podría ser. Pero recordemos que durante muchas generaciones de cristianos el propósito de Dios ha sido desarrollar en nosotros "la perseverancia y la fe que muestran al soportar toda clase de persecuciones y sufrimientos" (1:4).

Bien saben que *hay algo que detiene a este hombre*, a fin de que él se manifieste a su debido tiempo (2:6). En griego, la palabra es neutra ,*to katechon*, pero en 2:7 hace referencia a un hombre.: "el que ahora lo detiene". Se han sugerido muchas identidades diferentes para este poder que lo detiene. Abarcan desde la predicación del Evangelio, la iglesia, la existencia de un estado judío o el imperio romano hasta el gobierno humano. Tal vez, un argumento más probable sea a favor del Espíritu Santo, en parte porque el discurso de Jesús en el Aposento Alto contiene referencias al Espíritu, que muestran una alternancia similar entre el neutro y el masculino. La idea aquí es que el Espíritu Santo que está presente en el mundo en los creyentes, será "quitado de en medio" en el Rapto de la iglesia (cf. Juan 16:7-11; 1 Juan 4:4). Solo entonces "se manifestará aquel malvado" (2:8).

El malvado vendrá, por obra de Satanás, con toda clase de milagros, señales y prodigios falsos. Con toda perversidad engañará a los que se pierden (2:9). Los milagros nunca han sido algo común, a pesar de que nos fascinan tanto. La Biblia registra solo tres períodos marcados por múltiples milagros: el éxodo, la época de Elías y Eliseo, y la época de Cristo y los apóstoles. Cada uno de estos períodos duró unos 40 años, y se dio en medio de un período crucial en la historia sagrada. Lo asombroso es que aunque los milagros cumplían los propósitos de Dios, como lograr la libertad de Israel de la esclavitud en Egipto, o revertir la adhesión de Israel a la adoración a Baal y autenticar a Cristo y Sus discípulos, ninguna de esas épocas de milagros produjo un reavivamiento universal. Los milagros confirmaban la fe de lo que creían, pero no creaban fe en los incrédulos.

La cuarta gran época de milagros todavía no ha llegado. Se la describe aquí y sus maravillas se adjudican, no a Dios, sino a Satanás. Esta vez los milagros sí funcionan y "los que se pierden" (2:10) ¡acuden en masa a seguir al hombre de maldad"

La fe en Dios es la respuesta a Su Palabra. Quienes no quieren creer en la Palabra de Dios son terriblemente vulnerables a cualquier engaño religioso.

Por eso *Dios permite que, por el poder del engaño*, crean en la mentira.

Así serán condenados todos los que no creyeron en la verdad sino que se deleitaron en el mal (2:11-12). Pablo no está enseñando que Dios sea responsable de la incredulidad de quienes siguen al "malvado" a quien solemos llamar el "anticristo". Más bien, el "poder del engaño" que lleva a quienes vivan en el final de los tiempos a seguir al hombre de maldad, forma parte del juicio de Dios sobre quienes "por haberse negado a amar la verdad y así ser salvos" (2:10).

Dios no fue quien causó su incredulidad. Él es responsable, así como es responsable un juez de la sentencia que impone a los criminales, del poder del engaño que lleva a los perdidos a aclamar al Anticristo.

Porque desde el principio Dios los escogió para ser salvos, mediante la obra santificadora del Espíritu y la fe que tienen en la verdad (2:13). Para ver más sobre el rol de la decisión de Dios en la salvación, ver El pasaje en profundidad, en el comentario a Efesios 1:3-14.

Así que, hermanos, *sigan firmes* y manténganse fieles a las enseñanzas que, oralmente o por carta,

les hemos transmitido (2:15). La exhortación de Pablo a "seguir firmes" (*stekete*) se centra en la situación de ese momento en Tesalónica. Al aferrarse a las enseñanzas (*paradoseis*, literalmente "tradiciones") que Pablo les ha dado en cuanto al futuro, los tesalonicenses pueden evitar el temor o alarma ante lo que está ocurriendo.

Si alguno no obedece las instrucciones que les damos en esta carta, denúncienlo públicamente y no se relacionen con él, para que se avergüence. Sin embargo, no lo tengan por enemigo, sino amonéstenlo como a hermano (3:14-15). Para ver más sobre la disciplina en la iglesia, ver El pasaje en profundidad en el comentario a 1 Corintios 5:1-13.

EL PASAJE EN PROFUNDIDAD
El Día del Señor (2:1-12)

Trasfondo. Pablo se refiere aquí al "Día del Señor" (2:2) en un contexto que claramente relaciona ese día con la "venida de nuestro Señor Jesucristo" (2:1). Al escribir: "¿No recuerdan que ya les hablaba de esto cuando estaba con ustedes?" (2:5), deja en claro que a pesar de que su estadía en Tesalónica fue breve, se ocupó de instruir en escatología a estos nuevos creyentes. El uso de la frase "Día del Señor" también deja en claro que su enseñanza integraba la visión del futuro revelada en los profetas del AT, porque esta frase tiene profundas raíces en la antigua revelación.

Junto con "ese día," "el Día del Señor" se usa con frecuencia, aunque no siempre, para referirse a que el profeta de hecho transmite un mensaje sobre el final de la historia y la culminación de los planes de Dios para todos los tiempos. El *Diccionario Zondervan de Términos Bíblicos* indica que "la clave para entender las frases es notar que siempre identifican un período de tiempo durante el cual Dios interviene personalmente en la historia, directa o indirectamente, para cumplir algún aspecto específico de Su plan" (p. 211). Para entender lo que Pablo dice sobre la "rebelión" y "el hombre malvado" tenemos que ubicar esto dentro del contexto de la visión del AT sobre el "Día del Señor "y "ese día".

El *Diccionario* describe los sucesos que más a menudo se relacionan con ese "día":

> Resumiendo, el día del Señor se ve como día de terror, durante el cual Israel sería invadida y purgada con tremenda destrucción. Amós advirtió a los de su época que esperaban que Dios interviniera pronto: "Ay de los que suspiran por el día del Señor! ¿De qué les servirá ese día si va a ser de oscuridad y no de luz?" (5:18).
> Sofonías añade: "Ya se acerca el gran día del Señor; a toda prisa se acerca.
> El estruendo del día del Señor será amargo, y aun el más valiente gritará. Día de ira será aquel día, día de acoso y angustia, día de devastación y ruina, día de tinieblas y penumbra, día de niebla y densos nubarrones" (1:14-15). El oscuro terror del juicio divino sería derramado sobre el incrédulo Israel (Isaías 22; Jeremías 30:1-17; Joel 1-2; Amós 5: Sofonías 1) y los pueblos incrédulos del mundo (Ezequiel 38-39; Zacarías 14).
> Pero el juicio no es el único aspecto de ese día. Cuando Dios intervenga en la historia, también liberará al remanente de Israel, producirá una conversión nacional, perdonará pecados y restaurará a Su pueblo a la tierra prometida a Abraham (Isaías 10:27; Jeremías 30:19-31:40; Miqueas 4; Zacarías 13) (p. 211).

Podemos comprender mejor el contexto en el que escribe Pablo si vemos algunos de los pasajes que Pablo aparentemente enseñó a los tesalonicenses. Una cantidad de estos pasajes que tratan de los aspectos oscuros y brillantes del Día del Señor, aparecen más abajo.

Cuando los leemos podemos entender por qué los tesalonicenses habrán identificado sus sufrimientos con las persecuciones de lo que se ha dado en llamar "la gran tribulación" de los últimos tiempos. Y si suponemos que Pablo les enseñó que el Rapto de la iglesia ocurriría antes de ese período, podemos ver por qué los tesalonicenses se alarmaban sobre lo que les estaba sucediendo.

ISAÍAS 2:10-13
¡Métete en la roca,
y escóndete en el polvo
ante el terror del Señor
y el esplendor de su majestad!
Los ojos del altivo serán humillados
y la arrogancia humana será doblegada.
¡En aquel día sólo el Señor será exaltado!
Un día vendrá el Señor Todopoderoso
contra todos los orgullosos y arrogantes,
contra todos los altaneros, para humillarlos;

JOEL 1:13-15
Vístanse de duelo y giman, sacerdotes;
laméntense, ministros del altar.
Vengan, ministros de mi Dios,
y pasen la noche vestidos de luto,
porque las ofrendas de cereales y las libaciones
han sido suspendidas en la casa de su Dios.
Entréguense al ayuno,
convoquen a una asamblea solemne.
en la casa del Señor su Dios;
reúnan a todos los habitantes del país,

y clamen al Señor.
¡Ay de aquel día, el día del Señor, que ya se aproxima!
Vendrá como devastación de parte del Todopoderoso.

JOEL 2:1-2
Toquen la trompeta en Sión;
den la voz de alarma en mi santo monte.
Tiemblen todos los habitantes del país,
pues ya viene el día del Señor;
en realidad ya está cerca.
Día de tinieblas y oscuridad,
día de nubes y densos nubarrones.
Como la aurora que se extiende sobre los montes,
así avanza un pueblo fuerte y numeroso,
pueblo como nunca lo hubo en la antigüedad
ni lo habrá en las generaciones futuras.

AMOS 5:18-20
Ay de los que suspiran
por el día del Señor!
¿De qué les servirá ese día
si va a ser de oscuridad y no de luz?
Será como cuando alguien huye de un león
y se le viene encima un oso,
o como cuando al llegar a su casa,
apoya la mano en la pared
y lo muerde una serpiente.
¿No será el día del Señor de oscuridad y no de luz?
¡Será por cierto sombrío y sin resplandor!

MATEO 24:15-31
"Así que cuando vean en el lugar santo 'la terrible abominación', de la que habló el profeta Daniel (el que lee, que lo entienda), los que estén en Judea huyan a las montañas. El que esté en la azotea no baje a llevarse nada de su casa. Y el que esté en el campo no regrese para buscar su capa. ¡Qué terrible será en aquellos días para las que estén embarazadas o amamantando! Oren para que su huida no suceda en invierno ni en sábado. Porque habrá una gran tribulación, como no la ha habido desde el principio del mundo hasta ahora, ni la habrá jamás.

AMOS 9:11-15
"En aquel día levantaré
la choza caída de David.
Repararé sus grietas,
restauraré sus ruinas
y la reconstruiré tal como era en días pasados,
para que ellos posean el remanente de Edom
y todas las naciones que llevan mi nombre
afirma el Señor,
que hará estas cosas.
"Vienen días afirma el Señor,
"en los cuales el que ara alcanzará al segador
y el que pisa las uvas, al sembrador.

Los montes destilarán vino dulce,
el cual correrá por todas las colinas.
Restauraré a mi pueblo Israel;
ellos reconstruirán las ciudades arruinadas
y vivirán en ellas.
Plantarán viñedos y beberán su vino;
cultivarán huertos y comerán sus frutos.
Plantaré a Israel en su propia tierra,
para que nunca más sea arrancado
de la tierra que yo le di",
dice el Señor tu Dios.

Interpretación. Al referirse al Día del Señor Pablo identifica la preocupación específica de los atribulados tesalonicenses. Sufren intensa persecución y los malvados de su ciudad parecen actuar sin freno alguno. ¿Podrá ser este el fin de los tiempos? ¿De qué manera se relacionan los hechos actuales con el futuro sobre el cual Pablo les ha enseñado con tanto afán?

Pablo dedica mucha atención a su preocupación. Explica que el presente no puede ser el final de los tiempos de la profecía porque ese período está marcado por una rebelión abierta y mundial y la aparición del Anticristo, un líder mundial que aquí se llama "hombre de maldad" (ver 2 Tesalonicenses 2:3). Si bien la maldad encuentra expresión en el presente de cada generación, no encuentra plena expresión porque la plena expresión de la maldad se ve detenida por el Espíritu Santo.

Aplicación. Es importante observar, más allá de la escatología en particular, que Pablo no está preocupado con la diagramación del plan de Dios para el futuro. Lo que sí le preocupa es despejar la incertidumbre y los temores de los creyentes de Tesalónica, que están alarmados por sus sufrimientos en ese momento. En lugar de entrar en detalles, Pablo simplemente aclara dos temas proféticos importantes sin hacer referencia específica a su relación mutua ni al Rapto que describió en una carta enviada a Tesalónica pocas semanas antes. Pablo quiere que los tesalonicenses entiendan ante todo que quienes les acosan recibirán el castigo de Dios (1:5-10) y que sus sufrimientos no pueden identificarse con el período de los últimos tiempos de terrible tribulación que predijeron los profetas y confirmó el Mismo Jesús. Resuelta ya esta confusión, los creyentes de Tesalónica volverán a tener libertad para fijar su esperanza en Cristo y Su regreso, y dejarán al Señor los detalles de esa Venida.

Advertencia contra la ociosidad (3:6-15).

Trasfondo. Las instrucciones de Pablo a los tesalonicenses en cuanto a los ociosos que en la iglesia han decidido que ya no trabajarán porque Cristo regresará pronto, suenan rotundas y hasta duras. "El que no quiera trabajar, que tampoco coma" (3:10). Ese no es un precepto fácil.

Pero puede entenderse esta advertencia ante el contexto de la enseñanza de la Biblia sobre la naturaleza y la función del trabajo.

El trabajo, según el Antiguo Testamento

Hallamos varias palabras para "trabajo" en el AT. Algunas lo presentan como esfuerzo tedioso. *'Mal*, transmite la frustración y tedio de un esfuerzo que no produce satisfacción. *Yaga'* destaca el agotamiento que viene del trabajo duro en tanto *mas* y *sebalah*, son trabajo forzado. Pero a pesar de que el AT reconoce que el trabajo tiene su aspecto negativo, hay otros términos hebreos que muestran un lago positivo.

'Abad significa servir, y aunque a veces haga referencia al servicio forzado, con frecuencia se usa para describir el servicio a Dios. Dependerá de para quién trabajamos si ese trabajo produce alegría o sufrimiento. *'Asah* significa "hacer, confeccionar, lograr". El sustantivo derivativo *ma'eseh* se refiere al proceso y producto de nuestros esfuerzos. Dios se complace en Sus obras. Cuando nuestro trabajo es productivo también nosotros encontramos satisfacción. *Po'al* es otro término para "trabajo" que incorpora la idea de recompensa. El trabajo, sea físico o una obra moral, amerita una recompensa adecuada.

Las palabras más negativas para "trabajo" en el AT nos recuerdan que el pecado ha tenido tal impacto en nuestro universo que a menudo el trabajo es una lucha de naturaleza poco gratificante. Pero el trabajo que puede ser frustrante e infructuoso, tiene el potencial de ser productivo y satisfactorio. Y es más, la idea del trabajo tiene un significado intrínseco. Los seres humanos derivamos nuestra identidad de Dios. Como Dios mediante Su obra creó nuestro universo y sigue obrando y cumpliendo Su buen propósito a lo largo de la historia, jamás podremos decir que el trabajo no tiene sentido. Porque el trabajo es plenitud, en un sentido profundo y real: hemos sido creados para ser como Dios y en nuestro trabajo podemos glorificar a Dios además de participar en Sus buenos propósitos para nosotros y para el mundo.

El trabajo, según el Nuevo Testamento

El griego del NT refleja muchos de los significados que encontramos en los términos hebreos para trabajo. *Ergon* y las palabras relacionadas, hablan de esfuerzo, labor, actividad, logro. *Poiema* una forma del verbo "hacer" puede referirse al producto de la labor así como al trabajo en sí mismo. Tanto la creación como la salvación se definen como obra de Dios. *Praxis* es otro grupo de palabras que describen acciones y logros.

La palabra *kopos* sugiere esfuerzo y refleja la conciencia de que el trabajo puede ser difícil y frustrante. Pero es esta la palabra que usa Pablo para describir su oficio como hacedor de tiendas (1 Corintios 4:12) y el trabajo honesto al que llama a los ladrones (Efesios 4:28). El trabajo no siempre es fácil. Pero no necesita ser fácil para que sea gratificante, satisfactorio o correcto. Es cierto que *mochthos* va más allá del esfuerzo, para referirse a la dificultad. Pero solo aparece tres veces en el NT: en 2 Corintios 11:27, 1 Tesalonicenses 2:9 y aquí, donde Pablo se describe a sí mismo como ejemplo para los tesalonicenses mediante su trabajo "de día y de noche para no ser una carga para ustedes" (ver 3:8). Es claro que no podemos medir el trabajo por su dificultad, porque muchas veces el trabajo más costoso es el que más importancia o sentido tiene.

Sin duda, Pablo es el mejor ejemplo de la ética del trabajo del NT: Decidió trabajar en lugar de aceptar que lo mantuvieran para poner el Evangelio libremente al acceso de todos, para poder dar el ejemplo. La ociosidad, la dependencia económica, no se corresponde con la vida cristiana. Los cristianos tienen que aceptar la responsabilidad de proveer para sí mismos y ganar dinero que puedan compartir con los que verdaderamente son necesitados. En un sentido muy particular, el NT ve el trabajo, no como fin en sí mismo sino como oportunidad para que el cristiano dé el ejemplo de conducta, como oportunidad para ministrar directamente mediante la forma en que nuestro trabajo beneficia a los demás, y como oportunidad de ministrar indirectamente al compartir nuestro dinero extra con quienes están en necesidad.

En este contexto podemos entender mejor la insistencia de Pablo en que los que están ociosos en Tesalónica deben corregirse. Otros cristianos no tienen que permitir que sigan ociosos al darles alimento o satisfacer necesidades básicas. Si un cristiano no quiere trabajar porque su visión del rol de trabajo en el plan de Dios le resulta confusa, entonces que el hambre se ocupe de lograr que corrija su conducta.

1 TIMOTEO
Vida de la iglesia y liderazgo

EXPOSICIÓN

Los libros de 1 y 2 Timoteo suelen tomarse junto con el libro de Tito. Estas "epístolas pastorales" están dirigidas a hombre jóvenes que servían con Pablo y que representan a la siguiente generación de líderes de la iglesia. En cierto sentido, decir "pastoral" confunde porque Timoteo y Tito eran – al igual que Pablo – líderes itinerantes que viajaban de lugar en lugar según fuera necesario, para guiar y corregir a congregaciones locales. 2 Timoteo fue escrita durante la segunda vez que Pablo estuvo en prisión en Roma, y poco antes de su ejecución. Las otras dos cartas tal vez hayan sido escritas a lo largo de un período de tres o cuatro años con respecto a esta fecha, probablemente en el año 66 o 67 DC.

Esta primera carta a Timoteo es muy rica porque contiene sabios consejos sobre la estructura de la vida de la iglesia, además de referirse a las dificultades y desafíos del liderazgo de la iglesia. Pablo comienza indicando que se debe suprimir a los falsos maestros (1:3-7), y le recuerda a Timoteo que el uso adecuado de la Ley se limita a establecer el hecho de que la conducta del pagano y el pecador constituyen pecado (1:8-11). Pero, como lo demuestra la experiencia de Pablo, la gracia transformadora de Dios llega hasta el peor de los pecadores (1:12-17). En vistas de la gracia de Dios, Timoteo debe "pelear la buena batalla
y mantener la fe y una buena conciencia" (ver 1:18-20).

El corazón de la instrucción de Pablo a Timoteo se centra en el estilo de vida que corresponde dentro de la iglesia. Sus instrucciones tocan temas como la oración (2:1-8), las mujeres (2:9-15), la elección de "supervisores" (3:1-7) y "diáconos" (3:8-13) y concluye con una liturgia de alabanza (3:14-16). Estas instrucciones pretenden ayudar a Timoteo a saber "cómo hay que portarse en la casa de Dios, que es la iglesia del Dios viviente".

Pablo luego se dedica a instruir a Timoteo. Parece que aunque amaba mucho a este joven y lo enviaba en misiones importantes, por naturaleza Timoteo era tímido, dubitativo. Por eso las palabras de Pablo parecen en ocasiones ir más allá del aliento, para sonar a exhortación. Pablo le recuerda a Timoteo que podrá encontrar falsos maestros que infectan a las iglesias y que su deber es el de "enseñar" la verdad a los hermanos (4:1-10). Pero Timoteo también tendrá que hacer otras cosas. Tiene que "mandar y enseñar la verdad" y "no permitir que le menosprecien por ser joven". Siguen las exhortaciones: Timoteo debe ser "diligente en estos asuntos", "entregarse por completo" y "perseverar" (ver 4:10-16).

Pablo luego vuelve al tema de la conducta cristiana dentro de la iglesia, con instrucciones para los diversos grupos en particular. Menciona la relación entre los más ancianos y los más jóvenes (5:1-2), el ministerio de las viudas (5:3-16), el respeto debido a los ancianos (5:17-25) y el deber que los esclavos tienen respecto de sus amos creyentes (6:1-2). Pablo luego advierte contra los falsos maestros, que se notan por su conducta y su actitud impura hacia el dinero (6:3-10).

Pablo luego concluye su carta mandando a Timoteo a "Pelear la buena batalla de la fe...sin mancha" y a "mandar" al pueblo de Dios a hacer el bien (ver 6:11-19). Incluso la despedida de Pablo contiene exhortaciones, que nos recuerdan una vez más que lo que le preocupa no es el compromiso de Timoteo sino su "dureza" y su capacidad para mantenerse firme bajo presión (6:20-21).

ESTUDIO DE PALABRAS

[No]...prestar atención a *leyendas y genealogías interminables* (1:4). El término *mythos* originalmente significaba historia y cuento pero para el siglo primero su significado era el de un relato de ficción, una fábula. Aquí, algunos suponen que la mención de las genealogías se refiere a la creencias de los gnósticos, en una serie de seres angélicos que supuestamente estaban entre Dios y el ser humano. Lo más probable es que Pablo estuviera hablando de las interpretaciones especulativas e interminables que hacían algunos maestros judíos de las genealogías de la Biblia.

En contraste con las verdades codificadas que buscaban los rabíes en los nombres de los héroes del AT, la buena nueva del Evangelio está a la vista, y produce fe en lugar de dar lugar a controversias.

***Debes hacerlo así para que* el amor brote de un corazón limpio, de una buena conciencia y de una fe sincera (1:5).** La palabra *telos* significa "fin", "consecuencia, "objetivo". A diferencia de las falsas doctrinas que producen solamente inútiles especulaciones y controversias, el Evangelio produce amor que solamente puede fluir de un corazón puro, una conciencia buena y una fe sincera.

No imaginemos jamás que el objetivo de enseñar la doctrina cristiana es el de producir personas que conozcan la verdad. El objetivo de la enseñanza de la doctrina cristiana es el de purificar el corazón humano para que los creyentes puedan tener amor verdadero.

Ahora bien, sabemos que la ley es buena, si se aplica como es debido. Tengamos en cuenta que la ley *no se ha instituido para los justos* sino para los desobedientes y rebeldes (1:8-9). Como Pablo ha estado hablando de los que se auto-proclaman líderes religiosos (1:6-7), es claro que aquí "la ley" es la ley divina, sea la revelada a Moisés o la que Dios implanta en las conciencias de los paganos (Romanos 2). Pablo dice que la ley es buena (*kalos*, equilibrada, bella) si se la usa "como corresponde" (*nomimos*, adecuadamente).

Luego señala que la ley es *ou keitai*, "no se instituye", "no se establece", más que para los males cometidos por los seres humanos. Si nadie robara, no habría ley contra el robo. Y más aún, después de que se instituye una ley, no tiene relevancia para quien no roba, por ejemplo.

Es importante lo que Pablo quiere señalar. La vida que está en armonía con la "sana doctrina" (1:10) es una vida buena. Y como la persona que vive una buena vida no hace aquello que la ley prohíbe, sencillamente para quien vive en armonía con el Evangelio, la ley no tiene utilidad.

Para ver más sobre el creyente y la Ley, ver los capítulos sobre Romanos 6-7 y Gálatas 3-4.

Deseo que, apoyado en ellas, pelees la buena batalla y mantengas la fe y una buena conciencia. Por no hacerle caso a su conciencia, *algunos han naufragado en la fe* (1:18-19). La palabra que se traduce como "no hacer caso" es *apotheomai*, que significa rechazar, repudiar o apartar. Hay comentarios que sugieren que la palabra indica un rechazo decidido y violento. Y la imagen del naufragio es adecuada. Cuando los barcos que surcaban el Mediterráneo sufrían el embate de las tormentas más violentas, a menudo su frágil estructura de madera terminaba destrozada contra las rocas de la costa y en esos casos, quienes estaban a bordo lo perdían todo y agradecían haber podido salir con vida.

Quienes rechazan la fe, también pierden todo lo que vale, además de perderse a sí mismos.

A quienes *he entregado* a Satanás para que aprendan a no blasfemar (1:20). Para ver más sobre esta frase, leer el Estudio de palabras de 1 Corintios 5:5.

Esto es bueno y agradable a Dios nuestro Salvador, pues él quiere que todos sean salvos y lleguen a conocer la verdad (2:3-4). Pablo define la vida de santidad del cristiano, en paz y quietud, como una vida "buena". La palabra se *kalos*, que significa "bello" en contraste con *agathos* que es bueno en el sentido de "útil". Lo que Pablo dice aquí es que la vida bella de santidad que vive

1 Timoteo
Cualidades del líder

Pasaje	Cualidad	Explicación
Tito 1:5-9	1. Irreprochable	Sin posibilidad de censura, de integridad indudable
	2. Esposo de una sola mujer	Un hombre del tipo que ama a una sola mujer, y no un mujeriego (no necesariamente excluyendo a viudos o divorciados)
	3. Con hijos creyentes	Los hijos con cristianos, no incorregibles ni indisciplinados
	4. No obstinado	Sin arrogancia o auto-suficiencia
	5. Que no pierda los estribos	Sin propensión a la ira, no irascible
	6. Que no sea adicto al vino	Que no tenga adicción a la bebida
	7. Que no sea peleador	Que no busque contiendas o peleas
	8. Que no ame al dinero	Que no sea codicioso
	9. Hospitalario	Generoso con el forastero
	10. Que ame el bien	Amante de lo bueno
	11. Con sentido común	Que tenga dominio propio, cuerdo, con templanza
	12. Justo	Que busque la rectitud, la justicia, alineado con lo recto
	13. Devoto	Responsable en el cumplimiento de las obligaciones morales con Dios y los demás
	14. Que sepa controlarse	Con dominio propio
	15. Que se aferre a la Palabra	Comprometido con la Palabra de Dios, como autoridad
	16. Capaz de enseñar la sana doctrina	Que llame a otros a la plenitud mediante la enseñanza de la Palabra de Dios
	17. Capaz de refutar objeciones	Que convenza a quienes hablen contra la verdad
Más de 1 Timoteo 3:1-7	18. Con templanza	Calmo, de espíritu sobrio y sereno
	19. Amable	Justo, equitativo, que no insiste en sus propios derechos
	20. Capaz de administrar el hogar	Buen líder en su familia
	21. Que no sea un nuevo converso	Que no se haya convertido al cristianismo recientemente
	22. De buena reputación	Un buen representante de Cristo
Más de 1 Pedro 5:1-4	23. De buena gana, no obligado	Que no sirva en contra de su voluntad
	24. Que siga a Dios (en algunos textos griegos)	Asignado por Dios
	25. Que no busque ganancia espuria	Que no esté motivado por el dinero
	26. Que no se enseñoree del rebaño	Que no sea dominante en su área de ministerio (el pastor guía al rebaño, no lo empuja)
	27. Que dé el ejemplo	Que sea placentero seguirle por su ejemplo cristiano
	28. Responsable ante el Pastor Mayor	Que le motive la corona que ha de ganar: la autoridad para reinar con Cristo

el cristiano es un factor importante para que quienes no creen lleguen a conocer la verdad.

"Quiere" es *thelei*, que expresa el deseo de Dios pero que de ninguna manera implica que Dios haya determinado la salvación de todos. Tal vez nos resulte difícil verlo pero incluso Dios no tiene la libertad de hacer todo lo que Él quiere porque no puede actuar en contra de Su naturaleza. Su amor solo puede ser ejercido en armonía con Su santidad y Su justicia. Es maravilloso que Dios haya planeado una forma en que Su amor pueda expresarse y Su justicia encuentre satisfacción.

Porque hay un solo Dios y un solo mediador entre Dios y los hombres, Jesucristo hombre, quien dio su vida como rescate *por todos* (2:5-6). La palabra que se traduce como "rescate" es *antilytron*. Es el único lugar en que aparece en el NT: En el siglo primero, el *lytron* era el precio que se pagaba por la libertad de un esclavo. La palabra compuesta que tenemos aquí significa lo que se da a cambio de la libertad, como pago o precio.

Es el precio del rescate que se pagó por toda la humanidad (4:10). Y por ello, sabemos que no es culpa de Dios que no todos puedan ser salvos. El problema está en que hay seres humanos que rechazan el Evangelio y se niegan a aceptar el título de libres, que Jesucristo ofrece al liberarnos de las garras del pecado.

La mujer debe aprender *con serenidad*, con toda sumisión. No permito que la mujer enseñe al hombre y ejerza autoridad sobre él; debe mantenerse *ecuánime* (2:11-12). "Serenidad" y "ecuanimidad" o silencio, son traducciones del mismo término griego *hesychia*. Esta palabra aparece solo cuatro veces en el NT, e indica una actitud receptiva. No implica la sumisión de la capacidad intelectual de la mujer, ni lo que se ha dado en llamar "deber del juicio privado". Tampoco debiera entenderse como indicación de que la mujer no puede hacer comentarios durante una reunión en la iglesia, porque 1 Corintios 11:5 ya establece el derecho de las mujeres a participar.

Pablo parece querer que entendamos 2:11 en relación con 2:12. Aquí, tanto serenidad como sumisión se refieren al liderazgo de la iglesia, más que a la participación como miembro de la congregación.

"Enseñar" y "ejercer autoridad", se refieren a la autoridad en las enseñanzas, como podría entenderse del anciano en la iglesia local, o de un líder itinerante de una iglesia mayor, como Timoteo, Tito o el mismo Pablo.

Muchos intentan evitar las implicancias de estos difíciles versículos sugiriendo que Pablo escribe por sensibilidad al rol de la mujer en esa época y que este pasaje en realidad no le habla a la iglesia moderna. Pero los siguientes versículos dejan muy en claro que Pablo cita una base teológica para lo que dice. Es más probable entonces que Pablo sí esté poniendo restricciones a las mujeres, no en cuanto a su participación en las reuniones de la iglesia ni a la profecía (1 Corintios 11:5), sino en lo referido a una función que implica la enseñanza con autoridad, a la que debería someterse entonces la iglesia.

Pero la mujer *se salvará siendo madre* y permaneciendo con sensatez en la fe, el amor y la santidad (2:15). Aquí el verbo es *sazo*, "salvar". En el NT se utiliza en dos sentidos: para describir la sanidad física y la salvación espiritual. El problema es que muchas mujeres cristianas han muerto dando a luz, y por eso tal traducción no sería la más probable. También, es difícil establecer la conexión entre el parto y la dimensión espiritual de la salvación.

Este es, sin duda, uno de los versículos bíblicos más difíciles de interpretar. Se han propuesto tres interpretaciones primarias: 1) el término griego para parto se ve acompañado por el artículo "el". Algunos argumentan entonces que "el parto" se refiere a l nacimiento de Cristo, por medio del cual son salvas las mujeres al igual que los hombres. 2) Una segunda opinión ve en este versículo una referencia a Génesis 3:15, con la predicción de que la simiente de la mujer aplastaría la cabeza de Satanás y traería la salvación para toda la humanidad. 3) Una tercera opinión, sugerida por Vine, sostiene que Pablo enseña que al aceptar la maternidad como rol adecuado a la mujer, éste se ve a salvo de caer presa de los males sociales del siglo primero, y podrá añadir su testimonio al de los demás creyentes de la iglesia.

Así que el *obispo* debe ser intachable, *esposo de una sola mujer* (3:2). La NVI dice "obispo" en tanto otras traducciones dicen "supervisor". El término griego *episcopos*, probablemente sea sinónimo de presbíteros, que se traduce como "anciano" (Tito 1:6-7; Hechos 20:17-23). Era esta la función de liderazgo local más importante en la iglesia primitiva, pero se compartía, como lo indican los pasajes de Hechos y otros libros de la Biblia, que dicen que el liderazgo estaba a cargo de un equipo de ancianos, más que de un único "pastor".

Pablo entonces da una lista de cualidades que deberán reunir quienes aspiren a esta posición, y la lista pone énfasis en el carácter, más que en los dones o la capacitación de los líderes espirituales (ver lista).

Tal vez, la calificación que más se ha debatido es la que aparece en este versículo, "esposo de una sola mujer". Hacia finales del siglo dos, se entendía que significaba "casado una sola vez". Pero muchos comentaristas sostienen que "esposo de una sola mujer" se refiere a la fidelidad total y al rechazo de la poligamia. El líder espiritual tiene que ser del tipo de "hombre de una sola mujer".

Los diáconos, igualmente, deben ser honorables, sinceros, no amigos del mucho vino ni codiciosos de las ganancias mal habidas (3:8). El término "diácono" viene del griego *diakonos*, "sirviente". La mayoría ve a los siete diáconos de Hechos 7 como prototipos de tal posición en la iglesia local. Para cuando Pablo escribió Filipenses, "los diáconos y obispos" eran posiciones establecidas en la iglesia (Filipenses 1:1). La distinción es más clara todavía en las pastorales, aunque no se definen las obligaciones específicas de cada uno. En general, sin embargo, los comentaristas concuerdan en que los obispos/ancianos tenían la responsabilidad de supervisar espiritualmente a la congregación local en tanto los diáconos administraban el ministerio en la práctica, tanto a los miembros como a los demás.

Así mismo, *las esposas de los diáconos* deben ser honorables (3:11). El texto en griego dice solamente *gyne*, término que se utilizaba para decir "mujer" y "esposa". El texto griego no contiene el pronombre posesivo "sus". Y por eso muchos académicos sostienen que Pablo está diciendo que las diaconisas tienen que ser respetables, interpretación que adquiere peso porque Pablo identifica a Febe como *diakonon* de la iglesia de Cencrea (Romanos 16:1).

Prohíben el matrimonio y no permiten comer ciertos alimentos que Dios ha creado para que los creyentes, conocedores de la verdad, los coman con acción de gracias (3:4). Aunque el AT tenía leyes para la abstinencia de ciertos alimentos, la ley no tiene el espíritu de ascetismo que demostraban los falsos maestros que acosaban a la iglesia primitiva (Ver más en el capítulo sobre Colosenses 1-2). Pablo dice que esta tendencia al ascetismo que en efecto reemplaza la dependencia de Dios por el esfuerzo propio, es obra de las fuerzas demoníacas que actúan a través de "embusteros hipócritas" (4:2). La frase implica que los falsos maestros aben bien lo que están haciendo y que por persistir en hacer el mal, se han hecho insensibles al pecado.

La tendencia al ascetismo tomó gran impulso en los principios de nuestra era. Su impacto se ve reflejado en la veneración de la iglesia a los "santos" que adoptaban estos ideales ascéticos. Simón el Estilita, estuvo de pie durante décadas en el extremo de un pilar, comiendo apenas unos bocados solo los martes y sábados. Otros santos se retiraban al desierto, o se revolcaban entre los cardos espinosos para castigarse a sí mismos si sentían deseos sexuales. Esta misma tendencia al ascetismo es en parte responsable del desarrollo del sacerdocio célibe en el catolicismo romano.

Pero el ascetismo y la auto-negación, sencillamente no son cristianos. Pablo argumenta que la perspectiva del cristiano tiene que estar formada por la conciencia de que "todo lo que Dios ha creado es bueno" (1 Timoteo 4:4), y que debe recibirse con agradecimiento. Aquí la referencia a la consagración "porque la palabra de Dios y la oración lo santifican" (4:5), no significa que los dones de Dios necesiten ser purificados. La idea de Pablo es que al recibir ese "todo" que Dios nos da, en fe y con actitud de gratitud en oración, podamos disfrutar de Sus dones con una conciencia limpia.

Que nadie te menosprecie *por ser joven*. Al contrario, que los creyentes vean en ti un ejemplo a seguir en la manera de hablar, en la conducta, y en amor, fe y pureza (4:12). El término en griego es *neotes*, que indica a un adulto que todavía no ha cumplido 40 años. En el mundo antiguo, una persona de la edad de Timoteo, tal vez de unos 30 años, no se consideraba con la sabiduría y discernimiento necesarios en un líder.

Un pasaje de la Mishná que cita al Rabí Judah ben Tema (Abot 5:21), refleja una opinión similar, al definir 14 períodos en la vida de un hombre:

1) A los cinco a las Escrituras, 2) a los diez a la Mishná, 3) a los trece, los deberes religiosos, 4) a los quince el Talmud, 5) a los dieciocho, la tienda de bodas, 6) a los veinte la responsabilidad de proveer para la familia, 7) a los treinta plenitud de fuerzas, 8) a los cuarenta el entendimiento, 9) a los cincuenta el consejo, 10) a los sesenta la vejez, 11) a los setenta la ancianidad, 12) a los ochenta la fuerza notable, 13) a los noventa la espalda encorvada, y 14) a los cien, es como un cadáver que ya ha muerto y partido de este mundo.

En el contexto cultural de la época en que tanto pagano como judío tenían la expectativa de ser considerados maduros a los 40 a 60 años, podemos entender por qué Timoteo, con sus 30 años, podría haber dudado en afirmar su autoridad.

Lo que importa aquí es que Pablo presenta un criterio nuevo mediante el cual la iglesia evaluará a sus líderes. Lo que califica a la persona para la responsabilidad del liderazgo en la iglesia de Dios no es la edad, sino el carácter. Timoteo y los líderes de hoy han de dar el ejemplo a los creyentes, en su discurso, su vida, en el amor, la fe y la pureza.

¿Por qué sería un problema la juventud de Timoteo? ¿Significaba algo para la gente del siglo primero el haber sido entrenado o capacitado por alguien como Pablo? ¡Claro que sí! Cuanto más alta la jerarquía del maestro, tanto mayor sería la doctrina, y la seguridad social de su seguidor. Es interesante observar que a fines del siglo cuatro el escritor romano Libanio se burlaba de los cristianos de su clase alta, diciendo que habían recibido su doctrina de "tu madre, tu esposa, tu sirvienta, tu cocinera".

Ten cuidado de tu conducta y de tu enseñanza. Persevera en todo ello, porque *así te salvarás a ti mismo y a los que te escuchen* (4:16). Es esencial que lo que uno cree esté en armonía con la forma en que uno vive. Así, hemos de prestar gran atención a ambas cosas. Muchas veces vemos hoy que algún escándalo estropea no solo la reputación sino también el ministerio de líderes cristianos bien conocidos. El aferrarse a una sana doctrina pero con un estilo de vida que se aparta del compromiso cristiano es la mejor manera de perderse, y de hacer que se pierdan quienes nos escuchan.

En cambio, la viuda *que se entrega al placer* ya está muerta en vida (5:6). En los tiempos bíblicos las viudas en general no tenían cómo ganarse la vida.

Las que no tenían hijos o nietos que las mantuvieran, literalmente quedaban desvalidas. Los judíos y la iglesia cristiana primitiva demostraban preocupación por estas mujeres y tenían previsto ya el brindarles ayuda. Esta carta a Timoteo sugiere que las viudas cristianas no quedaban inactivas. Las que habían demostrado tener carácter cristiano tenían roles casi oficiales dentro de la iglesia (5:9-10) y un ministerio activo a las jóvenes casadas (Tito 2:3-5).

Pablo, sin embargo, pone límites a la inclusión en tales funciones, sin limitar los derechos de las viudas sin familia a recibir apoyo económico. Alienta a las viudas jóvenes a casarse otra vez, y advierte que "la viuda que se entrega al placer ya está muerta en vida". La frase "que se entrega al placer", en griego es una sola palabra: *spatalao*, que significa vivir con lujuria. Pablo no acusa a las viudas de tener mala conducta sexual, sino de ser materialistas, con una perspectiva egoísta que se opone a la de la viuda que "pone su esperanza en Dios y persevera noche y día en sus oraciones y súplicas".

La viuda que se entrega al placer está "muerta" en el sentido de que ya no es sensible a las realidades que marcan quién está espiritualmente vivo y quién no lo está.

No te apresures *a imponerle las m*anos a nadie (5:22). Tal vez sea esta una referencia a la ordenación (Hechos 14:23), donde la palabra que se traduce como "designado" significa "extender la mano"). Parece que la función de los líderes itinerantes de la iglesia, fueran Pablo o Timoteo, era la de confirmar oficialmente a los líderes escogidos (¿por votación?) en las iglesias locales. Pablo entonces advierte a Timoteo que no otorgue este reconocimiento oficial de manera "apresurada". Al hacerlo, Timoteo en cierta medida estaría respaldando a la persona que ordenaba, y si luego esa persona revelaba ser corrupta, Timoteo quedaría como participante de su pecado.

No sigas bebiendo sólo agua; toma también *un poco de vino* a causa de tu mal de estómago y tus frecuentes enfermedades (5:23). Timoteo parece haber llegado a la conclusión, a partir de diversas enseñanzas de las Escrituras, de que beber alcohol era algo malo y por eso bebía "solo agua". Es interesante observar que Pablo no le dice a Timoteo que ore para sanarse sino que le aconseja el uso medicinal de "un poco de vino".

El uso del vino para contrarrestar los efectos del agua contaminada era algo común en la antigüedad. Las autoridades judías y griegas, incluyendo a Hipócrates, recomendaban beber vino en moderación para tratar a los pacientes que tuvieran problemas estomacales crónicos.

Porque el amor al dinero es *la raíz de toda clase de males* (6:10). Tal vez este sea el versículo de la Biblia que más se ha citado en contextos erróneos. Pablo no dice que "el dinero es la raíz de todo mal" sino que el amor del dinero es la raíz de toda clase de males. Los que viven motivados por el amor al dinero serán vulnerables a la tentación de tomar cualquier camino – por malo que sea – con tal de conseguirlo.

EL PASAJE EN PROFUNDIDAD

Retratos de la iglesia primitiva

Siempre resulta difícil imaginarse cómo era la vida en el pasado. Es que la historia se nos presenta mezclada con nuestra propia experiencia y cultura y como resultado, nuestra lectura del pasado se ve teñida por nuestra percepción. Esto vale en particular, quizá, para el caso de la iglesia. Para nosotros la iglesia es un lugar al que vamos los domingos por la mañana, a cantar y a oír un sermón. La reunión se da en un edificio donde también hay actividades educativas y sociales, tanto los domingos como los demás días de la semana. Y con frecuencia, el edificio también se utiliza para reuniones de comités o juntas con la responsabilidad de ministrar a la comunidad toda, o a cargo de las tareas necesarias para mantener la iglesia como edificio y como institución. Por eso, nos cuesta ver que nuestra experiencia de lo que es la vida de la iglesia difiere mucho de lo que vivían los creyentes del siglo primero, según leemos en el NT:

Su experiencia diferiría mucho a partir de las fuerzas culturales y la visión de cuál era la naturaleza de la iglesia. Para comprenderlo necesitamos tomar en cuenta parte de esa naturaleza de la iglesia primitiva como comunidad, y también de la naturaleza y el funcionamiento de los líderes en la época del NT.

La iglesia como comunidad

Las necesidades sociales de la persona promedio del siglo primero, se veían cubiertas en parte por diversos clubes o *collegia*, asociaciones para los trabajadores de distintas ocupaciones, para adherentes de distintas religiones, asociaciones que prometían un funeral decente a sus miembros, etc. La mayoría de estos clubes eran grupos barriales, que se reunían en la casa de alguno de los miembros más pudientes.

La primera iglesia seguía este patrón también, como grupo reducido, barrial, principalmente a causa de que este modelo era el que más encajaba con la sociedad del momento. La mayor parte de la vida de una persona transcurría en su barrio. Lo que hoy es un viaje en auto de treinta minutos en ese momento podía representar un día entero. En las ciudades muy pobladas del siglo primero no había grandes auditorios que pudieran acoger a cientos de personas. Y la membresía a las iglesias locales se veía limitada según el espacio con que se contara. Los miembros vivían muy cerca el uno del otro, y las congregaciones eran pequeñas, por lo que había un nivel de intimidad que en nuestros días se ha disuelto, ya que en las iglesias podemos estar los domingos junto a personas que han viajado tal vez 15 Km. para "ir a la iglesia" a oír el sermón.

La organización de la iglesia primitiva, en estos grupos pequeños, presentaba grandes ventajas. El NT nos presenta a la iglesia como cuerpo vivo, compuesto por personas cuyos dones espirituales les hacían posible el aporte al crecimiento mutuo. En la intimidad que creaba esta estructura reducida, había más probabilidad de ejercer los dones porque "cada uno" aportaba su himno o palabra de instrucción, o revelación, o lengua, o interpretación (1 Corintios 14:26). En lugar de ser pasivos miembros dependientes de un pastor, la forma de la iglesia promovía la responsabilidad de todos los miembros en el mi misterio de la iglesia. Esto no sugiere que el ministerio laico no pueda darse en la iglesia de nuestros días. Más bien, nos señala que la forma de la iglesia del siglo primero – forma que duró tal vez unos 250 años – alentaba al ministerio mutuo en tanto las formas institucionales de nuestra época, no lo hacen.

De manera similar, la congregación del siglo primero, más pequeña y barrial, y la intimidad relativa que promovía el hecho de las reuniones en casas de familia, hacía que para estos primeros cristianos fuera posible participar cada uno de la vida del otro, como lo requiere el constante llamado del NT a "amarse los unos a los otros". Porque el amor bíblico, el amor al prójimo, no es algo abstracto sino práctico y se expresa en la trama y los vaivenes de la vida que se comparte con los demás.

Esta forma de "club barrial" de la iglesia de los siglos uno y dos, promovía la vida en comunidad. Nuestras iglesias modernas no pueden lograr algo así.

Los líderes de la iglesia

En la iglesia primitiva existían dos tipos de líderes, básicamente: los locales y los itinerantes.

Tenemos que observar que para cuando Pablo escribió las cartas a Timoteo y Tito ya habían surgido distinciones entre la función de los líderes locales y los dones espirituales. Si bien se podría argumentar que la persona ordenada como anciano debía tener el don de la enseñanza (1 Timoteo 3:2), es claro que las cualidades básicas para este puesto de liderazgo local y el del diácono, era la madurez espiritual y el carácter.

Tal vez, el aspecto más importante de la estructura del liderazgo local en el siglo primero, sea que el NT siempre habla de ancianos, en plural. Vemos que la supervisión de las iglesias estaba a cargo de un equipo de ancianos, y no de uno solo. Aunque no tenemos evidencia definitiva, debido a que las iglesias-hogares del siglo primero eran tan pequeñas, podemos suponer que los ancianos supervisaban las iglesias-hogares de todo un distrito, o de la ciudad entera.

El ministerio de los líderes locales se veía supervisado y apoyado por los líderes itinerantes como Pablo, Timoteo y Tito. En el siglo primero era común que hubiera maestros itinerantes de la filosofía. Y también, era usual ver a parejas de sabios del Sanedrín de Jerusalén, visitando a las comunidades judías en las ciudades de todo el imperio para informarles de las reglas establecidas o para servir como jueces en disputas entre judíos.

Esta red de líderes itinerantes también reflejaba patrones ya existentes en la sociedad del siglo primero.

Aplicación. No hemos de ver la forma y los patrones del liderazgo de la iglesia primitiva como normativas para la iglesia en toda época y sociedad. Es claro que la iglesia seguía patrones ya existentes en ese momento, y por eso sabemos que la cultura siempre tendrá influencia en la forma que adopten las congregaciones.

Sin embargo, el mirar hacia atrás sí sirve para recordarnos dos verdades muy importantes. Ante todo, que la forma que adoptan nuestras iglesia por lo general se acepta incuestionablemente, y que no por eso debamos pensar que es una norma para todas las iglesias. Cada sociedad tiene sus reglas y costumbres y también nosotros las tenemos, en la cultura occidental. No podemos considerar que nuestra forma de congregarnos sea sagrada ni que esté establecida así en la Biblia.

En segundo lugar, la forma que adoptan nuestras iglesias debe evaluarse con criterio teológico, más que cultural. La forma de su iglesia local ¿facilita el ejercicio de los dones espirituales de sus miembros? ¿Promueve la intimidad y el crecimiento del amor mutuo?

Tales son las preguntas que debieran formularse acerca de los roles y puestos en la iglesia también. ¿Hay liderazgo múltiple? ¿O se exalta a ciertas personas? ¿Se pone énfasis en la importancia del carácter por sobre los dones o capacidades al elegir a los líderes? ¿Hay una red de soporte y rendición de cuentas que vaya más allá de la congregación local para extenderse a la iglesia en general?

Tal vez sea imposible y hasta innecesario tratar de reproducir la forma de la iglesia primitiva en nuestros días. Pero sí debiéramos considerar en serio la forma de alentar el desarrollo de esos procesos dinámicos tan esenciales para la formación espiritual, que en la iglesia primitiva tanto se apoyaban.

2 TIMOTEO
Mirar hacia delante

EXPOSICIÓN

2 Timoteo es la última carta de Pablo, quien la escribió cuando estuvo preso en Roma por segunda vez, antes de ser ejecutado allí. La carta tiene un peso especial, que corresponde al de las últimas palabras de un hombre antes de morir. Allí Pablo mira hacia delante y describe los desafíos que ve para el movimiento cristiano. Ofrece al joven Timoteo, y también a nosotros consejos muy importantes sobre cómo enfrentar tales desafíos.

Sin embargo, los temas que desarrolla en esta breve carta no son nuevos De hecho, la mayoría ya han sido desarrollados en la carta anterior dirigida a Timoteo (ver cuadro comparativo, más abajo). Para poder enfrentar los desafíos del futuro el cristiano tiene que mantener su compromiso con la vida de santidad (1:3-12) y la sana doctrina (1:13-14). Esta verdad que se le ha confiado a Timoteo, debe ser transmitida intacta a la generación siguiente, y han de hacerlo hombres fieles (2:1-7). Después de recordarle a Timoteo su propio compromiso con el Evangelio (2:8-13) Pablo vuelve al tema. En el futuro, será cada vez más importante que los líderes lleven vidas cristianas y ministren con sabiduría (2:14-26) porque el pecado se apoderará cada vez más de la sociedad y los falsos maestros lograrán entrar en la iglesia corrompiendo la fe de muchos (3:1-9). ¿Cómo podemos resistir tales ataques provenientes de dentro y fuera de la iglesia? Pablo da una indicación sencilla pero profunda. Seguir viviendo vidas cristianas y predicando la verdad, siempre preparados y dispuestos para sufrir las dificultades que pueda causarnos nuestro compromiso (3:10-4:5).

La carta de Pablo nos recuerda a la vez que somos débiles y fuertes. Hay fuerzas en la sociedad y también dentro de la iglesia que a menudo parecerán superarnos. Pero nuestro llamado es a ser fieles y al permanecer fieles a las grandes verdades del Evangelio y seguir viviendo de manera de agradar a Dios, y con amor, seguramente triunfaremos. Porque la verdad en la que creemos es la verdad de Dios y la vida que vivimos es la vida de Cristo y nuestro Dios triunfará finalmente.

Temas paralelos en 1 y 2 Timoteo:

1 Timoteo
1:3-7   Objetivo del *ministerio*: amor desde un corazón puro
1:8-11   Descripción del estilo de vida opuesto a la *sana doctrina*
1:18-20   Timoteo debe *aferrarse a la fe*

2:8-10	Ejemplos de la *vida cristiana*
3:1-15	Cualidades de los *líderes*
4.1-5	*Falso* estilo de vida
4:11-16	Necesidad de dar el ejemplo *en la fe y la vida*

2 Timoteo

1:3-12	Llamados a una vida de *ministerio* de fidelidad
1:13-14	Deber de guardar la *sana doctrina*
2:1-7	Timoteo debe confiarles la verdad a hombres *fieles a la fe*
2:14-19	Los líderes deben llevar una *vida cristiana*
2:14-19	Forma de vivir y enseñar *de los líderes*
3:1-9	*Falso* ministerio
3:10-4:5	Necesidad de seguir la *vida cristiana, enseñando*
3.10–4.5	A necessidade de continuar a viver uma vida *santificada* e de *ensino*.

ESTUDIO DE PALABRAS

Por eso te recomiendo que avives la llama del *don* de Dios que recibiste cuando te impuse las manos (1:6). Aquí, don es *carisma*. Es la misma palabra utilizada para los dones espirituales "comunes" que el Espíritu Santo distribuye entre los creyentes. Pero se trata aquí de un don inusual, que dará a Timoteo capacidad para el ministerio. Para el significado de la imposición de manos, ver Estudio de palabras de 1 Timoteo 4.14.

Tal vez, lo más importante es el recordatorio implícito en el llamado a "avivar la llama del don". Dios nos da Sus dones gratis, pero de nosotros depende que los usemos o abusemos de ellos.

Pues Dios no nos ha dado un espíritu *de timidez*, sino de poder, de amor y de dominio propio (1:7). La palabra *deilia* significa "cobardía". En contexto con otros pasajes de estas os cartas, nos señala que Timoteo era de naturaleza reservada, tímido y dubitativo. Pero a Timoteo su debilidad no le limita, así como tampoco nuestras debilidades nos limitan a usted y a mí. Dios nos ha dado Su espíritu, un Espíritu que insufla poder, amor y dominio propio en la vida del creyente.

TIMOTEO

Timoteo se unió al equipo misionero de Pablo en el segundo viaje del apóstol (Hechos 16:1). La exhortación de Pablo a Timoteo de no permitir que le menospreciaran debido a su juventud (1 Timoteo 4:12) sugiere quizá que Timoteo era tímido y reservado, o refleja el valor que la cultura de entonces daba a la edad de los líderes. Pero como Pablo elogia a Timoteo ante los Filipenses, podemos inferir que el compromiso y fortaleza de este discípulo eran firmes. Pablo dice: "Espero en el Señor Jesús enviarles pronto a Timoteo, para que también yo cobre ánimo al recibir noticias de ustedes. No tengo a nadie más que, como él, se preocupe de veras por el bienestar de ustedes, pues todos los demás buscan sus propios intereses y no los de Jesucristo. Pero ustedes conocen bien la entereza de carácter de Timoteo, que ha servido conmigo en la obra del evangelio, como un hijo junto a su padre" (Filipenses 2:19-22).

Timoteo podría representar a muchos jóvenes cristianos que siguen sintiendo incertidumbre y dudas, a pesar de su continuado buen servicio. También representa una realidad en la iglesia. Los líderes de cada generación han de pasarle el ministerio a los que les siguen, y ellos a su vez capacitarán a otros más para que tomen la responsabilidad del liderazgo. Timoteo podía parecer joven, pero su firme compromiso con Cristo y su genuina preocupación por los demás, le habían equipado efectivamente para el ministerio (*Diccionario Bíblico Revell*, [en inglés], p. 960).

Porque sé en quién he creído, y estoy seguro de que tiene poder para *guardar* hasta aquel día lo que he dejado a su cuidado (1:12).

Este es uno de los grandes versículos de la Biblia que es menester recordar, sea en esta versión o en alguna de las más antiguas: "porque yo sé á quien he creído, y estoy cierto que es poderoso para guardar mi depósito para aquel día" (RVR60).

Aquí "guardar" o "confiar" es *paratheke*, que significa "depósito" y que solamente encontramos aquí y en 1 Timoteo 6:20. La imagen es la de alguien que ha hecho un largo viaje y deja sus cosas valiosas al cuidado de un amigo hasta su regreso. Pablo nos recuerda que nuestra vida en la tierra es, de hecho, un viaje. Es bellísimo saber que todo lo que es valioso y perdurable ha sido confiado al Señor, que lo guarda a salvo hasta tanto regresemos a casa.

Lo que me has oído decir en presencia de muchos testigos, encomiéndalo a creyentes dignos de confianza, que a su vez estén capacitados para enseñar a otros (2:2). La transmisión del Evangelio ha sido y sigue siendo asunto de persona a persona. Justino Mártir, que vivió entre los años 100 y 167 DC aproximadamente, estudió todos los sistemas filosóficos de su cultura, convencido de que solamente la filosofía podía producir felicidad. En su *Diálogo con Trifo*, Justino registra una conversación con un "anciano" que cambió por completo el rumbo de su vida y que ilustra la dimensión humana de la transmisión del Evangelio de generación en generación. El anciano decía:

> Hace ya mucho tiempo, mucho antes de la época de estos afamados filósofos, había hombres bendecidos que eran justos, amados por Dios, hombre que hablaban por inspiración del Espíritu Santo y predijeron sucesos que ocurrirían en el futuro, sucesos que hoy están ocurriendo. A esos hombres les llamamos profetas. Solo ellos conocían a verdad y la comunicaban a los seres humanos, a quienes no temían ni reverenciaban. Sin buscar gloria personal, repetían solamente lo que oían y veían cuando les inspiraba el Espíritu Santo. Sus escritos aún existen y quien los lee con la fe adecuada se beneficiará grandemente en su conocimiento del origen y fin de las cosas y de todo asunto que debiera conocer un filósofo...Por sobre todo, ruega a Dios que te abra las puertas de la vida porque nadie puede percibir ni entender estas verdades a menos que haya sido iluminado por Dios y Su Cristo.
>
> Cuando dijo estas y muchas otras cosas que ahora no es momento de contar, siguió su camino después de mandarme meditar en lo que me había dicho, y jamás volví a verle. Pero mi espíritu de inmediato se encendió, y me invadió uno afecto por los profetas y por quienes son amigos de Cristo. Al meditar en sus palabras descubrí que la suya era la única filosofía segura y útil. Por eso ahora soy un verdadero filósofo. Además, es mi deseo que todos puedan tener los mismos sentimientos que tengo yo, y jamás desprecien las palabras del Salvador porque en sí mismas tienen tan grande majestad como para inspirar temor en quienes se han apartado del camino de la rectitud en tanto que siguen dando solaz a quienes las guardan.

Este mensaje es digno de crédito:
Si morimos con él, también viviremos con él;
si resistimos, también reinaremos con él.
Si lo negamos, también él nos negará;
si somos infieles, él sigue siendo fiel, ya que no puede negarse a sí mismo (2:11-13).

La mayoría cree que estos versículos pertenecen a un antiguo himno cristiano. Debiéramos vincular el himno con la referencia que hace Pablo anteriormente a "la salvación que tenemos en Cristo Jesús" (2:10). En cuanto a la salvación, la clave es Cristo. Y hay dos respuestas posibles para la persona confrontada por Cristo en el Evangelio.

La primera respuesta es positiva. Los que se describen han "muerto con Él". El verbo *synapethanomen*, un aoristo que se refiere a esa unión con Cristo que forma la fe (Romanos 6) "Resistir" (*hypomenomen*) está en presente e indica acción continua. Pero "resistir" no es exactamente el significado del término griego porque para nosotros, indica mera supervivencia en tanto *hypomeno* en griego es indicativo de acción positiva que sugiere que el creyente que ha muerto con Cristo y resucitó, hoy enfrenta dificultades y las transforma en triunfos así como Jesús transformó la cruz en corona. Esta es una de las alternativas que todos tenemos: acudir a Cristo, para cambiar la muerte espiritual por la vida espiritual, y vivir esa vida en triunfo.

La otra opción que tenemos es la de negar a Cristo. Aquí, "negar" (*armesometha*) también está en el aoristo e indica acción decidida, que refleja la actitud permanente de la mente. No es cuestión de duda ni vacilación sino la decisión de quienes son *apistoumen*, o "sin fe". Con esto queda en claro que el "nosotros" que se usa aquí hace referencia a la raza humana, y que el himno refleja las opciones que están disponibles para todos.

¿Qué quiere afirmar el antiguo himno al decir que Dios permanece fiel "ya que no puede negarse a Sí mismo"? Es tomar esto como afirmación del compromiso al Evangelio por parte de Dios, y que algunos rechazan con necedad. No importa cómo reaccione el ser humano ante el Evangelio, Jesús sigue siendo igual, sigue siendo el camino a la salvación para los seres humanos. Se ha comprometido consigo mismo a brindar la salvación en Cristo. Dios cumplirá con Su compromiso, más allá de lo que digan o hagan los seres humanos.

En 1992 el Consejo Internacional de Cristianos y Judíos produjo una declaración teológica con el propósito de formar lo que el *Jerusalem Post* del 22 de agosto de 1992 llamó "alianza de trabajo" entre cristianos y judíos. Es interesante evaluar la siguiente cita de los trabajos teológicos desarrollados en ese congreso, a la luz de este antiguo himno cristiano y versículos como Juan 3:16 y Juan 14:6.

> La Torá, como expresión del pacto de Sinaí, sigue siendo válida para los judíos como regalo y don que jamás ha sido revocado. De la misma manera, la misión para los judíos es teológicamente inaceptable. La iglesia...no es sucesora o heredera del pacto de Dios con Israel sino una forma universal de entrar

en comunión con el Dios de Israel, junto al pueblo de Israel.

Esfuérzate por presentarte a Dios aprobado, como obrero que no tiene de qué avergonzarse y que *interpreta rectamente* la palabra de verdad (2:15). El término griego *orthotomounta* significa "mantener el curso recto". Como algunas versiones contenían la traducción de este versículo como "recta división", algunos supusieron que era respaldo de la interpretación dispensatoria que "divide" la historia sagrada en una cantidad de eras o dispensaciones. Pero es evidente que Pablo ya ha definido con frecuencia el "curso recto" en las Escrituras, y también el uso "desviado" de la Palabra. La "sana enseñanza" tiene por intención que se viva la vida en amor y santidad. Los falsos maestros a los que tendrá que confrontar Timoteo hacen mal uso de la Palabra de Dios y se dedican a "hablar sin sentido", abusando de la Ley e iniciando argumentos huecos en cuanto al significado oculto de sus genealogías (cf. 1 Timoteo 1:4-7; 2 Ti moteo 2:16-18; 3:1-9).

A pesar de todo, el fundamento de Dios es sólido y se mantiene firme, pues está sellado con esta inscripción: "El Señor conoce a los suyos", y esta otra: "Que se aparte de la maldad todo el que invoca el nombre del Señor" (2:19). La salvación, como una moneda, tiene dos caras: la de Dios, Quien conoce a los suyos al mirar sus corazones; y la del ser humano, cuando demostramos que somos de Dios mediante nuestra decisión de vivir una vida de santidad.

Y un siervo del Señor *no debe andar pele*ando (2:24). El término griego *machesthai* es una palabra fuerte, utilizada en referencia a la guerra armada y al combate cuerpo a cuerpo. Comenzó a usarse luego en referencia a la "guerra de palabras" o pelea constante. Con peleas y discusiones, no se gana a las personas para Cristo. En el nivel de los seres humanos, cuanto más critiquemos o condenemos a los demás, más probable será que los endurezcamos en su oposición a la fe. Y en otro nivel, la "pelea" no llega a tomar en cuenta el hecho de que el que no es salvo sigue bajo el dominio de Satanás. Podríamos parafrasear con Thayer que el que no es salvo necesita "que le liberen de las trampas del diablo para que vuelva a la cordura".

No sirve de nada insistir que la persona espiritualmente ciega vea nuestro punto de vista. Más bien, solo podemos "humildemente corregir" (2:25), confiando en que Dios "les conceda el arrepentimiento para conocer la verdad".

En los últimos días **vendrán tiempos difíciles (3:1).** La frase viene del AT (cf. Isaías 2.2; Miqueas 4:1; Joel 2:28). La cuestión aquí es, si como piensan muchos, Pablo busca identificar la época actual como "los últimos días" o si "los últimos días" se refieren al final de los tiempos. La lúgubre imagen que presenta Pablo de quienes vivan en este período por cierto sugiere lo que dio en llamar "la rebelión" en 2 Tesalonicenses 2:3.

Por otra parte la mayoría de los pasajes donde se encuentra esta frase parecen indicar que "los últimos días" se refiere al ahora (Hechos 2:17-18; 3:24; Hebreos 1:2; 2 Pedro 3:3; 1 Juan 2:18). Si la historia implica una revelación progresiva de los propósitos de Dios en la Creación y la redención y "el Día del Señor" es el período de culminación, entonces "los últimos días" bien pueden ser la época previa al Día del Señor.

Tomando esta visión, los "últimos días" se extienden desde la Resurrección de Jesús hasta Su Segunda Venida. En tanto la plena expresión de los males que Pablo describe en 3:1-5 se ve restringida, son más que evidentes de todas maneras en nuestra sociedad, hoy mismo.

Pero más allá de cómo entendamos "los últimos días" tenemos que tener plena conciencia de que la sociedad moderna es hostil a Dios y a Sus valores. Y la descripción que Pablo brinda de los hombres y mujeres de ese tiempo, describe acabadamente a muchos de los que hoy viven en nuestra sociedad.

Aparentarán ser piadosos, pero su conducta desmentirá el poder de la piedad (3:5). Las apariencias pueden ser engañosas y la piedad exterior puede enmascarar a cualquiera – o a todas – de las características que Pablo ha descripto en 3:1-4. La descripción que hace Pablo del *modus operandi* de estas personas corruptas en 3:5-9 indica que supone que tales personas aparecerán *dentro* más que fuera de la iglesia. A su vez, esto sugiere que Pablo sí está pensando en "los últimos días" como en la actualidad, tanto de su momento como del nuestro.

La historia de la iglesia brinda un ejemplo interesante del tipo de persona que Pablo parece describir. Un hombre llamado Peregrino se unió a la iglesia con el fin de explotar a los cristianos. Cuando finalmente las autoridades seculares le echaron en prisión, los cristianos siguieron viviendo en el engaño y le trataban como a un héroe, llevándole dinero y alimentos. Su contemporáneo, Luciano, comentó:

Los pobres tipos se han convencido...de que serán inmortales y vivirán por siempre...Desprecian todas las cosas sin discriminación y consideran que todo es propiedad común, recibiendo tales doctrinas por tradición, sin evidencia definitiva. Así que si un charlatán o embustero, capaz de sacar provecho de la ocasión, se aparece entre ellos, muy pronto consigue amasar fortuna con solamente engañar a estos simplones (Peregrino 13).

Del mismo modo que *Janes y Jambres* se opusieron a Moisés, también esa gente se opone a la verdad (3:8). No aparecen los nombres de estos hombres en el AT, pero una larga tradición judía les identifica como los magos de la corte del faraón, que se opusieron a Moisés (Éxodo 7:11).

Toda la Escritura es inspirada por Dios y útil para enseñar, para reprender, para corregir y para instruir en la justicia, a fin de que el siervo de Dios esté enteramente capacitado para toda buena obra (3:16-17). El término griego que se traduce como "inspirada por Dios" (*theopneustos*) solamente aparece aquí en el NT. La imagen que se sugiere es la de un barco que avanza cuando el viento hincha sus velas. Pero poco nos dice esta palabra acerca del *proceso* de la inspiración. En cambio, centra la atención en el producto: una "Escritura" que transmite el sentido que Dios ha querido sin eliminar en aspecto alguno la libertad o individualidad del escritor.

Sin embargo, aquí Pablo quiere destacar el valor de las Escrituras. La palabra que se traduce como "útil" es *ophelimos*, o "beneficioso". También aquí, como en las pastorales, el apóstol centra nuestra intención en la forma en que hemos de *usar* las Escrituras en la vida cristiana. ¿En qué aspectos atañen las Escrituras a nuestras vidas?

"Enseñar" (*didaskalia*) es el término que abarca todo lo referido a la instrucción. "Reprender" (*elegmos*) indica la convicción del pecado en el Septuaginto. "Corregir" (*epanorthosin*) significa "restaurar a su estado correcto). "Instruir [*paideia*] en la justicia" es el tipo de guía que brinda un padre o madre al criar a un hijo. Cuando nos acercamos a las Escrituras con el afán de aprender, permitiendo que la Palabra de Dios nos indique en qué áreas de la vida estamos fuera de sintonía con Dios, y respondemos para que la Palabra de Dios nos restaure al estado correcto, tendremos la guía – como la del padre que guía a su hijo – para vivir una vida de rectitud y justicia. Como resultado de este tipo de compromiso con la Palabra de Dios, estaremos equipados "para toda buena obra".

Me espera la *corona* de justicia (4:8). Aquí, corona es *stephanos*, que identifica a la corona de hojas que se les entregaba a los ganadores en uno de los juegos atléticos de Grecia. "De justicia" puede significar "la corona que corresponde al hombre justo" o "la corona que se gana por justicia", dependiendo de cómo entienda uno el genitivo. Pablo luego afirma que esta corona les espera a "todos los que con amor hayan esperado su venida" (4:8). Si conectamos esta afirmación con 1 Juan 3:3: "Todo el que tiene esta esperanza en Cristo, se purifica a sí mismo, así como él [Cristo] es puro", encontraremos el respaldo a la idea de que la corona que Pablo tiene en mente es la que se gana por justicia.

Cuanto más anhelemos usted y yo el regreso de Cristo, menos nos preocuparán esas cosas que podrían impedirnos vivir una vida de rectitud y justicia.

EL PASAJE EN PROFUNDIDAD

El encargo de Pablo a Timoteo (3:10-4:5).

Trasfondo. Jacob Neusner escribe en *A Midrash Reader* [El lector de la Midrash] (Fortress Press, 1990):

> Nosotros y ellos compartimos la convicción de que las Escrituras son la palabra de Dios no solo entonces sino también ahora, pronunciadas no hace siglos sino en nuestra era, a mí, aquí y ahora...Todos, cristianos y judíos, necesitamos comenzar por acudir a las Escrituras, y traer las Escrituras a nuestra época y lugar. Porque el estudio de estas palabras de Dios, la Biblia para el cristiano y toda la Torá para el judío, es testimonio único, palpable, de este mundo y concreto para nosotros y pienso que es todo lo que tenemos y todo lo que llegaremos a tener, para decirnos lo que significa Dios (p. 163).

En esto oímos tal vez el eco de las palabras de Pablo a Timoteo, de que "Toda la Escritura es inspirada por Dios y útil para enseñar, para reprender, para corregir y para instruir en la justicia, a fin de que el siervo de Dios esté enteramente capacitado para toda buena obra (3:16-17).

Todo el que tenga a las Escrituras en alta estima coincidirá. La Biblia es la Palabra de Dios, no del pasado sino de ahora. No solo para informarnos sino para transformarnos. Pero no todos, sin embargo, están de acuerdo en cómo *usar* la Palabra de Dios.

Es este, de hecho, uno de los temas principales de las epístolas pastorales que con frecuencia reflejan los conflictos en cuanto a la aproximación a las Escrituras por parte del apóstol y por el de diversas escuelas de falsos maestros. Aquí incluimos algunos de los pasajes que reflejan una visión inadecuada de las Escrituras:

Uso inadecuado de las Escrituras

■ Perspectiva mitológica (1 Timoteo 1:3-8). 1 Timoteo comienza con el encargo de Pablo a Timoteo: "que les ordenaras a algunos supuestos maestros que dejen de enseñar doctrinas falsas " (1:3). Estas doctrinas eran generadas, aparentemente por la devoción del os falsos maestros a "leyendas y genealogías interminables" (1:4). La palabra mito (*mythos*) que originalmente significaba "cuento" derivó luego en el significado de "fábula". Hoy pensamos en las fábulas como en historias inventadas con una moraleja. Como en este pasaje Pablo también dice que "pretenden ser maestros de la ley" (*nomos*, término griego para *torah* utilizado aquí con el significado de "la revelación divina") se supone que estos maestros toman las historias de la Biblia como *mythos*, buscando extraer y aplicar significados ocultos, y que consideran sus genealogías con interminables especulaciones acerca de sus significados ocultos.

Esta perspectiva de las Escrituras se menciona varias veces en las dos cartas a Timoteo. En 1 Timoteo 4:7 Pablo dice: "Rechaza las leyendas profanas y otros mitos semejantes" y en la misma carta habla de la persona que enseña "falsas doctrinas" como alguien que "padece del afán enfermizo de provocar discusiones inútiles, que generan envidias, discordias, insultos, suspicacias y altercados entre personas de mente depravada, carentes de la verdad" (6:3-5).

■ Perspectiva legalista (1 Timoteo 1:8-11). Estrechamente relacionada con la perspectiva mitológica, está la mala interpretación de la ley del AT. Pablo observa que la ley es buena (beneficiosa y útil) si la persona la usa correctamente. Ante todo esto significa reconocer que las "Prohibiciones" de la Biblia se promulgan "no ... para los justos sino para los desobedientes y rebeldes, para los impíos y pecadores, para los irreverentes y profanos" (1:9). El creyente no escudriña las Escrituras en busca de reglas a seguir, como si las "prohibiciones" y los "mandamientos" le ganaran mérito con Dios o progreso en la vida cristiana.

Sin embargo, no solo hay muchos que tratan las Escrituras principalmente como fuente de reglas a seguir sino que muchos van más allá de las leyes para imponer requisitos adicionales. Pablo describe esto en parte, cuando dice que los falsos maestros "prohíben el matrimonio y no permiten comer ciertos alimentos que Dios ha creado para que los creyentes, conocedores de la verdad, los coman con acción de gracias" (11 Timoteo 4:3).

■ Perspectiva rebelde (2 Timoteo 3.1-9). En este párrafo Pablo describe a quienes rechazan las Escrituras como autoridad. Son "jactanciosos" (3:2) que dan prioridad a la satisfacción de sus propios deseos egoístas en lugar de buscar a Dios y querer agradarle. "Aparentarán ser piadosos, pero su conducta desmentirá el poder de la piedad" (3:5). Pablo nos recuerda que incluso el más corrupto quiere parecer recto. Busca disfrazar sus motivos, así como el que busca contiendas intenta envolverse en el manto de quien aboga por la libertad de palabra. En lugar de abusar de las Escrituras, haciendo de su mensaje un mito o un conjunto de leyes, rechazan su mensaje aunque bien podrían utilizar su lenguaje como disfraz de sus deseos de maldad. Esas personas no distorsionan la verdad. Más bien se oponen a ella (3:8). Aunque los pasajes de 1 y 2 Timoteo sugieren varias formas distintas en que pueden utilizarse equivocadamente las Escrituras, también existe el énfasis en ser un "obrero que no tiene de qué avergonzarse y que interpreta rectamente la palabra de verdad" (2 Timoteo 2:15). Y hay además considerable cantidad de indicaciones en cuanto a cómo han de utilizar los creyentes las Escrituras.

En lo que escribe Pablo hay implícitos varios principios.

Uso adecuado de las Escrituras

■ Acercarse a las Escrituras como testimonio de la salvación. Ante todo, las Escrituras son testimonio de la salvación que Dios nos ha brindado en Cristo. Pablo se refiere a esto en 1 Timoteo 1:15: "Este mensaje es digno de crédito y merece ser aceptado por todos: que Cristo Jesús vino al mundo a salvar a los pecadores". Las Escrituras dan testimonio de Cristo porque Dios "quiere que todos sean salvos y lleguen a conocer la verdad. Porque hay un solo Dios y un solo mediador entre Dios y los hombres, Jesucristo hombre, quien dio su vida como rescate por todos. Este testimonio Dios lo ha dado a su debido tiempo" (1 Timoteo 2:3-6). El Evangelio aparece entretejido en esta carta de Pablo, así como en otras (cf. también 2 Timoteo 1:8-11; 2:8-10; 3:15). En sentido muy real Cristo y el Evangelio son la lente por la cual todos hemos de llegar a las Escrituras para poder descubrir *lo que tiene valor*. Porque todo lo que tiene para decirnos la Escritura carece de valor para quien ignora o descarta el mensaje de Dios acerca de Su Hijo.

■ Acercarse a las Escrituras como "sana doctrina" y como guía para la vida cristiana. En esta frase que encontramos en 1 Timoteo 1:10 y 2 Timoteo 4:3, el adjetivo es *hygiainouse*, que significa "sano" o "entero". La idea es que la enseñanza cristiana es, no solamente nutritiva, sino que promueve la salud espiritual. Pablo destaca que el propósito de detener las falsas enseñanzas es el de enseñar la sana doctrina que producirá un amor "brote de un corazón limpio, de una buena conciencia y de una fe sincera" (1 Timoteo 1:5).

Lo que Pablo tiene en mente es el hecho de que el cristiano no busca la conformidad a las Escrituras como parámetro externo, sino más bien busca la transformación a través de la experiencia de las "verdades de la fe" (1 Timoteo 4:6). Así, cuando leemos las Escrituras buscamos descubrir realidades que podemos experimentar con ayuda de Dios. Por eso Pablo le recuerda a Timoteo que debe ser "un ejemplo a seguir" para los creyentes (1 Timoteo 4:12) y "tener cuidado de su conducta y enseñanza" (ver 4:16).

Es en teste contexto que en 2 Timoteo 3:10-4:5 Pablo da una prescripción específica que nos muestra cómo leer las Escrituras para evitar los errores de los mitólogos, los legalistas y los que rechazan de plano las enseñanzas de las Escrituras.

Interpretación. En ningún lugar sugiere Pablo que el acudir a las Escrituras como Palabra de Dios y realmente escucharla significa una vida fácil. De hecho, en 2 Timoteo 3:10-4:5 Pablo deja perfectamente en claro que la utilización correcta de las Escrituras pondrá al cristiano en un camino que implicará dificultades y conflictos. Porque los caminos de Dios no son apreciados en el mundo humano. Y el cristiano que sigue el camino que definen las Escrituras se encontrará a contramano de la cultura humana.

En síntesis, Pablo ilustra:

- El costo (3:10-12)
- El conflicto (3:13-15)
- El valor de las Escrituras (3:16-17)
- El encargo (4:1-5)

El costo (3:10-12). Pablo le escribe claramente a Timoteo: "Tú, en cambio, has seguido paso a paso mis enseñanzas, mi manera de vivir, mi propósito, mi fe, mi paciencia, mi amor, mi constancia". La realidad es que la forma en que Pablo entiende las Escrituras ha dado forma a todo su "camino en la vida", desde el origen de sus motivos y la confianza en Dios a sus expresiones visibles en términos de paciencia, amor y constancia. Timoteo no puede suponer que el correcto entendimiento de las Escrituras pudiera producir el egoísmo, las peleas o el rígido legalismo que produce la errónea perspectiva que tienen los falsos maestros de la Palabra de Dios. Y Pablo dice más aún. Timoteo también sabe que el entendimiento de Pablo de las Escrituras y su compromiso a vivir según la Palabra de Dios ha dado lugar a "persecuciones y sufrimientos" (3:11). Hay un costo para quien elige seguir el camino que define la Palabra de Dios.

El conflicto (3:13-15). Pablo dice rotundamente: "Así mismo serán perseguidos todos los que quieran llevar una vida piadosa en Cristo Jesús" (3:12). Cuando más de cerca sigamos a Cristo, según lo define la Palabra de Dios, tanto más lejos se apartará nuestro camino del de los "malvados embaucadores [que] irán de mal en peor". Inevitablemente, esto nos pondrá en conflicto con el mundo. No debemos leer "persecución" como la amenaza contra la vida de los cristianos, como sucede con algunos gobiernos. Más bien, "persecución" es toda hostilidad activa: las burlas de los adolescentes sobre los estándares morales de su par, la negativa del empleador a ascender a un cristiano, el enojo de un cónyuge no cristiano ante el nuevo deseo del otro de seguir a Jesús. No importa cuál sea el conflicto, como Timoteo debemos "permanecer firmes en lo que hemos aprendido y de lo cual estamos convencidos" (ver 3:14). El aprendizaje y convicción de Timoteo parte de la confianza en la integridad de las personas que le enseñaron las Escrituras en su niñez, y de conocer las Escrituras como fuente del mensaje de salvación de Dios.

El valor de las Escrituras (3:16-17). Habiendo oído la palabra de salvación, el nuevo creyente que ahora es "hijo de Dios" necesita estar bien equipado para toda nueva obra. En este punto, las Escrituras se ocupan de esta función, que es todo un de safio. La Palabra de Dios es "útil" (beneficiosa, *ophelimos*). Por eso ¿cómo vemos las Escrituras de modo de verlas como Palabra de Dios que nos equipa?. Pablo declara que la Escritura "es útil para enseñar, para reprender [convencer del pecado], para corregir [restaurar al estado correcto] y para instruir en la justicia". Vemos aquí un patrón. "Enseñar" es una palabra general que podemos entender como información sobre la realidad tal como la conoce Dios y como la ha revelado. Por otro lado, esta revelación nos da convicción y nos muestra en qué aspectos nuestros caminos están en conflicto con los de Dios. Además, esta misma revelación nos corrige y nos restaura al guiarnos de regreso a lo correcto. Una vez restaurados a la armonía con Dios esta misma revelación nos instruye en la justicia, enseñándonos a diario cómo hemos de agradar al Señor y vivir para Él.

El encargo (4:1-5). En vista de lo antedicho, Pablo encarga a Timoteo que predique la Palabra "sea o no sea oportuno". Hay un fascinante paralelo y también una distinción entre el ministerio de las Escrituras en cuanto a reprender y corregir y el ministerio de Timoteo. Tim oteo debe reprender (*epitimeson*), lo cual significa censurar o reprobar. Pero las Escrituras pueden reprender (*elegmos*) que equivale a la convicción del pecado. Timoteo debe corregir (*elenxon*) y esto significa reprobar. Pero las Escrituras tienen la capacidad de corregir (*epanorthosin*), que significa restaurar a la posición correcta. La persona que ministra la Palabra llama la atención de quien le oye hacia su necesidad, pero solo las Escrituras pueden efectuar el cambio que hace falta.

Así que el encargo a Timoteo de predicar la Palabra transformadora es un encargo correcto: tiene que ministrar con gran paciencia y cuidadosa instrucción, aunque se resistan quienes le oigan o aunque éstos busquen maestros que digan lo que quieren oír en lugar de predicar la verdad.

Ni Timoteo ni usted ni yo debemos sentir desaliento por eso. Reconociendo que hay, y siempre habrá, conflicto entre los caminos de Dios y los caminos del ser humano, los cristianos cumplen su encargo de Dios como Timoteo ha de cumplir el encargo que el Señor le dio: "sé prudente en todas las circunstancias, soporta los sufrimientos, dedícate a la evangelización; cumple con los deberes de tu ministerio".

Y hemos de vivir la Palabra.

TITO
Enseñanza buscando resultados

EXPOSICIÓN

La breve carta de Pablo a Tito es importante, ante todo por tres características. Brinda un sucinto resumen de la verdad del NT. Da también un bosquejo similar de lo que es el estilo de vida del cristiano. Y describe la enseñanza mediante la cual la verdad se traduce en experiencia cotidiana.

Merrill Tenney nos da un resumen de los temas teológicos mencionados en Tito: la personalidad de Dios (2:11; 3:6); el amor y gracia de Dios (2:11; 3:4); Su título como Salvador (2:10;3:4); el Espíritu Santo (3:5); Su ser trino y uno (3:5-6); la deidad de Cristo (2:13); nuestra propiciación gracias a Cristo (2:14); el ofrecimiento universal de salvación (2:11); la salvación por la gracia y no las obras (3:5); la venida del Espíritu Santo (3:5); la justificación por la fe (3:7); la santificación del pueblo de Dios (2:14); la separación de la maldad (2:14); la herencia de la vida eterna (3:7); y el regreso de Cristo (2:13).

En otra obra identifiqué una lista similar de características de la vida cristiana: el agradar a Dios (1:1); la fe (1:2; 2:2); las cualidades de los líderes (1:5-9); el ministerio de los líderes (1:8-9); la templanza (2:2); el amor (2:2, 4); el dominio propio (2:2, 5-6); la paciencia (2:2); la dedicación a hacer el bien (2:7; 3:1, 8, 14); la integridad personal (2:7, 10); la honestidad (2:7); la sujeción a la autoridad (2:9; 3:1); la confiabilidad (2:10); el rechazo del pecado (2:12); la humildad (3:1); la consideración (3:2); la búsqueda de la paz (3:2); la armonía (3:10).

Pero tal vez el elemento más impactante en esta carta tan breve sea su énfasis en la enseñanza, no como mera comunicación de información sobre Dios sino como instrucción que busca producir un estilo de vida en armonía con la verdad revelada. Este tema, que desarrolla Pablo en Tito 2, es uno de los pasajes más importantes en el NT para la formación de una filosofía bíblica del ministerio, sea de púlpito, de aula o no formal, dentro de la comunidad cristiana y el hogar.

Además, los comentaristas a menudo señalan tres joyitas que encontramos en Tito, y conforman sumarios riquísimos de verdades centrales a nuestra fe. Están en 1:1-3 (fundamentos de la fe), 2:11-14 (el fruto de la gracia) y 3:3-7 (el poder transformador de la gracia).

ESTUDIO DE PALABRAS

Ahora, a *su debido tiempo*, él ha cumplido esta promesa (1:3). En griego, la frase es *kairois idiois*, "en su propio tiempo". Pablo se refiere con frecuencia a la Encarnación como suceso que Dios "programó" cuidadosamente para que ocurriera en un momento preciso de la historia. Encontramos esta idea en Hechos

17:26; Romanos 5:6; Gálatas 4:4; 6:9; Efesios 1:10; 1 Timoteo 2:6 y 1 Timoteo 6:15. Por cierto, los años de principios del siglo primero eran un momento propicio para el propósito de Dios. El mundo romano por fin estaba unificado y en paz. Una lengua común hacía que fuera más fácil comunicar el mensaje del Evangelio. Las fronteras abiertas y el excelente sistema de caminos y sendas de transporte facilitaban los viajes misioneros. El judaísmo había ganado reconocimiento como religión lícita en el impero y protegía a la nueva fe que surgía en esas primeras décadas. Incluso la distribución de los judíos en Occidente y Oriente era otro elemento vital en la explosiva difusión del Evangelio. Podemos decir que no hubo otro momento de la historia, ni antes ni después, con tantas condiciones favorables combinadas para que se difundiera el mensaje de Jesús.

Él ha cumplido esta promesa mediante la *predicación* que se me ha confiado por orden de Dios nuestro Salvador (1:3). En estas últimas décadas los teólogos suelen ver el término *kerigma* como palabra teológica técnica en referencia al mensaje del Evangelio. Este énfasis en el contenido del Evangelio le ha costado un precio al significado alternativo, el de la acción de predicar. Los traductores de la NVI han preferido ubicarse en el medio y en lugar de implicar que tenemos que elegir entre el mensaje predicado y la acción de predicarlo, la versión combina las dos cosas: a Pablo se le ha confiado la misión de predicar el mensaje de Dios.

Es adecuada esta posición, en especial cuando vemos que la "predicación" no se refiere al ministerio desde el púlpito – como podemos suponer hoy – sino a la acción de un heraldo con la misión de anunciar públicamente la buena noticia en las calles o dondequiera que estuviera la gente.

Te dejé en Creta para que ... y en cada pueblo nombraras ancianos de la iglesia (1:5). La palabra *kathistemi* no indica "ordenación" tal como la entendemos hoy. El uso de este término en Hechos 6:3 sugiere la aprobación a los líderes locales seleccionados o presentados por la congregación. Es decir que la congregación, que conoce s sus miembros mejor de los que los pueden conocer los líderes itinerantes, evalúa a sus miembros según los criterios que Pablo enumera en 1 Timoteo y en esta epístola. Pablo o sus representantes luego *kahistemi*, es decir que dan su aprobación a lo que decidió la congregación.

Aquí hay un saludable equilibrio porque ninguna congregación tiene líderes "asignados". Sin embargo, la necesidad de la aprobación eclesiástica muestra que había poder de veto para que pudieran revertirse las decisiones erróneas.

Para que...en cada pueblo nombraras *ancianos* de la iglesia, de acuerdo con las instrucciones que te di... El *obispo* tiene a su cargo la obra de Dios, por lo tanto debe ser intachable (1:5, 7). En estos versículos lo que se traduce como "anciano" son dos palabras en griego: *presbuteros* y *episkipos*. Esta última, se traduce en muchas versiones como "obispo". También se ha utilizado "supervisor" y ambos títulos podrían utilizarse porque Jerónimo escribió en el siglo cuarto: "Entre los ancianos, obispos y presbíteros so lo mismo porque el uno es un título de dignidad y e otro, de edad". Y también: "El apóstol muestra co claridad que los presbíteros son lo mismo que lo obispos". Además de: "Si alguien cree que la opinió de los obispos y de los presbíteros es la misma cos, para que vea que no lo digo yo, sino las Escritura que estudie las palabras del apóstol a los filipenses". La mayoría de los padres de la iglesia seguían l posición de Jerónimo.

Esposo de una sola mujer (1:6). Se ha distorsionad esta frase de dos maneras: indicando que el obispo anciano tiene que ser casado, en cuyo caso habrí sido más natural que Pablo dijera "esposo" y no "e poso de una sola mujer"; e indicando que no pod ser anciano de la iglesia quien se hubiera casado d nuevo. Esta interpretación se aplicó, por supuesto sin consistencia porque algunos excluyen a quien s ha divorciado y vuelto a casar pero aceptan a los qu vuelven a casarse una vez que ha fallecido la primer esposa. Otros resuelven este problema sugiriendo qu Pablo se refiere a una sola esposa que estuviera viv Y otros indican que *gynikos* es "mujer" y "esposa" que *aner*, es "hombre" y "esposo". En una era d laxa moral sexual Pablo insiste en que los líderes d la iglesia den el ejemplo, siendo "hombres de un sola mujer".

El obispo tiene a su cargo la obra de Dios, y po lo tanto debe ser ... (1:7-8). Estos dos versículo presentan una serie de cualidades negativas y positiva para quienes estarán a cargo de la obra de Dios. H muchas cualidades que son opuestos directos, y otr presentan imágenes del carácter personal.

Negativo	Positivo
No...	Sino
Arrogante	Hospitalario
Iracundo	Con dominio propi
Borracho	Disciplinado
Violento	Justo (que busque agradar a Dios)
Codicioso	Amante del bien
	Sensato

Si examinamos cada adjetivo con atención, e conjunto veremos que se nos brinda una image clara y nítida del carácter que ha de tener quie ocupe alguna posición en el liderazgo de lo cristianos.

Fue precisamente uno de *sus propios profetas* el que dijo: "Los cretenses son siempre mentirosos, malas bestias, glotones perezosos" (1:12). El texto en griego es más rotundo todavía: "Incluso uno de ellos, su propio profeta". Aquí, "profeta" está utilizado en el sentido de líder religioso o reformador. Y hace referencia a Epiménides, el poeta del siglo cinco AC a quien el pueblo de Creta honraba. La evaluación tan despectiva de los cretenses también aparece en escritos paganos y en el idioma griego incluso, donde la palabra *kretizo* o "Cretizar" derivó en el significado de "mentir" o "engañar".

Es impactante que esta carta enviada a Tito presente una transformación tan completa de esos cretenses cuya deshonestidad, brutalidad y sensualidad les habían convertido en objeto del desprecio de todo el mundo mediterráneo.

Para *los puros* todo es puro, pero para los corruptos e incrédulos no hay nada puro. Al contrario, tienen corrompidas la mente y la conciencia (1:15). El enigmático versículo tiene doble impacto en nosotros. Siguiendo la enseñanza de Cristo (Mateo 15:10-11; Lucas 11:37-41) Pablo nos recuerda que la pureza no es atributo de los objetos sino cuestión del corazón, de modo que los objetos y actividades asumirán la cualidad y carácter que les otorgue la intención de la persona que los usa o practica. Por el contrario, la idea de los falsos maestros de que ciertas actividades o la prohibición de tocar determinados objetos pudiera hacer pura y santa a la persona, es nada más que un sinsentido. Para quien no ha sido salvo y transformado por Jesús, no hay nada puro. Todo sigue siendo impuro.

No hagan caso de *leyendas judías* (1:14). Ver Estudio de palabras de 1 Timoteo 1:4.

A ser...*cuidadosas del hogar* (2:5). El término griego *oikourgos* significa literalmente "trabajadora en el hogar". Solamente aparece en este texto del NT. Y el contexto sugiere que las mujeres mayores han de ayudar a las recién casadas a que aprendan a hacer de su nuevo hogar y nueva familia la prioridad.

A ser ... *sumisas* a sus esposos, para que no se hable mal de la palabra de Dios (2:5). Puede tomarse el término como conjugación: "a someterse" para destacar la naturaleza voluntaria de la sumisión en el contexto del matrimonio cristiano. La frase que explica esta instrucción es de mayor importancia todavía: "para que no se hable mal de la palabra de Dios". Lo que Pablo resalta aquí y en otras de sus epístolas es que aunque todos los seres humanos somos creados iguales a los ojos de Dios, la sociedad nos asigna roles distintos. Así, las autoridades del gobierno no solo habrán de obedecerse sino respetarse, los esclavos han de obedecer a sus amos y las esposas tienen que sujetarse a sus esposos. Como persona o creyente, nadie es menos que otros si cumple con su rol social como corresponde.

Y con un mensaje sano e intachable. Así se avergonzará cualquiera que se oponga, pues *no podrá decir nada malo* de nosotros (2:8). El término griego en esta frase es *akatagnostos*, "no estar abierto a un justo reproche". Observemos esta diferencia: no podemos impedir que la gente diga cosas malas de nosotros pero sí tenemos la posibilidad de comportarnos de modo que nada de lo que hagamos *justifique* lo que digan.

EL PASAJE EN PROFUNDIDAD

Trasfondo. Para la época del NT la "filosofía" había dejado de centrarse en la especulación sobre la naturaleza y el origen del universo, para dedicarse a las cuestiones de la vida. Incluso el término griego utilizado para describir a las escuelas filosóficas era *bios*, "forma de vida". Y aunque cada escuela tenía sus raíces en una visión particular de la naturaleza de la realidad, cada una ponían su énfasis justamente en lo que tal postura implicara en términos de lo que consideraba que era la vida virtuosa. El filósofo Musonious Rufus describió al objeto de la filosofía como "descubrir mediante la discusión lo que corresponde y es correcto, y luego ponerlo en acción".

este énfasis tal vez resulte algo extraño a los ojos modernos, porque el estudio de los filósofos antiguos suele centrarse en su metafísica. También para los cristianos puede resultar sorprendente, porque el cristianismo destaca la doctrina y la teología. Y de hecho, fue este énfasis en la creencia cristiana lo que tuvo gran impacto en nuestras suposiciones sobre la naturaleza de la enseñanza y el aprendizaje. Si lo que distingue l cristianismo es su sistema de creencias – su entendimiento de la realidad, tan único – entonces la enseñanza del cristianismo tiene que poner énfasis en la transmisión de la verdad. Pero vemos que Pablo le recuerda a Tito, y también a nosotros, que el cristianismo es "la verdad que es según la piedad" (1:1). De allí se desprende que la enseñanza cristiana tiene que hacer más que comunicar información verdadera. Ha de promover el estilo de vida cristiano.

Las implicancias de esto, no son algo que la iglesia y sus líderes hayan comprendido del todo porque aunque la información puede transmitirse en las aulas o en entornos formales mediante la predicación, ninguna de esas cosas tiene efecto en particular sobre la formación de un estilo de vida. Incluso si el predicador explica la aplicación práctica de una verdad, pocas veces basta con esto para que se produzcan cambios significativos.

En tal contexto, el segundo capítulo de Tito adquiere una relevancia singular porque allí Pablo describe una "enseñanza" que no depende de la predicación sino que integra diversas actividades específicamente diseñadas para formar un estilo de vida "de acuerdo con la sana doctrina" (ver 2:1).

Tito 2
Tú, en cambio, predica lo que va de acuerdo con la sana doctrina.

A los ancianos, *enséñales* que sean moderados, respetables, sensatos, e íntegros en la fe, en el amor y en la constancia.

A las ancianas, *enséñale*s que sean reverentes en su conducta, y no calumniadoras ni adictas al mucho vino. Deben *enseñar* lo bueno y aconsejar a las jóvenes a amar a sus esposos y a sus hijos, a ser sensatas y puras, cuidadosas del hogar, bondadosas y sumisas a sus esposos, para que no se hable mal de la palabra de Dios.

A los jóvenes, exhórtalos a ser sensatos.

Con tus buenas obras, *dales tú mismo el ejemplo* en todo. Cuando *enseñes,* hazlo con integridad y seriedad, y con un mensaje sano e intachable. Así se avergonzará cualquiera que se oponga, pues no podrá decir nada malo de nosotros.

Enseña a los esclavos a someterse en todo a sus amos, a procurar agradarles y a no ser respondones.

No deben robarles sino demostrar que son dignos de toda confianza, para que en todo hagan honor a la enseñanza de Dios nuestro Salvador.

En verdad, Dios ha manifestado a toda la humanidad su gracia, la cual trae salvación y *nos enseña* a rechazar la impiedad y las pasiones mundanas. Así podremos vivir en este mundo con justicia, piedad y dominio propio, mientras aguardamos la bendita esperanza, es decir, la gloriosa venida de nuestro gran Dios y Salvador Jesucristo.

Él se entregó por nosotros para rescatarnos de toda maldad y purificar para sí un pueblo elegido, dedicado a hacer el bien.

Esto es lo que debes enseñar. Exhorta y reprende con toda autoridad. Que nadie te menosprecie.

Interpretación. Pablo tenía la mente centrada en la comunicación de la doctrina, la misericordia, el compromiso y la conducta. Todas verdades, sumadas a un estilo de vida totalmente nuevo. *La comunicación cristiana tiene que tocar a la persona toda* para dar forma a sus creencias, actitudes, valores y conducta. Para enseñar a la persona toda, la instrucción tiene que ir más allá de lo que implica procesar la información. Incluso si se trata de información de la verdad.

Si estudiamos con atención las epístolas pastorales veremos que el énfasis de Pablo en la instrucción siempre se centró más en la formación de un estilo de vida que en la transmisión de la verdad. Estos cristianos de segunda generación sabían y aceptaban las doctrinas básicas de nuestra fe. Lo que más necesitaban era aprender a vivir en armonía con las verdades que conocían. Podríamos resumir la perspectiva de Pablo en cuanto a la enseñanza, usando sus propias palabras: enseñar es ayudar al pueblo de Dios a saber "cómo hay que comportarse en la casa de Dios" (1 Timoteo 3:15).

Tito 2 nos ayuda a entender lo que implica este tipo de enseñanza. Para verlo, tenemos que examinar las palabras destacadas.

"Enseñar" en Tito 2:1 es *laleo,* "hablar, afirmar, proclamar". ¿De qué hablar, qué afirmar y qué proclamar? No la "sana doctrina" en sí misma sino un estilo de vida que esté en armonía con las verdades reveladas que conforman nuestro entendimiento de Dios y el significado de nuestra vida en este mundo.

En el texto griego original no aparece "enseñar" en Tito 2:2. Pero sí hay una construcción gramatical común que implica la comunicación imperativa y urgente. ¿A qué hay que prestarle atención con tanta urgencia? Una vez más, al estilo de vida: "que sean moderados, respetables, sensatos, e íntegros en la fe, en el amor y en la constancia".

En Tito 2:3, "enseñar lo bueno" es *kalodidaskalous,* que solo aparece aquí en el NT. Las mujeres mayores son responsables de ganarse la admiración de las más jóvenes para enseñarles cómo fomentar y formar ese tipo de carácter.

En Tito 2:4, "aconsejar" es *sophronitzo,* que significa "animar, aconsejar, urgir". En épocas del NT la palabra señalaba la enseñanza de la moral y el buen criterio. En esencia, las mujeres mayores debían ocuparse del desarrollo y mejoramiento de la moral de las mujeres más jóvenes.

En Tito 2:6, "exhortar" es *parakeleo,* que significa "alentar". Sugiere el acompañamiento, la relación cercana y personal, una verdadera amistad en la que uno puede aprender y tomar fuerzas del otro.

En Tito 2:7, "ejemplo" es *typon,* palabra que significa más que una "impresión visible". Implica "un patrón o ejemplo a seguir". Les enseñamos a los demás la conducta que agrada a Dios al mostrarles cuál es, cuando ven cómo vivimos.

En Tito 2:7 "enseñar" es *didaskalia,* acción de instruir (verbalmente, en general). Es importante que el ejemplo y la instrucción vayan de la mano.

En Tito 2:12, "enseñar" es una palabra diferente, *paideuousa,* que implica guiar como un padre o una madre guía o corrige a un hijo pequeño. Los demás ven cómo vivimos. Y explicamos nuestra forma de vivir con palabras. Así cuando otros buscan imitarnos, los acompañamos para guiarles y corregirles en sus primeros pasos de la vida que agrada a Dios.

En Tito 2:15, "enseñar" es, nuevamente *laleo,* "hablar" y "exhortar" es nuevamente *parakaleo.* Pero "reprender" es una palabra nueva, *elencho,* que significa "sacar a la luz, exponer". En contexto significa convencer, y si es necesario reprender, para poder dar convicción.

Cuando integramos todos estos términos y conceptos en una idea acerca de la enseñanza, vemos que el concepto es mucho más amplio de lo que se reconoce en nuestra sociedad. Primero, el ministerio de enseñanza se ocupa de formar vidas, y no simplemente de transmitir información, por verdadera que sea. Segundo, la enseñanza cristiana se ocupa de todos los aspectos de nuestras vidas. Las tareas y tensiones de la vida cotidiana, las relaciones con os demás, son asuntos en los que debe centrarse la enseñanza cristiana. Tercero, debemos concluir que enseñar es una tarea muy compleja que involucra activamente al maestro y al que aprende en una relación que incluye la instrucción, el ejemplo, el aliento, el consejo, la exhortación, la guía, la exposición de lo que hay que modificar, y la convicción del pecado.

Implicancias. Si tomamos en serio la imagen que Pablo nos da necesitamos repensar muchos de los aspectos de la vida de la iglesia contemporánea. Tenemos que tomarnos mucho más en serio lo relacional, porque la efectiva comunicación de una vida acorde con la sana doctrina requiere de más que el discurso ante una audiencia pasiva el domingo, sea en el templo o en el aula. Necesitamos entornos en donde se pueda compartir la vida, donde su puedan explorar las verdades cristianas expresadas en el estilo de vida, y donde juntos podamos apoyarnos los unos a los otros, en tanto buscamos seguir a Jesucristo.

FILEMÓN
Nota a un compañero de trabajo

EXPOSICIÓN

Esta breve carta, en el texto original en griego solo consta de 335 palabras. Es una nota personal: Pablo le pide a un acaudalado líder de la iglesia llamado Filemón que reciba de vuelta a un esclavo fugitivo, llamado Onésimo. Por alusiones que aparecen en esta nota, parece que Onésimo no solo había huido sino también robado. Onésimo se dirigía a Roma, aparentemente porque quería ocultarse entre la multitud que habitaba la capital del impero. Mientras estaba en Roma Onésimo se cruzó con Pablo que esperaba ser juzgado, y el esclavo fugitivo se convirtió. Parece que Onésimo permaneció con Pablo durante un tiempo y creció en su nueva fe. Pero finalmente llegó el momento en que Onésimo tenía que volver con su amo. Y fue, llevando esta nota de parte de Pablo, donde el apóstol apela a Filemón para que le acepte "como persona y como hermano en el Señor" (16).

Esta nota tan breve, tiene dos aspectos muy interesantes. Ante todo, refleja el compromiso de Pablo con el liderazgo de servicio. En lugar de mandar, Pablo busca persuadir. El líder cristiano no puede conformarse con una obediencia renuente. Solamente cuando otorga a los demás el derecho a negarse a servir a Cristo, podrán tomar libremente la decisión de responder al Señor. El objetivo del líder sabio no es el de buscar conformidad, sino el de alentar al compromiso.

En segundo lugar, notamos que destaca lo que algunos consideran que es un conflicto moral en la enseñanza de Pablo. Por un lado el apóstol afirma que como todos los creyentes son hoy miembros de la familia de Dios "Ya no hay judío ni griego, esclavo ni libre, hombre ni mujer, sino que todos ustedes son uno solo en Cristo Jesús" (Gálatas 3:28). Pero por otra parte, Pablo urge siempre a los cristianos a aceptar su rol dentro de la rígida estructura del mundo del siglo primero. Los ciudadanos tienen que someterse a los gobernantes y las esposas, a sus esposos. Y los esclavos deben servir con fidelidad a sus amos. En ambos casos, la autoridad tenía defectos graves y en ocasiones, era moralmente repugnante. ¿Cómo puede el apóstol que afirma que los hombres y mujeres somos iguales en Cristo llamar a los cristianos a someterse a la injusticia en lugar de presentar resistencia?

Este último tema parece no preocupar a Pablo en absoluto mientras escribe la nota personal en la que apela a Filemón "en nombre del amor" (9) a recibir de regreso a un otrora" inútil" esclavo "quien llegó a ser hijo mío mientras yo estaba preso" (10). La carta está llena de afecto porque evidencia la confianza que tiene Pablo en la generosidad natural de Filemón, y también en que Filemón confiará en el criterio de Pablo y honrará su pedido. Es un privilegio que tenemos como cristianos, y los vínculos de afecto y apoyo mutuo surgen del compromiso compartido hacia Jesucristo.

ESTUDIO DE PALABRAS

...y a la iglesia que se reúne en tu casa (2). En la frase *kat'oikon sou, sou* está en singular (tu) y nos recuerda que recién en el siglo tres DC se hallan registros de que hay edificios destinados a la iglesia. Esto, sumado al hecho de que Filemón tenía esclavos, indica que era acaudalado y que probablemente fuera un hombre influyente.

Otras referencias a las iglesias que se reunían en casas particulares mencionan también a sus dueños, en el NT: Priscila y Aquila en Romanos 16:5; Ninfas en Colosenses 4:15.

Siempre doy gracias a mi Dios al recordarte *en mis oraci*ones (4). La construcción de la oración en griego indica "en el momento de" mis oraciones. Esto sugiere que Pablo apartaba momentos durante el día para sus oraciones, una práctica que seguían los judíos.

Aunque la oración con frecuencia es una acción espontánea, hay gran valor en esta práctica de Pablo.

En otro tiempo te era *inútil*, pero ahora nos es *útil* tanto a ti como a mí (11). Este versículo seguramente hará sonreír al lector porque en esa época los juegos de palabras eran un elemento importante en el humor. Y aquí tenemos un doble juego. El nombre Onésimo, nombre común que se daba al os esclavos, significa "rentable" o "útil". Aunque aquí se usa una raíz diferente, *chrestos,* las dos palabras claramente establecen un juego de palabras con el nombre del esclavo fugitivo. Onésimo, "el rentable", antes era *a-chrestos,* "inútil" para su amo. Pero ahora, como cristiano, será *eu-chrestos,* o "de utilidad".

El humor, que tiene el propósito de provocar una sonrisa, alivia el tono de la nota y es otra indicación de que Pablo confiaba en Filemón, sabiendo que podía hablar con toda libertad sobre lo que le preocupaba.

***Ya no como a esclavo,* sino como algo mejor: como a un hermano querido (16).** Este versículo para algunos es indicación de que Pablo le sugiere a Filemón que le otorgue la libertad a Onésimo. Es posible, pero no necesariamente será esta la intención de Pablo. En 1 Corintios 7:21 Pablo urge a los esclavos a no estar insatisfechos debido a su condición. "No te preocupes, aunque si tienes la oportunidad de conseguir tu libertad, aprovéchala". Y en Efesios 6:9 Pablo urge a los amos cristianos a tratar bien a sus esclavos. Y sí, llama a los amos cristianos a dar la libertad los esclavos. Nuevamente vemos la peculiar tensión que existe en el NT entre la afirmación de igualdad de todos en Cristo y el aparente apoyo a las instituciones sociales existentes a pesar del hecho de que estas instituciones aparentemente violaban los derechos de las personas a las que Dios ve como iguales.

Ya no como esclavo (16). Esta frase merece un comentario adicional. No hay duda de que en el mundo del siglo primero la transición del estado de esclavo al estado de liberto implicaba un ascenso en la escala social. Pero el liberto, o *libertas*, seguía vinculado tanto legal como informalmente a su ex-amo, que ahora era su patrón. Incluso si Onésimo hubiera sido liberado por Filemón, como liberto el ex esclavo habría tenido obligaciones hacia Filemón, que sería su patrón, y por eso, más allá de cuál fuera su condición social, le sería "útil".

Si te ha perjudicado o te debe algo, cárgalo a mi cuenta (18). La palabra es *elloga*, término contable. La forma en que Pablo trata esta cuestión parece indicar, en opinión de muchos, que Onésimo – como tantos otros esclavos fugitivos – había robado a su amo algo valioso para financiar su huída. Pero el hecho de huir ya constituía robo. En el siglo primero, el esclavo era propiedad del amo de modo que tenía valor por sí mismo. El esclavo que se compraba para el trabajo manual era barato, y costaría solo unos 500 denarios. Este monto se puede comparar con lo que ganaba un trabajador libre por día: un denario. Por otra parte, Cicerón habla de un esclavo entrenado por un famoso comediante, y que ahora valía más de 100.000 denarios. Y varios escritos de la época mencionan un precio de 50.000 denarios por un esclavo que sabía de medicina, filosofía o retórica.

Así, tanto si había robado o no, Onésimo le había sustraído a su amo algo de valor: él mismo. Y en el mundo del siglo primero, Onésimo era una mercadería que tenía valor monetario. Mercadería que Filemón, como amo, tenía derecho a vender para ganar mucho más de lo que podría obtener mediante la labor del esclavo en su casa.

Pablo entonces le está pidiendo a Filemón que acepte a Onésimo en su hogar una vez más, y la garantía del apóstol es la indemnización que le pagará a Filemón por toda pérdida monetaria que éste pudiera reclamar debido a la pérdida del servicio de Onésimo mientras estuvo ausente de su puesto de trabajo.

Es un ofrecimiento generoso. Pero no hay duda de que Pablo, conociendo el carácter de Filemón, sabe bien que este caballero cristiano rechazará el ofrecimiento y que conmovido, recibirá a Onésimo. Le dice además: "[estoy]seguro de qué harás aún más de lo que te pido" (21).

EL PASAJE EN PROFUNDIDAD

Trasfondo. La esclavitud era una institución aceptada en el imperio romano del siglo primero. La obra editada por S. Safrai y M. Stern, muy completa por cierto, titulada *The Jewish People in the First Century* [El pueblo judío en el siglo primero], observa que la esclavitud era algo común en la sociedad judía y también en la secular. Ben Sira, que escribió unos dos siglos antes del nacimiento de Cristo, brinda consejos en cuanto a cómo tratar a los esclavos. Aunque en general su tono es amable, el autor judío sugiere:

> Forraje, látigo y cargas para el asno.
> Alimento, corrección y trabajo para el esclavo.
> Haz que el esclavo trabaje y buscará el descanso.
> Deja que esté ocioso y buscará ser libre.
> El yugo y el arnés son la cura para el obstinado,
> Y para el esclavo rebelde, castigo en el cepo.
> Oblígale a trabajar para que no esté ocioso,
> Porque el ocio es el maestro de muchas maldades.
> Dale trabajo que pueda hacer,
> Pero si no te obedece, cárgalo con cadenas
> (33:25-30ª).

Y aunque Ben Sira también aconseja ser bondadoso, la base de sus consejos es benevolente y práctica.

> Jamás te enseñorees sobre otro ser humano
> Y no hagas nada que no sea justo.
> Si tienes un solo esclavo, trátalo como a ti mismo
> Le echarías de menos como si fueras tú el que se perdió.
> Si tienes un esclavo, trátalo como a un hermano,
> La sangre de tu vida fue parte del precio que pagaste al comprarlo.
> Si lo maltratas y huye
> ¿en qué dirección lo buscarás?
> (33:30b-33).

Por el contrario, Filo elogia a los esenos del siglo primero porque se niegan a la práctica de la esclavitud. En De vita contemplativa Filo escribe:

> No se encuentra ni un solo esclavo entre ellos. Todos son libres e intercambian servicios y critican a los que tienen esclavos, no solo por la injusticia y violación a la ley de igualdad, sino también por su impiedad al anular el estatuto de la Naturaleza que como madre ha dado a luz y criado a todos los hombres iguales, y los ha creado como hermanos, no de nombre sino en la misma realidad aunque tal hermandad ha caído en confusión debido al triunfo de la maligna codicia que ha causado separación en lugar de afinidad, y enemistad en lugar de amistad.

Las palabras de Filo, son apasionadas y reflejan asco ante la esclavitud. No vemos eso en el Nuevo Testamento. Pero justamente estos sentimientos que expresa Filo, y el hecho de que la comunidad esena estuviera ya bien establecida en Palestina en tiempos de Cristo, son lo que convierten el silencio del NT en un enigma. El argumento de Filo, sobre la explotación sumada a la filosófica afirmación de la natural e innata igualdad de todos los serse humanos, son argumentos que Pablo como apóstol podría haber superado en fuerza. Pero Pablo en lugar de reprender a Filemón por tener esclavos, está asumiendo que tiene derecho a tratar a Onésimo como le plazca. Y en lugar de criticar la esclavitud, Pablo les habla directamente al os esclavos y varias veces les manda a someterse a sus amos.

Estos pasajes, tomados de Pablo y de Pedro, nos demuestran la perspectiva hacia la esclavitud que prevalece en los escritores del NT:

Esclavos, obedezcan a sus amos terrenales con respeto y temor, y con integridad de corazón, como a Cristo.
No lo hagan sólo cuando los estén mirando, como los que quieren ganarse el favor humano, sino como esclavos de Cristo, haciendo de todo corazón la voluntad de Dios.
Sirvan de buena gana, como quien sirve al Señor y no a los hombres,
sabiendo que el Señor recompensará a cada uno por el bien que haya hecho, sea esclavo o sea libre.
Y ustedes, amos, correspondan a esta actitud de sus esclavos, dejando de amenazarlos. Recuerden que tanto ellos como ustedes tienen un mismo Amo en el cielo, y que con él no hay favoritismos (Efesios 6:5-9).

Esclavos, obedezcan en todo a sus amos terrenales, no sólo cuando los estén mirando, como los que quieren ganarse el favor humano, sino con integridad de corazón y por respeto al Señor.
Hagan lo que hagan, trabajen de buena gana, como para el Señor y no como para nadie en este mundo,
conscientes de que el Señor los recompensará con la herencia. Ustedes sirven a Cristo el Señor.
que hace el mal pagará por su propia maldad, y en esto no hay favoritismos.
Amos, proporcionen a sus esclavos lo que es justo y equitativo, conscientes de que ustedes también tienen un Amo en el cielo (Colosenses 3:22-4:1).

Criados, sométanse con todo respeto a sus amos, no sólo a los buenos y comprensivos sino también a los insoportables.
Porque es digno de elogio que, por sentido de responsabilidad delante de Dios, se soporten las penalidades, aun sufriendo injustamente.
Pero ¿cómo pueden ustedes atribuirse mérito alguno si soportan que los maltraten por hacer el mal? En cambio, si sufren por hacer el bien, eso merece elogio delante de Dios.
Para esto fueron llamados, porque Cristo sufrió por ustedes, dándoles ejemplo para que sigan sus pasos (1 Pedro 2:18-21).

En ninguno de estos pasajes vemos que el NT pone objeción moral a la esclavitud. DE hecho, lo que dice Pablo hasta parece apoyar esta institución que, bajo cualquier aspecto, tenemos que juzgar como moralmente reprensible.

Y por eso debemos preguntarnos: "¿Por qué?", "¿Qué está pensando Pablo?", y "¿Qué subyace a la posición que toma el NT?".

Interpretación. Para interpretar un pasaje de las Escrituras lo primero que hay que hacer es examinarlo en su contexto, tanto el inmediato como el más amplio, del mensaje del Evangelio.

Si vemos el contexto inmediato de los dos pasajes paulinos observamos que el mandato a someterse no solo está dirigido al os esclavos sino que se aplica del mismo modo a la relación esposo/esposa. Pedro, luego de exhortar a los esclavos, dice: "Así mismo, esposas, sométanse a sus esposos" (3:1). Y no solo se dirige a las esposas que tengan esposos cristianos, sino específicamente a las que tienen esposos paganos.

Es común que algunos intérpretes lleguen a la conclusión de que los autores del NT eran cobardes y machistas. Por un lado Pablo y Pedro son criticados porque no confrontaron males como el de la esclavitud, por miedo a que si lo hacían las autoridades romanas buscarían eliminar a su movimiento. Por otra parte, se presenta a los apóstoles como ciegos ante los derechos de las mujeres debido al espíritu de una época en que se las consideraba inferiores.

El problema está, por supuesto, en que en el caso de las mujeres el NT rompe drásticamente con el molde del pensamiento del siglo primero, tanto de los judíos como de los griegos y romanos. Lucas se esmera al describir los frecuentes contactos de Jesús con las mujeres, algo fuera de lo común para un rabí de su época. En los inicios de la era del Espíritu Pedro proclama que tanto los jóvenes como las muchachas profetizarán (Hechos 2:17; 1 Corintios 11:5). En las cartas de Pablo vemos que frecuentemente menciona a mujeres aj las que identifica como "colaboradoras" (ver Filipenses 4:3) y a una hasta como "diaconisa" (Romanos 16:1, nota de la NVI). Si bien en el judaísmo se consideraba que los esposos le debían a sus esposas el deber marital una vez a la semana, la afirmación de Pablo en 1 Corintios 7:4 pareciera ir en contra de esto cuando menciona que aunque el cuerpo de la esposa le pertenece al esposo: "Tampoco el hombre tiene derecho sobre su propio cuerpo, sino su esposa" (1 Corintios 7:4).

Todo esto, sumado a otras evidencias, invalida la presunción de que Pablo, al llamar a la "sumisión", puede ser acusado de ser insensible – en el mejor de los casos – y chauvinista – en el peor.

Es claro que tenemos que buscar más profundamente si queremos una explicación al sorprendente llamado de Pablo a las esposas y esclavos a someterse a las instituciones establecidas en el siglo primero, que tal como estaban instituidas, resultaban repugnantes y contrarias a los principios de igualdad que tanto valoran los cristianos.

La respuesta está en lo que los modernos podrían llamar un "invento social" muy particular. Para entenderlo tenemos que recordar que en las rígidas estructuras del siglo primero la identidad de la persona era únicamente en función de su posición social. A la persona la definía el rol que tuviera en la sociedad. El ciudadanos romano y rico era "alguien" porque tenía riqueza y condición de ciudadano. El esclavo y el liberto no eran nada a los ojos de la élite y la clase media. A las mujeres se las definía por su relación con los hombres, como madres, esposas o hijas. Según observamos en un estudio anterior (El pasaje en profundidad de Efesios 5-6), la posición inherente de las mujeres se refleja en el hecho de que bajo la ley romana no podían heredar más del 10 por ciento de las propiedades de sus esposos. Y aunque había matrimonios que se amaban, la esposa se veía limitada al hogar e incuestionablemente obedecía a su esposo.

El cristianismo estalló en este mundo de rígidas estructuras, con la buena nueva de que la identidad de la persona no está definida ni por la raza, el sexo, ni por la riqueza o la posición social. El cristiano o la cristiana que se han vestido de Cristo, entraron en un plano donde "Ya no hay judío ni griego, esclavo ni libre, hombre ni mujer, sino que todos ustedes son uno solo en Cristo Jesús" (Gálatas 3:28). Y más aún, dentro de la comunidad existe una igualdad única. Cada creyente tiene un don espiritual que le da capacidad para ministrar a los demás. Cuando la iglesia de Corinto intenta asignar posición social sobre la base de los dones que tenía cada uno, Pablo los reprende. Los dones son expresión del Espíritu Santo. La comunidad de fe es un cuerpo que, aunque tiene muchas partes, mantiene su unidad esencial. En este cuerpo/comunidad, cada parte es indispensable de manera que quienes parecen ser menos a los ojos de los hombres, son honrados por Dios y tratados con igual deferencia por los demás. Incluso los líderes espirituales no son autoridades, sino sirvientes. Su ministerio sigue el modelo del de un Cristo que estuvo dispuesto a dar Su todo por nosotros.

De repente, y de manera decisiva, todos esos criterios sobre los que la sociedad construía las jerarquías, se muestran irrelevantes. Sencillamente, no se aplican a los cristianos porque somos un pueblo cuya identidad se funda en nuestra relación con Jesucristo y por el hecho de que Dios en Cristo nos ama, no por nuestra posición sino por nosotros mismos.

El asombroso invento social de Pablo no es nada menos que la separación de la identidad de todo rol social o posición en la sociedad. Más allá de cómo vea la sociedad a cada uno, tenemos la seguridad de que para Dios importa cada persona, lo mismo que dentro de la comunidad cristiana.

Volvemos entonces a nuestra pregunta: ¿Cómo es posible que Pablo haga caso omiso de la institución de la esclavitud, que tanto Filo como otros reconocían como intrínsecamente mala, incluso en el siglo primero? ¿Cómo puede dejar de oponerse Pablo al desprecio a las mujeres, tan evidente en la visión que en su época tenía la sociedad respecto del matrimonio?

Pablo hace caso omiso por tres razones. Primero, porque son irrelevantes a lo que verdaderamente le importa al cristiano: ser hombre de Cristo o mujer de Cristo. El rol social ya no define ni al hombre ni a la mujer. El esclavo no necesita de la libertad para ser alguien. Tampoco necesita la esposa un empleo para ser "liberada".

En segundo lugar, la posición social que uno tiene es algo que nos ha dado Dios. Esto está implícito en 1 Corintios 7:20 donde Pablo dice: "Que cada uno permanezca en la condición en que estaba cuando Dios lo llamó". Si lo pensamos por un momento, veremos por qué es importante considerar la posición o condición que tenemos como don de Dios. Si solamente fueran cristianos los esclavos, ningún amo querría recibir el Evangelio. Si solo fueran creyentes los más ritos del imperio, esas 600 familias, que en el siglo primero conformaban la clase senatorial, el cristianismo se habría convertido en la religión de unos pocos. Si solo se convertían las mujeres, habría sido una religión de mujeres, como lo eran algunas de las religiones de misterio en el imperio. De hecho, sin embargo, el cristianismo se difundía más allá de las barreras sociales. Los amos y esclavos, las mujeres y los hombres, los judíos y los gentiles, todos se convertían y creían. Y evidentemente, para que se difundiera el mensaje, el canal más natural era de amo a amo, y no de esclavo a amo. Entonces, ser un esclavo cristiano significaba que uno tendría la singular oportunidad de llegar a otros esclavos, a comerciantes con los que uno trataba a diario, o incluso a los hijos de la familia que confiaba su crianza en los esclavos. Hacían falta cristianos en todos los estratos de la sociedad, para que todos pudieran oír el Evangelio. Y es en este sentido que la posición social, cualquiera que fuese, del cristiano del siglo primero tenía que considerarse un don: como comisión divina a un ministerio hacia los demás que solo podría cumplir esa persona desde su posición o condición en particular.

La tercera razón está íntimamente vinculada con la segunda. Cada persona ha de cumplir con las obligaciones que su condición social requiere, como testimonio de la plenitud que nos otorga la gracia de Dios. El cristianismo no desafía el orden social de la sociedad de manera directa, sino que lo fortalece porque forma personas responsables, dedicadas, que son mejores esposas, mejores esposos, mejores esclavos, mejores amos, que los paganos que les rodean. Por eso Pablo instruye a Tito a animar a las mujeres mayores para que guíen a las más jóvenes y les enseñen a amar a sus esposos y someterse a ellos "para que no se hable mal de la palabra de Dios" (2:5). La capacidad del cristiano para vivir una vida que agrada a Dios, sea cual sea su circunstancia y aún ante la injusticia, es el brillante testimonio del poder que tiene Cristo para satisfacer y llenar de gozo el corazón.

Aplicación. En la sociedad moderna los cristianos a veces entienden – y otras no llegan a hacerlo — el gran invento social que subyace al espíritu del NT, tan radical en su tiempo. Ya no creemos, como creían los antiguos, que nuestra posición social nos define o determina quiénes somos. Sin embargo, la frustración que sienten muchas mujeres en nuestra sociedad sí refleja que falta verdadero entendimiento, primero por parte de los hombres cuya limitada visión de los roles de la mujer en el hogar y la iglesia refleja un persistente intento por establecer categorías según el sexo. Y la frustración que sienten las mujeres demuestra que tampoco han llegado a entender que los límites impuestos por la sociedad no tienen importancia en términos de su identidad o valía como personas cristianas.

La solución que Pablo brinda no les sentará a todos. Pero es en verdad sabia, y agradable a Dios. Al llamar al esclavo y al amo a amarse y servirse mutuamente, el apóstol echó el cimiento de todo rechazo a una institución injusta. Y al llamar a esclavo y amo por igual a cumplir sus funciones con responsabilidad, les manda vivir con libertad. Libres, no de las restricciones que imponen las instituciones de la sociedad, sino libres dentro del marco de dichas instituciones, para vivir una vida de gozoso servicio a Jesucristo.

Nadie llega a ser del todo libre de las restricciones que le imponen nuestras instituciones, sean seculares, sociales o derivadas de lo que la historia le ha impuesto a la iglesia. Esa libertad única del cristiano está en vivir triunfante dentro de tales limitaciones, viéndolas de manera diferente y nueva, como caminos para que podamos avanzar el reino espiritual de nuestro Señor.

HEBREOS 1.1-4.13
Jesús, la Palabra viva

EXPOSICIÓN

En términos precisos, la epístola a los hebreos es más un tratado que una carta. No se sabe quién es el autor, pero la intención de este texto es clara. Aunque no lleva título, el apelativo "a los hebreos" era antiguo, como informan Eusebio en Oriente y Tertuliano en Occidente. El grupo al que está dirigido este tratado no está conformado por judíos sino por judíos cristianos. Manteniéndose estrictamente dentro del contexto del pensamiento y las imágenes del AT, el autor demuestra a quienes parecen sentirse atraídos por los ritos y usos antiguos, que Cristo en todos los aspectos es tanto el cumplimiento del Antiguo Pacto como el autor de una relación nueva y de un mejor pacto con Dios. Aunque se desconoce la identidad del autor, lo más probable es que el libro haya sido escrito antes del año 70 DC, debido a que no hay referencia a la destrucción del templo por parte de Tito ocurrida en ese año, y al hecho de que con tal mención podría haber fortalecido su argumento respecto del sacrificio y el sacerdocio levítico. El hecho de que el autor se apoye en el Septuaginto para sus citas del AT, su griego puro y bello y su familiaridad con principios de interpretación típicamente judíos, sugieren que se trataba de un judío griego que quizá dirigía su carta a los judíos cristianos de Palestina, cuya cercanía con quienes seguían practicando las antiguas tradiciones ejercía una influencia importante.

Según el escritor de Hebreos, no se puede volver atrás. Todo en la antigua revelación apunta directamente a Cristo no solo como cumplimiento de esta antigua revelación sino como su objeto original. Así, el autor de inmediato efectúa una potente afirmación de siete aspectos sobre quién es Jesús (1:1-4), seguida de una comparación basada en las Escrituras entre el Hijo de Dios y los ángeles que en la tradición judía eran mediadores del Antiguo Pacto (1:5-14). Como el mediador del Nuevo Pacto es el Hijo Mismo, se desprende que el creyente ha de "prestar más atención" a este pacto (ver 2:1-4). De hecho, el Hijo de Dios se hizo un ser humano real y sufrió para que los seres humanos pudiéramos ser hijos espirituales de Dios, propósito que demandó que se hiciera carne, sangre y huesos porque solo como ser humano podría Él servir como sacerdote y efectuar la propiciación de nuestros pecados (2:5-18).

El escritor volverá pronto a estos temas del sacerdocio y el sacrificio. Pero antes hace una nueva referencia a la relación de pacto. Los judíos veían a los ángeles como mediadores del Antiguo Pacto y el autor ha mostrado que el Mediador del Nuevo Pacto es Dios el Hijo. Pero también ha dicho que Jesús es un ser humano real. ¿Cómo se compara entonces Jesús con Moisés, reverenciado por Israel como dador de la ley y el hombre más grande en la historia sagrada? La respuesta es que Moisés fue un gran hombre, fiel siervo en la casa de Dios. Pero Jesús también fue fiel y no como siervo sino como hijo "al frente de la casa de Dios". Moisés sirvió, pero dentro del marco de una casa que Cristo creó. Y por eso, es claro que el Hijo, propietario de la casa y Constructor que concibió y edificó esa casa, es superior a quien sirve en ella, por grande que sea este siervo (3:1-6).

Llega ahora una de las advertencias más grandes y también una de las más importantes invitaciones de toda la Escritura. El autor mira hacia atrás, a la generación del Éxodo y observa que no pudieron entrar en Canaán a causa de la incredulidad. Oían la voz de Dios que les llamaba a subir y conquistar la tierra pero endurecieron sus corazones y se negaron a responder a Su llamado. En lugar de experimentar el reposo en la Tierra Prometida, quedaron destinados a pasar años vagando sin descanso en el desierto (3:7-19). Usando un bien establecido principio de la interpretación judía el autor utiliza una frase clave, "hoy", para mostrar que "el resto" de lo prometido por Dios es atemporal, y que está disponible para todas las generaciones. Sin embargo, ninguna de las generaciones que se niegue a oír lo que Dios le dice y se corrompa a causa de la incredulidad y un corazón duro, podrán conocer este reposo. La aparente falta de voluntad de aquellos a quienes dirige esta carta, de volverse completamente a Cristo y confiar en Él absolutamente, les pone en peligro de repetir el destino de los que vagaron en el desierto y no conocieron la paz a causa de su incredulidad que hizo que desobedecieran la voz de Dios (4:1-13).

Para el escritor del Libro de Hebreos no hay opción que incluya a ambos pactos: un camino de salvación para los judíos está en el Antiguo Pacto efectuado por Moisés en Sinaí, y el otro camino de salvación para los gentiles está en la fe del Nuevo Pacto en Cristo como Hijo de Dios y Salvador. Hay una sola opción entonces: la de reconocer la voz de Dios en el Evangelio, reconocer a Cristo como objeto y cumplimiento del Antiguo Testamento, y sin dudarlo poner nuestra confianza solamente en Él.

ESTUDIO DE PALABRAS

Dios, que muchas veces y de varias maneras habló a nuestros antepasados *en otras épocas* por medio de los profetas (1:1). Los escritores paganos presentaban varias objeciones al cristianismo. Una de las más serias era la de Celso, quien en el siglo segundo escribió: "¿Solo ahora, después de tanto tiempo, recuerda Dios que ha de juzgar la vida de los hombres? ¿Es que antes no le importaba?" (cf. Cels. 4.7).

La respuesta que brinda el escritor de Hebreos es que Dios no guardó silencio en el pasado. Sí habló y de diferentes maneras a "nuestros antepasados". Pablo habría añadido que Dios les habló no solo a los judíos a través de la revelación especial sino también a todos los pueblos gentiles, por medio de la naturaleza (Romanos 1:18-21). El problema no está en esa revelación que Dios ha otorgado a todos los seres humanos, sino en la respuesta de la humanidad a la revelación. La historia del gentil y el judío por igual demuestra con toda claridad la básica incredulidad del hombre y su negativa a responder a la voz de Dios.

Pero ahora, dice el autor de hebreos, Dios nos ha hablado con una voz potente e inconfundible, "por su Hijo" (1:2). Esa es la voz que *tenemos* que oír porque de veras no hay excusa si ignoramos o rechazamos el mensaje que tan claramente nos transmite la Palabra Viva.

Además, al introducir a su *Primogénito* en el mundo, Dios dice: "Que lo adoren todos los ángeles de Dios (1:6). Este es el único pasaje del NT donde se describe directamente a Jesús como *prototokos* "primogénito" de Dios. Muchas sectas argumentan que esta palabra nos muestra que Cristo es un ser creado, y no el Dios de toda eternidad como enseñan claramente Juan 1:1-3 y otros pasajes. Sin embargo, en este pasaje la intención del autor es la de comparar la posición de Cristo con respecto a la de los ángeles. En tal contexto, prototokos aparece en un sentido cuasi legal, indicando que Jesús tiene la misma relación con Dios Padre que la que tenía el primogénito con su padre terrenal. Como "heredero de todo" (1:2), todos los ángeles de Dios adoran a Jesús el Hijo de Dios de la misma manera que adoran a Dios.

Lejos de cuestionar la esencial deidad de Cristo, aquí *prototokos* la afirma de la manera más rotunda.

¿No son todos los ángeles espíritus dedicados *al servicio divino,* enviados para ayudar a los que han de heredar la salvación? (1:14). Tenemos aquí un contraste decisivo, en una serie que compara a Cristo con los ángeles. Cristo está entronizado en gloria; todos los ángeles, sin excepción, son siervos. Aunque son "espíritus" y por ello pertenecen a un orden mayor al del hombre, los ángeles son siervos no solo de Dios, sino los que expresan su lealtad a Dios (*leitourgika*, "ministrando") al servir a los seres humanos salvos.

Por eso es necesario que *prestemos más aten*ción a lo que hemos oído, no sea *que perdamos el rumbo* (2:1). El verbo *prosechein* significa no solo centrar la atención en algo sino además, actuar según lo que hemos aprendido. "Perder el rumbo" es *praparyomen*, término familiar en referencia al anillo que se desliza por el dedo y se pierde, o al barco cuya ancla se suelta haciendo que ya no esté a salvo en el puerto. Quienes no actúan según el mensaje que da el Hijo de Dios corren grave peligro de perder el rumbo y apartarse de la verdad.

Ahora bien, es cierto que todavía no vemos que todo *le esté sujeto* (2:8). Habiendo definido ya la relación entre Cristo y los ángeles el autor comienza a repasar el lugar de los seres humanos en el plan de Dios. El ser humano ha de tener dominio sobre la creación de Dios. Sin embargo, es claro que este destino todavía no se han cumplido. ¿Por qué? Porque antes de que la humanidad pudiera concretar su destino Jesús tuvo que morir por nosotros para que por Su sufrimiento pudiéramos ser elevados a la gloria como hijos de Dios.

Lo que nos brinda nuestro pasaje es una perspectiva especial de la relación entre Jesús, los ángeles y los seres humanos. Es una relación que podemos diagramar de la siguiente manera:

Original	Encarnación	Resurrección
Jesús		Jesús/nosotros
Ángeles	Ángeles	Ángeles
Nosotros		Jesús/nosotros

Jesús no solo es exaltado por sobre los ángeles, sino que nos ha elevado con Él. Nuestro destino se cumple en Cristo, a través de Quien finalmente se concretará la intención original de Dios de sujetar todas las cosas a la humanidad.

En efecto, a fin de llevar a muchos hijos a la gloria, convenía que Dios, para quien y por medio de quien todo existe, *perfeccionara mediante el sufrimiento al autor de la salvación de ellos* (2:10). La palabra que se traduce como "autor" es *archegos*, que también se ha traducido como "pionero" o fundador. La idea, claramente, es que Cristo es Aquel en Quien se origina la salvación. Él, personalmente, no solo avanzó para mostrarnos el camino sino que por medio de Su sufrimiento, Se convirtió en el Camino.

¿En qué sentido podría Dios "perfeccionar" a Cristo? El término *teleios* suele utilizarse para indicar compleción. El sufrimiento no podía añadir nada a la naturaleza esencial de Cristo. El no cambió, ni se hizo diferente. Aunque el sufrimiento real, en el tiempo y el espacio, era necesario para que Jesús fuera el autor de una salvación que requería de Su muerte y resurrección. La cruz perfeccionó a Jesús en el sentido de calificarle plenamente para servir como Salvador de la humanidad, obra que no podría haber cumplido sin Su sufrimiento y muerte.

A fin de *expiar* los pecados del pueblo (2:17). La palabra *hilaskesthai* significa "propiciar", no "expiar". Y es importante destacar la diferencia porque propiciación se relaciona con la justa ira de Dios causada por el pecado. En Su muerte Cristo cargó con el castigo que decretaba la justicia "respecto de [acusativo] los pecados del pueblo".

***Esforcémonos,* pues, por entrar en ese reposo, para que nadie caiga al seguir aquel ejemplo de desobediencia (4:11).** En griego, el término es *spoudazo*, palabra que sugiere "esfuerzo concentrado, diligente". Casi parece contradictorio que haya que esforzarse para poder entrar en el reposo. Pero el autor está diciendo algo importante. En lugar de luchar con los problemas de la vida por nuestros propios medios, hemos de centrar nuestros esfuerzos en ser obedientes a Dios, confiados en que Su voz nos guiará en cada "hoy" que vivamos.

Hebreos 1.1-4.13

Cuadro de principales conceptos

Hebreos	Tema	Concepto	Versículos clave	Palabras clave	Significado
Cap. 1	Identidad de Jesús	Jesús es Dios	Heb. 1:1-2	Pleno, completo	Jesús es suficiente... no necesito nada más
2	Nuestra identidad	Somos hermanos de Jesús	Heb. 2:11	Señorío, dominio	Necesito verme elevado al dominio de la vida en Jesús
3 y 4	Principio de la vida	Experimentamos nuestra posición	Hebreos 4:10	Reposo, fe, respuesta	Cuando confío en Dios y Le obedezco, entro en Su reposo
5	Sumo sacerdote	Jesús nos vincula con Dios	Hebreos 4:16	Debilidad, vínculo	Cuando soy débil, puedo confiar en Jesús para obtener perdón y ayuda
6	Madurez	La seguridad estimula el crecimiento	Hebreos 6:18	Inseguro, fundamento	Puedo olvidarme de mí mismo y lanzarme a la confianza plena de que tengo completo perdón
7	Sacerdocio	La relación está asegurada	Hebreos 7.25	Relación garantizada	Puedo tener seguridad acerca de mi salvación: ¡Jesús es mi Garantía!
8 y 9	Ley	Es necesaria la rectitud y la justicia	Hebreos 8:10	Ley de mandamiento, ley interna	Puedo confiar en que Jesús me hará cada vez más justo cuando confío en Él y Le obedezco
9 y 10	Sacrificio	La santidad es nuestra	Hebreos 10:14	Culpa, purificado	Puedo verme en Jesús como persona santa y no culpable
10	Advertencia	Madurar lleva tiempo	Hebreos 10:35-36	Proceso, perseverar	Puedo saber que el compromiso diario con la voluntad de Dios produce madurez
11	Fe	La fe da capacidad	Hebreos 11:6	Capacidad, obediencia	Puedo enfrentar cualquier desafío por la capacidad que me da la fe en Dios
12	Disciplina	La fe se torna en compromiso	Hebreos 12:10	Paciencia, santidad	Puedo disciplinarme en pleno compromiso a la vida de fe
13	Amor	La fe produce amor	Hebreos 13:20-21	Lo exterior, la gracia	Puedo encontrar el verdadero sentido de la vida en los otros y en Cristo

EL PASAJE EN PROFUNDIDAD

Las siete características de la identificación de Jesucristo (1:1-3).

Trasfondo. Tanto el judío como el gentil sentían cierto malestar por la creencia cristiana en la deidad de Cristo, pero por razones muy diferentes.

La idea de que un dios pudiera aparecerse como ser humano era un elemento común en muchas de las religiones paganas. Así que existía la posibilidad de que Jesús hubiera sido un dios. Pero seguramente, no podría haber sido el Dios que las filosofías más elevadas postulaban como real y certero. Porque aunque las filosofías griegas suponían la existencia de un Ser supremo, los filósofos también creían que cada pueblo creaba sus propias deidades locales, subordinadas, expresando cada una de ellas alguna verdad, aunque no precisa, acerca de Dios. Y además, los paganos iluminados creían que cuando adoraban a estas deidades, de hecho a través de éstas adoraban al único Dios Altísimo.

También, para los pensadores como el Emperador Julián el Apóstata, era impensable que el altísimo Dios Se revelara solo a un pueblo, los judíos, o a través de una persona, Jesucristo. En el mejor de los casos el Dios de los judíos y el Dios de los cristianos sería una deidad regional, como las muchas otras imperfectas representaciones de las deidades regionales, del Dios altísimo, que eran mediadoras de la adoración a este Dios oculto.

Los judíos tenían una objeción muy distinta en cuanto a Jesús. Para ellos era impensable que el trascendente Jahvé del AT se volviera un ser humano. Fuera quien fuera este Cristo, profeta, rabí o incluso Mesías, no podía ser el Creador, el Dios de Abraham, el Dios de Moisés.

Estos primeros versículos del libro de Hebreos confrontan las creencias de paganos y judíos por igual, con una clara y decidida afirmación de Quién es Jesús.

Interpretación. Los siguientes tres versículos del principio de Hebreos contienen siete declaraciones sobre Jesucristo, que numeramos:

> Dios, que muchas veces y de varias maneras habló a nuestros antepasados en otras épocas por medio de los profetas, en estos días finales nos ha hablado por medio de su Hijo(1). A éste lo designó heredero de todo, y por medio de él (2) hizo el universo.
> El Hijo (3) es el resplandor de la gloria de Dios, la fiel imagen (4) de lo que él es, y el que sostiene (5) todas las cosas con su palabra poderosa. Después de llevar a cabo la purificación de los pecados(6), se sentó a la derecha de la Majestad en las alturas (7).

¿Qué afirma entonces cada una de estas declaraciones acerca de Cristo?

■ *Cristo es designado "heredero de todo".* En nuestra sociedad un "heredero" es quien obtiene posesión de algo mediante la muerte de otro. En el mundo del siglo primero "heredero" pone énfasis en la posesión legal, que no implica cómo obtuvo posesión la persona – como Hijo de Dios Cristo ostenta el título legal del universo mismo y de todo lo que comprende el universo. No es una deidad regional de los paganos ni es inferior en ningún aspecto al Dios del AT, porque Él es ese Dios hecho carne.

■ *Cristo es Aquel por medio de Quien Dios hizo el universo.* La frase "el universo" es *tous aionas*, "las eras". A partir de otros pasajes queda en claro que Cristo Mismo fue el Agente de la Creación (Juan 1.3; 1 Corintios 8:6; Colosenses 1:16). Aquí el autor bien puede estar reflejando la muy arraigada convicción judía de que Dios es el Dios de la historia, que dirige el fluir de la historia y también crea el universo. Cristo, el Hijo, desde el principio ha supervisado todo lo que sucede en la tierra, canalizando los hechos de generación en generación de manera que todo se mueva, con propósito, hacia el fin designado por Dios.

■ *Cristo es "el resplandor de la gloria de Dios".* El término *apaugasma* puede significar "resplandor" o "reflejo". Jesús brilla con el resplandor de la "gloria" de Dios, término que con frecuencia se usa en el AT para indicar la presencia de Dios. Es inconfundible el significado del autor: Dios está presente en Jesús y esa presencia resplandece en y desde Él.

■ *Cristo es la fiel imagen de lo que es Dios.* El término clave es "fiel imagen", *carácter*. Se usa literalmente en referencia a la imagen acuñada en una moneda. El escritor está diciendo que la naturaleza esencial de Dios se nos revela en Jesús porque Cristo "es la imagen misma de Su sustancia" (RVR60).

■ *Cristo, incluso ahora "sostiene todas las cosas con su palabra poderosa".* La palabra *pheron* significa "llevar consigo". La imagen es la de una acción dinámica: solo la acción de Cristo de sostener el universo y todos sus procesos es lo que mantiene todo en funcionamiento. Una vez más, "universo" es *aionas*, "eras". No es solo que Cristo sostiene lo que conocemos como procesos de la ley natural, sino que está activamente involucrado en el fluir de esta era actual, ocupándose de que se cumplan los propósitos de Dios.

■ *Cristo levó a cabo la purificación de los pecados.* De repente, el autor cambia el rumbo de nuestra mirada. En lugar de mirar hacia arriba, maravillado, para contemplar Quién es Cristo en Su naturaleza esencial, centra nuestra atención en el hecho de que este Uno tan maravilloso el que ha entrado en el tiempo y el espacio para personalmente borrar nuestros pecados. "Purificación" es *katharismos*, "limpieza profunda". Y así el escritor volverá su atención a esta obra, mostrándonos que el Cristo encarnado se hizo Sumo Sacerdote y Sacrificio a la vez, el único en el universo, capaz de restaurar a una humanidad pecadora a la relación correcta con Dios.

■ *Cristo se sentó a la diestra de la Majestad en el cielo.* La frase es rica en simbología del AT. Sentarse significa responsar, habiendo completado un trabajo. La mano derecha es el lugar de honor. Esta última imagen nos muestra a Cristo restaurado a Su gloria eterna, original, pero más que restaurado, honrado eternamente por haber completado la obra de salvación que Se le había encomendado.

Implicancias. Así, el escritor concluye su presentación de Jesucristo. Cristo está muy lejos de ser la deidad regional del pagano. ES la deidad trascendente del AT. Conocer a Cristo, reconocerle como Quién es Él, implica que tanto pagano como judíos como el "hombre científico" de la modernidad, deberán rendir sus presunciones personales acerca de Dios, e inclinarse ante Jesucristo como Señor de todo.

Oír la voz de Dios (3:7-4:13)

Trasfondo. Esta es la segunda de cuatro advertencias que encontramos en Hebreos. La primera (2:1-4) advierte en contra de apartarse de Dios por no prestar debida atención al mensaje del Evangelio.

La segunda advertencia, que encontramos aquí es la de no ignorar la voz de Dios cuando Él nos habla en nuestro "hoy". Ignorar la voz de Dios es, en realidad, incredulidad porque la verdadera fe se expresa cuando obedecemos a Dios cada vez que Él nos habla. Solo al responder a la voz de Dios puede uno encontrar el reposo prometido a cada una de las generaciones del pueblo de Dios.

La tercera advertencia (6:1-12), uno de los pasajes bíblicos que con mayor frecuencia se malinterpreta, se refiere a la madurez. El cristiano no tiene que volverse continuamente por miedo a los temas fundamentales de nuestra fe, sino más bien "avanzar" (6:1) para edificar su vida confiando en lo que ha hecho Cristo.

La tercera advertencia (10:26-39), marca un contraste entre quienes retroceden ante las dificultades y los que se mantienen firmes y perseveran en cumplir la voluntad de Dios.

Cada una de estas advertencias corresponde a los cristianos hebreos que se sienten atraídos a sus raíces del AT. En vista de la superioridad de Cristo y el Nuevo Pacto que Él administra, el autor advierte a sus lectores: deben prestar más atención a este Evangelio, responder cuando Dios les habla, avanzar hacia la madurez en lugar de volver siempre a las verdades fundamentales y – a pesar de las presiones internas y externas – perseverar en cumplir la voluntad de Dios según se revela esta voluntad en Jesucristo.

Estas advertencias a los cristianos hebreos del siglo primero tienen relevancia para nosotros hoy. Tal vez, la segunda advertencia contenga las verdades más grandes que podamos apreciar y entender. El pasaje nos muestra el camino a la vida de la paz interior. Es un camino que nos lleva a una vida de verdadero reposo, a pesar de las dificultades internas o externas que podamos tener.

Interpretación. Citando el Salmo 95:7-11 el autor centra nuestra atención en una actitud que caracterizaba la relación de Dios con una generación del AT en particular. Es la generación de los que – liberados de la esclavitud en Egipto por el poder de Dios – siguieron a Moisés hacia la Tierra Prometida. Estos hombres y estas mujeres oyeron la voz de Dios, primero en una revelación en el Monte Sinaí, y luego en Cades Bernea. En Sinaí, la revelación atemporal de Dios consistió en los principios generales mediante los cuales podrían discernir Su voluntad. Y en Cades Bernea, Dios les dio una revelación ubicada en el tiempo, única para ese momento y esa generación. Su pueblo entraría en esa tierra y la tomaría.

Pero el pueblo de Dios endureció su corazón, y se negó a obedecer. Como resultado, Dios se vio obligado a declarar "Jamás entrarán en mi reposo" (3:11). En este contexto, *reposo* se refiere claramente a la tierra de Canaán que Dios había prometido a Israel y hacia donde guiaba a Su pueblo desde el momento en que les redimió (Éxodo 3-11).

La aplicación (3:12-15). El autor de inmediato reafirma su mensaje. Hemos sido elevados para tomar posesión de algo en Cristo. Nuestra participación en Él nos convierte en hombres nuevos y mujeres nuevas, abriéndonos la posibilidad de una vida cristiana victoriosa. Pero de nada servirá en términos prácticos esta participación en Cristo si nos permitimos la misma actitud que tuvo Israel en la antigüedad. Una actitud que aquí se muestra de pecado, de desconfianza (3:12), que nos endurece e impide que respondamos a la voz de Dios cuando Él nos habla.

El escritor nos está diciendo que el problema más grande que enfrentamos como creyentes, y el centro de nuestra atención y ocupación diaria, tiene que ser el de mantener el corazón siempre abierto a Dios. Tenemos que sentir entusiasmo y voluntad de responder cuando oímos Su voz, hablándonos en nuestros días.

Un trágico final (3:16-19). El autor vuelve a la generación del AT, para identificarla con claridad y destacar los trágicos resultados que tuvo quien endurece su corazón ante Dios. ¿Quiénes eran los rebeldes? ¡Eran hombres y mujeres que habían visto y vivido el poder de Dios en acción cuando Él les liberó de la esclavitud en Egipto! ¿Con quién estaba enojado Dios? Con estas personas, que pecaron, y cuyos cuerpos cayeron finalmente en el desierto sin conocer jamás el reposo que podían haber encontrado al entrar en la Tierra Prometida. ¿Y de quién declara Dios que jamás conocerán Su reposo? De los que desobedecen. De todos los que desobedecen.

Queda un "reposo" (4:1-11). Esta sección de Hebreos se ve complicada por las muchas veces que aparece la palabra "reposo" y por el argumento, que se presenta complejo. La mejor forma de seguir la idea es extraer algunos elementos, en lugar de estudiar el pasaje versículo a versículo.

■ La promesa se mantiene. Esta es la idea con que comienza el capítulo (4:1). Aunque una generación posterior y obediente sí entró en la Tierra Prometida, su entrada no cumplió del todo la promesa del "reposo" para el pueblo de Dios. De hecho, mucho más tarde en tiempos de David, se repitió la promesa y la advertencia. "Si ustedes oyen hoy Su voz" (4:7). Si la plena bendición de Dios para Su pueblo se hubiera cumplido cuando Josué guió a Israel en su entrada a Canaán, entonces la promesa del reposo no se habría repetido mucho después al pueblo, en tiempos de David. Tampoco tendría que haberla repetido el escritor de Hebreos a los cristianos del siglo primero, y a través de este libro del NT, a usted y a mí.

■ La naturaleza del reposo. La palabra "reposo" aparece en Hebreos 3-4 en tres formas bien definidas. Ante todo, el uso que acabamos de ver: la entrada a la Tierra Prometida como imagen y ejemplo tangible del concepto del reposo.

Es una imagen adecuada. Dios le había prometido la tierra a Abraham y a sus descendientes. Durante los años en que Israel estuvo esclavo en Egipto, la tierra fue poblada y mejorada por pueblos paganos que construyeron casas, plantaron viñedos y huertos y domesticaron a los animales. Pero su estilo de vida ponía cada vez más en evidencia el pecado más grave. Y el momento de su juicio por parte de Dios se correspondía con la liberación de Israel de la esclavitud en Egipto. Al entrar en Canaán Israel sería instrumento del juicio de Dios, por el pecado de los paganos. Israel heredaría las riquezas por las que no había trabajado y la gente se sentaría bajo árboles que no habían plantado, bebiendo vino hecho de uvas de viñedos que ellos no habían cultivado. Entrarían en una tierra donde todo ya estaba hecho, y tendrían reposo.

Al igual que el Israel de la antigüedad, en Jesús usted y yo hemos sido liberados de la esclavitud. Dios ha quebrado el poder del pecado en nuestras vidas y hemos sido llamados por Él a entrar en una "Tierra Prometida" espiritual donde encontraremos reposo. Disfrutaremos de los beneficios de la obra de Cristo. La vida cristiana no es vida de trabajo forzado para lograr que algún desierto nos brinde sustento o alimento. La vida cristiana, es una vida de reclamar y apropiarnos de los beneficios de la abundancia espiritual que Jesús nos provee tan ricamente.

La segunda connotación de "reposo" se ve en la aplicación del término al reposo de Dios, después de completar la Creación. Los maestros judíos observaban una característica fascinante en el relato del Génesis. Para los primeros seis días, en el texto vemos que se habla de "la noche y la mañana", con el comienzo y el final claramente marcados. Pero para el séptimo día no hay tal definición. Con ello, los rabíes entendieron que el reposo de Dios no tiene fin. Habiendo terminado Su obra creativa, Dios no está inactivo pero ya *no trabaja* porque ha completado Su obra.

Hay una maravillosa idea allí. En los seis días de la Creación, Dios previó y resolvió todos los problemas posibles. Ya tiene planeada cada solución porque el final está asegurado en el principio mismo. Y este es el reposo de Dios (4:5) ¡al que los creyentes estamos invitados a entrar! Hemos de llegar al lugar en donde nos apropiamos plenamente de lo que Dios ha hecho, y aunque no estaremos inactivos jamás, dejaremos de esforzarnos. La vida cristiana que tantos experimentan como lucha agobiante, no es lo que Dios tiene pensado para nosotros. La vida de reposo que Dios tiene para nosotros solo puede experimentarse si respondemos a Su voz de "hoy", que nos muestra el camino que hemos de andar, los senderos que Él ya ha marcado por adelantado. El miedo al futuro, la incertidumbre, son cosas que desconocemos cuando sabemos que nuestra única ocupación y obligación es dejar que Dios nos guíe y responder cuando Él nos habla en nuestro "hoy".

■ Entrar en el reposo. El análisis del fracaso de esa antigua generación tiene una aplicación específica para nosotros. "Por tanto es claro que queda un descanso sabático para el pueblo de Dios " (4-9 – Biblia de Jerusalén). La Biblia nos dice que descansaremos de nuestros trabajo, así como Dios descansó del Suyo (4:10). El estilo de vida de la persona que Cristo eleva para vivir en victoria, no es una vida de interminable lucha. Es una vida de reposo.

En el análisis final que hace el capítulo 3 de esa antigua generación vimos que el problema más grave era el de la actitud hacia Dios. El pueblo oía lo que Él decía, pero endurecieron sus corazones y no quisieron responder. Al no querer confiar en Dios, no tenían capacidad para obedecerle.

La psicología moderna nos dice que "actitud" es la disposición o tendencia en la respuesta. Las actitudes siempre se vinculan con la conducta. Si decimos que alguien tiene una actitud crítica, estamos diciendo que en muchas situaciones se verá inclinado a criticar, más que apreciar a los demás. La actitud rebelde demostrada por los hombres y mujeres a los que Moisés había sacado de la esclavitud por poder de Dios, tenía consecuencias en su conducta. Cuando Dios les hablaba, ante todo no estaban dispuestos a confiar en Su palabra. Y en segundo lugar, su actitud les llevaba a desobedecer.

En las Escrituras, la confianza y la obediencia siempre están vinculadas. La confianza en Dios nos lleva a creer que lo que Él nos dice tiene su origen en Su amor. Esta actitud es esencial para el tipo de obediencia que Dios desea. La persona que no confía, que tiene miedo, tal vez por fuera cumpla con las órdenes de un tirano. Pero solo la confianza y el amor nos permiten formar un compromiso interno y voluntario que nos hace seguir las instrucciones de nuestro Padre Celestial. Cuando confiamos en Dios, quedamos libres para poder obedecer a Dios desde el corazón.

Así, el autor nos dice que nos esforcemos por entrar en el reposo de Dios. No nos dice que nos esforcemos por obedecer a Dios, porque eso sería inútil. Pero si nos esforzamos por amar a Dios y formar esa actitud de sencilla confianza, entonces cuando oímos Su voz en nuestro "hoy", *sí* obedeceremos. Y es en este tipo de obediencia que encontraremos el reposo.

La Palabra de Dios. El pasaje concluye con una promesa que a menudo se confunde con una amenaza. La palabra de Dios, dice el autor, está viva y activa. Más afilada que una espada de dos filos, penetra al punto de dividir el alma y el espíritu, las articulaciones y la médula; porque juzga los pensamientos y actitudes del corazón. No hay nada en toda la creación que esté oculto a los ojos de Aquel ante Quien hemos de rendir cuentas (4:12-13).

Hay quienes ven estas palabras como amenaza, como si se describiera a Dios en el papel del examinador que busca señalar y destacar toda falla oculta. ¡No es este el mensaje! El escritor acaba de explicar lo que es el reposo. Ese reposo es mucho más que la promesa de Palestina para Israel. El reposo de Dios es el reposo del alma y el espíritu, de la mente y la actitud. La persona interior también ha de estar en reposo. Y podemos estar en reposo porque nada se puede ocultar a los ojos de Dios. Él conoce nuestras necesidades más profundas y secretas. Y por medio de Su Palabra oímos Su voz en nuestro "hoy", y al responder, Él nos guía a las soluciones que Él tiene para nuestras necesidades.

Y conocemos el reposo.

HEBREOS 4.14–8.13
Jesús, nuestro Sumo Sacerdote

EXPOSICIÓN

Para nosotros hoy es difícil entender el rol que tenía el sumo sacerdote en el judaísmo del siglo primero. A medida que el escritor de Hebreos sigue demostrando la superioridad del cristianismo, les pide a sus lectores que comparen el Sumo Sacerdocio de Jesús con el sumo sacerdocio bajo la Ley de Moisés. Comienza afirmando que tenemos "un gran Sumo Sacerdote" superlativo en sí mismo porque los judíos describían al Sumo Sacerdote como el "gran sacerdote". A través de Jesús, nuestro "gran Sumo Sacerdote", nos acercamos al mismo trono de Dios y encontramos misericordia y gracia

(4:14-16). Y aunque solamente Aquel designado por Dios puede servir como Sumo Sacerdote, Jesús fue designado por Dios como fuente de la salvación eterna que sigue el modelo de sacerdocio, no de Aarón, sino de Melquisedec (5:1-10).

El autor nuevamente se aparta del tema para incorporar su tercera advertencia. Sus lectores hace tiempo que son creyentes, tanto como para ser maestros, pero no hay avanzado más allá de la revelación elemental. Necesitan ir más lejos del ABC de las Escrituras, y madurar (5:11-6:3). Dentro del contexto de este llamado a la madurez el escritor presenta una pregunta hipotética. Han experimentado la relación con Dios a través de Cristo (6:4-5). Si se apartan y vuelven a judaísmo ¿dónde esperan encontrar la salvación? ¿Suponen que el Hijo de Dios volverá a ser crucificado? (6:6). La ilustración del campo retoma el contexto del crecimiento. Dios en Cristo nos ha brindado esa "lluvia" esencial para que haya fruto. Es intención de Dios que Su pueblo avance, y no que se vuelvan campos inútiles llenos de malezas (6:7-9). Y seguramente, a pesar del tono de su advertencia, lo que espera el autor de estos cristianos fieles pero dubitativos, es que den fruto (6:10-12).

¿Sobre la base de qué cosa espera el autor vitalidad y crecimiento espiritual? Primero, espera que avancen porque la salvación que tenemos en Cristo está asegurada por esa promesa y juramento de Dios – una promesa y un juramento mediante el cual Jesús fue ordenado al sacerdocio melquisedequiano (6:13-20). Este sacerdocio es más alto que el aarónico (7:1-10). Y lo más importante es que el paso del sacerdocio aarónico al melquisedequiano indica un drástico cambio en toda la compleja e interrelacionada perspectiva del AT sobre la fe según la define el pacto mosaico (7:11-22). Como Sumo Sacerdote Cristo vive para siempre para garantizarnos una salvación eterna (7:23-28). Bajo el Nuevo Pacto que Él nos brinda, nos otorga transformación interior, una relación íntima con Dios y el perdón de todos nuestros pecados (8:1-12). El Nuevo Pacto, mejor que el antiguo, e iniciado en la muerte de Cristo, hace que el antiguo sea obsoleto (8:13). Entonces por cierto no hay razón para que los dubitativos judíos-cristianos a quienes va dirigido Hebreos, vuelvan al Antiguo pacto. Pueden comprometerse de lleno con el Nuevo Pacto, en cambio, y avanzar hacia la madurez.

ESTUDIO DE PALABRAS

Por lo tanto, ya que en Jesús, el Hijo de Dios, tenemos un gran *sumo sacerdote* (4:14). Todo el argumento de esta sección de Hebreos se apoya en la importancia del sumo sacerdote. Por eso, será mejor que comencemos con un breve repaso de la actitud que tenían los judíos hacia el sumo sacerdote.

Su rol en la fe del AT se ve establecida en sus documentos. Solo el sumo sacerdote entraba en el Lugar Santísimo una vez al año para efectuar el sacrificio de propiciación de "todos los pecados" del pueblo de Dios (Levítico 16). Incluso la muerte del sumo sacerdote se consideraba con poder de propiciación porque cuando moría un sumo sacerdote todos lo que habían matado accidentalmente a alguien y huido a una ciudad de refugio (Números 35:9; Deuteronomio 19:1), quedaban en libertad para regresar a sus hogares (Números 35:25). Los escribas también afirmaban que sus culpas quedaban expiadas por la muerte del sumo sacerdote al punto de que podían recuperar sus antiguos puestos.

Ben Sira, que escribió cerca del año 200 AC, compuso el siguiente himno al sumo sacerdote Simón II, que sugiere parte de la reverencia de los creyentes del AT hacia quien ocupara este puesto.

Qué espléndido se veía cuando salió de la Tienda ¡
al salir de la casa del velo!
Como una estrella que brilla entre las nubes,
 como la luna llena en la temporada de
días de fiesta;
Como el sol que resplandece sobre el templo del Rey,
como el arcoíris que aparece en el cielo nublado;
Como los capullos en las ramas de la primavera,
como un lirio junto a las aguas que fluyen;
Como el verdor del Líbano en verano y
como la llama de incienso en el sacrificio;
Como vasija de oro forjado
incrustada con piedras preciosas;
Como el tupido follaje del olivo cargado de frutos,
planta con las ramas hinchadas de aceite;
Con sus espléndidas vestiduras,
vestido en sublime magnificencia,
Al ascender al glorioso altar,
prestando majestad al patio del santuario,

Cuando recibió a las víctimas cortadas,
de parte de sus hermanos sacerdotes,
Mientras permanecía de pie ante la piedra
del sacrificio, sus hijos a su alrededor
Como una guirnalda, como los jóvenes cedros
del Líbano;
Y como álamos junto al arroyo, así se agrupaban
a su alrededor,
Todos los hijos de Aarón en su dignidad.
Con las ofrendas al Señor en sus manos,
en presencia de toda la asamblea de Israel.

La sabiduría de Ben Sira (50:5-13)

Hay otra señal del intenso sentimiento de Israel con respecto al sumo sacerdote, que encontramos en un interesante aspecto histórico. En el siglo primero, el poder de este puesto se consideraba transmitido al sumo sacerdote por medio de su vestimenta, que consistía de ocho prendas. Por eso, como salvaguarda contra las rebeliones, Herodes el grande y los romanos que le siguieron guardaban la vestimenta del sumo sacerdote, bajo llave en la Fortaleza Antonia y solo la entregaban a éste en los días festivos.

Los judíos provocaron durante décadas movimientos de agitación, para que las vestiduras del sumo sacerdote le fueran devueltas. Finalmente, en junio del año 45 DC el emperador Claudio personalmente ordenó su devolución.

Vemos que en un aspecto muy importante el sumo sacerdote resumía los elementos centrales de la religión del AT. La Ley podría condenar pero también ofrecía un camino de acercamiento a Dios por medio del sacrificio propiciatorio que solo el sumo sacerdote podía ofrecer. Por eso, el sumo sacerdote era un puente entre el ser humano y Dios, una avenida por la que podía fluir la gracia de Dios hacia un pueblo que aunque no mereciera el afecto de Dios, lo recibía por ese medio.

No es extraño entonces que el autor de Hebreos describa la importancia que para el judaísmo tenían sus sumos sacerdotes. Cristo, el "gran sumo sacerdote" del cristianismo (4:14) es mucho más glorioso y ofrece una salvación mayor y más maravillosa.

Porque no tenemos un sumo sacerdote incapaz de compadecerse de nuestras debilidades, *sino uno que ha sido tentado en todo de la misma manera que nosotros,* **aunque sin pecado (4:15).** En griego, *kath'homoioteta*, puede significar "de la misma manera" en que somos tentados, o tentado "en razón de Su semejanza con nosotros". Lo que quiere decir el autor es que Cristo era un ser humano real, que compartió con nosotros todas las debilidades inherentes a una criatura limitada por Su naturaleza física. Como Cristo ha vivido "en nuestros zapatos", digamos, Él entiende por experiencia y no solo intelectualmente lo que significa ser tentado, y puede entendernos.

Algunos argumentarán que como Cristo era Dios, a Él no le perturbaban las limitaciones que nos causan desazón. La frase "aunque sin pecado" nos recuerda que de hecho Cristo conoce a la tentación más de lo que la conocemos nosotros. Después de todo ¿quién es el que mejor entiende las presiones? ¿El que cede a los pocos minutos? ¿O el que jamás se da por vencido?

Así que acerquémonos confiadamente al trono de la gracia *para recibir misericordia y hallar la gracia que nos ayude en el momento que más la necesitemos* **(4:16).** Cristo entiende tanto a los que se han rendido ante la tentación y a quienes la resisten. Para nuestros fracasos, tiene misericordia. Para nuestras tribulaciones, tiene gracia para ayudarnos en nuestro momento de necesidad. No importa cuál será la situación por la que pasemos, Jesús nos entiende y ama.

Puede tratar *con paci***encia a los ignorantes y extraviados, ya que él mismo está sujeto a las debilidades humanas (5:2).** El verbo *metriopathein* les recuerda a los lectores que el sumo sacerdote tomará la posición que media entre la indignación y la indiferencia. No debe condenar al pecador, pero tampoco condonar el pecado. Esto solo era posible porque todo sumo sacerdote era "escogido entre los hombres" y por tal motivo, sensible a las debilidades humanas como a los requerimientos de la Ley de Dios. Para el sacerdocio aarónico, esto significaba que debía "ofrecer sacrificios por sus propios pecados, como también por los del pueblo" (5:3).

Luego el autor pasa a distinguir el ministerio de Cristo de aquel de la línea sacerdotal del AT. Como Aarón, Cristo fue llamado por Dios a la posición de sumo sacerdote (5:4-5). A diferencia de Aarón Cristo era tanto Hijo de Dios como "sacerdote para siempre" (5:66). A diferencia del débil Aarón que ante la presión se rindió al pecado, Cristo "mediante el sufrimiento aprendió a obedecer" (5:8). Aquí, la frase "consumada la perfección" (5:9) significa "siendo ahora plenamente calificado para Su rol". Cristo se convirtió en fuente de la salvación eterna, para usted y para mí.

En los días de su vida mortal, Jesús ofreció oraciones y súplicas con fuerte clamor y lágrimas al que podía salvarlo de la muerte, y fue escuchado por su reverente sumisión (5:7). Todos los comentarios concuerdan en que esto se refiere a la experiencia de Cristo en Getsemaní. Lo que quiere decir el autor al referirse a ser salvado de la muerte, sin embargo, no está del todo claro. Algunos dice que Cristo no pidió ser salvado de morir, sino de la muerte y que la Resurrección es la respuesta de Dios a Su oración. Otros sugieren que Dios libró a Cristo del miedo a la muerte, y otros más, que a Cristo le preocupaba que bajo la presión que Le hizo sudar sangre Cristo temía morir allí en el jardín, sin completar Su obra.

Tal vez es mejor recordar que el informe de la oración de Cristo en el jardín destaca sus palabras "pero no se haga mi voluntad, sino la tuya" (Mateo 26:39 – BPD). La oración de Jesús fue escuchada. Se hizo la voluntad de Dios. Y por medio de Su sufrimiento, así como durante Su vida, los pies de Cristo marcharon continuamente por el camino de la obediencia.

En cambio, el alimento sólido es *para los adultos*, para los que tienen la capacidad de distinguir entre lo bueno y lo malo, pues han ejercitado su facultad de percepción espiritual (5:14). La madurez tiene su precio. No basta con conocer la Palabra de Dios. Tenemos que ponerla constantemente en uso, como guía para nuestras decisiones diarias, creciendo y aprendiendo a vivir según la voluntad de Dios. No maduramos solo porque conozcamos las Escrituras. Maduramos cuando constantemente nos comprometemos a poner en práctica la Palabra de Dios.

Los seres humanos juran por alguien superior a ellos mismos, *y el juramento*, al confirmar lo que se ha dicho, pone punto final a toda discusión (6:16). Este pasaje es importante porque nos recuerda el carácter del pacto del AT, o *brit*; en relación a la definición de la relación de Dios con los seres humanos. Utilizado en sentido comercial, *brit* puede traducirse como "contrato". En el contexto de la política nacional, *brit* podría traducirse como "constitución". En el contexto de la política internacional, *brit* sería "tratado".

En cada uno de estos contextos, cualquiera de las dos partes puede romper el *brit* y por lo general, la pena que corresponde a la violación de los términos está contenida en el documento del *brit*. Pero al utilizar el término en el sentido de la relación de Dios con los seres humanos, *brit* ha de entenderse como "juramento", una solemne declaración de aquello a lo que Dios Se compromete a hacer. Incluso el Pacto de la Ley tiene este carácter porque las penas impuestas si el pueblo de Dios violaba la ley y las bendiciones prometidas si la guardaban, en sí mismas son declaraciones de lo que Dios tenía firme intención de hacer.

Este carácter de "juramento" del pacto divino se entiende claramente en el AT, según lo refleja la oración de Moisés que leemos en Éxodo 32:13: "Acuérdate de tus siervos Abraham, Isaac e Israel. Tú mismo les juraste que harías a sus descendientes tan numerosos como las estrellas del cielo; ¡tú les prometiste que a sus descendientes les darías toda esta tierra como su herencia eterna!".

Así, el autor del libro de Hebreos les recuerda a sus lectores que a lo largo de toda la historia sagrada, los juramentos de Dios siempre fueron inviolables. Notemos también que la designación de Jesucristo como "sumo sacerdote para siempre" (5:5-6) se informa en las Escrituras dándole carácter de juramento y compromiso de pacto. El autor concluye entonces que "Tenemos como firme y segura ancla del alma una esperanza que penetra hasta detrás de la cortina del santuario" (6:19).

Es importante notar que la advertencia de Hebreos 6 está encapsulada en esta exaltada presentación de Jesús como nuestro sumo sacerdote. Si el juramento de Dios es el que asegura nuestra salvación, lo que dice el autor sobre "apartarse" (6:5), tiene que ser hipotético porque quien es beneficiario del ministerio del sumo sacerdocio de Cristo tiene garantía de "salvación eterna" (5:9).

Para ver más sobre el pasaje de advertencia, leer El pasaje en profundidad, en la página xxx.

Jesús, el precursor, entró por nosotros, llegando a ser sumo sacerdote para siempre, *según el orden de Melquisedec* (6:20). El término griego que se traduce como "orden" es *taxis* y aparece seis veces en el NT en referencia al sacerdocio, respecto de un grupo o clase en particular. El escritor está diciendo que el sacerdocio de Cristo debe clasificarse como melquisedequiano más que aarónico. El capítulo 7 está dedicado al desarrollo del significado de tal clasificación. En resumen, el autor argumenta que la superioridad del sacerdocio de la orden de Melquisedec se demuestra en el AT porque:

Fue él quien bendijo a Abraham, y no al revés, por lo que se demuestra que Melquisedec era más grande (7:1).

■ Abraham le pagaba los diezmos, reconociendo implícitamente la superioridad de Melquisedec (7:2).

■ Melquisedec "no tiene comienzo ni fin" (7:3). Esto no implica necesariamente que Melquisedec fuera un ser angélico, o la aparición pre-encarnada de Cristo. Pero sí apunta a un tradicional aspecto rabínico que sostenía que se puede inferir mucho de los silencios de las Escrituras tanto como de sus declaraciones. La cuestión es que a Cristo no le califica Su genealogía para el sacerdocio, sino Sus cualidades personales. El silencio implica además que el sacerdocio de Cristo no termina con la muerte.

■ "De quien [de Cristo] se da testimonio de que vive" (7:8). Esta idea se desarrolla en mayor detalle en 7:23-24. Los sacerdotes de la orden de Aarón morían, pero como ni siquiera la muerte puede impedir que Cristo siga Su sacerdocio, Él tiene un "sacerdocio permanente" (ver 7:24) y puede "salvar por completo" (ver 7:25) a quienes se acercan de Dios a través de Él.

■ Incluso Leví, "presente en su antepasado" (7:9) pagaba el diezmo a Melquisedec, mostrando así decisivamente la superioridad del sacerdocio del sacerdote-rey.

Tal vez este argumento nos suene extraño. Pero no es tan inusual en el contexto de una cultura en que la identidad personal se arraigaba en la genealogía de cada quien. Para entender a Aarón, uno tiene que ubicarlo en la línea de Leví, su padre, Israel su abuelo, Isaac su bisabuelo y Abraham su tatarabuelo. Solo en el contexto de esta línea puede establecerse la identidad de Aarón y solo por descendencia puede establecerse la identidad de cualquier otro sacerdote descendiente de Aarón. En sentido muy real entonces, Leví y Aarón participaron de cada uno de los actos definitorios de la vida de Abraham. En tal sentido, Aarón mismo le pagó diezmos a Melquisedec, lo cual demuestra nuevamente la superioridad del sacerdocio de la orden de Melquisedec por sobre el de Aarón.

¿Cuál es la inevitable conclusión? Que Cristo verdaderamente es "el sumo sacerdote que nos convenía" (ver 7:26). Vemos a Cristo en Su majestad, apartado de y por encima del sacerdocio de la orden de Aarón, que debía ofrecer a diario sacrificios por sus propios pecados y los del pueblo. Porque Cristo ofreció el sacrificio una sola vez por los pecados de toda la humanidad al ofrecerse s Sí mismo. Y el hecho de que Su sacrificio jamás volvió a repetirse prueba que cumplió el propósito para el que había sido designado: nuestra salvación.

Porque cuando cambia el sacerdocio, también tiene que cambiarse la ley (7:12). Este es uno de los versículos más importantes en esta sección de Hebreos. Les recuerda al os lectores del autor, que la Torá es una sola. La revelación mosaica presenta un sistema intervinculado en el que se define la relación de Dios con Israel, un sistema de pacto que define los requisitos de Dios y equilibra la debilidad del ser humano con sacrificios que ofrecían los sacerdotes de la orden de Aarón. Lo que está señalando el escritor es que un cambio en el sacerdocio destruye el equilibrio del sistema del AT y claramente implica un cambio en todos los demás aspectos: en la Ley y en el sacrificio.

Al pasar el capítulo 7, vemos que el autor desarrolla justamente este tema: ha habido un cambio drástico en la Ley (capítulo 8) ¡Y también un cambio en el sacrificio (capítulos 9 y 10)!

Estos sacerdotes sirven en un santuario que es *copia y sombra* del que está en el cielo (8:5). El autor establece otro fundamento para su argumento al recordarles a sus lectores que el tabernáculo y el templo del viejo orden mostraban la realidad celestial, pero no la constituían. Todo en el Antiguo Pacto, promulgado a través de Moisés, no fue más que un reflejo que señalaba más allá de sí mismo a las realidades celestiales.

Cristo, que entró en el cielo, es el Mediador de un pacto nuevo y mucho mejor que aquel en el que medió Moisés.

Efectivamente, *si ese primer pacto hubiera sido perfecto*, no habría lugar para un segundo pacto (8:7). En contexto, el "primer pacto" es el mosaico. Al argumentar que "no fue perfecto" el autor sencillamente señala que Dios Mismo encontró fallas en el hecho de que el sistema mosaico no sirvió para perfeccionar a Israel, como lo demuestra la historia (8:9).

El énfasis cristiano en el Nuevo Pacto hizo surgir furiosa oposición en el judaísmo. Esta continua hostilidad de Israel hacia esta enseñanza se ve reflejada en la obra del gran académico/filósofo judío de la Edad Media, Moisés Maimónides. Sus "trece principios de la fe", que hoy aparecen en muchos libros de oración de los judíos, incluyen entre otros las afirmaciones de que Moisés es el Verdadero y Primer profeta, y que "no hay nuevo pacto".

Pero el escritor de Hebreos cita la promesa de Dios de un Nuevo Pacto, de Jeremías 31: "No será como el pacto que hice con sus antepasados el día en que los tomé de la mano para sacarlos de Egipto, porque ellos no permanecieron fieles a mi pacto, y yo los abandoné, dice el Señor" (Hebreos 8:9). Bajo el Nuevo Pacto la Ley, antes escrita en piedra, será transcripta en el corazón del creyente. La incómoda relación del hombre con el Señor, se transformará para ser una relación de intimidad. Y los pecados que cubrían los sacrificios de la vieja economía por fin son perdonados, gratis y por completo, y Dios ya no los recordará.

Al llamar *"nuevo"* a ese pacto, ha declarado obsoleto al anterior; y lo que se vuelve obsoleto y envejece ya está por desaparecer (8:13). El término griego es *kainos*, que en el griego del NT y el lenguaje secular del siglo primero, centra la atención en la calidad. No es que el Nuevo Pacto sea más reciente. Lo que importa es que es superior.

El *Diccionario Zondervan de Términos Bíblicos* [en inglés], dice:

> La muerte de Cristo da inicio a un nuevo pacto entre Dios y el hombre, un pacto vastamente superior al del antiguo Código de Moisés (Marcos 14:24; Lucas 22:20; 1 Corintios 11:25; 2 Corintios 3:6; Hebreos 8:8). A través de Cristo los seres humanos se convierten en nuevas creaciones (2 Corintios 5:17) y descubren un reino de vida en el que todas las cosas son hechas nuevas (2 Corintios 5:17). Estas nuevas creaciones obradas por Cristo Mismo viven como personas nuevas, la renovada humanidad perteneciente a Dios (Gálatas 6:15; Efesios 4:24). Los creyentes forman una nueva comunidad (Efesios 2:15) en la que se hace carne el nuevo mandamiento de Jesús de amar como Él nos amó (Juan 13:34; 1 Juan 4:7-8; 2 Juan 5). Un día Dios completará Su nueva obra de creación y llamará a ser a un nuevo cielo y una nueva tierra (2 Pedro 3:13; Apocalipsis 21:1-25) (p. 458).

Así, "nuevo" en sentido cualitativo efectúa la declaración más potente en cuanto al impacto de la Buena Nueva que llega a nosotros en Jesús. El mensaje del Evangelio es, no un mensaje de reforma, sino de transformación. Es palabra de Dios, nueva y potente. En contraste con todo lo que Dios hace en Cristo, lo "viejo" es de veras obsoleto e inferior.

EL PASAJE EN PROFUNDIDAD

Advertencia en contra de separarse o apartarse (5:11-6:12).

Trasfondo. A lo largo de los siglos, este pasaje quizá haya sido el que con más frecuencia distorsionaron quienes buscan demostrar que el creyente puede perder su salvación. Pero también en esos mismos siglos se han presentado gran variedad de interpretaciones.

Tertuliano y otros más, creían que Hebreos 6 enseña que no hay arrepentimiento para el cristiano que peca después de su bautismo. Más recientemente, K. S. Wuest afirma que el pasaje es irrelevante, y que el participio condicional muestra que el autor quiere que veamos que el "peligro" contra el que nos advierte, es un peligro que no existe. Otros, junto con Calvino, han sugerido que la referencia del autor a "saborear" (6:4) indica a quien ha tenido solo una experiencia parcial de la gracia de Dios y no la plena experiencia relacionada con la salvación. Para otros más, las palabras de reafirmación del versículo 9, "en cuanto a ustedes... estamos seguros de que les espera lo mejor" indican que el autor habla hipotéticamente. Y hay también quienes afirman que las palabras "es imposible" (6:4) son muestra positiva de que el escritor está hablando de un peligro muy real en cuanto a que puede endurecerse a tal punto la persona por su regreso al Antiguo Pacto como para que no haya posibilidad de que vuelva a una relación con Dios, gobernada por el Nuevo Pacto.

Es indiscutible que se trata de un pasaje difícil, dadas las muchas interpretaciones respaldadas por argumentos viables. Es un pasaje que solo podremos entender adecuadamente si nos referimos al mensaje principal del libro, al contexto cercado de esta advertencia dentro del argumento, y al desarrollo del tema por parte del autor, dentro de esa advertencia.

En cuanto al libro, mejor es entender que está dirigido a cristianos de origen judío. Como ya hemos visto, esta comunidad judía/cristiana que vive unas tres décadas después de la muerte de Jesús, se siente atraída a lo antiguo. Creen en Jesús como Salvador, pero les atrae mucho su legado del AT. El autor entonces se propone reafirmar su compromiso con Jesús y el naciente movimiento cristiano, mediante una potente exposición de la superioridad de Jesucristo. Para demostrar tal superioridad, el escritor compara lo Viejo con lo Nuevo, punto por punto. El Antiguo Pacto tenía a los ángeles por mediadores. El Nuevo tiene al Mismo Hijo de Dios. El Antiguo presentaba a Moisés, honrado siervo en la casa de Dios. Pero el Nuevo, presenta a Jesús, Constructor y Propietario de la casa en la que servía Moisés. El Antiguo tenía un glorioso sumo sacerdote. El Nuevo tiene un sumo sacerdote mucho más glorioso, que es Jesús Mismo. Y en cada uno de estos puntos, el sacerdocio de Jesús, de la orden de Melquisedec, es muy superior al sacerdocio de la orden de Aarón.

Es dentro de esta discusión de los dos sacerdocios que encontramos el pasaje de la advertencia en Hebreos, y las implicancias son claras. ¿Cómo podría uno siquiera pensar en volver a una relación con Dios a través de un sacerdocio cuyos defectos son tan evidentes en contraste con la "eterna salvación" (5:9) que nos garantiza el sumo sacerdocio de Jesucristo?

En medio de este argumento el escritor hace una pausa para examinar la experiencia actual de sus lectores y les urge a encontrar con él las implicancias de esa decisión que están pensando tomar.

Interpretación. La advertencia se desarrolla con lógica propia, que podemos resumir de este modo:

■ La inacción ha dejado inmaduros a los lectores (5:11-14). No han aplicado los principios de la fe cristiana a sus vidas cotidianas, y es esto lo único que les llevará a la madurez.

■ Han centrado su atención en verdades elementales y fundamentales (5:1-3). Las cosas que destacan son las bases del legado judeo-cristiano y justamente, sobre estos pilares se edifica el cristianismo pero eso no significa que se deba regresar constantemente a esas bases.

■ No han visto lo que implica la decisión que evalúan (6:4-6). El argumento se vuelve hipotético aquí, cuando el autor pregunta: "¿Qué hace el cristiano que le ha vuelvo la espalda a la cruz, cuando quiere volver a ella? ¿Volverá a crucificar a Cristo?

■ En cuanto al tema de la madurez, el autor usa la conocida imagen de un campo (6:7-8). Lo que la lluvia es al campo, lo es la gracia para el creyente. El dador de ambas cosas quiere producir cosecha. El campo que produce solo malezas se quema para que las cenizas sirvan como fertilizante. En lugar de pensar en el regreso al Antiguo pacto los lectores han de empaparse de la gracia que fluye hacia ellos a través de Jesús, su Sumo Sacerdote, y madurar para poder producir fruto.

■ El escritor reafirma a sus lectores. A pesar de su advertencia, tiene confianza en que Dios producirá "lo que atañe a la salvación" (6:9) en sus vidas. A tal fin, han de continuar con sus buenas obras y "mostrar el mismo empeño" (ver 6:11) junto con aquellos que "por su fe y paciencia heredan las promesas" (6:12).

La lógica de la advertencia, por tanto, expresa

la preocupación del autor por sus hermanos. No teme que se pierdan. No es a esto que se refiere su advertencia. Pero sí teme que estos creyentes hebreos no puedan entender el tema real, y que como resultado queden atrapados en una forma de vida que no puede llevarles a la madurez espiritual ni hacer que puedan dar fruto por Dios.

Sin comentar cada una de las palabras de este argumento, prestemos atención a tres de los versículos más importantes y tan debatidos.

Es imposible que renueven su arrepentimiento aquellos que han sido una vez iluminados, que han saboreado el don celestial, que han tenido parte en el Espíritu Santo y que han experimentado la buena palabra de Dios y los poderes del mundo venidero, y después de todo esto se han apartado.

Es imposible, porque así vuelven a crucificar, para su propio mal, al Hijo de Dios, y lo exponen a la vergüenza pública (Hebreos 6:4-6).

Lo primero que hay que admitir es que incuestionablemente, el escritor identifica a estas personas como creyentes cristianos. Los describe en cuatro frases, de las cuales la primera queda definida en mayor detalle por las tres siguientes. El autor habla de personas que:

Han recibido la luz: [es decir que han]
- Saboreado el regalo celestial
- Compartido el Espíritu Santo
- Saboreado la bondad de la Palabra de Dios.

En los escritos de Juan y Pablo (Efesios 5:14) la "luz" llega con la aceptación del mensaje del Evangelio. Todos los demás andan en tinieblas. En el NT, "saborear" se usa metafóricamente en referencia a la experiencia consciente de una relación. Quien "saborea" la muerte está muerto (Juan 8.52; Hebreos 2:9). Por eso no se implica aquí contraste entre "saborear" y " plena experiencia". Estos son verdaderos creyentes que han experimentado el don de salvación, recibido el Espíritu Santo y participado de la bondad de la Palabra de Dios. Son creyentes cristianos en el pleno sentido de la palabra.

¿Qué hay entonces del argumento de que "es imposible...si se aparten, que puedan volver?" (ver 6:4-,6). La palabra *adynaton*, "imposible", es fuerte y absoluta. En esta carta se refiere a la imposibilidad de que Dios se demuestre falso (6:18), a la imposibilidad de que la sangre de animales quite los pecados (10:4) y a la imposibilidad de agradar a Dios sin fe (11:6). Es claro que el escritor sostiene que si un cristiano se vuelve apóstata, no tendrá retorno. Pero notemos que no está diciendo que el cristiano quiera ser apóstata. El argumento de "es imposible...si...entonces", es necesariamente hipotético, por su forma misma. Si un verdadero cristiano fuera apóstata (y esto ni implica ni niega que sea posible o no), jamás podría arrepentirse y volver a la relación que ha perdido.

Pero ¿por qué no? La respuesta es que al apartarse de Cristo, rechaza la eficacia del sacrificio que Él ofreció como nuestro Sumo Sacerdote. ¿Y qué haría quien rechaza eso? ¿Pediría que Jesús vuelva a ser crucificado? ¡Es impensable! Porque hacerlo, pondría a Cristo en vergüenza pública al admitir abiertamente que Su evidente sacrificio de Sí Mismo no bastaba para cumplir todo lo que Dios nos ha prometido.

Podríamos hacer una paráfrasis de estos versículos (6:4-6):

¿Qué querrían hacer? ¿Dejar los fundamentos de la fe y volver al judaísmo? ¿Cómo podrían entonces restaurar su relación de Nuevo Pacto con el Señor, ustedes que han sido iluminados, que han saboreado el don celestial y recibido al Espíritu Santo, conociendo además el fluir del poder de la resurrección? ¿Crucificarían a Jesús otra vez, y con un nuevo sacrificio volverían al arrepentimiento? ¡Eso es imposible! ¡Qué vergüenza, que impliquen que la obra de Jesús por ustedes ya no basta!

Así, la advertencia del autor busca mostrarles a sus lectores que no hay forma viable de volver al o antiguo. Cristo vive ahora como Sumo Sacerdote para todo el que cree en Él. Regresar al o antiguo sería negar a Cristo. Y si uno niega a Cristo y niega Su obra, no tiene esperanza.

Implicancias. Hoy se ha puesto de moda buscar la mejora de las relaciones entre judíos y cristianos al afirmar una "teología de dos pactos". Algunos dice que el Pacto de Moisés sigue vigente para Israel. Estas mismas personas dicen que el Nuevo Pacto abre un camino de salvación para el gentil, que el judío no necesita.

Suena extraño este argumento al oír las palabras del escritor de Hebreos una vez más. Cristo ha sido designado Sumo Sacerdote para representa a todo el que acude a Dios a través de Él. Cristo es el Mediador de un Nuevo Pacto, un pacto que ha reemplazado ese camino antiguo "obsoleto...y que va a desaparecer" (8.13). Y ha desaparecido en verdad, porque hoy no hay Sumo Sacerdote que ofrezca sacrificios el Día del Perdón. No hay templo con un altar donde se derramara la sangre del sacrificio. Hoy la única esperanza de toda la humanidad, de judíos y gentiles por igual, está en Jesucristo.

HEBREOS 9–13
Jesús, nuestra santificación

EXPOSICIÓN

El escritor de Hebreos ha demostrado la superioridad de Cristo y del Nuevo Pacto administrado por Él. Ha mostrado que Jesús es superior en Su Persona (capítulos 1-2). Jesús es también superior a Moisés como dador de la ley porque Él habla como Hijo, con la voz de autoridad de Dios (capítulos 3-4). El autor también ha demostrado la superioridad de Cristo como Sumo Sacerdote (capítulos 5-6), argumentando que el cambio en el sacerdocio que representa Jesús implica un cambio en todo el sistema religioso a través del cual el creyente del AT se relacionaba con el Señor (capítulo 7). Específicamente, Cristo presenta el prometido Nuevo Pacto que el AT predice que superará al pacto de Moisés. A través del ministerio de Cristo en este Nuevo Pacto los pecados que antes solo se cubrían ahora son perdonados completamente. Los seres humanos son transformados y se establece una nueva relación, más íntima, con Dios (capítulo 8).

Ahora el autor nos muestra que aunque solo la sangre del sacrificio puede ganar el perdón, los sacrificios ofrecidos bajo el Antiguo Pacto y el tabernáculo donde se derramaba su sangre, eran solo sombras y copia de la realidad celestial (9:1-10:18). La sangre ofrecida en la tierra purificaba las cosas terrenales pero no podía purificar las conciencias de los seres humanos. La sangre del sacrificio de Cristo es infinitamente superior, porque Su sangre fue ofrecida al cielo. La sangre de Cristo no solo obtuvo la salvación eterna para nosotros sino que además limpia nuestras conciencias para que podamos experimentar la transformación interior, aquí y ahora. Los sacrificios de animales que se ofrecían periódicamente nos recordaban nuestro estado de pecado, porque no podían eliminar nuestros pecados. Pero por el contrario, Cristo ofreció Su sangre una sola vez y con ese único sacrificio nos limpia para siempre de nuestros pecados porque garantiza perdón pleno, completo.

El autor ha completado su gran comparación entre el Antiguo Pacto y el Nuevo. Ahora, escribe lo que algunos ven como una advertencia más. Si los que rechazaron la ley de Moisés "morían irremediablemente" (10:28) ¿cuánto más cierto es el castigo de aquellos que rechazan la gracia ofrecida bajo un Nuevo Pacto instituido con la sangre de vida del Hijo de Dios? (10:19-39). Pero tal recordatorio no tiene como propósito servir de amenaza a los lectores judíos-cristianos del libro de Hebreos. Es para alentarlos. Dios, entonces como ahora, es Reivindicador de Su Palabra. De hecho, en los comienzos de su fe estos cristianos se mantuvieron firmes ante el intenso sufrimiento y por cierto, no "perderán la confianza" (ver 10:35) sino que más bien, después de cumplir la voluntad de Dios "recibirán lo que Él ha prometido" (ver 10:36).

Cumplida ya esta gran exposición sobre el Antiguo Pacto y el Nuevo Pacto, el autor repasa el rol de la fe (capítulo 11). En lugar de argumentar, como lo hace Pablo en Romanos, el escritor solo ilustra el hecho de que la fe en Dios (más que el guardar la Ley) ha sido la clave a todos los logros de los santos ¡bajo el Antiguo Pacto así como bajo el Nuevo! Y ahora hemos recibido en el Nuevo Pacto instituido por Cristo, algo que no solo es diferente por su esencia, sino mucho "mejor" (11:40). En vista de este testimonio a tantas generaciones de santos hemos de fijar nuestros ojos en Jesús como "iniciador y perfeccionador de nuestra fe" y con perseverancia, seguirle (12:1-3).

¿Cómo han de entender entonces los cristianos hebreos las persecuciones que – según sugiere la siguiente sección – llevan a la duda? Porque la historia nos cuenta que los cristianos judíos de Palestina fueron muy perseguidos por sus hermanos judíos, siendo no solo apartados sino empobrecidos, "se vieron expuestos públicamente al insulto y la persecución" (10:33). Esas experiencias, dice el autor, han de verse como disciplina, impuesta por un amoroso Padre Celestial para producir "una cosecha de justicia y paz para quienes han sido entrenados por ella" (12:4-13).

Con tal entendimiento, todo cristiano ha de concentrarse en la vida santa, permaneciendo sensible a la gracia de Dios y al hecho de que al comprometerse a una relación de Nuevo Pacto con el Señor, tendrá que apartarse del mundo y las cosas del mundo para ser leal al reino de Dios, que está escondido. El universo creado pronto será destruido, y quedarán entonces solo las realidades celestiales que hoy son invisibles. Y nosotros, que adoramos a Dios en reverencia y maravilla de manera aceptable, permaneceremos con ellos (12:14-29).

El último capítulo del autor (13:1-25) contiene varias exhortaciones breves y lo que tal vez sea la mayor bendición de todas: "El Dios que da la paz levantó de entre los muertos al gran Pastor de las ovejas, a nuestro Señor Jesús, por la sangre del pacto eterno. Que él los capacite en todo lo bueno para hacer su voluntad. Y que, por medio de Jesucristo, Dios cumpla en nosotros lo que le agrada. A él sea la gloria por los siglos de los siglos. Amén".

ESTUDIO DE PALABRAS

Ahora bien, el primer pacto tenía sus normas para el culto, *y un santuario terrenal* (9:1). El autor mira hacia atrás, y se refiere al tabernáculo, cuyo patrón reproducía el templo de Jerusalén. Argumenta que aunque el patrón seguía las realidades celestiales, no era más que una sombra terrenal de tales realidades, que servía como "ilustración para nuestros días" (ver 9:9). El hecho de que no se refiera a la destrucción del templo de Jerusalén, que hizo que para esta nación fuera imposible ofrecer los sacrificios que mandaba Moisés, sugiere que el libro fue escrito antes del año 70 DC. Tal destrucción, sin embargo, presentó una pregunta importante: ¿Cómo pueden los judíos relacionarse con Dios bajo el Antiguo Pacto cuando no pueden cumplirse los requisitos básicos de ese sistema de pacto?

Los sabios del judaísmo rabínico enfrentaron dificultades para resolver esta cuestión, después de destruido el templo. ¿A quién se le darían los diezmos si los levitas ya no servían allí, siendo el diezmo la ofrenda a cambio de su servicio? (Números 18:21). La respuesta de los sabios fue que el diezmo debía darse a un sacerdote, pero solo al sacerdote con conocimientos (un *haverim*) y como favor.

Ahora ¿qué pasaba con los sacrificios, tema central del sistema del AT mediante los cuales era posible la propiciación de los pecados para el pueblo de Dios?

El texto que sigue, tomado de la compilación de la Midrásh llamada *Pesiqta deRab Kahana,* nos revela la solución de los sabios:

2. B. "Dijo el Santo, bendito sea, a ellos 'Como se dedican a estudiar sobre ellos, es como si en realidad los estuvieran efectuando'".

3. A. R. Huna efectuó dos declaraciones.

B. R. Huna dijo: "Todos los exiliados se reunirán solamente por el estudio de las enseñanzas-Midrash".

C. "¿Qué versículo de las Escrituras nos dice eso? 'Pero aunque se los compre entre las naciones, de allí volveré a reunirlos' (Oseas 8:10).

D. R. Huna efectuó una secunda declaración.

E. R. Huna dijo: "Porque desde donde nace el sol hasta donde se pone, grande es mi nombre entre las naciones. En todo lugar se ofrece incienso y ofrendas puras a mi nombre, porque grande es mi nombre entre las naciones dice el Señor Todopoderoso" (Malaquías 1:11). Ahora ¿es este el caso de una ofrenda pura efectuada en Babilonia?

F. "Dijo el Santo, bendito sea él, 'Como se ocupan de su estudio, es como si en realidad los estuvieran ofreciendo'.

4. A. Samuel dijo: "Y si se avergüenzan de todo lo que han hecho, hazles conocer el diseño del templo y su estructura, con sus salidas y entradas, es decir, todo su diseño, al igual que sus preceptos y sus leyes. Pon todo esto por escrito ante sus ojos, para que sean fieles a todo su diseño y cumplan todos sus preceptos" (Ezequiel 43:11).

B. "Ahora ¿hay tal cosa como la forma de la casa en este tiempo?".

C. "Pero dijo el Santo, bendito sea él, si estudian este asunto, es como si lo estuvieran construyendo".

Los sabios, después de la destrucción del templo de Jerusalén, rechazaron la afirmación cristiana de que el sacrificio de Cristo cumplía y dejaba irrelevantes a los sacrificios que requería el Antiguo Pacto. Pero era imposible que un sumo sacerdote pudiera servir en un templo inexistente, ni que cumpliera la ley en cuanto a los sacrificios. Lo único que les quedaba a los adherentes de la fe del AT, era el AT mismo. Y así, los sabios llegaron a la conclusión que hemos visto: que estudiar los sacrificios y ofrendas ahora equivalía a efectuarlos. Y que estudiar sobre el templo ahora era la mismo que ir a esa casa de Dios y adorar al Señor allí.

Es una solución creativa, pero sustituye por enseñanzas humanas los requisitos establecidos en la Palabra de Dios. La destrucción del templo de Jerusalén validaba cada uno de los argumentos desarrollados por el autor del Libro de Hebreos. El "tabernáculo terrenal" (9:1) ha sido destruido pero Cristo, nuestro Sumo Sacerdote, ahora ha tomado el ministerio que antes cumplían los hijos de Aarón y por medio del sacrificio de Su propia vida, ha abierto el camino para que podamos entrar en el Lugar Santísimo, en el cielo mismo.

Esto nos ilustra hoy día que las ofrendas y los sacrificios que allí se ofrecen no tienen poder alguno para perfeccionar la conciencia de los que celebran ese culto. No se trata más que de *reglas externas* ...válidas sólo hasta el tiempo señalado para reformarlo todo (9:9-10). Varias veces, en Hebreos 9-10, el autor se refiere a la conciencia y contrasta el efecto de la sangre de Cristo con el efecto de los sacrificios de animales en el AT. La sangre de Cristo purifica al creyente por dentro. Los sacrificios del AT eran de efecto externo y solo purificaban las cosas materiales, aunque temporalmente porque había que repetir esos sacrificios con regularidad.

El Diccionario Zondervan de Términos Bíblicos comenta sobre la conciencia purificada (9:14) que se destaca en esta sección de dos capítulos escrita por el autor de Hebreos:

El libro de Hebreos nos muestra otro aspecto de la conciencia. El autor mira hacia atrás, al sistema de sacrificios del AT, y los sacrificios reiterados por los pecados, observando que "no tienen poder alguno para perfeccionar la conciencia de los que celebran ese culto" (9:9). Los interminables sacrificios eran, d hecho, un "recordatorio anual de los pecados" (10:3), constante testimonio para el que ofrecía el sacrificio de que su pasado le acompañaba y que era culpable ante Dios. Todos los pecados de la persona estaban guardados en su conciencia, afirmando su culpabilidad a gritos, quitándole toda confianza en la posibilidad de un futuro diferente.

Es lo que logra la culpa. Mina nuestras fuerzas y hace que no queramos correr el riesgo. Nos roba la esperanza de un futuro que sea distinto al pasado.

Hebreos presenta este argumento con el fin de mostrar un contraste. Lo que no podían lograr los sacrificios del AT, lo logra la sangre de Jesús. La sangre, ofrecida a Dios "purificará nuestra conciencia de las obras que conducen a la muerte, a fin de que sirvamos al Dios viviente!" (9:14). A través de Cristo, somos purificados "de una vez por todas" (10:2, 10, 14). Perdonados nuestros pecados, y purificados nosotros, tenemos la certeza de que Dios ya no recuerda nuestros pecados (10:17).

La purificación es objetiva – lograda por el sacrificio de Jesús – y subjetiva – gradualmente la experimentamos a medida que nos apropiamos de lo que Jesús hizo por nosotros. Habrá momentos en que nuestra conciencia seguirá haciendo que miremos al pasado, y gritará acusaciones. Entonces, tenemos que recordar que nuestros pecados nos han sido perdonados (y que el pasado ya no está). Tenemos que olvidar nuestros pecados y nuestro pasado, y mirar hacia delante, para ver cómo podemos servir al Dios viviente.

Mientras sigamos teniendo confianza en la Palabra de Dios y actuando sobre la promesa de un nuevo futuro, nuestra confianza se verá recompensada. Y seremos libres de mirar solo hacia delante, con entusiasmo por nuestras oportunidades de servir al Señor (p. 186-87).

En el caso de un *testament*o, es necesario constatar *la muerte del testador* pues un testamento sólo adquiere validez cuando el testador muere, y no entra en vigor mientras vive (9:16-17). La palabra traducida como "testamento" es *diatheke*, utilizada en el Septuaginto y el NT para transmitir la idea de pacto. La flexibilidad de *diatheke* permite que el escritor pase fácilmente del concepto del pacto al del testamento. El punto principal de la comparación es que en ambos casos, la muerte es la que finaliza los términos del documento. Cuando muere una persona, nadie puede modificar los términos de su testamento. Una vez que entra en validez, es irrevocable.

El término griego que se traduce como "constatar la muerte" es *pheresthai* que significa "presentar" y tal vez aquí se lo utilice en el sentido técnico de "registrar" o "demostrar con evidencia". A muerte de Cristo instituyó el Nuevo Pacto. Fue "ofrecido en sacrificio una sola vez para quitar los pecados de muchos" (9:28). El Nuevo Pacto ahora es irrevocable y válido y el Antiguo Pacto ha quedado obsoleto (8:13).

Pero esos sacrificios son un *recordatorio* anual de los pecados (10:3). La palabra en griego es *anamnesis*, "remembranza". Lo que el autor dice es que los sacrificios del sistema mosaico estimulaban la memoria de los pecados. Podríamos utilizar una analogía: la persona con riñones que no funcionan tal vez se vea obligada a usar periódicamente una máquina de diálisis para limpiar su sangre. Aunque la máquina le ayuda a permanecer con vida, cada vez que la utiliza también sirve para recordarle que tiene una enfermedad mortal.

El hecho mismo de que los sacrificios del Antiguo Pacto tuvieran que repetirse constantemente, le recordaba al que los ofrecía que era pecador. Por el contrario, el hecho de que Cristo ofreció un sacrificio y luego se "sentó a la derecha de Dios" (10:12) nos muestra que Su sacrificio fue eficaz. La gloriosa noticia ¡es que el pecado no es más un problema! Porque bajo el Nuevo Pacto Dios ha dicho: "Y nunca más me acordaré de sus pecados y maldades" (10:17).

Y cuando éstos han sido perdonados, ya no hace falta otro sacrificio por el pecado (10:18). Este versículo resume la enseñanza de tres capítulos. De acuerdo con la voluntad de Dios "somos santificados mediante el sacrificio del cuerpo de Jesucristo, ofrecido una vez y para siempre" (10:10).

Dios permitió la destrucción del templo de Jerusalén en el año 70 DC ¡porque allí los servicios se habían vuelto completamente irrelevantes! La respuesta real al problema con el que se enfrentaban los sabios del judaísmo rabínico no es estudiar las reglas sobre los sacrificios y ofrendas. Es que el Nuevo Pacto supera y reemplaza al Antiguo Pacto. Y que a través de la muerte de Jesucristo se han asegurado la salvación a todo el que quiera acercarse a Dios a través de Él.

Si después de recibir *el conocimiento de la verdad* pecamos obstinadamente, ya no hay sacrificio por los pecados (10:26). "verdad" *(alethia)*, representa aquí al contenido del Evangelio. El autor no se refiere a los que han recibido a la persona del Salvador, sino a quienes han conocido la verdad del Nuevo Pacto y la rechazaron. Seguramente, son pasibles de un castigo mucho más grave que el de la pena de muerte impuesta a quienes rechazaban el camino que marcaba el Antiguo Pacto. Y por tres razones. Quien rechaza a Cristo ha:

■ "Ha pisoteado al Hijo de Dios" (10:29). Esta expresión tan fuerte va más allá del rechazo, a la hostilidad y el desprecio.

■ "[Ha] profanado la sangre del pacto" (10:29).

■ "Ha insultado al Espíritu de la gracia" (10:29). El término para "insultado" es *enybrizo* y sugiere arrogante indiferencia al Espíritu que nos ministra la gracia de Dios.

Una vez más, se nos recuerda una verdad básica destacada en el NT; pero muchas veces negociada en los tiempos modernos. En verdad hay un solo camino de salvación. Si livianamente nos apartamos de Jesucristo e intentamos acercarnos a Dios de cualquier otra manera, merecemos "una terrible expectativa de juicio, el fuego ardiente que ha de devorar a los enemigos de Dios" (10:27).

Ahora bien, *la fe* es la garantía de lo que se espera, la certeza de lo que no se ve (11:1). Este famoso capítulo con frecuencia se toma como conjunto de observaciones generales sobre la naturaleza de la fe. Pero ¿qué rol tiene este capítulo dentro de todo el argumento del autor?

El autor efectúa varias afirmaciones significativas sobre la fe. La fe brinda la perspectiva que nos permite ver que Dios no forma parte del universo aunque sí es el alma del universo material (11:1). La perspectiva de la fe también es esencial a la relación con Dios porque nos permite percibirle no solo como realidad presente, sino verle como Persona, que recompensa a quienes le buscan con corazón sincero (11:6). Pero la intención del autor no es realmente filosofar sobre Dios o la fe. Su intención es la de mostrarnos que la "fe", tan central en la relación de Nuevo Pacto del creyente con el Señor, también era central a la relación de los santos del AT que vivían en tiempos del Antiguo Pacto.

En Romanos 4 el apóstol Pablo hace algo parecido. Después de mostrar que la Ley no tiene capacidad para salvar, acude al AT para probar que la fe siempre ha sido la clave de la relación personal con Dios. Pablo se refiere a Abraham y David en ese capítulo y presenta los textos relacionados con cada uno, para formar un argumento bíblico y cuidadosamente razonado.

En Hebreos 11 el autor no argumenta, sino que prefiere mostrar. Señala una y otra vez que fue "por la fe" que los héroes y heroínas del AT lograron grandes cosas (11:4-35). Y más todavía, aquellos que a los ojos de los seres humanos eran un fracaso y sufrieron o incluso perdieron la vida, "obtuvieron un testimonio favorable mediante la fe" (11:39).

N ha de sorprendernos entonces que lo "mejor" (11:40) que Dios nos ha brindado en el Nuevo Pacto, también pueda recibirse por fe. Y el sistema mosaico, hoy obsoleto, no debiera tener relevancia para aquellos cuya fe está firmemente puesta en Jesucristo.

Por tanto, también nosotros, que estamos rodeados de una *multitud tan grande de testigos* (12:1). El término elegido en otras versiones es "nube" (*nephos*), utilizado metafóricamente para referirse a una multitud. "Testigos" es *marturon*, en este texto. El "por tanto" sugiere que el autor no tiene en mente a "espectadores" sino que parece estar pensando en los que ha mencionado en el capítulo 11 y que dieron testimonio para que sepamos lo que significa correr la carrera de la vida por la fe.

Pero sus palabras siguientes nos recuerdan que encontramos la fuerza necesaria para correr, en Jesús. Tal vez estos testigos que todavía viven con el Señor en Quien confiaron, no solamente nos inspiren sino que también nos alienten.

No se olviden de *practicar la hospitalidad*, pues gracias a ella algunos, sin saberlo, hospedaron ángeles (13:2). En el versículo 1 de este capítulo el autor llama al "amor fraternal" (*philadelphia*), y aquí llama a la hospitalidad, usando una palabra griega que significa literalmente "amor al forastero" (*philoxenia*).

Es importante recordar que aunque nuestra fe nos llama a amarnos profundamente los unos a los otros, también nos llama a ser hospitalarios con los forasteros. El amor de Dios no se limita a nuestro pequeño círculo de amistades. En Cristo, ese círculo se amplía para abarcar a la humanidad toda.

Manténganse libres del amor al dinero, y *conténtense* con lo que tienen, porque Dios ha dicho: "Nunca te dejaré; jamás te abandonaré." (13:5). El término es a*pkoumenoi*, que significa "tener lo suficiente". La mayor parte del NT usa este término para centrar nuestra atención en la actitud del contento, lo que nos permite estar satisfechos con lo que tengamos (1 Timoteo 6:6-8).

Aquí el escritor presenta un contraste importante. Por un lado, una persona puede amar al dinero y centrar en éste su atención como la base de su seguridad. O la persona podrá poner su atención en Dios y encontrar en el Señor la base de su seguridad.

No hay versículos en el AT que digan exactamente lo que cita aquí el autor. Pero el filósofo judío Filo, del siglo primero, utilizó exactamente las mismas palabras en una de sus obras, lo cual sugiere que ambos citan una versión del Septuaginto que se ha perdido. La idea, sin embargo, está reflejada en varios pasajes del AT:

■ Yo estoy contigo. Te protegeré por dondequiera que vayas, y te traeré de vuelta a esta tierra. No te abandonaré hasta cumplir con todo lo que te he prometido (Génesis 28:15).

■ Sean fuertes y valientes. No teman ni se asusten ante esas naciones, pues el Señor su Dios siempre los acompañará; nunca los dejará ni los abandonará (Deuteronomio 31:6).

■ Durante todos los días de tu vida, nadie será capaz de enfrentarse a ti. Así como estuve con Moisés, también estaré contigo; no te dejaré ni te abandonaré (Josué 1:5).

■ Los pobres y los necesitados buscan agua, pero no la encuentran; la sed les ha resecado la lengua. Pero yo, el Señor, les responderé; yo, el Dios de Israel, no los abandonaré (Isaías 41:17).

A lo largo de la historia sagrada Dios ha sido un elemento estable en la experiencia de Su pueblo. Quienes acuden a Él se sienten seguros a pesar de las incertidumbres de la vida. quienes buscan la seguridad en las cosas materiales siempre permanecen descontentos.

Acuérdense de sus *dirigentes* que les comunicaron la palabra de Dios. Consideren cuál fue el resultado de su estilo de vida, e imiten su fe.

(13:7). Aquí, el término griego es el participio presente del verbo *hegeomai*. Es un término muy general, que no precisa posiciones, como sería el caso de "anciano", "obispo" o "apóstol". Solo sabemos que estos líderes les comunicaron la palabra de Dios al os hebreos, o al principio o recientemente. El "resultado de su estilo de vida" probablemente no sea, como sugieren algunos, el martirio. El resultado más bien es el carácter cristiano que produce el estilo de vida de la fe.

Este término para "líder" o "dirigente" aparece tres veces en este breve capítulo. Aquí, en el v. 17 y en el v. 24. El versículo 17 tiene particular importancia y a menudo se malinterpreta. El libro *Church Leadership* [Liderazgo de la iglesia] (Zondervan), nos habla de este versículo en profundidad:

> El libro de Hebreos ante todo exhorta a los creyentes: "Acuérdense de sus dirigentes que les comunicaron la palabra de Dios. Consideren cuál fue el resultado de su estilo de vida, e imiten su fe" (13:7). Y poco después, el autor dice: "Obedezcan a sus dirigentes y sométanse a ellos" (v. 17). Parecería que tenemos aquí un caso evidente del tipo de autoridad que este capítulo sugiere que han de rechazar los líderes espirituales, porque vemos que se exige obediencia. Los líderes parecen tener al menos cierto derecho a controlar, y hay una referencia a la "autoridad" que tienen los líderes.

Pero veamos en mayor detalle este versículo. En el original, la frase dice, *peithesthe tois hegoumenois hymon kai hypeikete*. Cada una de esas palabras es importante, y el mensaje es bien diferente de su equivalente traducido.

Peithesthe proviene de *peitho*, que literalmente significa "déjense persuadir o convencer". Una traducción más precisa sería: "Estén abiertos a la persuasión de sus dirigentes".

Tois hegoumenois hymon se traduce como "sus dirigentes" o "sus líderes". Es un término que se usa para referirse a gobernantes y príncipes, aunque la palabra original significa "liderar o guiar". Aquí vemos al líder espiritual de la iglesia como alguien que ha viajado por el camino que lleva a la vida de santidad y que es modelo válido porque puede señalar ese camino a los demás.

Hypeikete, es lo que aparece traducido como "sométanse a ellos". También en otros textos aparece traducido así. Pero originalmente en griego clásico se utilizaba esta palabra en referencia a las sustancias blandas y maleables. La idea no es la de "ceder" sino la de "estar dispuesto a dejarse moldear".

La instrucción entonces se centra en la actitud que han de tener los miembros del cuerpo hacia sus líderes. Podríamos parafrasearla, y captar así la idea subyacente del versículo tal como la habría entendido un lector griego del NT: "En su relación con quienes son sus líderes y dirigentes hacia la vida de santidad, asegúrense de mantener una disposición maleable y permanezcan abiertos a su persuasión". El pasaje continúa: "Porque ellos cuidan de ustedes, como hombres que han de rendir cuentas. Respondan ante ellos para que su trabajo sea de gozo y no una carta, porque eso no sería beneficioso para ustedes".

Dicho así, cambia el tono de la palabra "obedecer". La "autoridad" del líder no se ve como derecho al control sino como derecho a influir en las decisiones de los hermanos y hermanas que el líder tiene a su cargo (p. 140).

Porque el sumo sacerdote introduce la sangre de los animales en el Lugar Santísimo como sacrificio por el pecado, pero los cuerpos de esos animales se queman fuera del campamento. Por eso también Jesús, para santificar al pueblo mediante su propia sangre, sufrió fuera de la puerta de la ciudad.

Por lo tanto, salgamos a su encuentro fuera del campamento, llevando la *deshonra* que él llevó (13:11-13). La frase nos presenta múltiples imágenes. Primero, la de cómo se dispone de los cuerpos de los animales del sacrificio, cuya sangre se presentaba al Señor el Día del Perdón. Pero también hay un recordatorio de que en los días de la experiencia de Israel en el desierto, los que se consideraban impuros eran enviados fuera, aislados del pueblo de Dios. El hecho de que Cristo murió en una cruz de madera ("madero" - Gálatas 3:13), descalificaba para siempre a Jesús de la participación en esa comunidad formada por la Ley. Pero justamente lo que Le hacía maldito a los ojos de Israel hace que sea santo para quienes creen en Él.

La conclusión es inevitable. Cristo Mismo está por siempre fuera de la comunidad de fe del Antiguo Pacto. Estos judíos cristianos ya no pueden dudar. Tienen que aceptar lo que para los amigos y vecinos del Antiguo Pacto parece una deshonra y salir, separándose de esa comunidad para mostrar su solidaridad con Cristo y el compromiso con el Nuevo Pacto, que supera al antiguo.

EL PASAJE EN PROFUNDIDAD

Dios disciplina a Sus hijos (Hebreos 12:4-15).

Trasfondo. En sus primeras décadas el movimiento cristiano era considerado una secta judía. Esta era también la opinión inicial de los líderes judíos. Y se refleja claramente en las palabras de la comunidad cristiana de Palestina a Pablo, que leemos en Hechos 21:20: "Ya ves, hermano, cuántos miles de judíos han creído, y todos ellos siguen aferrados a la ley".

Sin embargo, los informes del ministerio de Pablo a los gentiles, fuera de Palestina, causaban gran preocupación. No tanto porque la comunidad cristiana objetara al mensaje de la salvación por la fe. En esa época, cerca del año 50 DC, los judíos cristianos de Palestina se preocupaban porque "tú enseñas que se aparten de Moisés todos los judíos que viven entre los gentiles. Les recomiendas que no circunciden a sus hijos ni vivan según nuestras costumbres" (Hechos 21:21).

Este compromiso con "nuestras costumbres" no se arraigaba en un esfuerzo por negociar, sino que expresara el compromiso que sentían los judíos-cristianos hacia el AT y su sentido de que la fe en Cristo era un paso más de esa revelación anterior, en lugar de haber venido a superarla. Pero incluso ya en esos días, se discriminaba a los cristianos dentro de la comunidad judía de Palestina. Una de las razones por las que Pablo urgía a los gentiles a recolectar ofrendas para los de Palestina es que en momentos de tensión, la minoría judía-cristiana era la primera que quedaba sin trabajo, que no recibía la ayuda de caridad que se distribuía, y que tan importante era dentro del judaísmo como obligación.

Aparentemente, para cuando se escribió el libro de Hebreos, a fines de la década del año 60 DC, la brecha entre las comunidades judía y judía-cristiana de Palestina se había agrandado. Y de hecho, una de las historias más interesantes que se informa que luego de la destrucción de Jerusalén, los profetas cristianos les advertían al os que creían en Jesús que huyeran de la ciudad. A pesar de su compromiso compartido con las costumbres del AT, la comunidad del Antiguo Pacto y la comunidad del Nuevo Pacto se habían definido y diferenciado entre sí.

Esta separación de las comunidades ocurrió mucho más rápido fuera de Palestina. Poco después del primer viaje misionero de Pablo, surgió la oposición judía y el NT habla con frecuencia de los judaizantes que trataban de imponer el estilo de vida del Antiguo Pacto a los gentiles conversos.

Se observa la cruda hostilidad de los judíos hacia los cristianos en la carta a Esmirna del Apocalipsis, de fecha aproximada en el año 90 DC. Esa carta advierte y alienta:

Conozco tus sufrimientos y tu pobreza. ¡Sin embargo, eres rico! Sé cómo te calumnian los que dicen ser judíos pero que, en realidad, no son más que una sinagoga de Satanás. No tengas miedo de lo que estás por sufrir. Te advierto que a algunos de ustedes el diablo los meterá en la cárcel para ponerlos a prueba, y sufrirán persecución durante diez días. Sé fiel hasta la muerte, y yo te daré la corona de la vida (Apocalipsis 2:9-10).

Todo esto nos enseña más de la situación que enfrentaban aquellos a quienes iba dirigido el libro de Hebreos. La división entre las comunidades del Antiguo Pacto y el Nuevo Pacto se ha profundizado. Ahora, finalmente, los cristianos hebreos tienen que considerar si están dispuestos o no a salir "a su encuentro [de Jesús] fuera del campamento, llevando la deshonra que él llevó" (Hebreos 13:13). Para ayudarles a decidir el escritor ha comparado en detalle los aspectos del Antiguo Pacto con el Nuevo, para demostrar la superioridad del Nuevo. Ha mostrado que a lo largo de la historia sagrada ha sido la fe y no "nuestras costumbres" (Hechos 21:21) lo que constituyó la clave.

Ahora, en Hebreos 12 el autor trata un tema más. El compromiso actual de sus lectores con Cristo les ha traído sufrimiento. Y todavía les espera un sufrimiento mayor. ¿Cómo puede explicarse el sufrimiento dentro del contexto del Nuevo Pacto?

Interpretación. En el principio de Hebreos 12 el autor utiliza la imagen de una carrera. En 12:4, la imagen cambia. El creyente sigue en una competencia pero esta vez, es de boxeo, y el oponente del cristiano es el pecado. A diferencia de Cristo estos cristianos todavía no han derramado sangre en esta lucha. Los sufrimientos o persecuciones que pueda traer en pleno compromiso no pueden compararse, ni en magnitud ni en angustia, con lo que sufrió el Señor.

■ Dicho esto, el autor luego explica el rol del sufrimiento en la experiencia del Nuevo Pacto. Y dice varias cosas:

■ El sufrimiento es la disciplina motivada por el amor (12:5-6)-

■ La disciplina es derecho y obligación del padre (12:7-10ª).

■ La disciplina de Dios está dirigida para que produzca justicia y paz (12:10b-11).

■ Nuestra respuesta a la disciplina es esencial (12:12-15).

Dentro del marco de estos pocos versículos tenemos una respuesta satisfactoria a la pregunta que ha angustiado a los creyentes desde los tiempos de Job, y seguramente antes también: ¿Por qué sufren los creyentes? ¿Por qué les suceden cosas malas a las personas buenas? La respuesta que presenta este escritor es: porque Dios nos ama como hijos Suyos.

■ El sufrimiento es la disciplina motivada por el amor (12:5-6). Este punto es básico, y lo establece la cita de Proverbios 3:11-12. En lugar de sentir desaliento cuando sufrimos, tenemos que animarnos al recordar que "el Señor disciplina a quienes Él ama".

"Disciplina" es una palabra que nos resulta difícil porque tiene la connotación de castigo. Pero el término hebreo *yasar,* y su derivativo *musar,* denotan "corrección que contribuye a la educación". A veces sí puede comprender el castigo, pero la atención siempre está centrada en el objetivo. También puede ser que los medios sean dolorosos. Pero siempre se busca como resultado el bien de la persona a quien se disciplinó.

Esto se presenta de manera potente en la palabra griega utilizada en este pasaje: *paideuo*. La palabra significa "criar" o "entrenar". Siempre, con excepción de cuatro ocasiones en el NT, tiene el sentido de la guía correctora, como medio de entrenamiento o educación. Por eso, las dificultades que pasamos por ser cristianos no deben ser percibidas como retribución o castigo. Ni tampoco como expresiones de ira. Y no tienen por intención hacer que retrocedamos, temiendo haber ofendido a Dios, causando que tome venganza. Todo lo que nos sucede debemos verlo como expresión del amor divino.

■ La disciplina es derecho y obligación del padre (12:7-10ª). Todo niño reconoce el derecho de su padre humano a disciplinarlo. De hecho, la disciplina hace que el niño respete a su padre a pesar del hecho de que nuestros padres, por motivos de la limitación humana, solo puedan hacer lo que mejor les parece. La frase sugiere, claramente, que los padres cometen errores pero que a pesar de ello, sus hijos siguen respetándolos.

Dios, nuestro Padre, no se equivoca nunca. Entonces, cuánto más debemos aceptar las dificultades como disciplina de Dios, y con nuestra actitud ante las dificultades, mostrar nuestro respeto hacia Él.

■ La disciplina de Dios está dirigida para que produzca justicia y paz (12:10b-11). El escritor nos revela el fin hacia el que se dirige la disciplina de Dios. No importa lo desagradables que sean las experiencias difíciles de nuestras vidas, o lo doloroso de nuestros sufrimientos, siempre podemos consolarnos en el hecho de que "más adelante", tales experiencias producirán una "cosecha de justicia y paz".

Pero el resultado no es automático. La palabra que se traduce como "entrenados" en el v. 11, es *gegymnasmenois,* que significa ejercitarnos continuamente.

El fisicoculturista dice "sin dolor no hay resultados". Lo que quiere decir es que solo al romper el tejido muscular para que se formen hebras más fuertes, podrá alcanzar su objetivo. La disciplina que Dios nos impone nos brinda nuevas oportunidades de ejercitarnos espiritualmente y así avanzar hacia el objetivo que Dios tiene para nosotros, de una vida verdaderamente más justa y de paz interior.

■ Nuestra respuesta a la disciplina es esencial (12:12-15). ¿Qué hacer cuando llegan las dificultades? ¿Abandonar? ¿Hundirnos en la desesperanza? ¿Abandonar la esperanza, y apartarnos del futuro por miedo? Absolutamente, no. En lugar de permitir que el sufrimiento nos paralice espiritualmente, tenemos que ponernos de pie, movilizar nuestros recursos y seguir avanzando (12:12). ¿En qué dirección? Hacia la paz en nuestras relaciones interpersonales. Y hacia la santidad, en cada una de las áreas de nuestras vidas.

El pasaje concluye con un recordatorio fascinante: "Asegúrense de que nadie deje de alcanzar la gracia de Dios; de que ninguna raíz amarga brote y cause dificultades y corrompa a muchos" (12:15). Es fácil cuando sufrimos sentir que será mejor retraernos y compadecernos de nosotros mismos. También, es fácil amargarnos y dejar que nos consuma la idea de que todo es muy injusto. Lo que quiere que recordemos el escritor de Hebreos es que incluso nuestras dificultades son un regalo de la gracia de Dios.

La gracia nos rodea en nuestro sufrimiento. La gracia viene a nosotros no solo a través de nuestro dolor, sino en nuestro dolor. Porque en Su maravillosa gracia Dios ha determinado que nos tratará como a hijos Suyos y por eso, se ocupa personalmente de entrenarnos. Lo que recibimos, lo recibimos de Sus manos. Y lo que recibimos de Sus manos de veras es bueno.

Aplicación personal. Pocos pasajes de las Escrituras tienen tan inconfundible relevancia para los lectores originales del texto, y al mismo tiempo, también tan clara relevancia para usted y para mí. Las palabras de Hebreos 12 siguen siendo de consuelo e inspiración para todos los creyentes que pasan por cualquier tipo de sufrimiento.

Necesitamos percibir que el amor y la gracia de Dios fluyen hacia nosotros incluso en las cosas dolorosas que nos suceden. Son puertas, que mientras avanzamos, Dios pone en el camino para que lleguemos a la justicia y la paz.

SANTIAGO
El estilo de vida de la fe

EXPOSICIÓN

Santiago es uno de los libros más prácticos e interesantes del Nuevo Testamento. También ha sido uno de los más controversiales, en particular durante la Reforma cuando los líderes protestantes emergentes destacaban la doctrina paulina de la salvación por la sola fe. Santiago menciona la fe con frecuencia. Pero su énfasis en la expresión de la fe en la vida del creyente, para los reformadores sonaba peligrosamente como sugerencia de la salvación basada en las obras. Para Martín Lutero, este libro era una "epístola de paja" y fue solo porque la iglesia primitiva lo autenticó que no prosperaron los intentos de algunos por quitarlo del canon.

El autor del libro es Santiago, medio hermano de Jesús, en los primeros tiempos antes de que el movimiento misionero cristiano llevara a ese crecimiento explosivo que marcó la gran conversión de los gentiles. Santiago, entonces, escribe en una época en que la iglesia era hebreo-cristiana, con miembros que vivían como judíos observantes. El libro de los Hechos nos muestra a Santiago como líder prominente de la iglesia de Jerusalén, posición que confirma el apóstol Pablo en Gálatas 2:9. Las tradiciones antiguas le asignan a Santiago el mote de "el Justo". Un interesante aspecto ilustra su vida piadosa en el marco de las costumbres judías. La tradición nos dice que Santiago fue ejecutado en el año 62 DC, durante los tres meses que transcurrieron entre la muerte de Porcio Festo y la llegada de L. Lucio Albino, para ocupar el puesto de procurador romano. La ejecución fue instigada por el sumo sacerdote Ananus II. Pero la reputación de Santiago como hombre piadoso era tal, que los fariseos expresaron abiertamente que lamentaban tal ejecución y solicitaron en secreto que Ananus fuera eliminado de su puesto.

Es claro entonces que el libro de Santiago refleja al cristianismo palestino primitivo, antes de que los temas de la década del 60 y años posteriores marcaran la distinción entre las comunidades de fe conformadas por judíos y cristianos. Muchos suponen que Santiago escribió este libro antes, cerca de los años 45 a 50 DC. En esa época, lo que ocupaba a Santiago eran los temas más pastorales que lo polémico, más personales antes que teológicos. Lo que más le preocupa es que quienes sigan a Jesús vivan vidas dignas de la fe, como hombres y mujeres creyentes. Con tal tema en mente, podemos seguir el desarrollo de este libro breve pero muy práctico, del NT.

Santiago comienza con un llamado al estilo de vida de la fe (1:2-2:13). Desarrolla este tema ocupándose primero de cuestiones individuales: cómo ha de responder el creyente ante las dificultades (1:2-4); cómo pedir sabiduría a Dios (1:5-8); cómo tratar la riqueza y la pobreza (1:9-11), cómo ver y responder a las tentaciones (1:12-18).

Pero luego pasa a los temas interpersonales. No hay espacio para la ira o la inmoralidad. Los creyentes tienen que vivir la Palabra (1:19-25). La piedad tiene que mostrarse en la ayuda a los necesitados (1:26-27), en el rechazo a todo favoritismo (2:1-7), en el amor en la práctica más que en la palabra solamente (2:8-13). Luego, en el pasaje más controvertido del libro Santiago explica los principios que subyacen al estilo de vida de fe del creyente (2:14-26). Ver El pasaje en profundidad, página 520.

Santiago entonces se refiere a los problemas que seguirán acosando a toda persona que busque expresar su fe en la vida cotidiana. Incluso el cristiano más comprometido tendrá dificultades para domar su lengua (3:1-12), para aplicar la sabiduría de Dios y no la del mundo (3:13-4:10), dejar de juzgar al os demás (4:11-12) y no ceder al impulso natural de ser arrogante (4:13-17).

Sin embargo, el hombre o la mujer de fe tienen expectativas que sencillamente no están disponibles para los demás. El creyente mira hacia delante a la retribución que le dará Dios por todos los males que le hayan hecho (5:1-6). Prevé una cosecha personal de futuras bendiciones a pesar del sufrimiento del presente (5:7-11). Y experimenta la respuesta a la oración aquí y ahora (5:12-18).

El libro cierra con un recordatorio lleno de compasión (5:19-20). Los que se han apartado del camino de vida de la fe no han de ser condenados, sino restaurados.

A lo largo del libro Santiago mantiene nuestra mirada fija en lo que significa vivir como cristianos. Quienes argumentan que su énfasis contradice implícitamente la enseñanza de Pablo sobre la fe como "creer nada más", Juan Calvino les responde: "No hace falta que todos manejen los mismos argumentos". Si quiere usted saber cómo ser salvo, lea a Pablo. Pero si quiere saber cómo ha de vivir el que es salvo, lea a Santiago.

ESTUDIO DE PALABRAS

Hermanos míos, considérense muy dichosos cuando tengan que enfrentarse *con diversas pruebas* (1:2). La palabra *peirasmois*, incluye a las pruebas morales, como las tentaciones, pero también a las externas como la persecución. De hecho, los seres humanos somos vulnerables a tensiones de ambas categorías. Pero la persona de fe ha de ver esta situación en que nos encontramos de manera positiva y con gozo. ¿Por qué? Porque si ante las pruebas somos perseverantes (1:3), maduraremos como cristianos y alcanzaremos el objetivo que Dios tiene para nosotros.

"Perseverancia" es *hypomonen*, palabra que sugiere determinación y persistencia. La tensión en sí misma no tiene valor terapéutico. Es nuestra respuesta movida por la fe lo que produce madurez.

Si a alguno de ustedes le falta *sabiduría*, pídasela a Dios, y él se la dará, pues Dios da a todos generosamente sin menospreciar a nadie (1:5). Aquí, como en el Libro de los Proverbios, "sabiduría" es saber cómo responder ante las pruebas y desafíos de la vida cotidiana. Santiago dice dos cosas importantes. Primero, que Dios no se enoja cuando no sabemos qué hacer, sino que quiere mostrarnos cuál es el paso siguiente. Segundo, que cuando le pedimos a Dios que nos guíe, tenemos que hacerlo con responsabilidad. Es decir, que nuestro motivo al buscar sabiduría ha de ser la obediencia, y no la curiosidad. No podemos acercarnos a Dios para preguntar: "¿Qué hago ahora?", a menos que estemos dispuestos a hacer lo que Dios nos muestre.

Esto surge en la descripción del "indeciso" (1:8). El texto griego dice *dipsychos*, "de doble alma". Es el hombre que está a horcajadas y se inclina primero a un lado ("Lo haré") y luego al otro ("no, no lo haré"). Dios no le revela Su voluntad a este tipo de persona.

Tal vez sea un acto de gracia el no revelarle sabiduría al indeciso. Porque con la sabiduría viene la responsabilidad. La persona que sabe qué hacer, pero no quiere hacerlo, es culpable de desobediencia. Pero de manera similar, revelar Su voluntad a alguien comprometido a obedecer, también es un acto de gracia. Porque la persona que cumplir la voluntad de Dios es bendecida en su obediencia.

Pidámosle sabiduría a Dios. Pero solo si estamos de veras preparados para hacer lo que sea que Dios nos muestre que tenemos que hacer.

El hermano de condición humilde debe sentirse orgulloso de su *alta dignidad*, y el rico, de su *humilde condición* (1:9-10). La primera palabra es *hupsos*, "exaltación". La segunda es *tapeinosis*, "humildad". El peligro de la pobreza es que la persona puede envidiar al rico y sentirse inferior, en tanto que el peligro de la riqueza es que la persona puede volverse orgullosa y arrogante. Cada uno de estos peligros se ve equilibrado por la perspectiva de la vida que nos da la fe. El pobre encuentra consuelo e identidad al saber que en Cristo ha sido elevado a lapo sicón de hijo de Dios. el rico recupera la humildad al contemplar el hecho de que la riqueza material es pasajera y que para venir ante el Señor ha dejado de confiar en sus posesiones para llegar ante Dios como un mendigo que busca una salvación que viene de la gracia.

Que nadie, *al ser tentado*, diga: "Es Dios quien me tienta" (1:13). "Tentado" aquí es *peirasmos*, que puede hacer referencia a circunstancias externas o a un impulso interno hacia el pecado. Las referencias al "mal" (v. 13), "malos deseos" (v. 14) y "pecado" (v. 15) dejan en claro que Santiago está hablando de la segunda opción. Comienza con una reflexión sobre la respuesta común de quienes no tienen fe, ante la tentación a hacer el mal. Buscarán a quién culpar. Si no pueden culpar a las circunstancias, culparán a otros, al diablo o incluso a Dios. El *Word Bible Handbook* [Manual de Palabras de la Biblia] resume la enseñanza de la Biblia en cuanto a la tentación, haciendo referencia especial a este pasaje:

> Varias palabras del hebreo y el griego expresan la idea de tribulación, prueba o impulso, en referencia a la tentación. La tentación no siempre se considera algo malo en la Biblia. La tentación puede llevarnos a pecar. Pero también es una oportunidad para obedecer, y así, afirmar nuestro compromiso personal con Dios.

Hay dos aspectos de las pruebas y la tentación. Uno es externo, e implica situaciones de presión en las que nos encontramos. Santiago y Pedro ven el sufrimiento y la persecución bajo esta luz. La decisión difícil que tenemos que tomar, también cabe en esta categoría incluso el deseo de un buen objetivo que solo puede alcanzarse por medios cuestionables implica tensiones, y puede describirse como tentación. Jamás quedamos abandonados, ni siquiera en las circunstancias más duras. Santiago dice que no importa cuál sea la tentación, podemos pedirle sabiduría a Dios con la certeza de que Él nos guiará.

También hay un aspecto interno de la tentación. Santiago describe qué sucede dentro de nosotros: "cada uno es tentado cuando sus propios malos deseos lo arrastran y seducen. Luego, cuando el deseo ha concebido, engendra el pecado" (1:14-15). Ese impulso interior hacia el pecado es la expresión de la naturaleza humana de pecado, que siempre nos acompañará. La atracción que sentimos hacia el mal nunca proviene de Dios, sino de nosotros mismos. Dios puede ponernos en una situación en la que sintamos gran presión. Pero jamás es responsable de nuestros impulsos hacia la respuesta equivocada.

En este punto, la tentación nos brinda una oportunidad. Podemos seguir nuestra tendencia de pecado, que surge ante la situación de tensión. O podemos decidir que responderemos a Dios. La Biblia dice: "Ustedes no han sufrido ninguna tentación que no sea común al género humano. Pero Dios es fiel, y no permitirá que ustedes sean tentados más allá de lo que puedan aguantar. Más bien, cuando llegue la tentación, él les dará también una salida a fin de que puedan resistir" (1 Corintios 10:13). Al aceptar la sabiduría de Dios y tomar decisiones según Su voluntad, a pesar de las circunstancias externas o las presiones internas, maduramos (Santiago 1:4). Es por medio de las decisiones de fe que demostramos que nuestra fe es genuina, dando así "alabanza, gloria y honra" a Dios y a nosotros mismos (1 Pedro 1:3-9).

Nos será de beneficio recordar que Jesús también sufrió tentaciones. Sus pruebas venían directamente de Satanás, y sin embargo Dios las permitió para que pudiéramos ver a Jesús como un hombre perfecto. Cuando lleguen nuestras pruebas, también será porque Dios las permitió. Porque Dios quiere que usted y yo conozcamos el gozo de la victoria y la satisfacción que viene de permanecer fieles a Él (p. 767-68).

El que escucha la palabra pero no la pone en práctica es como el que *se mira el rostro en un espejo* y, después de mirarse, se va y se olvida en seguida de cómo es (1:23-24). El verbo que aparece traducido como "mira" es *katanoounti*, e indica "atento escrutinio". Esta pequeña alegoría describe a quien se mira atentamente ante el espejo.

La alegoría se apoya en una sencilla pregunta: "¿Por qué nos miramos en el espejo?". Aunque algunos lo harán simplemente para admirarse a sí mismos, en la mayoría del os casos nos miramos en el espejo para guiar nuestras acciones. ¿Cómo me peino? ¿Hacia atrás, o hacia el costado? ¿Necesito más maquillaje? ¿Tengo la cara sucia? Y actuamos según lo que vemos en el espejo. Pero si miramos atentamente y luego nos apartamos, olvidamos que tenemos la mejilla sucia o un mechón de cabello rebelde, ¿qué significa? Que el espejo no tiene importancia para nosotros y que de nada sirvió que nos mirásemos.

De manera similar, dice Santiago, mirar la Palabra de Dios y no actuar según lo que vemos allí significa que para nosotros las Escrituras no son nada. No es la persona que conoce lo que dice la Biblia quien será bendecida, sino la que hace lo que la Biblia dice.

***La religión* pura y sin mancha delante de Dios nuestro Padre es ésta: atender a los huérfanos y a las viudas en sus aflicciones, y conservarse limpio de la corrupción del mundo (1:27).** La palabra *threskos* aparece únicamente aquí, y en ningún otro lugar de la Biblia. Su significado, establecido en los escritos judíos y antiguos escritos cristianos, es "creencia y/o adoración expresada en la observancia religiosa". Lo que a Dios le importa no es nuestra observancia de los rituales, sino nuestra preocupación por quien está en necesidad.

No es un tema nuevo. No puede expresarse con mayor claridad que la que encontramos en Miqueas 6:8: "Ya se te ha declarado lo que es bueno!

Ya se te ha dicho lo que de ti espera el Señor: Practicar la justicia, amar la misericordia, y humillarte ante tu Dios".

¿Acaso no hacen *discriminación* entre ustedes, juzgando con malas intenciones? (2:4). El término griego *diekrithete*, surge de la misma raíz de donde proviene "jueces". Al mostrar favoritismo hacia los ricos hay algunos que en la iglesia mostraron que valoraban a algunos seres humanos más que a otros. Podremos tener diferencias de distinto tipo: riqueza, intelecto, habilidad social, posición o estatus. Pero a los ojos de Dios, cada uno de nosotros tiene valor infinito como persona y tenemos que aprender a valorarnos y tratarnos como hermanos y hermanas, iguales todos.

Es interesante notar que el Talmud (*Niddah* 9:16) dice lo mismo: "Antes, se usaba una *dargash* para la sepultura del rico y la *klivas* para la del pobre, y el pobre sentía vergüenza. Se ha determinado que por respeto a los pobres, toda sepultura será en *klivas*".

Porque el que cumple con toda la ley pero falla en un solo punto ya es culpable de haberla quebrantado toda (2:10). Aquí, *ton nomon*, se refiere a los mandamientos que expresan la voluntad de Dios para los seres humanos. Su argumento suena extraño porque es claro que el favoritismo no es lo mismo que el adulterio o el asesinato.

Pero lo que Santiago quiere decir es que no se puede entender la Ley por partes, sino como un todo indivisible. A los seres humanos nos gusta calmar nuestra conciencia diciendo: "Bueno, he mentido. Pero nunca maté a nadie". O "sí, mentí sobre los ingresos para pagar menos impuestos, pero no soy asesino". Esto tiene sentido solo si desmantelamos el todo y les ponemos etiquetas a las partes: "malo", "no tan malo", o "de veras malo".

Pero ¿qué pasa si vemos la Ley como un todo indivisible? En este caso, si violamos una parte de la Ley, estamos violando la ley toda. Supongamos que inflamos un globo y escribimos en éste los Diez Mandamientos, todos por separado. Por mucho que lo intentemos, es imposible reventar solo una sección del globo pinchándola con un alfiler. No importa dónde pinchemos, el globo reventará entero.

No hay consuelo para los que dicen que "él o ella son peores que yo". O para los que argumentan "hice más cosas buenas que malas". Porque la Ley es un todo indivisible y violar la ley en un solo punto nos convierte en violadores de toda la ley.

Hablen y pórtense como quienes han de ser juzgados por la ley que *nos da libertad* (2:12). Santiago se refiere a lo que se ha dado en llamar "ley real" (2:8) del amor. Esta ley nos da libertad, en parte porque reafirma la naturaleza unitaria de la voluntad de Dios para nosotros y libera al cristiano de las cartas que impone la visión del judaísmo rabínico en cuanto a la observancia de la Torá. El amor también da libertad, porque cuando actuamos en amor nos encontramos cumpliendo la Ley (Romanos 13:10). Pero lo más significativo es que el amor nos da libertad para recibir y dar misericordia cuando nos equivocamos. En este aspecto el amor triunfa por sobre el juicio, hoy y en el final de la historia.

Con la lengua bendecimos a nuestro Señor y Padre, y con ella maldecimos a las personas, creadas a imagen de Dios (3:9).
El término es *homoiosin*, y aparece en el Septuaginto y la literatura hebrea intertestamental para traducir las referencias a la creación del hombre a imagen de Dios (Génesis 9:6; Sir. 17:3). Santiago señala que esto no es consistente, y que "no debe ser"(3:10). Debemos notar que "a imagen de Dios" por distorsionada que sea esta imagen, es algo que persiste incluso en los seres humanos perdidos. La imagen no puede ser, como han sugerido algunos, de inocencia o ausencia de pecado. La mejor respuesta es que el hombre ha sido creado persona, con todos los atributos divinos que distinguen a los seres humanos de los animales.

En cambio, *la sabiduría que desciende del cielo es ante todo pura, y además pacífica, bondadosa, dócil, llena de compasión y de buenos frutos, imparcial y sincera* (3:17). Santiago habla aquí de la orientación básica respecto de la vida, la perspectiva divina que guía las relaciones y decisiones, en contraste con la "sabiduría" humana, que no es sabiduría en absoluto. ¿Cómo sabemos esto? Porque sabemos que cada tipo de sabiduría se distingue por *señales* inconfundibles que marcan el carácter de la persona según sea la sabiduría que le guía en la vida.

Es claro que quienes viven con envidia y egoísta ambición, en desorden y practicando lo malo, nada tienen que ver con el cielo.

No tienen, porque no piden. Y cuando piden, no reciben porque piden con malas intenciones, para satisfacer *sus propias pasiones* (4:2-3). El texto griego dice *hedonais*, de donde proviene "hedonismo". Lo que Santiago dice es que a pesar de que los sermones puedan referirse a nuestra cuenta del "banco del cielo", la oración no funciona así: no podemos ir al banco y retirar fondos para obtener lo que queremos. La oración, es en cambio la avenida por la que quienes quieren cumplir la voluntad de Dios, avanzan y buscan los medios que les permitirán hacerlo.

¿O creen que la Escritura dice en vano que Dios ama celosamente al espíritu que hizo morar en nosotros? (4:5). La nota al pie de la NVI capta el significado de este versículo difícil: "que Dios celosamente anhela el espíritu que Él creó para que viva en nosotros". El contexto nos ayuda a entenderlo mejor. Santiago les escribe a quienes están apegados a este mundo y sus placeres, y que por eso se han desviado o apartado del pleno compromiso con el Señor. Cuando esto sucede, Dios celosamente anhela que volvamos a Él, con ese primer amor que Cristo despertó en nuestros corazones.

Así que *sométanse* a Dios (4:7). Dios les ha prometido gracia a los humildes. Someterse es *hupotagete*. La sumisión no es obediencia sino más bien, la decisión de ponerse bajo la autoridad de alguien más. Es una actitud que lleva a la obediencia. Solo quien se ha humillado a sí mismo, jurando ser leal únicamente a Dios, permanecerá en ese camino.

"Sométanse" es el primero de 10 imperativos que encontramos en los versículos 7 a 10. Cada uno de estos mandamientos exige respuesta inmediata. No hay lugar para las demoras para quien busca vivir por la fe. La fe tiene que expresarse, no en palabras, sino en acciones tales como: someterse, resistir, acercarse, lavarse, purificar, llorar, gemir, cambiar y humillarse.

Hermanos, *no hablen mal* unos de otros (4:11). La palabra *katalaleite* significa "no hablar en contra de otro". Hablar mal sugiere la idea de falsas acusaciones. Es un término lo suficientemente amplio como para comprender cosas que pueden ser ciertas, pero se dicen con mala intención. En esencia, quien las dice está arrogándose el derecho de castigar a un hermano o hermana a pesar del hecho de que solamente Dios es Juez.

Las palabras de Pablo en Efesios 4:15 señalan casi lo mismo: hemos de hablar la verdad en amor. Si lo que tenemos que decir, no es en amor o no es verdad, mejor será permanecer en silencio.

Más bien, debieran decir: *"Si el Señor quiere, viviremos y haremos esto o aquello"* (4:15). Es fácil sentirse independiente, con la actitud de que uno olvida el hecho de que en todo dependemos del Señor. De nada vale decir "Si Dios quiere" cada vez que mencionamos algún plan para el futuro. Pero sí es esencial que en nuestros corazones dejemos fuera la arrogante presunción de que en aspecto alguno prevemos o controlamos el futuro. Tanto nosotros, como todo lo que tenemos y somos, permanecemos en las manos de Dios.

Está enfermo alguno de ustedes? Haga llamar a los ancianos de la iglesia para que *oren por él y lo unjan con aceite* en el nombre del Señor. La oración de fe sanará al enfermo y el Señor lo

levantará. Y si ha pecado, su pecado se le perdonará (5:14-15). Santiago pone el sufrimiento en el contexto de los problemas en general, porque usa la misma raíz – *kakopath* - en los versículos 10 y 13. La respuesta del creyente primero ha de ser de paciencia y perseverancia. Pero el recurso más grande que tiene el creyente en cualquier situación extrema es la oración.

Santiago señala la enfermedad como circunstancia en la que es especialmente importante la oración. También da instrucciones detalladas a los ancianos, que han de orar por la persona y ungirla con aceite. La oración es lo principal, porque vemos que "oren" es el verbo más importante en tanto la unción es secundaria porque *aleipsantes* es un participio subordinado.

No debiera haber debate en cuanto a si la unión es de carácter ritual o medicinal. Para las unciones rituales, se usa *chrio*, en tanto *aleipho*, que significa "untar" es el verbo utilizado cuando se trata de usar aceite para tratamientos médicos. Lo que sí importa es que, en tanto Santiago alienta el uso de tratamientos médicos, todo el crédito por la recuperación se lo atribuye a la fe y las oraciones de los creyentes.

Y si ha pecado, su pecado se le perdonará. Por eso, confiésense unos a otros sus pecados, y oren unos por otros, para que sean sanados. La oración del justo es poderosa y eficaz (5:15-16). La frase en condicional sugiere que aunque para algunos la enfermedad es disciplina divina impuesta a causa del pecado persistente, el pecado no es la causa de toda enfermedad. El "por eso" nos indica que como hay cierta conexión entre los pecados y las enfermedades, lo que nos conviene es "confesarnos los pecados los unos a los otros". Lo mejor tal vez será entender la palabra *exomologeisthe*, "confesar" en su sentido básico de reconocer. Hemos de vivir vidas tan abiertas y francas como para ser sensibles a las tentaciones propias y ajenas, pudiendo entonces orar los unos por los otros.

EL PASAJE EN PROFUNDIDAD

La fe y las obras (2:14-26).

Trasfondo. Es difícil encontrar referencias a "la fe" en escritos intertestamentales o rabínicos, o en comentarios modernos a tales obras. Sin embargo, eso no quiere decir que el judaísmo rabínico carezca de doctrina. "La fe", como se la entiende en el NT, sencillamente no es un tema mayor en esa religión. Por ejemplo, en la gran obra escrita por Emil Schurer,, *Historia del pueblo judío en tiempos de Jesús*, (2 vols. Ed. Cristiandad, Madrid)., "la fe" en su sentido del NT no aparece en el índice. En parte, porque el judaísmo rabínico no tiene una clara doctrina sobre la resurrección o la salvación personal. Pero también porque el judaísmo supone que guardar la Ley de Dios es el camión a la bendición, aquí, y así será también por siempre. Schurer comenta sobre la obra intertestamental "Los Salmos de Salomón": "Dan testimonio de la creencia en el después, y en que el destino futuro del hombre está determinado por su forma de vida en el presente. Dentro del libre albedrío del hombre, está la opción de hacer el bien o el mal (cf. esp. 9:7). Si hace el bien, se elevará a la vida eterna. Si hace el mal, descenderá a la eterna destrucción (3:16; 13:9-11; 14; 15)".

En una obra titulada *Judaism* [El judaísmo] (Harper and Row, 1987), Michael A. Fishbane escribe que "por medio de la devota obediencia a las prescripciones de la Torá y sus estudios rabínicos el judaísmo enseña que se puede vivir una vida de santidad divinamente guiada, y ascender justamente por este camino a la perfección religiosa y la comunión con Dios" (p. 16).

Si vemos el libro de Santiago contra este telón de fondo, notaremos algo muy llamativo. Los escritos de Santiago se parecen mucho a las enseñanzas de muchos de los profetas del AT, y a las del Cristo Mismo. Su marco de referencia es el del hombre con raíces de judaísmo palestino. Pero "la fe" es uno de los temas que Santiago reitera y de hecho, usa esa palabra con mayor frecuencia – 16 veces – de lo que Pablo la usa en Gálatas (15 veces).

Es claro que Santiago se ha salido del marco del pensamiento rabínico en este c orto libro, para entrar en la perspectiva única de la relación con Dios que afirma que el pecado es la ruina de todo ser humano, sosteniendo con firmeza que la fe es la única base de una relación renovada y continua con el Señor.

¿Por qué entonces se preocupaban Lutero y otros reformadores porque Santiago sugiera una salvación por obras, en contraste con la salvación por la sola fe? En el cuadro que sigue podemos distinguir qué es lo que ocupó a cada escritor, aclarando así la razón de las diferencias en el ángulo de su visión.

Santiago escribió:
Para explorar de qué modo la fe encuentra expresión en la vida del creyente.

Por interés en que quienes tienen fe produzcan fruto (2:20) para que nadie confunda el credo con el cristianismo vital.

*Poco después de que resucitara Je*sús, cuando la iglesia era todavía judía y todos conocían las verdades del AT.

Pablo escribió:
Para explicar la fe de salvación en relación con la obra de Cristo en el Calvario.

Por interés en que solo se tenga fe en Jesús, sin mezclarla con la dependencia de la ley o las supuestas "obras de justicia".

*En un momento en que la conversión de los ge*ntiles había hecho surgir muchas preguntas teológicas que antes no se habían explorado.

Es en este contexto que Santiago escribe esta sección sobre "la fe" que tanto preocupaba a los reformadores y también ha confundido a otros. Tenemos que recordar que Santiago, al igual que Pablo, traza una distinción entre la fe que es "creencia en algo" y la fe que existe como "confianza en". Para quienes claman "Yo sí creo que hay un Dios", Santiago tiene una clásica respuesta, casi con el sarcasmo de un filoso cuchillo: "¡Magnífico! También los demonios lo creen, y tiemblan!" (2:19). En contraste, dice Santiago, hay una fe que de veras reposa en Dios, y la reconoceremos por el hecho de que produce acciones y obras que siempre responden a la Palabra de Dios.

Interpretación. Tal vez, la mejor forma de seguir el argumento de Santiago en este pasaje sea con citas, por secciones.

Las palabras solas no sirven (2:14-17).

Hermanos míos, ¿de qué le sirve a uno alegar que tiene fe, si no tiene obras? ¿Acaso podrá salvarlo esa fe? Supongamos que un hermano o una hermana no tienen con qué vestirse y carecen del alimento diario, y uno de ustedes les dice: "Que les vaya bien; abríguense y coman hasta saciarse", pero no les da lo necesario para el cuerpo. ¿De qué servirá eso? Así también la fe por sí sola, si no tiene obras, está muerta.

La fe y las obras no pueden ir separadas (2:18-19).

Sin embargo, alguien dirá: "Tú tienes fe, y yo tengo obras." Pues bien, muéstrame tu fe sin las obras, y yo te mostraré la fe por mis obras. ¿Tú crees que hay un solo Dios? ¡Magnífico! También los demonios lo creen, y tiemblan.

Abraham demuestra la unidad de la fe y las obras (2:20-24).

¡Qué tonto eres! ¿Quieres convencerte de que la fe sin obras es estéril?*

¿No fue declarado justo nuestro padre Abraham por lo que hizo cuando ofreció sobre el altar a su hijo Isaac? Ya lo ves: Su fe y sus obras actuaban conjuntamente, y su fe llegó a la perfección por las obras que hizo.

Así se cumplió la Escritura que dice: "Creyó Abraham a Dios, y ello se le tomó en cuenta como justicia", y fue llamado amigo de Dios. Como pueden ver, a una persona se le declara justa por las obras, y no sólo por la fe.

Rahab demuestra la unidad de la fe y las obras (2:25).

De igual manera, ¿no fue declarada justa por las obras aun la prostituta Rahab, cuando hospedó a los espías y les ayudó a huir por otro camino?

Resumen (2:26).

Así, pues, como el cuerpo sin el espíritu está muerto, así también la fe sin obras está muerta.

Las palabras solas no sirven (2:14-17). Lo primero que hace Santiago al hablar de la fe es describir a la persona que "alega que tiene fe, y no tiene obras". El presente del subjuntivo utilizado en una oración condicional de tercera clase indica un patrón. Santiago habla de quienes "viven diciendo que tienen fe, pero nunca tienen obras". Una vez más, vemos que es el estilo de vida de la fe lo que tanto preocupa a este piadoso líder de la iglesia de Jerusalén. Santiago de inmediato presenta una pregunta: ¿Puede salvarle ese tipo de fe? Vemos enseguida que Santiago habla de la "fe versus la fe" y no de la "fe versus las obras", o la "fe y las obras". Existe un tipo de fe que solo consiste en palabras, sin acciones que la acompañen.

Para mostrarnos lo huecas que pueden ser las palabras, Santiago presenta una ilustración doméstica y bien conocida. Supongamos que un hermano creyente es pobre, y solo le sonreímos y le deseamos lo mejor. Ahora ¿de qué le sirven esas palabras, al pobre hermano o a quien las dice? Santiago entonces está presentando un principio que probará. Al considerar la fe versus la fe, el único tipo de fe que cuenta es el que va "acompañado de la acción". Cualquier otro tipo de fe es fe muerta en el sentido de que es inútil o ineficaz.

Luego Santiago concluirá, habiendo probado lo que dice, que la fe que no va acompañada de obras es como el cuerpo sin aliento para quien está vivo (2:26).

La fe y las obras no pueden ir separadas (2:18-19). Aquí Santiago le responde a alguien que dice que la fe y las obras, por su naturaleza misma, han de ir por separado. Y lo indica implícitamente: "Tú tienes fe, yo tengo obras".

Es mejor considerar el versículo 18 b como lo han tomado los traductores de la NVI, en la respuesta de Santiago: "muéstrame tu fe sin las obras". La respuesta en sí misma es un desafío. Jesús les señaló a los fariseos que es más fácil decir "Tus pecados te son perdonados", que decir "levántate y anda" (Mateo 9:4-7). No hay forma de demostrar ni el perdón de los pecados ni la afirmación de que alguien "cree". Santiago señala que es difícil mostrar la fe sin obras, pero fácil "mostrar mi fe por lo que hago" (ver 2:18).

Hay sin embargo un defecto todavía más grave en la "fe" de los que afirman creer pero sin acompañar su fe con obras. Aunque aceptáramos su afirmación en sentido intelectual o de credo, tenemos que recordar que incluso los demonios creen en Dios. Su "fe", sin embargo, les hace temblar ¡porque saben que un día Dios les juzgará!

En la respuesta de Santiago está implícita la afirmación de que ese tipo de fe nada puede lograr por la persona. Permanecerá vulnerable al juicio y como los demonios, en lugar de debatir qué hacer ¡temblará! ¡Porque ese no es el tipo de fe que salva!

Abraham demuestra la unidad de la fe y las obras (2:20-24). Santiago acaba de argumentar que la verdadera fe en Dios no puede estar aislada de las acciones. Quien cree de veras lo reflejará en su conducta.

Ahora acude al Antiguo Testamento para presentar evidencia de las Escrituras y pregunta: "¿No fue declarado justo nuestro padre Abraham por lo que hizo?" (...*ouk ex ergon edikaiothe*). Esta raíz, *dikaio*, cuando la usa Pablo tiene el sentido de que Dios declara que la persona que cree en Jesús es justa a Sus ojos.

Entonces, a primera vista parecería que Santiago contradice a Pablo porque aquí Santiago está proponiendo una salvación por las obras. Pero la raíz del término griego no solo significa "declarar justo" sino también "justificar" en el sentido de reivindicar. Aquí Santiago nos muestra que nuestra opinión de Abraham y el pronunciamiento de Dios de que Abraham ha de ser considerado justo, está demostrado en sus acciones. Es importante observar que Santiago señala un incidente de Génesis 22, el sacrificio de Isaac, para probar lo que está diciendo. El incidente ocurrió mucho después del informe de Génesis 15:6, sobre que Dios aceptaba la fe de Abraham como justicia. Así, después de su salvación por la fe, Abraham demostró su fe respondiendo de inmediato cuando Dios le llamó para que llevara a su hijo al Monte Moriá y ¡lo presentara como ofrenda de sacrificio!

Santiago entonces concluye: "Como pueden ver, a una persona se le declara justa por las obras, y no sólo por la fe". Es decir que la fe, aislada de las obras, no es el tipo de fe de la que habla el cristiano cuando dice que somos salvos por la fe y declarados justos ante Dios.

Rahab demuestra la unidad de la fe y las obras (2:25). El judaísmo del siglo primero sentía fascinación por Rahab y la veía como ejemplo supremo de la persona piadosa. Por eso Santiago centra la atención en ella, para decir exactamente lo mismo. Consideramos justa a Rahab por lo que hizo, y no porque hubiera declarado de palabra su "fe".

Resumen (2:26). Santiago concluye su argumento. Uno no puede aislar la fe de las acciones, como no se puede aislar al espíritu del cuerpo. "Así, pues, como el cuerpo sin el espíritu está muerto, así también la fe sin obras está muerta".

Dicho en pocas palabras "la fe sin obras no funciona". La fe que salva, no es ese tipo de "fe".

Aplicación. El tema que explora Santiago sigue siendo un tema práctico para la iglesia moderna. No es que Dios nos haya designado como inspectores de frutas, con la misión de examinar las vidas de nuestros hermanos y hermanas para ver si tienen una fe que funciona.

Más importante es, en cambio, escuchar a Santiago con atención y examinarnos a nosotros mismos. Es fácil ir a la iglesia y "creer". Pero la fe cristiana llama al compromiso, además de la confesión.

1 PEDRO
Sujeción y sufrimiento

EXPOSICIÓN

La primera epístola de Pedro data quizá del año 64 o 65 DC. El tema de la sumisión a pesar del injusto sufrimiento, siguió siendo relevante en particular para la iglesia, durante siglos. Durante este período los cristianos fueron muy perseguidos. Una carta del año 110 DC aproximadamente, escrita por el joven Plinio, administrador provincial, le pregunta al emperador Trajano "si es solo el nombre de cristiano lo que hay que castigar aunque la persona sea inocente de delito, o si hay que castigar los delitos relacionados con ese nombre". La respuesta de Trajano instruye a Plinio a no aceptar acusaciones anónimas contra quien es cristiano, ni a "cazarlos". Pero le dice también que "si te lo traen [a un cristiano] y se prueba la acusación contra esta persona [el hecho de que es cristiano], entonces sí tienes que castigarlo". Es decir que menos de 50 años después de que Pedro escribiera esta carta, el nombre "cristiano" se consideraba delito capital en el imperio romano. Para Pedro entonces había sido necesario, al ver la creciente hostilidad ya en la década del año 60, escribir para mostrarles a los creyentes cómo vivir en tiempos en que la lealtad a Jesús implicaba sufrimiento, discriminación, burlas y hasta la muerte.

Pedro comienza echando un cimiento de base. Para resistir firme ante el sufrimiento, el cristiano necesita tener un fuerte sentido de su identidad en Cristo (1:3-2:10). Esto ante todo tiene raíces en la salvación que Dios nos ha otorgado (1:3-12), salvación por la que nos embarcamos en una vida de santidad, reverencia y amor genuino (1:13-25). En esa vida, servimos a nuestro Dios como sacerdocio Suyo escogido (2:1-10).

Nuestra respuesta al sufrimiento tiene que basarse en lo que somos, como pueblo de Dios, porque el privilegio trae aparejada la responsabilidad. Y esa responsabilidad es la de "una conducta tan ejemplar que, aunque los acusen de hacer el mal, ellos observen las buenas obras de ustedes y glorifiquen a Dios en el día de la salvación" (2:12). Esa "conducta ejemplar" se caracteriza por el respeto en sumisión hacia los demás y las instituciones humanas, a pesar de que nos traten injustamente (2:13-3:12). Si nos persiguen aunque solo hayamos hecho el bien, tenemos que confiar en Dios y recordar que Cristo también sufrió injustamente, con resultados de bendición (3.13-4:11).

Ahora Pedro se dedica a otro tema, relacionado con este. Hemos visto cómo hay que responder ante el sufrimiento. ¿Cuáles son las responsabilidades de la iglesia y sus ancianos en épocas de tribulación (4:12-19) y juicio ¿ (5:1-11). Para los ancianos, está el desafío de ser pastores del rebaño de Dios. Para la congregación, el desafío consiste en permanecer humildes y respondiendo a la voluntad de Dios, alertas, y con dominio propio. Esperando que Dios nos restaure, después de que hayamos "sufrido un poco de tiempo". La letra concluye con un breve saludo y una bendición (5:12-14).

A lo largo de la historia de la iglesia, esta carta les ha hablado a miles de cristianos que permanecieron comprometidos a Cristo a pesar de la persecución. Pedro nos dice más sobre el sufrimiento que cualquier otro libro del NT o el AT. Nos recuerda que Dios utiliza el sufrimiento para purificar nuestra fe y ayudarnos a experimentar Su presencia en nuestras vidas. Y Pedro nos enseña además que Dios usa nuestro sufrimiento como testimonio ante el mundo. Un testimonio que le dará gloria a Dios, y a nosotros, cuando Jesús regrese.

ESTUDIO DE PALABRAS

...a los elegidos, *extranjeros* dispersos... (1:1). El término es *parepiidemois* y junto con la frase "a los elegidos de Dios", define la identidad de los creyentes. Teológicamente son escogidos de Dios, vinculados eternamente a Él. sociológicamente ahora son extranjeros que viven en una sociedad en la que no solo no tienen raíces sino que son objeto de hostilidades. La siguiente cita de la carta de Plinio a Trajano nos ayuda a percibir lo que había llegado a significar ser cristiano cuando Pedro le escribió a los de la iglesia dispersa:

> El método que he observado hacia aquellos que me son traídos bajo la denuncia de ser cristianos es este: los interrogo en cuanto a si son cristianos o no. Si lo confiesan, repetía las preguntas dos veces más, añadiendo la amenaza de la pena de muerte. Si seguían perseverando, ordenaba que fueran ejecutados. Porque más allá de la naturaleza de su credo, podía al menos no sentir duda de que su contumacia e inflexible obstinación merecían ser castigados. Había otros que también poseían esta misma fascinación pero como eran ciudadanos de Roma, mandé que se les llevara allí.
>
> Esas acusaciones surgían, como suele suceder, del solo hecho de la cuestión que se investigaba, y observamos diversos tipos de travesuras. Apareció un cartel, sin firma, acusando por nombre a muchísimas personas. Los que negaron que eran o hubieran sido cristianos y repetían después de mí una invocación a los dioses y ofrecían adoración, con vino a incienso a tu imagen que yo había ordenado se trajera para tal propósito junto con las del os dioses y finalmente maldecían a Cristo – acciones que, dicen, no se puede obligar a que realice nadie que se llame realmente cristiano – a estos me parecía adecuado dejar en libertad. A otros, nombrados por el informante al principio y que se confesaban cristianos y luego lo negaba, cierto, habían sido de tal persuasión pero la habían abandonado, algunos hacía tres años, otros hacía ya muchos años o algunos hacía ya veinticinco años. Todos adoraron tu estatua y las imágenes de los dioses y maldecían a Cristo.
>
> Afirmaron, sin embargo, que toda su culpa o error era que tenían el hábito de reunirse en un día determinado antes del amanecer, cuando cantaban en versos alternados un himno a Cristo, como a un Dios, y se vinculaban por solemne juramento no a hacer nada malo sino a no cometer fraude, robo o adulterio, a jamás falsear su palabra, ni a negar la confianza cuando se les llamara a afirmarla, después de lo cual era costumbre suya separarse y volver a reunirse para comer juntos, comida común y de carácter inocente. Incluso esta práctica, decían, había sido abandonada después de la publicación de mi edicto que, según tus órdenes, prohibía las asociaciones políticas. Me pareció mucho más necesario obtener la verdad real con ayuda de la tortura, de dos esclavas a las que se llamaba diaconisas, pero no pude encontrar nada más que depravada y excesiva superstición.

...[elegidos]... según la previsión de Dios el Padre, mediante la obra santificadora del Espíritu, para obedecer a Jesucristo y ser redimidos por su sangre (1:2). Ante la hostilidad del mundo, como lo refleja la carta de Plinio, hombre que para su época era considerado consciente y bastante sensato, los cristianos de inmediato recuerdan que cada una de las Personas de la Deidad, personalmente participa en su salvación. Tal vez la sociedad trate con casual crueldad al cristiano. ¡Pero Dios no trata a nadie de manera casual!

A quienes el poder de Dios protege mediante la fe hasta que llegue la salvación que se ha de revelar en los últimos tiempos (1:5). La salvación (*soteria*) es un tema mayor en la primera sección de 1 Pedro. La salvación es la que establece nuestra relación con Dios: es por ser salvos que obtenemos nuestra nueva identidad en Él.

Este término aparece aquí, en 1:9-10 y en 2:2. Estos versículos nos recuerdan que la salvación es algo que experimentamos, y que al mismo tiempo esperamos con ansias. La plenitud de todo lo que significa la salvación nos será revelada "en los últimos tiempos".

Incluso hoy, dice Pedro, estamos *komizomenoi* (recibiendo) (1:9) la salvación. Experimentamos la salvación ahora como creciente amor por Cristo y como "gozo indescriptible y glorioso" (1:8(, a pesar de las circunstancias externas. En esto, experimentamos el florecimiento de una prometa hecha en el lejano pasado, promesa que para los profetas era un enigma pero que ahora se ha cumplido en Cristo.

Finalmente, Pedro presenta a sus lectores el desafío de "crecer en su salvación" y madurar en la fe (2:2). Entender nuestra identidad como personas "salvas" es algo vital en tiempos de persecución porque nos brinda una perspectiva esencial. En 1 Pedro 1:3-9 Pedro les recuerda a sus lectores que el salvo tiene:

- Un nuevo nacimiento

- Una viva esperanza de la resurrección por venir

- Una herencia guardada en el cielo

- Seguridad, por estar protegido por el poder de Dios

- Una fe genuina, lustrada para que resplandezca gracias a las tribulaciones que hoy nos apenan

- Una fe genuina, que al perseverar dará como resultado "aprobación, gloria y honor" cuando Jesús regrese (1:7).

- Un amor por Jesús generado por el Espíritu, aún cuando no Lo hemos visto todavía.

- Un "gozo indescriptible y glorioso" (1:8) que crece a pesar de la persecución y el dolor.

- Cuánto ganaron esos creyentes que se negaron a inclinarse ante las imágenes del emperador y los dioses romanos, y que se negaron a maldecir a Cristo, aún cuando perdieron sus vidas. No conocemos los nombres de las dos diaconisas a las que Plinio torturó antes de matarlas. Pero las veremos y honraremos en gloria.

- Ellos conocían su identidad en Cristo. Y se regocijan con Él en este día.

Querían descubrir *a qué tiempo y a cuáles circunstancias* se refería el Espíritu de Cristo, que estaba en ellos, cuando testificó de antemano acerca de los sufrimientos de Cristo y de la gloria que vendría después de éstos (1:11). La frase *tina e poion kairon* es un saludable recordatorio para los estudiosos de la profecía. Los elementos principales del plan de Dios para el futuro, han sido revelados a través de los profetas. Lo que no se sabe con certeza es "el tiempo y las circunstancias". La secuencia de los hechos, su relación, el tiempo de cada evento o entre uno y otro, todo esto los profetas no lo conocían con claridad. No confiemos demasiado en que esos cuadros que proponen representar la secuencia de los sucesos que no han sucedido aún. La profecía nos muestra lo que hay por delante. Pero no nos da definiciones en cuanto "al tiempo y las circunstancias".

Por eso, dispónganse para actuar con inteligencia; tengan dominio propio; *pongan su esperanza completamente* en la gracia que se les dará cuando se revele Jesucristo (1:13). En esto se centra principalmente el versículo. *Elpistate* es un imperativo aoristo que presenta y resume el curso que han de seguir los cristianos. Debido a nuestra identidad como cristianos, somos los escogidos de Dios, extranjeros en nuestra sociedad. Por eso, nuestras esperanzas y expectativas no pueden centrarse en nada de lo que pueda ofrecer este mundo. La riqueza, la fama, la aceptación e incluso la supervivencia... nada tiene sentido ni importancia si lo comparamos con la herencia que ha de ser nuestra cuando venga Cristo. Si no esperamos nada de este mundo y si toda expectativa está fija en la Segunda Venida, entonces nada de lo que suceda puede hacer que actuemos de manera que implique en algún aspecto que negamos a nuestro Señor.

Más bien, sean ustedes santos en todo lo que hagan, como también es *santo* quien los llamó (1:15). La santidad en este versículo se refiere a la pureza moral. Así como poner nuestra esperanza en la gracia que será nuestra nos da fuerzas para vivir en la sociedad, como extranjeros, también fijar nuestra esperanza en Él nos aísla del poder de " los malos deseos que tenían antes, cuando vivían en la ignorancia" (1:14).

Ahora que se han purificado obedeciendo a la verdad y tienen un amor sincero por sus hermanos, ámense *de todo corazón* los unos a los otros (1:22). Este mandamiento se ve modificado mediante el uso del adverbio, *ektenos,* "sin concesiones". El cristiano que sufre persecución no solo tiene que soportar la presión de la sociedad pagana. En momentos difíciles tenemos esa necesidad especial de un apoyo sin concesiones de parte de los que nos acompañan en la comunidad de fe.

El mandamiento está ubicado en un lugar teológicamente estratégico. Tal amor es posible porque los creyentes "se han purificado obedeciendo a la verdad". "Obedecer" aquí, como en muchos otros lugares del NT, tiene el sentido de "creer". La fe ha marcado la diferencia en el carácter de los creyentes, dándoles la capacidad de amar. Ahora el cristiano ha de ejercer esa nueva capacidad y reunirse para brindar ese apoyo sin concesiones, firme y profundo, que necesitan los que son perseguidos.

Es importante observar que Pedro pone énfasis en la naturaleza "imperecedera" de la semilla que, plantada ya en nuestros corazones, nos pone en un curso de vida totalmente distinto al de quienes se marchitan como la hierba porque solo son carne y hueso (1:23-25). Morimos, pero somos inmunes a la muerte. Sufrimos, pero en el sufrimiento conocemos el gozo. Amamos, y al amar ofrecemos el apoyo que los demás necesitan para permanecer fieles a lo que son: el pueblo de Jesús, nacido de nuevo a partir de Su imperecedera Palabra.

También ustedes son como piedras vivas, con las cuales se está edificando una casa espiritual. De este modo llegan a ser un *sacerdocio* santo (2:5).
En el primer capítulo de su carta Pedro presenta al cristiano como persona escogida por Dios, pero al mismo tiempo como extranjero en este mundo, enriquecido por la experiencia de la salvación y con el apoyo de los demás de la amorosa comunidad de la fe. Ahora, 1 Pedro 2:1-10 concluye la primera sección de esta carta y la definición que Pedro da de nuestra identidad en Cristo. Dice que somos los sacerdotes escogidos de Dios, elegidos para servirle aquí y ahora. Somos, de hecho, un sacerdocio "real", porque además de ser Sumo Sacerdote, Jesucristo es el Rey.

¿Qué significa ser creyente-sacerdote? Significa ante todo que servimos a Dios personalmente y Le alabamos de palabra y en acción. Significa que tenemos acceso directo a Dios. Significa que ministramos a los demás, llevándoles la Palabra de Dios yo presentando sus necesidades ante el Señor. Significa que cada uno de nosotros está llamado a servir, y no a ser servido, así como Cristo Se entregó a Sí Mismo por nosotros.

Una de las mayores tragedias de la historia de la iglesia es que jamás se implementó del todo la doctrina del sacerdocio de todos los creyentes, redescubierta durante la Reforma. Porque "ministerio" comprende mucho más que la predicación y la enseñanza. Implica infundir en todas nuestras relaciones con los demás y con el Señor, este ministerio.

Mantengan entre los incrédulos una *conducta tan ejemplar* que, aunque los acusen de hacer el mal, ellos observen las buenas obras de ustedes y glorifiquen a Dios en el día de la salvación (2:12).
La frase es *anastrophe...kalen*, que podría traducirse como "bella conducta" o "noble estilo de vida". Era común, a medida que crecía la hostilidad hacia los cristianos, acusar a los creyentes de ser ateos y antisociales. Con el tiempo, se difundieron por todo el imperio cuentos de que los cristianos hacían orgías en sus fiestas, o que bebían la sangre de sus víctimas asesinadas. Los cristianos solo podían responder "con una conducta ejemplar", viviendo entre los paganos. En última instancia, cuando Cristo regrese, estos paganos que perseguían a los creyentes se verán obligados a admitir que todo lo que vieron en los cristianos fue bello, puro, una vida simple que refleja la gloria de nuestro Dios.

Con *una conducta tan ejemplar* (2:12). Los versículos 11 y 12 de la carta de Pedro son fundamentales porque hacen referencia a nuestra identidad como "extranjeros y peregrinos en este mundo" porque pertenecemos a Dios (2:1), y luego dirigen nuestra atención hacia delante. Pedro está a punto de describir qué es lo que constituye la "conducta ejemplar" o la "bella vida" a la que urge a sus lectores.

Los escritos de los moralistas griegos con frecuencia exhortaban a los lectores a vivir vidas mejores, con una lista de virtudes y vicios. Pablo y los demás escritores del Nuevo Testamento hacen lo mismo. Vemos que aquí Pedro adopta la misma tónica, con una larga lista de "deberes domésticos" que se esperan de los miembros de una familia.

En el mundo antiguo el hogar de familia era considerado el microcosmos de la sociedad. Si el hogar, con su jefe de familia, miembros, esclavos y demás, era ordenado, los moralistas creían que también sería ordenado el estado. Así, la lista de obligaciones detallaba los deberes de cada uno ante los dioses, el estado, los cónyuges y los hijos.

Conviene entonces ver 1 Pedro 2:13-3:78 como una lista para la familia de Dios, que describe el tipo de vida que agrada a Dios.

Sométanse por causa del Señor a toda autoridad humana (2:13). En lugar de "toda autoridad" el texto griego dice *ktisis*, o "criatura". Pedro llama a los cristianos a someterse a toda *persona* con autoridad, sea rey, esposo, amo, etc. "Someterse" aquí, es la palabra *hypotasso*, "subordinarse", e implica ser obediente, dispuesto a responder.

En esta lista de Pedro hay varias cosas significativas. Ante todo, no encontramos la mutualidad que Pablo incluye en sus cartas. Tanto en Colosenses 3:18-4:1 como en Efesios 5:21-6:9 el mandamiento a someterse a la autoridad, se ve equilibrado por un mandamiento que a la vez, se dirige a la autoridad o superior:

■ Esposas, sométanse vs. Esposos, amen
■ Hijos, obedezcan vs. Padres y madres, no provoquen
■ Esclavos, obedezcan vs. Amos, sean justos

Aquí, sin embargo, la lista de responsabilidades de Pedro está dirigida únicamente al que está en posición social inferior. Y es más, con frecuencia supone que

¡la autoridad o superior actuará injustamente! Así, los esclavos habrán de someterse a "los insoportables" (2:18) y las esposas, a esposos que "no creen en la palabra" (3:1).

La segunda diferencia, es explicación de la primera. Pablo habla de las relaciones entre cristianos. Esposos y esposas, esclavos y amos, todos se suponen cristianos y compartiendo la fe en Cristo. Pero Pedro escribe explícitamente sobre la "conducta ejemplar" entre los paganos (2:12). Por supuesto, está diciendo que a pesar de que los paganos no le deben equivalente respeto o conducta a los cristianos, los cristianos siguen debiéndoles respeto a los paganos que sean superiores en la escala social.

Tercero, Pedro dice que hemos de someternos "por causa del Señor" (2:13). La frase *dia ton kyrion* significa, literalmente "por el Señor". Dios desea que nuestras vidas sean visiblemente bellas. Nos sometemos no porque las instituciones humanas en sí mismas obliguen a los ciudadanos del cielo sino porque si nuestras vidas han de reflejar alabanza al Señor, tenemos que hacer lo bueno, del modo en que entienden lo bueno los de nuestra sociedad. Al decidir que nos someteremos voluntariamente demostramos a todos que, no importa qué piensen de nuestra fe, no podrán acusarnos justamente de ser antisociales, o de conducta sediciosa.

Para esto fueron llamados, porque Cristo sufrió por ustedes, *dándoles ejemplo* **para que sigan sus pasos (2:21).**

La palabra es *hypogrammon*, patrón que se copia en dibujo o escritura. El versículo nos llama a recordar, cuando nos perturba la injusticia de los demás, que Cristo fue tratado injustamente por Sus contemporáneos. A pesar de que Él no había hecho nada malo, evocaba la hostilidad de los líderes religiosos de Su pueblo y no solo fue perseguido, sino asesinado judicialmente. El llamado de Pedro a una vida marcada por la sumisión, es un llamado a un "estilo de vida bello" simple y llanamente porque así es como eligió vivir Jesús en nuestro mundo. Y esa es la manera en que finalmente reflejaremos la gloria de nuestro Dios.

Ustedes esposos, sean comprensivos en su vida conyugal, tratando cada uno a su esposa con respeto, ya que como mujer *es más delicada***, y ambos son herederos del grato don de la vida (3:7).** La lista de obligaciones domésticas que nos da Pedro concluye con una idea recíproca, cuando se dirige a los esposos cristianos que viven con esposas creyentes. Tal vez, con la intención de protegerlas contra una tendencia histórica, porque los hombres insisten en que las esposas se sometan a ellos sin aplicar el equilibrio que las Escrituras indican, como amor y consideración.

La frase "más delicadas" (*hous asthenestero skeyei*) utiliza el término común para debilidad y no define exactamente qué quiere decir Pedro. Pero su mensaje se ve definido por el contexto. Es claro que no se refiere a la debilidad física, sino que en estos capítulos se ocupa de los temas del poder social. En el siglo primero, las mujeres eran, en sentido legal y en todos los demás también, más débiles socialmente. Pero en la comunidad cristiana el reconocimiento de tal debilidad convoca a una respuesta de mayor respeto, que contrasta con la explotación y el abuso. Solo cuando el esposo cristiano honra a su esposa, como lo define Pablo en Efesios 5, puede mantener una relación correcta con Dios y estar en posición de que sean respondidas sus oraciones.

A ellos *les parece extraño* **que ustedes ya no corran con ellos en ese mismo desbordamiento de inmoralidad, y por eso los insultan. Pero ellos tendrán que rendirle cuentas a aquel que está preparado para juzgar a los vivos y a los muertos (4:4-5).** El estilo de vida del cristiano, de sumisión a sus superiores sociales, marca un contraste con el estilo de vida del pagano, movido por pasiones y por la ambición egoísta. El pagano piensa que nuestra forma de vida es "extraña" (*zenizontai*). La palabra es inusual, y tiene la connotación de "impacto", "desilusión" y hasta "enojo". Podemos entender esa reacción. La forma de vida del cristiano expone a la luz la corrupción de la forma de vida del pagano, y evoca odio. El pagano elige su camino porque no cree en el juicio por venir. Pero eso no implica que no haya juicio en el futuro.

En vistas de que conocemos que "ya se acerca el fin de todas las cosas" (4:7), elegimos vivir con dominio propio, amor, hospitalidad y ministrándonos los unos a los otros.

Queridos hermanos, *no se extrañen* **del fuego de la prueba que están soportando, como si fuera algo insólito (4:12).** Toda esta oración resume la situación que enfrentan Pedro y sus lectores en la sociedad. El inicio de la persecución no debe causar sorpresa. Es lo mismo que encontramos en 4:4: el surgimiento de las persecuciones que arrasaban con la iglesia en tiempos de Pedro y durante siglos, no debía hacer que los cristianos se enojaran o molestaran. De hecho, hemos de regocijarnos porque el sufrimiento nos permite "participar en los sufrimientos de Cristo" (4:13). En tal circunstancia, nuestro sufrimiento – como el de Él – vendrá porque estamos comprometidos a hacer la voluntad de Dios en una sociedad en la que quienes viven vidas que agradan a Dios despiertan antagonismo de parte de los que no creen.

Porque es tiempo de que *el juicio* **comience por la familia de Dios (4:17).** Dios juzga el pecado. ¿Por qué sorprendernos si ese juicio implica que suframos? Un Cristo inocente sufrió el peso de tal juicio. ¿Por qué sorprendernos si el pueblo redimido participa de Sus sufrimientos, no como propiciación sino como socios de Cristo, en la experiencia de las consecuencias del pecado que envuelve a todo ser humano? Y si quienes hemos sido redimidos seguimos experimentando las consecuencias del juicio de Dios por los pecados, "¿qué será del impío y del pecador?" (4:18).

Cuiden como *pastores* el rebaño de Dios que está a su cargo (5:2).

Las palabras de Pedro aquí nos recuerdan lo que Cristo dijo sobre el Buen Pastor, el que da Su vida por Sus ovejas. Pedro escribe en una época en que se volvía peligroso ser cristiano, y más peligroso todavía, ser líder de la iglesia. Estos primeros cristianos servían "no por obligación ni por ambición de dinero, sino con afán de servir, como Dios quiere" (5:2).

Necesitamos recordar solamente esa carta de Plinio que citamos al principio de este estudio, para entender siquiera algo del costo que podía tener el hecho de ser líder: "Me pareció mucho más necesario obtener la verdad real con ayuda de la tortura, de dos esclavas a las que se llamaba diaconisas", y vemos cierta medida de la fidelidad de las mártires que servían en la iglesia, en la conclusión de Plinio: " pero no pude encontrar nada más que depravada y excesiva superstición".

EL PASAJE EN PROFUNDIDAD

Sufrir por hacer el bien (3:8-4:2).

Trasfondo. Pedro establece reglas para la vida de aquellos que pertenecen a la familia de Dios y viven en la sociedad pagana. Su objetivo es claro: describe una forma de vida "buena" en el sentido de bella y atractiva.

Lo que sorprende de este tipo de vida es que ¡es injusta para quien la pone en práctica! Pedro incluso indica que es crédito nuestro el "sufrir por hacer el bien" (2:20). Nos recuerda que Cristo nos escogió para que vivamos de la misma manera y que hemos de seguir Sus pasos.

Pero esto además, hace surgir una pregunta muy básica en cuando a la naturaleza de Dios. ¿Cómo puede un Dios justo permitir que Su pueblo sufra injustamente? ¿No es el mero hecho de mandar que nos sometamos a la injusticia, señal de que el carácter moral de Dios es defectuoso?

Esta pregunta se ha formulado con frecuencia, y se sugirieron diversas repuestas. Hay libros como *Good Grief* [Buena pena] de Granger Westberg, o *Por qué les suceden cosas malas a las personas buenas*, del Rabí Harold Kushner, y el clásico de C. S. Lewis: *El problema del sufrimiento,* que examinan este tema. Pero Pedro nos da el que sin duda resulta el más claro y satisfactorio análisis, a partir de las Escrituras.

Interpretación. Muchos de los elementos de este pasaje han causado confusión o problemas a los intérpretes. Pero si lo tomamos dentro del fluir del argumento, veremos que su significado es claro. El argumento es: La forma de vida que agrada a Dios lleva a la bendición porque el Señor Mismo supervisa las consecuencias de nuestras decisiones (3:8-13). Pero si resultara lo inusual y sufriéramos por hacer el bien, en verdad, estamos siendo bendecidos (3:14-17). Esta verdad queda demostrada en Cristo que también sufrió injustamente pero que como resultado, nos llevó ante Dios (3:18).

Aquí Pedro presenta una ilustración un tanto compleja, que desarrollará un segundo punto. A través de Noé el espíritu de Dios le habló al pueblo que vivía en esa época distante en el tiempo. Solo unos pocos se salvaron, navegando sobre las aguas del juicio para quedar luego depositados en un mundo nuevo. De la misma manera, nosotros también hemos sido llevados a salvo por las aguas del juicio en Cristo, y depositados en un reino espiritual que da como resultado el compromiso de vivir el resto de nuestras vidas terrenales cumpliendo la voluntad de Dios en lugar de los deseos humanos terrenales (3:18b-4:2).

Lo que todo el pasaje marca es, sencillamente, que si cuando hacemos el bien sufrimos, esto sucede por expresa voluntad de Dios con la intención de finalmente, traer bendición tanto para nosotros como para los demás.

Antes de pasar al argumento principal del pasaje en profundidad, será mejor ver la complicada analogía que traza el apóstol Pedro entre la experiencia del cristiano y la de Noé. El siguiente cuadro explica las comparaciones que hace Pedro.

Pasaje: "Espíritus en prisión, que desaparecieron hace tiempo" (3:19-20).
"Ocho [personas] en total " (3:20).
"Agua" (3:20).
"Bautismo" (3:21).
"Simboliza" (3:21).

Identificación. Los hombres de la época de Noé que rechazaron el mensaje que Dios anunció a través de Noé (cf. 1:11).
La familia de Noé, que sí creyó y entró en el arca.
El Diluvio del Génesis, medio del juicio.

La unión con Cristo (1 Corintios 12:13). El agua es imagen e juicio, no de salvación.
Las dos imágenes de la liberación son lo que corresponde, punto por punto. La correspondencia no está entre el agua y el bautismo de agua.

Paralelo. El "impío" (3:19) que rechazó el mensaje de Jesús, y Lo crucificó.
"Ustedes" (3:21), que creen en Cristo.
El juicio venidero de Dios por el pecado.
En Cristo, somos llevados del juicio a la salvación.
Así como se le dio a Noé un nuevo mundo donde vivir, en Cristo entramos también en un nuevo mundo, y vivimos según principios nuevos.

Ser cristiano entonces, no es simplemente haber sido perdonado, sino ser transportado por sobre el juicio a un nuevo mundo en donde se espera que gobernemos nuestras vidas según principios nuevos y totalmente diferentes (la voluntad de Dios) de los que nos gobernaban en el viejo mundo perdido que abandonamos para seguir a nuestro Señor.

Entendido ya el resultado de la salvación, podemos volver al argumento principal y a la respuesta de Pedro respecto del problema del sufrimiento y en particular, a la razón de por qué Dios nos llama a vivir en sumisión incluso cuando los que tienen autoridad por sobre nosotros en nuestra sociedad, nos tratan injustamente.

Dios supervisa los resultados de nuestras decisiones (3:8-12). Pedro nos dice que, a pesar de que nos llama a someternos incluso ante el trato injusto, Dios nos ha llamado "para heredar una bendición" (3:9). En el curso normal de la vida, nuestro compromiso con Su bello estilo de vida dará como resultado justamente esto. ¿Por qué? Pedro va al AT y cita el Salmo 34:12-16 para demostrar que "el Señor mira con buenos ojos a los justos" (3:12). Esta frase significa más que "Dios nos está mirando". Significa que Él nos está observando activamente, con el objeto de involucrarse en la vida del justo. Usted y yo jamás podemos controlar los resultados de ninguna acción. Pero Dios es el Dios de la Providencia: Él siempre está obrando Su oculta voluntad a través de cadenas de causa y efecto que para el que no cree parecen casualidades o necesario resultado de la acción que se tomó. El cristiano ve la mano de Dios en todas las cosas y reconoce que aunque los que actuamos seamos nosotros, Dios es Quien determina los resultados de cualquier acción.

Entonces, si Dios siempre está vigilante para supervisar el resultado de nuestras decisiones, de ello se desprende que si lo que hacemos es bueno y correcto, en la mayoría de los casos el resultado será bueno y seremos bendecidos. Incluso mirándolo desde el punto de vista humano Pedro pregunta: "¿quién les va a hacer daño si se esfuerzan por hacer el bien?" (3:13).

Sin embargo, a veces sí sufrimos por hacer el bien (3:14-17). Pedro utiliza aquí un condicional, que deja en claro que está hablando de lo inusual: "si sufren por causa de la justicia" (3:14). Enseguida añade una frase que explicará más tarde: incluso entonces "dichosos son".

Antes de explicarlo, sin embargo, mira la forma en que debemos responder a este tipo de experiencia inusual, pero aterradora. Cuando hacemos el bien y sucede algo terrible, debemos (1) no temer, (2) en nuestros corazones honrar a Cristo como Señor, (3) estar preparados para responder a quien nos pida que demos la razón de la esperanza que tenemos, y (4) mantener la conciencia limpia (3:14-16).

El miedo es el sentimiento normal y corriente que surge cuando algo sale terriblemente mal y nos sentimos abandonados, preguntándonos si Dios ha quitado Su mano protectora. Hay un antídoto para el miedo, y en parte lo encontramos al entender cómo esto que está pasando encaja en la anunciada intención de Dios, de bendecirlos. Y en parte, también encontramos el antídoto en nuestra convicción de que Jesucristo es el Señor.

Por eso Pedro nos dice "honren en su corazón a Cristo como Señor". Siempre tenemos que recordar que Cristo es Soberano. Por grande que sea la dificultad, nada puede pasar, ni ha pasado, fuera de Su control. Nuestro presente y nuestro futuro reposan, seguros, en Sus manos.

Esta convicción nos permite enfrentar la tragedia de manera totalmente inesperada. Seguimos teniendo "esperanza". Aquí, como en el resto del NT, hay esperanza como confiada expectativa de que nos esperan cosas buenas. En tanto otros se suicidan por desesperación, el cristiano que en su corazón honra a Cristo como Señor permanece positivo y optimista, ansioso por ver qué es lo que hay oculto más allá del mañana. Esta actitud asombra a los paganos que nos conocen y nos brinda una oportunidad única para dar testimonio. Por eso Pedro dice que estemos preparados para explicar a los que nos pregunten: "¿Cómo puede ser?". Pero que lo hagamos de manera amable, positiva y respetuosa.

Luego Pedro nos recuerda la importancia de mantener la conciencia limpia. Es tentador tratar de escapar de nuestro mar de problemas haciendo algo expeditivo, pero que está mal. En cambio, tenemos que permanecer comprometidos con hacer el bien.

Finalmente, Pedro nos recuerda que "Si es la voluntad de Dios, es preferible sufrir por hacer el bien que por hacer el mal" (3:17). La clara implicancia es que cuando sufrimos por hacer el bien, es por expresa voluntad de Dios, un suceso único e inusual, diferente del sufrimiento que viene como consecuencia de hacer el mal.

Cristo es el Supremo Ejemplo del Principio (3:18). Quien duda de que la injusticia puede traer bendición, que vea a Cristo. Él "murió por los pecados una vez por todas, el justo por los injustos, a fin de llevarlos a ustedes a Dios" (3:18).

El versículo se ha malinterpretado muchas veces. Lo que Pedro dice no es que Cristo murió por nosotros, los injustos. Pedro está diciendo que Cristo, el hombre verdaderamente justo, murió en lugar de los injustos ¡que se confabularon para darle muerte! Visto desde un ángulo meramente humano, fue una terrible injusticia. El Hijo de Dios, Regalo del amor de Dios, inclinó Su cabeza y permitió que seres humanos corruptos y pecadores manipularan una injusticia tremenda.

Pero usted y yo no vemos la muerte de Cristo principalmente como injusticia. La vemos como lo que fue, un acto de auto-sacrificio, mediante el cual Dios reconcilió Consigo Mismo a la humanidad perdida, y trajo el perdón a la tierra. Así, dice Pedro, utilizando una *hina* de resultado en lugar de propósito, Cristo murió. No "para llevarlos a ustedes a Dios" sino "con el resultado de que Él nos trajo ante Dios".

Y de repente, lo entendemos. A través de la mayor injusticia de la historia ¡Dios nos trajo la mayor bendición de la eternidad, a usted y a mí!!

Si alguna vez nos preguntamos si el sufrimiento injusto puede ser de bendición, solo necesitamos mirar la Cruz, para comprobarlo.

Y tenemos entonces la Palabra de Dios para consolarnos cuando llegan las tribulaciones. Todo lo que tengamos que pasar como consecuencia de hacer el bien, es voluntad de Dios. Y si la consecuencia es el sufrimiento, podemos saber que a través de nuestro dolor Dios tiene intención de bendecir. No solo a los demás. Sino, cuando venga Jesús, también al que sufre.

Aplicación. Hoy vivimos en una tierra donde la sociedad, aunque no del todo cristiana, no es abiertamente hostil a nuestra fe. Todavía no nos arriesgamos a perder el empleo a causa de nuestra fe. Ni a perder nuestro hogar, o la vida misma. Tampoco nos arriesgamos al ridículo.

Pero cada uno de nosotros ha vivido la experiencia de hacer lo que creía que estaba bien, para ver que luego todo sale mal. Para tales experiencias, 1 Pedro 3-4 tiene una palabra de consuelo. Sí, el sufrimiento forma parte de la experiencia normal del cristiano. Pero no es señal de falta de espiritualidad ni necesariamente resultado del pecado. Y por cierto, no es indicativo de que Dios ya no nos ama.

Sí nos ama.

Y quiere utilizar el sufrimiento que tengamos que pasar por seguirle, para bendecirnos.

2 PEDRO y JUDAS
¡Peligro! ¡Peligro!

EXPOSICIÓN

Los libros de 2 Pedro y Judas son tan parecidos que muchos comentaristas sugieren que hay una dependencia oral o literaria aquí. Por cierto, ambos escritores se preocupan por el peligro que representan los falsos maestros para la iglesia. Y usan lenguaje casi idéntico para describir y denunciar a estos falsos maestros. Más allá de los vínculos personales entre los dos autores – el apóstol Pedro y el hermano de Santiago y medio hermano de nuestro Señor – es claro que a partir de finales de la década del 60 DC en adelante, el cristianismo sufría ataques desde adentro y desde afuera. La persecución del gobierno se hacía más intensa, como nos dice Pedro en su primera carta. Pero también, el verdadero cristianismo se veía distorsionado por maestros que cambiaban el Evangelio de gracia de Dios. Y así, dos hombres que eran reconocidos líderes, sintieron que debían ocuparse del peligro de la contaminación de la verdad de parte de hombres que se hacían pasar por maestros cristianos, con fines egoístas y espurios.

La carta de Pedro cubre más temas. Después de un breve saludo (1:1-4), Pedro afirma las virtudes esenciales que marcan a los creyentes y a los líderes (1:5-15) y reafirma la divina majestad de Jesucristo (1:16-21). Luego Pedro dedica 22 versículos a una larga e intensa advertencia contra los falsos maestros (2:1-22). Seguido por la reafirmación de la certeza del retorno de Cristo (3:1-18). En vistas de la venidera destrucción de todas las cosas, manda al pueblo de Dios: "esfuércense para que Dios los halle sin mancha y sin defecto, y en paz con él" cuando Cristo regrese, ya crecer en la gracia de Dios.

Judas, que se ocupa de escribir sobre la salvación (1:1-3) luego siente que debe emitir un ferviente llamado a los creyentes a luchar por la fe. Aquí "la fe" significa ese cuerpo de la verdad entregado a la iglesia parpa siempre, a través de los profetas y apóstoles. ES un llamado necesario porque ya hay falsos maestros que corrompen la fe. Como Pedro, Judas describe a estos hombres y sus enseñanzas, y advierte que están destinados a enfrentar el juicio de Dios.

Judas luego apela directamente a los cristianos sinceros para que perseveren, diciendo "manténganse en el amor de Dios, edificándose sobre la base de su santísima fe" (1:20-23). El libro concluye con una doxología que alaba el poder de Dios y Su capacidad para guardar a Su pueblo de caer (1:24-25).

A los que por *la justicia de nuestro Dios* y Salvador Jesucristo han recibido una fe tan preciosa como la nuestra (1:1).
El texto griego dice *en dikaiosune*, a través de la justicia de nuestro Dios. Para salvarnos Dios eligió el camino moralmente justo: castigó el pecado y cargó sobre Sí mismo este castigo.

Pedro avanza y a menudo volverá a utilizar *dikaosune* en su sentido moral (1:13, 2:5, 7, 8, 21; 3:13), estableciendo un marcado contraste entre el verdadero pueblo de Dios y el Señor, y los falsos maestros y todos los que les siguen.

Así Dios nos ha entregado sus preciosas y magníficas promesas para que ustedes, luego de escapar de la corrupción que hay en el mundo debido a los malos deseos, lleguen a tener parte *en la naturaleza divina* (1:4). Pedro no está sugiriendo aquí que los cristianos se vuelvan dioses. Más bien, enseña que a través de las promesas de Dios como lo expresan la Persona y la obra de Jesús, Dios obra un cambio drástico dentro de nosotros. Nos aparta del mundo y su corrupción y transforma nuestros deseos, volviendo nuestros corazones hacia el cielo. En 1 Pedro el apóstol lo dice así: "Pues ustedes han nacido de nuevo, no de simiente perecedera, sino de simiente imperecedera, mediante la palabra de Dios que vive y permanece" (1:23).

Porque estas cualidades, si abundan en ustedes, les harán crecer en el conocimiento de nuestro Señor Jesucristo, y evitarán que sean *inútiles e improductivo* (1:8).

Aquí, *argos* es ocioso o inactivo en tanto *akarpos* es infructuoso. Pedro está afirmando un resultado positivo al describir su opuesto. El cristiano que posee las cualidades que acaba de enumerar, experimentará crecimiento vital y constante y producirá fruto espiritual.

La descripción de Pedro de una cadena de virtudes, cada una de las cuales lleva a la siguiente y la realza, hasta llegar a lo sublime, es un recurso literario que se llama *sorites* o *gradatio*. Veamos un ejemplo del apócrifo *Libro de la Sabiduría* (6:17-20)

El comienzo de la Sabiduría es el verdadero deseo de instruirse,
querer instruirse, es amarla;
amarla, es cumplir sus leyes,
observar sus leyes, es garantía de incorruptibilidad,
y la incorruptibilidad hace estar cerca de Dios:
así, el deseo de la Sabiduría conduce a la realeza.

Otro ejemplo, que data del año 90 DC aproximadamente, es esta lista del m. sota 9:15, compuesta por R. Phineas ben Jair:

El celo lleva a la limpieza,
Y la limpieza a la pureza,
Y la pureza al dominio propio,
Y el dominio propio a la santidad,
Y la santidad a la humildad,
Y la humildad al temor al pecado,
Y el temor al pecado a la piedad,
Y la piedad al Espíritu Santo
Y el Espíritu Santo a la resurrección de los muertos.

La *sorites* de Pedro comienza con la fe y describe las cualidades que se desprenden de la fe y que culminan en el amor (2 Pedro 1:5-7). Vemos el marcado contraste entre estas virtudes y las pasiones que consumen a los falsos maestros, y que Pedro describirá enseguida.

Por lo tanto, hermanos, esfuércense más todavía por asegurarse del llamado de Dios, que fue quien los eligió. Si hacen estas cosas, no caerán jamás (1:10). Aquí la palabra clave es *bebaian*, "seguro". En la ley, *bebaian* significa validar, como cuando se valida un testamento. En lenguaje común significa confirmar. Pedro no sugiere que el llamado o elección de Dios dependan de la respuesta humana pero sí nos recuerda que es el responder a la gracia de Dios con una vida llena de las gracias que acaba de describir, que se confirma nuestra elección para que todos lo vean.

Por otra parte, ¿qué es lo que vemos en los falsos maestros y aquellos que les siguen? Clara evidencia, en sus vidas y carácter, de que Dios no los ha llamado o escogido. Su corrupta forma de vida confirma que solo están destinados al juicio.

Esto nos ha confirmado la palabra de los profetas (1:19). La palabra clave es *bebaioteron*. Es un comparativo que significa "más certero", "más confiable", y por su fuerza se utiliza como superlativo. Así es como lo entenderemos aquí. En ese caso Pedro, que ha dado testimonio de su visión personal de la gloria de Cristo 81:16-18), está diciendo que él mismo, a pesar de la confianza en la autenticidad de su visión, confía mucho en la palabra profética.

No tenemos simplemente el testimonio de los apóstoles que fueron testigos de la glorificación de Cristo y de Su resurrección, a pesar de que todo lo que nos cuentan es digno de confianza. Tenemos además, el testimonio más confiable de todos: los testimonios de los profetas que hablaron de Cristo y Su gloria, mucho antes de la Encarnación.

Porque la profecía no ha tenido su origen en la voluntad humana, sino que los profetas hablaron de parte de Dios, impulsados por *el Espíritu Santo* (1:21). ¿Cómo es que podemos confiar tanto en las palabras de los profetas? Podemos, porque los profetas no son el origen del mensaje. El Espíritu Santo es la fuente de la profecía y las palabras de los profetas son de veras, mensajes de Dios.

Se mofará: "¿Qué hubo de esa promesa de su venida? Nuestros padres murieron, y nada ha cambiado *desde el principio de la creación*" (3:4). El texto griego dice *panta autous diamenei ap' arches kiseos*, que podría traducirse como "todo sigue igual a como ha sido desde el principio del mundo".

Los que se burlan de la doctrina de la Segunda Venida se basan en la presunción que subyace a gran parte de la perspectiva moderna "científica". El universo y todo lo que hay en él puede explicarse por procesos naturales que han estado operando desde el principio. No hay necesidad de inventar un "Dios" para explicar el origen del universo o el desarrollo de las criaturas vivientes. El ser humano no es más que otro animal que evolucionó accidentalmente.

Pedro responde señalando a la Creación y al juicio cataclísmico del Diluvio de Génesis. Dios creó, y Él ha intervenido en el fluir de la historia. Cuando Pedro acusa que los críticos "olvidan deliberadamente" este punto, refleja un argumento que presentó Pablo en Romanos 1. Lo que se puede conocer de Dios le ha sido revelado a la humanidad desde la Creación. Pero, al no querer reconocer a Dios, los seres humanos "acallan la verdad" y en su lugar inventan y afirman explicaciones para todo, que son evidentemente ridículas.

El Señor *no tarda* en cumplir su promesa, según entienden algunos la tardanza. Más bien, él tiene paciencia con ustedes, porque no quiere que nadie perezca sino que todos se arrepientan (3:9). El texto griego dice *ou bpaduvei*, que podría traducirse mejor como "no tarde". Dios no ha dejado de cumplir ninguna de Sus promesas. De hecho, el paso mesurado que Él ha adoptado está motivado por la paciencia. Dios está esperando para extender la oportunidad del arrepentimiento a los seres humanos.

El significado de la frase "porque no quiere que nadie perezca" ha sido nudo de contención entre calvinistas y arminianos. Pero el versículo no prueba ninguna de las dos posiciones porque la expresión simplemente nos recuerda que el amor de Dios lo comprende todo. Es Su deseo que nadie perezca, a pesar del hecho de que las Escrituras enseñan que quienes no quieran acercarse a Él, deban perecer.

Así que ustedes, queridos hermanos, puesto que ya saben esto de antemano, manténganse alerta, no sea que, arrastrados por el error de esos libertinos, *pierdan la estabilidad y caigan* (3:17). La palabra *sterigmou*, representa la posición estable como la de los planetas en el cielo. Como el sol, la verdad revelada es el centro en torno al que giramos. Es posible, lamentablemente, que incluso los creyentes sinceros se dejen engañar y caigan en el error que promueven los falsos maestros. Y cuando sucede esto nuestra "órbita" se vuelve inestable y todas nuestras vidas se ven afectadas por este "desequilibrio".

Pero no es esto lo que Pedro espera de sus lectores. Más bien, quiere que "crezcan en la gracia y en el conocimiento de nuestro Señor y Salvador Jesucristo" (3:18).

Conservaos en el amor de Dios, **esperando la misericordia de nuestro Señor Jesucristo, para vida eterna (Judas 1:21 – RV).** Al igual que Pedro, Judas cierra su advertencia contra los falsos maestros con una exhortación. Esta exhortación hace surgir una pregunta. ¿Cómo nos "conservamos" en el amor de Dios? La respuesta está en el Evangelio de Juan. Allí Cristo nos dice: "Permanezcan en Mi amor" (Juan 15:9). Y el siguiente versículo explica que permanecemos en el amor de Dios al obedecer Sus mandamientos.

Sí, sigue habiendo falsos maestros que son una amenaza para la iglesia.

Pero si mantenemos nuestra estabilidad, confiando única y completamente en la Palabra de Dios y permanecemos en el amor de Dios al obedecerla, estaremos por cierto seguros.

EL PASAJE EN PROFUNDIDAD

Los falsos maestros y la destrucción que causan (2 Pedro 2); El pecado y el juicio de los que rechazan a Dios (Judas 3-19).

Trasfondo. Vimos ya en nuestro estudio de 1 Pedro que el pueblo y el gobierno romanos veían con hostilidad a los cristianos. Para principios del siglo segundo, ser cristiano era un crimen que merecía la muerte, aunque no hubiera convicción de delito alguno. La respuesta de los cristianos fue seguir el camino definido por Pedro en esa carta: vivir en sumisión como ciudadanos sin mancha, esposa sin mancha y/o esclavos sin mancha.

Al mismo tiempo tenemos que reconocer que algunos del los rumores que corrían sobre prácticas dudosas o extrañas, tenían cierta base en los hechos. Es claro a partir de la lectura de 2 Pedro y Judas, que los mal llamados maestros cristianos – que hoy llamaríamos líderes de sectas – sumaban seguidores entre algunos adherentes a la fe, menos firmes. No ha de sorprender entonces que los paganos, de quienes no se podía esperar que conocieran la diferencia, acusaran en general a los cristianos por los excesos de unos pocos.

Pero ¿cuáles eran estas prácticas relacionadas con la falsa enseñanza? Si vemos 2 Pedro y Judas vemos indicaciones de inmoralidad y corrupción, que se reflejan en esta cita de los escritos de Epifanio de Chipre, que describe las prácticas de un grupo supuestamente cristiano, llamado Fibionitas (*Panarion 26.4-5*).

> Cuando están reunidos, y se puede decir, llenas sus venas del exceso de su fuerza, se volvían a la excitación. El hombre que abandona a su esposa le dice: "Ponte de pie y realiza el ágape con el hermano". Entonces los desafortunados se unen y como me avergüenza de veras contar las cosas vergonzosas que hacen porque según los apóstoles santos las cosas que suceden son vergonzosas incluso de nombre, no me avergonzaré decir esas cosas que a ellos no les avergüenza hacer, para horrorizar a aquellos que oyen sobre estas prácticas vergonzosas. Después de haber tenido relaciones sexuales en la pasión de la fornicación, elevan su blasfemia al cielo. La mujer y el hombre toman el fluido de la emisión del hombre en las manos, se ponen de pie, se vuelven al cielo y con las manos llenas de esa inmundicia oran como los llamados *stratiotikoi y gnostikoi*, llevando al padre la naturaleza de todo lo que tienen en las manos y dicen: "Te ofrecemos este don, el cuerpo de Cristo". Y luego lo comen, sus propia inmundicia, y dicen: "Este es el cuerpo de Cristo y esta es la Pascua por la que sufren nuestros cuerpos y son obligados a confesar el sufrimiento de Cristo". Lo mismo, con la mujer cuando está con la pérdida de sangre. Juntan la sangre de la menstruación de su inmundicia y la comen juntos y dicen: "Esta es la sangre de Cristo".

Lo que describe Epifanio es tan vívido como asqueroso. Pero refleja que los rumores sobre las prácticas cristianas en el imperio romano a fines del siglo rimero y en el siglo segundo de nuestra era, tenían cierta base. Representa un exceso que tal vez implica la advertencia de Judas contra "impíos que cambian en libertinaje la gracia de nuestro Dios" (v. 4), y que según Pedro apelan a "los instintos naturales desenfrenados" (2:18), y son "esclavos de la corrupción" (2:19).

Sin duda, muchos de los falsos maestros que acosaban a la iglesia primitiva lideraban a grupos que se parecían más a congregaciones modernas que al grupo inmoral que describe Epifanio. Pero el falso maestro, sea disfrazado de "ángel de luz" (2 Corintios 11:14-15) o abiertamente depravado, siempre constituye una seria amenaza para la iglesia de Cristo. Una amenaza contra la que tanto Pedro como Judas advierten a los lectores del siglo primero, y también a nosotros.

Pasajes paralelos de 2 Pedro y Judas

2 Pedro 2:1-22

1 En el pueblo judío hubo falsos profetas, y también entre ustedes habrá falsos maestros que encubiertamente introducirán herejías destructivas, al extremo de negar al mismo Señor que los rescató. Esto les traerá una pronta destrucción.

2 Muchos los seguirán en sus prácticas vergonzosas, y por causa de ellos se difamará el camino de la verdad.
3 Llevados por la avaricia, estos maestros los explotarán a ustedes con palabras engañosas. Desde hace mucho tiempo su condenación está preparada y su destrucción los acecha.
4 Dios no perdonó a los ángeles cuando pecaron, sino que los arrojó al abismo, metiéndolos en tenebrosas cavernas y reservándolos para el juicio.
5 Tampoco perdonó al mundo antiguo cuando mandó un diluvio sobre los impíos, aunque protegió a ocho personas, incluyendo a Noé, predicador de la justicia.
6 Además, condenó a las ciudades de Sodoma y Gomorra, y las redujo a cenizas, poniéndolas como escarmiento para los impíos.
7 Por otra parte, libró al justo Lot, que se hallaba abrumado por la vida desenfrenada de esos perversos,
8 pues este justo, que convivía con ellos y amaba el bien, día tras día sentía que se le despedazaba el alma por las obras inicuas que veía y oía.
9 Todo esto demuestra que el Señor sabe librar de la prueba a los que viven como Dios quiere, y reservar a los impíos para castigarlos en el día del juicio.
10 Esto les espera sobre todo a los que siguen los corrompidos deseos de la naturaleza humana y desprecian la autoridad del Señor. ¡Atrevidos y arrogantes que son! No tienen reparo en insultar a los seres celestiales,
11 mientras que los ángeles, a pesar de superarlos en fuerza y en poder, no pronuncian contra tales seres ninguna acusación insultante en la presencia del Señor.
12 Pero aquéllos blasfeman en asuntos que no entienden. Como animales irracionales, se guían únicamente por el instinto, y nacieron para ser atrapados y degollados. Lo mismo que esos animales, perecerán también en su corrupción
13 y recibirán el justo pago por sus injusticias. Su concepto de placer es entregarse a las pasiones desenfrenadas en pleno día. Son manchas y suciedad, que gozan de sus placeres mientras los acompañan a ustedes en sus comidas.
14 Tienen los ojos llenos de adulterio y son insaciables en el pecar; seducen a las personas inconstantes; son expertos en la avaricia, ¡hijos de maldición!
15 Han abandonado el camino recto, y se han extraviado para seguir la senda de Balaam, hijo de Bosor, a quien le encantaba el salario de la injusticia.
16 Pero fue reprendido por su maldad: su burra --una muda bestia de carga-- habló con voz humana y refrenó la locura del profeta.
17 Estos individuos son fuentes sin agua, niebla empujada por la tormenta, para quienes está reservada la más densa oscuridad.
18 Pronunciando discursos arrogantes y sin sentido, seducen con los instintos naturales desenfrenados a quienes apenas comienzan a apartarse de los que viven en el error.
19 Les prometen libertad, cuando ellos mismos son esclavos de la corrupción, ya que cada uno es esclavo de aquello que lo ha dominado.
20 Si habiendo escapado de la contaminación del mundo por haber conocido a nuestro Señor y Salvador Jesucristo, vuelven a enredarse en ella y son vencidos, terminan en peores condiciones que al principio.
21 Más les hubiera valido no conocer el camino de la justicia, que abandonarlo después de haber conocido el santo mandamiento que se les dio.
22 En su caso ha sucedido lo que acertadamente afirman estos proverbios: "El perro vuelve a su vómito", y "la puerca lavada, a revolcarse en el lodo".

Judas 4-16

4 El problema es que se han infiltrado entre ustedes ciertos individuos que desde hace mucho tiempo han estado señalados para condenación. Son impíos que cambian en libertinaje la gracia de nuestro Dios y niegan a Jesucristo, nuestro único Soberano y Señor.
5 Aunque ustedes ya saben muy bien todo esto, quiero recordarles que el Señor, después de liberar de la tierra de Egipto a su pueblo, destruyó a los que no creían.
6 Y a los ángeles que no mantuvieron su posición de autoridad, sino que abandonaron su propia morada, los tiene perpetuamente encarcelados en oscuridad para el juicio del gran Día.
7 Así también Sodoma y Gomorra y las ciudades vecinas son puestas como escarmiento, al sufrir el castigo de un fuego eterno, por haber practicado, como aquéllos, inmoralidad sexual y vicios contra la naturaleza.
8 De la misma manera estos individuos, llevados por sus delirios, contaminan su cuerpo, desprecian la autoridad y maldicen a los seres celestiales.
9 Ni siquiera el arcángel Miguel, cuando argumentaba con el diablo disputándole el cuerpo de Moisés, se atrevió a pronunciar contra él un juicio de maldición, sino que dijo: "¡Que el Señor te reprenda!"
10 Éstos, en cambio, maldicen todo lo que no entienden; y como animales irracionales, lo que entienden por instinto es precisamente lo que los corrompe.
11 ¡Ay de los que siguieron el camino de Caín! Por ganar dinero se entregaron al error de Balaam y perecieron en la rebelión de Coré.
12 Estos individuos son un peligro oculto: sin ningún respeto convierten en parrandas las fiestas de amor fraternal que ustedes celebran. Buscan sólo su propio provecho. Son nubes sin agua, llevadas por el viento. Son árboles que no dan fruto cuando

debieran darlo; están doblemente muertos, arrancados de raíz.

13 Son violentas olas del mar, que arrojan la espuma de sus actos vergonzosos. Son estrellas fugaces, para quienes está reservada eternamente la más densa oscuridad.

14 También Enoc, el séptimo patriarca a partir de Adán, profetizó acerca de ellos: "Miren, el Señor viene con millares y millares de sus ángeles*

15 para someter a juicio a todos y para reprender a todos los pecadores impíos por todas las malas obras que han cometido, y por todas las injurias que han proferido contra él."

16 Estos individuos son refunfuñadores y criticones; se dejan llevar por sus propias pasiones; hablan con arrogancia y adulan a los demás para sacar ventaja.

Interpretación. Un rápido vistazo a los dos pasajes, lado a lado, nos muestra enseguida que Pedro y Judas están en completa armonía en la descripción del os falsos maestros. Notamos temas comunes, que son:

Tema	2 Pedro	Judas
(1) Infiltración	2:1	4, 12
(2) Inmoralidad	2:3, 10, 14, 18-19	4, 7
(3) Negar a Cristo	2:1	4
(4) Motivados por la codicia	2:3, 14-15	15-16
(5) Rechazan la autoridad	2:10	8-10
(6) Animales irracionales	2:12	10
(7) Dominados por deseos de pecado	2:10, 14-15, 18	12, 16, 18
(7) Vacíos, inútiles	2:17-19	12-13
(8) Retribución segura	2:1, 3-6, 13	5-7, 14-16

Si vemos cada uno de estos temas, encontramos lo siguiente:

■ Infiltración (2 Pedro 2:1 Judas 4, 12). Los falsos maestros logran entrar fingiendo ser creyentes. Judas dice "se han infiltrado entre ustedes" (v. 4). Inicialmente, sus intenciones no son claras porque hipócritamente participan de la adoración en la iglesia. Es después de que son aceptados y tienen cierta influencia en la congregación que revelan su verdadera naturaleza y motivos.

■ Inmoralidad que practican y enseñan (2 Pedro 2:3, 10, 14, 18-19; Judas 4, 7). Una característica de los falsos maestros, que se ve una y otra vez, es que su estilo de vida es inmoral. Justifican su conducta sobre la base de la gracia, con el argumento de que como el cristiano ha sido liberado de cumplir la Ley, ahora puede hacer lo que le plazca. Judas dice que esto es "cambiar" (*metatihentes*, transponer, convertir en otra cosa, con la clara connotación de "corromper") la gracia de Dios para hacer de ella lo que no es: licencia para pecar. Y para destacar la actitud de Dios hacia la inmoralidad, cada uno de los autores vuelve al pasado y describe el juicio de Dios sobre Sodoma y Gomorra, por el mismo tipo de pecados. Es importante observar que gran parte de la atracción del os falsos maestros está en el hecho de que sus enseñanzas parecen validar la conducta inmoral. "Pronunciando discursos arrogantes y sin sentido, seducen con los instintos naturales desenfrenados a quienes apenas comienzan a apartarse de los que viven en el error" (2 Pedro 2:18). El falso maestro presenta esto como libertad, cuando de hecho es esclavitud de la peor clase: esclavitud de los instintos, el cautiverio del pecado que no tarda en dominarnos (2 Pedro 2:19-20).

■ Negar a Cristo Su lugar como Soberano Señor y Salvador (2 Pedro 2:1; Judas 4). Las epístolas de Juan desarrollan en mayor detalle la naturaleza de esta negación. Esencialmente, es rechazar la enseñanza bíblica de que Cristo es el Dios eterno, venido en la carne (1 Juan 2:22-23; 4:2-3).

■ A los falsos maestros los motiva la codicia (2 Pedro 2:3, 14-15; Judas 15-16). "Codicia" (*pleonexia*) puede referirse a la lujuria sexual, pero en este contexto lo más probable es que se refiera a las finanzas. Los falsos maestros explotan a aquellos a quienes logran engañar, con fines de lucro. La imagen que presenta Judas es explícita: "buscan solo su propio provecho" (12). Esto presenta un drástico contraste con los verdaderos pastores que se describen e 1 Pedro 5, que sirven como supervisores "no por obligación ni por ambición de dinero, sino con afán de servir, como Dios quiere" (5:2)

■ Los falsos maestros rechazan la autoridad (2 Pedro 2:10; Judas 8-10). La autoridad que rechazan los falsos maestros no es la de los apóstoles, sino la de Dios Mismo. La ilustración que usa cada uno de los autores es la de los ángeles. En parte, reflejan la creencia judía de que los ángeles eran mediadores de la Ley de Moisés, y que guardaban celosamente su práctica. Pablo, por eso, alienta a la conducta correcta en la iglesia "a causa de los ángeles" (1 Corintios 11:10). Parecería que los falsos maestros han sido reprendidos por ofender a los ángeles con su conducta inmoral y que su reacción fue la de burlarse de los seres angélicos. Lo que Judas y Pedro dicen es que incluso si fueran tan justos como Moisés, o tuvieran la autoridad de Miguel, no estarían por encima de la ley moral expresada tanto en el Antiguo Testamento como en el nuevo.

Es esta una lección para las iglesias que hoy se enfrentan a la exigencia de los homosexuales, del reconocimiento de su "estilo de vida alternativo" como válido y hasta para la ordenación como ministros. El solo hecho de siquiera considerar algo así es rechazar la autoridad de Dios, y encontrarse, no en compañía de los santos sino de los herejes contra los que nos advierten tanto Pedro como Judas.

Los falsos maestros reaccionan como animales irracionales (2 Pedro 2:12; Judas 10). El *Diccionario Zondervan de Términos Bíblicos* explica el significado de esta imagen:

> La mente del animal (bestia bruta) está atrapada en la experiencia actual y debe reaccionar al presente, sin conciencia del universo espiritual y sin capacidad de proyectar desde el presente hacia el futuro. El animal puede aprender de la experiencia pasada, pero no puede extraer información que esté más allá de su experiencia, ni puede razonar a partir de la información para inferir el final de una cadena de hechos, o de causa y efecto probables.

Pedro y Judas señalan esto, o algo parecido. Describen a los falsos maestros como "animales irracionales, [que] se guían únicamente por el instinto" (2 Pedro 2.12), que "como animales irracionales, lo que entienden por instinto" (Judas 10). La mente animal es capaz de entender. Pero su entendimiento es de un orden distinto al entendimiento humano. Las experiencias humanas se interpretan por instinto y los animales carecen de la capacidad para reaccionar a partir de la experiencia con el fin de entender más profundamente el pasado o el futuro (p. 53).

Los falsos maestros están dominados por deseos de pecado (2 Pedro 2:10, 14-15, 18; Judas 12, 16, 18). Esos deseos les impulsan a actuar de manera que contamina el cuerpo (2 Pedro 2:10). ¿Por qué no contaminarán también el alma? Porque ya están corruptos por dentro, literalmente con "ojos llenos de adulterio" (2:14). La expresión sugiere que están siempre mirando para encontrar una mujer con quien puedan cometer adulterio. Judas añade que les impulsan "sus propias pasiones impías" (Judas 1:18).

Los falsos maestros y sus enseñanzas son vacíos, inútiles (2 Pedro 2:17-19; Judas 12-13). Una serie de vívidas comparaciones pinta a los hombres vacío y sus enseñanzas inútiles y huecas. Las nubes que no tienen lluvia, los manantiales secos, no pueden nutrir para producir crecimiento. Los árboles del otoño arrancados de raíz, no dan fruto porque están muertos. Las olas del mar y las estrellas errantes no tienen propósito ni valor.

Pero no solo carecen de valor estas falsas enseñanzas sino que además, son destructivas porque prometen libertad cuando en realidad añaden eslabones a las cadenas que hacen de los hombres perdidos, esclavos del pecado.

El destino de los falsos maestros y sus seguidores será la retribución segura mediante el juicio de Dios (2 Pedro 2:1, 3, 4-6, 13; Judas 5-7, 14-16). Este tema resuena como eco una y otra vez a lo largo de estas breves advertencias. El atractivo de los falsos maestros se basa en los deseos más bajos del hombre, y por eso, atraen durante un tiempo pero cada paso que se da por el camino que marcan los falsos maestros, es un paso más hacia el juicio.

Aplicación. Tanto Judas como Pedro expresan profunda preocupación porque los creyentes no se dejen engañar y desviar por los falsos maestros. Lamentablemente, hoy en la iglesia también hay falsos maestros, y a menudo en posiciones altas. De nosotros depende, y de nuestras instituciones, estar alerta.

1, 2 y 3 JUAN
Andando con Dios

EXPOSICIÓN

Las epístolas de Juan y el Apocalipsis, son los libros de más reciente escritura entre los del NT. Juan los escribió en su ancianidad, y este apóstol amado sobrevivió a sus compañeros por unas tres décadas. Ireneo (c. 130-200 DC) escribió que "todos los presbíteros que en Asia se relacionaron con Juan, el discípulo del Señor, dan testimonio de que Juan entregó [estas cosas]. Porque permaneció con ellos hasta los días de Trajano [98-117 DC]...Y también la iglesia de Éfeso fundada por Pablo – donde Juan permaneció hasta los días de Trajano – da fiel testimonio de la tradición de los apóstoles".

Es importante comparar las cartas de Juan con las últimas cartas de Pablo, Pedro y Judas. En la primera carta de Pedro, leemos sobre persecuciones venideras. En su segunda carta, como lo hace Pablo en 2 Timoteo y también Judas, el apóstol advierte sobre el peligro de los falsos maestros. Juan, que vivió los desafíos y problemas que previeron los otros tres, escribe con tono cálido y pastoral sobre la respuesta de la iglesia ante tales tribulaciones. Esa respuesta consiste en reafirmar las verdades básicas de la fe y en poner énfasis en el estilo de vida positivo, de amor y obediencia, que surge de la relación personal con Jesucristo. Mientras los cristianos sigan comprometidos con Él, y vivan vidas de amor y obediencia, la iglesia seguiría siendo fuerte y estando a salvo.

La primera carta de Juan es sin duda el libro bíblico más difícil de estudiar porque contiene muchas ideas y temas, a los que Juan regresa una y otra vez con el énfasis de la comunión con Dios, la verdad, el amor, la justicia y la fe. Este patrón ha causado que la mayoría de los comentaristas supongan que el libro no tiene un plan lógico y que ante todo consiste en la asociación de estas ideas básicas. A otros les ha costado identificar una estructura, que creen que tiene que existir en el libro, aunque sus hallazgos no son convincentes.

Con todo, lo más conveniente será simplemente leer este bello y conmovedor libro párrafo a párrafo, idea por idea, sin preocuparnos por la estructura en general. La carta de Juan es ante todo pastoral, y por supuesto, devocional. Al meditar en cada idea aprendemos a vivir en comunión con Jesús y con los demás en una comunidad donde el vínculo es el amor, con entusiasmo por responder a la palabra viva de Jesucristo.

Podríamos delinear un índice de contenidos, para asistir a quienes prefieren leer siguiendo la estructura que nos brinda Stephen S. Smalley en su obra sobre 1, 2 y 3 Juan, en su *Word Biblical Commentary*.

1 Juan
I. Prefacio (1:1-4) La Palabra de Vida
II. Vivir en la Luz (1:5-2:29)
   (a) Dios es luz (1:5-7)
   (b) Primera condición para vivir en la luz: renunciar al pecado (1:8-2:2)
   (c) Segunda condición: ser obedientes (2:3-11)
   (d) Tercera condición: rechazar lo mundano (2:12-17)
   (e) Cuarta condición: Mantener la fe (2:18-29)
III. Vivir como hijos de Dios (3:1-5:13)
   (a) Dios es el Padre (3:1-3)
   (b) Primera condición para vivir como hijos de Dios: renunciar al pecado (3:4-9)
   (c) Segunda condición: ser obedientes (3:10-24)
   (d) Tercera condición: rechazar lo mundano (4:1-6)
   (e) Cuarta condición: Mantener la fe (5:5-13)
IV. Conclusión: confianza cristiana (5:14-21)

ESTUDIO DE PALABRAS

Les anunciamos a ustedes la vida eterna que estaba con el Padre y que se nos ha manifestado (1:2). Los primeros cuatro versículos de Juan son oraciones simples en griego. El verbo principal "anunciar" (*apangellomen*) aparece aquí en el texto griego y los traductores de la NVI lo añadieron al versículo 1 para que la idea fuera más inteligible. Pero ¿por qué esta construcción tan complicada? Tal vez, porque el tema en sí mismo es un misterio. El Dios eterno se ha hecho carne y ¡los seres humanos mortales lo han experimentado a través de los sentidos (oído, vista, tacto)! Este asombroso y maravilloso mensaje – mensaje que rechazan los falsos maestros que infectan a la iglesia (cf. 1 Juan 4:2-3; 2 Juan 7) – es la verdad central del Evangelio. Solo quienes responden a Jesús como Hijo de Dios podrán tener comunión con el Padre y con el Hijo.

Les escribimos estas cosas para que *nuestra alegría* sea completa (1:4). Los escritos de Juan contienen frecuentes referencias al gozo que genera la comunión con Jesús (cf. Juan 15.11; 16:22-24; 17:13). Aquí, "nuestra alegría" hace referencia a una experiencia que va más allá de lo individual. Refleja el gozo compartido por toda la comunidad de fe, la magnificación de la experiencia personal de quienes conocen a Jesús y se aman mutuamente, andando en comunión los unos con los otros y con el Señor.

Jamás olvidemos el carácter de alegría y gozo de la comunidad cristiana. Porque solo podemos conocer el pleno sentido del gozo cuando lo compartimos.

Si *afirmamos* que tenemos comunión con él, pero vivimos en la oscuridad, mentimos y no ponemos en práctica la verdad (1:6). La frase *ean eipomen*, "si afirmamos", se repite tres veces en esta breve sección. Y siempre "afirmamos" se contrasta con una realidad que muestra que la afirmación es falsa, y que revela el verdadero camino de Dios en cuanto a la enorme disparidad que existe entre la naturaleza de Dios y la del ser humano.

Solo al reconocer esa brecha y corregir nuestras falencias según los caminos de Dios, podemos experimentar la verdadera comunión con Él.

Pero *si vivimos en la luz*, así como él está en la luz, tenemos comunión unos con otros, y la sangre de su Hijo Jesucristo *nos limpia* de todo pecado (1:7). Juan con frecuencia traza el contraste entre la luz y la oscuridad. Aquí, la luz y la oscuridad representan la evaluación honesta de uno mismo, en contraste con la deshonesta. La persona que camina en la luz no está libre de pecado, porque el texto dice que esa persona igualmente necesita del perdón y la purificación. Pero quien anda en la luz, ve las cosas a la luz de la Palabra de Dios y acepta el veredicto de esa Palabra en cuanto a lo que está bien y lo que está mal; lo bueno y lo malo; lo justo y recto y lo que es de pecado. En tanto la persona acepte el veredicto de Dios en cuanto a sí misma y a sus acciones, habrá esperanza. Esa persona camina en la luz y buscará el perdón de Dios, reconociendo sus pecados ante el Señor (1:9).

Gracias a Cristo, Dios puede ocuparse de nuestros pecados, pero nada puede hacer por quien se niega a admitir que ha pecado y necesita la ayuda de Dios.

"Nos limpia" es *katharise*, que significa limpiar o purificar. La conjugación del verbo indica un proceso continuo mediante el cual Dios se ocupa no solo de las

Lo falso

1 Juan 1:6 Afirmamos tener comunión pero andamos en la oscuridad	**1 Juan 1:7** Mentimos. No ponemos en práctica la verdad
1 Juan 1:8 Afirmamos estar libres de pecado	Nos engañamos. La verdad no está en nosotros
1 Juan 1:10 Afirmamos que no hemos pecado. La palabra de Dios no tiene lugar en nosotros.	Convertimos a Dios en mentiroso

Lo verdadero

1 Juan 1:7 Andamos en la luz, así como Dios está en la luz	Estamos en comunión los unos con los otros. La sangra de Cristo nos limpia de todo pecado
1 Juan 1:9 Confesamos [reconocemos] nuestros pecados	Él nos perdona nuestros pecados. Sigue purificándonos de toda falta de rectitud y justicia.
1 Juan 2:1 Cuando pecamos	Jesús es nuestro Intercesor, que nos defiende.

acciones de pecado sino del principio mismo del pecado en nuestras vidas. Lo que Juan dice entonces es que cuando andamos en la luz y somos sinceros con Dios y nosotros mismos, le abrimos nuestra personalidad al Señor para que Él pueda obrar en nosotros y cambiar nuestra orientación interior hacia el pecado para que esa orientación interior sea hacia la justicia y la rectitud. Pablo lo dijo también en 2 Corintios 3:18: "Así, todos nosotros, que con el rostro descubierto reflejamos* como en un espejo la gloria del Señor, somos transformados a su semejanza con más y más gloria por la acción del Señor, que es el Espíritu".

Si afirmamos que no tenemos pecado, nos engañamos a nosotros mismos (1:8). La frase *harmartian echein*, "tenemos pecado" se refiere no a las acciones de pecado sino al principio del pecado que residen en la naturaleza humana caída.

Toda afirmación de que el creyente no se ve afectado por el pecado, o de que el pecado no está presente en el creyente, es completamente falsa. Porque esa afirmación nos lleva al reino oscuro del auto-engaño, ya que quien cree esto tiene que buscar explicaciones para las emociones de pecado como la lujuria o la ira, volviendo a darles algún otro nombre como "justa indignación" o "atracción natural". Ante la trampa de tal engaño, es imposible que la persona pueda reconocer los pecados ante Dios, con el fin de recibir el perdón. Y es imposible que quien está atrapado en tal engaño abra su vida al Espíritu Santo para que Él cumpla Su obra de purificación.

Si *confesamos* nuestros pecados, Dios, que es fiel y justo, nos los perdonará y nos limpiará de toda maldad (1:9). "Confesar" (*homologeo*) significa "reconocer". San Agustín lo explica bien al decir "quien confiesa y condena sus pecados, ya actúa con Dios". Confesar los pecados es condenarlos, llamándolos como lo que son: pecados. Cuando damos este paso, nos ponemos del lado de Dios, y en contra de nuestras propias acciones. Es esto, y no el lamentarnos o prometer que "no lo volveremos a hacer" lo que hace posible que experimentemos el perdón de Dios y Su obra de purificación en nuestras vidas.

Él es el *sacrificio por el perdón* de nuestros pecados, y no sólo por los nuestros sino por los de todo el mundo (2:2). El texto griego es *hilasmos,* que significa "propiciar o expiar" y destaca el hecho de que en Su muerte Cristo satisfizo la justicia de Dios que exigía castigo para el pecado. Es sobre la base de la obra de Dios que experimentamos el perdón y la purificación que Juan acaba de describir. Pero ¿qué significa eso de que Su sacrificio de propiciación es "por los de todo el mundo"? Simplemente, que el sacrificio de Cristo fue suficiente a los ojos de Dios para pagar por los pecados de toda la humanidad, y no solo los de los creyentes. Sin embargo, las Escrituras enseñan de manera consistente que el mérito del sacrificio de Cristo se aplica únicamente a aquellos que creen.

¿Cómo sabemos si hemos *llegado a conocer a Dios*? Si obedecemos sus mandamientos (2:3). En el judaísmo, la obediencia a los mandamientos de Dios era la condición para tener una relación con Dios. En el cristianismo, obedecer los mandamientos de Dios es la *característica* de la persona que conoce a Dios, en ese íntimo sentido del "conocer" que representa en la Biblia la relación personal.

La importancia de la obediencia como característica del cristianismo verdadero, vuelve a aparecer varias veces en 1 Juan, junto con la cualidad del amor al prójimo en sentido práctico.

Quien dice todo el tiempo "Le conozco" pero no practica como hábito la obediencia, *pseutes estin,* "es un mentiroso" (2:4).

TRES FALSAS AFIRMACIONES EN CUANTO AL ESTILO DE VIDA

	2:4		2:5
"Lo conozco"	No hace lo que Él dice	Le conocemos si...	Obedecemos Su Palabra
			Mentiroso...la verdad no está en él
	2:6		2:6
"Vivo en Él"		Debe vivir...como	Vivió Jesús
	2:9		2.10
"Estoy en la luz"	Odia a su hermano	Todavía en la oscuridad	Si ama a su hermano la luz...

El que afirma que permanece en él, debe *vivir como él vivió* (2:6). El término *eriepatesen*, se utiliza con frecuencia como imagen de "forma de vivir". Quien mantiene una íntima relación con Jesucristo demostrará que esa relación es real al vivir como Cristo vivió. La conjugación del os verbos deja en claro que Juan está hablando de un estilo de vida. Y la afirmación no es la de que uno es salvo, sino de que se vive en comunión con el Señor, "viviendo en" Él. La prueba de tal afirmación, y no la prueba de la afirmación de ser salvo, es la de llevar un estilo de vida como el de Cristo.

Aquí, como en el versículo 1, Juan se ocupa de una trilogía de afirmaciones que diagramamos a continuación:

El que afirma que está en la luz, *pero odia a su hermano*, todavía está en la oscuridad (2:9). "Odiar" aquí no es tanto una emoción como una actitud, o falta de respuesta. Juan no está describiendo la animosidad activa tanto como la indiferencia a las necesidades de los demás, que se expresa al no responder ante los demás con amor.

El amor se demuestra a sí mismo cuando alimentamos al hambriento, vestimos al desnudo, damos refugio al que no tiene hogar y cuidamos al enfermo. La falta de este tipo de amor, o el no responder a las necesidades de los hermanos, en el lenguaje de Juan equivale a "odio".

No amen *al mundo* ni nada de lo que hay en él (2:15). El mandamiento a no amar utiliza la palabra más fuerte para "amor" que encontramos en el NT: *ágape*. Implica más que afecto. *Ágape* implica una decisión de dar el corazón.

Aquí, "mundo" es *kosmos*, que originalmente significaba "orden" o "sistema". En cierto aspecto, el mundo es el sistema tal como Dios lo creó pero en otro, es la arena en donde los seres humanos experimentan la vida. Sin embargo, *kosmos* es también un concepto teológico y es en este sentido que se aplica a este texto. De *kosmos* en el sentido teológico, el *Diccionario Zondervan de Términos Bíblicos* dice:

> Pinta a la sociedad humana como sistema envuelto en el pecado, atormentado por creencias, deseos y emociones que surgen ciega e incontrolablemente. El sistema del mundo es un sistema oscuro (Efesios 6:12) que opera sobre principios básicos que no son los de Dios (Colosenses 2:20; 1 Juan 2:16). Todo el sistema está bajo el poder de Satanás (1 Juan 5:19). Y constituye el reino del que son liberados por Cristo los creyentes (Colosenses 1:13-14). Su básica hostilidad contra Dios se exhibe con frecuencia (1 Corintios 2:12; 3:19; 11:32; Efesios 2:2; Santiago 1:27; 4:4; 1 Juan 2:15-17; cf. Juan 12:31; 15:19; 16:33; 17:14; 1 Juan 2:1, 13; 5:4-5, 19) [p. 639].

Juan deja en claro que los principios que motivan al mundo están en conflicto directo con Dios y con todo lo que Él representa. Por eso, nadie que se deje atrapar por la perspectiva que el mundo tiene respecto de la vida, querrá cumplir la voluntad de Dios. Y tampoco disfrutará de las eternas bendiciones de quienes viven para siempre.

Queridos hijos, ésta es la hora final, y así como ustedes oyeron que el anticristo vendría, muchos son los anticristos que han surgido ya (2:18). El término griego es *antichristos*, conformado Cristo con el prefijo "anti", que significa "en contra de" o "en reemplazo de". El término solo es utilizado por Juan, y únicamente cinco veces. Como lo ilustra este versículo, en el singular "anticristo" identifica a una persona específica destinada a llegar en el final de los tiempos. Pero utilizada en plural, identifica a personas contemporáneas de cualquier generación, movidas por el espíritu del Anticristo y por ello, hostiles a Cristo y a Su pueblo. Lo más probable es que los anticristos de Juan sean los mismos que los falsos profetas de Pablo y Pedro.

CARACTERÍSTICAS DEL *KOSMOS* (1 Juan 2:16)

Frase en la NVI	Significado	Expresado en
"los malos deseos del mundo"	Deseos de la carne, es decir impulsos egoístas y de pecado	Materialismo, egoísmo, injusticia, egocentrismo, racismo, etc.
"la codicia de sus ojos"	Codicia, pasión sexual que despierta ante las apariencias	Lo superficial, el materialismo, codicia, avaricia, etc.
"la arrogancia de la vida"	El orgullo ostentoso	Definirse y definir a los demás por sus posesiones, posición social, reputación, ingresos, etc.

Aunque salieron de entre nosotros, en realidad no eran de los nuestros; si lo hubieran sido, se habrían quedado con nosotros. Su salida sirvió para comprobar que ninguno de ellos era de los nuestros (2:19). La palabra *ekelthan* significa "retirar". Es claro que inicialmente, los "anticristos" o falsos maestros sobre los que escribe Juan, se presentaban ante las congregaciones como creyentes. Cuando surgían las diferencias evidentes entre sus enseñanzas y su carácter, ya no fingían sino que se retiraban de la iglesia, atrayendo por supuesto a algunos creyentes a los que habían logrado engañar.

Este versículo es de consuelo para los cristianos que se preocupan cuando alguien que suponían era cristiano sincero, cae o incluso se muestra hostil a la fe que antes decía defender. ¿Necesitamos explicarlo diciendo que eran salvos pero que ahora se han perdido? ¿O han tropezado pero serán restaurados antes de morir? Juan nos brinda otra forma de entenderlo. Se apartaron de nosotros porque en realidad, no pertenecían. Si así hubiera sido, se habrían quedado. Al irse, mostraron que desde el principio mismo no pertenecían a la comunidad de fe.

Todos ustedes, en cambio, *han recibido unción del Santo*, de manera que conocen la verdad (2:20). El término griego es *chrisma,* una "unción" o "consagración". Lo que Juan dice es que el Espíritu Santo ha actuado de manera única, espiritual, para apartar al creyente sincero como para que sea capaz de percibir la verdad.

Este entendimiento está respaldado por la enseñanza de Cristo que leemos en el Evangelio de Juan: "Pero cuando venga el Espíritu de la verdad, él los guiará a toda la verdad" (16:13; cf. 14:17; 15:26).

La misma idea aparece un poco más tarde, en 1 Juan 2.27. A causa de la presencia del Espíritu el cristiano no depende de la enseñanza humana. Es el Espíritu, en cambio, Quien guía e interpreta.

Es un concepto importante y consistente a lo largo del NT (1 Corintios 2:10-15). Hay una revelación objetiva de Dios, disponible a los seres humanos en la Creación, y especialmente en la revelación escrita de Dios. Pero para entender y apropiarse de la verdad de Dios hace falta que subjetivamente se reciba la capacidad, que se le otorga únicamente a los que creen y reciben el Espíritu Santo.

Quién es el mentiroso sino el que niega *que Jesús es el Cristo*? Es el anticristo, el que niega al Padre y al Hijo (2:22). La f.rase "Jesús es el Cristo" vincula las dos naturalezas de Cristo de manera inaceptable para los que adhieren a las sectas, en esa época y en la nuestra también. Jesús, nacido como verdadero ser humano, es al mismo tiempo "el Cristo", el Dios que existe eternamente.

Nadie que niegue la verdadera humanidad y plena divinidad de Jesús puede tener acceso al Padre, ni oportunidad de tener una relación personal con Dios. Cristo es, verdaderamente, el único camino, la única verdad, la única vida. Nadie llega al Padre sino por Él (Juan 14:6).

Si reconocen que *Jesucristo es justo*, reconozcan también que todo el que practica la justicia ha nacido de él (2:29). Juan ha utilizado "justo" (*dikaios*) para describir a Dios (1:9) y a Jesús (2:1). Aquí, se refiere a ambos. Juan vuelve a referirse al estilo de vida que caracteriza al verdadero creyente. El estilo de vida no es el que hace al creyente, sino que la fe es la que origina el estilo de vida. quien ha nacido de Dios y comparte su heredad, será como su Padre Celestial, que es justo, y hará el bien.

Todo el que tiene esta esperanza en Cristo, se purifica a sí mismo, así como él es puro (3:3). Aquí, otra vez encontramos "esperanza" (*elpis*), la confiada expectativa en algo que sucederá con toda certeza.

Lo que espera el cristiano es el regreso de Cristo y la transformación personal a imagen de Cristo. Con nuestra mirada fija en ese maravilloso día, no nos afectan los anhelos, la lujuria ni la ostentación que da energía a la gente que es del mundo, y somos libres de concentrarnos en lo que nos hace puros, así como Jesús es puro.

Todo el que *comete pecado* quebranta la ley; de hecho, el pecado es transgresión de la ley (3:4). El participio presente indica que Juan nuevamente se refiere al estilo de vida. Habla de quien practica el pecado habitualmente. Al llamarlo "quebrantar la ley" Juan amplía la idea de "violar la ley". No es simplemente cuestión de una violación específica a una regla en particular sino el vivir con una actitud rebelde. Dios es quien dio la Ley, y por eso el quebrantar la ley es, de hecho, rebelarse contra Dios.

Juan se refiere al propósito de la aparición de Cristo en 3.5. Cristo vino para lidiar con la actitud rebelde de la humanidad ¡y tuvo éxito! Por eso es inconcebible que quien acepte la obra completada por Cristo siga pecando (3:6).

Tenemos que ser cuidadosos. Juan no está enseñando que sea imposible que los creyentes pequen. De hecho, en 1:8 ha dejado en claro que los creyentes pecarán de tanto en tanto y que deben estar dispuestos a reconocerlo cuando suceda. Pero cuando vemos el estilo de vida, el patrón de la vida de la persona, vemos que es imposible que el creyente sincero peque por hábito de vida. La actitud de rebeldía que es la que hace del pecado un estilo de vida, ha sido transformada por Cristo. Tal vez tropecemos cada tanto, o incluso caigamos. Pero Cristo nos levanta y nos ayuda a permanecer de pie. En lugar de rebeldía contra la ley, nuestras vidas reflejan entonces el respeto por lo que está bien, y un compromiso con todo lo recto y lo justo.

Por eso Juan concluye que "Ninguno que haya nacido de Dios practica el pecado, porque la semilla de Dios permanece en él; no puede practicar el pecado, porque ha nacido de Dios" (3:9).

Si alguien que posee bienes materiales ve que su hermano está pasando necesidad, y no tiene compasión de él, ¿cómo se puede decir que *el amor de Dios habita en él?* (3:17). El amor del tipo que Dios nos inspira (*he ágape tou theou*, aquí como genitivo subjetivo), es un amor generoso, compasivo y práctico que responde a las necesidades de los demás con una compasión que mueve a la persona a extender su mano para ayudar.

La persona que "no tiene compasión", literalmente "cierra su corazón" a su hermano en necesidad. No tiene el amor de Dios. Y como dice Juan "sabemos que hemos pasado de la muerte a la vida porque amamos a nuestros hermanos" (3:14).

Juan no escribe esto para provocar al inseguro al miedo sobre si es salvo o no. Lo escribe para asegurarles a los que sí aman que la presencia del espíritu de amor es evidencia de la realidad de la presencia de Dios.

Queridos hermanos, *si el corazón no nos condena*, tenemos confianza delante de Dios (3:21). Aquí *kardia* aparece en el sentido de "conciencia". Toda la frase (*ean...me kataginoske*) debería traducirse como "si nuestra conciencia ya no nos condena". Juan acaba de argumentar que cuando no ayudamos a los hermanos en necesidad, se crea una tensión moral interna y una conciencia perturbada. Hay amor que está dividido: por Dios y por las posesiones. Quien resuelve esta tensión entregándose al amor de Dios y respondiendo para cubrir las necesidades de los hermanos y hermanas en necesidad, ya no siente preocupación. Su conciencia ya no le condena. Juan dice que esa persona puede "tener confianza delante de Dios". Nada interrumpe su comunión con el Señor, ni es impedimento en sus oraciones.

En esto pueden discernir quién tiene el Espíritu de Dios: todo profeta que reconoce que *Jesucristo ha venido en cuerpo humano*, es de Dios; todo profeta que no reconoce a Jesús, no es de Dios sino del anticristo (4:2-3). Juan describe el "espíritu de las épocas", como perspectiva básica de los anticristos y falsos profetas contra quienes advierte a los creyentes: a estos falsos profetas les mueve un espíritu religioso que se niega a reconocer la verdadera humanidad y plena deidad de Jesucristo y por eso, están en conflicto con el Espíritu Santo que afirma que Jesús es Dios venido en cuerpo humano.

Vemos nuevamente que el cristianismo es Cristo. La fe que se llama "cristiana" pero se niega a reconocer a Jesús como Quien es Él en verdad, no es de Dios.

Ese amor *se manifiesta plenamente* entre nosotros para que en el día del juicio comparezcamos con toda confianza, porque en este mundo hemos vivido como vivió Jesús. En el amor no hay temor (4:17). En griego, la frase es *teteleiotai...meth' hemon*, y presenta la explicación resumida de Juan de la forma en que el amor alcanza su objetivo en el pueblo de Dios. Cuando somos como Jesús en este mundo, viviendo en comunión con el Señor y entre nosotros, tenemos una confianza que nos llevará y acompañará hasta el mismo día del juicio.

***En el amor no hay temor*, sino que el amor perfecto echa fuera el temor. El que teme espera el castigo, así que no ha sido perfeccionado en el amor (4:17-18).** El amor sobre el que Juan escribe en este capítulo es, ante todo, el amor de Dios que es lo que Le movió a redimirnos. Pero también es nuestra respuesta al amor de Dios, que experimentamos como amor a Él y como amor entre los miembros de la familia de fe. En sentido real, el creyente vive la vida en un reino donde el amor lo infunde todo. El amor que experimentamos es tan abrumadoramente real que no queda lugar para el temor.

Quien teme todavía no ha alcanzado el objetivo de haber sido perfeccionado en el amor. Todavía necesita aprender mucho sobre el amor de Dios por él o ella, y mucho sobre abrir su corazón para amar a los demás y recibir amor también.

Éste es el que vino mediante *agua y sangre*, Jesucristo (5:6). La frase se ha interpretado de diversas maneras. San Agustín veía aquí una referencia a la sangre y el agua que brotaron del costado de Cristo en la cruz (Juan 19:34). Calvino y Lutero veían una referencia a los sacramentos. Otros comentaristas han sugerido que hace alusión al sistema de sacrificios del AT, donde el agua representa la purificación y la sangre, al sacrificio mismo. La mayoría concuerda con Tertuliano y toma este versículo como referencia al bautismo y muerte de Cristo.

Tal vez, la intención del versículo sea la de refutar una persistente herejía de la época que sugería que Jesús se convirtió en el Cristo a Su muerte. Juan dice que Jesús siempre fue el Cristo, el mismo en Su ministerio terrenal y en el sufrimiento, desde Su bautismo y el mismo en Su muerte en la cruz.

Tres son los que dan testimonio, y los tres están de acuerdo: el Espíritu, el agua y la sangre (5:7-8). Este versículo, como el 5:5, ha dado origen a diversas interpretaciones. Las iglesias sacramentales ven aquí la referencia a los ritos del bautismo y la comunión mediante los cuales el Espíritu sigue dando testimonio de Jesús. Otras tradiciones ven una referencia a los hechos históricos del bautismo y crucifixión de Cristo, entendiendo el ministerio del Espíritu como registro bíblico de esos hechos y haciendo que su significado sea subjetivamente claro para el lector. En cualquiera de los dos casos, el testimonio de los tres es el mismo, y son el testimonio de Dios respecto de Su Hijo. Un testimonio que los que creen, perciben como verdad. Es un testimonio tan real que cuando lo rechaza quien no quiere creer, ese rechazo equivale a llamar mentiroso a Dios (5:10).

Ésta es la confianza que tenemos al acercarnos a Dios: que si pedimos conforme a su voluntad, él nos oye (5:14). Peter Marshall comenta: "Cuando aprendemos a querer lo que quiere Dios, tenemos el gozo de recibir Su respuesta a nuestras peticiones".

Si alguno ve a su hermano cometer *un pecado que no lleva a la muerte*, ore por él y Dios le dará vida. (5:16). No hay respuesta satisfactoria a las diversas preguntas que surgen a partir de 5:16 y 5:17. ¿Qué significa "muerte" aquí? ¿Cuál es el pecado que no lleva a la muerte? ¿Y cuál es el que sí lleva a la muerte? ¿Qué pecados específicos tiene en mente Juan? ¿Por qué no hemos de orar por los que cometen pecados "que llevan a la muerte"? ¿No necesitan de nuestras oraciones, más todavía que los demás?

Es probable que no haya otro pasaje en el NT que haya dado ocasión a tantas preguntas. Y los comentaristas concuerdan en que no hay respuesta concreta.

Tal vez, la mejor sugerencia es que Juan se refiere a toda su exposición sobre el estilo de vida cristiano, de amor y obediencia. Quien afirma ser cristiano pero se niega decididamente a vivir un estilo de vida cristiano, ha puesto sus pies en el camino que se caracteriza por la muerte. El cristiano podrá tropezar y caer, pero también podrá ser rescatado con nuestras oraciones. Sin embargo, la persona que se niega a someterse al estilo de vida cristiano está demostrando con esta decisión que está más allá de la redención, y no hay que orar por esta persona como por un hermano.

Es que han salido por el mundo muchos engañadores que no reconocen que Jesucristo ha venido en cuerpo humano (2 Juan 1:7). Aquí la palabra es *planoi* y hace referencia a los falsos profetas que, a conciencia, intentan hacer que las personas se desvíen. Aquí y en 1 Juan la clave para re conocer al maestro hereje y sus enseñanzas estará en cómo ve a Jesucristo. Jesucristo es Dios venido en la carne, y quien niegue o no quiera afirmar la plena deidad y verdadera humanidad de Jesús, es un falso maestro y sus enseñanzas son engañosas.

Todo el que *se descarría* y no permanece en la enseñanza de Cristo, no tiene a Dios (2 Juan 1:9). El verbo *proagon*, significa "es avanzado" y solo aparece en esta ocasión en el NT. Lo utilizaban los primeros gnósticos que afirmaban haber "avanzado" en conocimiento más allá que los cristianos comunes. Juan lo utiliza aquí despectivamente, con respecto a los que afirman "haber avanzado más allá de Cristo" para acercarse a Dios. ¡Eso es imposible! Podemos avanzar en Cristo, madurando en Él. Pero no hay forma alguna en que podamos avanzar más que Él.

Al querido hermano *Gayo* (3 Juan 1). Al igual que 2 Juan, 3 Juan es una nota corta que Juan le escribió a un líder de la iglesia. Y como muchos otros libros de la Biblia que suelen pasarse por alto, es una rica fuente de material para la meditación y la predicación.

Extraemos un sencillo análisis, de un sermón que predicó Richard Schmidt de Hudson, de la Primera Iglesia Metodista de la Florida. Capta la enseñanza de este libro tan breve e ilustra su valor práctico para nuestros días.

I. ANÁLISIS DE 3 JUAN

Podemos trazar un análisis a partir de los tres hombres que se mencionan. Gayo es el que recibe ánimo y aliento; Diótrefes es criticado y Demetrio es un ejemplo de Testimonio.

A. Gayo...Ánimo y aliento (vv. 1-8)
   1. Tenía mala salud (v. 2)
   2. Era fiel a Cristo (v. 3)
   3. Era uno de los conversos de Juan (v. 4)

4. Era devoto y amigable (vv. 5-6)
B. Diótrefes...crítica (vv. 9-10)
 1. Le gustaba ser el primero (v. 9)
 Rechazó el consejo de Juan (v. 9)
 3. Acusó a Juan injustamente (v. 10)
 4. Rechazó a los hermanos (v. 10)
 5. Prohibió que otros albergaran (v. 10)
 6. Excomulgó a los hermanos (v. 10)
C. Demetrio...testimonio (vv. 11-12)

"Querido hermano, no imites lo malo sino lo bueno"
Demetrio es todo lo que debería haber sido Diótrefes
II. APLICACIÓN DE 3 JUAN
A. Hospitalidad...preocuparse por los demás
B. Generosidad...Dar a los demás
C. Sinceridad...Compartir, hablar con los demás
D. Pureza...Ser puros por dentro

EL APOCALIPSIS 1–20
El apocalipsis

EXPOSICIÓN

Apocalipsis (o Revelación) es un libro que fascina y perturba a sus lectores. Sus imágenes, potentes pero enigmáticas y oscuras, nos confunden pero al mismo tiempo nos presentan una realidad grandiosa, irresistible. El suave y gentil Jesús de los Evangelios es el Dios Potente que exhibirá Su Majestad en terribles juicios contra el pecado. Y la historia va marchando, a paso seguro, hacia ese gran juicio.

Han surgido cuatro formas tradicionales de ver el libro del Apocalipsis. La visión Futurista, ve los grandes sucesos que se describen después de Apocalipsis 1-3, como relacionados con el futuro regreso de Cristo, y las bestias de Apocalipsis 13 y 17, se identifican con el Anticristo. Es esta la visión de la iglesia primitiva que reflejan los padres de la iglesia Justino Mártir, Ireneo, Hipólito y otros más. Esta es la perspectiva que también comparten muchos cristianos evangélicos en nuestros días. La visión Historicista, que se originó a fines del siglo XII, veía el Apocalipsis como repaso profético de los sucesos que tendrán lugar entre la primera y la segunda medida. Lutero y Calvino adoptaron esta perspectiva, y veían al papa y a la iglesia católica en las bestias que se resistían a Dios. Pocos hoy tomarían esta visión historicista como interpretación del Apocalipsis. La visión Preterista ve el Apocalipsis como disimulada polémica contra el imperio romano y la religión romana de la época de Juan. Es una visión que recién se sugirió en el año 1614 DC, y que hoy cuenta con apoyo casi nulo. La visión Idealista del libro del Apocalipsis ve la naturaleza poética y espiritual. Es decir que en lugar de relacionarlo con sucesos históricos Apocalipsis 4-22 se toma como afirmación de grandes y eternas verdades respecto de la soberanía de Dios y la lucha entre el bien y el mal. En última instancia, afirma Apocalipsis, Dios seguramente triunfará porque el tiempo y la eternidad están en manos del Creador, y Jesucristo surgirá victorioso en el final.

Al preguntarnos cuál de estas perspectivas es la correcta, tendremos que preguntar: ¿Correcta para qué? ¿Para qué propósito? Si vemos la literatura apocalíptica que floreció en el judaísmo en los dos últimos siglos anteriores al nacimiento de Cristo, veremos que todos esos libros se basan en una visión particular de la historia. Es la visión indica que se debe entender la historia como una serie de sucesos que avanzan desde un principio hasta un fin pre-ordenados y designados por Dios. Las imágenes potentes y oscuras que caracterizan a las obras apocalípticas son intencionalmente escatológicas: buscan pintar la historia futura. Si Apocalipsis se clasifica como literatura apocalíptica, y claramente fue así como la definió la iglesia primitiva, entonces tenemos que interpretar este libro desde la perspectiva futurista.

Hay otra respuesta a la pregunta del propósito. Aunque los comentaristas, antiguos y modernos por igual, creen que pueden construir al menos una línea de tiempo a partir de los sucesos relacionados con el regreso de Cristo basándose en este libro, en especial si se toman en cuenta las 278 ocasiones en que 404 versículos del Apocalipsis reflejan el AT, está mal suponer que Juan esperaba que el lector común utilizara el Apocalipsis para construir cuadros proféticos. Más bien, las visiones que vio Juan y que registra aquí, cumplen la función que se adscribe a esta obra por parte del Idealista. Al leer Apocalipsis y absorber sus imágenes, usted y yo somos elevados junto con Juan, y nos abruma el ver que Dios es el Señor de la historia. Más allá de cuáles sean hoy nuestras circunstancias, Cristo triunfará. El mal será juzgado, los malvados serán castigados y la justicia de Dios será plenamente reivindicada en el final. Por esta razón, aunque podríamos estudiar Apocalipsis desde un punto de vista futurista, es más gratificante simplemente leer este libro y permitir que sus imágenes penetren en nuestros corazones y mentes. Las vívidas descripciones de la alabanza que resuena ante el trono de Dios en el cielo (Apocalipsis 4), la reacción de los aterrados aunque no arrepentidos malvados ante los juicios de Dios que se van revelando (Apocalipsis 6:9-17; 9:20-21) y la visión de la mujer "emborrachada con la sangre de los santos" (17:6) transmiten mucho más que cualquier prosa la importancia de los sucesos que se describen. Y nos reafirman con mayor potencia, que nuestro Dios triunfará finalmente, en un triunfo supremo.

Apocalipsis se divide naturalmente en tres secciones. Comienza centrándose en el presente, cerca del año 98DC, cuando el apóstol Juan que vivía exiliado en la Isla de Patmos, se ve confrontado por el Cristo glorificado, y recibe la instrucción de transmitir Su mensaje a siete iglesias de Asia (Apocalipsis 1-3). Juan es arrebatado y recibe una visión de "lo que sucederá después" (1:19). Sigue luego una larga visión de los ataques del juicio divino contra la humanidad pecadora y los poderes espirituales malignos que han liderado la rebelión contra Dios desde el principio del mal (Apocalipsis 4-20). La última sección del libro muestra el triunfante retorno de Jesús, una era de paz en la tierra seguida de una rebelión final, y luego el juicio final. El libro concluye con una visión de la eternidad y lo que llamamos "cielo", en que los salvos entran en la plenitud de esa vida eterna otorgada a quienes creen en Jesucristo (Apocalipsis 21-22).

LAS SECCIONES, EN POCAS LÍNEAS

Cartas de Cristo a las Siete Iglesias (Capítulos 1-3)

Contexto. El apóstol Juan identifica este libro como la "revelación de Jesucristo" (1:1). Si bien la construcción del griego nos permite entender la frase como revelación "de parte de" Jesús, mejor es tomarla como "revelación de", que implica quitar el velo de Jesús como era Él entonces y como es ahora, glorificado con el Padre en el cielo.

Aquí impacta ver la reacción de Juan. Este "discípulo a quien Jesús amaba" (Juan 13:23) que aprovechaba toda ocasión para estar cerca de su Señor, queda atónito ante la visión de Cristo sin ocultamiento alguno. Cae a los pies de Jesús "como muerto" (1:17), aterrado por la maravilla de Jesús en Su deidad.

Cristo levanta a Juan y le manda escribir "lo que has visto, lo que sucede ahora y lo que sucederá después" (1:19). Los futuristas ven esto como el versículo clave del libro, que define su contenido. "Lo que hash visto" es Jesús glorificado, descripto en 1:9-18. "Lo que sucede ahora" es la condición de las siete iglesias a las que se manda escribir a Juan, y que leemos en los capítulos 2-3. Y "lo que sucederá después" es el resto del libro, contenido en los capítulos 4 a 22. Así, las visiones de Juan se ubican conforme a la tradición apocalíptica judía, como descripciones proféticas y simbólicas del fin de la historia.

El centro de esta sección del libro, sin embargo, está e "lo que sucede ahora". Tenemos aquí una serie de siete cartas dirigidas a siete iglesias existentes en Asia Menor. Cada una de las cartas describe a la iglesia a la que va dirigida, presenta un aspecto en particular de Cristo, y alienta a una respuesta específica.

Aunque las cartas indudablemente se refieren al a situación corriente en los tiempos de Juan, ha habido generaciones de predicadores que las tomaron como tipificación de las iglesias de todos los tiempos. La tipología, con las características de la iglesia, la descripción que Juan hace de Jesús, y la respuesta deseada, se resumen en el cuadro que hay a continuación:

Patrón de las notas a las siete iglesias. Los mensajes enviados a las iglesias siguen un patrón común:

■ Cada una de las notas va dirigida al "ángel" de la iglesia, que tal vez podrá entenderse mejor como referencia al "espíritu que prevalece" en la congregación, más que a un guardián sobrenatural o líder humano.

Iglesia	Característica	Jesús	Respuesta
Éfeso, la estable (2:1-7)	Se esfuerza, persevera, rechaza la maldad, resiste, pero ha abandonado a su primer amor	Camina entre las siete lámparas del cielo	Regreso al primer amor
Esmirna, la perseguida (2:8-11)	Sufre, la acosan la pobreza y la persecución	Aquel que murió pero vive otra vez	Permanecer fiel
Pérgamo, la inmoral (2:12-17)	Sigue sincera, fiel hasta la muerte, pero tolera la inmoralidad	Sostiene una espada afilada, de doble filo [la Palabra]	Arrepentirse de su maldad
Tiatira, la que concede y negocia (2:18-29)	Hacía más al principio, pero ahora tolera la inmoralidad y las falsas enseñanzas	Ojos de fuego, pies de bronce (el bronce habla de juicio)	Aferrarse al a verdad
Sardis, la falsa (3:1-6)	Tiene reputación como iglesia viva, pero está muerta, sus obras están incompletas	Sostiene al Espíritu, los ángeles, en Su mano	Despertar, obedecer lo que ha oído
Filadelfia, la obediente (3:7-13)	Tiene poca fuerza pero guarda la Palabra y soporta con paciencia	Sostiene la llave de David (habla de la autoridad real)	Aferrarse a lo que tiene
Laodicea, la materialista (3:14-22)	Ni fría ni caliente. Rica, pero pobre espiritualmente	Gobernador de la creación	Sincerarse, arrepentirse bajo la disciplina

■ Cada nota identifica luego a Cristo con una frase específica pero diferente. Para Éfeso, quien habla es "que tiene las siete estrellas en su mano derecha y se pasea en medio de los siete candelabros de oro" (2:1), en tanto para Filadelfia quien habla es "el Santo, el Verdadero, el que tiene la llave de David" (3:1). Queda en claro que en cada caso la identificación señala un aspecto del carácter o rol de Cristo que se corresponde con Su evaluación de la iglesia o Su llamado a reformarse.

■ Cada nota informa luego lo que Cristo "sabe" de esa iglesia. Es decir, que se definen las características de la congregación, como en la carta a Éfeso donde quien habla dice: "conozco tus obras, tu duro trabajo y tu perseverancia. Sé que no puedes soportar a los malvados, y que has puesto a prueba a los que dicen ser apóstoles pero no lo son; y has descubierto que son falsos" (2:2). En esencia, es esta una evaluación de los logros de la iglesia y sirve como elogio, excepto en el caso de las iglesias de Sardis y Laodicea donde no encontramos indicios de elogio alguno.

■ Cada nota luego anuncia el veredicto de quien habla por las conductas que hay que corregir, ahora con excepción de Esmirna y Filadelfia.

■ Cada nota contiene un mandamiento agudo y claro que define lo que tiene que hacer esa iglesia para corregir los defectos en su estilo de vida o los errores que se infiltraron para corromperla.

■ Cada nota contiene exactamente la misma exhortación: "El que tenga oídos, que oiga lo que el Espíritu dice a las iglesias". Al decir "iglesias" en plural, se supone que cada una de estas cartas tiene aplicación en cada uno de los lectores, del siglo primero y de hoy.

■ Cada nota cierra con la promesa de la recompensa para quienes venzan. Cristo, el Señor del universo, es plenamente capaz de cumplir Su promesa de bendición para quienes permanezcan leales a Él y expresen esa lealtad en el pleno compromiso con Sus caminos.

Juicios relacionados con el regreso de Cristo (capítulos 4 a 18)

Trasfondo. La sección comienza con una voz que llama a Juan : "Sube acá", y con una promesa: "voy a mostrarte lo que tiene que suceder después de esto" (4:1). Es esta otra repetición del marco del "pasado, presente, futuro" que con frecuencia se hace explícito en este libro.

Es importante entender la perspectiva desde la que ahora Juan continúa su informe. El apóstol ha sido elevado, arrebatado hacia el cielo. Allí, puede

Versículo	Pasado	Presente	Futuro
1:1	Dios era	Dios es	Dios ha de venir
1:5-7	Jesús nos liberó de nuestros pecados	Jesús nos hizo sacerdotes	Jesús vendrá y todos Le verán
1:8	El señor era	Y es	Y ha de venir
1:19	Juan debe escribir lo que ha visto	Lo que sucede ahora	Lo que sucederá después

observar lo que sucede en dos reinos o planos: el reino o plano espiritual de Dios y Sus ángeles, y el reino o plano material de la biósfera donde viven sus vidas los seres humanos. Podría decirse que está detrás de bambalinas, y puede observar la obra pero también puede ver todas las actividades que permiten que la obra siga adelante.

Lo que hace Juan, entonces, desde la perspectiva del cielo, es simplemente describir lo que ve que sucede en el cielo y en la tierra.

Hay dos aspectos de esta sección del Apocalipsis que parecen particularmente importantes. Primero, la descripción del os juicios que sobrevienen en la tierra y sobre su población. Y segundo, la descripción de la alabanza que se ofrece a Dios y a Jesús en el cielo.

Los juicios se pintan de manera característica: descripción, sin interpretación. Esto es lo que hace que sea tan difícil entender el Apocalipsis. Porque aunque las imágenes que Juan utiliza son potentes, nos cuesta mucho poder redactarlas de nuevo, en términos más mundanos.

He tratado la razón en otro libro *El comentario bíblico del maestro,* de esta manera:

Imaginemos que uno de nuestros tatarabuelos, que vivió hace 150 años, de repente fuera transportado a nuestros tiempos. Ve un embotellamiento de tráfico, un partido de fútbol en TV (con sus repeticiones de goles), vuela en un 757 y va a un cine con aire acondicionado. Luego, vuelve a su propia época y se le da la tarea de explicárselo todo a sus contemporáneos.

Le faltan las palabras e imágenes que usamos nosotros para referirnos a cosas de todos los días. Ha vivido algo que nadie de su época puede siquiera imaginar. Tiene que ser terriblemente difícil para él encontrar palabras para transmitir qué es lo que acaba de ver.

Bueno, esa fue exactamente la situación de Juan. Lo que vio son hechos reales. Y Juan informó aquello de lo que fue testigo. Pero tenía que arreglárselas con un vocabulario inadecuado, y utilizar imágenes que pudieran comunicar parte de su visión a la gente de su época, aún cuando sus imágenes no describieran exactamente lo que había visto.

Veamos este pasaje, por ejemplo. ¿Qué está describiendo Juan? Los hechos son, seguro, reales. Y sucederán. Pero ¿*de qué* está hablando?

"Tocó el primero su trompeta, y fueron arrojados sobre la tierra granizo y fuego mezclados con sangre. Y se quemó la tercera parte de la tierra, la tercera parte de los árboles y toda la hierba verde.

Tocó el segundo ángel su trompeta, y fue arrojado al mar algo que parecía una enorme montaña envuelta en llamas. La tercera parte del mar se convirtió en sangre, y murió la tercera parte de las criaturas que viven en el mar; también fue destruida la tercera parte de los barcos.

Tocó el tercer ángel su trompeta, y una enorme estrella, que ardía como una antorcha, cayó desde el cielo sobre la tercera parte de los ríos y sobre los manantiales.

La estrella se llama Amargura. Y la tercera parte de las aguas se volvió amarga, y por causa de esas aguas murió mucha gente. (8:7-11).

A partir de esta descripción queda claro que Juan describió terribles cataclismos que asolarán nuestra tierra. Algunos imaginan que lo que vio e intentó describir fue una terrible guerra atómica, o quizá una guerra espacial. Pero el hecho es que no podemos decir con precisión qué es lo que vio Juan.

Sabemos que fue terrible, y en relación con el juicio divino sobre el mundo. También podemos estar seguros de que cuando suceda, reconoceremos los hechos. Pero hasta entonces, hay gran incertidumbre...Percibimos el poder y el terror de los últimos días que describió Juan. Pero no nos atrevemos a ser dogmáticos en nuestra interpretación de lo que escribió (p. 1065-1066).

A pesar de esta dificultad, vale de mucho leer la terrible descripción de los juicios por venir. Aunque son aterradores, nos recuerdan que Dios está dedicado a la justicia y que en última instancia el mal será castigado y apresado. Los malvados no triunfarán y la justicia de Dios será exhibida ante todos.

VISIÓN FUTURISTA DE APOCALIPSIS 4-22

Entendimiento básico del capítulo

4 El centro del reino espiritual es Dios Mismo, constantemente alabado como "santo, santo, santo", el Creador que es digno de gloria, honor y poder.

5 Un rollo sellado, la escritura de propiedad del reino mesiánico del AT (Daniel 7:13-14) es tomado por Cristo, proclamado digno de abrirlo porque Él compró a la humanidad para Dios con Su propia sangre.

6 A medida que se abren los sellos del rollo, se desatan terribles juicios sobre la tierra. Los futuristas vinculan esto con la Gran Tribulación que predice el AT, y que describe Jesús en Mateo 24:5-8.

7 La conversión preanunciada de los judíos al Mesías da como resultado 144.000 misioneros de las antiguas tribus de Israel que predican en nuestro planeta. Al mismo tiempo, adoran a Dios las almas de los que fueron mártires durante este período.

8 El tiempo de la terrible tribulación continúa y la población de la tierra queda devastada por una serie de desastres naturales.

9 Ahora los enemigos ocultos de la humanidad, los demonios que siguen a Satán, son soltados y su persistente hostilidad hacia la humanidad se revela en horribles ataques contra los seres humanos.

10 La escena vuelve al cielo, donde después de un breve intervalo ocurrirán los eventos culminantes del final de la historia.

11 Dos testigos, que se identifican con frecuencia como Moisés y Elías (Mateo 17:10-11), predican durante 3 años y medio en Jerusalén, antes de ser asesinados cerca del final de la Gran Tribulación. Su regreso a la vida y al cielo es el prefacio de los últimos juicios.

12 Un dragón y una mujer simbolizan los esfuerzos de Satanás por exterminar al pueblo judío durante el reinado del Anticristo.

13 El Anticristo y el falso profeta emergen del mar de la humanidad e imponen un régimen autoritario que ejerce el control por sobre todos los aspectos de la vida humana.

14 Ahora, toda la humanidad es convocada a decidir entre Cristo y el Anticristo. Ahora el juicio que sobreviene es administrado directamente desde el cielo por seres angélicos.

15-16 Los juicos de la Gran Tribulación continúan en tanto los ángeles derraman desastres tras desastre sobre la humanidad no arrepentida.

17 Ahora un ángel anuncia la caída de la Misteriosa Babilonia, que representa la falsa religión impuesta por el Anticristo.

18 Continúa el anuncio con la descripción de la caída de otro aspecto de "Babilonia", el poder comercial, civil y militar del Anticristo.

19 Ahora, por fin el regreso personal de Cristo se anuncia con "Aleluyas" en el cielo. El regreso marca el fin de la rebelión, y la matanza de los ejércitos del Anticristo. Y el Anticristo y el falso profeta son echados vivos en un "lago de fuego ardiendo en azufre".

20 Durante 1.000 años, Satanás es atado y reina la paz. Al término de este período de tiempo Satanás es soltado y vuelve a encontrar seguidores entre los seres humanos. Cristo acaba con la rebelión final. Satanás es echado en el lago de fuego y los no creyentes, son llevados para enfrentar el juicio final. Juan dice: "Y el que no fue hallado escrito en el libro de la vida, fue lanzado en el lago de fuego".

21-22 La escena ahora pasa al cielo, y se nos brinda un vistazo de lo que Dios tiene preparado para los que creen. Las bellezas de la nueva creación empalidecen ante el hecho de que a partir de ahora "Dios con los hombres, y morará con ellos; y ellos serán su pueblo, y el mismo Dios será su Dios con ellos", en perpetua armonía.

La segunda característica principal de esta larga sección del Apocalipsis son sus frecuentes explosiones de alabanza a Dios o a Jesús. Los juicios que llenan de terror a la tierra provocan una reacción completamente diferente en el cielo. Debajo hay gritos de consternación. Arriba, hay festejo y alabanza. Las acciones que los que no se arrepintieron en la tierra, viven como calamidades, en el cielo son revelaciones de la justicia de Dios y plena reivindicación de Su santo amor.

Grandes y maravillosas son tus obras, Señor Dios Todopoderoso; justos y verdaderos son tus caminos, Rey de los santos.
¿Quién no te temerá, oh Señor, y engrandecerá tu nombre? porque tú sólo eres santo; por lo cual todas las naciones vendrán, y adorarán delante de ti, porque tus juicios son manifestados (15:3-4 – RV).

Así, volvemos a percibir el gran valor de este libro para la iglesia a lo largo de los siglos. Es un testimonio que señala con claridad los juicios que vendrán en el final de la historia, pero ubica esos actos terribles en perspectiva, como reivindicación de nuestro glorioso y supremo Dios de justicia.

APOCALIPSIS 21–22
La Nueva Jerusalén

EXPOSICIÓN

Trasfondo. La marcha de la historia hacia el juicio concluye en Apocalipsis 20. Allí, después de 1.000 años de paz que impone Jesús como Mesías reinante, Satanás es liberado. No hay dudas de que los primeros maestros de la iglesia estaban convencidos de que se establecería este reino del milenio, durante el cual se cumplirían las promesas de los profetas del AT a Israel. Pero todavía queda una pregunta: ¿Por qué? Además del hecho de que un período como ese daría a Dios la oportunidad de cumplir las promesas de los profetas de manera literal ¿por qué formaría parte de Su plan eterno un período, una era como esa?

El hecho es que después de ser liberado Satanás reúne seguidores muy rápido. Y eso es sugestivo. Porque en cierto sentido toda la historia humana es demostración de la verdad de lo dicho por Dios a Adán, al advertirle que no comiera el fruto prohibido: "El día que de él comas, ciertamente morirás" (Génesis 2:17). Esa realidad quedó demostrada en la ira asesina de Caín contra Abel. Quedó demostrada en la caída de la sociedad ante-diluviana, en la corrupción tan grande que solo pudo purgarse el mal mediante el Diluvio devastador. La realidad de la caída del hombre quedó demostrada en la idolatría de los tiempos de Abraham, en la mala voluntad de la generación del Éxodo, que a pesar de haberse beneficiado con los milagros de Dios no confió en Él lo suficiente como para entrar en la Tierra Prometida. La realidad de la caída del hombre quedó demostrada en la negativa de Israel respecto de vivir según la Ley de Dios, y en el hecho de que los cristianos no hayan logrado vivir plenamente la transformación que el Espíritu de Dios les ha dado la oportunidad de alcanzar.

Una y otra vez, cada una de las épocas ha demostrado el temible efecto del pecado sobre los seres humanos. Y nos preguntamos entonces: ¿Qué pasaría si la humanidad viviera en un entorno perfecto? ¿Qué, si se hiciera realidad esa sociedad moralmente justa, y se eliminaran los siglos de influencia de la maldad? ¿Qué, si el bien fuera lo que gobernara cada institución humana, y solamente hubiera modelos de bondad para las generaciones de jóvenes? Según muchos científicos sociales modernos, en tal utopía los seres humanos seríamos distintos. ¿Se erradicarían las tendencias al pecado que percibimos en nosotros mismos y en todos los demás?

¡Es fascinante ver el reino del milenio como un laboratorio de ciencias de la conducta! ¡Como suprema demostración de Dios sobre el terrible impacto del pecado! Incluso después de 1.000 años de reinado del magnífico Cristo, hay seres humanos sin regenerarse que corren a seguir a Satanás cuando éste es liberado. Alegremente, le dan la espalda a Cristo y corren hacia la promesa de "libertad" de seguir impulsos que antes habían tenido que restringir.

Ahora, por fin, la verdad no se puede negar. Los seres humanos han sido corrompidos por el pecado, totalmente. Solo la fe personal en la obra salvadora de Cristo puede hacer que aparezca el nombre de alguien en el Libro de la Vida. A medida que todo el que se ha divorciado de Cristo aparece ante el gran trono blanco de Dios para el juicio final, a cada uno se le encuentra culpable, y es condenado. Son fuertes las palabras de Juan al describir la condena: "arrojados vivos al lago de fuego y azufre" (19:20) donde con Satanás y el Anticristo "serán atormentados día y noche por los siglos de los siglos" (20:10).

El Libro del Apocalipsis, en armonía con el resto del Nuevo Testamento y el Antiguo, afirma la individualidad única de cada ser humano. Creado a imagen de Dios, la identidad de cada persona no puede sencillamente extinguirse como si fuera una vela. Cada uno de nosotros está destinado a seguir siendo quien es, consciente de sí y de los demás, por toda la eternidad. Para los perdidos, esto significa castigo eterno. Para los salvos, significa lo que describen Apocalipsis 21 y 22.

Avance de la eternidad para los salvos. Apocalipsis 21-22 describen un nuevo cielo y una nueva tierra, creados por Dios como hogar para los justos. Lo más importante de esta nueva creación es que aquí, por fin, Dios y la humanidad redimida vivirán juntos en comunidad y armonía.

Para nosotros, esto significa que "¡Aquí, entre los seres humanos, está la morada de Dios! Él acampará en medio de ellos, y ellos serán su pueblo; Dios mismo estará con ellos y será su Dios. Él les enjugará toda lágrima de los ojos. Ya no habrá muerte, ni llanto, ni lamento ni dolor, porque las primeras cosas han dejado de existir" (21:3-4). Para Dios significa el cumplimiento de las posibilidades inherentes en la creación original de un Adán y una Eva inocentes. Porque en el nuevo mundo no hay lugar para "los cobardes, los incrédulos, los abominables, los asesinos, los que cometen inmoralidades sexuales, los que practican artes mágicas, los idólatras y todos los mentirosos" (21:8). El nuevo mundo está poblado únicamente por los redimidos, los que han sido hechos justos.

Estos dos capítulos también describen parte de las características del nuevo universo. Al igual que nuestro universo actual, contiene un planeta llamado Tierra, pero es un planeta que no está atado a ningún sol. Como dice Juan: "La ciudad no necesita ni sol ni luna que la alumbren, porque la gloria de Dios la ilumina, y el Cordero es su lumbrera" (21:23).

Una de las características más impactantes del nuevo mundo es la "nueva Jerusalén" (21:2), descripta como un cubo de unos 2.400 Km de lado, con puertas de joyas preciosas. Algunos han malinterpretado este pasaje, riendo ante la idea de que "el cielo" pudiera ser tan pequeño. ¿Cómo podrían entrar todos los creyentes en un lugar tan reducido? Pero la Nueva Jerusalén no es el cielo entero, como tampoco lo fue la vieja Jerusalén en la primera creación. La gloria de Dios siempre va más allá de nuestra capacidad de entendimiento. Y así, la Nueva Jerusalén es solo la capital de la nueva tierra, en sí misma el centro de un vasto universo de huestes estelares. Por potente que haya demostrado ser la imaginación humana, lo que Dios ha preparado para nosotros está mucho más allá de nuestra capacidad de concebir o siquiera imaginar como fantasía.

Aquí es donde las Escrituras nos dejan. Con una advertencia y una promesa. Que quienes quieran hacer el mal, sigan haciendo el mal. Dios será reivindicado en el final.

Y que quienes han elegido seguir a Jesús miren con ansias al futuro. No muy lejos podemos oír Su voz, resonando: "¡Miren que vengo pronto! Traigo conmigo mi recompensa, y le pagaré a cada uno según lo que haya hecho" (22:12).